Wandern mit dem Auto

Dieter Maier

Wandern mit dem Auto

Deutschland neu erleben!

RV Verlag

Hinweis zu den Touren: In jede der 100 Autotouren dieses Buches sind zwei Wanderungen oder Stadtspaziergänge (1A, 1B und so weiter) eingebunden, die in der Regel an einem Etappenpunkt der Autotour beginnen und zu diesem auch wieder zurückführen. Ein eindeutiges Numerierungssystem erleichtert die Orientierung innerhalb einer Autotour oder Wanderung: Analog zur Numerierung in den Karten werden der Tourverlauf und die Sehenswürdigkeiten beschrieben.

FALK-Verlag AG
Neumarkter Straße 43
D-81673 München
http://www.falk-online.de

Konzeption: © The Automobile Association, Basingstoke, Großbritannien
Redaktion und Koordination: Karl-Heinz Schuster, Falk-Verlag AG, München
Redaktionelle Mitarbeit: Dr. Jörg Theilacker, Falk-Verlag AG, München

Kartographie: Geo-Data GmbH & Co. KG, Stuttgart
Digitale Bearbeitung der Karten zu den Autotouren sowie digitale Herstellung der Karten zu den Wanderungen: Manfred und Josefa Steuerer, Kartographisches Zeichenbüro, Schliersee

Umschlaggestaltung: Studio Schübel, München
Umschlagfotos: Silvestris – Stadler, IFA – Goedel (Umschlagvorderseite);
Photopress – Dreyling, Huber – Schmid (Umschlagrückseite)

Produktion: Wolfgang Mudrak, Falk-Verlag AG, München

Layout und Satz: Veit-Rost Typographie, Ingolstadt
Lithographie: Studio Europa, Trento
Druck und Bindung: Mohndruck Graphische Betriebe GmbH, Gütersloh

Printed in Germany

ISBN 3-575-22052-2
3 4 5 6 7 02 01 00 99 98

Inhalt

Legende

Autotouren

VERKEHR

Autobahn (mit Anschlußstelle,Tankstelle, Rasthaus mit und ohne Übernachtung)	Duben
Autobahn,im Bau - geplant	
Vierspurige Straße (ein- oder zweibahnig) - im Bau	
Fernverkehrs- (Bundes-)straße - im Bau	
Wichtige Hauptstraße - im Bau	
Hauptstraße- im Bau	
Nebenstraße - im Bau	
Fahrweg - Fußweg	
Autobahn-Numerierung	3
Straßen-Numerierung	4
Europastraßen-Nummer	E 9
Bedarfsumleitungen für den Autobahnverkehr	24
Steigung	10%
Kilometrierung an Autobahnen	75 30 35 45
Kilometrierung an übrigen Straßen	25 10
Hauptbahn - Nebenbahn (mit Bahnhof oder Haltepunkt)	
Eisenbahn (nur Güterverkehr)	
Zahnrad- oder Standseilbahn	
Seilschwebebahn - Sessel- oder Schilift	
Autofähre	
Touristenstraße	Harz-Hochstraße
Landschaftlich schöne Strecke	
Gebührenpflichtige (Maut-) Straße	
Für Kfz gesperrte Straße	
Flughafen - Flugplatz - Segelflugplatz	

SEHENSWÜRDIGKEITEN

Besonders sehenswerter Ort	POTSDAM
Sehenswerter Ort	ZWICKAU
Besonders sehenswertes Bauwerk	Dom
Sehenswertes Bauwerk	Stiftskirche
Besondere Natursehenswürdigkeit	Kap Arkona
Sonstige Sehenswürdigkeit	Nat. Gedenkstätte
Botanischer Garten, sehenswerter Park	
Zoologischer Garten - Tierpark, Wildgehege	
Naturpark, Naturschutzgebiet	Naturpark NSG
Aussichtspunkt	
Burg, Schloß - Ruine - Denkmal	
Kloster - Ruine - Kirche - Kapelle	
Turm - Funk- oder Fernsehturm	

SONSTIGES

Alleinstehendes Hotel oder Gasthaus - Haltestelle	H
Motel - Jugendherberge	
Campingplatz ganzjährig - nur im Sommer	
Strandbad - Schwimmbad (Freibad) - Heilbad	
Staatsgrenze	
Ländergrenze	
Grenzübergang	

Wanderungen

	Wanderstrecke / alternativ
	Richtungspfeil
3	Etappenpunkt
	Startpunkt
P	Parkplatz
B 202	Hauptstraße / mit Bundesstraßen-Nummer
	Nebenstraße / Weg
	Autobahn
	Eisenbahn
Keitum	Große Ortschaft
Archsum	Kleine Ortschaft
	Grünfläche / Wald / Park
	Bebauung
	Bademöglichkeit
	Schutzhütte
	Gasthof / Hotel
	Kirche / Kloster
	Ruine Kirche / Kloster
	Schloß / Burg
	Ruine Schloß / Burg
	Leuchtturm / Aussichtsturm
	Aussichtspunkt
	Flugplatz
	Denkmal / Naturdenkmal
	Höhle
	Campingplatz
	Bergwerk / stillgelegt
	Berggipfel
	Felsformation
	Bahnhof
	Stadttor
	Dünen / Böschung
NSG	Naturschutzgebiet
	Bergbahn
	Damm
	Weinanbau
	Riedfläche

Tourenübersicht

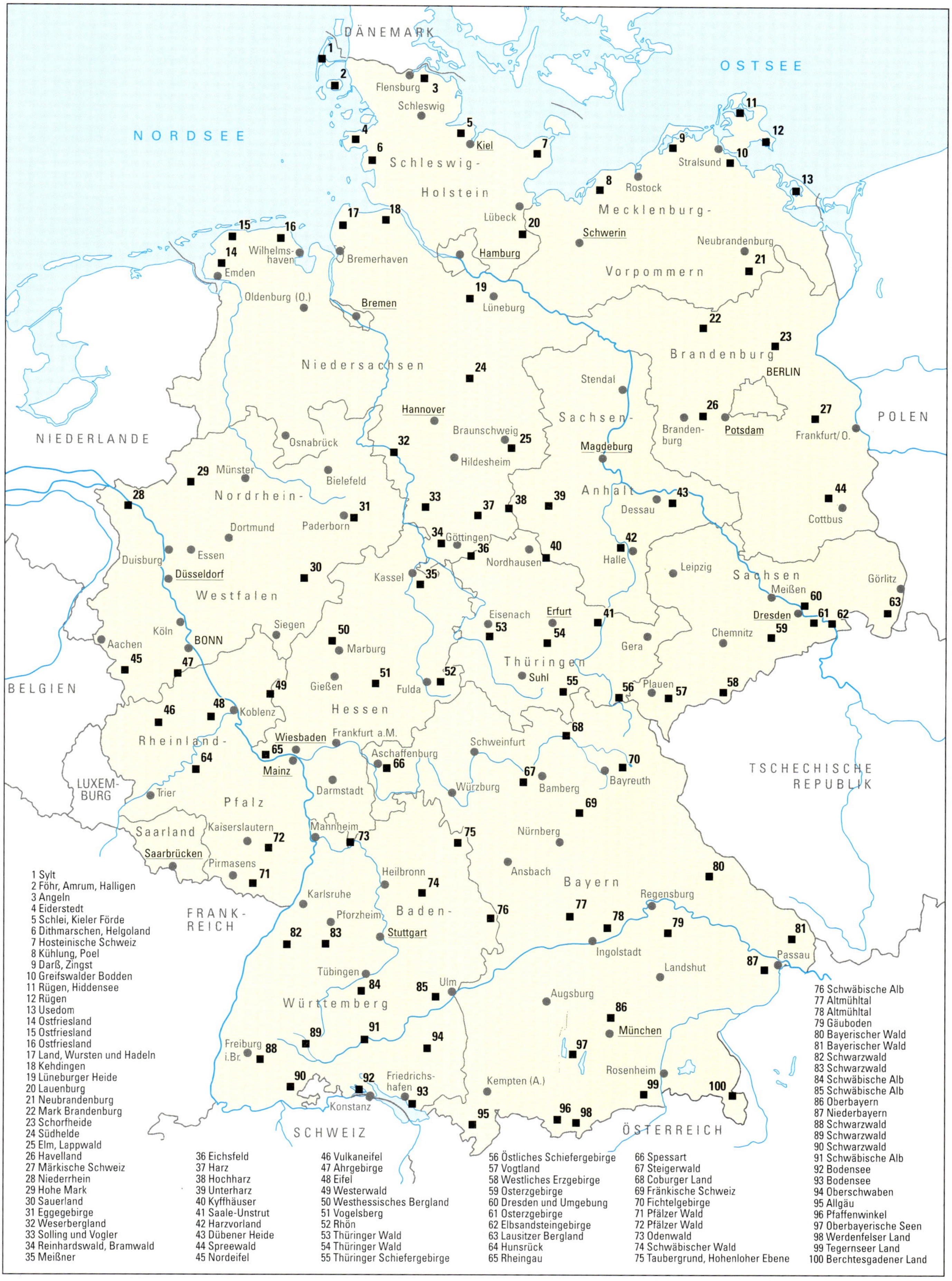

1 Sylt
2 Föhr, Amrum, Halligen
3 Angeln
4 Eiderstedt
5 Schlei, Kieler Förde
6 Dithmarschen, Helgoland
7 Hosteinische Schweiz
8 Kühlung, Poel
9 Darß, Zingst
10 Greifswalder Bodden
11 Rügen, Hiddensee
12 Rügen
13 Usedom
14 Ostfriesland
15 Ostfriesland
16 Ostfriesland
17 Land, Wursten und Hadeln
18 Kehdingen
19 Lüneburger Heide
20 Lauenburg
21 Neubrandenburg
22 Mark Brandenburg
23 Schorfheide
24 Südhelde
25 Elm, Lappwald
26 Havelland
27 Märkische Schweiz
28 Niederrhein
29 Hohe Mark
30 Sauerland
31 Eggegebirge
32 Weserbergland
33 Solling und Vogler
34 Reinhardswald, Bramwald
35 Meißner
36 Eichsfeld
37 Harz
38 Hochharz
39 Unterharz
40 Kyffhäuser
41 Saale-Unstrut
42 Harzvorland
43 Dübener Heide
44 Spreewald
45 Nordeifel
46 Vulkaneifel
47 Ahrgebirge
48 Eifel
49 Westerwald
50 Westhessisches Bergland
51 Vogelsberg
52 Rhön
53 Thüringer Wald
54 Thüringer Wald
55 Thüringer Schiefergebirge
56 Östliches Schiefergebirge
57 Vogtland
58 Westliches Erzgebirge
59 Osterzgebirge
60 Dresden und Umgebung
61 Osterzgebirge
62 Elbsandsteingebirge
63 Lausitzer Bergland
64 Hunsrück
65 Rheingau
66 Spessart
67 Steigerwald
68 Coburger Land
69 Fränkische Schweiz
70 Fichtelgebirge
71 Pfälzer Wald
72 Pfälzer Wald
73 Odenwald
74 Schwäbischer Wald
75 Taubergrund, Hohenloher Ebene
76 Schwäbische Alb
77 Altmühltal
78 Altmühltal
79 Gäuboden
80 Bayerischer Wald
81 Bayerischer Wald
82 Schwarzwald
83 Schwarzwald
84 Schwäbische Alb
85 Schwäbische Alb
86 Oberbayern
87 Niederbayern
88 Schwarzwald
89 Schwarzwald
90 Schwarzwald
91 Schwäbische Alb
92 Bodensee
93 Bodensee
94 Oberschwaben
95 Allgäu
96 Pfaffenwinkel
97 Oberbayerische Seen
98 Werdenfelser Land
99 Tegernseer Land
100 Berchtesgadener Land

1

Autotour 1: 100 Kilometer

Sylt, die Königin der Nordseeinseln

Sylt

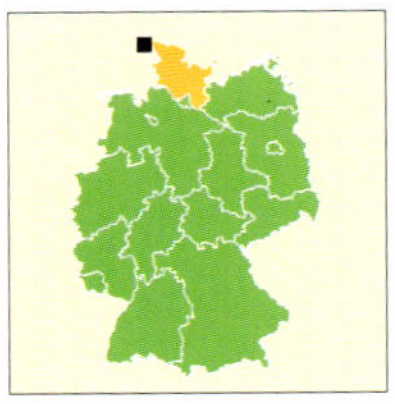

Sylt ist die nördlichste und vielleicht die interessanteste der deutschen Nordsee-Inseln. Im Norden locken Meer und Brandung am Roten Kliff und die Sanddünen, im Süden sind die Vögel und die Strandwanderer zu Hause, und im Osten bietet die Wattseite ganz besondere Reize. Prominenz und Trubel sind auf Sylt ebenso zu finden wie unberührte Natur und Stille an langen Strandabschnitten.

Tourverlauf

Jeder Besuch der Insel Sylt beginnt bereits auf dem Festland, nämlich am Bahnhof von Niebüll. ①
Spätestens hier muß die Entscheidung fallen, ob man das eigene Auto per Bahnverladung mitnimmt oder die Rundreise auf Sylt zu Fuß und per Bus unternehmen will. In beiden Fällen erfolgt die Anreise per Bahn über den 1927 fertiggestellten Hindenburgdamm. Wer den Bus vorzieht, kann bereits am Ostzipfel der Insel, in Morsum, den Zug verlassen; wer das eigene Auto dabei hat, muß bis Westerland zum Terminal durchfahren.
Zuvor sollte man auf jeden Fall nach Seebüll fahren und das dortige Nolde-Museum besuchen. ②
Wer dann nach Sylt mit dem eigenen Wagen weiterreist, verläßt den Autozug in Westerland. ③
Von dort empfiehlt sich eine Fahrt in südlicher Richtung, zunächst zum Großen Rantum-Becken. ④
Danach passiert man das kleine Dorf Rantum und fährt hinunter nach Hörnum. ⑤
Von Hörnum aus geht es auf den gleichen Straßen wieder zurück nach Westerland und weiter nach Osten hinüber nach Morsum, um das Morsum-Kliff an der Wattseite von Sylt zu besuchen. ⑥
Bei der Rückfahrt nach Westerland sollte unbedingt ein Aufenthalt im Künstlerdorf Keitum eingeplant werden. ⑦
Wieder in Westerland, wendet man sich nach Norden und erreicht bei Kampen das Rote Kliff. ⑧
Gegen das Nordende von Sylt hin führt die Straße auf die Ostseite des ausgedehnten Dünengeländes und endet schließlich in List. ⑨
Über die gleiche Strecke geht es zum Schluß wieder zurück nach Westerland zu Bahn und Autoverladung. Da man zur Rückfahrt auf den Zug angewiesen ist, empfiehlt es sich, schon bei der Ankunft nach den Abfahrtszeiten zum Festland zu sehen.

▽ *Der lange Strand auf Sylt nördlich von Westerland*

Sehenswürdigkeiten

① Niebüll besteht keineswegs nur aus der Verladerampe für den Autoreisezug über den Hindenburgdamm. Wer die Zeit bis zur Abfahrt des nächsten Zuges nutzen möchte, kann das Freilichtmuseum im Ortsteil Deezbüll besuchen oder das Friesische Heimatmuseum am Osterweg 76 besichtigen.
② In Seebüll, knapp vor der dänischen Grenze, steht das vom expressionistischen Maler Emil Nolde (1867–1956) selbst entworfene Haus. Hier schuf er den größten Teil seines Werkes; Haus und Garten sind original erhalten. Zu sehen ist – in jährlich wechselnden Ausstellungen – ein Querschnitt durch Noldes Gesamtwerk.
③ Westerland im Zentrum von Sylt ist der Hauptort der Insel. Sein Seebad wurde 1855 gegründet und ist heute eines der größten und beliebtesten Seebäder an der Nordsee. Seine Kurpromenade ist die Bühne für das beliebte Spiel vom Sehen und Gesehenwerden.
④ Das etwa 560 Hektar große Rantum-Becken wurde 1936 eingedeicht, um einen Start- und Landeplatz für Wasserflugzeuge zu schaffen. Heute ist das inzwischen teilweise verlandete Becken ein ideales Brutrevier für

△ *Spätbarockes Haus mit Türornament auf der Insel Sylt*

zahlreiche Seevögel. Gute Beobachtungsstandorte findet man auf dem Alten Deich, auf dem man das Becken ganz umwandern kann. Wer sich weiter informieren möchte, kann sich einer Führung des Vogelwarts anschließen und in das Gebiet hineinwandern.

⑤ Auf der Sylter Südspitze liegt das alte Hörnum. Seine Männer waren einst berühmte Heringsfischer. 1607 allerdings blieben sie fast alle samt ihren Schiffen auf See, ein Schlag, der die Existenz des Dorfes gefährdete. Hörnum ist auch die Heimat von Pidder Lüng, dem standhaften Sylter, dem Detlev von Liliencron eine Ballade gewidmet hat.

⑥ Das Morsumer Kliff ist der östlichste Geestkern von Sylt. Es beeindruckt nach wie vor als schöne, unmittelbar aus dem Watt aufragende Geestkante.

⑦ Keitum: Siehe Wanderung 1 B, Seite 13.

⑧ Kampen ist das Dorf der Prominenz; aber wenigstens hat sie sich hier keine Denkmäler in Beton errichtet. Schon seit 1913 nämlich gibt es ein Gemeindestatut, das Häuser über 8 Metern Firsthöhe verbietet, einen großzügigen Mindestabstand der Häuser untereinander vorschreibt und reetgedeckte Dächer verlangt. Zwischen Dorf und Meer sorgt außerdem ein 10 Hektar großes, streng geschütztes Heidegebiet für natürliche Grenzen möglicher Bauwut. Im Westen von Kampen bricht das berühmte Rote Kliff ab, ein weiterer Beweis dafür, daß Sylt ursprünglich Teil des Festlandes war. Zwischen Wenningstedt und Kampen sind auf mehreren Kilometern Länge und mit bis zu 30 Metern Höhe die Bruchkanten der Geestschichten von der See freigelegt. Jahr für Jahr holt sich hier die See bis zu einen Meter vom alten Geestkern Sylts.

⑨ Die größten und schönsten Wanderdünen der gesamten Nordseeküste gibt es bei List. Hier schließlich befindet sich das größte Vogelschutzreservat Sylts. Rund 20 Quadratkilometer Dünenlandschaft sind hier als Vogelfreistätte ausgewiesen.

▽ *Schnitzaltar in der Alten Kirche von Westerland*

△ *Nolde-Haus in Seebüll, zwischen 1927 und 1937 nach Plänen des Malers erbaut*

Vogelkojen – Entenfang vergangener Tage

Wildenten sind auch Gewohnheitstiere: sie rasten und schlafen immer wieder gerne an den gleichen Plätzen. Weil sie zudem gesellige Tiere sind, lassen sie sich auch gerne dort nieder, wo sich schon Artgenossen aufhalten. Entenjäger machten sich früher diese Gewohnheiten zunutze. Teils wurden Lockenten aus Holz ausgelegt und die anfliegenden Entenvögel dann geschossen, teils wurden Fanganlagen gebaut. Auf Sylt gab es drei solcher Entenrastplätze, die bei Rantum, Westerland und Kampen lagen. Etwa Ende des 18. Jahrhunderts wurden nach holländischem Vorbild Entenfanganlagen errichtet, die von den Einheimischen Vogelkojen genannt wurden. Allein für die Kampener Vogelkoje, die von acht Familien gemeinsam betrieben wurde, ist belegt, daß zwischen 1809 und 1921, als man den Fang einstellte, insgesamt 686 169 Enten gefangen wurden. 1935 wurde diese Jagdmethode verboten, 1986/1987 die Kojenhäuschen nach historischem Vorbild wieder aufgebaut und eine Ausstellung eingerichtet.

Tip

Niebüll: Richard-Haizmann-Museum, Rathausplatz. Gezeigt werden Werke des Bildhauers und Malers Richard Haizmann und Sonderausstellungen zur Kunst des 20. Jahrhunderts.

1A

Wanderung 1 A: 25 Kilometer – 5 bis 6 Stunden

Zum Sylter »Nordkap«, dem Ellenbogen

Bis zu 30 Meter hohe Wanderdünen stehen bei List über einem endlos lange scheinenden Sandstrand. Auf der Seeseite toben Wellen und Gischt, auf der Wattseite wartet eine amphibische Welt darauf, entdeckt und erforscht zu werden.

Sylt

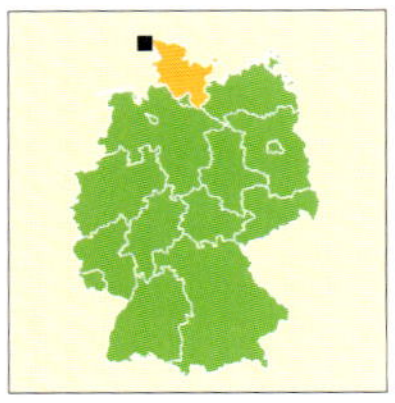

Tourverlauf

Der Lister Kurweg, auf dem diese Wanderung in Angriff genommen wird, beginnt am Hafen von List. ①
Bevor man Süderheidetal erreicht, führt er an der Blidselbucht vorbei. ②
Am Ortsanfang von Süderheidetal geht es nach Westen, quer über die hier etwa 1,5 Kilometer breite Insel hinüber zu den Dünen der Seeseite. ③
Dort angekommen, wandert man etwa 6 Kilometer beinahe genau nach Norden am Strand entlang. ④
Am Ellenbogenberg vorbei geht es zum Leuchtturm Westellenbogen. ⑤
Beim Leuchtturm wendet sich der Weg nach Osten und folgt nun dem Nordufer des Lister Ellenbogens bis zum Leuchtturm Ostellenbogen. ⑥
Nur noch ein Katzensprung ist es vom Leuchtturm bis zum Aussichtspunkt an der Ellenbogenspitze. ⑦
An der Südseite des Ellenbogens, dem Königshafenufer, geht es dann zurück über das Café Uthörn, das der gleichnamigen Vogelschutzinsel gegenüber liegt. Die Umrundung des Königshafens, mit der ständigen Aussicht auf Uthörn, führt dann noch einmal zum Ellenbogenberg südlich der schmalsten Inselstelle zwischen Königshafen und der See. ⑧
Vorbei am Jugendheim Mövenberg, dem Seevogelwärterhaus und der Biologischen Anstalt endet die Wanderung schließlich wieder im Lister Hafen.

Sehenswürdigkeiten

① Die Lister Bucht war von jeher ein idealer Ausgangshafen für Seefahrer und Fischer. Allerdings lag List ursprünglich weiter nördlich. Es ging 1362 in der Sturmflut »Mandränke« unter. Das danach gegründete neue List bestand zunächst nur aus zwei großen Bauernhöfen, dem Westhof und dem Osthof. Die beiden Höfe, die noch heute den Ortskern von List markieren, hatten ihr Land, das bis zu den Dünen von Kampen reichte, vom dänischen König als »Erbfeste« erhalten. Heute lebt List, wie die meisten Inselorte, nahezu ausschließlich vom Fremdenverkehr, dazu ein wenig von den Bediensteten der Marineversorgungsschule.
② Auch die Gebiete an der Blidselbucht, in der die Ferienkolonien von Sonnenland I und Sonnenland II errichtet wurden, gehörten ursprünglich zum Listland der beiden Lister Höfe.

◁ *Leuchtturm am Ellenbogen*

△ *Blidselbucht südlich von List*

③ Das weite Dünengelände zwischen dem Kliffende bei Kampen und dem Lister Ellenbogen wurde bereits 1923 unter Naturschutz gestellt. Die bis zu 50 Meter hohen Dünen konnten bis heute nicht endgültig gebändigt werden. Sie sind immer noch stetig in Bewegung.
④ Der lange Lister Weststrand war auch vor den Zeiten des Fremdenverkehrs für die Lister von Bedeutung. Hier trieb so manches Strandgut an, was nach altem Recht stets dem Finder gehörte. Heute wird stattdessen die Kurabgabe kassiert.
⑤ Die Nordwestecke von Sylt ist durch den Leuchtturm am Westellenbogen markiert. Er ist ebenso wie der Leuchtturm am Ostellenbogen ⑥ ein wichtiges Seezeichen für die Schiffahrt.
⑦ Der Aussichtspunkt an der Ostspitze des Lister Ellenbogens liegt unmittelbar gegenüber der dänischen Insel Rømø. Die Grenze zu Dänemark verläuft nur etwa 1,5 Kilometer nördlich des Lister Ellenbogens.
⑧ Die große Bucht mit dem stolzen Namen Königshafen kann heute von größeren Schiffen nicht mehr angelaufen werden. Einst war die Bucht eine beliebte Zwischenstation für Hamburger oder Cuxhavener Fischer, die auf ihrer Heimfahrt Lister Spezialitäten mitnahmen: im Königshafen gezüchtete Austern und eingelegte Enten.

Tip

List: Biologische Station, Hafenstraße 39. Die Station ist Ausgangspunkt für natur- und vogelkundliche Wanderungen in den Lister Koog.

Wanderung 1 B: 21 Kilometer – 5 Stunden

1B

Sylt »von achtern«

Die Wanderung vom alten Kapitänsdorf Keitum hinüber zum Morsumer Kliff vermittelt interessante Eindrücke vom vielfältigen Leben im Wattenmeer und vom Aufbau des Kliffs, das hier weit weniger von der See bedrängt ist als das Rote Kliff bei Kampen. Eine Welt für sich ist die alte Seefahrerkirche in Keitum.

Sylt

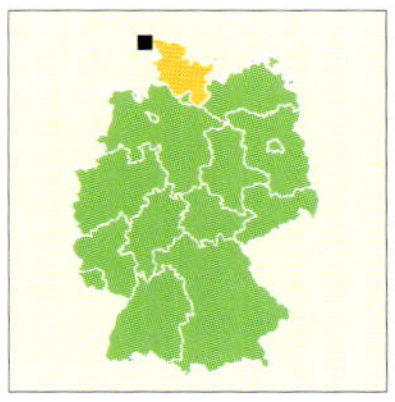

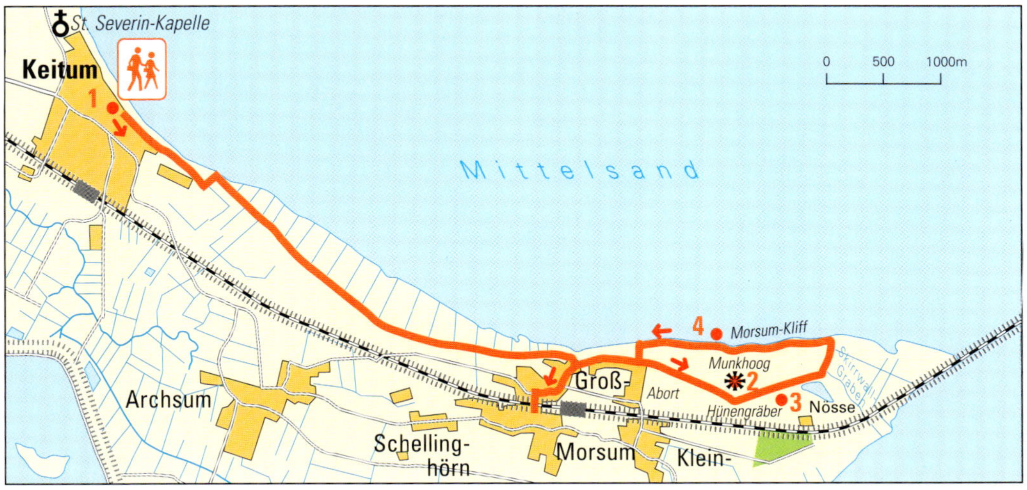

Tourverlauf

Am Parkplatz beim Meerwasserschwimmbad in Keitum beginnt die Wanderung auf dem Weg Am Tipkenhoog in südöstlicher Richtung. ①
Am Ortsende folgt man dem ufernahen Weg entlang des bis zu 400 Meter breiten Neulands. Weil es nach und nach angewachsen ist, heißt es bezeichnenderweise »Anwaks«. Am Nordrand des Ortes Abort gabelt sich der Weg. Geradeaus geht es direkt zum 23 Meter hohen Aussichtsberg Munkhoog hinauf. Er liegt in der Südwestecke des nach Süden abfallenden Naturschutzgebietes Morsum-Kliff und bietet den besten Überblick über das Kliffgebiet. ②
Am Fuß des Munkhoogs findet sich das Landhaus Nösse. Es ist der Treffpunkt für diejenigen, die an einer naturkundlichen Führung in das Naturschutzgebiet und zum Kliff interessiert sind. ③
Bald hinter dem Landhaus Nösse biegt man zunächst nach Norden ein, darauf nach Westen. Nach kurzer Zeit erreicht man das bis zu 15 Meter hohe Ufer des Morsum-Kliffs. ④
Über die Kante des Kliffs führt der Weg nach Westen zurück zur Siedlung Abort, die man zuvor schon passiert hatte. Nach einem halben Kilometer in westlicher Richtung hat man den Bahnhof von Morsum wieder erreicht. Von hier fährt man mit der Bahn zurück nach Keitum.

▽ *Reetgedecktes Bauernhaus im idyllischen Keitum*

Sehenswürdigkeiten

① Das malerische Friesendorf Keitum mit seinen alten Kapitänshäusern und den von Friesenwällen eingefriedeten Blumengärten ist unbestritten der schönste Ort auf Sylt. Sein Wahrzeichen ist die aus dem 13. Jahrhundert stammende Seefahrerkirche St. Severin, die schon von weitem mit ihren wuchtigen Glockenturm beeindruckt. Das stimmungsvolle Innere enthält einen von vier Löwenfiguren getragenen romanischen Taufstein und einen gotischen Schnitzaltar aus dem 15. Jahrhundert. Das altfriesische Haus, in dem einst der Heimatforscher Christian Peter Hansen wohnte, dient jetzt als Museum und gibt einen Einblick in die Lebensweise und die Wohnkultur der Sylter.
② Der Munkhoog ist der höchste Punkt in der Morsumer Heide. Diese Hochfläche der Morsumer Geest kann mit einer ganz besonderen Pflanzenvielfalt aufwarten. Sie ist ähnlich atlantisch geprägt wie diejenige an ebenso ausgesetzten Stellen in der Bretagne. Nach Süden hin wird diese Heide zunehmend moorig und von Erika beherrscht. Dazwischen finden sich Raritäten wie etwa der Lungenenzian oder die Ährenlilie.
③ Beim Landhaus Nösse steht eine Station der Naturschutzgemeinschaft Sylt. Sie präsentiert nicht nur eine kleine naturkundliche Sammlung sondern vor allem viele Informationen zur Geologie, Flora und Fauna der Küstenlandschaft am östlichsten Zipfel von Sylt. Von April bis Oktober werden von der Station aus zudem Führungen in das Naturschutzgebiet veranstaltet.
④ Das Morsum-Kliff ist die »klassische geologische Quadratmeile« von Sylt. Dieses Kliff mit seiner einmalig schönen Bruchkante ist nichts anderes als eine von den Gletschern der Eiszeit bearbeitete »obere Tertiärformation«. Die geschichteten Ablagerungen des Kliffs sind rund 20 Millionen Jahre alt und bestehen von unten nach oben gesehen aus schwarzgrauem, fossilienreichem Glimmerton, rostbraunem Limonitsandstein und weißem Kaolinsand. Die Hochfläche des Kliffs wurde von den Gletschern zerfurcht und gehobelt, die Abbruchkante wurde vom Meer geformt.

△ *Morsum-Kliff aus Limonitsandstein*

Tip

Keitum: Sylter Heimatmuseum, Am Kliff 19. Das Museum in einem Friesenhaus beherbergt Exponate zur Seefahrt des 18. und 19. Jahrhunderts und zur Volkskunde.

2

Föhr, Amrum, Halligen

Autotour 2: 38 Kilometer

Inseln im Wattenmeer

»Rund und lecker wie ein richtiger Pfannkuchen« liege die Insel Föhr im Wattenmeer – so jedenfalls behaupten es die Bewunderer der zweitgrößten nordfriesischen Insel. Die vorgelagerte Insel Amrum ist ganz von ihrem bis zu 1,5 Kilometer breiten Kniepsand geprägt, ein Sandstrand, der aus einer Sandbank entstanden ist. Kleine grüne Eilande dagegen sind die Halligen, die Wächter im Watt. Die attraktivste davon ist die Hallig Hooge.

△ Häuserzeile in Nieblum auf Föhr

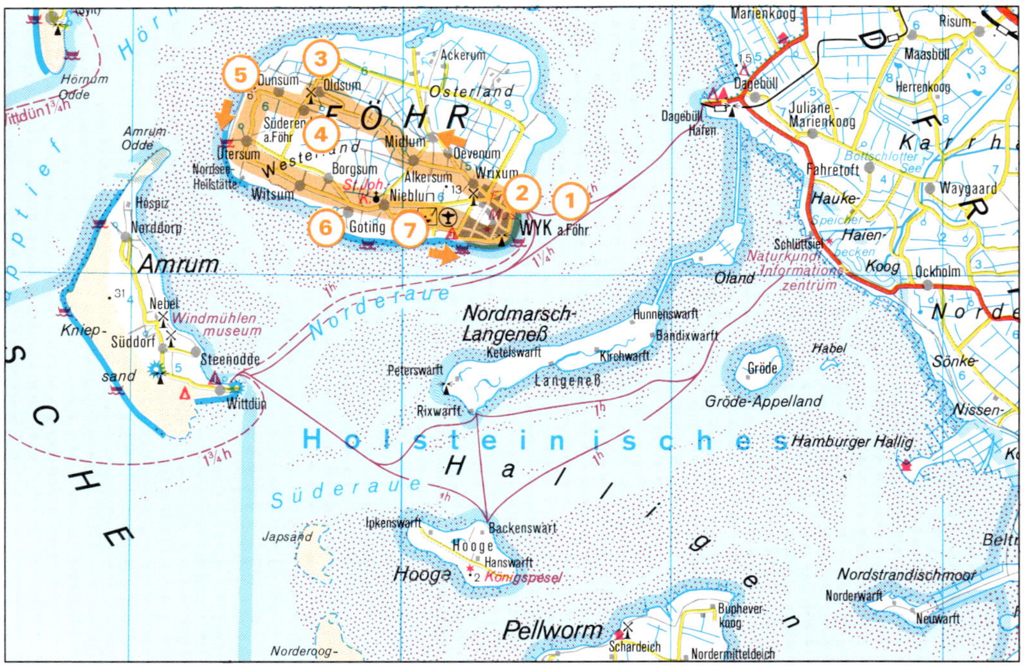

Tourverlauf

Zur Insel Föhr gelangt man nur per Schiff; auf dem Festland ist Dagebüll der Ausgangshafen.
Die Fähre macht in Wyk im Südosten der Insel fest. ①
Geeignetes Verkehrsmittel für eine Rundtour ist das eigene oder gemietete Fahrrad.

Erste Station nach einem Bummel durch Wyk ist der nördlich gelegene Ortsteil Boldixum. ②
Danach geht es immer geradeaus quer über die Insel zum alten Dörfchen Oldsum. ③

Von Oldsum aus lohnt sich der Weg nach Süden zur interessanten Kirche von Süderende. ④
Nur noch ein Katzensprung ist es dann zur Westküste von Föhr beim Ort Dunsum, von dem aus man bei sicheren Verhältnissen durchs Watt hinüber nach Amrum wandern kann. ⑤
Der Rückweg nach Wyk folgt dem Südrand von Föhr. Nach Utersum und Witsum erreicht man den Weiler Goting, wo das einzige Geestkliff von Föhr auf Besucher wartet. ⑥
Letzte Station vor der Rückkehr nach Wyk ist Nieblum mit seinem prächtigen romanischen »Friesendom«. ⑦

◁ Strandflieder bei der Hallig Gröde

Sehenswürdigkeiten

① Die Inselhauptstadt Wyk entstand um 1600 und war lange Zeit nur ein kleiner Fischerhafen. Der Ortsname bedeutet denn auch lediglich »Ort an der Bucht«. Weil die ersten Sommergäste bereits 1819 nach Wyk kamen, gilt es als das älteste Seebad Nordfrieslands, und um die Mitte des vorigen Jahrhunderts weilte der Dänenkönig Christian VIII. während des Sommers in Wyk. Hans Christian Andersen verbrachte hier seine Ferien, schrieb an seinen Märchen und skizzierte seinen Roman »Die zwei Baro-

▷ Warften auf der Hallig Gröde

nessen«. Der Wiener Walzerkönig, Johann Strauß, ließ sich zu seinen »Nordseebildern« inspirieren, und die dänischen Könige waren Dauergäste. An die alten Zeiten wird auch im Friesenmuseum am Rebbelstieg erinnert. Wahrlich idyllisch präsentiert sich die Carl-Haeberlin-Straße mit ihren Geschäften. Am Sandwall befindet sich das naturkundliche Informationszentrum der Schutzstation Wattenmeer. Hier wird anhand von Landschaftsmodellen, Sammlungen und Schautafeln alles Wissenswerte über die Insel Föhr und über das Wattenmeer vermittelt.

② Die Nikolai-Kirche im Wyker Ortsteil Boldixum ist die jüngste der drei Föhrer Kirchen; sie wurde im zweiten Drittel des 13. Jahrhunderts als Backsteinbau errichtet und erhielt in allen drei Jochen eine ausgemalte Wölbung. Den heutigen Schnitzaltar schuf Johann Schnitker 1643 mit einer Darstellung des Abendmahls und Szenen aus der Leidensgeschichte Christi. Der frühgotische Taufstein aus der Mitte des 13. Jahrhunderts stammt von der Insel Gotland, der um 1300 geschnitzte hl. Nikolaus ist der bedeutendste Schatz der Kirche. In der Wyker Marsch steht die Boldixumer Vogelkoje, die zu wissenschaftlichen Zwecken noch teilweise in Betrieb ist.

③ Mit seinen reetgedeckten Friesenhäusern und manchmal etwas verwilderten Bauerngärten ist Oldsum das urwüchsigste Dorf auf Föhr.

④ Bei Süderende steht die älteste, aber auch bescheidendste Inselkirche. Sie ist dem hl. Laurentius geweiht. Ihr Langhaus wurde noch im 12. Jahrhundert fertiggestellt. Die barocke Ausmalung an den Schiffsgewölben wurde um 1670 vollendet und beeindruckt durch ihre zwar etwas derbe, aber sehr ausdrucksvolle, farbige Darstellung. Der Figurenaltar des Kirchleins dürfte um 1440 entstanden sein.

⑤ Das kleine Dörfchen Dunsum am Westrand von Föhr ist Ausgangspunkt für Wattwanderungen nach Amrum. Die beiden Inseln liegen hier nur etwa 2,5 Kilometer Luftlinie auseinander – eine Strecke, die im Watt allerdings zu einer dreistündigen Wanderung wird.

⑥ Beim Weiler Goting liegt Föhrs landschaftlich schönster Fleck: 9 Meter hoch ist hier das Kliff, die Abbruchkante der Föhrer Geest. Die großen Granitbrocken, die an seinem Fuße liegen, wurden von den Gletschern der Eiszeit aus Nordskandinavien hierher transportiert. Nur wenig weiter nördlich des Goting-Kliffs lockt eine weitere Rarität auf einem Geestsporn, der als weithin sichtbare Landmarke in die Marsch hineinragt. Darauf stand einst die Lembecksburg, eine Ringwallanlage mit knapp 100 Metern Durchmesser und einer Wallhöhe von 11 Metern. Wissenschaftler haben nachgewiesen, daß die Burg der Inselbevölkerung bei Überfällen der räuberischen Wikinger als Fluchtburg diente – und das immerhin schon im 8. Jahrhundert

⑦ Die größte und bedeutendste Kirche der Insel steht in Nieblum und ist dem hl. Johannes geweiht. Der »Friesendom« mit Platz für über tausend Gläubige hat einen spätromanischen Chor mit eingezogener Apsis, ein gewölbtes, frühgotisches Querschiff und ein mit einer Holzbalkendecke geschlossenes Schiff. Ältestes Stück der Ausstattung ist ein Taufstein aus Granit, gearbeitet um 1200 und verziert mit hervorragend gestalteten kämpfenden Löwen. Der spätgotische Flügelaltar mit einer Marienkrönung im Mittelschiff, einer Kreuzigungsgruppe darüber und Heiligen und Aposteln an den Seiten stammt von 1480. Die bemalten äußeren Flügel sind gute Beispiele der spätmittelalterlichen Tafelmalerei. Besonders interessant ist die überlebensgroße Holzfigur des Kirchenpatrons. Die 1487 geschnitzte Statue des Johannes steht auf dem feingearbeiteten kauernden Herodes. Kulturgeschichtlich besonders bemerkenswert sind die Grabsteine auf dem Friedhof.

Die Halligen – Grüne Tupfer im Watt

Im schleswig-holsteinischen Wattenmeer liegen die zehn Halligen. Hervorgegangen sind sie aus den Resten des früheren Marschlands, das bei den gewaltigen Sturmfluten von 1362 und 1634 verlorenging. Sie sind nicht durch Deiche geschützt; mehrmals im Jahr heißt es deshalb »Land unter«. Lediglich die Häuser stehen auf Warften, auf künstlich aufgeschütteten Hügeln. Auf der Nordmarsch Langeneß gibt es 19 solcher Warften. Erreichbar sind die Halligen in der Regel nur mit dem Schiff. Langeneß und das vorgelagerte Oland sind über einen insgesamt rund 9 Kilometer langen Damm mit dem Festland verbunden. Zur Hamburger Hallig gibt es seit 1859 einen mit Platten belegten und bei jeder etwas höheren Flut überspülten Fahrweg. Immerhin kann man bei gutem Wetter mit dem Fahrrad bis vor die Warft fahren.

▽ Wohnzimmer eines Warfthauses auf der Hallig Gröde

Tip

Wyk auf Föhr: Dr.-Carl-Haeberlin-Friesen-Museum, Rebbelsteig 34. Das Museum zeigt die Geschichte und die Kultur der Insel Föhr.

2A

Föhr, Amrum, Halligen

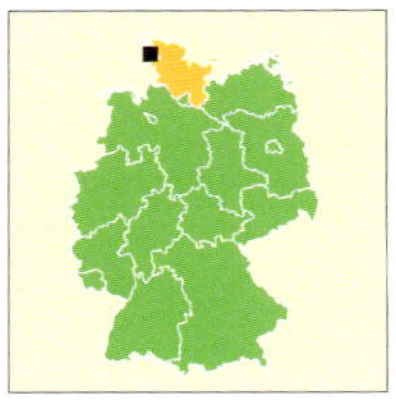

Wanderung 2 A: 15 Kilometer – 4 Stunden

Insel am »sandigen Rand«

Amrum ist nicht nur eine Geestinsel mit Dünen sondern auch eine Insel mit einem eigenständigen, riesigen Sandstreifen. Geestkern, Dünen und Kniepsand zu erobern, ist ein faszinierendes Erlebnis.

△ *Amrumer Leuchtturm*

Tourverlauf

Die Insel Amrum ist nur mit dem Schiff zu erreichen. ①
Nach knapp 1½ Stunden legt die Fähre von Dagebüll kommend in Wittdün an. ②
Von Wittdün fährt man mit dem Bus oder dem Fahrrad nach Nebel. ③
Von Nebel nimmt man den Weg, der genau nach Westen, quer durch die Dünen, zum Kniepsand hinüberführt. ④
Auch auf dem Kniepsand behält man die Westrichtung bei bis zum Strand. Dort wendet man sich nach Norden und folgt der Uferlinie bis zum Hospiz, wo das Vogelschutzgebiet namens Odde beginnt. ⑤
Vom Hospiz geht es auf der Wattseite von Amrum südwärts nach Norddorf. ⑥
Von Norddorf aus kann man bereits mit dem Bus zurückfahren. Schöner ist es, über den Wiesenweg östlich der Fahrstraße zurück nach Nebel zu bummeln.

Sehenswürdigkeiten

① Die Insel Amrum, die ihren Namen dem Sand verdankt (am Rem = sandiger Rand), ist etwa zur Hälfte von Dünen bedeckt, die im Osten von einem Waldstreifen begrenzt werden. Daran schließt sich eine Heidefläche an. Ein weiteres Landschaftselement ist schließlich der Kniepsand im Westen.
② Wittdün an der Südspitze von Amrum ist das Tor der Insel zum Festland und zu den Nachbarinseln. Der große Leuchtturm auf der 27 Meter hohen Düne westlich von Wittdün bietet von seiner Aussichtsplattform aus einen schönen Blick.
③ Das wohl schönste Dorf auf Amrum ist das malerische Nebel, auch wenn sein Name nur ganz prosaisch von »Neues Bohl« (= neue Ansiedlung) kommt. Interessant ist die alte St.-Clemens-Kirche. Sie hat einen Kastenchor aus Feldsteinen, ein Schiff aus Backstein und einen gedrungenen Westturm. Chor und Schiff stammen noch aus dem frühen 13. Jahrhundert, der neuromanische Turm kam 1908 dazu. Im Inneren sind ein dreiflügliger Altar mit Malereien von 1634, ein Kruzifix aus dem 15. Jahrhundert und die Figuren des thronenen Christus mit den Aposteln zu bewundern. Ein Anziehungspunkt sind die zahlreichen alten Grabsteine auf dem Kirchhof von Nebel. Sie sind mit kunstvollen Reliefs verziert. Die historische Windmühle am Ortseingang stammt von 1771 und beherbergt das Amrumer Heimatmuseum.
④ Der 1,5 Kilometer breite Amrumer Kniepsand war ursprünglich eine riesige Sandbank, die im 16. Jahrhundert quer vor der Südküste lag, wo es auch eine Verbindung zwischen Sand und Geest gab. Nach und nach sorgten dann Wellen, Wind und Meeresströmungen dafür, daß der Sand um beinahe 90 Grad schwenkte und erst vor den natürlich gewachsenen Inseldünen weitgehend zur Ruhe kam.
⑤ Nördlich des von Pastor Bodelschwingh errichteten Hospizes beginnt Amrums wichtigstes Naturschutzgebiet, das Vogelschutzgebiet Odde. Vom Vogelwärterhaus im Haustal aus gibt es im Sommer regelmäßig Führungen in das Schutzgebiet hinein.
⑥ In Norddorf führt ein Treppenweg zur 32 Meter hohen Aussichtsdüne hinauf.

◁ *Dünen und Kniepsand bei Wittdün*

Tip

Wittdün: Informationszentrum der Schutzstation Wattenmeer, Mittelstraße. Hier erfährt man alles Wissenswerte über das Wattenmeer.

Hooge, Hallig aus neun Warften

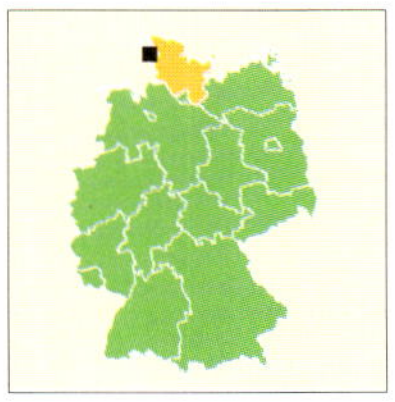

»Wie Träume liegen die Inseln im Nebel auf dem Meer«, schrieb der Dichter des »Schimmelreiters« Theodor Storm und meinte damit die grünen Eilande im Wattenmeer, die Halligen. Ihre nicht durch Deiche geschützten Marschen werden mehrmals im Jahr überflutet, lediglich für die Häuser gibt es Warften aus künstlichen Hügeln.

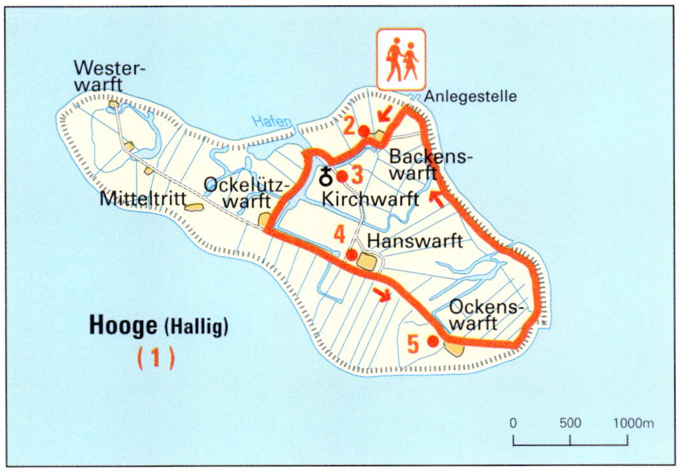

Tourverlauf

Das Schiff ist die einzige Verkehrsverbindung zur Hallig Hooge; von Schlüttsiel aus zum Beispiel ist man nach einer etwa einstündigen Überfahrt auf Hooge. ①
Das Fährschiff legt im Nordosten der Hallig, an der Backenswarft, an. ②
Da es auf der 5,5 Quadratkilometer kleinen Hallig keine Autos gibt, erkundet man sie zu Fuß oder auf dem Fahrrad, das an der Backenswarft gemietetet werden kann. Erstes Ziel von dort ist die wenig südlich gelegene Kirchwarft. ③
Über die Ockelützwarft geht oder radelt man hinüber zur Hanswarft im Zentrum der Hallig. ④
Im Südosten von Hooge liegt die Ockenswarft mit ihrem Naturzentrum. ⑤
Von der Ockenswarft geht es der Uferlinie entlang zurück zur Backenswarft.

Sehenswürdigkeiten

① Die Hallig Hooge ist eine ganz besondere Hallig. Auf ihr gibt es seit 1914 einen »Sommerdeich« gegen die niedrigeren Sturmfluten im Sommer. Das normale Hochwasser überragt den Deich um etwa 2 Meter und sorgt dadurch dafür, daß auf Hooge nur noch etwa fünfmal im Jahresdurchschnitt »Land unter« herrscht. Insgesamt neun Warften gibt es auf Hooge, die jeweils ihren eigenen Charakter haben. Seit gut 100 Jahren sind die Halligen in den öffentlichen Küstenschutz einbezogen, wurden sie zu Wächtern im Watt. Heute sind sie zudem Teil des 1400 Quadratkilometer großen Naturschutzgebietes »Nordfriesisches Wattenmeer«.
② Die Backenswarft ist das Tor der Hallig Hooge zum Rest der Welt. Der kleine Hafen garantiert die sichere Schiffsverbindung zum Festland.
③ Die Kirchwarft ziert die 1641 errichtete Kirche. Ihre asymmetrische Emporenkanzel schuf Anfang des 17. Jahrhunderts der Flensburger Meister Ringerinck. Die 1743 fertiggestellte Kanzeltür zeigt in ihrem oberen Abschluß einen weiblichen Wal mit seinem Jungen und erinnert damit an die Zeiten, als die Bewohner von Hooge noch auf Walfang fuhren. An der Decke hängt als Votivschiff von 1825 die Fregatte »Friedrich VI.« und erinnert an den Besuch des dänischen Königs, der seine Untertanen nach der schweren Sturmflut besucht hatte.
④ Ebenfalls an den Besuch des dänischen Königs erinnert das »Königshaus« auf der Hanswarft. Der Pesel, die gute Stube des 1767 errichteten Hauses, heißt seither Königspesel. Er ist mit prächtigen, zu ganzen Bildern geordneten holländischen Fliesen geschmückt und noch so erhalten, wie ihn der Dänenkönig damals vorgefunden hatte. Nebenan steht das Hooger Heimatmuseum. Es präsentiert altfriesisches Mobiliar, zeigt kuriose Wattfunde und gibt einen Einblick in die Vogelwelt der Halligen.
⑤ Die Ockenswarft ist der Stützpunkt der Natur. Hier hat der Hooger Natur- und Umweltschutzverein ein Naturzentrum errichtet, in dem man auf alle Fragen zur Hallig, zum Watt und zu den Vögeln eine sachkundige Auskunft erhält.

△ *Wattwandern sollte man zur Sicherheit in Gruppen*

◁ *Westerwarft auf Hooge*

Tip

Norderoog: Die der Hallig Hooge im Süden vorgelagerte Insel Norderoog ist die von Seevögeln am dichtesten besiedelte Hallig. Das »Mekka der Ornithologen« ist streng geschützt und darf nur mit offizieller Führung betreten werden. Der Besuch ist nur bei Ebbe möglich, und die Interessenten müssen etwa 5 Kilometer durch das Watt marschieren.

3

Autotour 3: 120 Kilometer

Im Lande Angeln

Der nördlichste Teil der deutschen Ostseeküste bietet viele Höhepunkte: zum Beispiel die alte Hafenstadt Flensburg mit ihrer noch an die Seefahrerromantik erinnernden Hafenpartie oder das ebenso markante wie bemerkenswerte Schloß Glücksburg und schließlich die Flensburger Förde, ein landschaftliches Kleinod mit einer Fülle mehr oder weniger versteckter Kostbarkeiten.

Angeln

△ Haustüre in Arnis

Tourverlauf

Die Rundfahrt beginnt in Flensburg am südlichen Ende der Flensburger Förde. ①
Man verläßt die Stadt über die B 199, folgt aber noch im Stadtbereich der Ausschilderung nach Glücksburg. ②
Von Glücksburg aus lohnt sich ein Besuch im 8 Kilometer entfernten Holnis. ③
Auf gleicher Strecke geht die Fahrt zurück nach Bockholm von dort über Rüde und Ringsberg wieder auf die B 199, auf der man nun in östlicher Richtung bis Gelting bleibt. ④
In der nördlichen Geltinger Umgebung führen interessante Ausflüge zur Schöpfmühle Charlotte und zum Vogelschutzgebiet Birk.
Von Gelting aus folgt man weiter der B 199 bis zur Abzweigung nach Maasholm. ⑤
Der 6 Kilometer lange Abstecher führt ans Mündungsgebiet der Schlei.
Von Maasholm gelangt man auf gleichem Weg wieder zurück zur B 199, auf der man weiter südwärts nach Kappeln fährt. ⑥
Die alte Hafenstadt an der Schlei sollte man nicht verlassen, ohne zuvor das äußerst reizvolle Arnis besucht zu haben. ⑦
Um von Kappeln westwärts nach Sörup zu gelangen, wählt man die gut beschilderte Landstraße als Weg. ⑧
Vom Städtchen Sörup mit der überaus prachtvollen romanischen Kirche führt die Tour durch Angeln in westlicher Richtung wieder zurück zum Ausgangspunkt Flensburg.

▽ Schloß Glücksburg

Sehenswürdigkeiten

① Als nördlichste Stadt Deutschlands entwickelte sich Flensburg im 12 Jahrhundert aus einem Fischerort. Ihr Kern war die Johanniskirche, womit gleichzeitig augenfällig wird, daß die Förde damals ein gutes Stück weiter landeinwärts reichte. Ende des 12. Jahrhunderts gründeten die Dänen im Bereich des heutigen Nordermarktes eine auf den Seehandel ausgerichtete Kaufmannssiedlung. Ihr Mittelpunkt war die Marienkirche. Als dritter Siedlungskern entstand um die Nikolaikirche der heutige Südermarkt. Die beiden Orte auf der Westseite der Förde wuchsen nach und nach über die Große Straße und den Holm zusammen. Stadtrecht jedoch erhielt der Nordermarkt 1284. Mitte des 16. Jahrhunderts reichte Flensburg bereits vom Nordertor bis hinunter zur Angelburger Straße. (Siehe auch Wanderung 3 A, Seite 20.)
② Schloß Glücksburg gilt wohl zu Recht als das schönste Wasserschloß Deutschlands; es ist auch die »Wiege« zahlreicher europäischer Herrscherhäuser. Bauherr war Herzog Johann von Sonderburg, der mit 22 Kindern nicht nur der Stammvater des herzogli-

◁ *Im Hafen von Maasholm*
▷ *Heringszäune in Kappeln*

chen Hauses Schleswig-Holstein, sondern damit letztlich auch der Königshäuser von Dänemark, Norwegen und Griechenland wurde. Das 1587 fertiggestellte Renaissanceschloß birgt heute unter anderem kostbare Gobelins, Ledertapeten aus der zweiten Hälfte des 17. Jahrhunderts sowie eine Bildergalerie zur schleswig-holsteinischen und dänischen Geschichte. Der überwiegende Teil des Schlosses ist als Museum zugänglich.

③ Bei Surfern, Schwimmern und Spaziergängern gleichermaßen beliebt ist die schmale Landzunge, die von Glücksburg aus weit nach Norden in die Flensburger Förde hineinreicht. Von ihrem nördlichsten Punkt bei Holnis genießt man eine schöne Aussicht über die Flensburger Förde.

④ Gelting: Siehe Wanderung 3 B, Seite 21.

⑤ Das kleine Fischerdorf Maasholm war früher nur mit dem Schiff oder über einen Pfad durchs Schilf zu erreichen. Heute gibt es zwar eine respektable Straße, doch dürfen Touristenautos dennoch nicht nach Maasholm hinein. Zu Fuß lassen sich die engen Gassen und der große Yachthafen ohnehin viel besser erkunden.

⑥ Hauptort an der Äußeren Schlei ist Kappeln, ein alter Hafen- und Fischerort, wo es bereits im 15. Jahrhundert heute noch erhaltene Heringszäune gab. Sie hatten erst ausgedient, als der Hering endgültig abgewandert und deshalb zur Delikatesse avanciert war. Einen Besuch verdient die 1790 fertiggestellte, spätbarocke Nikolaikirche. Auf dem höchsten Punkt der Stadt steht die Galerieholländer-Windmühle von 1888.

⑦ Das kleine Städtchen Arnis wurde 1667 von 62 Familien gegründet, die aus Furcht vor drohender Leibeigenschaft Kappeln verlassen hatten. Ihre damals gebauten Fachwerkhäuser zieren noch heute die einzige Straße der Siedlung. Die 600 Einwohner können stolz darauf verweisen, die kleinste Stadt Schleswig-Holsteins zu repräsentieren und an einer der malerischsten Straßen des Landes zu wohnen.

△ *Holnis, das Vogelschutzgebiet*

⑧ Der wohl schönste Kirchenbau des Landes Angeln steht in Sörup. Der romanische Granitquaderbau stammt aus dem späten 12. Jahrhundert und besitzt als Werk von Hans Gudewerdt eine Knorpelbarockkanzel von 1663. Die gotländische Steintaufe entstand im 13. Jahrhundert.

Durch Seehandel wohlhabend geworden: Flensburg

Die Flensburger Handelsherren wußten die Vorteile ihres Standorts an der Förde zu allen Zeiten in Kapital zu verwandeln. Nach dem Niedergang der Hanse und nach dem Dreißigjährigen Krieg war das Gebiet an der Förde dänisch geworden, und mancher konnte nun die Beziehungen zu den Territorien Dänemarks in Westindien nutzen. Die Kaufleute bezogen Rohrzucker, Tabak und Kaffee aus der Karibik, und als die »Neptunus« 1755 die erste Schiffsladung Rumfässer aus Westindien brachte, war damit ein neuer Wirtschaftszweig entstanden. Nur 20 Jahre später pendelten bereits über 200 in Flensburg beheimatete Segelschiffe zwischen der Karibik und der Förde. An der Förde gab es damit mehr Handelsschiffe als in Kopenhagen. Der Import alleine aber machte den Ruhm des Rums sicher noch nicht aus. Er stellte sich erst mit der Verarbeitung des Zuckerrohrdestillats zum genießbaren Getränk ein. Als Vorbild diente die französische »rumbouillon«, ein Rezept, das die Flensburger zur Perfektion weiterentwickelten, und das ihren Rum zu höchstem Ansehen brachte. Daran hat sich nichts geändert: Rumimport und Verarbeitung spielen in Flensburg immer noch eine große Rolle – auch heute noch stammen von zehn deutschen Rumflaschen neun aus Flensburg.

Tip

Hechtmoor südlich von Satrup: Hier leben seltene Pflanzen und Tiere, darunter der Rundblättrige Sonnentau und die Hochmoor-Mosaikjungfer, eine Libellenart (Naturschutzgebiet; Rundwanderweg).

3A

Wanderung 3 A: 7,5 Kilometer – 3 bis 4 Stunden

Flensburger Stadtspaziergang

»Die Stadt im Tal, umkränzt von Hügeln« schmiegt sich mit ihren alten Gassen, Winkeln und Treppen, mittelalterlichen Kirchen und Toren zauberhaft um das Südende der Flensburger Förde. Ein Bummel über den Südermarkt, den Holm, die Norderstraße und die Schiffbrücke ist auch ein Spaziergang durch 800 Jahre Stadtgeschichte.

Angeln

△ *Fachwerkhaus in Flensburg*

Tourverlauf

Vom Parkplatz am Norderhofenden erreicht man die Südspitze der Förde am schnellsten. Ihrem westlichen Ufer entlang stößt man auf das Kompagnietor. ①
Wenig weiter nördlich kommt man zum Museumshafen, wo historische Segelschiffe und die 1908 erbaute »Alexandra« vor Anker liegen. ②
Über das Nordende der Schiffbrücke gelangt man zum Nordertor, dem Flensburger Wahrzeichen. ③
Vom Nordertor folgt man der Norderstraße, wo gegenüber der Dänischen Bibliothek der Künstlerhof ein schönes Beispiel eines Handelshofes aus dem 18. Jahrhundert darstellt. ④
Nur noch wenige Schritte nach Süden sind es zu der 1284 begonnenen Marienkirche am Nordermarkt. ⑤
Östlich der Großen Straße versteckt sich an der Speicherlinie der Westindienspeicher. ⑥
Neben der Heilig-Geist-Kirche geht es nun hinauf zum alten Friedhof und hinüber zum Städtischen Museum, das am Lutherplatz liegt. ⑦
Über Treppen steigt man hinunter zum Holm und dort zum Haus 19/21, dem ältesten erhaltenen Handelshof, der aus der Flensburger Blütezeit vor dem Dreißigjährigen Krieg stammt. ⑧
Das Südende des Holms mündet in den Südermarkt, der einen der historischen Plätze Flensburgs repräsentiert; hier steht die Nikolaikirche. ⑨
Über die Angelburger Straße erreicht man schließlich die Johanneskirche. ⑩
Von ihr aus kommt man über die Karl- und die Wilhelmstraße zurück zum Parkplatz.

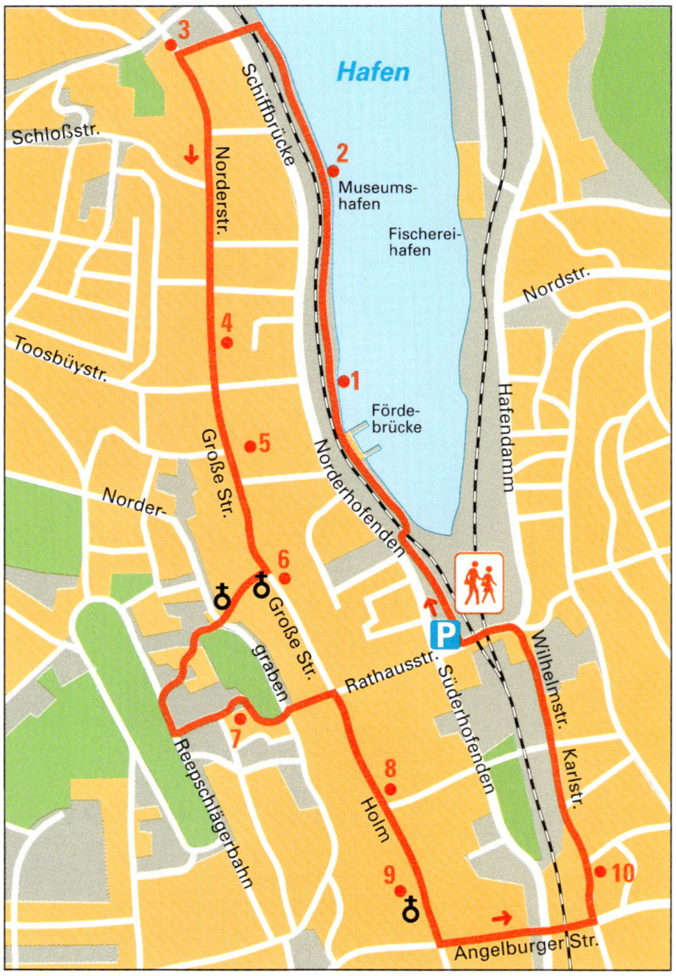

Sehenswürdigkeiten

① Das Kompagnietor wurde bis 1604 errichtet und war das Zunfthaus der Schiffer und Kaufleute. Charakteristisch sind die Rundbogendurchfahrt und die Treppengiebel.
② Neben dem Museumshafen ist in einem ehemaligen Zollpackhaus von 1843 das Schiffahrtsmuseum untergebracht. Zu sehen sind Schiffsmodelle, Schiffsbilder, nautische Instrumente und alte Galionsfiguren.
③ Das Nordertor wurde 1596 errichtet; bis 1795 markierte es die nördliche Ausdehnung Flensburgs. Die Wappen des dänischen Königs Christian IV. und der Stadt Flensburg zieren den Torbogen.
④ Ein Handelshof aus dem 18. Jahrhundert beherbergt den Künstlerhof. Er ist ein besonders schönes Beispiel gelungener Sanierung.
⑤ Die Marienkirche am Nordermarkt stammt aus dem 13. Jahrhundert; sie ist dreischiffig und mit spätmittelalterlichen Deckenmalereien geschmückt. Ein Epitaph in der ersten Nische auf der rechten Seite zeigt die älteste gemalte Darstellung Flensburgs. Die modernen Farbglasfenster sind ein Werk der Flensburger Künstlerin Käte Lassen.
⑥ Der Westindienspeicher ist das bedeutendste Zeugnis aus der Frühzeit der Handelsverbindungen mit Westindien.
⑦ Die Exponate des Städtischen Museums reichen bis in die Vorgeschichte zurück. In der Kunst- und kulturgeschichtlichen Abteilung wird Flensburgs Blütezeit anhand von Silbergeräten, Fayencen und Bauernstuben aus dem 17. und 18. Jahrhundert lebendig.
⑧ Das Haus Holm 19/21 ist der älteste in Flensburg erhaltene Handelshof. Er entstand im 16. Jahrhundert.
⑨ Die Nikolaikirche am Südermarkt stammt aus dem 14. Jahrhundert; sie ist die größte Kirche der Stadt und verfügt über einen Orgelprospekt, 1609 von Hinrich Ringeringk geschaffen, der zu den schönsten in Norddeutschland zählt.
⑩ Die Johanneskirche ist die älteste Kirche der Stadt. Errichtet wurde sie um 1200 aus Feldsteinen. Sie besitzt eine reiche Gewölbebemalung aus der Zeit um 1500 sowie eine Kanzel aus dem 16. Jahrhundert.

▽ *Das Kompagnietor in Hafennähe*

Tip

Fröslev-Jardelunder Moor, 12 Kilometer westlich von Flensburg: Allein schon in der Vielfalt der Kleinbiotope liegt der Reiz dieses Moores (Naturschutzgebiet).

Wanderung 3 B: 15 Kilometer – 4 Stunden

3B

Rund um die Geltinger Birk

Angeln

Die Halbinsel am Ostufer der Geltinger Bucht trennt die Flensburger Außenförde vom offenen Meer. Mehrere Sumpfgebiete und ein trockengefallener Strandsee bilden ein interessantes Naturschutzgebiet, in dem vielerlei Sumpf- und Wasservögel ihre Heimat und zahlreiche Zugvögel ihre Raststation haben.

Tourverlauf

Geeigneter Startort für die Wanderung um die Geltinger Birk ist der Parkplatz in der Nähe der Kirche von Gelting. ①
Vom Parkplatz aus geht es an das nördliche Dorfende, wo ein Wegweiser die Richtung zum Wandergebiet Birk anzeigt. Nach knapp zwei Kilometern erreicht man die Geltinger Bucht, nach einem weiteren Kilometer die Windmühle Charlotte. ②

▽ *Der Leuchtturm von Falshöft*

Ab der Windmühle ist das Naturschutzgebiet den Fußgängern vorbehalten. Der Weg folgt weiter dem Ufer nach Norden bis zur äußersten Spitze der Halbinsel. ③ Auf halbem Weg liegt rechter Hand der Gutshof Beveroe, zu dem man einen Abstecher machen kann.
An der Nordspitze der Halbinsel wendet sich der Weg im rechten Winkel nach Südosten, bleibt dabei aber der Uferlinie treu. Gut vier Kilometer sind es von der Spitze bis zur Höhe von Falshöft, dem Leuchtturm und dem Campingplatz von Gammeldamm. Vom Südende des Campingplatzes folgt man dem Weg westwärts nach Pommerby. ④
Nach weiteren knapp drei Kilometern wird das Torhaus des Geltinger Gutes erreicht. Hinter dem Wassergraben ermöglicht ein schmaler Teerweg einen Blick auf das Herrenhaus. Auf der Höhe des Gutes führt ein Radweg zurück zur Geltinger Kirche.

Sehenswürdigkeiten

① Die Geltinger Kirche ist ein spätgotischer Bau mit einem freistehenden, hölzernen Glockenturm von 1729. Die sonst eher schmucklose Kirche birgt in ihrem Inneren eine geschnitzte Taufe, die Hans Gudewerdt 1653 schuf.
Das Herrenhaus von Gut Gelting war einst dänisches Krongut und kam 1494 in den Besitz der Familie Ahlefeldt. Sie verhalf dem Bau mit dem mittelalterlichen Rundturm Ende des 17. Jahrhunderts zu einem Westflügel. Im Jahre 1758 kaufte Sönke Ingwersen den Besitz, er wurde ein Jahr später vom dänischen König zum Baron von Gelting geadelt und baute das Herrenhaus zur stattlichen Dreiflügelanlage aus. Für die feinen Stukkaturen auf blaugrünem Grund holte der Bauherr keinen Geringeren als Michel Angelo Tadei aus Lugano. Leider kann das Herrenhaus nicht besichtigt werden.
② Die Windmühle Charlotte ist ein Erdholländer von 1826. Allerdings diente die Mühle nie zum Mahlen von Getreide sondern als Schöpfmühle zur Entwässerung der tiefer gelegenen Landstriche der Geltinger Birk.
③ Die nördliche Spitze des Geltinger Birk ist ein prächtiger Aussichtspunkt an der Nahtstelle zwischen der Flensburger Förde und der offenen See. Von hier schweift der Blick bis hinüber zu den dänischen Inseln Als und Kegnaes und zum Städtchen Sonderborg.
Auf der breiten Landzunge im Rücken der Spitze lassen sich bis zu 150 verschiedene Vogelarten beobachten. Etwa die Hälfte davon brütet hier auch und zieht ihren Nachwuchs auf. Die andere Hälfte sind Zugvögel, die die Halbinsel im Frühling und im Herbst als willkommenen Rast- und Stärkungsplatz nutzen. Im Herbst fallen zudem die Ringelgänse zu Tausenden ein, um sich in den sumpfigen Salzwiesen den nötigen Speck für den Winter anzufressen.
④ Im Dörfchen Pommerby kann man einen privaten Tiergarten besuchen oder das Geburtshaus von Georg Asmussen, dem Begründer des Guttemplerordens, besichtigen.

△ *Schöpfmühle Charlotte bei Gelting*

△ *Geltinger Birk in der Abendstimmung*

Tip

Eichenwald nahe der Windmühle Charlotte bei Gelting: Ein vom Westwind geschorener Eichenwald, dessen verkrüppelte Baumkronen weit zur windabgewandten Seite umgebogen sind. Die Einheimischen nennen das bizarre Gehölz deshalb bezeichnenderweise Gespensterwald.

4

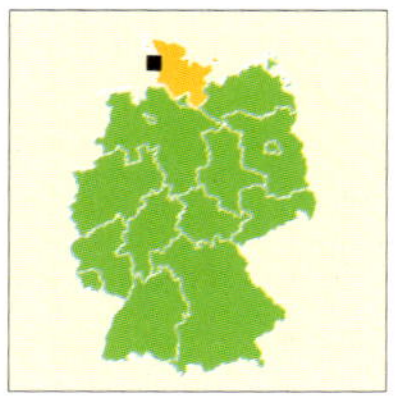

Autotour 4: 110 Kilometer

Von Ort zu Ort in Eiderstedt

Zwischen Heverstrom und Eider ragt die Halbinsel Eiderstedt rund 30 Kilometer weit in die Nordsee hinein. Die von der großen Sturmflut von 1362 geformte Halbinsel ist die »Insel der historischen Kirchen«, die Insel des bäuerlichen Wohlstandes und, an der Spitze in St. Peter-Ording, die Insel des Badevergnügens. Der Wanderer kann auf Eiderstedt wochenlang Neues entdecken.

△ Im Hafen von Tönning

Tourverlauf

Idealer Startort für eine Erkundungsfahrt rund um Eiderstedt ist das heimelige Husum mit seinen engen Straßen und Gassen und den alten, hohen Giebelhäusern. ①

Von Husum aus geht es auf die B 5, die man aber bereits nach wenigen Kilometern westwärts verläßt.

Beim Weiler Sandkrug lohnt ein Blick auf den Roten Haubarg. ②

Über Witzwort und Oldenswort wird Tetenbüll erreicht. ③

Nach 3 Kilometern in nördlicher Richtung geht es wieder westwärts nach Westerhever und unmittelbar an den leeseitigen Deichfuß. ④

Die südlich von Westerhever gelegene Tümlauer Bucht wird umfahren, und kurz darauf erreicht man St. Peter-Ording. ⑤

Bei Süderhöft lohnt es sich, die küstennahe Straße zu verlassen, 3 Kilometer nach Norden und weitere 3 Kilometer auf der B 202 nach Osten bis Garding zu fahren. ⑥

Von dort aus geht es wieder 3 Kilometer nach Süden bis zum Weiler Welt. ⑦

Nächstes Etappenziel ist das Eidersperrwerk. ⑧

Unmittelbar vor dem Sperrwerk führt eine kleine Straße durchs Katinger Watt hinüber nach Tönning. ⑨

Die B 5 verbindet Tönning schließlich wieder mit dem Ausgangspunkt Husum.

Sehenswürdigkeiten

① »Graue Stadt am Meer« nannte Theodor Storm seinen Geburtsort Husum, das es schon vor 1252 gegeben hatte. Die Anlage eines Hafens allerdings ermöglichte erst die große Sturmflut von 1362, die dem Heverstrom zwischen Nordstrand und Eiderstedt die Bahn frei machte. Im 16. Jahrhundert war Husum eine blühende Stadt; hier gab es die Herzogliche Münze, und der berühmte Schnitzer Hans Brüggemann hatte hier seine Werkstatt. Mittelpunkt ist heute der Marktplatz mit dem Asmussen-Woldsen-Brunnen. Ihn schuf Adolf Brütt 1902 und krönte ihn mit der Holzpantinen tragenden »Tine«. Beherrschend auf der Nordseite des Platzes ist das Herrenhaus mit seinen in Stein gehauenen Köpfen am Stufengiebel. Sie erinnern an jene Husumer Bürger, die nach einer Rebellion gegen den dänischen König Christian I. 1472 hingerichtet wurden. Das zweigeschossige Rote Haus mit dem Walmdach ist Storms Geburtshaus, und das Rathaus neben dem Herrenhaus entstand 1601 mit einem zur Straße hin offenen

▷ Marienkirche in Husum

Erdgeschoß, in dem einst das Gericht »öffentlich« tagte. Die Marienkirche auf der Ostseite des Marktplatzes ist ein klassizistischer Bau von 1832. Die schönste Zeile alter Kaufmannshäuser aus dem 18. Jahrhundert findet sich in der Wasserreihe. Im Haus Nr. 31 wohnte und arbeitete von 1866 bis 1880 Theodor Storm. Heute dient das Haus als Storm-Museum, in dem die Umwelt des Dichters und die Wohnkultur des späten Biedermeiers gleichermaßen lebendig werden.

② Der Rote Haubarg bei Sandkrug wurde Mitte des 17. Jahrhundert als fürstlicher Hof angelegt und nach einem Brand 1759 in der heutigen Form wieder errichtet. Sein Pesel, also die gute Stube, stammt von 1780.

③ In der kleinen und von außen unscheinbaren Kirche von Tetenbüll findet sich ein spätgotischer Schnitzaltar aus dem Jahre 1523. Er stammt aus der Werkstatt von Hans Brüggemann, jenem Künstler, der den berühmten Bordesholmer Altar im Dom zu Schleswig geschaffen hat.

Das Eider-Sperrwerk – Sicherung der Küste

◁ Eider-Sperrwerk bei Kating

Ursprünglich war die Eider bis fast hinauf nach Rendsburg, also gut 100 Kilometer flußaufwärts, tidenabhängig. Damit war das gesamte Hinterland äußerst sturmflutgefährdet und auf künstliche Entwässerung angewiesen. Endgültig Abhilfe wurde hier erst durch das 1972 fertiggestellte Eider-Sperrwerk geschaffen. Mit einem 4,8 Kilometer langen und 8,5 Meter hohen Damm gelang es, die schleswig-holsteinische Deichlinie um 60 Kilometer zu verkürzen und gleichzeitig das gesamte Umland des Eidertrichters vor Überflutung zu sichern. Für den Abfluß der Eider sorgt ein eigenes, etwa 300 Meter langes Sperrwerk, durch das heute die eine Zufahrtsstraße zur Halbinsel Eiderstedt im Tunnel führt. Fünf je 40 Meter breite Sieltore können je nach Tidenstand geschlossen oder geöffnet werden, um abwechselnd das Eindringen von Seewasser zu verhindern oder das Abfließen des Süßwassers zu ermöglichen. Bald nach der Fertigstellung des Sperrwerkes begann man damit, den Mündungstrichter der Eider zu verkleinern. So wurde bereits 1973 das Katinger Watt im Nordosten des Eiderdamms eingedeicht.

④ Die Nordwestecke der Halbinsel Eiderstedt ist durch den Westerhever Leuchtturm gesichert. Der 40 Meter hohe Turm zählt zu den schönsten Leuchttürmen an der gesamten deutschen Nordseeküste, ist das beliebteste Fotomotiv weit und breit und ist vom Deich aus bequem zu Fuß erreichbar. Besteigen allerdings darf man den verlockenden Turm nicht. (Siehe auch Wanderung 4 A, Seite 24.)

⑤ St. Peter-Ording ist ein aus mehreren Gemeinden bestehendes Seebad an der Westküste der Halbinsel Eiderstedt. Sein gut 12 Kilometer langer Sandstrand kann sogar mit dem Pkw befahren werden; charakteristisch sind die sonst nur von der dänischen Insel Rømø bekannten Pfahlbauten als Serviceeinheiten für den Badebetrieb. Der wunderbar tragfähige Sand erlaubt das Strandsegeln mit kleinen, dreirädrigen Wagen – ein Spezialsport, der nur in St. Peter-Ording ausgeübt werden kann. (Siehe auch Wanderung 4 B, Seite 25.)

⑥ Die Gardinger St.-Christians-Kirche ist ein Backsteinbau aus dem 12. Jahrhundert mit einem kreuzförmigen, gewölbten Chor. Ihr Flügelaltar stammt von 1596 und der Orgelprospekt von 1512, der damit zu den ältesten Norddeutschlands zählt. Neben dem Pastorat (Pfarrhaus) steht das Geburtshaus des bedeutenden Historikers Theodor Mommsen.

⑦ Im winzigen Weiler Welt steht eine kleine, aber interessante spätromanische Backsteinkirche mit gotischem Chor. Sie besitzt einen Flügelaltar aus dem Jahre 1600 und eine Kanzel von 1578.

⑧ Das gewaltige Eider-Sperrwerk regelt den Abfluß der Eider und verhindert das Eindringen der See in die Niederungen des Hinterlandes.

⑨ Das Städtchen Tönning ist der Hauptort der Halbinsel Eiderstedt. Hier mündete der 1784 eröffnete Schleswig-Holstein-Kanal in die Nordsee, der, auch infolge der Kontinentalsperre Napoleons gegen Großbritannien, zwischen 1803 und 1806 einen regen Seehandel ermöglichte, der den Hamburgs weit übertraf. Heute ist all das nur noch Erinnerung, abgelöst von der Idylle alter Bürgerhäuser mit holländischem Anklang und der auf die Spätromanik zurückgehenden Laurentius-Kirche. In ihr ist vor allem das große barocke Deckengemälde von Barthold Conrath beachtenswert. Das 1704 fertiggestellte Werk ist direkt auf die Deckenbretter gemalt.

△ Eiderstedter Haubarg von 1743

◁ Marschland auf Eiderstedt

Tip

Ahrenviöler Westermoor: Nordöstlich von Husum haben sich umfangreiche Reste eines Hochmoors erhalten (Naturschutzgebiet, Rundwanderweg).

4A

Wanderung 4 A: 5 Kilometer – 2 Stunden

Die Westerhever Salzwiesen

Eiderstedt

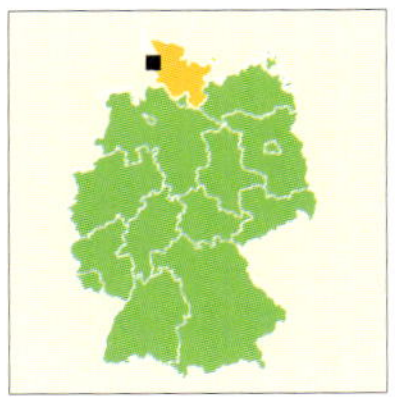

Der malerische Leuchtturm von Westerhever sichert die Nordwestspitze der Halbinsel Eiderstedt für die Schiffahrt. Er steht mitten in den Salzwiesen vor dem Deich. Diese immer wieder von der See überfluteten Wiesen sind Heimat einer hochspezialisierten Tier- und Pflanzenwelt.

Tourverlauf

Neben dem Parkplatz am Ende der Westerhever Straße erhebt sich der gewaltige Seedeich. Von seiner Krone jedoch öffnet sich der Blick auf das Wattenmeer, die Salzwiesen und den Leuchtturm. Von hier aus überblickt man auch den Lehrpfad, der entlang des Zugangwegs zum Leuchtturm eingerichtet wurde. Um alles Wichtige zu erleben, muß man also lediglich zum Leuchtturm und zurück spazieren.

Sehenswürdigkeiten

① Bei klarem Wetter bietet das Panorama von der Westerhever Deichkrone aus mehr als nur Wattenmeer. Rechts vom Leuchtturm sieht man die Strandhütten von St. Peter-Ording, geradeaus die Bake von Süderoogsand. Weiter nach rechts scheint die Hallig Süderoog auf dem Meer zu schwimmen, daneben ragt der Amrumer Leuchtturm aus dem Wasser. Noch weiter nach rechts folgen die Halligen Norderoog und Hooge, schließlich die alte Kirche und der Leuchtturm von Pellworm.

△ Der Queller, eine Pionierpflanze im Wattenmeer

② Am Deichfuß ist der Übergang zwischen beweideten und unbeweideten Wiesen deutlich erkennbar. In letzter Zeit grast kein Vieh mehr auf den flachen Salzwiesen, um die natürliche Entwicklung nicht weiter zu behindern.

③ Vier charakteristische Pflanzen der Salzwiese haben sich angesiedelt: der Queller als die Pionierpflanze in den tiefsten Lagen der Salzwiese, der Strandflieder, die Strandaster und der Strandwegerich als typische Blütenpflanzen der Salzwiese.

④ Die Quellerzone bildet den Übergang vom Watt zur Salzwiese. Sie liegt unterhalb der mittleren Hochwasserlinie und wird bei fast jedem Hochwasser überspült.

⑤ Die gelben Nationalparkschilder sichern eine dem Schutz brütender und rastender Vögel dienende Zone. Dieses Gebiet darf angesehen aber nicht betreten werden.

⑥ Ein Stichweg führt zur Kante, an der die Salzwiese zum Watt abbricht. Einbuchtungen, Auskolkungen und Sandaufwehungen zeigen hier, daß die Kante einem stetigen Wechsel von Abtrag und Anlandung unterworfen ist.

⑦ Die dort gelegene Salzwiese wird seit 1985 nicht mehr beweidet. Seither brüten hier Lachmöwen, Austernfischer und Rotschenkel sowie Küstenseeschwalben. Im August blüht hier der violette Strandflieder.

⑧ Die verschlungenen Gräben der Salzwiese sind natürliche, von der Dynamik des Wassers gestaltete Priele. Daneben gibt es geradlinig angelegte Gräben, die sogenannten Grüppen; sie wurden zur Entwässerung und Sedimentablagerung angelegt.

⑨ Links und rechts des Weges gibt es seit 1991 keine Beweidung mehr. Weil seewärts die Salzwiese etwas höher liegt, wachsen dort vor allem Rotschwingel und Bottenbinse. Die deichwärts gelegene Salzwiese liegt tiefer, wird also häufiger überflutet und ist hauptsächlich mit Andel, einer Grasart, bewachsen.

⑩ Die Westerhever Salzwiesen sind ein wichtiges Rastgebiet für Zugvögel. Auf ihren weiten Wegen zwischen hochnordischen Brutgebieten und Überwinterungsplätzen im südlichen Afrika rasten sie hier und nutzen die Nahrungsfülle des Watts als Energietankstelle.

⑪ Der Westerhever Leuchtturm kann als technisches Denkmal angesehen werden. Der 41,5 Meter hohe Turm wurde 1907 gebaut; sein Leuchtfeuer hat eine Reichweite von 21 Seemeilen. Die beiden Häuschen auf der Warft neben dem Turm dienten zwei Wärtern bis 1979 als Wohnung. Seither wird das Leuchtfeuer von Tönning aus ferngesteuert. Deshalb kann der Turm auch nicht bestiegen werden.

⑫ Der Klinkerweg vom Leuchtturm gegen den Deich hin wurde bereits 1929 gebaut und steht als einzig erhaltener seiner Art unter Denkmalschutz.

◁ Der Westerhever Leuchtturm

Tip

Tümlauer Bucht, südlich von Westerhever: Sie ist für Vogelliebhaber interessant; hier brüten in großer Zahl Seeregenpfeifer, Zwergseeschwalben, Austernfischer und sogar Graureiher.

Wanderung 4 B: 18 Kilometer – 5 Stunden

4B

In St. Peter-Ording

Bei einem Besuch von St. Peter-Ording an der Westküste der Halbinsel Eiderstedt wird deutlich, daß die Übergänge zwischen Festland, Insel und Meer fließend sind. Auf fettes Marschland folgt Sandstrand und Meer. Die weiten, breiten Strände sind gut 12 Kilometer lang; sie erlauben ein vielfältiges Natur- und Freizeiterlebnis.

Eiderstedt

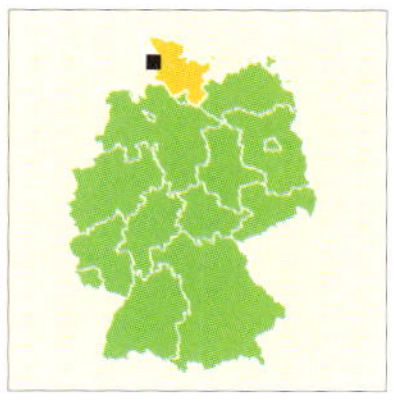

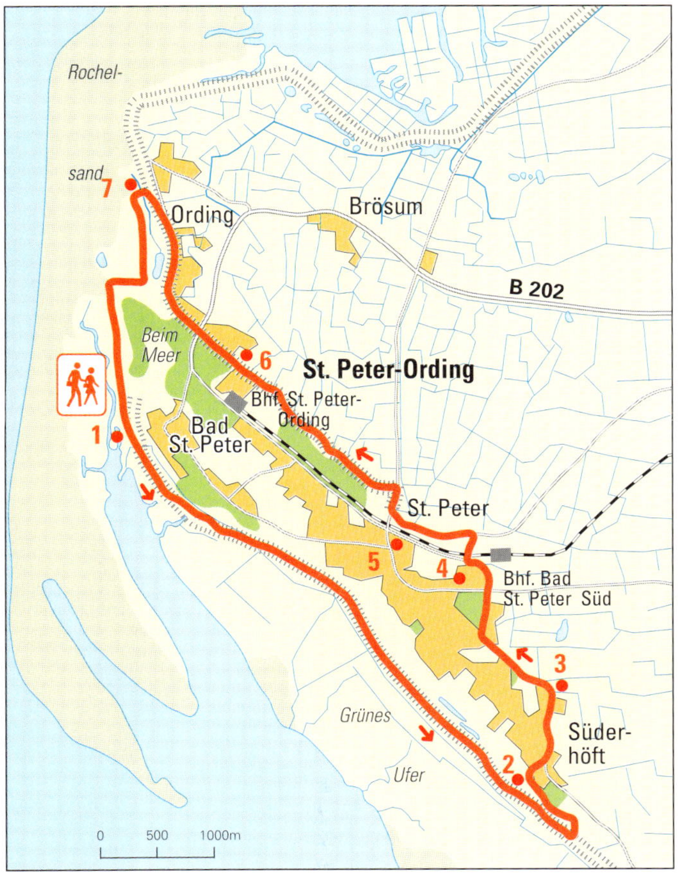

Tourverlauf

Der Bummel auf der Grenze zwischen Marsch und Sand und rund um die einzelnen Ortsteile von St. Peter-Ording beginnt an der Seebrückenbuhne in Bad St. Peter vor der Kurverwaltung und vor dem Meerwasserwellenbad. ①

Von hier aus folgt man zunächst der Kur- und Freizeitpromenade nach Süden. Dabei entfernt sich der Deich- und Dünenweg von dem Priel, der die Sandbank vom Festlandufer trennt; das Vorland mit anschließendem Sandstrand verbreitert sich mehr und mehr.

Vorbei am Böhler Leuchtturm ② erreicht man südlich der Siedlung Süderhöft den Umkehrpunkt dieser Tour.

Auf der »Rückseite« des Dünengeländes geht es nun wieder nach Norden bis zum Karpfenteich. Dort biegt man in die gleichnamige Straße ein und folgt ein Stückchen der Autostraße Wittendüner Allee. ③

Nach dem Passieren des Bahnhofs Bad St. Peter-Süd läßt sich der Spaziergang für einen Besuch im Eiderstedter Heimatmuseum unterbrechen. ④

Nach der Kirche des Ortsteils St. Peter erreicht man bald den alten Westmarkendeich, neben dem sich teilweise ein gesonderter Spazierweg entlangzieht. ⑤

Auf Waldstraße und Strandweg geht es durch die Dünenlandschaft nordwestwärts nach St. Peter. ⑥

Wer diese Runde bereits hier schließen möchte, kann am Ende des Strandwegs nach Bad St. Peter hinüberqueren. Alle anderen wandern weiter nordwestwärts zur Strandzufahrt Ording. ⑦

Durch Dünen und Wald geht es dann nach Süden zurück nach Bad St. Peter.

▽ *Der Richardshof in St. Peter-Ording*

◁ *Am Strand von St. Peter-Ording*

Sehenswürdigkeiten

① In Bad St. Peter lockt vor allem immer dann das Meerwasserwellenbad, wenn den riesigen Sandstränden die Sonne fehlt.

② Der Böhler Leuchtturm warnt die Schiffahrt wie eh und je vor den gefährlichen Sandbänken vor St. Peter-Ording.

③ In Wittendün befindet sich der Haubarg Matthiesen. Der von 1760 stammende Hof ist ein charakteristisches Beispiel des Eiderstedter Hoftyps.

④ Das Eiderstedter Heimatmuseum in der Olsdorfer Straße 6 ist in einem langgestreckten Bauernhaus aus dem 18. Jahrhundert untergebracht. Hinter seiner korbbogigen Eingangstür sind bäuerliche und kirchliche Gebrauchsgegenstände aus der Landschaft Eiderstedts zu sehen.

⑤ Die Kirche des Ortsteils St. Peter ist ein kleiner Backsteinsaal aus dem Jahre 1724. Auch die Ausstattung stammt aus dem 18. Jahrhundert

⑥ Ein romanischer Backsteinbau aus dem 13. Jahrhundert mit einem gotisch veränderten Chor ist die Kirche im Ortsteil Ording.

⑦ Die Strandzufahrt ermöglicht, wozu sonst nirgends an der deutschen Nordseeküste Gelegenheit ist: Die Fahrt mit dem eignen Pkw auf dem Strand. Die Tragfähigkeit dem Sandes erlaubt dies. Auch erspart sich die Gemeinde damit die Anlage aufwendiger Parkplätze. Dem umweltbewußten Besucher kommen allerdings doch Bedenken angesichts der potentiellen Gefährdung der Natur.

Tip

St. Peter-Ording: Spaziergang durch den schönen Kiefernwald in St. Peter – an der Nordseeküste etwas außergewöhnliches.

5

Autotour 5: 130 Kilometer

An Schlei und Kieler Förde

Schlei, Kieler Förde

Schleswig liegt zwar beinahe 50 Kilometer von der offenen Ostsee entfernt, ist aber dennoch die älteste Stadt an ihren Ufern. Des Rätsels Lösung ist die tief ins Land eingeschnittene Schlei. Sie ermöglichte Wikingern und Hansekaufleuten den Warentransport über die Kimbrische Halbinsel. Dieser wird heute zwar über den Nord-Ostsee-Kanal abgewickelt, historisch Interessantes aber findet man an Schlei und Kieler Förde dennoch auf Schritt und Tritt.

Tourverlauf

Das alte Zentrum Schleswigs ist von weitem durch den Turm seines Domes markiert. ①

Der südlich des Doms gelegene Hafen ist der Ausgangspunkt der Rundfahrt.

Über die ufernahe Landstraße Richtung Schaalby bleibt man in der Nähe der Schlei, die man bei Missunde wieder erreicht. ②

Nach 8 Kilometern stößt man auf die B 76, der man ostwärts weitere 10 Kilometer bis Eckernförde folgt. ③

Am Südrand der Eckernförder Bucht fährt man zunächst auf der B 76 und dann auf der B 503. In Krusendorf lohnt es sich, der schmalen Landstraße nach Dänisch Nienhof zu folgen, um dem äußersten Nordostzipfel des Dänischen Wohld (alter Grenzwald) einen Besuch abzustatten.

Über Strande wird der Olympiahafen Schilksee erreicht. ④

Bei Holtenau quert die Einfallstraße nach Kiel die Schleusenanlagen des Nord-Ostsee-Kanals. ⑤

Anschließend fährt man zu einem Besuch nach Kiel. ⑥

Im Stadtzentrum von Kiel folgt man den Wegweisern zum Freilichtmuseum Kiel-Molfsee. ⑦

Die weitere Route schlängelt sich im Norden um den Westensee, läßt den Tüte-Berg links liegen und quert bei Bokelholm die Autobahn. Parallel zur Eisenbahn geht es dann hinüber nach Rendsburg. ⑧

Zur Rückkehr benutzt man die B 77 nach Schleswig.

Sehenswürdigkeiten

① Von der frühen Bedeutung Schleswigs, wo es um 1200 bereits ein kodifiziertes Stadtrecht gegeben hatte, zeugt der gewaltige Dom. Seinen Bau begann der Schleswiger Bischof in der ersten Hälfte des 12. Jahrhunderts. Der riesige neugotische Turm wurde erst 1894 fertiggestellt. Während der Reformation wurden sämtliche Altäre zerstört. Der Chor wurde zur Grabkirche der Herzöge von Gottorf, die aus diesem Grunde 1666 den von Hans Brüggemann für die Bordesholmer Klosterkirche bis 1521 geschaffenen Schnitzaltar in den Chor des

▽ *Schloß Gottorf in Schleswig*

△ Haubarg im Schleswig-Holsteinischen Freilichtmuseum Kiel-Molfsee

△ Hängefähre über den Nord-Ostsee-Kanal in Rendsburg

Domes überführen ließen. Heute ist das 16 Meter hohe Schnitzwerk mit seinen 387 Holzfiguren der eigentliche Schatz des Schleswiger Domes. Die einstige Bedeutung Schleswigs zog auch die Herren aus dem Hause Gottorf an. Seit dem Jahre 1268 residierten sie in der früheren Bischofsburg auf der Insel im heutigen Burgsee. Bis 1713 hatte man am Ausbau der Anlage zum großzügigen Barockschloß gearbeitet, heute sind im Schloß Gottorf das Schleswig-Holsteinische Landesmuseum und das Archäologische Landesmuseum untergebracht. Kernstücke des Schlosses sind der Hirschsaal mit einem Jagdfries aus halbplastischen Hirschen, die Staatsgemächer von Friedrich III. sowie die ab 1590 ausgestattete Kapelle. Schleswigs malerischster Ortsteil ist die Fischersiedlung Holm im Südosten des Domes.

② In Missunde quert man die Schlei über eine kleine Fähre und hat dabei Gelegenheit, die romantische Seite dieses von den Gletschern der Eiszeit geformten Meeresarmes zu erleben.

③ Eckernförde entstand um eine befestigte Burg, die 1231 als Ykaernaeburgh belegt ist. Sie stand auf der schmalen Landzunge zwischen der Förde und dem Windebyer Noor im Westen. Heute ist Eckernförde beliebt für »Butterfahrten«, für Anglerausflüge und für Stippvisisten mit dem Schiff nach Dänemark. Lohnend ist aber auch ein Blick in die alte Nikolai-Kirche, die als dreischiffige Backsteinhalle im 15. Jahrhundert errichtet wurde. Ihre Fresken im Chorgewölbe stammen von 1578, den prächtigen Altar schuf Hans Gudewerdt 1640. Die Bronzetaufe stammt von 1588, das Rantzau-Gestühl von 1578.

④ Segeln hat in Kiel Tradition. 1887 wurde der »Marine-Regatta-Verein« gegründet, aus dem 1891 der Kaiserliche Yachtclub hervorging, dessen Ehrenkommodore der Kaiser höchstpersönlich wurde. Seit 1882 gibt es die »Kieler Woche«. In den Jahren 1936 und 1972 fanden in der Kieler Förde die olympischen Segelwettbewerbe statt, für die letzte Olympiade entstand das Olympiazentrum Schilksee.

⑤ Die Schleusenanlage von Holtenau ist das Tor zum 1895 fertiggestellten, knapp 100 Kilometer langen Nord-Ostsee-Kanal. Ein Museum an der Schleusenanlage bietet den besten Überblick über Geschichte und Gegenwart des Kanals.

⑥ Nach dem letzten Krieg stand in Kiel kaum noch ein Stein auf dem anderen. Auch die Nikolai-Kirche bestand nur noch aus Umfassungsmauern und Turmstumpf. Um so wertvoller sind die geretteten Teile der alten Ausstattung. Die Bronzetaufe von 1344 ist ein Werk von Johann Apengeter und gilt als Hauptwerk des monumentalen Bronzegusses in Norddeutschland. Das spätgotische Triumphkreuz stammt von 1490, den geschnitzten und bemalten Flügelaltar stiftete Johann von Ahlefeld 1460. Den bronzenen Geistkämpfer vor der Nordwestecke von St. Nikolai schuf Ernst Barlach 1928.

⑦ Im Schleswig-Holsteinischen Freilichtmuseum Molfsee stehen über 60 Gebäude als Beispiele ländlichen Bauens aus allen Landesteilen. Zeitlich spannt sich dabei der Bogen vom ehemaligen Pfarrhaus aus Grube von 1569 bis zum Bordesholmer Haus von 1845. Insgesamt bietet das Museum einen hervorragenden Überblick über die bäuerliche Kultur des ganzen Landes.

⑧ In Rendsburg gab es schon vor 1200 einen Übergang des Nord-Süd-Heerweges über die Eider. Auf einer Insel stand die befestigte Wasserburg Reynoldesburch. Ende des 17. Jahrhunderts war daraus eine regelrechte Festung sowie eine Garnisonstadt geworden. Noch heute erinnert in Rendsburg der kopfsteingepflasterte Paradeplatz mit seiner um 1700 entstandenen, repräsentativen Umbauung an militärische Glanzzeiten. Interessantestes Bauwerk aber ist die 42 Meter hohe und 140 Meter frei überspannende Stahlhochbrücke der Eisenbahn über den Nord-Ostsee-Kanal. Unter der Brücke sorgt eine Hängefähre für die Überbrückung des Kanals.

Die Wikinger von Haithabu

An der schmalsten Stelle der Kimbrischen Halbinsel gab es im Mittelalter eine strategisch wichtige Kreuzung bedeutender Handelswege. Hier errichteten die Wikinger ihr Haithabu, die »Siedlung auf der Heide«. Sie lag gegenüber vom heutigen Schleswig am Haddebyer Noor, war etwa 24 Hektar groß und bestand ab dem 8. Jahrhundert aus reetgedeckten Holz- und Lehmhäusern und einer eigenen Hafenanlage. Die Wikinger waren als »Salzwasserbanditen« von Skandinavien bis Sizilien gefürchtet. Vom reichen Kloster bis zu größeren Städten versetzten sie alles in Angst und Schrecken, weil sie es nicht nur auf Geld und Gut sondern vor allem auf die Ware Mensch abgesehen hatten. Auch ihr Haithabu diente hauptsächlich dem Menschenhandel, die Siedlung gehörte zu den größten Sklavenmärkten der damaligen Welt. Hier trafen sich Händler aus Skandinavien und Rußland, aus Byzanz und den arabischen Ländern ebenso wie solche aus England, Frankreich, Italien, Spanien oder Nordafrika. Was die Archäologen von Haithabu ausgraben konnten, wird heute in einem eigenen Museum präsentiert.

▽ Schleswig mit dem Dom St. Petri an der Schlei

Tip

Sorgwohlder Binnendünen nordwestlich von Rendsburg: 36 Hektar großes Naturschutzgebiet mit Krähenbeerenheide, Borstgrasrasen und anderem.

5 A

Schlei, Kieler Förde

Wanderung 5 A: 20 Kilometer – 5 Stunden

Haddebyer Noor und Große Breite

Das Westende der Schlei war der Schlupfwinkel der Wikinger, der Platz für die Machtentfaltung von Bischöfen und Herzögen und der Handelsplatz der Hansekaufleute. Heute haben hier die Freizeitkapitäne die Schönheiten der Landschaft entdeckt und das Ruder übernommen.

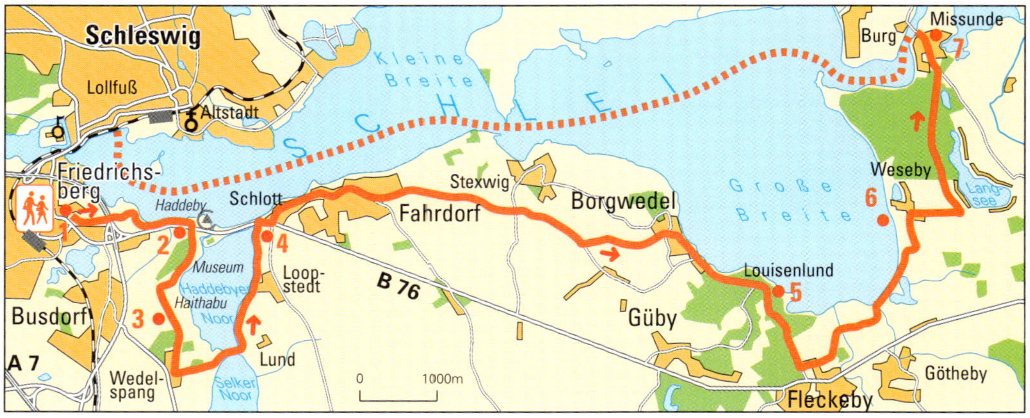

Tourverlauf

Vom Städtischen Museum in der Friedrichstraße in Schleswig ① geht es auf dem Haddebyer Strandweg stadtauswärts, unter der Autobahn hindurch und am Marienbad vorbei nach Osten.
In Haddeby ② kreuzt man die B 76 und wandert in südlicher Richtung zur Feldsteinkirche, zur Hochburg und weiter zum halbkreisförmigen, früheren Stadtwall von Haithabu. ③
Über die Brücke zwischen Selker und Haddebyer Noor führt die Route hinüber nach Lund und von dort am Ostufer wieder zurück zur Schlei. Hier liegt direkt an der B 76 der Ehrenfriedhof Karberg. ④
Erneut wird die B 76 überquert und der Weg durch Fahrdorf, das Gut Louisenlund ⑤ und die Ortschaft Fleckeby fortgesetzt.
Von Fleckeby kann man mit dem Bus nach Schleswig zurückkehren, dadurch verkürzt sich die Wanderung um 6 Kilometer.
Interessanter allerdings ist es, am Ostufer der Großen Breite entlangzubummeln. ⑥
Auf diesem Weg gelangt man zum malerischen Missunde. ⑦
Von Missunde kann man mit dem Schiff wieder nach Schleswig zurückfahren.

Sehenswürdigkeiten

① Das Städtische Museum Schleswig in der Friedrichstraße ist im ehemaligen Günderothschen Hof untergebracht und zeigt eine stadtgeschichtliche Sammlung, Kunst- und Kulturgeschichte und beherbergt ein Druckereimuseum.
② Die Feldsteinkirche von Haddeby stammt aus dem 12. und 13. Jahrhundert. Sie besitzt eine sächsische Kreuzigungsgruppe aus der Zeit um 1250 sowie einen dreiflügeligen gotischen Schnitzaltar.
③ Die Wikingerstadt Haithabu war die Vorgängersiedlung von Schleswig. Bis heute erhalten ist davon eine Art Stadtmauer aus dem 10. Jahrhundert. Der halbkreisförmige, zum Wasser offene Erdwall ist bis zu 10 Meter hoch, war insgesamt 1300 Meter lang, hatte drei Tore und umfing einen Durchmesser von etwa 600 Metern. Was bei den Ausgrabungen von Haithabu sichergestellt werden konnte, kann heute im gleichnamigen Museum an Ort und Stelle bewundert werden.
④ Vom Ehrenfriedhof Karberg aus genießt man einen besonders schönen Ausblick auf die Schlei und Schleswig.
⑤ Das Gut Louisenlund war 1770 ein Geschenk des dänischen Königs Christian VII. an seine Schwester Louise. Das Herrenhaus zeigt seine schönste Seite im Abendlicht vom Wasser aus.

△ *Wikinger-Museum in Haithabu*

⑥ Die Große Breite ist berühmt und berüchtigt zugleich: Das Wasser kann hier in allen Regenbogenfarben schimmern, blendendheller Sonnenglanz wird im Handumdrehen von drohenden Schauerwolken verdunkelt. Das Ganze ist eingerahmt von einem bunten Mosaik aus Knicks über rundgeschliffenen Hügeln, bewaldeten Hängen und bis ans Wasser reichenden Wiesen. Zur Zeit der Rapsblüte leuchtet der Schleirahmen so bunt wie die Palette eines impressionistischen Malers.
⑦ Bei Missunde kommt mit der engsten Stelle der Schlei auch ihr romantischster Teil. Hier gibt es eine malerische alte Seilfähre, die man noch per Glocke rufen kann.

Tip

Schleswig, Archäologisches Landesmuseum, Schloß Gottorf: In diesem Museum wird Schleswig-Holsteins Geschichte von der Altsteinzeit bis zum Mittelalter präsentiert.

◁ *Naturpark Westensee*
▷ *Am Haddebyer Noor liegt Haithabu, einst Handelsplatz in der Wikingerzeit*

Wanderung 5 B: 15 Kilometer – 3 ½ Stunden

5B

Um den Westensee

Der Naturpark Westensee im ostholsteinischen Hügel- und Seenland bietet einen reizvollen Wechsel zwischen kuppigen Höhenzügen und Tälern, zwischen fruchtbaren Äckern, Weiden, Wäldern und Seen. Stolze alte Herrenhäuser, prächtige Alleen und stille Dörfer schmiegen sich in die Mulden des Moränenlandes.

Schlei, Kieler Förde

Tourverlauf

Ausgangspunkt für eine Wanderung um den Westensee ist die Kirche des gleichnamigen Dorfes. ①

Hier bietet sich zunächst ein Abstecher zum 88 Meter hohen Tüte-Berg an. ②

Ohne diesen Abstecher wandert man auf dem Uferweg ostwärts nach Wrohe.

Im Nordosten der Siedlung erreicht man den südlichsten Punkt des Westensees. ③

Nach dem Campingplatz teilt sich der Weg, und die Entscheidung wird fällig, ob man am Kleinen Schierensee westlich oder östlich vorbei wandern möchte.

Am Nordende des Kleinen Schierensees lohnt sich der kleine Abstecher zur Hohburg auf einer in den Westensee hineinragenden Halbinsel. ④

Wenig östlich von Hohenhude zweigt der weitere Weg nach Norden ab, quert die Eider, das Gut Marutendorf und passiert die Seekate.

Nach der Seekate nimmt man den ersten Weg nach links (Westen), um die schmale Landbrücke zwischen dem Westensee im Süden und dem Ahrensee im Norden zu gewinnen.

Von der schmalen, moorigen Landbrücke aus ⑤ sieht man im Norden bereits die Häuser von Achterwehr, von wo aus man mit dem Bus nach Westensee zurückfahren kann.

Sehenswürdigkeiten

① Vom Dörfchen Westensee aus begann im 13. Jahrhundert die Besiedelung des gesamten Seengebietes. Die Herren von Westensee beherrschten den Handelsweg auf Eider und Westensee so gut, daß ihnen zeitweise sogar Rendsburg verpfändet war. Ihre befestigte Läkeburg konnte erst die lübische Hanse zerstören. Die Dorfkirche geht in ihrem Mittelteil auf die Mitte des 13. Jahrhunderts zurück, ihr Chor stammt aus der Gotik. Sie erinnert mit ihren angebauten Grabkapellen sowie ihren Herrenstühlen und Grabmälern im Innern an den in der Vergangenheit bestimmenden Einfluß der Adelsgeschlechter.

② Der 88 Meter hohe Tüte-Berg bietet den besten Überblick über die Landschaft um den Westensee. Von hier aus sind vor allem gut die »Knicks« zu übersehen, die die Äcker und Weiden einfassen. Die mit Bäumen und Sträuchern bepflanzten Wälle sind alle über 200 Jahre alt und ein wichtiges Element zur Erhaltung des biologischen Gleichgewichts. In dem Knicks leben rund 1800 verschiedene Tierarten. Südlich des Tüte-Bergs liegt das Herrenhaus von Deutsch Nienhof. Der zweigeschossige Dreiflügelbau stammt aus dem Ende des 17. Jahrhunderts.

③ An der südlichen Bucht des Westensees befindet sich ein Badeplatz.

④ Im 13. und 14. Jahrhundert waren die Eider und der Westensee wichtige Schiffahrtswege. Die Seeschiffe kamen über die Eider bis in den Westensee, wo die Waren in Flemhude, Hohenhude und Westensee gelöscht wurden. Der Handel wurde gestört durch das Piratentum der Herren von Westensee. Sie besaßen die »Lohburg« auf einer Landzung nordwestlich von Westensee und die »Hohburg«. Die Besatzung beider Burgen bestand aus Söldnern, die den Schiffen auf dem Westensee auflauerten und sie kaperten.

⑤ Auch auf der schmalen Landzunge zwischen dem Westensee und dem Ahrensee gab es eine Burganlage. Von ihr ist zwar nichts überliefert, doch die Reste der Burganlage, der Wall, die Gräben und der Turmhügel sind im Gelände noch gut auszumachen.

Tip

Naturpark Westensee: Südlich des Westensees liegen in abwechslungsreicher Landschaft weitere Seen, zum Beispiel Brahmsee, Wardersee, Borgdorfer See oder Pohlsee.

▷ *Schloß Emkendorf am Westensee*

6

Dithmarschen

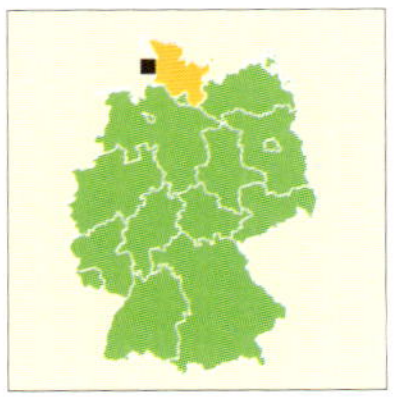

Autotour 6: 130 Kilometer

Friesendom und Holländerstadt

Dithmarschen war stets von Bauern, nie von Fürsten geprägt. Wem die Eindeichung und Kultivierung des fruchtbaren Marschlandes gelang, wurde und blieb sein Herr – lange Jahrhunderte sogar gegen alle Übergriffsversuche der Fürsten. In diesem alten, teilweise dem Meer abgerungenen Bauernland muß man über Seitenstraßen fahren und dort Station machen, wo andere vorbeifahren. Kleine Städte, traditionsreiche Dörfer und die Weite des Landes gilt es zu entdecken und zu erleben.

Tourverlauf

Startort für die Rundfahrt durch Dithmarschen ist das von Holländern am Zusammenfluß von Eider und Treene planmäßig angelegte Friedrichstadt. ①
Zwischen der Eider und dem Lundener Moor geht es westwärts hinüber zu dem durch seinen Geschlechterfriedhof berühmten Ort Lunden. ②
Durch altes Koogland führt die Tour südwestwärts nach Wesselburen und in die Heimat von Christian Friedrich Hebbel. ③
Nächstes Ziel ist die umtriebige Hafenstadt Büsum. ④
Über die B 203 fährt man zunächst ostwärts in Richtung Heide bis zum Dörfchen Wöhrden. Dort nimmt man die Landstraße nach Süden, um nach Meldorf zu kommen. ⑤
Über die B 5 geht es nordwärts nach Hemmingstedt. ⑥
Man behält die Fahrtrichtung Norden bei und macht Station in Heide. ⑦
Auf der B 203 gelangt man nach Albersdorf. ⑧
Von hier geht es über die Landstraße nordwärts nach Tellingstedt. ⑨
Über Hennstedt fährt man zurück nach Friedrichstadt.

Sehenswürdigkeiten

① Wo die Treene in die Eider mündet, liegt Friedrichstadt, Schleswig-Holsteins schönstes Städtchen. Die »Holländerstadt« geht auf eine planmäßige Gründung in der Barockzeit zurück. Herzog Friedrich III. von Schleswig-Holstein-Gottorf lockte mit dem Privileg der freien Religionsausübung ab 1621 zunächst die in den Niederlanden verfolgten Remonstranten, später auch Angehörige anderer Konfessionen an und ließ sie nach festem Plan die neue Stadt aufbauen. Was die Angehörigen von zeitweilig bis zu sieben unterschiedlichen Konfessionen im 17. Jahrhundert aufbauten, könnte noch heute mitten in Holland stehen.
② Lunden im Südwesten von Friedrichstadt besitzt eine romanische Feldsteinkirche, die bereits vor 1200 errichtet wurde. Interessant sind die Porträts von Luther und Melanchthon, die Lucas Cranach 1568 malte. Auf dem Kirchhügel befindet sich auch Lundens berühmter Geschlechterfriedhof. Auf zahlreichen Grabdenkmälern aus dem 16. und 17. Jahrhundert sind die wichtigstens Familien des Landes und ihre interessantesten Lebensepisoden vertreten.
③ Die St.-Bartholomäus-Kirche in Wesselburen gilt als Hauptwerk spätbarocker Kirchenbaukunst. Der gotische Vorgängerbau war 1736 durch einen Brand weitgehend zerstört worden. Dennoch gelang es dem Architekten Johann Georg Schott sowohl die erhöhte Halbrundapsis des alten Chors als auch den romanischen Stumpf des westlichen Rundturms in den Neubau zu integrieren. Im Inneren beeindruckt die Kanzel; sie wird von fast lebensgroßen Figuren des in der Wüste predigenden Johannes und des Gesetzesverkünders Moses getragen. Der romanische Taufstein ist kaum weniger schön als die beiden Eichenschnitzfiguren, die die Reste einer spätgotischen Kreuzigungsgruppe sind. Die Räume im Hebbel-Museum erinnern an den Schriftsteller, der 1813 in Wesselburen geboren wurde.
④ Das Nordseeheilbad Büsum wirbt mit einem Rasen- und einem Sandstrand, ist Urlauber-Hochburg und hat den größten Fischereihafen an der schleswig-holsteinischen Westküste. Fisch und Krabben kann man hier direkt vom Kutter kaufen, auch nach Helgoland kann man von hier aus starten. Interessantes Ziel vor allem für Kinder ist die Seehundaufzuchtstation, in der verlassene Seehundjunge (Heuler) liebevoll aufgepäppelt werden.
⑤ Meldorf war stets das Zentrum des Dithmarscher Bauernlandes. Hier entstand noch zur Zeit Karls des Großen die erste Feldsteinkirche, die gleichzeitig als »Rathaus« der Bauern verwendet wurde. Hier wurden die wichtigsten Urkunden verwahrt, und hier gab es zweimal im Jahr unter freiem Himmel eine Zusammenkunft der Bauern aus dem Land zwischen Eider und Elbe. Im

▽ Kirche St. Jürgen in Heide

13. Jahrhundert wurde aus der ältesten Taufkirche Nordelbiens als Ausdruck des bäuerlichen Selbstbewußtseins der heutige Meldorfer Dom. Noch aus dieser Zeit stammen die Freskenreste in den Gewölben des Querschiffs sowie das Bronzetaufbecken mit seinen drei Tragfiguren. Besondere Kostbarkeiten sind der spätgotische Schnitzaltar, das um 1603 fertiggestellte, ganz aus Eiche geschnitzte Chorgitter sowie die großen Epitaphien. Die reichste kulturgeschichtliche Sammlung an der gesamten Westküste Schleswig-Holsteins ist schließlich im Dithmarscher Landesmuseum zu besichtigen. Es wurde bereits im Jahr 1872 gegründet und hat als wohl schönstes Stück den »Swinschen Pesel«, die gute Stube eines Dithmarscher Bauernhauses aus dem Jahre 1568.

△ Meldorfer Dom

Gesetzmäßigkeiten bei Ebbe und Flut

Die Gezeiten oder Tiden (niederdeutsch Tide = Zeit) sind eine Folge der Massenanziehung zwischen Erde, Mond und Sonne. Aus den Differenzen aus Flieh- und Anziehungskräften resultieren die Kräfte, die auf den Weltmeeren Flutberge entstehen lassen. Natürlich ist die Nordsee für sich alleine viel zu klein für das Entstehen eines eigenen Tidenhubs; der Atlantik sorgt dafür. Das Maß für eine Tidendauer, der Zeitraum zwischen zwei Niedrigwassern, entspricht mit 12 Stunden und 25 Minuten genau einem halben Mondtag. Der Hochwasserstand wird in der Regel bereits nach sechs Stunden erreicht. Das Ablaufen bis zur nächsten Ebbe dauert dann dagegen 6 Stunden und 25 Minuten. Eine Vielzahl von Einflüssen sorgt darüber hinaus dafür, daß der Mittlere Tidenhub zwischen 1,70 Meter (Westerland) und 3,70 Meter (Bremen) schwankt. Weil die Tide mit dem Mond geht, der Mondtag aber um 50 Minuten länger als der Erdentag ist, verschiebt sie sich pro Tag um eben diese 50 Minuten. Dank der strengen Gesetzmäßigkeit läßt sich für jeden Ort an der Küste vorausberechnen, wann Ebbe und Flut eintreten.

⑥ Bei Hemmingstedt erinnert ein Denkmal auf der Dusenddüwelswarft an die Schlacht von Hemmingstedt vom 17. Februar 1500. Damals siegten die Dithmarscher Bauern über ein riesiges Heer des Königs Johann von Dänemark und des Herzogs Friedrich von Schleswig-Holstein.

⑦ In Heide hatten seit jeher am Kreuzungspunkt zweier wichtiger Überlandstraßen die großen Viehmärkte stattgefunden. Ihr Überbleibsel ist bis heute der mit 4,6 Hektar größte Marktplatz der Bundesrepublik. An seiner Südseite steht die dem hl. Georg geweihte St. Jürgenkirche aus dem 15. Jahrhundert Sie birgt einen überreichen, barocken Altaraufsatz von 1699 sowie einen spätgotischen Flügelschrein von 1520.

⑧ In Albersdorf wurde das Steingrab »Brutkamp« aus der Jüngeren Steinzeit freigelegt. Das Erbbegräbnis der ältesten Bauernsippe in Dithmarschen beeindruckt mit einem riesigen, gut 15 Tonnen schweren Deckstein. Seinen Namen verdankt es der Tatsache, daß sich am Stein früher die Brautleute trafen.

⑨ In Tellingstedt kann man die Dithmarscher Keramischen Werkstätten besuchen.

△ Priele im Wattenmeer

▽ Dieser Haubarg, eine Bauernhausform, steht in Wesselburen

Tip

Deichbruchstelle bei Großbüttel an der B 203: Als deutlich sichtbare Senke im Deichkamm ist eine historische Bruchstelle zu erkennen. Der Wassereinbruch überdauerte die Sturmflut von 1634 (!) in Gestalt eines flachen, schilfigen Gewässers (sogenannter Deichbruchkolk).

6 A

Dithmarschen

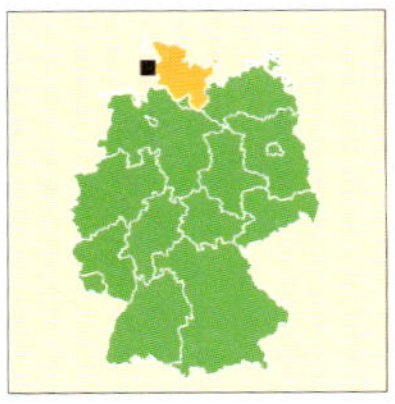

Wanderung 6 A: 3 Kilometer – 2 bis 3 Stunden

Stadtspaziergang in Friedrichstadt

Wo einst gleich sieben Glaubensrichtungen ihre Freistatt hatten, vermitteln bis heute gepflegte Bürgerhäuser, kostbar ausgestattete Kirchen und romantische Grachten den Eindruck von einer blitzsauberen »Holländerstadt«. Um ihren Charme zu erleben, muß man einen ausgedehnten Stadtspaziergang unternehmen.

Tourverlauf

Auf dem malerischen Marktplatz von Friedrichstadt mit dem überdachten Brunnen und den stattlichen Giebelhäusern beginnt der Spaziergang. ①
Über die Prinzenstraße geht es Richtung Fürstenburgwall, vorbei am Paladanushaus ② und dem Doppelgiebelhaus. ③
Nach der katholischen Kirche St. Knut ④ wird der Binnenhafen erreicht. An ihm entlang schlendern wir nach Norden bis zum Mittelburggraben. Hier steht gleich rechts die Alte Münze. ⑤
Die zweite Schleife durch die alten Gassen führt an der Ostseite des Marktes vorbei in die Prinzeßstraße. An der Ecke zur Kirchenstraße ragt die Remonstrantenkirche. ⑥
Durch die restliche Prinzeßstraße, den Fürstenburgwall, die Lohgerberstraße und das Grafenhaus ⑦ geht es zurück zum Mittelburggraben und von dort über das Stadtfeld in den Norden der Stadt.
Vorbei am alten Jüdischen Friedhof ⑧ wird der Westersielzug erreicht. Er führt wieder zurück zum Mittelburgwall und zu Friedrichstadts schönster Kirche, der evangelischen St.-Christophorus-Kirche. ⑨

Sehenswürdigkeiten

① Friedrichstadts gute Stube ist sein Marktplatz. Hier war bis 1957 zweimal jährlich großer Pferdemarkt. Hauptsächlich für diesen Markt wurde 1879 die Marktpumpe mit ihrem neugotischen Brunnenhäuschen errichtet. Die Westseite des Platzes wird von neun Treppengiebelhäusern gesäumt, die weitgehend noch aus der Gründungszeit der Stadt stammen. Sie alle tragen noch die alten Hausmarken, die früher die Hausnummern darstellten.

▽ *Kanal in Friedrichstadt*

② Das Paladanushaus ist das stattlichste Kaufmannshaus aus der Gründerzeit. Seine Hausmarke stammt von 1637. Im Untergeschoß des fünfachsigen, dreigeschossigen Frühbarockgiebels befindet sich eine geschnitzte Rokokooberlichttür aus dem späten 18. Jahrhundert. Die Hausmarke zeigt Traube und Weinbottich, weil der Erbauer Weinhändler war.

△ *Große Brücke am Mittelburgwall*

③ Das Doppelgiebelhaus schräg gegenüber des Paladanushauses stammt aus dem Jahre 1624.
④ Die katholische Kirche St. Knut ist ein schlichter neugotischer Ziegelsaal aus dem Jahre 1853. Wichtigste Ausstattungsstücke sind ein spätbarockes mit Schnitzrelief verziertes Gestühl von 1760, ein frühgotisches Holzkreuz aus dem 13. Jahrhundert und ein barocker Christus mit sieben Aposteln.
⑤ Die Alte Münze am Mittelburggraben stammt aus dem Jahre 1626. Mit ihrer reich gegliederten Giebelfront aus roten und gelben Ziegeln ist sie der bedeutendste Profanbau der Stadt. Im Querflügel befindet sich seit 1708 der Betsaal der Mennoniten. Seine Ausstattung geht zurück auf das Jahr 1840.
⑥ Die Remonstrantenkirche, ein fünfachsiger spätklassizistischer Saalbau, wurde 1853 fertiggestellt. Markant ist der dreigeschossige Westturm der Kirche.
⑦ Das Grafenhaus wurde bereits 1622 errichtet. Im Inneren gibt es zwei aus je neun Kacheln bestehende Kachelbilder des späten 18. Jahrhunderts.

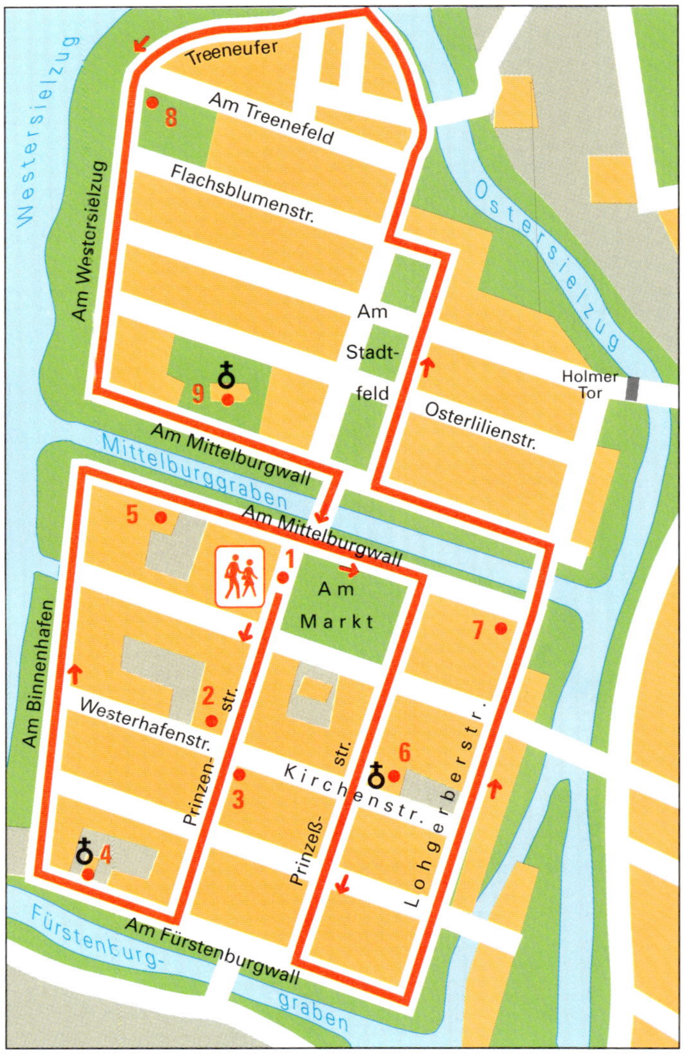

⑧ Zwischen Treenefeld und Flachsblumenstraße lag der alte Jüdische Friedhof. An ihn erinnern noch einige Grabsteine.
⑨ Die evangelische Kirche St. Christophorus wurde 1649 als einschiffiger, flacher Backsteinsaal fertiggestellt. Der wuchtige, ungegliederte Turm mit Granitquaderverkleidung kam bis 1657 dazu, die geschweifte Kuppelhaube mit offener Laterne stammt von 1762. Die Holzkanzel aus dem frühen 17. Jahrhundert kommt aus der Ringeringk-Werkstatt, das Altargemälde im Stil des niederländisch-flämischen Barocks wurde 1675 gefertigt. Aus dem späten 15. Jahrhundert schließlich stammt die spätgotische Marmortaufe.

Tip

Stapelholm östlich von Friedrichstadt: Das Land zwischen den Flüssen Treene, Eider und Sorge wurde bekannt durch die größte Dichte von Storchenhorsten der alten Bundesländer (1993: 21 Brutpaare, 13 davon in Bergenhusen).

Helgoländer Klippenweg

Welche andere Insel hat rote Felsen, weißen Sand, grünes Land, eine »Lange Anna«, eine eigene Badeinsel, einen Maulbeerbaum, Börteboote, Hummer, Lummenfelsen, Donnerkeile, Zollfreiheit, ein Unter- und ein Oberland mit einem Fahrstuhl dazwischen, keine Autos und sogar eine eigene Sprache? Nur Helgoland hat all dies zu bieten und lohnt deshalb die Anfahrt reichlich.

Helgoland

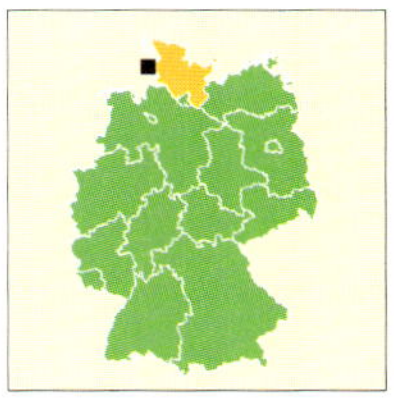

Tourverlauf

Von Büsum aus ist Helgoland, einst das »heilige« Land der Friesen, in 2½ Stunden bequem per Schiff erreichbar. Von der Landungsbrücke führt der Lung Wai unmittelbar unter den südlichen Klippenrand. Über den Weg Am Falm geht es nach Süden zum ersten schönen Aussichtspunkt. ①
Nun ist der Klippenrandweg über Helgolands rote Sandsteinfelsen nicht mehr zu verfehlen. Er schlängelt sich über die Oberkante wunderbarer Sandsteinformationen ② zu den berühmten Lummenfelsen ③ und dem Nordkap gegenüber von der Langen Anna ④.
Auch auf der Nordostseite der Insel folgt der Weg dem Klippenrand; erst auf der Höhe des Sportplatzes verläßt der Weg den Saum des Kliffs. An der folgenden Kreuzung geht man geradeaus, um direkt zur Vogelwarte und zum Vogelfanggarten zu kommen. ⑤
Weiter geradeaus passiert man die Kirche. Über den Hingstgars und den Steanaker kommt man zurück zum Falm und damit zu Lift und Treppe hinunter zum Unterland und zurück zur Landungsbrücke.

Sehenswürdigkeiten

① Vom Aussichtspunkt an der Südspitze des Klippenrandweges bietet sich der beste Blick über das Helgoländer Unterland, den Binnenhafen, die Binnenreede und den weitläufigen Vorhafen.
② Die Klippen zwischen Mittelland und der Langen Anna haben Helgoland berühmt gemacht. Die verschiedenen Sandsteinformationen tragen eigene Namen; je nach Beleuchtung scheinen sie unterschiedliche Formen anzunehmen.
③ Ab Ende April ist der Lummenfelsen Hauptattraktion Helgolands, wenn etwa zweitausend schwarzweißer, stark an Pinguine erinnernde Trottellummen aus dem hohen Norden zum Brutgeschäft auf die Felsbänder der Helgoländer Klippen einfliegen. Bis Mitte Juli brüten sie hier dicht gedrängt und ziehen ihren Nachwuchs soweit auf, daß er den bis zu 40 Meter hohen Sprung hinunter in die See schafft. Einzige Konkurrenten um die luftigen Plätze am Fels sind einige Dreizehenmöwen, die von den Lummen aber nur an einigen Außenplätzen geduldet werden.
④ Helgolands Wahrzeichen, die Lange Anna ist ein gut 50 Meter hoher Felspfeiler im Nordwesten der Insel. Er ist der letzte Rest eines ehemaligen Felsentores, das auf vier Säulen stand und das die Helgoländer »Hengst« nannten. Bis 1856 hatten Wind und Wellen den Hengst so angenagt, daß das Verbindungsstück zum Inselsockel zusammenbrach und nur die Lange Anna übrigblieb.
⑤ Die Helgoländer Vogelwarte besteht seit 1910 als Station wissenschaftlicher Arbeit, um die Funktion der Insel als Relaisstation beim Vogelzug im Frühjahr und im Herbst zu erforschen. Über eine Trichterreuse werden Jahr für Jahr etwa 17 000 Zugvögel gefangen, bestimmt und beringt. Knapp 400 verschiedene Vogelarten konnten so auf Helgoland nachgewiesen werden. Die Wissenschaftler erkannten zum Beispiel, daß eine Singdrossel in 24 Stunden über 1000 Kilometer zurückzulegen vermag. Zweimal wöchentlich gibt es in der Vogelwarte Fachführungen für Vogelfreunde.

△ Helgoländer Vogelfelsen

▽ Der Buntsandsteinsockel von Helgoland steigt weitab vom Festland aus dem Meer

Tip

Helgoland, Aquarium an der Kurpromenade: 34 Becken geben höchst interessante Einblicke in die Vielfalt der Unterwasserwelt der Nordsee.

7

Autotour 7: 150 Kilometer

In der Holsteinischen Schweiz

Nirgends in ganz Schleswig-Holstein gibt es so viele Seen in schöner sanft hügeliger Landschaft wie in der Holsteinischen Schweiz. Allein in der Umgebung von Plön gibt es mehr als 42 Quadratkilometer Wasser. Eine Fahrt durch diese zauberhafte Moränenlandschaft läßt sich bestens kombinieren mit einem Besuch der Hohwachter Bucht und der Insel Fehmarn: ein Erlebnis mit romantischen Seen, weiten Küsten und einer immer noch verträumten Insel.

Tourverlauf

Die Reise in die Holsteinische Schweiz beginnt im alten Residenzstädtchen Eutin. ①

Von Eutin aus fährt man auf der Landstraße nordwärts und rund um den Kellersee zum Fremdenverkehrsort und Kneippkurbad Malente-Gremsmühlen. ②

Richtung Südwesten erreicht man die B 76 und über sie in Plön den Hauptort der Holsteinischen Schweiz. ③

Auf der B 430 geht es nun hinauf nach Lütjenburg. ④

Hier sollte man einen Abstecher nach Hohwacht nicht versäumen. ⑤

Von Lütjenburg aus führt die B 202 in östlicher Richtung hinüber nach Oldenburg. ⑥

Die B 207 weist den Weg dann weiter nach Heiligenhafen. ⑦

Hinter Heiligenhafen kann man die Vogelfluglinie nach Fehmarn nicht verfehlen. Bald taucht der große Bogen der Fehmarnsund-Brücke auf. ⑧

Auf der Insel Fehmarn angelangt, kommt rasch die Ausfahrt nach Burg. ⑨

Von Burg aus sollte man noch die Lemkenhafener Windmühle ansteuern. ⑩

▷ *Blick auf Heiligenhafen am Fehmarnsund*

Sehenswürdigkeiten

① Das romantische Eutin war einst fest in der Hand der Slawen. Von der Fasaneninsel im Großen Eutiner See aus regierten sie ihren wendischen Gau Utin, bis 1143 holländische Siedler begannen, unter der direkten Aufsicht eines Bischofs die Wasserlandschaft zu kultivieren. Der Bischof selbst begann nach 1156 mit dem Bau eines eigenen Bischofshofes und der Anlage des Marktes. Um 1260 besaß der Bischof auf der in den Großen Eutiner See hineinragenden Halbinsel ein »großes, steinernes Haus«, das von seinen Nachfolgern systematisch zur

△ Der ruhige Plöner See in der Holsteinischen Schweiz

sicheren Wasserburg ausgebaut wurde. Die Fürstbischöfe entfalteten ein reges Hofleben in Eutin, das als »Weimar des Nordens« berühmt wurde. Ein Gang durch das 1722 fertiggestellte Eutiner Schloß gerät heute dank des Fleißes des Malers Johann Heinrich Tischbein zu einem Gang durch die nordeuropäische Geschichte. Sehenswert sind außerdem die auf das 12. Jahrhundert zurückgehende Michaelis-Kirche, das ehemalige herzogliche Witwenpalais von 1786 sowie etliche prächtige Adelshäuser.

② In Malente-Gremsmühlen gibt es eine frühgotische Feldsteinkirche aus dem 13. Jahrhundert und eine Räucherkate aus dem 17. Jahrhundert Am nördlichen Ufer des Dieksees wartet ein Wildgehege sowie ein Arboretum mit etwa 120 verschiedenen Baumarten auf Besucher.

③ Auch im heute so gemütlichen Plön herrschten ursprünglich die Slawen. Sie hatten auf der Insel Olsburg im Plöner See ihre befestigte Fluchtburg Plune, die 1139 zerstört wurde. 17 Jahre später nutzte Graf Adolf II. von Schauenburg den Platz wieder zur Anlage einer Burg, die er 1173 auf den heutigen Schloßberg verlegte. Im Dreißigjährigen Krieg wurde daraus die Residenz des Herzogtums, dessen Landesherr Herzog Joachim Ernst bis 1636 das heutige, dreiflüglige Schloß

△ Großer Eutiner See in der Holsteinischen Schweiz

mit seinen zwei barocken Dachreiterlaternen errichten ließ. Besichtigen sollte man die winklige Altstadt mit der aus dem 17. Jahrhundert stammenden Johannis-Kirche, dem klassizistischen Rathaus sowie alten Bürgerhäusern und Adelshöfen.

④ Im kleinen Landstädtchen Lütjenburg zeugen noch viele historische Gebäude von ungetrübtem Traditionsbewußtsein. Im Jahre 1156 war hier die erste Kirche gebaut worden, 1275 erhielt der Ort das Stadtrecht. Neben dem Färberhaus, dem Rathaus und dem Alten Posthof ist vor allem die heutige Backsteinkirche mit Schiff und Turm aus der Gründerzeit interessant. Wertvollstes Stück ihrer Ausstattung ist ein Schnitzaltar von 1467, der eine figurenreiche Kreuzigung und Szenen aus der Marienlegende und Jugendgeschichte Christi zeigt.

⑤ Hohwacht: Siehe Wanderung 7 A, Seite 36.

⑥ Die spätere Herzogstadt Oldenburg war zunächst eine slawische Handelssiedlung an einer Furt durch den Oldenburger Graben. Er bot damals noch freien Zugang zur Ostsee und damit ein sicheres Refugium für die Handelsschiffe. Zur Sicherung gab es die Burg Starigard. Von der einst glanzvollen Zeit zeugt heute noch die Stadtkirche St. Johannes, die der damalige Bischof Gerold 1156 errichten ließ. Ihr kleiner Kernbau zählt zu den ersten Backsteinkirchen Nordeuropas. Die dreischiffige flachgedeckte Pfeilerbasilika vermittelt in ihrer Einfachheit noch ganz die damalige Pioniersituation. Interessant sind der monumentale Spätbarockaltar von 1778 sowie die Spätrokokokanzel.

△ Schloß in Eutin

⑦ Heiligenhafen: Siehe Wanderung 7 B, Seite 37.

⑧ Seit der Fertigstellung der 965 Meter langen und 70 Meter hohen Fehmarnsund-Brücke ist die Insel Fehmarn praktisch zur Halbinsel geworden. Den besten Blick auf die Brücke gibt es vom alten Fährhafenanleger in Großenbrode.

⑨ In Burg, dem Hauptort Fehmarns, wohnt heute rund die Hälfte der Inselbevölkerung. Der Rest der Insel mit ihren 40 Dörfern ist reines Bauernland. Das Städtchen selbst ist schon gut 750 Jahre alt, seine St.-Nikolai-Kirche stammt aus der Mitte des 13. Jahrhundert, erhielt ihren Turm jedoch erst bis 1513. Interessant ist vor allem die mittelalterliche Ausstattung, so der dreiflüglige Hauptaltar aus dem 14. Jahrhundert, der spätgotische Blasiusaltar, die Bronzetaufe von 1391 und eine gotländische Steintaufe aus der Mitte des 13. Jahrhunderts. Das wenig südlich gelegene Burgtiefe ist das Strandbad und der Segelhafen von Burg.

⑩ In Lemkenhafen steht die einzige noch funktionsfähige Getreidewindmühle Fehmarns. Sie ist als Museum zugänglich.

Der »Knus« – Ein eigener Erdteil?

Fragt man die Insulaner von Fehmarn, dann ist der Knus, wie sie ihre Ostseeinsel nennen, ein eigener Erdteil, von dem aus man beim Passieren der Fehmarnsund-Brücke nach Europa fährt. Bis 1963 mag dieser Schnack sogar noch berechtigt gewesen sein, mußte doch jeder bei einem Besuch des Festlands den Sund mit einer Fähre überqueren. Seit der Fertigstellung der 965 Meter langen und 70 Meter hohen Fehmarnsund-Brücke, die den 1,3 Kilometer breiten Sund überspannt, ist es jedoch endgültig vorbei mit der Isolation. Jetzt durchschneidet die Europastraße 4 zusammen mit der Eisenbahnlinie die vor dem »Anschluß« so einsame Insel auf 12 Kilometer langer Strecke bis hinauf zum Fährhafen Puttgarden, von dem es gerade noch 55 Minuten Fährzeit nach Dänemark sind. Mit der Brücke und der werbewirksamen Bezeichnung Vogelfluglinie für die kürzeste Verbindung nach Skandinavien kamen die Touristenströme, die Fehmarn allerdings zum größten Teil, ähnlich wie die Zugvögel, nur als Durchgangsstation nutzen. Dennoch bleiben dem Kur- und Badebetrieb auf der Insel genügend treue Anhänger, die auch die Stille des Bauernlandes zu schätzen wissen.

Tip

Kreuzfeld südwestlich von Malente: Am Ortsausgang liegt ein 126 Tonnen schwerer Findling, den die Gletscher der letzten Eiszeit von Skandinavien in die Holsteinische Schweiz verfrachteten.

7 A

Holsteinische Schweiz

Wanderung 7 A: 16 Kilometer – 4 Stunden

Hohwachter Binnensee

Hohwacht ist nicht bloß Ostseebad. Nur 1 Kilometer hinter dem Strand mit seinen salzigen Ostseewellen erstreckt sich der 500 Hektar umfassende Große Binnensee. Diesen großen Süßwassersee zu umwandern ist dann besonders reizvoll, wenn hohe Wolken für ein abwechslungsreiches Spiel von Licht und Schatten sorgen.

△ *Landzunge in der Hohwachter Bucht*

Tourverlauf

Die Umrundung des Großen Binnensees beginnt in Hohwacht. ① Auf dem Fußweg durch den Hohwachter Wald geht es bis zum Hauptweg zum Strand. Ihm folgt man bis kurz vor den Parkplatz, wendet sich nach links und geht dann mehr oder weniger weit vom Meer entfernt nordwestlich parallel zum Strand bis zur Schleuse bei Lippe. ②
Nun gibt die schmale Landstraße nach Osterkamp und Seekamp die Richtung an. Links weitet sich der Blick über den Großen Binnensee, von halbrechts winkt der Leuchtturm von Neuland.
An der Kreuzung mit der Straße nach Behrensdorf ③ hält man sich links und biegt bald darauf noch einmal links ab auf das Gutshaus von Waterneverstorf zu ④. Das Herrenhaus des Gutes bleibt links liegen, die etwa 600 Meter lange Allee führt weiter nach Süden zu einem Feldweg entlang des Sees. Am Südende des Sees hat man die Wahl, entweder unmittelbar am Ufer oder etwas landeinwärts über die alte Burg zu wandern. ⑤
Kurz bevor sich in Hohwacht die Runde schließt, hat man in Haßberg noch Gelegenheit zu einem herrlichen Blick über die gerade durchwanderte Umgebung. ⑥

Sehenswürdigkeiten

① Hohwacht ist nicht nur Ostseebad mit Familienflair, es besitzt auch einen 500 Hektar großen Binnensee, der, unmittelbar hinter der Küstenlinie, Süßwasser enthält.
② Die Schleuse bei Lippe ist die einzige Verbindung zwischen dem Großen Binnensee und der See in der Hohwachter Bucht. Hier stand einst das Bauern- und Fischerdorf Lindendorf, das allerdings schon 1694 einer Sturmflut zum Opfer fiel.
③ An der Kreuzung bei Seekamp gibt es die Möglichkeit, zum Leuchtturm von Neuland hinüberzuwandern. Hin und zurück sind es jedoch gute 6 Kilometer.
④ Das Hofgut Waterneverstorf entstand bereits Ende des 14. Jahrhunderts und gehörte nacheinander verschiedenen holsteinischen Familien. Eigentümer waren zuerst die Rantzaus, dann die Reventlows, dann die Blomes und schließlich die Holstein-Holsteinborgs, bis 1897 die Grafen Waldersee den Besitz einnahmen. Das heutige Herrenhaus ist im Kern eine mittelalterliche Wasserburg, die 1852 im Stil des späten Klassizismus ausgebaut wurde. Einige der malerischen Häuschen der Umgebung sind gut 200 Jahre alt, sie wurden damals für Bedienstete des Gutes errichtet.
⑤ Im Wald am Südufer des Großen Binnensees gab es einst einen wendischen Burgwall, von dem noch Reste erhalten sind. Auch einige Hünengräber lassen sich im Wald ausmachen.
⑥ Das Dörfchen Haßberg war lange vor Hohwacht ein bescheidenes Ostseebad. Hinter seiner alten Schule führt ein schmaler Fußweg auf den sogenannten Tempelberg, einen erhöhten Landvorsprung über dem Großen Binnensee. Seinen Namen hat der Berg von einem tempelähnlichen Pavillon erhalten, der im vorigen Jahrhundert hier oben stand. Auch ohne diesen Pavillon bietet das Plätzchen immer noch den schönsten Überblick über den See bis hinüber nach Stöfs und natürlich über die Ostsee.

Tip

Sehlendorfer See östlich des Großen Binnensees: Auf seinen Strandwällen wächst unter anderem die geschützte Stranddistel, und seltene Vögel brüten hier.

◁ *Das Naturschutzgebiet Kleiner Binnensee unterhalb der Dünen*

Wanderung 7 B: 10 bis 20 Kilometer – 3 bis 5 Stunden

Heiligenhafens Hohes Ufer

Die Wanderung über Graswarder, Steinwarder und entlang der Ostseeküste macht Landvernichtung und Landbildung durch die See deutlich: Graswarder ist junges Schwemmland, Steinwarder Anlandung aus schwererem Material und das Hohe Ufer ein von der See angenagtes Geestkliff.

7 B

Holsteinische Schweiz

Tourverlauf

Bester Ausgangspunkt für diese Wanderung ist der Parkplatz beim Segelhafen von Heiligenhafen. ①
Hier ist die Entscheidung notwendig, ob ein Abstecher auf die östlich gelegene Schwemmlandinsel Graswarder mit einbezogen werden soll. Für Hin- und Rückweg müssen zusammen 4 Kilometer einkalkuliert werden, doch sind dies auf jeden Fall 4 lohnende Kilometer, lassen sich hier doch besonders schön die Schwemmlandbildung und so mancher Vogel beobachten. ②
Die eigentliche Wanderung führt dann über die schmale Landbrücke zwischen Binnensee im Süden und Ostsee im Norden in Richtung Heiligenhafener Ferienzentrum. ③
Das Ferienzentrum läßt man links liegen und wandert in Strandnähe weiter nach Westen. Hinter dem Zentrum endet der befestigte Weg, doch kann man dem Steilufer gut zum höchsten Punkt – etwas Vorsicht ist geboten, wenn Kinder dabei sind – folgen. ④
Im weiteren Verlauf senkt sich der Weg nach und nach und erreicht bei der Kembser Bucht das Ufer. ⑤
Landeinwärts Richtung Dazendorf oder später Richtung Kembs schlägt man den Rückweg ein und biegt links ab auf Heiligenhafen zu.
Am Westrand von Heiligenhafen hält man sich links gegen den Binnensee und schlendert an dessen Südufer zurück in den Ort.

△ *Yachtanlegeplatz von Heiligenhafen*

Sehenswürdigkeiten

① Im alten Kern von Heiligenhafen lohnt sich ein Bummel durch die winkligen Gassen. Hier gab es schon Mitte des 13. Jahrhunderts einen Hafen und einen Markt, das Stadtrecht wurde bereits 1305 verliehen. Auch die gotische Backsteinkirche geht in ihrem Kern auf das 13. Jahrhundert zurück. Damals entstand der leicht eingezogene Kastenchor mit Ecklisenen und Friesen. Das dreijochige Langhaus mit neugotischen Fenstern stammt aus dem 16. Jahrhundert. Ältestes Stück der Ausstattung ist das mit Schnitzfiguren, Reliefs und Ornamenten versehene Chorgestühl aus dem 16. Jahrhundert. Die pokalförmige Taufe stammt aus dem 17. Jahrhundert. Im Thulboden gibt es noch einige alte Fachwerkgiebelhäuser. Ein besonderes Prachtstück ist der alte Salzspeicher am Kattsund aus dem Jahre 1587. Er hat ein einseitig gewalmtes Satteldach, einen vorkragenden Reitergiebel und ein Untergeschoß in Fachwerk mit Lehm- und Ziegelfüllung.
② Die Schwemmlandinsel Graswarder besteht im wesentlichen aus Lockermaterial, das die See vom Kliff am Hohen Ufer im Westen abgetragen hat. Weil der Wind vorwiegend aus westlicher Richtung weht, kann die dadurch entstehende, nach Osten gerichtete Meeresströmung Sand und bis zu kopfgroße Steine durch die schräg auf den Strand treffenden Wellen nach Osten verfrachten. Die Wirksamkeit dieser Strandversetzung läßt mit zunehmender Länge des Transportweges nach. Die gröberen und schwereren Bestandteile des mitgeführten Materials werden zunächst abgelagert, die feinen Sande zuletzt. Deshalb besteht der schmale Landrücken Steinwarder, zwischen Binnensee und Ostsee, aus schwerem Material, die Halbinsel Graswarder dagegen aus leichteren Sanden und Tonen. Die Binnenseite von Graswarder ist mit ihren langen Inselfingern bis heute Anlandungsgebiet und ein Paradies für alle Wasservögel.
③ In der Nähe des Steinwarders errichtete man ab 1970 das Ferienzentrum, das mit Sportanlagen, Parkplätzen und einem großen Appartementhaus touristisch erschlosssen wurde.
④ Am Hohen Ufer ist nicht nur sichtbar, wie die See permanent am Land nagt. Dem Wanderer bietet sich hier vor allem ein weiter Blick über die See und über das Binnenland.
⑤ An der Kembser Bucht bestehen Möglichkeiten zum Baden.

◁ *Austernfischer bevölkern die Küste in großen Scharen*

Tip

Heiligenhafen, Heimatmuseum, Thulboden 11 a: Die Stadtgeschichte wird in einem restaurierten Jugendstilgebäude präsentiert.

8

Autotour 8: 130 Kilometer

Poel, Salzhaff und Kühlung

Kühlung, Poel

Eine Fahrt von Bad Doberan nach Wismar ist wie eine Reise in die Vergangenheit, von einem kleinen Residenzstädtchen und seinem Badestrand zu einer mittelalterlichen Hafen- und Handelsstadt von Weltgeltung, durch eine Landschaft, die heute noch beinahe im Dornröschenschlaf liegt: Die Insel Poel ist noch ganz bäuerlich und die Ufer des Salzhaffs sind nur schwer zugänglich.

Tourverlauf

Beginn der Reise von der Residenz ins Bauernland ist Bad Doberan. ①
Entlang der alten herzoglichen Badebahn führt das mit alten Linden gesäumte Landsträßchen nach Heiligendamm. ②
Wenig westlich wird es im Ostseebad Kühlungsborn etwas geschäftiger. ③
Doch bereits auf der Verbindungsstraße zum Ostseebad Rerik ist man meistens schon wieder beinahe alleine auf der Straße. ④
In Neubukow stößt die Landstraße zwar auf die B 105, doch sollte man diese links liegen lassen und weiter küstennah gemütlich auf der Landstraße fahren. ⑤
In Groß Strömkendorf zweigt die Straße zur Insel Poel ab. ⑥
Von Groß Strömkendorf ist es dann nur noch eine kurze Strecke zur alten Hansestadt Wismar. ⑦
Von Wismar aus könnte man auf der B 105 direkt nach Bad Doberan zurückkehren. Schöner jedoch ist es, zunächst die B 192 zu nehmen und nach Neukloster zu fahren. ⑧
Von dort geht es wieder über verträumte Landstraßen nordwärts bis Neubukow, zur B 105 und zurück nach Bad Doberan.

Sehenswürdigkeiten

① Das Städtchen Bad Doberan wuchs seit 1165 aus einer Klostergründung der Zisterzienser. Als Herzog Friedrich Franz I. von Mecklenburg Doberan zu seiner Sommerfrische bestimmte, entwickelte sich der Ortsteil Heiligendamm 1793 zum Seebad. 1823 wurde hier die erste Pferderennbahn auf dem Kontinent eröffnet. Die Klosterkirche der Zisterzienser entstand im 13. und 14. Jahrhundert und zählt zu den schönsten Sakralbauten im Ostseeraum. Bedeutendste Stücke der Ausstattung sind das knapp 12 Meter hohe Sakramentshaus, ein Triumphkreuz, kostbare Altäre und wertvolle Holzfiguren. Von den im 13. Jahrhundert errichteten Klostergebäuden stehen noch das Beinhaus, das Kornhaus und das Brauhaus. Die Zeugnisse der klassizistischen Zeit von Doberan befinden sich am Kamp. Die beiden Chinesischen Pavillons dort stammen von 1809 und 1813 und sind die einzigen in ganz Mecklenburg.

◁ *Der Hafen von Wismar*

② In Heiligendamm, der weißen Badestadt am Meer, wurde 1793 das erste deutsche Seebad gegründet. Eine Tafel auf einem mächtigen Findling erinnert an dieses Ereignis. Die weißen Bauten, die dem Ort seinen Namen gaben, wurden von Karl Theodor Severin einheitlich im klassizistischen Stil errichtet. (Siehe auch Wanderung 8 A, Seite 40.)
③ Das Ostseebad Kühlungsborn ist erst 1938 durch den Zusammenschluß der Fischerdörfer Arendsee, Brunshaupten und

Fulgen entstanden, die auf eine über 800jährige Geschichte zurückblicken können. Die alte Kirche mit ihrem Holzturm stammt aus dem 13. Jahrhundert. Den eigentlichen Reiz von Kühlungsborn aber macht seine großartige, endlos anmutende Flaniermeile aus. Entlang des Strands und des Dünenwalds zieht sich ein langes Band mehr oder weniger phantasievoller Prachtbauten.

④ Das Städtchen Rerik, das bereits 808 in den Annalen von Karl dem Großen aufgeführt ist, hieß bis 1938 Alt Gaarz. Die Umtaufe erfolgte, weil man auf dem Schmiedeberg Reste einer frühmittelalterlichen Burganlage fand und glaubte, diese sei mit dem Reric Karls des Großen identisch. Interessant ist die aus dem 13. Jahrhundert stammende Pfarrkirche. Sie besitzt eine üppige Barockausstattung, eine prunkvolle Orgelempore und prächtige Gewölbe- und Wandmalereien.

⑤ In der Umgebung von Neubukow geht es durch sanft gewelltes, altes Bauernland, hier wuchs das Getreide zu allen Zeiten beinahe »von selbst«, hier wurde das Korn mit Hilfe des Windes gemahlen. Windmühlen in Neubukow und Stove erinnern noch daran.

⑥ Schon von weitem weist die behäbige Kegelspitze des Kirchdorfer Kirchturms den Weg zum Zentrum der Insel Poel. Hier, an der Nordspitze des Kirchsees, siedelten um 1210 die ersten Bauern, 1229 begannen sie mit dem Bau ihrer großzügigen Kirche. In ihr sind heute noch zwei Schnitzaltäre aus dem frühen 15. Jahrhundert erhalten. Ein barocker Orgelprospekt von 1740 ergänzt die Ausstattung. (Siehe auch Wanderung 8 B, Seite 41.)

⑦ Die alte Hansestadt Wismar ist mit ihrer Altstadt ein Kleinod der mittelalterlichen Baukunst. Schon um 1250 bestand der Kern aus dem Markt, den beiden Kirchen St. Marien und St. Nikolai sowie einer Neustadt. Nach dem Dreißigjährigen Krieg kam Wismar an die Schweden, die daraus die stärkste Festung Europas machten. Im Jahre 1803 wurde die Stadt an Mecklenburg verpfändet, erst 1903 verzichtete Schweden endgültig auf seine Ansprüche. Wismars Marktplatz ist mit seiner Fläche von 10 000 Quadratmetern beeindruckend. Ältestes Haus am Platz ist an der Ostseite der 1380 erbaute »Alte Schwede«, in dem 1803 der schwedische Kommandant seinen Sitz hatte. Das klassizistische Rathaus wurde 1819 fertiggestellt. Die Südostseite ziert die im niederländischen Renaissancestil 1602 errichtete Wasserkunst. Sie versorgte die Stadt bis 1897 über Holzröhren mit Trinkwasser. Wahrzeichen Wismars sind auch die drei im 15. Jahrhundert errichteten gotischen Backsteinkirchen: St. Marien (1945 bis auf den Turm zerstört), St. Georgen (noch nicht restauriert) und St. Nikolai (geweiht 1403). Der Fürstenhof östlich der Georgenkirche ist ein Renaissancebau von 1554, das Schabbelthaus von 1571 beherbergt heute das Stadtgeschichtliche Museum. Von den ursprünglich fünf gotischen Toren der Stadtmauer ist das Wassertor am Hafen noch erhalten. Sehr malerisch ist der Fischereihafen westlich des Wassertors.

⑧ Die Kirche des 1219 gegründeten Zisterzienserinnenklosters Sonnenkamp am Rande von Neukloster ist eine romanische Backsteinbasilika mit Querhaus. In den drei Ostfenstern ihres Chores sind Reste spätromanischer Glasmalereien zusammengefaßt.

Der »Molli« – Die herzogliche Badebahn

◁ *Der »Molli« in Bad Doberan*

Das 1793 gegründete Heiligendamm ist nicht nur Deutschlands ältestes Seebad, hierher fuhr auch ab 1886 Mecklenburgs erste Schmalspurbahn. Sie brachte die Badegäste aus dem Residenzstädtchen Bad Doberan an die Küste. Noch heute fahren mit Dampfloks bespannte Züge auf 900 Millimetern Spurbreite von Kühlungsborn zur 15,5 Kilometer entfernten ehemaligen herzoglichen Sommerresidenz Bad Doberan. Der von den Einheimischen liebevoll »Molli« genannte Zug bietet mit seiner Fahrt über das Heiligendammer Steilufer und das Halbdunkel des Gespensterwaldes unvergeßliche Eindrücke. Nur von »Mollis« Holzbänken aus kann man den schneeweißen Bahnhof in Heiligendamm mit seinen klassizistischen Stilelementen so richtig genießen oder die knapp 6 Kilometer lange, prächtige Lindenallee vor Bad Doberan erleben, die einst die Einfahrt zur ersten Pferderennbahn des Kontinents bildete. In Bad Doberan schließlich schlängelt sich »Molli« wie eine Straßenbahn durch die engen Gassen, scheint die Häuserwände zu streifen und die Fußgänger zu scheuchen.

◁ *Ostseestrand bei Bad Doberan*

Tip

Halbinsel Wustrow bei Rerik: Große Teile sind von Naturdünen bedeckt, mit standortangepaßter Flora, die sich, wie die Fauna, nach dem Abzug des Militärs ausgezeichnet entwickelt (teilweise Naturschutzgebiet).

8A

Kühlung, Poel

Wanderung 8 A: 16 Kilometer – 4 Stunden

Zwischen Heiligendamm und Doberan

Das älteste deutsche Seebad und die Sommerresidenz der Herzöge von Mecklenburg sind nicht nur durch die herzogliche Badebahn miteinander verbunden. Beide waren und sind voneinander abhängig, beide liegen in einer wunderschönen Landschaft, in der man einfach wandern muß.

Tourverlauf

Der Parkplatz an der Straße nach Börgerende ist Ausgangspunkt. Von hier sind es nur wenige Meter zum »Heiligen Damm«, von dem aus sich der Blick auf die »Weiße Stadt am Meer« öffnet. ①
Auf der Strandpromenade geht es zum Gedenkstein für den Gründer des Seebads und zum Weißen Kurhaus. ②
Für knapp 1 Kilometer heißt es nun, der Straße nach Kühlungsborn zu folgen, bis diese scharf nach rechts schwenkt. In der Kurve hält man sich halb links, quert den Bollhagener Bruch und folgt dann links dem Waldrand und einem Feldweg bis Vorder Bollhagen.
Man durchquert den kleinen Ort und stößt auf einen Feldweg mit Pappeln, von dem aus sich ein schöner Blick über das Bollhagener Fließ bietet. Der Feldweg führt zu Kellers Wald, etwa 400 Meter am Waldrand entlang und schließlich durch das Wäldchen hindurch, bis von links ein markierter Wanderweg einmündet (grüner Balken auf weißem Grund). Folgt man diesem nach rechts, kommt man zur Jugendherberge von Bad Doberan. ③
Von der Jugendherberge steigt man in den Ort hinunter zum Marktplatz und hinüber zum schon von weitem sichtbaren Bad Doberaner Münster. ④
Für müde Füße gibt es in der Goethestraße die Möglichkeit, mit der Kleinbahn »Molli« nach Heiligendamm zurückzufahren. Mindestens genauso schön allerdings ist es, dem mit grünem Dreieck auf weißem Grund markierten Wanderweg neben der alten Lindenallee hinüber nach Heiligendamm zu folgen. ⑤

Sehenswürdigkeiten

① Seinen Namen verdankt das Ostseebad Heiligendamm dem östlich gelegenen Steindamm. Glaubt man der Sage, dann drohte einst eine verheerende Sturmflut, das 5 Kilometer entfernte Kloster Doberan zu zerstören. Über Nacht bildete sich jedoch ein Steindamm, der das Kloster vor Schaden bewahrte und deshalb heiliger Damm genannt wurde. Tatsache jedenfalls ist, daß vermutlich eine Sturmflut im 16. Jahrhundert den Damm aufhäufte, der sich heute mit seinen unzähligen Rollsteinen als mächtiger Uferwall kilometerweit bis zum Naturschutzgebiet um den Conventer See zieht.
② Der Findling mit der Gedenktafel für die Gründung des Ostseebads Heiligendamm stammt aus der Gegend von Elmenhorst. Er wurde mit Winden und Kugellagerschienen hierher gebracht, doch dauerte der Transport 120 Tage. Deshalb kam der tonnenschwere Riese damals zu spät zu seiner eigenen Einweihung. Das ganz in Weiß gehaltene, klassizistische Bäderensemble verrät heute nichts mehr davon, daß der Herzog sein Privatbad durch einträgliche Nebengeschäfte finanzierte: durch den Betrieb eines Casinos und durch den Verkauf von 100 mecklenburgischen Soldaten an den niederländischen Statthalter Wilhelm von Oranien.
③ Von der Bad Doberaner Jugendherberge aus bietet sich ein prächtiger Blick über die Stadt, den Kamp und auf das Münster.
④ Das Bad Doberaner Münster ist eine dreischiffige Basilika mit dem typischen hohen Fenstern in der turmhohen Westfassade. Ausstattungsstücke von kunstgeschichtlicher Bedeutung finden sich im Inneren, zum Beispiel der Corpus-Christi-Altar von 1330. Die kleine Stadt selbst ist berühmt für ihre mittelalterliche Backsteinarchitektur.
⑤ Vom Weg zwischen Doberan und Heiligendamm sind gut die drei Alleen zu sehen, die früher zur herzoglichen Rennbahn führten. Sie wurde als erste Pferderennbahn auf dem europäischen Kontinent 1823 errichtet.

◁ *Die Zisterzienser-Klosterkirche in Bad Doberan*

Tip

Der Conventer See war ursprünglich eine Meeresbucht, die dann durch den Heiligen Damm abgeriegelt wurde. Heute ist der See Heimat für zahlreiche Wasservögel, darunter auch Rohrsänger und Bartmeisen.

Wanderung 8 B: 16 Kilometer – 4 Stunden

8B

Über die Insel Poel

»Auf Poel kann man sich vor der von Staub und Bakterien gereinigten Seeluft gar nicht retten, so wirkt die Insel wie ein Gesundbrunnen ...« Und richtig ist auch, daß die Anmut der Poeler Landschaft mit ihren sanften Hügeln und den im Wind wogenden Grasteppichen und Getreidefeldern einen ganz besonderen Reiz ausübt.

Kühlung, Poel

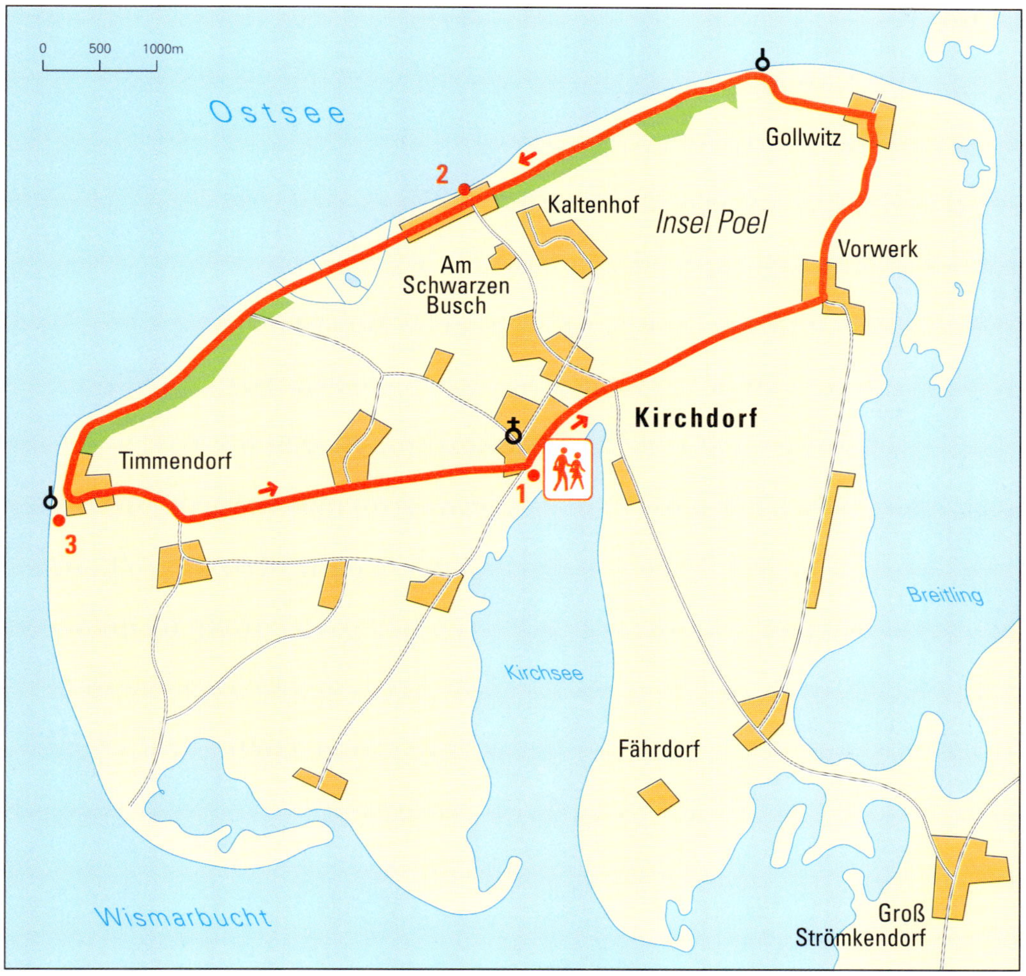

△ *Der Hafen von Kirchdorf*

Tourverlauf

Man beginnt diese Wanderung auf der Insel Poel im zentral gelegenen Kirchdorf. ①
Zunächst folgt die Route dem Landsträßchen nach Gollwitz im Norden von Poel. Von dort wandert man nach Nordwesten zum nördlichen Leuchtturm und an der Uferlinie entlang zur Feriensiedlung beim Schwarzen Busch. ②
Ab dem Naturschutzgebiet Schwarzer Busch bleibt man weiter am Ufer bis zum Leuchtturm in Timmendorf-Strand, der gleichzeitig das Ende der Uferwanderung markiert. ③
Nun wendet sich der Weg nach Osten und folgt zunächst dem Landsträßchen, bis am Timmendorfer Dorfteich ein Feldweg links abzweigt. Er führt, markiert durch eine Pappelreihe, direkt auf den Kirchdorfer Kirchturm und damit auf den Ausgangspunkt Kirchdorf zu.

Sehenswürdigkeiten

① Kirchdorf, der Hauptort der 37 Quadratkilometer großen Insel Poel, ist urkundlich bereits 1247 belegt. Zu Deutschland gehörten Dorf und Insel jedoch nur bis 1648. Danach war man für gut 250 Jahre schwedisch, erst 1903 kam die noch weitgehend bäuerlich geprägte Insel wieder zu Deutschland. An ihrer großzügigen Kirche bauten die Poeler von 1229 bis in die Mitte des 15. Jahrhunderts. Bei der Ausstattung sparten die Bauherren nicht. So überrascht die Kirche heute mit zwei Schnitzaltären aus dem frühen 15. Jahrhundert. Ein spätgotisches Kruzifix und ein barocker Orgelprospekt von 1740 ergänzen die Ausstattung. Die anmutige Lage der Kirchdorfer Kirche animierte Herzog Adolf Friedrich I. von Mecklenburg, sich bis 1619 im Süden der Kirche ein Schloß bauen zu lassen. Auch eine großzügige Parkanlage war geplant. Kirche und Schloß erhielten eine eigene Festungsbastion, die allerdings Wallensteins Truppen nicht widerstehen konnte. Da die Schweden vom Schloß keinen Stein auf dem anderen ließen, sind heute nur noch Teile der alten Wallanlagen zu erkennen.

▽ *Madonna in Kirchdorf*

② Die gesamte Insel Poel hatte ursprünglich einen reichen Baumbestand. Einziger Rest davon ist der Schwarze Busch im Norden von Kirchdorf. Das Wäldchen mit knorrigen Eichen verrät, wie die einst dichten Poeler Wälder ausgesehen haben mögen.

③ Der Leuchtturm in Timmendorf-Strand ist ein wichtiges Seezeichen für alle Schiffe, die die Einfahrt in den Wismarer Hafen suchen. Der kleine Timmendorfer Hafen ist Stützpunkt für einen Seenotrettungskreuzer.

Tip

Salzwiesen am Faulen See im Südwesten von Poel: Hier wachsen die Grasnelke und die Weiße Miere, das Glaskraut und der seltene Meerstrauchbeifuß (Naturschutzgebiet).

9

Autotour 9: 100 Kilometer

Fischland, Darß und Zingst

Darß, Zingst

Die Halbinseln Fischland, Darß und Zingst haben jeweils ein doppeltes Gesicht: nach Westen und Norden stellen sie sich der offenen See, nach Osten und Süden öffnen sie sich einer einmaligen Boddenlandschaft. Sie ist Heimat der Wasservögel und dient den Kranichen zweimal im Jahr als wichtige Raststation auf ihrem Zug von Nord nach Süd und umgekehrt. An ihrer Seeseite haben die Halbinseln wunderschöne Badestrände, die höchstens Sonnenwünsche offen lassen.

△ *Bernsteinmuseum in Ribnitz-Damgarten*

Tourverlauf

Die Rundreise im Nationalpark Vorpommersche Boddenlandschaft beginnt im Doppelort Ribnitz-Damgarten. ①

▽ *Hohes Ufer in Ahrenshoop an der Nahtstelle zwischen Darß und Zingst, dem Fischland*

Erstes Ziel ist das westlich gelegene Dorf Klockenhagen. ②
Von Klockenhagen aus weist der Weg nach Norden zu den Ostseebädern Dierhagen, Wustrow und Ahrenshoop. ③
Zunächst der Küste entlang und dann durch den Darßer Wald geht es hinüber zum alten Dörfchen Born am Darß und damit an die Boddenseite der Halbinsel Darß. ④
Über Wieck wird das Ostseebad Prerow und damit die Außenküste von Darß erreicht. ⑤
Entlang der Binnenseite des Seedeiches führt der Weg hinüber nach Zingst. ⑥
Die Weiterfahrt auf der Halbinsel Zingst nach Osten endet beim Weiler Müggenburg an einem Parkplatz, hinter dem es nur noch zu Fuß oder per Fahrrad weitergeht bis zum Landende bei Pramort. ⑦
In Zingst wendet sich die Route wieder nach Süden, quert über eine lange Brücke den Graben zwischen dem Bodstedter und

dem Barther Bodden und erreicht schließlich das Städtchen Barth. ⑧
Weiter nach Süden stößt man bei Löbnitz auf die B 105, auf der es westwärts zurück nach Ribnitz-Damgarten geht.

Sehenswürdigkeiten

① Die Doppelortschaft Ribnitz-Damgarten entstand erst 1950 aus dem mecklenburgischen Ribnitz und dem pommerschen Damgarten. Auf der Brücke zwischen beiden Ortsteilen steht noch das ehemalige Zollhaus als Hinweis auf jahrhundertealte Zolltradition. Beide Orte entstanden im 13. Jahrhundert. Das heutige, im frühen 15. Jahrhundert erbaute Rostocker Tor gab es bereits zuvor, schon seit 1290, und die ältesten Teile der Stadtkirche von Ribnitz stammen auchschon aus dem 13. Jahrhundert. Ein Jahrhundert jünger ist die Klosterkirche des ehemaligen Klarissinnenklosters, das der mecklenburgische Herzog Heinrich der Löwe 1323 stiftete. Im Dominahaus des Klosters ist heute das Bernsteinmuseum, das einzige seiner Art an der Ostsee, untergebracht.
② Im Freilichtmuseum des kleinen Dorfes Klockenhagen steht ein um 1690 entstandener Hof mit niederdeutschem Hallenhaus, Scheune, Backhaus und Brunnen.
③ Ahrenshoop war bis vor einhundert Jahren eine bescheidene Siedlung kleiner Lohnarbeiter. Dies änderte sich 1889, als der Düsseldorfer Akademieprofessor Paul Müller-Kaempf eine private Malschule eröffnete. Vor allem Malschülerinnen suchten sie auf, da die Kunstakademien des Kaiserreiches Frauen nicht aufnahmen. Es entstand eine Künstlerkolonie, der berühmte Künstler wie Erich Heckel, Max Pechstein oder Alexej von Jawlensky verbunden waren. Aus dem Armendorf wurde so das Worpswede der Ostsee. Zu Zeiten der DDR wurde aus Ahrenshoop das »Bad der Kulturschaffenden«. Die Sommerhäuser der Ostprominenz sammelten sich am »Millionenhügel«. Geblieben sind seit 100 Jahren die Kunstkaten, die an ein kieloben liegendes Schiff erinnernde Kirche und die blaue Fischlandkeramik.
④ Das ehemalige Fischerdorf Born besitzt noch einige alte, wirklich hübsche Häuschen mit Reetdächern. Im Forsthaus von Born hat die Nationalparkverwaltung ihren Sitz.
⑤ Ostseebad Prerow am Darß: Siehe Wanderung 9 B, Seite 45.
⑥ In Zingst erinnert noch manches Kapitänshäuschen an die goldene Zeit der Segelschiffahrt. Im Heimatmuseum wird die Inselgeschichte so richtig lebendig. Auf dem Zingster Friedhof kann man neben prächtigen Kapitänsgrabsteinen das Grab der Heimatdichterin Martha Müller-Grählert suchen, von der das Lied von den Ostseewellen stammt.
⑦ Der einzige Zugang nach Pramort im Osten der Halbinsel Zingst führt über den Parkplatz Sundische Wiese. Von hier aus sind es noch 8 Kilometer auf der Straße (für Pkw gesperrt) und 1,5 Kilometer Fußweg bis zur Hohen Düne, die den Paradeblick hinüber nach Hiddensee bietet. Dazwischen liegt ein Flachwassergebiet, das durch starken Wind häufig trockenfällt und deswegen auch Windwatt heißt. Dieses Gebiet ist jeweils zwischen Ende August und Mitte November Rastplatz für bis zu 40 000 Kraniche, die sich hier für ihren Weiterflug nach Süden stärken.
⑧ Das Städtchen Barth genoß schon 1255 das Lübische Stadtrecht, 1316 hatte es einen Fürstenhof gegeben. Im 19 Jahrhundert unterhielt Preußen hier einen Segelschiffhafen. Erhalten geblieben sind das 35 Meter hohe Dammtor aus dem 15. Jahrhundert und die mächtige gotische Backsteinkirche St. Marien aus dem frühen 14. Jahrhundert. Ihr 87 Meter hoher Turm bietet den besten Aussichtspunkt über die Bodden und die Inselkette von Fischland, Darß und Zingst.

△ Niedersachsenhaus im Freilichtmuseum Klockenhagen

Der Nationalpark Vorpommersche Boddenlandschaft

Zwischen der Halbinsel Darß-Zingst, der Insel Hiddensee und der westrügenschen Küste liegt eine der wenigen noch weitgehend naturnahen Großlandschaften Mitteleuropas. Ihr Grundgerüst hatte die letzte Eiszeit vor etwa 12 000 Jahren gestaltet. Die Feinformung besorgten dann die Abtragungs- und Anlandungsprozesse des Meeres sowie der Wind. Alles zusammen schuf einmalige Steilküsten, Nehrungen, Strandseen, Dünen und Windwatten. Im heutigen Nationalpark steht einer Landfläche von 118 Quadratkilometern eine Wasserfläche von 687 Quadratkilometern gegenüber. Ein Feuchtgebiet von internationaler Bedeutung ist die Flachwasserzone und das Windwatt am Ostende der Halbinsel Zingst. Hier hat der Vogelzug im Frühjahr und im Herbst seine große Raststation. Bis zu 104 verschiedene Arten finden hier Ruhe- und Nahrungsraum. Besonders eindrucksvoll ist das Naturschauspiel beim Kranichzug im Herbst. Dann rasten hier bis zu zwei Drittel der westwärts ziehenden Kraniche und damit der größte Teil des skandinavischen Brutbestands.

Tip

Vogelinseln Großer Kirr und Oie im Barther Bodden: Sie sind idealer Rast- und Brutplatz für Abertausende von Seevögeln. Beobachtungsmöglichkeiten bieten sich von der Boddenküste im Süden von Zingst sowie von den beiden Türmen auf den Deichen östlich und westlich von Zingst.

▽ Das Fischland ist noch nicht lange fest – einst waren hier Nehrungen und Oien (Inseln)

9A

Wanderung 9 A: 10 oder 23 Kilometer – 2 ½ oder 5 Stunden

Ribnitzer See und Ostsee

Darß, Zingst

Zwischen Saaler Bodden und Ostsee ist der Landrücken nur einen Kilometer schmal. Wo das Land gegen Süden hin breiter wird, dehnen sich zwischen dem Ostseestrand und der Ribnitzer See weite Hochmoorgebiete aus, in denen der Wanderer ungestörte, stille Stunden erleben kann.

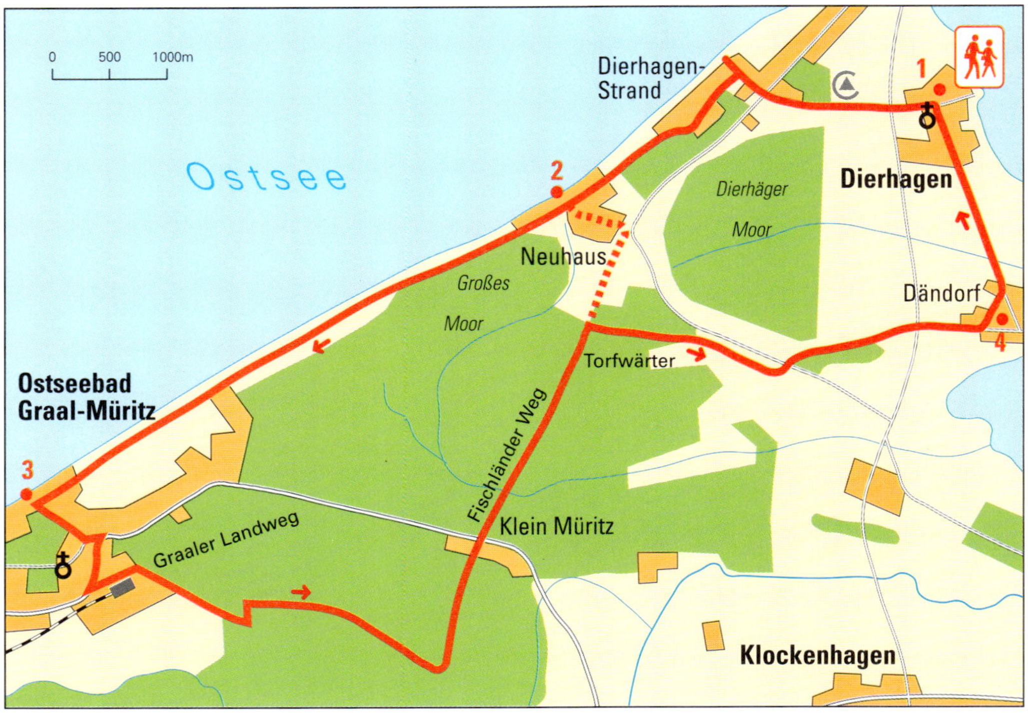

Tourverlauf

Am Übergang zwischen Saaler Bodden und Ribnitzer See ist das alte Dorf Dierhagen Ausgangspunkt dieser Wanderung. ①
Von hier geht es zunächst westwärts hinüber zum Weiler Dierhagen-Strand. Durch den Küstendünenwald schlängelt sich der Weg südwestwärts hinüber nach Neuhaus. ②
Hier hat man die Möglichkeit, in einer kürzeren Runde (10 Kilometer – 2½ Stunden) um das Dierhäger Moor zu wandern und über Dändorf nach Dierhagen zurückzugehen.
Für die größere Runde (23 Kilometer – 5 Stunden) folgt man dem Pfad zwischen der Düne und dem Großen Moor weiter nach Südwesten bis zum Ostseebad Graal-Müritz und zum Café Seestern. ③
Nächste Station ist der etwa 1 Kilometer landeinwärts gelegene Bahnhof von Graal-Müritz. Vor ihm wendet man sich links und folgt für etwa 300 Meter dem Graaler Landweg. Danach geht es rechts über einen Kiefernweg zu den letzten Häusern. Hier beginnt ein mit grünem Kreis auf weißem Grund markierter Wanderweg, dem man bis zur Kreuzung mit dem Fischländer Weg folgt. Der Fischländer Weg führt über die Landstraße hinweg ins Große Moor zum Torfwärterhaus. Ab dem Torfwärterhaus geht es nach Osten an der Südseite des Dierhäger Moores vorbei nach Dändorf. ④
Anschließend ist es nicht mehr weit zurück nach Dierhagen.

▽ *Im Nationalpark Boddenlandschaft auf dem Darß*

Sehenswürdigkeiten

① Am nördlichen Ortsrand von Dierhagen ist die Landbrücke zwischen Ostsee und Bodden einen knappen Kilometer schmal. Im Süden breiten sich ausgedehnte Moore aus. Dennoch gibt es zahlreiche Belege dafür, daß es hier schon in der Mittel- und Jungsteinzeit Siedler gab. Dierhagen selbst ist 1311 erstmals urkundlich belegt. Bis ins 14. Jahrhundert hinein unterstand die gesamte Halbinsel Fischland den Fischern und Moorbauern von Dierhagen. Um 1900 begann dann der Badebetrieb in Dierhagen-Strand, seit 1934 darf sich der Ort offiziell Ostseebad nennen.
② Neuhaus liegt auf einer 13 Meter hohen Düne und bietet damit einen herrlichen Rundblick über Moor, Bodden und See.
③ Das Ostseebad Graal-Müritz besteht aus zwei Dörfern, die auf das 14. Jahrhundert zurückgehen. Ihre Einwohner lebten bis ins 19. Jahrhundert hauptsächlich vom Torfabbau. Im 19. Jahrhundert kamen dann die ersten Badegäste, aus den Bauerndörfern wurde ein Seebad. In unserer Zeit hat man die Mischung aus Seeklima einerseits und Wald- und Moorklima andererseits zu Heilzwecken schätzen gelernt. Sichtbarster Ausdruck des Moorklimas ist der berühmte Rhododendronpark, dessen Blüte Jahr für Jahr zahllose Besucher anlockt.
④ In Dändorf gibt es noch einige schöne, alte Seemannshäuschen. Vom kleinen Hafen aus bietet sich eine gute Sicht auf den Saaler Bodden, den Ribnitzer See und hinüber nach Ribnitz-Damgarten.

Tip

Moorgebiet zwischen Dierhagen und Graal-Müritz: Über Jahrhunderte wurde hier in diesem Küstenhochmoor Torf abgebaut, so daß heute nur noch wenige Stellen naturnah erhalten sind. Dennoch ist die Flora des Moores aus den typischen Hochmoorarten zusammengesetzt.

Wanderung 9 B: 20,5 Kilometer – 5 Stunden

9B

Zum Darßer Ort

Der Nordwesten der Halbinsel Darß zählt zu den interessantesten Plätzen im Nationalpark Vorpommersche Boddenlandschaft. Nirgendwo sonst in diesem Gebiet ist so viel in Bewegung wie an diesem sturmzerzausten Nordwestsporn, der wie ein Schiffssteven in die See hinausragt.

Darß, Zingst

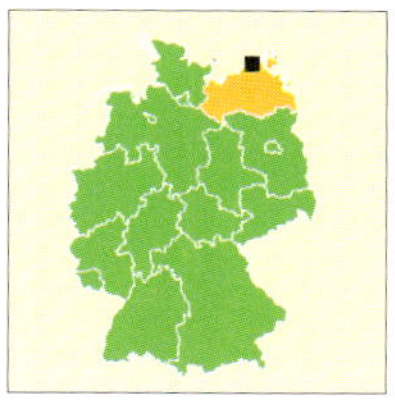

△ *Der Darßer Weststrand erstreckt sich meilenweit*

Tourverlauf

Die Wanderung auf der Halbinsel Darß beginnt am nordwestlichen Ortsrand von Prerow auf dem Leuchtturmweg. ①
Nach etwa 3 Kilometern kreuzt ein mit zwei roten Punkten auf weißem Grund bezeichneter Wanderweg. Ihm folgt man nach rechts und kommt zu einer Aussichtsplattform oberhalb der beiden Strandseen am Darßer Ort. Von hier aus sind die Nordspitze des Darßer Orts sowie die vorgelagerte Bernsteininsel am besten zu sehen. ②
Nächstes Ziel ist dann der 35 Meter hohe Leuchtturm. ③
Vom Leuchtturm aus kann man auf direktem Weg wieder über den Leuchtturmweg zurück nach Prerow spazieren. Interessanter ist es jedoch, nach etwa 1,5 Kilometern dem markierten Weg (zwei rote Punkte) nach rechts (Süden) zu folgen, nach weiteren 750 Meter noch einmal nach rechts zu schwenken und auf dem Mittelweg erneut an den Strand zu wandern.
An Esperort vorbei kann man etwa 6 Kilometer am Strand entlanggehen. ④
Über den Müller- und den Mecklenburger Weg geht es durch das Naturschutzgebiet ⑤ nach Osten zu Peters Kreuz.
Von Peters Kreuz führt der mit einem roten Kreuz markierte Weg nordostwärts direkt zurück nach Prerow.

Sehenswürdigkeiten

① Prerow ist ein altes Fischer- und Seefahrerdorf, das bis 1815 schwedisch war. Noch im 19. Jahrhundert waren hier rund 100 Kapitäne zu Hause, deren Häuser bis heute das Ortsbild prägen. Das Darß-Museum in der Waldstraße präsentiert sich mit Fischerküche, Seemannszimmer und viel maritimer Volkskultur. Buddelschiffe und Schiffsmodelle fehlen ebensowenig wie Schmuck aus Afrika oder alte Schiffsjournale. Am Prerowstrom kann man zur Entdeckung der Boddenlandschaft in See stechen.
② Sandanlagerungen, Heideflächen, moorige Senken und lichte Dünenkiefernwälder bilden die Nordspitze des Darß. Die Strandseen sind im Laufe der Zeit vom Meer abgeschnitten worden. Auf den jungen Dünen leistet Sandtrockenrasen die Pionierarbeit, auf den älteren Dünen entwickelt sich Kiefernwald.
③ Der Leuchtturm am Darßer Ort wurde bereits 1848 errichtet und zählt damit zu den ältesten in ganz Mecklenburg-Vorpommern. Neben dem Leuchtturm unterhält die Nationalparkverwaltung eine kleine Ausstellung.
④ Der Darßer Weststrand ist insgesamt gut 13 Kilometer lang und sucht seinesgleichen an der gesamten deutschen Ostseeküste. Gesäumt ist er vom Darßer Urwald, wo Kiefern, Buchen, Lärchen und Eichen versuchen, sich gegen die nagenden Wellen und den stetigen Wind zu behaupten. Immer wieder wird eines der Prachtexemplare über den Steilhang heruntergerissen, immer wieder gelingt es dem Sturm von neuem, die Bäume zu zausen.
⑤ Der Darßer Wald ist ein weitgehend naturbelassener Urwald, der über Jahrhunderte das Jagdrevier der »Großkopferten« war. Die Herzöge von Pommern jagten hier ebenso wie die Prinzen von Preußen, die braunen Herren oder die volkseigene Prominenz.

Tip

Die Prerower Seemannskirche versteckt sich hinter alten Bäumen auf der Nordseite des Prerowstroms. Die 1728 fertiggestellte Seefahrerkirche hat unter ihrem hölzernen Tonnengewölbe eine Barockausstattung. Auf dem benachbarten Friedhof gibt es interessante Seemannsgrabsteine.

10

Autotour 10: 125 Kilometer

Zwischen Strelasund und Greifswalder Bodden

Greifswalder Bodden

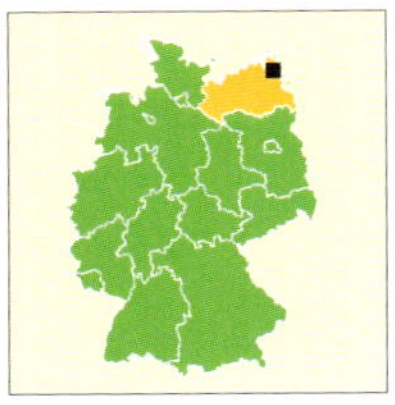

Stralsund und Greifswald sind uralte Siedlungen und stolze Hansestädte. Die Stralsunder Altstadt ist ein einmaliges Ensemble mit Bauwerken von der Spätgotik bis zum Klassizismus und damit ein kulturhistorisches Kleinod. Greifswald war für Jahrhunderte das kulturelle Zentrum Pommerns, seine Universität hatte europäischen Rang.

△ *Die Klosterruine Eldena wirkt wie ein poetisches Schaubild*

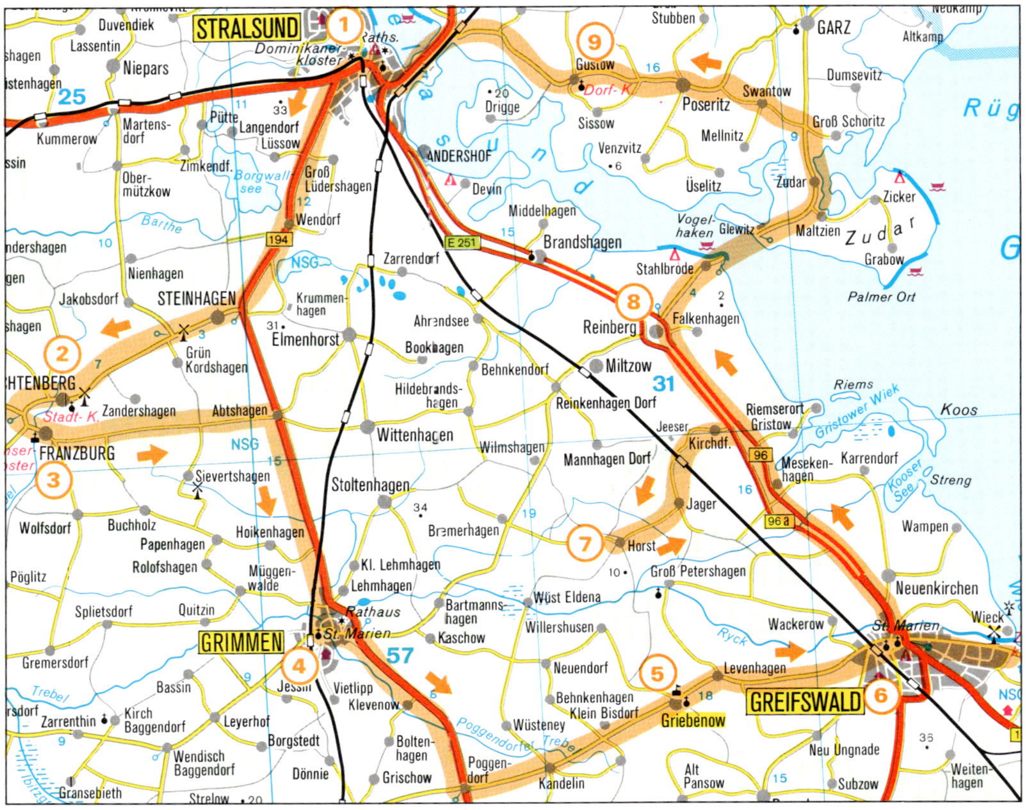

Tourverlauf

Zu einer Rundreise um den Strelasund bricht man – natürlich – in Stralsund auf. ①

Die mittelalterliche Hafenstadt verläßt man südwestwärts über die B 194, auf der man aber nur bis zur Abzweigung nach Steinhagen bleibt. Hier lohnt sich ein Umweg über Richtenberg ② und Franzburg. ③

Von Franzburg geht es dann nach Osten zurück zur B 194, die bei Abtshagen wieder erreicht wird. Der Bundesstraße folgt man nach rechts (Süden) nach Grimmen. ④

8 Kilometer südlich von Grimmen verläßt man bei Poggendorf die Bundesstraße, um nach Griebenow zu fahren. ⑤

Nächste Station ist Greifswald und die Klosterruine Eldena. ⑥

Von Greifswald nimmt man die B96 in Richtung Stralsund. Kunstinteressierte werden allerdings bereits in Kirchdorf den Abstecher (8 Kilometer) nach Horst unternehmen. ⑦

Danach, wieder auf der B96, fährt man nach Reinberg. ⑧

In Reinberg folgt man dem Wegweiser zur Stahlbroder Autofähre über den Strelasund. Die Fähre legt am Südufer von Rügen an. Über die Halbinsel Zudar und das Dorf Poseritz gelangt man nach Gustow. ⑨

Wunderschöne Baumreihen an Alleen führen am Ende dieser Rundreise zum Rügendamm und zurück nach Stralsund.

Sehenswürdigkeiten

① Stralsund: Siehe Wanderung 10 A, Seite 48.

② Das langgestreckte Städtchen Richtenberg entstand im frühen 13. Jahrhundert Aus dieser Zeit stammt auch der aus Feldsteinen gebaute, spätromanische Chor der Pfarrkirche St. Nikolai. Sein Ostgiebel ist reich mit rundbogigen Backsteinblenden verziert, das Innere ist von einem achtteiligen Kuppelgewölbe geprägt.

③ Das Richtenberg benachbarte Franzburg ist vor allem geschichtlich interessant. Hier war 1231 das Kloster Neuenkamp als Filiale des Kölner Zisterzienserklosters Kamp errichtet worden. Der Pommernherzog Bogislaw XIII. ließ den Klosterbau bis 1587 zu einem vierflügeligen Renaissanceschloß umbauen. Erhalten blieb von der Anlage allerdings nur der Rest eines Wirtschaftsflügels. Selbst von der gotischen Klosterkirche blieb nur das 1340 fertiggestellte, südliche Querschiff erhalten. Es wurde ab 1583 zur Pfarrkirche ausgebaut.

④ Das Städtchen Grimmen wurde Mitte des 13. Jahrhunderts auf gitterförmigem Grundriß planmäßig errichtet. Ein Jahrhundert später entstand das zweigeschossige Rathaus mit seinem harmonischen siebenteiligen Staffelgiebel, mit Spitzhelm und barocker Laterne. Die Fassade zählt zu den Prachtstücken der profanen Backsteingotik. Von der spätgotischen Stadtbefestigung sind noch die Tortürme des Stralsunder, des Greifswalder und des Mühltores erhalten. Mit ihren typischen Staffelgiebeln entstanden sie allesamt im 15. Jahrhun-

▽ *Die Silhouette Stralsunds, der Strelasund und Rügen*

Das Kloster Eldena – Inbegriff der Romantik

Kunstfreunden ist die Ruine des am Stadtrand von Greifswald gelegenen Klosters Eldena natürlich ein Begriff, denn sie war eines der wichtigsten Motive von Caspar David Friedrich. Der 1774 in Greifswald geborene Landschaftsmaler interpretierte die Ruine ganz im Sinne der Romantik und hauchte damit einem Stück Mittelalter neues Leben ein. Begonnen hatte die Geschichte des Klosters allerdings nicht am Ufer der Ryck, sondern 1172 in Dargun bei Demmin mit dänischen Zisterziensermönchen. Sie erhielten 1193 am südlichen Ryckufer eine Salzsiedepfanne geschenkt. Als fünf Jahre später ihr Kloster zerstört wurde, zogen sie 1199 zu dieser Salzpfanne und gründeten das Kloster Hilda oder Eldena. Noch einmal zehn Jahre später erlaubte Fürst Jaromar I. von Rügen dem Kloster, Kolonisten auf seinem Landbesitz anzusiedeln. Als Fürst Wizlaw I. von Rügen dem Kloster schließlich 1241 die Marktgerechtigkeit verlieh, war das auch die Geburtsstunde des heutigen Greifswald. Während die Stadt alle Wirren der Zeit überlebte, ging das Kloster im Dreißigjährigen Krieg unter.

dert. Im Mühltor findet sich heute das Heimatmuseum. Die Pfarrkirche wurde um 1280 als dreischiffige, gotische Halle errichtet. Ihren kreuzrippengewölbten Chor und den quadratischen Westturm erhielt die Kirche im späten 15. Jahrhundert. Sehenswerte Ausstattungsstücke sind das Rats- und das Zunftgestühl sowie die barocke Kanzel von 1707.

⑤ Das Barockschloß des Grafen Carl Gustav von Keffenbrinck-Rehnschild in Griebenow wurde bis 1709 errichtet. Der weitläufige Landschaftsgarten erhielt seine heutige Form im frühen 19. Jahrhundert. Die barocke Dorfkirche fällt durch ihre besondere Form auf. Der 15seitige Zentralbau ist aus Fachwerk mit Ziegelfüllung gebaut. Die tragenden Holzsäulen sind im Inneren mit geschnitzten Kapitellen und hölzernen Masken verziert. Die barocke Ausstattung stammt aus dem 17. Jahrhundert.

▽ *Bewegliche Klappbrücke in Greifswald über den Ryck*

⑥ Die Universitätsstadt Greifswald entstand um das 1199 erbaute Zisterzienserkloster Eldena. Bereits im Jahre 1250 erhielt die Stadt das Lübische Recht, wurde Mitglied der Hanse und bekam kurz darauf den Freibrief zur Selbstverteidigung. Schon 1456 gründete Bürgermeister Heinrich Rubenow die Universität. Zentrum Greifswalds ist der Markt mit dem mittelalterlichen Rathaus aus dem 14. Jahrhundert. Ebenfalls aus dem 14. Jahrhundert stammt die Marienkirche mit ihrer gewaltigen, kreuzrippengewölbten Backsteinhalle. Der ursprünglich im 13. Jahrhundert vollendete Dom St. Nikolai wurde gegen Ende des 14. Jahrhunderts zur heutigen Größe erweitert. Im Inneren sind gotische Fresken aus der Zeit zwischen 1420 und 1450 erhalten. Das Guardianhaus des ehemaligen Franziskanerklosters ist heute Museum mit zahlreichen Bildern des in Greifswald geborenen romantischen Malers Caspar David Friedrich.

Im Greifswalder Stadtteil Eldena steht in einer romantischen Parkanlage die Ruine des 1199 gegründeten Zisterzienserklosters. Von dem einst stattlichen Kloster blieben Teile des romanisch begonnenen Chores, des Querhauses, einige Pfeiler des Langhauses sowie die Westwand mit ihren hochgezogenen Spitzbogenfenstern erhalten. Die Ruine wurde durch Caspar David Friedrich berühmt, der sie zwischen 1790 und 1836 mehrfach malte. Die Verbindung zum Dörfchen Wieck stellt eine 1887 nach holländischem Vorbild errichtete 30 Meter lange hölzerne Klappbrücke her.

⑦ Wer den Abstecher nach Horst nicht scheut, findet dort in der um 1300 begonnenen Dorfkirche einen vielfigurigen, spätgotischen Schnitzaltar aus dem frühen 16. Jahrhundert

⑧ In Reinberg steht ebenfalls eine uralte Dorfkirche mit spätromanischem Feldsteinchor und einem gotischen Langhaus aus Backsteinen. Hier verdient ein reich gestalteter Barockaltar von 1730 die Aufmerksamkeit.

⑨ In der unscheinbaren, aus dem späten 13. Jahrhundert stammenden Dorfkirche von Gustow gibt es einen Taufstein aus dem 14. Jahrhundert und im Chor Wandmalereien von 1420.

Tip

Mannhagener Moor südlich von Miltzow nahe der B 96: Ehemaliges Hochmoor mit typischem Wollgras; die Randzonen sind mit Birken- und Eichenwald bestanden (Naturschutzgebiet).

▽ *Teich im Mannhagener Moor südlich von Miltzow*

10A

Wanderung 10 A: 4 Kilometer – 2 bis 3 Stunden

Stadtspaziergang im »nordischen Venedig«

Greifswalder Bodden

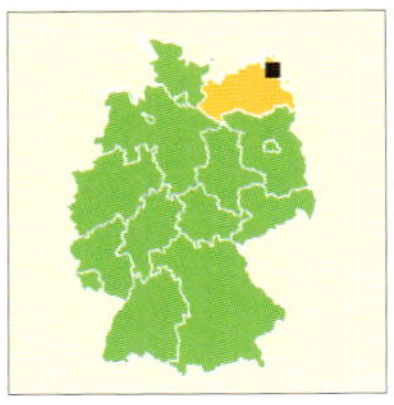

»Ein schöner Anblick ist Stralsund von Rügen aus, mit seinen hohen und gotischen Türmen, dem wunderbar gebauten Rathaus und den vielen spitzen Giebeln mit durchbrochenem Mauerwerk.« Auch heute noch stimmt Wilhelm von Humboldts Kompliment, lockt Stralsunds Backsteingotik, lenkt die Besucher zu Recht in die alte Stadt am Strelasund.

△ *Das Rathaus in Stralsund, ein Meisterwerk der Backsteingotik*

Tourverlauf

Angemessener Startpunkt ist der Hafen. ①
Von ihm aus bummelt man zunächst am Fischmarkt entlang, um dann über die Badenstraße mit ihren teils alten Bürgerhäusern zur Jakobiturmstraße zu gelangen, in die man nach links zur Jakobikirche einbiegt. ②
Über die Böttcherstraße, die Ossenreyerstraße und den Apollonienmarkt geht es hinüber zur gewaltigen Marienkirche. ③
Wenig nördlich von der Marienkirche steht das ehemalige Katharinenkloster. In ihm sind das berühmte Meeresmuseum und das Kulturhistorische Museum der Stadt untergebracht. ④
Über die Mühlenstraße wird das Kütertor erreicht. ⑤
Durch die Heiliggeiststraße und die Ossenreyerstraße gelangt man zum Zentrum Stralsunds, dem Alten Markt mit Rathaus und Nikolaikirche. ⑥
Schönstes Haus am Marktlatz ist in der Nordwestecke das Wulflam-Haus. ⑦
Die Kniеperstraße führt zum Kniepertor. ⑧
Zwischen dem Kniepertor und dem Hafen finden sich schließlich noch das ehemalige Johanniskloster ⑨ und das Scheele-Haus ⑩.

Sehenswürdigkeiten

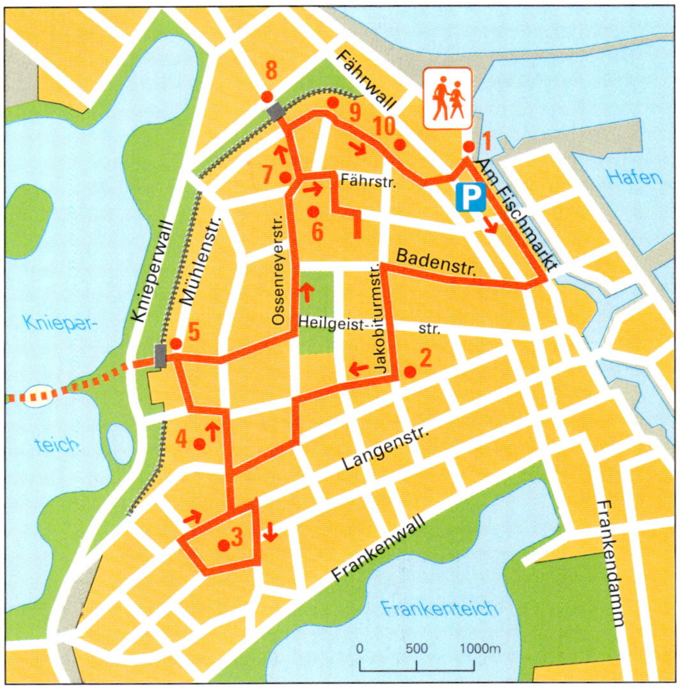

① Am Hafen legen auch die Schiffe nach Rügen und Hiddensee ab.
② Die Jakobikirche entstand als Hallenkirche und wurde um 1400 zur dreischiffigen Basilika umgebaut. Der 68 Meter hohe Westturm ist der prachtvollste der drei Stralsunder Kirchtürme. Die Kirche selbst wartet allerdings noch auf ihre Restaurierung.
③ Die spätgotische Marienkirche, eine Basilika mit Querhaus und Chorumgang, wurde von 1384 bis 1473 errichtet. Der ganze Wohlstand ihrer Bauherren drückt sich in den Dimensionen ihrer gewaltigen Westturmfassade aus. Auch im Inneren setzen sich die riesigen Dimensionen bis hin zu den kunstvoll gewobenen Netz- und Sterngewölben fort. Wichtigstes Ausstattungsstück ist die 1659 vom Hamburger Orgelbauer Friedrich Stellwagen mit einem prächtigen Prospekt erbaute Orgel. Sie gehört zu den ältesten Orgeln dieser Größe im Ostseegebiet.
④ In der Klosterkirche des ehemaligen Katharinenklosters sind Zwischenböden eingezogen, um die museale Nutzung zu ermöglichen. Hier residiert das berühmte Deutsche Museum für Meereskunde und Fischerei. In den Klostergebäuden ist das Kulturhistorische Museum untergebracht. Hier ist unter anderem der Hiddenseer Goldschmuck zu sehen.
⑤ Das Kütertor bestand bereits im frühen 13. Jahrhundert, seine heutige Form erhielt es 1446.
⑥ Am Alten Markt steht an der Südseite die spätgotische, türmchenbewehrte, harmonisch gegliederte Schaufassade des Rathauses. Unmittelbar daneben ragt die Rats- und Pfarrkirche St. Nikolai in den Himmel. Begonnen wurde der Bau um 1270 unter dem Eindruck der Lübecker Marienkirche. Wichtigste Ausstattungsstücke sind Figuren aus dem 13. Jahrhundert, eine um 1335 auf die Wand einer Nebenkapelle gemalte Kreuzigunggruppe und spätgotische Wandmalereien im Chorumgang. Von seltener Schönheit sind mehrere gotische Altäre.
⑦ Das Wulflam-Haus ließ sich der Stralsunder Bürgermeister Bertram Wulflam um 1370 erbauen.
⑧ Das Kniepertor stammt vom Beginn des 15. Jahrhunderts.
⑨ Das ehemalige Johanniskloster wurde 1254 errichtet; erhalten sind der Kreuzgang, Teile der Kirche, des Kapitelsaales und verschiedene Vorhöfe.
⑩ Das Scheele-Haus ist Theaterspielstätte.

Tip

Deviner Haken im Südosten von Stralsund: Eine der schönsten Stellen am mittleren Strelasund mit Birkenmoor und Orchideenwiese, die unter Naturschutz stehen.

▽ *Am Hafen mit Blick auf Stralsund und die Nikolaikirche*

Wanderung 10 B: 15 Kilometer – 3 ½ Stunden

10 B

Rund um Zudar

Die Halbinsel Zudar diente seit eh und je als Tor zur Ferieninsel Rügen. Glewitz war schon im 14. Jahrhundert Fährort zwischen Greifswald und Rügen. Trotz der inzwischen wieder betriebenen Autofähre ist Zudar aber immer noch die Insel der Kormorane und ein Paradies für jeden ornithologisch Interessierten.

Greifswalder Bodden

△ Ungewöhnlich schöne Bäume finden sich vielerorts an Wegen

Tourverlauf

Die Umrundung der Halbinsel Zudar beginnt in Maltzien, dem die Insel Tollow in der Schoritzer Wiek gegenüberliegt. ①
Nach dem Weiler Zicker folgt man zunächst der Zufahrt zum Campingplatz, geht dann aber, wo der Zufahrtsweg zum Campingplatz rechts abbiegt, geradeaus weiter zur Nordspitze der Halbinsel Zudar. ②
Von der Halbinselspitze geht es dem Nordufer entlang ostwärts hinüber zum Campingplatz und danach, immer in Ufernähe, weglos, je nach Wasserstand, unten an der See oder oben an der Wiesenkante, nach Süden zum Gelben Ufer. ③
Vom Gelben Ufer sieht man bereits die Häuser von Grabow, hinter denen man beim Palmer Ort die Südspitze der Halbinsel Zudar erreicht. ④
Dem Westufer entlang geht man nun nach Norden, bis ein schmaler Feldweg die Querung hinüber nach Maltzien ermöglicht.
Im Anschluß an diese Wanderung kann man noch einen Abstecher mit dem Auto nach Norden unternehmen. Man fährt dazu von Maltzien über Freudenberg zunächst nach Zudar. ⑤
Endpunkt des Abstechers ist schließlich Garz. ⑥

▽ Genügsame Schafe grasen in Heidegebieten

Sehenswürdigkeiten

① Die nördlich von Maltzien in der Schoritzer Wiek gelegene Insel ist eine dicht besiedelte Kormorankolonie. Diese »Schwarzen Raben« der See haben aus ihren Brutbäumen weißkalkige, abgestorbene Stämme gemacht, auf die sie Anfang März zur Brut zurückkehren. Aber auch mitten im Sommer sind immer noch brütende Kormorane zu beobachten.
② Vom nördlichsten Punkt der Halbinsel Zudar bietet sich die beste Aussicht auf das Naturschutzgebiet um die Schoritzer Wiek.
③ Das Gelbe Ufer bietet mit immerhin 17 Metern Höhe den besten Aussichtspunkt über den Greifswalder Bodden.
④ Vom Palmer Ort kann man gut den Schiffsverkehr im Strelasund beobachten.
⑤ Das Dörfchen Zudar gab es bereits 1241. Seine Kirche war im 14. Jahrhundert ein vielbesuchter Wallfahrtsort; der heutige Bau entstand ab 1469.
⑥ Das Städtchen Garz steht auf dem Boden der alten Slawensiedlung Charenza und war ursprünglich die Hauptstadt Rügens. Von der alten Slawenfestung, die 1168 von den Dänen erobert wurde, sind noch imposante Reste erhalten. Der Wall der Festung war 12 Meter hoch und hatte einen Durchmesser von 200 Metern. Die Pfarrkirche von Garz geht als älteste Kirchengründung Rügens auf das Jahr 1168 zurück. Geweiht wurde sie damals von Bischof Absalom von Roskilde. Die heutige Kirche stammt aus dem 14. Jahrhundert, der Turm wurde 1450 fertiggestellt. Im Inneren gibt es einen romanischen Taufstein und eine barocke Kanzel zu sehen. Das Ernst-Moritz-Arndt-Museum enthält Material zum Schicksal der Bauern auf Rügen und zum Problem der Leibeigenschaft.

Tip

Groß Schoritz: Hier wurde 1769 im früheren Gutshaus Ernst Moritz Arndt geboren. Eine kleine Gedenkstätte erinnert an den Patrioten

11

Autotour 11: 140 Kilometer

Nordrügen und Hiddensee

Rügen, Hiddensee

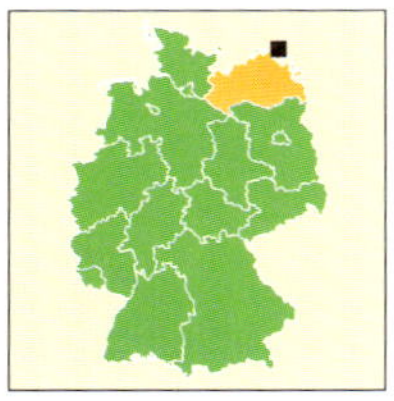

Eine Fahrt um den Großen Jasmunder Bodden führt zu vier verschiedenen Teilen der weiten Insel Rügen. Die Halbinseln Jasmund, Wittow und Ummanz sind eigenständige Inselkerne und Regionen für sich. Zusammen mit der Insel Hiddensee liegen sie wie ein Perlenkranz um den Nordteil von Zentralrügen. Jede der Reihe nach zu erobern bedeutet eine Reise in eine wunderbare Welt von Wasser und Land, eine Reise zu besonderen Naturschönheiten und kunsthistorischen Schätzen.

△ Kap Arkona an Rügens Nordspitze

Tourverlauf

In Saßnitz beginnt die Reise durch Nordrügen. ①
Das Nordende der Kreideküste erreicht man bei Stubbenkammer. ②
Hier wendet sich die Straße nach Westen immer der Uferlinie entlang, quert die schmale Schaabe und führt nach Altenkirchen. ③
Von Altenkirchen aus darf ein Abstecher zum Kap Arkona nicht fehlen. ④
Außerdem sollte man einen Ausflug ins malerische Fischerdorf Vitt einplanen. ⑤
Ein weiterer Abstecher führt hinüber zum Weststrand der Halbinsel Wittow, nach Dranske. ⑥
Ins Dörfchen Wiek sollte man der Kirche wegen fahren. ⑦
Über die Wittower Fähre geht es anschließend nach Trent und nach Schaprode, wo das Schiff auf Hiddensee-Besucher wartet. ⑧
Südlich von Trent lohnt sich für Kunst- und Kranichfreunde ein Besuch auf der Halbinsel Ummanz. ⑨
Letzte Station ist Bergen. ⑩
Hier trifft man auch auf die B 96, die zurück nach Saßnitz führt.

▽ Vogelinsel Heuwiese vor der Halbinsel Ummanz

Sehenswürdigkeiten

① Saßnitz: Siehe Wanderung 11 A, Seite 52.
② Kurz vor Stubbenkammer liegt an der Straße der große Parkplatz für all diejenigen, die Rügens Kreideküste nur am Königsstuhl erleben möchten. Vom Parkplatz aus gibt es einen Bus-Pendelverkehr.
③ In Altenkirchen wurde schon in der zweiten Hälfte des 12. Jahrhunderts mit dem Bau der ältesten Pfarrkirche Rügens begonnen. Gebaut wurde sie unter der Anleitung der dänischen Eroberer als dreischiffige, romanische Basilika. Noch aus dieser Zeit stammen Chor und Apsis, das heutige Schiff mit seinem Kreuzrippengewölbe entstand in der Gotik. Wichtigste Ausstattungsstücke sind der um 1250 aus gotländischem Kalkstein gearbeitete Taufstein, das Triumphkreuz aus dem 14. Jahrhundert und der Altaraufsatz von 1724. Im südlichen Choranbau ist in der alten Außenmauer ein slawischer Grabstein eingelassen, der einen liegenden Mann mit Bart und Füllhorn zeigt. Dieser Stein könnte einen Priester des Svantevit darstellen.
④ Das Kap Arkona im Nordosten der Halbinsel Wittow ist ein sagenumwobener Platz. Hier stand einst der Tempel für den Slawengott Svantevit und die slawische Wallanlage Jaromarsburg. Die Wallanlage war die größte Rügens, ihre Reste sind noch heute eindrucksvoll. Der Jaromarsburg gegenüber stehen die beiden malerischen Leuchttürme von Kap Arkona. Der kleinere, gut 19 Meter hohe, viereckige Backsteinturm entstand im Auftrag der preußischen Regierung nach Plänen von Karl Friedrich Schinkel und wurde 1827 fertiggestellt. Seine Aussichtsplattform bietet dem Besucher einen großartigen Rundblick über die Nordspitze Rügens. Im Jahre

◁ Landschaft beiderseits der Straßen durch Nordrügen

▽ Kreidefelsen bei Stubbenkammer auf der Halbinsel Jasmund

1902 übernahm der 36 Meter hohe Neue Leuchtturm die Funktion des Schinkelturms.

⑤ Das Fischerdörfchen Vitt schmiegt sich malerisch in eine Schlucht des Steilufers. Wo einst große Mengen Hering umgeschlagen wurden, scheint die Zeit von einem Zauber angehalten worden zu sein. Unter dicken Kapuzendächern aus Reet ducken sich uralte, weiße Katen.

⑥ Der südwestlichste Ausläufer der Halbinsel Wittow ist der lange Nehrungshaken Bug zwischen dem Rassower Strom auf der Bodden- und dem Libben auf der Ostseeseite. Der gut 10 Kilometer lange und 525 Hektar große Nehrungshaken war zu DDR-Zeiten Sperrgebiet, so daß eine Wildnis aus Schilfsümpfen und Dünen entstehen konnte, die viele Wat- und Wasservögel zu Rast und Brut anzog. Deshalb wurde die gesamte Halbinsel dem Nationalpark Vorpommersche Boddenlandschaft eingegliedert.

⑦ Die Dorfkirche von Wiek hat eine besonders prächtige, von Zisterziensern gestaltete spätgotische Westfassade. Die reiche Innenausstattung stammt aus der Barockzeit.

⑧ In Schaprode startet die Fähre nach Hiddensee. Der heutige Fährhafen war den Dänen längst vor der Eroberung von Kap Arkona als Skaparödd bekannt. Seine Kirche wurde in der ersten Hälfte des 13. Jahrhunderts begonnen und in der Gotik in die heutige Form gebracht. Sie besitzt eine ausdrucksstarke, spätgotische Triumphkreuzgruppe, eine reiche barocke Innenausstattung mit einer prächtig geschnitzten und bemalten Kanzel sowie bemalte Fensterscheiben, die Namen und Schiffe früherer Kapitäne zeigen.

⑨ Auf der Fahrt nach Ummanz quert man auch das Dörfchen Gingst. Der Chor seiner Jakobikirche entstand um 1300, das Langhaus um 1400. Der imposante Turm wurde bis 1450 fertiggestellt. Ihre aufwendige Barockausstattung verdankt diese spätgotische Backsteinkirche einem Großbrand, der in der Barockzeit zu kompletter Erneuerung zwang. Wie es einst in Altrügener Handwerksstuben ausgesehen hat, davon kann man sich in einem alten, efeuumwucherten Reetdachhaus ein Bild machen. Das Kleinod der Halbinsel Ummanz ist die unmittelbar hinter der Brücke über den Pahler Hafen in Waase gelegene Kirche. Der dicht am Wasser liegende Bau besitzt einen frühgotischen Backsteinchor und ein Fachwerkschiff aus dem 17. Jahrhundert Seine Fenster sind mit wappenverzierten Glasmalereien ausgestattet, die intarsiengeschmückte Kanzel stammt aus der Renaissance. Besonderes Prunkstück aber ist der vielfigurige Flügelaltar aus Eichenholz, der bis 1528 in Antwerpen geschnitzt und bemalt wurde.

⑩ Bergen entwickelte sich aus einer Siedlung, die 1630 Stadtrecht erhielt. Im 12. Jahrhundert entstand ein Benediktinerkloster (um 1250 Zisterzienserkloster), zugleich die Klosterkirche St. Marien, die heute noch zu besichtigen ist. Im 14. Jahrhundert wurde das Langhaus zur dreischiffigen gotischen Hallenkirche mit Spitzbogenfenstern und achteckigen Pfeilern ausgebaut. Restaurierungen führten zu vielen Veränderungen. Besonders schön ist der Wandgemäldezyklus aus dem 13. Jahrhundert im Chor und im Querschiff.

Sehenswert ist auch der slawische Burgwall Rugard mit dem Ernst-Moritz-Arndt-Turm (1870), von dem aus man einen weiten und faszinierenden Ausblick hat.

Die berühmten Kreidefelsen von Rügen

Weltberühmt und einmalig schön sind die leuchtend weißen Kreidefelsen von Rügen. Sie haben einem ganzen Zeitalter den Namen gegeben: der Kreidezeit. Vor etwa einhundert Millionen Jahren wurden Schalen- und Gehäusereste von winzigen, einzelligen Lebewesen mehrere hundert Meter hoch im damals warmen Meer abgelagert. Für ein Gramm Kreide waren immerhin 50 000 Schalenresten nötig! Sie stammen von Foraminiferen, einzelligen »Kammerlingen«, von denen es noch heute über tausend verschiedene Arten im Ozean der Tropen gibt. Daneben kamen in den Kreidemeeren natürlich Muscheln, Schnecken, Ammoniten und Stachelhäuter vor, deren Gehäuse und Skelette aus Kalziumkarbonat ebenfalls die Kreideschichten wachsen ließen. Daneben war das Kreidemeer Heimat für Kieselschwämme und Kieselalgen, deren Skelette aus Siliziumverbindungen bestanden. Sie verfestigten sich zum zwar nicht so spektakulären, aber nicht weniger interessanten Feuerstein, der ebenfalls für Rügen und die ganze Kreidezeit typisch ist. Die Feuersteine ziehen sich wie Bänder in einzelnen Lagen durch die Kreide und sind am Fuß der Kreidefelsen zu finden.

Tip

Ummanz: Die Halbinsel ist die größte deutsche Raststation der Kraniche während der Zugzeiten in Frühjahr und Herbst.

11 A

Wanderung 11 A: 13 Kilometer – 4 ½ Stunden

Rügens schönster Weg

Paradestück des Nationalparks Jasmund sind seine Kreidefelsen, doch hat der Park weitaus mehr zu bieten: Feuersteine und Fossilien am Ostseestrand, Blumenwiesen und Orchideen am Wegesrand, sagenumwobene Plätze in dichten, weitgehend naturbelassenen Buchenwäldern.

Rügen, Hiddensee

△ *Der Königsstuhl*

Tourverlauf

Ausgangspunkt ist der Ortsteil Wedding am Ostrand von Saßnitz. ①
Dort beginnt der mit blauem Querstrich auf weißem Grund markierte Wanderweg über das Hochufer der Rügener Kreideküste. Er führt, vorbei an der Piratenschlucht ②, dem Hengst ③, den Wissower Klinken ④, der Ernst-Moritz-Arndt-Sicht ⑤ und vorbei am Kieler Bach ⑥, zur Viktoria-Sicht ⑦ und zum Königsstuhl ⑧.
An drei Stellen – bei den Wissower Klinken, dem Kieler Bach und dem Königsstuhl – gibt es Abstiegsmöglichkeiten hinunter zum schmalen Uferstreifen.
Am Königsstuhl besucht man noch den Waschstein. ⑨
Danach verläßt man das Hochufer in Richtung Parkplatz Hagen, um an den Herthasee zu kommen. ⑩
Eine Forststraße führt schließlich hinüber nach Lohme, von wo aus man mit dem Bus zurück nach Saßnitz fahren kann.

Sehenswürdigkeiten

① Der Hafen von Saßnitz ist bekannt für seine Fährverbindung nach Trelleborg in Schweden. Bereits um 1900 war die Stadt ein exklusiver Badeort.
② In der Piratenschlucht kurz hinter Saßnitz soll sich ein Schlupfwinkel von Klaus Störtebeker, Deutschlands wohl berühmtestem Seeräuber, befunden haben. Ob er auch auf Rügen geboren wurde, weiß bis heute niemand.
③ Auf dem Klippenvorsprung Hengst zeugen Erdwälle noch von einer vor etwa eintausend Jahren angelegten Fluchtburg der Slawen.
④ Für viele Besucher der Kreideküste sind die Wissower Klinken mit ihren spitzen Zacken, weißen Kegeln und dem kühn geschwungenen Grat das schönste Stück des gesamten Hochufers. Für den romantischen Maler Caspar David Friedrich waren die Wissower Klinken das Vorbild für sein berühmtes Gemälde »Kreidefelsen auf Rügen«, das er um 1818 in Erinnerung an seine Hochzeitsreise gemalt hat. Wenig nördlich der Klinken gibt es eine Abstiegsmöglichkeit über Leitern zum Strand.
⑤ Die Ernst-Moritz-Arndt-Sicht wurde nach dem 1769 auf Rügen geborenen Dichter und Historiker benannt. Weil diese Klippe wie eine Nase über die Grundlinie des Hochufers hinausragt, bietet sie einen hervorragenden Aussichtspunkt für den Blick zurück nach Süden auf die Wissower Klinken und voraus nach Norden, auf zahlreiche weitere Klippen.
⑥ Der Kieler Bach wird vom Hochuferweg über eine Holzbrücke gequert. Der Bach selbst stürzt, je nach Wasserstand, als mehr oder weniger großer Wasserfall in die Tiefe. Daneben kann man auf einer Leiter wieder zum Strand hinuntersteigen.
⑦ Der Felsen mit dem Namen Viktoria-Sicht ist vom Königsstuhl nur noch etwa 500 Meter entfernt. Von einer Metallplattform hat man einen hervorragenden Blick hinüber zum Königsstuhl. Unmittelbar nördlich der Viktoriasicht bietet die Golchaschlucht – wieder über Leitern – eine Abstiegsmöglichkeit zum Strand und damit an den Fuß des Königsstuhls.
⑧ Der Königsstuhl ist mit 117 Metern der höchste Kreidefelsen Rügens. Glaubt man der Sage, dann erhielt der Felsen seinen Namen von einem alten Brauch. War auf Jasmund ein neuer König nötig, kam der zu Ehren, der mutig genug war, den Kreidefelsen vom Ufer aus auf direktem Weg zu erklimmen. Er durfte dann auf einem Steinthron auf dem Felsen Platz nehmen.
⑨ Wenig nördlich vom Fuß des Königsstuhls liegt der knapp 60 Tonnen schwere Waschstein, ein Findling aus der letzten Eiszeit.
⑩ Der 11 Meter tiefe Herthasee liegt wie ein leuchtendes Auge mitten im Wald der Stubnitz. Sein Wasser füllt einen Toteiskessel aus der letzten Eiszeit.

◁ *Die Wissower Klinken*

Tip

Nationalpark Jasmund: Etwa 80 Prozent der Fläche des Parks bedecken Rotbuchenwälder – das größte geschlossene Rotbuchen-Waldgebiet der deutschen Ostseeküste.

Rügens kleine Schwester

»Dat söte Länneken« nennen die Einheimischen liebevoll ihre 18 Kilometer lange, seepferdchenförmige Insel Hiddensee. Die Liebe gilt einem Mosaik aus Geest und Schwemmland, Sandstränden und Dünenheide, schroffen Steilufern und blühenden Ginsterhängen.

Rügen, Hiddensee

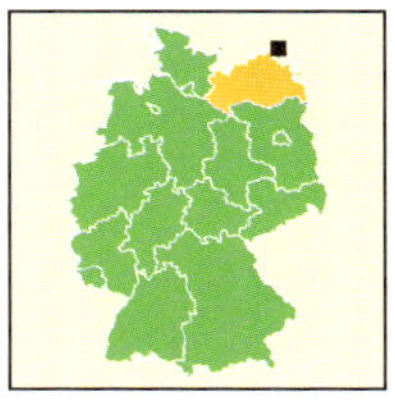

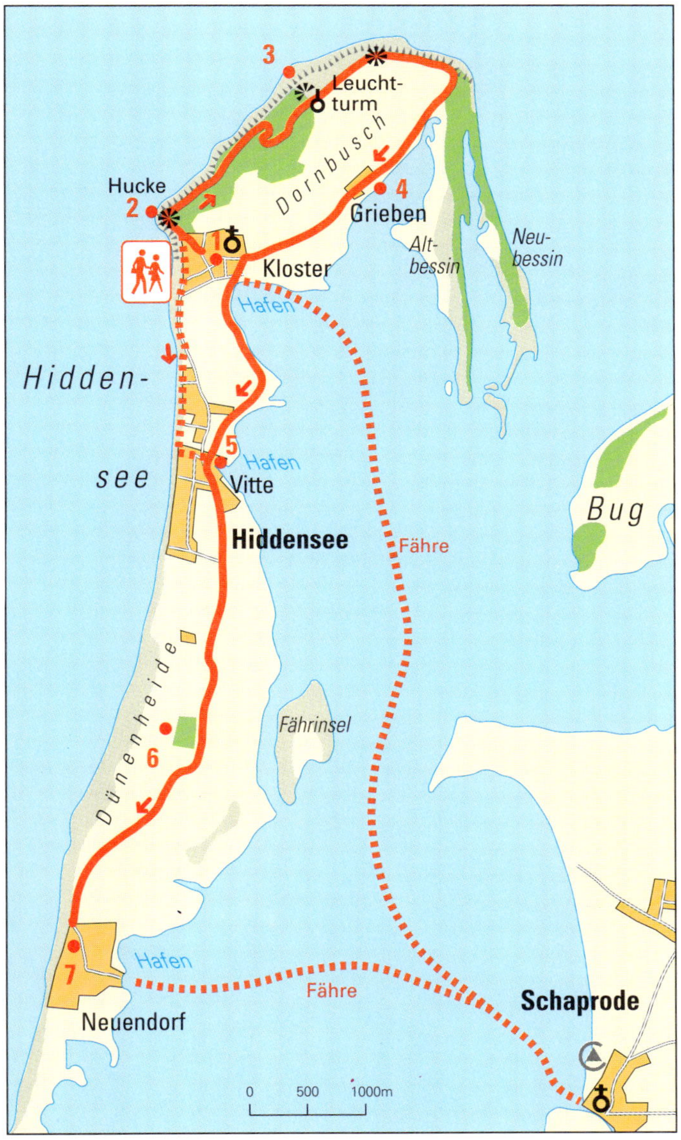

▽ *In Kloster auf Hiddensee*

Tourverlauf

Die Wanderung beginnt in Kloster, wo der mit gelbem und grünem Querstrich bezeichnete Weg durch das Dorf an das Westufer und zum dort beginnenden Aufstieg ins Hochland führt. ①
Über eingestreute Treppen gewinnt man stetig an Höhe und Übersicht. Erster Glanzpunkt dieser Wanderung ist im Nordwesten die Hucke. ②
Von der Hucke schlängelt sich der Weg über das Hochufer nordostwärts hinüber zum Leuchtturm. ③
Hinter dem Leuchtturm senkt sich der Weg zur Ostnase, um nach Kloster zurückzuführen; zuvor passiert man Grieben. ④
Ab Kloster kann man in südlicher Richtung entweder auf der Bodden- oder auf der Seeseite weiterwandern. Auf beiden Wegen erreicht man Vitte. ⑤
Auch südlich von Vitte gibt es wieder die Möglichkeit, in der Dünenheide hie und da einen Querweg zur Seeseite zu benutzen, um die Schönheiten der Heide besser erleben zu können. ⑥
Die Fähre zurück nach Schaprode erwartet den Wanderer schließlich in Neuendorf. ⑦

Sehenswürdigkeiten

① Kloster am Fuß des Dornbusches ist der meistbesuchte Ort von Hiddensee. Seinen Namen hat das Dorf vom 1296 gegründeten Zisterzienserkloster, von dem allerdings kaum noch etwas erhalten ist. Zugehörig war aber die 600 Jahre alte Backsteinkirche. Der spätgotische Bau wurde Ende des 14. Jahrhundert errichtet und hat ein blau-weiß bemaltes Tonnengewölbe. Vor der Kirche stehen interessante Grabsteine aus dem 18. und 19. Jahrhundert. Auch Gerhart Hauptmann ist hier begraben. Sein Grab ziert ein schlichter Findlingsblock. Der Dichter verbrachte in der Villa Seedorn ab 1930 jeweils die Sommermonate, nachdem er bereits ab 1885 die Insel regelmäßig besucht hatte. Arbeitszimmer, Bibliothek und Schlafzimmer sind im Haus original erhalten. Ebenso interessant wie die Dichterklause ist das Heimatmuseum. Hier ist die Inselgeschichte nachgezeichnet. Vom berühmten Hiddenseer Goldschatz gibt es eine verkleinerte Nachbildung.
② Die Hucke ist ein Aussichtspunkt am Hochufersteig. Das Ufer selbst ist gegen die nagende See mit einem mächtigen Steindamm aus schwedischem Diabas geschützt. Seither ist der Abbruch des Steilufers gestoppt.
③ Der malerisch gelegene Leuchtturm steht auf der höchsten Stelle von Hiddensee in 72,5 Meter Höhe. Leider kann er nicht bestiegen werden, doch ist auch von seinem Fuß aus die Aussicht grandios.
④ In Grieben findet man die beiden ältesten Häuser von Hiddensee; gebaut wurden sie 1769 und 1771.
⑤ Vitte ist der Hauptort der Insel. Interessant sind die 1776 errichtete Räucherkate, die Blaue Scheune, die vor einem Jahrhundert zwei Malerinnen gehört hatte, sowie das »Karussell« der Stummfilmdiva Asta Nielsen.
⑥ Die Hiddenseer Dünenheide ist eine in Jahrhunderten durch Beweidung entstandene »Kulturlandschaft«. Zwergsträucher wie Besenheide, Krähenbeere und Kriechweide bedecken den kargen Sandboden.
⑦ Die ruhigste Siedlung auf Hiddensee ist das unter Denkmalschutz stehende alte Fischerdorf Neuendorf. Seine reetgedeckten, weißen Häuser sind von West nach Ost aufgereiht und tragen an den Türen noch die alten runenartigen Hausmarken.

Tip

Gellen, das Südende der Insel Hiddensee: Meeresströmungen bauen das gesamte Westufer ständig ab, um Sand und feinen Kies in Norden und Süden anzulagern, wobei der Gellen sich um 5 Meter pro Jahr verlängert.

▽ *Windgezauste Kiefern ducken sich in die Dünen*

12

Autotour 12: 110 Kilometer

Biosphärenreservat Südostrügen

Rügen

Rügens prägnantestes Kennzeichen ist die wunderbare Verwobenheit von Land, See und Bodden. Nirgends auf der großen Insel ist sie auf so engem Raum so hautnah zu erleben, wie im Nebeneinander von Granitz, Mönchgut, Selliner See, Having und der Insel Vilm. Aus kleinen Inselkernen hat hier die steigende Ostsee nach der Eiszeit eine faszinierende Außenküste und auf der Boddenseite aus Sandplaten und Meerstrichen eine großartige Amphibienlandschaft geformt.

△ *Fachwerkhaus mit Reetdach in Lauterbach*

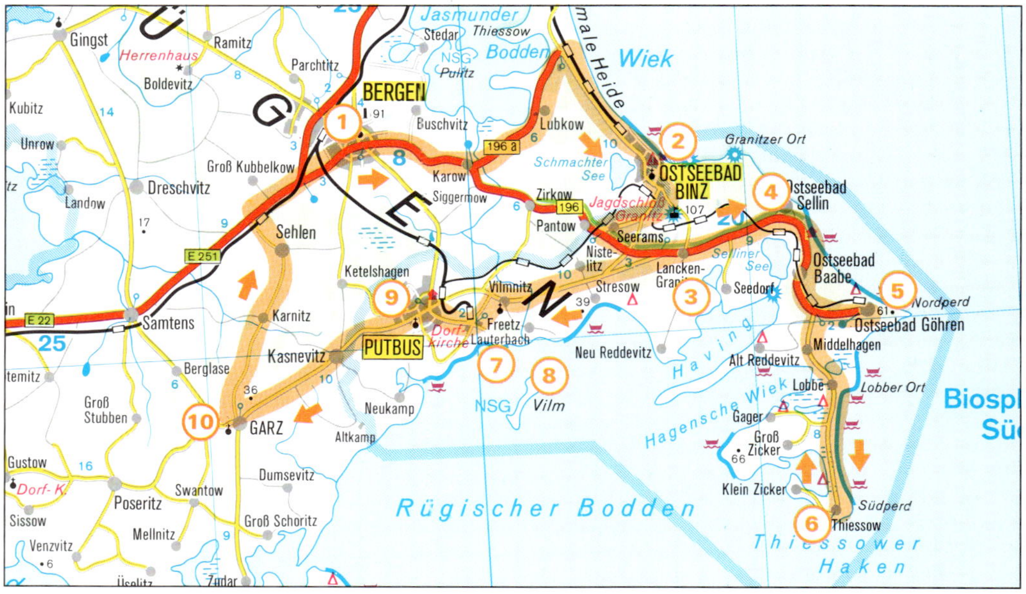

Tourverlauf

Startort für die Erkundung der Südhälfte Rügens und des Mönchguts ist die Inselhauptstadt Bergen. ①
Über die B 196 fährt man zunächst nach Nordosten bis Karow und zur Abzweigung der weiter nach Osten führenden B 196 a. Über sie kommt man zur Schmalen Heide und südwärts zum Ostseebad Binz. ②
Weil der direkte Weg nach Süden durch die Granitz der Schmalspurbahn »Rasender Roland« vorbehalten ist, geht die Fahrt wieder zurück zur B 196 und dort links bis Lancken-Granitz. ③
Von hier aus reizt im Norden das Jagdschloß Granitz, im Süden ein besonders schönes Hügelgrab.
Kurz nach Lancken-Granitz wird bereits das Ostseebad Sellin erreicht. ④
Ab Sellin wendet sich die Straße nach Süden und über eine Abzweigung zum Ostseebad Göhren. ⑤
Die Straße endet am äußersten Südzipfel des Mönchguts beim Thiessower Haken. ⑥
Von Thiessow bleibt nur die Rückfahrt auf gleicher Strecke bis Lancken-Granitz. Kurz danach folgt die Abzweigung links nach Putbus. In Vilmnitz fährt man links nach Lauterbach. ⑦
Von Lauterbach aus kann man mit dem Schiff die Insel Vilm erkunden. ⑧
Lauterbach ist nicht mehr weit entfernt vom Residenzstädtchen Putbus. ⑨
Über eine schmale Landstraße geht es schließlich südwestwärts nach Garz. ⑩
Nordwärts schließt sich in Bergen die Rundtour.

Sehenswürdigkeiten

① Bergen ist die Hauptstadt Rügens, seit die Dänen 1168 die Insel eroberten und das Christentum brachten. Die 1193 gegründete Marienkirche ist das älteste Bauwerk auf Rügen, ihr spätromanischer Chor mit einem wertvollen Freskenzyklus stammt noch aus der ersten Bauzeit. Unverkennbar ist der Einfluß der dänischen Backsteinromanik, zu erkennen etwa an Details wie den kelchförmigen Kapitellen. Wertvolle Ausstattungsstücke sind der Grabstein des slawischen Fürsten Jaromar I., eine gotländische Kalksteintaufe sowie eine prunkvolle Barockkanzel. Am Ostrand von Bergen lockt

▷ *Ernst-Moritz-Arndt-Turm in Bergen, der Inselhauptstadt*

△ *Ein idyllischer Park umgibt die fürstliche Sommerresidenz in Putbus*

der 91 Meter hohe Gipfel des Rugard zu einem Besuch. Hier hatten die Slawen eine Wallanlage, hier hatte ihr erster christlicher Fürst, Jaromar I., seinen Sitz, als er Rügen von den Dänen als Lehen zurückbekam. Seit 1877 ziert den Rugard der Ernst-Moritz-Arndt-Turm zu Ehren des wohl bedeutendsten Sohnes von Rügen.

Fürst Wilhelm Malte I. von Rügen und Putbus

Europas planmäßig errichtete Residenzstädte standen längst, als Fürst Wilhelm Malte I. von Rügen 1808 begann, sein Residenzstädtchen Putbus im Stil des Klassizismus zu entwerfen. Der Ausbau zur Residenzstadt wurde mit dem Park begonnen, wo ein luftiger Kursalon für einen standesgemäßen Betrieb errichtet wurde. 1818 folgte ein altgriechisch angehauchtes Badehaus in Lauterbach, danach wurde das Hoftheater mit hellenistischem Figurenfries und Säulenportikus in Angriff genommen. Seinen eigentlichen Traum von einer idealen, weißen Stadt am Meer verwirklichte er mit dem sogenannten Circus, einem ungewöhnlich großen Rondell mit Kugeleichen und Rosenrabatten. Zentrum des Kreises ist ein Obelisk mit der Fürstenkrone. Am Rondell entstanden 16 schneeweiße, akkurate Gebäude für die höheren Hofbeamten.

② Binz ist das größte Seebad auf Rügen. Seine kilometerlange Uferpromenade ist flankiert von zahllosen, oft phantasievollen Gründerzeitfassaden. Säulen und Kapitelle, Erker, Zinnen und Türmchen, Stuckdekor und Putten wetteifern mit filigranen Holzvorbauten und schmiedeeisernen Balkonen. Zentrum der großen Badebucht ist das in schönstem Jugendstil errichtete, dreiflüglige Kurhaus.

③ Höchster Punkt der Granitz ist der 107 Meter hohe Tempelberg, auf dem Fürst Malte I. von Putbus 1836 das zinnenbewehrte Jagdschloß Granitz errichten ließ. Dort war allerdings bereits 1730 ein erster Aussichtsturm errichtet worden; sein Nachfolger ist der erst 1844 von Schinkel eingefügte zentrale Aussichtsturm von Schloß Granitz.

Im Südwesten von Lancken-Granitz gibt es bei den Stresower Tannen ein Gräberfeld aus der Jungsteinzeit. Die insgesamt sechs Großsteingräber wurden vor rund 4500 Jahren während der Trichterbecherkultur errichtet.

④ Sellin: Siehe Wanderung 12 A, Seite 56

⑤ Im Ostseebad Göhren hat der »Rasende Roland« seine Endstation. Im Heimatmuseum gibt es eine originalgetreue Bauernstube sowie Hausrat und Trachten aus dem 19. Jahrhundert.

⑥ Thiessow bildet die äußerste Südspitze des Mönchgutes. Hier stand einst die wichtige Lotsenstation für die Schiffswege nach Stralsund und Greifswald.

⑦ In Lauterbach ließ Fürst Malte von Putbus in der Goor das erste Badehaus errichten. Es erhielt eine altgriechisch anmutende Fassade mit 18 Säulen und Büsten.

⑧ Die romantische Insel Vilm war bis 1527 ganz mit Ulmen bewachsen. Nach einem großen Holzeinschlag konnte auf der sich selbst überlassenen Insel ein urwaldartiger Inselwald entstehen. Er ist das einzige Beispiel ungestörter Vegetation im Raum Rügen. Um den strengen Naturschutz für die Insel weiterhin sicherzustellen, ist der Zugang zu ihr streng begrenzt. Immerhin wachsen hier gut 300 Pflanzenarten, und mindestens 65 Vogelarten brüten auf Vilm.

⑨ Fürst Wilhelm Malte I. von Rügen ließ Putbus, das schon jahrhundertelang der gräfliche Wohnsitz war, ab 1908 zur repräsentativen Residenz ausbauen.

⑩ Garz ist ein verträumtes Städtchen am Platz der alten Wendensiedlung Charenza. Diese alte Slawenburg war die größte Festung auf Rügen. Hier hatten die Götter Rugevit, Borevit und Poromuz ihren Tempel, in Kriegszeiten diente die Anlage als Fluchtburg. Die Garzer Pfarrkirche wurde 1168 begonnen. Die heutige Kirche stammt aus dem 14 Jahrhundert.

Tip

Zickersches Höftland und Mönchsgut: Rund um den Zicker-Berg wachsen die seltenen Farne Natternzunge und Mondraute; im April überziehen Leberblümchen die Hänge.

12 A

Wanderung 12 A: 17 Kilometer – 4 Stunden

Die Granitz eingekreist

Rügen

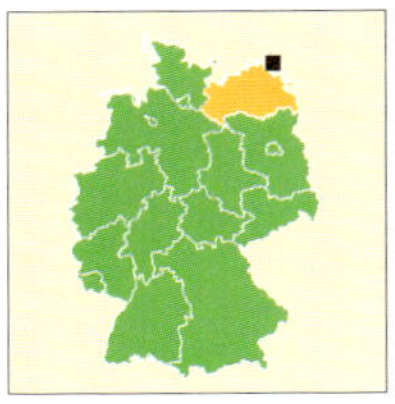

Nördlichster Geestkern des Biosphärenreservats Südostrügen ist der breite Höhenrücken der Granitz. Der mit lichtem Buchenwald bestandene Rücken ist ein ideales Wanderrevier mit einem Steilufer an der Nordseite und sanften Sonnenhängen an der Südseite. Mittendurch schnauft der »Rasende Roland«.

Tourverlauf

Man beginnt diese Wanderung in Sellin. ①
Es geht zunächst gegen den Strand, bis man auf den mit gelbem Strich markierten Wanderweg trifft, der links in den Wald und zum Hochuferweg abgeht. Der Weg folgt nun dem Hochufer, bis er beim Granitzer Ort den Punkt mit der schönsten Aussicht auf dieser Wanderung erreicht. ②
In einem weiten Bogen senkt sich danach der Hochuferweg langsam gegen den Silvitzer Ort hinunter. ③

△ *Strandleben im Ostseebad Binz*

▽ *Das historisierende Jagdschloß Granitz*

In Binz wird man zunächst dem prächtigen Kurhaus die nötige Reverenz erweisen, danach quert man den Ort geradeaus nach Südwesten bis zum Schmachter See. ④
Vom Binzer Bahnhof folgt man der parallel zu den Gleisen verlaufenden Straße bis zum Torhaus. 350 Meter weiter biegt rechts der Fußweg zum Jagdschloß Granitz ab. ⑤
Vom Schloß folgt man der für den Verkehr gesperrten alten Straße Richtung Lancken-Granitz, bis links der mit rotem Balken auf weißem Grund markierte Wanderweg abzweigt, der am Südrand der Granitz entlang zurück nach Sellin führt.
Alternativ kann man nach dem Besuch von Schloß Granitz zur Bahnstation Graftitz absteigen. ⑥

Sehenswürdigkeiten

① In Sellin erinnert das luxuriöse Cliff-Hotel aus der Honecker-Ära an die Gleicheren unter den Gleichen im Sozialismus.
② Beim Granitzer Ort öffnet sich der Blick weit nach Nordwesten über die Prorer Wiek hinüber bis nach Saßnitz und zur Halbinsel Jasmund: Hier ist der schönste Aussichtspunkt am Hochufer zwischen Sellin und Binz.
③ Beim Abstieg hinunter nach Binz bietet der Silvitzer Ort noch einmal einen Blick über Binz, die Schmale Heide und die bis 1939 errichteten Bauten des KdF-Bades Prora.
④ Der Schmachter See war ursprünglich eine Meeresbucht, bevor sie von einem mächtigen Sandriegel von der See abgeschnitten wurde.
⑤ Den 107 Meter hohen Tempelberg ziert seit 1836 das von Fürst Malte I. von Putbus errichtete, zinnenbewehrte Jagdschloß Granitz. Das ockerfarbige Märchenschlößchen versucht mit zierlichen Ecktürmchen und einem martialischen Zentralturm Eindruck zu machen. Wirklich eindrucksvoll ist die zauberhaft schöne Wendeltreppe im zentralen, innen offenen Rundturm. Sie führt über kunstvoll durchbrochene, gußeiserne Stufen zur oberen Plattform und damit zu einem Aussichtspunkt par excellence.
⑥ Von der Bahnstation Graftitz kann man mit dem »Rasenden Roland« nach Sellin zurückfahren.

Tip

Der Schwarze See zwischen Sellin und Binz: Das stille Gewässer zeigt sich als Schmuckstück der Granitz. Der 54 Meter über dem Meer gelegene See ist knapp 4 Hektar groß und im Sommer ein Seerosen- und Libellenparadies.

Wanderung 12 B: 17 Kilometer – 4 Stunden

12B

Stresower Bucht

Boddenufer, Hünengräber und Nostalgie mit dem »Rasenden Roland« sind die Zutaten dieser Wanderung an der Südostspitze Rügens, wo die Boddenküste ihre ganze Schönheit entfaltet. Alle Freunde noch weitgehend unverfälschter Natur kommen hier voll auf ihre Kosten.

Rügen

Tourverlauf

Ausgangspunkt ist die Haltestelle des »Rasenden Rolands« beim kleinen Dörfchen Nistelitz, weil man hierher am Abend mit dem »Rasenden Roland« zurückkommt. ①
Ein markierter Weg (blauer Querstrich) führt an Hügeln und Hünengräbern sowie am Denkmal für Friedrich Wilhelm I. vorbei nach Groß Stresow am gleichnamigen Bodden. ②
Hier beginnt der mit rotem Querstrich markierte Uferweg, der, an der Bucht entlang, nach Neu Reddevitz führt. ③
Dort bietet sich ein Abstecher zum Gobbiner Haken an der südlichsten Landnase an.
Bis Gobbin folgt ein Kilometer Landstraße. In Gobbin müssen sich die Freunde vorzeitlicher Riesensteingräber links halten (also auf der Fahrstraße bleiben), um zu den Gräbern von Lancken-Granitz zu kommen. ④
Von den Gräbern gibt es einen direkten Verbindungsweg südostwärts nach Preetz. Wen die Gräber nicht so interessieren, der kann von Gobbin direkt geradeaus nach Preetz wandern.
In Preetz schwenkt der Weg nach Osten, quert den Ausfluß des Neuensiener Sees und umrundet den Weißen Berg bei Seedorf. ⑤
Ein beliebter Rastplatz mit Ausblick auf das Mönchgut und das Baaber Bollwerk ist die Moritzburg. ⑥
Nach der Fahrt mit der Fähre über die Baaber Rinne werden kurz darauf die ersten Häuser von Baabe erreicht. Über die Dorfstraße geht es direkt zum Bahnhof Baabe. ⑦
Hier steht der »Rasende Roland« unter Dampf und sorgt für den Rücktransport nach Nistelitz.

▽ *Das Hünengrab bei Lancken-Granitz*

△ *Zugnummer für Eisenbahnfreunde: »Rasender Roland«*

Sehenswürdigkeiten

① Der zwischen Putbus und Göhren verkehrende »Rasende Roland« verkehrt als Nostalgieexpreß. Hat man Glück, darf man sogar in einem Plüschabteil des historischen Theaterzuges Platz nehmen. Der verkehrte bis 1917, um die Badegäste vom Meer zum Putbuser Hoftheater zu schaukeln.
② Das Denkmal für Friedrich Wilhelm I. von Preußen oberhalb von Groß Stresow wurde zur Erinnerung an den Nordischen Krieg errichtet. Friedrich Wilhelm I. ging 1715 hier mit dem Dänenkönig an Land.
③ Am Gobbiner Haken bei Neu Reddevitz kann man besonders gut den Seevögeln zuschauen und die durch die Küstenströmung bewirkte Wechselwirkung zwischen Ufererosion und Sandanlagerung verfolgen.
④ Die insgesamt sechs Großsteingräber von Lancken-Granitz wurden während der Trichterbecherkultur errichtet und sind rund 4500 Jahre alt. Die gewaltigen Felsbrocken für den Bau der Megalithgräber lieferte die Endmoränenlandschaft der Granitz. Den Transport der tonnenschweren Brocken bewältigte steinzeitliche Technik mit bewunderswerter Bravour.
⑤ Als auf Rügen noch Holzschiffe gebaut wurden, entstanden die meisten von ihnen hier in Seedorf.
⑥ Die Moritzburg liegt malerisch auf einer Anhöhe westlich der Baaber Rinne und bietet einen hervorragenden Ausblick hinüber auf die Halbinsel Mönchgut.
⑦ Das ehemalige Fischerdorf Baabe hat sich heute zu einem Seebad mit feinsandigem breiten Strand entwickelt.

Tip

Mönchgraben in Baabe: Wenig nördlich vom Baaber Bahnhof verlief der Mönchgraben, ein künstlich angelegter Graben, der »Landwehr« genannt und in einer Urkunde von 1220 bereits als »alt« bezeichnet wurde. Das Land südlich dieses Grabens war 1252 an das Zisterzienserkloster Eldena bei Greifswald verkauft worden. Danach bürgerte sich der naheliegende Name Mönchgut ein.

13

Autotour 13: 130 Kilometer

Zur »Badewanne« der Berliner

Usedom ist Deutschlands zweitgrößte Insel. Zu Ferienzeiten sind zahlreiche Berliner zu Gast in Bansin, Heringsdorf oder Ahlbeck. Seit Kaisers Zeiten verbindet eine 10 Kilometer lange Strandpromenade diese drei Seebäder, die oft als »Drei Schwestern« bezeichnet werden. Die dem pommerschen Festland zugewandte Seite ist von Buchten gegliedert. Die vielen Winkel des Achterwassers zwischen Insel und Festland haben bis heute nichts von ihrem romantischen Flair verloren.

Usedom

△ *Die Fischerboote im Stettiner Haff fangen vor allem Zander*

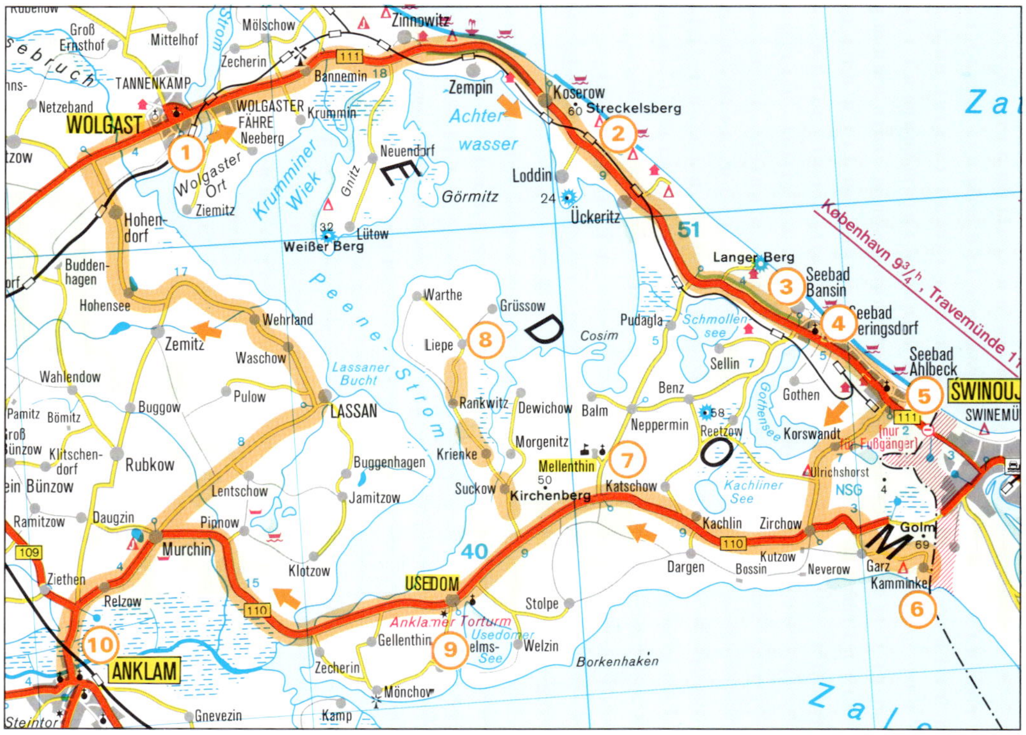

Tourverlauf

Das alte Hansestädtchen Wolgast ist ein guter Startort für die Fahrt rund um den Peenestrom und das Usedomer Achterwasser. ① Von Wolgast aus führt die B 111 zunächst über den Peenestrom hinüber nach Zinnowitz und an die Usedomer Außenküste. Bei Koserow erreicht man am Streckelsberg (56 Meter) den höchsten Punkt Usedoms. ②
Ein langer, bewaldeter Rücken verhindert die Sicht auf die See. Weiter südöstlich auf der B 111 erreicht man die Seebäder Bansin ③, Heringsdorf ④ und Ahlbeck ⑤, die sogenannten »Drei Schwestern« der kaiserlichen Sommerfrische.
Vom Seebad Ahlbeck ist es nur noch ein Katzensprung bis zur polnischen Grenze, die zur Zeit nur für Fußgänger geöffnet ist. Zur Weiterfahrt geht es deshalb südwärts auf die Landstraße, bis in Zirchow die Abzweigung nach Kamminke kommt. ⑥
Kamminke liegt zwischen polnischer Grenze und dem Stettiner Haff. Daher geht es auf gleichem Wege zurück bis Zirchow.
Von der B 110 abzweigend kann man Mellenthin einen Besuch abstatten. ⑦
Dieser Abstecher läßt sich zum Lieper Winkel verlängern. ⑧
Auf der B 110 gelangt man nach Usedom. ⑨
Hinter Usedom geht die B 110 weiter westwärts nach Murchin und bietet die Chance zur Exkursion nach Anklam. ⑩
Von Anklam fährt man zunächst wieder nach Murchin und dann auf der schmalen Landstraße über Lassan und Wehrland zurück nach Wolgast.

Sehenswürdigkeiten

① Den nördlichen Zugang zur Insel bildet die Brücke über den Peenestrom beim heutigen Wolgast. Ab 1295 residierten hier in einer ehemaligen slawischen

◁ *Die viertürmige Seebrücke mit Promenadensteg in Ahlbeck*

Burg die Herzöge von Pommern-Wolgast. Schon seit 1257 besaß Wolgast das Lübische Stadtrecht. Reichtum brachte den Hansekaufleuten der Getreideexport. Heute ist aus der alten Herzogstadt eine kleine Provinzstadt mit heimeligem Marktplatz und Backsteinkirche auf dem höchsten Punkt der Altstadt geworden. In ihrer Fürstengruft erinnern die reich geschmückten Prunksarkophage der Herzöge von Pommern-Wolgast an die glanzvolle Vergangenheit. Ferner sind in der Kirche Reste mittelalterlicher Wandmalereien sowie slawische Bildsteine aus dem 12. Jahrhundert zu sehen.

② Koserow: Siehe Wanderung 13 A, Seite 60.

③ Bansin bekam 1923 als erstes deutsches Seebad die »Freibadeerlaubnis«. Hier lebte und arbeitete ab 1949 bis zu seinem Tod im Jahre 1989 der Maler Rolf Werner. Im Bansiner Tropenhaus tummeln sich zwischen exotischen Pflanzen, Kakteen und Bananenstauden, Riesenschlangen, Leguane und Wasserschildkröten.

④ In Heringsdorf verkehrte früher der preußische Adel, Thomas und Heinrich Mann genossen hier ebenso den Sommer wie Maxim Gorki.

⑤ Ahlbecks Wahrzeichen ist die schneeweiße, malerisch ins Meer hinausgebaute, viertürmige Seebrücke und die vergoldete Jugendstiluhr auf der Promenade. Die Seebrücke ist das einzig erhaltene, historische Bauwerk dieser Art an der gesamten deutschen Ostseeküste. Der dazugehörige, weit in die See hinausreichende Anleger, der vor knapp 50 Jahren zerstört worden war, ist inzwischen wieder in Betrieb.

⑥ Das winzige Fischerdörfchen Kamminke versteckt sich hinter einem knapp 60 Meter hohen Rücken am Ufer des Stettiner Haffs. Hier trocknen noch Aalreusen und Stellnetze im Wind, malerisch schaukeln die Fischerboote, majestätisch zieht der Seeadler vorbei. Nirgends ist Usedom so melancholisch schön wie in diesem stillen Winkel der großen Insel Usedom.

⑦ In Mellenthin zeugt das Renaissanceschloß, das die schwedische Königin Christine ihrem Kanzler Graf Johann von Oxenstierna schenkte, von besseren Zeiten. Im eindrucksvollen Kontrast dazu verkündet die nahegelegene, spätgotische Dorfkirche auf einem von riesigen Eichen bewachsenen Hügel, daß Zeit ihr nichts anhaben kann. Der behäbige Backsteinbau gilt als schönste Kirche Usedoms und wird in seinem Inneren mit einem prachtvoll geschnitzten Abendmahlsbild, mit frühmittelalterlichen Fresken und einer Orgelempore in schönstem Bauernbarock durchaus diesem Ruf gerecht.

⑧ Im Lieper Winkel scheint die Zeit still zu stehen. In den einsamen Bauerndörfern gibt es reetgedeckte Fischer- und Bauernkaten, Storchennester und in Liepe eine uralte Kirche aus dem 12. Jahrhundert. (Siehe auch Wanderung 13 B, Seite 61.)

⑨ Im verschlafenen Städtchen Usedom, das einst der ganzen Insel den Namen gab, erinnert ein Riesenkreuz aus Granit auf dem Schloßberg an die Predigt von Bischof Otto von Bamberg zu Beginn der Christianisierung Usedoms im Jahre 1128. Wahrzeichen des Städtchens ist das spätgotische Anklamer Tor mit seiner spitzbogigen Durchfahrt, seinen schlanken Blendarkaden und dem Heimatmuseum in den über 500 Jahre alten Mauern.

⑩ Anklam wurde schon 1283 Mitglied der Hanse. Von dieser Glanzzeit zeugt die Marienkirche, eine dreischiffige Halle aus dem 13. Jahrhundert. In ihr gibt es gotische Wandmalereien zu entdecken. Orientierungspunkt in der Stadt ist das 32 Meter hohe Steintor aus dem 14. Jahrhundert. Rest der ehemaligen Wehranlage ist der 20 Meter hohe, runde Pulverturm.

Flug- und Raketentechnik am Peenestrom

In Anklam an der Peene wurde 1848 der Mann geboren, ohne den es heute keine Flugzeuge gäbe: Otto Lilienthal. Ab 1891 führte er als erster Gleitflüge über mehrere hundert Meter Weite durch und bewies mit weit über eintausend eigenen Flugversuchen, daß Fliegen mit starren Tragflächen möglich ist. Heute zeigt das Otto-Lilienthal-Museum in Anklam Versuchsgeräte, Fluggleiter und Ballone aus der Zeit dieses Luftfahrtpioniers.

Ebenfalls am Peenestrom liegt die Ortschaft Peenemünde, wo ein anderer deutscher Luftfahrtpionier, Wernher von Braun, mit Raketen experimentierte. Auf dem Gelände der ehemaligen Heeresversuchsanstalt ist nun ein »Weltraumpark« entstanden, der am 3. Oktober 1992 eröffnet wurde, genau 50 Jahre nachdem hier die erste flüssigkeitsgetriebene Rakete abgefeuert wurde. Aus ihr wurde die 14 Meter lange »Fernrakete A 4« entwickelt, besser bekannt als V 2. Nach dem Krieg wurde Wernher von Braun, der in Peenemünde mit kaum metergroßen Raketen begonnen hatte, der Vater der amerikanischen Mondfahrt.

△ *Blick vom Kirchturm auf Wolgast gegenüber von Usedom*

◁ *Usedom riegelt den Westteil des Haffs der Oder ab*

Tip

Anklam, Otto-Lilienthal-Museum: Leonardo da Vinci sah die Möglichkeit des Fliegens schon vor über 500 Jahren, Otto Lilienthal erfüllte sie ab 1891. Mit seinen leichten Flugapparaten ahmte der Flugpionier den Gleitflug der Störche nach. Das Museum in Anklam zeigt zahlreiche Nachbauten von Lilienthals Fluggeräten.

13 A

Wanderung 13 A: 15 Kilometer – 4 Stunden

Usedoms Langer Berg

Zwischen Koserow und Bansin erstreckt sich auf etwa 12 Kilometer Länge ein schmaler, bis 56 Meter hoher Rücken der Insel Usedom. Die gesamte Erhebung ist mit Hochwald bestanden, doch fehlt es nicht an Aussichtspunkten mit Blick auf die Oderbucht. Zwei Seen, der Schmollen- und der Gothensee, sorgen zusätzlich für Abwechslung.

Usedom

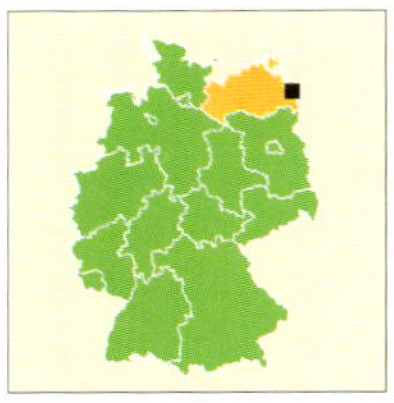

Tourverlauf

Ein guter Startplatz ist der Bahnhof von Koserow, weil man abends hier mit dem Zug zurückkommt. ①
An der Koserower Kirche vorbei, trifft man auf den mit blauem Balken auf weißem Grund markierten Fernwanderweg Zittau–Ahlbeck, dem man nach rechts folgt. Erstes Ziel ist der 56 Meter hohe Streckelberg. ②
Allerdings erreicht der Wanderweg nicht den höchsten Punkt des Steilufers, der Weg führt vielmehr rechts am Berghang entlang.
Nächstes Ziel ist der Kölpinsee. An seinem Nordufer bietet sich der Abstecher südwärts hinüber nach Loddin und zum Loddiner Höft an. ③
Am Ostufer des Kölpinsees entlang führt der Weg hinüber nach Stubbenfelde und quert dort zwei Campingplätze. Das Naturschutzgebiet um den Wockninsee wird im Norden gestreift. ④
Danach beginnt der Weg wieder über das Steilufer zu steigen. Der höchste Punkt wird schließlich am Langen Berg erreicht. ⑤
Nach der Überschreitung des Langen Berges taucht zunächst die Gaststätte Forsthaus Langenberg auf; danach geht es rechts hinunter in ein kleines Tal und am gegenüberliegenden Hang gleich wieder bergauf. Geradeaus über die Kuppe und danach etwas nach links tauchen bald die ersten Häuser von Bansin auf. ⑥
An der Kirche vorbei, geht es nach Westen zur B 111 und zum Bansiner Bahnhof. Von dort fährt man mit dem Zug zurück nach Koserow.

Sehenswürdigkeiten

① In Koserow lohnt sich ein Blick in Usedoms älteste, über 700 Jahre alte Kirche. Ihr kostbarster Schatz ist ein Schnitzaltar aus dem 15. Jahrhundert. Nahe dem Achterwasser liegt das ehemalige Wohnhaus und Atelier des Landschaftsmalers Otto Niemeyer-Holstein, den seine Verehrer gerne den »Picasso des Nordens« nannten. Wohnung und Atelier dienen heute als Gedenkstätte. Von Koserow aus ist der 56 Meter hohe Streckelberg mit seiner guten Aussicht auf die Ostsee leicht zu erreichen.

② Der 56 Meter hohe, sagenumwobene Streckelberg im Osten von Koserow bricht nach Nordosten steil gegen die See ab. Die früher kahle Kliffranddüne wurde gegen Ende des 19. Jahrhunderts mit Buchen aufgeforstet, so daß man heute die prachtvolle Aussicht über die See mit einem schattigen Waldspaziergang verbinden kann.

③ Vom Loddiner Höft hat man einen schönen Blick über das Achterwasser.

④ Der Wockninsee ist ein ehemaliger, langsam verlandender Strandsee in einer alten Sturmflutrinne. Eine überdachte Kanzel ermöglicht Vogelbeobachtungen. Der Mümmelken-See, wo im Sommer die gelben, von den Usedomern Mummeln genannten Teichrosen blühen, ist Mittelpunkt eines bis zu 15 Meter mächtigen Hochmoores.

⑤ Der Lange Berg ist mit 54 Metern Höhe nur 2 Meter niedriger als der Streckelberg und bietet bei gutem Wetter eine exzellente Fernsicht. Sie reicht bis zur Insel Wollin, zur Greifswalder Oie und zum Süd- und Nordperd der Halbinsel Mönchgut auf Rügen.

⑥ Das Haus Seestraße 36 in Bansin war das Atelier des Usedomer Malers Rolf Werner, von dem zahlreiche regionale Landschaftsbilder stammen.

Tip

Streckelberg: Bernsteinfunde. Am Strand vor dem Streckelberg spült die See oft Bernsteinstücke aus. Bernstein – ursprünglich Brennstein, denn das Harz brennt bei hohen Temperaturen – wird von tiefen Gesteinsschichten im Meer freigegeben. Nach Herbststürmen lohnt die Suche.

Wanderung 13 B: 12 Kilometer – 3 Stunden

Um den Lieper Winkel

13 B

Das Hinterland im Westen der drei großen Ostseebäder Bansin, Heringsdorf und Ahlbeck wird gerne die Usedomer Schweiz genannt. Fünf der elf Naturschutzgebiete Usedoms sind hier zu finden. Ganz im Westen dieser verträumten Gegend ragt der Lieper Winkel mit moorigen Wiesen, weiten Schilfwäldern und alten Alleen als Halbinsel in das Achterwasser hinaus.

Usedom

Tourverlauf

Der romantischte Platz Usedoms ist der Lieper Winkel. Man erreicht ihn von der B 110 östlich des Städtchens Usedom. Über Suckow schlängelt sich eine schmale Straße nach Norden. Hinter Suckow steht linker Hand auf einem vorgeschichtlichen Grabhügel eine uralte Sockeleiche. Sie gilt als die schönste Eiche der Insel Usedom. Sie ist zwar nur 15 Meter hoch, hat aber eine weit ausladende Krone (Durchmesser etwa 25 Meter). Im folgenden Dörfchen Krienke kann man den Störchen beim Froschfangen zusehen, und in Rankwitz gibt es eine Fischräucherei.
Ausgangspunkt für die Wanderung ist das alte Dörfchen Liepe, wo man vor der Gaststätte nach rechts aus dem Ort hinaus wandert. ①
Nach etwa 150 Metern zweigt links ein Feldweg nach Reestow ab. ②
Diesem folgt man, läßt Reestow selbst aber rechts liegen. Der Feldweg führt weiter nach Norden, quert ein Gehöft und erreicht schließlich an einem einzeln stehenden Haus den Schilfgürtel des Achterwassers. ③
Dahinter geht es links zum Deich und an ihm entlang nach Westen. An einem Transformatorenhäuschen wird ein Wassergraben über einen Steg gequert, danach geht es weiter über den Deich bis zu einem Rastplatz. Ab hier führt ein Feldweg entlang des Deiches zu einzeln stehenden Häusern.
Bei den Häusern wendet man sich landeinwärts zum nahen Warthe. In Warthe hält man sich an der Weggabelung nach rechts; am folgenden Wegdreieck erneut nach rechts, bis man zu den etwa 500 Meter entfernten Fischer- und Bauernhäusern kommt.
An der Weggabelung vor den Häusern geht es geradeaus und am Ortsende ebenfalls geradeaus weiter am Deich entlang. Der Blick schweift von hier über den Peenestrom hinüber zum anderen Ufer, wo der Kirchturm von Lassan die einzige Landmarke ist. Bald überquert der Weg den Deich und führt nun landseitig nach Quilitz. ④
Quilitz wird geradeaus durchquert, bis der Weg am Ende der Feriensiedlung nach rechts, Richtung Rankwitz, abbiegt. Dort bleibt man geradeaus auf dem Feldweg, der in einer weiten Linkskurve unterhalb des 18 Meter hohen Jungfernberges zur Landstraße Rankwitz – Liepe führt. Bei klarem Wetter sollte man den Jungfernberg besteigen, überblickt man von ihm doch den ganzen Lieper Winkel, den Peenestrom und den südlichen Teil des Achterwassers sowie Teile der Usedomer Schweiz.
Zurück nach Liepe ist es nun nur noch ein knapper Kilometer.

▽ *Am Achterwasser gegenüber dem Lieper Winkel: Die Halbinsel Gnitz*

Sehenswürdigkeiten

① Liepe war einst eine slawische Siedlung. Der Name kommt von Liepa = Lindenort. Liepes uralte Kirche stammt aus dem 12. Jahrhundert.
② In Reestow gibt es den einen oder anderen alten malerischen Winkel zu fotografieren.
③ Vom Nordufer des Lieper Winkels aus bietet sich der Blick auf eine einzigartige Boddenlandschaft: Achterwasser, Loddiner Höft, Görmitz und Gnitz gehen hier ineinander über, Land und Wasser präsentieren sich im natürlichen Übergang. Bis hinüber zum Warther Haken, wo sich der Weg wieder landeinwärts wendet, bieten sich immer wieder kleine und völlig einsame Sandstrände zum Baden an.
④ Die Fischersiedlung Quilitz steht auf altem Siedlungsboden. Berühmt wurde der Platz durch den aus der Zeit um 1025 stammenden Quilitzer Silberfund. Gefunden wurden Arm- und Halsringe sowie Silbermünzen aus England, Frankreich, Belgien, Süddeutschland und sogar aus Arabien.

△ *Blick über das Achterwasser östlich von Liepe*

Tip

Halbinsel Cosim östlich des Lieper Winkels: Die Vegetation der Halbinsel ist außergewöhnlich vielseitig: naturnaher Laubwald am Kliff, Feuchtwiesen und vermoorte Senken, Strandwälle und von Röhricht besetzte Ufer bestimmen das Bild. Als bedeutender Lebensraum wiesenbrütender Vogelarten wurde die Halbinsel unter Naturschutz gestellt.

14

Autotour 14: 130 Kilometer

Emden und die Krummhörn

Ostfriesland

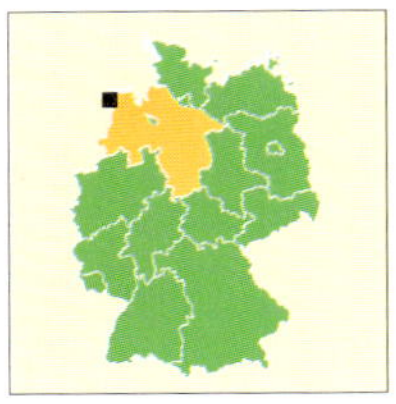

»Emden hat mehr als Meer«, sagen die Emdener und meinen damit auch ihre 1200jährige, höchst wechselvolle Geschichte mit ihren Höhen und Tiefen, ihren Erfolgen und Gefährdungen. Sie meinen damit aber auch ihr reiches Hinterland mit Krummhörn, Brookmerland und Moormerland. Eine Rundfahrt durch dieses an Schätzen reiche Land bietet mehr, als man an einem Tag verkraften kann.

Tourverlauf

Ausgangspunkt ist die alte Hafenstadt Emden. ①
Von Emden fährt man westwärts über die Störtebekerstraße geradeaus bis zum Schöpfwerk Knock. ②
Nun geht es wieder einige Kilometer zurück und anschließend nach Rysum. ③
Weiter nach Norden folgt Groothusen. ④
Nicht weit ist es ins benachbarte Pewsum. ⑤
Nächstes Ziel an der nördlichen Spitze der Krummhörn ist der malerische Kutterhafen von Greetsiel. ⑥
Über kleine Landstraßen geht es danach ostwärts hinüber nach Marienhafe. ⑦
Von dort fährt man auf der B 70 und der B 72 in die ostfriesische Haupt- und Residenzstadt Aurich. ⑧
Man verläßt Aurich zunächst über die B 72 in südöstlicher Richtung. Ihr und später der B 75 könnte man auf kürzestem Wege nach Leer folgen. Schöner aber ist es, bei Schirum die Landstraße (Deutsche Fehnroute) zu nehmen und über Timmel und Königshoek die Stadt Leer anzusteuern. ⑨
Von Leer geht es dann, immer entlang der Störtebekerstraße am rechten Ufer der Ems, zurück nach Emden.

▽ Im Ihlower Forst, südlich von Aurich

Sehenswürdigkeiten

① Wo heute in Emden zu Füßen des wiedererstandenen Rathauses die Boote zur Hafenrundfahrt ablegen, hatten die Friesen schon um 800 begonnen, einen Hafen auszubauen. Bis 1224 war daraus eine Zollstätte mit eigenem Recht geworden. 1412 wurde der Warenstapelzwang eingeführt: Er zwang jeden an Emden vorbeifahrenden Schiffer, die »Hilfe« des Hafens in Anspruch zu nehmen. Emdens große Zeit kam im 16. Jahrhundert mit seinem Aufstieg zum Hafen von europäischem Rang. Einziges Monument dieser wirtschaftlichen Blütezeit ist das Renaissancedoppelhaus an der Pelzerstraße mit seinem flämischen Giebel von 1585. Von dem Boom im 17. Jahrhundert blieb als heute noch sichtbares Zeichen das Alte Hafentor von 1635 sowie die 1643 begonnene Neue Kirche. Das Hafentor entstand noch ganz im flämischen Renaissancestil; die Kirche ist das erste Beispiel in Ostfriesland für eine rein calvinistische Predigerkirche.

▽ Hafenmole in Greetsiel

Nutzung der Windenergie: Windmühlen

Windmühlen dienten jahrhundertelang zum Mahlen von Getreide und zum Pumpen von Wasser. Weil ihre Windräder groß sein und hoch stehen mußten, um ausreichend Kraft einzufangen, wurden sie meist am Kopf kleiner Türme montiert. Deshalb hießen sie auch Turmmühlen. Die ersten gab es um 1180 in der Normandie und ab 1185 in Yorkshire in England. Die erste deutsche Windmühle bauten Zisterzienser im Jahre 1253 im Herzogtum Geldern. Im 15. und 16. Jahrhundert entstanden

△ Windmühlen, Greetsiel

dann Tausende von Windmühlen. Windmüller wurde ein wichtiger und angesehener Beruf. Vor allem die Holländer waren die treibende Kraft, wenn es um die Entwicklung neuer Mühlentypen ging. Sie nutzten die Mühlen systematisch zur Entwässerung eingedeichter Gebiete.
1925 waren in Schleswig-Holstein nahezu eintausend Windmühlen in Betrieb. Das einzige Zwillingsmühlenpaar Ostfrieslands steht in Greetsiel. Eine der ganz wenigen Mühlen, die wahlweise auf ein Wind- oder ein Wasserrad geschaltet werden konnten, befindet sich in Hüven östlich von Meppen.

② Das Siel- und Schöpfwerk Knock reguliert den gesamten Binnenwasserstand zwischen Emden, Aurich und Norden. Vor dem Schöpfwerk steht ein Denk-

▽ »Gerechtigkeit« in Aurich

mal des Kurfürsten Friedrich Wilhelm von Brandenburg und seinem Urenkel, dem Preußenkönig Friedrich II.
③ Rysum ist ein prächtiges Wurtendorf. Seine kreisförmige Anlage mit radialen Wegen und der Kirche in der Mitte ist ein hervorragendes Beispiel für die alte Dorfstruktur in Ostfriesland. Die Dorfkirche aus dem 15. Jahrhundert dominiert den Ort und birgt die älteste, im Grundbestand erhaltene und noch heute spielbare Orgel Deutschlands. Seit über 500 Jahren erklingt dieses Instrument.
④ In Groothusen wartet die Osterburg, eine Wasserburg aus dem 15. Jahrhundert, mit einer kostbaren Porträtgalerie auf.
⑤ Auch in Pewsum steht eine ähnliche Wasserburg. Sie geht auf eine alte Grafenburg zurück; ihre beiden älteren Flügel wurden 1458 fertiggestellt. (Siehe auch Wanderung 14 B, Seite 65.)
⑥ Greetsiel, die Heimat der gräflichen Familie Cirksena, könnte man das Juwel der Krummhörn nennen. Der malerische Ort mit dem Sieltor aus der Zeit Friedrichs des Großen besitzt das einzige Zwillingsmühlenpaar in Ostfriesland und einen der romantischsten Kutterhäfen der gesamten Nordseeküste.
⑦ Die ab etwa 1250 errichtete Kirche von Marienhafe war mit ihren 72 Metern Länge die größte Kirche Ostfrieslands. Ihre Fassade war mit einem in ganz Norddeutschland einmaligen Bilderfries aus Sandstein geschmückt. In 128 Einzeldarstellungen hatte man Tiersymbole und satirische Fabelwesen in Stein verewigt. Die Querschiffgiebel waren mit nicht weniger als 40 einzelnen Sandsteinstatuen geschmückt. Reste dieser Statuen und des Frieses sind heute im ersten Geschoß des Domes ausgestellt. Der Turm selbst, der einst Klaus Störtebeker und seinen Mannen Unterschlupf bot, kann bestiegen werden.
⑧ Aurich war von 1561 bis 1744 Residenz- und Hauptstadt der Ostfriesen. Auch das heutige Aurich ist noch geprägt vom Geist der kleinen Residenz. Die zu einem geräumigen Geviert geordneten Backsteinhäuser des alten Regierungssitzes entsprechen noch weitgehend der einstigen Schloßanlage der Grafen von Cirksena. Nur das innere Schloß mit seinem hohen Durchgangsturm wurde 1852 unter König Georg V. von Hannover neu errichtet. Die klassizistische Lambertikirche besitzt eine kostbare Spätrenaissancekanzel von 1692 und einen spätgotischen Schnitzaltar von 1515 aus dem ehemaligen Kloster Ihlow. Die Auricher Stiftsmühle stammt von 1858 und ist mit einer Flügellänge von 24 Metern die größte Kornwindmühle Ostfrieslands. Ihre in knapp 17 Metern Höhe umlaufende Galerie ist eine gute Aussichtsplattform.
⑨ Das alte Zentrum Leers dominieren das Rathaus und die Waage. Das älteste und historisch zweifellos interessanteste Gebäude ist die direkt an der Mündung der Leda in die Ems gelegene Waage. Das Gebäude verrät mit seinen beiden weiß abgesetzten, horizontalen Fensterreihen und den vertikalen Pilastern die Nähe zum niederländischen Barock. Das zwar älter aussehende Rathaus entstand dagegen erst 1894 im Stil der niederländischen Renaissance. Das schönste Bürgerhaus ist das Haus Samson in der Rathausstraße. Es entstand 1643 im Stil des niederländischen Frühbarock und beherbergt heute die wohl schönste Weinhandlung Ostfrieslands. Wegen des prächtigen alten Hausrats im Ladenlokal lohnt sich ein Besuch selbst für denjenigen, der geschworen haben sollte, in Ostfriesland nur Tee zu trinken.

Tip

Magnetschwebebahn: Südlich von Leer, noch hinter Papenburg mit der großen Meyer-Werft, steht die 30 Kilometer lange Versuchsstrecke der Magnetschwebebahn Transrapid. Auf 5 Meter hohen Stelzen rast der Zug mit bis zu 400 Stundenkilometern dahin. Besichtigungen der technischen Leitzentrale östlich von Lathen sind möglich.

▽ Das Große Meer – in Wirklichkeit ein Binnensee nördlich von Emden

14 A

Wanderung 14 A: 18 Kilometer – 4 Stunden

Rund um Borkum

Ostfriesland

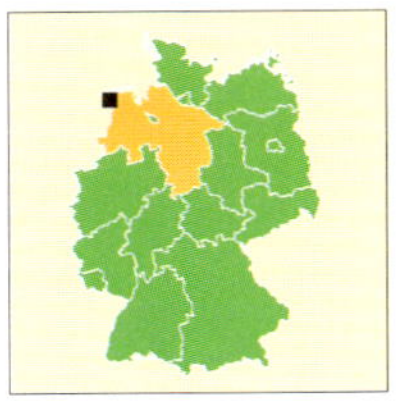

Die westlichste und auch heute noch größte Frieseninsel ist Borkum, auch wenn ihre heutigen 30 Quadratkilometer nur noch einen Bruchteil der alten Größe darstellen. Auf Borkum hatten schon die Römer Station gemacht, heute fasziniert vor allem die Naturnähe der Insellandschaft.

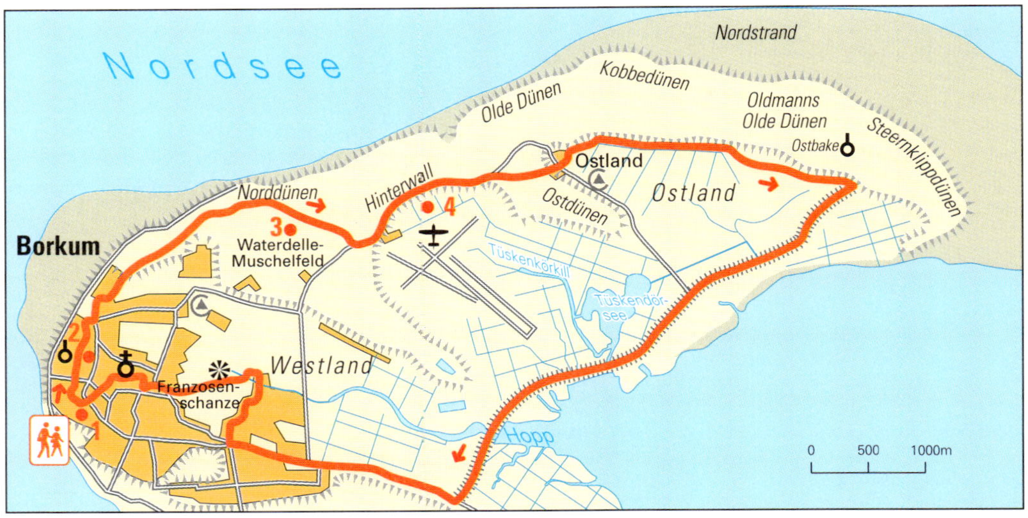

Tourverlauf

Zentraler Startplatz für eine Wanderung um die Insel ist der Bahnhof der Inselbahn in Borkum. ① Der Alte Postweg führt hinüber zum 65 Meter hohen Neuen Leuchtturm. ②

Vom Leuchtturm leitet die Strandstraße weiter zur Kurhalle und zur Promenade. Dort geht es nach rechts und vorbei an Westkaap und Ostkaap zur Sturmecke und zum Nordbad.

Am Nordostende der Kurpromenade folgt man dem Wanderweg landeinwärts zum Waterdelle-Muschelfeld. ③

Kurz darauf tauchen rechter Hand im Wiesenland der Inselflugplatz und Tüskendör auf. ④

Nach dem Denkmal für General Otto von Emmich läßt man die Ostfriesenstraße links liegen und folgt geradeaus dem Wanderweg auf die Siedlung Ostland zu. Der weitere Weg schlängelt sich am Südrand eines ausgedehnten Dünengebietes entlang, bis er ganz im Osten auf den Neuen Seedeich und damit auf den Wendepunkt der Wanderung trifft. Nun folgt man südwestwärts diesem Deich, passiert das Siel des Tüskendörsees und erreicht schließlich das Deichtor für die Bahn und die Verbindungsstraße zwischen Hafen und Stadt.

Parallel zur Reedestraße geht es nun durch Dünengelände stadtwärts. Nach der Abzweigung der Deichstraße führt ein Wanderweg über den Upholm-Deich zur Franzosenschanze. Vorbei am Alten Leuchtturm geht es durch den historischen Ortskern von Borkum zum Bahnhof zurück.

Sehenswürdigkeiten

① Die Ortschaft Borkum auf der gleichnamigen Insel war früher eine reine Seefahrerstadt, besonders der Walfänger. Ältestes Bauwerk ist der Alte Leuchtturm in der Ortsmitte, der 1576 von der Emder Bürgerschaft errichtet wurde. Dafür wurde einfach der Turm der 1540 erbauten Kirche verstärkt und auf 47 Meter erhöht. 1878 allerdings brannte der Turm aus, kann inzwischen aber nach umfassender Restaurierung wieder besichtigt werden. Am Inselfriedhof am Fuße des Turmes finden sich noch Gräber von Walfängern. Auch im alten Ortskern von Borkum erinnern noch Zäune aus Knochen und Kiefern von Walen an die Zeit, als die Borkumer als Walfänger in die Gewässer um Grönland fuhren.

Die Franzosenschanze ist eine U-förmige, von breiten Wassergräben umgebene Wallanlage. Sie entstand 1811 während der Kontinentalsperre und sollte dazu beitragen, den Handel mit England zu unterbinden.

Fremdenverkehr existiert auf der Insel seit 1846; heute empfiehlt sich Borkum als Heilbad mit gesundem Reizklima und schadstofffreier Luft.

② Der 65 Meter hohe Neue Leuchtturm wurde 1878 errichtet. Er bietet den besten Blick über die ganze Insel Borkum, hinüber zu den niederländischen Westfriesischen Inseln und nach Osten zur Vogelschutzinsel Memmert und der Insel Juist.

③ Das etwa 87 Hektar große Feuchtbiotop Waterdelle-Muschelfeld liegt im Bereich des Großen Gats, das im 18. Jahrhundert die beiden Inselteile Westland und Ostland getrennt hatte. Erst im 19. Jahrhundert wurden sie durch die Anlage von künstlichen Dünen, Deichen und Wällen wieder miteinander verbunden.

④ Das Wiesenland Tüskendör (= zwischendurch) ist der ehemalige Südostteil des Großen Gats. Es wird bis heute durch ein eigenes Sieltor nach Süden entwässert. Der Tüskendörsee entstand beim Bau des Neuen Deiches durch Materialentnahme. Der See und die umliegenden Marschwiesen haben sich heute zu einem wichtigen Vogelbrutgebiet entwickelt.

Tip

Grenne Stee: Im Südwesten Borkums liegt ds Naturschutzgebiet Grenne Stee (= Grüne Stelle), eine Anlandungszone, in der sich Salzwiesen, Flachmoore und Süßwasservegetation abwechseln. Hier hat sich ein für Wattinseln überraschend großer Birkenbuschwald angesiedelt. Von März bis Oktober ist am Ostrand der Grennen Stee ein Infostand des Nationalparks Niedersächsisches Wattenmeer geöffnet.

▽ Der unbewohnte Memmert zwischen Borkum und Juist

▽ Leuchtturm auf Borkum

Wanderung 14 B: 14 Kilometer – 3 Stunden

14 B

Am Freepsumer Meer

Pewsum war vom 14. bis 16. Jahrhundert das Zentrum der Krummhörn. Von hier aus regierte das Geschlecht der Manninga, von hier aus wurde für Jahrhunderte der Kampf gegen das Meer geführt. Besonders schwierig war das bei Freepsum, liegt dort das Gelände doch 2,3 Meter unter Normalnull.

Ostfriesland

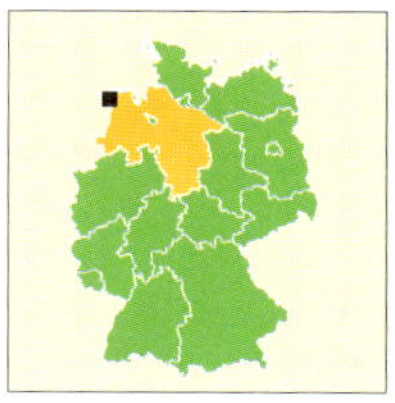

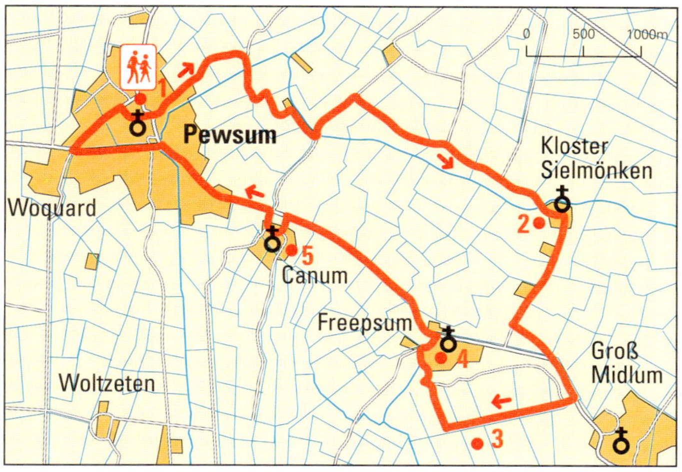

Tourverlauf

Die Wanderung beginnt im Ortszentrum von Pewsum. ①
Vom Drostenplatz geht es hinüber zur Manningaburg und an ihrer Südseite vorbei auf dem Langen Weg in die Marsch. Nach knapp 1 Kilometer geht es rechts in den Galgenwarfsweg und nach weiteren 1,5 Kilometer nach links in den Weg Am Gemeindegarten. Über den Weg An den Schonungen wird nach weiteren 2 Kilometer schließlich die Siedlung Kloster Sielmönken erreicht. ②
Von Kloster Sielmönken geht man 1 Kilometer nach Süden bis zum Alten Klosterweg, der nach links zur Freepsumer Landstraße führt. Nach weiteren 500 Meter trifft man auf ihr den nach rechts führenden Mittelweg, der nun westwärts mitten durch das Freepsumer Meer führt. Es liegt 2,3 Meter unter Normalnull. ③
Der nach rechts abbiegende Meerweg führt nach Norden und damit direkt nach Freepsum. ④
Von Freepsum führt die Landstraße nach Nordwesten über eine alte Deichlinie nach Canum. ⑤
In ihrem weiteren Verlauf gelangt man zurück nach Pewsum. Hier biegt man sofort hinter der Brücke über das Pewsumer Tief nach links, um zu der im Westen von Pewsum gelegenen Pewsumer Mühle zu kommen. Sie ist heute Teil des Ostfriesischen Freilichtmuseums. Die Manningastraße führt schließlich zum Ausgangspunkt am Drostenplatz zurück.

Sehenswürdigkeiten

① Pewsum war vom 14. bis zum 16. Jahrhundert der Stammsitz der Manninga und damit der Hauptort der Krummhörn. Im Jahre 1565 verkauften die Manningas die Ortschaft Pewsum sowie die Dörfer Woquard und Loquard an den Grafen Edzard II. Cirksena von Ostfriesland. Erhalten blieb die Wasserburg Manninga; allerdings ist von der ehemaligen landesfürstlichen Befestigungsanlage heute nur noch die Unterburg aus dem 15. Jahrhundert sowie das Torhaus aus dem 16. Jahrhundert zu sehen. Die Kirche wurde 1862 neu errichtet. Im Inneren ist die aus der Mitte des 16. Jahrhunderts stammende Renaissancegrabplatte für Tetta von Oldersum, die Gemahlin von Hoyko Manninga, zu besichtigen. Die Kanzel der Kirche stammt von 1618. Die Pewsumer Mühle ist ein dreistöckiger Galerieholländer von 1843. Sie gehört zusammen mit dem Gulfhaus und der alten Pewsumer Burg heute zum Ostfriesischen Freilichtmuseum.
② Das in der Reformation aufgelöste Kloster Sielmönken wurde in der Mitte des 13. Jahrhunderts am Rande eines ehemaligen Meereseinbruchs gegründet. Zu den Aufgaben der Mönche gehörte die Kontrolle der Siele, also der Entwässerungseinrichtungen. Dieser Auftrag gab dem Kloster den Namen.
③ Das Freepsumer Meer war ursprünglich ein ausgedehnter Marschsee, der ab 1664 mit Hilfe von windgetriebenen Wasserschöpfmühlen trockengelegt werden sollte. Dies gelang zunächst jedoch nur teilweise, erst 1771 erfolgte die Trockenlegung auf Dauer. Der tiefste Punkt des alten Marschsees liegt 2,3 Meter unter Normalnull und ist durch eine Tafel gekennzeichnet.
④ Kern der Siedlung Freepsum ist eine alte, rund 5 Meter über Normalnull aufragende Warft. Dort steht die um 1260 errichtete Kirche mit abgesetztem Glockenturm.
⑤ Auch das kleine Canum steht auf einer alten Warft. Wieder steht im Zentrum die Kirche, die um 1280 errichtet wurde. Ihr Inneres birgt eine interessante Renaissancekanzel von 1573.

△ Freilichtmuseum Maningaburg in Pewsum

▽ Schwemmland und Entwässerungsgraben beim Dorf Freepsum

Tip

Ausflug zu den Seehundbänken: Auf vielen ostfriesischen Inseln werden Ausflüge ins Watt und zu den Seehundbänken organisiert. Auskünfte über Wattwanderungen und Seehundfahrten geben die Kurverwaltungen, Verkehrsvereine und Nationalpark-Infostände.

15

Autotour 15: 75 Kilometer

Norden und das Norderland

Ostfriesland

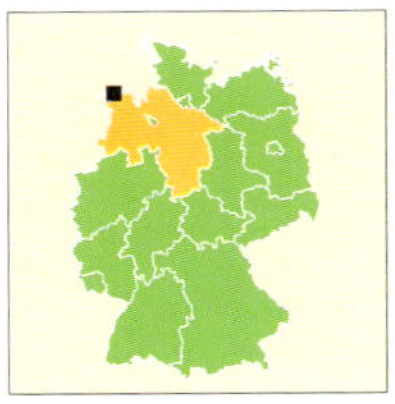

Wer friesische Burgen, uralte Kirchen und die Welt der Ostfriesischen Inseln erleben möchte, muß das Norderland erobern. Sein Zentrum Norden, die älteste ostfriesische Stadt, liegt nur 2 Kilometer vom Meer entfernt, dessen Einfluß ohnehin allgegenwärtig zu spüren ist. Nimmt man die Ostfriesischen Inseln mit dem Nationalpark Niedersächsisches Wattenmeer dazu, ergibt sich auf engstem Raum eine überreiche Landschaft, für deren Erlebnis mehr als ein Besuch notwendig ist.

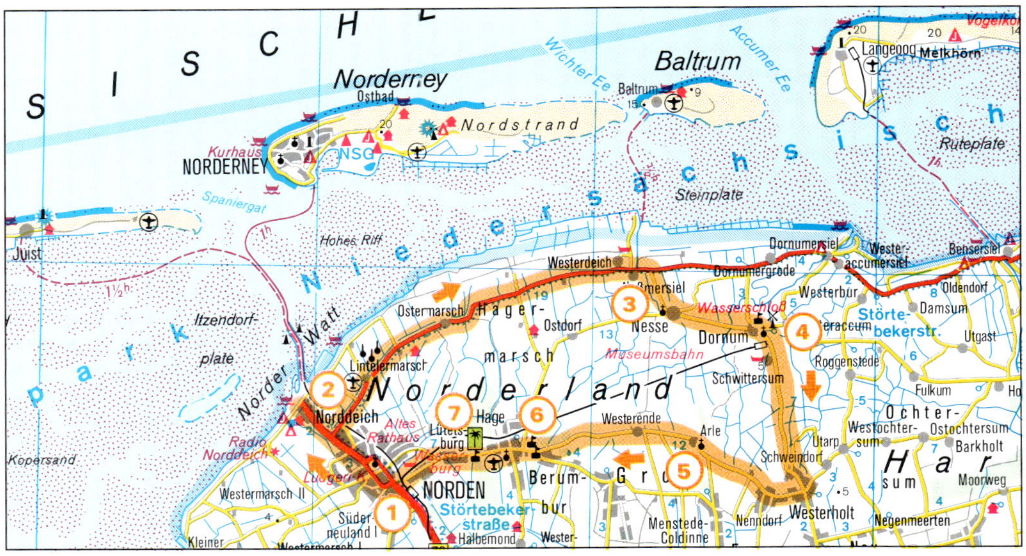

Tourverlauf

Diese Autotour durch das Norderland beginnt in Norden. ①
Erstes Ziel ist Norddeich. ②
Von hier führt die Störtebekerstraße nach Nordosten, der Küste entlang hinüber nach Westerdeich und Neßmersiel. In Neßmersiel fährt man in südlicher Richtung nach Nesse. ③
Es folgt wieder ein Richtungswechsel, nämlich ostwärts nach Dornum. ④
Von dort geht es über Westerholt nach Arle. ⑤
In Arle hält man sich westwärts, um nach Hage mit seiner alten Kirche zu kommen. ⑥
Letzter Etappenpunkt vor der Rückkehr nach Norden ist die Wasserburg Lütetsburg. ⑦

Sehenswürdigkeiten

① Nordens Zentrum ist nicht zu verfehlen – ein großer, baumbestandener Marktplatz mit der Lutgerikirche in der Mitte. Mit 80 Metern Länge ist sie der größte Sakralbau Ostfrieslands. Der steil aufragende Chor wurde 1481 fertiggestellt. Der massive Glockenturm dagegen wurde schon 1250 erbaut. Das Chorgestühl im Inneren stammt noch aus der Spätgotik. Wertvollstes Stück der Ausstattung ist die 1688 gebaute Arp-Schnitger-Orgel. An der Westseite des Marktplatzes steht das Alte Rathaus aus dem Jahre 1542. Darin ist heute das sehenswerte Heimatmuseum untergebracht.

△ *Stadttor und barockes Schloß in Lütetsburg*

② Norddeich ist die Heimat von Radio Norddeich. Von hier aus sind die Schiffe auf allen Weltmeeren per Funk erreichbar.

③ Die einschiffige Kirche von Nesse wurde bereits in der zweiten Hälfte des 12. Jahrhundert aus Tuffstein errichtet. Sie besitzt einen spätgotischen Lettner aus Stein mit einer Orgelempore aus dem 17. Jahrhundert. Ein besonders schönes Stück ist die Sandsteintaufe aus der ersten Hälfte des 13. Jahrhunderts.

④ Die »Herrlichkeit Dornum« ist ein Kleinod für sich. Hier gibt es eine prächtige Kirche, eine alte Burg und die einzige Bockwindmühle Ostfrieslands. Die Beningaburg wurde um 1380 von Heero Attena gegründet; das anschließende Schloß erhielt seine heutige Form bis 1698. Die Dornumer Kirche wurde zwischen 1270 und 1300 errichtet; ihre farbenprächtige Innenausstattung stammt aus der Barockzeit.

⑤ Die romanische Kirche von Arle entstand im frühen 13. Jahrhundert. Wertvollste Stücke der Ausstattung sind ein um 1500 entstandenes Sakramentshaus aus Kalksandstein sowie ein Flügelaltar aus der zweiten Hälfte des 15. Jahrhunderts.

⑥ Die Kirche von Hage ist romanisch, sie stammt aus dem frühen 13. Jahrhundert und hat einen schiefen Wehrturm. Der Schnitzaltar datiert aus der zweiten Hälfte des 15. Jahrhunderts, der von Löwen getragene Taufstein wurde bereits Anfang des 13. Jahrhunderts gearbeitet.

⑦ In Lütetsburg gab es bereits im späten Mittelalter eine Wasserburg. Daraus wurde in der Barockzeit ein umfangreiches Schloß mit ausgedehnten Parkanlagen.

Seehunde – Schwimmer mit Heckantrieb

Obwohl der Seehund als Säugetier auf seine Lunge angewiesen ist, bewegen sich die bis zu 2 Meter langen und manchmal über 100 Kilogramm schweren Tiere wie Torpedos im nassen Element. Die Eleganz ihrer Schwimmkünste steht im Gegensatz zu den Bewegungen an Land. Das Atemproblem hat der Seehund auf seine eigene Weise gelöst: Schwebend schläft er im Wasser, und zum Luftholen taucht er auf, ohne aufzuwachen. Bei Gefahr hält er es bis zu 40 Minuten unter Wasser aus, ohne auftauchen zu müssen. Nur in wenigen Punkten ist die Anpassung an die amphibische Lebensweise noch nicht ganz gelungen: Zur Paarung, zur Geburt und zum Säugen müssen die Seehunde an Land. Bei der Steuerung des Zeitpunkts der Geburt hat sie die Natur einen besonderen Trick einfallen lassen: Die Seehundmama ist in der Lage, den Geburtszeitpunkt genau auf den Beginn einer Niedrigwasserzeit zu legen. Damit kann das Junge mit der nächsten Flut von seiner Mutter gefahrlos ins steigende Wasser geschubst werden. Von der ersten Sekunde an ein perfekter Schwimmer, folgt ihr das Junge vertrauensvoll.

△ *Seehunde auf einer Sandbank*

Tip

Wattwanderung: Von Neßmersiel bei Nesse werden Wattwanderungen zur Insel Baltrum angeboten. Unter fachkundiger Führung kann man »trockenen Fußes« bis zur Insel stapfen und dabei die vielfältigen Lebensformen des Watts kennenlernen. Informationen beim Verkehrsverein in Neßmersiel.

Inselspaziergang auf Juist

Juist liegt wie ein schlankes Schiff in den Fluten der Nordsee. Bei einer Breite von kaum mehr als 500 Metern ist die Insel immerhin 17 Kilometer lang und am Westende nicht so verdickt wie die übrigen Ostfrieseninseln. Jahrhundertelang war der Bestand des fragilen Eilandes ungewiß; ob es jetzt endgültig gesichert ist, weiß niemand.

Ostfriesland

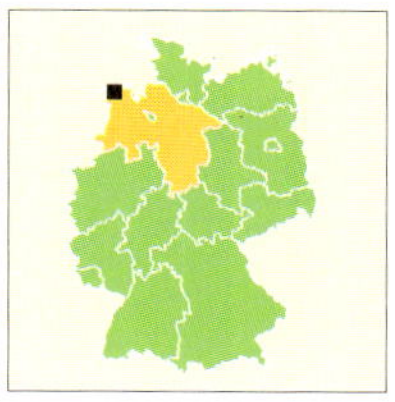

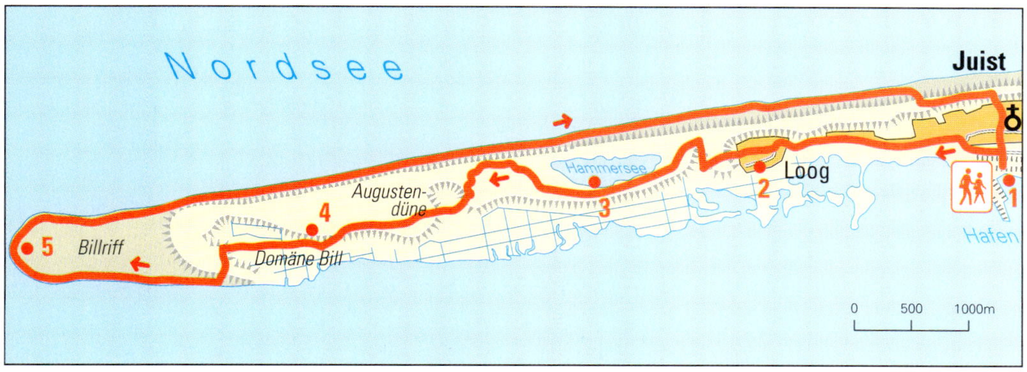

Tourverlauf

Nach der Überfahrt von Norddeich ist der 1982 fertiggestellte ortsnahe Hafen in Juist der passende Ausgangspunkt. ①
Vom Hafen aus führt die Hauptstraße der Insel nach Westen hinüber nach Loog. ②
Von hier aus führt der Loogster Pad weiter nach Westen, vorbei am Küstenmuseum und hinüber zur Domäne Loog. Hier biegt der Weg scharf nach rechts und erreicht an einer Schautafel den Zugang zum Hammersee. ③
Den Hammersee umrundet man auf der Südseite und erreicht schließlich im Westen die 14 Meter hohe Augustendüne. Von ihr aus geht es zunächst ein kleines Stück nach Süden, danach immer nach Westen, hinüber zur Domäne Bill. ④
Weiter wandert man über den Billdeichweg und am Spülsaum entlang sowie rund um den Westkopf der Insel Juist beim Billriff. ⑤
Der Rückweg ist nicht zu verfehlen, folgt er doch immer dem Spülsaum des Strands bis zum Badestrand des Ortes Juist. Nach kurzem Weg durch Juist nach Süden kommt man wieder zum Ausgangspunkt am Hafen zurück.

Sehenswürdigkeiten

① Juist, staatlich anerkanntes Nordseeheilbad, verfügt über ein ganzjährig geöffnetes Meerwasser-Wellenhallenbad und ein umfangreiches Spektrum an Unterhaltungsmöglichkeiten.

② Im Juister Ortsteil Loog ist das Küstenmuseum sehenswert. Schiffahrt und die Gezeiten, Erdöl- und Gasbohrungen, gestrandete Schiffe und deren Plünderungen durch die Bewohner sind die Themen dieses Museums.

③ Der Hammersee – ein Süßwassersee mitten in der Nordsee – hat seine eigene Geschichte. Im Jahre 1651 hatte die Petriflut die Insel Juist an dieser Stelle durchbrochen und das damalige Hauptdorf samt Kirche und Turm vernichtet. Lange gab es zwischen Juist-West und Juist-Ost nur einen bei Ebbe gangbaren Wattweg. Erst gegen Ende des vorigen Jahrhunderts gelang es, West-und Ostteil der Insel über einen schmalen, die Flutlinie knapp überragenden Sandsteg miteinander zu verbinden. Auf der Wattseite entstand aus dem alten, großen Durchbruch eine flache Bucht, die nun langsam verlandete. Um sie zu schützen, begann man 50 Jahre später, die Dünen durch einen Deich abzusichern. Dieser hat einen zweifachen Nutzen: Zum einen wurde der Hammerdeich schnell Bestandteil der weißen Stranddünen, zum anderen füllte sich das zwischen den beiden Dünen und dem Deich gelegene Becken mit Regen- und Grundwasser zu einem erstaunlich großen Süßwassersee. Dieser See ist ohne Beispiel auf den gesamten Frieseninseln, bietet er doch in seiner Umgebung die Möglichkeit für ein eigenständiges Süßwasserbiotop.

④ Das Naturschutzgebiet Bill besteht aus kleinen Waldstückchen und abwechslungsreicher Dünenlandschaft. Austernfischer, Lachmöwen, Seeschwalben und Brandgänse haben hier ein günstiges Brutrevier.

⑤ Bei der Umrundung des Billriffs wird man die auf den anderen Inseln übliche Befestigung des Westkopfes vergeblich suchen. Trotzdem ist das Ufer natürlich befestigt. Am Nordstrand verbirgt sich eine knapp 1500 Meter lange Strandmauer, die ab 1911 gegen die damals vordringende See errichtet wurde. Ursprünglich sollte sie sogar 2,5 Kilometer lang werden, doch war der Weiterbau nicht mehr notwendig, weil die See plötzlich wieder mehr Sand anlandete. Er deckte die bereits fertige Mauer ebenso zu wie die 1910 aus großen Steinquadern errichteten Buhnen.

Tip

Memmert: Die südwestlich von Juist gelegene Insel Memmert ist die jüngste Insel der ostfriesischen Inselkette und als »Vogelinsel« komplett unter Naturschutz gestellt. Sie zählt zu den großen deutschen Vogelschutzgebieten, auch wenn sich die wenig duldsame Silbermöwe, die mit 10 000 Paaren in den Dünen brütet, hier fast uneingeschränkt ausgebreitet hat.

▽ *Domäne Bill, ein Naturschutzgebiet im Westen der langgestreckten Insel Juist*

Wanderung 15 B: 15 Kilometer – 4 Stunden

Norderneys Westteil

Ostfriesland

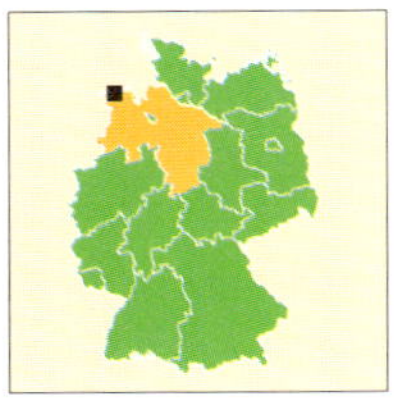

Norderney ist die Insel der Residenzen. Schon im Jahre 1797 wurde hier von den ostfriesischen Landständen offiziell der Badebetrieb aufgenommen. Für den entscheidenden Durchbruch sorgte der blinde König Georg V. von Hannover, als er im Jahre 1836 hier seine Sommerresidenz aufschlug. Ein Hauch von Klassizismus erinnert deshalb bis heute an die Welfen.

Tourverlauf

Da man von Norddeich mit dem Schiff in Norderney ankommt, ist der Fährhafen auch gleichzeitig der Ausgangspunkt für einen Spaziergang auf der Insel. ①
Von ihm aus wendet man sich nach Süden bis zur Strandpromenade, auf der die Umrundung des Westteils von Norderney möglich ist. Auf der Höhe der Kurverwaltung kann man sich entscheiden, ob man wahlweise durch den Kurpark und den Kiefernwald zur Meierei und damit über den Rücken der Insel wandern möchte, oder ob man der Kurpromenade treu bleibt und an den wilhelminischen Bauten vorbei zum Nordstrand geht.
Ab dem Ende der Strandbefestigung ist für rund 1,5 Kilometer der Spülsaum die Richtschnur für den Wanderweg. Beim Ostbad wendet man sich landeinwärts, um den Dünengürtel zu überqueren. Höchster Punkt ist die 21 Meter hohe Aussichtsdüne. ②
Von ihr aus geht es weiter südwärts, hinunter zur Wattseite von Norderney. Westlich vorbei am Campingplatz der Insel erreicht man die Krone des Südstrandpolders. ③
Er wird zunächst südwärts und dann westwärts umwandert. Nachdem auch noch das westlich anschließende Wattgebiet umrundet ist, sind es nur noch wenige Schritte zurück zum Hafen.

Sehenswürdigkeiten

① Die Stadt Norderney bietet eine Reihe von Sehenswürdigkeiten. Südöstlich der Kurverwaltung liegt das Argonner Wäldchen, eine biologische Besonderheit. Ursprünglich war es ein reiner Ulmenhain, dem jedoch die schwere Sturmflut von 1962 erheblich zugesetzt hat. Außer einigen, bis zu 150 Jahre alten Ulmen findet man deshalb heute dort einen bunten Mischwald aus den verschiedendsten Laubbäumen. Vom Argonner Wäldchen aus zieht sich ein regelrechter Waldgürtel am Südrand der Stadt Norderney hinüber zur Napoleonschanze und zum Schwanenteich. In seiner Nähe steht die zweite Attraktion von Norderney, die Waldkirche. Es handelt sich jedoch keineswegs um eine Kirche im Wald sondern um eine Kirche aus Wald. Lebende Bäume sind ihre Pfeiler und Säulen, Laubkronen ihr Dach. Aufgeworfene Wälle umhegen den Bezirk. Holzbalken sind in die Erde getrieben und bilden eine Kanzel. Bereits seit 1912 werden in dieser Waldkirche sonntags Gottesdienste abgehalten. Die Napoleonschanze wurde während der Kontinentalsperre von den Franzosen gebaut, um den Handel und Schmuggel mit England zu verhindern. Wenig südlich davon liegt die einzige ostfriesische Inselmühle. Der einstöckige Galerieholländer wurde 1862 erbaut und trägt den Namen »Selden Rüst« (selten Ruhe).
② Die Aussichtsdüne bietet einen weiten Blick in alle Richtungen. Im Osten lockt der 1874 erbaute und knapp 60 Meter hohe Leuchtturm. Ihn kann man besteigen und die schöne Aussicht genießen.
③ Der 160 Hektar große Südstrandpolder wurde 1941 eingedeicht und 1961 unter Naturschutz gestellt. Heute gibt es eine Beobachtungshütte der Nationalparkverwaltung, von der aus die Vogelwelt hervorragend beobachtet werden kann.

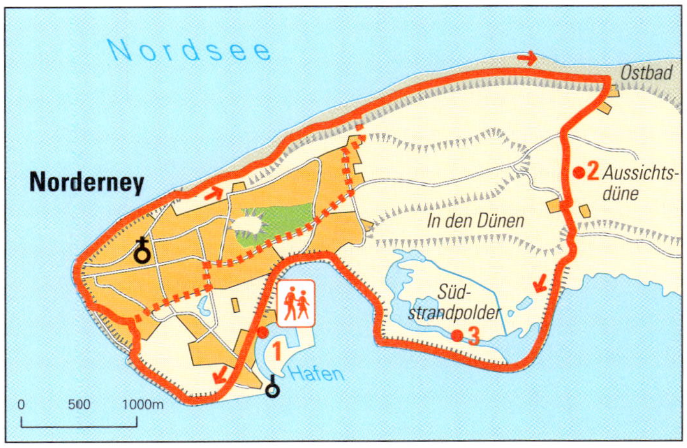

△ Modell eines Großseglers im Ortsmuseum

Tip

Naturschutzgebiet Ostheller im Osten von Norderney: Junge Moore, flache Brackwasserseen und Salzsümpfe machen den vielfältigen Reiz einer urwüchsigen Dünentallandschaft aus. Nach Süden verzahnen sich die Dünen mit den Salzwiesen, dem eigentlichen Heller.

▽ Ferien im Seeheilbad Norderney

Die »lange« Insel Langeoog

Langeoog war einst die gefährdetste der sieben ostfriesischen Inseln. Heute gibt es weite, unter Naturschutz stehende Gebiete, Brutstätten für zahllose Seevögel. Wer neben der frischen Meeresluft unberührte Natur mit langem Sandstrand, Wattenmeer, Wiesen, Weiden und sogar Waldflächen erleben möchte, der sollte Langeoog zu Fuß erobern.

Ostfriesland

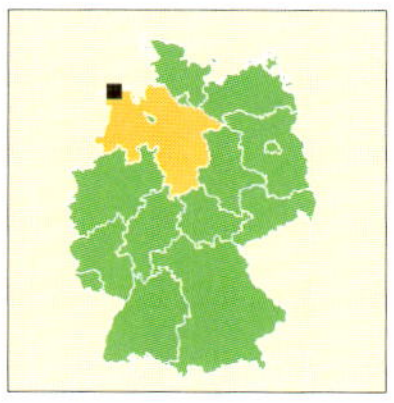

Tourverlauf

Guter Ausgangspunkt der Rundtour um den Westteil von Langeoog ist nach der Überfahrt von Bensersiel der Langeooger Hafen. Von ihm aus kann man zwar mit der Inselbahn zum Dorf fahren, schöner aber ist es, direkt am Anleger an der Mole entlang und am Deich vorbei hinüber zum Langeooger Wäldchen zu wandern. ①

Zwischen dem Westrand des Wäldchens und dem Kinderkurheim führt der Weg über den unbefestigten Dünenübergang Reiterdüne zum Strand. Ihm folgt man bis zum Dünenübergang Wasserturm. ②

Vom Wasserturm geht es zurück zur Höhenpromenade, die auf der Höhe des Ortsrandes schließlich in den Pirolatalwanderweg übergeht.

An dem nach dem Wintergrün (Pyrola) benannten Weg taucht bald auf der rechten Seite die 1945 eingerichtete Seenotbeobachtungsstation auf. ③

Am Ende des Pirolatales geht es über die Katastrophenstraße zum Strand.

Etwa 500 Meter weiter erreicht man den unbefestigten Dünenübergang zur Melkhörndüne. ④

Der höchste Punkt der Insel ist gleichzeitig der östlichste Punkt dieser Rundwanderung. Nun geht es hinunter zum Wattenmeer und auf dem feinsandigen Kutschweg an den Wattwiesen vorbei zum Deich. Der Bereich zwischen Melkhörndüne und Deich, den man hier passiert, heißt das Groote Slop. ⑤

Ab der Deichscharte führt der Weg nun direkt über den Seedeich zurück zum Langeooger Hafen. Vielleicht verlockt hier eine ostfriesische Teestube zur Einkehr.

Sehenswürdigkeiten

① Das Wäldchen im Süden des Dorfes Langeoog steht an der

△ *Die Insel ist 14 Kilometer lang*

Stelle eines alten Militärflugplatzes, der nach 1945 aufgeforstet wurde.

② Der Langeooger Wasserturm auf der Kaapdüne ist das Wahrzeichen der Insel. Erbaut wurde er 1909, seine Aussichtsplattform in 23 Metern Höhe bietet einen hervorragenden Blick über das Dorf, die Insel und die See. Typische Langeooger Landschaftsbilder finden sich im Atelier des Malers Anselm Prester. Im reetgedeckten Sonnenhof residierte einst Lale Andersen, die weltberühmte Sängerin.

③ Die 1945 eingerichtete Seenotbeobachtungsstation bietet einen guten Blick über das Dorf Langeoog und die Insel bis hinüber zum Festland.

④ Die Melkhörndüne ist mit (genau gemessenen) 19,9 Meter der höchste Punkt von Langeoog. Östlich von ihr beginnt das weite Naturschutzgebiet Vogelkolonie, eine naturnahe Landschaft aus Fluthaken, aus Sand- und Muschelplaten, aus vegetationslosen Primärdünen, aus weißen und grauen Dünen.

⑤ Das Groote Slop ist der Überrest der 1717 von der großen Weihnachtsflut geschaffenen, großen Bresche zwischen der Insel und den östlichen Dünen. Noch heute steigt hier das Wasser bei Sturmfluten oder starkem Wind bis an die Randdünen; der Ostteil von Langeoog ist dann nur noch durch die Dünen mit dem Westteil verbunden.

Tip

Flintdünen: Den Südwestzipfel der Insel bestimmt das Naturschutzgebiet Flintdünen, ein Anlandungsgebiet, das einen sogenannten Fluthaken besitzt. Darunter versteht man eine gebogene Anlandungszone, die wie ein Haken aussieht und von einer Strömung, hier der Dollart-Wattenströmung, modelliert wurde.

▽ *Der Langeooger Wasserturm auf der Kaapdüne ist das markanteste Bauwerk der Insel*

16

Autotour 16: 100 Kilometer

Um das Wangerland

Ostfriesland

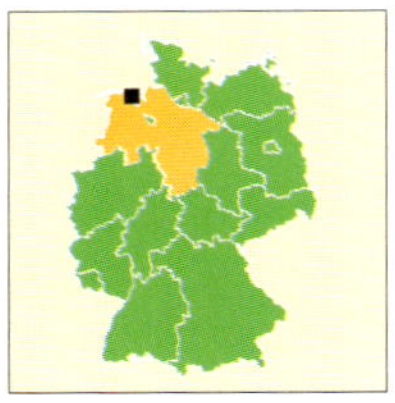

Sandbänke und Wattflächen, reißende Priele und wechselnde Stromrinnen machten die Schiffahrt vor dem sturmzerrissenen Küstensaum Ostfrieslands einst zu einem gefahrvollen Wagnis. Nach dem Motto »Gott schuf das Meer, der Friese den Deich« wurde etwa ab der Zeit um 1000 das Land nördlich des Jadebusens mit einem riesigen, stetig erhöhten Wall gegen die See geschützt. Ihm zu folgen und die Schätze im Hinterland aufzuspüren, ergibt eine »Seereise« der Sonderklasse.

Tourverlauf

Startort zur Fahrt an die Friesenküste ist der ehemalige kaiserliche Marinehafen Wilhelmshaven. ①
Aus dem Stadtzentrum heraus folgt man der Störtebekerstraße nach Norden bis Hooksiel. Dort sollte man sich rechts halten und der Straße am Deich bis Horumersiel und Schillig folgen. ②
Bei Schillig wendet sich die Straße nach Westen und erreicht in Carolinensiel die Abzweigung für die Überfahrt nach Wangerooge (siehe auch Wanderung 16 A, Seite 72).
Die Schiffe nach Spiekeroog (siehe auch Wanderung 16 B, Seite 73) legen in Neuharlingersiel ab. ③
Kurz hinter Neuharlingersiel verläßt man die Störtebekerstraße nach links, Richtung Esens. ④
Ab Esens geht es südostwärts nach Wittmund. ⑤
Die B 210 führt dann weiter nach Jever. ⑥
Am südlichen Ortsrand von Jever verläßt man die B 210 nach rechts in Richtung Schortens. ⑦
Vor der Rückkehr nach Wilhelmshaven sollte man den kleinen Umweg zum Wasserschloß Gödens nicht scheuen. ⑧

▽ Tonnenhof in Wilhelmshaven, der Stadt am Jadebusen

Sehenswürdigkeiten

① Wilhelmshaven ist eine relativ junge Stadt. Ihre Geschichte begann mit dem Bau eines preußischen Kriegshafens im Jahre 1856 auf Betreiben des preußischen Königs Wilhelm, des späteren Kaisers Wilhelm I. Architekturgeschichte hat das mächtige, ganz aus Ziegel gebaute Rathaus mit seinem 49 Meter hohen Wasser- und Aussichtsturm gemacht. Der 1929 fertiggestellte Bau ruht auf über 1000 in den weichen Boden gerammten Pfählen. Vom Turm öffnet sich eine gute Aussicht über die Stadt. Der prächtige Portalbereich zeigt, wie eindrucksvoll Architektur mit Backsteinen gestaltet werden kann. Der Ölhafen am Jadebusen ist der bedeutendste Tankerhafen Deutschlands: Hier können vier große Pötte gleichzeitig gelöscht werden. Die Kaiser-Wilhelm-Brücke wurde am 29. August 1907 in Gegenwart von Kaiser Wilhelm II. eingeweiht. Die 160 Meter lange und gut 20 Meter hohe Brücke kann in zwei Teilen um jeweils 90 Grad gedreht werden, um großen Schiffen den Weg frei zu geben.
② Die Landnase bei Schillig heißt auch »Kap der guten Erholung«. Im westlich davon gelegenen Minsen gibt es in der aus dem 13. Jahrhundert stammenden Wehrkirche St. Severin Gewölbemalereien aus dem 15. Jahrhundert zu sehen. In der Apsis sitzt Christus als Richter im Weltenraum auf einem Regenbogen, und seine Füße ruhen auf der Erdkugel.
③ Neuharlingersiel ist berühmt für seine traditionelle Kutter-

Buddelschiffe – Kunstwerke in Flaschen

Aus der Zeit um 1760 stammen die ältesten erhaltenen Buddelschiffe. Sie wurden als aufwendige handwerkliche Arbeiten für hochgestellte Persönlichkeiten gefertigt. Als um 1850 die ersten durchsichtigen Getränkeflaschen Verbreitung fanden, begannen auch Seeleute während ihrer Fahrten Buddelschiffe zu bauen. Der Schiffsrumpf wird dabei auf bemalten Kitt gesetzt, der die Meeresoberfläche darstellt. Die nach hinten mittels

△ *Buddelschiffmuseum in Neuharlingersiel*

Drahtscharnieren abgelegten Masten werden mit Zugfäden aufgestellt, die Takelage wird ausgerichtet, die Zugfäden werden am Bugspriet verleimt und dann abgeschnitten. Natürlich werden auch heute noch Buddelschiffe gebaut, wenn auch die meisten an Land. Das Buddelschiffmuseum in Neuharlingersiel zeigt solche Kunstwerke. Weitere Buddelschiffmuseen gibt es beispielsweise in Wedel bei Hamburg (im Willkomm-Höft), in Ærøskøbing (Dänemark) oder in Osaka (Japan).

regatta im Juli. Wer nicht gerade das Glück hat, zum rechten Zeitpunkt da zu sein, kann immerhin das einzige Buddelschiffmuseum der Welt besuchen. Die überraschende Vielfalt der ausgestellten Schiffstypen – alle in mehr oder weniger große Flaschen oder Glasballone gezaubert – vermittelt schon eine kleine Geschichte der Seeschiffahrt.

④ Esens war im 13. Jahrhundert Hauptstadt der Friesen. Noch heute trägt das Städtchen Züge mittelalterlichen Städtebaus. Sehenswert ist das Rathaus mit dem Ahnensaal von 1756.

⑤ Wittmund war alter ostfriesischer Hauptsitz. Außer einem schönen Schloßpark gibt es ein Museum in einer Mühle und in Altfunnixsiel eine Miniaturstadt. Im 6 Kilometer nördlich gelegenen Funnix stammt die Pfarrkirche aus dem 13. Jahrhundert. Sie ist unter den Kirchen Ostfrieslands eine Besonderheit, besitzt sie doch eine Reihe kostbarer mittelalterlicher Schnitzwerke. Am großen Altar aus dem späten 15. Jahrhundert sind die beiden Flügel mit je sechs Reliefs an den Innenseiten erhalten. Ihre Kolorierung stammt von 1668.

△ *Kutterhafen Neuharlingersiel*

Unter den zahlreichen Einzelfiguren sind vor allem die 73 Zentimeter hohe Sitzmadonna aus dem 12. Jahrhundert und eine weibliche Heilige mit Buch aus dem 13. Jahrhundert hervorzuheben.

⑥ Richtig herrschaftlich ging es jahrhundertelang im schönen Jever zu. Bis ins 12. Jahrhundert hinein herrschten hier die Herzöge von Sachsen, danach stritten sich Oldenburg und Ostfriesland um den Besitz. 1360 machte der Friese Edo Wiemken dem Gerangel ein Ende, indem er den schon im Gudrunlied als »Gievers uf dem sant« genannten Marktflecken befestigte und den Grundstein zum heutigen Schloß Jever legte. Ihre beiden größten Sehenswürdigkeiten verdankt die Stadt der letzten Regentin aus dem Hause Wiemken, dem Fräulein Maria. In der Stadtkirche ließ sie ihrem Vater Edo Wiemken dem Jüngeren ein Grabmal errichten, das zu den kunsthistorisch wertvollsten Denkmälern der ganzen Gegend zählt und das den zur Grabkapelle umfunktionierten Chor völlig beherrscht. Auch im Schloß von Jever ist der Kunstsinn dieser Herrscherin zu spüren. Das Gebäude wurde um 1505 fertiggestellt, sein Prachtzimmer jedoch, der Große Audienzsaal, entstand erst im Auftrag von Fräulein Maria bis 1564. Heute birgt das Schloß ein sehenswertes Heimatmuseum.

⑦ Die Kirche St. Stephan in Schortens wurde im 12. Jahrhundert aus Dankbarkeit für den 1153 errungenen Sieg über die Sachsen bei Östringfelde erbaut. Die Kirche des wenig östlich gelegenen Sillenstede stammt ebenfalls aus dem 12. Jahrhundert und ist mit 42 Metern Länge die größte und bedeutendste friesische Granitquaderkirche. Ihr Inneres birgt einen Kreuzigungsaltar aus der Zeit um 1500.

⑧ Das inmitten eines weitläufigen Parks gelegene Wasserschloß Gödens gehört zu den wichtigsten Barockbauten in Ostfriesland. Das ganz von Wasser umgebene Hauptschloß wurde bis 1671 als zweigeschossiger Backsteinbau mit gleichmäßiger Risalitbildung an der Parkseite errichtet. Dabei wurde der ältere Südflügel integriert. Den Winkel zwischen beiden ziert ein polygonaler Treppenturm. Im Inneren ist noch die prachtvolle Barocktreppe erhalten.

Tip

Wittmunder Wald: Westlich von Wittmund dehnt sich auf knapp 700 Hektar der Staatsforst Wittmunder Wald aus. An verschiedenen Stellen sind Reste eines uralten Hochmoores erhalten. Ein solches Überbleibsel ist das Hohenhahner Moor im Westen des Waldes. Wanderwege durchziehen den als Naherholungsgebiet beliebten Wald.

▽ *Rathaus von Jever*

▷ *Prächtiger Raum in Schloß Jever*

16A

Wanderung 16 A: 10 Kilometer – 2 ½ Stunden

Wangerooge: Frieseninsel mit drei Türmen

Ostfriesland

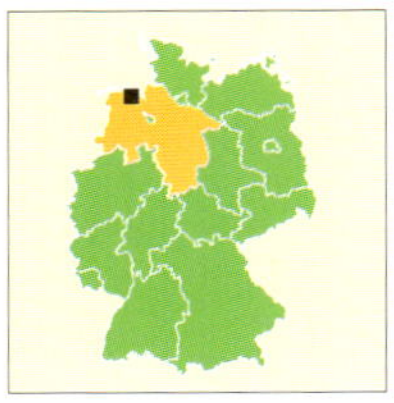

Wangerooge hat ein bewegtes Leben hinter sich. In weniger als drei Jahrhunderten wanderte die Insel fast um die eigene Länge nach Osten. Bewohner gibt hier es schon seit etwa 1300. Außerdem ist Wangerooge die Frieseninsel mit den Hochbauten: Drei Türme stehen auf der Insel, zwei davon kann man besteigen.

Tourverlauf

Nach der Überfahrt mit dem Schiff von Harlesiel bringt die Inselbahn den Besucher unmittelbar zum Ausgangspunkt der Wanderung, zum Bahnhof in Wangerooge. ①
Vom Bahnhof führt die Zedeliusstraße am Alten Leuchtturm und dem Rosengarten vorbei nach Norden zur Unteren Strandpromenade. Über die Strandpromenade geht es nach Westen, vorbei an der Marinesignalstation und dem Ehrendenkmal Hartmannstand, hinüber zur ehemaligen Saline. ②

Nach einem Kilometer auf dem Westpfad wird der 67 Meter hohe Neue Leuchtturm erreicht. ③
Kurz darauf steht man an dem so gefährdeten Westkopf der Insel. Wenige hundert Meter hinter dem Neuen Leuchtturm sind in einer Buhne noch die Reste des ursprünglichen Westturms zu sehen. ④
Beim Weiterweg um den Westkopf taucht bald der 56 Meter hohe Westturm auf. ⑤
Von ihm geht es dann über den Westgrodendeich. ⑥
Durch die Salzwiesen und schließlich parallel zur Bahnstrecke der Inselbahn gelangt man zurück zum Bahnhof von Wangerooge.

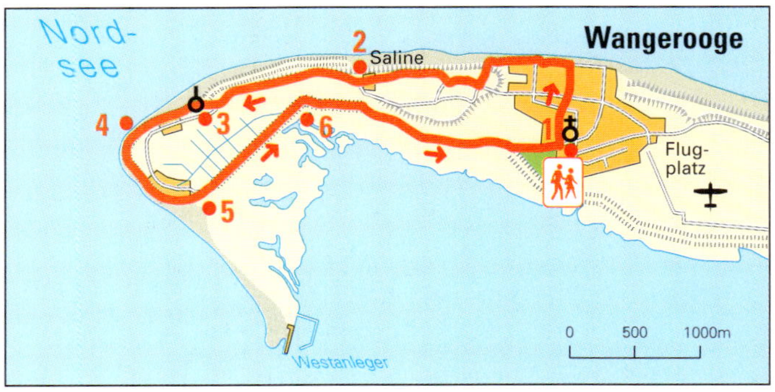

△ *Der Westturm von 1933 und der Neue Leuchtturm aus dem Jahr 1967*

Sehenswürdigkeiten

① Der 39 Meter hohe Alte Leuchtturm in Wangerooge besitzt in 30 Meter Höhe eine Aussichtsgalerie, von der aus sich ein hervorragender Blick über ganz Wangerooge bietet. Im Osten sieht man hinüber zur Mellumplate, im Süden ist die Festlandküste und im Westen die Insel Spiekeroog zu sehen. Um diesen Alten Leuchtturm herum entwickelte sich in den letzten 100 Jahren das heutige Inseldorf. Der Turm blieb erhalten und beherbergt heute das Inselmuseum. Am Ostende des Rosengartens steht das Rosenhaus, in dem die Verwaltung des Nationalparks Niedersächsisches Wattenmeer eine Stätte der Begegnung eingerichtet hat. Das Ehrendenkmal Hartmannstand wurde zum Gedenken an die zahlreichen Opfer einer Bunkersprengung im Zweiten Weltkrieg errichtet.
② Das Restaurant »Saline« erinnert daran, daß es früher hier einen Salinenbetrieb gegeben hatte. Von 1832 bis 1854 betrieb ein Oldenburger Kaufmann hier eine Salzgewinnungsanlage.
③ Der 67 Meter hohe Neue Leuchtturm wurde 1967 zur besseren Sicherung des Jade- und Weserfahrwassers fertiggestellt.
④ Die Fundamente des ehemaligen Westturms markieren die ursprüngliche Inselmitte. Der Turm war von 1597 bis 1600 als Seezeichen für die Schiffahrt errichtet worden, 1917 hatte man ihn aus militärischen Gründen gesprengt. Seit 1874 wurden im Bereich des Westkopfes von Wangerooge zahlreiche Sicherungsmaßnahmen ausgeführt, um die weitere Ostverlagerung der Insel zu stoppen: Man errichtete schwere Dünendeckwerke und 23 Seebuhnen.
⑤ Der 56 Meter hohe Westturm entstand 1933 als getreue Nachbildung des 1917 gesprengten alten Turmes. Er ist das Wahrzeichen der Insel und dient heute als Jugendherberge.
⑥ Der Westaußengroden besteht aus naturnahen Salzwiesen und mäandernden Prielen sowie Haffen. Hier haben viele Vogelarten ihr umfassend geschütztes Brut- und Rastgebiet.

▽ *Feine Struktur der Rippelmarken im Abendlicht*

Tip

Ostinnengroden: Hier findet man seltene Orchideen wie Sumpfwurz und andere Knabenkrautarten.

Wanderung 16 B: 10 Kilometer – 2 ½ Stunden

16B

Spaziergang auf Spiekeroog

Nostalgie – die Rückbesinnung auf Bleibendes, Beständiges und Bewährtes – kann eine junge Erscheinung sein, sie kann aber auch bereits Tradition haben. Wenn Nostalgie irgendwo bereits Tradition hat, dann auf Spiekeroog. Viele halten sie deshalb für die schönste der Ostfriesischen Inseln.

Ostfriesland

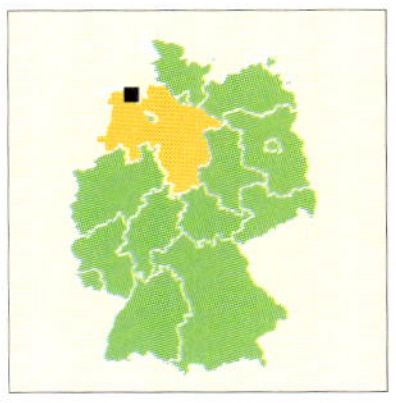

Tourverlauf

Die Ankunft mit dem Schiff von Neuharlingersiel im Hafen von Spiekeroog bedeutet, daß hier der

△ *Die alte Inselkirche*

Spaziergang rund um das Kernland der Insel beginnt. ①
Vom Hafen führt die Deichpromenade zunächst nach Nordwesten und dann nach Südwesten an der Nordseite des Westergroen vorbei. ②
Der Weg endet ganz im Westen am Sturmeck, dem stark bewehrten Westkopf der Insel. ③
Am Sturmeck geht es nach Nordosten weiter bis zum Ende der Strandpromenade und danach längs des Spülsaumes immer den Strand entlang. Nach ungefähr 2 Kilometern verläßt man auf der Höhe der Strandhalle den Strand und nimmt den nach Süden ins Dünengelände führenden Slurpad. Nach knapp 400 Metern folgt links eine Abzweigung, die zur Aussichtsdüne führt. ④
In südöstlicher Richtung geht es dann über den Höhenweg durch die Dünen, die hier im Gegensatz zu anderen Inseln keine Neuanwehungen sondern alter Bestand sind.
Der östlichste Punkt der Wanderung ist beim Quellerdünenheim erreicht. ⑤
Von hier geht es südwestwärts zur zweiten, immerhin auch noch 17 Meter hohen Aussichtsdüne. Von ihr führt der Weg nach Westen durch das Friederikental und ein kleines Wäldchen mit altem Baumbestand ins Dorf Spiekeroog. Hier taucht zunächst die neue Inselkirche auf. Von ihr geht es über den Weg Noorderloog in den alten Kern des Inseldorfes Spiekeroog zur alten Pfarrkirche von 1696. ⑥
Über Süderloog und Wüppspoor geht es schließlich südwärts zurück zum Hafen.

Sehenswürdigkeiten

① Der ortsnahe Hafen von Spiekeroog wurde erst 1981 fertiggestellt. Zuvor legten die Schiffe an der Südspitze der Insel an; von dort führte eine Bahn ins Dorf. Seit der Inbetriebnahme des neuen Hafens fährt die Bahn als Museumspferdebahn zwischen dem Dorf und dem Westend.
② Das Westergroen ist ein von Prielen und Gräben durchzogenes Salzwiesengebiet, in dem zahlreiche Seevögel nisten. Die Wallreste stammen von der Franzosenschanze, die während der Kontinentalsperre 1810 gebaut worden war. Diese Schanze hatten die Engländer 1812 vergeblich zu erobern versucht.
③ Südlich des Sturmecks ist der Westkopf der Insel Spiekeroog durch massives Deckwerk, Spundwände und Buhnen gegen die nagende See gesichert.
④ Die 18 Meter hohe Aussichtsdüne südlich der Strandhalle bietet den besten Blick über die Insel und eine gute Aussicht auf den Ems-Jade-Schiffahrtsweg.
⑤ Östlich des Quellerdünenheims erstreckt sich die weite, etwa sieben Kilometer lange Ostplate.
⑥ Die 1960 erbaute neue Inselkirche hat moderne Farbglasfenster. Die 1696 fertiggestellte alte Pfarrkirche ist ein schlichter Backsteinbau und die älteste ostfriesische Inselkirche. Sie besitzt eine schöne Renaissancekanzel und eine bemalte Pietà die von einem 1588 gestrandeten Schiff der spanischen Armada stammen soll. Interessant sind auch die Apostelbilder und die aus dem 17. Jahrhundert stammende Empore.

▽ *Schöne Häuser prägen das Bild des Inselorts*

▽ *Dünenlandschaft mit Wanderwegen auf Spiekeroog*

Tip

Ostplate: Das 890 Hektar große Naturschutzgebiet besteht größtenteils aus jungen Dünen, die 5 Meter Höhe kaum überschreiten. Es bietet zahlreichen Vögeln Platz für Brutstätten, insbesondere Silber- und Heringsmöwe, Fluß- und Küstenseeschwalbe, Spieß- und Pfeifenente. Wegen seiner relativ jungen Entstehungsgeschichte gilt das Gebiet als ein wichtiges Freilichtlabor für Botaniker, Geographen und Ökologen.

17

Land, Wursten und Hadeln

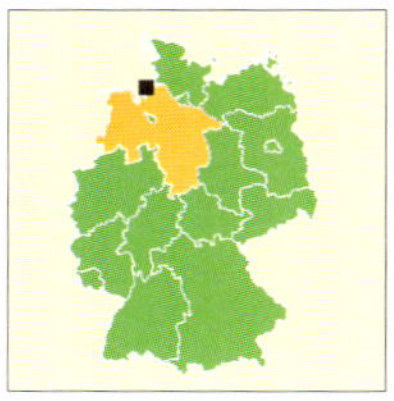

Autotour 17: 110 Kilometer

Wursten und Hadeln

Bremerhaven ist mehr als Bremens Hafen. Die jüngere, selbstbewußte und ziemlich selbständige Schwester der alten Hansestadt atmet den Hauch der weiten Welt. Nördlich von Bremerhaven beginnen die Bauernländer Wursten und Hadeln, uraltes Siedlungsgebiet der Friesen. Von den kleinen Fischerorten fahren die Kutter hinaus zum Krabbenfang, in Cuxhaven treffen sich bei Flut Elb- und Weserwasser, fährt bei Ebbe die gelbe Wattenpost durch die endlos wirkende Wattenlandschaft.

Tourverlauf

Ausgangspunkt in Bremerhaven ist das Columbus-Center mit dem benachbarten Deutschen Schiffahrtsmuseum. ①
Vorbei an Kaiserhafen und Columbuskaje fährt man von hier aus nach Norden zum Containerterminal und über die Landstraße weiter nach Wremen. ②
Auf der grünen Küstenstraße geht es über Dorum nach Midlum. ③
Stets weiter in nördlicher Richtung trifft man in Franzenburg auf die Abzweigung nach Sahlenburg. Ihr folgt man nach links, um einen Abstecher nach Sahlenburg zu machen. ④
Nächstes Ziel auf dem Tourenplan ist dann Cuxhaven. ⑤
Aus Cuxhaven hinaus führt weiter südostwärts die B 73 bis Altenbruch, wo man nach Lüdingworth abbiegt. ⑥
Danach lenkt die Landstraße nach Süden in altes Moorgebiet. Am 20 Meter hohen Gravenberg vorbei geht es nach Wanna und weiter südwärts durch das Ahlenmoor nach Bederkesa. ⑦
Von Bederkesa folgt man der Landstraße nach Westen, quert die A 27 bei der Anschlußstelle Debstedt und wendet sich in Langen nach Süden zur Rückfahrt nach Bremerhaven.

△ *Schiffahrtsmuseum Bremerhaven*

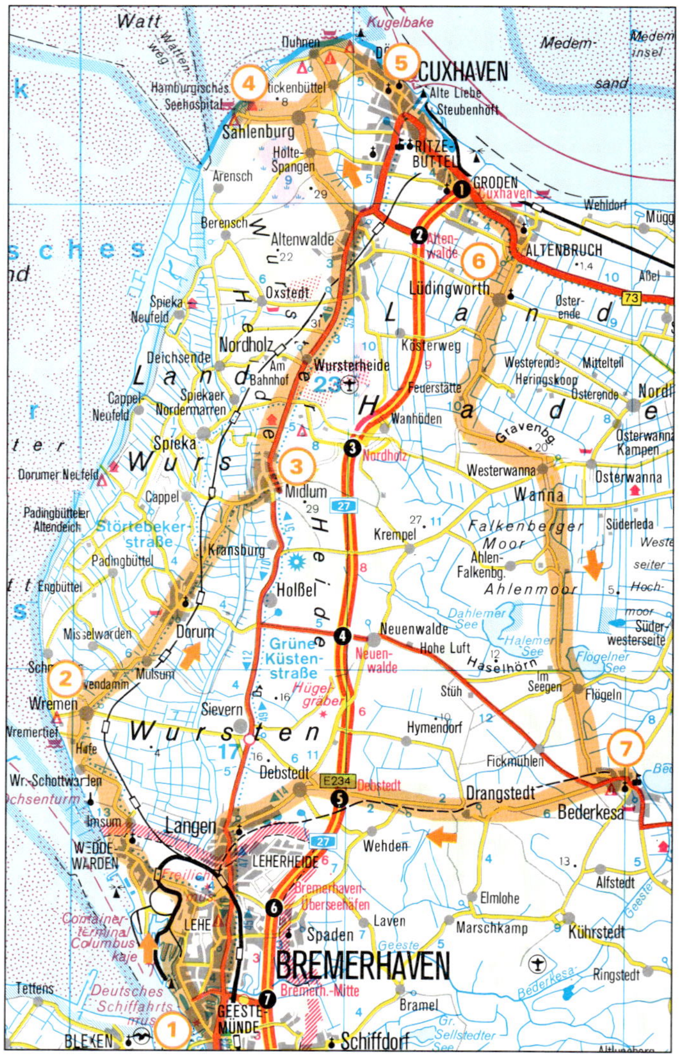

Sehenswürdigkeiten

① Bremerhavens Geschichte begann, als der Bremer Bürgermeister Johann Smitt im Sommer 1826 ein 89 Hektar großes Stück Außendeichland an der Weser erwarb. Nur vier Jahre später lief im neu gebauten Hafen der amerikanische Segler »Draper« als erstes Schiff dort ein, wo heute im Freibecken des Bremerhavener Schiffahrtsmuseum die »Seute Deern« vor Anker liegt. An der Stelle der alten Schleuse zum ersten Hafen in Bremerhaven steht heute der große Radarturm, der von seiner Aussichtskanzel aus den besten Überblick über die weitläufigen Hafenanlagen bietet. Spätestens von hier oben sieht jeder, daß an einem Besuch des Deutschen Schiffahrtsmuseum, diesem »Ankerplatz der Sehnsüchte«, einfach kein Weg vorbeiführt. Dieses Museum verdankt seine Entstehung übrigens einem Sturm im Jahre 1380. Damals riß sich eine fast fertiggestellte Kogge vom Helgen einer Bremer Werft los, trieb weserabwärts und versank im Gebiet des heutigen Neustädter Hafens. Dort wurde der Segler 1962 bei Baggerarbeiten gefunden. Im eigens dafür errichteten Koggehaus des Deutschen Schiffahrtsmuseums wurde die Kogge am 1. November 1972 neuerlich auf Kiel gelegt und bis 1979 aus über 2000 Bruchstücken neu zusammengesetzt. Das die Kogge beherbergende Haus entwarf Hans Scharoun, dem es gelang, das Gebäude so zu gestalten, daß sich der Besucher auf den verschiedenen Plattformen wie auf dem gestaffelten Deck eines großen Passagierdampfers fühlen kann.

② Der größte Reichtum des Landes Wursten sind die Krabben, die man hier Granat nennt. Bei Flut fahren von Wremen, vom

◁ *Ahlenmoor bei Wanna*

Dorumertief und von Spieka-Neufeld die Kutter hinaus, bei Flut kommen sie zurück, meist voll beladen mit der Köstlichkeit aus dem Wattenmeer. Wer will, kann den Granat vom Kutter weg kaufen.
Wremen: Siehe auch Wanderung 17 A, Seite 76.
Im 7 Kilometer nordöstlich gelegenen Dorum stammt die aus Feldsteinen errichtete Pfarrkirche aus dem ausgehenden 12. Jahrhundert. Auch der mit vier menschlichen Köpfen und gehörnten Fratzen geschmückte Taufstein stammt aus dieser Zeit. Der reich geschnitzte, bäuerliche Altar mit eiförmigem Umriß ist ein Werk des Ottendorfer Bildhauers Heytmann.
③ In Midlum gibt es Großsteingräber und eine auf das 13. Jahrhundert zurückgehende Wehrkirche.
④ Sahlenburg: Siehe Wanderung 17 B, Seite 77.
⑤ Am äußersten Nordzipfel des Landes Wursten liegt das alte »Koogshaven«, das heutige Cuxhaven mit seinem in aller Welt bekannten Hafenbollwerk »Alte Liebe«. Gebaut wurde der alte Anleger 1733 vom Hafenmeister Kapitän Spanninger, der drei ausgediente Schiffe – das vorderste hieß »Die Liebe« – vor Cuxhaven versenkte, mit Holzpfählen umgab und die Zwischenräume mit Steinen füllte. Als Schiffsanleger hat die »Alte Liebe« zwar längst ausgedient, als Aussichtsplattform ist sie jedoch nach wie vor beliebt. Das mehrfach umgestaltete Schloß Ritzebüttel beherbergt heute einen Teil des Stadtmuseums.
⑥ In Lüdingworth steht die schönste Dorfkirche des Landes Hadeln. Der große, langgestreckte Feldsteinbau entstand um 1200, besitzt einen Turm und einen Choranbau aus Backstein aus der Zeit um 1520 und eine barocke Innenausstattung.
Niederdeutsche Werke der Schnitz- und Malkunst dominieren hier. Die weitgespannte Holzbalkendecke wurde um 1600 gefertigt. Emporen und Kastengestühl mit trefflich geschnitzten Wangen, entstanden ab dem 16. bis ins 18. Jahrhundert hinein. Besonders prächtig ist die 11 Meter lange Empore an der Schiffsnordwand. Die emporenartige Kanzel mit ihrem figurenreichen Brüstungsrelief wurde um 1620 fertiggestellt. Die 1598 erbaute und 1682 von Arp Schnitger umgebaute Orgel auf der Westempore erhielt ihren prächtigen Prospekt in der Barockzeit. Der Hochaltar entstand im Knorpelbarock und wurde von J. Heytmann 1655 fertiggestellt.
⑦ Der alte Grafensitz Bederkesa geht auf eine Burg aus dem 12. Jahrhundert zurück. Hauptattraktion ist heute der gut 200 Hektar große Bederkesaer See mit dem großen Sportboothafen am Geeste-Elbe-Kanal. Die kürzlich restaurierte Burg aus dem 15. Jahrhundert beherbergt heute das Museum des Landkreises Cuxhaven. Vor der Burg steht eine Roland-Statue von 1605 und ein Steinkiesgrab.

Holländermühle in Bederkesa ▷

△ *Wrackmuseum, Cuxhaven-Sahlenburg*

Spuren im Watt – Der Sandpierwurm

Die auffälligsten Spuren von kleinen Lebewesen im Watt sind die zahllosen Kringelhäufchen des Sandpierwurms. Gräbt man die Behausung des gefräßigen Tierchens aus, findet man einen bis zu 25 Zentimeter tief in den Boden reichenden U-förmigen Gang. Die eine Hälfte des U ist der Freßgang, die andere der Kotgang. Der Wurm selbst liegt im waagerechten Teil der Röhre und vertilgt von unten her den von oben stets nachsickernden Sand. Etwa stündlich steigt der Wurm rückwärts durch den Kotgang nach oben bis an die Gangmündung und stößt den durchgekauten Sand nach außen. Um möglichst nahrungsreichen Sand zu bekommen, hat der Sandpierwurm einen ganz raffinierten Trick entwickelt: Durch Pressen des geringelten Körpers dehnt er die Röhre im Sand so weit, daß zwischen Röhre und Körper Wasser strömen kann. Mit seinen Kiemenbüscheln pumpt der Wurm nun Atemwasser von hinten nach vorne am Körper entlang gegen seine Freßstelle. Der Sand wirkt wie ein Auffangfilter für die im Atemwasser enthaltenen Nahrungspartikel. Anders gesagt: Der Wurm schaufelt sich Sand in den Darm und entzieht ihm die organischen Stoffe.

Tip

Ahlenmoor nordöstlich von Bremerhaven: Schon vor 4500 Jahren war diese Gegend besiedelt. Ein 2,8 Kilometer langer Lehrpfad zwischen Flögeln und Fickmühlen führt den Besucher entlang der Zeugnisse aus der Jungsteinzeit und Bronzezeit: Großsteingräber und Hügelgräber.

17A

Land, Wursten und Hadeln

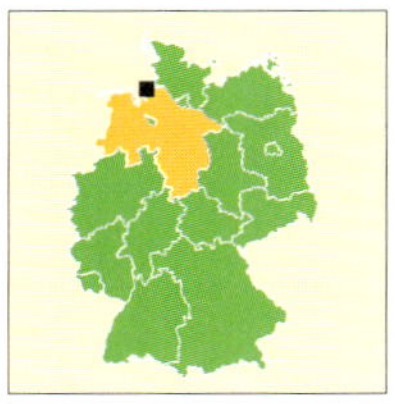

Wanderung 17 A: 18 Kilometer – 4 ½ Stunden

Von Wremen ins Land Wursten

Der Name des Landes Wursten, dem etwa 30 Kilometer langen und dabei nur knapp 8 Kilometer breiten Marschstreifen zwischen Bremerhaven und Cuxhaven, hat trotz seiner fetten Weiden nichts mit Würsten zu tun. Er ist vielmehr von den Wurten abgeleitet, den heute noch sichtbaren, von den Vorvätern der Bauern aufgeworfenen Bodenerhebungen, auf denen sie ihre Höfe errichtet hatten.

△ *Wehrkirche in Wremen*

Tourverlauf

Im niedersächsischen Bauern- und Fischerdorf Wremen beginnt diese Wanderung. ①

Über die Wurster Landstraße geht es zunächst in 45 Minuten hinüber in das uralte Bauerndorf Mulsum. ②

Von der Mulsumer Kirche wandert man zunächst noch 300 Meter in Richtung Dorum, bis links ein schmales Teersträßchen nach Padingbüttel abzweigt. Es wird links von der Padingbütteler-Mulsumer Wasserlöse (ein Entwässerungsgraben) begleitet. Nach knapp einer Stunde taucht rechts der Kirchturm des Dorfes Padingbüttel auf. ③

Nach weiteren 30 Minuten wird beim Padingbütteler Niederstrich ein kleiner Teich erreicht. Hier wendet man sich links und folgt dem alten Deich für 45 Minuten bis nach Solthörn. Hier stößt man auf den 1618 angelegten und 1978 erhöhten Hauptdeich. Er führt in einer weiteren Stunde über Schmarren südwärts zum Wremertief. ④

Vom Tidehafen für die Kutter geht es ostwärts über die Strandstraße zurück nach Wremen.

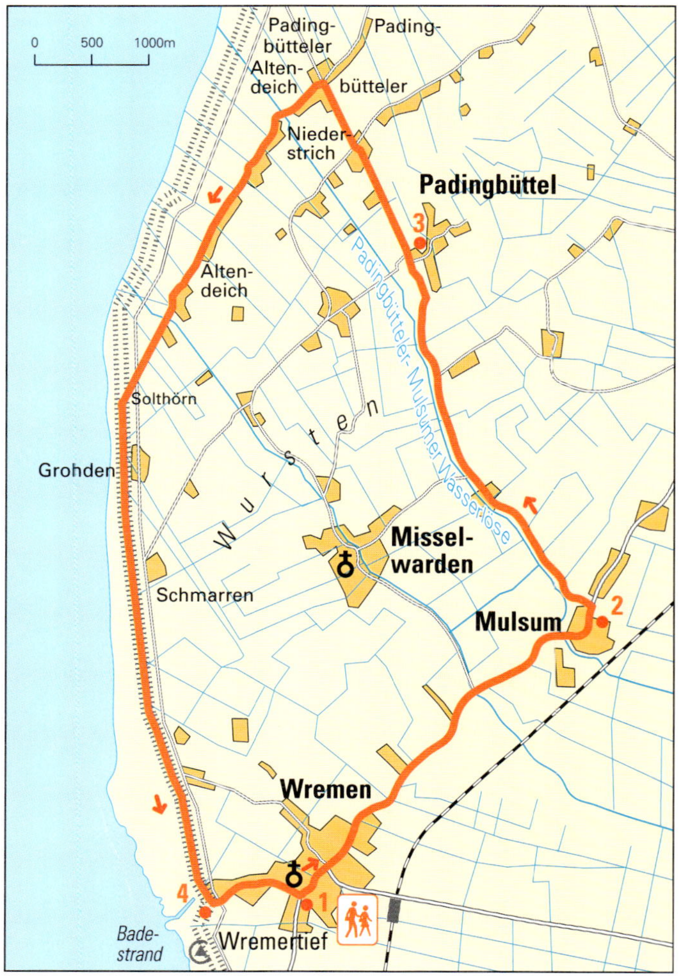

Sehenswürdigkeiten

① Die Wremer Willehadikirche stammt aus dem 12. Jahrhundert und wurde aus Tuff- und Backstein errichtet. Das später mehrfach restaurierte Kirchlein war ursprünglich eine Wehrkirche: Sie diente gleichermaßen dem Schutz vor dem »blanken Hans« wie dem vor fremden Eindringlingen. Der Barockaltar der kleinen Kirche wurde 1709 fertiggestellt, die bemalte Holzdecke 1737.

② Das bereits vor 1300 belegte Mulsum war ein Zentrum der freien Wurtfriesen und damit auch Hochburg des Widerstands gegen den Bischof von Bremen. Hier unterlagen die Wurtherren 1524 nach einer grausamen Schlacht dem Bremer Erzbischof. Auch die Mulsumer Kirche diente einst als Wehrkirche; ihr holzgeschnitzter, von einem gotischen Bogen gerahmter Marienaltar stammt aus der Zeit um 1430. Im Mittelfeld des Schreins ist die Krönung Marias mit dem Kind dargestellt. Der spätgotische Taufkessel ist aus Blei, sein Deckel ist als achtseitige Pyramide ausgebildet. Die Kanzel stammt ebenfalls aus dem frühen 16. Jahrhundert. Die reich verzierten Gestühle entstanden im 15. und 16. Jahrhundert. Auch im westlich gelegenen Misselwarden ist die Dorfkirche interessant. Sie entstand Mitte des 14. Jahrhunderts, besitzt einen reich geschnitzten Knorpelstilaltar von 1670, eine Kanzel aus der gleichen Zeit und einen Taufkessel aus Bronze aus der Zeit um 1400.

③ Die Padingbütteler Pfarrkirche entstand im 13. Jahrhundert. Sie birgt einen gotischen Schnitzaltar.

④ Wremertief, der Tidehafen von Wremen, ist die Heimat einer ganzen Kutterflotte. Hier kann man den Granat, wie die Krabben hier genannt werden, frisch vom Kutter kaufen.

◁ *Günstige Winde an der Küste*

Tip

Deichvorland südlich von Dorumer Neufeld: Hier treten zu den Vogelzugzeiten Alpenstrandläufer, Kiebitzregenpfeifer und Knutts besonders zahlreich auf. Hier ist das Sandwatt sehr mächtig, so daß es erst spät von der Flut getroffen wird und den Vögeln lange als Nahrungsraum zur Verfügung steht.

Wattweg nach Neuwerk

Wo einst der Seeräuber Klaus Störtebeker und seine Vitalienbrüder ihr Unwesen trieben, erinnert heute der nahezu 700 Jahre alte Wehrturm auf der Insel Neuwerk an diese unsicheren Zeiten. Der zwei- bis dreistündige Weg durchs Watt zeigt dem Wanderer alle Schönheiten dieser einmaligen Amphibienlandschaft.

Land, Wursten und Hadeln

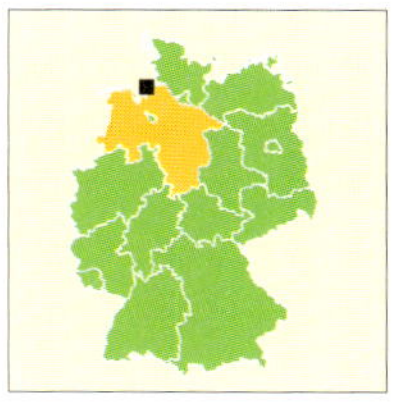

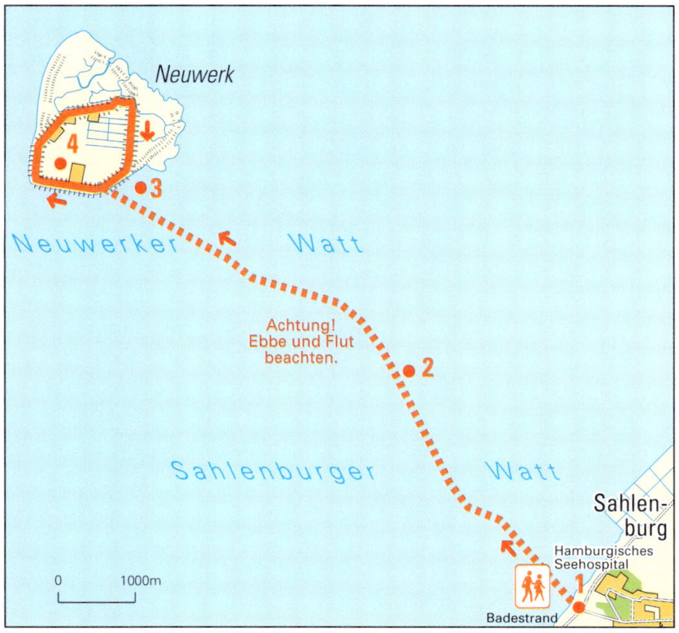

Tourverlauf

Der mit Pricken (kleinen Büschen) gekennzeichnete Wattweg beginnt in Sahlenburg am Muschelgrund. ①
Der Weg verläuft auf dem Rücken zwischen Watt und Meer. ②
Er schlängelt sich zwischen Muschelbänken hindurch und erreicht die Insel Neuwerk in der Nähe des Friedhofs der Namenlosen. ③
Die knapp 300 Hektar große Insel Neuwerk kann nun in einer Stunde bequem auf dem Deichweg, vorbei am Wehrturm Nyge Werk umrundet werden. ④
Der Rückweg kann je nach Tidenstand mit dem Wattwagen nach Sahlenburg oder mit dem Schiff nach Cuxhaven erfolgen. In jedem Fall aber gilt: Vor der Wanderung ins Watt muß der genaue Tidenstand erfragt werden. Am sichersten ist es, sich einem der offiziellen Wattführer anzuschließen.

Sehenswürdigkeiten

① Südlich von Sahlenburg beginnt der Wernerwald. Der 400 Hektar große Wald wurde 1878 im Auftrag des Hamburger Senats angelegt und ist heute einer der wenigen Wälder unmittelbar an der sonst waldlosen deutschen Nordseeküste.
② Biomasse heißt das Schlagwort der Fachleute, und davon wird im Watt pro Jahr und Hektar bis zu 2000 Kilogramm produziert! Bei der Winzigkeit vieler Wattbewohner bedeutet das, daß an günstigen Stellen über einhunderttausend Tierchen auf und in jedem Quadratmeter Watt leben. Etwa die Hälfte sind Schnecken, 40 Prozent sind Krebse, die restlichen 10 Prozent sind Muscheln und Würmer. Folgt man dem zurückweichenden Wasser ins Watt, fallen zahlreiche Tierspuren auf, die Tiere selbst aber sind nicht zu entdecken. Die auffälligste Spur sind die zahllosen Kringelhäufchen des Sandpierwurms. Kilometerweit bedecken seine Kothäufchen, die nichts anderes sind als der von ihm gefressene und wieder ausgestoßene Sand, den Wattboden. Ein Verwandter des Sandpierwurmes ist der Wattringelwurm. Er verrät sich durch hirschgeweihförmig verzweigte Oberflächenspuren. Diese Kriechspuren sind gleichzeitig seine Freßspuren, auf denen er nach Algen gesucht hat. Ebenfalls in U-förmigen Gängen, wenige Zentimeter unter der Bodenoberfläche, lebt das Millionenheer der Schlickkrebse. Er verrät sich an der Wattoberfläche durch seine sternförmigen Kratzspuren mit einem Durchmesser von etwa einem Zentimeter. Auch nahezu alle im Watt heimischen Muschelarten leben mehr oder weniger tief eingegraben im Boden. Sie alle haben zwei lange, schlauchartige Siphone, die sie zur Oberfläche hinausstrecken.
③ Auf dem Friedhof der Namenlosen, 5 Gehminuten vor dem Neuwerker Bollwerk, haben viele Seeleute ihre letzte Ruhestätte gefunden, deren Schiffe auf den Sandbänken an der Elbmündung, dem berüchtigten »Kirchhof der Schiffe«, kenterten.
④ Der Wehrturm Nyge Werk hat der Insel ihren Namen gegeben. Errichtet wurde der Turm Anfang des 14. Jahrhunderts vom Hamburger Senat als mächtiger Wehrturm mit fast 3 Meter dicken und 45 Meter hohen Backsteinmauern. Damit ist der Turmkoloß das älteste Bauwerk an der deutschen Nordseeküste und das Wahrzeichen der Insel. Um 1400 soll hier sogar der Seeräuber Klaus Störtebeker eingekerkert gewesen sein. Seit 1815 brennt auf dem Turm ein Leuchtfeuer, 138 Stufen führen zu einer Aussichtsplattform hinauf, von der aus sich ein herrlicher Ausblick über die Insel und das Wattenmeer bietet. Am Fuß des Turmes gibt es ein naturkundliches Informationszentrum.

▽ *Kutschfahrt um Neuwerk*

Tip

Knechtsand südlich der Insel Neuwerk: Das gesamte Gebiet zählt zu den wichtigsten Liege- und Aufzuchtplätzen des Seehunds an der deutschen Nordseeküste. Außerdem finden sich hier Eiderenten und Brandgänse zur Mauser ein (Juni bis September). Wattwanderer sollten zu ihnen einen rücksichtsvollen Abstand halten.

▽ *Die Knechtsände sind der weltweit größte Mauserplatz für Brandgänse*

18

Autotour 18: 140 Kilometer

Im Lande Kehdingen

Kehdingen

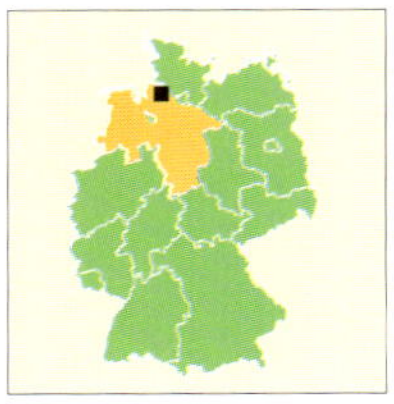

Zwischen Oste und Elbe liegt das Land Kehdingen und damit der niederelbische Apfelanbau. Nicht umsonst heißt dort die elbnahe Hauptstraße Obstmarschenweg, und unter Wanderern gilt das gesamte Knie südlich der Elbe als Geheimtip für Einsamkeit und Ungestörtheit. Vor allem zur Zeit der Obstblüte oder im Herbst zur Erntezeit sind Wanderungen hier besonders reizvoll. Am Südrand von Kehdingen schließlich wartet die alte Hansestadt und Schwedenfestung Stade auf Besucher.

Tourverlauf

Eine Rundfahrt im Land Kehdingen läßt sich gut in Bremervörde beginnen. ①
Die B 74 führt westwärts aus der Stadt hinaus; nach 5 Kilometern wechselt man zur B 495 nach Lamstedt. ②
Ebenfalls an der B 495 liegt der alte Fährort Osten. ③
Über Hemmor fährt man auf der B 73 und verläßt sie wieder bei Dobrock. Von dort führt eine schmale Landstraße rings um die Wingst und damit um den Deutschen Olymp. ④
Fährt man ganz um die Wingst herum, trifft man wieder auf die B 73, die weiter nach Otterndorf führt. Interessanter aber ist es, auf der Westseite der Wingst das alte Moorgebiet auf den im Zickzack verlaufenden Ortsverbindungsstraßen zu queren, um so von Süden her nach Otterndorf zu kommen. ⑤
Vom »Rothenburg des Nordens« geht es nach Osten, zunächst über die B 73 und ab Neuhaus über die Störtebekerstraße ins Elbknie mit einem Abstecher nach Oederquart. ⑥
In Wischhafen lohnt sich das Übersetzen mit der Elbfähre nach Glückstadt. ⑦
Südlich von Wischhafen heißt die Elbchaussee Grüne Küstenstraße und führt direkt ins mittelalterliche Stade. ⑧
Von Stade bietet die B 74 die kürzeste Verbindung zurück nach Bremervörde.

◁ Rathaus in Otterndorf

Sehenswürdigkeiten

① An einer Vorde (= Furt) durch die Oste gab es schon in vorgeschichtlicher Zeit eine Siedlung. Um die Jahrtausendwende wurde sie durch eine Wasserburg gesichert, um die sich Heinrich der Löwe und die Bremer Erzbischöfe stritten. Im Jahre 1236 kam die Festung endgültig an Bremen. Im Dreißigjährigen Krieg zerstörten die Schweden die Burg fast gänzlich. Geblieben sind lediglich Kanzlei und Marstall der Burg Vörde aus der Zeit um 1600. In der Kanzlei ist heute das Kreismuseum untergebracht. Auch die Pfarrkirche St. Liborius wurde 1645 zerstört. Für Teile der Ausstattung des Folgebaus sorgte der schwedische Feldmarschall Wrangel.
② Die Lamstedter Bartholomäuskirche ist ein Feldsteinbau aus der Zeit um 1300; der Turm mit seinem eigenwilligen Kuppelhelm wurde 1820 fertiggestellt. Das Bördemuseum enthält Sammlungen zur Heimatgeschichte der Samtgemeinde.
③ Der alte Fährort Osten erhielt 1909 eine Schwebefähre, die wie ein riesiger Portalkran funktioniert. Seit der Stillegung 1974 dient die Fähre als Technisches

Museum. Die barocke Petrikirche ist in ihrem Inneren ganz von Emporen eingeschlossen. Der von Doppelpilastern gerahmte Kanzelaltar zeigt reiche Rokokoschnitzereien.

④ Geographischer Höhepunkt auf der Westseite der Oste ist der 74 Meter hohe Silberberg in der etwa 20 Quadratkilometer großen Geestinsel Wingst. Ihre Nordostecke ist der 61 Meter hohe Deutsche Olymp. (Siehe auch Wanderung 18 A, Seite 80.)

⑤ Das idyllische Städtchen Otterndorf wird gern als das »Rothenburg des Nordens« bezeichnet. Hier hatte von 1778 bis 1782 Johann Heinrich Voß als Lehrer an der Lateinschule den Geist Homers lebendig werden lassen, als er dort während der langen Winterabende dessen »Odyssee« übersetzte. Die 1614 erbaute alte Lateinschule ist heute ebenso eine Sehenswürdigkeit wie das 1696 errichtete Kranichhaus oder die auf das 13. Jahrhundert zurückgehende St.-Severi-Kirche, der bedeutendste »Bauerndom« des Landes. Seine überaus reiche Ausstattung umfaßt einen zweigeschossigen Hochaltar von 1664, eine Kanzelempore von 1644 und einen Taufkessel aus der Mitte des 14. Jahrhunderts. Die Seitenwände gliedern langgestreckte Emporen, die mit gemalten Gestalten des Alten und Neuen Testamentes auf der Brüstung verziert sind.

⑥ Im kleinen Dörfchen Oederquart birgt die spätgotische Dorfkirche einen aus drei Altären des 15. und 16. Jahrhunderts zusammengesetzten Altar und eine Bronzetaufe aus dem frühen 14. Jahrhundert.

⑦ Das Festungs- und Regierungsstädtchen Glückstadt wurde vom Dänenkönig Christian IV. 1617 nach den Idealvorstellungen der Festungsbauer der Renaissance als fächerförmiges Sechseck vom Reißbrett weg gegründet. Vom zentralen Marktplatz aus wurden Radialstraßen zu den Eckbastionen angelegt. Den stimmungsvollen Marktplatz beherrscht das 1872 neu errichtete Backsteinrathaus. Die Kirche in der östlichen Ecke des Marktplatzes wurde 1623 fertiggestellt. Ihr Turm ist mit seinem originellen, grazil aufgesetzten Haubenhelm das Wahrzeichen der Stadt. Im Inneren beeindrucken das durchlaufende Holztonnengewölbe, der zweiteilige Altaraufbau und die raumprägenden Holzemporen mit Darstellungen der Heilsgeschichte.

⑧ Stade: Siehe Wanderung 18 B, Seite 81.

Kirche St. Liborius in Bremervörde ▷

Das Alte Land – Ein reiches Land

Südlich von Stade bis zur alten Süderelbe vor Finkenwerder zieht sich das Alte Land, das größte geschlossene Obstanbaugebiet Deutschlands. Rund 3 Millionen Obstbäume stehen hier in teilweise waldähnlichen Plantagen und verwandeln zur Zeit der Obstblüte die Landschaft in ein einziges Blütenmeer. Seinen Namen erhielt der fruchtbare Marschstreifen bereits von den Humanisten. Sie nannten das erste, der Tide abgerungene Gebiet zwischen Schwinge und Lühe »terra antiqua«, ein Name, der dem Marschgebiet bis hinauf nach Hamburg auch blieb, als man in Deutschland wieder deutsch schrieb. Heute gedeihen auf dem fruchtbaren, sandig-tonigen Boden der windgeschützten Elbmarsch außer Äpfeln und Birnen auch Kirschen und Pflaumen. Dem Ertragreichtum der Landschaft entspricht der Reichtum der Bauernhäuser: kunstvolles Ziegelfachwerk, prächtige Giebel und reichverzierte Portale sind typisch für die liebevoll gestalteten Höfe. Nicht wenige alte Fachwerkhäuser, wie etwa der Gräfenhof in Jork, erinnern auch noch an die im Mittelalter in dieser Gegend tätigen holländischen Kolonisten.

△ Kirschplantage im Alten Land

Tip

Südlich von Stade, vor Neukloster, befinden sich die vorgeschichtlichen Gräber von Dandieck. Die bronzezeitlichen Hügelgräber werden durch einen Archäologischen Lehr- und Wanderpfad erschlossen.

Im Bördemuseum in Lamstedt ▷

18 A

Wanderung 18 A: 15 Kilometer – 3 ½ Stunden

Zum Deutschen Olymp

Kehdingen

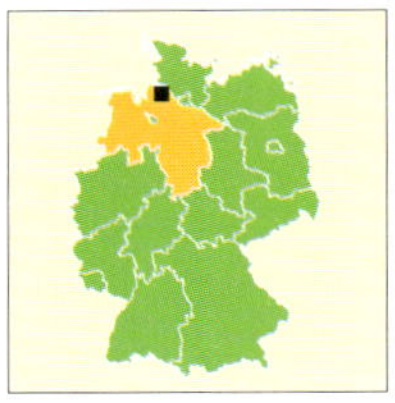

Das waldreiche Erholungsgebiet Wingst gehört zu den schönsten und beliebtesten Ausflugs- und Ferienzielen im Elbe-Weser-Gebiet. Zentraler Punkt der Wingst ist der Deutsche Olymp, ein 64 Meter über das Grün der Marsch- und Moorwiesen hinausragender Berg.

Tourverlauf

Ausgangspunkt der Wanderung ist die St.-Nikolaus-Kirche in Cadenberge. ①
Über die Bahnhofstraße erreicht man den Bahnübergang der Bahnstrecke Stade–Cuxhaven, quert ihn und nimmt etwa 150 Meter danach den linksabgehenden Alten Postweg. Er führt direkt in den Forst Altkehdingen hinein und heißt dann Ernst-August-von-der-Wense-Weg. Er führt in gut 1½ Stunden nach Süden und bei Ellerbruch auf die Verbindungsstraße zwischen Süderbusch und Lamstedt.
Auf dieser Kreisstraße geht man etwa 200 Meter nach links, durch Ellerbruch hindurch und dann wieder links in eine nach Nordosten führende Waldstraße. Nach etwa 15 Minuten zweigt links ein Waldweg ab, der genau nach Norden führt. Dieser Johann-Adolf-Weg führt in weiteren 30 Minuten zum Gasthaus Zur Königstanne. Kaum 10 Minuten noch sind es dann vom Gasthaus um den Fahlenberg herum zum Deutschen Olymp. ②
Der Abstieg vom Olymp erfolgt genau nach Norden und führt in einer knappen halben Stunde zu den ersten Häusern von Höden. Hinter dem Dorf mündet der Weg in die B 73, der man nach links folgt und über die man in etwa 20 Minuten wieder den Ausgangspunkt in Cadenberge erreicht.

Sehenswürdigkeiten

① Cadenberge liegt wie ein Schiffsbug an der Nordspitze der Wingst. Schon 1146 wurde der Ort als Insula Caddigia genannt. In der aus dem 18. Jahrhundert stammenden St. Nikolaus-Kirche gibt es eine interessante alte Orgel. Das Herrenhaus im Bremerschen Schloß- und Gutspark stammt von 1724.
② Der Deutsche Olymp ist mit 64 Metern zwar nicht der höchste Punkt der Wingst, doch dank des Aussichtsturms der attraktivste. Von der verglasten Aussichtskanzel genießt man einen hervorragenden Überblick über das weite Waldgebiet der Wingst und die knapp 90 Meter tiefer liegenden Marsch- und Moorwiesen an beiden Ufern der Oste. Für die Kinder gibt es einen Tierpark mit Babyzoo, für die Erwachsenen ein Waldmuseum und für alle zusammen jede Menge Einkehrmöglichkeiten.

▽ *Steinzeitgräber »Am Dobrock« im Wald der Wingst*

Die Wingst ist ein geschlossenes, etwa 1100 Hektar großes Waldgebiet auf einer aus den Marschen der Oste aufragenden Geestinseln. Sie war noch Anfang des 19. Jahrhunderts von weiten Heideflächen bedeckt, bevor eine systematische Aufforstung begann. Höchster Punkt ist der 74 Meter hohe Silberberg in der Südhälfte der Insel. Trotz seines verheißungsvollen Namens ist er jedoch wenig attraktiv, da die Kuppe ganz bewaldet ist.

▽ *Der Balksee südlich der Wingst im Hadelner Sietland ist ein bedeutendes Naturschutzgebiet*

Tip

Balksee südlich der Wingst: Der nur 1,5 Meter tiefe See weist ungewöhnlich viele seltene Pflanzen auf, auch ist er mit seinen Randmooren für die Vogelwelt ein wichtiger Rast- und Brutplatz (Privatbesitz; Zugang von Norden möglich).

Wanderung 18 B: 3 Kilometer – 2 bis 3 Stunden

18 B

Stadtspaziergang durch Stade

Am Südrand von Kehdingen liegt die alte Hansestadt und Schwedenfestung Stade. Sie gehört mit dem bereits um 1200 samt Wall und Graben fertiggestellten Altstadtkern zu den schönsten Städten Nordwestdeutschlands. Ein Bummel durch Stade ist ein Spaziergang durch jahrhundertealte, mit glücklicher Hand restaurierte Bautradition.

Kehdingen

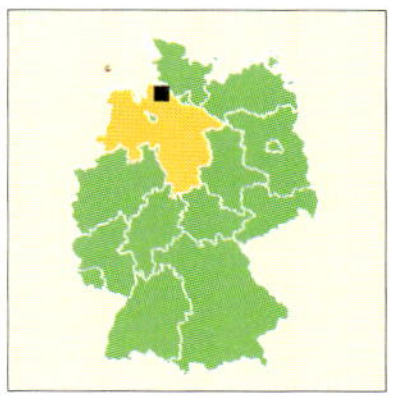

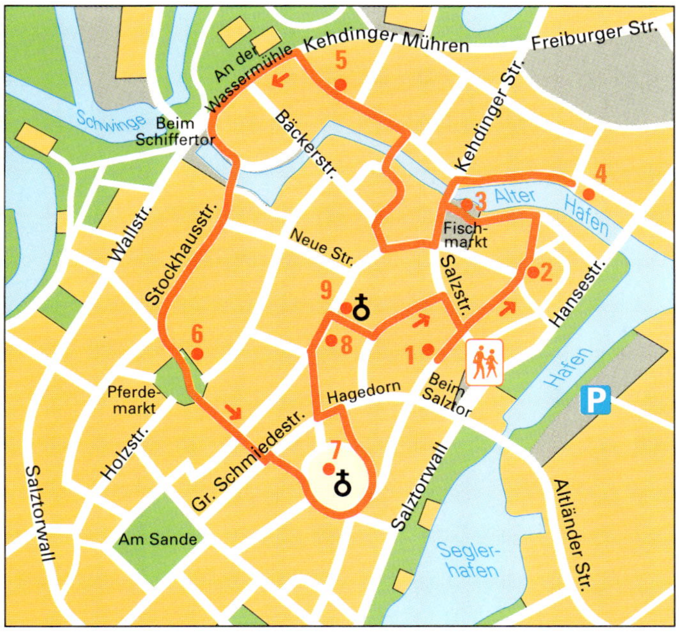

Tourverlauf

Der Stade-Stadtspaziergang beginnt in der Johannisstraße mit dem St.-Johannis-Kloster. ①
Die Johannisstraße geht in die Bürgerstraße über, die zum Spiegelberg führt. ②
Nördlich des Spiegelbergs geht es hinunter zum Alten Hafen und zum Fischmarkt. ③
Jenseits des Alten Hafens steht der Schwedenspeicher. ④
An der Südwestecke des Fischmarktes beginnt die Hökerstraße, aus der man jedoch sofort rechts in die Bäckerstraße und dort wiederum rechts in die Lämmertwiete abbiegt. Über die Büttelsbrücke erreicht man das Wirtshaus Knechthusen in der Bungenstraße. ⑤
Die Bungenstraße führt zum Alten Wall, dem man nach links zum Schiffertor folgt. Über die Stockhausstraße wird der Pferdemarkt erreicht. ⑥
Letzte Ziele sind schließlich die Kirche St. Wilhadi ⑦, das Rathaus ⑧ und die Kirche St. Cosmae ⑨.

Sehenswürdigkeiten

Weil ein Stadtbrand 1659 die Stadt einäscherte, ist der Altstadtkern heute gleichermaßen geprägt von der noch mittelalterlichen engen Straßenführung und von bürgerlichen Fachwerkhäusern des 17. und 18. Jahrhunderts. Lediglich die gotische St.-Wilhadi-Kirche und die St.-Cosmae-Kirche gehen auf das 13. Jahrhundert zurück.
① Das St.-Johannis-Kloster war ab 1673 ein Armen- und Altenheim. Seinen Namen verdankt der Bau einem bereits im 13. Jahrhundert gegründeten Kloster.
② Auf dem künstlich aufgeschütteten Spiegelberg stand im 11. und 12. Jahrhundert die Burg der Grafen von Stade.
③ Der schönste Bereich des mittelalterlichen Stade ist sein Alter Hafen mit dem Holzkran und dem Fischmarkt. Mitten auf dem Platz stand einst die Stadtwaage. Hier mußten seit dem 14. Jahrhundert alle in Stade ankommenden Waren verzollt werden. Das heutige Gebäude stammt allerdings erst aus dem 18. Jahrhundert. Der hölzerne Tretkran ist eine originalgetreue Rekonstruktion des 1661 an dieser Stelle errichteten Ladekrans. Am Alten Hafen stehen mehrere interessante Häuser, so etwa das Haus Nr. 7 aus dem Jahre 1667. Das Baumhaus am Abschluß des Hafens stammt von 1775. Hier wohnte der Hafenmeister, der unter anderem den Hafen bei Bedarf mit einem schwenkbaren Baumstamm schließen mußte.
④ Der Schwedenspeicher auf der Nordseite des alten Hafens entstand zwischen 1692 und 1705 als Lagerhaus für den Proviant der schwedischen Garnison. Heute ist hier das Stader Regionalmuseum untergebracht.
⑤ Das Wirtshaus Knechthusen (Bungenstraße Nr. 22) blieb vom Stadtbrand verschont, diente seit dem 15. Jahrhundert den Brauern als Gildehaus und ist das älteste Gasthaus Norddeutschlands.
⑥ Am Pferdemarkt steht das 1698 errichtete Zeughaus, in dem die schwedische Garnison ihre Waffen gelagert hatte.

▽ *Von-Goeben-Haus in Stade, der Stadt im Mittelpunkt des Alten Lands*

▽ *Niedersachsenhaus in Deinste*

⑦ Die St.-Wilhadi-Kirche entstand als dreischiffige, gotische Hallenkirche im 13. und 14. Jahrhundert. Kostbarstes Stück der Ausstattung ist eine prachtvolle Barockorgel, die Meister Erasmus Bielfeldt aus Bremen 1735 fertigstellte.
⑧ Das heutige Rathaus, errichtet 1667 im flämischen Stil, steht auf den Kellergewölben des 1279 erbauten, gotischen Rathauses. Die drei Steinfiguren über dem Eingang stellen die Wahrheit, die Gerechtigkeit und den Kaufmannsgott Merkur dar und waren ein Protest gegen die schwedische Besatzungsmacht.
⑨ Die St.-Cosmae-Kirche geht auf das 13. Jahrhundert zurück; der malerische, barocke Turmaufsatz wurde allerdings erst 1659 errichtet. Die Innenausstattung stammt aus der Barockzeit.

Tip

Forst Rüstje auf der Stader Geest zwischen Buxtehude und Stade: Der Forst ist ein beliebtes Naherholungsgebiet, dessen besondere Attraktion im Herbst ein reicher Bestand seltener Waldpilze darstellt.

19

Autotour 19: 125 Kilometer

Von Lüneburg in die Heide

Lüneburger Heide

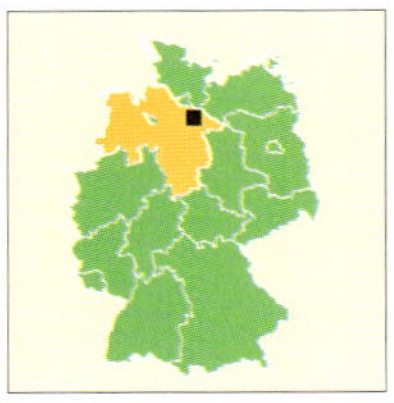

Die Stadt, die der Lüneburger Heide ihren Namen gab, ist ein Paradebeispiel mittelalterlicher Städteherrlichkeit, wo Gemütlichkeit und hanseatische Noblesse bis heute miteinander wetteifern. Jahrhundertelang waren die Lüneburger vor allem Salzsieder, die die Wälder der Umgebung in ihren Sudpfannen verheizten und damit das Wachstum der Heide erst ermöglichten. Die Fahrt von Lüneburg in die Heide ist damit auch eine Fahrt in mittelalterliche Salzgeschichte.

△ Kloster Lüne unweit von Lüneburg

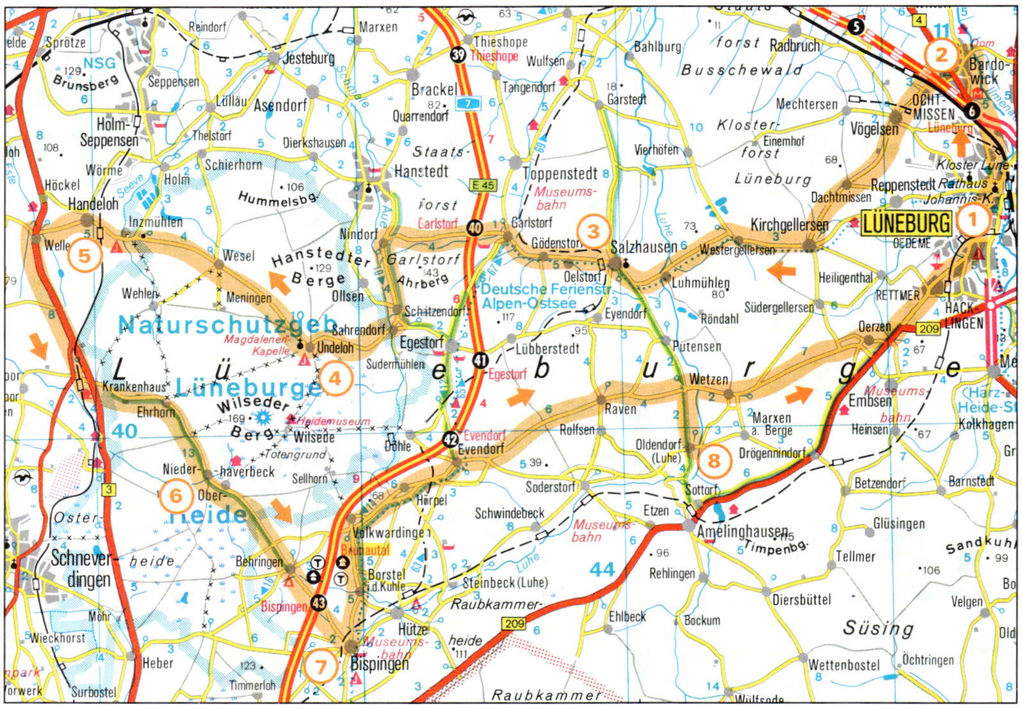

Tourverlauf

Es versteht sich ja fast von selbst, daß eine Rundtour durch die Heide in der Stadt beginnt, die ihr den Namen gab: in Lüneburg. ① Statt von hier aus direkt nach Westen Richtung Heide zu fahren, lohnt es sich, zunächst auf der B 4 in nördlicher Richtung nach Bardowick mit seinem Dom zu fahren. ②

Von Bardowick geht es dann zunächst südwestwärts bis Kirchgellersen und dann nach Westen hinüber nach Salzhausen. ③

Bei Garlstorf wird die Autobahn überquert, danach fährt man nördlich am 145 Meter hohen Ahrberg vorbei und auf dessen Westseite hinüber nach Undeloh. ④

Nächster Etappenpunkt ist das idyllische Handeloh. ⑤

Nun geht es von Westen in das Naturschutzgebiet Lüneburger Heide nach Haverbeck. ⑥

Außerhalb der Grenze des Naturschutzgebietes liegt Bispingen. ⑦

Von Bispingen führt die Landstraße in nördlicher Richtung nach Volkwardingen und von dort zurück nach Lüneburg.

Als lohnender Abstecher bietet sich auf halbem Weg bei Wetzen der Abstecher nach Oldendorf und seinen prähistorischen Grabfeldern an. ⑧

▽ Schafstall in der Lüneburger Heide in der Umgebung des Luftkurorts Bispingen

Sehenswürdigkeiten

① »Residenz der Langeweile« nannte Heinrich Heine die weit über eintausend Jahre alte Salzsiederstadt, mit der schon Heinrich der Löwe vordem große Politik gemacht hatte. Hier stand einst der größte »Industriebetrieb« des Mittelalters, in dem etwa eintausend »Sülzer« bis zu 20 000 Tonnen Salz jährlich produzierten. In 54 Siedehäusern verkochte man in insgesamt 216 Pfannen das kostbare Konservierungsmittel. Lüneburg wurde reich: Besonders ist da das Rathaus zu nennen, dessen ältester Teil noch aus dem 13. Jahrhundert stammt und dessen Marktfront 1720 fertiggestellt wurde. Im Inneren gibt es einen Ratssitzungssaal aus dem 14. Jahrhundert, in dem farbige Heldenfenster aus der Zeit um 1430 erhalten sind. Das Tonnengewölbe ist vollständig bemalt, die wertvollen Wandschränke stammen ebenfalls noch aus dem 15. Jahrhundert. Auch die Körkammer von 1491 mit ihren farbigen Glasfenstern (in ihr wurde in strenger Klausur der Bürgermeister gewählt) ist ebenso unverändert erhalten wie das alte Archiv von 1521. Die 1584 fertiggestellte Große Ratsstube zählt zu den gelungensten Renaissanceräumen in ganz Deutschland. Der Huldigungssaal schließlich erhielt 1706 allegorische Deckengemälde. Die 1440 fertiggestellte Nikolai-Kirche entstand nach Lübecker Vorbild als gotische Basilika und glänzt mit reichen Sterngewölben. Der gotische Hochaltar stammt aus der Zeit um 1450. Der alte Kran am Ilmenauer Hafen funktionierte bereits vor 1332, seine heutige Form mit den zwei großen Treträdern im kreisrunden Unterbau erhielt er allerdings im 18. Jahrhundert. Die Johannis-Kirche gab es schon vor 1174, die heutige Kirche wurde 1370 als fünfschiffige, gotische Hallenkirche fertiggestellt. Ihr 108 Meter hoher Turm mit dem prächtigen Kupferhelm entstand Anfang des 15. Jahrhunderts. Der reiche Hochaltar mit Schrein und kostbaren Tafelmalereien wurde 1485 fertiggestellt. Die Michaelis-Kirche schließlich gehörte ursprünglich zum Benediktinerkloster, wurde 1376 begonnen und 1418 geweiht. Ihre Kanzel wurde 1602 von David Schwenke fertiggestellt. Die Unterkirche enthält die Gruft des Klostergründers Hermann Billung.

Das Salz der Hanse aus Lüneburg

Die Nutzung des Lüneburger Salzstocks ist bereits 956 urkundlich belegt. In der Folge erwies sich der Salzstock als so ergiebig, daß Lüneburg bald Salzlieferant für halb Nordeuropa wurde. Zur mittelalterlichen Blütezeit arbeiteten hier etwa sechshundert Arbeiter an mehr als fünfzig Sudstätten, um aus der Sole das »Weiße Gold« zu gewinnen. Für den eigentlichen Aufschwung aber sorgte Heinrich der Löwe, der das Lüneburger Salz und den Heringsreichtum an der schwedischen Südküste wirtschaftlich verband und damit einen großen Handelszweig gründete. Heinrich organisierte den Transport des Salzes zu den Heringen und servierte den damit konservierten Fisch allen Christen im Heiligen Römischen Reich Deutscher Nation zur Fastenzeit. Natürlicher Dreh- und Angelpunkt für das Hering-gegen-Salz-Geschäft war das 1158 neu gegründete Lübeck, das den Salz- und Heringskaufleuten umfangreiche Privilegien anbot. Dieses Lübische Recht sollte später in mehr als hundert Städten gelten.

② Das heute unscheinbare Bardowick gehörte im frühen Mittelalter zu den wichtigsten Handelsstädten des Nordens. Weil es nicht in die Pläne Heinrichs des Löwen mit Lüneburg paßte, zerstörte er am 28. Oktober 1189 die ungeliebte Konkurrenz. Dennoch bauten die Bardowicker unverdrossen vom 12. bis ins 15. Jahrhundert hinein ihren eigenen Dom als dreischiffige Hallenkirche aus Backstein. Im Inneren beeindruckt vor allem das prächtige Chorgestühl vom Ende des 15. Jahrhunderts. Die Bronzetaufe entstand bereits 1367, der zweiflüglige Schnitzaltar wurde 1425 gearbeitet.

③ Salzhausen ist über tausend Jahre alt und besitzt eine romanische Wehrkirche mit einem aus Feldsteinen errichteten Rundturm aus dem frühen 13. Jahrhundert. Die Bronzetaufe stammt aus dem 14. Jahrhundert, der Altaraufsatz von 1697.

④ Das gut 800 Jahre alte Undeloh verströmt mit seinen Fachwerkbauernhöfen unter knorrigen Eichen ganz das Flair des alten Heidedorfes. Seine Pfarrkirche ist ein Feldsteinbau aus dem 12. Jahrhundert mit freistehendem Glockenturm und Kruzifix aus dem 14. Jahrhundert. Informationen zum Naturschutzpark Lüneburger Heide gibt es im »Seume-Haus« sowie im »Haus der Natur« in Döhle.

⑤ Das südlich des hügeligen Waldgebiets der Lohberge gelegene Handeloh gehört zu den beliebten Urlaubsorten der Heide. Alte Heidehöfe und einzelne Ziehbrunnen prägen das Dorfbild, Heidschnucken sorgen in der Umgebung für die Landschaftspflege.

⑥ Niederhaverbeck: Siehe Wanderung 19 A, Seite 84.

⑦ Östlich von Bispingen gibt es an der B 209 ein Greifvogelgehege mit Flugvorführungen (im Sommer täglich um 15 Uhr).

⑧ Wenn man von Wetzen 2 Kilometer nach Süden fährt, erreicht man bei Oldendorf die sogenannte Totenstatt. Es handelt sich dabei um Grabstätten aus der Jungsteinzeit, der Bronzezeit und aus der Eisenzeit.

△ Pfarrkirche St. Magdalena im Heidedorf Undeloh

▽ Der alte Kran am Ilmenauer Hafen in Lüneburg

Tip

Wildpark Lüneburger Heide: Bei Hanstedt-Nindorf liegt der Wildpark Lüneburger Heide mit vielen einheimischen Tierarten. Besonders attraktiv sind die Adler-Fluganlage und die Bärengehege.

19 A

Wanderung 19 A: 9,5 Kilometer – 2 ½ Stunden

Urgeschichte in der Heide

Lüneburger Heide

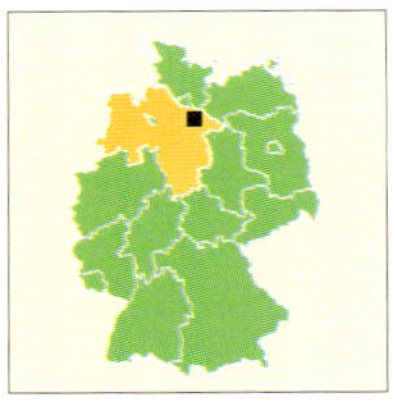

Die ältesten Spuren menschlicher Besiedlung in der Heide sind etwa 12 000 Jahre alt. In der Umgebung von Niederhaverbeck gibt es Bodendenkmäler aus der Zeit zwischen 1700 und 800 v. Chr. Reste alter Heerwege sind ebenso zu finden wie bronzezeitliche Grabhügel.

△ *Renaturiertes Feuchtgebiet im Pietzmoor bei Schneverdingen*

Tourverlauf

Der Ausflug beginnt im Weiler Niederhaverbeck. ①
Vom Parkplatz aus folgt man zunächst einige Minuten der L 211 nach Norden. An der Abzweigung mit dem Hinweis »Wilseder Berg«, der aber nach rechts zeigt, hält man sich links und folgt im wesentlichen der Grenze zwischen offener Heidelandschaft und Wald in Richtung Westen. Am Weg stehen hier markante Baumgruppen. ②
Nächstes Ziel ist die Schwedenschanze. ③
Hier wendet sich der Waldrandweg langsam nach Süden und überquert den Zusammenfluß von Haverbeeke und Wümme. ④
Er folgt dann dem Hinweisschild »Wümmeberg«.
Zuvor kann man noch den Hügelgräbern östlich des Zusammenflusses einen Besuch abstatten. ⑤
Vom 104 Meter hohen Wümmeberg geht es durch offene Heidelandschaft hinüber zum 102 Meter hohen Wulfsberg.
Der Wulfsberg ist der südlichste Punkt, von ihm geht es nordnordostwärts wieder durch die offene Heidelandschaft bis zu einer vorspringenden Waldkante, die man an ihrer Westseite umläuft, um schließlich über den Georg-Fahrbach-Weg zur L 211 und nach Oberhaverbeck zu kommen. ⑥
Am östlichen Ortsrand von Oberhaverbeck beginnt das Naturschutzgebiet Lüneburger Heide, durch dessen Wiesen man nordwestwärts zurück zum Ausgangspunkt kommt.

Sehenswürdigkeiten

① Im Weiler Niederhaverbeck hat der Verein Naturschutzpark seinen Hauptsitz. Im Hans-Pforte-Haus gibt es Informationen über den Naturschutz in der Heide.
② Die Baumgruppen am Übergang zwischen dem geschlossenen Wald und der offenen Heide wachsen oft aus einer Wurzel. Dies verrät die jahrhundertelang geübte bäuerliche Nutzung. Die Heidebauern kappten die Bäume in bestimmten Abständen, weil sie das Laub und die noch relativ junge Rinde im Winter als zusätzliches Viehfutter benötigten, die stärkeren Zweige wanderten in die Öfen. Diese Wurzelstammgruppen sind deshalb in ihrem Kern häufig uralte Wurzelstöcke, manche älter als die größten Eichen.
③ Die Schwedenschanze ist ein Ringwall, der jedoch keineswegs aus vorgeschichtlicher Zeit stammt. Die dreifache Wallanlage entstand vielmehr im 9. und 13. Jahrhundert und war wohl eine Zoll- und Wachstation an der Salzstraße nach Lüneburg, vielleicht auch nur eine Sammelstelle für den von den Bauern in Naturalien zu leistenden Pachtzins.
④ Die Wümme markierte im Mittelalter die Grenze zwichen dem »Bardengau« auf der einen und dem »Sturmigau« auf der anderen Seite.

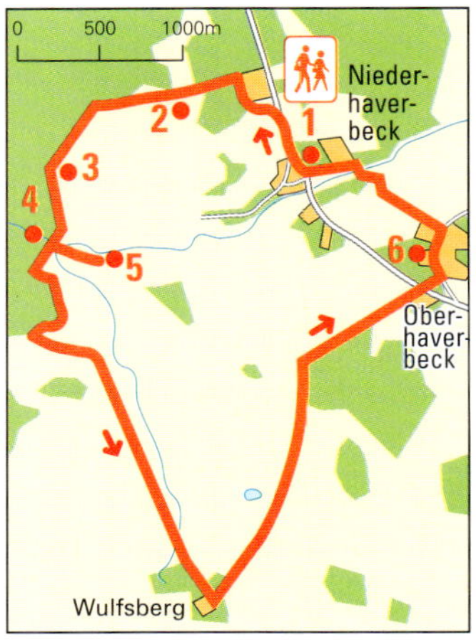

⑤ Wenig östlich vom Zusammenfluß der Haverbeeke mit der Wümme finden sich bronzezeitliche Hügelgräber aus der Zeit zwischen 1700 und 700 v. Chr. Die Löcher in der Mitte der Grabhügel verraten, daß die meisten Hügel durch Grabräuber auf der Suche nach Schätzen zerstört worden sind. Bei der Einmündung eines von Süden kommenden Wanderwegs sind rinnenförmig eingegrabene, uralte Wegespuren zu sehen. Ein Grab ist über eine Wegespur gebaut. Der Weg ist also älter als das Hügelgrab.
⑥ Oberhaverbeck ist im Gegensatz zu seinem Nachbarn Niederhaverbeck ein Bauerndorf, wo zumindest noch teilweise Landwirtschaft betrieben wird. Von hier aus führt eine 4 Kilometer lange Kopfsteinpflasterstraße nach Wilsede. Über sie kann man entweder zu Fuß oder mit der Pferdekutsche hinüber nach Wilsede und zum Wilseder Berg kommen.

▽ *Die Imkerei in der Lüneburger Heide hat eine lange Tradition*

Tip

Pietzmoor südöstlich von Schneverdingen: Von Holzbohlenstegen aus läßt sich das Moor gut studieren: Auf den Torfkuhlen entstand schwimmender Torfmoosrasen, der Baumbestand ging zurück. Inzwischen hat sich mit Sonnentau, Wollgras, Torfmoos und Moosbeere eine moortypische Flora angesiedelt. An den Rändern finden sich starke Ansammlungen des Beinbrechs.

Wanderung 19 B: 15 Kilometer – 3 ½ Stunden

19 B

Zum höchsten Heideberg

Mit 169 Metern ist der Wilseder Berg die höchste Erhebung des Norddeutschen Tieflands, Teil eines etwa 150 000 Jahre alten Endmoränenzugs und das Herz der Lüneburger Heide. Von seiner langgestreckten Kuppe aus reicht der Blick bei gutem Wetter bis nach Lüneburg und Hamburg.

Lüneburger Heide

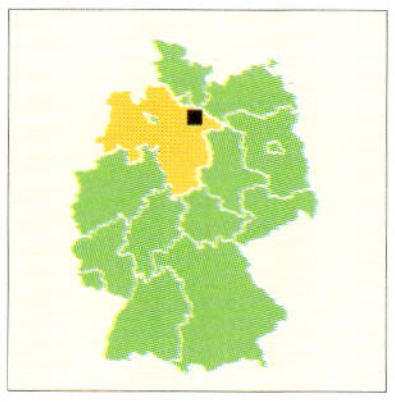

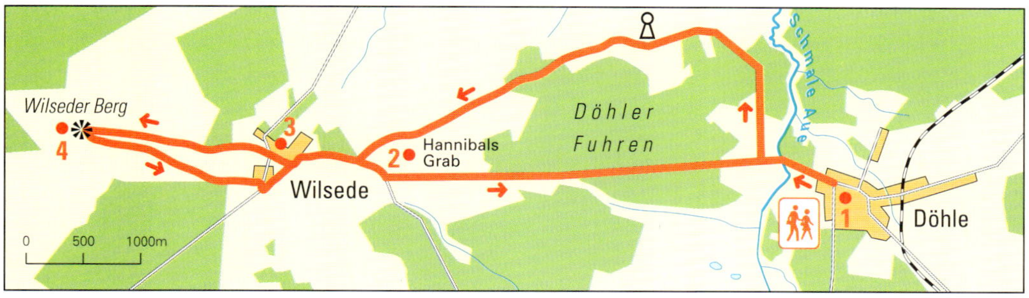

△ *Heidekraut gedeiht auf extrem magerem Boden*

Tourverlauf

Wer die Heide richtig erleben will, muß sich Zeit nehmen – Zeit zur Einstimmung. Eilige können mit der Pferdekutsche von Oberhaverbeck oder Undeloh nach Wilsede fahren und von dort in 30 Minuten auf den Berg stürmen. Wer die Heide richtig erleben möchte, wird dagegen eine Wanderung durch das Kernstück der Lüneburger Heide zu ihrem höchsten Punkt in Döhle beginnen. ①

Von Döhle aus läuft man am Gasthaus Aevermannshof vorbei zur Schmalen Aue. Dahinter geht es für 15 Minuten über einen breiten, sandigen Weg nach Norden, später nach Nordwesten und an der ersten Wegkreuzung wieder nach links am Waldrand entlang. Im folgenden offenen Heideland taucht bald linker Hand der Alfred-Wietjes-Gedenkstein auf.

Vorbei an einem großen Heidschnuckenstall geht es nun durch weite, offene Heidelandschaft zu Hannibals Grab. ②

Von der malerischen Findlingsgruppe ist es nur noch ein Katzensprung hinüber in das romantische Heidedorf Wilsede, dem Zentrum des Naturschutzparks Lüneburger Heide. ③

Von Wilsede aus läßt sich der Weg zum Wilseder Berg nicht mehr verfehlen. ④

Nach dem Genuß der Aussicht vom Berg geht es wieder hinunter nach Wilsede und auf direktem Weg zurück nach Döhle.

Sehenswürdigkeiten

① Das verträumte Heidedorf Döhle liegt an der Ostgrenze des Naturschutzgebiets Lüneburger Heide, hat hübsche Fachwerkhäuser und geht immerhin auf das 13. Jahrhundert zurück.

② Die Findlingsgruppe mit dem klangvollen Namen Hannibals Grab ist natürlich nur für Leichtgläubige die letzte Ruhestätte des karthagischen Feldherrn, der im Jahre 218 v. Chr. mit seinen Elefanten die Alpen überquerte. Das wirkliche Grab des Feldherrn liegt vielmehr in Kleinasien, wo er sich 183 v. Chr. vergiftete, um nicht an die Römer ausgeliefert zu werden. Dieses Grab nun hatte der Landschaftsmaler Eugen Bracht auf einer Orientreise gemalt. Und an dieses Bild erinnerten sich Wanderer, als sie vor der Findlingsgruppe standen. Ihre Erzählungen verhalfen dem eigenwilligen Namen zum Durchbruch.

③ Ein Heidedorf wie aus dem Bilderbuch ist Wilsede, auch wenn dort kein einziger Heidebauer mehr arbeitet. Die 40 Einwohner leben ganz von den Besuchern, denn kein Heidebesucher kommt um Wilsede herum. Seine reetgedeckten Bauernhöfe stehen malerisch unter alten Buchen und Eichen, es gibt hölzerne Treppenspeicher und traditionelle Ziehbrunnen. Zwei alte Höfe standen ursprünglich an anderer Stelle und wurden in Wilsede wieder aufgebaut: der von 1609 stammende Emhof aus Emmingen und ein 1742 in Hanstedt errichtetes niederdeutsches Hallenhaus. Wie man im letzten Jahrhundert in der Heide mit dem Vieh zusammen unter einem Dach lebte, ist im Heidemuseum »Dat ole Huus« zu sehen.

④ Der 169 Meter hohe Wilseder Berg ist Teil eines 150 000 Jahre alten Endmoränenzuges, der sich in etwa in Nord-Süd-Richtung von Uelzen bis in die Nähe von Harburg zieht. Bis zu ihm war das skandinavische Inlandeis auf seinem Vorstoß nach Süden vorgedrungen.

Tip

Wilseder Berg: Auf dem Wilseder Berg steht ein Gedenkstein für den berühmten Mathematiker und Astronomen Carl Friedrich Gauß. Der Wilseder Berg nämlich war Zentrum der Landvermessung, die Gauß zwischen 1821 und 1823 leitete. Auf der Rückseite des 10-Mark-Scheins findet sich eine kleine Skizze dieser Landvermessung, bei der Wilsede im rechten Zentrum steht.

▽ *Wacholderheide am Wilseder Berg, der höchsten Erhebung der Lüneburger Heide*

20

Autotour 20: 140 Kilometer

Auf der hansischen Salzstraße in Lauenburg

Lauenburg

Wald und Wasser sind die natürlichen Reichtümer des Herzogtums Lauenburg. Keine Gegend Schleswig-Holsteins ist dichter bewaldet als das kuppige Land zwischen der Lübecker Bucht im Norden und dem Urstromtal der Elbe im Süden. Der eiszeitlichen Schmelzwasserrinne folgte der mittelalterliche Handelsweg zwischen Lauenburg und Lübeck, auf dem das Lüneburger Salz über Mölln nach Lübeck kam. Salz machte aus der Stadt an der Trave die Königin der Hanse.

△ *Der Viermaster »Passat« im Hafen von Travemünde*

Tourverlauf

Zu den Lauenburgischen Seen führt die B 207 von Lübeck aus. ①
Erstes Ziel ist Ratzeburg am Südufer des gleichnamigen Sees. ②
Der zweite große See ist der Schaalsee, an dem zunächst in Seedorf Station gemacht wird. ③
Am Südufer des Schaalsees befindet man sich bereits im Mecklenburgischen und besucht Zarrentin. ④
Im Anschluß daran fährt man in westlicher Richtung nach Gudow. ⑤
Von nun an bewegt man sich wieder auf Lübeck zu, verweilt aber zunächst in Mölln. ⑥
In der südwestlichen Umgebung von Mölln liegt Breitenfelde mit seiner Pfarrkirche. ⑦
Bei Anker überquert man den Elbe-Lübeck-Kanal und macht dann Halt in Berkenthin. ⑧
Bevor man nach Lübeck zurückkehrt, kommt man über Krummesse. ⑨
Wem noch Zeit bleibt, der sollte den lohnenden Abstecher von Lübeck nach Travemünde, dem »Weltbad mit Casino«, nicht versäumen. ⑩

Sehenswürdigkeiten

① Lübeck: Siehe Wanderung 20 A, Seite 88.
② Ratzeburg wurde im Jahre 1062 gegründet und war im 17. Jahrhundert zeitweise Residenz der lauenburgischen Herzöge. Von der mittelalterlichen Stadt ist lediglich der Dombezirk erhalten geblieben, den Rest zerstörten die Dänen 1693. Der zwischen 1160 und 1220 erbaute Dom ist eines der bedeutendsten Beispiele mittelalterlicher Backsteinbaukunst. Ein Schmuckstück ist die südliche Vorhalle mit ihrer reichen Giebelfront. Der ursprüngliche Hochaltar entstand 1629. Er steht heute im südlichen Querschiff und zählt mit seinen drei Geschossen zu den Paradestücken des Knorpelbarock. Die Kanzel stammt von 1567, Teile des Chorgestühls gehen bis auf das 13. Jahrhundert zurück. Das aus dem 17. und 18. Jahrhundert stammende Herrenhaus der mecklenburgischen Herzöge ist heute Kreismuseum.

△ *Der romanische Dom von Ratzeburg liegt auf einer Insel im See*

Interessant sind weiterhin das Ernst-Barlach-Museum am Barlachplatz und das A.-Paul-Weber-Haus am Dom.

③ Die frühgotische Backsteinkirche von Seedorf stammt aus der Mitte des 13. Jahrhunderts. Sie enthält im Chor Fresken aus der Bauzeit.

④ In Zarrentin wurde 1250 ein Zisterzienserinnenkloster gegründet, das 1555 nach der Reformation in den Besitz der Herzöge von Mecklenburg kam. Von diesem Kloster steht heute noch der Ostflügel, die ehemalige Nonnenklausur. Der Chor der spätgotischen Klosterkirche entstand um 1460 zunächst als Dorfkirche. In der unscheinbaren Kirche versteckt sich eine besondere Rarität: die 1534 von Jacob Reyge für die Lübecker Marienkirche

△ *Das Eulenspiegeldenkmal in Mölln, wo man das Grab vermutet*

geschnitzte, spätgotische Kanzel. Im Jahre 1699 war die Kanzel den Lübeckern wohl nicht mehr gut genug und kam so durch Kauf in das abgelegene Zarrentin.

⑤ Die Pfarrkirche von Gudow stammt aus dem 12. Jahrhundert. Sie birgt einen gotischen Schnitzaltar, der von einem barocken Rahmen von 1655 eingefaßt ist. Der Altar stammt ursprünglich aus Lüne. Das Herrenhaus des Gutshofs war lange im Besitz der Familie von Bülow und entstand als letztes, rein klassizistisches Herrenhaus in Schleswig-Holstein.

⑥ Der guterhaltene historische Stadtkern um den Marktplatz in Mölln entstand in dieser Form im 14. Jahrhundert. Das gotische Rathaus wurde in Etappen zwischen 1373 und 1475 errichtet. Die Nikolai-Kirche geht bis in die Gründungszeit der Stadt zurück. Sie birgt zahlreiche Ausstattungsstücke aus dem 15. und 16. Jahrhundert, eine Barockorgel von 1558 und eine Rokokokanzel von 1743. Ein Grabmal an der Kirche erinnert ebenso wie der Eulenspiegelbrunnen auf dem Markt an den klugen »Volksnarren«, der um 1350 in Mölln an der Pest gestorben sein soll.

⑦ Die Pfarrkirche von Breitenfelde entstand um die Mitte des 13. Jahrhunderts und birgt im mittleren Chorfenster noch Farbglasfenster aus der Bauzeit der Kirche. Dargestellt sind fünf Szenen aus dem Leben Christi. Die Fenster sind das einzige Beispiel hochmittelalterlicher Glasmalerei in Schleswig-Holstein.

⑧ Die Pfarrkirche in Berkenthin entstand Mitte des 13. Jahrhunderts und enthält Fresken aus der Zeit knapp nach 1250.

⑨ In der Ende des 13. Jahrhunderts fertiggestellten Kirche von Krummesse wurde die Bemalung dem ursprünglichen Zustand entsprechend restauriert.

⑩ Als Thomas Mann seine Toni Buddenbrook beim Lotsenkommandeur Schwarzkopf in Travemünde einquartierte, gab es hier längst das traditionelle Bad der feinen Lübecker Gesellschaft. Seit 1825 floriert das dortige Spielcasino. Den besten Überblick über den Fährhafen, den Badestrand, Alt-Travemünde und die gegenüberliegende Halbinsel Priwall bietet die Dachterrasse des Maritim-Hotels. An der Mole von Priwall die Viermastbark Passat, ein 1911 gebauter Ganzstahlsegler. Zentrum des alten Dorfkerns von Travemünde ist die 1522 errichtete Lorenz-Kirche mit ihrem Barockaltar von 1723. Von Travemünde aus lohnt sich der Spaziergang zum Brodtener Steilufer. Es bietet einen schönen Blick über die Travemünder Bucht.

Tip

Hellbachtal zwischen Mölln und Gudow: Es besitzt recht viele naturkundliche Besonderheiten, vor allem verschiedene Gewässertypen. Während der Sarnekower See reich an Nährstoffen ist, gilt der abflußlose, kalkreiche Krebssee als nährstoffarm. Der Schwarzsee hingegen gehört zu den nährstoffarmen Braunwasserseen. Am Krebssee findet sich Sumpfschneiden-Ried, am Schwarzsee gedeiht Schwingrasen mit Sumpf-Schlangenwurz und einigen Orchideenarten. (Naturschutzgebiet; wenig Zutrittsmöglichkeiten.)

Die Hanse und ihr Zentrum Lübeck

Die Wenden scheinen tüchtige Kaufleute gewesen zu sein, hatten sie doch schon im frühen 12. Jahrhundert an dem von Niedersachsen zur Ostsee führenden Handelsweg ihren Handelsplatz Liubice (die Liebliche) errichtet. Unter der Obhut Heinrichs des Löwen wurde daraus auf dem inselartigen Oval zwischen Trave und Wakenitz die Hansestadt Lübeck. Friedrich II. erhob Lübeck bereits 1226 zur Freien Reichsstadt. Grund des raschen Wachstums der neuen Handelsstadt war die geographische, strategische und nicht zuletzt juristische Sicherheit, die Lübeck zu bieten hatte. Das Lübische Recht wurde in weiten Gebieten übernommen. In der »Europäischen Wirtschaftsgemeinschaft« des Mittelalters, wie man die Hanse auch nennen könnte, fiel Lübeck der Rang eines Vorortes (Hauptort) wie von selbst zu. Mit der 1161 erfolgten Gründung der »Genossenschaft der gotlandbesuchenden deutschen Kaufleute« begann ein Aufschwung, der erst 1669 mit dem letzten Hansetag zu Grabe getragen werden sollte. In ihrer Blütezeit reichte der Einfluß der Hanse mit eigenen Kontoren immerhin bis London, Bergen und Nowgorod.

▽ *Im Salemer Moor südlich von Ratzeburg*

20A

Wanderung 20 A: 4 Kilometer – 2 Stunden (ohne Einzelbesichtigungen)

Besuch in Lübeck

Lauenburg

Die Wenden hatten im frühen 12. Jahrhundert der noch heute schönsten deutschen Stadt den richtigen Namen gegeben: Liubice, die Liebliche, hieß ihre Siedlung am Handelsweg von Niedersachsen zur Ostsee an der Mündung der Schwartau in die Trave. Daraus wurde die Königin der Hanse und das heutige Kleinod mittelalterlicher Baukunst.

Tourverlauf

Angemessener Startplatz für den Spaziergang zu Lübecks schönsten Gebäuden ist das Holstentor an der Stadttrave. ①
Erstes Ziel ist die bereits sichtbare Petrikirche. ②
Über den Kohlmarkt geht es zum Markt und dem nördlich anschließenden Rathaus. ③
Unmittelbar hinter dem Rathaus schließt sich die zweitürmige Marienkirche an. ④

▽ *Alte Salzspeicher südlich des Holstentors*

Auf der Nordseite der Mengstraße steht das Buddenbrook-Haus. ⑤
Ebenfalls in der Mengstraße findet sich das Schabbelhaus. ⑥
Über die Beckergrube und die Breite Straße wird das Haus der Schiffergesellschaft erreicht. ⑦
Folgt man nun der Engelsgrube und der Engelswischstraße, kommt man am Hellgrünen Gang vorbei, einem der typischen Beispiele Lübecker Wohngänge. Die Nordspitze der Stadtinsel nimmt das Burgtor ein. ⑧
Von ihm geht es wieder südwärts durch die Große Burgstraße zum Heilig-Geist-Hospital. ⑨
Durch die Königsstraße gelangt man zur Katharinenkirche. ⑩
Nun passiert man zunächst die Glockengießerstraße und schwenkt dann am Türkenhagen nach rechts. Geht man nun immer geradeaus, kommt man zur Aegidienkirche. ⑪
In unmittelbarer Nachbarschaft ist das St.-Annen-Museum. ⑫
Nur noch ein Katzensprung ist es dann hinüber zum Dom. ⑬
Die Hartengrube führt von ihm hinunter zur Stadttrave. An ihr entlang kommt man zum Ausgangspunkt zurück.

Sehenswürdigkeiten

① Das Holstentor ist das »Wahrzeichen des wehrhaften hansischen Lübeck« und diente seit dem 14. Jahrhundert der Sicherung der wichtigen Ausfallstraße nach Holstein und Hamburg. Das heutige Holstentor wurde als Ersatz für ein kleineres Tor 1478 errichtet. Dabei gelang es, das mit Blendarkaden und Treppengiebeln verzierte Torhaus mit zwei gedrungenen, von spitzen Kegeldächern behüteten Rundtürmen zur einer beispielhaften Einheit zu kombinieren. Heute ist im Tor die Stadtgeschichtliche Sammlung untergebracht. Unmittelbar südlich des Tors stehen alte Salzspeicher. Die Backsteingiebelhäuser gehen auf das 16. Jahrhundert zurück und dienten früher zur Einlagerung des von Lüneburg angelieferten Salzes.
② Die Petri-Kirche gab es bereits vor 1170. Zwischen 1220 und 1240 entstand sie als dreischiffige Hallenkirche neu, Ende des 13. Jahrhunderts erhielt die romanische Kirche ihren dreischiffigen Hallenchor und danach bis 1330 ihr aufgestocktes, gotisches Langhaus. Im 14. und 15. Jahrhundert entstanden längs der Seitenschiffe Kapellen, die im späten Mittelalter durch Entfernen der Trennwände zu durchgehenden Schiffen angefügt wurden. Der auf dem romanischen Westwerk basierende Turm bietet die beste Aussicht über ganz Lübeck.
③ Im Rathaus fand das erfolgreiche Bürgertum der Stadt seinen adäquaten architektoni-

▽ *Blick über die Altstadt der Hansestadt Lübeck*

△ *Der Mühlenteich mit dem Dom im Hintergrund*

schen Ausdruck. Das Signal zum Neubau brachte 1226 das Privileg der Freien Reichsstadt. Nach einem Brand im Jahre 1251 wurden zwei Trakte durch eine Schildwand mit seitlichen Treppentürmen und vorgesetzter, zweigeschossiger Laube zu einer neuen Marktfront zusammengefaßt. Bis 1308 kam gegen Süden hin das Danzelhus (Tanzhaus) als Festsaal dazu. Mitte des 14. Jahrhunderts erhielt auch die Nordseite ihre mächtige Schildwand. Rund ein Jahrhundert später wurde die ältere, südliche Wand angeglichen. Als spätere Zutat kam dann noch 1571 die Renaissancelaube dazu.

④ Die Bürgerkathedrale St. Marien hatte von Anfang an eine ehrgeizige Akzentuierung. Begonnen wurde mit einer romanischen Basilika, die jedoch bald von der Idee einer gotischen Kathedrale eingeholt wurde. Bis 1330 entstand das heutige, riesige Langhaus. Bis 1351 hatten die beiden Westtürme bereits ihre spitzen Helme. Obwohl die Kirche 1942 völlig ausbrannte, ist sie heute in ihrem architektonischen Bestand wieder völlig hergestellt. Der gesamte Innenraum war einst farbig gestaltet, ein Vorbild, dem man bei der Restaurierung zu folgen versuchte. Die Kirche bietet deshalb ein einzigartiges Beispiel für die farbliche Fassung einer hochgotischen Backsteinbasilika. Von der ursprünglichen Ausstattung ist die Bronzetaufe von 1337, das in Erz gegossene Sakramentshaus von 1479 und der 1518 in Antwerpen gearbeitete Marienaltar im Chorschluß erhalten.

⑤ Das Buddenbrook-Haus ist ein barockes Patrizierhaus, dessen Fassade von 1758 stammt. Das Haus gehörte der Familie von Thomas Mann, dessen Roman »Die Buddenbrooks« teilweise in diesem Haus angesiedelt ist.

⑥ Beim Schabbelhaus handelt es sich um ein Ensemble von zwei traditionellen Lübecker Wohngebäuden. Sie gehören der Kaufmannschaft und werden als historische Gaststätte genutzt.

⑦ Das Haus der Schiffergesellschaft ist ein spätgotisches Giebelhaus von 1535. Es ist das einzige im ursprünglichen Zustand erhaltene Gildehaus der Stadt. Wo sich einst die Schiffergilde versammelte, kann sich der Gast heute in historischem Umfeld stärken. Gegenüber von der Schiffergesellschaft steht die Jakobi-Kirche, die bis 1334 ihre heutige Form fand. Reste der Farbgebung aus dieser Zeit erlaubten eine Restaurierung der ursprünglichen Ausmalung. Die hauptsächlich aus nachreformatorischer Zeit stammende Ausstattung blieb weitgehend erhalten. An den Pfeilerflächen konnten zudem umfangreiche Reste überlebensgroßer Heiligenfiguren aus der Zeit um 1330 aufgedeckt werden. Sie zählen heute zu den schönsten Beispielen mittelalterlichen Wandmalereien in Lübeck.

⑧ Das Burgtor repräsentiert bis heute den gräflichen und später herzoglichen Burgbezirk im Norden der Stadt. In seinem Kern stammt das Tor aus dem 13. Jahrhundert; es sicherte den einzigen natürlichen Zugang zu Burg und Stadt. Seine heutige Gestalt erhielt das Tor 1444, die ursprünglich gotische Helmspitze wurde 1685 durch die heutige, barocke Haube ersetzt.

⑨ Das Heilig-Geist-Hospital stammt in seinem Kern aus dem 13. Jahrhundert und diente der Versorgung bedürftiger Mitbürger. Charakteristisch ist die Westfront mit steilen Giebeln, die von vier bleistiftförmigen Türmchen flankiert sind.

⑩ Die turmlose, dreischiffige Katharinenkirche wurde im 13. Jahrhundert begonnen und Mitte des 14. Jahrhunderts fertiggestellt. Ihre reich gestaltete Westfassade wurde mit Terrakottafiguren von Ernst Barlach und Gerhard Marcks ergänzt. Im Inneren gibt es Fresken aus dem 14. und 15. Jahrhundert, eine Triumphkreuzgruppe von 1489 und ein Chorgestühl aus dem 14. Jahrhundert zu sehen.

⑪ Die Aegidien-Kirche geht auf das frühe 13. Jahrhundert zurück, wurde Anfang des 14. Jahrhunderts zur dreischiffigen Halle ausgebaut und erhielt Mitte des 15. Jahrhunderts ihren heutigen zweijochigen Chor. Die geschnitzte Lettnerbühne in ihrem Inneren stammt von 1587.

⑫ Das St.-Annen-Museum ist in einem 1515 vollendeten Klosterbau untergebracht. Zu sehen sind bedeutende Zeugnisse der Lübecker Kirchenkunst und der städtischen Wohnkultur.

⑬ Der Dom war von Anfang an der Gegenpol zur gräflichen Burg im Norden. Den Grundstein legte Heinrich der Löwe im Jahre 1173, gegen Ende des 12. Jahrhunderts wurde die dreischiffige Basilika im gebundenen System mit Querschiff fertiggestellt. Ab 1266 wurde der Chor um einen Hallenumgang erweitert, der nach und nach auch den Umbau des Langhauses zu einer Halle forderte. Wichtigstes Stück der Ausstattung ist die gewaltige Triumphkreuzgruppe, die Bernd Notke 1477 für den Dom schuf. Das bronzene Taufbecken stammt von 1455, die große Uhr an der rechten Seite des Lettners wurde 1628 fertiggestellt, die prächtige Kanzel wurde bereits 1568 gestiftet.

Tip

Museum für Puppentheater, Lübeck, Kleine Petersgrube 4–6: Das außergewöhnliche Museum zeigt unter anderem Theaterfiguren aus Europa, Afrika und Asien, Requisiten und Bühnenbilder.

▽ *Partie an der Trave in Lübeck*

21

Autotour 21: 120 Kilometer

Neubrandenburg und die Feldberger Seen

Neubrandenburg

Seit gut 700 Jahren wird Neubrandenburg von seinen vier Tortürmen eingefaßt. Südöstlich von Neubrandenburg liegt die Feldberger Seenlandschaft mit acht verschiedenartig geformten Seen. Neubrandenburg war das Zentrum des Großherzogtums Mecklenburg-Strelitz; der Breite Luzin ist mit 59 Metern der tiefste See in Mecklenburg-Vorpommern. Dazu gibt es auf dieser Rundtour alte Mühlen, stolze Schlösser und interessante Kirchen.

Tourverlauf

Ausgangspunkt ist Neubrandenburg mit dem stolzen Beinamen »Stadt der vier Tore« am Nordende des Tollensesees. ①
Die B 104 leitet westwärts aus der Stadt hinaus bis zur Abzweigung nach Neuendorf. Diese Abzweigung führt hinüber zur B 192 und damit zum ersten Ziel, nach Penzlin. ②

△ *Burg Stargard*

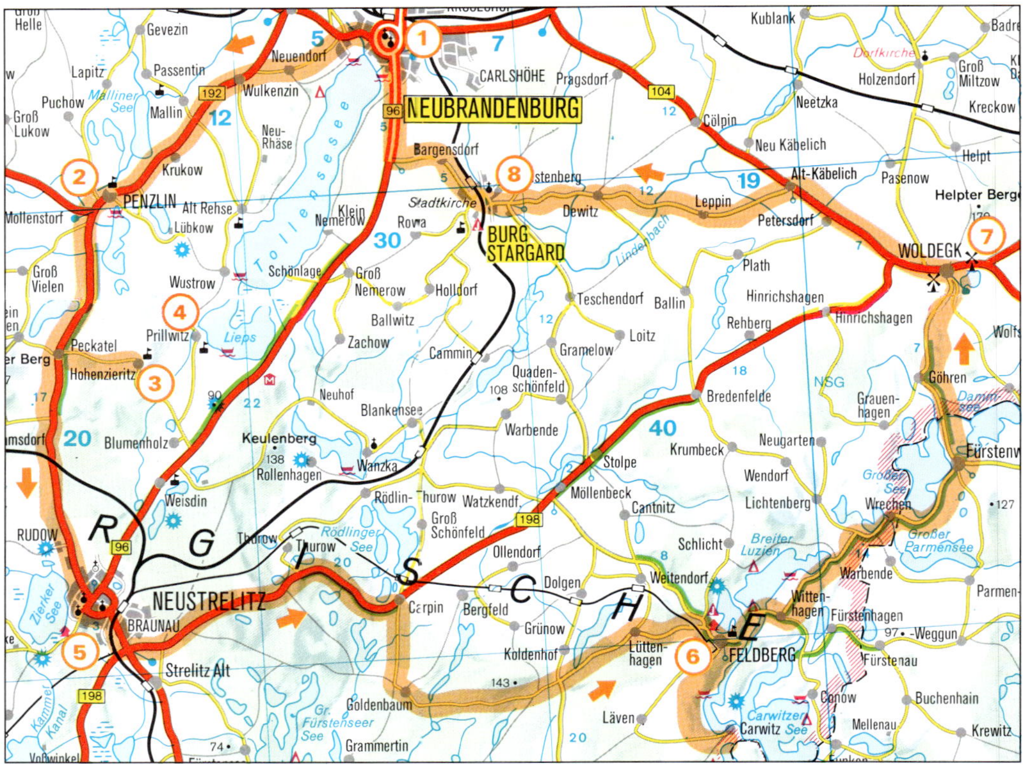

Wenig südlich von Peckatel lohnt sich der Abstecher nach Hohenzieritz. ③
Er läßt sich in östlicher Richtung fortsetzen nach Prillwitz. ④
Nächstes Ziel südlich von Peckatel ist Neustrelitz, die ehemalige Residenz des Herzogtums Mecklenburg-Strelitz. ⑤
Von Neustrelitz folgt man zunächst der B 198 nach Osten bis Carpin. Dort zweigt die Landstraße ab zum südlich gelegenen Goldenbaum. In Goldenbaum geht es wieder nach Osten, hinüber nach Feldberg ins Zentrum der Feldberger Seenplatte. ⑥
Mitten durch sie hindurch schlängelt sich die Landstraße über Fürstenwerder zunächst nordost- und dann nordwärts nach Woldegk. ⑦
Von Woldegk führt die B 104 nordwestwärts bereits wieder in Richtung Neubrandenburg, doch folgt man ihr nur bis Alt-Käbelich. Dort nimmt man die Abzweigung nach Leppin und fährt über Dewitz nach Burg Stargard. ⑧
Von dort sind es noch 10 Kilometer zurück nach Neubrandenburg.

Sehenswürdigkeiten

① Neubrandenburg ist eine planmäßig gebaute Stadt. Im Jahre 1248 gab Johann Markgraf von Brandenburg dem Ritter Herbord von Raven den Auftrag, am Nordende des Tollensesees eine Stadt zu errichten. Heute ist noch der gitterförmig angelegte Stadtkern mit einem Durchmesser von etwa 700 Metern erhalten. Der Rest fiel 1945 in Schutt und Asche. Erhalten jedoch sind die vier Tortürme sowie weite Teile der mittelalterlichen Stadtbefestigung. In ihr sind malerische Wiekhäuser integriert. Ursprünglich gab es 53 dieser Kampfhäuser. 26 sind bis heute wieder rekonstruiert. Die vier Tortürme gehören zum Schönsten, was deutsche Backsteingotik hervorgebracht hat. Das Friedländer Tor stammt aus dem 14. Jahrhundert, ist im romanisch-gotischen Übergangsstil gestaltet und mit Rundbogen und Friesdekor ausgeschmückt. Der Treptower Torturm entstand um 1400, ist viergeschossig und hat eine reiche Blendengliederung sowie Staffelgiebel. Der Stargarder Torturm stammt aus der Mitte des 14. Jahrhunderts, ist dreigeschossig und mit durchgehenden Blendbogen versehen. Das Neue Tor schließlich ist dreigeschossig, stammt aus der zweiten Hälfte des 15. Jahrhunderts und ist mit Maßwerkrosetten und Wimpergaufsätzen verziert. Die Franziskanerklosterkirche St. Johannis geht auf das 13. Jahrhundert

▽ *Nationalpark Müritz im Luftbild*

△ Am Tollensesee, dessen Becken von einer Gletscherzunge ausgeschürft wurde

△ Am Barockschloß Hohenzieritz aus dem 18. Jahrhundert

zurück. Sie besitzt eine interessante Renaissancekanzel von 1588, die aus Kalkstein mit Alabasterreliefs gearbeitet ist. An der Restaurierung der Stadtkirche St. Marien wird gearbeitet.

② Das Städtchen Penzlin entstand im Schutz einer im 13. Jahrhundert vorhandenen Burg. Am rechtwinkligen Marktplatz steht die aus Backstein gebaute Pfarrkirche St. Marien. Ihr ältester Teil, die frühgotische Südkapelle, stammt aus der Mitte des 13. Jahrhunderts, die neogotische Ausstattung aus dem 19. Jahrhundert.

③ Das Barockschloß Hohenzieritz wurde 1751 fertiggestellt. Das Schloß diente den Herzögen von Mecklenburg-Strelitz als Sommerfrische; den weiträumigen Park gestaltete der englische Gartenarchitekt Thomson ab 1771.

④ Am Liepser See liegt das um 1690 entstandene barocke Herrenhaus von Herzog Carl. Das zweigeschossige Schlößchen wurde im Auftrag von Herzog Adolf Friedrich V. bis 1889 erbaut.

⑤ Neustrelitz: Siehe Wanderung 21 A, Seite 92.

⑥ Feldberg: Siehe Wanderung 21 B, Seite 93.

⑦ In Woldegk gibt es fünf Mühlen. Drei von ihnen stehen auf dem Mühlenberg: eine Turmwindmühle und zwei Holländermühlen. Eine davon ist heute zum Mühlenmuseum ausgebaut. Zwei weitere Turmwindmühlen stehen in der Nähe der B 104 westlich der Stadt. Die Stadt selbst wurde Ende des Zweiten Weltkriegs nahezu vollständig zerstört, lediglich die dreischiffige Pfarrkirche aus dem 15. Jahrhundert und Teile der Befestigungsmauer aus dem frühen 14. Jahrhundert blieben bis heute erhalten.

⑧ Burg Stargard geht auf eine im Jahre 1236 von Markgraf Joachim I. errichtete Burg zurück. Sie kam 1299 an Mecklenburg und wurde von 1352 bis 1603 Residenz verschiedener mecklenburgischer Herzöge. Der 17 Meter hohe Bergfried mit seinen fast 4 Meter dicken Mauern stand schon um 1200, der Zinnenkranz und die kegelförmige Spitze sind Zutaten von 1823. Das Städtchen unter der Burg entstand in seiner heutigen Form weitgehend nach einem Stadtbrand 1758. Von den damals in Fachwerk errichteten Traufenhäusern stehen noch einige. Die um 1250 begonnene, frühgotische Pfarrkirche hat einen neogotischen Backsteinturm und besitzt einen barocken Kanzelaltar von 1770. In der Kapelle des ehemaligen Heilig-Geist-Spitals ist heute das Heimatmuseum untergebracht.

Der Schmale Luzin zwischen Feldberg und Carwitz

Dicht bewaldete Steilufer säumen diesen einzigartig schönen See, der sich etwa 6 Kilometer lang und bis 34 Meter tief, dabei aber nur 75 bis 300 Meter breit, zwischen Feldberg und Carwitz erstreckt. Das so eindrucksvoll geformte Gewässer mit seinen dicht mit Buchen bewachsenen Ufern gilt als klassisches Beispiel eines flußartigen Rinnensees. Sein Becken wurde vom Schmelzwasser der Gletscher ausgespült und später durch die Toteisblöcke einer jüngeren Gletscherzunge konserviert. Über 7 Kilometer weit hat das Wasser die 50 Meter tiefe Rinne in eine Endmoräne gegraben. Vom 121 Meter hohen Hauptmannsberg ist dies besonders schön zu sehen. Beeindruckt davon war auch schon Hans Fallada, der in Carwitz 1933 seinen Roman »Wer einmal aus dem Blechnapf frißt« vollendete und feststellte: »Hier endeten die Gletscher der Eiszeit, tief schnitten ihre Zungen in das Land ein.« Sein damaliges Urteil, daß das Wasser »heute noch etwas von der Frische und Klarheit des Eises« habe, klingt inzwischen jedoch etwas zweifelhaft. Besserung bringt hier vielleicht der Naturpark »Feldberg – Lychener Seenlandschaft«.

Tip

Penzlin: In Penzlin stehen noch die Reste einer Burg aus dem 16. Jahrhundert – mit einem kompletten Folterkeller – zur Besichtigung.

21 A

Wanderung 21 A: 2 Kilometer – 1 ½ Stunden

Spaziergang im Park Neustrelitz

In der herzoglichen Residenz Mecklenburg-Strelitz war man modern: Schon Anfang des 19. Jahrhunderts wurde der sorgfältig von Christoph Julius Löwe im Barockstil angelegte Schloßpark der Bevölkerung geöffnet. Auch nach der Umgestaltung ab 1820 in einen englischen Landschaftsgarten hat der Park nichts von seinen Reizen verloren.

Neubrandenburg

Tourverlauf

Dieser Spaziergang beginnt am Hirschportal im Süden des Landschaftsparks und des Platzes, wo bis 1945 das Residenzschloß gestanden hatte. ①
Über die Härtelstraße geht es hinüber zum Residenztheater und von dort weiter zum ehemaligen Marstall. ②

△ *Naturschutzgebiet Serrahn östlich von Neustrelitz*

Noch in derselben Richtung erreicht man in der Nordwestecke des Parks den Luisentempel. ③
Von ihm geht man nach Osten hinüber zum Hebe-Tempel. ④
Er liegt auf der ehemaligen Hauptachse, der man nach Süden folgt. Der Reihe nach trifft man nun auf die Drake-Prunkvase ⑤, die Victoria-Skulptur ⑥ und die Ildefonso-Gruppe ⑦.
Um das Erlebnis der Hauptachse zu vertiefen, wandert man auf ihr zurück bis zum Hebe-Tempel und wendet sich dann weiter nach Osten bis zu dem Weg, der parallel zur Hauptachse südwärts führt. Hier steht die »barocke Götterallee«. ⑧
Der Götterallee folgt die Orangerie. ⑨
Man passiert dann verschiedene Plastiken und erreicht schließlich die Schloßkirche. ⑩

◁ *Neustrelitz: »Göttergalerie«*

Sehenswürdigkeiten

① Das Hirschportal erhielt seinen Namen von zwei Bronzehirschen auf den Pfeilern. Das Portal bildete den Eingang zum Tiergarten, dem ehemaligen herzoglichen Jagdrevier.
② Den dreiflügligen, neogotischen Marstall errichtete Friedrich Wilhelm Buttel 1870.
③ Der Luisentempel ist eine 1891 geschaffene antikisierende Gedenkhalle für die preußische Königin Luise. Der griechische Tempel mit säulengetragener Giebelfront enthält im Inneren die Nachbildung des Sarkophags mit der Grabfigur der Verstorbenen.
④ Der Hebe-Tempel am Ende der Hauptachse des Parks wurde vom großherzoglichen Oberbaurat Friedrich Wilhelm Buttel schon 1840 in der Form eines Monopteros errichtet. In dem nur aus Säulen bestehenden Rundtempel befindet sich eine Kopie der 1796 von Antonio Canova geschaffenen Hebe-Statue.
⑤ Die Prunkvase ist eine Marmorkopie eines von Johann Friedrich Drake geschaffenen Originals.
⑥ Die römische Siegesgöttin Victoria war ursprünglich von Christian Daniel Rauch für das Schlachtfeld von Leuthen geschaffen worden. Die 3 Meter hohe Kopie im Park entstand 1854.
⑦ Die Ildefonso-Gruppe entstand als Kopie der in Schloß Charlottenhof in Potsdam stehenden Kopie der Plastik des Pasiteles aus dem 1. Jahrhundert v. Chr. Gegenüber dem Original und der Kopie in Potsdam hat die Neustrelitzer Kopie allerdings einen markanten Unterschied: Bei einer Restaurierung 1980 (!) entschieden die Kulturgewaltigen, daß die beiden an einem Altar stehenden Jünglinge Feigenblätter bekommen müßten.
⑧ Die barocke Götterallee enthält heute noch neun Sandsteinskulpturen aus dem 18. Jahrhundert, die jedoch 1961 erneuert wurden.

▽ *Klosterkirche Neustrelitz*

⑨ Die Orangerie entstand 1755 als Antikensammlung, 1842 wurde daraus ein Gartensalon. Dabei entstanden elegante, klassizistische Räume mit pompejanischer Wand- und Deckenmalerei sowie Abgüssen antiker Statuen.
⑩ Die Schloßkirche ist ein Werk von Friedrich Wilhelm Buttel, der den Bau auf kreuzförmigem Grundriß 1859 fertigstellte. Aus demselben Jahr stammen die vier Evangelistenfiguren an der Hauptfassade.

Tip

Neustrelitz: Rund um den Schloßpark Neustreliz liegt die sogenannte Kleinseenplatte. Über 300 Seen soll es in der Umgebung der Stadt geben.

Wanderung 21 B: 10 Kilometer – 2 ½ Stunden

21 B

Schmaler Luzin und Hauptmannsberg

Neubrandenburg

Die Feldberger Seenlandschaft ist ein besonders schönes Musterbeispiel für die eiszeitliche Formung eines ganzen Gebiets. Sie enthält neben vielen abwechslungsreichen geologischen Kleinformen die kompletten Verformungen des Eisvorstoßes während der Pommerschen Weichselkaltzeit. So gehört der Hauptmannsberg zur Endmoräne dieses Eisvorstoßes.

Tourverlauf

Ausgangspunkt ist die Prenzlauer Straße in Feldberg. ①
Über den Fischersteig geht es hinunter zur Gaststätte Luzinhalle am Schmalen Luzin. ②
Am Fähranleger wendet man sich nach rechts (südwärts) und folgt dem Ufer des bis zu 34 Meter tiefen Schmalen Luzins. Hier lohnt es sich, die Augen offen zu halten, gibt es doch so manche botanische Rarität zu entdecken. Der See zieht sich wie ein langer Haken nach Süden bis zum Dörfchen Carwitz an der schmalen Landbrücke zwischen Schmalem Luzin und Carwitzer See. ③
Nördlich von Carwitz erhebt sich der Hauptmannsberg mit prächtiger Aussicht über die Seenlandschaft. ④
Nach Norden durchquert der Wanderweg nun einen stattlichen Buchenhochwald und führt zum Hotel Hullerbusch. ⑤
Mit der auf Zuruf funktionierenden Kahnfähre kann man auf das andere Ufer des Schmalen Luzin übersetzen. Der Fischersteig schließlich führt zurück zum Ausgangspunkt in Feldberg.

◁ *Luzinstein am Schmalen Luzin*

Sehenswürdigkeiten

① Feldberg geht auf eine Siedlung auf einer Insel im Haussee zurück. Erst in der zweiten Hälfte des 18. Jahrhunderts dehnte es sich aufs Festland aus. Im alten Spritzenhaus auf dem Amtswerder ist eine Heimatstube eingerichtet, in der über wesentliche Naturerscheinungen der Umgebung Informationen gezeigt werden. Der Schloßberg auf der Nordseite des Breiten Luzin trug im vorigen Jahrtausend eine altslawische Höhenburg mit drei Toren und 60 bis 80 Großhäusern, in denen bis zu tausend Menschen lebten. Am Südostrand des Burgplateaus gab es eine slawische Kultstätte. Reste der Wallanlagen sind noch heute gut zu erkennen.
② Der Schmale Luzin ist ein ausgeprägter Rinnensee, dessen Becken von Gletscher-Schmelzwassern geformt wurde. Der Luzinstein ist ein Findling, dessen Kanten vom Eis geglättet wurden. Bei einem Rauminhalt von 7 Kubikmetern dürfte der Granitfindling etwa 20 Tonnen wiegen.
③ In Carwitz lebte und arbeitete von 1933 bis 1944 Rudolf Ditzen, besser bekannt als Hans Fallada. Er war 1932 mit dem Roman »Kleiner Mann, was nun?« berühmt geworden und durfte unter den Nationalsozialisten offiziell nur noch »Unterhaltungsliteratur« schreiben. Dennoch wurden die elf Carwitzer Jahre seine fruchtbarsten. Hier vollendete er im November 1933 seinen Roman »Wer einmal aus dem Blechnapf frißt«. Auch seine beiden Bücher » Wolf unter Wölfen« (1937) und »Der eiserne Gustav« (1938) schrieb er in Carwitz. 1945 ging Fallada nach Berlin. Die Gedenkstätte im Carwitzer Wohnhaus soll erweitert und ein Café eingerichtet werden; in der Scheune soll ein Veranstaltungsraum entstehen.
④ Der Hauptmannsberg ist eine eiszeitliche Endmoränenaufstauchung. Er besitzt eine interessante Trockenrasenflora und den größten Ginsterbestand weit und breit. Ursprünglich war der Höhenrücken waldfrei und diente als Viehweide. Mit dem Rückgang der Beweidung wucherten

△ *Die Kleinstadt Feldberg*

Schlehen, Brombeergebüsch und Besenginster. Um das völlige Zuwachsen des Hauptmannsbergs zu verhindern, wurde inzwischen einiges gerodet und 1985 ein Lehrpfad durch das Naturschutzgebiet angelegt.
⑤ Das Hotel Hullerbusch steht in einem gepflegten Park mit alten Bäumen. In der Umgebung gibt es einen Hünenwall, eiszeitliche Aufschüttungen von Findlingen, einen Teufelsstein mit gut ausgebildeten Gletscherschrammen – Kratzspuren in Fließrichtung des Eises – und einen Hünenfriedhof, der vermutlich ein bronzezeitlicher Kultplatz war.

Tip

Heilige Hallen: Westlich von Feldberg befindet sich das älteste Naturschutzgebiet des Feldberger Raumes – die Heiligen Hallen (unter Schutz seit 1938). Das ehemals geschlossene Kronendach dieses uralten Buchenwaldes vermittelte einen hallenartigen Eindruck, der dem Gebiet seinen Namen verlieh. Seit vielen Jahren vom Menschen unbeeinflußt, hat der Buchenwald inzwischen ein urwaldartiges Aussehen erlangt.

22

Mark Brandenburg

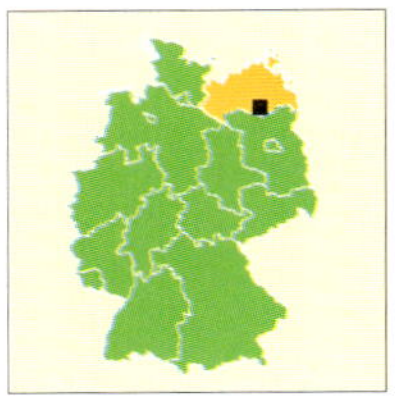

Autotour 22: 120 Kilometer

Im Norden der Mark Brandenburg

Wer schon immer Theodor Fontanes Welt erleben wollte, der muß diese Route fahren: Abgelegene Seen, Flüsse und alte Kanäle, ausgedehnte Buchen- und Kiefernwälder, lange Alleen, sanfte Hügel und Täler, Sand und Heideflächen, dazwischen idyllische Ortschaften: all das inspirierte den großen Dichter zu seinen »Wanderungen durch die Mark Brandenburg«. Kurt Tucholsky folgte ihm mit seiner Sommergeschichte »Rheinsberg – Bilderbuch für Verliebte«.

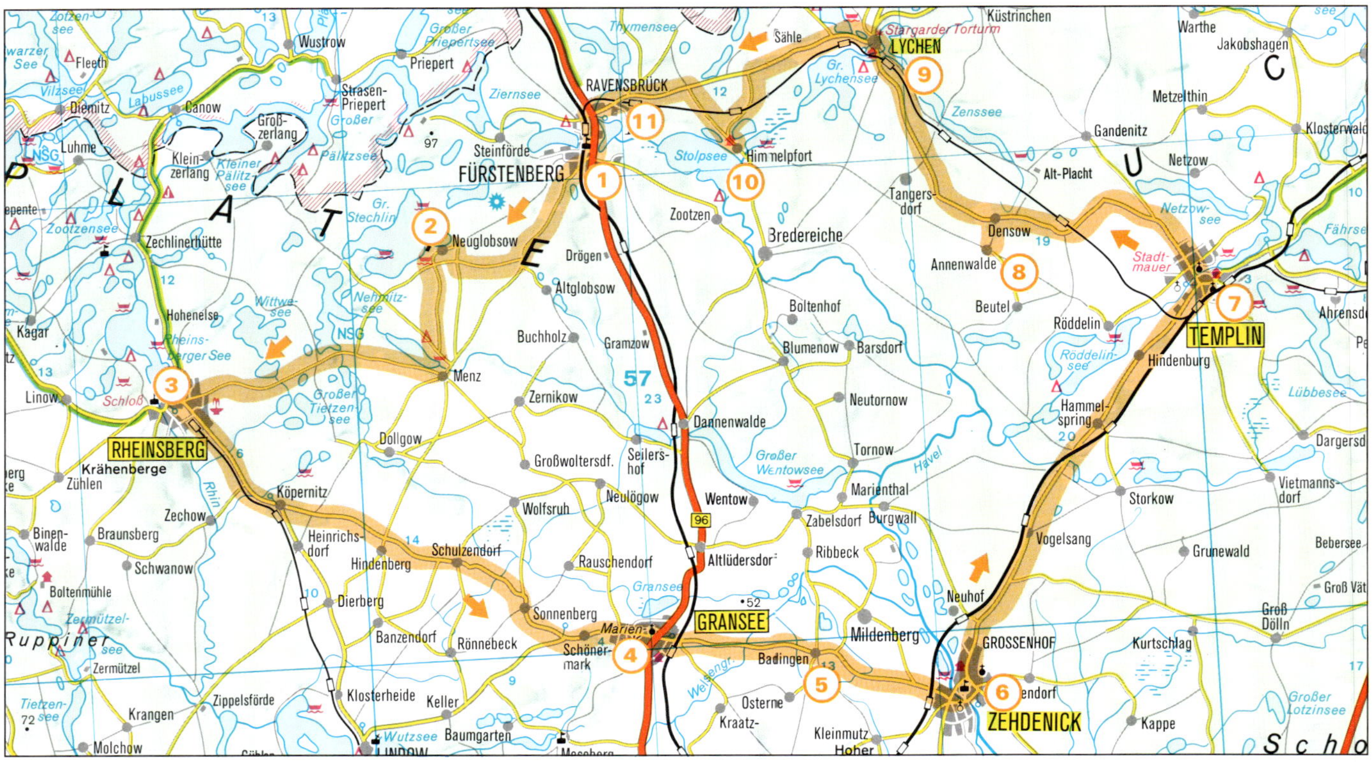

Tourverlauf

Diese Autotour durch die Mark Brandenburg beginnt in Fürstenberg. ①
Auf der Landstraße erreicht man Neuglobsow. ②
Über Menz fährt man hinüber ins beschauliche Rheinsberg. ③
Anschließend geht es über Köpernitz und Schulzendorf quer durch die märkische Idylle nach Gransee. ④
Eine weitere Zwischenstation ist Badingen. ⑤
Danach fährt man weiter nach Zehdenick. ⑥
Eine holprige Landstraße verbindet Zehdenick mit Templin. ⑦
Ihren ländlichen Charakter behält die Chaussee auch nach Annenwalde bei. ⑧
Auf derselben Straße wird die Autotour nach Lychen fortgesetzt. ⑨
Geruhsam ist auch die Weiterfahrt nach Himmelpfort. ⑩
Vor der Rückkehr nach Fürstenberg ist Ravensbrück die letzte Station dieser Tour. ⑪

▽ *Barockschloß in Fürstenberg an der oberen Havel*

Sehenswürdigkeiten

① Weil Fürstenberg ursprünglich zu Mecklenburg gehörte, ist die 1848 fertiggestellte Stadtkirche auch ein Werk des Mecklenburger Hofbaumeisters Friedrich Wilhelm Buttel. Er errichtete den Bau in neugotischem Stil auf kreuzförmigem Grundriß und mit einem schlanken Turm. Das Fürstenberger Schloß ist eine Dreiflügelanlage, die nach Plänen von Christoph Julius Löwe 1752 fertiggestellt wurde.
② Neuglobsow: Siehe Wanderung 22 A, Seite 96.
③ Rheinsberg: Siehe Wanderung 22 B, Seite 97.

△ *Ruppiner Tor in Gransee*

④ Das Städtchen Gransee am gleichnamigen See wurde im frühen 13. Jahrhundert von den Markgrafen Johann I. und Otto III. gegründet und ausgebaut. Das Straßennetz wurde auf regelmäßigem Raster angelegt, die Hauptstraße verläuft zwischen dem Ruppiner Tor (gut er-

Theodor Fontane und die Mark Brandenburg

Niemand hat die Schönheit märkischer Landschaft besser beschrieben als der am 30. Dezember 1819 in Neuruppin geborene Theodor Fontane. Mit feinem Humor beschrieb Fontane die Charaktere seiner Umwelt. So gelang ihm eine höchst lebendige Darstellung der zeitgenössischen adligen und bürgerlichen Berliner Gesellschaft. Von seiner reichen Lebenserfahrung zeugen die Kraft der Charakterisierung und die geistvolle Gesprächsführung in seinem Roman »Der Stechlin«, der am Großen Stechlinsee spielt. Das slawische Wort »Stechlin« bedeutet Glas, und tatsächlich ist der 68 Meter tiefe Große Stechlinsee bis heute glasklar und der sauberste See der Region. Die Sichttiefe des sauerstoffreichen, aber nährstoffarmen Sees reicht bis zu 10 Meter und zieht deshalb viele Taucher an. Eine berühmte Besonderheit des Stechlins ist, daß die Sonneneinstrahlung im Zusammenwirken mit dem steinigen Seegrund unter der Wasseroberfläche immer wieder zu reizvollen Spiegelungserscheinungen führt. Das blaugrüne, verträumte Kleinod mitten im Wald ist von Neuglobsow aus erreichbar. In gut drei Stunden kann man den See umwandern.

△ *Stadtpark in Fürstenberg*

halten) und dem Zehdeniker Tor (abgerissen). Auch von der Stadtmauer sind noch beachtliche Teile erhalten. Auf dem Schinkelplatz steht das vom Berliner Baumeister entworfene und von Theodor Fontane treffend beschriebene Denkmal für die Aufbahrung der Königin Luise bei ihrer Überführung von Hohenzieritz nach Berlin. Die Stadtkirche St. Marien geht auf das 15. Jahrhundert zurück, hat eine Zweiturmfassade und eine dreischiffige Backsteinhalle. Besonders reich mit gestaffelten, spitzbogigen Maßwerkblenden gegliedert ist der Ostgiebel. Er entstand nach dem Vorbild der Prenzlauer Marienkirche. Gebaut wurde der Giebel ab 1370. Wertvollste Stücke der Ausstattung sind zwei mittelalterliche Altäre aus der Zeit um 1520.

⑤ Die aus Feldsteinen errichtete Dorfkirche von Badingen stammt aus dem 13. Jahrhundert, das »Feste Haus« daneben ist Rest eines mittelalterlichen Wehrturmes.

⑥ Zehdenik sicherte ab 1281 als Burg eine Furt über die Havel. Daneben entstand auf gitterförmigem Straßennetz eine kleine Marktsiedlung. Ein 1250 gegründetes Nonnenkloster wurde dank eines Hostienwunders zum Wallfahrtsort. 1801 brannte das Kloster aus; erhalten blieben Ruinen sowie der zweigeschossige Nordflügel mit dem Kreuzgang.

⑦ Der Kern von Templin geht auf die Mitte des 13. Jahrhunderts zurück. Die Askanier veranlaßten das rechtwinklige Planraster der Straßen, das Ganze erhielt einen festen Mauerkranz mit mächtigen Tortürmen. Besonders eindrucksvoll sind das Lychener Tor, das Berliner und das Prenzlauer Tor. Die Pfarrkirche St. Maria-Magdalena war ursprünglich ein aus Feldsteinquadern errichteter Saalbau. Er wurde im 15. Jahrhundert durch

△ *Templin*

eine dreischiffige Backsteinhalle mit Umgangschor ersetzt. Die Südseite ist mit einer monumentalen Portalnische betont. In der Georgenkapelle nahe dem Berliner Tor sind ein spätgotischer Schnitzaltar und eine Schnitzfigur des heiligen Georg erhalten.

⑧ In Annenwalde steht eine bemerkenswerte Kirche. Sie entstand nach den Vorstellungen Schinkels als »Normalkirche« des Klassizismus. Ihr Inneres ist durch hölzerne Emporenstützen in Form dorischer Säulen dreischiffig unterteilt. Das Mittelschiff hat eine hölzerne Längstonne, die Ausstattung ist klassizistisch.

⑨ Lychen wurde per Urkunde am 23. Januar 1248 von Markgraf Johann I. gegründet. Noch unverändert aus der Gründerzeit ist die Stadtkirche erhalten. Sie zeigt sich als eindrucksvolles Beispiel früher städtischer Bauweise. Die einzige spätere Zutat ist die Backsteinerhöhung des Turms aus dem 15. Jahrhundert. Die Ausstattung stammt durchwegs aus dem 17. Jahrhundert.

⑩ Das Zisterzienserkloster Himmelpfort wurde 1299 von Markgraf Albrecht III. gegründet. Die lediglich in Ruinen erhaltene Klosterkirche war eine dreischiffige Basilika aus dem frühen 14. Jahrhundert; Teile ihres Querschiffes dienen heute als Dorfkirche.

⑪ Kurz vor der Rückkehr nach Fürstenberg mahnen die Reste des ehemaligen Konzentrationslagers Ravensbrück.

Tip

Ruppiner Schweiz: Südlich von Rheinsberg, zwischen dem Tornowsee und dem Kalksee bei Binenwalde, liegt das knapp einen Quadratkilometer große Naturschutzgebiet Ruppiner Schweiz. Unter dem Dach alter Buchen, Traubeneichen und Kiefern kann man vom Kalksee entlang des Binenbaches wandern.

▷ *Klosterruine in Himmelpfort*

22 A

Mark Brandenburg

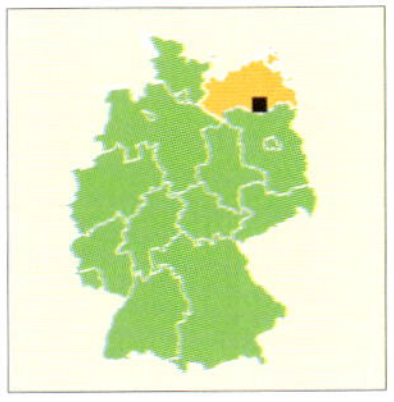

Wanderung 22 A: 9 Kilometer – 2 Stunden

Fontanes Stechlinsee

Die Gewässer der Rheinsberger Landschaft sind von bestechender Schönheit. Zahlreiche Seen, Bäche, kleine Flußläufe und Kanäle prägen das Gebiet. Seengruppen und Seenketten verlieren sich in stiller Abgeschiedenheit und unberührter Urwüchsigkeit. Ein besonders schönes Beispiel ist der Stechlinsee.

Tourverlauf

Man beginnt den Rundweg um den Großen Stechlin am besten in dem Dörfchen Neuglobsow. ① Am westlichen Ortsende, wo der See bereits durch den Hochwald schimmert, wendet man sich im Uferbereich nach rechts und wandert nordwärts zum ersten Ziel, dem Fenchelberg. Hat man danach wieder das Seeufer erreicht, taucht bald eine Unterstandshütte mit einigen Bänken auf. Von hier bietet sich ein besonders schöner Blick über den See.

Auf der Höhe des Nordendes des Stechlinsees, an der Sonnenbucht, behält man die Nordrichtung bei. ②

Kurz darauf erreicht man das Südufer des Großen Glietzensees. Über seinen gewundenen Uferweg geht es die nächsten 20 Minuten bis zum Ostende des Sees.

△ *Dagowsee, östlich vom Stechlinsee*

Hier nimmt man den nach rechts (Süden) weisenden Weg und folgt ihm für etwa 45 Minuten durch schönen Buchenhochwald bis zum Dörfchen Dagow am gleichnamigen See. Am Südende des Dörfchens führt der Schulsteig zurück nach Neuglobsow.

Auch eine Umrundung des gesamten Stechlinsees ist über einen sehr abwechslungsreichen Uferweg möglich. Diese Runde ist 14 Kilometer lang und dauert etwa 3 1/2 Stunden. Am Nordende des Sees geht man dafür nicht geradeaus, sondern scharf links und folgt dann immer dem Weg entlang dem Ufer.

Sehenswürdigkeiten

① Im heutigen Fontanehaus in Neuglobsow, dem ehemaligen Gasthof Lippert, kehrte der Dichter oft ein. Alte Fachwerkhäuser wie etwa das Haus Heimatliebe in der Stechlinseestraße stammen noch aus dem ausgehenden 18. Jahrhundert und erinnern an den damals noch florierenden Betrieb einer Glashütte. Denkt man sich einige moderne Bauten weg, kann man sich recht gut vorstellen, wie das Dörfchen und der See auf Theodor Fontane gewirkt haben mögen. Dem See widmete Fontane den berühmten Roman »Der Stechlin«. Er ist besonders interessant, weil in der Gestalt des alten Dubslav von Stechlin viel von Fontanes eigenem Wesen und seiner Lebensanschauung und damit der Leute aus der Mark Brandenburg zum Ausdruck kommt. Mit dem Roman blieb auch die alte Sage lebendig, nach der immer dann der »rote Hahn« aus den Fluten des Sees auftaucht und laut kräht, wenn irgendwo auf der Welt eine Naturkatastrophe stattfindet. Deshalb findet sich an den Häusern um den See immer noch häufig das Bildnis dieses roten Hahns.

② Der 425 Hektar große Stechlinsee zählt zu den reizvollsten Seen des gesamten Gebiets. Er ist durch halbinselartige Vorsprünge stark gegliedert und deshalb von kaum einem Punkt voll zu überschauen oder gar in seiner Größe zu schätzen. Mit 68 Metern Tiefe zählt er zu den tiefsten

Seen der Mark Brandenburg. Sein ungewöhnlich klares Wasser ist berühmt und wird besonders von den Sporttauchern geschätzt. Seine Ufer sind meist dicht bewaldet, an den Steilufern stehen mächtige Rotbuchen und alte Kiefern. Der Name des Sees kommt übrigens aus dem Slawischen, wo Steklo Glas bedeutet. Eine weitere Besonderheit des Sees ist, daß er ursprünglich nur einen schmalen Abfluß zum Nehmitzsee hatte, aber nicht mit den übrigen Seen in Verbindung stand. Um dennoch geschlagenes Holz über den See abtransportieren zu können, wurde 1750 der Polzowkanal angelegt. Der etwa 8 Meter breite und an den Rändern teilweise mit Holzbrettern verschalte Kanal erlaubte das Triften von Holzflößen vom Stechlinsee über den Nehmitz- und Roofensee zur Havel.

Tip

Bedeutsam ist der Große Stechlin vor allem als Überwinterungsort für über 20 verschiedene Wasservogelarten. In den alten umliegenden Wäldern brüten Hohltauben und der Waldkauz. Die Spechte sind vom Kleinspecht über Mittel-, Bunt- und Grünspecht bis zum krähengroßen Schwarzspecht vertreten. Über den Wipfeln kreisen Greifvögel wie Adler und Milane.

▷ *Inschrift am Fontanehaus in Neuglobsow*

Wanderung 22 B: 2 Kilometer – 1 ½ Stunden

Parkspaziergang in Rheinsberg

22 B

Mark Brandenburg

Schloß und Park Rheinsberg waren für Friedrich den Großen die Vorwegnahme von Sanssouci. Vier Jahre residierte er hier als Kronprinz und versammelte einen Kreis von Künstlern und Philosophen um sich. Nach seiner Krönung zum König von Preußen schenkte er Rheinsberg seinem jüngeren Bruder Heinrich, der den Schloßpark zum heutigem Umfang erweitern ließ.

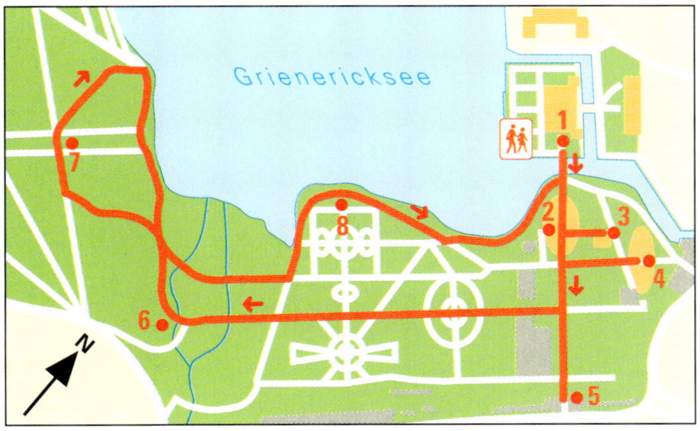

Tourverlauf

Der Weg in den Park beginnt auf der Südseite des Schlosses bei der Billardbrücke. ①
Von hier führt die Hauptallee durch das Orangerieparterre auf das südliche Gartenportal zu. ②
Von der Allee zweigt der Weg zur Backsteinpyramide ab. ③
Ebenfalls von der Allee gelangt man zum Naturtheater. ④
Danach spaziert man zum südlichen Gartenportal. ⑤
Von der Hauptallee führt die große Querallee nach Westen in den Park hinein. Sie endet bei der Egeria-Grotte. ⑥
Von ihr aus geht es nach Norden zum oberen Rand des Weinberges und zum Obelisken. ⑦
Am See entlang läuft man zurück in den Park und zur Feldsteingrotte. ⑧
Weiter am Seeufer erreicht man wieder die Billardbrücke.

△ Schloß Rheinsberg, Schloßpark mit Statue

Sehenswürdigkeiten

Das an Rhin und Grienericksee gelegene Rheinsberg steht auf uraltem Siedlungsgebiet. Funde aus Ur- und Frühgeschichte beweisen, daß die Moränenlandschaft seit langer Zeit besiedelt war. Bereits im 13. Jahrhundert gab es eine Grenzfeste gegen die Slawen, in deren Schutz sich Bauern, Handwerker und Fischer ansiedelten. Die nach und nach daraus gewachsene Herrschaft Rheinsberg erwarb der preußische König Friedrich Wilhelm I. 1734, um Kronprinz Friedrich eine eigene Hofhaltung zu ermöglichen. Hofbaumeister Georg Wenzeslaus von Knobelsdorff erhielt den Auftrag, aus der alten Wasserburg eine den Musen gewidmete Idylle zu schaffen. Nur zwei Jahre später konnte der kronprinzliche Hof von Neuruppin übersiedeln und eine den Künsten und den Wissenschaften gewidmete Hofhaltung eröffnen. Mit der Parkanlage wurde 1740 begonnen, ab 1753 erfolgte die Erweiterung des Parks in die weitere Umgebung. Mit dem Wegzug des Hofes geriet Schloß Rheinsberg nach 1802 in Vergessenheit. Erst Theodor Fontane und nach ihm Kurt Tucholsky machten Schloß und Park wieder bekannt. Heute ist das Schloß teilweise als Museum zugänglich.

① Die Billardbrücke erhielt ihren Namen nach dem Billardzimmer im Schloß.
② Das Orangerierondell diente einst zur Aufstellung der exotischen Pflanzen und Gewächse aus der Orangerie. Die Anlage wird von zwei großen Sphinxen eingerahmt, die hier den Eingang zum engeren Schloßbezirk bewachen sollten. Mit etwas Phantasie erinnern die Gesichtszüge der beiden Sphinxe an die französische Madame Pompadour und die österreichische Kaiserin Maria Theresia.
③ Ein kleiner Seitenweg führt zur Backsteinpyramide an der Grabstätte des Prinzen Heinrich. Form und Inschrift an der Pyramide sind vom Prinzen selbst bestimmt worden.
④ Das wenige Schritte neben der Backsteinpyramide gelegene Naturtheater entstand 1758. Tannen und Buchenhecken säumen eine etwas erhöhte Bühne, die bei Aufführungen Statuen aus dem Park als Kulissen erhielt.
⑤ Das südliche Gartenportal wurde 1741 mit zwei korinthischen Säulengruppen gestaltet. Eine mit Vasen besetzte Balustrade bildet einen Halbkreis zur Einfassung des Vorplatzes. Die beiden allegorischen Figuren neben den Säulen stellen Flora, die Göttin der Blumen, und Pomona, die Göttin der Baumfrüchte dar. Dieses Ensemble wurde von Knobelsdorff gestaltet und später in Sanssouci nachgebaut.
⑥ Die Grotte der Egeria entstand 1790. Sie war ursprünglich mit Rinden verschiedener Hölzer ausgekleidet und sollte den Eindruck einer Eremitage vermitteln. In einer Rundbogennische stand die Figur der Nymphe Egeria.
⑦ Der am oberen Rand des Weinbergs weithin sichtbar plazierte Obelisk entstand 1791 als Denkmal für die Helden des Siebenjährigen Krieges um Schlesien. Gestaltet wurde der Obelisk von Georg Friedrich Boumann.
⑧ Die 1783 aus alten Feldsteinen aufgetürmte Grotte wurde bei allerlei Festlichkeiten genutzt. Ihre drei gewölbten Räume waren mit Muschel- und Tropfsteindecken sowie künstlichem Schmuck in Märchengrotten verwandelt worden. Die dafür verwendeten Gläser stammten aus der Weißen Hütte in Zechlin.

Tip

Grienericksee: Am See entlang kann man über den Poetensteig spazieren – auf den Spuren von Fontane und Tucholsky. Der Weg führt weiter zum nördlich gelegenen Rheinsberger See mit der Remus-Insel.

▷ Das Schloß am See

23

Autotour 23: 110 Kilometer

Im Biosphärenreservat Schorfheide

Schorfheide

Zwischen der Feldberger Seenplatte und der Oder bieten die Uckermark, die weiten Waldflächen der Schorfheide und die Ebenen des Eberswalder Urstromtals dem Naturfreund und dem kunsthistorisch Interessierten viele Anziehungspunkte. Die Schorfheide wird seit Jahrhunderten wegen ihres Wildbestands als Jagdgebiet geschätzt, der Werbellinsee ist mit seinen waldreichen Ufern ein beliebtes Naherholungsziel.

Tourverlauf

Am besten startet man in Finow im Eberswalder Urstromtal. ①
Über die B 167 geht es zunächst nach Westen unter der Autobahn hindurch und dann über die B 198 in nördlicher Richtung bis zum Jagdschloß Hubertusstock. ②
Die Fahrt geht weiter am Westufer des Werbellinsees entlang. ③
Am Grimnitzsee erreicht man Joachimsthal. ④
Über Friedrichswalde, Ringenwalde, die Seenplatte von Temmen, Pfingstberg und Greifenberg schlägt man einen Bogen nach Angermünde. ⑤
Hinter Angermünde folgt man zunächst noch der B 198, wenig später der B 2 bis Chorin. ⑥
Kurz vor Eberswalde ist ein Abstecher zu empfehlen, der zum Schiffshebewerk bei Niederfinow führt. ⑦
Nach Finow kehrt man über Eberswalde zurück. ⑧

Sehenswürdigkeiten

① Das Städtchen Finow taucht schon 1294 in den Urkunden auf. Bereits im 16. Jahrhundert entwickelte sich hier metallverarbeitendes Handwerk, ab 1603 gab es zwei Kupferhämmer. Nur 13 Jahre später wurde der erste Finow-Kanal eröffnet. Anfang des 20. Jahrhunderts entstanden in Finow interessante Wohnhausensembles, errichtet nach einheitlicher Planung von Paul Mebes. Aus dem im Norden markant in der Landschaft stehenden Wasserturm wurde ein Kriegerehrenmal.
② Das Endmoränengebiet Schorfheide ist mit riesigen Wäldern bestanden, die von jeher als Revier für die Mächtigen dienten. Das Jagdschloß Hubertusstock diente früher der herrschenden Klasse der DDR zur standesgemäßen Schützenhilfe, heute ist es ein Hotel.
③ Werbellinsee: Siehe Wanderung 23 A, Seite 100.
④ Am Übergang zwischen Werbellinsee und Grimnitzsee gab es eine mittelalterliche Burg. Unter ihrem Schutz entstand eine Siedlung mit einer Pfarrkirche. Aus ihr wurde das Städtchen Joachimsthal, als Kurfürst Joachim Friedrich eine seit 1577 bestehende Glashütte ausbaute und 1607 das Joachimsthaler Gymnasium im dortigen Schloß einrichtete. Die Kirche war 1738 zu einem barocken Saalbau mit T-förmigem Grundriß ausgebaut worden. 1814 wurde sie neugotisch erneuert.
⑤ Angermünde ist eine Gründung der Markgrafen Johann I. und Otto III. Davor allerdings hatte es am Südufer des Mündesees bereits eine Sicherungsburg gegeben. Bereits 1286 erhielt Angermünde das Stadtrecht, doch ist von der damaligen Stadtbefestigung außer dem Pulverturm im Süden kaum noch etwas vorhanden. Dominierendes Gebäude in der Stadt ist die Pfarrkirche St. Marien. Ihre Umfassungsmauern bestehen ebenso wie der querrechteckige Westturm bis zum Glockengeschoß noch aus Granitquadern. Vor allem der Turm vermittelt ein Bild martialischer Geschlossenheit. Erst in dem aus Backsteinen gebauten, oberen Drittel gibt es spitzbogige Schallöffnungen und Blendfelder. Den Abschluß schließlich bildet ein reich gegliederter Treppengiebel. Im Inneren ist der Bestand dagegen keineswegs so original. Die starke Farbigkeit der Ausmalung entspricht zwar dem mittelalterlichen Vorbild, wurde aber 1978 ausgeführt. Die Kanzel stammt von 1600, der Altar von 1601 und die Orgel entstand 1744. Das einzige mittelalterliche Stück ist das Taufbecken aus dem späten 14. Jahrhundert.
⑥ Chorin: Siehe Wanderung 23 B, Seite 101.
⑦ Vor allem technisch Interessierte sollten den Abstecher nach Niederfinow nicht versäumen. Zwischen 1906 und 1914 wurde hier eine Schleusentreppe aus vier Doppelkammern errichtet, um eine Höhendifferenz von 36 Metern im Verlauf des Oder-Havel-Kanals zu überwinden. Zwischen 1927 und 1934 wurde

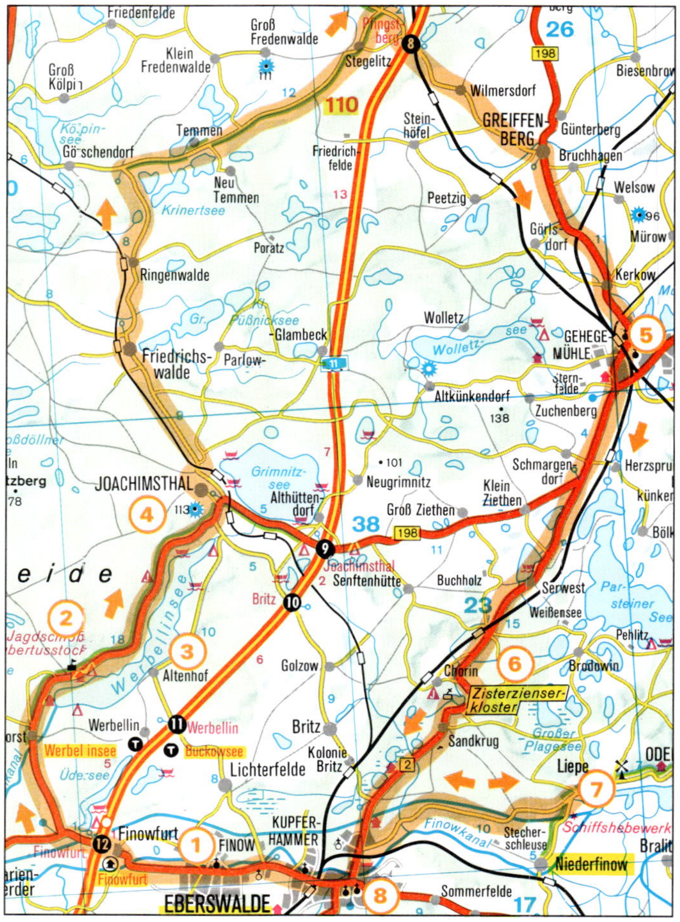

◁ *Schiffshebewerk Niederfinow*

△ Pulverturm in Angermünde

Das Kloster Chorin – Meisterwerk der Backsteingotik

Das wohl faszinierendste Werk der Backsteingotik in der Mark Brandenburg ist die Klosterkirche Chorin. Sie entstand zwischen 1273 und 1334 und zählt zu den wichtigsten Bauten der Zisterzienser. Ältester Teil der Kirche ist ihr polygonaler Chor, der dennoch bereits überraschend feingliedrige und steil emporstrebende Maßwerkfenster aufweist. Belege für den Reichtum der Formen sind die mit Laubwerk reich verzierten Kapitelle sowie das vielgliedrige Maßwerk an den zweiteiligen Fenstern im reich verzierten Giebel des Querschiffs. Vor allem aber die Westfassade zählt zu den eindrucksvollsten Schöpfungen der märkischen Backsteingotik. Die zu Treppentürmen verstärkten Eckpfeiler rahmen einen gestaffelten Hauptgiebel und schaffen so eine eindrucksvolle Geschlossenheit der Bauform. Den Choriner Baumeistern ist es gelungen, eine überaus repräsentative und eindrucksvolle Fassade zu gestalten, obwohl die Ordensregel keinen Turm erlaubte. Weil das Kloster bereits 1542 säkularisiert wurde, verfiel die Anlage während des Dreißigjährigen Krieges. Erst die Romantik entdeckte ihre Schönheit neu, Karl Friedrich Schinkel war einer der ersten, der an Erhalt und Rekonstruktion mitarbeitete.

△ Am Parsteiner See, der seine Entstehung einer Gletscherzunge verdankt

diese Treppe durch ein Schiffshebewerk ersetzt, mit dem selbst große Kähne in einem 85 Meter langen Trog in einem Hubvorgang über die Höhendifferenz befördert werden.

⑧ Eberswalde geht auf eine 1276 zum Schutz einer Furt über die Finow angelegte Burg zurück. Wie die meisten askanischen Gründungen wurde sie um einen zentral gelegenen Markt mit gitterförmigem Straßennetz planmäßig angelegt. Nahe der einstigen Burg entstand die Stadtkirche St. Maria Magdalena, ein Backsteinbau aus der zweiten Hälfte des 13. Jahrhunderts. Die dreischiffige Basilika hat einen einschiffigen Chor mit einem polygonalen Abschluß und ist von zwei doppelgeschossigen Kapellen flankiert. Die drei Portale sind mit Plastiken aus gebranntem Ton geschmückt und zeigen Szenen aus dem Leben Christi, die Klugen und Törichten Jungfrauen sowie Tiere und Fabelwesen. Wichtigste Ausstattungsstücke sind das noch aus dem 13. Jahrhundert stammende Bronzetaufbecken und ein hervorragend gearbeiteter Renaissancealtar von 1606. Vom alten Eberswalder Kern hat der Krieg wenig verschont. Wie die Bebauung im Stadtkern ursprünglich ausgesehen hat, davon gibt allenfalls noch die Adler-Apotheke von 1663 eine Vorstellung.

Tip

Eberswalde: Der vor gut 100 Jahren gegründete Forstbotanische Garten präsentiert über tausend in- und ausländische Gehölzarten sowie verschiedene botanische Sondergärten.

◁ Choriner Endmoränenlandschaft

23A

Wanderung 23 A: 22 Kilometer – 5 Stunden

Quer durch die Schorfheide

Endlose Wälder, einsame Forsthäuser und verwunschene Seen machen eine Wanderung durch die Schorfheide ebenso reizvoll wie die Möglichkeit zur Beobachtung von Rot-, Dam-, Schwarz- und Rehwild. Um Glück bei der Beobachtung zu haben, müssen zwei Hürden überwunden sein: Der Weg ist lang, und man muß sehr früh aufstehen.

Schorfheide

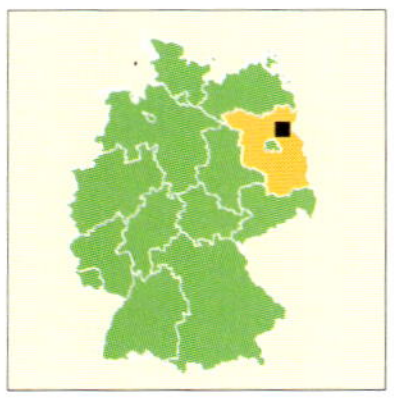

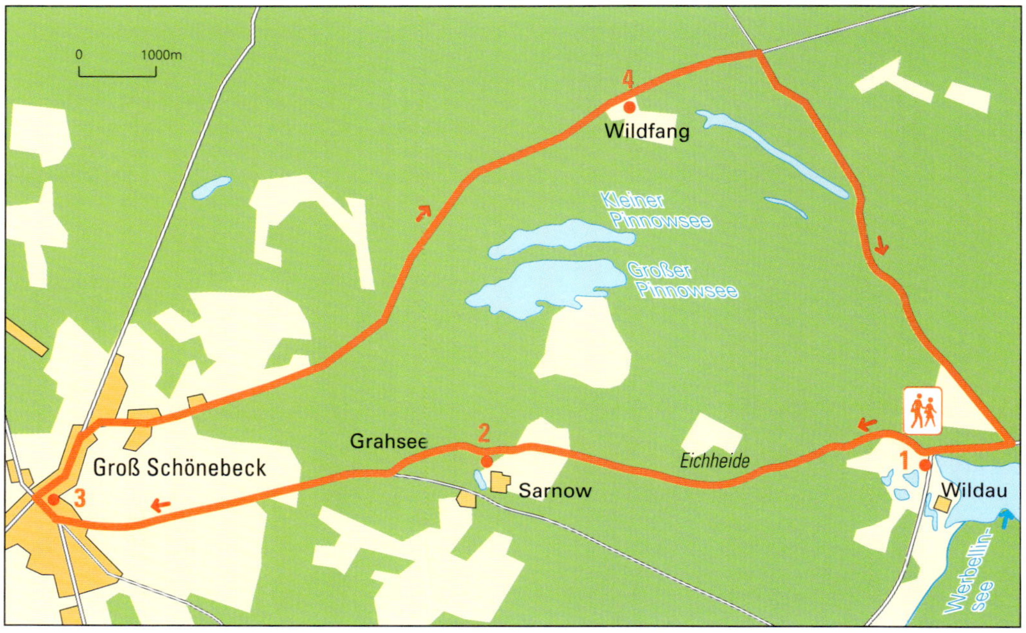

Tourverlauf

Die Tour beginnt am Südwestende des Werbellinsees. ①
Etwa 300 Meter nach dem Ufer zweigt von der B 198 ein Holzabfuhrweg nach links (Westen) in den Wald ab. Er führt an einem eingezäunten Feld entlang und vor ein Wildgatter. Man geht geradeaus hindurch bis zur nächsten Kreuzung. Hier nimmt man den linken Weg. Ab jetzt heißt die Generalrichtung West bis rechts das Forsthaus Eichheide auftaucht.
Das Forsthaus bleibt rechts liegen, über die kurz darauf folgende Querstraße geht es hinüber, die Richtung wird beibehalten. Am Waldrand stößt man auf ein weiteres Wildgatter, danach führt der Weg über freies Feld. Links liegen die Häuser von Sarnow, kurz darauf kommt man zum fast zugewachsenen Kleinen Sarnow-See. ②
Wenig westlich vom Kleinen Sarnow-See geht es über die asphaltierte Straße Eichhorst – Groß-Schönebeck. Ihr folgt man nun westwärts bis hinüber nach Groß-Schönebeck. ③
Von Groß-Schönebeck geht man etwa 600 Meter entlang der B 109, bis halbrechts die Joachimsthaler Straße abzweigt. Sie führt als gepflastertes Sträßchen aus dem Dorf hinaus, über Wiesen und Felder und erreicht dann den Wald und ein Wildgatter. Immer tiefer geht es nun in die Wälder der Schorfheide hinein, bis man nach etwa 1 $^1/_2$ Stunden das Forsthaus Wildfang erreicht. ④
Nach weiteren 20 Minuten stößt man auf eine Straße mit einem alten, steinernen Wegweiser. Hier wendet man sich rechts und wandert südsüdöstlich weiter. Beim nächsten Weg geht es geradeaus und danach behält man die Richtung bei, bis man wenig westlich vom Hotel Hubertusstock zur B 198 und zum Ufer des Werbellinsees kommt. Hier wendet man sich rechts und erreicht nach weiteren etwa 300 Metern wieder den Ausgangspunkt.

▷ *Apfelallee in der Schorfheide*

Sehenswürdigkeiten

① Der Werbellinsee ist ein über 11 Kilometer langer, etwa 1,5 Kilometer breiter und bis zu 60 Meter tiefer, eiszeitlicher Rinnensee. Er füllt eine alte Gletscherrinne, die ein skandinavischer Eisstrom in die flachwellige Dünenlandschaft gegraben hatte.
② Am Kleinen Sarnow-See kann man gut Vögel beobachten.
③ Groß-Schönebeck ist ein stattliches Angerdorf an der Südseite der Großen Werbellinischen Heide, wie die Schorfheide einst genannt wurde. Die stattliche Dorfkirche entstand bereits im Mittelalter, wie der frühgotische Kirchturm beweist. Die Kirche selbst erhielt ihre heutige Gestalt jedoch im 17. und 18. Jahrhundert. Auch die Inneneinrichtung stammt aus der Barockzeit. Daß hohe Herren zu allen Zeiten in der Schorfheide gejagt haben, belegt das Jagdschloß, das ab 1660 im kurfürstlichen Auftrag errichtet wurde. Seine heutige Gestalt erhielt das Haus in der ersten Hälfte des 19. Jahrhunderts. Aus dieser Zeit stammen auch die gotisierenden Details. Der Dachbereich mit den zinnenbekrönten Ecktürmchen und den übergiebelten Gauben entstand bei dieser Renovierung.
④ Das Forsthaus Wildfang liegt zwar romantisch, zum Kühlen heißgelaufener Füße eignet es sich jedoch wenig. Wer jedoch etwas pfadfinderische Fähigkeiten hat, kann sich vor Erreichen des Forsthauses nach rechts (Süden) in den Wald wagen. Nach etwa 500 Meter trifft man dort auf den Kleinen Pinnowsee, in dem man in romantischer Einsamkeit baden kann.

◁ *Der Werbellinsee*

Tip

Rathdorf bei Wriezen: Beim Parsteiner See steht ein kegeliger alter Ziegelbrennofen. Auf seiner Spitze brütet alljährlich ein Storchenpaar. Im Inneren des Gebäudes findet sich ein dazu passendes Storchenmuseum.

Wanderung 23 B: 15 Kilometer – 3 ½ Stunden

Wälder um das Kloster Chorin

Das altehrwürdige Kloster Chorin liegt in der südlichen Uckermark in einem typischen Endmoränengelände. Zahlreiche Seen geben den Moränenhügeln ihren Reiz. All das aber wäre nichts ohne die Poesie des gotischen Prachtbaus Chorin, der wie ein gestaltgewordener Traum zwischen Pappeln auftaucht.

Schorfheide

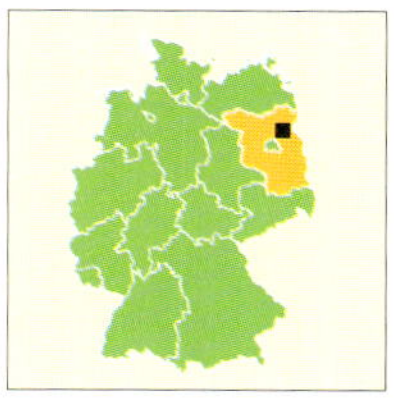

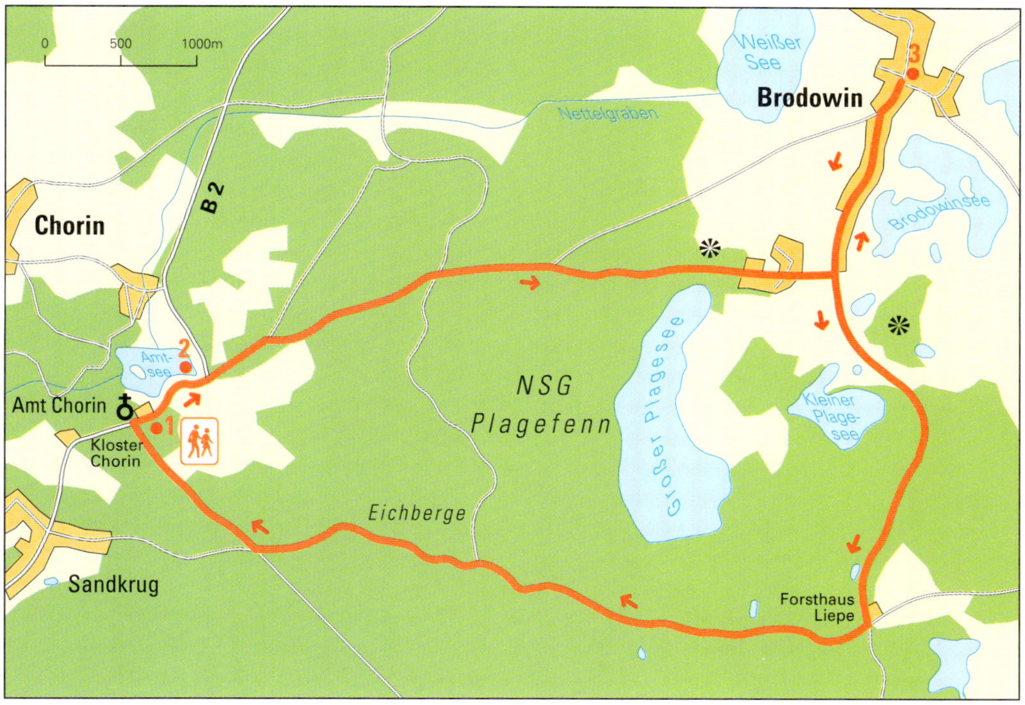

△ *Westfassade Kloster Chorin*

Tourverlauf

Die Wanderung beginnt auf der Südostseite des Amtssees. ①
Man folgt zunächst ein kurzes Stück der B 2 entlang des Südostufers des Sees. Hier empfiehlt sich ein Abstecher zum westlich gelgenen Chorin. ②
Am Ostufer des Amtssees, wo die B 2 links abbiegt, geht man geradeaus weiter über den ehemaligen Königsweg bis zum Nordende des Großen Plagesees.
Ab dem Nordzipfel des Großen Plagesees geht es noch gut 15 Minuten geradeaus weiter, bis der Weg links nach Brodowin abzweigt. ③
Von Brodowin aus wendet man sich südwärts, passiert das Westufer des Brodowinsees und das Ostufer des Kleinen Plagesees und erreicht schließlich das Forsthaus Liepe.
Hinter dem Forsthaus hält man sich rechts und wandert nun westwärts durch prächtige Wälder gegen die Eichberge hin. Nach etwa einer Stunde stößt man auf eine große Kreuzung, von der aus es halbrechts in weiteren 15 Minuten zurück nach Chorin geht.

◁ *Im Plagefenn*

Sehenswürdigkeiten

① Der heutige Amtssee hieß ursprünglich Koryn, ein Name der dann auf das ganze Kloster überging. Der See bekam dafür seinen eher prosaischen, heutigen Namen.
② Das Kloster Chorin entstand nach dem Vorbild des Mutterklosters in Lehnin ab 1273. In kurzer Zeit wurde eine dreischiffige Gewölbebasilika mit einem Querschiff und einem einschiffigen, polygonal geschlossenen Chor errichtet. Ältester Teil der Kirche ist der mit seinen feingliedrigen Maßwerkfenstern besonders feierlich wirkende Chor. Hier ist vor allem das Nebeneinander von spätromanischen Details und hochgotischen Formen interessant. Auch die Querhausgiebel sind mit mehrgeschossigen Blendengliederungen hervorragend gestaltet. Alles aber wird übertroffen von der großartigen Gestaltung der Westwand des Langhauses als prächtiger Schaugiebel. Hier fassen zwei zu Treppentürmen ausgebaute Strebepfeiler den Abschluß des Mittelschiffes mit drei schlanken Spitzbogenfenstern zwischen niedrigeren Strebepfeilern ein. Über diesem vertikal akzentuierten Abschnitt türmt sich eine Giebelattika mit drei gestaffelten Wimpergen über einer Mittelrosette mit drei Sechspässen. Auf beiden Seiten wird diese Giebelattika durch die bis hier heraufragenden Strebepfeilertreppentürme eingefaßt. Im optischen Eindruck wird dadurch aus einer Fläche heraus eine Dreitürmigkeit vorgetäuscht, wie sie dem Armutsgelöbnis der Zisterzienser nach eigentlich nicht erlaubt gewesen wäre. Von der ehemaligen Klausur sind noch der Ost- und der Westflügel mit dem Kreuzgang weitgehend erhalten. Auch die Klausurgebäude haben reichgestaltete Giebel, so daß von Bescheidenheit wirklich keine Rede sein kann. Als das Kloster nach der Reformation 1542 aufgehoben wurde, begann es zu zerfallen. Kein Geringerer als Karl Friedrich Schinkel bemühte sich dann energisch darum, Chorin als »Denkmal vaterländischer Geschichte« zu erhalten. Seither reißen die Bemühungen zur Rettung des frühgotischen Juwels nicht ab.
③ Die neugotische Kirche in Brodowin ist ein Werk von Friedrich August Stüler aus dem Jahre 1852. Die mit Wimpergen geschmückten Giebel an der Ost- und Westseite erinnern an Choriner Muster.

Tip

Chorin und Plagefenn: Ein 3 Kilometer langer Wanderweg verbindet Chorin mit dem Plagefenn, einem der ältesten Naturschutzgebiete Deutschlands. Schon seit 1907 geschützt, wird das Gebiet forstwirtschaftlich nicht mehr genutzt. Hier erhält man einen Eindruck, wie ein echter Urwald ausgesehen haben mag.

24

Autotour 24: 130 Kilometer

Celle und der Naturpark Südheide

Südheide

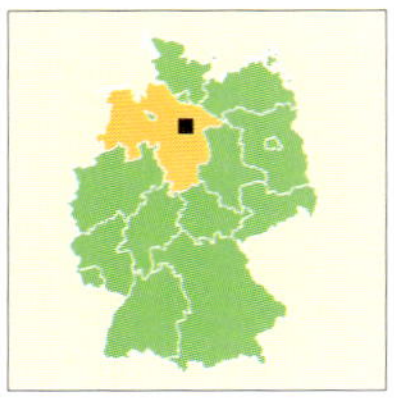

Celle war nicht nur die Residenz des Herzogtums Lüneburg. Die vom Krieg verschonte Altstadt mit ganzen Straßenzügen bunter Fachwerkhäuser aus dem 16. bis 18. Jahrhundert und die barocken Prunkräume des Schlosses machen Celle zu einem attraktiven Ziel. Der Naturpark Südheide im Norden von Celle ist reich an unterschiedlichen Lebensräumen: Heidevegetation wechselt mit Feuchtgebieten, von der Heidschnucke bis zum seltenen Wasservogel sind zahlreiche Tierarten hier zu finden.

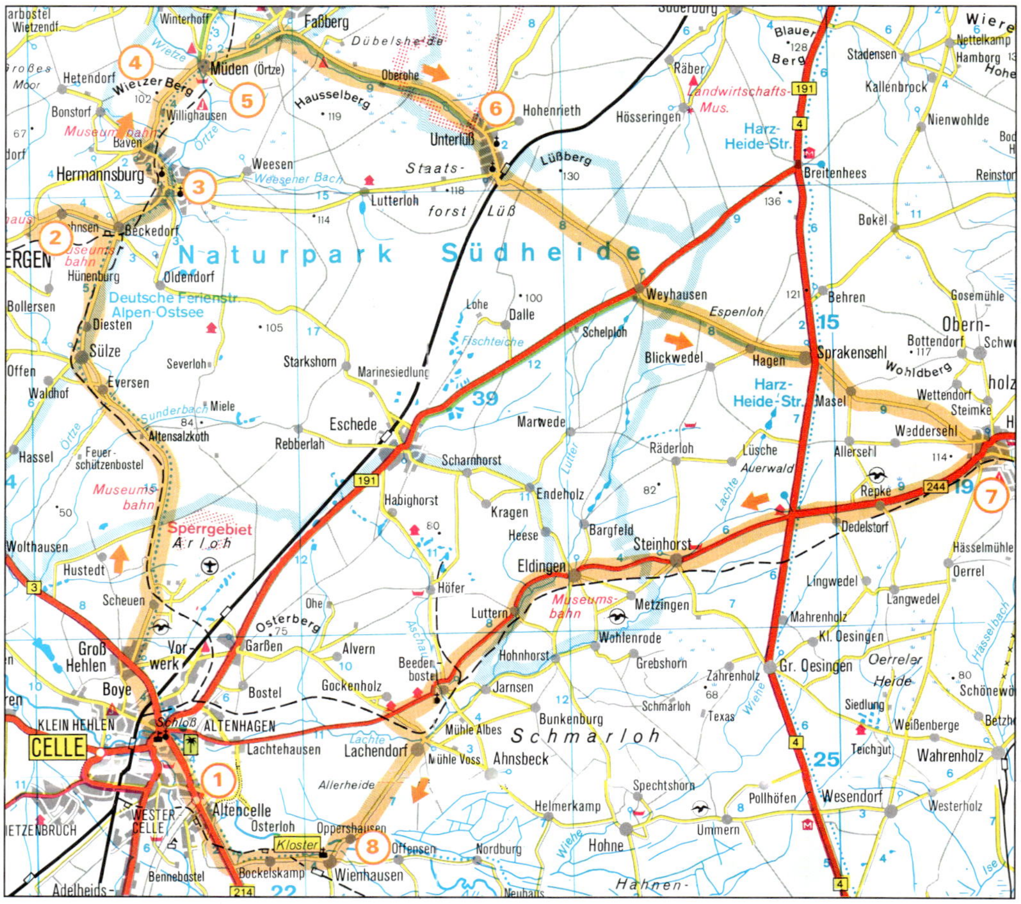

Tourverlauf

Zu dieser Tour in die Südheide bricht man in der mittelalterlichen Altstadt von Celle auf. ① Man verläßt Celle auf der B 3 nach Norden bis Groß-Hehlen. Dort nimmt man die rechts abzweigende Landstraße in Richtung Sülze und fährt nach Bergen. ②
Hermannsburg ist das nächste Ziel. ③
Nach Hermannsburg passiert man den Wietzer Berg. ④
In unmittelbarer Nachbarschaft liegt Münden an der Ötze. ⑤
An der nordöstlichen Grenze des Naturparks Südheide wird dann Unterlüß angesteuert. ⑥
Über Hankensbüttel gelangt man zum Kloster Isenhagen. ⑦
Ab Hankensbüttel folgt man zunächst der B 244 und danach der Landstraße über Steinhorst und Eldingen in Richtung Celle.
Ab Beedenbostel geht es über Lachendorf nach Wienhausen. ⑧
Von dort fährt man auf der B 214 zurück nach Celle.

Sehenswürdigkeiten

① Auch wer fast keine Zeit für einen ausgedehnteren Stadtspaziergang in Celle hat, darf einige Gebäude nicht auslassen: das Schloß mit seiner schönen Renaissancefassade, die Schloßkapelle aus dem 16. Jahrhundert und das älteste noch bespielte Barocktheater Deutschlands. Sehenswert ist auch die Stadtkirche St. Marien aus dem 13. Jahrhundert mit Holztonnendecke und Barockschmuck, sowie das Rathaus mit Renaissancefassade und dem 600 Jahre alten Ratskeller. (Siehe auch Wanderung 24 A, Seite 104.)

② In dem alten Heideort Bergen wurde in einem 300 Jahre alten Bauernhaus das Heimatmuseum Römstedthaus eingerichtet. Hier läßt sich die Kulturgeschichte der Heidebauern eindrucksvoll nachvollziehen. Im Ortsteil Belsen erinnert eine Gedenkstätte an das ehemalige Konzentrationslager.

③ In Hermannsburg gründete 1849 Pastor Ludwig Harms die Hermannsburger Mission, die noch heute in Afrika, Asien und Südamerika tätig ist. Im Ludwig-Harms-Haus informiert eine Ausstellung über Geschichte und Gegenwart der Missionsarbeit und präsentiert traditionelle Kunst aus den Missionsgebieten. Zur Gemeinde gehören auch zwei besonders schöne, alte Heidehöfe mit hölzernen Treppenspeichern. Im Norden ist es der Hof Lutter und im Südosten der 1768 erbaute Hiesterhof. Sein Treppenspeicher stammt sogar noch aus dem 16. Jahrhundert.

④ Der Wietzer Berg gehört mit 102 Metern Höhe zu den höchsten Punkten im Naturpark Südheide. Der Berg ist vom Parkplatz Lönsstein an der Straße zwischen Baven und Müden in wenigen Minuten zu erreichen. Am Gipfel erinnert ein Gedenkstein an den Heidedichter Hermann Löns.

⑤ Müden an der Örtze: Siehe Wanderung 24 B, Seite 105.

⑥ Unterlüß liegt mitten im 8000 Hektar großen Lüßwald, einem Mischwald aus Rotbuchen, Eichen, Tannen und Fichten. Sein Zentrum ist der 130 Meter hohe Lüßberg. Im Westen des Or-

◁ Felsformation bei Hohne

◁ *Große-Kreuz-Kirche, Hermannsburg*

Kloster Wienhausen ▷

tes wurde die Süll als Naturwaldzelle ausgewiesen. Hier kann man sehen, wie sich ein Wald entwickelt, den man sich selbst überlassen hat. Deshalb darf die Süll auch nicht betreten, sondern nur umwandert werden.

⑦ Das Kloster Isenhagen wurde als Zisterzienserkloster 1243 gegründet und 1265 in ein Nonnenkloster umgewandelt. Seit 1540 ist es evangelisches Damenstift. Seine heutige Kirche entstand zwischen 1345 und 1366 und ist dreigeteilt: Gemeindekirche, Nonnenempore und Kapelle darunter. Die Kirche besitzt eine sich über das ganze Schiff erstreckende Holzbalkendecke und als Hochaltar einen Flügelaltar aus der Zeit um 1420. Sein Schrein zeigt bei geöffneten Flügeln zwei Reihen mit je acht Feldern mit geschnitzten Figurengruppen. Das hölzerne Taufbecken wurde bereits 1621 bemalt. Der Marienaltar im Damenchor stammt von 1520, das schön geschnitzte Chorgestühl aus dem 14. Jahrhundert. In der Kapelle unter dem Damenchor finden sich interessante Wandfresken.

⑧ Das alte Dorf Wienhausen besitzt in seinem Kloster eine Schatzkammer mittelalterlicher Kunst. Das Zisterzienserinnenkloster war bereits 1221 von Agnes von Meißen, einer Schwiegertochter Heinrichs des Löwen, gegründet worden. Das »Familienkloster« des Lüneburger Herzoghauses wurde mit der Zeit überreich ausgestattet – und alles blieb erhalten. Zu sehen sind deshalb heute Gebäude aus der Zeit um 1300, ein Nonnenchor mit vollständig erhaltener Decken- und Wandmalerei aus der Zeit um 1335, ein spätgotischer Schnitzaltar von 1519, Skulpturen aus dem 13. Jahrhundert und Glasmalereien von 1310. Allein in den Fenstern des Kapitelsaals sind 69 farbige Wappenscheiben aus dem 16. und 17. Jahrhundert erhalten. Im Klostermuseum wird das älteste niederdeutsche Liederbuch aus der Zeit um 1470 gehütet und die ältesten, in Deutschland erhaltenen Brillen gesammelt. Kostbarster Schatz aber sind neun gestickte Bildteppiche aus der Zeit von 1300 bis 1480. Um sie zu schonen, werden sie nur einmal im Jahr gezeigt. Die Teppiche sind Wollstickereien auf einer Leinengrundlage. Der älteste ist der Prophetenteppich; er entstand um 1300 und zeigt thronende Propheten. Drei Teppiche zeigen Szenen aus dem höfischen Roman »Tristan und Isolde«. Der Jagdteppich von 1420 präsentiert muntere Jagdszenen und der Speculumteppich Darstellungen aus dem »Heilsspiegel«. Die restlichen sind Heiligenszenen gewidmet. In der alten Wienhauser Wassermühle von 1591 ist heute das Rathaus untergebracht.

Die Wasserburg Otto des Strengen in Celle

Man schrieb das Jahr 1292, als Herzog Otto der Strenge an den Stromschnellen der Aller eine neue Burg errichten ließ. Er legte damit gleichzeitig den Grund für Schloß und Stadt Celle. Von 1371 bis 1705 war das Schloß die herzogliche Residenz des lüneburgischen Welfenhauses, doch dauerte es bis in die erste Hälfte des 16. Jahrhunderts hinein, bis unter Herzog Ernst dem Bekenner (1522 – 1546) ein erster richtiger Schloßbau in Form einer Vierflügelanlage mit Innenhof errichtet werden konnte. Bis 1558 baute daran Michael Clare aus Gifhorn. Ihm ist die Fassade des dreigeschossigen Ostflügels ebenso zu verdanken wie die polygonale Ummauerung der im Kern noch mittelalterlichen, runden Ecktürme. Die Fassaden der drei anderen Flügel dagegen wurden zwischen 1660 und 1680 vom venezianischen Baumeister Bedogni neu gestaltet. Ebenfalls ganz in barocker Pracht sind die herzoglichen Wohn- und Repräsentationsräume im Nordflügel gehalten. Stuckdecken, Türbekrönungen und Kamine sind hier ein Werk des Italieners Giovanni Battista Tornielli, die Entwürfe stammen von Giuseppe Arighini.

Tip

Freilichtmuseum Hösseringen, östlich von Unterlüß: Im Lüßwald bei Hösseringen liegt das Freilichtmuseum Hösseringen, in dem zahlreiche Wohn- und Wirtschaftsgebäude alter Bauerndörfer zusammengetragen wurden. Dem Besucher wird demonstriert, wie die Heidewirtschaft vor 200 bis 300 Jahren betrieben wurde.

▽ *Die Südheide bei Schmarbeck*

24 A

Wanderung 24 A: 2 Kilometer – 1 ½ Stunden

Rundgang durch Celle

Südheide

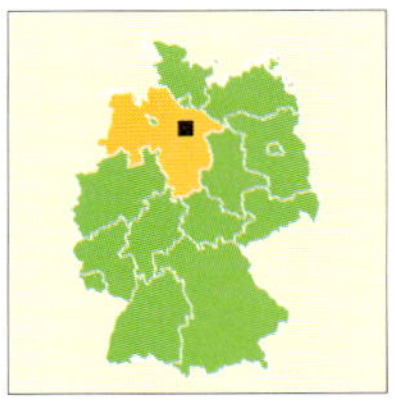

Als Herzog Otto der Strenge 1292 an den Stromschnellen der Aller eine neue Burg errichten ließ, legte er damit gleichzeitig den Grund für Schloß und Stadt Celle. Ihm also ist es zu danken, wenn das heutige Celle mit seinem geschlossenen Altstadtbild noch immer den Eindruck eines Residenzstädtchens aus höfischer Zeit vermittelt.

Tourverlauf

Zentral gelegen, ist das Residenzschloß des Lüneburgischen Welfenhauses Ausgangspunkt dieses Stadtrundgangs. ①
Der Schloßinsel gegenüber liegt am Schloßplatz das Bomann-Museum. ②
Vor ihm wendet man sich links bis zur Kanzleistraße, wo man rechts einbiegt. Hier liegt bereits das Haus der Landschaft, wo einst die Ständevertretung ihren Sitz hatte. ③
Die Kalandgasse zweigt von der Kanzleistraße ab und führt direkt vor die Stadtkirche St. Marien. ④
An ihrer Ostseite schließt sich das Rathaus an. ⑤
Neue Straße und Zöllnerstraße präsentieren sich mit zahlreichen alten Fachwerkhäusern. Wo die Zöllnerstraße auf den Markt und die Poststraße trifft, schwenkt man nach Süden, um in der Runden Straße dem Hoppener-Haus die gebührende Reverenz erweisen zu können. ⑥
Die Westcellertorstraße führt hinüber zum Stadtgraben und zum Stechinelli-Haus. ⑦
Dort wendet man sich links (nach Süden), um in den Französischen Garten zu kommen. ⑧
In der Verlängerung seiner Hauptachse steht im Westen die klassizistische St. Ludwigskirche. ⑨
Am Stadtgraben entlang nach Norden kommt man schließlich zurück zum Ausgangspunkt beim Schloß.

▽ *Renaissancefassade des Rathauses*

△ *Stadtschloß in Celle*

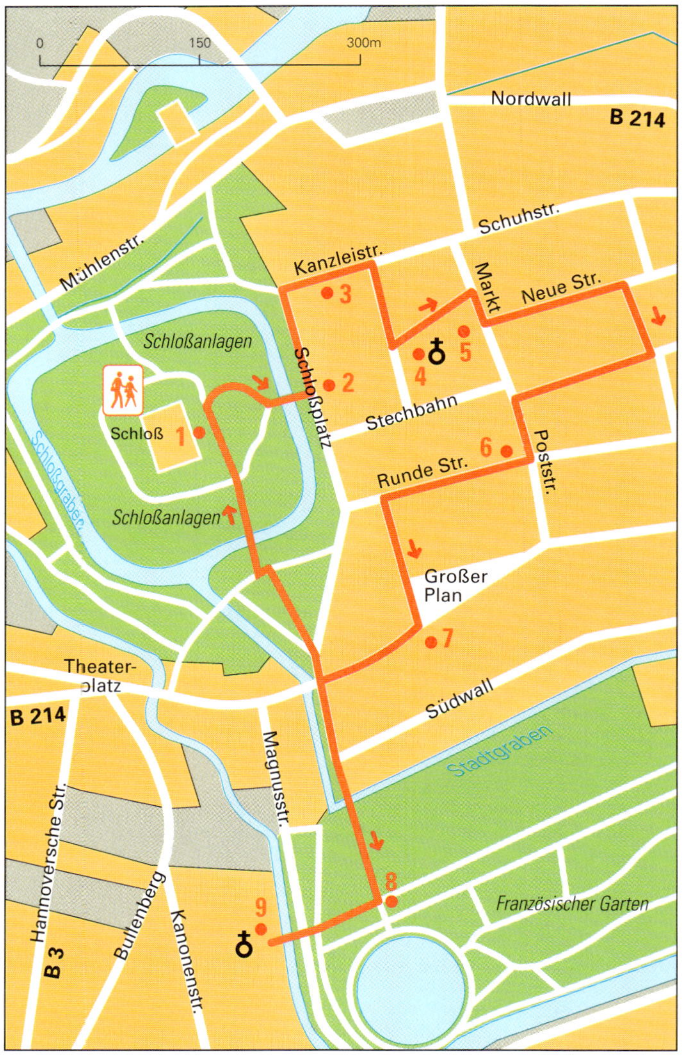

Sehenswürdigkeiten

① Im Schloß sind vor allem drei Bereiche interessant: Zum einen ist es die ursprünglich spätgotische Kapelle, die 1485 eine neue Innenausstattung im Stil der Renaissance erhielt. Nun entstanden die großzügigen Emporen sowie die prächtige Fürstenpriече (Loge). Besonders gelungen ist die kassettierte, farbige Decke. Das gesamte Chorgestühl ist mit gemalten biblischen und allegorischen Szenen ausgeschmückt. Der zweite Bereich sind die ganz in barocker Pracht gehaltenen, herzoglichen Wohn- und Repräsentationsräume im Nordflügel. Stuckdecken, Türbekrönungen und Kamine sind hier das Werk von Giovanni Battista Tornielli. Die dritte interessante Komponente ist das 1674 im Nordwestturm eingerichtete und noch heute bespielte Barocktheater.
② Das Bomann-Museum ist der hannoverschen Landes- und Kulturgeschichte sowie der Stadtgeschichte gewidmet.
③ Im Haus der Landschaft residierte einst die Ständevertretung. Das 1682 errichtete und 1730 in die heutige Form gebrachte Fachwerkhaus besitzt einen stimmungsvollen Innenhof.
④ Die Stadtkirche St. Marien ist eine im 13. Jahrhundert begonnene, dreischiffige Hallenkirche, die im 17. Jahrhundert umfassend barockisiert wurde. Die prächtige Holztonnendecke spannt sich über fünf Joche und ist in Felder mit Rosetten und Girlanden aus Stuck aufgeteilt. Das gesamte Chorgewölbe ist ebenfalls mit weißem Stuck überzogen. Der Schnitzaltar stammt von 1613.
⑤ Das Rathaus geht bis in die Zeit der Stadtgründung zurück. Die Renaissancefassade erhielt ihre heutige Form bis 1579. Die drei Dacherkergiebel sind typische Beispiele der deutschen Frührenaissance. Die illusionistische Dekorationsmalerei geht ebenfalls auf das 17. Jahrhundert zurück.
⑥ Das Hoppener-Haus ist das wohl schönste Fachwerkhaus der Stadt. Es beeindruckt mit reich geschnitzten Schwellenständern und Fußstreben. Diabolische Masken mit Fischleibern, Fabelwesen, närrische Gestalten und eine Bockreiterin sind ebenso vertreten wie antike Götter.
⑦ Das Stechinelli-Haus war einst das Palais eines Günstlings des Herzogs. Seine klassizistische Fassade mit kannelierten Pilastern und antikischem Tempelgiebel bekam es Ende des 18. Jahrhunderts.
⑧ Der Französische Garten wurde im 18. Jahrhundert angelegt und im 19. Jahrhundert zum Englischen Park umgestaltet. Das Fachwerkhäuschen von 1610 beherbergt die Sammlungen des Imkereimuseums.
⑨ Die klassizistische St.-Ludwigs-Kirche wurde 1838 nach Plänen des Schinkelschülers J. A. Spetzler vollendet.

Tip

Deutsches Erdölmuseum in Wietze westlich von Celle: Das Museum informiert auf 20 000 Quadratmetern über alle Aspekte der Erdölförderung.

Wanderung 24 B: 12 Kilometer – 3 Stunden

Wietzer Berg und Tillylinde

24 B

Die Südheide um Müden, Hermannsburg und Unterlüß ist weit weniger bekannt als die Nordheide um den Wilseder Berg, doch dafür ist es hier selbst zur Zeit der Heideblüte weitaus ruhiger. Hügelgräber, alte Thingstätten, riesige Findlinge und schöne Heidedörfer kennzeichnen die Umgebung des Wietzer Bergs.

Südheide

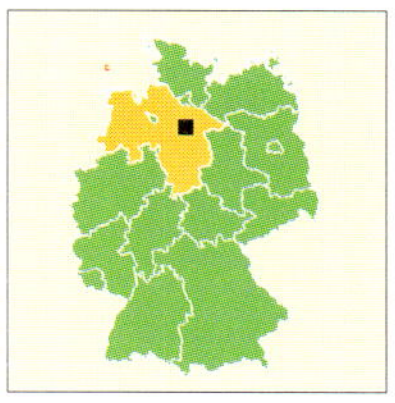

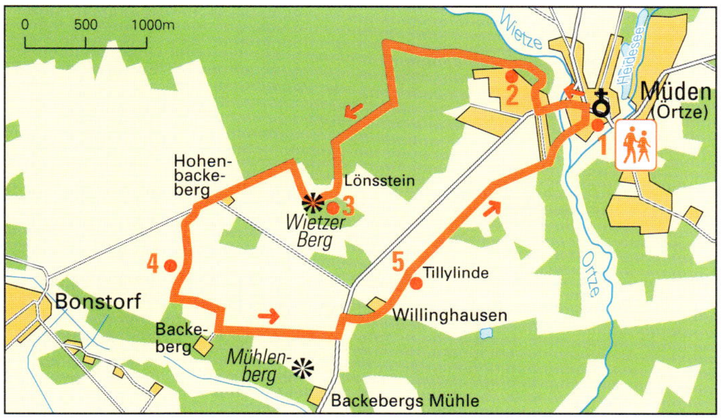

Tourverlauf

Die Wanderung nimmt im malerischen Heidedorf Müden an der Örtze ihren Ausgang. ①
Erstes Ziel ist der Flebbe-Stein, zu dem der Weg von Müden aus ausgeschildert ist. ②
Vom Flebbe-Stein geht es nach Westen in den Wald hinein, bis nach gut einem Kilometer ein schnurgerader Forstweg nach Süden abgeht. Ihm folgt man etwa 500 Meter bis zu einer großen Kreuzung, die man halbrechts gehend überwandert. Nach weiteren 600 Metern weist ein Wegweiser nach links zum Lönsstein und zum Wietzer Berg. ③
Vom Wietzer Berg geht man ein kurzes Stück nach Norden bis zu einem großen Querweg, der nach links in Richtung Bonstorf führt. Ihm folgt man etwa einen Kilometer, bis links ein Wegweiser nun in südlicher Richtung zum Bonstorfer Grabfeld führt. ④
Vom Grabfeld aus geht man noch wenige Schritte nach Süden bis zu einem großen Weg, dem man links nach Willinghausen und zur Tillylinde folgt. ⑤
Von der Tillylinde aus wandert man geradewegs nordostwärts zurück nach Müden.

Sehenswürdigkeiten

① Müden ist ein typisches Heidedorf mit hübschen Fachwerkbauten entlang der alten Dorfstraße. Die St.-Laurentius-Kirche stammt aus dem 15. und 16. Jahrhundert. Sie besitzt im Chor ein kunstvolles Sterngewölbe und ein Deckenfresko aus dem 16. Jahrhundert. Die Bronzetaufe wurde 1473 gefertigt, der freistehende, hölzerne Glockenturm entstand im Dreißigjährigen Krieg. Der alte Treppenspeicher neben der Kirche wurde 1706 als Teil des Ohlshofs errichtet. Am Nordrand des Dorfes gibt es den 65 Hektar großen Heidesee, am Südrand einen weitläufigen Tierpark, wo heimische Tiere beobachtet und gefüttert werden können.

▽ *Wassersport auf dem Heidesee in Müden*

▽ *Lönsstein auf dem Wietzer Berg*

② Der Flebbe-Stein ist ein Findling, gewidmet dem Gedenken an den Maler und Graphiker Fritz Flebbe.
③ Der 102 Meter hohe Wietzer Berg ist ein typischer Endmoränenhügel. Die sanfte Anhöhe bietet schönste, nahezu baum- und strauchlose Heidelandschaft, den Gipfel ziert der Lönsstein zur Erinnerung an den Heidedichter Hermann Löns, der hier oben oft saß und den weiten Blick in die Landschaft genoß.
④ Südwestlich des Wietzer Bergs hatten die Jäger der späten Jungstein- und der frühen Bronzezeit ein weitläufiges Gräberfeld angelegt. Wie diese Gräber in der Zeit zwischen 1500 und 1200 v. Chr. gestaltet wurden, verrät ein von Archäologen 1973 untersuchtes Grab. Dieser Grabhügel war von einem Kranz mächtiger Findlinge eingefaßt; der Tote selbst war in einer hölzernen Kammer beigesetzt worden. Eine Informationstafel beschreibt den genauen Aufbau dieses Grabhügels.
⑤ Die Tillylinde nordöstlich von Willinghausen erinnert nur dem Namen nach an den Feldherrn Tilly. In Wirklichkeit handelt es sich um eine alte Gerichtslinde, deren Name sich wohl vom germanischen Wort Thing für Gerichtsversammlung ableitet.

Tip

Wacholderwald bei Fatsberg nordöstlich von Müden an der Örtze: In der Nordspitze des Naturparks Südheide liegt einer der schönsten Wacholderwälder Niedersachsens. Zahlreiche Wanderwege führen um den Wald und durch die umliegende Heide.

25

Elm, Lappwald

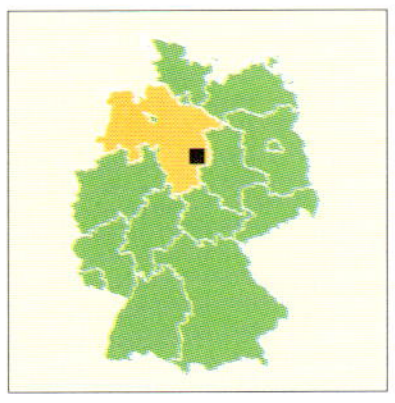

Autotour 25: 130 Kilometer

Im Naturpark Elm-Lappwald und seinen Höhenzügen

Dichte Laubwälder auf über 300 Meter hohem Muschelkalkrücken, sagenumwobene Fliehburgen und geheimnisvolle Hünengräber, weite Täler mit wildromantischen Wiesenwinkeln und fruchtbarem Ackerland, freundliche Dörfer und uralte Städte mit geschichtsträchtiger, stolzer Vergangenheit – all das findet sich um und zwischen den Höhenzügen von Elm und Lappwald im nördlichen Harzvorland.

△ *Wasserträgerin in Schöningen*

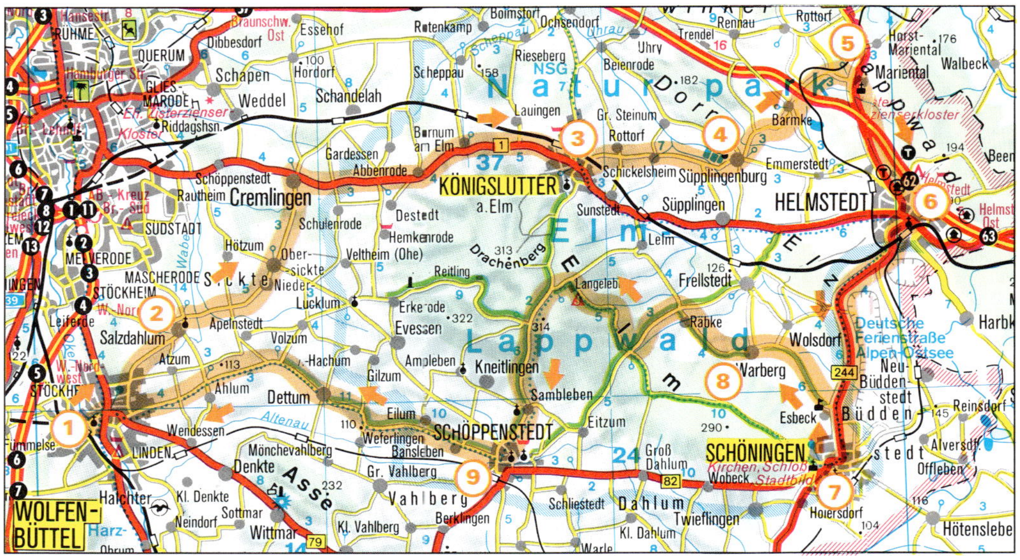

Tourverlauf

Ausgangspunkt ist die alte Residenzstadt Wolfenbüttel. ①
Als Ausfallstraße benutzt man die B 79 bis zur Abzweigung der Landstraße nach Salzdahlum. ②
In Cremlingen trifft man auf die B 1, der man nach Osten bis Königslutter folgt. ③
In Königslutter wird die B 1 verlassen; man fährt auf Landstraßen nach Süpplingenburg. ④
Danach geht es hinüber nach Mariental. ⑤
Auf der B 244 kommt man nach Helmstedt. ⑥
Am östlichen Ausläufer des Elm liegt Schöningen. ⑦
Nach dem Besuch von Schöningen fährt man auf der B 244 wieder zurück bis Esbeck und folgt dort der Landstraße nach Warberg. ⑧
Im Höhenzug des Elm passiert man den Tetzelstein und gelangt schließlich wieder ins Tal hinunter nach Schöppenstedt. ⑨

Sehenswürdigkeiten

① Ab 1283 wurde die herzogliche Wasserburg Wolfenbüttel errichtet. Über drei Jahrhunderte, von 1432 bis 1753, diente sie als Residenz, im 17. Jahrhundert wurde sie zur repräsentativen Schloßanlage ausgebaut. Seinen barocken Mantel erhielt das Schloß ab 1714. Die historischen Schloßräume zeigen heute höfische Wohnkultur des 17. Jahrhunderts. Im spätbarocken Lessinghaus hat Gotthold Ephraim Lessing von 1777 bis 1781 gelebt und gearbeitet. Heute dient das Gebäude als Literaturmuseum. Am malerischen Stadtmarkt steht das um 1600 begonnene, über Eck angelegte Rathaus. Schöne Fachwerkhäuser finden sich auch zwischen der Löwenstraße und dem Stadtmarkt sowie im Kleinen Zimmerhof. In der Kanzleistraße herrscht dagegen der Renaissancesteinbau vor, denn hier war von 1542 an die herzogliche Kanzlei errichtet worden. Heute ist dort das Braunschweigische Landesmuseum untergebracht. Die Marienkirche am Kornmarkt ist der erste bedeutende Kirchenbau, der nach der Reformation in der Tradition mittelalterlicher Hallenkirchen in Angriff genommen wurde. In dem 1608 begonnenen Bau finden sich Stilelemente der Gotik, der Renaissance und des Barock. Die Ausstattungsstücke stammen durchwegs aus dem 17. Jahrhundert. Die Fürstengruft beherbergt 29 zum Teil reich verzierte Sarkophage von Mitgliedern der herzoglichen Familie.

◁ *Die festungsähnliche Burganlage Warberg mit Bergfried*

② In Salzdahlum steht die weit und breit einzige mittelalterliche Dorfpfarrkirche, die ein Querhaus besitzt. Der von einer Kreuzigungsgruppe überragte Altar ist ebenso bemerkenswert wie die geschnitzte Kanzel.
③ Königslutter: Siehe Wanderung 25 A, Seite 108.
④ Die ehemalige Johanniter-Komtureikirche in Süpplingenburg entstand als dreischiffige romanische Basilika zwischen 1130 und 1135 im Auftrag von Kaiser Lothar.
⑤ Mariental: Siehe Wanderung 25 B, Seite 109.
⑥ Helmstedt existierte schon im Jahre 952. Bereits 1576 wurde die Academia Julia, die welfische Landesuniversität, gegründet, die 1810 wieder aufgehoben wurde. Kern des mittelalterlichen Helmstedt war das Benediktinerkloster St. Ludgeri, das schon bald nach 800 entstanden war. Reste davon sind die Felicitas-Krypta aus dem 11. Jahrhundert und die Doppelkapelle St. Johannes und St. Petrus. In der Kirche Marienberg des ehemaligen Augustiner-Chorfrauenstiftes sind im nördlichen Querhaus romanische Glasmalereien, Wandmalereien aus der zweiten Hälfte des 13. Jahrhunderts und ein zweigeschossiger Hochaltar aus der Zeit um 1500 erhalten. In der Schatzkammer des ehemaligen Klosters sind mittelalterliche Altartücher und Bildteppiche zu sehen. Wahrzeichen der ehemaligen Universität ist das im Renaissancestil erbaute Juleum mit seinem schlanken Treppenturm. Hier findet sich das Kreisheimatmuseum.
⑦ In Schöningen entstand die romanische Kirche des ehemaligen Augustiner-Chorherrenstifts an der Stelle des einstigen Königshofs. In ihren Anfängen geht die Kirche auf das 12. Jahrhundert zurück, ihr heutiges Langhaus entstand um 1490. Die mächtigen Gewölbe im Ostteil der Kirche stammen jedoch noch vollständig aus der romanischen Bauphase. Im 14. Jahrhundert war außerdem eine herzogliche Burg errichtet worden, aus der später der herzogliche Witwensitz wurde. In der früheren Lateinschule am Markt ist heute das Heimatmuseum mit Exponaten zur Braunkohlenarchäologie untergebracht.
⑧ Die Wasserburg in Warberg stammt mit Bergfried und Herrenhaus noch aus dem 14. Jahrhundert, der festungsähnliche Teil der Anlage im Südwesten dagegen aus dem 16. Jahrhundert.
⑨ Die Stephanskirche in Schöppenstedt entstand 1730 als Saalraum mit polygonalem Abschluß. Sie wurde als Ersatz für eine aus der Mitte des 12. Jahrhundert stammende Kirche an deren romanischen Turm angebaut. Im Turmuntergeschoß finden sich denn auch noch romanische Steinpfeiler und Kapitelle mit Tier- und Menschenfratzen. Der barocke Kanzelaltar stammt teilweise von 1742, teilweise von 1755.

Wolfenbütteler Schatzkammer

Mit kaum einem anderen deutschen Fürstensitz verbinden sich so viele berühmte Namen wie mit Wolfenbüttel. Leibnitz und Lessing haben hier gewirkt, der »tolle Christian von Halberstadt« hat hier ebenso gelebt wie die Musiker Praetorius und Graun, und der junge Goethe fand im jungen Jerusalem sein Vorbild für die »Leiden des jungen Werther«. Wilhelm Raabe und Wilhelm Busch schauten hier ihren Mitbürgern auf die Finger und ins Herz. Herzog August der Jüngere errichtete die Bibliothek mit ihrem Gebäude. Der große Universalgelehrte Gottfried Wilhelm Leibnitz bezeichnete sie als die »Schatzkammer aller Reichtümer des menschlichen Geistes«. Heute umfaßt der Bestand der weltberühmten Bibliothek etwa 800 000 Bände, 12 000 Handschriften und 3500 Inkunabeln, darunter so kostbare Werke wie das Reichenauer Perikopenbuch aus dem frühen 11. Jahrhundert und das Evangeliar Heinrichs des Löwen aus dem 12. Jahrhundert. Der berühmteste Bibliothekar war Gotthold Ephraim Lessing, der hier 1779 sein Drama »Nathan der Weise« schrieb.

◁ Wolfenbüttel: Die Bibliothek

Tip

Kalksteinbruch Hemkenrode, westlich von Königslutter: Der Halbtrockenrasen am Eichberg bei Hemkenrode, der wegen seiner Vielfalt an Pflanzen- und Tierarten gemeinsam mit dem Kalksteinbruch zu einem kleinen Naturschutzgebiet (10 Hektar) erklärt wurde, liegt im Westteil des Naturparks Elm-Lappwald. Botanisch besonders wertvoll sind die Orchideenarten, die leider auch immer wieder Eingriffen rücksichtsloser Pflanzenräuber ausgesetzt sind.

◁ Die Universität in Helmstedt, 1576 gegründet, 1810 geschlossen
▷ Inneres der Bibliothek Wolfenbüttel

25A

Wanderung 25 A: 10 Kilometer – 2 ½ Stunden

Mitten in den Elm

Elm, Lappwald

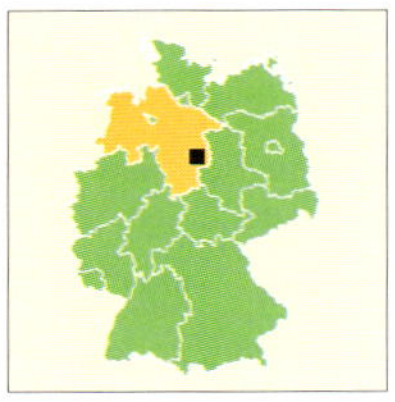

Der Höhenzug des Elm im Westen von Helmstedt und im Süden von Königslutter entstand vor etwa 135 Millionen Jahren, als sich Salzstöcke im Untergrund veränderten. Die damals entstandenen Bruchschollen tragen heute ein Hochwaldgebiet mit Laubhölzern wie Rotbuche, Linde, Bergahorn, Esche und Ulme. Rot- und Schwarzwild sind seine Bewohner.

Tourverlauf

Man beginnt diese Wanderung zum Elm in dem von Kaiser Lothar geförderten Königslutter. ①
Vom Dom der ehemalige Klosterkirche folgt man der Klostermauer zunächst nach Westen bis zur Glockenteichanlage, biegt dann an der Klostermauer nach Süden und erreicht kurz darauf am Waldrand die Promenade Unter den Eichen, auf der man die Lutterquellen erreicht. ②
Vom Lutterspring führt der Wanderweg mit der Markierung schwarzes Quadrat auf grünem Grund hinein in den Hochwald des Elm. ③
Der Weg mündet beim Ausflugslokal Tetzelstein und dem gleichnamigen sagenhaften Gedenkstein.
Ab dem Gasthaus Tetzelstein folgt man links (Osten) dem Wanderweg 33, bis man nach etwa 1,5 Kilometer auf ein Wegekreuz trifft. Hier biegt man links (Norden) ab in den Wanderweg 15, über den man Langeleben erreicht. ④
Am Parkplatz Langeleben beginnt der Wanderweg 17, dem man für weitere 2 Kilometer bis zu einem Wegestern treu bleibt. Der mit einem Karo markierte Wanderweg 19 führt dann wieder zurück nach Königslutter.

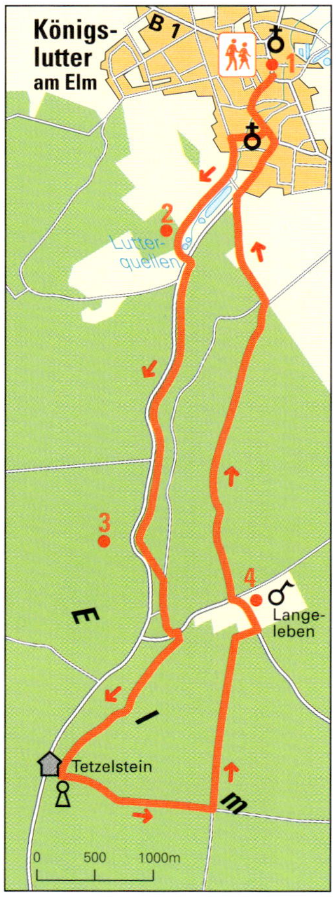

Sehenswürdigkeiten

① Die ehemalige Benediktinerabtei in Königslutter ist die letzte Ruhestätte von Kaiser Lothar III. Die Klosterkirche wurde bereits im 12. Jahrhundert errichtet und zählt zu den Meisterwerken deutscher Romanik. Besonders gelungen sind die Verzierungen an der Hauptapsis sowie die mit Menschen- und Tierköpfen geschmückten Kapitelle in den Chorarkaden. Berühmt ist auch der zweischiffige nördliche Kreuzgangflügel mit ebenfalls reich verzierten Kapitellen. Für musisch Interessierte lohnt sich ein Besuch des Museums für Mechanische Musikinstrumente.

② Der Lutterspring gehört mit etwa 20 000 Kubikmetern Schüttung zu den sehr starken Quellen Norddeutschlands. Kalksinterterrassen belegen wie kalkhaltig das Wasser hier ist. Neben der Hauptquelle, die durch ein 1708 erichtetes Quellenhaus geschützt wird, gibt es noch mehrere Nebenquellen. Die berühmteste ist das Kutschenloch, in dem der Sage nach ein reicher Gotteslästerer bei einem heftigen Unwetter mitsamt seiner Kutsche verschwunden sein soll.

③ So groß und bergeweit grünt der deutsche Buchenwald nirgendwo sonst: Der rund 25 Kilometer lange, nur bis 322 Meter hohe Muschelkalkrücken des Elm trägt Buchenwaldungen in seltener Geschlossenheit, und zum Naturpark Elm-Lappwald gehören auch noch die ähnlich schönen Forste des nördlich von Helmstedt anschließenden Lappwalds. Die Absperrung nach Osten durch die deutsch-deutsche Grenze ließ diese Landschaft jahrzehntelang in einem Dornröschenschlaf verharren. Rot- und Schwarzwild, Greifvögel und vielerlei Lurche, darunter Frösche, Erdkröten und Feuersalamander, haben hier ihre Lebensräume.
Unter Geologen gilt der Elm auch als der größte Trochitenfriedhof der Welt. Die Trochiten sind Seeliliengewächse, die zur Zeit des Kreidemeeres vor etwa 200 Millionen Jahren lebten. Die zarten Gewächse sind manchmal vollständig in einer feinkörnigen Kalkmatrix eingebettet. Mit etwas Glück kann man Bruchstücke solcher Versteinerungen am Elm finden. Wer mehr dazu wissen möchte, sollte die Otto-Klages-Sammlung im Haus der Kreisvolkshochschule besuchen.

△ *Tetzelstein im Elm*

④ In Langeleben gibt es noch die Reste des ehemaligen Wall- und Grabensystems einer früheren Burganlage. Sie war im Spätmittelalter angelegt worden und hatte eine 12 Meter hohe Mauer und ein breites Grabensystem zum Schutz vor Angreifern. An der Stelle der Burg wurde im 18. Jahrhundert ein herzogliches Jagdschloß errichtet, das von einer Parkanlage eingefaßt war. Von all dem sind allerdings nur noch Reste erhalten.

▷ *Romanischer Löwe, Königslutter*

Tip

Kaiser-Lothar-Linde in Königslutter: Der mächtige Stamm beim Kaiserdom bringt es in Brusthöhe auf einen Umfang von 15 Meter. Ob diese Linde im 12. Jahrhundert gepflanzt wurde, zur Zeit Kaiser Lothars III., des sächsischen Fürsten aus dem nahen Süpplingenburg, wie die namengebende Legende behauptet, ist nicht gewiß. Jedenfalls ist dieser Baum unter den nicht wenigen Baumdenkmälern im Umkreis unübertroffen. Reich an schönen alten Linden ist auch das als Geburtsort Eulenspiegels berühmte Kneitlingen am Südrand des Elms.

Wanderung im Lappwald

Wie relativ Vieles ist, beweist der Lappwald im Norden von Helmstedt. Er ist geologisch gesehen eine Mulde, die nur durch stärkeres Absinken der benachbarten Schichten horstartig herausgehoben erscheint. Heute ist der bis zu 211 Meter hohe Rücken mit Kiefern, Eichen und Hainbuchen bewachsen, zwischen denen sich auch Linden, Stieleichen und Traubeneichen finden.

Elm, Lappwald

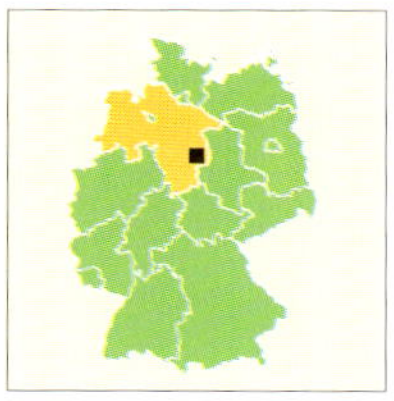

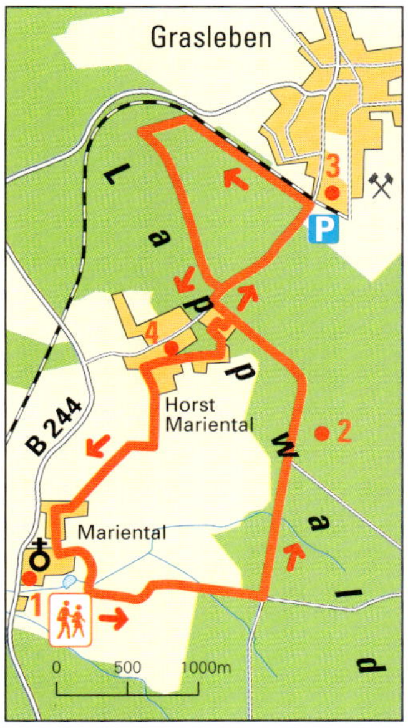

△ *Die langgestreckte Pfeilerbasilika in Mariental*

Tourverlauf

Beginn und Ende dieser Wanderung ist das Zisterzienserkloster Mariental. ①
Das Kloster verläßt man nordwärts über die Straßen Schäfertor und Zur Siedlung, biegt dann rechts ab und folgt schließlich dem Wanderweg 10/11 links abbiegend nach Osten. Nach etwa 800 Metern trifft man auf ein Wegekreuz, an dem Markierung und Wanderweg links (nordwärts) abzweigen. Nun wandert man hinein in den Lappwald. ②
Von Osten her trifft man auf die Siedlung Horst Mariental. Hier nimmt man den ersten Weg nach rechts, und erreicht nach knapp einen Kilometer den Waldparkplatz am Südrand des Ortes Grasleben. ③
Wer nicht nach Grasleben hinein wandern möchte, folgt nun dem Bahndamm etwa einen Kilometer nach Nordwesten bis zur alten Straße nach Rottorf. Sie trifft nach etwa 400 Metern auf den nach links abbiegenden Wanderweg mit der Markierung 10. Über ihn gelangt man durch den Wald südwärts wieder nach Horst Mariental. ④
Entlang der Markierung 10 spaziert man durch die Ortschaft und anschließend durch offene Landschaft zurück zum Kloster Mariental.

Sehenswürdigkeiten

① Die ehemalige Zisterzienserklosterkirche in Mariental wurde bis 1138 von Pfalzgraf Friedrich II. errichtet. Die langgestreckte Pfeilerbasilika ist eine der wenigen flachgedeckten Zisterzienserkirchen. Die Konventsgebäude sind bis auf den 1782 abgebrochenen Kreuzgang nahezu vollständig erhalten. Die schönste Raumwirkung strahlen das Refektorium der Laienbrüder und der romanische Kapitelsaal aus.
② Der Lappwald ist geologisch gesehen eine Mulde mit herzynischer Nordwest-Südost-Streichrichtung, auf der die geologisch jungen Schichten des oberen Keuper und Jura erhalten blieben. Hier gibt es leicht auswaschbare Sandstein- und Keuperverwitterungsschichten, auf deren »sauren« Unterbau Eichenmischwälder besonders gut wachsen.
③ Grasleben wurde erstmals 1150 als »Grasselove« urkundlich erwähnt. Seit 1910 wird in Grasleben Steinsalz bergmännisch abgebaut. Der vor etwa 200 Millionen Jahren entstandene Salzstock liegt in Tiefen zwischen 400 und 1300 Meter. Die Fördermenge von etwa 500 000 Tonnen Steinsalz pro Jahr werden zu Speisesalz, Gewerbesalz, Industrie- und Auftausalz verarbeitet.
④ Horst Mariental war bis zum Ende des Zweiten Weltkriegs ein Fliegerhorst. Die gesamte Anlage mit Wach- und Stabsgebäuden sowie einem Ehrenmal ist heute als Baudenkmal ausgewiesen.

Tip

Die Marientaler Zisterziensermönche legten im nördlichen Lappwald zahlreiche Rodungsdörfer an. Ortsnamen, die auf -rode, -feld oder -horst enden, deuten auf diese Siedlungsgebiete hin.

◁ *Marientaler Kreuzgang*

Autotour 26: 130 Kilometer

An der Unteren Havel

Havelland

»Streusandbüchse des Heiligen Römischen Reiches« hieß die Mark Brandenburg seit dem Mittelalter. Und Sandböden und Kiefernwälder prägen bis heute die Landschaft um Berlin. Über dreitausend Seen gibt es hier, Pappeln-, Linden- und Kastanienalleen erstrecken sich oft kilometerlang schnurgerade. Buchstäblich vor den Toren Potsdams beginnen die Dörfer, die mit niedrigen Häusern und Kopfsteinpflaster die Umgebung der ehemaligen Residenzstadt prägen.

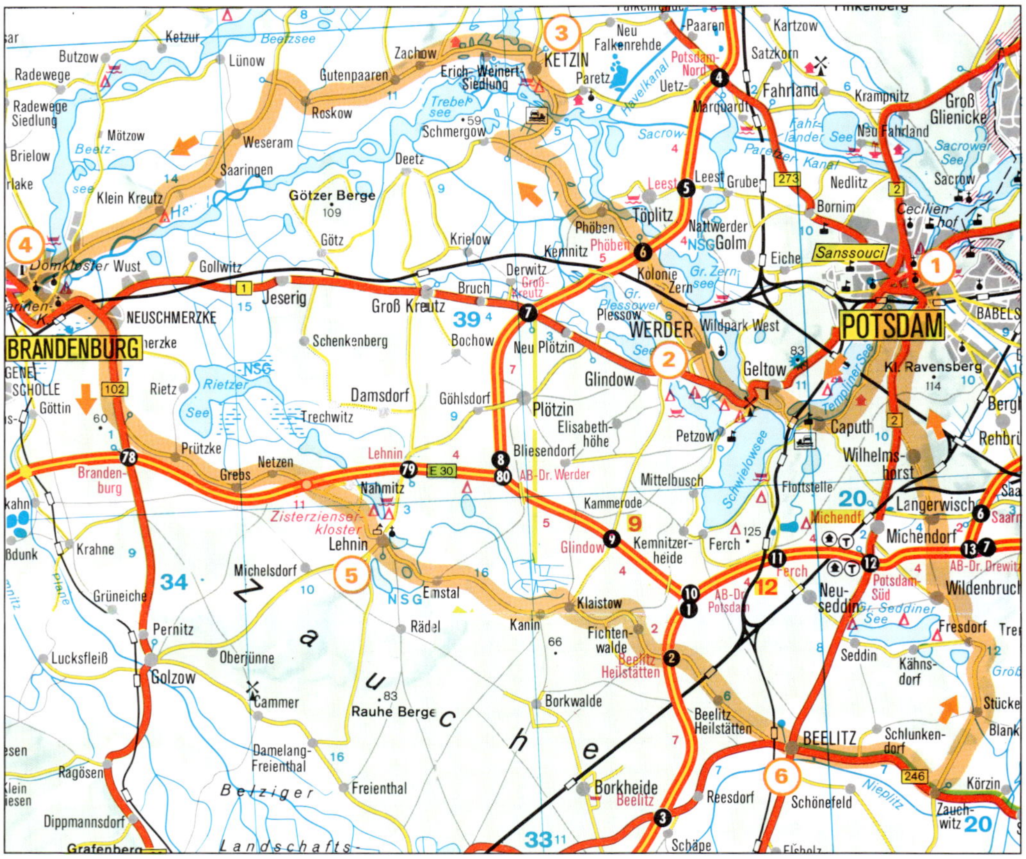

Tourverlauf

Startort ist die alte und neue Hauptstadt Brandenburgs, Friedrichs des Großen Sommerresidenz Potsdam. ①
Am Ostufer des Templiner Sees fährt man aus der Stadt hinaus, hinüber nach Caputh, setzt dort mit der kleinen Fähre über den See und erreicht in Werder das erste Ziel. ②
Von der Inselstadt in der Havel könnte man natürlich direkt über die B 1 nach Brandenburg gelangen; sehr viel schöner allerdings ist es, von Werder aus nordwestlich zur Havel und nach Ketzin zu fahren. ③
Von dort kutschiert man gemütlich auf der Nordseite der Havel hinüber nach Brandenburg. ④

△ *Kloster Lehnin nahe Brandenburg*

Ab Brandenburg führt die B 102 nach Süden, bis kurz vor die Autobahnanschlußstelle Brandenburg. Dort zweigt man links ab zum alten Zisterzienserkloster Lehnin. ⑤
Über Kanin geht es weiter über die Landstraße hinüber nach Beelitz. ⑥
Auf der B 246 steuert man Zauchwitz an. Vorbei am Grossen Seddiner See fährt man schließlich über Wildenbruch und Langerwisch zurück nach Potsdam.

Sehenswürdigkeiten

① 1993 konnte Potsdam sein tausendjähriges Bestehen feiern. Der Aufstieg des idyllischen Fischerdorfs begann 1660, als es vom Großen Kurfürsten Friedrich Wilhelm zu seiner Residenz erhoben wurde. 1725 erfolgte die »erste barocke Stadterweiterung« unter dem »Soldatenkönig« Friedrich Wilhelm I. In kurzer Zeit entstanden nun etwa 600 Häuser an 84 neuen Straßenfronten in 21 Karrees. Unter Friedrich dem Großen entwickelte sich Potsdam zur prunkvollen Barockstadt am Rande der preußischen Metropole Berlin. Schon von weitem zieht die riesige Kuppel der Nikolaikirche alle Blicke auf sich. Nachdem ihre Vorgängerin 1795 abgebrannt war, errichtete Karl Friedrich Schinkel ab 1830 den Zentralbau mit der dominierenden Renaissancekuppel. An die glorreiche Vergangenheit erinnert das alte Rathaus von 1753, das mit einer Palladio-Fassade mit korinthischen Kolossalsäulen und eigenwilligem Tambour mit getreppter Deckung beeindruckt. Die krönende Atlasfigur ist ein Werk von B. Giese und J. C. Wohler. Daneben steht das Knobelsdorff-Haus, dessen Fassade mit Karyatiden und Giebelfiguren von F. C. Glume und J. P. Benckert wohl erhalten ist. Der einzige Rest des abgerissenen einstigen Stadtschlosses ist der ehemalige Marstall, in dem heute das Filmmuseum untergebracht ist. Der wohl eigenwilligste Bau Potsdams ist das in Gestalt einer Moschee 1840 errichtete Dampfmaschinenhaus als Pumpstation für die Wasserspiele im Park von Sanssouci. Die katholische Pfarrkirche ist ein auf kreuzförmigem Grundriß errichteter Zentralbau mit einem Mittelquadrat als Zentrum. Die Chorapsis hat Kleeblattgrundriß, womit das Wölbungsprinzip der Hagia Sophia aufgegriffen wurde. Der Westturm der Kirche steht in der Achse der Brandenburger Straße und ist dem Campanile

▽ *Werder zwischen den Seen im Havelland*

von San Zeno in Verona nachgebildet. Fertiggestellt wurde die Kirche 1868. Die Französische Kirche entstand bis 1753 nach Plänen von Knobelsdorff ursprünglich für die Hugenottengemeinde. Sie steht auf elliptischem Grundriß und glänzt mit einem toskanischen Giebelportikus. Interessante Stadttore sind das Nauener Tor von 1755 und das Brandenburger Tor von 1770.
Park Sanssouci: Siehe Wanderung 26 A, Seite 112.
Pfaueninsel: siehe Wanderung 26 B, Seite 113.

② Das Städtchen Werder hat sein altes Zentrum auf einer Havelinsel und kam 1317 in den Besitz des Klosters Lehnin. Seine Stadtkirche ist ein neugotischer Bau auf kreuzförmigem Grundriß mit achteckigen Chorflankentürmen und einem massigen Westturm. Die neugotische Einrichtung ist original erhalten.

③ Die Pfarrkirche in Ketzin ist ein barocker Emporensaal mit einheitlicher Ausstattung aus dem 18. Jahrhundert. Besonders interessant ist der prächtige Säulenaufbau des Kanzelaltars.

④ Brandenburg ist ein uralter Siedlungsplatz zwischen den Seen und den Flußarmen der Havel. Das mittelalterliche Brandenburg wuchs um die Gotthardkirche auf der Nordseite der Havel. Planmäßig gebaut dagegen wurde auf der Südseite um die Katharinenkirche die Neustadt im Auftrag der Markgrafen. Als dritter Siedlungskern entstand die Dominsel, der Sitz der slawischen und deutschen Burgherren und des Bischofs. Der heutige Dom wurde als romanischer Bau 1165 begonnen, seine heutige Form erhielt er zwischen 1377 und der Mitte des 15. Jahrhunderts. Kostbarstes Stück seiner Ausstattung ist der Böhmische Altar, ein Flügelaltar aus der Zeit um 1375. Aus der gleichen Zeit stammt ein hölzernes Sakramentshaus, die Triumphkreuzgruppe entstand um 1430. Das Dommuseum enthält eine umfangreiche Sammlung liturgischer Gewänder. Die Katharinenkirche, ein feingliedriger Backsteinbau des späten Mittelalters, erhielt ihre heutige Form im 15. Jahrhundert. Inzwischen wieder restauriert sind die Gotthard- und die Nikolaikirche, beide aus dem 12. Jahrhundert stammend. Das spätgotische Rathaus deutet mit dem über 5 Meter hohen Roland noch auf Brandenburgs stolze Vergangenheit als Hansestadt hin.

△ Das Brandenburger Tor in Potsdam

⑤ Das Zisterzienserkloster Lehnin wurde 1182 gegründet. Seine Backsteinkirche entstand als langgestreckte, kreuzförmige Pfeilerbasilika, die mit Kreuzrippengewölben gedeckt wurde. Von der Ausstattung ist ein Schnitzaltar von 1476 erhalten, das Triumphkreuz stammt aus der Zeit um 1235.

⑥ In Beelitz gab es 1216 eine askanische Burg gegen die Slawen. Seine Stadtkirche St. Marien wurde im 13. Jahrhundert aus Feldsteinen errichtet. Erhalten davon ist der charakteristische Westquerbau. Zur dreischiffigen Halle wurde die Kirche im 15. und 16. Jahrhundert umgebaut. Von der alten Ausstattung ist noch die Kanzel von 1656 erhalten.

Die Tafelrunde Friedrichs des Großen in Sanssouci

Ab 1744 ließ Friedrich der Große (1740 – 1786) den Park von Sanssouci mit dem »Weinbergschloß« als Sommerresidenz anlegen. In das Rokokoschlößchen zog sich der König der Preußen immer dann zurück, wenn er »ohne Sorgen« philosophische Gespräche führen, lesen oder musizieren wollte. An der berühmten Tafelrunde im Marmorsaal von Sanssouci versammelte der »roi charmant« einen Stammtisch berühmter Männer. Lange umworbener Gast war der Pariser Dichter und Philosoph Voltaire. Im Juli 1750 ließ sich der berühmte Franzose schließlich überreden und kam für knapp drei Jahre nach Sanssouci. Dort arbeitete er täglich zwei Stunden mit dem König, diskutierte mit ihm und korrigierte seine schriftstellerischen Arbeiten. Zu seinen Pflichten gehörte auch die Teilnahme am abendlichen Souper, von dem Voltaire feststellte: »An keinem Ort der Welt sprach man so frei über alle Arten des menschlichen Aberglaubens, nirgends wurden sie mit soviel Spott und Kritik behandelt als bei den Soupers des Königs von Preußen. Gott wurde respektiert; alle diejenigen, die in seinem Namen die Menschen betrogen, wurden verurteilt.«

▽ Saarmunder Berge bei Potsdam

Tip

Rietzer See zwischen Brandenburg und Lehnin: Das Naturschutzgebiet umfaßt außer dem Flachsee auch Flachmoorzonen. Dieses Gebiet mit dem Röhricht und Bruchwald des Rietzer Sees ist als letztes Naßflächenreservat von großer ökologischer Bedeutung.

26A

Wanderung 26 A: 6 Kilometer – 3 Stunden

Im Park von Sanssouci

Havelland

Als Friedrich der Große 1744 seinem Bruder Heinrich das »märkische Arkadien« (Rheinsberg) schenkte, benötigte er eine neue Sommerresidenz. Sie entstand in Potsdam als »Lusthaus auf dem Weinberg«, in dem Friedrich ohne Sorgen (sans souci) leben wollte. Haus und Park gerieten mit zum Schönsten, was deutsche Schloß- und Parkarchitektur hervorgebracht hat.

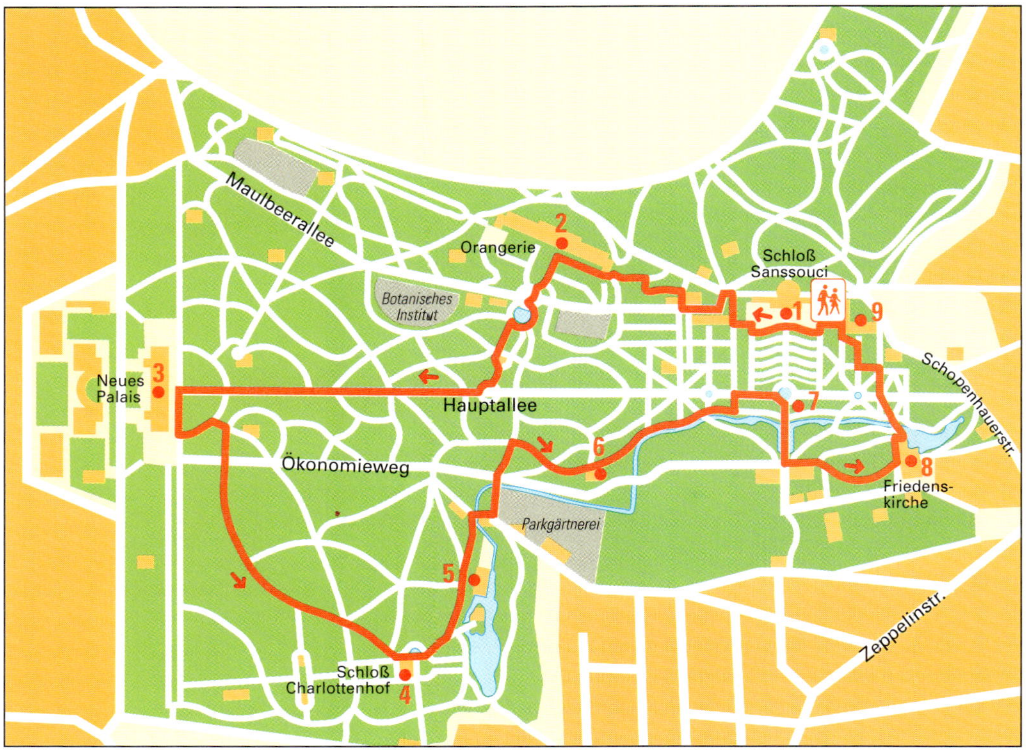

Tourverlauf

Der Rundgang durch den Park beginnt auf der großen Terrasse vor Schloß Sanssouci. ①
Von hier schlängelt sich der Weg an der historischer Windmühle vorbei hinüber zur Orangerie. ②
Über die Jubiläumsterrasse geht es hinunter zur Hauptallee und auf ihr weiter nach Westen bis zum Neuen Palais. ③

△ *Schloß Sanssouci mit Weinberg*

Vom Neuen Palais geht man in einem großen Bogen durch den Park Charlottenhof hinüber zum Schloß Charlottenhof. ④
Auf dem Weiterweg passiert man die Römischen Bäder. ⑤
Anschließend spaziert man zum Chinesischen Teehaus. ⑥
Weltbekannt ist der Blick auf den Weinberg vom Großen Fontänenrondell aus. ⑦
Am künstlich angelegten Friedensteich liegt die Friedenskirche mt ihrem ins Wasser hineinreichendem Langhaus. ⑧
Vor der Rückkehr zum Ausgangspunkt sollte man seine Schritte noch zur Bildergalerie lenken. ⑨

Sehenswürdigkeiten

① Schloß Sanssouci wurde ab 1745 innerhalb von zwei Jahren von Georg Wenzeslaus von Knobelsdorff nach den Vorstellungen des Königs errichtet. Es ist auf seine privaten Bedürfnisse zugeschnitten, eingeschossig und mit dem Garten durch hohe Fenstertüren verbunden. Die Gartenfassade ist im heiteren Rokoko gehalten, die Figuren steuerte F. C. Glume bei.

② Die Orangerie entstand bis 1864 im Auftrag von Friedrich Wilhelm IV. Der Bau drückt die Italiensehnsucht des Königs aus und folgt deshalb auch Vorbildern in Rom und Florenz, der Raphaelsaal der Sala Regia im Vatikan.

③ Das Neue Palais am westlichen Ende der Hauptallee wurde nach dem Ende des Siebenjährigen Krieges als Gästeschloß mit einer Reihe von fürstlichen Wohnungen für Freunde und Familienmitglieder errichtet. Der riesige Barockbau ist durch Sandsteinpilaster gegliedert und mit mehr als 400 Sandsteinskulpturen verziert. Das Schloßtheater im Palais ist eines der wenigen noch erhaltenen Rokokotheater aus dem 18. Jahrhundert.

④ Schloß Charlottenhof entstand von 1826 bis 1829 nach Plänen von Karl Friedrich Schinkel als anmutige, klassizistische Villa für den Kronprinzen Friedrich Wilhelm IV.

◁ *Die Gebäudegruppe der Römischen Bäder im Park Sanssouci*

⑤ Die Römischen Bädern ließ Kronprinz Friedrich Wilhelm erbauen. Sie sind einem römischen Wohnhaus nachgebildet.

⑥ Das Chinesische Teehaus führte Johann Gottfried Büring zwischen 1754 und 1757 aus. Das märchenhaft anmutende Gebäude diente als Hintergrund bei kleinen Festlichkeiten. Seine exotische Wirkung beruht auf der Mischung von Stilelementen des Rokoko mit fernöstlichen Anklängen. Im Inneren findet sich eine ausgemalte Kuppel und eine Porzellansammlung.

⑦ Die Große Fontäne auf der Hauptachse von Schloß Sanssouci ist von Götterfiguren sowie von allegorischen Darstellungen der vier Elemente umgeben.

⑧ Die Friedenskirche entstand im Auftrag von Friedrich Wilhelm IV. bis 1854 nach Plänen von Ludwig Persius. Dabei wurde auf frühchristliche Bauwerke Bezug genommen: Vorbild für den Glockenturm war der Campanile der Kirche Santa Maria in Cosmedin und für die Kirche selbst San Clemente.

⑨ Die 1764 von Johann Gottfried Büring fertiggestellte Bildergalerie war einer der ersten eigenständigen Museumsbauten auf deutschem Boden. Die Galerie birgt Werke der Malerei des italienischen und niederländischen Barock. Die Bildergalerie ist Ausdruck der Sammelleidenschaft Friedrichs des Großen. So sind hier zum Beispiel »Der ungläubige Thomas« von Caravaggio und mehrere Arbeiten von Peter Paul Rubens ausgestellt.

Tip

Botanischer Garten im Schloßpark Sanssouci: Die Gewächshäuser beherbergen Pflanzen tropischer und subtropischer Breiten: Orchideen ebenso wie Nutzpflanzen (Pfefferstrauch, Zimtbaum, Feigen und andere).

Wanderung 26 B: 14 Kilometer – 3 ½ Stunden

26 B

Klein-Glienicke und die Pfaueninsel

Havelland

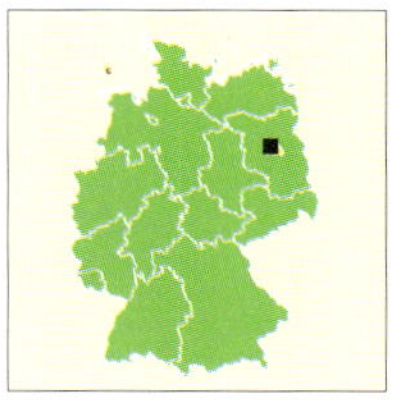

Der Westtteil des Berliner Forstes und die Pfaueninsel gehören zum Schönsten, was die Havel im Bereich Berlins zu bieten hat. Was Friedrich Wilhelm II. als romantisches Refugium für sich und seine Geliebte kaufte, ist heute ein herrlicher Landschaftspark, ein Schutzgebiet für Reiher und ein beliebtes Ziel für alle Romantiker.

△ Lädt ein zu Spaziergängen: die Pfaueninsel

Tourverlauf

Man beginnt diesen Ausflug zur Pfaueninsel an der Glienicker Brücke. ①
Schon bald erreicht man Schloß Glienicke. ②
Vom Schloß führt der Weg nordostwärts, zunächst etwas über dem Havelufer und später am Havelufer entlang hinüber nach Nikolskoe. ③
Von hier sind es noch etwa 10 Minuten bis zur Fährstation, wo man auf die Pfaueninsel übersetzen kann. ④
In der Südwestecke der Insel steht das als gotische Ruine errichtete Lustschloß von Friedrich Wilhelm II. Von ihm aus umrundet man die Pfaueninsel. Nach der Rückfahrt zum Festland lohnt sich der Weiterweg entlang des Havelufers, bis zur Landspitze zwischen Havel und Großem Wannsee. ⑤

▽ Löwenfigur im Schloßpark Glienicke

Nach Süden führt der Weg nun zurück zur Königstraße, wo der Bus zurück zur Glienicker Brücke fährt.

Sehenswürdigkeiten

① Die Glienicker Brücke wurde zu Zeiten des kalten Krieges berühmt. Auf ihr tauschten die Geheimdienste aus Ost und West ihre Topagenten, so etwa 1962 den von der damaligen Sowjetunion abgeschossenen amerikanischen U-2-Piloten Gary Powers gegen den sowjetischen Meisterspion Iwanowitsch Abel.
② Der Schloßpark Glienicke gehörte einst Prinz Karl, dem Bruder Friedrich Wilhelms III. Er holte sich Karl Friedrich Schinkel zum Umbau eines Gutshauses zu einem Herrschaftssitz. Besonders interessant sind zwei tempelartige Pavillons: Man nennt sie die Große und die Kleine Neugier. Hier pflegte Prinz Karl mit seinen Gästen zu sitzen und den Kutschenverkehr von und nach Potsdam zu beobachten. Wenig nördlich vom Schloß liegt der Klosterhof, den Prinz Karl 1850 nach venezianischem Muster errichten ließ. Auf der Südseite der Königstraße schließlich steht das Jagdschloß Glienicke, das bereits 1683 für den Großen Kurfürsten gebaut worden war.
③ Am Aussichtspunkt Nikolskoe hatte Friedrich Wilhelm II. für seine Tochter und seinen Schwiegersohn, den russischen Zaren Nikolaus, ein Blockhaus errichten lassen. Bis 1837 kam dazu die von G. A. Stuhler und J. G. Schadow errichtete Kirche St. Peter und Paul. Mit ihren russischen Zwiebeltürmen ist sie bis heute beliebte Kulisse für romantische Brautpaare.
④ Die Pfaueninsel hieß früher wohl nicht unzutreffend Kaninchenwerder. Im 17. Jahrhundert arbeitete hier der Chemiker Johann Kunckel von Löwenstern. Er stellte Phosphor und Rubinglas her, bis sein Laboratorium 1689 in Flammen aufging. Friedrich Wilhelm III. kaufte 1793 die Insel als Spielplatz für sich und seine Geliebte Minchen Encke, aus der später die Gräfin Lichtenau werden sollte. Gebaut wurde ein Schlößchen im damals beliebten Ruinenstil. Der Gartenarchitekt P. J. Lenné gestaltete dazu eine kunstvoll arrangierte Scheinnatur mit Rosengärten und Eichenhainen. Zur angemessenen Belebung durften jene Vögel herumspazieren, die der Insel ihren Namen gaben. Im Jahre 1804 kam dann noch der Kavaliersbau dazu, den Schinkel von 1814 bis 1826 erneuerte. Dabei fügte er eine vom König gekaufte, gotische Fassade eines um 1400 gebauten Danziger Patrizierhauses ein.
⑤ Auf dem Rückweg vom Havelufer werden immerhin stolze 105 Meter Höhe erreicht. Von hier aus bietet sich ein prächtiger Blick über die Havel, hinüber zur Pfaueninsel und nach Kladow.

Tip

Trappen im Havelland: Die sehr seltenen Trappen haben im Havelland eines ihrer letzten Rückzugsgebiete. Die bis zu 20 Kilogramm schweren Trapphähne können im Frühjahr bei ihrer Balz auf freien Feldflächen beobachtet werden.

▽ Gaben der Insel in der Havel ihren Namen: die Pfauen

27

Märkische Schweiz

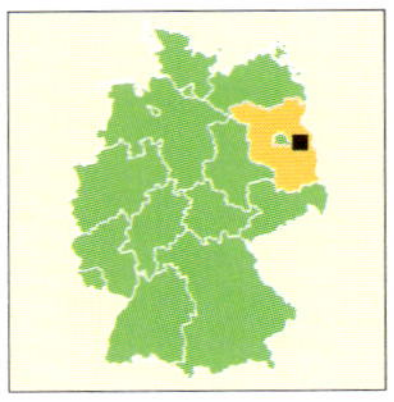

Autotour 27: 130 Kilometer

Märkische Schweiz und Scharmützelsee

Die waldreiche Seen- und Hügellandschaft im Osten Berlins mit ihrer Vielzahl von Wanderwegen in alle Himmelsrichtungen ist seit jeher eine beliebte Sommerfrische der Berliner. Buckow war in den zwanziger Jahren der größte märkische Kur- und Badeort. Weiter im Süden sorgen Müggelspree, Oder-Spree-Kanal und Scharmützelsee für den hohen Erholungswert einer Landschaft, deren Bedeutung erst langsam in vollem Umfang erkannt wird.

△ *Kleiner Markgrafenstein in den Rauener Bergen*

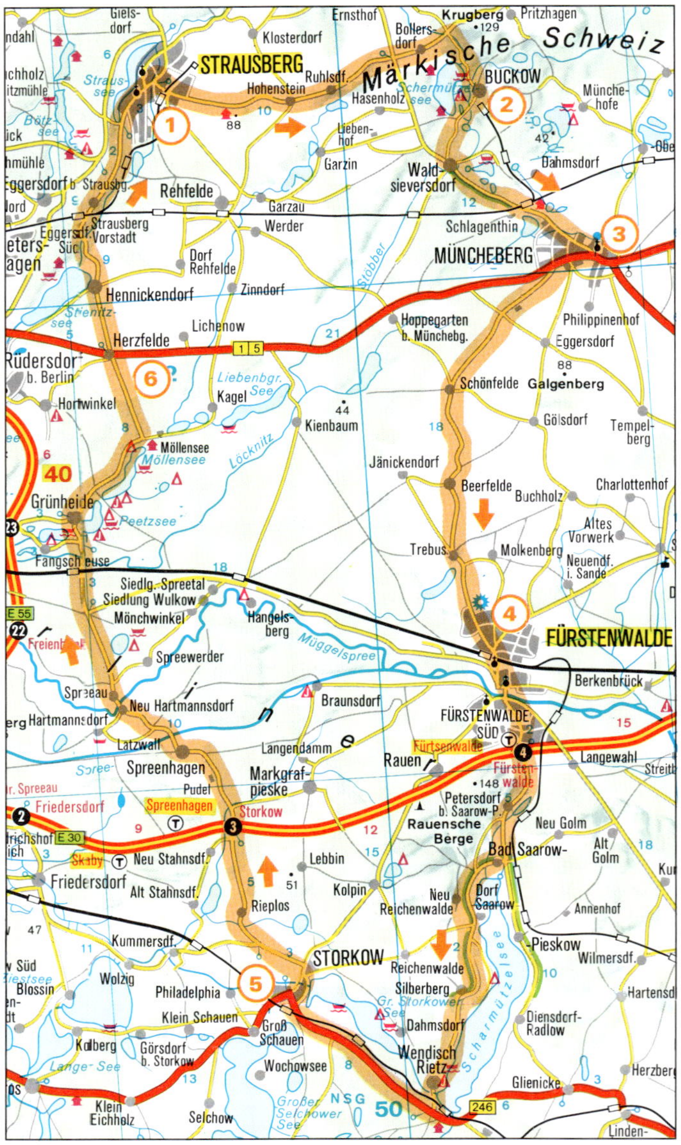

Tourverlauf

Ein geeigneter Startplatz für die Fahrt in die Märkische Schweiz ist Strausberg. ①
Von hier geht es über offene Landschaft hinüber nach Bollersdorf an den Schermützelsee und nach Buckow. ②
Im Süden von Buckow heißen die nächsten Ziele, beide erreichbar über wenig befahrene Landstraßen, Waldsieversdorf und Müncheberg. ③
Auch die weitere Strecke nach Fürstenwalde folgt einer eher ruhigen Landstraße. ④

▽ *Im Blumenthaler Wald*

Die Uferstraße am Scharmützelsee ist zumindest wochentags nicht überfrequentiert. Vom Südende des Scharmützelsees bei Wendisch Rietz folgt man zunächst der B 246 bis Storkow. ⑤
Danach fährt man wieder auf der Landstraße zur Autobahnanschlußstelle Storkow und geradeaus weiter, am Möllensee vorbei, nach Herzfelde. ⑥
Anschließend geht es zurück nach Strausberg.

Sehenswürdigkeiten

① Strausberg lag im Mittelalter an einem alten Handelsweg zwischen Köpenick an der Spree und Wriezen an der Oder. Schon die Slawen hatten auf der Anhöhe am See eine Burg errichtet. Ihnen folgten zunächst die wettinischen Markgrafen von Meißen und danach die askanischen Markgrafen von Brandenburg. Eine größere Siedlung wuchs jedoch erst ab 1240 unter den Askaniern, als diese die Herrschaft östlich vom heutigen Berlin übernommen hatten. Otto III. schließlich siedelte 1258 in der alten Burg ein Dominikanerkloster an. Wenig später entstand die heute noch in weiten Teilen und in erstaunlicher Höhe erhaltene Stadtmauer mit ihren rechteckigen Wiekhäusern. Die Marienkirche, eine aus Feldsteinen errichtete Basilika, geht noch auf die Zeit der Stadtgründung unter Otto III. zurück. Rein äußerlich ist dies schon am fehlenden Querschiff, dem langgestreckten und rechteckig geschlossenen Chor sowie dem breiten Turmquerbau als westlichem Abschluß abzulesen. Das heutige Gewölbe mit Kreuzrippen im Langhaus und Sternmuster im Chor wurde 1448 eingebaut. Aus derselben Zeit stammen die Fresken in den Kappen des Chors. Von der alten Ausstattung ist ein spätgotischer Schnitzaltar aus dem frühen 16. Jahrhundert erhalten. Die restliche Ausstattung ist ganz vom Barock geprägt, die Kanzel stammt aus dem späten 17. Jahrhundert, der Orgelprospekt mit Rokokoornament von 1773.

◁ Am Gamengrund bei Strausberg

② Buckow: Siehe Wanderung 27 A, Seite 116.
③ Müncheberg ist aus der slawischen Siedlung Lubes hervorgegangen. Ihren heutigen Namen erhielt sie 1253, als die Siedlung in den Besitz des Bischofs von Magdeburg kam. Die fast vollständig erhaltene Stadtmauer wurde ab 1319 überwiegend aus Feldsteinen errichtet. Lediglich die Aufbauten des Berliner Tors im Westen und des Küstriner Tors im Osten bestehen, weil später dazugekommen, aus Backstein. Die am höchsten Punkt errichtete Pfarrkirche war ursprünglich ein frühgotischer Feldsteinsaal mit schmalem, rechteckigem Chor, der später polygonal erweitert und mit einem spätgotischen Sterngewölbe ausgestattet wurde. Der neugotische Westturm entstand nach einem Entwurf von Karl Friedrich Schinkel. Die 1945 ausgebrannte Kirche harrt noch der Restaurierung.
④ Fürstenwalde liegt am Nordufer der Spree. Im 13. Jahrhundert mußten die spreeaufwärts beförderten Waren hier ausgeladen und auf dem Landweg zur Oder nach Frankfurt transportiert werden. Die Askanier legten deshalb auf nahezu quadratischem Grundriß eine Stadt mit gitterförmigem Straßennetz an und befestigten sie mit Wassergraben und Feldsteinmauer. Im Jahre 1354 wurde die Stadt an den Bischof von Lebus (nördlich von Frankfurt an der Oder) verkauft. 19 Jahre später verlegte der Bischof seine Residenz in die Neuerwerbung. Im 15. Jahrhundert wurde dann aus der alten Pfarrkirche die Kathedrale des Bistums Lebus errichtet. Es entstand eine dreischiffige Hallenkirche mit Umgangschor, die um 1470 vollendet wurde. 1945 brannte sie völlig aus, seit 1966 wird an ihrer Restaurierung gearbeitet. Als kostbarstes Stück ihrer Ausstattung hat ein spätgotisches Sakramentshaus, das Bischof Dietrich von Bülow 1517 gestiftet hatte, alle Zerstörungen überlebt. Unweit des Doms steht das im Kern spätgotische Rathaus, ein zweigeschossiger Bau mit Zierrippengiebeln. Der Turm und der Schweifgiebel an der Ostseite erhielten ihre heutige Form 1624. In der alten Gerichtslaube des Rathauses gibt es noch ein Sterngewölbe von 1511. Im 9 Kilometer entfernten Steinhöfel stammt die Dorfkirche aus dem 13. Jahrhundert, die Ausstattung aus dem 18. Jahrhundert. Daneben präsentiert das Dorf ein selten schönes Beispiel klassizistischer Landbaukunst in Preußen: Der Dorfanger ist mit eingeschossigen, traufseitigen Landarbeiterkaten nach Entwürfen von David Gilly bebaut. Bei einem Halt auf der Weiterfahrt kann man in Bad Saarow-Pieskow am Scharmützelsee einen Granitfindling bestaunen.
⑤ Storkow: Siehe Wanderung 27 B, Seite 117.
⑥ Die Dorfkirche von Herzfelde entstand Mitte des 13. Jahrhunderts. Sie besitzt einen schmalen Chor mit halbkreisförmiger Apsis und ein breiteres Schiff mit gleich breitem westlichen Querturm. Den Chor der Dorfkirche verziert ein Kreuzgewölbe, das Schiff ist flachgedeckt.

▽ Das Küstriner Tor in Müncheberg

Das Brecht-Weigel-Haus am Schermützelsee

Ein romantisches Häuschen am Schermützelsee diente seit 1952 Deutschlands berühmtestem politischen Dichter, Bertolt Brecht, und seiner Frau, der Schauspielerin Helene Weigel, als Landsitz. Ganz so idyllisch wie sein Lebensabend war jedoch Brechts Leben zu Anfang nicht. Als Sohn eines Augsburger Fabrikanten studierte er Naturwissenschaften in München, wurde 1920 Dramaturg an den Münchner Kammerspielen. 1924 ging er nach Berlin zu Max Reinhardt. Als Brecht seine berühmte »Dreigroschenoper« schuf, besuchte er gleichzeitig die marxistische Arbeiterschule. 1933 emigrierte er nach Dänemark, gab von 1936 bis 1939 die in Moskau erscheinende Zeitschrift »Das Wort« heraus und floh ab 1940 über den Umweg Moskau und Wladiwostok nach Kalifornien, 1948 kam er nach Ostberlin zurück. Inhaltlich entwickelte sich der politische Dichter vom nihilistischen Expressionisten zu einer extremen Sachlichkeit mit einer für ihn typischen Mischung aus Gesellschaftskritik, Sarkasmus und sozialer Anklage. Sein episches Theater sollte den Zuschauer durch sachlich-nüchtern vorgeführte Beispiele menschlichen Verhaltens zum Mitdenken und zur eigenen Entscheidung zwingen.

Tip

Rauener Berge: Auf halbem Wege zwischen Fürstenwalde und Saarow-Pieskow gelangt man westlich zu den Rauener Bergen. Dort liegen – der Weg ist gut ausgeschildert – die Markgrafensteine, mächtige Granit-Findlinge, die von den Eiszeit-Gletschern aus Skandinavien hierher verlagert wurden.

27 A

Wanderung 27 A: 16 Kilometer – 4 Stunden

In der Märkischen Schweiz

Märkische Schweiz

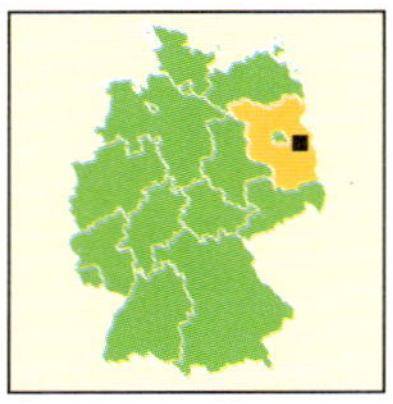

Die Märkische Schweiz ist zwar ein kleines, aber desto feineres Gebiet. Für viele ist sie der schönste Teil der Mark Brandenburg. Rund um Buckow verstecken sich zahlreiche Seen zwischen bis 120 Meter hoch aufsteigenden Hügeln. In den engen Verbindungstälern dazwischen plätschern muntere Bäche.

△ *Die Dorfkirche von Buckow*

Tourverlauf

Ausgangspunkt einer Wanderung zu den attraktivsten Stellen der Märkischen Schweiz ist das Strandbad von Buckow. ①
Von hier aus folgt man zunächst dem Weinbergsweg und danach dem Hopfenweg ostwärts bis zur Günther-Quelle. Nach der Günther-Quelle wendet sich der breite Waldweg langsam nach Nordosten, senkt sich allmählich, passiert eine große, etwa 250 Jahre alte Blutbuche und erreicht schließlich den Großen Tornowsee. Man umwandert ihn auf der Ostseite bis, schon beinahe wieder am Westufer, ein Bach vom Berg herunter kommt. Vor ihm biegt man rechts ab und steigt dem Bach entlang die wildromantische Schlucht der Silberkehle hinauf. ②
Immer der grünen Markierung folgend, erreicht man den Dachsberg. ③
Hinter dem Dachsberg taucht nach einiger Zeit ein Wegekreuz auf, das den Namen Finkenherd erhalten hat. Hier biegt man rechts ab und wandert nordwärts am Waldrand entlang gegen den Aussichtsturm auf dem Krugberg. ④
Am Krugberg schwenkt der Weg nach Westen und folgt nun der Drachenkehle hinunter zum Sophienfließ und zur Wurzelfichte. ⑤
Einige Stufe führen hier zur Fahrstraße hinauf, der man links etwa 500 Meter bis zur Abzweigung der Straße Bollersdorfer Höhe folgt. ⑥
Kurz vor dem Restaurant geht links ein Steig ab, der steil hinunter zum Schermützelsee führt. Am Ufer folgt man dem Uferweg nach rechts, zum Restaurant Fischerkehle. ⑦
Nach der Umrundung des Weißensees erreicht man das Häuschen von Bertolt Brecht. ⑧

Sehenswürdigkeiten

① Buckow am Schermützelsee ist seit jeher das touristische Zentrum der Märkischen Schweiz. Das malerische Städtchen ist von drei Seen eingerahmt – dem Schermützel-, dem Buckow- und dem Griepensee – und von dicht bewaldeten Höhenrücken umgeben. Als die Eisenbahn 1897 Buckow erreichte, wurde die Märkische Schweiz schlagartig zur beliebten Sommerfrische der Berliner. Die Umgebung des freundlichen Schermützelsees, der mit seinem Seegrund bis zu 19 Meter unter Meereshöhe liegt und 146 Hektar groß ist, war schon zur Bronzezeit besiedelt.
② Die Silberkehle ist eine wildromantische Schlucht, durch die ein kleiner Bach über Steine und umgestürzte Bäume munter zum Großen Tornowsee hinunter plätschert.
③ Der Dachsberg ist eine Endmoräne eines Gletschers der Saale-Eiszeit. Der Gletscher transportierte auch den unter dem Gipfel des Dachsbergs liegenden großen Granitfindling. Er trägt den Namen Teufelsstein, weil der Legende nach Beelzebub selbst den Stein aus Wut dorthin geworfen hat.
④ Vom Aussichtsturm auf dem Krugberg bietet sich die beste Aussicht über das Seengebiet der Märkischen Schweiz.
⑤ Die Wurzelfichte am Sophienfließ erinnert mit ihren vom Wasser freigelegten Wurzelarmen an eine riesige Krake. Das harmlose Bächlein nämlich wird bei starkem Niederschlag zum reißenen Fluß, der die Wurzeln des etwa 150 Jahre alten und 30 Meter hohen Baumes aus dem Erdreich geschwemmt hat.
⑥ Die 83 Meter hohe Bollersdorfer Höhe liegt 54 Meter über dem Schermützelsee. Die Terrasse des Restaurants bietet einen weiten Blick über den See und die waldreiche Hügellandschaft.
⑦ Im Restaurant Fischerkehle kann man sich unmittelbar am Seeufer noch einmal zum Endspurt stärken.
⑧ Die Jugendstilvilla direkt am Ufer des Schermützelsees bezog Bertolt Brecht 1952; heute ist das Häuschen Museum und Gedenkstätte an den großen Dichter.

Tip

Am nördlichen Ortsrand von Buckow, gegenüber der Gaststätte »Haus Tirol«, beginnt ein Wanderpfad, der den Besucher tief ins Tal des Sophienfließ und somit ins Landschaftsschutzgebiet führt.

▽ *Am Euckower See, einem beliebten Erholungsgebiet*

Wanderung 27 B: 19,5 Kilometer – 5 Stunden

Am Großen Storkower See

27 B

Märkische Schweiz

Die zahlreichen Rinnenseen zwischen Königs Wusterhausen im Norden, Teupitz im Süden und Storkow im Osten sind als Teupitzer Seen berühmt. Die Seen sind eingebettet in bewaldete Talsandflächen, zwischen die höhergelegene Grundmoränenplatten eingestreut sind. Diese Mischung garantiert abwechslungsreiche Landschaftsbilder, die besonders schön um den Großen Storkower See herum zu finden sind.

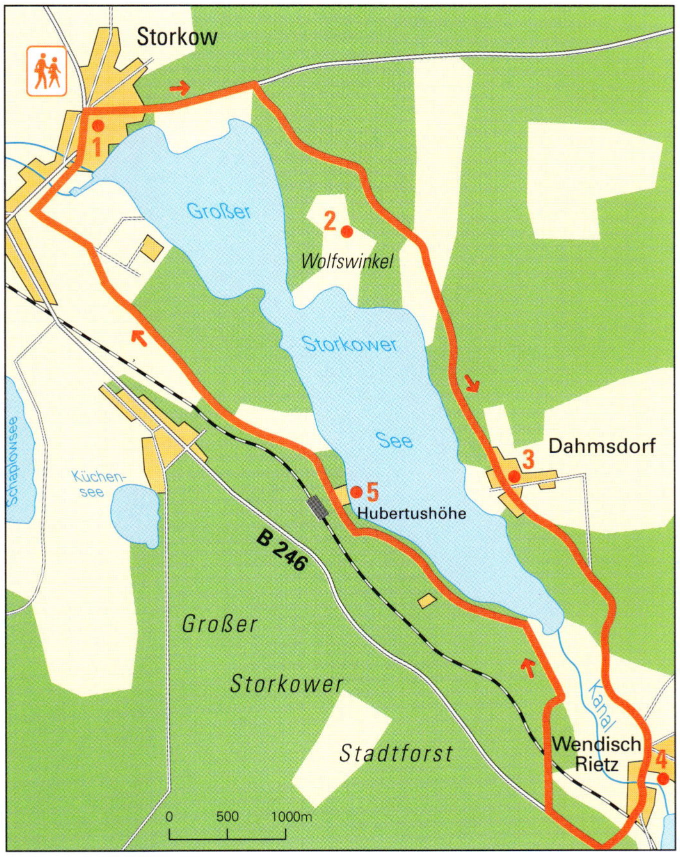

Tourverlauf

Ausgangspunkt ist der gemütliche Marktplatz von Storkow. ① Über die Straße Am Markt geht es nördlich an der Pfarrkirche vorbei und über eine Fußgängerbrücke mit Blick auf eine Schleuse über den Storkower Kanal. Danach führt die Reichenwalder Straße östlich aus Storkow hinaus.

Nach der Badeanstalt zweigt hinter dem Ortsende von Storkow der Fahrweg nach Dahmsdorf ab. Bei der nächsten Wegegabelung nimmt man links den nach Südosten weisenden Waldweg zum Wolfswinkel. ②

Der Weg führt an eine große Waldwiese, die später noch überquert wird. Rechts taucht nun auch wieder der Storkower See auf. Nach etwa einer Stunde wird Dahmsdorf erreicht. ③

Dahmsdorf wird geradeaus durchwandert, die Silberberger Straße führt wieder aus der Ortschaft hinaus. Am Waldrand kommt dann ein Weg, dem man nach rechts folgt. Er führt in etwa 30 Minuten hinüber zur schmalen Landbrücke zwischen Storkower See und Scharmützelsee und nach Wendisch Rietz. ④

In Wendisch Rietz wandert man bis zur Schleuse zwischen den beiden Seen und zweigt danach beim Gasthof Berliner Bürgerbräu halbrechts ab. Nach den Bahngleisen taucht kurz darauf die B 246 auf, der man nach rechts für knapp 500 Meter folgt. Wo von rechts mehrere Wege zur Bundesstraße kommen, nimmt man den nach Norden gehenden Waldweg, überquert erneut die Bahngleise und wandert weiter nach Norden, bis man an das Südufer des Storkower Sees kommt. Nun folgt man ihm mehr oder weniger nah dem Ufer nordwestwärts bis zur Hubertushöhe. ⑤

Von der Hubertushöhe können müde Wanderer mit dem Zug nach Storkow zurückfahren, alle anderen gehen zwischen Bahnlinie und See zu Fuß zurück zum Ausgangspunkt Storkow.

Sehenswürdigkeiten

① Das Städtchen Storkow gab es als slawische Siedlung bereits vor tausend Jahren. 1518 kam es in den Besitz des Bischofs von Lebus, was zum Bau der »Neustadt« führte. Die Entwicklung endete jedoch abrupt, als der letzte Bischof von Lebus 1555 auf der Storkower Burg starb. 1627, im Dreißigjährigen Krieg, brannten viele Gebäude nieder; noch 1647 gab es 70 »wüste Stellen« im Ort. Von der auf das Jahr 1336 zurückgehenden Pfarrkirche ist deshalb auch wenig Originales erhalten. Ihre heutige Form entstand zusammen mit dem Turm erst im 19. Jahrhundert.

② Der Wolfswinkel ist ein malerischer Fleck am Großen Storkower See. Hier gibt es die größten Binnendünen der gesamten Mark Brandenburg.

③ In Dahmsdorf läßt sich nicht nur gut rasten, sondern vor allem gut baden.

④ In Wendisch Rietz kann man gleich zweimal beim Schleusen zuschauen: Im Süden des Ortes ist eine schmale Landbrücke zwischen Großem Glubigsee und Scharmützelsee sowie ein Pegelunterschied von 1 Meter zu überwinden. Im Ort selbst überwinden Kanal und Schleuse zwischen Scharmützelsee und Großem Storkower See eine Pegeldifferenz von 1,4 Meter.

⑤ Die Siedlung Hubertushöhe liegt im Waldhang oberhalb des Sees. Im fotogenen, ehemaligen Schlößchen residiert heute eine private Tagungsstätte.

Tip

Storkower Störche: Im Wappen von Storkow steht der Storch – und auf bemerkenswert vielen Dächern im Umkreis haben die im Brandenburgischen noch immer nicht seltenen Störche ihre Nester.

▷ *Schloß Hubertushöhe*

28

Autotour 28: 130 Kilometer

Im Niederrheinischen Tiefland

Niederrhein

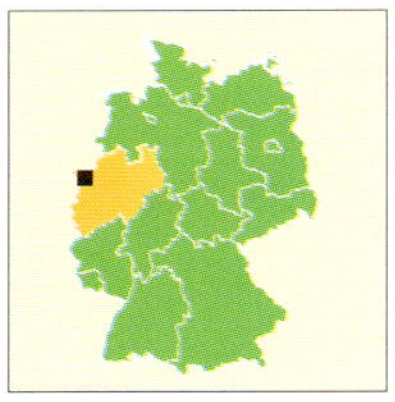

Die Weite der niederrheinischen Landschaft wird von eiszeitlichen Höhenrücken, Flußterrassen und ausgedehnten Deichsystemen gegliedert. Ihren herben Reiz entfaltet sie im raschen Wechsel von Wind und Wetter. Die uralte Kulturlandschaft bietet eindrucksvolle Zeugnisse von den Römern bis zur Barockzeit. Der Reisende darf sich auf eine bunte Mischung freuen, die hinter jeder Pappelreihe für eine neue Überraschung gut ist.

Tourverlauf

In Wesel an der Lippemündung läßt man diese Rundfahrt beginnen. ①
Erstes Ziel ist Hamminkeln, das über die B 473 erreicht wird. ②
Von Hamminkeln fährt man über Hülshorst nach Bergen und dann auf der B 8 nach Rees. ③
Auch Emmerich als nächstes Ziel wird über die B 8 erreicht. ④
Nördlich von Emmerich hilft die letzte deutsche Rheinbrücke im Verlauf der B 220 über den Rhein und hinüber nach Kleve. ⑤
Nach Kleve liegen zwei Schlösser auf dem Weg, zunächst das Wasserschloß Bedburg. ⑥
An der weiteren Strecke liegt Schloß Moyland. ⑦
Danach wird das nahe Kalkar angesteuert. ⑧
Auf der Weiterfahrt berührt man Goch und setzt die Tour auf der B 9 nach Kevelaer fort. ⑨
Auf Landstraßen fährt man anschließend über Sonsbeck nach Xanten. ⑩
Nach Ginderich überquert man wieder den Rhein, bevor sich die Runde in Wesel schließt.

Sehenswürdigkeiten

① Aufgrund seiner strategisch günstigen Lage war Wesel stets eine Stadt des Militärs. Im 16. Jahrhundert entstand ein gewaltiges Befestigungssystem, dessen Mauern erst 1891 abgebrochen wurden. 1945 sank das gesamte alte Wesel in Schutt und Asche, lediglich die Willibrordikirche blieb von der Zerstörung verschont. Sie geht auf das 8. Jahrhundert zurück, entstand im 12. Jahrhundert als Basilika und wurde im 15. Jahrhundert zur gotischen Halle mit Flachdecke umgebaut. Üppig war die Ausstattung: 38 Altäre wurden eingebaut. Ein Hinweis auf die militärische Vergangenheit ist das Berliner Tor, das bis 1722 nach einem Plan des Berliner Hofbaumeisters Jean de Bodt errichtet wurde. Geschmückt ist es mit Minerva und Herkules sowie Personifizierungen von Rhein und Lippe. Im Städtischen Museum ist Malerei des 15. bis 17. Jahrhunderts und rheinische Goldschmiedekunst des 16. und 17. Jahrhunderts zu sehen.

◁ Am Altrheinarm Bienen-Praest

② Im Ortsteil Ringenberg von Hamminkeln ist eine der seltenen Rundlingssiedlungen zu sehen. Sie wurde im Mittelalter aus Verteidigungsgründen in Form einer Wagenburg angelegt. Der Diersfordter Forst im Südwesten von Hamminkeln steht auf einem während der letzten Eiszeit aufgewehten Dünenzug.

③ Rees war früher ein wunderschönes Städtchen: Im Zweiten Weltkrieg wurde leider viel zerstört. Das Rondell am ehemaligen Batterieturm von 1470 bietet heute noch die schönste Aussicht über den Rhein. Die beiden Befestigungstürme Mühlenturm und Toelderstorn stammen aus dem 13. Jahrhundert.

④ Auch Emmerich war bis zum Zweiten Weltkrieg eine eindrucksvolle Stadt. Allerdings hatte Emmerich einen wichtigen Rheinhafen. Deshalb wurde die Stadt 1945 weitgehend zerstört. Erhalten blieb die ehemalige Stiftskirche St. Martin, deren Krypta noch aus der Zeit um 1040 stammt. Weil der Rhein zweimal das westliche Schiff zerstörte, wurde die Kirche im 15. Jahrhundert nordseitig neu gebaut. Wichtigster Bauteil ist die dreischiffige Hallenkrypta, wichtigste Ausstattungsstücke das Chorgestühl von 1486 und eine Madonna auf der Mondsichel aus dem 15. Jahrhundert. Im Kirchenschatz findet sich als wertvollstes Stück die Arche des hl. Willibrord, ein Taschenreliquiar aus dem späten 10. Jahrhundert. Ein Baudenkmal unserer Zeit ist die gewaltige, 1228 Meter lange Hängebrücke über den Rhein.

⑤ Der Name Kleve kommt von Kliff und bezieht sich auf den Höhenrücken, auf dem die nördlichste Höhenburg am Niederrhein steht. Diese Schwanenburg geht auf die karolingische Zeit zurück, die heutige Burg stammt in Teilen aus dem 15. und 17. Jahrhundert. In der auf das 12. Jahrhundert zurückgehenden Pfarrkirche sind Teile von zwei spätgotischen Schnitzaltären erhalten. Interessant ist das Grabmal des Grafen Adolf von Berg, zeigt es doch ihn und seine Gemahlin in der höfischen Mode des frühen 15. Jahrhunderts. In der ehemaligen Minoritenkirche stammt das reich mit Heiligenreliefs und Fabelwesen verzierte Chorgestühl von 1474. (Siehe auch Wanderung 28 A, Seite 120.)

⑥ Das Bedburger Wasserschloß gab es bereits im Jahre 893. Der heutige Bau entstand zwischen dem 14. und 16. Jahrhundert und gehört damit zu den frühesten Backsteinburgen des Rheinlands. Besonders gelungen sind im Innenhof die zweigeschossigen Säulenarkaden, die um 1588 Formen der norditalienischen Renaissance an den Niederrhein brachten.

⑦ Im renovierten und 1997 eröffneten »Museum Schloß Moyland – Sammlung van der Grinten« ist die weltweit größte Sammlung von Werken des Künstlers Joseph Beuys zu sehen.

⑧ Kalkar war zu allen Zeiten ein Zentrum der Kunst am Niederrhein. Glücklicherweise wurde sein mittelalterliches Stadtbild weitgehend erhalten, so daß noch viele gotische Häuser den Stadtkern zieren. Das dreigeschossige Rathaus stammt von 1446, die Giebelhäuser am Markt aus dem 16. Jahrhundert. Das absolute Glanzstück aber ist die Stadtpfarrkirche St. Nikolai. In ihr sind von den früheren 15 Altären aus der Zeit um 1500 immerhin noch sieben erhalten. Allein der Hochaltar, an dem von 1488 bis 1500 gearbeitet wurde, stellt in einer einzigen Bildfläche mit 208 Einzelfiguren die gesamte Passion dar. Auf 20 Bildfeldern der Flügel sind Szenen aus dem Leben Christi gemalt. Auch das 1508 fertiggestellte Chorgestühl ist mit seiner reichen Ornamentik und seinen vielen Figuren ein vortreffliches Schnitzwerk.

⑨ Kevelaer ist der berühmteste Wallfahrtsort am Niederrhein. Ziel der Wallfahrt ist ein Muttergottesbild, ein Kupferstich von 1640. Es steht in einem kleinen, sechseckigen Kuppelbau aus der Barockzeit. Die dreischiffige Marienbasilika von 1864 birgt in ihrem Inneren eine reiche, zwischen 1894 und 1920 entstandene Ausmalung.

⑩ Xanten: Siehe Wanderung 28 B, Seite 121.

△ *Rheinbrücke bei Emmerich*

Die Römer am Niederrhein

Xanten gehört zu jenen Stätten, an denen sich abendländische Geschichte entschied. Auf einer Anhöhe des Fürstenbergs hatten die Römer um 15 v. Chr. ein Legionslager als Operationsbasis für die Kriege gegen das rechtsrheinische Germanien gegründet. Von hier aus unternahmen Drusus und Germanicus ihre Feldzüge, von hier aus stürztе sich Varus im Jahre 9 n. Chr. ins Verderben im Teutoburger Wald. Kaiser Trajan (98–117) errichtete zwischen 98 und 102 die Colonia Ulpia Traiana innerhalb eines Stadtmauerquadrats mit 930 Meter Seitenlänge. Welche Großzügigkeit damals herrschte, belegt am besten das nach 150 errichtete Theater, das bei Außenmaßen von 98 mal 87 Metern Sitzplätze für rund 12 000 Zuschauer bot. Weil Xanten die einzige, größere Römerstadt nördlich der Alpen ist, die später niemals überbaut wurde, wird die römische Stadt seit 1935 systematisch ausgegraben. Viele Gebäude sind im Archäologischen Park Xanten zugänglich: Zu sehen sind die zweigeschossige Doppeltoranlage der Stadtmauer, der säulengeschmückte Hafentempel, eine Herberge und ein Teil des Amphitheaters.

◁ *Wasserschloß Bedburg*

Tip

Lippeaue östlich von Wesel: Etwa 5 Kilometer vor der Mündung in den Rhein, in Höhe von Obrighoven, liegt ein botanisch beachtenswerter Altarm. Von Mitte April bis Mai leuchten auf den Wiesen im Bereich der feuchten Flußschlingen gelbe Sumpfdotterblumen.

▽ *Ausstellungsraum im Städtischen Museum in Kalkar*

28 A

Wanderung 28 A: 14 Kilometer – 3 Stunden

Reichswald und Klevische Gärten

Niederrhein

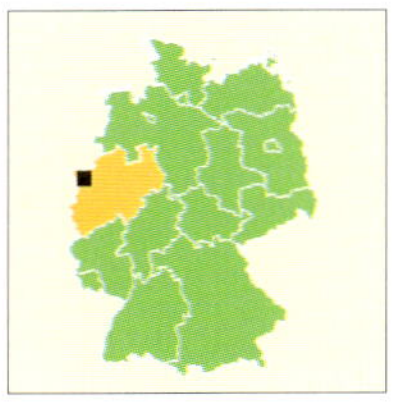

Als Johann Moritz von Nassau-Siegen 1647 von Kurfürst Friedrich Wilhelm von Brandenburg zum klevischen Statthalter ernannt wurde, begann er sofort mit der Umwandlung der nördlichen Hänge des Reichswalds in Terrassengärten. Sie sind bis heute als Landschaftspark erhalten.

△ *Reichswald bei Kleve*

Tourverlauf

Zur Wanderung durch den nördlichen Reichswald und die Klevischen Gärten bricht man am Aussichtsturm an der Königsallee in Kleve auf. ①

Vom Aussichtsturm durch die Klever Vorstadt Materborn geleitet die Markierung X 1 des Hauptwanderwegs Kleve–Aachen. Erstes Ziel an der Materborner Allee ist das Wildgehege. ②

Am Südausgang des Wildgeheges wendet man sich nach Westen, wo man bei den letzten Häusern auf die Markierung des Rundweges A 4 trifft. Ihm folgt man nordwestwärts unter die Hänge des Stoppelbergs und zur Kreuzung mit dem Treppkesweg. Er wird überschritten, bis die Markierung A 4 kurz danach im rechten Winkel nach Nordnordost schwenkt.

Nach 1 Kilometer knickt die A-4-Markierung links ab und folgt einem Bach entlang über einen deichähnlichen Pfad hinunter zu den Sieben Quellen. ③

Durch das Teichgelände geht es hinüber zum Voßberg und am nördlichen Waldrand entlang nach rechts zum Ehrenfriedhof von Kleve. Von ihm aus folgt man der Straße nach Donsbrüggen ④ gut 100 Meter, bis man nach rechts in einen Waldweg abbiegen kann. Er führt geradewegs zu einer Lichtung, an deren Nordende man rechts abbiegend auf die Achse kommt, die zum Sternberg und durch die Klevischen Gärten führt. ⑤

Vom Sternberg ist der Aussichtsturm an der Königsallee bereits wieder zu sehen.

Sehenswürdigkeiten

① Der 1899 errichtete, 15 Meter hohe Aussichtsturm bietet einen hervorragenden Blick über Kleve, das Rheintal und die ostholländische Landschaft.

② Das Wildgehege des Erholungsgebiets Reichswald ist von heimischen Wildarten bevölkert.

③ Die Sieben Quellen sind ein idyllisches Quellgebiet mit vielen Tümpeln und Teichen, Holzbrückchen und malerischen Winkeln. Die nahegelegene »Alte Bahn« markiert die Straße, die die Römer einst von Kleve nach Kranenburg gebaut hatten.

④ Die achteckige Holländerwindmühle in Donsbrüggen wurde 1824 errichtet und mit Eichenschindeln aus dem Spessart eingedeckt. Das heutige Flügelsystem stammt aus den fünfziger Jahren und ist so ausgetüftelt, daß die Flügel sich selbsttätig auf unterschiedliche Windstärken einstellen. Reicht der Wind, wird hier samstags gemahlen und im alten Steinofen auch gleich Brot gebacken.

⑤ Die Klevischen Gärten wurden ab 1647 vom Statthalter des Kurfürsten Friedrich Wilhelm von Brandenburg angelegt. Originalzeugnisse der alten Anlage sind das Amphitheater und der Minervabrunnen mit seinen drei Teichen. Weil der preußische Kammerpräsident Julius Ernst von Buggenhagen eine Vorliebe für exotische Bäume hatte, finden sich an der Tiergartenstraße noch heute eine Reihe botanischer Kostbarkeiten, angefangen von Tulpen- über den Trompeten- bis hin zum Mammutbaum. Im benachbarten Zoo kümmert man sich vor allem um den Erhalt alter Haustierrassen.

▽ *Landschafspark und Forstgarten in Kleve*

Tip

Kranenburger Bruch westlich von Kleve: Das Niedermoor besteht aus Feuchtwiesen, Weidegebüschen, Röhrichten und stillgelegten Abzugsgräben. (Naturschutzgebiet; Zugang nicht gestattet; Rundwanderweg am Rande.)

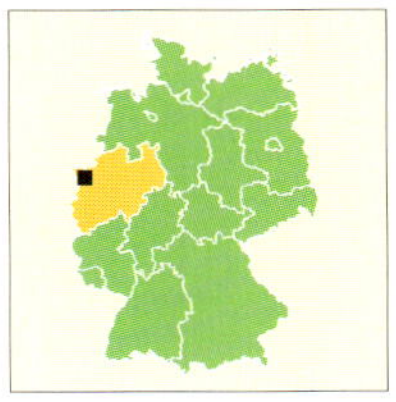

Xanten: Gang durch die Geschichte der Jahrhunderte

In Xanten werden die Anfänge der Römerzeit am Niederrhein lebendig. Was aus vier Jahrhunderten Römerherrschaft übrigblieb, ist im Archäologischen Park zu besichtigen. Dazu gibt es das mittelalterliche Xanten mit seinem berühmten Dom und seinen kunsthistorischen Kostbarkeiten.

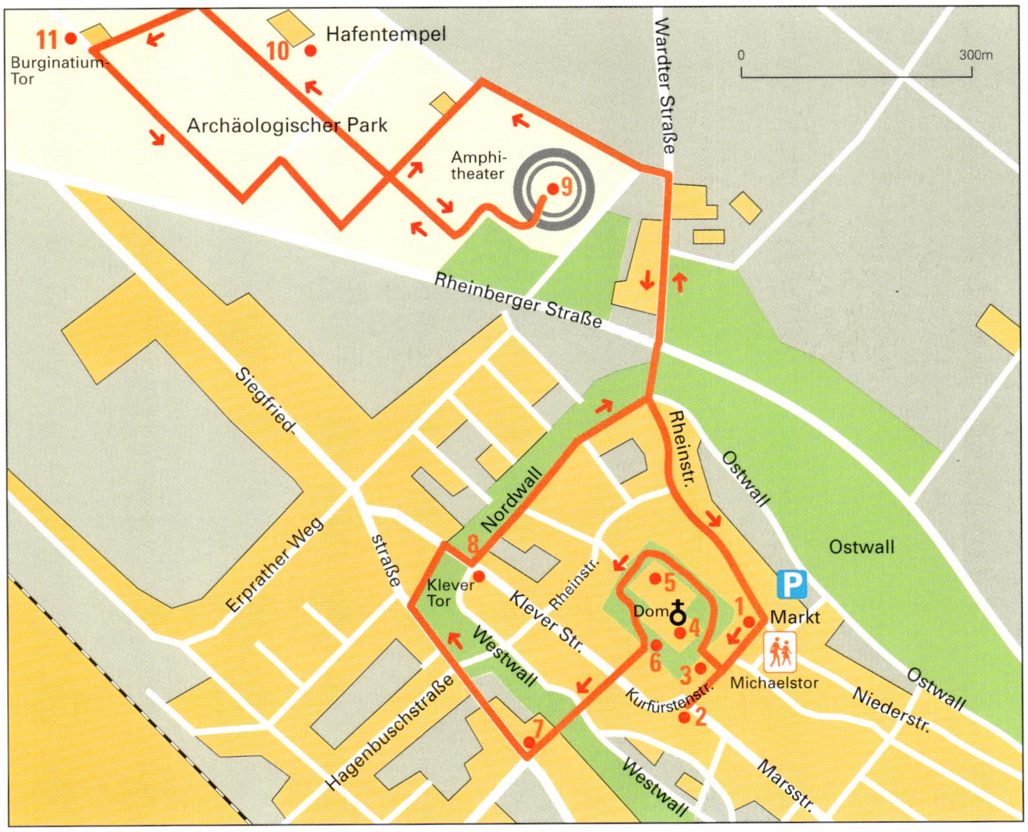

△ *Xanten links des Niederrheins*

Tourverlauf

Zentral gelegen, bildet der Marktplatz den Auftakt zu diesem Rundgang in Xanten. ①
An der Kurfürstenstraße steht das Gotische Haus. ②

Schräg gegenüber des Gotischen Hauses befindet sich das Michaelstor. ③
Nicht zu verfehlen ist der Dom St. Viktor. ④
Es schließt sich ein Besuch des Stiftsgebäudes an. ⑤
In der südlichen Ecke des Domplatzes wartet das Regionalmuseum Xanten auf Besucher. ⑥
Durch das Mitteltor spaziert man über den ehemaligen Wallbereich in die Siegfriedstraße, von der aus Stadtmauer und Türme der alten Stadtbefestigung besonders gut zu sehen sind. ⑦
An der Klever Straße steht das Klever Tor. ⑧
Über den Nordwall und die Wardter Straße erreicht man dann den Archäologischen Park mit dem Amphitheater ⑨, dem Hafentempel ⑩ und dem Burginatiumtor ⑪.
Über die Wardter Straße und die Rheinstraße geht es zurück zum Ausgangspunkt am Markt.

◁ *Dom St. Viktor in Xanten*

Sehenswürdigkeiten

① Am Marktplatz stehen gemütliche Bürgerhäuser, der Norbertbrunnen und der Markt-Pütt, eine für die Stadt tradionelle Wasserpumpe.
② Das Gotische Haus entstand um 1470 und beeindruckt mit Giebeltürmchen und einer schön gegliederten Fassade.
③ Das Michaelstor geht auf die Zeit um das Jahr 1000 zurück. Im Erdgeschoß ist die Zelle des hl. Norbert, im Obergeschoß die Michaelskapelle untergebracht.
④ Die ehemalige Stiftskirche St. Viktor ist als fünfschiffige Basilika die größte Kirche am Niederrhein. Begonnen wurde mit ihrem Bau 1263, bis 1351 kam der gotische Chor dazu, 1530 war der Bau vollendet. Die überreiche Ausstattung umfaßt im Chor Glasmalereien aus der Zeit um 1300, im Langhaus 28 Plastiken aus Stein, im Chor das Gestühl aus der Zeit um 1240, den Schrein des hl. Viktor von 1129 und einen wunderschönen Hochaltar mit filigranen Schnitzereien von 1335.
⑤ Der Kapitelsaal und der Kreuzgang im Stiftsgebäude stammen aus der Mitte des 16. Jahrhunderts.
⑥ Im Regionalmuseum Xanten wird die Geschichte der Region nachgezeichnet.
⑦ Die Stadtbefestigung aus dem 14. und 15. Jahrhundert sicherte die Stadt mit trutzigen Mauern und Türmen.
⑧ Das Klever Tor entstand 1393 und ist eines der wenigen am Niederrhein erhaltenen Doppeltore. Die Turmwindmühle in der Nähe stammt aus dem 18. Jahrhundert.
⑨ Das teilweise rekonstruierte römische Amphitheater entstand nach 150 n.Chr, und faßte ursprünglich etwa 12 000 Besucher.
⑩ Die ehemalige römische Tempelanlage wurde auf 2 Meter dicken Fundamentplatten errichtet.
⑪ Das Burginatiumtor ist der Nachbau einer zweistöckigen Doppeltoranlage in der römischen Stadtmauer aus dem 2. Jahrhundert n. Chr.

Tip

Bislicher Insel: Südöstlich von Xanten erstreckt sich ein alter Rheinarm und schnürt die Bislicher Insel ab. Das vielgestaltige Naturschutzgebiet besitzt Wiesen und Weiden, die durch Gräben und Senken gegliedert sind. Schilfröhricht und Weichholz-Auenwälder markieren den Uferbereich des Altrheins. Baggerseen mit steilen Uferwänden enthalten kleine Inseln. Pappel- und Kopfweidenreihen bilden weitere Lebensräume.

29

Hohe Mark

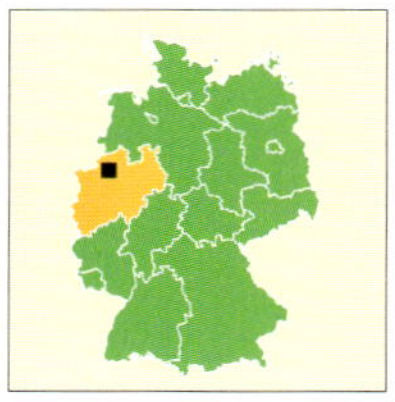

Autotour 29: 150 Kilometer

Wasserburgen im Naturpark Hohe Mark

Der Südwesten des Münsterlands verdankt seinen Namen dem bis zu 140 Meter hohen Höhenzug, der sich zwischen Merfelder Bruch und Lippe erstreckt. In der flachen Umgebung treten diese sanften Höhen beinahe als markante Berge in Erscheinung. In den Tälern stehen stolze Wasserburgen, mit denen einst die regionalen Herren ihre Territorien gesichert hatten. Heute ergibt die Mischung aus kulturell Interessantem und unterschiedlichen Naturschönheiten einen Reiz, dem nachzuspüren sich lohnt.

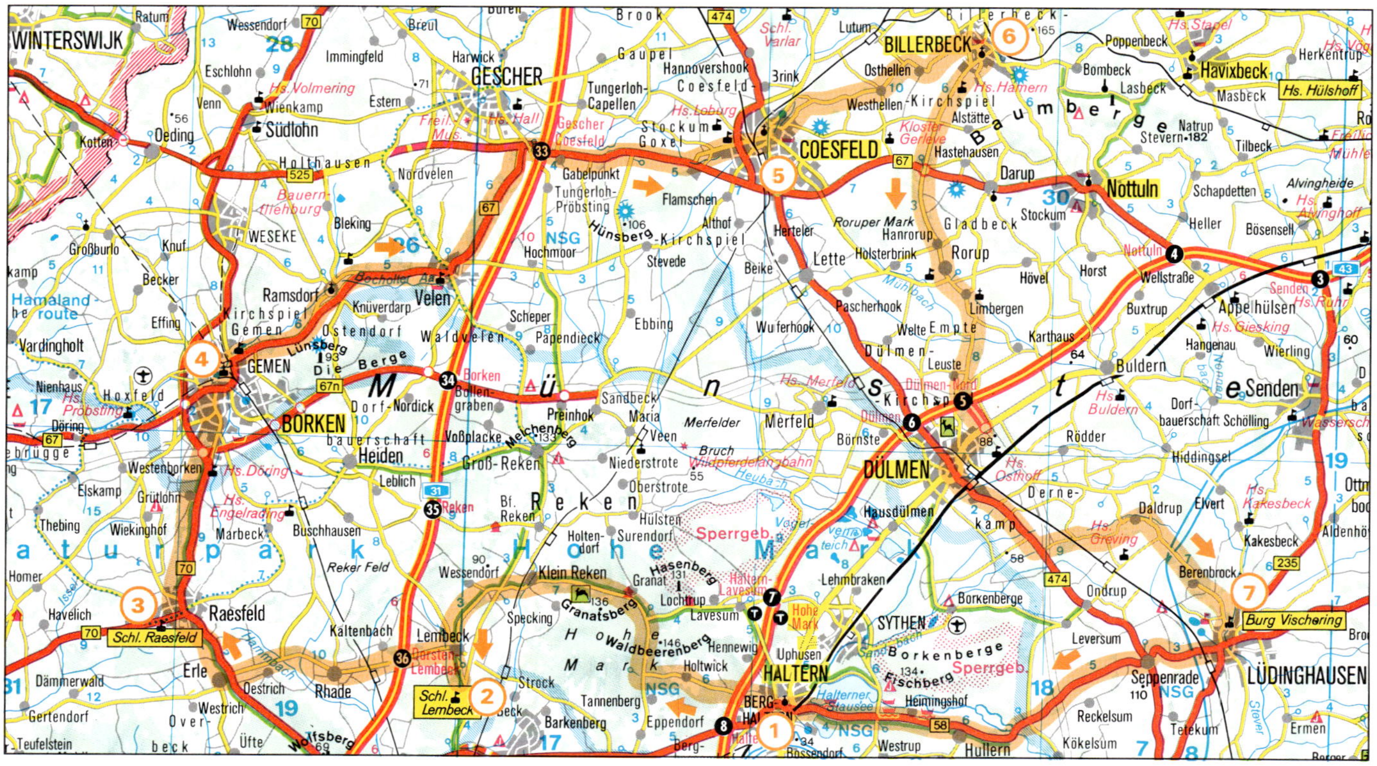

Tourverlauf

Günstig gelegener Startort für eine Fahrt rund um die Hohe Mark ist Haltern. ①

Die Stadt am alten Lippeübergang verläßt man über die Landstraße nach Holtwick und Granat, das bereits zwischen den höchsten Erhebungen der Hohen Mark liegt. Nächstes Ziel ist dann das Schloß Lembeck. ②

Über Erle geht es weiter hinüber zum Schloß Raesfeld. ③

Auf der B 70 steuert man Burg Gemen in Borken an. ④

Von Borken führt die B 67 nach Osten, dann nördlich nach Gescher und wieder ostwärts nach Coesfeld. ⑤

Um Billerbeck zu erreichen, muß man sich der Landstraße anvertrauen. ⑥

Die weitere Fahrt nach Süden bis Dülmen erfolgt ebenfalls auf Landstraßen.

Für einen Besuch der Burg Vischering fährt man zunächst über die B 474 nach Südosten, zweigt dann aber beim Wegweiser nach Daldrup links ab und fährt Richtung Lüdinghausen zur Burg Vischering. ⑦

Von der Burg geht es über die B 58 zurück nach Haltern.

◁ Detail der Burg Vischering

Sehenswürdigkeiten

① In Haltern auf dem Annaberg hatten die Römer um die Zeitenwende einen wichtigen Stützpunkt. Zwei Feldlager aus der Zeit des Augustus wurden hier gefunden. Auch im Mittelalter beherrschte Haltern den Lippeübergang und diente dem Fürstbistum Münster als Grenzfeste. In der Pfarrkirche St. Sixtus wird das berühmte Halterner Kreuz aufbewahrt, ein um 1330 aus Eiche geschnitztes Gabelkruzifix.

② Das Wasserschloß Lembeck entstand in seiner heutigen Form Ende des 17. Jahrhunderts. Die

▽ Schloß Lembeck, eine der bedeutendsten Schloßanlagen Westfalens

Anlage besteht aus einer mit einem Torturm verzierten Vorburg, die mit drei Flügeln hufeisenförmig einen Hof umschließt, der an einer Achse von der Schloßbrücke über das Portal des Herrenhauses bis in den Park ausgerichtet ist. Die Vorburg ist an ihren vier Ecken mit quadratischen Türmen ausgestattet, auch das Herrenhaus hat quadratische Türme an drei seiner Ecken. Die Innenausstattung ist barock, die Schloßkapelle ein gotisierender Umbau von 1851. Das Schloßmuseum ist der Wohnkultur des 16. bis 19. Jahrhunderts gewidmet.

③ Der Bau des Wasserschlosses Raesfeld begann 1602 und wurde Ende des Dreißigjährigen Krieges als vierflüglige Schloßanlage vollendet. Bedeutendster Hausherr war Graf Alexander II. von Velen, ein kaiserlicher Generalfeldmarschall, der »westfälischer Wallenstein« genannt wurde. Erhalten sind heute von der einst

△ *Schloß Raesfeld im westlichen Münsterland*

umfangreichen Anlage nur noch zwei Flügel sowie der vierkantige Eckturm, das Wahrzeichen der ganzen Umgebung.

④ Die Burg Gemen im Borkener Stadtteil Gemen geht auf eine bereits 1108 erwähnte, uralte Ringburg zurück. Ihre Mauermassen ragen bis heute drohend aus dem Wasser, der rechteckige Palas von 1411 ist vom Archivturm und vom Ballturm eingerahmt. Die barocken Hauben stammen von 1693.

⑤ Die alte Hansestadt Coesfeld war schon früh das Handelszentrum des Westmünsterlandes. Im März 1945 wurde die Altstadt nahezu völlig vernichtet, doch anschließend auf dem mittelalterlichen Grundriß wiedererrichtet. In der Lambertikirche, einer spätgotischen Hallenkirche von Hynerk de Suer, wird das berühmte aus dem 14. Jahrhundert stammende Coesfelder Gabelkreuz bewahrt. Auch die alte Jakobikirche wurde vollständig zerstört, lediglich das üppig mit Laubwerk, Ranken und Schuppen verzierte Stufenportal blieb erhalten. Es wurde in den 1949 fertiggestellten Neubau integriert. Das Innere des Gotteshauses ziert ein spätromanischer Taufstein aus der Zeit um 1240. Der Pulverturm und das Walkenbrückentor sind Reste der mittelalterlichen Stadtbefestigung, die als doppelter Mauerring mit sechs Toren, fünf Türmen und einem Wassergraben unliebsame Gäste fernhielt. Die Bischofsmühle am Honigbach zählt zu den ältesten Wassermühlen des Westmünsterlands. Schon im 12. Jahrhundert gab es hier eine Mühle.

⑥ In Billerbeck stehen zwei interessante Kirchen: Zum einen ist es die Wallfahrtskirche St. Ludgerus, auch Baumberger Dom genannt. Sie wurde 1898 als Werk des späten Historismus errichtet und ist mit vollständig erhaltener Bemalung, Verglasung und Ausstattung ein interessantes Ziel. Nicht ganz so augenfällig dagegen ist die alte Pfarrkirche St. Johannes, deren Turm auf das 11. Jahrhundert und deren Langhaus auf das 13. Jahrhundert zurückgehen. Das mit vielen Bauplastiken verzierte Werk der Spätromanik birgt einen gotischen Taufstein von 1497 und eine Renaissancekanzel von 1581. Auf der Südseite der Kirche steht eine Martersäule aus dem 16. Jahrhundert mit den Leidenswerkzeugen Christi.

⑦ Die Burg Vischering ist das wohl schönste Beispiel einer mittelalterlichen Wehrburg im Münsterland. Sie entstand kurz vor 1271 als Drostenburg des Münsteraner Bischofs Gerhard von der Mark. Vor allem den Herren von Lüdinghausen sollte damit gezeigt werden, wer Herr im Lande war. Wichtigstes Element der hervorragend erhaltenen Ringmantelburg ist ein gut 1,6 Meter dicker und etwa 10 Meter hoher, auf Eichen-, Buchen- und Eschenpfählen gegründeter Mantelmauerring. Der nahezu runde Mauerring war an rund einem Drittel der Innenseite als Wehrburg ausgebaut, die restlichen zwei Drittel der Mantelmauer beherbergen Wohnräume. Schönstes Detail ist der hervorragend gelungene Renaissanceerker aus dem Jahre 1619. Ebenfalls einen Besuch wert sind die Wasserburg Lüdinghausen und die spätgotische Hallenkirche St. Felizitas. Sie birgt ein sechsseitiges, reich gegliedertes, gotisches Sakramentshäuschen aus Sandstein, das auf sechs wappenhaltenden Löwen ruht.

Burgen und Schlösser im Wasser

Das Münsterland ist das Land der Wasserburgen. Weil hier Hügel oder gar Felsen für Höhenburgen fehlten, Wasser in der flachen Landschaft aber reichlich vorhanden war, nutzte man schon vor über tausend Jahren das nasse Element für Verteidigungsbauten mit Ringgrabensystemen. Auf natürlichen oder künstlichen Hügeln wurden ab dem 12. Jahrhundert wehrhafte Bergfriede aus mächtigen Mauern errichtet. In die umgebenden Gräben leitete man Bäche oder Flüsse um. Der Zugang war schließlich nur noch über eine Zugbrücke möglich. Die nächste Stufe in der Entwicklung verkörpert die mittelalterlich romantische Burg Vischering. Sie entstand im 13. Jahrhundert als Ringmantelburg ohne zentralen Bergfried, aber bereits mit Wirtschaftsgebäuden vor der Zugbrücke. In der Renaissance versuchte man, auch die Wasserburgen wohnlicher zu gestalten. Nun wurden Giebel, Ausluchten und kleine Erker angefügt, die Türme erhielten neue Helme, und nicht wenige Burgen wurden zu richtigen Wasserschlössern ausgebaut. Ein schönes Beispiel dafür ist das Wasserschloß Lembeck.

▷ *Holtwicker Wacholderheide in der Hohen Mark bei Haltern*

Tip

Westfälisches Römermuseum, Seggeler Straße 150, Haltern: In den dreißiger Jahren des 19. Jahrhunderts wurden in Haltern die ersten Reste aus römischer Zeit gefunden. Spätere Ausgrabungen bestätigten die große Bedeutung Halterns als römische Hafenstadt. Seit den neunziger Jahren des 20. Jahrhunderts sind die wertvollen Funde nun auch in angemessenem Rahmen in Haltern zu bewundern – im Westfälischen Römermuseum.

29A

Wanderung 29 A: 15 Kilometer – 4 Stunden

Rund um die Hohe Mark

Das reich gegliederte, waldreiche Hügelland im Norden von Recklinghausen ist durch eine starke Zertalung und eine artenreiche Pflanzenwelt gekennzeichnet. Entstanden ist die abwechslungsreiche Landschaft durch Sandablagerungen im vorzeitlichen Kreidemeer. Mischwald mit Eichen, Birken und Kiefern sowie offene Landschaft mit Wiesen, Weiden und Hecken prägen den Naturpark Hohe Mark.

Hohe Mark

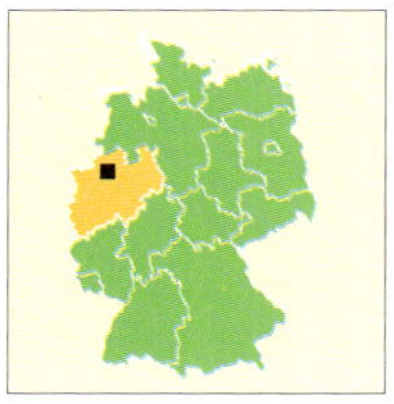

Tourverlauf

Begonnen wird diese Wanderung in die Hohe Mark am Gasthof Ketteler in Ontrup. ①
Vom Gasthaus folgt man dem Hauptwanderweg X 6 nordwestwärts, im großen Bogen um den Hasenberg herum zur Hülstener Wacholderheide. ②
Wo der Hauptwanderweg X 6 auf den Weg X 15 trifft, wendet man sich nach links und wandert nun zunächst südwestwärts bis zum Hünengrab. ③
Sodann geht man südwärts, bis man zu einer Unterstandshütte und zum Rundwanderweg A 9 gelangt.
Von der Unterstandshütte folgt man der Beschilderung A 9 zum Haltener Heck und von dort dem Wanderweg A 1 zum Weißen Kreuz und schließlich dem Rundwanderweg A 8 zum Naturdenkmal Hexenbuche. ④
Von der Hexenbuche führt die Markierung A 9 hinauf zum 146 Meter hohen Waldbeerenberg. ⑤
Der Abstieg erfolgt nach Westen hinunter bis zu einer großen Wegekreuzung. Hier hält man sich scharf rechts und folgt der Markierung A 4 zurück zum Gasthof Ketteler.

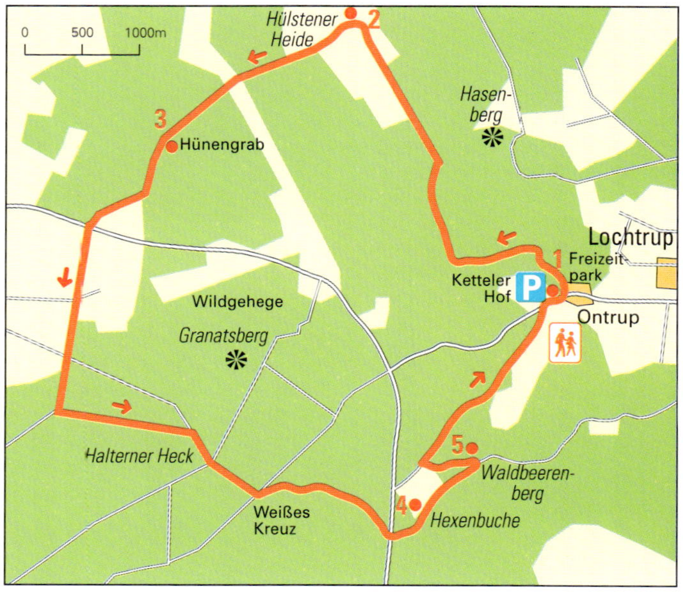

Sehenswürdigkeiten

① Beim Ketteler Hof gibt es einen Freizeitpark mit Sommerrodelbahn und aktiven Spielmöglichkeiten für Kinder. Im Märchenwald paradieren neben Figuren aus den Märchen der Brüder Grimm auch Asterix und Obelix.
② Die Hülstener Heide ist ein Gebiet mit prächtigen Wacholderbüschen. Diese Wacholderheide liegt wie eine Insel in den Kiefernwäldern der Hohen Mark. Wer die harten Wacholderbeeren probiert, wird kaum glauben mögen, daß sie ein hervorragendes Gewürz sind und einen besonders guten Schnaps ergeben.
③ Das Hünengrab mitten im Wald erinnert daran, daß schon in der Vorzeit reiche steinzeitliche Jäger fürstlich bestattet wurden.
④ Die Hexenbuche ist ein besonders bizarres Naturdenkmal. Wie Schlangen wachsen uralte Buchenstämme in fast alle Richtungen. Erst bei genauerem Hinsehen bemerkt man, daß die zahlreichen Stämme eine gemeinsame Wurzel haben. Botanisch wird hier von einer Süntelbuche gesprochen.
⑤ Der Waldbeerenberg ist mit 146 Meter der höchste Punkt im Naturpark Hohe Mark. Leider gibt es hier nur einen Sendeturm der Post, aber keinen Aussichtsturm.

Tip

Im Hochwildgehege Granat gibt es auf 6 000 Quadratmetern Waldtiere zum »Anfassen«. Rot-, Dam- und Sikahirsche finden sich ebenso wie Mufflons und Murmeltiere. Rentiere, Elche und Wildschweine sind genauso vertreten wie Schneehasen, Haselhühner, Birk- oder Auerhühner.

▽ Birkenbestand im Naturpark Hohe Mark

▽ Die Höhenzüge tragen Laubwald

Wanderung 29 B: 14 Kilometer – 3 Stunden

Zum Coesfelder Herrschaftshaus

29 B

Hohe Mark

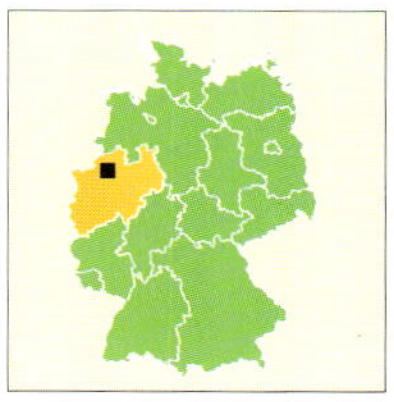

Als im Jahre 1123 das Prämonstratenserkloster Varlar gegründet wurde, kam die Siedlung Coesfeld in den Besitz dieses Klosters. Im 18. Jahrhundert wurde daraus das Renaissanceschloß Varlar, zu dem diese Wanderung über einen alten Kreuzweg aus dem 17. Jahrhundert und durch freundliche Mischwälder führt.

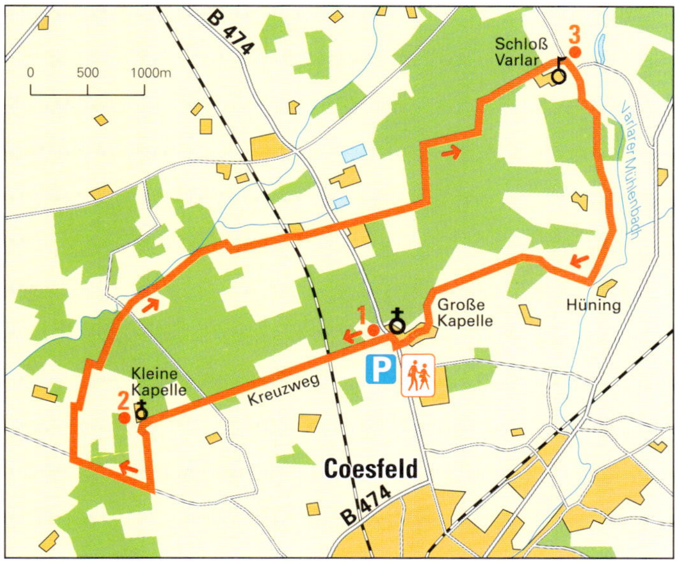

△ *Schloß Varlar im Coesfelder Münsterland*

Tourverlauf

Ausgangspunkt ist die Große Kapelle an der B 474 im Norden von Coesfeld. ①
Von der Großen Kapelle folgt man dem Rundwanderweg A 2 westsüdwestwärts über den alten, fürstbischöflichen Kreuzweg hinüber zur Kleinen Kapelle. ②
Von der Kleinen Kapelle geht es 500 Meter nach Süden, dann etwa 600 Meter westnordwestwärts bis zur nächsten Abzweigung nach rechts. Von dieser Abzweigung führt der Weg mit der Markierung A 2 nach Norden. Abwechselnd geht es nun durch freie Landschaft und freundlichen Mischwald, vorbei an einem alten Forsthaus, immer in Richtung Osten, bis der große Schornstein einer Ziegelei auftaucht.
Auf ihrer Nordseite überquert man die B 474, passiert die Südseite der Mülldeponie und kommt nach etwa 800 Metern auf eine breite Waldschneise, der man für 500 Meter nach Norden folgt.
Danach wendet man sich nach rechts, um nach weiteren 1½ Kilometern das Schloß Varlar zu erreichen. ③
Vom Schloß folgt man dem asphaltierten Wirtschaftsweg auf der Westseite des Mühlenbachs zur Berkelbrücke bei Hüning. Hier wendet man sich wieder nach rechts und folgt dem Wirtschaftsweg zurück zur Großen Kapelle.

Sehenswürdigkeiten

① Die Große Kapelle markiert den Endpunkt eines großangelegten Kreuzwegs. Er entstand Mitte des 17. Jahrhundert im Auftrage von Fürstbischof Bernhard von Galen. Den achteckigen Zentralbau mit rundbogigen Arkaden und einer Laterne errichtete Peter Pictorius 1659.

② Auch die Kleine Kapelle entstand im Auftrag von Fürstbischof Bernhard von Galen, Baumeister war erneut Peter Pictorius. Allerdings errichtete er diesmal einen quadratischen Pfeilerbau.

③ Das Wasserschloß Varlar geht auf das vom hl. Norbert 1123 gegründete Prämonstratenserkloster zurück. In der Folge gehörte die Siedlung Coesfeld zum Herrschaftsbereich dieses Klosters. In der Säkularisation fiel das Kloster im Jahre 1803 mit all seinen Liegenschaften an den Fürsten zu Salm-Horstmar. Dieser baute die Klosteranlage zum heutigen Renaissanceschloß um und ließ die ausgedehnten Parkanlagen anlegen. Die klassizistische Fassade des Schlosses stammt von dem Architekten Adolf von Vagedes.

Tip

Spieker: Zu einem alten westfälischen Bauernhof gehörte in der Regel ein Spieker, ein isoliert stehender Speicher zur Aufbewahrung der Ernte. Diese oftmals prächtigen Bauwerke sind auf vielen Höfen bereits verschwunden. Im Raum Coesfeld – vor allem in der Bauernschaft Gaupel – gibt es jedoch noch 20 solcher Speicher, darunter sogar einige jahrhundertealte festungsartige »Wehrspieker«.

▷ *Heidesee bei Coesfeld*

30

Autotour 30: 150 Kilometer

Im Hochsauerland

Sauerland

Die Welt der tausend Berge um das Rothaargebirge, den Arnsberger Wald und die Briloner Höhen mit ihren tief eingeschnittenen Tälern und von prächtigen Wäldern bedeckten Höhenzügen ist von Bächen, Flüssen und Stauseen belebt, mit Feldern und Wiesen gesprenkelt und mit Heide und Moor durchsetzt. »Sauer« ist dagegen das Land nirgends. Der falsche Beigeschmack kommt vielmehr von »Söderland« und stand ursprünglich nur für das südliche Westfalen.

Tourverlauf

Ausgangspunkt ist das von der Ruhr in einer großen Schleife umflossene Arnsberg. ①
Über den Ortsteil Wennigloh und Hachen geht es zum Sorpesee. ②
Durch den Nordteil des Naturparks Homert fährt man um die Höhen von Ramberg (568 Meter) und Hardt (559 Meter) bis nach Nichtinghausen. Von dort geht es nach Süden, bis man auf die B 236 stößt. Knapp 3 Kilometer sind es von hier nach Westen, hinüber nach Schmallenberg. ③
Ostwärts führt die B 236 weiter zum Kahlen Asten. ④
In direkter Nachbarschaft liegt Winterberg. ⑤
Von Winterberg aus folgt man der B 480 talwärts, der Ruhr entlang bis Assinghausen. Dort zweigt man rechts ab nach Bruchhausen. ⑥
Vorletzte Station ist Meschede am Arnsberger Wald. ⑦
Die Runde schließt sich letztlich nach einem Abstecher zum Hennesee. ⑧

Sehenswürdigkeiten

① Die Arnsberger Oberstadt liegt auf einem langgestreckten, von der Ruhr umflossenen Bergrücken. Das eine Ende ist der Schloßberg, auf dem zuerst die Höhenburg und dann das Schloß der erzbischöflichen Landesherren errichtet wurde. Das andere Ende ist der Klosterberg, auf dem 1173 das Prämonstratenserkloster Wedinghausen gegründet wurde. Im 13. Jahrhundert fiel Arnsberg an Köln und errang damit neue Bedeutung als Mittelpunkt des kölnischen Herzogtums Westfalen. Aus der einstigen Blütezeit ist die ehemalige Abteikirche St. Laurentius erhalten. Sie hat eine romanische Turmanlage, ihr frühgotischer

▽ *Das Dorf Bruchhausen*

▷ *An den Bruchhauser Steinen*

Chor wurde 1253 geweiht. Ihr frühbarocker Hochaltar stammt aus dem ausgehenden 16. Jahrhundert. Den Klosterbezirk schließt das Hirschberger Tor ab, ein kunstvoll gestaltetes Sandsteintor im Rokokostil aus dem Jahre 1753. Es stand einst am Eingang zum herzoglichen Tierpark. Den alten Markt zieren der Maximiliansbrunnen von 1779, das alte Rathaus von 1710 und der malerische Glockentorturm der Stadtkapelle St. Georg. Im Landsberger Hof von 1711 ist das Sauerlandmuseum mit Exponaten zur Geschichte des Herzogtums Westfalen untergebracht. Im wenig westlich gelegenen Herdringen steht das neogotische Schloß der Fürsten von Fürstenberg. Es wurde Mitte des 19. Jahrhunderts in Anlehnung an die englische Gotik errichtet und besitzt eine äußerst wertvolle Bibliothek. Kostbarstes Stück der Sammlung ist der Silberschatz aus der Burgkapelle von Schloß Schnellenberg, eine im Auftrag des Herzogs 1589 gefertigte Altarausstattung.

② Die 7 Kilometer lange und 330 Hektar große Sorpetalsperre ist vor allem an ihrem Südende ein Paradies für Ornithologen. Im Spätherbst und Winter machen hier häufig Gäste aus dem hohen Norden Station.

③ Im Schmallenberger Ortsteil Berghausen verbirgt sich in der auf das frühe 12. Jahrhundert zurückgehenden Pfarrkirche eine besondere Kostbarkeit: Die Fresken in der Altarapsis wurden um 1210 gemalt; sie zeigen in der Mandorla Christus als Weltenrichter und in den anschließenden Kuppelfeldern Evangelisten und Heilige. In der Fensterzone finden sich Ereignisse aus dem Alten und Neuen Testament.

④ Kahler Asten: Siehe Wanderung 30 A, Seite 128.

⑤ Winterberg ist die höchstgelegene Stadt Westdeutschlands. Angelegt wurde sie im 13. Jahrhundert vom Kölner Erzbischof Konrad von Hochstaden aus strategischen Gründen. Heute ist Winterberg heilklimatischer Kurort und internationaler Wintersportplatz mit allen dafür notwendigen Einrichtungen. Wenig unterhalb von Winterberg entspringt die Ruhr in einem unscheinbaren Quelltopf. Sie fließt 217 Kilometer weit bis zur Mündung in den Rhein und versorgt das Ruhrgebiet mit Trinkwasser.

⑥ In Bruchhausen gibt es nicht nur eine auf das 14. Jahrhundert zurückgehende Wasserburg, sondern vor allem die im Zeitalter des Devon entstandenen Bruchhauser Steine. Ihr größter ist 87 Meter hoch.

⑦ Meschede ist die erste größere Stadt an der Ruhr, befestigt schon zu Zeiten Karls des Großen mit der mächtigen Wallanlage Hünenburg. Bedeutsamste Einrichtung im Mittelalter war ein adliges Damenstift, zu dem um das Jahr 1200 18 Pfarreien und über 400 größere Höfe gehörten. Die Kirche dieses Stifts ist bis heute Mittelpunkt der Stadt, ihre Krypta geht auf das 9. Jahrhundert zurück. Ihre heutige, barock ausgestattete Halle wurde 1664 fertiggestellt. Auf dem Klausenberg steht in der Michaelskapelle ein spätgotischer Schnitzaltar von 1492. Die Benediktinerabtei Königsmünster zeigt, daß auch in unserer Zeit gelungene Kirchen gebaut werden können. Fertiggestellt wurde die Abteikirche 1964.

⑧ Die Hennetalsperre wurde vor knapp hundert Jahren angelegt und bis 1954 zur heutigen Fläche von etwa 200 Hektar vergrößert. Ihr südlichster Bereich um den Einlauf der Henne ist besonders für die Vogelfreunde interessant.

△ *Die Hennetalsperre bei Meschede-Erflinghausen*

△ *Sauerlandmuseum in Arnsberg*

Die Briloner Schnade – Ein Brauch im Sauerland

Das Sauerland ist eine »herbe« Landschaft mit einem Menschenschlag, der Althergebrachtes streng verteidigt. Wie lange so etwas dauern kann, belegt nichts besser als die alle zwei Jahre in Brilon abgehaltene Schnade. Dieser Brauch geht immerhin auf das Jahr 1388 zurück, als es zwischen »den van Brylon und Henriche grefen zu Waldegke« Streitigkeiten durch Schnadsteine, also Grenzsteine, gegeben hatte. Nach der Bereinigung des Streits wurden die jungen Männer der beteiligten Orte beim jährlichen Schnadegang an die Grenzen ihres Fluren erinnert. Wer neu dabei war, wurde von den übrigen mehr oder weniger sanft mit dem Hinterteil auf die jeweiligen Grenzsteine gesetzt, um das Einprägen nachdrücklicher zu machen. Auch heute noch wird beim Schnadegang dieser Brauch geübt: Wenn Neulinge dabei sind, werden sie von kräftigen Männern ergriffen und dreimal auf den Schnadstein rücklings aufgesetzt. Darüber hinaus werden die Grenzsteine nicht nur von diversen Hinterteilen sondern auch von den Degen der Schützenoffiziere berührt, um damit den Besitzanspruch zu unterstreichen.

Tip

Das malerische Dörfchen Holthausen war früher ein Zentrum des Schieferbergbaus. Dieser einst für das Sauerland wichtige Wirtschaftszweig wird im Heimatmuseum vorgestellt, die Verarbeitung des Schiefers wird gezeigt.

30 A

Wanderung 30 A: 8 Kilometer – 2 ½ Stunden

Auf dem Kahlen Asten

Am Massiv des Kahlen Astens entspringen zahlreiche Bäche, die sternförmig Ruhr, Rhein, Eder und Weser zufließen. Entsprechend viele Talfurchen durchschneiden die waldreichen Hänge des weitläufigen Gipfelplateaus, auf dem ein Aussichtsturm und ein Heidelehrpfad auf Besucher warten.

Sauerland

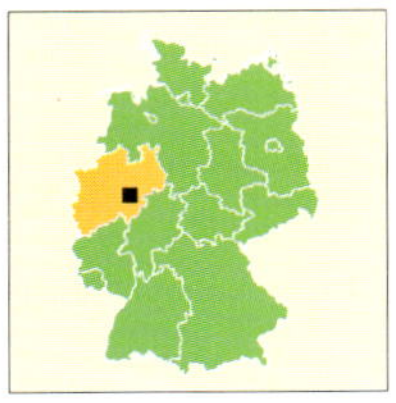

Tourverlauf

Diese Wanderung zum Kahlen Asten beginnt unmittelbar unter der Hochfläche des Sauerlandgipfels in Altastenberg. ①
Vom Wanderparkplatz Sahnehang sind es wenige Meter auf der Straße in Richtung Winterberg, dann geht es rechts zur Talstation des Skilifts. Dem Rundweg 2 folgend erreicht man den Ohlenbach und hält sich danach wieder links. Nach etwa 30 Minuten ab dem Parkplatz trifft man auf das weiße Andreaskreuz der Hauptwanderroute 27. Ihr folgt man nach links weiter bergauf zum langgestreckten Waldrücken des Hinteren Hohen Knochens.
Die Andreaskreuze führen hinauf zur Wegekreuzung oberhalb der Bergstation des Skilifts. Von hier aus ist bereits der Aussichtsturm am Kahlen Asten zu sehen. Statt dem direkten Weg zu folgen, sollte man sich etwas mehr rechts halten, um auf einem kleinen Umweg die Lennequelle zu erreichen. ②
Der Aussichtsturm am Kahlen Asten bietet den besten Überblick über die gesamte Region. ③ Äußerst empfehlenswert ist es, dem Heidelehrpfad um die Kuppe des Kahlen Asten folgen. ④

Damit trifft man wieder auf die große Wegkreuzung oberhalb der Bergstation des Skilifts. Von hier steigt man entlang der Westseite des Skilifts hinunter zum Parkplatz Sahnehang.

△ Höchster Punkt dieser Wanderung: Der Kahle Asten mit seinem Turm

Sehenswürdigkeiten

① Altastenberg ist der höchstgelegene Ferienort Nordrhein-Westfalens. Seine alte Pfarrkirche enthält einige Ikonen und eine Barockausstattung.
② Die Lennequelle ist mit 830 Meter die höchstgelegene Quelle Nordrhein-Westfalens. Sie speist den 128 Kilometer langen und damit größten Nebenfluß der Ruhr.
③ Der Kahle Asten ist der zweithöchste Berg Nordrhein-Westfalens und Mittelpunkt der Sauerländer Gebirgslandschaft. Der Astenturm stammt in seiner heutigen Form aus dem Jahre 1937 und bietet in seinem Eingangsbereich in Schaukästen Informationen über die heimische Tierwelt sowie über den Wald und die Hochheide. Die 20 Meter über dem 841 Meter hohen Gipfel gelegene Aussichtsplattform des Turms bietet eine außergewöhnlich umfassende Fernsicht über das gesamte Rothaargebirge.
④ Die Kuppe des Kahlen Astens trägt eine von Besenheide, Heidel- und Preiselbeere sowie Gräsern geprägte Hochheide. Der Heidelehrpfad verdeutlicht die Probleme, die Natur und Mensch auf der Kuppe miteinander haben. Zum einen entstand die Heide erst durch die frühere Weidewirtschaft am abgeholzten Astenberg. Zum anderen versuchen Ebereschen, Zitterpappeln, Weiden und Birken das Heidegebiet zurückzuerobern, und zum dritten möchte der Mensch auch noch Platz für sein winterliches Skivergnügen finden.

▽ Aussicht vom Kahlen Asten über das Sauerland

Tip

Köhlerhütte nördlich der Straße vom Kahlen Asten nach Winterberg: Hier beginnt ein 4 Kilometer langer Rundwanderweg durch das Obere Renautal, an dem sich seltene Pflanzen wie der Eisenhutblättrige Hahnenfuß, der Alpenmilchlattich oder das Silberblatt finden. Im Juni blüht hier der Waldstorchschnabel besonders schön.

Wanderung 30 B: 12 Kilometer – 3 ½ Stunden

30 B

Langenberg und Neuer Hagen

Höchster Berg des Sauerlands ist nicht der bekannte Kahle Asten sondern der Langenberg im Nordosten von Niedersfeld. Auf seiner Südseite erstreckt sich das Naturschutzgebiet Neuer Hagen, eine Hochheide mit vielen seltenen Pflanzen.

Sauerland

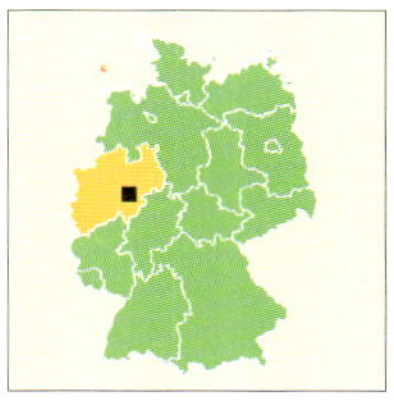

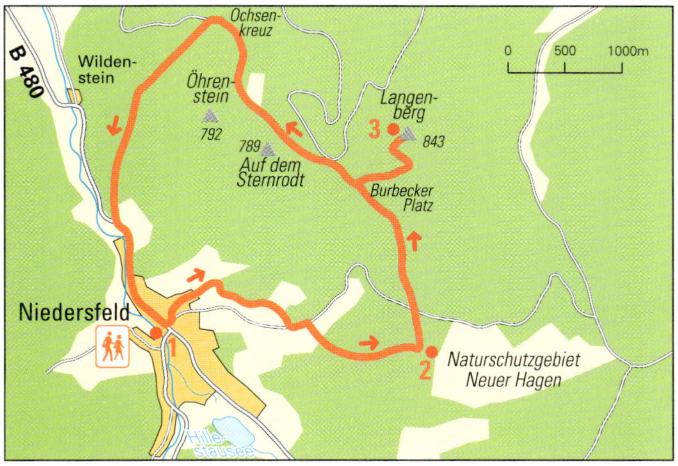

△ *Auf Postkutschenfahrt im Sauerland*

Tourverlauf

Gestartet wird zu dieser Tour im Höhenluftkurort Niedersfeld im Ruhrtal. ①

Über die Dorfstraßen Auf der Bernbach und Auf der Knippe führt der Wanderweg X 16 zügig bergan, streift den Waldparkplatz Schieferkuhle und erreicht nun mit der Markierung weißes Andreaskreuz nach etwa einer Stunde in 820 Metern Höhe den Wanderparkplatz Neuer Hagen am Eingang zum Naturschutzgebiet Neuer Hagen. ②

Am Parkplatz Neuer Hagen beginnt der Rundweg A 1 durch das Naturschutzgebiet. Er ist etwa 4 Kilometer lang und in der Gesamtrechnung der Rundwanderung nicht enthalten. Wie lange der Abstecher in das Naturschutzgebiet wird, hängt vom Interesse des einzelnen an der Botanik ab.

Ab dem Parkplatz Neuer Hagen verläuft der weitere Weg in nördlicher Richtung zum Langenberg hin. Die Markierung besteht nun aus zwei vertikalen weißen Balken auf schwarzem Grund. Nach etwa 30 Minuten erreicht man eine Lichtung, wo mehrere Waldwanderwege zusammentreffen. Von diesem Burbecker Platz kann man vollends zum Langenberg hinaufsteigen, indem man der Markierung weißes Dreieck folgt. Obschon damit der höchste Punkt Nordrhein-Westfalens erreicht ist, gibt es vom Gipfel leider keine besondere Aussicht. ③

Vom Burbecker Platz führt die Markierung mit senkrechten weißen Balken auf schwarzem Grund in 5 Minuten zu einer weiteren Lichtung, die in manchen Karten ebenfalls mit Burbecker Platz bezeichnet ist. Über die Nordhänge des 789 Meter hohen Sternrodt und des 792 Meter hohen Öhrenstein schlängelt sich der Weg dann langsam hinunter zum Ochsenkreuz. Hier trifft man auf den Hauptwanderweg X 2 und auf eine Unterstandshütte.

Ab dem Ochsenkreuz folgt man dem Hauptwanderweg X 2 südwärts dem Hang entlang hinunter nach Niedersfeld.

Sehenswürdigkeiten

① Der Höhenluftkurort Niedersfeld war im Mittelalter eine Waldschmiedesiedlung, heute werden Luft- und Kneippkuren angeboten. Am Hillestausee am südöstlichen Ortsrand gibt es Wassersportmöglichkeiten.

② Das Naturschutzgebiet Neuer Hagen ist mit 75 Hektar die größte Hochheide Nordrhein-Westfalens. Weil es zudem Sumpf- und Moorbereiche gibt, konnten sich hier ganz unterschiedliche Biotope entwickeln. Die Flora ist teils arktischer, teils alpiner Natur. Zwischen Krüppelfichten, Kiefern, Ebereschen, Zitterpappeln, Birken, Buchen und Espen wachsen auch Vogelbeerbäume, Weiden und Wacholder. Arktische Restvorkommen aus der Eiszeit sind Alpenbärlapp und Islandflechte; Enzian und Arnika kommen sonst nur in den Alpen vor. Um die Sicherung dieses einmaligen Gebiets hat sich der Sauerländische Gebirgsverein verdient gemacht. Nicht zuletzt ihm ist es zu verdanken, daß die Heide nicht durch Sträucher und Birken zuwuchs. Seit einigen Jahren weiden hier wieder Schafherden und sorgen dafür, daß sich die typische Vegetation erneuern kann.

③ Der Langenberg (843 Meter) ist der höchste Punkt des Sauerlands und Nordrhein-Westfalens, doch gehört er zur Hälfte bereits nach Hessen, denn die Landesgrenze verläuft genau über dem Gipfel. Da die flache Kuppe dicht bewaldet ist, gibt es im Gegensatz zum Kahlen Asten leider keine Aussicht.

Tip

Badeparadies Gran Dorado, Sonnenallee 1, Medebach: Im Hochsauerland, westlich von Winterberg in Richtung Medebach, liegt der Planschtreffpunkt Gran Dorado. Neben Badespaß, Wellenbecken und Rutschen bietet er auch Bungalows und ein Hotel. Das Bad ist sehr exotisch mit Pflanzen gestaltet.

▷ *Dielentor bei Niedersfeld*

31

Autotour 31: 140 Kilometer

Paderquelle und Eggegebirge

Eggegebirge

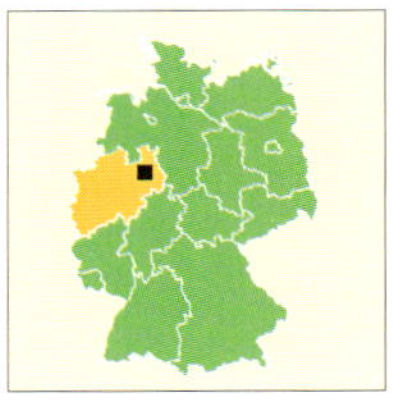

Aus über 200 Quellen sprudelt mitten in Paderborn das Wasser für die Pader und gab dem Ort früh eine besondere Bedeutung. Das Eggegebirge im Osten ist die östliche Begrenzung der Münsterländer Bucht und erinnert mit seinen bizarren, unvermittelt aus dem Wald aufragenden Felsengruppen an einen gesträubten Drachenkamm. Die Rundfahrt verbindet die kulturellen Höhepunkte an der Pader mit den Naturschönheiten des Eggegebirges und des südlichen Teutoburger Walds.

Tourverlauf

Den Auftakt zu dieser Autotour durchs Eggegebirge bildet Paderborn mit seinen zahlreichen Quellen. ①
Entweder auf der A 33 oder auf der Landstraße über Hövelhof erreicht man Oerlinghausen. ②
Durch den Lippischen Wald geht es nun zum berühmten Hermannsdenkmal. ③
Anschließend fährt man ins benachbarte Detmold. ④
Für Vogelfreunde ist ein Halt in Heiligenkirchen ⑤ und in Berlebeck unerläßlich. ⑥
Auf der Weiterfahrt in Richtung Eggegebirge werden die Externsteine besucht. ⑦
Über Bad Driburg gelangt man auf Landstraßen nach Neuenheerse. ⑧
Bevor man auf der B 68 nach Paderborn zurückkehrt, lohnt sich ein kleiner Umweg über Hardehausen. ⑨

Sehenswürdigkeiten

① Die Blüte Paderborns geht auf Karl den Großen zurück. Dieser traf sich hier im Jahre 799 mit Papst Leo III.; 6 Jahre später gründete Karl das Bistum und ließ mit dem Bau eines Doms beginnen. Nördlich des Doms entstand eine Kaiserpfalz. Ihr folgte im 11. Jahrhundert eine ottonische Kaiserpfalz. Trotz vieler Zerstörungen im Laufe der Jahrhunderte bietet die Stadt noch reiche Schätze. Von der karolingischen Kaiserpfalz sind nur noch die Grundmauern zu sehen. Die ottonische Kaiserpfalz ist rekonstruiert, dient als Museum und enthält archäologische Funde aus der Pfalz. Die Bartholomäuskapelle ist die ehemalige Kapelle der ottonoischen Kaiserpfalz; sie entstand im frühen 11. Jahrhundert und ist die älteste Hallenkirche Deutschlands. Der dreischiffige Dom mit zwei Querhäusern und einem mächtigen, romanischen Turm geht auf das 11. Jahrhundert zurück. Die wesentlichen Bauteile entstanden im 13. Jahrhundert. Seine romanische Krypta zählt zu den größten Deutschlands; sie birgt die Reliquien des hl. Liborius. Im Inneren des Domes finden sich zahlreiche figürliche Grabdenkmäler Paderborner Bischöfe. Die schönste Kirche aus der Barockzeit ist die 1671 fertiggestellte Franziskanerkirche. Sie besitzt die prunkvollste Barockfassade Westfalens. Das 1620 fertiggestellte Rathaus besitzt eine prächtige Hauptfassade im Stil der Weserrenaissance. Das schönste Patrizierhaus ist das um 1600 erbaute Heisingsche Haus.

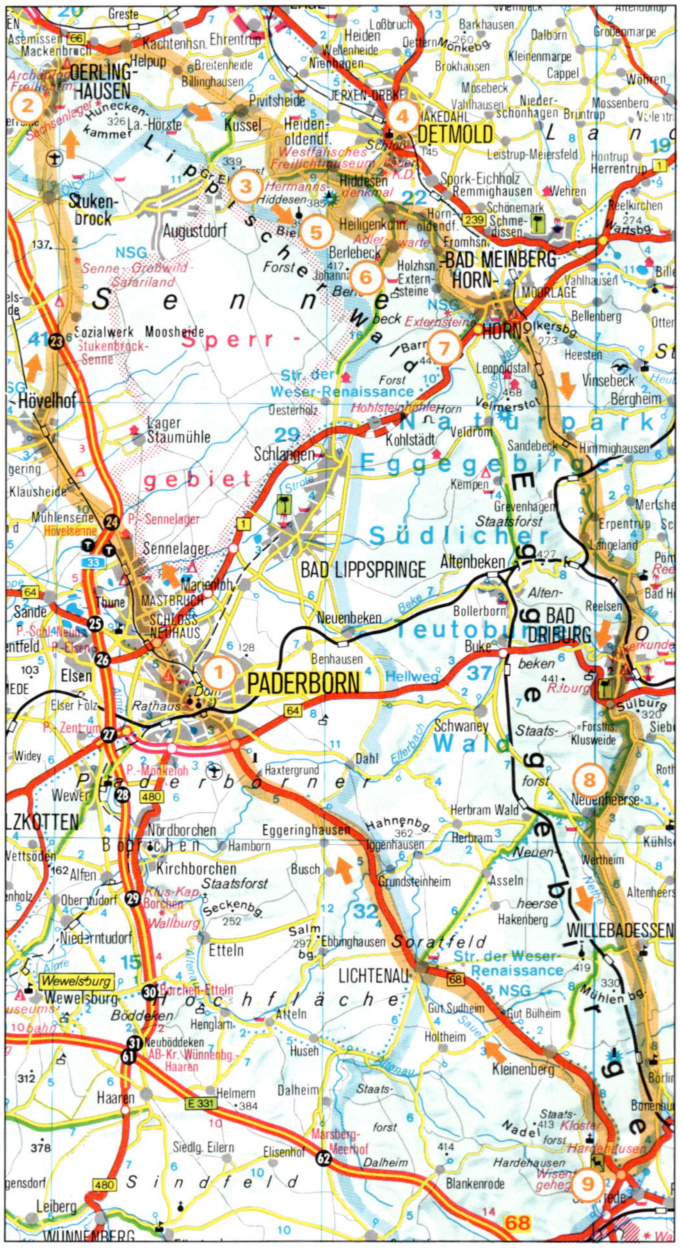

Das Wasserschloß Neuhaus war der erste Frührenaissancebau in Westfalen. Die Vierflügelanlage der Paderborner Fürstbischöfe wurde im 16. Jahrhundert unter Verwendung spätgotischer Teile des Vorgängerbaus errichtet. Heute ist hier die Städtische Galerie untergebracht.

◁ *Dom von Paderborn*

② Im Archäologischen Freilichtmuseum von Oerlinghausen werden gut 10 000 Jahre Vergangenheit lebendig. 15 Wohnstätten und Häuser sind hier in Originalgröße nachgebaut: Die Spannweite reicht vom Zelt des altsteinzeitlichen Rentierjägers bis zur sächsischen Bauernkate aus dem 8. Jahrhundert. Pflanzungen und dargestellte Arbeiten

△ Das Detmolder Residenzschloß von 1621

△ Die Wewelsburg bei Paderborn wurde zwischen 1604 und 1607 errichtet

entsprechen den jeweiligen Epochen, so daß man miterleben kann, wie vor Jahrhunderten Brot gebacken oder Bier gebraut wurde.

③ Das Hermannsdenkmal auf der 386 Meter hohen Grotenburgkuppe erinnert an Hermann den Cherusker, der im Jahre 9 n. Chr. die römischen Legionen besiegte. Das Denkmal wurde 1836 bis 1875 errichtet.

④ Das Detmolder Residenzschloß entstand aus einer mittelalterlichen Wasserburg, deren mächtiger Bergfried erhalten ist. Der Vierflügelbau mit vier Treppentürmen in den Winkeln wurde 1621 fertiggestellt und ist ein Prachtstück der Weserrenaissance und des Frühbarock. Im Inneren ist die Einrichtung aus dem frühen 18. Jahrhundert weitgehend erhalten. Das Westfälische Freilichtmuseum bäuerlicher Kulturdenkmale umfaßt auf einem 80 Hektar großen Gelände bäuerliche Anwesen aller westfälischen Teillandschaften. Weil die Lebens- und Arbeitsbedingungen gezeigt werden sollen, werden in den Gebäuden zahlreiche Handfertigkeiten demonstriert. Hier wird gesponnen, gewoben und getöpfert, Schmiede und Mühle sind in Betrieb.

⑤ Im Vogel- und Blumenpark Heiligenkirchen gibt es etwa 120 Freivolieren für über 2000, meist exotische Vögel.

⑥ In der Adlerwarte Berlebeck sind etwa 80 Greifvögel untergebracht. Im Sommerhalbjahr gibt es täglich um 11 und 15 Uhr Flugvorführungen.

⑦ Externsteine: Siehe Wanderung 31 A, Seite 132.

⑧ Die Stiftskirche Neuenheerse heißt zu Recht »Dom des Eggegebirges«. Sie gehörte zu einem 868 gegründeten Stift für adlige Damen und geht in ihrer heutigen Bausubstanz bis auf das erste Viertel des 12. Jahrhunderts zurück. Vor allem die Säulen im Nordschiff mit ihren romanischen Würfelkapitellen stammen aus dieser Zeit. Der Rest der Kirche ist ein Bau der Gotik aus dem 15. Jahrhundert.

Willebadessen: Siehe Wanderung 31 B, Seite 133.

⑨ In Hardehausen verraten die Reste des 1140 gegründeten Zisterzienserklosters, wie groß mittelalterliche Klosteranlagen waren. Im Wildpark werden in einem 60 Hektar großen Freigehege Wisente gezüchtet. Im Hardehausener Felsenmeer prägen zerklüftete Sandsteinklippen die Landschaft.

Das Hermannsdenkmal im Teutoburger Wald

Arminius der Cherusker stand zunächst in römischen Kriegsdiensten, kehrte dann aber zu den Germanen zurück, und vereinte die Cherusker und andere germanische Stämme. Im Jahre 9 n. Chr. vernichtete Arminius mit seinen Germanen drei römische Legionen unter der Führung von Varus. Diese Schlacht fand im Teutoburger Wald nördlich von Osnabrück statt. Im 19. Jahrhundert glaubte man jedoch, sie habe in der Nähe der germanischen Grotenburg bei Detmold stattgefunden. Als 1838 Christian Dietrich Grabbes Geschichtsdrama »Die Hermannsschlacht« erschien, konnte die nationale Begeisterung keine Grenzen. Ab 1836 wurde auf dem Gelände der Grotenburg mit der Errichtung des pompösen Hermannsdenkmals begonnen. Auf dem 30 Meter hohen Sockel fand die 26 Meter große Hermannsfigur ihren Ruhmesplatz. Der Sockel wurde als Ruhmeshalle im national empfundenen Stil der Gotik gestaltet. Nach der Vollendung 1875 hatte das Bismarckreich sein deutschnationales Symbol und den willkommenen Gegenpol gegen die romanische Kultur in Frankreich.

◁ Im Westfälischen Freilichtmuseum in Detmold

Tip

Erpentrup: In Erpentrup, wenig nördlich von Bad Driburg, belegt eine Waldglashütte, daß in den Wäldern der Umgebung seit dem 15. Jahrhundert Glas hergestellt wurde. In der Hütte kann man den Glasbläsern und -schleifern bei der Arbeit zusehen und ihre Produkte auch gleich an Ort und Stelle kaufen.

31 A

Wanderung 31 A: 10 Kilometer – 2 ½ Stunden

Die Externsteine

Eggegebirge

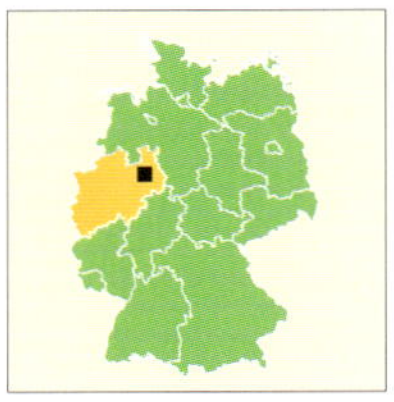

Der Lippische Wald begrenzt die weite Heidelandschaft der Senne im Osten. Schmale Kämme und breitere Kuppen ragen mit teilweise schroffen Felsklippen aus den stark gegliederten Waldrücken. Am eindrucksvollsten sind die sagenumwobenen Externsteine.

△ Die Wälder der Umgebung bieten viele Wandermöglichkeiten

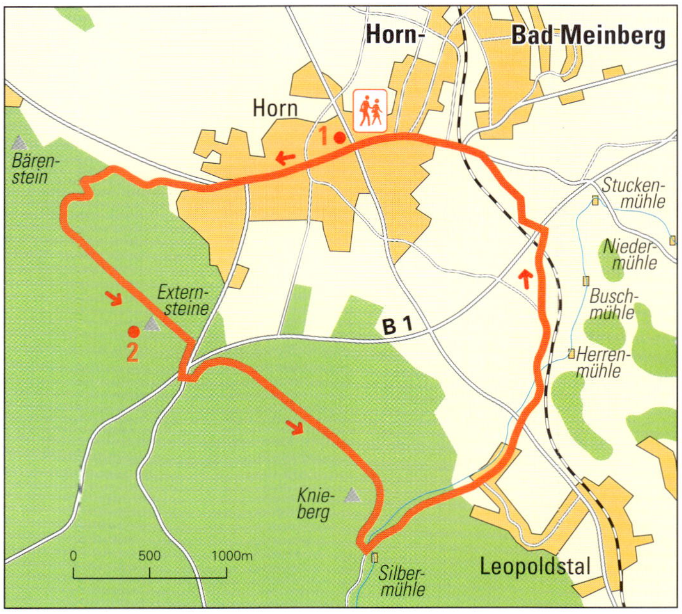

Tourverlauf

Ein guter Ausgangspunkt für eine Wanderung zu den Externsteinen ist der Parkplatz hinter der Kirche von Horn. ①
Über die Mittelstraße geht es zunächst in Richtung Bad Driburg, bis vor dem Friedhof rechts die Steinheimer Straße abbiegt. Nach der Überquerung der Bahnlinie geht es rechts auf der Bergheimer Straße weiter bis zum Wiebuscher Weg. Mühlenstraße und Leopoldstaler Straße führen schließlich zur Silbermühle.
Hier beginnt der mit H gekennzeichnete Hermannsweg, dem man zunächst nach Norden und später nach Nordwesten folgt. Man umgeht den 137 Meter hohen Knieberg, kreuzt eine größere Straße und erreicht nun die Externsteine. ②
Auf der Nordwestseite der Externsteine berührt der Weg einen Teich, wo man dem mit X 6 bezeichneten Weg nach rechts folgt. Nach einem weiteren Teich wird die Landstraße L 828 erreicht, die nach Horn zurückführt.

Sehenswürdigkeiten

① Die Pfarrkirche von Horn ist eine gotische Hallenkirche aus der zweiten Hälfte des 15. Jahrhunderts. Sie besitzt ein spätgotisches Chorgestühl aus der Zeit um 1500, einen Taufstein von 1589 und ein Orgelgehäuse aus dem Ende des 17. Jahrhunderts. Die Horner Burg war eine Sicherungsburg des Landesherrn, ihr gotischer Palas wurde 1348 fertiggestellt. Bis 1659 gab es einen frühbarocken Umbau, bei dem das mit Balustern, Pfeilern und Gewölben geschmückte Treppenhaus entstand. Heute ist in der Burg das Heimatmuseum untergebracht. In der Nordstraße gibt es zahlreiche Fachwerkhäuser mit schönen Torbögen, in der Mittelstraße einige gelungene Renaissancehäuser.
② Die Externsteine sind bis zu 38 Meter hohe Sandsteinfelsen, die bei der Gebirgsauffaltung senkrecht gestellt wurden und ihre heutigen, bizarren Formen durch Verwitterung erhielten. Die wie riesige Zähne aufragenden Felsen reizten von jeher die Phantasie der Menschen und ließen sie hier schon in vorgeschichtlicher Zeit eine Kultstätte errichten. Im Mittelalter nutzten Mönche die Anziehungskraft dieses Heiligtums, um eine Kapelle in den Fels zu hauen. Sie wurde 1115 geweiht. Nur fünf Jahre später entstand das monumentale Steinrelief der Kreuzabnahme Christi. Es ist eines der frühesten Werke deutscher Großplastik. Um die Externsteine führt ein mit R gekennzeichneter Rundwanderweg.

▽ Die Externsteine, die bereits in vorgeschichtlicher Zeit eine Kultstätte waren

Tip

Naturschutzgebiet am Bärenstein, nordwestlich der Externsteine: Hier wachsen alte Eichen und Buchen sowie größere Stechpalmenbestände.

Wanderung 31 B: 13 Kilometer – 3 Stunden

31 B

Karlsschanze und Drudenhöhle im Eggegebirge

Eggegebirge

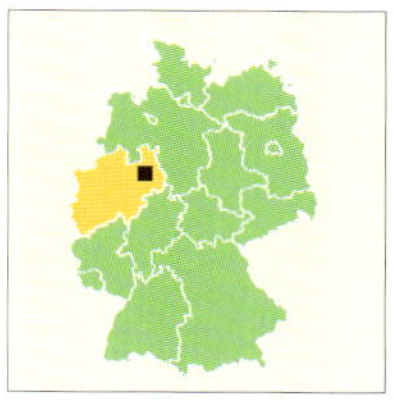

Der Kamm des Eggegebirges fällt zwischen Willebadessen und Kleinenberg besonders steil nach Osten ab. Meterhohe Sandsteinklippen bilden eine wildromantische Landschaftsszenerie. Eine frühgeschichtliche Wallanlage belegt, wie begehrt das Gebiet auch schon bei unseren Vorfahren war.

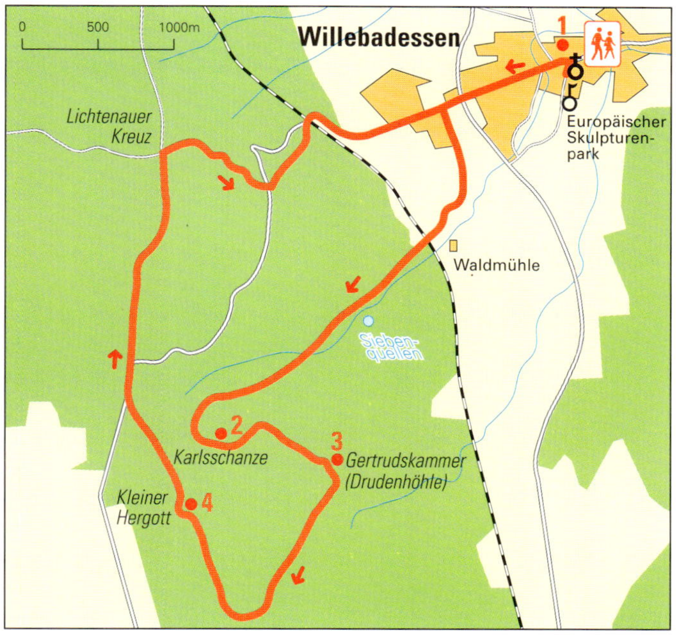

Tourverlauf

Ausgangspunkt ist Willebadessen am Ostrand des Eggegebirges. ① Will man die Ortschaft selbst nicht besuchen, kann man den Parkplatz auf der Westseite der Umgehungsstraße benutzen. Vom Parkplatz nimmt man den mit A 6 gekennzeichneten Wanderweg nach Süden, der bei der Waldmühle die Bahn kreuzt und an den Sieben Quellen vorbei zur Karlsschanze hinaufführt. ②
Von der Karlsschanze weisen Wegweiser und die Markierung A 2 den Weg zur Gertrudskammer oder Drudenhöhle. ③
Von der Drudenhöhle folgt man der Markierung A 2 südsüdwestwärts, bis man auf den mit X bzw. E 1 markierten Eggeweg trifft. Ihm folgt man nun nach rechts (nordwärts) zum »Kleinen Herrgott«. ④
Danach geht es weiter zum Lichtenauer Kreuz, wo die Markierung A 4 den Weg hinunter zur Verbindungsstraße Kleinenberg–Willebadessen und damit den Weg zurück zum Parkplatz an der Umgehungsstraße weist.

▽ Der »Kleine Herrgott«: vielleicht ein Opferstein

Sehenswürdigkeiten

① Willebadessen war schon vor dem Jahre 1000 besiedelt, 1318 erhielt es Stadtrecht und anschließend eine Befestigungsanlage. 1149 wurde ein Kloster der Benediktinerinnen gegründet, seine Kirche wurde nach der Aufhebung des Klosters 1810 zur Pfarrkirche. Die kreuzförmige Pfeilerbasilika aus der Mitte des 12. Jahrhunderts wurde zwar im 15. Jahrhundert umgebaut und 1727 barockisiert, doch blieben wesentliche Teile erhalten. Die Kanzel und das Gestühl der Nonnenempore stammen von 1723. Das Schloß entstand aus Teilen der Klosteranlage um 1700, wobei romanische Reste integriert wurden. Im zweischiffigen Kapitelsaal aus dem späten 12. Jahrhundert sind noch schöne Kapitelle erhalten. Im Park des Schlosses gibt es einen europäischen Skulpturenpark, eine Sammlung bedeutender Bildhauerarbeiten der Gegenwart.
② Die Karlsschanze ist eine mächtige, frühgeschichtliche Wallanlage. Ein Gedenkkreuz erinnert hier an den von Wilderern erschossenen Förster Krahe.
③ Die Drudenhöhle liegt in einem Bereich urtümlicher Wildheit. Imposante Felsbrocken, umgestürzte Bäume, steile Klippen und Quellsümpfe beherrschen hier die Szenerie. Die Drudenhöhle selbst ist eine Felsenhöhle mitten in den Klippen, um die sich allerlei Sagen und Legenden ranken. Keltische Druiden sollen hier gehaust haben, aber auch eine Eremitin namens Gertrude soll es gegeben haben. Sogar ein Heiligtum der Sachsen, die sogenannte Irminsul, könnte hier gestanden haben.
④ Der »Kleine Herrgott« ist eine Steinsetzung, wahrscheinlich aus karolingischer Zeit.

Tip

»Der faule Jäger«: Unmittelbar neben der Drudenhöhle ragt ein mächtiger, 6 Meter hoher Felsklotz mit etwa 25 Metern Umfang in den Himmel. Genannt wird er »Der faule Jäger«. In heidnischer Zeit soll er den Druden als Opferstein gedient haben.

▽ Blick vom »Faulen Jäger« direkt neben der Drudenhöhle

32

Autotour 32: 130 Kilometer

Im nördlichen Weserbergland

Weserbergland

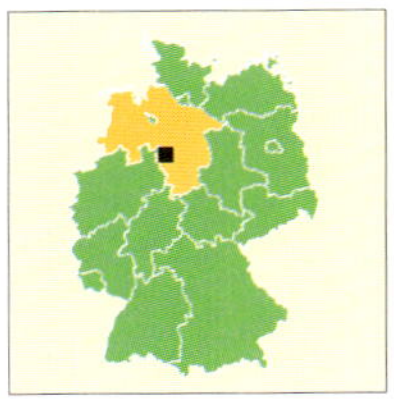

Der Rattenfänger von Hameln und der Lügenbaron von Münchhausen sind jedem ein Begriff. Daß beide ihre Heimat ausschließlich im Weserbergland haben, merkt der Besucher erst, wenn er durch die traumhafte, voller Geheimnisse steckende Landschaft zwischen Hameln und der Porta Westfalica streift. Die Oberweser ist hier von einem gegliederten Hügelmosaik eingerahmt, so daß die offene Landschaft in einem reizvollen Kontrast zu den bewaldeten Höhen steht.

Tourverlauf

Zentrum im nördlichen Weserbergland ist Hameln. ①
Bevor man zu dieser Rundfahrt aufbricht, sind zwei Abstecher empfehlenswert: in den Weserort Fischbeck ② und zur Hämelschenburg ③.
Aus der »Rattenfängerstadt« führt dann die B 1 nach Süden hinaus, doch zweigt man bereits in Groß-Berkel rechts ab nach Schwöbber. ④
Über Bösingfeld wird der Lipper Wald durchquert, und in Lüdenhausen wendet sich die Straße nach Norden, bis sie bei Langenholzhausen auf die B 238 trifft. Nächstes Ziel ist dann Möllenbeck. ⑤
Ebenfalls an der B 238 liegt Rinteln. ⑥
Gleichermaßen auf Bundes- oder Landstraße ist Bückeburg zu erreichen. ⑦
Hinüber nach Stadthagen ist es nur ein Katzensprung über die autobahnähnlich ausgebaute B 65. ⑧
Anschließend hält man sich an die Landstraße nach Apelern, danach führt die B 442 direkt hinüber nach Coppenbrügge. ⑨
Auf der B 1 geht es schließlich zurück nach Hameln, wobei sich zuvor noch ein Besuch in Bisperode einschieben läßt. ⑩

▽ *Die Hämelschenburg, schönstes Beispiel der Weserrenaissance*

Sehenswürdigkeiten

① Hameln ist die zweitgrößte Stadt an der Oberweser und bekannt als die Stadt des Rattenfängers. Die Sage spielt im 13. Jahrhundert, damals war Hameln schon 500 Jahre alt und durch Getreidehandel reich geworden. Als der Rattenfänger kam, hatte Hameln bereits einen festen Mauerring mit 22 Türmen. Pulver- und Haspelmathturm am Kastanienwall erinnern noch heute daran. Eine weitere Blüte gab es im 16. und 17. Jahrhundert, als all die stolzen Bürgerhäuser in Fachwerkbauweise oder im Stil der Weserrenaissance errichtet wurden. Das Münster St. Bonifatius geht auf eine Klostergründung im 8. Jahrhundert zurück, wesentliche Teile wurden zwischen 1200 und 1400 ergänzt. Die Marktkirche stammt weitgehend aus dem 13. Jahrhundert. Das Rathaus ist im Hochzeitshaus untergebracht, Hamelns größtem Bau im Stil der Weserrenaissance. Stiftsherren- und Leisthaus, beide aus dem 16. Jahrhundert, sind die schönsten Bürgerhäuser. Das Rattenfängerhaus von 1603 hat eine prächtige Renaissancefassade, der Rattenkrug von 1568 ist Hamelns ältestes Renaissancehaus.
② Im nördlich von Hameln gelegenen Fischbeck verdient die Stiftskirche des ehemaligen Augustiner-Kanonissenstifts einen

▷ *Rattenfängerspiel in Hameln*

Besuch. Die Kirche gehört zu den bedeutendsten romanischen Bauten des gesamten Wesergebiets. Teile der Kirche stammen noch aus dem 10. Jahrhundert, der Rest entstand im 12. Jahrhundert. Der reich geschmückte Altaraufbau entstand 1709, die Kanzel 1710 und der große Orgelprospekt 1734.

③ Wenig südlich von Hameln steht die Hämelschenburg, eines der Prunkstücke der Weserrenaissance. Der Prachtbau entstand an der Stelle einer Wasserburg zwischen 1588 und 1610. Beeindruckend ist das reich verzierte Äußere, im Inneren gibt es prunkvolle Kamine und Öfen in eindrucksvollen Schauräumen.

④ Das Wasserschloß Schwöbber wurde 1574 von Hilmar von Münchhausen im Stil der Weserrenaissance errichtet. Die Parkanlage hinter dem Schloß stammt aus dem 18. Jahrhundert und zählt zu den frühesten Gartenanlagen im englischen Stil.

⑤ Das Kloster Möllenbeck wurde bereits im 9. Jahrhundert gegründet und im 15. Jahrhundert von Augustinermönchen ausgebaut. Die ehemalige Klosterkirche besitzt zwei romanische Westtürme aus dem 10. Jahrhundert, die Kirche selbst entstand in der Spätgotik.

⑥ Rinteln wurde um 1230 planmäßig angelegt, zu seinem Reichtum kam es durch ein Wegezollrecht. Die malerische Altstadt präsentiert sich mit wohlerhaltenem, schönem Fachwerk. Die Nikolaikirche stammt aus dem 13. Jahrhundert, ebenso die ehemalige Klosterkirche St. Jakob. In den alten Klostermauern gab es einst sogar eine Universität. Das im 16. und 17. Jahrhundert im Stil der Weserrenaissance errichtete Rathaus glänzt mit zwei Prunkgiebeln. In der Eulenburg findet sich das Heimatmuseum.

⑦ Bereits um 1300 bauten die Schaumburger Grafen im heutigen Bückeburg eine erste Wasserburg. Das Residenzschloß entstand im wesentlichen im 17. Jahrhundert. Seine Schloßkapelle und sein Goldener Saal sind Glanzstücke des Frühbarock. Die Gemäldegalerie enthält bedeutende Werke barocker europäischer Meister. Im weitläufigen Schloßpark steht eines der größten Mausoleen der Welt. Errichtet wurde es bis 1915 als Kuppelbau im neoklassizistischen Stil. Auch die 1615 fertiggestellte evangelische Stadtkirche ist ein wichtiges Beispiel des deutschen Frühbarock. Die Bronzetaufe entstand 1615 als Werk des berühmten Bildhauers Adrian de Vries. Im früheren Burgmannshof finden Freunde der Technik in Deutschlands einzigem Hubschraubermuseum eine Fülle hochinteressanter Exponate.

⑧ Im heutigen Stadthagen entstand um 1220 eine erste Sicherungsburg der Schaumburger Grafen. In ihrem Schutz wurde die Stadt gegründet und diente bis 1608 als gräfliche Residenz. Die alte Wehrburg wurde von 1534 bis 1544 im Stil der oberitalienischen Renaissance zum Schloß umgebaut. Die gotische Pfarrkirche St. Martini besitzt einen prächtigen Renaissancealtar aus dem ausgehenden 15. Jahrhundert. Das angebaute Mausoleum ist bereits frühbarock ausgestattet. Der Marktplatz mit dem Rathaus im Stil der Weserrenaissance erhält seinen besonderen Akzent durch schöne Fachwerkhäuser. In der Alten Amtspforte, einem Fachwerkhaus aus dem 16. Jahrhundert, ist heute das Heimatmuseum untergebracht.

⑨ Coppenbrügge: Siehe Wanderung 32 B, Seite 137.

⑩ Das Wasserschloß Bisperode entstand bis 1700 im Auftrag des Paderborner Fürstbischofs als großzügig angelegter Barockbau.

△ Schloß der ehemaligen Residenz von Schaumburg-Lippe in Bückeburg

◁ Der Goldene Saal in Schloß Bückeburg

Die Weserrenaissance – Prächtige Architektur

Das Jahrhundert zwischen 1520 und 1620 brachte dem Land an der Weser einen besonders prägnant ausgeformten Baustil: die Weserrenaissance. In ihr wurde eine bisher nie gekannte Formenvielfalt erreicht, wobei Elemente aus der Spätgotik, manieristische Dekore aus Italien und Flandern sowie Schmuckideen einzelner Baumeister genial vereint wurden. An der Weser herrschte Friede, das Getreide gedieh prächtig, und entsprechend wuchs der Stolz reicher Herren. Um ihm Ausdruck zu geben, bauten sie reichverzierte Patrizierhäuser, prächtige Rathäuser und prunkvolle Schlösser. Nach dem Motto »sehen und gesehen werden« wurden vor allem die Utluchten, die straßenseitigen Standerker, überreich mit Skulpturen verziert. Typische Merkmale dafür sind die querstehenden Zwerchhäuser des Hauses und das überaus prächtige Schweifwerk an den Giebeln. Die Wände wurden mit Quaderbändern gegliedert, die Portale erhielten reiches Roll- und Beschlagwerk. Schönstes Beispiel und Höhepunkt der Schloßarchitektur im Rahmen der Weserrenaissance ist Schloß Hämelschenburg südlich von Hameln.

Tip

Kleinenbremen zwischen Rinteln und Bückeburg: Das Besucherbergwerk in Kleinenbremen lädt zu einem Ausflug ins Erdinnere ein.

32 A

Wanderung 32 A: 14 Kilometer – 3 ½ Stunden

Im Süden des Süntel

Die Wald- und Berglandschaft des Süntel ist mit ihren bizarren Felsen um den Hohenstein und ihren ausgedehnten Laubwäldern ein echtes Paradies für Wanderer und Kletterer. Die eindrucksvoll geformten Süntelbuchen kommen hier als botanische Besonderheit vor.

Weserbergland

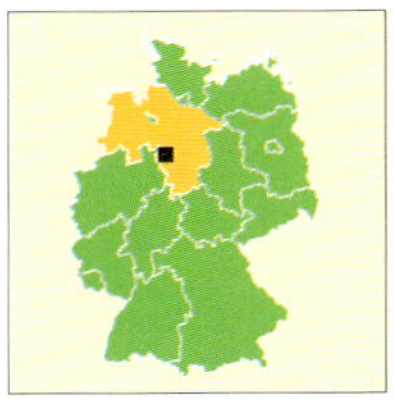

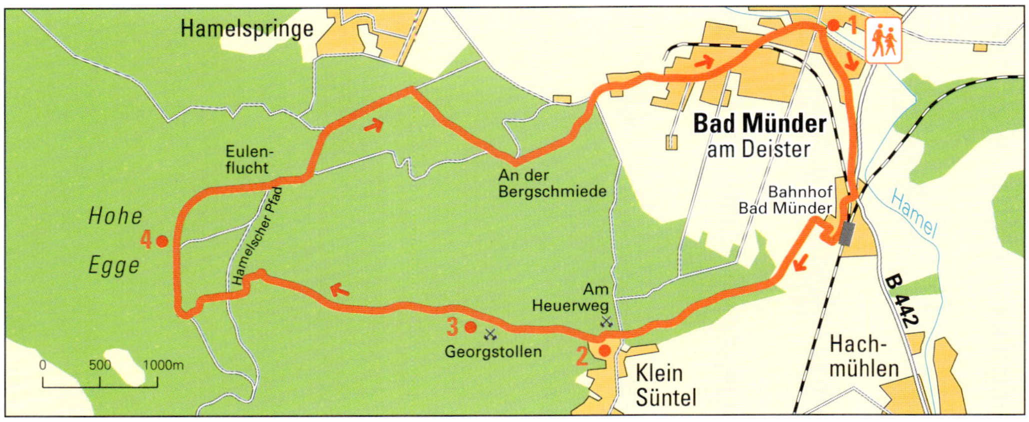

Tourverlauf

Von Bad Münder geht es zunächst in südlicher Richtung stadtauswärts zum Bahnhof. ① Dort überquert man die Bahn und wandert hinüber zum östlichsten Zipfel des Süntelwaldes und an seiner Südseite entlang, hinüber zu den nördlichsten Häusern von Klein Süntel. Hier gibt es, etwas im Wald versteckt, ein aufgelassenes Bergwerk und prähistorische Hügelgräber. ② Der Weg setzt sich geradeaus als Fußweg fort, bis er beim ehemaligen Bergwerk Georgsstollen und einem Schießstand wieder eine Forststraße erreicht. ③ Die Straße folgt dem Talgrund westwärts langsam steigend, bis sie auf der Höhe auf die Forststraße Hamelscher Pfad trifft. Über diese hinweg erreicht man kurz darauf die 437 Meter hohe Kuppe der Hohen Egge mit dem Aussichtsturm Sünteltürm. ④ Am Aussichtsturm wendet man sich nordwärts, parallel zum Rücken der Hohen Egge, umrundet deren Nordkuppe und erreicht ostwärts bei einigen alten Steinbrüchen die Gaststätte Eulenflucht. Wenig östlich der Eulenflucht führt ein Fußweg links hinunter Richtung Hamelspringe, auf dem man aber nur bis zum nächsten Forstweg bleibt. An der Einmündung hält man sich rechts und folgt auf der Forststraße dem Wegweiser »Bergschmiede« zum Gasthaus an der Bergschmiede. Von der Bergschmiede führt ein Fußweg östlich hinunter zum Waldrand, dort entlang der Fahrstraße zurück nach Bad Münder.

Sehenswürdigkeiten

① Bad Münder besitzt alte Heilquellen. Sie entspringen aus den Schichten des Münder Mergels und haben als Salz-, Schwefel- oder Eisenquellen unterschiedliche Heilwirkungen. Im Städtchen gibt es neben den ehemaligen Adelssitzen Steinhof, Mönnichshof und Pächterhof reizvolle alte Fachwerkhäuser.
② Am Nordrand von Klein Süntel erinnert ein altes Bergwerk am Heuerweg an den Kohleabbau an der Südostflanke des Süntel. Hier wurden im 17. und 18. Jahrhundert oberflächennah gelagerte, dünne Steinkohleflöze abgebaut. Diese Kohle wurde in regionalen Eisen- und Glashütten verfeuert. Im Süntel wächst eine Standortvariante der Rotbuche: die Süntelbuche. Die Bäume wachsen nicht wie andere Buchen schlank und gerade empor, sondern schrauben sich mit dickem Stamm und gewundenen Ästen beinahe spiralförmig wie ein Korkenzieher in die Höhe. Weltweit gibt es nur noch etwa 30 solche Buchen, die Hälfte davon steht in den Wäldern am Süntel. Interessant ist, daß selbst die Wissenschaftler bisher nicht wissen, ob es sich bei den Süntelbuchen um eine eigenständige, vererbbare Art oder eine Mutation der gewöhnlichen Rotbuche handelt.

△ Süntelbuche

Bis ins 19. Jahrhundert hinein gab es am Süntel zahlreiche solcher Buchen, doch wurden sie als Werk des Teufels angesehen und deshalb als sogenanntes Teufelsholz rigoros geschlagen.
③ Auch der Georgsstollen diente dem Steinkohlebergbau.
④ Der Sünteltürm auf der Hohen Egge bietet eine prächtige Aussicht über die weiten Waldhänge des Süntel.

▽ Der Hohenstein im Süntel ist ein wichtiger Standort von selten gewordenen Pflanzen

Tip

Westfälische Mühlenstraße: Westlich von Bad Münder führt die Westfälische Mühlenstraße rund um Minden: 41 Wind-, Wasser- und Roßmühlen können dabei besucht werden.

Wanderung 32 B: 14 Kilometer – 3 ½ Stunden

32 B

Nördlicher Ithkammweg

Der Ith ist ein langer, schmaler Höhenzug aus immer wieder steil einfallenden Juraschichten. Seine Schichtköpfe wurden von der Erosion in Jahrtausenden je nach Gesteinsbeschaffenheit zu phantasievollen Felsmassiven und Felstürmen herauspräpariert. Die Spannweite reicht vom Wackelstein bis zum Kamelkopf – für Überraschungen ist eine Wanderung auf den Ith allemal gut.

Weserbergland

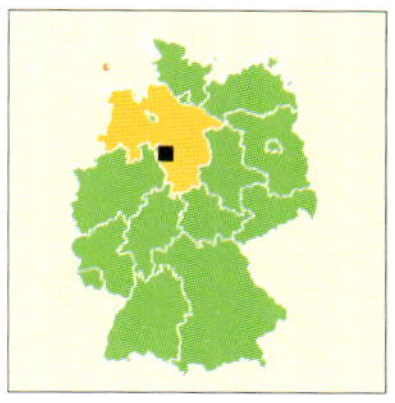

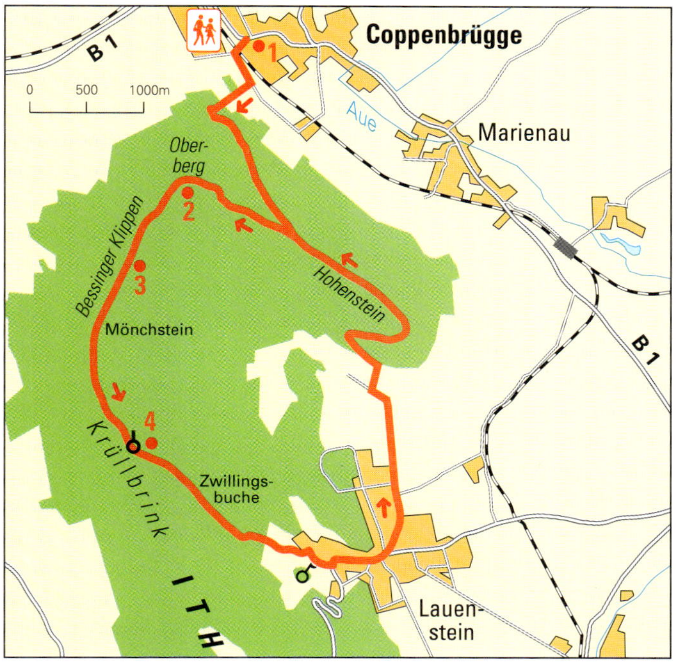

Tourverlauf

Ausgangspunkt ist der Wanderparkplatz am Gasthaus Felsenkeller bei Coppenbrügge. ①
Über den schräg links zum Ithkamm hinaufziehenden Jürgensweg geht es in die dunklen Nordhänge bis zur spitzwinkligen Abzweigung des Steigs, der zum 404 Meter hohen Oberberg, dem nördlichsten Sporn des Iths, hinaufführt. ②
Der Ithkammweg ist nun mit einem weißen X markiert und präsentiert der Reihe nach so schöne Felsformationen wie »Adam und Eva«, »Mönchstein« oder »Friedensstein«. Alle zusammen gehören sie zu den Bessinger Klippen. ③
Den Krüllbrink schließlich ziert sogar ein Aussichtsturm mit umfassendem Rundblick in die Umgebung. ④
Am Aussichtsturm verläßt man den Ithkammweg, um schräg links (südostwärts), vorbei an der Zwillingsbuche und der alten Lauensteiner Burgruine nach Lauenstein hinunter zu wandern.
Im Zentrum von Lauenstein wendet man sich nordwärts Richtung Marienau, dann aber geradeaus weiter auf den genau nordwärts führenden Feldweg und hinüber zum Waldrand und von dort über Wegspuren zum vorderen Sporn des Bergkamms hinauf. Hier warten die Philipsklippe und der nach allen Seiten überhängende Felsturm Hohenstein auf Könner unter den Fotografen. Den Kamm entlang geht es über einen schmalen Fußweg, zeitweise durch Blockgewirr, bis man wieder auf den Jürgensweg trifft, der hinunter und zurück nach Coppenbrügge führt.

Sehenswürdigkeiten

① Coppenbrügge war einst der Sitz der Grafen von Spiegelberg. Sie sicherten mit ihrer inzwischen völlig verfallenen Burg die Talpassage zwischen Ith im Süden und Osterwald im Norden. An die aus der Burg im 16. Jahrhundert hervorgegangene Schloßanlage erinnern heute noch Graben, Zwinger und die von zwei mächtigen Rundtürmen flankierte Toreinfahrt. Die Kirche erhielt im Chor ihre heutige Form bis 1565, im Schiff bis 1670. Weil es praktisch nur aufgestockt wurde, gibt es heute noch zwei Fensterreihen übereinander. Altar und Kanzel entstanden bis 1685.
Am Ith sind die Gesteinsschichten des Erdmittelalters wie an einem Schüsselrand gebogen. Wo die harten Schichten die Oberfläche erreichen, formten die Kräfte der Erosion schmale Felskämme, aus denen wiederum phantasievolle Felsformationen herauspräpariert wurden. Sie bestehen allesamt aus Kalk- und Dolomitablagerungen der Jurazeit, sind also etwa 150 Millionen Jahre alt.
② Am 404 Meter hohen Oberberg gibt es die »Teufelsküche«, ein düsterer Felsenkessel, aus dem bei feuchtwarmem Wetter »teuflische« Düfte aufsteigen. Hoch darüber balanciert der Wackelstein, eine tonnenschwere Gesteinsplatte auf einem massiven Felsklotz. Und dieser Wackelstein heißt nicht nur so, man kann ihn tatsächlich zum Wackeln bringen.
③ Die Bessinger Klippen animieren den Wanderer geradezu, immer neue Namen für die vielfältigen Formen zu finden.
④ Vom Aussichtsturm Krüllbrink aus kann man an warmen Sommertagen nicht nur die Bussarde kreisen sehen. Vom nahegelegenen Segelflugplatz bei Bisperode, unmittelbar im Westen des Ith, startet die fliegende Konkurrenz zur Nutzung der Aufwinde am Ith. Mit etwas Glück kann man vom Turm aus die Segelflieger fast in gleicher Höhe vorbeiziehen sehen.

△ *Peterlinde in Coppenbrügge*

Tip

Museumsbahn: Südlich von Coppenbrügge an der B 1 startet eine kleine Museumsbahn und lädt den Besucher zur beschaulichen Fahrt ein.

▷ *Wandern im Wald des Ith*

33

Autotour 33: 140 Kilometer

Um Solling und Vogler

Solling und Vogler

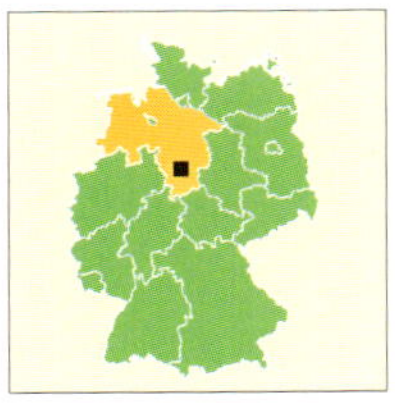

Die beiden Höhenzüge Solling und Vogler östlich der jungen Weser sind Sandsteinmassive, die sich bis auf 528 bzw. 461 Meter aufwölben und vom größten geschlossenen Waldgebiet Niedersachsens bedeckt sind. Im Norden der idyllischen Hügellandschaft war der »Lügenbaron« Münchhausen zu Hause, im Westen sorgte das mächtige Kloster Corvey für Kultur, und im Osten bewies die Fachwerkstadt Einbeck, zu welchem Reichtum Bier verhelfen kann.

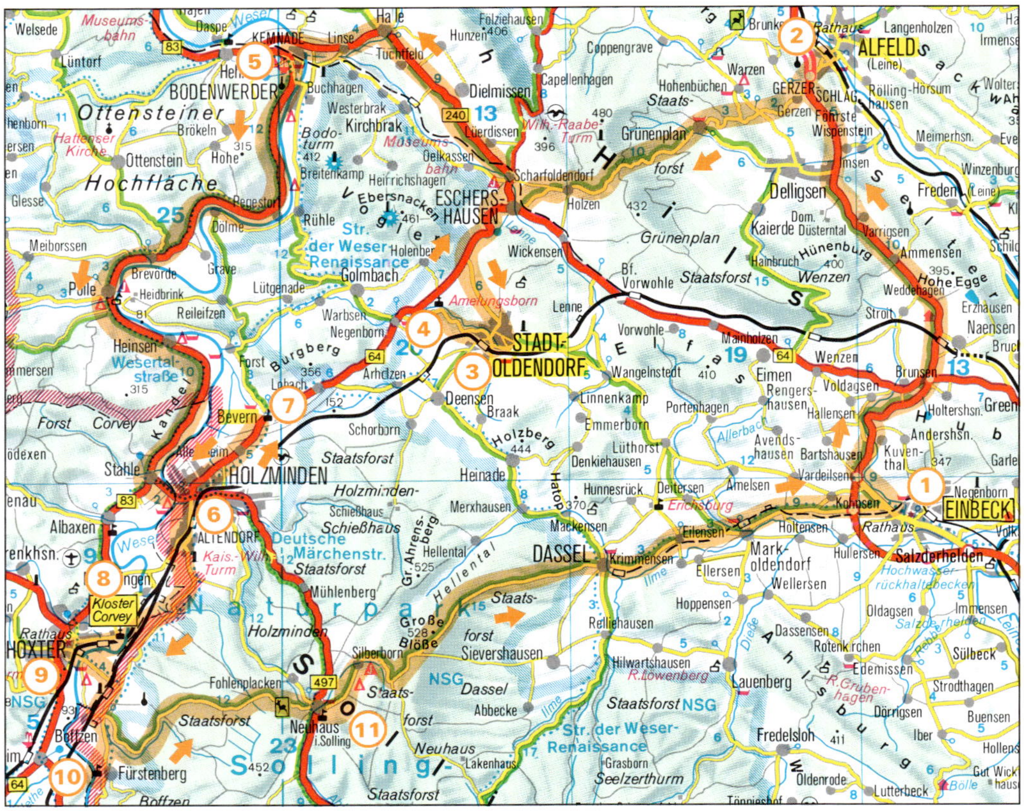

Tourverlauf

Wer mit dem Auto in der Bierbrauerstadt zu dieser Rundfahrt aufbricht, sollte erst nach der Rückkehr nach Einbeck dem Bier zusprechen. ①

Über die B 3 geht es zunächst nach Norden, nach Alfeld. ②

Von der Stadt an der Leine führt die Landstraße hinüber nach Eschershausen und zum Abstecher nach Stadtoldendorf. ③

Ein weiterer Abstecher lohnt sich nach Amelungsborn. ④

Von Eschershausen geht es über die B 240 in die Münchhausenstadt Bodenwerder. ⑤

Von Bodenwerder folgt die B 83 dem Verlauf der Weser bis nach Holzminden. ⑥

Von hier aus kann man einen Ausflug nach Bevern zum Münchhausenschloß unternehmen. ⑦

Kloster Corvey ist das nächste Ziel. ⑧

Danach fährt man ins benachbarte Höxter. ⑨

Als nächster Etappenpunkt steht Schloß Fürstenberg auf dem Tourenfahrplan. ⑩

Auf der Landstraße fährt man schließlich nach auf den Höhenrücken des Sollings und schließlich nach Neuhaus. ⑪

Über Dassel führt dann der Rückweg nach Einbeck.

▽ Der Münchhausenbrunnen in Bodenwerder, der Heimat des »Lügenbarons«

Sehenswürdigkeiten

① Ab 1300 wurde in Einbeck »Ainpockisch« Bier gebraut und exportiert (daher Bockbier!). Als 1540 ein Großbrand die gesamte Stadt zerstörte, konnte sie dank der vorhandenen Wirtschaftskraft zügig wiederaufgebaut werden, was die heutige Einheitlichkeit des Stadtbilds erklärt. Die traufenständigen Häuser sind mit reichem Schnitzwerk verziert, bei dem sich Motive der Renaissance mit spätgotischen Elementen mischen. Das berühmteste Haus ist das Eickesche Haus aus dem Jahre 1610. Es ist mit Darstellungen der fünf Sinne, Christi und der vier Evangelisten geschmückt. Die Giebelseite zeigt Sonne und Mond, antike Gottheiten und die sieben freien Künste. Das Rathaus mit zwei Luchten und einem Treppenvorbau hat hochaufragende, spitze Kegeldächer; fertiggestellt wurde es kurz nach 1540. Die Ratswaage daneben, ebenfalls mit reich verzierter Fassade, wurde 1565 gebaut. Auch die Einbecker Stadtmauer ist weitgehend erhalten, mehrere Stadttürme und Bastionen zeugen vom früheren Reichtum. Die Pfarrkirche St. Jakobi geht auf das 13. Jahrhundert zurück; ihr

△ Lügenstein bei Brunkensen

65 Meter hoher Westturm wurde um 1500 vollendet und ist das Wahrzeichen der Stadt. Weil an seinen Fundamenten geschlampt wurde, steht er nun schief (1,5 Meter aus der Lotrechten). Die Stiftskirche St. Alexandri wurde um 1300 errichtet, um 1500 war die spätgotische Kirche fertiggestellt. Das gotische Chorgestühl von 1288 ist eine Stiftung von Herzog Heinrich. Das Taufbecken entstand 1427.

② In Alfeld ziert reiches Reliefdekor die Alte Lateinschule, ein schönes Fachwerkgebäude von 1610. Ein Beispiel früher funktionaler Architektur ist die Gebäudegruppe der Schuhleistenfabrik Fagus, die zwischen 1911 und 1918 von Walter Gropius errichtet wurde.
③ Stadtoldendorf: Siehe Wanderung 33 A, Seite 140.
④ Das 1129 gestiftete Zisterzienserkloster Amelungsborn gehört zu den ältesten Gründungen dieses Ordens. Die ehemalige Klosterkirche hat noch ein romanisches Langhaus und Querschiff aus dem 12. Jahrhundert, der gotische Chor entstand im 14. Jahrhundert. Die prächtigen Glasfenster im Chor entstanden im 15. Jahrhundert, ebenso das gotische Levitengestühl aus rotem Sandstein.
⑤ In Bodenwerder lebte und starb der berühmte Karl Friedrich Hieronymus Freiherr von Münchhausen, der sich mit seinen Erzählungen den Beinamen »Lügenbaron« einhandelte. In seinem um 1600 als Fachwerkbau errichteten Geburtshaus ist heute das Rathaus und ein kleines Münchhausenmuseum untergebracht. Begraben ist der »Lügenbaron« in der ehemaligen Klosterkirche vom Ortsteil Kemnade, einer bereits 1046 geweihten, dreischiffigen Pfeilerbasilika. Im Ortsteil Hehlen steht eine der ältesten protestantischen Kirchen. Der achteckige, mit zwei Türmen verzierte Zentralbau wurde 1699 fertiggestellt. Das Wasserschloß im Stil der Renaissance ist rund ein Jahrhundert älter.
⑥ Holzminden entstand bereits im 9. Jahrhundert um eine Burg an der Weser. Die Lutherkirche wurde im 13. Jahrhundert begonnen, ihre heutige Form erhielt sie im 16. Jahrhundert. Im Heimatmuseum ist eine interessante geologische Sammlung zu entdecken.
⑦ Das 1612 fertiggestellte Münchhausenschloß von Bevern gehört mit seinen reichverzierten Portalen im Innenhof zu den schönsten Werken der Weserrenaissance.
⑧ Die 822 gegründete Benediktinerabtei Corvey war politisches und kulturelles Zentrum des Nordens. Ihre erste Klosterkirche wurde 844 geweiht. Das bis heute überaus eindrucksvolle Westwerk stand schon im 9. Jahrhundert. Alle übrigen Teile des großen Komplexes entstanden im Barock.
⑨ Höxter gelang es erst im 13. Jahrhundert, sich aus der Abhängigkeit von Kloster Corvey zu befreien. Ältester Bau der Stadt ist die Kilianikirche, die auf das 11. Jahrhundert zurückgeht und einen eindrucksvollen, zweitürmigen Westbau besitzt. Die Minoritenkirche stammt aus dem 13. Jahrhundert und wurde im 14. Jahrhundert fertiggestellt. Das Rathaus entstand um 1610 im Stil der Weserrenaissance. Verziert ist es mit geschnitzten Fachwerkelementen. Die schönsten Fachwerkhäuser im Stil der Frührenaissance sind die Dekanei von 1561 und das Hüttesche Haus von 1565.
⑩ Das auf einem Felssporn hoch über der Weser errichtete Schloß Fürstenberg war im 14. Jahrhundert eine Grenzfeste gegen Höxter. Im 17. Jahrhundert wurde es zum Renaissancejagdschloß umgebaut, in dem 1747 eine Porzellanmanufaktur eingerichtet wurde. In der Werksausstellung ist Fürstenberg-Porzellan von den Anfängen bis heute zu besichtigen.
⑪ Neuhaus im Solling: Siehe Wanderung 33 B, Seite 141.

Bodenwerder: Unsterblicher Münchhausen

Bodenwerders berühmtester Sohn ist zweifellos Karl Friedrich Hieronymus Freiherr von Münchhausen. Er wurde 1720 im heutigen Rathaus geboren und starb dort auch im Jahre 1797. In russischen Diensten nahm er als Cornett an den Türkenkriegen und später an den Auseinandersetzungen mit den Schweden teil. Als Rittmeister kehrte er 30jährig in die Heimat zurück und begann, im Freundeskreis seine phantastischen Geschichten zu erzählen. Sie wurden ohne sein Wissen veröffentlicht und brachten ihm den Titel »Lügenbaron« ein. Die erste Sammlung erschien im »Vademecum für lustige Leute« 1783. Der nach England geflüchtete Kasseler Bibliothekar R. Raspe verarbeitete und erweiterte diese Sammlung zu »Baron M's Narrative of His Marvellous Travels and Campaigns in Russia« und ließ sie 1785 in Oxford drucken. Diese Ausgabe wiederum übersetzte Gottfried August Bürger zurück ins Deutsche, vermehrte sie um 13 Erzählungen und veröffentlichte sie 1786 als »Wunderbare Reisen zu Wasser und zu Lande, Feldzüge und lustige Abenteuer des Freyherrn von M«. Bürgers Volksdichtung bescherte dem »Lügenbaron« die literarische Unsterblichkeit.

▷ *Blick vom Selter auf Freden*

Tip

Altendorfer Berg östlich von Einbeck: Die Südhänge des Bergs sind unter Naturschutz gestellt worden, weil auf ihnen Kalktrockenrasen und naturnah erhaltene Waldgesellschaften wachsen.

◁ *Im waldreichen Solling*

33 A

Wanderung 33 A: 7,5 Kilometer – 2 Stunden

Berge aus Gipskarst

Solling und Vogler

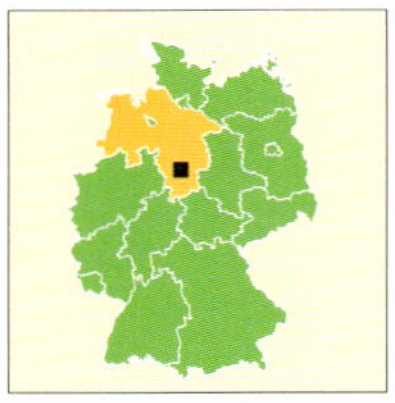

Als die Homburg im Norden von Stadtoldendorf im 12. Jahrhundert gebaut wurde, zählte nur die strategische Lage, nicht aber der im Berg enthaltene Gips. Das änderte sich im 19. Jahrhundert, als der kostbare Rohstoff in großen Brüchen industriell abgebaut wurde. Geblieben sind bis heute sowohl die Ruine der Burg als auch interessante Gipskarstformationen.

△ *Der Höhenzug des Vogler im Naturpark Solling-Vogler*

Tourverlauf

In Richtung Schützenhaus (Parkplätze) verläßt man Stadtoldendorf. ①
Vom unteren Ende des Parkplatzes geht es links hinüber zum Kinderspielplatz und von dort über den als Waldlehrpfad angelegten Rotheweg zum Jugendwaldheim. Kurz hinter der Kreuzung der Forstwege beginnt links der zur Homburg hinaufführende Steig. ②
Nach dem Besuch des als Aussichtsturm restaurierten Bergfrieds steigt man den gleichen Weg wieder bis zum Wegekreuz hinab und nimmt dort den breiten Tillweg, der sich den Hang entlang nach Osten und später nach Süden schlängelt und schließlich aus dem Wald heraustritt.
Wo der Weg nach Westen in ein Wiesental hinuntergeht, hält man sich links, bleibt am Waldrand und nimmt etwa 100 Meter nach dem Ende der Wiese den nach rechts führenden Waldweg. Er führt auf den flachen Rücken des 343 Meter hohen Kellbergs. Über seinen Rücken erreicht man die südlichste Nase mit dem Aussichtsturm, der einen schönen Blick auf Stadtoldendorf und zurück auf die Homburg bietet. ③
Vom Kellberg steigt man wieder nach Stadtoldendorf ab.

Sehenswürdigkeiten

① Die Blütezeit Stadtoldendorfs lag im 14. Jahrhundert, als das Städtchen Station an der alten Heer- und Handelsstraße vom Rhein über Höxter nach Braunschweig war. Damals war die Stadt befestigt und von der Homburg beschützt. Von dieser mittelalterlichen Stadtbefestiguung sind noch Teile der aus rotem Solling-Sandstein errichteten Mauer sowie der Hagentorturm im Osten und der Förstertorturm im Norden erhalten. Die Stadtresidenz der Herren von Homburg war der heutige Kamphof, dessen Sandsteinportal 1682 errichtet wurde. In der Altstadt sind noch über 40 Ackerbürgerhäuser mit schönem Fachwerk erhalten. Die beiden ältesten Häuser sind das Peinecksche Haus am Markt von 1602 und der Ratskeller von 1629.
② Die Homburg wurde Anfang des 12. Jahrhunderts durch Siegfried IV. von Northeim auf dem 397 Meter hohen Gipskegel im Norden von Stadtoldendorf errichtet. Bis 1535 war die Burg Amtssitz des Herzogs von Braunschweig-Wolfenbüttel, danach verfiel die Burg. Der runde Bergfried wurde 1936 erneuert und zum Aussichtsturm hergerichtet. Die Hänge um den Burgberg bestehen aus Gips aus der Zechsteinzeit und zeigen alle Formen des Gipskarstes. Er entsteht, wenn der Gips vom Wasser unterschiedlich stark gelöst wird. Wird der Gips unterirdisch ausgewaschen, stürzen die Hohlräume nicht selten ein, an der Oberfläche entstehen dann die typischen Erdfälle, die südlich der Homburg zu beobachten sind.
③ Am Südsporn des Kellbergs bietet der Aussichtsturm eine lohnende Aussicht über Stadtoldendorf im Süden und die Homburg im Norden.

◁ *Dampferfahrt auf der Weser*

Tip

Straße der Weserrenaissance: Rund um den Solling und Stadtoldendorf führt die Straße der Weserrenaissance, die den Touristen zu zahlreichen Höhepunkten dieses Baustils führt.

Wanderung 33 B: 17 Kilometer – 4 Stunden

33 B

Von Neuhaus in den Solling

Der Solling ist ein Sandsteinmassiv, das sich als kuppelförmige Aufwölbung bis auf 528 Meter Höhe erhebt. Der gewaltige Rücken ist mit einem der größten geschlossenen Waldgebiete Niedersachsens überzogen. Hier finden sich noch artenreiche Wälder und jahrtausendalte Hochmoore. Zum schönsten Moorgebiet führt diese Wanderung.

Solling und Vogler

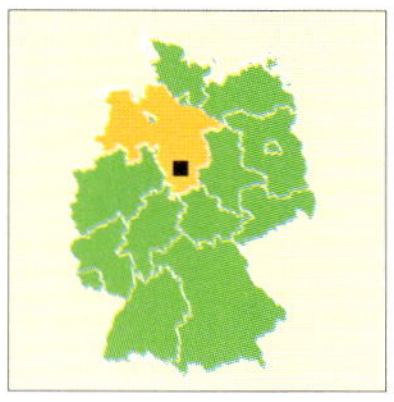

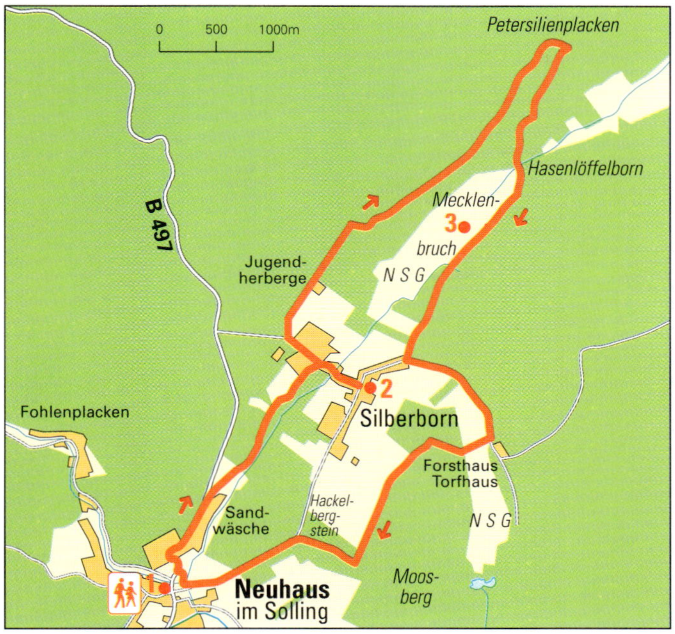

Tourverlauf

Gestartet wird an der Straße nach Holzminden am Nordostrand von Neuhaus. ①

Bei den letzten Häusern von Neuhaus nimmt man rechts den Weg zur Sandwäsche, der ins Tal hinunter und hinüber nach Silberborn führt. ②

Hier folgt man zunächst ein kurzes Stück der Holzmindener Straße nach links, zweigt dann aber wieder bei den letzten Häusern nach rechts zur Jugendherberge Silberborn ab.

Ab der Jugendherberge folgt man stets dem Weg Nr. 15 bis zur Schutzhütte am Petersilienplakken am 486 Meter hohen Großen Ahrensberg.

Am Wegestern wendet man sich nach Süden und folgt dem Tälchen hinunter zum Hasenlöffelborn. Von hier geht es nun an der Südostseite des Mecklenbruchs entlang. ③

An den ersten Häusern auf der Ostseite von Silberborn folgt man links einen Kilometer weit der Straße zum Forsthaus Torfhaus und geht dann über das Torfmoor nach Westen, um den Moosberg herum und vorbei am Hackelbergstein zurück nach Neuhaus.

Sehenswürdigkeiten

① In Neuhaus gab es seit dem 16. Jahrhundert einen Pferdezuchthof und ein Jagdhaus der Herzöge von Braunschweig-Wolfenbüttel. Das ursprüngliche Jagdhaus wurde im Dreißigjährigen Krieg zerstört. Das heutige Schloß in der Stadt entstand Ende des 18. Jahrhunderts, nachdem das landesfürstliche hannoveranische Gestüt 1760 hierher verlegt worden war. Im Marstall des Schlosses ist heute das Verkehrsamt untergebracht. Das Schloß selbst kann besichtigt werden.

Der Solling ist ein großes Buntsandsteingebirge, das lange Zeit nur für Wald- und Weidewirtschaft geeignet war. Das Holz wurde als Energiequelle, vor allem für Glashütten, verwendet. Dafür mußten auch die zahlreichen Eichen weichen. Heute wird versucht, den Mischwald wieder zu pflegen. Bekannt ist der Solling für seinen Wildreichtum. Mit Glück kann man Rot-, Reh-, Schwarz- und Muffelwild beobachten.

② In Silberborn gab es einst eine der holzfressenden Glashütten im Solling. Auch Torf aus dem benachbarten Mecklenbruch wurde hier verfeuert.

③ Der Mecklenbruch ist das größte Hochmoor im Solling. Über einen Steg kann man mitten durch das Naturschutzgebiet wandern, ein Aussichtsturm bietet den größeren Überblick. Dieses prächtige Hochmoor hat nur mit Glück überlebt. Anfang des 19. Jahrhunderts begann man, den bis zu 5 Meter dicken Torf abzubauen und in der Glashütte von Silberborn zu verbrennen. Um den Torf besser abbauen zu können, wurden tiefe Entwässerungsgräben angelegt, die das prall mit Wasser gefüllte Moor ausbluten ließen. Seit 1981 wurden diese Entwässerungsgräben wieder geschlossen, damit das Moor überleben kann. Jeweils am Mittwochmorgen gibt es eine zweistündige, sachkundige Führung durch das alte Moorgebiet.

△ *Moorlandschaft im Naturschutzgebiet Mecklenbruch*

▷ *Im Solling in der Umgebung des Ortes Silberborn*

Tip

Wildpark südlich von Neuhaus: Hier können Rot-, Dam-, Reh-, Schwarz- und Auerwild sowie Waschbären von einem etwa 2 Kilometer langen Rundwanderweg aus beobachtet werden. Zur Ergänzung gibt es ein Waldmuseum mit Exponanten zur Geschichte und Nutzung der Wälder am Soling.

34

Autotour 34: 150 Kilometer

Im Bram- und Reinhardswald

Reinhardswald, Bramwald

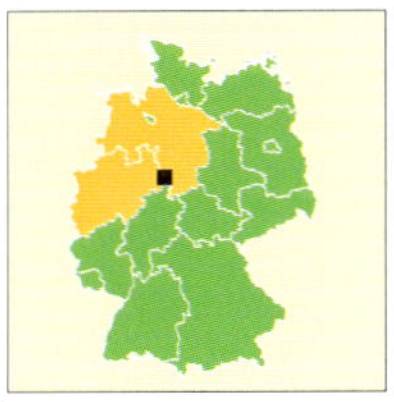

Wo Werra und Fulda zusammenfließen und ab hier Weser genannt werden, drängen Bramwald im Osten und Reinhardswald im Westen mit ausgedehnten Wäldern gegen den jungen Fluß. Den Schnittpunkt der Täler von Fulda, Werra und Weser zählte Alexander von Humboldt zu den sieben schönsten Landschaften der Welt. In dieser zauberhaften Umgebung sammelten die Gebrüder Grimm zu Beginn des 19. Jahrhunderts ihre weltberühmten Märchen.

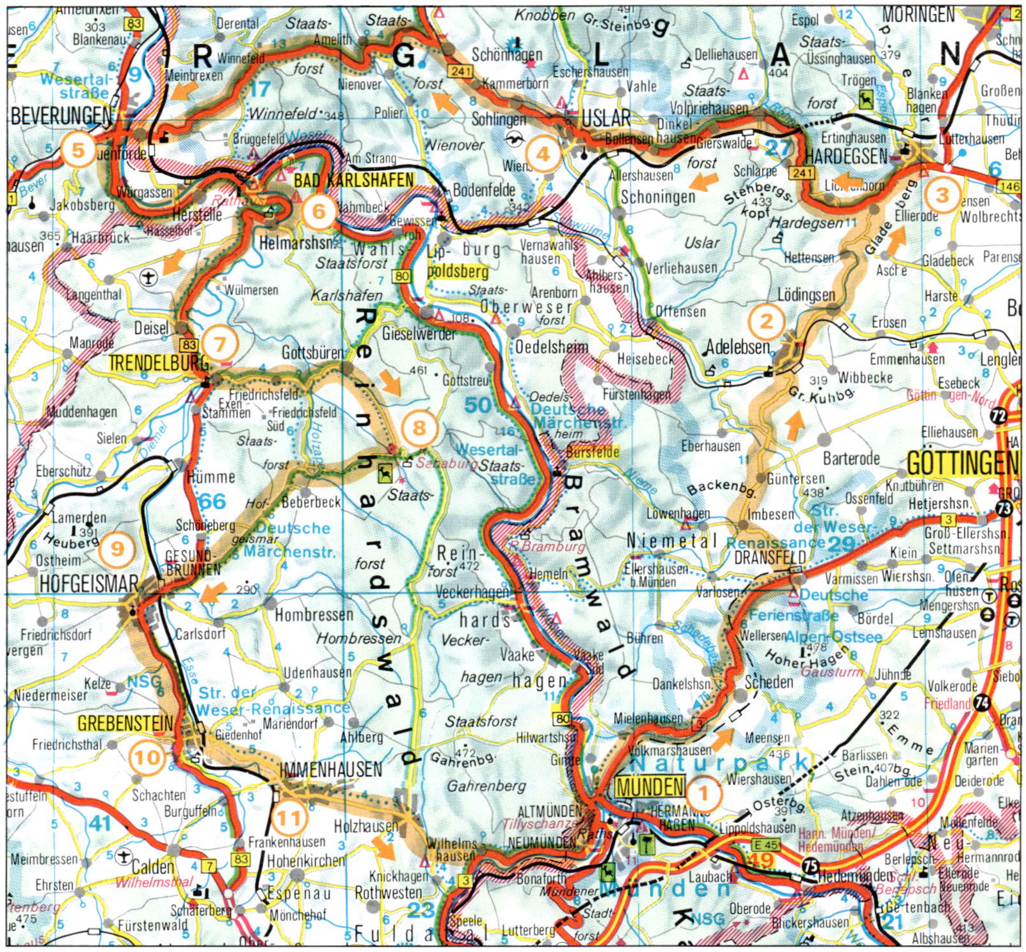

Tourverlauf

Startort ist (Hannoversch) Münden, die Geburtsstadt der Weser. ① Über die B 3 fährt man zunächst in Richtung Göttingen bis Dransfeld. Hier zweigt man links ab und fährt über Imbsen nach Adelebsen. ②
An der südöstlichen Grenze des Naturparks Solling-Vogler liegt Hardegsen. ③
Von Hardegsen geht es über die B 241 hinüber nach Uslar. ④
Die Weser hat man nach Beverungen erreicht. ⑤
Weseraufwärts folgt man nun der B 83 bis Bad Karlshafen. ⑥
Danach geht es an der Diemel entlang nach Trendelburg. ⑦
Wer Dornröschens verzaubertes Schloß nicht versäumen möchte, muß in Trendelburg nach Osten zur Sababurg fahren. ⑧
Von dort geht es über Beberbeck zurück zur B 83 und nach Hofgeismar. ⑨
Nun ist es nicht mehr weit bis Grebenstein. ⑩
Hier verläßt man die B 83, um zurück nach Münden zu fahren; zuvor macht man noch Station in Immenhausen. ⑪

Sehenswürdigkeiten

① Münden gab es bereits 786 als »Gemundin«; es erhielt schon 1170 das Stadtrecht und kam durch das 1247 verliehene Stapelrecht rasch zu Wohlstand. Von ihm zeugt bis heute das wohl schönste Stadtbild des gesamten Weserberglands. Seine mächtige St.-Blasii-Kirche geht auf das 12. Jahrhundert zurück; ihr achteckiger Turm steht auf karolingischen Fundamenten. Die dreischiffige Hallenkirche selbst wurde bis 1502 fertiggestellt. Seine welsche Haube bekam der Turm 1584. Wertvollste Ausstattungsstücke sind die Bronzetaufe von 1392 und die spätgotische Steinkanzel von 1493. Die restliche Ausstattung geht auf die Barockzeit zurück. Das Rathaus stammt in seinem Kern noch aus der Gotik, seine heutige, reichverzierte Fassade erhielt es ab 1600 im Stil der Weserrenaissance. Im ehemaligen Schloß der Braunschweiger Herzöge, das der Welfenherzog Erich II. in seiner heutigen Form ab 1561 errichten ließ, ist jetzt das Heimatmuseum untergebracht. In seinem »Römergemach« sind noch interessante Fresken aus der Zeit Erichs II. erhalten. Der Fachwerkzauber der Stadt entfaltet sich eindrucksvoll in der Langen Straße. Besonders schöne Häuser sind der »Ochsenkopf« von 1528, das Küsterhaus von 1457 oder das Tillyhaus von 1580.

◁ *Schloß Schönburg, Hofgeismar*

② In Adelebsen gab es bereits 990 eine Burg. Aus ihr machten die Herren von Wibbecke eine Ganerben- (Gemeinschafts-) Burg. Die heutige Anlage entstand nach 1700.
③ Von der Burg in Hardegsen ist das vierstöckige Muthhaus von 1324 übriggeblieben. Erhalten ist dort der Rittersaal.
④ Uslar ist das südliche Eingangstor zum Solling; gegründet wurde es im 13. Jahrhundert um eine Burg der Braunschweiger Herzöge. Auf diese Zeit geht der Turm

der Johanniskirche zurück, ihr spätgotischer Chor wurde 1428 fertiggestellt. Das Langhaus dagegen erhielt seine heutige Gestalt erst im 19. Jahrhundert. Im Chor sind spätgotische Glasmalereien enthalten, der große Flügelaltar wurde um 1500 fertiggestellt. Schöne Fachwerkhäuser stehen an der Hauptstraße und am Markt.

⑤ Beverungen ist ein reizvolles Fachwerkstädtchen an der Weser mit einer besonders malerischen Uferpartie.

⑥ Bad Karlshafen an der Einmündung der Diemel in die Weser wurde ab 1699 planmäßig als Hugenottensiedlung angelegt. Der hessische Landgraf Carl wollte von hier aus die Diemel schiffbar machen und einen Kanal bis Kassel bauen, um den Zoll in Münden zu umgehen. Fertiggestellt wurde jedoch nur der Hafen mit dem Rathaus von 1718, das ursprünglich als fürstliche Herberge diente. Im Ortsteil Helmarshausen gab es schon im 10. Jahrhundert einen Königshof und wenig später eine Benediktinerabtei. Die Ruine der Kruckenburg erinnert an eine stolze Burg aus dem 13. Jahrhundert.

⑦ Das malerische Bergstädtchen Trendelburg wird von der aus dem 13. Jahrhundert stammenden Burg überragt. Die fünfeckige Anlage ist an den Ecken mit kraftvollen Rundtürmen in Bruchsteinmauerwerk geschützt. Die Burgkapelle stammt aus dem 17. Jahrhundert. In der Stadtkirche gibt es spätgotische Fresken zu entdecken.

⑧ Sababurg: Siehe Wanderung 34 B, Seite 145.

⑨ Hofgeismar geht auf einen 1033 erstmals erwähnten Königshof zurück. Interessant ist die ehemalige Kollegiatsstiftskirche, die im Kern zwischen 1200 und 1230 entstanden ist. Aus dieser Zeit ist auf dem Altar im Chor eine Passionstafel erhalten. Gemalt wurde das gotische Bild um

△ *Die Silhouette von Grebenstein westlich des Reinhardswalds*

1320. Auch der zwölfeckige Taufstein in der Turmvorhalle wurde um 1320 fertiggestellt.

⑩ In Grebenstein ist die Stadtmauer aus dem 14. Jahrhundert noch fast vollständig erhalten. Von den einst dreizehn Türmen stehen heute noch fünf. Die Stadtkirche St. Bartholomäus entstand um die Mitte des 14. Jahrhunderts, brannte jedoch 1637 aus. Die Neuausstattung erfolgte einheitlich im Stil des Barock. Zahlreiche Fachwerkhäuser beleben den Ort. Noch aus der Zeit der Gotik stammen das Haus Hühn und das Haus Leck. In ihm ist heute das Ackerbürgermuseum »Diemelhaus« untergebracht.

⑪ Auch in Immenhausen sind noch Teile der alten Befestigung erhalten. In der dreischiffigen Stadtkirche konnten bei Restaurierungsarbeiten 1965 wertvolle Fresken freigelegt werden. An diesen Beispielen ist hervorragend zu sehen, wie farbig die Innenräume in den Kirchen des späten Mittelalters gestaltet waren. Das freistehende Rathaus mit einem Fachwerkobergeschoß wurde 1662 fertiggestellt.

◁ *Wohnturm der Trendelburg*

△ *Figur des Dr. Eisenbarth an einer Hausfassade in Münden*

Weserbergland – Auch ein Gebirgsland

Wer das Weserbergland kennenlernen will, schließt gleich mit einer ganzen Schar von Mittelgebirgen Bekanntschaft: westlich der Weser liegen Wiehengebirge, Teutoburger Wald, Eggegebirge, Reinhardswald, östlich der Weser Wesergebirge, Bückeberge, Deister, Süntel, Osterwald, Ith, Hils, Vogler, Solling und Bramwald. Die Vielfalt der Namen scheint verwirrend, und auch die Erdgeschichte dieser Landschaft ist alles andere als einfach: Fließt die Weser zwischen Münden und Karlshafen durch Sandsteinschichten, so hat sie sich weiter nördlich ihr Bett im Muschelkalk graben müssen, dann wieder durch Sandstein und an der Porta Westfalica durch Schichten des Weißen Jura. Enge Durchbrüche und weite Niederungen sind so entstanden. Die zahlreichen Heilquellen des Weserberglandes haben ihren Ursprung überwiegend in den Salzen und Mineralien der Zechsteinsedimente. Sind die Gebirgshöhen im nördlichen und westlichen Weserbergland deutlicher als Kämme ausgebildet, so herrschen im Südosten Schichttafellandschaften vor. Für den Wanderer und Urlauber und zugleich zum Schutz der Natur wurden in den vergangenen Jahrzehnten eine Reihe großer Naturparks im Weserbergland errichtet.

Tip

Forstbotanischer Garten Münden: Am Rand der Mündener Altstadt liegt der forstbotanische Garten. Mit seinen etwa tausend verschiedenen Gehölzarten ist er einer der reichhaltigsten Baumgärten Norddeutschlands.

34 A

Wanderung 34 A: 8,5 Kilometer – 2 Stunden

Dransfelder Basaltberge

Reinhardswald, Bramwald

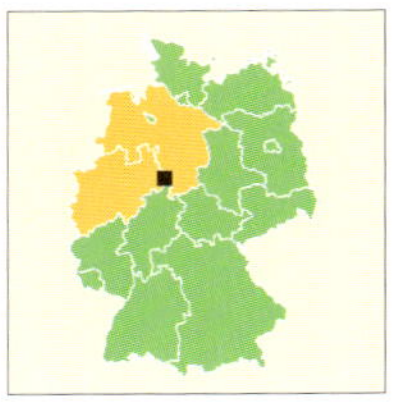

Auf der Hochfläche zwischen Weser und Leine treten zahlreiche Basaltpfropfen zutage. Sie sind Reste erloschener Vulkane, die vor 20 bis 7 Millionen Jahren die Sandsteinschichten durchbrachen und Asche und Lava ausspuckten. Die zu hartem Basalt erstarrte Lava bildete dabei markante Bergkegel aus. Der imposanteste ist der Hohe Hagen bei Dransfeld.

Tourverlauf

Die Tour beginnt beim Sportplatz am Südrand von Dransfeld. ① Von hier aus ist im Süden der Hohe Hagen auf direktem Weg nach 3,5 Kilometern zu erreichen. Sehr viel interessanter aber ist es, sich zunächst westwärts zu halten, die Auschnippe zu überschreiten und der Pappelallee entlang zu gehen, die zum Wald am 422 Meter hohen Dransberg mit seinen schönen, alten Buchen hinüberführt. ②
Wahlweise kann man sich am Dransberg auf der Nordseite halten und am Waldrand entlang den Dransbergsteinbruch und den dortigen Grillplatz passieren oder die Kuppe überschreiten. Wer die Nordseite passiert, stößt am Westrand des Waldes auf einen Weg, dem nach links (Süden) in den Sattel zwischen Dransberg und Schotsberg gefolgt wird.
Auch der Schotsberg wird (von Westen her) umwandert, bis man auf seiner Ostseite auf eine Forststraßenkreuzung trifft. Hier wendet man sich nach Süden, um den 463 Meter hohen Hengelsberg von seiner Westseite her zu erreichen. Auch hier führt der Weg um den Gipfel der Kuppe herum; die Kuppe selbst ist mit Wald bewachsen.
An der Wegegabelung südlich des Hengelsbergs hält man sich links, um den Sattel zwischen Hengelsberg und Brunsberg zu gewinnen. Dabei werden die Altarsteine und der Gieseckestein passiert. Auf dem Sattel nimmt man den rechten Weg (Süden), der auf das Gipfelplateau des Hohen Hagens führt. ③
Zum Abstieg folgt man vom Hohen Hagen dem Fußweg, der parallel zur Fahrstraße liegt. Über ihn kommt man direkt nach Norden zurück zum Ausgangspunkt beim Sportplatz von Dransfeld.

△ *Von Eichen und Buchen gesäumte Allee im Reinhardswald*

Sehenswürdigkeiten

① 3 Kilometer nördlich von Dransfeld verstecken sich in der Nordwestecke des Waldes zwischen Dransfeld und Barterode die Hünenburg, ein großer vorgeschichtlicher Ringwall sowie zahlreiche bronzezeitliche Hügelgräber. Im südlichen Dransfelder Ortsteil Jühnde gibt es eine aus dem 13. Jahrhundert stammende Wehrkirche und ein malerisches Schlößchen mit einem Torhaus von 1576.
② Am Dransberg wachsen die Hutebuchen, die mit ihrem Namen noch auf die früher weit verbreitete Waldweidewirtschaft hindeuten. Vor allem Schweine wurden zur Verwertung der nahrhaften Bucheckern unter die Buchen getrieben.
③ Der 478 Meter hohe Hohe Hagen ist der imposanteste der Dransfelder Basaltberge, die alle erkaltete Lavapfropfen sind. Der als Baumaterial wertvolle Basalt wird überall an den Bergkegeln in großen Brüchen abgebaut, so daß man die Strukturen der Kuppen überall gut sehen kann. Der Hohe Hagen diente dem Göttinger Mathematiker Carl Friedrich Gauß als Dreieckspunkt bei seinen Landvermessungen für die erste exakte Kartenaufnahme des Landes. Ihm zu Ehren war 1911 auf dem Hohen Hagen der erste Aussichtsturm als Gaußturm entstanden. Aufgrund des Basaltabbaus stürzte dieser Turm 1962 ein. Danach wurde das Steinbruchgelände teilweise rekultiviert, und seit 1964 erinnert ein neuer Turm mit seiner prächtigen Aussicht an den genialen Mathematiker.

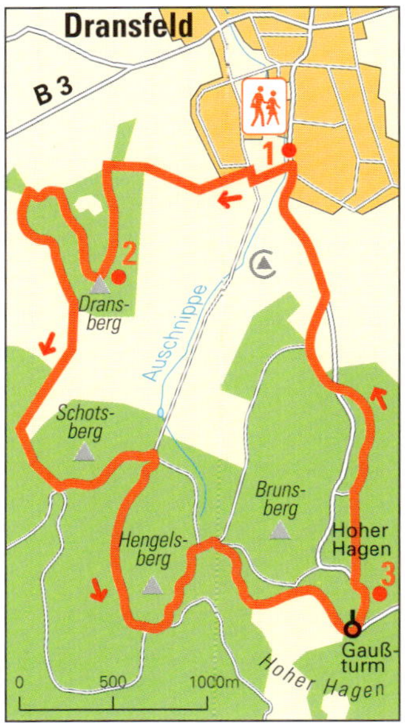

Tip

Waldschadenslehrpfad am Hohen Hagen: Vom Gipfelplateau des Hohen Hagens hinuter nach Norden verläuft parallel zur Fahrstraße ein Waldschadenslehrpfad mit interessanten Informationen zur Situation des Waldes und zur Wiederaufforstung.

▷ *Eine Eichenveteranin am Weg*

Wanderung 34 B: 15 Kilometer – 4 Stunden

34 B

Urwald Sababurg

Der Reinhardswald am linken Ufer der Weser ist für sich alleine schon eine märchenhafte Landschaft. Wie ein Märchen im Märchen aber steht die Sababurg im Wald. Dornenhecke, Urwald und Tiergarten vervollständigen das Feenkastell.

Reinhardswald, Bramwald

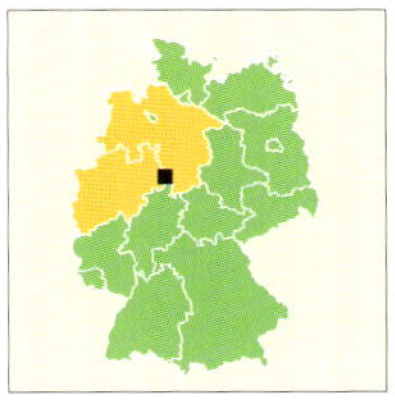

Tourverlauf

Zwischen Trendelburg und Lippoldsberg liegt Gottsbüren, der Ausgangspunkt zu dieser Wanderung. ①
Am südlichen Ortsrand zweigt der Wanderweg von der zur Sababurg führenden Fahrstraße rechts ab und folgt der Markierung X 3 bis zur Burg. Dabei folgt der Weg im wesentlichen einem offenen Bergrücken, der sogenannten Wildbahn. Nach dem Überschreiten der Großen Bekkerseite geht es kurz in den Wald hinein bis zur Sababurger Mühle und schließlich die letzten 500 Meter parallel zur Fahrstraße bis zum Wirtshaus. Auf mäßig steilem Fußweg geht es das letzte Stückchen zur Sababurg. ②
Nach dem Genuß der Rundsicht von der Sababurg, steigt man wieder bis zum Gasthaus ab, überquert den großen Parkplatz und folgt dann links der Straße dem Zaun des Rot- und Schwarzwildgeheges. Auch wenn der Zaun in die Tierparkmauer übergeht, folgt man dieser weiter bis zur Westecke des Tierparks. ③
Ab dem Tierpark orientiert man sich an der Markierung Gelber Hase zu den mächtigen Bäumen des Naturschutzgebiets Urwald. ④
Am Urwald-Parkplatz überquert man die Autostraße und folgt dann links abbiegend dem Forstweg nach Westen. Vorbei an einem alten Hügelgrab wird nach etwa 20 Minuten das Forsthaus Beberbeck erreicht.
Direkt unterhalb des Forsthauses stößt man, vorbei an einem kleinen Teich, auf den idyllischen Weg, der durch das Holzapetal nordwärts zurück nach Gottsbüren führt.

▽ *Rundturm der Sababurg*

Sehenswürdigkeiten

① Der Trendelburger Ortsteil Gottsbüren war im Mittelalter ein vielbesuchtes Wallfahrtsziel. Die ehemalige Wallfahrtskirche ist ein dreischiffiger Bau aus dem 14. und 15. Jahrhundert mit spätgotischen Wandmalereien.
② Dornröschens Sababurg versteckt sich mitten im hessischen Reinhardswald. Gebaut wurde die Burg im 14. Jahrhundert von den Mainzer Bischöfen zum Schutz des Wallfahrtsortes Gottsbüren. Landgraf Wilhelm II. baute die Burg im 15. Jahrhundert zum Jagdschloß aus; dabei wurden auch die zwei mächtigen, bastionsartigen Rundtürme mit den Scharten für Schußwaffen und Geschütze errichtet. 1644 erhielten die beiden Türme ihre barocken Hauben, der Torbau wurde im 16. Jahrhundert fertiggestellt. Landgraf Wilhelm IV. ließ einen ausgedehnten Tierpark für Jagdveranstaltungen anlegen und mit einer 3 Meter hohen Ringmauer einfassen. Die rund 4,5 Kilometer lange Mauer wurde im Laufe der Zeit überwachsen.
③ Der Tierpark unterhalb der Sababurg entstand schon im späten 16. Jahrhundert. Hier werden heute Auerochsen und Wisente, Przewalski- und Exmoorpferde sowie einheimisches und fremdes Wild gehalten. Für die Kinder gibt es einen Kinder- und Streichelzoo. Kulturgeschichtlich Interessierte werden das Forst- und Jagdmuseum besuchen.
④ Das 70 Hektar große Naturschutzgebiet »Urwald« im Westen der Sababurg kann auf markierten Wegen von bis zu 4 Kilometer Länge durchstreift werden. Hier gibt es vierhundertjährige Buchen und bis zu achthundertjährige Eichen. Dazwischen steht im Sommer mannshoher Adlerfarn, der das Ganze undurchdringlich erscheinen läßt. Dieser Wald war jahrhundertelang ein Hutewald, in den Tausende von Pferden, Rindern, Schweinen, Ziegen und Schafen getrieben wurden.

△ *In einer Urwaldzelle wird der Wald sich selbst überlassen*

Tip

Wolkenbruch westlich von Gottsbüren: In Friedrichsfeld zeigt ein Wegweiser »Wolkenbruch« den Weg zu zwei Erdeinfalltrichtern. Es sind dies runde, schlotartige Einbrüche, die der Geologe Suberosionstrichter nennt. Sie entstehen, wenn im Untergrund Salz oder Gips ausgewaschen wird und die daraus entstandenen Hohlräume zusammenbrechen. Der Große Wolkenbruch ist ein Trichter mit 150 Metern Durchmesser, 470 Metern Umfang und einer Tiefe von 60 Metern. Die Wassertiefe im Trichterspitz beträgt 16 Meter. Der Kleine Wolkenbruch hat immerhin auch noch einen Durchmesser von 70 Metern und eine Tiefe von 23 Metern.

35

Autotour 35: 140 Kilometer

Kaufunger Wald und Hoher Meißner

Meißner

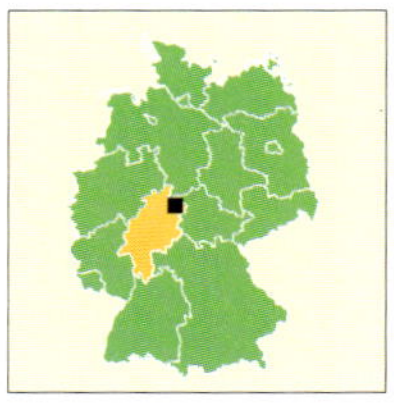

Die abwechslungsreiche Mittelgebirgslandschaft zwischen Werra und Fulda gipfelt im 753 Meter hohen Basaltrücken des Hohen Meißners. Er ist die zweithöchste Erhebung im Hessischen Bergland und überragt das Werratal um nahezu 600 Meter. Den landschaftlichen Kontrast zum rauhen Meißner mit subalpinen und subarktischen Reliktpflanzen bieten die Täler von Werra und Fulda mit Kirschbäumen und freundlichen Fachwerkhäusern.

Tourverlauf

Startort ist die Fachwerkstadt Melsungen. ①
Auf der B 487 fährt man hinüber nach Spangenberg. ②
Anschließend geht es nach Hessisch Lichtenau. ③
Auf der B 7 und der B 451 werden Großalmerode und die Hänge des Bilsteins angesteuert, von dessen Turm sich eine großartige Aussicht bietet.
Die Werra, der man nun flußaufwärts folgt, erreicht man in Witzenhausen. ④
Nächste Station an der Werra ist Bad Sooden-Allendorf. ⑤
Auf landschaftlich reizvollen Sträßchen fährt man aus Bad Sooden hinaus in Richtung Kammerbach zum Hohen Meißner. ⑥
Kurz nach Abterode stößt die Straße wieder auf das Werratal und erreicht Eschwege. ⑦
Von Eschwege fährt man ein Stück südwestwärts über die Landstraße zurück auf die B 27 nach Sontra. ⑧
Auf der Weiterfahrt lohnt es sich, ab Berneburg zur Umgehung von Bebra, über Erkshausen direkt nach Rotenburg zu fahren. ⑨
Über die B 83 geht es schließlich der Fulda entlang zurück nach Melsungen.

Sehenswürdigkeiten

① Melsungen konnte früh seine Lage an wichtigen Handelswegen nutzen. Im Jahre 1554 gab ein Stadtbrand Anlaß zu großzügiger Erneuerung des Stadtkerns. Ein gutes Beispiel dafür ist das prachtvolle Rathaus von 1556, dessen vier Fronten alle als Fassaden gestaltet sind. Insgesamt gilt es als das schönste Renaissance-Fachwerkrathaus Hessens. Die Stadtkirche geht auf das 12. Jahrhundert zurück, erhalten ist vom ersten Bau noch der Westturm mit romanischem Innenportal. Die dreijochige Hallenkirche wurde 1425 fertiggestellt. Das ehemalige landgräfliche Schloß ließ Wilhelm IV. bis 1557 errichten. Weitgehend erhalten ist die mittelalterliche Stadtmauer sowie der Eulenturm von 1556. Aus der Zeit ab 1524 stammen noch viele bürgerliche Fachwerkhäuser. Die ältesten von ihnen, in der Fritzlarer Straße und am Markt, haben spätgotische Elemente, die übrigen folgen bereits dem Renaissancestil.

② Die Burg Spangenberg wurde ab 1214 errichtet, die zugehörige Siedlung 1261 gegründet. Besonders eindrucksvoll ist das ganz von Fachwerk bestimmte, geschlossene Stadtbild. Trotz oder gerade wegen der Lage am Berghang kommen die malerisch

▽ *Renaturierte Braunkohle-Tagebaugrube bei Vockerode*

Das Prämonstratenserinnenkloster Germerode

Am Südostrand des Hohen Meißner gründete Graf Rugger II. von Bilstein 1144 ein Kloster für Prämonstratenserinnen. Zwischen 1150 und 1175 erbaut, zählt die langgestreckte, dreischiffige Kirche zu den hervorragenden romanischen Kirchenbauten Hessens. Zwar sind das nördliche Seitenschiff heute ganz, das südliche zum Teil abgebrochen, doch vermittelt auch der Rest einen guten Eindruck von seiner Schönheit. Ursprünglich besaß die Kirche eine Doppelturmfront, der jetzige Westabschluß ist eine Erneuerung von 1905. Das Innere ist im gebundenen System gewölbt, das Mittelschiff zeigt betonte Gurtbögen. Die Pfeilervorlagen enden auf Konsolen, in den Zwischenstützen sind Ecksäulchen eingestellt. Die Krypta, die einzige in ihrer Art in Nordhessen, besteht aus vier Schiffen. Die »Nonnenkrypta« unter der Empore präsentiert vorzüglich gearbeitete Säulen und ornamentierte Kapitelle, auf denen die gurtlosen Gratgewölbe ruhen. Die Holzemporen im Langhaus stammen von 1606 und bestehen aus einer schweren Eichenkonstruktion mit gedrehten Docken. Das Orgelgehäuse entstand um 1700 im Knorpelstil.

△ *Burg Ludwigstein über der Werra in der Nähe von Witzenhausen*

gestaffelten Häuser besonders zur Geltung. Ältestes Haus am Platz ist das gotische Haus am Marktplatz 3. Ebenfalls gotisch sind eine Reihe weiterer Häuser in der Burgstraße, der Klostergasse und der Bädergasse.

③ In Hessisch Lichtenau ist der Mauerring noch weitgehend erhalten. Im wenig östlich gelegenen Küchen wurde die 1828 fertiggestellte evangelische Kirche als klassizistischer Quersaal mit amphitheatralischer Innengestaltung errichtet.

④ Witzenhausen, die »Kirschenstadt« an der Werra, erhielt 1225 von Landgraf Ludwig IV. von Thüringen das Marktrecht. Der ovale Grundriß der planmäßig auf gitterförmigem Straßennetz angelegten Siedlung ist heute noch gut erhalten. Von den zwölf Türmen und den vier Toren der Stadtbefestigung sind allerdings nur noch der Diebesturm und der Eulenturm geblieben. Die Liebfrauenkirche geht auf das 13. Jahrhundert zurück, der heutige Bau zog sich jedoch bis ins 18. Jahrhundert. Im Inneren birgt die Kapelle unter der Südempore ornamentale und figürliche Malereien aus dem 16. Jahrhundert. Die Kanzel mit Brüstungsgemälden wurde 1575 fertiggestellt, der Orgelprospekt 1731. Schön erhalten sind zahlreiche bürgerliche Fachwerkbauten. Das älteste Haus in der Marktgasse wurde 1480 gebaut, das Haus Sommer stammt von 1511.

⑤ Bad Sooden-Allendorf: Siehe Wanderung 35 A, Seite 148.

⑥ Hoher Meißner: Siehe Wanderung 35 B, Seite 149.

⑦ Eschwege entstand im 12. Jahrhundert aus einem Reichs- und Klostergut. Die Altstädter Kirche wurde im 13. Jahrhundert begonnen und im 15. und 16. Jahrhundert ausgebaut. Die Neustädter Kirche stammt aus dem 14. und 15. Jahrhundert, der Nikolaiturm von 1455. Der Dünzebacher Torturm von 1531 ist ein Rest der ehemaligen Stadtbefestigung. Die schönsten Häuser sind das in Fachwerk gebaute Raiffeisenhaus von 1679 und das 1578 im Renaissancestil errichtete steinerne Hochzeitshaus.

⑧ In Sontra wurde über Jahrhunderte Kupferschieferbergbau betrieben. Seine Stadtkirche geht auf das 15. Jahrhundert zurück, das Fachwerkrathaus stammt von 1670.

⑨ Das Stadtbild von Rotenburg bestimmen alte Fachwerkhäuser sowie Steinhäuser der Renaissance. Die Kombination von Stein und Fachwerk ist besonders schön am Steinernen Haus und an der Alten Landvogtei von 1555 zu sehen. Die ältesten Fachwerkhäuser stehen in der Breiten Straße und stammen von 1478.

Tip

Richelsdorfer Gebirge, südlich von Sontra: Geologisch interessierte Besucher finden in den zahlreichen Schutthalden (ehemaliger Bergbau) noch heute Versteinerungen von Tieren und Pflanzen. Sie lebten vor schätzungsweise 320 Millionen Jahren im Zechsteinmeer.

Schloß Eschwege ▷

35A

Wanderung 35 A: 22 Kilometer – 5 Stunden

Burgen über der Werra

Meißner

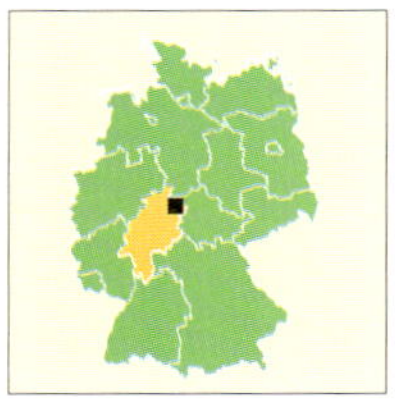

Evas Apfel könnte auch eine Tüte Kirschen aus dem Werratal gewesen sein, mag der glauben, der auf der Teufelskanzel sitzt und beim Naschen über die weite Werraschleife blickt. Wer sich da nicht wie im Paradies fühlt …

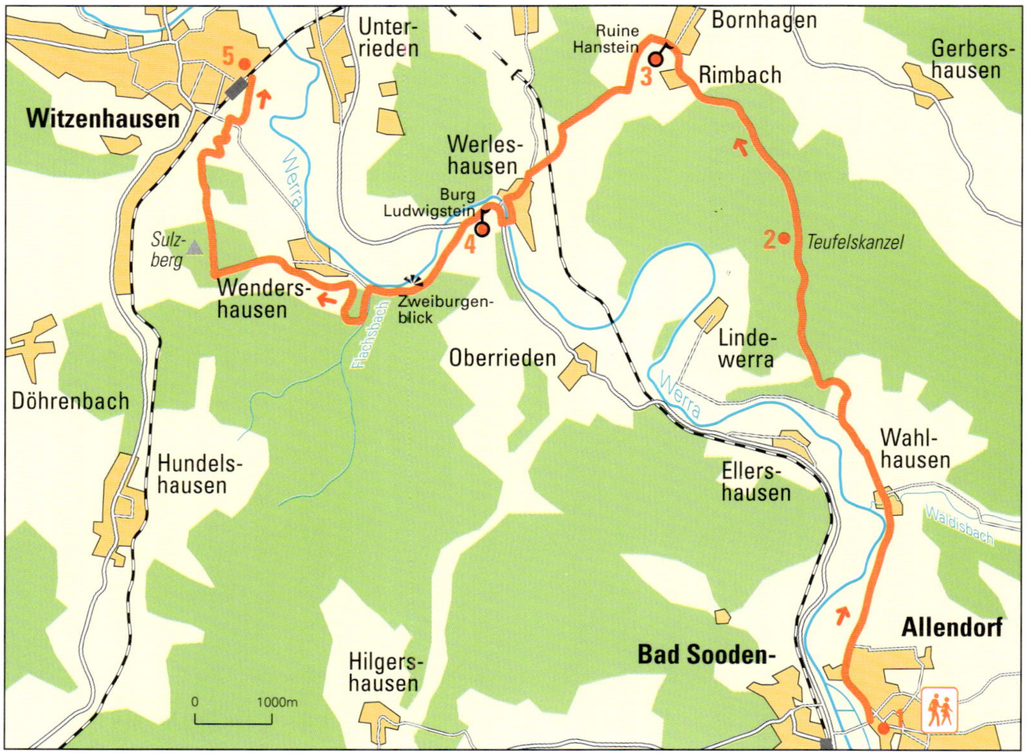

Tourverlauf

Aufbruch ist in Allendorf an der Werra, wo beim Hospitalbrunnen gegenüber der Hospitalkapelle der mit einem weißen T markierte Weg zur Teufelskanzel beginnt. ①
Erstes Ziel ist das Dörfchen Wahlhausen an der Mündung des Waldisbaches. Auf der Höhe von Ellershausen schwenkt der Weg nach rechts und führt die Waldhänge hinauf bis zur 542 Meter hohen Teufelskanzel. ②
Auch hinter der Teufelskanzel geht der Weg weiter nach Norden, folgt nun aber der Markierung weißes Kreuz. Als nächstes Ziel taucht bei Rimbach die Ruine Hanstein auf. ③
Ab der Burg Hanstein ist die neue Wanderrichtung Südwest, die Markierung weiterhin das weiße Kreuz. Bei Werleshausen erreicht man die Werra, die auf der Fußgängerbrücke überquert wird. Nahe der Bushaltestelle beginnt der Stufenweg hinauf zur Jugendburg Ludwigstein. ④
Ab der Burg führt der Weg wieder hinunter zur Werra und hinüber zur Mündung des Flachsbachtals, wo beim Öhrchen ein schöner Grillplatz erreicht wird. Vom Ufer der Werra bietet sich zuvor der berühmte »Zweiburgenblick« mit dem Ludwigstein im Vordergrund und der Ruine Hanstein im Hintergrund.
Vorbei an Wendershausen leitet das weiße Kreuz schließlich über den Sulzberg hinüber nach Witzenhausen, dessen Bahnhof die Rückfahrt nach Allendorf ermöglicht. ⑤

▽ *Die Kripp- und Hielöcher sind unterirdische Hohlräume im Hessischen Bergland*

Sehenswürdigkeiten

① In Allendorf besaßen die Franken schon im 6. Jahrhundert einen Königshof. Die Thüringer Landgrafen machten daraus eine planmäßige Stadtgründung. Auf der anderen Seite der Werra entstand im 13. Jahrhundert um eine Saline die Nachbarstadt Sooden. Sehenswert ist heute vor allem das Stadtbild von Allendorf mit seinem überaus reichen Fachwerk aus der Zeit nach 1637. Die nahezu geschlossenen Fachwerkwände der Kirchstraße und der Södergasse sind konkurrenzlos in ganz Hessen. Der prächtigste barocke Fachwerkbau ist das Haus Bürger in der Kirchstraße 29. Es glänzt auf drei Geschossen mit einer Zehn-Fenster-Front. In der Kapelle des ehemaligen Hl.-Geist-Hospitals sind Fresken aus dem 14. und 15. Jahrhundert erhalten. Die evangelische Pfarrkirche von Sooden birgt eine einheitliche Barockausstattung.
② Die 452 Meter hohe Teufelskanzel bietet den schönsten Blick auf die Werraschleife und die Weiten des Hessischen Berglandes.
③ Die Burg Hanstein geht auf das 9. Jahrhundert zurück. Ihr Endausbau war im 15. Jahrhundert erfolgt, zerstört wurde sie im 16. Jahrhundert.
④ Die Burg Ludwigstein wurde 1415 von Landgraf Ludwig I. von Hessen errichtet. Sie sicherte einst mit ihrem 27 Meter hohen Bergfried die Werleshäuser Pforte, wo die Werra harte Arbeit hatte leisten müssen, um einen zähen Sandsteinriegel zu durchnagen. Heute dient die Burg als Jugendburg.
⑤ Über Witzenhausen führte bereits die Autotour 35 (siehe Seite 146/147). Interessant sind darüber hinaus noch das Tropengewächshaus und das Völkerkundemuseum. Im Ortsteil Ziegenhagen gibt es ein sehenswertes Auto- und Motorradmuseum sowie einen Erlebnispark.

△ *Pfennigturm, Bad Sooden-Allendorf*

Tip

Kammerbacher Höhle westlich von Bad Sooden: Kurz nach dem Ortsausgang von Kammerbach, nahe der Landstraße Richtung Dudenrode, liegt Hessens größte und zugleich Deutschlands älteste namentlich nachweisbare Grotte. (Betreten nicht möglich; Steinschlaggefahr.)

Wanderung 35 B: 12 Kilometer – 3 Stunden

35 B

Auf dem Hohen Meißner

Zu den lohnendsten Wanderzielen Nordhessens gehört ohne Zweifel das bis zu 754 Meter hohe Plateau des Hohen Meißners. Der Rücken dieses markanten Berges ragt weit über die Höhenzüge des Hessischen Berglands empor und erlaubt nach allen Richtungen eine eindrucksvolle Fernsicht.

Meißner

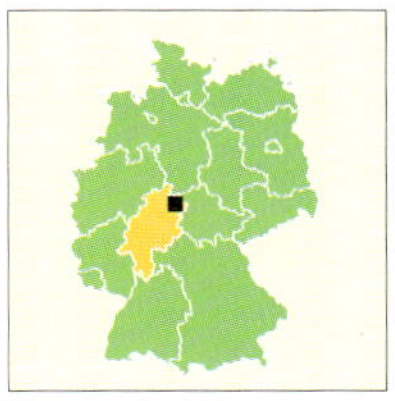

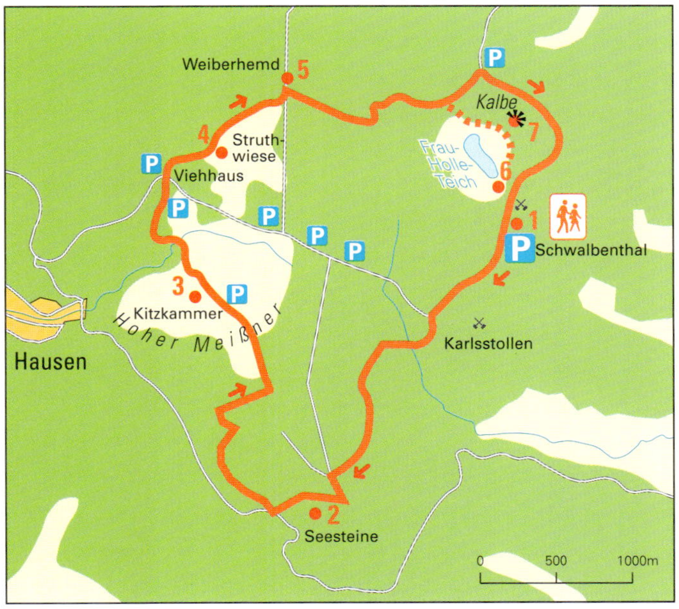

Tourverlauf

Die alte Bergbausiedlung Schwalbenthal, von der heute allerdings nur noch das gleichnamige Gasthaus steht, ist der Ausgangspunkt für diese Tour zum Hohen Meißner. ①
Vom Gasthaus wandert man nach Süden über den Sälzerweg zum Karlsstollen und weiter zu den Seesteinen, schon am Südrand des Meißnerplateaus. ②
Über die alte Kaiserstraße wird in etwa 30 Minuten die Kitzkammer erreicht. Hier finden sich besonders schöne, sechskantige Basaltsäulen. ③
Den Rundwanderwegen 3, 4, 5 und 6 folgend, kommt man über das Viehhaus zur Struthwiese, die für ihre Blumenpracht bekannt ist. ④
Der Rundwanderweg 6 führt weiter zum Weiberhemd, einem Wiesenmoor mit seltener Flora. ⑤
Im Bereich des ehemaligen Braunkohletagebaus biegt der Weg links hinunter zum Frau-Holle-Teich ab. ⑥
Geht man dagegen geradeaus, kommt man zur 720 Meter hohen Kalbe, dem schönsten Aussichtspunkt des Meißners. Eine wunderbare Fernsicht bis zum Harz, zum Eichsfeld und zum Thüringer Wald lohnt die kleine Mühe. ⑦
Nach kurzem Abstieg ist bei Schwalbenthal der Ausgangspunkt dieser Meißner-Wanderung wieder erreicht.

▽ *Der Frau-Holle-Teich unterhalb des Hohen Meißners*

Sehenswürdigkeiten

① Der Hohe Meißner wird zu Recht der König der hessischen Berge genannt. Der etwa 4 Kilometer lange und bis zu 2 Kilometer breite Bergrücken erhebt sich bis zu 300 Meter über die Sandsteinhöhen des Fulda-Werra-Berglands und gehört damit zu den höchsten Erhebungen des Hessischen Berglands. Sein Name bedeutet soviel wie weißer Berg, da er in früherer Zeit während der Winterperiode wochenlang von einer dicken Schneedecke überzogen war. Seine überraschende Höhe verdankt der Meißner seinem vulkanischen Aufbau aus Basalt. Unter der bis zu 160 Meter dicken Basaltdecke liegen tertiäre Sedimente, unter anderem auch Braunkohle, die stellenweise durch die Hitze der Lava zu hochwertiger Glanzkohle umgewandelt worden ist. Seit Mitte des 16. Jahrhunderts wurden diese Flöze abgebaut. An einigen Stellen brennen sie unterirdisch seit Jahrhunderten.
② Die Seesteine erhielten ihren Namen von dem kleinen, verschilften See zu ihren Füßen. Die eindrucksvollen Blöcke über dem See brachen einst von der Basaltdecke in der Höhe ab und bilden nun ein stattliches Naturdenkmal.
③ Die Kitzkammer besteht aus waagerecht liegenden Basaltsäulen, was geologisch eine ausgesprochene Rarität ist. Die Kitzkammer gehört zum Märchen von Frau Holle, das immer wieder am Meißner angesiedelt wird. Hier in der Kitzkammer versteckte die Märchenfrau unartige und faule Mädchen und verwandelte sie dafür in Kätzchen.
④ Die Struthwiese ist das Ziel aller Blumenfreunde: Trollblume, Läusekraut und Arnika stehen im Frühsommer hier in üppiger Blüte.

△ *Basalt-Blockfeld an der Kalbe nordöstlich des Meißner-Plateaus*

⑤ Auch das Weiberhemd zieht Blumenfreunde und Botaniker an. Das alte Wiesenmoor präsentiert sich an dieser Stelle mit einer seltenen Flora.
⑥ Der Frau-Holle-Teich ist ein märchenhaft verträumtes Plätzchen. Am Grund des romantischen Sees wohnt Frau Holle in einem märchenhaften Schloß. Da von einer Goldmarie seit langem nicht mehr die Rede ist, muß die gute Märchenfrau wohl immer wieder an eine Pechmarie geraten, denn schneien will es hier ja nicht mehr so richtig.
⑦ Die Kalbe ist der beste Aussichtspunkt am Meißner, nur hier gibt es eine 360-Grad-Aussicht.

Tip

Hoher Meißner: An der Stinksteinwand nahe dem Frau-Holle-Teich kann der Besucher die im Untergrund befindliche Braunkohle an feuchten Tagen riechen.

36

Autotour 36: 150 Kilometer

Um das Eichsfeld

Das hügelige und waldreiche Eichsfeld im Südosten von Göttingen ist noch eine weitgehend unverfälschte Kulturlandschaft. Zwischen der Universitätsstadt Göttingen im Norden und der Thomas-Müntzer-Stadt Mühlhausen im Süden erstreckt sich so eine herb-liebliche Landschaft mit gewachsenen Dörfern und historischen Stadtkernen. Tradition präsentiert sich hier noch als gelungene Symbiose von Mensch und Natur.

Eichsfeld

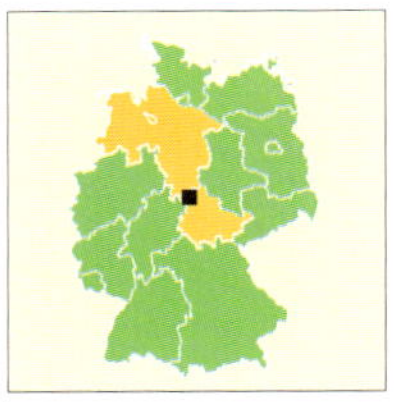

Tourverlauf

Als Beginn einer Tour durchs Eichsfeld bietet sich die alte Universitätsstadt Göttingen an. ①
Von Göttingen aus fährt man über die B 27 bis Ebergötzen. ②
Nächstes Ziel ist der Seeburger See. ③
Die B 466 führt dann nach Duderstadt. ④
Danach folgt man der B 247 und erreicht Worbis. ⑤
Nur etwa 5 Kilometer sind es dann nach Leinefelde. ⑥
Anschließend quert man den Dün nach Dingelstädt. ⑦
Dem Lauf der Unstrut folgt man weiter nach Mühlhausen. ⑧
Die Rückfahrt nach Göttingen erfolgt über schmale Landstraßen zunächst zum Heilbad Heiligenstadt. ⑨
Über Bremke erreicht man Reinhausen. ⑩
Reinhausen liegt kurz vor Göttingen, so daß man die Rückfahrt nicht mehr verfehlen kann.

Sehenswürdigkeiten

① Göttingen: Siehe Wanderung 36 A, Seite 152.
② Ebergötzen ist die Heimat einer ganz besonderen Berühmtheit. In der alten Herrenmühle von 1528 nämlich heckte der junge Wilhelm Busch mit seinem Freund, dem Müllerssohn, allerhand Streiche aus. Sie verwertete Wilhelm Busch später zu seinen Bildergeschichten von Max und Moritz, und in der Ebergötzer Wassermühle wurden die beiden Helden denn auch zu Kornschrot gemahlen. Die Mühle ist heute als Museum zugänglich.
③ Der Seeburger See wird auch »Auge des Eichsfeldes« genannt. Der nahezu kreisrunde See mit einer Fläche von etwa 80 Hektar und einem Durchmesser von gut einem Kilometer ist an der tiefsten Stelle 4 Meter tief. Entstanden ist der See durch unterirdische Salzauslaugungen, die zu einem Einfall des Geländes geführt haben. Die Ufer des Sees bestehen aus einem 20 bis 30 Meter breiten Schilfgürtel, in dem zahlreiche Wasservögel ihre Heimat haben.
④ Auf Duderstadts mittelalterlichem Grundriß des Stadtkernes stehen heute noch ganze Straßenzüge mit Fachwerkhäusern aller Stilepochen. Das Rathaus gehört zu den ältesten und malerischsten von ganz Deutschland. Begonnen wurde es um 1300 als Duderstadt fast so groß wie Hamburg war. Seine Fachwerkobergeschosse erhielt das Rathaus um 1530. Auch die alte Stadtbefestigung ist noch weitgehend erhalten. Eines der Wahrzeichen ist das Westertor von 1427. Wegen

◁ *Seeburger See*

eines Konstruktionsfehlers hat es über seinem quadratischen Grundgeschoß einen schraubenartig verdrehten Spitzhelm. Außerdem lohnt sich auch noch ein Besuch der Propsteikirche St. Cyriakus mit ihrem imposanten, doppeltürmigen Westbau. Die mächtige Hallenkirche wurde erst Anfang des 16. Jahrhundert fertiggestellt. Dennoch besitzt die Kirche einen eindrucksvollen, gotischen Flügelaltar mit 17 überlebensgroßen, barocken Pfeilerfiguren.

⑤ In Worbis wie in Duderstadt herrscht die historisch gewachsene, kleinstädtische Bebauung in Fachwerkarchitektur vor. Kern ist der Marktplatz mit der Stadtkirche St. Nikolaus, ein Barockbau von 1756. Er birgt einen spätgotischen Altarschrein aus der Zeit um 1500. Die ehemalige Klosterkirche der Franziskaner präsentiert sich mit dunkel marmorierten Altären, einer üppig figurierten Kanzel und einem reichen Gestühl in schönstem Barock.

⑥ Westlich von Leinefelde lohnt sich der Besuch des ehemaligen Zisterzienserinnenklosters Beuren. Es wurde gegen Ende des 12. Jahrhundert gegründet. Die heutigen Bauten entstanden bis 1679, das Kircheninnere erhielt seine heutige Form bis 1718.

⑦ In Dingelstädt geht die Gertrudenkirche auf das 14. Jahrhundert zurück, doch entstand der heutige, neogotische Bau erst bis 1855.

⑧ Mühlhausen war Freie Reichsstadt, Hansestadt und Heimat des Revolutionsführers im Deutschen Bauernkrieg, Thomas Müntzer. Die Stadt bietet mittelalterliche Baukunst in Reinkultur. Wall und Graben, Stadtmauer und Stadttürme schützten sie vorbildlich gegen Feinde von außen, im Inneren entstand eine ganze Reihe gotischer Pfarrkirchen, und von beträchtlichem Reichtum zeugen die Handwerker- und Patrizierhäuser. Schon 775 war Mühlhausen Königsgut, schon 1180 wurde es Reichsstadt. Als Mitglied der Hanse brachte es die Stadt zu Wohlstand. Hauptpfarrkirche der Altstadt ist die St. Blasiuskirche am Untermarkt. Mit ihren zwei Türmen geht sie auf einen romanischen Gründungsbau zurück. Den Obermarkt dominiert mit ihrem 98 Meter hohen Turm die monumentale Pfarrkirche St. Marien. Sie war die Hauptkirche der früheren Neustadt und ist nach dem Erfurter Dom das größte sakrale Bauwerk Thüringens. Die fünschiffige Hallenkirche wurde 1315 begonnen und in der zweiten Hälfte des 14. Jahrhundert vollendet. Besonders interessant ist der Südgiebel, wo sich von der Brüstung eines Scheinaltans aus die etwa lebensgroßen Figuren von Kaiser Karl IV. und seiner Gemahlin dem Treiben auf dem Vorplatz widmen. Die Fenster des Hauptchores enthalten eindrucksvolle Glasgemälde aus dem 14. und 15. Jahrhundert Die Brotlaube an der Ostseite der Kirche stammt in ihrer heutigen Form von 1722. Zu den schönsten Häusern zählt das Gasthaus Goldener Stern von 1542. Der Rabenturm ist der größte, noch erhaltene Turm der alten Stadtbefestigung. Er kann zusammen mit einem Wehrgang besichtigt werden.

⑨ Das Heilbad Heiligenstadt ist seit dem frühen Mittelalter der kulturelle Mittelpunkt des Eichsfelds. Seine älteste Kirche ist St. Martin, das in seiner heutigen Gestalt schon 1304 fertiggestellt wurde. Von seiner mittelalterlichen Ausstattung ist noch der Taufkessel erhalten. Die doppeltürmige Marienkirche ist das Zentrum der Altstadt. Ihre mächtige, zweigipfelige Westfassade atmet noch ganz den Geist des Mittelalters. Zusammen mit dem gotischen Portal entstand die Fassade vor 1300. Das Langhaus wurde dann in der zweiten Hälfte des 14. Jahrhundert fertiggestellt. Interessant ist die mittelalterliche Farbigkeit des Innenraumes. Die St. Ägidienkirche besitzt eine langgestreckte, gotische Halle mit barockem Hauptaltar von 1691. Daneben darf der aus dem späten 15. Jahrhundert stammende Flügelaltar nicht übersehen werden. Das bronzene Taufbecken wurde 1507 gegossen.

⑩ Reinhausen: Siehe Wanderung 36 B, Seite 153.

Der bewaldete Höhenzug des Dün

Der Dün verläuft als Höhenzug mit einer Erhebung von maximal 520 Metern zwischen Heiligenstadt, Dingelstädt und Bleicherode. Er besitzt mehrere Naturschutzgebiete.
Geologisch ist die zum Wandern prädestinierte Landschaft eine leichte Muschelkalkhochfläche. Die schon im Mittelalter praktizierte Bewirtschaftungsform nach dem Plenterwald-Prinzip, das einen Kahlschlag des Baumbestands vermeidet, wird auch heute noch angewandt. Jahrhundertelang wurde der Wald von einer bäuerlichen Waldgenossenschaft bewirtschaftet. Einer 1572 erlassenen Holzordnung zufolge durften die Bauern nur einen ideellen Anteil am Wald in Form von Holzmaßen, sogenannten Holzgerechtigkeiten, besitzen, wodurch eine Parzellierung der Fläche vermieden werden konnte.
Die Buchenwaldbestände des Dün, der kaum offene Wasserläufe besitzt, sind stark mit Mehlbeeren durchsetzt. Weil der Dün in der Nähe des klimatisch rauhen Eichsfeldes liegt, steht der Höhenzug unter dem Einfluß des atlantischen Klimas, das hohe Niederschlagsmengen mit sich bringt. Zum Pflanzenreich zählen Quirlblättrige Weißwurz, Zwiebeltragende Zahnwurz, Bärenlauch und Mandelblättrige Wolfsmilch.

△ *Mühlhausen: St. Marien*

▷ *Im Ohmgebirge*

◁ *Pferdemarkt in Duderstadt*

Tip

Stadtwald Mühlhausen: Vor den Toren der außerhalb des Naturparks Eichsfeld-Wuratal liegenden Stadt Mühlhausen erstreckt sich im nördlichen Teil des Hainichs der fast 3500 Hektar umfassende Mühlhäuser Stadtwald, der in erster Linie durch seinen geschlossenen Buchenbestand beeindruckt. Ausgangspunkt für Wanderungen durch den als Naherholungsgebiet geschätzten Stadtwald ist das Weiße Haus. Von hier aus gelangt man auf mehreren, mit Schutzhütten ausgestatteten Wanderwegen zu den 40 Meter hohen und über 100 Jahren alten Mammutbäumen, dem Spittelbrunnen, dem Grenzforsthaus Heyerode und der Obermühle.

36 A

Wanderung 36 A: 3 Kilometer – 1 ½ Stunden

Stadtspaziergang in Göttingen

»Göttingen ist eine kleine Stadt, durch die aber die Ströme der Welt gehen.« Treffender kann das Spannungsverhältnis zwischen biederer Bürgerlichkeit und weltoffener, internationaler Atmosphäre in der Stadt an der Leine kaum ausgedrückt werden. Mehr als 30 Nobelpreisträger lernten und lehrten an der Universität und sorgen bis heute für deren Ruf als deutsches Harvard.

Eichsfeld

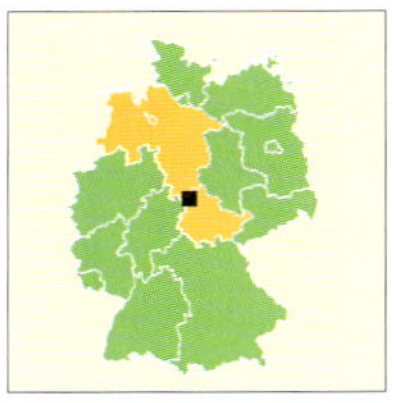

Tourverlauf

Ausgangspunkt ist der Marktplatz mit dem Alten Rathaus und dem Gänselieselbrunnen. ①
Über den Kornmarkt und die Kurze Straße erreicht man die barocke St.-Michaels-Kirche. ②
Wenige Schritte zurück führen auf die Lange Geismarstraße, über die man zum Albanikirchhof und zur St.-Albani-Kirche kommt. ③
Schräg gegenüber, im Cheltenhampark, steht das rekonstruierte Rohnssche Badehaus. ④
Im Nordwesten des Albaniplatzes wartet das Institut für Völkerkunde der Universität auf interessierte Besucher. ⑤
Über die Obere Karspüle und den Ritterplan kommt man zum Hardenberger Hof. ⑥
An der Jüdenstraße steht die gotische St.-Jacobi-Kirche. ⑦
An der Ecke zur Barfüßerstraße findet man das Fachwerkhaus der Junkernschänke. ⑧
Über die Weender Straße und die Prinzenstraße gelangt man zur Universitätsbibliothek. ⑨
Papendiek und Johannisstraße führen schließlich zur Johanniskirche. ⑩

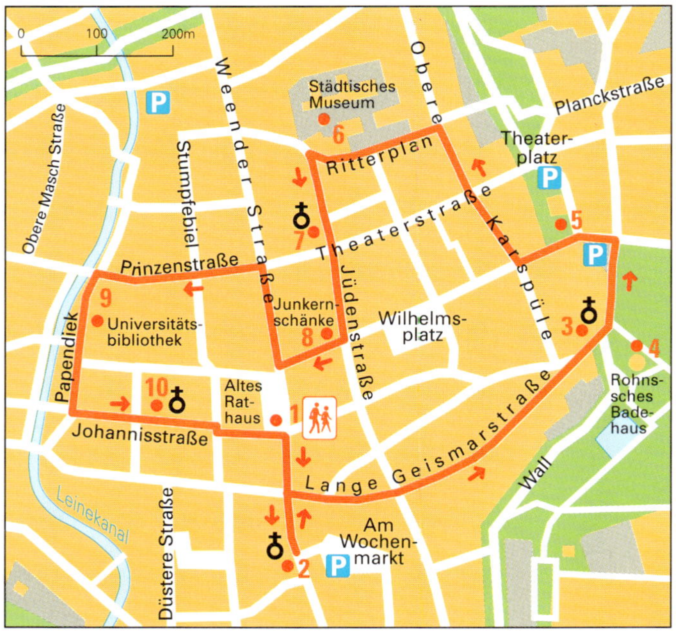

◁ *Die Alte Universität der Hochschulstadt Göttingen*

Sehenswürdigkeiten

① Das Herz Göttingens schlägt am Marktplatz mit dem Alten Rathaus und dem Gänselieselbrunnen. Das Alte Rathaus stammt aus dem 13. Jahrhundert, wurde bis 1444 erweitert und besitzt eine architektonisch interessante Eingangslaube. Der bronzene Gänselieselbrunnen entstand 1901, seine Hauptfigur ist das wohl meistgeküßte Mädchen der Welt, denn jeder frisch gebackene Doktor der Göttinger Universität darf der bronzenen Schönheit einen Kuß auf den kalten Mund drücken. An der Ecke zum Kornmarkt steht der 1251 erstmals erwähnte Schuhhof. Sein Kellergewölbe aus der Entstehungszeit wurde 1980 freigelegt.

② Die St.-Michaels-Kirche wurde bis 1789 als erste katholische Kirche nach der Reformation in Göttingen errichtet. Die neubarocke Turmfassade stammt aus dem ausgehenden 19. Jahrhundert

③ Die St.-Albani-Kirche wurde 1467 als gotische Hallenkirche vollendet und beeindruckt mit einer besonders harmonischen Raumwirkung. Vom ursprünglichen, von Hans von Geismar 1499 geschaffenen Hochaltar sind die bemalten Flügel erhalten.

④ Das Rohnssche Badehaus ist eine Rekonstruktion der ersten öffentlichen, allerdings nur Männern zugänglichen Badeanstalt.

⑤ Die Völkerkundliche Sammlung der Universität ist eine nahezu unerschöpfliche Fundgrube mit Kult- und Kulturobjekten von Völkern aller Erdteile.

⑥ Der Hardenberger Hof von 1592 und die Alte Post von 1740 bergen das Städtische Museum.

⑦ Die St.-Jakobi-Kirche wurde 1361 begonnen. Die dreischiffige, gotische Hallenkirche besitzt einen prächtigen dreiflügeligen, bemalten Schnitzaltar aus der Spätgotik.

⑧ Die Junkernschänke ist ein gotisches Fachwerkhaus aus dem 15. Jahrhundert, das seine Renaissanceelemente im 16. Jahrhundert erhielt. Besonders schön sind die charakteristische Utlucht und die prächtigen Schnitzereien.

⑨ Die Universitätsbibliothek ist in den alten Mauern des 1294 gegründeten Dominikanerklosters untergebracht. Sie besitzt heute weit mehr als 3 Millionen Bände.

⑩ Die St.-Johannis-Kirche ist ein gotischer Bau, der auf der Nordseite noch ein romanisches Rundbogenportal aufweist. Die zweitürmige Westfassade ist das Wahrzeichen Göttingens.

△ *Gänselieselbrunnen*

Tip

Städtisches Museum: 1889 auf Initiative des Germanistik-Professors Moriz Heyne eingerichtet, gibt das Museum Einblicke in die lokale und kommunale Geschichte der Region um Göttingen.

Wanderung 36 B: 10 Kilometer – 2½ Stunden

36 B

Im Reinhäuser Wald

Südöstlich von Göttingen erstreckt sich der romantische Reinhäuser Wald, ein Laubwald mit tief eingeschnittenen Bachtälern und Schluchten, in denen sich wunderschöne Buntsandsteinfelsen verstecken. Sie liefern prächtige Beispiele für unterschiedliche Verwitterungsformen.

Eichsfeld

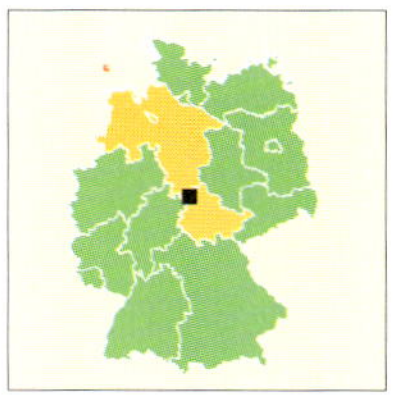

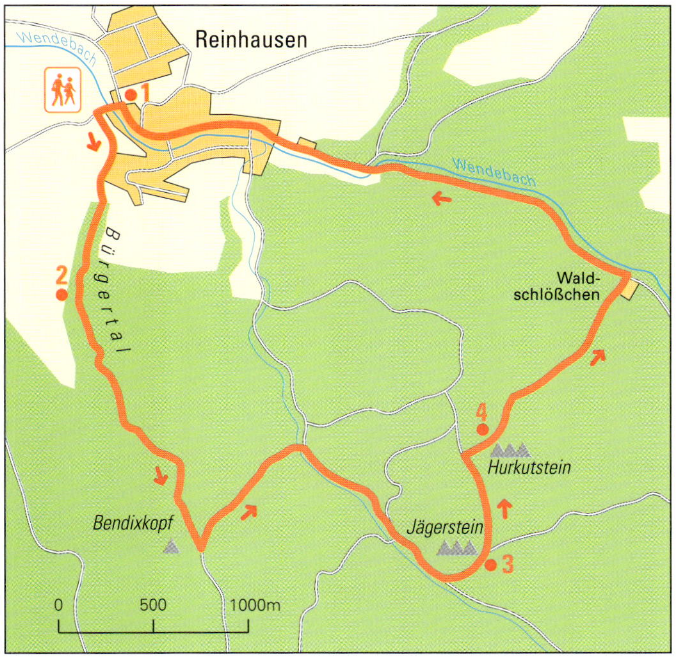

Tourverlauf

Ausgangspunkt ist das am Wendebach gelegene Reinhausen. ① Vom westlichen Ortsrand aus wandert man südwärts, der Markierung roter Punkt folgend, ins Bürgertal hinein. ②
Kurz vor dem Bendixkopf wendet man sich über einen kleinen Sattel nach links hinunter auf eine Forststraße und in den Saugraben hinein. An seinem Ende trifft man auf das Reintal und die Markierung blaues Dreieck. Ihr folgt man nach rechts (südostwärts) zum Jägerstein. ③
Oberhalb des Felsens führt der Weg mit der Kennzeichnung blaues Dreieck weiter zum Hurkutstein. ④
Vom Felsen führt ein Forstweg hinunter ins Wendebachtal und zum Gasthaus Waldschlößchen. Hier trifft man auf die Markierung gelbes Dreieck, der man rechts des Bachs entlang talauswärts bis zurück nach Reinhausen folgt.

Sehenswürdigkeiten

① Reinhausen ist ein romantisches altes Dorf, dessen Hauptstraße sich an eine steil aufragende Felswand schmiegt. Auf dem hohen Sandsteinfelsen liegt das ehemalige Chorherrenstift St. Christophori, das 1085 von den Grafen von Reinhausen gegründet worden war. Anfang des 12. Jahrhunderts entwickelte sich eine Benediktinerabtei. Aus deren romanischer Pfeilerbasilika wurde die heutige dreischiffige Kirche mit ihren zwei schlichten, romanischen Westtürmen. An der Südseite der Kirche ist noch das romanische Säulenportal erhalten, an der östlichen Chorwand ein Tympanon mit Löwenrelief. Das Innere birgt einen spätgotischen Flügelaltar von 1498 und den Schrein eines Schnitzaltars von 1507. Im nördlichen Seitenschiff finden sich Freskenfragmente aus dem 15. Jahrhundert mit einer Darstellung der Christophoruslegende. Der Reinhäuser Wald im Süden des Dorfes steht auf einem Buntsandsteingebirge besonderer Art. Während die Sandsteine der Umgebung flachwellige Hochflächen bilden, gibt es hier eine Vielzahl scharf eingekerbter, kleiner Täler, die das Gebirge in Einzelkuppen auflösen. An ihren Flanken tritt der Buntsandstein in hohen Klippen, bizarren Felsburgen und einzelnen Pilzfelsen mit interessanten Verwitterungsformen zutage.
② Im oberen Teil des Bürgertals präsentieren sich die Bürgertalklippen mit besonders schönen Wabenverwitterungen.
③ Der Jägerstein ist ein massiver Block aus rotviolettem Buntsandstein und einer Klufthöhle, die durch die Verwitterung entlang von Schwächezonen aus dem Gestein herausgearbeitet wurde.
④ Auch der sagenumwobene Hurkutstein hat eine eigene Klufthöhle, die in gleicher Weise wie beim Jägerstein entstanden ist. Schon vor Jahrhunderten soll es hier eine Einsiedelei gegeben haben.

△ Im waldreichen Grenzland zwischen Hessen und Niedersachsen

◁ Burg Hanstein

Tip

Europäisches Brotmuseum in Hollenfelde südlich von Reinhausen: Untergebracht in einem 400 Jahre alten Forsthaus bietet das Museum kulturgeschichtliches zum Thema Brot von der Jungsteinzeit bis zur Gegenwart.

37

Autotour 37: 150 Kilometer

Rund um den Oberharz

Harz

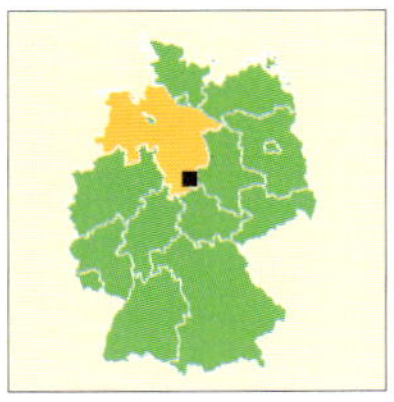

Der Nordwestteil des Harzes erreicht zwar »nur« eine durchschnittliche Höhe von knapp 600 Metern mit Gipfeln von gut 800 Metern, doch genügt das allemal für tiefeingeschnitene Kerbtäler mit Höhenunterschieden von 400 Höhenmetern. Eine Fahrt um den Oberharz ist auch eine Tour zu mittelalterlichen Stadtkernen, berg- und talwärts entlang steilen Waldflanken, an kleine und große Stauseen, zu stillgelegten Bergwerken, zu heimeligen Fachwerkhäusern und zu einer märchenhaften Höhle.

Tourverlauf

Ein idealer Ausgangspunkt ist das in seinem Kern noch ganz mittelalterliche Goslar. ①
Auf der B 241 geht es über 400 Höhenmeter hinauf in den Ortsteil Hahnenklee. ②
Die Landstraße führt von hier hinunter ins romantische Lautenthal. ③
Im Tal der Innerste liegt das idyllische Wildemann. ④
Am Fuße des Ibergs ist Bad Grund die nächste Station. ⑤
Auf der B 242 gelangt man nach Clausthal-Zellerfeld. ⑥
Auf der Hochharzstraße wird Sonnenberg angesteuert, wo man nach Süden abbiegt, um das steigungsreiche St. Andreasberg zu besuchen. ⑦
Den Südrand des Harzes erreicht man in Herzberg. ⑧
Danach geht es nordwestlich nach Osterode. ⑨
Vorbei am Söse-Stausee kreuzt man auf der B 498 die B 242 und erreicht kurz danach Altenau. ⑩
Ein weiterer Höhepunkt vor der Rückkehr nach Goslar ist die Fahrt durch das wildromantische Okertal. ⑪

Sehenswürdigkeiten

① Reiche Silberausbeute am Rammelsberg und die Residenz der Salier und Hohenstaufer Kaiser machten in weniger als zwei Jahrhunderten aus der kleinen Harzrandsiedlung Goslar einen Mittelpunkt deutscher und europäischer Geschichte. Vom 10. bis 13. Jahrhundert war die Goslarer Kaiserpfalz ein wichtiger Mittelpunkt des Reiches. Erhalten sind der Reichssaal mit der Pfalzkapelle und von dem 1050 geweihten und 1819 abgebrochenen Dom die um 1150 entstandene Domvorhalle. Bis heute ist der Markt das Herz Goslars. Sein Wahrzeichen ist der aus Bronze gegossene, dreischalige, romanische Brunnen, ein Meisterwerk der Glockengießer des ausgehenden 12. Jahrhunderts. Das dominierende Haus am Markt ist das um 1450 errichtete Rathaus. Die Kaiserworth war das Gildehaus der »Gewandtschneider«. Es wurde 1494 fertiggestellt und ist mit hölzernen Kaiserfiguren verziert. Die Marktkirche mit ihrer 66 Meter hohen Turmfront geht auf das Jahr 1108 zurück, die heutige Basilika entstand um 1170. Interessante Ausstattungsstücke sind romanische Glasfenster, die Bronzetaufe von 1573 und die Kanzel von 1581. In der Kirche des ehemaligen Klosters Neuwerk sind im Chor guterhaltene, romanische Fresken zu entdecken. Die katholische Pfarrkirche St. Jakobi ist die älteste dreischiffige und kreuzförmige Pfarrkirche Niedersachsens. Erbaut wurde sie ab 1073, ihren romanischen Westturm erhielt sie um 1140. Ihren Chor zieren Wandbilder von 1250, ihr berühmtestes Ausstattungsstück ist ein Vesperbild in der nördlichen Turmhalle. Die schönsten Bürgerhäuser der Stadt sind die alten Gildehäuser, wie etwa das Gildehaus der Bäcker an der Marktstraße oder das Runenhaus der Tuchmacher. Auch von einfachen Bürgern sind prächtige Fachwerkhäuser erhalten. Schönstes Beispiel ist das 1521 auf fast

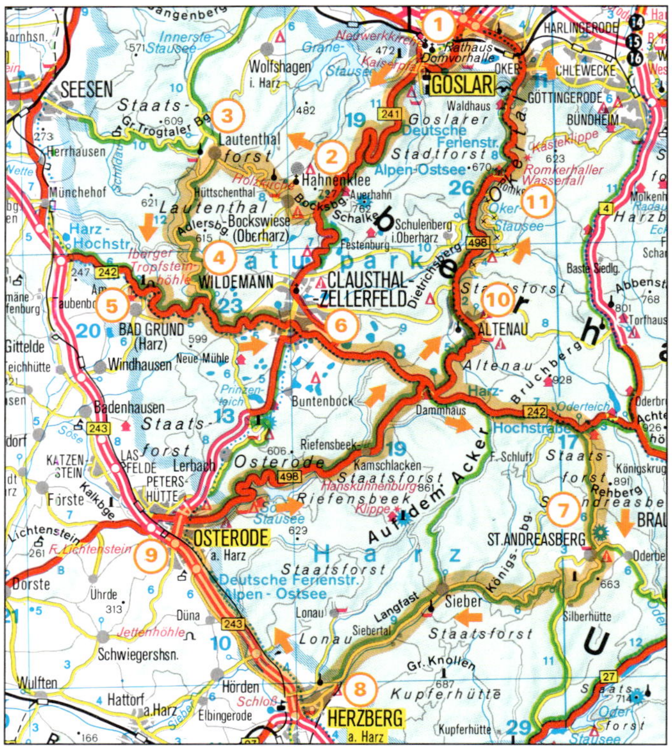

◁ *In der Umgebung von St. Andreasberg*

▽ *Marktkirche in Clausthal-Zellerfeld*

dreieckigem Grundriß entstandene »Brusttuch«. Die Goslarer Stadtbefestigung war eine der stärksten Wehranlagen Deutschlands. Über 2 Kilometer lang waren die bis zu 8 Meter dicken Mauern, die von über 50 Türmen aus bewacht wurden.

② In Hahnenklee gibt es zwei Höhepunkte. Zum einen ist dies die Fahrt mit der Kabinenbahn auf den 723 Meter hohen Bocksberg, dessen Aussichtsturm eine überwältigende Rundsicht über den gesamten Westharz bietet. Zum anderen ist die Gustav-Adolf-Kirche eine im gesamten Harz einmalige Sehenswürdigkeit. Sie wurde bis 1908 ganz aus Holz und im Stil nordischer Stabskirchen errichtet und erinnert an die Kultur der Wikinger.

Der Bergbau im Harz hat Tradition

Im Harz gab es in Reichweite bergmännisch arbeitender Bewohner reiche Erzvorkommen. Im Rammelsberg südlich von Goslar wurde bereits im 3. Jahrhundert Erz abgebaut, im 9. und 10. Jahrhundert wurde das dort abgebaute Silber Grundlage der Deutschen Krone und brachte sogar eine Kaiserwürde. Im 11. Jahrhundert machte Heinrich III. Goslar deshalb zur Reichshauptstadt. Im 16. Jahrhundert entdeckte der Adel den Erzreichtum neu und gründete ab 1521 die »Sieben Bergstädte« mit jeweils eigenen Erzgruben.

In St. Andreasberg erreichte die Silbergrube 843 Meter Tiefe, die Bergleute arbeiteten also rund 200 Höhenmeter unter dem Meeresspiegel. In Betrieb war die Grube Samson von 1521 bis 1910. Erhalten sind heute noch das 9 Meter hohe, wasserbetriebene Förderrad sowie das 12 Meter hohe, ebenfalls wasserbetriebene Antriebsrad der Fahrkunst. Sie wurde 1833 eingebaut und ermöglichte es den Bergleuten erstmals, statt über Leitern mit mechanischer Hilfe die Tiefe zu erreichen. Zuvor mußten die Bergleute für jede

△ Fördermaschine vor dem Bergbaumuseum in Lauthenthal

Schicht auch noch 800 Höhenmeter zu ihrem Vortrieb hinuntersteigen und nach Beendigung der Schicht dieselbe Höhe wieder hinaufsteigen.

△ Monarchenfiguren an der Kaiserworth in Goslar

③ In Lautenthal wurde bereits im 13. Jahrhundert Erz abgebaut. Heute gibt es dort ein umfassend ausgestattetes Bergbaumuseum; sein Blickfang ist das große Wasserrad, mit dem einst die Förderanlage der Grube betrieben wurde.

④ Wildemann ist das »Klein Tirol« des Harzes. Hier gibt es mit dem 19-Lachter-Stollen, ein aufschlußreiches Bergbaumuseum.

⑤ Bad Grund: Siehe Wanderung 37 A, Seite 156.

⑥ Die Marktkirche von Clausthal ist ein ganz aus Fichtenstämmen errichteter Fachwerkbau. Mit über 2200 Sitzplätzen ist der Bau die größte Holzkirche Deutschlands. Die Berg-Apotheke von Zellerfeld stammt von 1674 und ist mit 68 geschnitzten Köpfen verziert.

⑦ St. Andreasberg ist eine uralte Bergbaustadt und die Stadt mit Deutschlands steilsten Straßen. Der Wohlstand kam vom Silberabbau, die tiefste Grube reichte bis in 843 Meter Tiefe, also rund 200 Höhenmeter unter den Meeresspiegel.

▽ Die Okertalsperre wurde 1956 fertiggestellt

⑧ Die Hauptsehenswürdigkeit von Herzberg ist das auf stolzem Fels thronende, knapp ein Jahrtausend alte Welfenschloß. Glanzstück des kurz nach dem Jahr 1000 gegründeten Jagdschlosses ist sein großartiger barocker Uhrturm. Im Schloß ist heute ein Zinnfigurenmuseum untergebracht. Im 2. Obergeschoß ist die Dauerausstellung »Der Harz – Land und Leute« zu sehen.

⑨ Osterode verdankte seinen Reichtum dem Getreidehandel. Davon zeugt bis heute das Große Kornmagazin.

⑩ Das kleine Altenau, die jüngste und kleinste Bergstadt des Harzes, hat sich zum modernen Kurzentrum mitten in den Wäldern des Hochharzes gemausert. Liebenswürdig ist das kleine Kirchlein von 1669 mit seinem Kanzelaltar von 1674.

⑪ Okertal: Siehe Wanderung 37 B, Seite 157.

Tip

Goslar, Rammelsberger Bergbaumuseum, Bergtal 19: Die Geschichte und Technik des Erzbergbaus wird übertage und untertage umfassend und erlebnisreich dargestellt. Unbedingt besuchen.

37 A

Wanderung 37 A: 12 Kilometer – 4 Stunden

Korallenfelsen und Tropfsteine

Harz

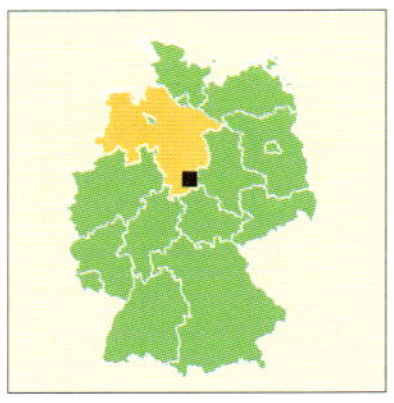

Der Harz und das Meer – nirgendwo sonst kann man das landschaftsformende Zusammenspiel zwischen Felsen und Meer so plastisch sehen wie in der Umgebung von Bad Grund. Riffe und Tropfsteinhöhlen sind hier die markanten Anziehungspunkte, Silber der Schatz des Berges. Zahlreiche alte Stollen zeugen von der Suche nach diesem Edelmetall.

△ *Hübichenstein bei Bad Grund*

Tourverlauf

In der alten Bergbaustadt Bad Grund kann man sich schon auf diese Wanderung einstimmen. ① Erstes Ziel ist der nördlich der Stadt gelegene, sagenumwitterte Hübichenstein. ②
Von dem Korallenfelsen geht man zunächst 200 Meter nach rechts auf der B 242, bis nach links ein blau und gelb markierter Fußweg abzweigt. Er führt hinauf zum 563 Meter hohen Iberg und dem Albertturm mit seiner besonders prächtigen Aussicht über den Westharz. ③
Über die Kuppe des Ibergs geht es nun fast genau nach Norden, hinunter zu einem Wegekreuz und von dort entlang der Westseite des Hasenbergs bis zu einer weiteren Wegkreuzung. Dort biegt man rechts ab und folgt der Markierung mit einem blauen Kreuz nach Wildemann. ④
Vom Südende von Wildemann führt der weitere Wanderweg, markiert mit einem grünen Dreieck, zur Wegkreuzung »Schweinebraten« und von dort direkt hinüber zur Iberger Tropfsteinhöhle. ⑤
Von ihr erfolgt der Abstieg zurück nach Bad Grund durch das Teufelstal.

▽ *Angeblich ist der Ort aus seiner Höhle entstanden: der wilde Mann*

Sehenswürdigkeiten

① Bad Grund ist die älteste der sieben Oberharzer Bergstädte, von hier stammte ein Großteil der deutschen Silberproduktion. Wie der Bergbau hier einst funktionierte, läßt sich in dem Bergbaumuseum beim alten Knesebeck-Schacht nachvollziehen. Ein technisches Denkmal besonderer Art ist ein 47 Meter hoher Hydrokompressor, der bis 1977 Luft in die Gruben preßte.
② Der Hübichenstein ist ein Korallenriff aus dem Devon-Zeitalter. Glaubt man der Sage, befindet sich unter ihm das Zauberschloß des Zwergenkönigs Hübich. Er war ein mildtätiger, guter Geist, der goldene Tannenzapfen an brave Arme verschenkte. In letzter Zeit soll das allerdings nicht mehr so häufig vorgekommen sein.
③ Der 563 Meter hohe Iberg ist ebenfalls ein riesiges Korallenriff. In seinem Inneren birgt der Berg zahlreiche durch Auswaschungen des Kalks entstandene Höhlen.
④ Wildemann war die kleinste der sieben Oberharzer Bergstädte. Sein Bergkirchlein auf dem Gallenberg stammt von 1543 und hat ein interessantes, als Kassettendecke gestaltetes Tonnengewölbe aus Holz, das phantasievoll bemalt ist. Der 19-Lachter-Stollen ist heute noch auf etwa 400 Meter begehbar. Die mit einem 9 Meter hohen und 2 Meter breiten Wasserrad betriebene Förderanlage ist erhalten.
⑤ Die Iberger Tropfsteinhöhle wurde bereits Anfang des 16. Jahrhunderts von Bergleuten auf der Suche nach Erzen entdeckt. 1874 wurde die Höhle der Öffentlichkeit zugänglich gemacht. Seither kann man ihre bis zu 2 Meter hohen Stalaktiten und Stalagmiten in ihrer ganzen schillernden Pracht bewundern. Die Tropfsteine tragen phantasievollen Namen wie »Backofen der Zwerge«, »Zwergenkönig«, »Hand des Riesen« oder »Riesenzahn«.

△ *Die Bergstadt Bad Grund*

Tip

Bad Grund: Uhrenmuseum, Elisabethstraße 14. Aus dem Bestand sind etwa 800 Uhren aus aller Welt ausgestellt, von der Turmuhr bis zur Tischuhr. Es ist das einzige Museum dieser Art in Norddeutschland.

Zur Mausefalle und Ziegenrückenklippe

Harz

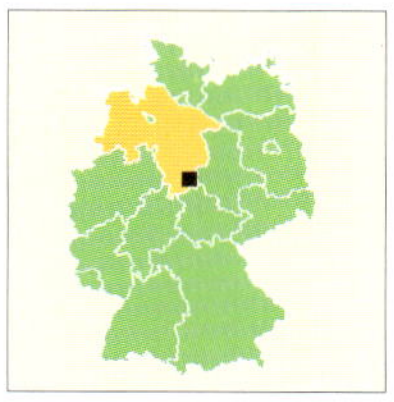

Bizarre Felsgrate, märchenhafte Felstürme und ein rauschender Bach sind die Komponenten, die aus dem Okertal eines der interessantesten und zugleich romantischsten Täler im Harz machen. An seinen Hängen mit vielen freien Felspartien läßt sich am besten der Gesteinsaufbau des Harzes ablesen.

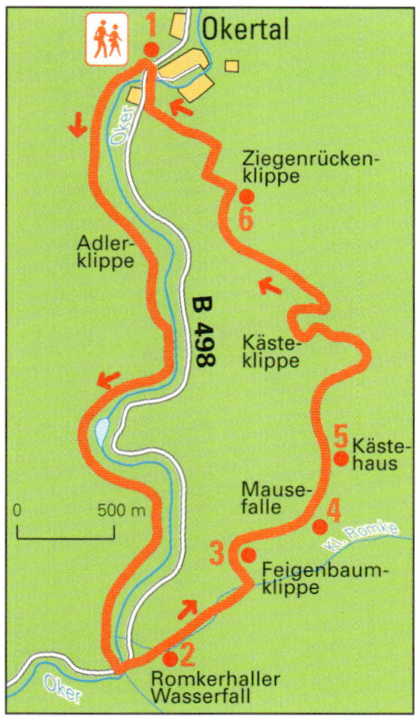

Tourverlauf

Am Waldhaus südlich von Oker beginnt diese Wanderung durchs Okertal. ①

Die erste Hälfte des Weges folgt dem Talboden auf der linken Okerseite, quert die Mündung des Düsteren Tals und die Adlerklippe, danach tauchen die Felsformationen Schlafender Löwe, Uhuklippe, Wasserfels und Dülferklötze auf.

Nach der Staumauer der unteren Talsperre wird am gegenüberliegenden Hang hoch oben die Kästeklippe sichtbar, im Tal selbst die Celler Insel.

Die nun folgende Wildwasserstrecke ist das schönste Stück des Okerlaufs. Hier fließt die Oker über zahllose Felsbrocken, die sich von den Klippen ringsum gelöst haben und ins Tal gestürzt sind. Kurz darauf ist man am Romkerhaller Wasserfall angelangt. ②

Neben dem Wasserfall beginnt der Anstieg auf die östliche Talflanke des Okertals. Er folgt zunächst dem Bett der Kleinen Romke, wendet sich dann nordwärts und erreicht über einen etwas steileren Serpentinenweg den ersten Aussichtspunkt bei der Feigenbaumklippe. ③

Kurz darauf taucht die Mausefalle auf. ④

Durch die Hexenküche kommt man zum Kästehaus und zur Kästeklippe. ⑤

Die nächsten Stationen am Weg nach Norden sind der Treppenstein, die Aussichtskanzel Okertalblick und die Ziegenrückenklippe. ⑥

Von ihr ist es dann nur noch ein Katzensprung zurück zum Talboden und zum Waldhaus.

△ Romkerhaller Wasserfall: Sturz über 70 Meter

Sehenswürdigkeiten

① Das Okertal ist noch immer eines der romantischsten Täler des Harzes. 300 bis 400 Meter hoch ansteigende Hänge säumen das mit Felsen angefüllte Flußbett.

② Im Romkerhaller Wasserfall stürzt die Kleine Romke von den östlichen Hängen des Okertals 70 Meter in die Tiefe. Das »zugehörige« Gasthaus Königreich Romkerhalle bietet die erste Einkehrmöglichkeit dieser Wanderung.

③ Die Feigenbaumklippe bietet von gesicherter Kanzel aus eine prächtige Aussicht.

④ Die Mausefalle ist ein einprägsamer Granitblock, der, leicht schräg an einem kleinen Block angelehnt, jeden Augenblick abzukippen scheint. Auf das Zuschlagen der Mausefalle warten die Wanderer allerdings bis auf den heutigen Tag vergebens.

⑤ Die Gaststätte Kästehaus ist die zweite Einkehrmöglichkeit, die Kästeklippe am Hutberg bietet einen umfassenden Ausblick über das Okertal und weit hinaus bis ins Harzvorland. Beim Abstieg von der Kästeklippe nach Norden sollte man sich übrigens auch einmal umdrehen, um das Felsgesicht des »Alten vom Berge« nicht zu versäumen.

⑥ In der Nähe der Ziegenrückenklippe bietet die Aussichtskanzel Okertalblick noch einmal eine prächtige Aussicht, bevor man wieder in den Talboden und damit zum Ausgangspunkt hinuntersteigt.

Tip

Schulenberg: Oberhalb des westlichen Arms des Okerstausees gibt es am Schulenberg einen Lehrpfad mit Hinweisen zu Biologie und Ökologie.

◁ Wildwasser der oberen Oker

▽ Feigenbaumklippe im Okertal

38

Hochharz

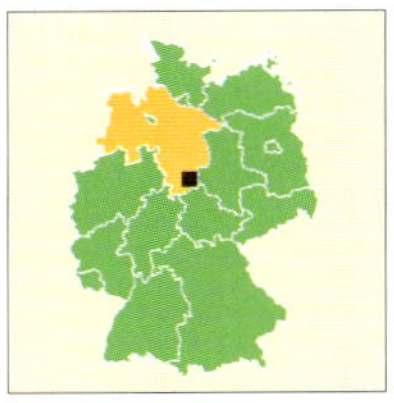

Autotour 38: 150 Kilometer

Rund um den Hochharz und den Brocken

Der Hochharz ist das Herzstück des gesamten Gebirges. Aus einer Hügelwelt mit Gipfeln um knapp 800 Meter ragen als »Höhepunkte« der 971 Meter hohe Wurmberg und der 1142 Meter hohe Brocken heraus. Eine Rundreise in diese Bergwelt führt durch weite Wälder und zu freien Kuppen mit überragender Aussicht. Höhepunkt ist eine Fahrt mit der Brockenbahn.

Tourverlauf

Die Autotour beginnt in Bad Harzburg. ①
Die B 4 führt zügig hinauf nach Braunlage. ②
Von Braunlage geht es über die B 27 hinunter nach Bad Lauterberg. ③
Nächstes Ziel am Südrand des Harzes ist dann Bad Sachsa. ④
Schnell überwunden ist die kurze Strecke nach Walkenried. ⑤
Vom ehemaligen Kloster geht es der Zorge entlang wieder nach Braunlage und von dort auf der B 27 nach Elend. ⑥
Ein beeindruckendes Naturerlebnis wartet in Rübeland, in dessen Umgebung es die schönsten Höhlen im Harz gibt. ⑦
Auch die Weiterfahrt nach Blankenburg erfolgt über die B 27. ⑧
Danach nutzt man die B 6, um nach Wernigerode in die »Bunte Stadt am Nordharz«, zu kommen. ⑨
Letzte Station vor der Rückkehr nach Bad Harzburg ist das romantische Ilsenburg. ⑩

Sehenswürdigkeiten

① Bad Harzburg: Siehe Wanderung 38 A, Seite 160.

② Braunlage liegt am Südfuß des 971 Meter hohen Wurmbergs. Von seinem Gipfel aus bietet sich der beste Blick auf den unmittelbar gegenüber im Norden gelegenen Brocken.

③ Hoch über Bad Lauterberg stand Ende des 12. Jahrhunderts die Burg Lutterberg. Zu ihr kann man heute mit einem kleinen Sessellift hinauffahren und die Aussicht über die Stadt genießen.

④ Bad Sachsa unter den Südhängen des Ravensbergs entstand im Schutz einer 1073 von Heinrich IV. errichteten Burg gegen die Sachsen. Die Burg wurde bereits Ende des 11. Jahrhunderts zerstört.

⑤ Das Zisterzienserkloster Walkenried wurde 1129 gegründet, seine Blütezeit erlebte es im 13. und 14. Jahrhundert. Bis 1290 entstand die 92 Meter lange Basilika, deren Reste noch heute so eindrucksvoll sind. Der nahezu vollständig erhaltene, gotische Kreuzgang zählt zu den schönsten im deutschsprachigen Raum.

⑥ Vom kleinen Weiler Elend aus ist der Abstecher nach Schierke und zum Bahnhof Drei Annen Hohne beinahe obligatorisch. Schierke ist wichtiger Stütz-

◁ Heimatmuseum in Braunlage
Fachwerk in Wernigerode ▷

punkt für Wanderungen zum Brocken und – ebenso wie Elend und Drei Annen Hohne – Haltepunkt der Harzer Schmalspurbahnen.
Drei Annen Hohne: siehe Wanderung 38 B, Seite 161

⑦ Der kleine, zwischen steilen Berghängen eingezwängte Ort Rübeland wurde durch seine Höhlen berühmt. Die in der zweiten Hälfte des 15. Jahrhunderts entdeckte Baumannshöhle beeindruckt mit ihrem 60 Meter langen und 40 Meter breiten »Goethesaal«, der nicht nur ein großartiges Gewölbe, sondern auch einen kristallklaren See besitzt. Die 1866 entdeckte Hermannshöhle besteht aus einem 1200 Meter langen Labyrinth aus märchenhaften Tropfsteingebilden.

⑧ Blankenburgs Klosterkirche St. Bartholomäus stammt aus dem 13. Jahrhundert, das Rathaus wurde 1233 begonnen. 1690 wurde das Städtchen Residenz und 1707 sogar reichsunmittelbares Fürstentum. Das gewaltige Schloß aus dieser Zeit überragt weithin sichtbar die Stadt. Das barocke Kleine Schloß, einst Lustschlößchen und Witwensitz, dient heute als Heimatmuseum.

⑨ Wernigerode, bekannt als »Bunte Stadt am Harz«, wirkt noch ganz mittelalterlich. Die Stadt entstand als Rodungssiedlung des Klosters Corvey in der Mitte des 9. Jahrhunderts. Seit etwa 1100 hatte sich auf dem Bergkegel über der Stadt der Graf von Wernigerode mit seiner Burg eingerichtet. Die »Perle« der Stadt ist zweifellos das Rathaus am Marktplatz. Es diente ursprünglich als »Spelhus« (Spielhaus), wurde 1277 erstmals erwähnt und für Festlichkeiten aller Art genutzt. Seine beiden charakteristischen Erkertürme mit ihren zierlichen Spitzhelmen wurden 1498 fertiggestellt. Im schrägen Winkel schließt sich das Waaghaus an. Es stammt aus der ersten Hälfte des 15. Jahrhunderts und ist mit ornamentalen und figürlichen Schnitzereien verziert. Rechts neben dem Rathaus steht das Gotische Haus, ein Patrizierhaus aus der zweiten Hälfte des 15. Jahrhunderts mit vier Vollplastiken von 1480. An der aus der Mitte des 13. Jahrhundert stammenden Pfarrkirche St. Silvester wurde jahrhundertelang gebaut. Zu ihren wertvollsten Ausstattungsstücken gehören ein um 1200 gefertigter, frühgotischer Schrank sowie ein aus Brüssel stammender, 1480 fertiggestellter, spätgotischer Marienaltar. Die bogenförmige Häuserzeile auf der Südseite der Kirche bietet eine bunte Mischung von Fachwerkhäusern aus dem 15. bis 18. Jahrhundert. In der Breiten Straße stehen die bedeutendsten Fachwerkhäuser. Das Café Wien etwa stammt aus dem Jahre 1583, das Krümmelsche Haus von 1674 besitzt eine Fassade, die Einmaligkeit in der Holzarchitektur Europas für sich beanspruchen kann. In der dreischiffigen Pfarrkirche St. Johannis verbirgt sich im spätgotischen Chor von 1497 ein Flügelaltar von 1429, ein Taufstein von 1569 und eine um 1600 fertiggestellte Kanzel. Nicht versäumt werden darf auch ein Besuch des Schlosses auf dem 120 Meter über die Stadt aufragenden Agnesberg. Das Schloß entwickelte sich aus einer mittelalterlichen Burg und spätgotischer Festung zu einem Barockschloß und schließlich zum heutigen Phantasiegebilde des Historismus.

⑩ Die Klosterkirche von Ilsenburg stammt aus dem 11. Jahrhundert. Durch das von hier nach Süden ansteigende Ilsetal führt einer der klassischen Anstiege zum Brocken.

△ *Barockgarten mit Kleinem Schloß in Blankenburg*

Das Brockengespenst – Erscheinung am Blocksberg

Bereits die ersten Besteiger des Brocken behaupteten steif und fest, daß es auf der unwirtlichen Bergkuppe nicht mit rechten Dingen zugehe. Die Gipfelstürmer bemerkten früh morgens und spät abends über sich magische Gebilde, die sie, damals in hexengläubiger Zeit, schnell einzuordnen wußten. Übersehen hatten sie dabei allerdings, daß sich die »Hexen« immer nur dann zeigten, wenn die Sonne tief am Horizont und damit tiefer als der Betrachter stand. Bei Nebel oder entsprechend niedriger Wolkendecke konnten sich so phantastisch verzerrte, scherenschnittartige Phantasiegebilde an der Bewölkung zeigen, die natürlich bis heute unter entsprechenden Bedingungen auf dem Brocken zu erleben sind. Zum richtigen Hexentanzplatz allerdings machte den Brocken erst Johann Wolfgang von Goethe nach seinem ersten Brockenbesuch am 10. Dezember 1777. Den jungen Dichterfürsten hatte der Berg so beeindruckt, daß er die Sage von den auf dem Hexentanzplatz bei Thale gastierenden Hexen auf den Brocken verlegte und zum Mittelpunkt seiner Walpurgisnachtszene im »Faust« machte.

△ *Der Blaue See bei Rübeland*

◁ *Phantastische Tropfstein-Gebilde in der Hermannshöhle*

Tip

Priorteich zwischen Bad Sachsa und Neuhof: Von Mönchen im 12. Jahrundert als künstlicher Fischteich angelegt, darf der Priorteich an einer Stelle als Badesee genutzt werden. (Mit anderen Teichen zum Teil unter Schutz gestellt.)

38A

Wanderung 38 A: 15 Kilometer – 4 Stunden

Kaiserweg in den Hochharz

Hochharz

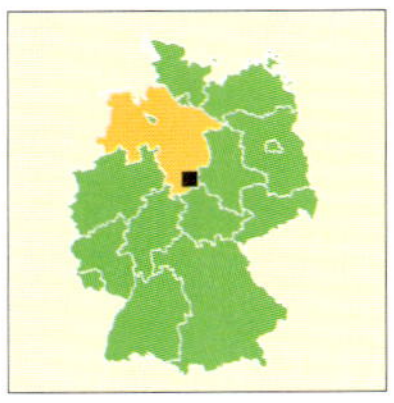

Im Mittelalter verband der Kaiserweg die Hartesburg im Norden mit dem Kloster Walkenried im Süden des Harzes. Er war das »Rückgrat« für die Christianisierung und Kultivierung des Harzes und ist noch heute begehbar. Auf ihm führt diese Wanderung in den Harz und kreuzt dabei den Goetheweg.

Tourverlauf

Dank der Kabinenseilbahn ist der erste Abschnitt dieser Wanderung von Bad Harzburg aus leicht zu bewälitgen. ①
Ein schöner Blick über Bad Harzburg und das Harzvorland bietet sich vom Burgberg mit der Ruine der Kaiserburg. ②
Am Sattel hinter dem Burgberg nimmt man den mittleren der hier beginnenden Wege und geht über den Südhang des 445 Meter hohen Sachsenbergs bis zum Wegekreuz Säperstelle beim nächsten Sattel. Nun nimmt man den rechten Forstweg in Richtung Tiefe Kohlstelle bzw. Rabenklippe. Wo der Weg nach Süden abknickt, ist der Kaiserweg erreicht. Leicht ansteigend führt der Weg nun hinauf zum Hasselteich und zum Molkenhaus. ③
Etwa 500 Meter südlich vom Molkenhaus ist die Muxklippe. Sie bietet eine weite Aussicht über den Ostharz und über den Ecker-Stausee. Noch einmal 500 Meter weiter südlich verläßt man den Kaiserweg nach links, um zur Staumauer des Ecker-Stausees zu kommen und dann an dessen westlichem Seeufer entlang weiter zu wandern. ④
Etwa 1,5 Kilometer südlich des Stausee-Endes wendet man sich südwestwärts gegen den Schubenstein und trifft dort wieder auf den Kaiserweg. Südlich des Schubensteins beginnt ein großes, bis zu acht Jahrtausende altes Hochmoorgebiet. ⑤
Danach quert man einen der klassischen Anstiegswege zum Brocken, den Goetheweg. ⑥
Bei Oderbrück trifft man auf die B 4, wo es eine Busverbindung zurück nach Bad Harzburg gibt.

Sehenswürdigkeiten

① Bad Harzburg verdankt seinen Wohlstand seit 1569 einer heilkräftigen Salzquelle.
② Kaiser Heinrich IV. errichtete um 1065 die Hartesburg, um damit die Kaiserpfalz Goslar vor den Sachsen zu schützen. Nur zehn Jahre später überrannten diese allerdings die neue Burg. Kaiser Barbarossa und sein Nachfolger Otto IV. bauten sie erneut auf.
③ Das heutige Gasthaus Molkenhaus zeugt noch von den früheren Wirtschaftsformen im Harz, als die Bauern in den Wäldern noch Weidewirtschaft betrieben. Bei den größeren Weideplätzen richteten sie jeweils sogenannte Molkenhäuser, also Melkhäuser ein. Das Molkenhaus am Hasselteich entstand bereits 1635, brannte aber einige Male ab.
④ Die Staumauer des Ecker-Stausees ragt auf einer Breite von 225 Meter 57 Meter in die Höhe und staut 13 Millionen Kubikmeter Wasser. Der 1943 fertiggestellte Stausee ist der höchstgelegene im Harz.
⑤ Das Hochmoor im Osten von Torfhaus steht auf wasserundurchlässigem Granit und läßt nur Pflanzen am Leben, die mit ganz geringem Nährstoffbedarf auskommen. Die abgestorbenen Pflanzen verrotten im stehenden Wasser unter Luftabschluß nur extrem langsam, so daß das Moor pro Jahr weniger als einen Millimeter wächst. Seine älteste Schicht ist etwa acht Jahrtausende alt. Das Moor bietet eine Fülle seltener Pflanzen und Blumen, Libellen- und Käferarten.
⑥ Der Goetheweg von Torfhaus zum Brocken ist einer der klassischen Anstiege zum höchsten Gipfel des Harzes. Ihn nutzte schon der Dichterfürst 1777 bei seinem ersten Anstieg auf den Gipfel.

△ *Altes Kurhaus in Bad Harzburg*

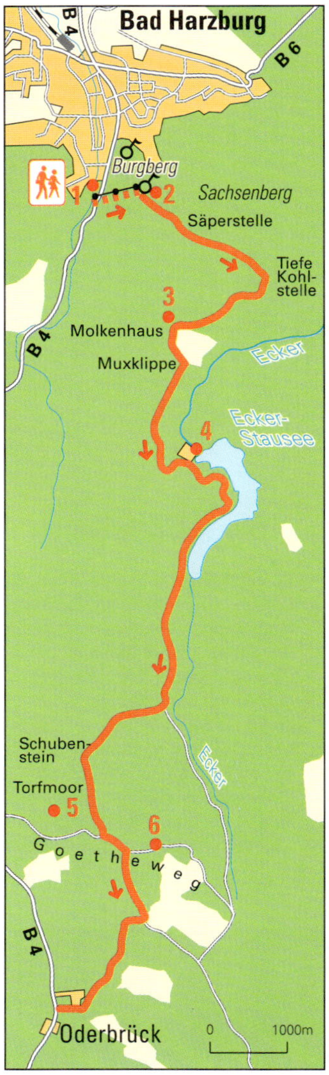

▽ *Blick auf Bad Harzburg vom Burgberg mit der Ruine der Kaiserburg*

Tip

Oderteich bei Torfhaus: Der Oderteich, angelegt zwischen 1714 und 1721, ist der älteste Stausee Deutschlands.

Wanderung 38 B: 13 Kilometer – 4 Stunden

38B

Wallfahrt zum Blocksberg

Der höchste Berg des Harzes zieht seit Jahrhunderten die Menschen in seinen Bann. Ob Dichter oder Fürst, ob Wissenschaftler oder Naturfreund, sie alle ließen sich faszinieren von bizarren Granitblöcken, phantastischen Wolkenformationen und einer durch nichts zu übertreffenden Aussicht. Die Attraktivität wird noch gesteigert durch die mit Dampfloks bespannten Züge der Brockenbahn.

Hochharz

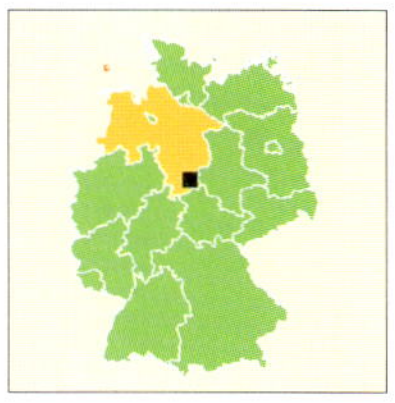

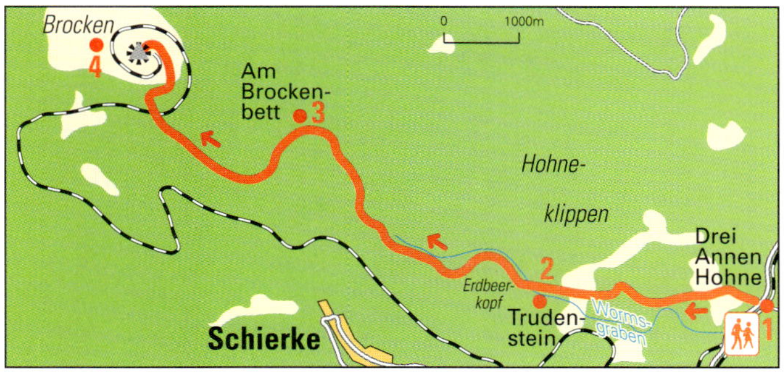

Tourverlauf

Einer der drei klassischen Anstiege zum Brocken beginnt beim Bahnhof Drei Annen Hohne, wo es auch einen großzügigen Parkplatz gibt. ①
Zum Anstieg benutzt man den Glashüttenweg und bewegt sich damit auf historischem Boden. Den Weg nutzten nicht nur die Glasmacher in früheren Jahrhunderten, sondern auch die vornehmen Herrschaften, wenn sie von Wernigerode aus im 19. Jahrhundert mit der Kutsche zum Brocken fuhren.
Um zum Glashüttenweg zu kommen, folgt man ab dem Bahnhof Drei Annen Hohne der Ausschilderung Hohneklippen und erreicht nach etwa 1,5 Kilometern den Wormsgraben, der bereits vor mehr als 500 Jahren als Wassersammelgraben für Wernigeroder Wassermühlen gebaut worden war. Bald darauf erreicht man den Trudenstein. ②
Danach überquert oder umwandert man den Erdbeerkopf und erreicht als nächste Station das Brockenbett. ③
Für den restlichen Anstieg folgt man nun der Brockenstraße, überquert die Bahntrasse und erreicht kurz darauf das weite Gipfelplateau des Brocken. ④
Für die Rückkehr zum Ausgangspunkt bietet sich die Fahrt mit der Brockenbahn an.

△ *»Der Harz«, so der Geologe Lossen, »gilt als Kleinod unter den Gebirgen der Erde.«*

Sehenswürdigkeiten

① Drei Annen Hohne ist auch Station der Harzer Schmalspurbahnen.
② Der Trudenstein verdankt seinen Namen der »Trutte«, einem weiblichen bösen Nachtgeist.
③ Am Brockenbett trifft der Glashüttenweg auf die von Schierke heraufkommende Brockenstraße. Hier liegt auch die Wasserscheide zwischen Elbe und Weser.
④ Schon den Römern war der Brocken als »mons Bructerus« (Berg der Brukterer) ein Begriff. Zum Hexentanzplatz machte den Brocken Johann Wolfgang von Goethe nach seinem ersten Brockenbesuch am 10. Dezember 1777. Der Berg hatte ihn so beeindruckt, daß er die Sage von den auf dem Hexentanzplatz bei Thale gastierenden Hexen auf den Brocken verlegte und zum Mittelpunkt der Walpurgisnacht in »seinem Faust« machte. Seit 1798 gibt es deshalb auf dem Brocken einen Hexenaltar und eine Teufelskanzel. Bereits 1843 wurde die Straße zum Brockengipfel trassiert und 1899 wurde die Brockenbahn als Zweig der Harzquerbahn eröffnet. Die moderne Technik hielt 1935 auf dem Brocken Einzug, als die erste Fernsehübertragung nach Schierke erfolgte. Ein Jahr darauf gab es die Übertragung der Berliner Olympischen Spiele und ab April 1939 die Abstrahlung eines eigenen Programms. Der damals errichtete Sendeturm steht noch heute. Nach dem Zweiten Weltkrieg war der Brocken 28 Jahre lang hermetisch abgeriegeltes, militärisches Sperrgebiet, der Gipfel war mit einer 3 Meter hohen und knapp 4 Kilometer langen Betonmauer eingefaßt. Inzwischen sind die militärischen Bauten nahezu alle abgerissen, und am Gipfelplateau kann sich in weiten Teilen wieder die natürliche Vegetation ungestört entfalten, die der der Alpen in etwa 2000 Meter Höhe entspricht. Wieder blühen Edelweiß und Alpenhabichtskraut und vor allem das botanische Wahrzeichen des Brockens, die Brockenanemone. Der bereits 1890 an der Südostseite des Brockenplateaus angelegte, erste alpine Garten der Welt, wird heute wieder gepflegt und kann im Rahmen täglicher Führungen besichtigt werden.

▽ *Schmalspurbahnfahrt zum Brockengipfel*

Tip

Nationalpark Hochharz: Im Herbst 1990 hat das Land Sachsen-Anhalt ein 6000 Hektar umfassendes Gebiet vor allem in der Brocken-Region zum Nationalpark erklärt. Der wesentlich größere niedersächsische Nationalpark Harz befindet sich noch in der Planung.

39

Autotour 39: 160 Kilometer

Kleinodien auf einer Fahrt durch den Unterharz

Unterharz

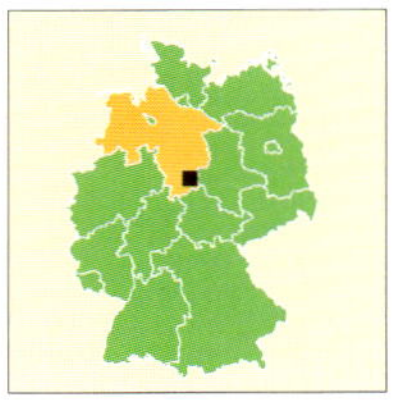

Der Unterharz senkt sich von West nach Ost um rund 300 Meter. Eine Fahrt durch den Südostteil des Harzes ist deshalb eine Reise in eine liebliche Landschaft mit freundlichem Klima. Tief eingegrabene, von Burgen und Felsen bewachte Flußtäler sorgen für romantische Abwechslung. In den Tälern verstecken sich Kleinode wie die Fachwerkidylle Stolberg.

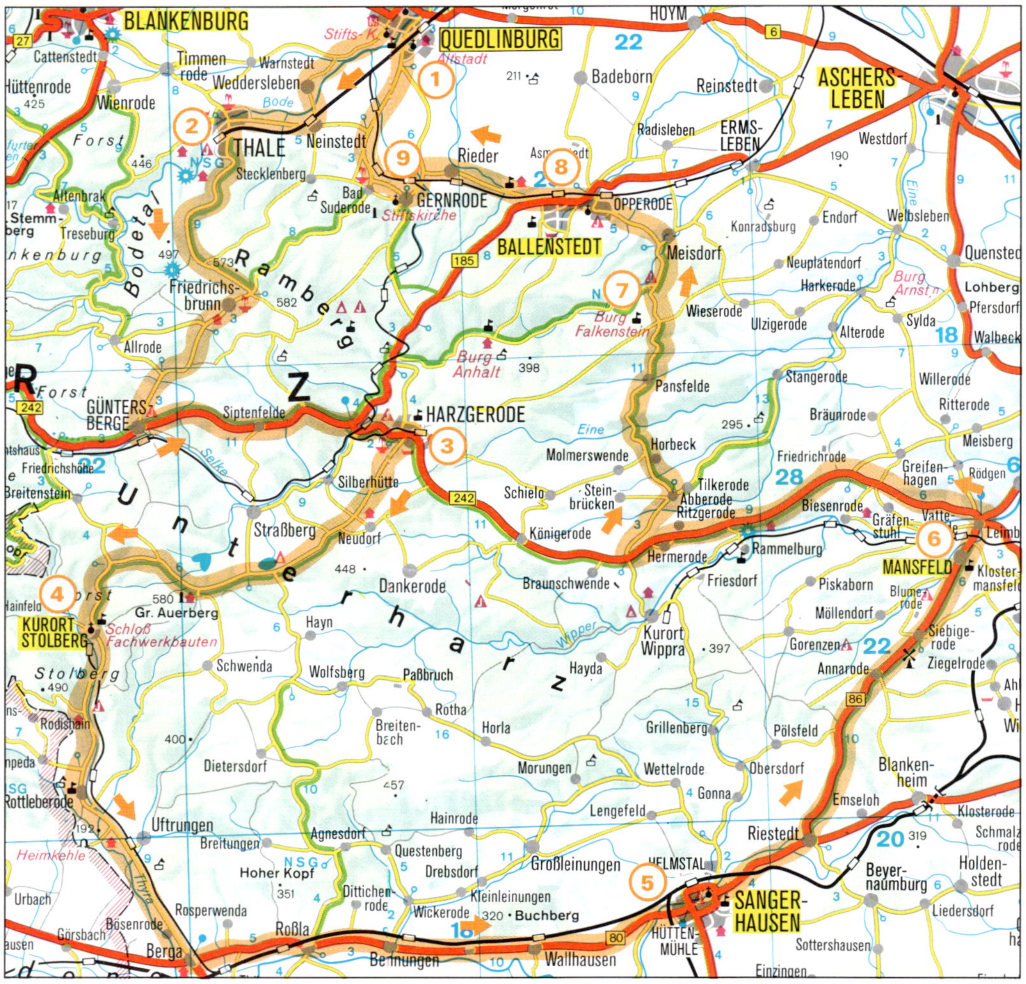

Tourverlauf

Die Tour beginnt in der Fachwerksstadt Quedlinburg im nordöstlichen Harzvorland. ①
Erstes Ziel ist Thale am Ausgang des Bodetals. ②
Über eher einsame Landsträßchen geht es südwärts nach Güntersberge und von dort über die B 242 in östlicher Richtung nach Harzgerode. ③
Quer durch den Unterharz führt dann eine verträumte Landstraße nach Stolberg. ④
An der Thyra entlang geht es hinaus nach Berga. Ab hier sorgt die B 80 dafür, daß man Sangerhausen zügig erreicht. ⑤
Auch nach Sangerhausen bleibt man zunächst der B 80 treu bis Riestedt und folgt dann der B 86 bis Mansfeld. ⑥
Ab Mansfeld nimmt man die B 242 Richtung Westen bis Hermerode. Dort zweigt man rechts ab, um zur Burg Falkenstein zu kommen. ⑦
Über Meisdorf wird Ballenstedt angesteuert. ⑧
Bevor man nach Quedlinburg zurückfährt, ist Gernrode die letzte Station dieser Tour. ⑨

Sehenswürdigkeiten

① Schloß und Stiftskiche auf dem Burgberg zeugen bis heute davon, daß Quedlinburg die Lieblingsstadt der Ottonen war. In der nie zerstörten Bürgerstadt zu Füßen des Burgbergs haben sich über tausend bunte Fachwerkhäuser, ein prächtiges Rathaus, mehrere Kirchen und Reste der Stadtbefestigung erhalten. Gegründet wurde die Stadt der Legende nach bereits im 5. Jahrhundert durch den adligen Thüringer Quitilo, der seiner Gründung auch den Namen gab. Schon 936 entstand auf dem Schloßberg neben dem Königshof ein weltliches Damenstift, das für die nächsten 460 Jahre weitgehend das Schicksal der Stadt bestimmen sollte. Quedlinburgs Herzstück ist seit dem 10. Jahrhundert sein Marktplatz. Auf ihn münden acht Straßen, gesäumt ist er von repräsentativen Häusern mit teils malerischen Fachwerkfassaden. Die Nordseite dominiert das mindestens auf das Jahr 1310 zurückgehende Rathaus. Seine zweigeschossige Renaissancefassade mit überreich geschmücktem Portal erhielt es 1613. Der Roland links des Rathauses steht dort seit 1427. Hinter dem Rathaus befindet sich die Marktkirche St. Benedikt seit 1233. Die heutige dreischiffige, gotische Hallenkirche stammt aus dem 15. Jahrhundert. Wichtige Ausstattungsstücke sind ein spätgotischer Flügelaltar, die Kanzel von 1595, das Ratsgestühl von 1682 sowie der barocke Hochaltar. Die Pfarrkirche St. Blasii geht auf die Romanik zurück, ihre heutige Form als barocke Saalkirche mit achteckigem Grundriß erhielt sie bis 1715. Ein reich verzierter Kanzelaltar kam 1723 dazu. Auf der Südseite der Kirche steht Quedlinburgs ältestes Fachwerkhaus, dessen Ständerbau aus dem 14. Jahrhundert stammt. Der Ostteil der Stadt wird überragt von den beiden mächtigen, 72 Meter hohen Türmen der Pfarrkirche St. Nikolai. Sie wandelte sich von der dreischiffigen, romanischen Basilika zur heutigen, gotischen Hallenkirche. Ihr Inneres wird von einem prunkvollen, barocken Hochaltar beherrscht. Höhepunkt jeder Stadtbesichtigung ist die Besteigung des weithin sichtbaren Schloßbergs, auf dem der erste Kirchenbau im 9. Jahrhundert erfolgte. Heinrich I. hatte hier ebenso seine Residenz

▽ *Die Bode durchbricht den Harznordrand*

△ *Teufelsmauer bei Neinstedt*

wie später das weltliche Damenstift. Die heutigen Schloßgebäude stammen aus dem 16. und 17. Jahrhundert und präsentieren sich mit reich ausgestatteten Innenräumen aus Renaissance und Barock. Die dreischiffige Stiftskirche wurde bereits 1129 geweiht.

② Thale: Siehe Wanderung 39 A, Seite 164.

③ In Harzgerode ist der malerische Marktplatz mit seinem prächtigen Rathaus und den alten Fachwerkhäusern beeindruckend. Beherrscht wird die Ortschaft vom romanischen Westwerk der Pfarrkirche St. Marien. Das barocke Innere mit dreigeschossigen Emporen und einer prächtigen Fürstenloge wurde 1699 vollendet.

④ In Stolberg, der »Perle des Südharzes«, gibt es fast ausschließlich Fachwerkhäuser. Den Marktplatz dominiert das Rathaus von 1482, der Saigerturm gegenüber stammt noch aus dem 13. Jahrhundert. Die Pfarrkirche St. Martin geht auf das 11. Jahrhundert zurück und erhielt ihre heutige Form bis 1490. Das große Renaissanceschloß hoch über der Stadt geht auf eine um 1200 errichtete Burg der Grafen von Stolberg zurück.

⑤ Die Rosenstadt Sangerhausen wurde bekannt durch ihr Rosarium mit seinen über 6500 verschiedenen Rosensorten. Wahrzeichen der Stadt ist das 1431 begonnene, spätgotische Rathaus. Den Kontrapunkt dazu bildet die 1542 fertiggestellte, spätgotische Pfarrkirche. Weite Teile ihrer Innenausstattung stammen noch aus der Spätgotik.

⑥ Die Bergbaustadt Mansfeld wurde von den mächtigen Grafen von Mansfeld beherrscht. Ihr gewaltiges Schloß überragt die Stadt bis heute. Die gotische Schloßkirche aus dem frühen 15. Jahrhundert birgt einen um 1520 gemalten, frühgotischen Flügelaltar. Die Lutherschule neben der Kirche wurde von Martin Luther bis zu seinem 14. Lebensjahr besucht. Den Mittelpunkt der Altstadt bildet die von 1479 bis 1520 errichtete Stadtkirche St. Georg. Ihr Inneres ist mit Emporen ausgestattet deren Brüstungsfelder mit Darstellungen aus dem Neuen Testament geschmückt sind.

⑦ Burg Falkenstein: Siehe Wanderung 39 B, Seite 165.

⑧ In Ballenstedt entstand das heutige Schloß im 16. Jahrhundert als Residenz der Fürsten von Anhalt-Bernburg. Schönstes Bauteil des Schlosses ist sein Hoftheater. Das 1788 fertiggestellte Gebäude hat als einziges Hoftheater des Harzes überlebt.

⑨ In Gernrode verdient die Stiftskirche St. Cyriacus einen Besuch. Sie ist eines der wichtigsten romanischen Baudenkmäler aus ottonischer Zeit, geweiht wurde sie in Teilen bereits 963. Die eindrucksvolle Westfassade mit ihren zwei prägnanten Türmen entstand ab 1127.

Schloß Mansfeld ▷

Burg Falkenstein wurde nie zerstört

Um 1120 begannen die Falkensteiner, ihre Stammburg hoch über dem Selketal zu errichten. Die Herren von Falkenstein traten ab 1155 bereits als Grafen auf, ab 1200 waren sie nachweislich die Vögte des reichsunmittelbaren Stifts Quedlinburg und damit die Inhaber der Gerichtsbarkeit im gesamten Unterharz. Graf Hoyer von Falkenstein beauftragte deshalb Eike von Repgow, seinen 1230 in Latein verfaßten »Sachsenspiegel« ins Deutsche zu übertragen, weil er das erste umfassende Gesetzbuch jener Zeit war. Dieses Gesetzeswerk sollte für Jahrhunderte – zum Teil bis ins 19. Jahrhundert – die Grundlage der Rechtssprechung und die Vorlage für zahlreiche nachfolgende Rechtsbücher werden. Bis zum Jahre 1260 schließlich wuchs die Burg Falkenstein zur heutigen Dreiflügelanlage und damit zu einer der bedeutendsten Burgen des Mittelalters. Eine Vorburg, sieben Tore, fünf Zwinger und drei Halsgräben sicherten die großartige, nie zerstörte Anlage. Ihr 30 Meter hoher Bergfried wird bis heute durch eine 17 Meter hohe und 4 Meter starke Schildmauer geschützt.

◁ *Quedlinburg: Malerische Gasse mit Fachwerkhäusern am Fuße des Schloßbergs*

Tip

Klippmühle bei Gräfenstuhl westlich von Mansfeld: Am Hang der Wipper befindet sich ein geologisches Naturschutzgebiet mit Aufschlüssen eines der ältesten Gesteine des Harzes, des Klippmühlquarzits.

39 A

Wanderung 39 A: 15 Kilometer – 4 Stunden

Götterheimat und Menschenzuflucht

Unterharz

Die Roßtrappe, ein gewaltiger Felsen über dem Bodetal bei Thale, zog die Menschen zu allen Zeiten an. Aus dem Platz zur Verehrung der Götter wurde eine germanische Fluchtburg und heute das Ziel aller Naturfreunde, denn das Bodetal gehört zu den reizvollsten Gegenden des Harzes.

Tourverlauf

Der Anfang liegt in Thale am Nordrand des Harzes. ①
Auf die Höhe der Roßtrappe hinauf hilft ein Sessellift. ②
An seiner Bergstation beginnt das wohl schönste und reizvollste Stück des Bodetals, das sich kein Freund des Harzes entgehenlassen sollte. Bis hinüber nach Treseburg ist das Tal ausschließlich dem Wanderer vorbehalten, der hier im Schatten von Ahorn, Erle, Ulme und Linde die romantische Umgebung genießen kann.
Der Abstieg von der Roßtrappe ins Bodetal erfolgt auf einem Serpentinenweg, der den Namen »Die Schurre« trägt. Der eindrucksvolle Steig mündet bei der Teufelsbrücke, in deren Umgebung das Bodetal wildromantisch ist. ③
Hier ragen die Felswände rund 200 Meter senkrecht in den Himmel. Wenig oberhalb der Teufelsbrücke stürzt die Bode in den Bodekessel, hinter dem das Tal so eng wird, daß für den Weg kein Platz mehr bleibt. Über Kehren und eingelassene Stufen windet sich der Weg deshalb bis auf halbe Hanghöhe hinauf.
Von nun an wird das Tal zunehmend zahmer, der Weg schlängelt sich mal am Hang entlang, mal auf der schmalen Talsohle.
Wo die Luppbode in die Bode mündet, liegt der kleine Flecken Treseburg. Bis hierher ist man zwei Stunden unterwegs und könnte mit dem Bus nach Thale zurückfahren. Sehr viel empfehlenswerter aber ist es, nach einer Stärkung in Treseburg den gleichen Weg zurückzuwandern, weil die nun veränderte Perspektive das Bodetal ganz neu erleben läßt. Dazu bietet sich ab der Teufelsbrücke die Möglichkeit, auch das letzte Stück des Talbodens bis hinaus nach Thale kennenzulernen. Damit sich dort der Steig zwischen Fluß und Fels hindurchschlängeln kann, mußte er zweimal über Brücken geführt werden, bis man am Gasthaus Hirschgrund die Jungfernbrücke erreicht. Sie überquert das enge Tal in 8 Meter Höhe, wurde aber 1925 dennoch von einem Hochwasser weggerissen. Der Weg endet schließlich an der Talstation der Bahn zum Hexentanzplatz.

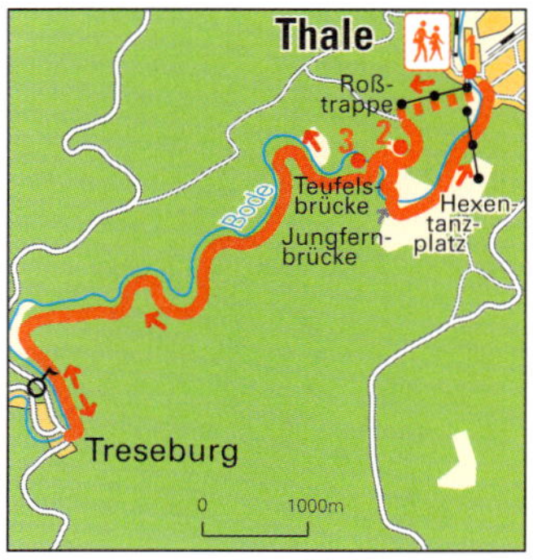

◁ *Bodetal im Ostharz*

△ *Roßtrappe bei Thale*

Sehenswürdigkeiten

① Im Bereich von Thale gab es bereits im 9. Jahrhundert eine Burg: Neben der Pfarrkirche St. Andreas stand das im 9. Jahrhundert gegründete Kloster Wendhusen. In der 1550 fertiggestellten St.-Andreas-Kirche gibt es einen interessanten barocken Altar aus der Mitte des 18. Jahrhunderts. Der Altweiberbrunnen in der Nähe der Kirche entstand 1951 und zeigt zwei eifrig schwatzende Bäuerinnen. Das Harzer Bergtheater gilt als eines der schönsten Freilichttheater Deutschlands.
② Glaubt man der Sage, dann ist der 240 Meter hoch über die Bode aufragende Felsgrat Roßtrappe der rettende Fluchtplatz für die Prinzessin Brunhilde gewesen. Sie wollte den Nachstellungen des Fürsten Bodo entfliehen und wagte deshalb mit ihrem Pferd den Sprung über das Bodetal auf die Roßtrappe. Der Verfolger stürzte ins Tal, wurde in einen schwarzen Hund verwandelt und muß seitdem die Krone Brunhildes bewachen. Funde aus der Stein-, Bronze- und Eisenzeit belegen, daß schon die Germanen auf der Roßtrappe ihre Götter verehrt haben. Reste von Wallanlagen zeigen, daß der von drei Seiten unzugängliche Felsen als Fluchtburg diente.
③ Der Bodekessel wenig oberhalb der Teufelsbrücke ist ein etwa 5 Meter tiefer Granittopf, in den der Sage nach Prinzessin Brunhildes Krone fiel, als sie über das Tal sprang. Die Krone soll derjenige erhalten, der den Fürsten Bodo erlösen kann.

Tip

Hexentanzplatz bei Thale: Beim Hexentanzplatz wurde eine Naturbühne eingerichtet, außerdem ein kleiner Tierpark mit einheimischen Tierarten, und schon seit 1901 gibt es die Walpurgishalle mit einer Ausstellung zum Thema Hexen.

Burg Falkenstein im Selketal

Unterharz

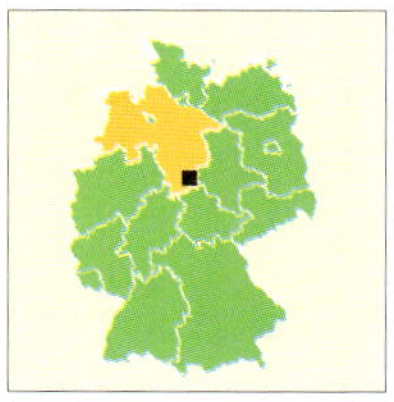

Seit rund 800 Jahren beherrscht Burg Falkenstein, die am besten erhaltene und imposanteste Burganlage des Harzes, aus 134 Meter Höhe das Selketal. Talaufwärts erinnern Ruinen auf dem Großen Hausberg an die Stammburg der Anhaltiner. Zwischen beiden liegt das selten schöne, verträumte Selketal.

Tourverlauf

Passender Einstieg für eine Wanderung ins Selketal ist die Burg Falkenstein. ①
Nach dem Besuch der Burg steigt man ins Selketal ab, das bei der Talmühle erreicht wird. Von ihr geht es rund 10 Kilometer talaufwärts durch das freundliche und zumindest wochentags herrlich einsame Selketal. Erschlossen ist es durch einen für den allgemeinen Verkehr gesperrten schmalen Schotterweg, der sich auf weiten Strecken zwischen prächtigen, alten Kastanienbäumen schlängelt.
Beim Gasthof Selkemühle verläßt man das Selketal nach Süden, um den 398 Meter hohen Großen Hausberg zu besuchen. ②
Hier, in etwa 150 Meter Höhe über der Selke hatten die Anhaltiner im 11. Jahrhundert ihre Stammburg errichtet. Vom Großen Hausberg wandert man weiter nach Süden bis zum Wilhelmshof, wo man sich nach Osten wendet und der Markierung grüner Strich geradeaus folgt bis zurück zum Parkplatz beim Gasthaus Gartenhaus und zurück zur Burg Falkenstein.

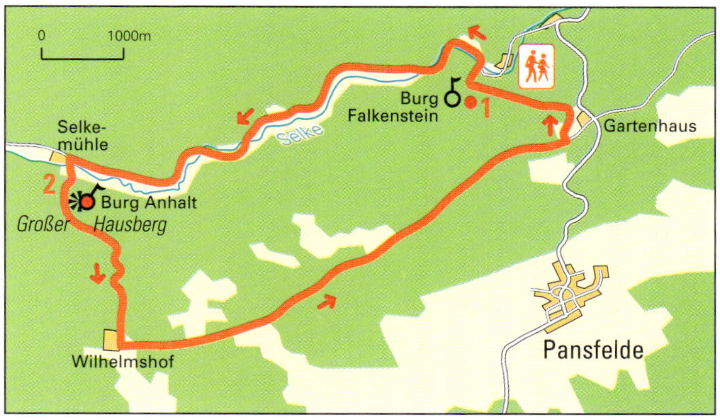

Sehenswürdigkeiten

① Die Burg Falkenstein ist als Museum für Kultur- und Jagdgeschichte zugänglich. Damit kann die gesamte Kernburg mit ihren drei um den Innenhof gruppierten Gebäudetrakten besichtigt werden. Der Palas enthält mit der kleinen Kapelle einen der ältesten, weitgehend original erhaltenen Räume der Burg. Die Anfang des 13. Jahrhunderts fertiggestellte Kapelle erhielt ihre heutige Wölbung und die farbenprächtige Ausmalung im 16. Jahrhundert. Wertvolle Ausstattungsstücke sind fünf im Jahre 1594 gemalte Tafelbilder mit biblischen Szenen sowie die Kanzel und die Empore aus der Zeit um 1600. Das Herz jedes Burgenfreundes höherschlagen läßt der Bergfried, bietet er doch einen reizvollen Zugang kreuz und quer durch das zimmermännische Innenleben und vermittelt so echte Burgenromantik. Die als Museum zugänglichen Wohnräume beherbergen Möbel, Hausgeräte, Kunstgegenstände und Jagdutensilien. Komplette Zimmerausstattungen gibt es im Stil der Renaissance, des Barock und des Biedermeier.
② Auf dem 398 Meter hohen Großen Hausberg errichteten die Anhaltiner im frühen 11. Jahrhundert ihre Stammburg. Den Bau begann der 1059 verstorbene Graf Esico von Ballenstedt, vollendet wurde er im Jahre 1110 durch Otto den Großen. Damals soll die Burg so prächtig wie die Burg Falkenstein angelegt gewesen sein. Bereits 1140 jedoch wurde die Burg Anhalt zerstört und danach ab 1150 als zweigeteilte Anlage mit Wall und Graben auf ovalem Umriß neu errichtet. Diese Anlage bestand noch um 1300 als stattliche Ritterburg, danach verschwand sie sang- und klanglos. Die Archäologen konnten lediglich Fundamente eines 18 Meter weiten Grundrisses von einem Bau aus dem 11. Jahrhundert nachweisen.

△ Das Selketal

◁ Burg Falkenstein bei Pansfelde

Tip

Selketal: Eines der schönsten Täler nicht nur des Harzes ist das Tal der Selke. Unvergeßlich ist eine Fahrt mit der schmalspurigen Selketalbahn, die über Stiege und Eisfelder Talmühle mit der Harzquerbahn verbunden ist. (Harzer Schmalspurbahnen, HSB, Friedrichstraße 151, 28855 Wernigerode.)

40

Autotour 40: 110 Kilometer

Kyffhäuser und Hainleite

Kyffhäuser

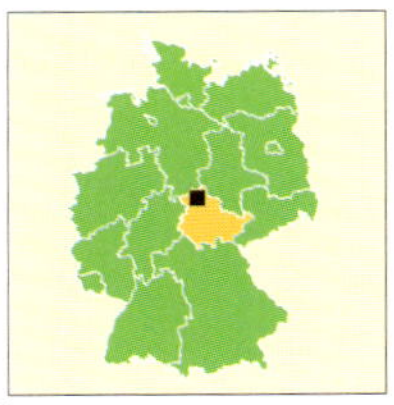

Das Kyffhäusergebirge, mit 13 Kilometern Länge und 6 Kilometern Breite der »kleine Bruder« des Harzes, ist von diesem nur durch die Goldene Aue getrennt und hat denselben geologischen Aufbau. Granit und Schiefergesteine bilden seinen Sockel, roter Sandstein aus der Karbonzeit seine Höhen. Zur Zeit Kaiser Barbarossas stand auf dem Kyffhäuser eine gewaltige Reichsburg, und auf dem Pfingstberg in Tilleda konnte eine der bedeutendsten Kaiserpfalzen des Mittelalters ausgegraben werden.

Tourverlauf

Diese Fahrt durch Goldene Aue, Kyffhäuser und Hainleite beginnt in Nordhausen. ①
Zunächst fährt man am nördlichen Rand der Goldenen Aue. ②
In Berga biegt man südostwärts in die B 85 nach Kelbra ein. ③
Von hier aus bietet sich ein Abstecher zur mittelalterlichen Kaiserburg in Tilleda an. ④
Auf der B 85 geht es hinauf zum Kyffhäuser. ⑤
Das nächste Ziel ist Bad Frankenhausen. ⑥
Für Höhlenfreunde ist hier der Besuch der Barbarossa-Höhle unumgänglich. ⑦
Auch für die Weiterfahrt bleibt man der B 85 treu, um nach Heldrungen zu kommen. ⑧
Um über die Hainleite nach Sondershausen zu gelangen, folgt man auf zum Teil schmalen Landstraßen dem Tal der Wipper. ⑨
Die Rückkehr nach Nordhausen erfolgt über die B 4.

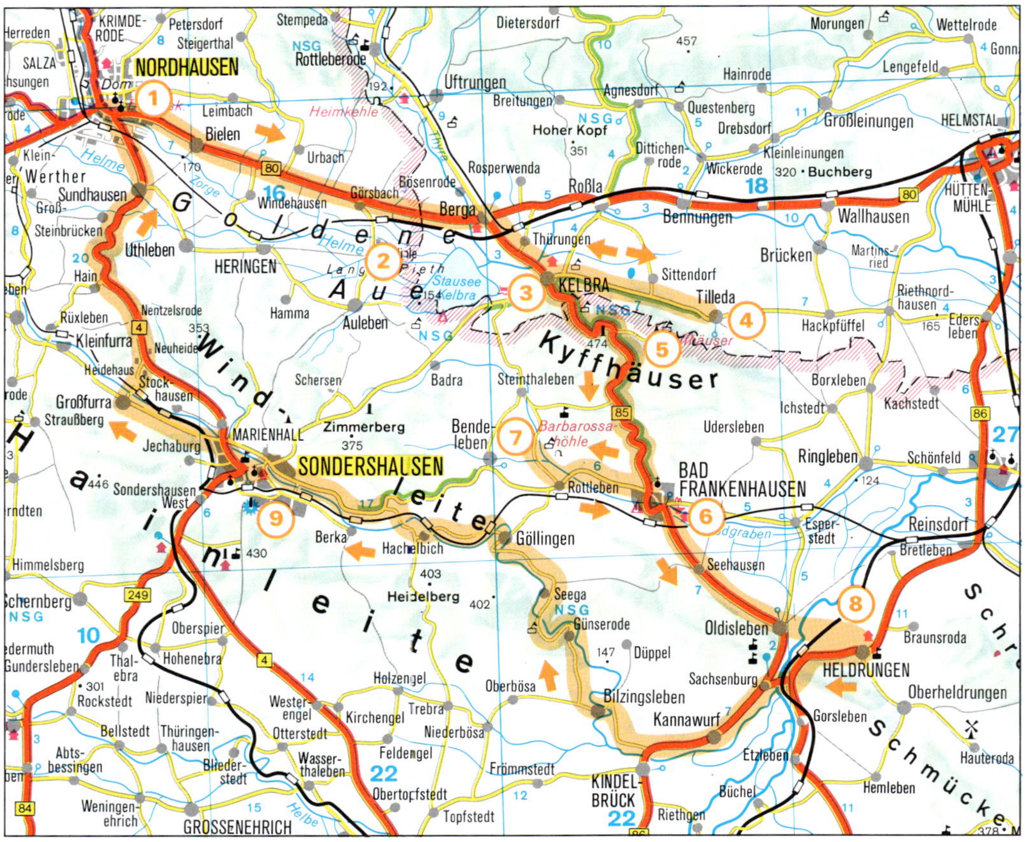

Sehenswürdigkeiten

① Nordhausen, das Tor zum Südharz, war einst Freie Reichs- und Hansestadt; um 1260 hatte man hier bereits den ersten Stadtrat gebildet. Garant des späteren Aufschwungs war der Nordhäuser Korn, dessen Herstellung sich Ende des 18. Jahrhunderts über hundert Branntweinbrennereien verschrieben hatten. Im April 1945 versank die alte Reichsstadt im Bombenhagel. Originalgetreu wiederaufgebaut wurde das 1360 zum ersten Mal erwähnte Rathaus. Den Roland an seiner Westseite gab es bereits 1441. In seiner heutigen Form wurde er im Jahre 1717 aufgestellt. Die Pfarrkirche St. Blasii am Pferdemarkt ist von weitem an ihren unterschiedlich hohen, achteckigen Türmen zu erkennen. Die heutige, aus dem 15. Jahrhundert stammende, dreischiffige, spätgotische Hallenkirche geht auf einen romanischen Vorgängerbau zurück, von dem noch Teile erhalten sind. Die Kirche besitzt eine prächtige, in Alabaster eingefaßte Renaissancekanzel von 1592. Der Nordhäuser Dom entstand aus einem 961 von Königin Mathilde gegründeten Damenstift. Sein ältester Teil ist die dreischiffige, romanische Krypta aus dem ausgehenden 13. Jahrhundert. Die beiden romanischen Türme beiderseits des Chores wurden Ende des 13. Jahrhunderts fertiggestellt. Die auf acht Eckpfeilern ruhende, dreischiffige, gotische Halle wurde Mitte des 14. Jahrhunderts errichtet. Wichtigste Ausstattungsstücke sind an den beiden Chorwänden je drei Steinskulpturen, die wohl Stifter-

▽ *Bergwerksausstellung in der Höhle Heimkehle nördlich von Kelbra*

▽ *Salinenpark der ehemaligen Salzwiesen bei Artern*

Die Naturlandschaft des Kyffhäusers

Der Naturpark um den Kyffhäuser, der das Staubecken Berga-Kelbra und die Feuchtwiesen mit einbezieht, ist etwa 110 Quadratkilometer groß. Mit 447 Metern Höhe erhebt sich der Kyffhäuser am Kulpenberg weithin sichtbar aus der Goldenen und Diamantenen Aue. Die ursprünglichen Salzeinlagerungen sind heute weitgehend ausgelaugt. Früher traten salzhaltige Quellen als artesische Brunnen zutage und ließen Sole in Bad Frankenhausen austreten. Die Auslaugungen verursachen immer wieder Absenkungen und Einbrüche, so daß man auch von Salztektonik spricht. An der Oberfläche entstand dabei die typische zerfurchte Gipskarstlandschaft. Das Mikroklima und die mannigfaltige Bodenstruktur hat einen großen Reichtum an Wuchsformen hervorgebracht. Zahlreiche Insektenarten, die sonst nur in Südosteuropa anzutreffen sind, kommen hier vor. Besonders auffällig ist das bei den Tag- und Nachtschmetterlingen. Rot-, Reh- und Schwarzwild sind ebenso verbreitet wie das ausgesetzte Dam- und Muffelwild. Gegenwärtig treten verstärkt auch Waschbären und Marderhunde auf. Im Kyffhäusergebiet ist die vom Aussterben bedrohte Wildkatze heimisch.

figuren darstellen und um 1300 gearbeitet wurden. Der barocke Hochaltar stammt von 1726. Ältestes Haus der Stadt ist das Haus Altendorfer in der Kirchgasse 3, das bereits um 1305 errichtet wurde.

② Die Goldene Aue ist die breite Talniederung zwischen dem Harz im Norden und dem Kyffhäuser im Süden. Aufgrund der fruchtbaren Böden siedelten bereits in ur- und frühgeschichtlicher Zeit Menschen in dieser Region. Die ersten urkundlich belegbaren Ortsgründungen reichen in das 8. Jahrhundert zurück.

③ Kelbra: Siehe Wanderung 40 A, Seite 168.

④ Die Kaiserpfalz am Tilledaer Pfingstberg wurde ab 1935 ausgegraben. Dabei kamen in der Oberburg die Grundmauern der Kirche zutage; an sie schloß sich der Wohnraum des Kaisers an. Eine große Halle mit gut erhaltenem Gipsestrich diente dem Hofstaat für Versammlungen und Festlichkeiten. Wälle und Gräben trennten die Hauptburg von der Vorburg. Die gesamte Burg war auf einer Länge von 350 Metern und einer Breite von 250 Metern mit einer Mauer umgeben.

⑤ Die Reichsburg Kyffhausen entstand im 11. Jahrhundert auf den Grundmauern älterer Festungen zum Schutz der Kaiserpfalz Tilleda. Die 600 Meter lange und bis zu 60 Meter breite, durch Mauern in Ober-, Mittel- und Unterburg geteilte Bergfeste gehört damit zu den größten Burganlagen Deutschlands. Zwar verfiel die Burg im späten Mittelalter, doch die nahezu vollständig erhaltene Ringmauer, der 176 Meter tiefe Burgbrunnen, das Erfurter Tor und der restaurierte Bergfried lassen ihre ursprünglichen Dimensionen sehr wohl erahnen. Mit diesen romantischen Ruinen wurde die Sage von der Wiederkehr Kaiser Barbarossas verbunden und bis 1896 das monumentale Kyffhäuser-Denkmal zum Ruhme des deutschen Kaiserreichs errichtet.

⑥ Bad Frankenhausen: Siehe Wanderung 40 B, Seite 169.

⑦ Die Barbarossahöhle im Westen von Bad Frankenhausen wurde 1865 bei der Suche nach Kupferschiefer entdeckt. Seither reißt der Besucherstrom in der imposanten Gipfshöhle nicht mehr ab. Begehbar ist sie auf 600 Metern Länge, zu sehen sind gewaltige Gewölbe, klare Höhlenseen, funkelnde Gipskristalle und schneeweiße Alabasterkugeln.

⑧ Die Festung Heldrungen geht auf eine mittelalterliche Wasserburg zurück. Anfang des 16. Jahrhunderts wurde sie zur Festung erweitert. Die 1645 zerstörte Anlage wurde bis 1668 nach den Regeln der Festungsbaukunst von Vauban wiederaufgebaut.

⑨ Sondershausen entstand im Schutz der Spatenburg, eine Gründung Heinrichs IV. Ihre Blüte erlebte die Stadt im 14. Jahrhundert, ihren Untergang im Frühjahr 1945. So blieben auch nur Teile des im 16. und 17. Jahrhundert errichteten Renaissanceschlosses erhalten. Um so überraschender ist das Innere des Schlosses mit barockem Saal, im Stil des Rokoko gestaltetem Weißen Saal und der barocken Schloßkirche.

Tip

Gipskarstlandschaft bei Badra: Südwestlich von Kelbra liegt das kleine Badra inmitten einer eindrucksvollen Gipskarstlandschaft mit entsprechender Flora und Fauna. Bizarr geformte Gipsfelsen, Trockentäler und Karsttrichter warten hier auf Besucher. In Trockenrasen und Felsheide können Pflanzenfreunde manch botanisches Kleinod entdecken.

▽ *Blick vom Kyffhäuser-Denkmal auf die Goldene Aue*

▽ *Die Pfarrkirche St. Blasii mit ihren unterschiedlich hohen Türmen in Nordhausen*

40 A

Wanderung 40 A: 15 Kilometer – 4 Stunden

Kyffhäuser und Kulpenberg

»Pforte zum Kyffhäuser« nennt sich gern das kleine Städtchen Kelbra am Südrand der Goldenen Aue. Von hier aus führen schöne Wanderwege durch die Nordhänge des Kyffhäusers hinauf zu alten Burgruinen und zum Kyffhäuser-Denkmal sowie zum Kulpenberg, dem höchsten Punkt des Gebirges.

Kyffhäuser

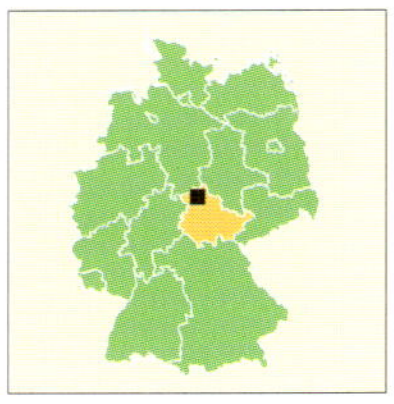

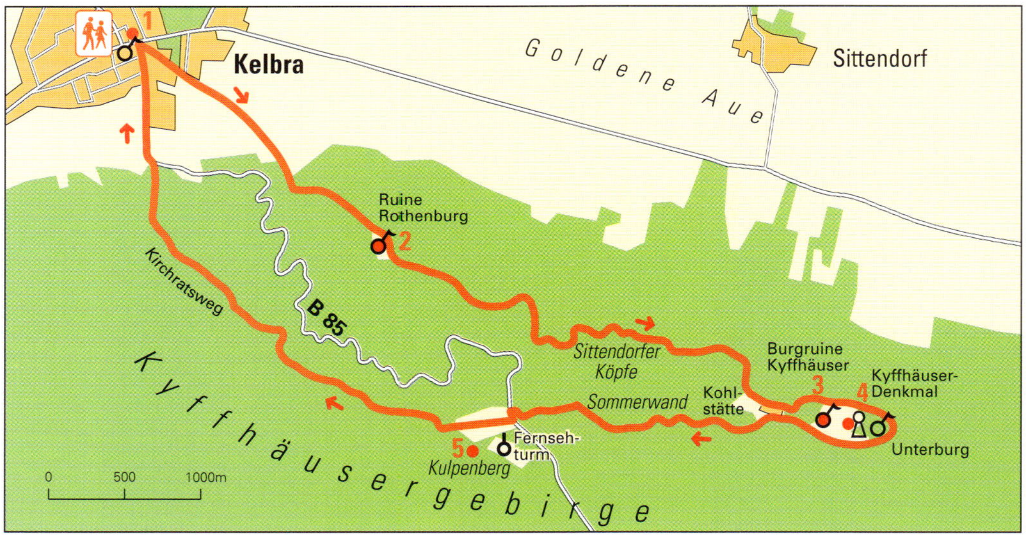

Tourverlauf

Die Wanderung beginnt in Kelbra. ①
Auf dem mit einem blauen X markierten Hainweg gelangt man zur Rothenburg. ②
Von der Rothenburg folgt man weiter dem blauen X durch die Sittendorfer Köpfe zur Kohlstätte und zur Burgruine Kyffhäuser. ③
Unmittelbar daneben lockt dann der Turm des Kyffhäuser-Denkmals zur Besteigung. ④
Auch der Rückweg ab Kohlstätte folgt nun zunächst südwestwärts, dann westwärts weiter dem blauen Kreuz bis zur Sommerwand. Dort trifft man auf einen mit schwarzem Dreieck markierten Querweg, dem man nach rechts (Westen) hinüber zum Kulpenberg folgt. ⑤
Vom Kulpenberg bummelt man weiter der Markierung schwarzes Dreieck folgend über den Kirchratsweg zurück nach Kelbra.

△ *Burgruine Kyffhäuser und der Kulpenberg*

Sehenswürdigkeiten

① Kelbra war einst eine Station an der Königsstraße, die Nordhausen mit den Pfalzen Tilleda und Wallhausen verband. 1271 wurde hier ein Zisterzienserinnenkloster gegründet, dessen ehemalige Kirche teilweise in der Stadtkirche St. Georg erhalten blieb. In dieser 1607 neu errichteten Kirche steht ein gemalter Flügelaltar von 1520, ein Taufstein aus der Mitte des 16. und eine Kanzel aus dem 17. Jahrhundert. Die frühromanische Kirche St. Martin hat einen kreuzgratgewölbten Chor und einen reichen Kanzelaltar aus dem 18. Jahrhundert.

② Die Rothenburg steht auf steilem Felssporn im Nordhang des Kyffhäusergebirges. Entstanden war die Burg Anfang des 12. Jahrhunderts, bekannt wurde sie durch den Minnesänger Kristan von Luppin, von dem neben sechs seiner Lieder auch ein Bildnis in der Großen Manessischen Liederhandschrift überliefert sind. Von der Burg selbst sind die Ruine des frühgotischen, zweigeschossigen Palas, Teile des alten Burgtores, des Bergfriedes und einer kleinen Doppelkapelle erhalten.

③ Die erste Burg auf dem Kyffhäuser entstand schon in der zweiten Hälfte des 11. Jh., als Heinrich IV. die Macht der salischen Kaiser gegen den sächsischen Adel zu sichern versuchte. Ihre größte Ausdehnung erreichte die Burg unter Friedrich I. Damals war die Burg insgesamt über 600 Meter lang, bis zu 60 Meter breit und zählte mit ihren drei in sich autonomen Teilen zu den größten Burgen Deutschlands. Erhalten davon sind der prägnante Stumpf des ursprünglich dreigeschossigen, viereckigen Bergfrieds der Oberburg, Teile der Ringmauer und die Kapelle der Unterburg. Diese Kapelle erhielt ihre eigene Geschichte, wurde sie doch lange nach dem Untergang der Gesamtburg 1433 erneuert und zur Wallfahrtskapelle erklärt. 1546 hauste dort ein wohl geisteskranker Schneider aus Langensalza, der sich für den wiedererstandenen Barbarossa ausgab.

④ Das Kyffhäuser-Denkmal entstand von 1891 bis 1896 als »Kaiser-Wilhelm-Nationaldenkmal« nach Entwürfen von Bruno Schmitz, der auch das Völkerschlacht-Denkmal in Leipzig, das Denkmal am Deutschen Eck sowie das an der Porta Westfalica gestaltete. Wie immer man zu diesem Denkmal stehen mag: Der Aussicht zuliebe ist die Besteigung des Denkmals allemal interessant.

⑤ Der 473 Meter hohe Kulpenberg ist die höchste Erhebung im Kyffhäusergebirge. Der Fernsehturm auf dem Gipfelplateau ist zur Zeit leider geschlossen. Um so schöner ist der Mischwald aus Rotbuchen, Hainbuchen und Eichen, durch den man vom Kulpenberg aus hinunter nach Kelbra wandert.

Tip

Stausee Kelbra: Mit seinen Feuchtwiesen und dem dichten Schilfgürtel gewährt der See einen idealen Lebensraum für zahlreiche bedrohte Vogelarten.

▽ *Kaiser Barbarossa, Relief am Kyffhäuser-Denkmal*

Wanderung 40 B: 13,5 Kilometer – 3 ½ Stunden

40B

Frankenhäuser Schlachtberg

Die breite Talsenke auf der Südseite des Kyffhäusergebirges, in der Bad Frankenhausen seit gut einem Jahrtausend liegt und von Salzquellen lebt, sieht so friedlich aus. Und dennoch haben sich hier einst ein Bauern- und ein Fürstenheer so blutig bekämpft, daß das Blut durch die Straßen geflossen sein soll.

Kyffhäuser

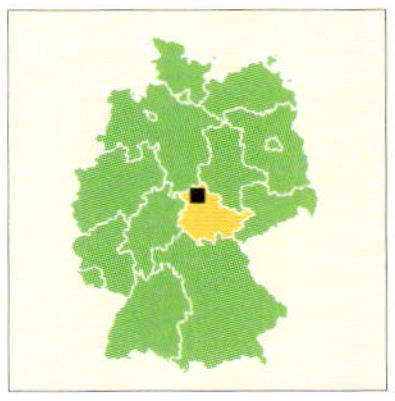

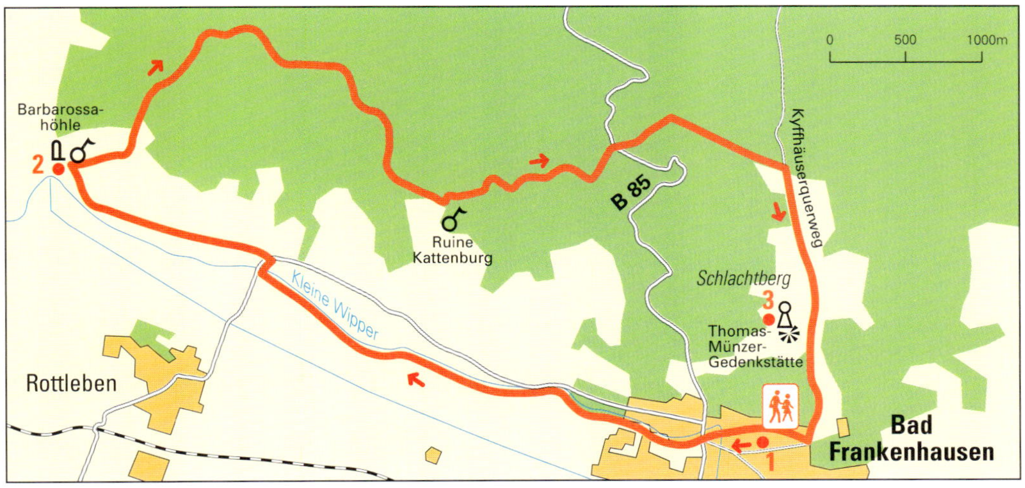

Tourverlauf

Startort dieser Wanderung ist Bad Frankenhausen, das man auf der Westseite entlang der Kleinen Wipper verläßt. ①
Dieser Weg ist bis hinüber zur Barbarossahöhle mit rotem Quadrat markiert. ②
Ab der Barbarossahöhle folgt man der Markierung blaues Kreuz in den Wald hinauf bis kurz vor die Ruine Kattenburg. Ab hier ist der weitere Weg bis zur Kreuzung mit der B 85 mit einem gelben Quadrat gekennzeichnet. Östlich der B 85 folgt man 500 Meter der Markierung blaues Kreuz, biegt dann aber rechts in einen Holzfuhrweg, der nach knapp einem Kilometer auf den mit einem roten Balken markierten Kyffhäuserweg trifft. Ihm folgt man nach rechts (Süden) und erreicht nach einem weiteren Kilometer den Schlachtberg oberhalb von Bad Frankenhausen. ③
Der kürzeste Abstieg hinunter in die Stadt geht genau südwärts und hat einen grünen Balken als Kennzeichnung.

◁ *Buchenhain am Kyffhäuser bei Bad Frankenhausen*

Sehenswürdigkeiten

① Bad Frankenhausen am Südrand des Kyffhäusers lebte schon im 10. Jahrhundert von seinen Salzpfannen. Das einschneidendste historische Ereignis war am 15. Mai 1525 die Schlacht zwischen einem Bauernheer unter der Führung von Thomas Münzer und einem Fürstenheer unter Landgraf Philipp von Hessen. An die Schlacht wird in besonderer Form auf dem Schlachtberg erinnert. Weitere Exponate zur Bauernschlacht finden sich in dem im ehemaligen Schloß von Bad Frankenhausen eingerichteten Kreismuseum. Eine weitere Sehenswürdigkeit ist das ehemalige Zisterzienserinnenkloster von 1215, das einst zu den reichsten Klöstern Thüringens gehörte. 1710 wurde es zu einem dreischiffigen Barockbau umgestaltet. Das im Kern spätgotische Rathaus von 1448 erhielt seine heutige Form um 1840. Die Altstädter Kirche ist noch romanisch und stammt aus dem 12. Jahrhundert. Die ebenfalls teilweise noch romanische Oberkirche macht mit einem schiefen Turm auf sich aufmerksam, und die 1704 fertiggestellte Unterkirche hat eine reiche Barockausstattung. Wahrzeichen der Stadt ist der Hausmannsturm, der an der Stelle eines fränkischen Kastells steht. Vom Turm bietet sich eine gute Übersicht über das Frankenhäuser Tal.
② In der Barbarossahöhle soll der Sage nach Kaiser Friedrich Barbarossa in einem unterirdischen Schloß schlafend sitzen (daher die Darstellung im Kyffhäuser-Denkmal). Tatsächlich ist die Barbarossahöhle eine Gipshöhle mit kristallklaren Seen, malerischen Grotten, weitgespannten Gewölben und überraschend bizarren Gesteinsformationen. Die Höhle ist insgesamt etwa 800 Meter lang, ihre absolut klaren Seen sind bis zu 4 Meter tief.
③ Auf dem Schlachtberg hatten sich Anfang März 1525 etwa 8000 aufständische Bauern versammelt. Zu ihnen stieß am 11. März 1525 der Reformator Thomas Münzer mit weiteren 300 Anhängern. Sie alle verbarrikadierten sich auf dem heutigen Schlachtberg. Die anschließende Schlacht forderte über 6000 Tote, Thomas Münzer wurde gefangen und am 27. Mai 1525 gepfählt. Zur Erinnerung an die blutige Schlacht wurde ein 24 Meter hoher und 48 Meter weiter Rundbau errichtet, der ein 123 Meter langes und 14 Meter hohes Kolossalgemälde von Werner Tübke birgt. Das Gemälde schildert das damalige Zeitgeschehen in Streiflichtern und einzelnen Szenen.

Tip

Kreisheimatmuseum in Bad Frankenhausen, Schloß: Die mannigfaltigen Sammlungen befassen sich mit der Geologie, Natur- und Kulturgeschichte der Region um den Kyffhäuser.

▽ *Bauernkriegsgedenkstätte »Panorama«, Bad Frankenhausen*

41

Autotour 41: 130 Kilometer

An Saale, Ilm und Unstrut

Saale-Unstrut

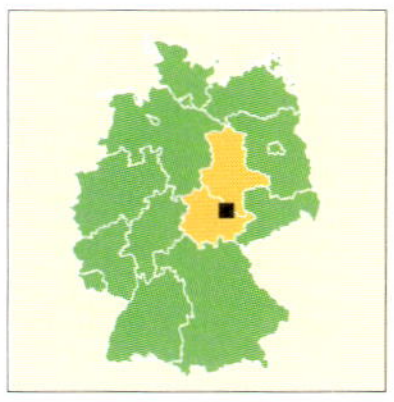

Wo Ilm, Saale und Unstrut zusammenfinden, bestimmen Trias, Buntsandstein und Muschelkalk die Landschaft. Weite, offene Talabschnitte wechseln mit engen, von Steilhängen flankierten Teilstücken, wo Weinberge die Muschelkalkhänge stufen. Uralte Grenzburgen beherrschen die Bergnasen und zeugen von einem Jahrtausend Kulturgeschichte.

Tourverlauf

Am Zusammenfluß von Saale und Unstrut liegt das tausendjährige Naumburg, der Ausgangspunkt dieser Autotour. ①
Erste Station an der Unstrut ist Freyburg. ②
Flußaufwärts gelangt man in die Glockengießerstadt Laucha. ③
Auch hinter Laucha bleibt man der Unstrut treu, um über Nebra noch ein Stück im Unstruttal bis Memleben weiterzufahren und um von dort Bibra zu erreichen. Von hier aus folgt man der B 250 in südlicher Richtung bis nach Eckartsberga. ④
Die B 87 führt weiter nach Apolda. ⑤
Über die Landstraße und die B 7 geht es von hier nach Jena. ⑥
Von Jena aus folgt man der Saale flußabwärts zunächst in die Schlösserstadt Dornburg. ⑦
Über Lamburg erreicht man Großheringen, von dem aus man einen kurzen Abstecher an der Ilm südwestwärts nach Bad Sulza unternimmt. ⑧
Wieder zurück an der Saale ist vor der Rückkehr nach Naumburg das Flößer- und Salzsiederstädtchen Bad Kösen die letzte Station dieser Rundtour. ⑨

Sehenswürdigkeiten

① Naumburg: Siehe Wanderung 41 A, Seite 172.
② In Freyburg steht hoch über den Rebgärten die alte Feste Neuenburg. Sie geht auf das Jahr 1062 zurück und war einst die stärkste Burg der Thüringer Landgrafen. Erhalten sind die romanische Doppelkapelle, der Fürstensaal, der Bergfried und ein 120 Meter tiefer Burgbrunnen. Die spätromanische Stadtkirche St. Marien geht auf das 13. Jahrhundert zurück.

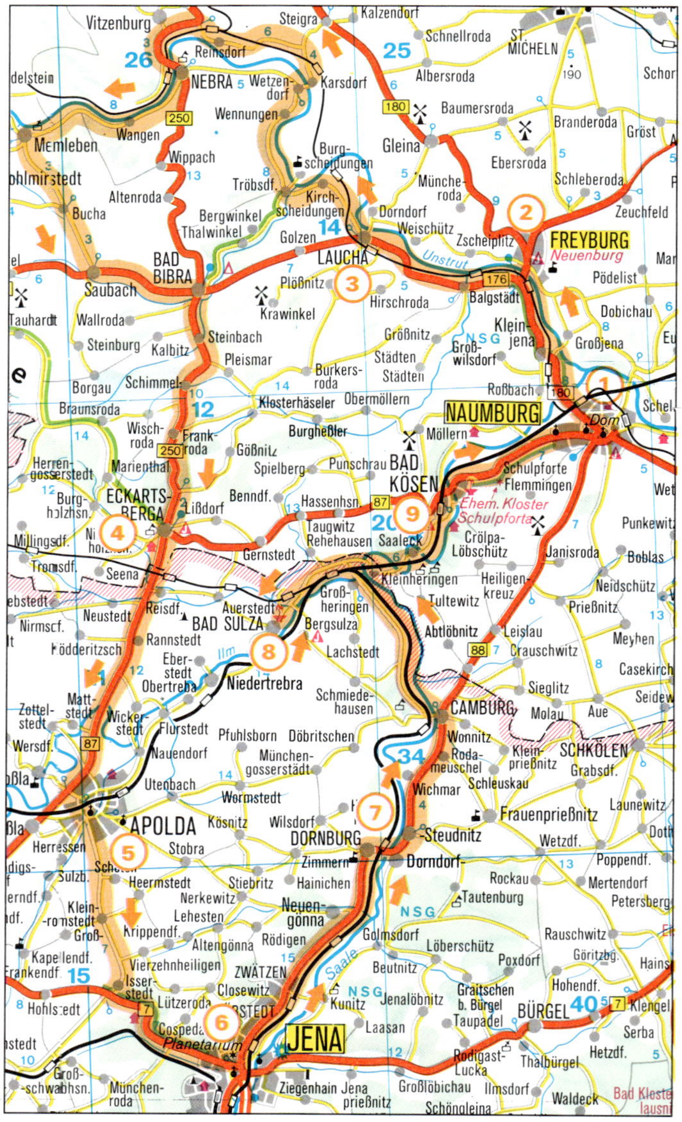

③ Im kleinen Städtchen Laucha gibt es ein berühmtes Glockenmuseum. In der Glockengießerei Ulrich waren bis 1911 über 5000 Glocken gegossen worden. Die Werkstatt ist original erhalten.
④ Eckartsberga wird überragt von der stattlichen Ruine der Eckartsburg. In ihrer Vorburg steht der 22 Meter hohe Bergfried, die Hauptburg krönt der 36 Meter hohe Wohnturm.
⑤ Apolda, das thüringische Manchester, wurde vom Herzog von Weimar zur Textilmetropole Thüringens gemacht. Hier wurde bereits 1690 der erste mechanische Webstuhl aufgestellt. Ein weiterer wichtiger Wirtschaftszweig war die Glockengießerei. Im Glockenmuseum ist die Geschichte der Glocke über drei Jahrtausende hinweg dokumentiert.
⑥ Die alte Universitätsstadt Jena war schon von Goethe als »Stapelplatz des Wissens und der Wissenschaften« gerühmt worden. Fichte, Schelling und Hegel wirkten hier ebenso an der Universität wie Friedrich Schiller. Die Gebrüder Schlegel sowie Tieck, Novalis und Brentano machten Jena zu einem Zentrum des deutschen Geisteslebens. 1846 gründete der Mechaniker Carl Zeiss

◁ *Teufelslöcher in Jena*

△ Das Rokokoschloß ist das jüngste der drei Dornburger Schlösser

△ Glockenmuseum in der Glockengießerei Ulrich in Laucha

die Werkstatt, in der der Physiker Ernst Abbe seine Erkenntnisse der Optik mit den Gläsern Otto Schotts Wirklichkeit werden lassen konnte. Zusammen wurden sie die Gründerväter der Optischen Werke Carl Zeiss. Die Jenaer Stadtkirche St. Michael zählt zu den eindrucksvollen Hallenkirchen Thüringens. Sie birgt mit einer Holzstatue des hl. Michael eines der ältesten Holzbildwerke des Thüringer Raums. Das spätgotische Rathaus ziert eine Figurenspieluhr mit dem »Schnapphans«. Attraktive Ziele sind das Optische Museum mit seinen rund 12 000 Exponaten sowie das berühmte Zeiss-Planetarium.

⑦ Dornburg, die »Thüringer Loreley«, zählt zu den schönsten Bereichen des Saaletals. Schon im Frühmittelalter gab es hier eine Grenzburg zum slawischen Gebiet, im 10. Jahrhundert war daraus eine Reichsburg geworden. Im Norden entstand ab 1521 das Alte Schloß, im Süden ab 1539 ein Renaissancebau und ab 1736 das Rokokoschloß im Auftrag des Weimarer Herzogs Ernst August.

⑧ Bad Sulza: Siehe Wanderung 41 B, Seite 173.

⑨ Bad Kösen lebt seit Jahrhunderten vom Salz. Sein Wahrzeichen ist deshalb auch das 320 Meter lange Gradierwerk. Hier rieselt die Sole durch 20 Meter hohe Reisiglagen. Ein weiterer Anziehungspunkt ist der 175 Meter tiefe Borlachschacht. Das 1789 konstruierte, hölzerne Hebesystem zur Förderung der Sole war bis 1947 in Betrieb. Das Romanische Haus stammt noch aus dem 12. Jahrhundert, es ist einer der ältesten Profanbauten Deutschlands und beherbergt das Stadtmuseum. Zu sehen sind hier unter anderem die weltberühmten Puppen von Käthe Kruse, die bis 1950 in Bad Kösen wirkte. Von den stattlichen Burganlagen südlich von Bad Kösen sind nur malerische Ruinen der Burg Saaleck und der Rudelsburg geblieben.

Weinbau an Saale und Unstrut

Die Sonnenhänge an Saale und Unstrut wurden schon vor über tausend Jahren zum Weinbau genutzt. Die früheste urkundliche Nachricht darüber stammt aus dem Jahre 998, als dem Kloster Memleben »vineis« (Weinberge) übereignet wurden. Mit dem Aufblühen der Klöster erlebte auch der Weinbau eine heute kaum vorstellbare Blütezeit. Bereits im 16. Jahrhundert wurden in den Tälern von Saale, Unstrut und Ilm auf gut 6000 Hektar Reben angebaut. Allein das Zisterzienserkloster Pforta besaß im Jahr 1540 über einhundert Weinberge mit einem durchschnittlichen Jahresertrag von etwa 2000 Hektolitern. Gegen Ende des 16. Jahrhunderts begann dann ein langsamer Rückgang, dem Ende des 19. Jahrhunderts eine Katastrophe folgte: Aus Amerika wurde die Reblaus eingeschleppt, die nahezu die gesamten Rebbestände vernichtete, so daß im Jahre 1919 nur noch etwa 100 Hektar Anbaufläche übriggeblieben waren. Heute konzentriert sich der Weinbau im Saale-Unstrut-Gebiet wieder an der Saale zwischen Großheringen und Burgwerben, an der Unstrut zwischen Freyburg und Vitzenburg sowie an den Mansfelder Seen bei Höhnstedt.

◁ Dornburg an der Saale

Tip

Orchideenlehrpfad im Naturschutzgebiet Forstbibra bei Krawinkel östlich von Bad Bibra: Der etwa 500 Meter lange Weg führt zu Standorten von Frauenschuh, Purpurknabenkraut, Fliegenragwurz und Großem Zweiblatt.

41 A

Saale-Unstrut

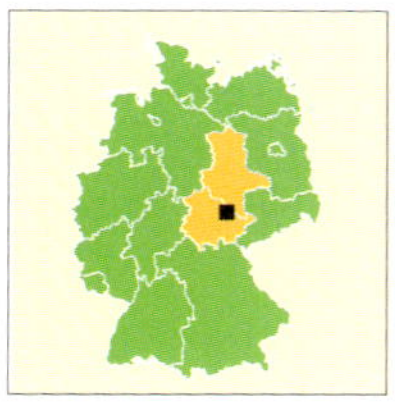

Wanderung 41 A: 16 Kilometer – 4 Stunden

Naumburger Weinwanderung

Wo Saale und Unstrut zusammenfließen, bildeten sie tief in die Hochflächen eingeschnittene Täler, an deren sonnigen Hängen sich nicht nur die Rebstöcke, sondern auch viele seltene Pflanzen und Tiere wohlfühlen. Auf den Trockenrasenflächen früherer Weinberge gedeihen Frauenschuh und verschiedene Arten von Knabenkraut, in den Weinbergen finden sich uralte Trockenmauern, Treppen und denkmalgeschützte alte Weinberghütten.

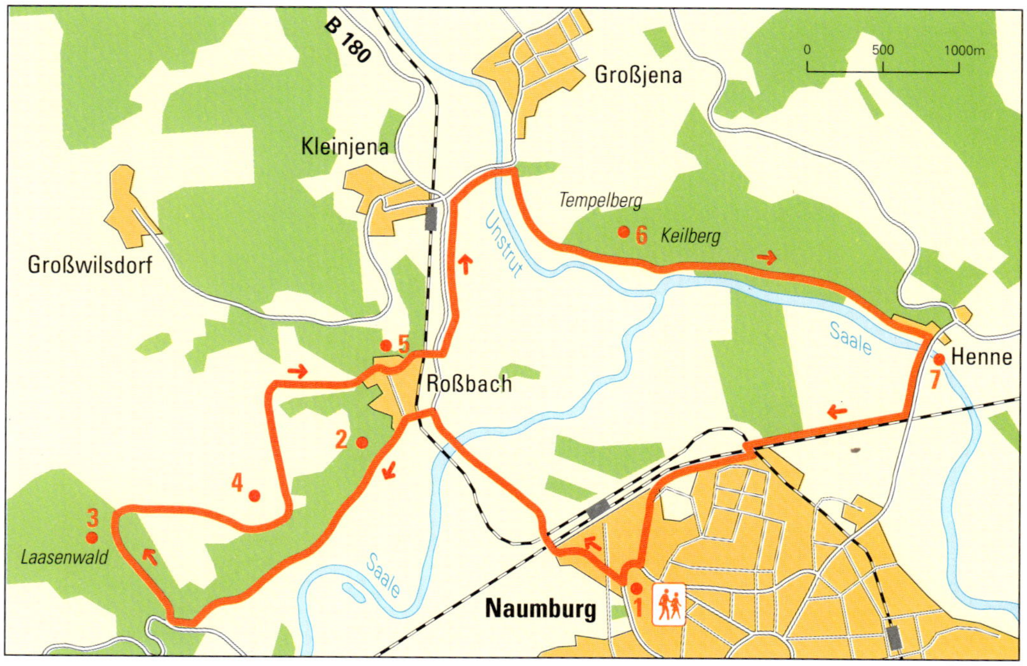

Tourverlauf

In die Weinberge am Zusammenfluß von Saale und Unstrut gelangt man vom Georgentor aus, indem man Naumburg in nordwestlicher Richtung verläßt. ①
Nach dem Ortsrand geht es hinunter in die Saaleauen und zur Saalebrücke bei Roßbach.
Hinter der Brücke biegt man links in den Wiesenweg ein, der auf die Weinberge führt. An ihrem unteren Rand wandert man südwestwärts entlang. ②
Am »Krug zum Grünen Kranze« trifft man auf die Landstraße. Ihr folgt man nur wenige Meter und biegt dann rechts, der roten Markierung folgend, in den Laasenwald ab. ③
Am Ostrand des Waldes kommt man auf der Hochfläche heraus und wandert nun zunächst ost- und später nordwärts am oberen Rand der Weinberge entlang. ④
Schließlich erreicht man Roßbach. ⑤
Nach der Ortschaft und der Unstrutbahn wandert man nordwärts hinüber nach Kleinjena und über die Unstrut hinüber an den Südrand von Großjena.
Nach der Brücke biegt man rechts ab und folgt nun dem linken Ufer der Unstrut unter die Hänge des Tempelbergs und des Keilbergs. ⑥
Die nächste Möglichkeit zur Überquerung der Saale ist die Hennebrücke. ⑦
Nun folgt man der Bahnlinie nach Westen und kommt so zurück nach Naumburg.

Sehenswürdigkeiten

① Das tausendjährige Naumburg geht auf die Stammburg der Ekkehardinger zurück. In deren Burg zog 1046 der Bischof von Zeitz, der sofort mit dem Bau des Doms begann. Errichtet wurde eine kreuzförmige Gewölbebasilika mit drei Schiffen, zwei Chören, vier Türmen und Kreuzgang. Begonnen wurde mit dem Bau vor 1213, ältester Teil heute ist die romanische Krypta unter dem Ostchor. Weltberühmt sind die zwölf Stifterfiguren im Westchor. Sie sind das Hauptwerk eines namentlich nicht bekannten Naumburger Meisters, der sie nach 1250 geschaffen hat. Die Figuren sind lebensgroß in Kalkstein gehauen und nach der Mode der Zeit gekleidet. Kostbare Ausstattungsstücke sind außerdem der Figurenfries am Passionsrelief

△ *Großjena: Steinernes Bilderbuch*

des Westlettners und mittelalterliche Glasmalereien. Zentrum der Bürgerstadt ist der Markt mit dem spätgotischen Rathaus von 1517, dem Residenzgebäude des Herzogs von Sachsen-Zeitz und prächtigen Bürgerhäusern. Die Stadtkirche ist eine 1218 begonnene und 1523 fertiggestellte, spätgotische Hallenkirche mit reichem, plastischem Außenschmuck und einer barocken Orgel. Bestes Beispiel der alten Stadtbefestigung ist das aus dem 15. Jahrhundert stammende Marientor.

② In den Rebhängen westlich von Roßbach stehen unterschiedlichste Weinberghäuser. Besonders interessant ist das Pavillonhäuschen im Weinberg »Steinkauz« und der romanische Rundbau beim »Steinmeister«.

③ Beim Laasenwald gab es ursprünglich eine Siedlung Laasan, die dem Wald den Namen gab. Der Ort bestand im 13. und 14. Jahrhundert und gehörte zum Kloster Pforta.

④ Die Hochfläche oberhalb der Roßbacher Weinberge ist Heimat einer überaus artenreichen Flora und bietet einen prächtigen Panoramablick auf die Rudelsburg, die Burg Saaleck, das ehemalige Kloster Pforta und auf Naumburg.

⑤ Das oberhalb von Roßbach gelegene Kirchlein St. Elisabeth geht auf das 13. Jahrhundert zurück. Die neugotische Erweiterung erfolgte Ende des vorigen Jahrhunderts.

⑥ Die Hänge von Tempelberg und Keilberg sind seit dem Mittelalter Weinberge. Von weitem sichtbar ist das »Radierhäuschen«, eine Gedenkstätte an den Leipziger Maler, Graphiker und Bildhauer Max Klinger, der hier seinen Sommersitz hatte. Im »Winzerhaus« sind Werke von ihm zu sehen. Begraben ist er neben dem von ihm selbst geschaffenen, übergroßen Athleten. Daran schließt sich der »Steinauersche Weinberg« mit dem »Steinernen Bilderbuch« an. Das auf etwa 200 Meter Länge in den Fels gehauene Relief zeigt Szenen aus der biblischen Geschichte, die sich auf den Weinbau und die Jagd beziehen. Nach den Inschriften sind es Stiftungen von Freunden des Besitzers aus dem Jahre 1722 anläßlich des 25. Regierungsjubiläums von Herzog Christian von Sachsen-Weißenfels.

⑦ Die Hennebrücke ist eine Eisenkonstruktion aus dem Jahre 1889 und hat eine Spannweite von 53 Metern zur Überquerung der Saale.

Tip

Naumburg, Pfarrkirche St. Wenzel: Hier befindet sich die Grabplatte Augusts von Leubelfing (gestorben 1632), Page des Schwedenkönigs Gustav Adolf, verewigt in Konrad Ferdinand Meyers berühmter Novelle »Gustav Adolfs Page«.

Wanderung 41 B: 12 Kilometer – 3 Stunden

41 B

Salz im unteren Ilmtal

Bad Sulza verdankt seinen Namen den im unteren Ilmtal zutage tretenden Solequellen. Sie wurden schon 889 genannt, als hier das Ilmtal noch Grenze gegen das slawische Gebiet war. Jahrhundertelang wurde hier Salz gewonnen, seit 1847 gibt es einen Kurbetrieb. Was es außer Salz um Bad Sulza noch gibt, zeigt die Wanderung.

Saale-Unstrut

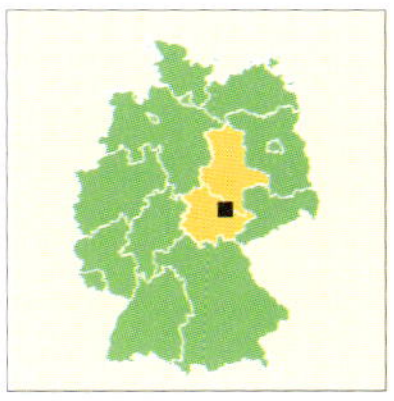

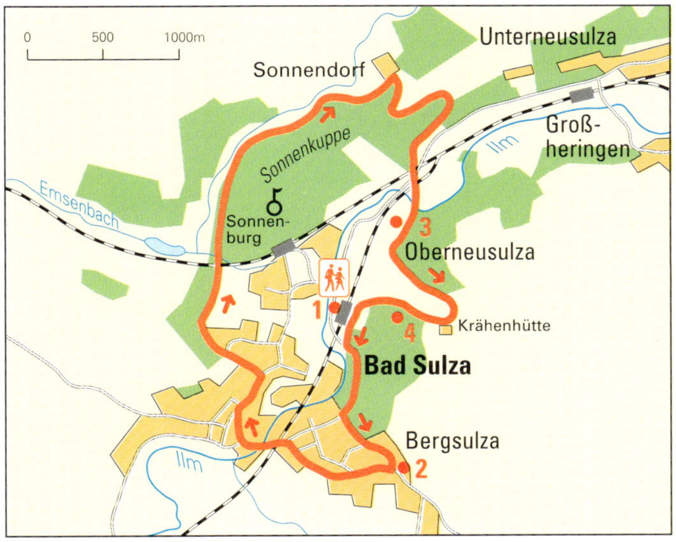

Tourverlauf

Ausgangspunkt ist der Bahnhof von Bad Sulza. ①
Man spaziert südwärts gegen den Herlitzenberg und stets am oberen Rand der Bebauung nach Bergsulza. ②
Von Bergsulza wandert man westwärts hinunter ins Ilmtal und zu den Solequellen. Bad Sulza verläßt man nordwestwärts durch das Lanitztal und überquert bei der Emsenmühle den Emsenbach. Auf der Nordseite des Bachs steigt man zur Sonnenkuppe und zur Sonnenburg hinauf. Nach einem weiteren Kilometer erreicht man den Ortsteil Sonnendorf, von dem aus man wieder ins Ilmtal absteigt. Nach der Ilm und hinter der Eisenbahnlinie wird der Ortsteil Oberneusulza erreicht. ③
In Oberneusulza folgt man dem Wegweiser »Krähenhütte« für einen letzten Anstieg auf die Hochfläche. Zwischen Krähenhütte und Bahnhof geht es an zwei Steinbrüchen vorbei, die anschaulich die Verwerfungen der Kalkschichten zeigen. ④

Sehenswürdigkeiten

① Bad Sulza wurde im Jahre 889 erstmals als Sulzaha (= Salzquelle) erwähnt. 1046 gab es die Sicherungsburg gegen die Slawen, 1064 erhielt Sulza durch Kaiser Heinrich IV. das Stadtrecht und das Recht zum Salzsieden. Eine Vorstufe industrieller Salzgewinnung entstand im 16. Jahrhundert, das entstandene Salzwerk wurde 1556 ausdrücklich privilegiert. Mit dem Anschluß an die Eisenbahn im Jahre 1848 entstanden größere Gradierwerke für die industrielle Salzgewinnung. Auch der Badebetrieb kam mit der Eisenbahn erst so recht in Schwung. 1847 wurde der Kurbetrieb offiziell aufgenommen, 1884 wurde eine neue Quelle am Stadtwehr erbohrt. Ihr Wasser enthält Jod, Brom, Eisen und Radium und eignet sich für Trink- und Badekuren. Welche Rolle die Stadt bei der Salzgewinnung und im Badebetrieb spielte, ist im Saline- und Heimatmuseum der Stadt nachgezeichnet.
② Der Ortsteil Bergsulza geht ursprünglich auf eine Klosterstiftung zurück. Eine Burg am Hang diente der Grenzsicherung gegen die Slawen.
③ In Oberneusulza entstanden Mitte des 19. Jahrhunderts Kurhäuser, Kuranlagen und Gradierhäuser. Dieser Ortsteil gehörte bis zum Ersten Weltkrieg als Exklave zum Herzogtum Sachsen-Meiningen, während Bad Sulza selbst zu Weimar gehörte.
④ Bad Sulza verdankt seine Solequellen der »Finnestörung«, einer erdgeschichtlichen Verwerfung der Muschelkalkschicht. Die tektonische Beeinflussung der Horizonte der Muschelkalkschichten ist besonders schön an den beiden Steinbrüchen zwischen dem Bahnhof und der Krähenhütte zu sehen. Der obere Steinbruch erschließt die oberen Horizonte des mittleren Muschelkalks und des Trochitenkalks sowie die unteren Lagen des Ceratitenkalks. Der untere Steinbruch zeigt den mittleren Muschelkalk und die Wechsellagerung von gelbem Dolomitmergel und graugelben Dolomitgesteinen.

◁ *Herbstlicher Mischwald*

Tip

Ilmtal unterhalb der Sonnenburg: Die steilen Muschelkalkhänge des Ilmtals sind vor allem in ihren Südlagen sehr trocken und werden deshalb von allen wärmeliebenden Pflanzen bevorzugt. Ein hervorragendes Beispiel für solch eine Trockenflora bieten die Hänge unterhalb der Sonnenburg, wo Adonisröschen und Kuhschelle, Schmalblättrige Traubenhyazinthe und der sonst sehr seltene Diptam wachsen.

▽ *Weinbaugebiet im Unstruttal nördlich von Bad Sulza*

42

Autotour 42: 130 Kilometer

Zwischen Halle und Eisleben

Merseburg und Halle sind – entgegen der landläufigen Meinung – auch kulturell bedeutende Städte. Ein Jahrtausend Geschichte ist hier trotz aller Industrieansiedlung in dieser Region lebendig geblieben, und sogar »der Saale hellen Strand« kann man noch entdecken. Als weiteres bedeutendes Zentrum ist die Lutherstadt Eisleben, die Geburts- und Todesstadt des großen Reformators, zu nennen.

Harzvorland

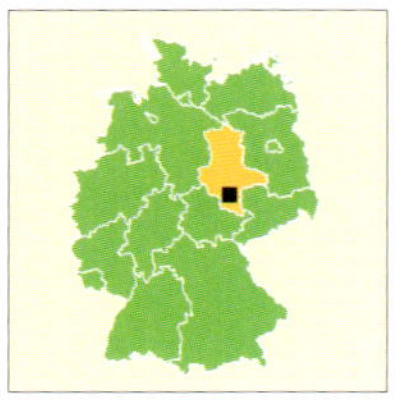

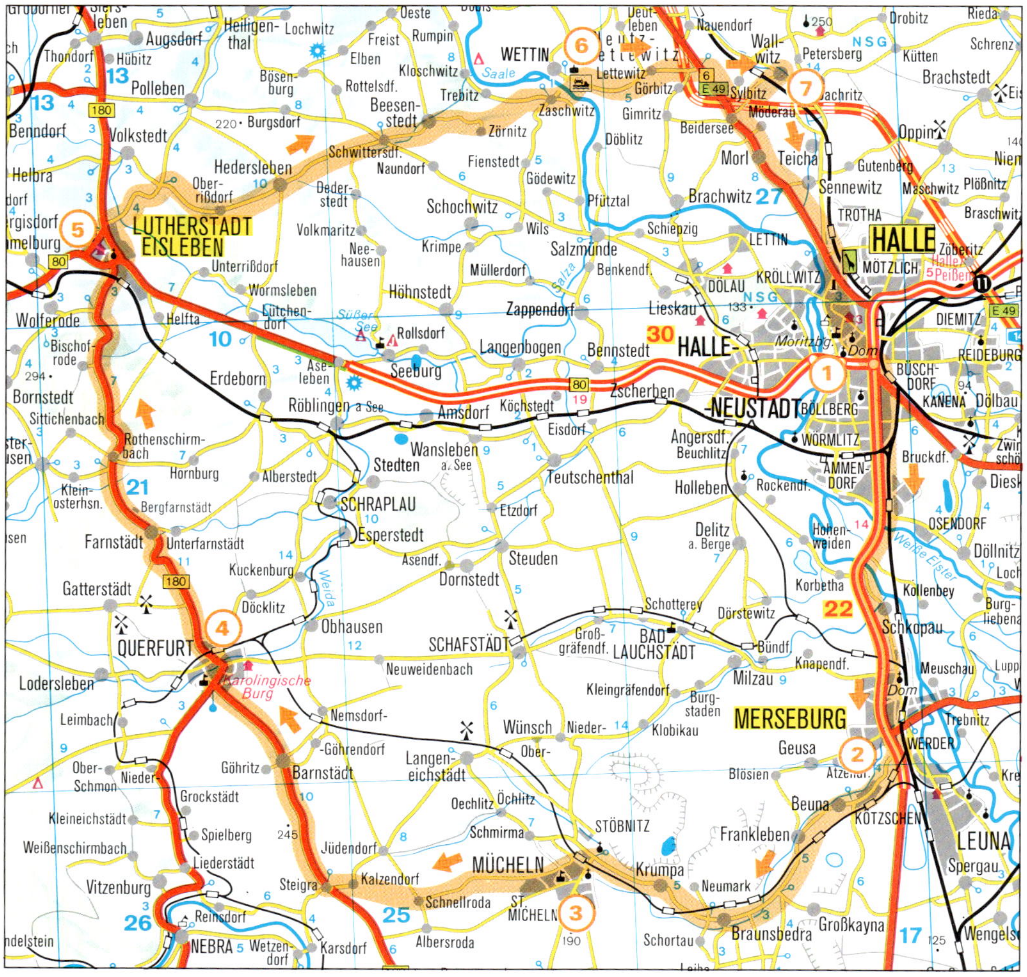

Tourverlauf

Anfang und Ende dieser Autotour ist Halle an der Saale. ①
Von Halle ist es nur ein Katzensprung ins südlich gelegene Merseburg. ②
Nächstes Ziel ist das am westlichen Rand des Braunkohlegebiets gelegene Mücheln. ③
Über Steigra erreicht man die B 180, auf der man nordwestwärts Querfurt ansteuert. ④
Nächster Etappenpunkt ist Eisleben. ⑤
Von der Lutherstadt fährt man quer durchs Harzvorland zurück an die Saale, auf die man bei Wettin trifft. ⑥
Bei Sylbitz gelangt man anschließend zur B 6, von der aus in Beidersee ein Abstecher nach Wallwitz gemacht wird. ⑦

Sehenswürdigkeiten

① Halle an der Saale: Siehe Wanderung 42 A, Seite 176.
② Merseburg steht auf uraltem Siedlungsgebiet. Schon in der Jungsteinzeit existierte eine Siedlung und im 8. Jahrhundert eine karolingische Burg zum Schutz des Saaleübergangs. Später ging daraus ein Königsgut des sächsischen Hofs und unter Heinrich II. eine kaiserliche Pfalz hervor. Nach dem Dreißigjährigen Krieg entwickelte sich ein selbständiges Herzogtum Sachsen-Merseburg, das allerdings 1738 im Kurfürstentum Sachsen aufging. Hauptsehenswürdigkeit ist bis heute der Domfelsen. Mit dem Bau des Doms wurde 1015 unter Kaiser Heinrich II. begonnen. Der Umbau des Langhauses in eine spätgotische Halle erfolgte im 16. Jahrhundert. Den ältesten Teil stellt die frühromanische Hallenkrypta unter dem Chor dar. Schönste Stücke der Ausstattung sind der um 1150 entstandene romanische Taufstein, das frühgotische Chorbogenkruzifix aus der Zeit um 1240 und das geschnitzte gotische Chorgestühl von 1446. Das bischöfliche Schloß wurde ab 1470 von Thilo von Trotha errichtet. Sein heutiges Aussehen erhielt es im wesentlichen im frühen 17. Jahrhundert. Südlich des Doms schließen sich der Kreuzgang und die Stiftsgebäude an. In der frühromanischen Johanniskapelle ist der frühgotische Grabstein eines Ritters zu entdecken. Geschaffen hat ihn der Meister von Naumburg Mitte des 13. Jahrhunderts. Nördlich des Schlosses kommt man in den 1661 angelegten Schloßgarten und zur barocken Oberen Wasser-

◁ *Schloß und Dom in Merseburg an der Saale*

▷ *Im Kurpark Bad Lauchstädt*

kunst, dem einstigen Wasserturm der Stadt.

③ Mücheln, als Siedlung bereits um 890 bekannt, gehörte später zum Bistum Bamberg und kam 1320 an die Wettiner, die dem Ort 1350 das Stadtrecht gaben. Die Michaelskirche im Ortsteil St. Micheln ist eine Stiftung des Bischofs Otto von Bamberg. Der heutige Bau dürfte um 1200 errichtet worden sein. Die Pfarrkirche St. Jakob geht auf eine frühromanische Säulenbasilika, ebenfalls nach Bamberger Vorbild, zurück. Das 1571 errichtete Rathaus ist mit dem vorgestellten Treppenturm und dem hübschen Eckerker ein typisches Beispiel für den Renaissancestil Mitteldeutschlands.

④ In Querfurt steht eine der ältesten und größten Burgen Deutschlands. Zentrum des Burgkomplexes ist die Anfang des 12. Jahrhunderts errichtete Burgkapelle. Die Südecke markiert der um 1200 entstandene Marterturm, ein rechteckiger Wohnturm mit einfachem Walmdach. Ältester Teil der Burg ist der 27 Meter hohe und 14,5 Meter starke Dicke Heinrich, ein um 1070 errichteter Rundturm. Unter ihm konnten die Umfassungsmauern einer karolingischen Burg freigelegt werden. Sie dürfte der älteste erhaltene profane Steinbau Ostdeutschlands sein. Die gewaltigen Festungsbauten sind ein Werk des 15. Jahrhunderts. Am Marktplatz stehen Kirche und Rathaus als Mittelpunkt der alten Burgsiedlung. Das Rathaus entstand Anfang des 16. Jahrhunderts und erhielt seine heutige Form 1698. Die gotische Stadtkirche wurde 1523 fertiggestellt, brannte im 17. Jahrhundert jedoch aus und erhielt ihre heutige Ausstattung im 18. Jahrhundert. Gute Ausstattungsstücke sind die Sandsteinkanzel vom Ende des 16. Jahrhunderts und der um 1720 gefertigte Altar.

⑤ Eisleben ist eine eintausend Jahre alte Bergstadt, die jahrhundertelang vom Kupferschieferabbau gelebt hatte. Größter Sohn der Stadt war Martin Luther, dessen Geburts- und Sterbeort Eisleben ist. Eines der ältesten Gebäude der Stadt ist denn auch Luthers Geburtshaus, ein im Kern spätgotisches, aber mehrfach verändertes Haus aus dem 15. Jahrhundert. Sein jetziges Obergeschoß stammt von 1693. Das Haus ist heute Gedenkstätte für den großen Reformator. Die Kirche St. Peter und Paul beeindruckt mit einem überraschend lichten Innenraum, dessen Gewölbe 1513 fertiggestellt wurde. In der Turmkapelle dieser Kirche wurde Martin Luther 1483 getauft. Im Chor steht der kostbare Annenaltar, ein Schnitzaltar aus dem frühen 16. Jahrhundert. Den Marktplatz ziert das 1882 geschaffene Lutherdenkmal. Dahinter erhebt sich die dreitürmige St.-Andreas-Kirche. Die dreischiffige Hallenkirche birgt einen großen vierflügeligen Schreinaltar aus der Zeit um 1500. Gegenüber der Kirche findet sich das Sterbehaus Luthers, ein um 1500 errichtetes gotisches Haus. Hier ist ebenfalls eine Gedenkstätte für den Reformator eingerichtet. Die St.-Annen-Kirche schließlich wurde 1517 gestiftet und 70 Jahre später vollendet. Sie war das erste lutherische Gotteshaus der Grafschaft und präsentiert sich als prächtiger Renaissancebau. Besonders schönes Ausstattungsstück ist die »Steinbilderbibel«, die steinerne Brustwehr des Chorgestühls von 1585. Ein besonders gelungenes Renaissancewerk ist die Kanzel.

⑥ Die hoch über dem Städtchen Wettin auf einem Porphyrrücken thronende Burg war bis 1288 Stammsitz der Wettiner, aus deren Geschlecht Markgrafen, Kurfürsten, Herzöge und schließlich auch Könige von Sachsen hervorgegangen sind.

⑦ Wallnitz: Siehe Wanderung 42 B, Seite 177.

Martin Luther – Der Reformator

In Eisleben wurde am 10. November 1483 Martin Luther geboren. Er empfing 1507 als Augustiner-Mönch die Priesterweihe, in Wittenberg wurde er Professor für Bibelauslegung. Die Suche nach der Klärung seiner Frage nach der Gerechtigkeit Gottes war für ihn entscheidend: Nicht in der Leistung des Menschen sei sie begründet, sondern ein Geschenk Gottes. Als Antwort auf die Ablaßpredigt Tetzels veröffentlichte Luther am 31. Oktober 1517 seine 95 Thesen. Die weitere Diskussion darüber führte ihn zur Erkenntnis, daß das Papsttum eine menschliche Institution sei, und auch die Konzilien irren könnten. Mit der Verbrennung der päpstlichen Bannandrohungsbulle am 10. Dezember 1520 vor dem Elstertor in Wittenberg vollzog Luther endgültig den Bruch mit Rom. Vor dem päpstlichen Bann flüchtete Luther auf die Wartburg und übersetzte dort das Neue Testament. Zwischen 1526 und seinem Tod im Jahre 1546 arbeitete Luther mit an der Einrichtung der kursächsischen Kirchenvisitation und damit am Aufbau der kursächsischen Landeskirche.

△ Lutherdenkmal in Eisleben

◁ Die Burganlage von Querfurt mit dem Marterturm

Tip

Süßer See, östlich von Eisleben: Der größte Binnensee im südlichen Teil Ostdeutschlands ist durch Auslaugung der im Untergrund vorhandenen Zechsteinsalze entstanden. Der geologische Untergrund ringsum besteht aus Buntsandstein, der von einer mächtigen Lößschicht bedeckt ist. Bedingt durch seine Lage gehört der Süße See zu den niederschlagsärmsten Landschaften im Regenschattengebiet des Harzes und ähnelt – begünstigt durch das kontinentale Klima – den südosteuropäischen Binnenseen. Die Pflanzengesellschaften, die sich vor allem am Steilhang des Nordufers angesiedelt haben, sind davon beeinflußt. Die verschiedenen Xerothermrasen stehen deshalb auch unter Naturschutz.

42 A

Wanderung 42 A: 2,5 Kilometer – 1 ½ Stunden

Halle an der Saale

Harzvorland

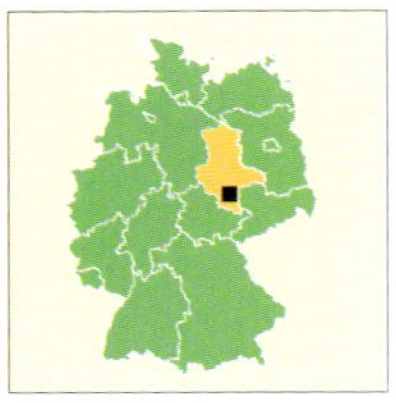

»Halle is the most delightful town« fand zumindest der Maler Lyonel Feininger, als er 1929 seiner Frau von einem Besuch der Stadt berichtete. Auch Joseph von Eichendorff hielt in seinem Gedicht »Bei Halle« nur Rühmliches fest. Ob beide recht hatten, kann auf folgendem Stadtspaziergang überprüft werden.

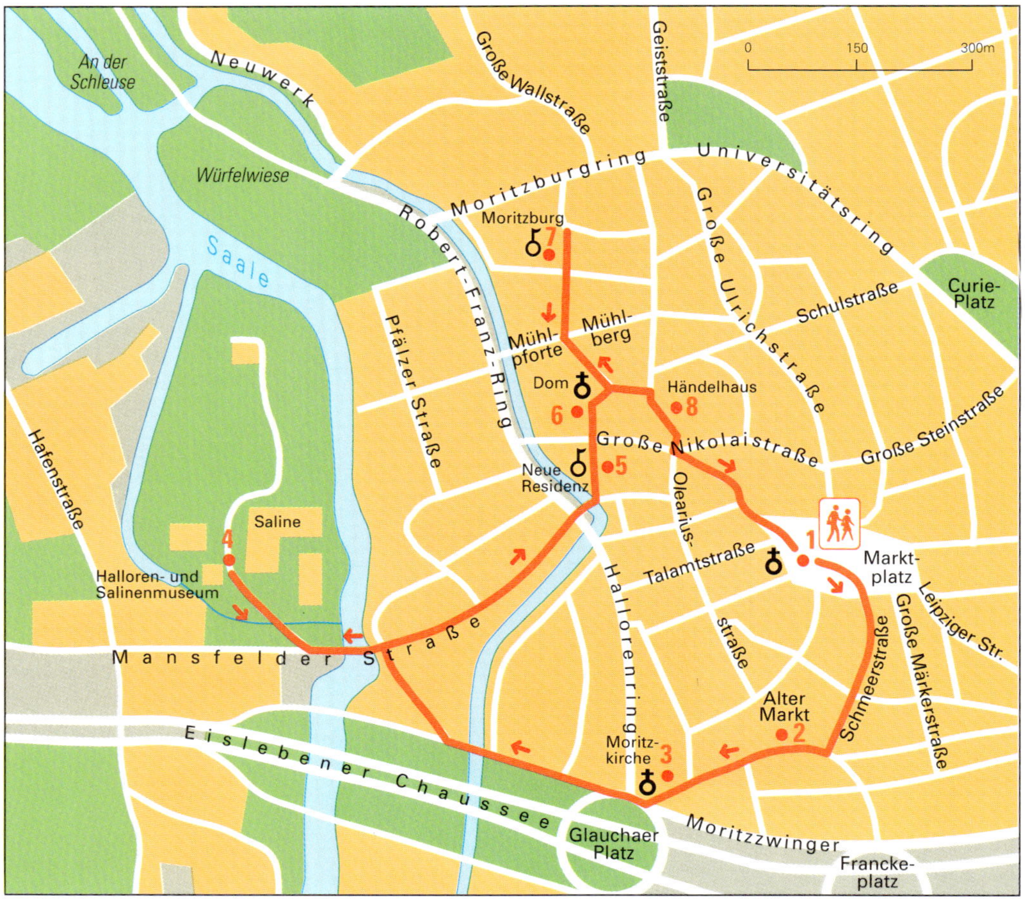

Tourverlauf

Das über tausendjährige Halle verdankt seine frühe Bedeutung den schon in vor- und frühgeschichtlicher Zeit genutzten Solequellen. Durch Otto I. kam die Siedlung zum 968 gegründeten Erzbistum Magdeburg und erstarkte so sehr, daß der Bischof die Stadt 1479 kurzerhand besetzen und die Moritzburg als Zwingburg und Ausdruck seiner Vorherrschaft errichten ließ. Den größten Glanz brachte dann Albrecht von Brandenburg, als er 1514 die Moritzburg zu seiner Residenz auserkor. 1694 wurde schließlich die Universität gegründet.

In Vergangenheit und Gegenwart führt dieser Spaziergang durch Halle, der am Marktplatz beginnt. ①

Durch die Schmeerstraße erreicht man den Alten Markt. ②

Das Westende des Alten Marktes dominiert die Moritzkirche. ③

Über die Herrenstraße wandert man westwärts zum Halloren- und Salinenmuseum. ④

Folgt man der Mansfelder Straße nach Nordosten, kommt man zur Neuen Residenz. ⑤

Anschließend folgen Domplatz und Dom. ⑥

Über die Mühlgasse und den Schloßberg gelangt man zur Moritzburg. ⑦

Zurück am Domplatz spaziert man durch die Kanzleigasse zum Händelhaus. ⑧

Über die Klausstraße kommt man zurück zum Marktplatz.

Sehenswürdigkeiten

① Der Marktplatz von Halle wird dominiert vom Roten Turm, einem frei stehenden Glocken- und Uhrenturm, den die Bürger im 15. Jahrhundert als Zeichen ihrer wirtschaftlichen Stärke errichteten. In der Mitte des Platzes steht das Händeldenkmal, das dem bedeutendsten Sohn der Stadt 1859 zum 100. Todestag errichtet wurde. Das repräsentativste Gebäude ist auf der Südseite das Stadthaus mit seiner reich gegliederten, prachtvollen Fassade im Stil der Neorenaissance. Die Westseite wird beherrscht von der viertürmigen Marktkirche »Unser Lieben Frauen«. Sie erhielt ihre heutige Form im 16. Jahrhundert und gilt als letztes Werk der sächsischen Hallengotik. Das Marktschlößchen rechts daneben ist ein Bau der Spätrenaissance, der mit Treppenturm und mehreren Zwerchgiebeln verziert ist. Dieses Haus ist der Rest der historischen Marktbebauung aus dem 16. Jahrhundert.

② Der Alte Markt ist die älteste Platzanlage der Stadt. Hier befand sich im 10. Jahrhundert der Mittelpunkt der frühesten Siedlung. Der Brunnen mit dem auf Rosen gehenden Esel stammt von 1913.

③ Die Moritzkirche ist Teil eines 1184 gegründeten Augustiner-Chorherrenstifts. Die heutige Kirche wurde von 1388 bis 1425 von Konrad von Einbeck errichtet. Im Inneren sollte man das Stern- und Netzgewölbe sowie die Kanzel beachten.

④ Das Halloren- und Salinenmuseum ist der Technologie der Salzgewinnung gewidmet.

⑤ Die Neue Residenz diente ursprünglich der Universität. Im 17. Jahrhundert brachte Herzog August den Glanz großer Hofhaltung in ihre Mauern. Heute ist hier das einzigartige naturkundliche Geiseltalmuseum zu besichtigen. Benannt ist es nach den mehr als 30 000 im Geiseltal bei Merseburg geborgenen fossilen Funden.

⑥ Der Dom ist der einzige frühgotische Großbau in Halle. Begonnen wurde er 1280 als Klosterkirche der Dominikaner. Unter Kardinal Albrecht erhielt die Kirche bis 1525 ihre heutige Form.

⑦ Die Moritzburg wurde 1484 von Erzbischof Ernst als unübersehbares Zeichen seiner Macht errichtet. 1637 brannte die Burg aus. Rekonstruiert sind jedoch das Brautzimmer sowie das Gerichtszimmer der Halloren aus dem ehemaligen »Talamt«. Die Staatliche Galerie Moritzburg präsentiert eine berühmte Sammlung deutscher expressionistischer Kunst. Zu sehen sind unter anderem Lyonel Feiningers berühmte Halle-Bilder »Marienkirche mit Pfeil« und »Der Dom in Halle«.

⑧ Im Händelhaus wurde Georg Friedrich Händel 1685 geboren. Das Haus ist heute Gedenk-, Konzert- und Forschungsstätte.

Tip

Botanischer Garten Halle: Auf einer verhältnismäßig kleinen Fläche von knapp 5 Hektar beherbergt der Botanische Garten in Halle etwa 10 000 Pflanzenarten. Besonders verdienstvoll ist die Aufnahme sämtlicher naturgeschützter Pflanzen, die in Deutschland vorkommen.

Wanderung 42 B: 12 Kilometer – 3 Stunden

42B

Um den Petersberg

Die beherrschende Landmarke im Noden von Halle ist der 250 Meter hohe Petersberg. Er diente schon den Kelten als Wohn- und Kultplatz, war später Kristallisationspunkt des jungen Christentums und diente den Wettinern als privater Friedhof.

Harzvorland

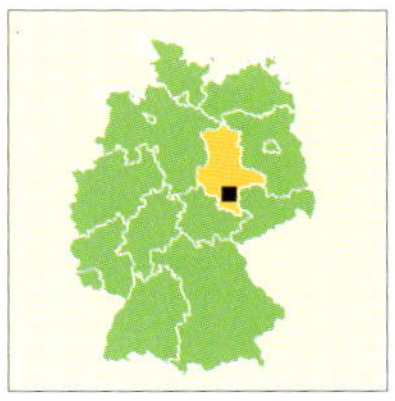

Tourverlauf

Ausgangspunkt ist Wallwitz. ① Zunächst wandert man südostwärts nach Westewitz, überschreitet die Götsche und erreicht Nehlitz. ②

Nun wendet man sich nordwärts und erklimmt den Petersberg. ③ Den Petersberg verläßt man in Richtung auf Krosigk. ④ Über Kaltenmark wandert man nordwärts bis kurz vor den Weiher von Plötz. Hier wendet man sich nach links (Westen) und folgt dem geraden Feldweg hinüber nach Löbejün. ⑤ Aus dem Tal der Fuhne geht es südwärts auf das Plateau und über den Wettiner Berg in Richtung Nauendorf. Bereits vor Merbitz nimmt man den links (nach Südosten) abzweigenden Feldweg, dem man bis auf die Höhe von Krosigk folgt. Hier biegt man rechts ab, um über Trebitz zurück nach Wallwitz zu kommen.

Sehenswürdigkeiten

① In Wallwitz steht eine neoromanische Dorfkirche aus dem 19. Jahrhundert; der Turm der Dorfkirche im Ortsteil Merkewitz stammt aus dem 13. Jahrhundert, ihr Schiff aus dem 14. Jahrhundert.

◁ Chor und Apsis der Peterskirche

② Die Rote Schenke hinter dem Gebäude des heutigen Gasthofs Rotes Haus in Nehlitz wurde 1729 vom Amtmann Trentzsch errichtet.

③ Die 250 Meter hohe Kuppe des Petersbergs wurde im Mittelalter »mons serenus« genannt und hatte schon den Kelten als Wohn- und Kultplatz gedient. Im 11. Jahrhundert entstand hier eine Rundkapelle, deren Mauerreste noch im Friedhof nördlich der heutigen Kirche zu sehen sind. Als Graf Dedo von Wettin 1124 seine Gemahlin verstoßen hatte, stiftete er zur Sühne auf dem Berg ein Kloster. Vier Jahre später war daraus ein Augustiner-Chorherrenstift geworden: Man begann 1130 mit dem Bau einer dreischiffigen romanischen Basilika. Diese Kirche brannte zwar 1565 aus, doch blieben die Mauern von Chor, Querhaus und Westquerturm erhalten. 1857 erfolgte eine Rekonstruktion, in deren Zuge auch die wettinische Grabkapelle abgerissen und das mächtige Prunkgrab der wettinischen Fürsten aus dem 12. und 13. Jahrhundert an der Wand der Turmhalle neu plaziert wurde. Auf dem Petersberg wurde außerdem der Bismarckturm errichtet, ein Freibad und ein Bergzoo mit etwa 100 heimischen Tierarten angelegt. Der Blick von der Bergkuppe reicht bei klarem Wetter bis zum Harz, nach Leipzig und nach Magdeburg.

△ Petersberg: Die St.-Petrus-Kirche

④ In Krosigk gibt es einen Bergfried aus dem 9. Jahrhundert; er ist das älteste Steinbauwerk der Umgebung. Die romanische Dorfkirche stammt aus der Mitte des 12. Jahrhunderts und der Taubenturm aus dem Jahr 1729.

⑤ Den Reiz von Löbejün macht seine Lage am Nordabfall des Porphyrplateaus aus. Wer hier bummeln will, muß steile Gassen bezwingen. Die Pfarrkirche wurde um 1520 fertiggestellt, brannte 1580 jedoch aus. Ihre Mauern zeigen deshalb spätgotische Formen, ihre Ausstattung stammt aus der Renaissance. Der Kern des Städtchens ist geprägt von zweigeschossigen Steinhäusern und dem Halleschen Tor aus der zweiten Hälfte des 17. Jahrhunderts. Im »Alten Brauheüs Löbejün« wird der Gast seit 1614 mit Flüssigem gestärkt.

Tip

Straße der Romantik: Von Halle und Landsberg kommend führt die Straße der Romantik auch über Petersberg und dann weiter in nordwestlicher Richtung nach Bernburg.

43

Autotour 43: 120 Kilometer

Ausflug in die Dübener Heide

Dübener Heide

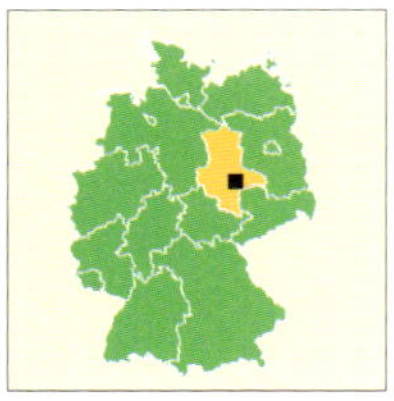

Zwischen Elbe und Mulde liegt die einst von den Armen eines breiten Urstromtals umflossene Altmoränenlandschaft der Dübener Heide. Ihre mageren Böden tragen zwar kaum Heidevegetation, dafür um so ausgedehntere Misch- und Kiefernwälder. Zu den natürlichen Teichen kamen in den vergangenen Jahrzehnten weitere, aus einstigen Braunkohlegruben entstandene Wasserflächen dazu. Sie sind heute so gut in die Landschaft integriert, daß sogar der scheue Biber Stammgast wurde.

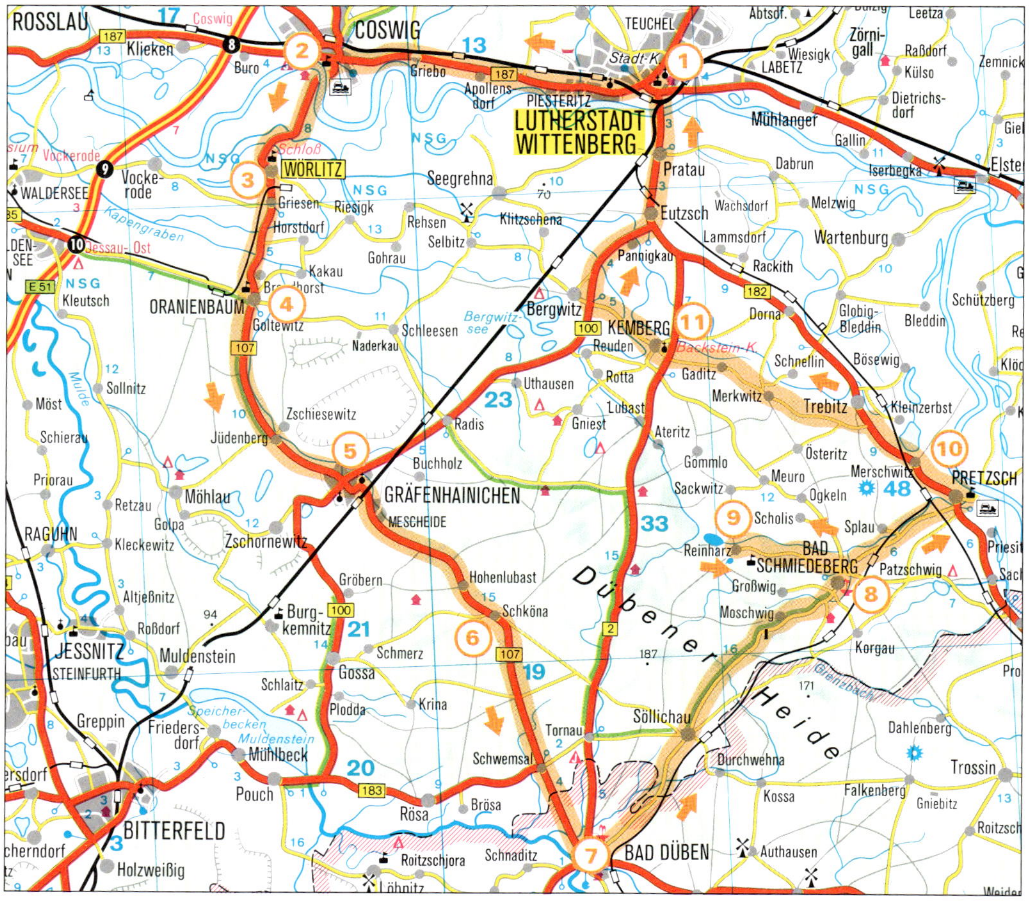

Tourverlauf

An der Elbe beginnt diese Tour durch die Dübener Heide, nämlich in der Lutherstadt Wittenberg. ①
Elbeabwärts heißt die zweite Station Coswig. ②
Mit der Coswiger Gierfähre wird über die Elbe gesetzt und ab dem südlichen Elbufer nennt sich die Straße zwar B 107, ist aber bis Wörlitz ein verträumtes Pflastersträßchen durch alte Elbauen. ③
Im weiteren Verlauf der B 107 folgt die Schloßanlage von Oranienbaum. ④
Der Geburtsort des bedeutendsten Liederdichters des Protestantismus, Paul Gerhardt, ist das nächste Ziel dieser Autotour: Gräfenhainichen. ⑤
Schköna ist ein idyllisches Heidedorf an der Strecke. ⑥
Auf einer Tour durch die Dübener Heide darf die namensgebende Stadt, Bad Düben, natürlich nicht ausgelassen werden. ⑦
In Bad Schmiedeberg ist man im Herz der Dübener Heide. ⑧
Ein Abstecher nach Reinharz wird mit einer Überraschung belohnt. Das Wasserschloß ist ein »Juwel sächsischer Schlösserlandschaft«. ⑨

◁ *Stadtkirche von Wittenberg*

Nächstes Ziel ist das Elbstädtchen Pretzsch am Nordostrand der Dübener Heide. ⑩
An jenem Nordostsaum entlang fährt man nun hinüber nach Kemberg. ⑪
In Bergwitz erreicht man schließlich die B 100, über die man zurück nach Wittenberg kommt.

Sehenswürdigkeiten

① In Wittenberg scheint alles auf den Beinamen Luther zu hören, doch wird über dieser Allgegenwart des Reformators nur zu leicht vergessen, daß die 1180 erstmals erwähnte Stadt schon lange vor Luther Residenz war, zuerst der askanischen und dann der sächsischen Fürsten. Ältestes Bauwerk der Stadt ist dieStadtkirche St. Marien. Die Ausstattung der gotischen Kirche stammt aus der Zeit Luthers, viele Gemälde lieferte die Familie Cranach. Deren Haus steht an der Ecke von Markt und Schloßstraße, Lukas Cranach d. Ä. hat es 1512 errichten lassen. Im Vorderhaus befand sich ein Verlag, in dem 1522 das von Luther übersetzte Neue Testament gedruckt wurde. Das Rathaus am Markt stammt aus der Übergangszeit von der Spätgotik zur Renaissance. Der Balkon über dem Portal diente einst dem Verlesen von Gerichtsurteilen. Die Hinrichtungen fanden direkt vor dem Rathaus statt, wo bis heute vier Steine vor dem Portal den Platz des Schaffotts bezeichnen. Ganz im Westen steht die Kirche des ehemaligen kurfürstlichen Schlosses, an deren Tür Luther am 31. Oktober 1517 seine 95 Thesen angeschlagen hat. Die beiden Bronzedenkmäler auf dem Markt stellen natürlich Luther und Melanchthon dar. Luther wurde 1821 von Gottfried Schadow, sein Freund Melanchthon 1865 von Friedrich

▷ *Pagode in Oranienbaum*

Drake modelliert. Ganz im Osten der Stadt liegen das Lutherhaus und die Lutherhalle, das größte reformationsgeschichtliche Museum der Welt. Das Lutherhaus diente dem Reformator seit 1524 als Wohnhaus. Sein Wohnzimmer, in dem er mit seiner Frau Katharina und seinen Kindern lebte, ist original erhalten. Auch im wenig westlich gelegenen Melanchthonhaus, einem Renaissancegebäude von 1536, ist dessen Arbeitszimmer original erhalten.

② Das 1187 erstmals genannte Coswig wurde 1547 ein Opfer des Schmalkaldischen Krieges. Das Schloß am rechten Elbufer entstand ab 1667 anstelle einer zerstörten, mittelalterlichen Burg. Auch das Rathaus geht auf das Jahr 1669 zurück. Von der spätromanischen Feldsteinkirche St. Nikolai blieben nur der tonnengewölbte Turm des Westbaus, das rechteckige Schiff mit Triumphbogen und ein dreistufiges Portal an der Nordseite erhalten. Der Rest wurde bis 1708 im Stil des Barock erneuert. Die gesamte Ausstattung stammt aus dieser Zeit.

③ Wörlitz: Siehe Wanderung 43 A, Seite 180.

④ Schloß und Park Oranienbaum wurden ab 1683 errichtet, das Schloß ist eines der frühesten Beispiele eines ganz vom Festungscharakter abweichenden Schloßbaus. Das Wahrzeichen der Stadt ist auf dem Marktplatz ein schmiedeeisernes Orangenbäumchen mit vergoldeten Früchten. Die Schloßkirche entstand auf elliptischem Grundriß, wurde 1712 vollendet und besitzt noch die Ausstattung aus der Erbauungszeit. Der Park wurde in französischem Stil angelegt, Pagode und Teehaus lassen bis heute das Zeitalter der Empfindsamkeit lebendig werden.

⑤ In Gräfenhainichen sind Teile der Stadtbefestigung sowie die beiden Tortürme aus dem 14. und 15. Jahrhundert erhalten. Das Rathaus stammt von 1696, die ursprünglich spätgotische Stadtkirche ist barock erneuert.

⑥ Schköna: Siehe Wanderung 43 B, Seite 181.

⑦ Bad Düben bestand ursprünglich aus einer 981 erstmals genannten Sumpfburg. Für ihre Anlage war wiederum eine bronzezeitliche Wallanlage genutzt worden. Heute ist im Amtshaus der Burg das Landschaftsmuseum der Dübener Heide untergebracht.

⑧ Bad Schmiedeberg wurde im 12. Jahrhundert von flämischen Einwanderern gegründet. Die spätgotische Stadtkirche wurde 1454 als Backsteinhalle fertiggestellt, doch hielten ihre Gewölbe nur bis 1640. Wichtigstes Ausstattungsstück ist die reich geschnitzte Altarwand mit seitlichen Durchgängen und dem Pfarrgestühl von 1680. Das Rathaus entstand 1570, seine heutige Form erhielt es 1648. 1878 wurde der Badebetrieb aufgenommen, das 1904 errichtete Kurhaus glänzt im schönsten Jugendstil.

⑨ Wenig westlich von Bad Schmiedeberg liegt das kleine Reinharz, wo von 1696 bis 1700 das gleichnamige Schloß für den sächsischen Staatsminister Hans von Löser errichtet wurde.

⑩ In Pretzsch schützte schon im 10. Jahrhundert eine Burg den Elbübergang. Daraus wurde 1571 das heutige Wasserschloß mit Park und Orangerie. Zur gleichen Zeit sollte die im Kern spätgotische Stadtkirche St. Nikolaus zur Hofkirche umfunktioniert werden. Vollendet allerdings wurde diese Umgestaltung nicht.

⑪ Den dreieckigen Markt von Kemberg ziert das aus dem 15. Jahrhundert stammende Rathaus mit seinen zwei Maßwerkgiebeln über der Renaissancefassade. Die Marienkirche beeindruckt mit einem mächtigen Turm, einem reichen Sterngewölbe und einem Flügelaltar von Lukas Cranach dem Jüngeren.

▷ *Kurhaus Bad Schmiedeberg*

▷ *Schloß Reinharz*

In Wittenberg nimmt die Reformation ihren Ausgang

In der Lutherstadt Wittenberg begann am 31. Oktober 1517 mit dem Anschlag der 95 Thesen Luthers jene kirchliche Bewegung, welche die abendländische Kircheneinheit sprengte und den Protestantismus als neue religiöse Haltung entstehen ließ. Voraussetzung dafür war die Übersteigerung des päpstlichen Herrschaftsanspruchs im 14. und 15. Jahrhundert einerseits und das in vielen kirchlichen Mißständen begründete Reformverlangen andererseits. Schon auf dem Reichstag zu Speyer im Jahre 1529 nutzten die deutschen Fürsten und Städte die Stimmung, wandten sich gegen die Majorisierung in Glaubensdingen und wurden damit zu »Protestanten«. In ihren Ländern wurde der Landesherr auch Herr der Landeskirche. Ihren eigentlichen Siegeszug erlebte die Reformation also über die Landesfürsten. Als 1555 dem Landesherr das Recht der freien Religionswahl zugestanden wurde, war auch die religiöse Spaltung Deutschlands rechtlich sanktioniert. Auch über Deutschland hinaus verbreitete sich die Reformation rasch. Ganz Skandinavien wurde innerhalb weniger Jahre protestantisch. In England wurde die Reformation durch Heinrich VIII. eingeführt.

Tip

Ornithologischer Naturlehrpfad, Gräfenhainichen: An der Hainmühle in Gräfenhainichen beginnt ein ornithologischer Naturlehrpfad, der nicht nur Vogelfreunden zu empfehlen ist.

43 A

Wanderung 43 A: 6 Kilometer – 3 Stunden

Parkspaziergang Wörlitz

Dübener Heide

»Mich hat's sehr gerührt, wie die Götter dem Fürsten erlaubt haben, einen Traum zu schaffen. Es ist, wenn man so durchzieht, wie ein Märchen, das einem vorgetragen wird.« Goethes Lob des Wörlitzer Parks kann das eigene Erleben gegenübergestellt werden, denn der Landschaftsgarten präsentiert sich heute wieder wie zu Goethes Zeiten.

Tourverlauf

Vom Parkplatz im Westen des Parks ermöglicht eine Brücke den Zugang zur Insel mit Neumarks Garten. Hier kann man sich als erstes im Labyrinth verirren. ① Fähren helfen von dort zur Roseninsel und wieder aufs Festland, wo man über die Wolfsbrücke zum Wahrzeichen des Parks, dem Gotischen Haus kommt. ②
Über die Hornzackenbrücke geht es hinüber zum Floratempel. ③ Nah der Kettenbrücke passiert man die Luisenklippe und gelangt zum Venustempel. ④
Über die Hohe Brücke, die Stufenbrücke und die Agnesbrücke kommt man zum Monument. ⑤ Vorbei an der Goldenen Urne, dem Wachhaus zum Pferde und der Figur des Dornausziehers erreicht man die Schwimmende Brücke und die Statue der Venus, von wo erneut eine Fähre über einen Seitenarm des Wörlitzer Sees hilft.
Synagoge ⑥, Kirche St. Petri ⑦ und Schloß ⑧ sind die letzten Stationen, bevor man zur Insel mit Neumarks Garten zurückkehrt.

△ *Ansicht des Schlosses*

Sehenswürdigkeiten

① Eine »Allegorie des menschlichen Lebens« findet sich im Labyrinth. Gedacht war es als aufklärerische Aufhebung des barocken Irrgartens. Sein Zentrum ist deshalb eine Lichtung mit Büsten von Gellert und Lavater.
② Das Gotische Haus ist nach dem Nauener Tor in Potsdam das zweite Bauwerk der Neugotik in Deutschland. Fertiggestellt wurde es bis 1813 nach zwei Vorbildern: die Fassade an der Kanalfront folgt der venezianischen Kirche Madonna dell' Orto, die Gartenfront, in der weiße Zierglieder anmutig mit dem Bunt des Backsteins kontrastieren, folgt der englischen Tudorgotik von Strawberry Hill, dem 1748 fertiggestellten Landsitz von Horace Walpole. Heute birgt das Haus wertvolle Sammlungen, darunter gut 200 Glasgemälde der Gotik, der Renaissance und des Barock.
③ Der Floratempel hat eine durch Sockel und Säulenhalle gegliederte Fassade und ist der Göttin des Frühlings und der Blumen geweiht. Sein Vorbild war das Heiligtum über der Quelle des Clitumnus zwischen Foligno und Spoleto. Seinen Innenraum zieren dekorative Malereien und eine Florastatue.
④ Der Venustempel birgt einen Abguß der berühmten Mediceischen Venus. Vorbild war der Sibyllentempel im Tivoli bei Rom.
⑤ Das Monument mit seiner antiken Säule ist aus groben Steinblöcken gefügt. Das Innere birgt Büsten und Reliefs der Vorfahren des Fürsten Franz.
⑥ Die Synagoge wurde von Erdmannsdorff für die jüdische Glaubensgemeinde errichtet. Das Innere wurde 1938 in der Pogromnacht zerstört, doch das Ritualbad der Frauen, die Mikweh, blieb erhalten.
⑦ Die neugotische Kirche St. Petri entstand zwischen 1805 und 1809 an der Stelle einer 1200 geweihten, romanischen Kirche. Sie besitzt eine neugotische Ausstattung, in die eine Sakramentsnische aus der zweiten Hälfte des 15. Jahrhundert sowie ein Schmerzensmann von Lukas Cranach d. Ä. integriert sind.
⑧ Das Wörlitzer Schloß gilt als der »Gründungsbau des Klassizismus in Deutschland«, begonnen wurde es 1769, fertiggestellt wurde es 1784. Bei dem zweigeschossigen Backsteinputzbau wurden Anregungen des Italieners Andrea Palladio genutzt. Glücklicherweise blieb trotz Zerstörung nahezu die gesamte Innenausstattung erhalten.

◁ *Säulenmonument auf dem Elbwall*

Tip

Gondelfahrt im Wörlitzer Garten: Besonders reizvoll für die Besucher der Englischen Anlagen in Wörlitz ist eine Gondelfahrt auf dem Wörlitzer See und dem Großen und Kleinen Walloch. Abfahrt der Gondeln am Neuen Wall neben dem Schloßgarten.

In die Dübener Heide

Zwischen Elb- und Muldeauen dehnt sich mit über 2000 Quadratkilometern die Dübener Heide, ein ausgedehntes Waldgebiet mit kleinen Seen und Sümpfen, ein Paradies für selten gewordene Tiere und vielerlei Pflanzen. Mit Geduld und einem Quentchen Glück lassen sich sogar Biber beobachten. Nur hier besteht ein natürliches Vorkommen in Deutschland.

Dübener Heide

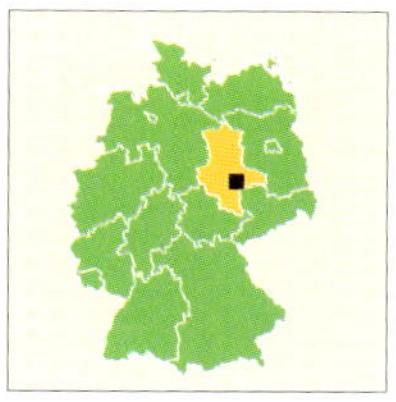

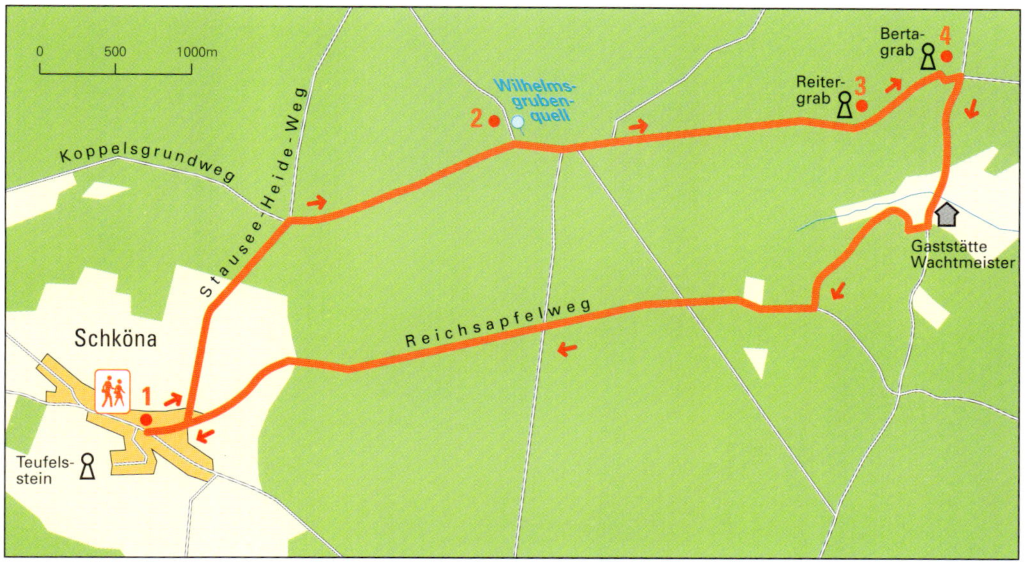

△ *Hochwüchsige Stieleiche*

Tourverlauf

Gestartet wird im Dörfchen Schköna an der B 107 zwischen Gräfen-Hainichen und Bad Düben. ①
Am Nordrand des Dorfes folgt man dem Stausee-Heide-Weg, der mit einem auf der Spitze stehenden grünen Viereck markiert ist. Zunächst geht es für rund 1,5 Kilometer durch offenes Land, danach für knapp 500 Meter durch Wald bis zu einem Wegestern, an dem der Koppelsgrundweg mündet. Am Wegestern biegt man nach rechts (ostnordost) ab und folgt der Ausschilderung Wilhelmsgrubenquell. ②
Die verschiedenen im Bereich Wilhelmsgrubenquell, Bauerhaus und Schladitztanne mündenden Wege bleiben unbeachtet, da die eigene Route geradeaus zum Reitergrab weitergeht. ③
Ein Zusammenhang besteht – wie unten beschrieben – zwischen Reitergrab und Bertagrab. ④
Unmittelbar hinter dem Bertagrab trifft man auf die B 2, der man nun für etwa einen Kilometer nach Süden bis zur Gaststätte Wachtmeister folgt.
An der Gaststätte verläßt man die B 2 westwärts über den mit einem gelben Punkt markierten Wachtmeisterweg. Er führt bald wieder in den Wald hinein und wendet sich nach Südwesten. Nachdem man eine Kreuzung passiert hat, zweigt man beim nächsten Wegekreuz nach links und damit genau nach Süden ab. Nach etwa 200 Meter trifft man so auf den mit einem grünen Dreieck markierten Reichsapfelweg. Ihm folgt man nach rechts (Westen) und erreicht nach 4,5 Kilometern den Ausgangspunkt in Schköna.

◁ *Der Bergwitzsee*

Sehenswürdigkeiten

① Im romantischen Heidedörfchen Schköna sind Hohenlubast und das ehemalige Forsthaus Thielenhaide beliebte Ausflugsziele. Die Dorfkirche stammt von 1741. Die größte Sehenswürdigkeit aber ist der Teufelsstein am Ortsausgang nach Rösa. Der Findling aus der letzten Eiszeit hat einen Durchmesser von 3,70 Meter und einen Umfang von gut 11 Meter. Glaubt man der Sage, wurde der Stein jedoch nicht vom skandinavischen Eis, sondern vom Gottseibeiuns persönlich transportiert. Als nämlich die Kirche in Schköna gebaut wurde, wollte dies der Teufel dadurch verhindern, daß er von Pouch aus den gewaltigen Felsbrocken gegen den Kirchenbau schleuderte.
② Der Wilhelmsgrubenquell ist eine stark eisenhaltige Quelle. Ihren Namen erhielt sie von der einstigen Wilhelmsgrube, einem 1840 in Betrieb genommenen Braunkohletagebau. Die Quellfassung stammt von 1990, seither bewacht der kleine, in Sandstein gehauene Wilhelm mit seinen Füßen im Wasser die Quelle.
③ Das Reitergrab ist die Grabstelle für den ruchlosen Mörder des Bauernmädchens Berta. Auf der Inschrift zum Grab heißt es:
Bertas Mörder fand den Tod am 5. IX. 1637
Wirf einen Stein auf diesen Mörder!
④ Das Bertagrab erinnert daran, daß hier das Bauernmädchen Berta am 4. September 1637 von einem schwedischen Soldaten ermordet wurde, als sie an einem nahegelegenen Bach einen Krug Wasser holen wollte. Der Soldat raubte ihren silbernen Verlobungsring, stürzte aber kurz darauf mit seinem Pferd so unglücklich, daß er sich nicht befreien konnte. Er bat deshalb einen Bauern um Hilfe und bot dafür den gestohlenen Ring. Der Bauer aber erkannte den Ring und erschlug den Soldaten mit seiner Axt.

Tip

Gniester Seen am Stausee-Heideweg nördlich von Schköna: Dazu gehören mehrere Seen. Vom beliebten Ausflugsziel Ochsenkopf aus erreicht man sie in nördlicher und nordöstlicher Richtung, von Lubast aus in westlicher Richtung. Bei den Seen handelt es sich um aufgelassene Braunkohlegruben. Heute findet man in der Gegend um die Seen ein wunderschönes Naherholungszentrum mit vielen Möglichkeiten zu ausgedehnten Wanderungen.

44

Autotour 44: 140 Kilometer

Wasserlabyrinth Spreewald

Spreewald

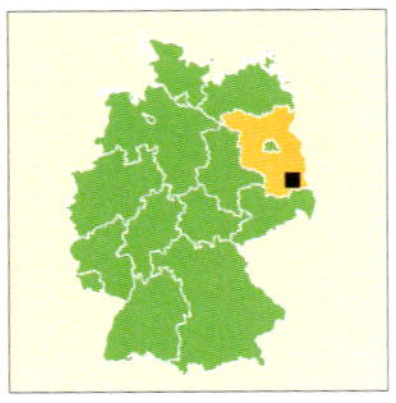

Im Spreewald staken die Fährmänner die Besucher auf flachen Kähnen durch das Kanalgewirr, hier wachsen zwischen den Kanälen Gurken, Kürbisse und Meerrettich, und der Wasserwald bietet zahlreichen botanischen und zoologischen Kostbarkeiten ersten Ranges Schutz und Heimat. Daß rund um die Kanalvielfalt die Sorben ihre eigenständige Kultur bewahren konnten, gibt der Fahrt zum Spreewald ihren zusätzlichen Reiz.

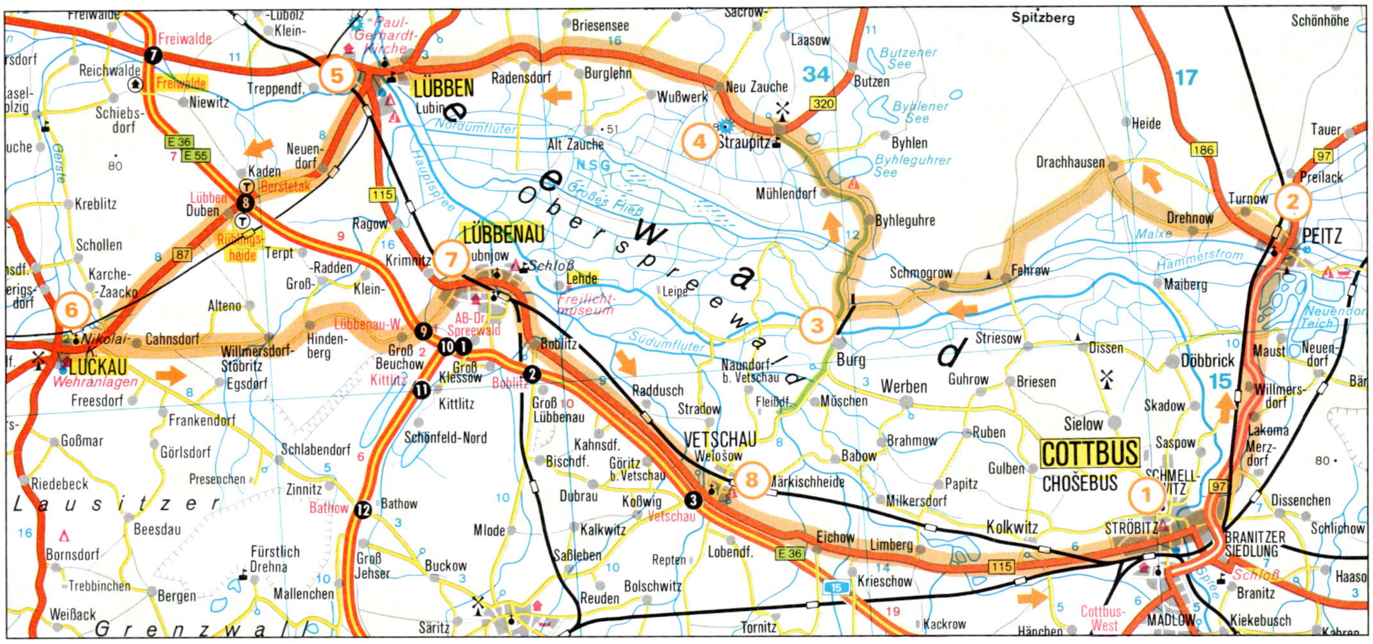

Tourverlauf

Die Tour beginnt in Cottbus am Südostrand des Spreewalds. ①
Von hier aus geht es über die B 97 nach Norden und spreeabwärts in die Teichlandschaft von Peitz. ②
Im Nordwesten von Peitz folgt man nur kurz der B 168, um dann der Spree an ihrem rechten Ufer über die schmale Landstaße nach Burg zu folgen. ③
Über Mühlendorf erreicht man anschließend Straupitz. ④
Lübben an der Hauptspree ist das Ziel der nächsten Etappe. ⑤
Ein Umweg nach Luckau lohnt sich seiner alten Wehranlagen wegen. ⑥
Wer aber möglichst nahe am Spreewald bleiben möchte, kann über die B 115 direkt nach Lübbenau fahren. ⑦
Von Lübbenau aus ist man über die B 115 schnell in Vetschau. ⑧
Schließlich wird der Ausgangspunkt in Cottbus wieder erreicht.

▽ *Spreewälder Haus in Burg*

Sehenswürdigkeiten

① Das südöstlich des Spreewaldes gelegene Cottbus thront auf einer künstlich erhöhten Sandinsel, war schon in slawischer Zeit befestigt und wurde im 10. Jahrhundert zur deutschen Grenzburg umgebaut. Im 12. Jahrhundert wuchs in ihrem Schutz die heutige Altstadt, von deren Ummauerung zeugen heute noch der Münzturm und der Spremberger Turm. Der Schloßturm ist Rest der alten Burg und späteren Schloßanlage. Die Pfarrkirche St. Nikolai, die hier Oberkirche heißt, wurde als dreischiffige, langgestreckte Hallenkirche mit Umgang nach 1468 begonnen und Anfang des 16. Jahrhunderts vollendet. Im Inneren sind vor allem die reichen Stern- und Netzrippengewölbe, die Fresken aus der Bauzeit sowie der Altaraufbau von 1661 interessant. Seine vielfigurigen Reliefszenen und die vollplastischen Figuren bieten ein Paradebeispiel für ein umfassendes, ikonographisches Programm. Am Altmarkt belegen Bürgerhäuser mit schön geformten Giebeln den einstigen Wohlstand der Stadt. Ein bedeutender Bau des späten Jugendstils ist das 1908 errichtete Theater. Im Südosten von Cottbus liegen Schloß und Park Branitz, einst im Besitz von Fürst Pückler. Dies hatte 1846 das größere Muskau aufgeben müssen und dafür den Branitzer Park großzügig gestaltet.

② Die Teichlandschaft von Peitz entstand in der Folge des Braunkohletagebaus. Im Südosten der Stadt liegt das ehemalige Eisenhüttenwerk, das schon im 16. Jahrhundert unter Kurfürst Joachim I. zu Eisenverhüttung angelegt worden war. Es kann als Hüttenmuseum besichtigt werden. Die Stadtkirche entstand Mitte des 19. Jahrhunderts, die moderne Einrichtung ist aus Glas und Stahl.

③ In Burg stehen noch echte Spreewälder Bauernhäuser mit Strohdächern und verbretterten Giebeln. Die Dorfkirche ist ein frühklassizistischer Emporensaal von 1804. Der Schloßberg von Burg-Kauper ist ein Burgwall aus der Bronzezeit, in dem seit 1917 ein nach Reichskanzler Bismarck benannter Turm steht.

④ Straupitz: Siehe Wanderung 44 A, Seite 184.

⑤ Lübben schützte im 12. Jahrhundert als Burgort Lubin einen Übergang durch die Spreewaldniederungen. Die Kirche von Lübben ist eine spätgotische, dreischiffige Halle aus Backstein und wurde um 1515 fertiggestellt.

△ Teichlandschaft in der Umgebung von Peitz

Ihre Spätrenaissanceausstattung von 1610 zeigt ein interessantes, protestantisches Bildprogramm. Das Schloß aus der zweiten Hälfte des 17. Jahrhunderts ersetzte eine mittelalterliche Wasserburg, von der mittelalterlichen Stadtbefestigung sind noch ein runder Eckturm, ein Wiekhaus und Reste der Stadtmauer erhalten.

⑥ Luckau an der Gerste war schon Ende des 13. Jahrhunderts auf nahezu kreisförmigem Grundriß mit Mauer und Graben befestigt. Die Stadtkirche St. Nikolai entstand Mitte des 14. Jahrhunderts auf Resten der Vorgängerkirche. Ihr dreischiffiger Hallenchor hat den ältesten Hallenumgang der Lausitz. Ihre heutige Ausstattung erhielt sie nach einem Brand 1644. Dabei entstanden amphitheatralisch terrassierte Emporen, eine mächtige Orgel und eine prächtige Sandsteinkanzel mit vielen Figuren und szenischen Reliefs. Interessant sind auch die Stuben und Logen auf der nördlichen Empore, die sich die reicheren Bürger sogar mit Öfen eingerichtet hatten. Der Marktplatz ist mit Schmuckgiebelhäusern bebaut, die Stuckarbeiten entstanden um 1700 von italienischen Wanderarbeitern. Große Teile der Stadtbefestigung mit dem Roten Turm und einem Wiekhaus an der Nordseite sind gut erhalten.

⑦ Lübbenau: Siehe Wanderung 44 B, Seite 185.

⑧ Auf dem Kirchplatz von Vetschau stehen zwei aneinandergebaute Kirchen: die deutsche Stadtkirche und die wendische Landkirche. Hauptkirche war ursprünglich die wendische. Sie wurde in der zweiten Hälfte des 19. Jahrhunderts spätklassizistisch und innen gotisierend ausgebaut. Der untere Teil ihres Turmes stammt noch aus dem Mittelalter, das achteckige Oberteil wurde 1709 errichtet. Er dient beiden Kirchen als Glokkenturm.

△ Kirche von Lübben

Die Sorben und ihre Traditionen

In der Lausitz, längs der Spree zwischen dem Spreewald und dem Lausitzer Bergland, haben etwa 100 000 Sorben ihre eigene Kultur, ihre eigene Sprache und ihre eigenen Trachten erhalten. Urkundlich belegt sind die Sorben schon im Jahre 631 als »surbi« in der Chronik des fränkischen Mönchs Fredegar. Seither konnten die Lausitzer Sorben ihre sprachliche, kulturelle und ethnische Eigenart bewahren. In ihrem Brauchtum ist eine Reihe heidnischer Vorstellungen konserviert, die allesamt Bezug zu Fruchtbarkeitsriten und zum bäuerlichen Jahresrhythmus haben. Viele sorbische Bräuche sind mit Ostern verbunden. Unmittelbarer Ausdruck des Zusammengehörigkeitsgefühls sind stets die Hochzeiten als Feste, an denen das ganze Dorf teilnimmt. Hier bietet sich auch die willkommene Gelegenheit, die alten Trachten anzuziehen. Neben der Festtagstracht gibt es noch eine Werktags-, Kirchgangs- und Trauertracht. Das ureigenste Fest der Sorben aber ist die »Vogelhochzeit« am 25. Januar, wenn die Elster Hochzeit feiert. Die Kinder stellen dann ihre Teller vor die Fenster des Hauses und bekamen darauf Süßigkeiten und Eier.

△ Sorbische Trachten, Niederlausitz

Tip

Naturschutzgebiet Buchenhain nördlich von Lübben: Hier finden sich auf rund 300 Hektar viele botanische Kostbarkeiten. Die Erlen stehen auf großen Weißmoospolstern wie auf silbergrün schimmernden Sockeln. Vor allem im Frühling breitet sich dann ein überaus farbiger Blütenteppich aus.

▷ Staatstheater Cottbus

44 A

Wanderung 44 A: 16 Kilometer – 4 Stunden

Nordpolder Hochwald

Spreewald

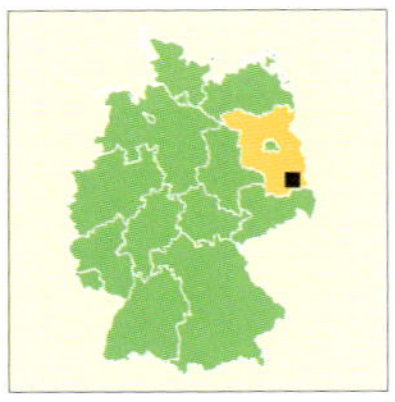

Der Spreewald zwischen Lübbenau und Leipe oder auch das Freilichtmuseum Lehde sind wunderschön; doch wer die Stille des Spreewaldes abseits der Touristenströme sucht, der muß sich ihm von Norden, am besten von Straupitz aus, nähern. Wer diese Mühe auf sich nimmt, kann Kranich und Schwarzstorch beobachten oder Blaukehlchen und Schwarzspecht entdecken.

Tourverlauf

Am besten beginnt die Wanderung am Parkplatz bei der Straupitzer Kirche. ①
Von ihr geht es hinüber zum ehemaligen Schloß und dann südsüdöstlich zum Schneidemühlfließ. An seiner Seite wandert man dann südwärts bis auf die Höhe von Mühlendorf und danach über den Nordumfluter südwestwärts zur Buschmühle und zum Nordrand von Kauper. Dem Großen Fließ entlang geht es nun westwärts hinüber zum Gasthof Eiche und dann neben der Mühlspree beziehungsweise dem Nordfließ entlang bis zum Forsthaus Kannemühle. Vor allem dieser Streckenabschnitt bietet eine Spreewaldlandschaft wie aus dem Bilderbuch. ②
Beim Forsthaus Kannemühle wendet man sich nordwärts nach Neu Zauche, schwenkt dann aber bei den ersten Häusern nach Südosten gegen den Weinberg. ③
An seiner Südseite kommt man zurück nach Straupitz.

△ *Großer Brachvogel am Nordpolder*

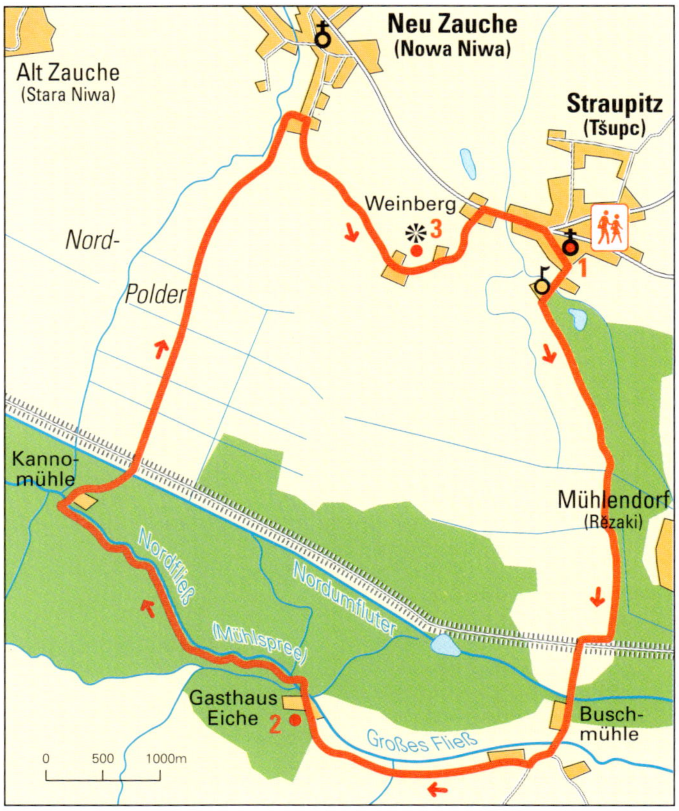

Sehenswürdigkeiten

Den eigentlichen Reiz des Spreewalds macht das Labyrinth aus zahlreichen, kleinen und kleinsten Wasserläufen aus. Allein im Oberspreewald gibt es über 300 Kilometer Fließe, Seitenarme und Kanäle. Knapp 200 Kilometer davon sind mit dem Kahn befahrbar. Ursache der Aufspaltung war das geringe Gefälle, das es der Spree und ihren größeren Zuflüssen Malxe und Berste ermöglichte, in die Breite zu gehen. Später wurde dieses natürliche Gewässernetz durch Kanäle und Gräben planvoll erweitert, um den fruchtbaren Boden zum Gemüseanbau nutzen zu können.

① In Straupitz überrascht die monumentale Kirche, die Karl Friedrich Schinkel von 1827 bis 1832 hier errichtete. Bei der Doppelturmfassade verwendete er den damals modischen Rundbogenstil, das Innere ist als Emporensaal gestaltet. Im Grunde aber ist es eine Wandpfeilerkirche mit je drei raumhohen Rundbogenarkaden an den Längsseiten, in die zweigeschossige Emporen eingefügt sind. An der Ostwand zur raumhohen Apsis und an der Westwand zur Vorhalle zwischen den Türmen öffnen sich gleiche Rundbogenarkaden. Die gesamte Ausstattung stammt aus der Bauzeit, lediglich Altarretabel und Taufe stammen aus dem 17. Jahrhundert.

② Hinter dem Gasthaus Eiche beginnt der schönste Teil des Spreewalds. Hier gibt es eine üppige Vegetation. Im Frühling leuchten die großen, gelben Schwertlilienblüten und die wildwachsenden Märzenbecher, im Sommer strahlen weiße und gelbe Teichrosen. Schmetterlinge und Libellen gibt es in zahlreichen Arten, und wer ganz viel Glück hat, sieht sogar die bunten Eisvögel.

◁ *Spreewald*

③ Der 89 Meter hohe Weinberg, der das Spreewaldniveau um 35 Meter überragt, verrät schon mit seinem Namen, daß hier die Sorben früher Wein anbauten. Geblieben ist davon allerdings nichts.

Tip

Byhleguhrer See östlich von Straupitz: Nachdem die Hochwasser im Spreewald immer mehr eingedämmt wurden und damit die Laichgebiete auf den überschwemmten Wiesen weggefallen sind, schützt man den Hechtbestand heute durch Aussetzen von Fischbrut. Verbreitet ist auch die Karpfenzucht. Gewässer wie der Byhleguhrer See und die Stradower Teiche sind für die Fischwirtschaft bestimmt.

Wanderung 44 B: 8 oder 11 Kilometer – 2 oder 2 1/2 Stunden

44 B

Klein-Venedig im Spreewald

Lübbenau ist das westliche Tor zum Spreewald. Hier befinden sich die Verarbeitungsbetriebe für das im Spreewald angebaute Gemüse, hier gibt es seit 1908 den Kahnfährmannsverein. Im Ortsteil Lehde steht das Sorbische Freilichtmuseum mit verschiedenen Originalgebäuden der Sorben.

Spreewald

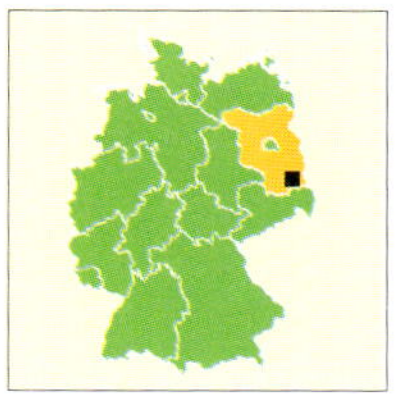

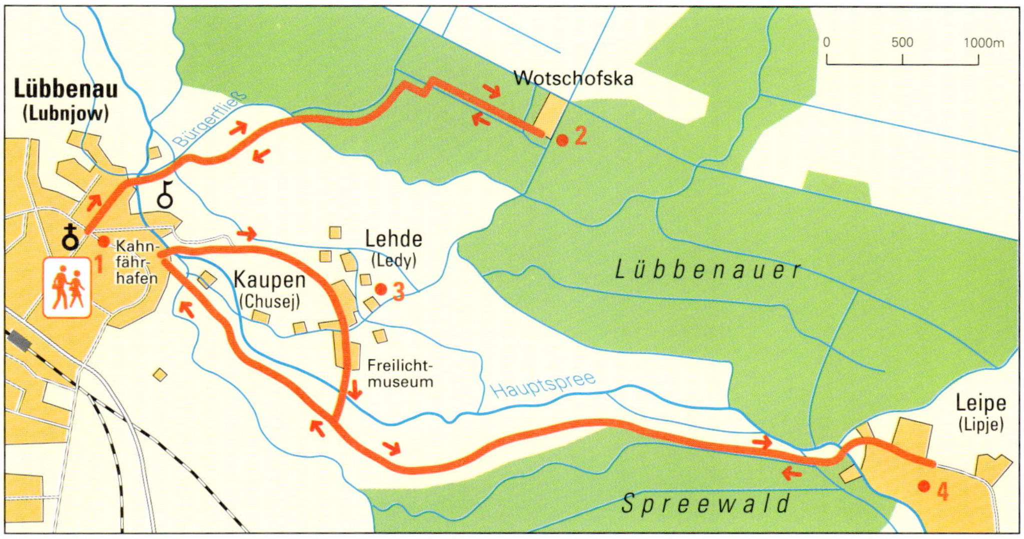

△ *Spreewald bei Lübbenau*

Tourverlauf

Wer das »Grüne Venedig« zu Fuß erkunden möchte, hat zwei Möglichkeiten; beide Varianten beginnen in Lübbenau. ①

Zum einen kann man in knapp einer Stunde im Bereich des Bürgerfließes zur Gaststätte »Wotschofska« spazieren. Der Weg dorthin beginnt in der Spreestraße beim Gasthof »Spreeschlößchen«. Der Weg führt über insgesamt 15 Brücken, endet aber bei der Wotschofska, so daß man denselben Weg zurückgehen muß (8 Kilometer – 2 Stunden). ②

Die zweite Möglichkeit führt vom Spreewaldhafen, wo all die großen Kähne auf viele Kunden warten, zum Lübbenauer Ortsteil Lehde und zum Sorbischen Freilichtmuseum (11 Kilometer – 2 1/2 Stunden). ③

Südlich des Freilichtmuseums überquert man die Hauptspree und trifft dort auf den Wanderweg, der nach links (Osten) der Hauptspree folgend nach Leipe hinüberführt. ④

Hinter Leipe endet der Weg zwar nicht wie bei der Wotschofska, aber eine bessere Rückkehrmöglichkeit als über den Herweg gibt es auch nicht. Da der aufgeschüttete, meist von Birken gesäumte Weg eines der schönsten Stücke des Spreewaldes erschließt, und Haubentaucher, Enten und Graureiher stets dafür sorgen, daß die romantische Moorwasserlandschaft auch lebendig genug wirkt, ist der Rückweg trotz der gleichen Strecke ein neues Erlebnis.

Auf der Höhe des Freilichtmuseums bleibt man beim Rückweg dem Hauptwanderweg entlang der Hauptspree treu und kommt damit auf etwas kürzerem Weg zurück zum Kahnfährhafen.

Sehenswürdigkeiten

① Mitten im Oberspreewald liegt Lübbenau, eine der Hauptsiedlungen der Sorben, die schon im 6. Jahrhundert hier nachweisbar sind. Eine Burg Lubbenowe gab es nachweislich 1301, daraus wurden das kleine Schloß und der Park östlich der Stadt. Der durchaus stattliche Renaissancebau wurde um 1600 in die heutige Form gebracht. In der barock gestalteten, ehemaligen gräflichen Kanzlei von 1748 ist heute das Spreewaldmuseum untergebracht. Von Lübbenau aus starten die meisten Kähne zur Fahrt über die Spreewaldkanäle.

② Die Gaststätte Wotschofska liegt mitten im »Grünen Venedig« und ist ein lohnendes Ausflugsziel.

③ Lehde ist das wohl typischste Spreewalddorf. Ursprünglich konnte man es nur mit dem Kahn erreichen, den Landweg gibt es erst seit 1929. In neuerer Zeit wurde die originale Bebauung mit den Spreewaldhäusern mit zusätzlich hier aufgebauten Häusern zum Freilichtmuseum ausgebaut. Nun können drei verschiedene Typen vollständig eingerichteter Spreewaldhöfe besichtigt werden: ein Wohnstallhaus aus der Zeit um 1800, ein Stallgaleriegebäude und ein Giebelumgebindehaus. Alles zusammen gibt einen guten Überblick über die Arbeits- und Lebensweise sorbischer Bauern und Fischer im Spreewald, wie sie bis vor gar nicht allzu langer Zeit üblich war.

④ In Leipe gibt es verschiedene Einkehrmöglichkeiten, wo man sich für den Rückmarsch nach Lübbenau stärken kann.

▽ *Schloß Lübbenau, das auch das Spreewaldmuseum beherbergt*

Tip

Kahnfahrten im Spreewald: Von den Kahnanlegestellen der Spreewaldschiffer in Lübbenau empfiehlt sich auch eine Wasserpartie von 2 bis 3 Stunden nach Lehde. Vorbei an den Lübbenauer Kaupen führt die Fahrt zum Leipschen Fließ. Hier nimmt man am besten den Charakter der Landschaft wahr. Die hochaufgeschaufelten Gemüsefelder bringen reiche Ernten an Zwiebeln, Gurken und Meerrettich hervor. Die Uferzonen sind dicht von hohen Erlen gesäumt.

45

Autotour 45: 120 Kilometer

Im Naturpark Nordeifel

Die Nordeifel ist das nordwestlichste deutsche Mittelgebirge; seine welligen Hochflächen liegen durchschnittlich etwa 600 Meter hoch. Geprägt sind sie vom rauhen Klima und kargen Böden. Die Ortschaften drängen sich in die geschützten Tallagen, auf den Höhen stehen die stolzen Burgen. Neuzeitliche Zugabe sind die zahlreichen Stauseen, welche die Nordeifel zum seenreichsten Mittelgebirge gemacht haben.

Nordeifel

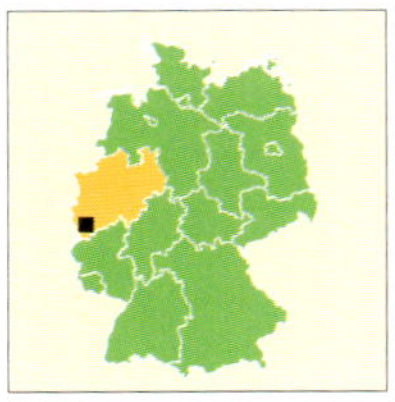

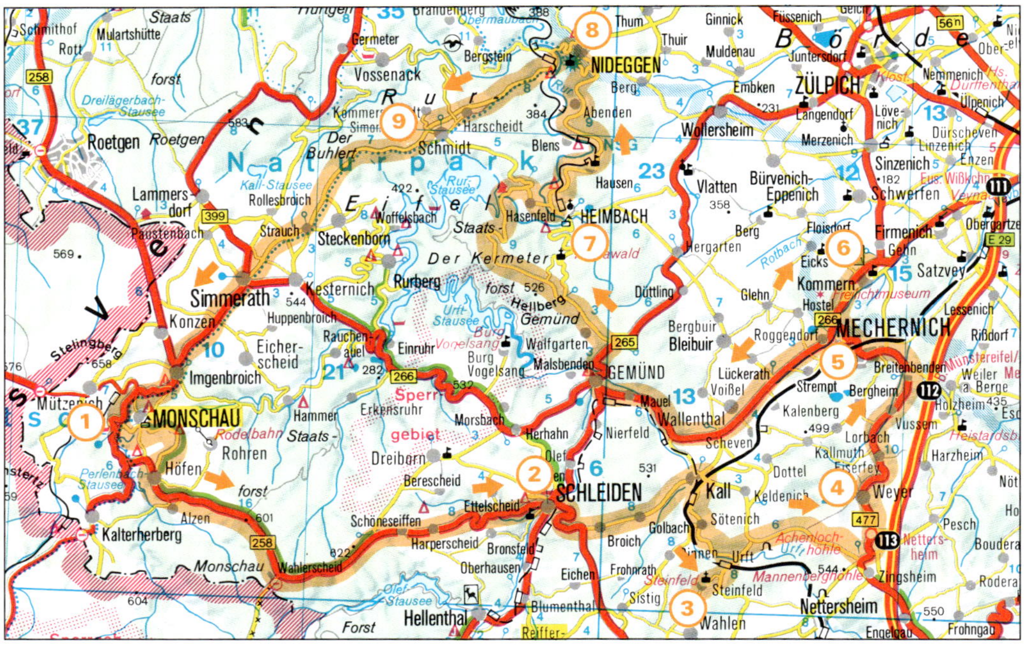

Tourverlauf

Mit seinen Fachwerkhäusern ist Monschau wohl das schönste Eifelstädtchen. Und deshalb beginnt diese Rundtour in der Nordeifel auch hier. ①

Man folgt zunächst der Rur, schwenkt dann nach Süden zum Ortsteil Höfen, wo man die B 258 erreicht. Ihr folgt man über die Hochfläche nach Schleiden. ②

Auch nach Schleiden bleibt man zunächst der B 258 treu, allerdings nur bis hin zum Ortsteil Broich. Hier biegt man links ab, um weiter ostwärts nach Kall, ins Urfttal und nach Steinfeld zu kommen. ③

Bei Zingsheim wird die B 477 erreicht und kurz darauf die Kakushöhle bei Weyer. ④

▽ *Burg Satzvey*

△ Burg Nideggen an der Rur

Die Tuchmacher von der Rur

Das felsige Rurtal bei Monschau war zu allen Zeiten unwirtlich. Im Mittelalter diente die Monschauer Burg lediglich strategischen Zwecken. Für die wenigen Einwohner gab es keine Perspektive, hätte es nicht 1598 den Beschluß des katholischen Stadtrats von Aachen gegeben, seine protestantischen Tuchmacher aus der Stadt zu werfen. Viele von ihnen ließen sich in Monschau nieder, denn hier fanden die geschäftstüchtigen Fabrikanten was sie brauchten: Freiheit ohne Zunftzwang, das kalkfreie Wasser der Rur, die Schafherden des kargen Venns als Wollieferanten und eine verarmte Bevölkerung als billige Arbeitskräfte. Der erste bedeutende Fabrikant an der Rur war Johann Heinrich Scheibler, der 1730 begann, spanische Merinowolle zu importieren und sie nach eigenem Geheimverfahren zu färben. Damit konnte er mit den besten englischen und französischen Tuchen konkurrieren und beschäftigte 1762 über 4000 Menschen in und um Monschau. Bis heute sichtbares Produkt dieser Blüte ist das berühmte Rote Haus, die Bürgerresidenz des reichen Fabrikanten.

Nordwärts bleibt man auf der B 477 bis Mechernich. ⑤
Unbedingt zu empfehlen ist der kurze Weg ins Freilichtmuseum Kommern. ⑥
Von Mechernich führt die B 266 südwestwärts nach Wallenthal und Gemünd. In Gemünd folgt man zunächst der B 265 wenige Kilometer nach Norden, zweigt dann bald nach links auf die Landstraße ab, um zum Rurstausee und nach Heimbach zu kommen. ⑦
Rurabwärts geht es weiter hinunter nach Nideggen. ⑧
Von der Rur fährt man nun wieder hinauf auf die Hochfläche, nach Schmidt. ⑨
Über Simmerath hat man bald Monschau wieder erreicht.

Sehenswürdigkeiten

① Monschau: Siehe Wanderung 45 A, Seite 188.
② In Schleiden gibt es nicht nur eine mittelalterliche Burg aus dem 12. Jahrhundert, sondern vor allem in der Pfarrkirche ganz besonders kostbare Ausstattungsstücke. Die Fenster der Ostwände enthalten Glasgemälde von 1535. Das Altargemälde ist um 1500 gefertigt worden, und die 1770 fertiggestellte große Orgel mit schönem Rokokoprospekt gilt als das bedeutendste historische Orgelwerk im Rheinland.
③ Die ehemalige Prämonstratenserabtei Steinfeld wurde um 920 als Nonnenkloster gegründet. 1121 übernahmen Augustiner-Chorherren das Kloster, zwanzig Jahre später begannen Prämonstratenser den Bau der mächtigen, dreischiffigen Pfeilerbasilika. Sie beeindruckt bis heute mit ihren schlichten Formen klarer, romanischer Raumgliederung. Ihre ältesten Fresken stammen noch aus dem 12. Jahrhundert, die Fresken in der Apsis entstanden im 14. Jahrhundert. Die figürlichen Darstellungen an den Vierungsbogen und das spätgotische Rankenwerk in den Zwickeln und Scheiteln der Gewölbe schuf Hubert von Aachen bis 1517.
④ Die Kakushöhle bei Weyer diente schon den Menschen der Altsteinzeit als Zufluchtsort. Die Archäologen konnten von ihnen hinterlassene Geräte und Beutereste sichern und auswerten.
⑤ In Mechernich ist die Pfarrkirche mit ihrem auf das 12. Jahrhundert zurückgehenden Turm interessant. Im Nordosten liegt Burgfey als Ruine und die schöne Wasserburg Satzfey aus dem 14. und 15. Jahrhundert. Bei Vussem finden sich Reste eines römischen Aquädukts.
⑥ In Kommern wartet zum einen der Hochwildpark Rheinland mit Elchen, Wildschweinen, Rot- und Damhirschen auf Besucher. Nicht weniger interessant ist das Rheinische Freilichtmuseum mit seinen etwa achtzig dörflichen Gebäuden aus dem 15. bis 18. Jahrhundert Während des Sommers arbeiten in den alten Werkstätten Handwerker nach ihren traditionellen Methoden, Wechselausstellungen geben zusätzliche Informationen.
⑦ Heimbach: Siehe Wanderung 45 B, Seite 189.
⑧ Das traumhaft schöne Burgstädtchen Nideggen wurde aus rotem Sandstein erbaut. Von der alten Stadtbefestigung sind noch das Dürener Tor mit zwei Rundtürmen und das Zülpicher Tor erhalten. Die restaurierte Burg birgt heute das Rheinische Burgmuseum und bietet von ihrem Bergfried einen prächtigen Rundblick über die Eifelhöhen und hinunter ins Rurtal. Die Pfarrkirche geht auf das 13. Jahrhundert zurück, doch sind nur noch in der Apsis Reste der ursprünglichen Ausmalung aus der Mitte des 13. Jahrhunderts erhalten. Kostbarste Stücke der Ausstattung sind einige Skulpturen aus der Zeit um 1340.
⑨ In Schmidt gibt es einen großen Wildpark mit Rothirschen, Damwild, Wildschweinen und Mufflons.

△ Die 1900 bis 1905 erbaute Urft-Talsperre

◁ Im Museumsdorf Kommern

Tip

Nettersheim südlich der Kakushöhle: Drei Lehrpfade (Gewässer- und Archäologischer Lehrpfad, Ökowanderung) bieten einen Einblick in das Naturphänomen Eifel, vor allem an der Stelle, wo einmal vor 400 Millionen Jahren ein Korallenriff eine Lagune von der offenen See abtrennte. Sammler können an einer der 34 Stellen, wo das Urgestein ans Tageslicht tritt, Fossilienfunde machen.

45 A

Wanderung 45 A: 13,5 Kilometer – 3 Stunden

Monschauer Fachwerkträume

Im schönsten Städtchen in der nördlichen Eifel stehen idyllische Fachwerk- und noble Patrizierhäuser beiderseits des Flusses Rur. Überragt wird die Idylle von der martialischen Ruine der im 13. Jahrhundert errichteten Burg. In der Umgebung laden die Täler des Perlenbaches und der Rur zu reizvollen Talwanderungen ein.

Nordeifel

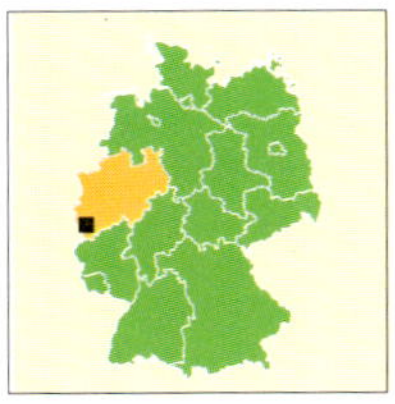

△ *Hohes Venn westlich von Monschau*

Tourverlauf

Man beginnt diese Wanderung in die Nordeifel am Marktplatz von Monschau. ①
Erstes Ziel ist der Kierberg am Südrand der Stadt. Von ihm folgt man dem Wegweiser »Ringberg« und der Markierung A 5. Sie führt zu den bizarren Einzelfelsen Teufelsley und Engelsley mit schönen Ausblicken aufs Rurtal. Die Markierung A 1 führt hinüber zum Naturdenkmal Pferdeley und anschließend hinunter zur Perlenbachtalsperre. ②
Über den Staudamm leitet die Markierung 100, der man in den Wald hinauf zur 530 Meter hohen Breiterscheid folgt. Auch nach diesem höchsten Punkt der Wanderung bleibt man der Markierung 100 treu bis zur Norbertuskapelle. ③
Nach der Überquerung der Rur geht es nordwärts der Markierung 100 folgend zum Kloster Reichenstein. ④
Danach wandert man immer der Rur entlang bis zur Schutzhütte Fischerhütte, hinter der der Weg noch einmal zu steigen beginnt, bis er die Schutzhütte Ehrensteinsley erreicht. Von hier gibt es wieder einen prächtigen Blick hinunter ins Rurtal. Dahinter geht es wieder bergab, über die Stadtumfahrung der B 258 und in den Hof der Monschauer Felsenbrauerei. Hier hält man sich links, folgt der Markierung A 5 und erreicht nach gut 400 Metern die Monschauer Burg. Von ihr führt ein Treppenpfad hinunter und zurück zum Ausgangspunkt.

Sehenswürdigkeiten

① Die Hauptattraktion von Monschau sind seine überaus idyllischen Fachwerkhäuser, die wie eine geschlossene Mauer die Rur von beiden Seiten säumen. Zahlreiche romantische Winkel warten hier auf ihre Entdeckung. Bestes Beispiel für ein altes Patrizierhaus ist das Rote Haus von 1765 mit seinen wunderschönen Rokokotreppen. Die Ruine des »Haller« ist Rest eines im 13. Jahrhundert errichteten Wachtturms, von dem aus die nächste Talschleife der Rur eingesehen werden kann. Der kurze Aufstieg zu diesem Turm wird mit einem herrlichen Panoramablick über den alten Kern von Monschau belohnt.
Die als »Castrum in Munioie« 1271 belegte Monschauer Burg errichteten die Grafen von Montjoie im 12. Jahrhundert zum Schutz des nahegelegenen Prämonstratenserklosters Reichenstein. Von diesem ersten Bau stammen noch Teile des Bergfrieds und das Portal zum Hauptschloß. In der zweiten Hälfte des 14. Jahrhunderts gab es einen völligen Umbau: Ringmauern und Wehrgänge wurden neu errichtet. Zerstört wurde die Burg 1689.

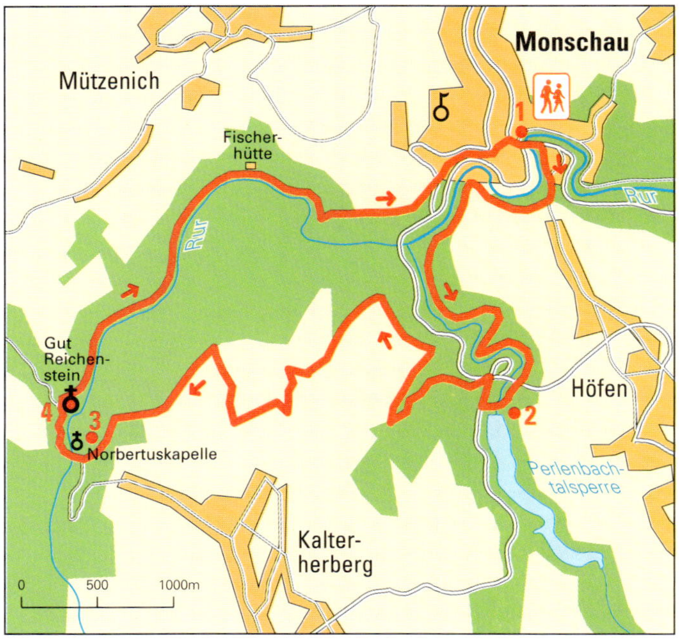

② Der Perlenbachstausee dient als Trinkwasserreservoir; sein Fassungsvermögen beträgt etwa 800 000 Kubikmeter.
③ Die Norbertuskapelle wurde 1926 vom Dekanat Monschau zu Ehren des Gründers des Prämonstratenserordens errichtet.
④ Das ehemalige Prämonstratenserinnenkloster Reichenstein ist heute ein landwirtschaftlicher Betrieb. Die Klosterkirche kann jedoch besichtigt werden. Fertiggestellt wurde sie 1696, im Chor sind noch die Konsolen und Rippenansätze eines zerstörten Kreuzgewölbes zu sehen.

Tip

Hohes Venn westlich von Monschau: Durch dieses Hochmoor (Venn, Veen oder Fehn bedeutet Moor, Sumpf) führen Bretterstege über den nassen Untergrund. Bei klarem Wetter genießt man vom höchsten Punkt eine Fernsicht bis zum Kölner Dom.

▷ *Am Roten Haus in Monschau*

Wanderung 45 B: 19 Kilometer – 4 ½ Stunden

Eifeler Seenplatte

Die aufgestauten Wasser in den Tälern der Rur und der Urft bilden das größte Talsperrensystem Westeuropas. Der Rurstausee selbst ist mit einem Fassungsvermögen von 205 Millionen Kubikmetern das größte Staubecken Deutschlands. Dazwischen liegt der Kermeter, das größte geschlossene Waldgebiet der Eifel. Von Heimbach aus lassen sich Wald und Wasser in einer großartigen Wanderung kombinieren.

Nordeifel

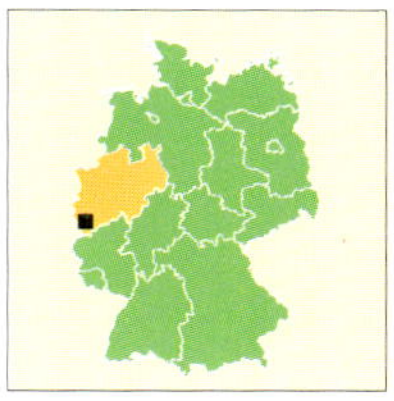

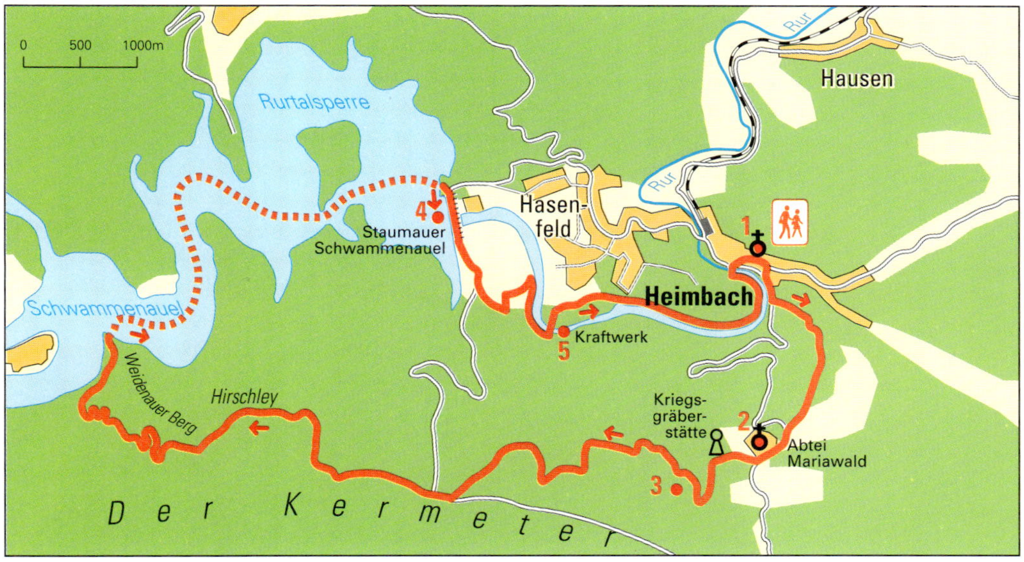

Tourverlauf

Startort der Wanderung ist Heimbach. ①
Am südlichen Ortsrand beginnt der mit 6 markierte Wanderweg am Wegweiser »Mariawald über Marienhöhe«. Erstes Ziel ist nach Erreichen der Höhe des Altenberges die Abtei Mariawald. ②
Nach dem Kloster folgt man dem mit 8 gekennzeichneten Weg bis zur Kriegsgräberstätte, wo die Markierung 20 beginnt. Diese führt in den Kermeter Wald hinein, den man von Ost nach West durchquert. ③
Nach etwa einer Stunde trifft man auf die schmale, von Wolfgarten zur Talsperrenmauer nach Schwammenauel hinunterführende Fahrstraße. Bald taucht die Schutzhütte »Schwarzes Kreuz« auf, hinter der ein Waldlehrpfad beginnt. Auf seinen Informationstafeln sind Pflanzen und Tiere des Kermeters, geologische Aufschlüsse und kulturhistorische Zusammenhänge erklärt. Auch Hinweise auf das 1953 in Kermeter eingebürgerte, ursprünglich aus Korsika und Sardinien importierte Muffelwild fehlen nicht.
Vorbei an zwei alten Köhlerplätzen und der Schutzhütte Hirschley mit prächtigem Blick auf den Rursee wandert man weiter zu den Schutzhütten Paulushof und Weidenauel.
Hinter der Weidenauelhütte trifft man auf den Rursee-Uferweg, dem man nach rechts (Norden) folgt. Der Wegweiser »Fähre Woffelsbach« weist schließlich den Weg zur Bootsanlegestelle.
Per Elektroboot fährt sich's geruhsam über den Rurstausee, direkt hinüber zur Staumauer Schwammenauel. ④
Nach der Überquerung der Staumauer geht es vorbei am Hotel Seerose, hinunter zum Ufer der Rur, wo man dem rechten Uferweg folgt bis zum Kraftwerk Heimbach. ⑤
Von ihm leitet die Markierung 1 zurück zum Ausgangspunkt in Heimbach.

Sehenswürdigkeiten

① Heimbach liegt malerisch im Rurtal zu Füßen der Burg Hengebach. Sie geht auf das 12. Jahrhundert zurück, wurde allerdings oft zerstört und erst in den letzten Jahren wieder instandgesetzt. Die Pfarrkirche St. Clemens wurde 1725 geweiht und besticht durch eine reiche Ausstattung. Die drei großen Barockaltäre stammen aus dem frühen 18. Jahrhundert. In der angebauten Wallfahrtskapelle steht ein Anfang des 16. Jahrhunderts gefertigter Passionsaltar aus Antwerpen. Interessant ist auch das Wasserkraftwerk bei Heimbach-Hasenfeld. Die Urfttalsperre war zur Erbauungszeit 1904 Europas größte Talsperre mit einem für Mittelgebirge erstaunlichen Gefälle von 110 Meter. Das Wasserkraftwerk ist in einem Jugendstilgebäude untergebracht. An der Schauseite wurden Hinweise auf die Technik als Dekor in den Mauerüberzug gefügt.

② Das ehemalige Zisterzienserkloster Mariawald entstand im 15. Jahrhundert, die einschiffige Kirche wurde 1511 geweiht. Die Wallfahrt im Kloster betreuten bis 1803 die Zisterzienser, danach wurde das als wundertätig verehrte Marienbild in die Pfarrkirche von Heimbach übertragen. 1860 kauften die Trappisten die verfallenen Anlagen und besiedelten das Kloster neu.

③ Der Kermeter ist ein 3000 Hektar umfassender Wald, durch den einst die Römerstraße zwischen Köln und Reims verlief. Der Wald war im Mittelalter fränkisches Königsgut, in dem Karl der Große auf Hirsch- und Bärenjagd ging.

④ Die Staumauer Schwammenauel ist ein beeindruckendes Bauwerk. Bei einer Länge von 480 Meter und einer Höhe von 72 Meter ist die Talsperre am Fuß 303 Meter dick, an der Krone noch 15 Meter. Die Stauseen der Eifeler Seenplatte bieten allesamt prächtige Wander-, Schwimm- und Bademöglichkeiten.

⑤ Das 1904 fertiggestellte Wasserkraftwerk bei Hasenfeld ist ein architektonisch interessanter Bau im Jugendstil. Turbinen- und Generatorelemente schmücken als Putzrosetten den Giebel. Selbst Türen- und Fensterdetails deuten auf die Nutzung des Baues hin.

Tip

Rödelsberg nördlich von Heimbach: Ein Teil des Rödelbergs bei Blens steht als Vogelfreistätte unter Naturschutz. Hier beherrschen Greifvögel wie der Turm- oder der Wanderfalke das Bild. Von Blens im Rurtal aus ist der Blick auf die bunten Sandsteinfelsen beeindruckend, doch ebenso faszinierend ist der Fernblick vom Berggipfel.

▷ *Rurtal bei Heimbach*

Autotour 46: 140 Kilometer

Rund um die Vulkaneifel und zu den Maaren

Vulkaneifel

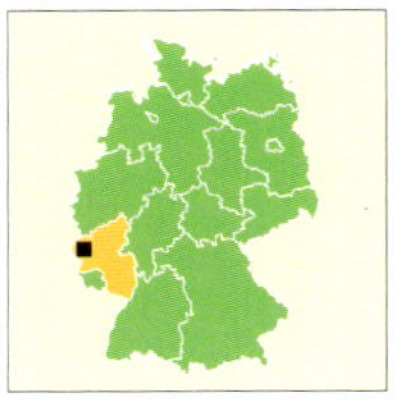

Maare und Moore sind die Wahrzeichen der Vulkaneifel, einer Landschaft, die aus über 250 Vulkanen geformt wurde. Geblieben sind von ihnen etwa 30 Kraterseen, mit Wasser gefüllte Vulkantrichter. Oft wurden sie mit Augen verglichen, die aus der abwechslungsreichen Acker- und Waldlandschaft blicken, in die stolze Burgen und kleine Dörfer eingebettet sind.

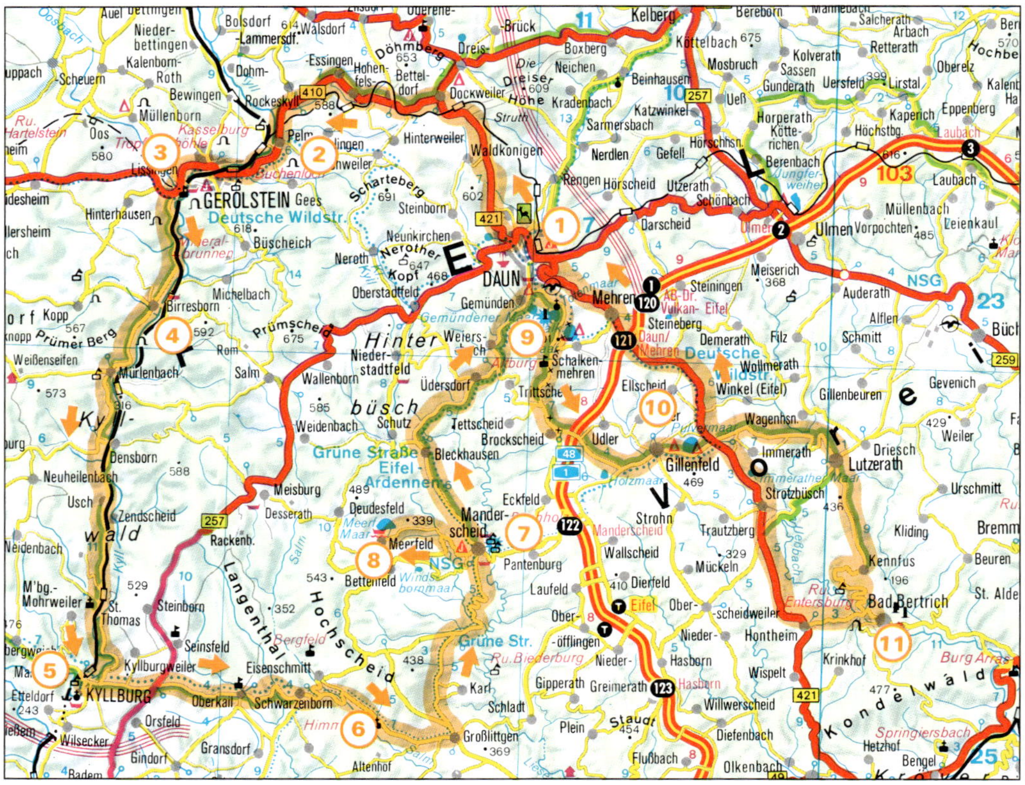

Tourverlauf

Zentrum der Vulkaneifel und Startort dieser Tour ist Daun. ①
In nordwestlicher Richtung fährt man auf der B 421 nach Dockweiler, ins Tal der Kyll und nach Pelm. ②
Kurz darauf kann man in Gerolstein. ③
Von Gerolstein folgt man dem Tal der Kyll in südlicher Richtung nach Birresborn. ④
Die eingeschlagene Richtung behält man bei bis Kyllburg. ⑤
Hier trifft man auf die Grüne Straße Eifel – Ardennen, der man nach Osten zunächst bis Himmerod folgt. ⑥
In Großlittgen wechselt man die Richtung nach Norden, um Manderscheid anzufahren. ⑦
Hier bietet sich ein Abstecher zum Meerfelder Maar an. ⑧
Drei weitere große Maare kann man in der Umgebung von Kaun besuchen. ⑨
Die Rundtour in der Vulkaneifel hat sich hier in Daun zwar schon geschlossen, aber man kann die Liste der besuchten Maar noch verlängern: in Gillenfeld mit dem Pulvermaar. ⑩
Endgültig zurück nach Daun führt die Tour in Form einer liegenden 8 über Bad Bertrich. ⑪

Sehenswürdigkeiten

① Das Mineralheilbad Daun liegt im Zentrum der Vulkaneifel und wird von der im 10. Jahrhundert errichteten Burg der Herren von Dune überragt. Heute sind noch die ehemaligen Burgmannenhäuser aus dem 16. Jahrhundert zu sehen, außerdem die Nikolauskirche mit ihrem romanischen Westturm und ihrer alten Innnenausstattung. Südlich von Daun erstreckt sich die Welt der Maare. Wenig östlich von Daun, an der B 257, liegt der Hirsch- und Saupark. Er ist durch eine 10 Kilometer lange Autowanderstraße erschlossen, die an den Wildgehegen vorbeiführt. An sechs Beobachtungsständen kann man aussteigen und die Wildschweinrudel und die Herden aus Rot-, Dam- und Sikahirschen bewundern. Im nordwestlich gelegenen Dörfchen Steinborn steht ein besonders schönes, gotisches Kirchlein. Sein gesamter Innenraum wird von nur einem achteckigen Pfeiler getragen, von dem aus sich die Rippen des reichen Netzgewölbes verzweigen. Die Gewölbefelder sind mit aussergewöhnlichen Fresken verziert. Sie zeigen aus großen Blüten hervorwachsende, musizierende Landsknechte.

② Pelm wird beherrscht von der Kasselburg, einer der stattlichsten Eifelburgen. Gut erhalten sind Bauteile aus dem 13. bis 15. Jahrhundert. Der Bergfried und der 37 Meter hohe Torturm sind ebenso interessant wie Palas und Kapelle. Neben der Burg gibt es eine Adlerstation mit täglichen Flugvorführungen.

③ Gerolstein: Siehe Wanderung 46 A, Seite 192.

◁ *Am Schalkenmehrener Maar südlich von Daun*

▷ *Kirche in Himmerod*

④ Im Naturschutzgebiet nördlich von Birresborn ist hoch über dem Kylltal ein Lehrbuch des Vulkanismus aufgeschlagen: In einem aufgelassenen Steinbruch stehen mächtige, bis zu 18 Meter hohe Basaltsäulen – einige senkrecht, andere aufgefächert und gekippt. Vor 500 000 Jahren etwa strömte aus dem Bergrücken des Kalem Lava, ergoß sich ins Kylltal und erstarrte dort. Beim Erkalten entstanden durch Schrumpfung die Säulen. Die Lavablöcke enthalten faustgroße Einschlüsse von grüner Glasmasse.

⑤ Von der im 13. Jahrhundert entstandenen Kyllburg ist nur der fünfgeschossige Bergfried erhalten geblieben. Um so interessanter ist das ehemalige Kollegiatsstift aus dem 14. Jahrhundert. Es ist ein prächtiges Beispiel für eine gotische Stiftsanlage. In der Marienkirche gibt es im Chor Glasgemälde von 1534, eine steinerne Muttergottes aus dem 14. Jahrhundert, ein Triumphkreuz aus der Zeit um 1300 und ein Chorgestühl aus dem 14. Jahrhundert.

Die Maare – Die »Augen« der Vulkaneifel

Vier Maare gibt es alleine in der Umgebung von Daun. Das höchstgelegene ist das Weinfelder oder Totenmaar südlich von Daun. Es ist als letztes der Maare entstanden und 51 Meter tief. Seinen Beinamen verdankt es dem Zustand seines Wassers, das sich, da es ohne Zulauf ist, erst nach über fünfzig Jahren erneuert. Etwas weiter südlich, bei Schalkenmehren, liegen zwei unterschiedliche Maare in unmittelbarer Nachbarschaft. Das westliche ist das Schalkenmehrener Maar, dessen See im Gegensatz zum Totenmaar sehr nährstoffreiches Wasser hat und damit zahlreichen Wasserpflanzen eine Heimat bietet. Das weiter östlich gelegene Maar dagegen ist heute ein trockenes Moor, dessen Torf teilweise abgebaut ist. Das Gemündener Maar schließlich liegt westlich des Totenmaars und besticht durch seinen eigenen Charakter. Es wird durch einen kleinen Bach gespeist und liegt tief und gut geschützt in einem Kessel. Entstanden ist das Maar vor 10 500 Jahren durch eine gewaltige Gasexplosion, bei der Schiefersandstein und Grauwacken in die Luft geblasen wurden.

⑥ Das Kloster Himmerod war im Mittelalter ein berühmtes Zisterzienserkloster. Seine romanischen Bauten wurde 1735 abgebrochen und dafür eine Barockanlage errichtet. Davon geblieben ist die monumentale Barockfassade. Im Hof des Kreuzgangs aus dem 17. Jahrhundert sind Fragmente des romanischen Kreuzgangs mit interessanten Kapitellen zu sehen.

⑦ Manderscheid: Siehe Wanderung 46 B, Seite 193.

⑧ Das Meerfelder Maar steht im größten Maarkessel der Westeifel und ist mehrere 10 000 Jahre alt.

⑨ Südlich von Daun gibt es gleich drei große Maare, das Gemündener Maar, das Weinfelder oder Totenmaar und das Schalkenmehrener Doppelmaar. Sie alle entstanden beim Ausbruch glühender Gasblasen. Dabei wurde das Deckgebirge zum Einsturz gebracht, ohne daß dabei allzu viel vulkanisches Material ausgeworfen wurde. Die große Hitze sorgte für ein Verschmelzen der Wände und damit für Wasserundurchlässigkeit. Der beste Blick auf die drei Maare bietet sich vom Mäuseberg.

⑩ Das Pulvermaar bei Gillenfeld ist mit 74 Meter das tiefste Gewässer der deutschen Mittelgebirge und das jüngste Maar. Sein Wasser erneuert sich nur etwa alle siebzig Jahre, dennoch ist es erstaunlich klar.

⑪ Die Glaubersalzquelle von Bad Bertrich war schon den Römern bekannt. Das »Schlößchen« war einst das Badegebäude der Trierer Kurfürsten und wurde reizvoll im Rokokostil ausgestattet. Die schönste Aussicht über die Umgebung gibt es vom 414 Meter hohen Falkenley.

◁ *Die Eishöhle bei Birresborn*
▽ *Strohner Maar bei Gillenfeld*

Tip

Wallenborn südwestlich von Daun: Sechs Mineralquellen gibt es im Ortsgebiet von Wallenborn: die interessanteste wurde 1933 in 38 Metern Tiefe angebohrt und sprudelt mitten im Dorf. Der intensiv nach faulen Eiern riechende »wallende Born« brodelt nach einer Ruhezeit von 35 Minuten für jeweils etwa 20 Minuten. Das wegen seines Eisengehaltes rostbraune Wasser wird wahrscheinlich durch eine sich in periodischen Zeitabständen bildende Gasblase aus Kohlendioxid und Schwefelwasserstoff zum Brodeln gebracht.

46A

Wanderung 46 A: 11 Kilometer – 4 Stunden

Gerolsteiner Felsenwelt

Vulkaneifel

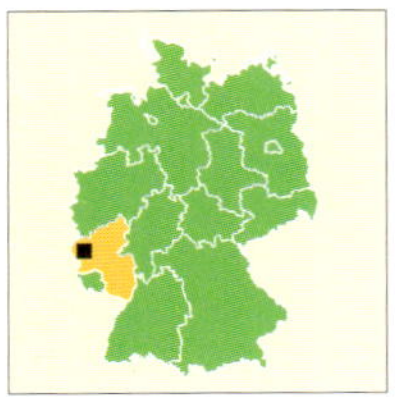

Gerolstein, das sich gerne die »Brunnenstadt der Eifel« nennt, bietet in seiner unmittelbaren Umgebung faszinierend steile Felsriffe, erdgeschichtlich hochinteressante Verformungen durch Vulkantätigkeit, einen gallorömischen Tempelbezirk, eine mittelalterliche Burg und bereits in prähistorischer Zeit genutzte Wohnhöhlen.

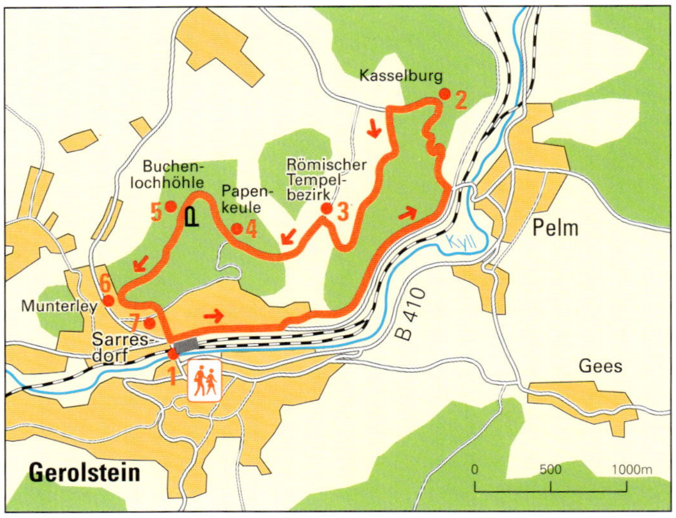

Tourverlauf

Das Auto wird auf dem Parkplatz am Bahnhof von Gerolstein abgestellt. ①
Nördlich des Bahngeländes geht es zunächst nordostwärts nach Pelm und von dort hinauf zur Kasselburg. ②
Von der Burg folgt man dem als »Vulkanweg« markierten Wanderweg in westlicher Richtung. Zunächst erreicht man die gallorömische Kultstätte. ③
Kurz darauf folgt der Vulkantrichter Papenkeule. ④
Die Buchenlochhöhle, die man danach erreicht, war bereits vor Jahrtausenden bewohnt. ⑤
Nächstes Ziel ist der Felsgipfel des 482 Meter hohen Munterley. ⑥
Über Serpentinen geht es hinunter zum Gerolsteiner Ortsteil Sarresdorf. ⑦

Sehenswürdigkeiten

① In den Gerolsteiner Felstürmen von Munterley, Auberg und Hustley war die Höhle Buchenloch schon in der Altsteinzeit besiedelt. Auf der Dietzenley hatten die Kelten einen Ringwall als Fliehburg gebaut; die Römer errichteten Gutshöfe. Entsprechend interessant ist das Gerolsteiner Altertumsmuseum. Im Ortsteil Lissingen gibt es eine alte Burg.
② Die Kasselburg wurde im 12. Jahrhundert von den Herren von Blankenheim errichtet und im 14. und 15. Jahrhundert zum heutigen Umfang ausgebaut. Von der Höhe des 37 Meter hohen, architektonisch interessanten Doppelturms bietet sich eine prächtige Aussicht auf die Umgebung. Eine besondere Attraktion der alten Burgmauern ist die Greifvogelstation, wo es täglich Flugvorführungen gibt. Im Wildgehege können Wölfe beobachtet werden.
③ Der gallorömische Tempelbezirk wurde von den Römern zwischen dem 1. und 4. nachchristlichen Jahrhundert als Heiligtum genutzt. Hier stand ein Umgangstempel, ein Priesterhaus und ein Pförtnergebäude. Unter dem Priesterhaus fanden sich Reste eines weiteren Tempels, beide waren dem römischen Gott Herkules und der keltischen Göttin Caiva geweiht. Funde zahlreicher Weihegaben belegen den heiligen Charakter des Platzes.
④ Die Papenkeule ist ein gut 25 Meter tiefer Einbruchtrichter eines vor 27 000 Jahren tätigen Vulkans.
⑤ Die Buchenlochhöhle ist eine Karsthöhle, in der sich schon zur Altsteinzeit Menschen aufgehalten hatten. Werkzeuge und Gerätefunde lassen sich zurückdatieren bis auf die Zeit der Neandertaler vor rund 60 000 Jahren.
⑥ Die Felsgipfel von Munterley überragen malerisch das Tal von Gerolstein, im warmem Abendlicht beginnen Sie faszinierend zu leuchten.
⑦ Im Ortsteil Sarresdorf ist die Erlöserkirche einen Besuch wert. In der 1913 erbauten, neoromanischen Kirche gibt es interessante, byzantinisch gestaltete Mosaiken. Im römisch-germanischen Museum Villa Sarabodis ist zusammengestellt, was in dem ausgegrabenen römischen Herrensitz zutage kam. Im Kreisheimatmuseum schließlich ist Eifeler Hausrat des letzten Jahrhunderts zu sehen.

△ *Fossilienfund aus Gerolstein*

> **Tip**
>
> Gerolsteiner Dolomiten: Gerolstein ist ein beliebtes Ziel für Fossiliensammler. Die Gerolsteiner Dolomiten genannten Felsen, eines der Wahrzeichen der Stadt, sind Korallenriffe aus einem Urmeer der Devonzeit (vor 350 bis 400 Millionen Jahren).

◁ *Vulkantrichter Papenkeule*

Wanderung 46 B: 15 Kilometer – 3 ½ Stunden

Lieser, Kyll und Mosenberg

46 B

Die Täler von Lieser und Kleiner Kyll sind tief eingeschnitten und verwinkelt. Steile Felsnasen trugen einst stolze Burgen, und auf der Hochfläche zeugen Mosenberg und Windsborner Maar von landschaftsformender Vulkantätigkeit. All das läßt sich auf einer einzigen Wanderung erleben.

Vulkaneifel

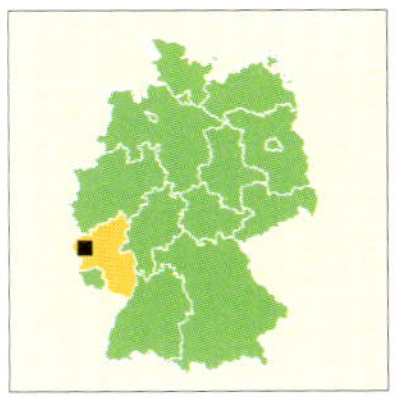

Tourverlauf

Vom Marktplatz in Manderscheid geht man südwärts durch die Mittelstraße zur Grafenstraße, bis rechts der Grottenweg abzweigt. ①
Ab hier hilft die Markierung schwarzer Keil weiter. Bei der Balduinshütte ist der erste schöne Aussichtsplatz erreicht, weitere bieten sich beim Konstantinswäldchen und bei der hölzernen Pellenzkanzel. Vorbei an stattlichen, 1896 gepflanzten Mammutbäumen und Weymouthkiefern wird der Lieserpfad erreicht, der auf halber Höhe am Talhang entlangführt. Tief unten sieht man immer wieder die Lieser, wie sie sich durch die Mischwaldhänge schlängelt.
Nach der Schutzhütte Weifelsjunk senkt sich der Weg immer weiter hinunter zur Lieser, doch folgt man ihm nicht bis ganz hinunter zum Steg, sondern biegt etwa 150 Meter davor nach rechts (Westen) in einen Waldweg ein, der nach 20 Minuten auf die Autostraße stößt. Dieser führt nach links über die Kleine Kyll, danach folgt man dem Schild »Horngraben« nach rechts. Nun geht es durch einen Fichtenhochwald an der Kleinen Kyll entlang zum Wasserfall am Eingang der Wolfsschlucht. ②
Am oberen Ende der Schlucht steht der Wegweiser »Bettenfeld/Mosenberg«, der den Weg in den Horngraben weist. Durch ihn geht es hinauf zum Mosenberg. ③
Im Nordwesten taucht das Windsborner Maar auf, der einzige echte Kratersee nördlich der Alpen. ④
Um den kreisrunden, wassergefüllten Krater geht es herum und über den Parkplatz hinweg in die offene Wiesenlandschaft hinein, dem Wegweiser »Manderscheid über Heidsmühle« folgend. Der Weg führt wieder hinunter ins Tal der Kleinen Kyll, die beim Hotel Heidsmühle überquert wird. Ein kurzer Anstieg führt zurück nach Manderscheid.

▽ Das Windsborner Maar westlich von Manderscheid

△ Manderscheid: Die Niederburg

Sehenswürdigkeiten

① Manderscheid ist die Burgenstadt der Eifel. Seine beiden, auf je einem steilen Felsen aufgetürmten Ruinen bieten ein außergewöhnliches Bild mittelalterlicher Wehrarchitektur. Die beiden senkrecht abstürzenden Burgfelsen wurden jahrhundertelang durch die Lieser getrennt. Sie war die Grenze zwischen den Fürstentümern Trier und Luxemburg. Manderscheid und die Oberburg waren im Besitz des Fürstbischofs von Trier: Die größere Niederburg mit der ebenfalls befestigten Talsiedlung gehörte zu Luxemburg. Dies war dem machtbewußten Trierer Erzbischof Balduin ein Dorn im Auge. So begann er 1346 mit der Belagerung der Niederburg, ohne daß ihm – auch nach zweieinhalb Jahren – Erfolg beschieden gewesen wäre. Um solchen Gefährdungen entgegenzuwirken, wurde die Niederburg bis 1428 zur großangelegten Festung mit Vorburg und ummauerter Talsiedlung ausgebaut. Sie konnte erst 1618 von Erzherzog Albrecht gebrochen werden. Das gleiche Schicksal ereilte auch die Oberburg 1673.
② In der Wolfsschlucht tritt eine bis zu 30 Meter mächtige Basaltschicht zutage. Sie ist das Ende eines Lavastroms, der vom südlichen Ausbruchkrater des Mosenbergs durch das ehemalige Bachtal des Horngrabens bis zur Kleinen Kyll vorgestoßen war. Hornbach und Kleine Kyll mußten sich in Jahrtausenden ihre Täler durch diese Sperre hindurchgraben. Dabei wurde wurde die wildromantische Kulisse der Wolfsschlucht geformt.
③ Der 517 Meter hohe Mosenberg bietet von seinem Aussichtspavillon einen herrlichen Rundblick über das Eifeler Land und über die Mosel hinweg bis zum Hunsrück.
④ Das Windsborner Maar ist ein fast kreisrundes, vollkommen von einem Kraterwall umgebenes Maar, dessen Sprengtrichter sich später mit Grundwasser zu einem See füllte. Die Kraterwände fallen bis zu 30 Meter tief ab und bestehen vorwiegend aus ausgeworfenen Aschen- und Schlackenresten.

Tip

Mosenberg: Am Mosenberg lassen sich unterschiedliche Formen vulkanischer Ausbrüche erkennen. Über vier Kratern haben sich Schlackenkegel gebildet. Auch die fünfte Ausbruchstelle ist trotz ihrer Füllung mit einem torfigen Morast vulkanischen Ursprungs.

47

Autotour 47: 140 Kilometer

Um das Ahrgebirge

Ahrgebirge

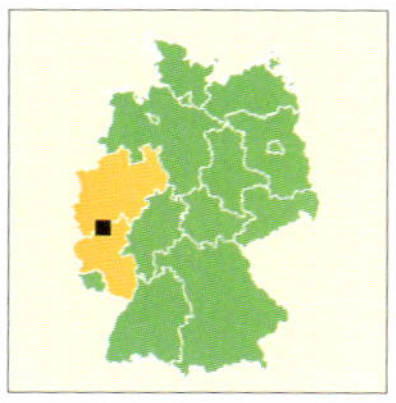

Der Nordrand der Eifel und das Ahrgebirge präsentieren sich mit drei Hauptkomponenten: Berge, Wein und Obst. Zwischen der 747 Meter Hohen Acht und der rheinischen Obstkammer bei Rheinbach türmen sich Basaltriegel und Vulkankegel, zwischen denen an der Unteren Ahr der beste deutsche Rotwein wächst. Die mehr dramatisch als romantisch wirkende Landschaft bietet vielfältige Genüsse für jeden, der das stille Genießen noch nicht verlernt hat.

Tourverlauf

Zu einer Autotour ins Ahrgebirge starten man natürlich in der berühmten Bade- und Rotweinstadt Bad Neuenahr-Ahrweiler. ①
Durch die dramatischen Schlingen des Ahrtals fährt man hinauf nach Mayschoß und Altenahr. ②
Nächstes Ziel ist, in einem Seitental der Oberen Ahr, das Eifelstädtchen Adenau. ③
Südlich von Adenau passiert man den alten Nürburgring und erreicht in Nürburg unter der gleichnamigen Burg das Herz des deutschen Motorrennsports. Über die B 258 fährt man nun nordwestwärts bis Müsch und zweigt dann zum Aremberg ab. ④
Zurück in Müsch folgt man weiter der B 258 bis Blankenheim. ⑤
Über die B 51 gelangt man nach Bad Münstereifel. ⑥
In ihrem weiteren Verlauf erreicht man Euskirchen. ⑦
Über die B 56 und die B 266 fährt man mitten hinein in die rheinische Obstkammer und nach Rheinbach. ⑧
Über die A 61 ist man zum Schluß schnell wieder am Ausgangspunkt Bad Neuenahr-Ahrweiler.

Sehenswürdigkeiten

① Bad Neuenahr verdankt seinen Kurbetrieb der 1861 entdeckten Willibrordus-Quelle. Die St.-Willibrord-Kirche hat noch einen mit Lisenen und Bogenfriesen geschmückten spätromanischen Westturm aus der Zeit um 1200. Die Kirche selbst ist ein Saalbau von 1724 mit barocker Ausstattung. Ahrweiler ist eine fränkische Gründung und kam 1246 in den Besitz des Kölner Erzstifts. Obschon das Städtchen 1689 nahezu ganz niederbrannte, sind die Stadtbefestigungen aus dem 13. Jahrhundert noch recht gut erhalten. Der eiförmige Bering hatte vier Tore und vier Brücken. Alle vier Türme sind erhalten, wenn auch teilweise erneuert. Sehenswert ist die goti-

◁ *Kurhaus Bad Neuenahr*

▷ *Brücke über die Ahr*

sche Hallenkirche St. Laurentius, deren Bau bereits um 1300 vollendet war. Sie ist damit die früheste Hallenkriche auf der linken Rheinseite. Die Brüstungen der Emporen, die Gewölbe und die Seitenschiffe sind mit Fresken aus dem 14. und 15. Jahrhundert geschmückt. Im Ortsteil Heimersheim verdient die spätromanische Pfarrkirche St. Mauritius einen Besuch. Das alte Kirchlein hinter dem Erweiterungsbau von 1962 ist eine dreischiffige Pfeilerbasilika mit Emporen in den Seitenschiffen. Die bereits Mitte des 13. Jahrhunderts fertiggestellte Kirche besitzt vorzügliche Glasmalereien aus der zweiten Hälfte des 13. Jahrhunderts. Die Wände sind im Sinne der Erbauungszeit einfühlsam farbig neu gefaßt.

② Altenahr: Siehe Wanderung 47 A, Seite 196.

③ Adenau: Siehe Wanderung 47 B, Seite 197.

④ Der weithin sichtbare, 623 Meter hohe Aremberg ist einer der markantesten Zeugen der tertiären Vulkantätigkeit in der Eifel. Vor etwa 20 Millionen Jahren wurde seine Kuppe als »Quellkuppe« von aufsteigendem Magma aufgewölbt, ohne daß es zu einem Ausbruch und zum Ausströmen von Lava kam. Später verwitterten die ursprünglich erhalten gebliebenen Deckschichten, so daß das zu Basalt erstarrte Magma auf der Kuppe als Klippen- und Blockhalden zutage treten konnte. Diese Blockhalden sind heute mit Ahorn- und Ulmenwäldern überwachsen, in deren Unterholz sogar die Alpenjohannisbeere zu finden ist. Im gleichnamigen Dorf auf der Westseite des Bergs verdient die spätbarocke Ausstattung der katholischen Pfarrkirche von 1783 einen Besuch. Die Schloßruine geht auf eine Zwingburg des Kölner Erzbischofs aus dem 12. Jahrhundert zurück.

⑤ In Blankenheim entspringt die Ahr im Keller eines Fachwerkhauses. Hier beginnt auch ein geologischer Lehr- und Wanderpfad, der zu gut zwei Dutzend verschiedenen Aufschlüssen führt. In der spätgotischen Pfarrkirche finden sich drei Schnitzaltäre von 1545. In einem stattlichen Fachwerkbau aus dem 18. Jahrhundert ist das Kreismuseum untergebracht. Es präsentiert in anschaulichen Darstellungen die Kulturgeschichte der Region von den Neandertalern bis in die vorindustrielle Zeit.

⑥ Bad Münstereifel wurde um 830 als Benediktinerkloster gegründet. Bis heute vermitteln das Mauergeviert mit der Burgruine über der Erft und vier mächtige Torbogen aus dem 13. und 14. Jahrhundert eine gute Vorstellung von der mittelalterlichen Stadt. Besonders sehenswert ist die ehemalige frühromanische Benediktinerstiftskirche. Ihr Westwerk stammt noch aus der Mitte des 11. Jahrhunderts. Im Inneren beeindrucken ein Sakramentshaus von 1480 sowie das Hochgrab für Gottfried von Bergheim von 1335. Der prächtig geschmückte Taufstein aus schwarzem Marmor ist eine Renaissancearbeit von 1619, eine hölzerne Muttergottes wurde um 1330 gearbeitet. Die ehemalige Jesuitenkirche St. Donatus wurde 1670 vollendet und beeindruckt mit einer interessanten, frühbarocken Ausstattung. Das aus dem 15. Jahrhundert stammende Rathaus hat Treppengiebel und spitzbogige Lauben. Der schönste Fachwerkbau ist das Haus Windeck, dessen reiche Schmuckformen von 1644 stammen. Das älteste Haus aber ist das Romanische Haus, das um 1167 erbaut wurde. Hier ist heute das Heimatmuseum untergebracht.

⑦ Interessantester Bau in Euskirchen ist die Pfarrkirche St. Martin. Ihr Mittelschiff stammt noch von einer Pfeilerbasilika aus dem ausgehenden 12. Jahrhundert. Der Chor entstand Ende des 13. Jahrhunderts, die gotischen Gewölbe kamen später hinzu. Kostbarstes Stück der Ausstattung ist ein mit Drachen und Löwen verzierter Taufstein aus dem 12. Jahrhundert. Besonders gelungen ist das Sakramentshäuschen aus dem ausgehenden 15. Jahrhundert. Der flandrische Schnitzaltar entstand um 1520. Die Pfarrkirche St. Georg im Ortsteil Frauenberg ist ebenfalls eine romanische Pfeilerbasilika aus der Zeit um 1100. Im Inneren konnte die alte Ausmalung aus dem frühen 16. Jahrhundert freigelegt werden. Das gemalte Altartriptychon wurde um 1480 von einem Kölner Meister geschaffen.

⑧ In Rheinbach gibt es ein Glasmuseum mit einer Sammlung nordböhmischer Gläser.

Der Nürburgring in der Eifel

Einen der höchsten Eifelberge, den »mons nore«, ziert der ausgedehnte Ruinenkomplex der Nürburg, die ab 1290 dem Kölner Erzstift als Zwingburg gedient hatte. In der Umgebung der Nürburg wurde mit dem Nürburgring Deutschlands bekannteste und landschaftlich vielleicht schönste Autorennstrecke angelegt, auf der sich die besten Rennfahrer der Welt gemessen und damit auch ein Kapitel Automobilgeschichte geschrieben haben. Finden keine Rennen statt, kann jedermann oder jedefrau auf dem heute insgesamt rund 25 Kilometer langen Ring gegen eine Gebühr selbst fahren. Wer also den Ring einmal aus der Perspektive der Piste erleben möchte, sollte es nicht versäumen, selbst eine Runde zu drehen.

△ Das Ahrtal ist eine der kleinsten Weinbauregionen in Deutschland

◁ Torbogen, Bad Münstereifel

Tip

Naturpark Kottenforst-Ville: Auf der linken Rheinseite erstreckt sich über 881 Quadratkilometer der Naturpark Kottenforst-Ville. Dominierend ist der Höhenzug der Ville, der zum Süden hin in das dichte Waldgebiet des Staatsforstes Kottenforst übergeht. Der Naturpark existierte bereits 1959, damals allerdings auf einem knappen Fünftel seiner heutigen Fläche. 1978 legte ein Zweckverband der betroffenen Kreise, Großstädte und der Rheinbraun neue Grenzen fest, die in den achtziger Jahren in erweiterter Form umgesetzt wurden.

47A

Wanderung 47 A : 13 Kilometer – 3 Stunden

Die Ahrschleifen bei Altenahr

Ahrgebirge

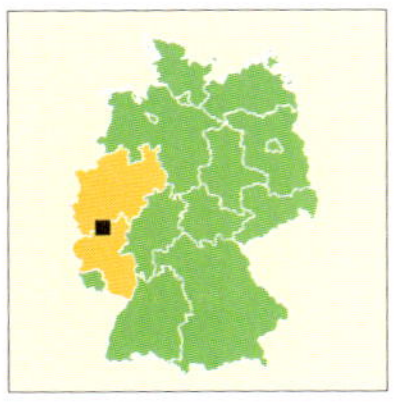

Romantische Weindörfer, steile Weinberge und verträumte Flußschleifen sind die Kennzeichen der überaus stark gegliederten Mittleren Ahr. Weinseliger Trubel und ruhige Beschaulichkeit liegen hier nur wenige Schritte auseinander, so daß jeder die herrliche Landschaft seinen Bedürfnissen entsprechend genießen kann.

△ *Burgruine Are, Altenahr*

Tourverlauf

Im gleichermaßen romantischen wie betriebsamen Altenahr beginnt die hier vorgeschlagene Wanderung. ①

Aus der Dorfmitte folgt man dem mit einer Weintraube markierten Rotweinwanderweg bergauf Richtung Burg Are. ②

Vom höchsten Punkt der Burg muß man wieder zurück bis zum Tor der Vorburg, wo man weiter dem Rotweinwanderweg folgt. Am Fels entlang erreicht man einen Gasthof mit schönem Terrassencafé. Dahinter kommt man nach einigem Auf und Ab in die Weinberge. Oberhalb der Steillagen wandert man mit stets schöner Aussicht ins Ahrtal Richtung Mayschoß. Mit der Umrundung eines Seitentals der Ahr steigt man talwärts, bis man die Ahrtalstraße in der Nähe des Bahnhofs Mayschoß erreicht. Nach der Ahr folgt man dem mit 1a markierten Wanderweg entlang der Eisenbahn bis vor den großen Tunnel am Teufelsley (Ley bedeutet Fels). Durch einen kleinen Tunnel quert man die Bahn und folgt danach dem schmalen Fahrweg an der Ahr entlang. Bald taucht auf der rechten Seite der Guckley auf. Der einzeln stehende Felsturm war bei den Malern des 19. Jahrhundert ein beliebtes Motiv. Im weiteren Verlauf wandert man immer der Ahr entlang, umrundet den gesamten Teufelsley und anschließend den langen Felsrückcn des Langfig. ③

Der Weg durch das Langfigtal mündet beim Ausgangspunkt in Altenahr.

◁ *Der Weinort Altenahr*

Sehenswürdigkeiten

① Dank der vielen zusammengedrängten Fachwerkhäuser ist der uralte Weinort Altenahr seit jeher eines der Zentren der Ahrromantik geblieben. Nicht versäumen sollte man einen Besuch der romanischen Pfarrkirche, einem Bau aus dem ausgehenden 12. Jahrhundert. Ihr gotisch umgebauter Chor wurde 1326 geweiht, das Mittelschiff wurde im 15. Jahrhundert gewölbt. An der Nordseite ist noch das Portal aus dem 12. Jahrhundert erhalten.

② Die Burg Are war Stammsitz der gleichnamigen Grafen. Theoderich von Are hatte sie in der ersten Hälfte des 12. Jahrhunderts errichtet. Im 13. Jahrhundert kam die Burg in den Besitz des Kölner Erzbischofs, der sie stark ausbaute. 1690 eroberten die Franzosen die Burg, 1714 wurde sie gesprengt. Auf dem höchsten Punkt des Burgfelsens findet sich heute ein Aussichtspavillon, von dem aus sich eine prächtige Sicht auf die Ahrschleifen bietet.

③ Dank eines Tunnels unter dem Felsvorsprung des Langfig blieb das Langfigtal vom Verkehr verschont. Nicht weniger als 93 Vogel-, 475 Schmetterlings- und über 1000 Käferarten konnten in diesem einmaligen Tal nachgewiesen werden. Auch die Botaniker kommen hier auf ihre Kosten, gibt es doch sehr artenreiche Felsenheiden. An den trockenen Standorten finden sich Kartäusernelke und Pfingstnelke, Fetthenne und Mauerpfeffer.

Tip

Ahrtal mit Ahrschleife bei Altenahr: Den malerischen Glanzpunkt dieser Region bildet zweifellos das stark gewundene, enge Felsental bei Altenahr. Das Felsental besteht aus senkrecht geklüfteten Schieferfelsen, die von großen Querklüften unterbrochen werden. Ähnlich wie bei Sandstränden erkennt man versteinerte Rippelmarken, waschbrettartige Strukturen im Stein. Während die Botaniker sich über die artenreiche Felsenheide im Tal freuen (Kartäuser- und Pfingstnelke, Fetthenne, Mauerpfeffer, Streifenfarn, Flechten und Moose), sind die Winzer im Ahrtal von Kreuzberg bis Bodendorf stolz auf etwa 800 Hektar Rebfläche, vor allem in Ahrweiler und Walporzheim. 1853 entdeckte man regelmäßig gepflanzte Weinstöcke zusammen mit römischen Münzen. Der Weinbau an der unteren Ahr wurde also vermutlich schon zur Römerzeit gepflegt. Die Lagebezeichnungen »Mönchsberg«, »Klosterberg«, »Klostergarten« weisen darauf hin, daß die weitere Verbreitung des Weinbaus unter dem Einfluß der Klöster stand. Noch wichtiger aber als der Wein sind für Neuenahr die seit 1854 erbohrten warmen Quellen, die den Ort zu einem vielbesuchten Badeort gemacht haben.

Wanderung 47 B : 16 Kilometer – 4 Stunden

47 B

Von Adenau auf die Nürburg

Zwischen dem Tuchmacherstädtchen Adenau und der bischöflichen Festung Nürburg wurde 1927 die weltberühmte Nürburgring-Rennstrecke in die Wälder der Eifel gebaut. Wandert man von Adenau zur Nürnburg, trifft man immer wieder auf die heute längst historisch gewordene, alte Trasse.

Ahrgebirge

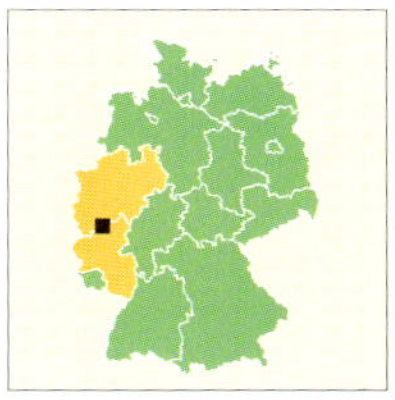

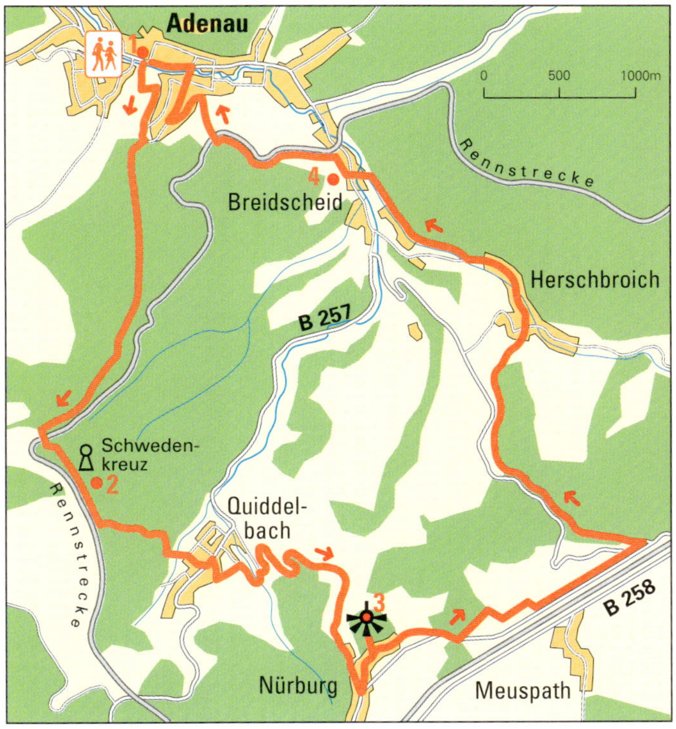

△ *Am Marktplatz des Eifelstädtchens Adenau*

Tourverlauf

Ausgangspunkt ist das heute etwas verträumt wirkende Adenau. ①

Von der B 257 folgt man der Gasse In der Holl und der Markierung des Rundwegs Hocheifel nach Süden. Am Adenauer Schulzentrum vorbei wandert man stetig bergauf, zunächst durch Nadelwald, später durch ein offenes Wiesen- und Weidengelände. Bald taucht auf der linken Seite erstmals die alte Rennstrecke auf, der man nun bis zum Schwedenkreuz folgt. ②

Nach dem Verlassen der Rennstrecke steigt man hinunter zum Utzenbach und nach Quiddelbach. Nach der Querung der B 257 folgt man der Kirchstraße und biegt nach knapp 100 Meter in die Brunnenstraße, um der Markierung rotes Dreieck hinauf nach Nürburg und zur gleichnamigen Burg zu folgen. ③

Nach dem Genuß des umfassenden Panoramablicks vom Bergfried der Burg über die Eifel verläßt man den Burgplatz ostwärts über die Burgstraße. Die Markierung rotes Dreieck führt zunächst weiter ostwärts, später nordwärts über Herschbroich nach Breidscheid. ④

In Breidscheid trifft man kurz nach der Querung der B 257 noch einmal auf die alte Trasse des Nürburgrings, bevor man zurück nach Adenau kommt.

◁ *Die Burgruine Nürburg mit dem runden Bergfried*

Sehenswürdigkeiten

① Das kleine, in einem Seitental der Oberen Ahr gelegene Städtchen Adenau ist schon über 1000 Jahre alt und beeindruckt mit bunten Fachwerkhäusern, die teilweise bis auf das 17. Jahrhundert zurückgehen. Besonders schön ist das Haus Nr. 8 am Marktplatz, das mit vier stufenweise vorkragenden Geschossen und geschweiftem Zwerchgiebel ausgestattet ist. Datiert ist es mit 1630. Die Pfarrkirche war ursprünglich eine um 1200 errichtete dreischiffige Basilika mit einem östlichen Chorturm. Durch Kriegszerstörung blieb nur der achteckige, heute wie ein Vierungsturm wirkende Chorturm übrig. Um ihn wurde bis 1969 ein gelungener Neubau errichtet.

② Das rund 3 Meter hohe, aus Basaltlava gehauene Schwedenkreuz erinnert an den Tod eines Kölner Beamten während des Schwedeneinfalls im Jahre 1633.

③ Der Kern der Nürburg wurde im 12. Jahrhundert vom Grafen von Are errichtet, wenig später sorgte Konrad von Are-Hochstaden, der Bauherr des Kölner Doms, für einen umfassenden Ausbau. Ab 1290 war die Nürburg dann als Zwingburg im Besitz des Kölner Erzstifts, bis sie 1689 von den Franzosen zerstört wurde. Heute ist der runde Bergfried aus der Zeit um 1200 als Aussichtsturm zugänglich. In der Umgebung der Nürburg wurde mit dem Nürburgring Deutschlands bekannteste und landschaftlich vielleicht schönste Autorennstrecke angelegt.

④ Die den Pestheiligen Rochus und Sebastian geweihte Kapelle in Breidscheid stammt von 1630, das Basaltkreuz davor wurde 1638 errichtet. Interessant ist das direkt neben der Kirche stehende Brunnenhäuschen.

Tip

Hohe Eifel rund um Adenau: Die Hohe Eifel steigt mit der Hohen Acht auf 746 Meter Höhe an. Die Nürburg stellt einen weiteren beherrschenden Bergkegel der Eifel dar. Der vulkanische Charakter der Landschaft ist offensichtlich. Insgesamt zählt man 55 erloschene Vulkane und an die 200 Basaltkegel. Tuffsteine, Lava, Basalt und Bims sind Zeugnisse des Vulkanismus.

48

Autotour 48: 120 Kilometer

Burgen der Osteifel

Eifel

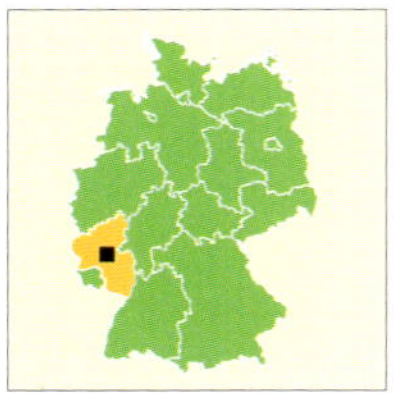

Wo die Eifel im Südosten an die Mosel stößt, erhebt sich vieltürmiger Ritterstolz über malerisch-bürgerlichem Fachwerk. Hier finden sich mittelalterliche Reichs-, Zoll- und Wohnburgen ebenso wie romanische Kirchenburgen. Die Landschaftsformen variieren von der rauhen Eifelhochfläche bis hinunter zu den freundlichen Rebhängen an der Mosel.

Tourverlauf

Die Tour startet in dem seit der Steinzeit besiedelten Mayen. ①
Südwestwärts geht es von hier über die Landstraße nach Monreal. ②
Über Bermel und Uersfeld erreicht man Ulmen. ③
Ab Ulmen führt die B 259 hinunter ins Tal der Mosel und nach Cochem. ④
Von der alten Zoll- und Reichsburg Cochem aus folgt man dann der B 49 der Mosel entlang zum Naturschutzgebiet Dortebachtal zwischen den Orten Klotten und Pommern. ⑤
Der romanischen Kirche in Korden gilt unser Augenmerk beim nächsten Halt. ⑥
In Treis-Karden muß man auf der linken Seite der Mosel bleiben und deshalb auf die B 416 wechseln.
So gelangt man anschließend zu einer der schönsten mittelalterlichen Wohnburgen, der Burg Eltz. Sie allerdings muß man sich mit einem kleinen Fußmarsch erwandern. ⑦
Die B 416 verläßt man in Hatzenport für die Fahrt nach Münstermaifeld. ⑧

Von Münstermaifeld geht es schließlich in einem Zug nordwärts, über freundliche Eifelhügel zum Laacher See und zum Juwel der Romanik, der Klosterkirche Maria Laach. ⑨
Von Maria Laach aus sind es schließlich nur noch wenige Kilometer zurück nach Mayen.

Sehenswürdigkeiten

① In Mayen wird seit über 5000 Jahren Basaltlava abgebaut und verarbeitet. Schon die Römer holten sich hier ihre Straßenbausteine; vom mittelalterlichen Ausbau mit der 1326 vollendeten Stadtbefestigung zeugen noch Ober- und Brückentor sowie die viertürmige Genovevaburg. Wahrzeichen der Stadt ist der schiefe, spiralförmig verdrehte Turm der Clemenskirche, die zu den ältesten gotischen Hallenkirchen auf der linken Rheinseite zählt. Was man aus Basaltlava alles bauen kann, ist besonders schön an der 1955 aus heimischem Stein gebauten St. Veits-Kirche zu sehen. Im Eifelmuseum reichen die Exponate zurück bis in die Steinzeit; alte Eifeler Wohn- und Handwerkerstuben sind aber ebenso zu sehen wie die Entwicklung der Mayener Steinindustrie. Wenig nördlich lockt Schloß Bürresheim zu einem Besuch, eine bereits 1157 bezeugte und später mehrfach umgebaute und erweiterte Anlage, die heute einen guten Eindruck von der Wohnkultur vom Mittelalter bis zur Neuzeit vermittelt.

◁ Genovevaburg in Mayen

② Das sehenswerte Monreal drängt sich mit liebevoll gepflegten Fachwerkhäusern idyllisch zwischen Talsohle und Berghänge, umrahmt von Burgruinen und Festungsresten.
③ Das Ulmener Maar und der Jungfernweiher entstanden beide

△ Burg Eltz hoch über dem Elzbach

durch Dampfexplosionen, als die rot glühende Lava mit dem Grundwasser in Berührung kam. Die ab dem 13. Jahrhundert errichtete Ritterburg der Herren von Ulmen erfreut den Burgenfreund, die flachen Ufer des Jungfernweihers den Naturliebhaber.

④ Wie viele andere Orte an der Mosel ist Cochem römischen Ursprungs, und vor den Römern hatten bereits Kelten an diesem Platz gesiedelt. Cochem besitzt viele schöne Fachwerkhäuser. Die Pfarrkirche St. Martin wurde 1932 bis 1933 neu gestaltet und bis 1964 modern wiederhergestellt. Aus gotischer Zeit ist noch der sterngewölbte Chor, der heute als Marienkapelle dient, erhalten.

⑤ Das Naturschutzgebiet Dortebachtal ist ein wenig bekanntes Juwel. Hier wachsen Pflanzen, die sonst nur im Mittelmeerraum zu finden sind, es gibt Apollofalter und Smaragdeidechsen, Zippammern und Wasseramseln und sogar den scheuen Eisvogel.

⑥ Westlich vom heutigen Karden unterhielten die Römer eine umfangreiche Töpferindustrie. In der zugehörigen Siedlung gründete der spätere heilige Kastor im 4. Jahrhundert seine erste Kirchengemeinde. Die heutige Kirche wurde 1183 begonnen und um 1300 vollendet. Integriert wurden dabei Teile des karolingischen Vorgängerbaus. Im Inneren wurden figürliche Fresken aus der Bauzeit freigelegt. Ein auf die Wand gemaltes Altarretabel ist das älteste im ganzen Rheinland. Ein Prachtstück ist der spätgotische Altarschrein mit Figuren aus dem ersten Drittel des 15. Jahrhunderts. Den besten Überblick über die Gesamtentwicklung bietet das Stiftsmuseum im ehemaligen Kapitelsaal.

⑦ Burg Eltz ist unumstritten ein Paradestück unter Deutschlands Burgen. Allerdings war der Bau mit seinen hoch verschachtelten Erkern und Türmchen, seinem wuchtig wirkenden Quadermauerwerk und dem Fachwerk nie eine wehrhafte Burg, sondern seit 1268 durch Erbteilung eine »Ganerbenburg«, in der verschiedene Familien in einer Erb- und Wohngemeinschaft zusammenlebten. Zu seiner heutigen Form fand die Burg im 15. Jahrhundert, als die verschiedenen Zweige der Familie um einen winzigen Innenhof insgesamt acht eigenständige, gotische Wohntürme errichteten. Heute bietet die nie zerstörte Burg dem Besucher einen Spaziergang durch acht Jahrhunderte Wohn- und Baukultur.

⑧ Das Stift Münstermaifeld wurde der Sage nach bereits 633 gegründet. Erhalten ist von diesem einstigen Benefizbau die Stifts- und heutige Pfarrkirche aus der Übergangszeit von der Romanik zur Gotik. Auch im Inneren ist dieser Übergang auf Schritt und Tritt zu sehen. Blickfang aber ist mit seinem hohen Mittelschrein und den weit ausladenden Flügeln der Münstermaifelder Goldaltar, der um 1520 in einer Antwerpener Werkstatt gearbeitet wurde.

△ Reichsburg in Cochem

Die ältesten Fresken der Kirche stammen noch aus dem 13. Jahrhundert, die Pfeilerbemalungen wurden im 15. Jahrhundert fertiggestellt. Die »schöne Madonna« am linken Vierungspfeiler wurde um 1320 geschaffen.

⑨ Maria Laach: Siehe Wanderung 48 B, Seite 201.

△ Das winklige Städtchen Monreal mit seinen Fachwerkhäusern

Die bischöfliche Zollstation in Cochem

Die malerisch über der Mosel gelegene Reichsburg Cochem fiel dem Trierer Erzbischof 1298 als verfallenes Pfand wie ein Geschenk des Himmels in den Schoß. Gleichzeitig erlangte der Bischof die erbliche Burggrafenwürde der Herrschaft Cochem und erhielt den Zoll, die Gerichtsbarkeit und alle anderen Gerechtsame zu dieser Herrschaft übertragen. Der amtierende Trierer Bischof, Kurfürst Balduin, nutzte die Gunst der Stunde und baute die staufische Höhenburg über der Mosel durch starke Verteidigungswerke zu einer mit der Stadt durch Mauern verbundenen Festung aus. Von der Burg ließ er eine eiserne Kette bis hinunter und über die Mosel spannen. Die Burg war damit zur reinen Zollstation geworden, der Kurfürst und Erzbischof von Trier fungierte als oberster Zolleinnehmer an der Mosel. Nach und nach bauten die Trierer Bischöfe ihre Zollstation zur gotischen Trutzburg mit Zwinger, Verteidigungsbastionen, Fluchtwegen und Brunnen bis zur Talsohle aus. Endgültig fertigestellt war sie 1354, gebrochen und in Schutt und Asche gelegt wurde sie 1689. Das heutige Aussehen resultiert aus einer Rekonstruktion von 1890 nach einem Kupferstich aus dem Jahr 1576.

Tip

Unteres Moseltal: Besonders bei Lehmen (nordöstlich von Münstermaifeld), mit der berühmten Weinlage »Wurzlai« fällt auf, daß jedes Fleckchen der Hänge ausgenutzt ist, so daß ein wie ein Mosaik gegliedertes Landschaftsbild entsteht.

48A

Wanderung 48 A: 16 Kilometer – 4 Stunden

Im Land des Schiefers

Eifel

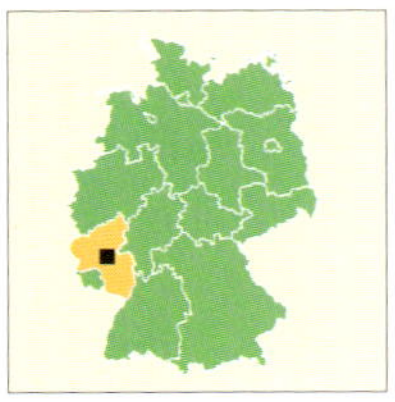

Schon die Römer hatten damit begonnen, ihre Häuser mit Schiefer aus der Eifel zu decken. Dafür bauten sie den Schiefer wohl nicht nur oberirdisch ab. Ab dem 18. Jahrhundert wurde Kaisersesch Zentrum des Schieferabbaus; Spuren davon sind in der Umgebung der Eifelgemeinde noch heute überall zu finden.

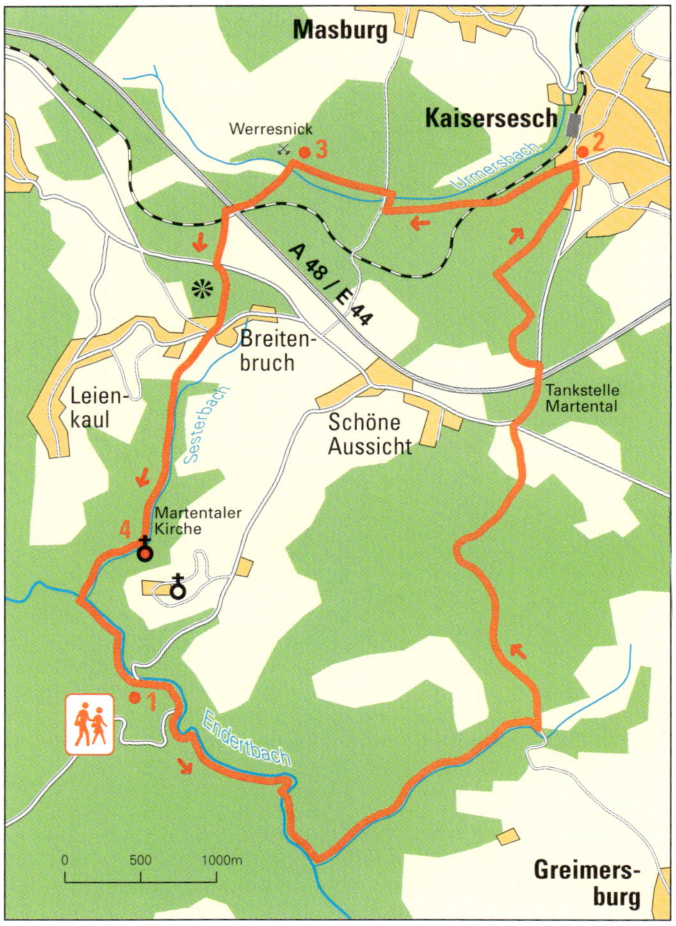

Tourverlauf

Ausgangspunkt ist das Tal des Endertbachs, das man von Büchel aus erreicht. Wo die Straße den Bach kreuzt, kann man das Auto abstellen. ①
Die erste Wegstrecke folgt dem Endertbach südostwärts auf der rechten Seite des Bachs, bis ein malerischer Holzsteg den Übergang auf die linke Seite ermöglicht. Gut 600 Meter hinter dieser Brücke mündet von links ein Nebenbach, dem man nun bachaufwärts bis in den Quellbereich folgt.
Nördlich der Bachquelle trifft man auf die Fahrstraße bei der Autobahntankstelle Martental, wo man wenig östlich auf die Straße nach Kaisersesch trifft, über die man die Autobahn kreuzen kann. Unmittelbar hinter der Brücke zweigt man links über den mit Nr. 8 ausgeschilderten Feldweg von der Straße ab. Dieser Weg biegt nach etwa 40 Metern nach rechts (Norden) als Waldweg ab und führt durch einen hohen Buchenwald. Hinter ihm tauchen die ersten Häuser von Kaisersesch auf. ②
Durch den Friedhof geht es nach Westen hinüber zum Urmersbachtal. Ihm folgt man bachaufwärts, bis zur Schiefergrube Werresnick. ③
Bei der Abraumhalde der Schiefergrube wendet man sich nach links hinüber zur alten Bahnstrecke Mayen-Gerolstein, deren Brücke wieder über die Autobahn hilft. Etwa 50 Meter nach der Eisenbahnbrücke biegt man links ab, über eine Fahrstraße und wenig später über die Ortsstraße von Breitenbruch hinweg. Dahinter geht es südwestlich hinunter zum Sesterbach und an seinem Ufer entlang zur Martentaler Kirche. ④
Auch nach der Kirche folgt man weiter dem Sesterbach bis zur Einmündung in den Endertbach und den dortigen Wasserfall.
Am rechten Ufer des Endertbachs entlang geht es zurück zur Straßenbrücke am Ausgangspunkt.

Sehenswürdigkeiten

① Das Tal des Endertbachs präsentiert sich mit vielen romantischen Bereichen. Weil die Endert mit starkem Gefälle zur Mosel strebt, gibt es immer wieder kleine Wasserfälle über einzelne Felsbarrieren und viele interessante Pflanzen.
② Kaisersesch war das Zentrum des Schieferabbaus im 18. und 19. Jahrhundert. Als 1895 die Eisenbahn kam, wurde der Schiefer nicht allein mehr über waagerecht in den Berg getriebene Stollen, sondern über Sohlen unter senkrechten Förderschächten abgebaut. Wenig südwestlich von Kaisersesch wurde die Grube »Maria Schacht« in Leienkaul sogar bis auf 220 Meter Tiefe vorangetrieben. Da nach und nach die Sohlen verschiedener Förderschächte untereinander verbunden wurden, entstand unter Kaisersesch ein weitverzweigtes Netz unterschiedlich tiefer Abbausohlen. Das Ende kam am 9. Januar 1959 mit einem großen Wassereinbruch, der die unteren Sohlen unter Wasser setzte.
③ Bei der Schiefergrube Werresnick erstrecken sich die Abraumhalden über mehrere Hektar und zeugen vom Umfang des einstigen Abbaus.
④ Die Wallfahrtskirche Martental entstand 1934 als moderner Zentralbau auf den Ruinen einer alten Wallfahrtskirche. Ihr Zentrum ist das Gnadenbild der Schmerzhaften Muttergottes.

△ *Junge Waldeidechse*

◁ *Hochwald bei Kaisersesch*

Tip

Beilstein an der Mosel südöstlich von Büchel: Wie ein romantisches Freilichtmuseum wirkt der Ort mit seinen engen Gassen, seinen Fachwerkhäusern, seinen bogengeschmückten Durchlässen. Darüber thront, mächtig und unnahbar scheinend, die Burgruine Metternich.

Wanderung 48 B: 13 Kilometer – 3 Stunden

48B

Laacher See und Teufelskanzel

Schon vor 900 Jahren wußten die Benediktiner, welche Plätze für eine Abtei besonders geeignet sind. Der weitläufige See als größtes Eifelmaar war ein natürlicher Wärmespeicher, nützlich für den Obst- und Gemüseanbau, und die weiten Wälder lieferten genügend Holz. Wie richtig die Entscheidung war, beweist die großartige Klosterkirche bis auf den heutigen Tag.

Eifel

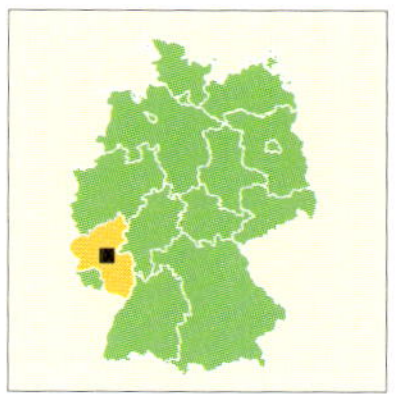

Tourverlauf

Der Besucher stellt sein Auto am Parkplatz beim Kloster Maria Laach ab. ①
Über einen breiten Spazierweg geht es hinunter zum See und dann nach links, zum Uferrundwanderweg. ②
Ihm folgt man rund um den See, bis auf der Nordseite der Lorenzfelsen auftaucht. ③
Knapp 300 Meter hinter dem Felsen zweigt man links ab und steigt nordwärts den Berghang hinauf. Auf der Höhe des Ausbruchsrandes wird nach insgesamt $1^1/_2$ Stunden eine Schutzhütte erreicht. Von der Schutzhütte folgt man dem Hinweis »Höhenrundweg«, der über den alten Kraterrand südwärts führt. Von diesem Rücken ergeben sich immer wieder schöne Ausblicke, sowohl auf den See als auch zur anderen Seite, auf die Rheinebene hinaus. Südlichster und mit 447 Metern höchster Punkt der Wanderung ist der Krufter Ofen mit der Teufelskanzel. ④
Von der Teufelskanzel aus wandert man nun um die ganze Bergkuppe herum, bis ein Wegweiser »Maria Laach« auf den Rückweg hinweist. Bald ist der Kreuzungspunkt mit dem Anstieg zur Teufelskanzel wieder erreicht, danach geht es zügig über den Höhenrundweg zum See hinunter und an dessen Südufer entlang zurück zum Kloster. Dabei passiert man eine große Obstplantage, in deren Mitte der mittelalterliche Stollen liegt, mit dessen Hilfe die Mönche einst den Seepegel des Laacher Sees um 15 Meter gesenkt hatten. ⑤

◁ Der Laacher See

Sehenswürdigkeiten

① Die Benediktinerabtei Maria Laach geht auf eine Stiftung des Pfalzgrafen Heinrich II. von 1093 zurück. Der Graf selbst legte den Grundstein, vollendet wurde der Bau 1230. Die dreischiffige Basilika mit je zwei Chören, Querschiffen, Zentraltürmen, Ost- und Westchortürmen und einem »Paradies« aus einem fast quadratischen Atrium vor dem großartigen Westwerk zählt zu den vollkommensten Schöpfungen romanischer Baukunst in Deutschland.
② Der Laacher See entstand durch Einsturz des Deckengebirges, nachdem sich eine unter der Erdoberfläche gelegene und unter hohem Gasdruck stehende Magmakammer explosionsartig entleert hatte. Dabei wurde überwiegend der leichte Bims in die Luft geschleudert, der das gesamte Neuwieder Becken mit bis zu 20 Meter Mächtigkeit überdeckt. Der Ausbruch war so heftig, daß seine Spuren in ganz Mitteleuropa und bis nach Skandinavien nachweisbar sind. Anhand von Baumringauszählungen und Vegetationsproben konnten die Wissenschaftler sogar nachweisen, daß der Ausbruch im Juli des Jahres 9080 v. Chr. stattgefunden haben muß. In erdgeschichtlichen Dimensionen gilt diese Zeit als sehr jung. So verwundert es auch nicht, daß an verschiedenen Stellen des Sees noch heute Gasblasen aufsteigen und vom noch keineswegs erkalteten Magma unter dem See zeugen.
③ Der Lorenzfelsen ist ein erstarrter Basaltstrom, auf dem heute ein Gedenkkreuz steht.

△ Die Abteikirche Maria Laach am Westufer des Sees

④ Der Krufter Ofen ist ein Nebenschlot des Vulkans mit rötlichem, porösem Gestein. Unterhalb der Teufelskanzel gibt es zwei kleine Höhlen, in denen man noch etwas von der Wärme des Erdinneren spüren kann.
⑤ Während der Bauzeit der Klosterkirche begann der See nach längerem Regen zu steigen und drohte, die Kirche zu überschwemmen. Daher ließ Abt Fulbert um 1150 einen 880 Meter langen Stollen durch die südliche Umwallung des Sees treiben. Dadurch sank der Seepegel um 15 Meter und brachte nicht nur einen trockenen Kirchenboden, sondern der Abtei auch noch fruchtbares Ackerland.

Tip

Auf der Rückseite des Klosters Maria Laach gibt es einen Steinlehrpfad mit zahlreichen Beispielen der Verarbeitung heimischer Steine. Im Naturkundemuseum St. Winfrid zeigen Dioramen heimische Tiere in ihrer natürlichen Umgebung.

49

Autotour 49: 140 Kilometer

Um den Hohen Westerwald

Auch wenn sie noch so oft angestimmt werden, bewahrheitet sich der Inhalt mancher Volkslieder noch lange nicht: Der Hohe Westerwald ist vielmehr ein Land mit stillen Tälern, alten Dörfern und weiten Horizonten. Was es außerdem in der alten Bischofsstadt Limburg und nördlich der Lahn zu entdecken gibt, kann sich wirklich sehen lassen.

Westerwald

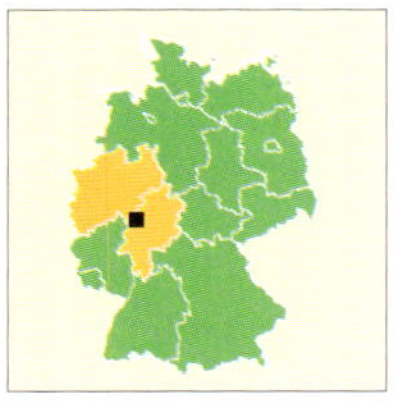

Tourverlauf

Ein gut geeigneter Startort für eine Tour durch den Westerwald ist das malerische Limburg an der Lahn. ①
Erstes Ziel ist das nördlich von Limburg gelegene Hadamar. ②
Der Weg dieser Autotour führt weiter nach Dorchheim. ③
Nächster Etappenpunkt ist Westerburg. ④
Nordwestlich von Westerburg lockt der Dreifelder Weiher zu einem Besuch. ⑤
Nördlich davon liegt die Altstadt von Hachenburg. ⑥
Auf der B 414 wird ostwärts Bad Marienberg erreicht. ⑦
Auch danach geht es in östlicher Richtung weiter nach Heisterberg. Drei Kilometer nach Heisterberg biegt man rechts ab, um nach Beilstein zu kommen. ⑧
Man behält nun die nach Süden eingeschlagene Richtung bei und fährt nach Weilburg. ⑨
Kurz vor Limburg macht man noch einmal Station in Runkel. ⑩

Sehenswürdigkeiten

① Limburg an der Lahn: Siehe Wanderung 49 A, Seite 204.
② Hadamar ist seit Jahrhunderten das Tor zum Westerwald. Der 832 erstmals erwähnte Ort erhielt 1324 das Stadtrecht und war lange Zeit ertragreiche Zollstation der Leininger und später der Nassauer Grafen. In der Altstadt mit ihren schönen Fachwerkhäusern aus dem 17. und 18. Jahrhundert dominiert denn auch das Renaissanceschloß aus der Zeit um 1625 das Bild. Die gotische Liebfrauenkirche, dicht am Elbbach gelegen, wurde 1379 fertiggestellt und um 1450 erweitert. Sie besitzt eine sehenswerte Barockausstattung. Die Pfarrkirche St. Nepomuk ist ein Saalbau von 1755 mit Rokokoausstattung. Von der alten Stadtbefestigung ist im Süden das Limburger Tor erhalten. Das Rathaus wurde 1639 errichtet, das Haus in der Schulstraße Nr. 15 mit einem besonders schön geschmückten Mittelerker stammt von 1676.
③ Die alte St.-Nikolaus-Kirche in Dorchheim ist im Chor mit einem sehenswerten Freskenzyklus aus dem 15. Jahrhundert geschmückt.
④ Die Westerburg dominierende Höhenburg entstand bereits im 12. Jahrhundert. Seit dem 15. Jahrhundert saßen hier die Grafen von Leiningen. Sie bauten die Burg bis ins 18. Jahrhundert zum heutigen Schloß aus. Die Pfarrkirche ist eine dreischiffige, spätgotische Hallenkirche mit einem Netzgewölbe von 1516.
⑤ Die Westerwälder Seenplatte wurde von Graf Friedrich reguliert, der auch der Bauherr der 1883 errichteten Seeburg war. Die Pfarrkirche von Dreifelden ist eine der ältesten des gesamten Westerwalds. Ihr Altarraum dürfte um 1100 erbaut worden sein, der Chorturm stammt aus der Zeit um 1200. Der Ausbau zum heutigen Umfang erfolgte bis 1699 in der Barockzeit.
⑥ Hachenburg war Residenz der Grafen von Sayn. Sie bauten ihre Burg aus dem 13. Jahrhundert zum repräsentativen barocken

◁ *Schloß Weilburg*

Das Weilburger Testament

Auf dem von der Lahn umflossenen Bergsporn gab es bereits im 5. oder spätestens im 6. Jahrhundert einen Wirtschaftshof der Merowingerkönige, aus dem sich nach und nach ein befestigter Königshof entwickelte. Urkundlich erwähnt wird er erstmals 906, als der mächtige Herzog des Ostfrankenlands, Konrad d. Ä. auf der Wilineburch beigesetzt wurde. Kurze Zeit später, im Jahre 912, gründete König Konrad I. hier ein Walpurgisstift, und 918 bewog er im Weilburger Testament seinen Bruder Eberhard, zugunsten des Sachsenkönigs Heinrich auf die Königskrone zu verzichten. Noch im selben Jahrhundert kam die Weilburg dann in den Besitz der Wormser Bischöfe. Daß mit der Burg bereits damals langfristig erfolgreich Politik betrieben werden konnte, bewiesen die Grafen von Nassau, die sich 1224 um die damals wormsische Vogtei als Lehen bemühten. Etwa 170 Jahre später zahlte sich diese Weitsicht aus: Adolf von Nassau wurde zum deutschen König gewählt, bezahlte dem Wormser Bischof Burg und Siedlung und verlieh Weilburg 1295 das Stadtrecht.

△ *Das Rathaus in Hadamar wurde 1639 fertiggestellt*

Schloßbau aus. Das Bild des Alten Marktes mit dem Löwenbrunnen von 1702 und den behäbigen Giebelhäusern aus dem 17. und 18. Jahrhundert ist besonders eindrucksvoll. Die 1664 errichtete Pfarrkirche Mariae Himmelfahrt war ursprünglich eine Klosterkirche der Franziskaner. Bis 1739 wurde sie zum heutigen Barockbau umgestaltet. Die romanische Bartholomäuskirche im Ortsteil Altstadt stammt in ihrem Kern aus dem 12. Jahrhundert. Ein Jahrhundert später wurde sie erweitert und ausgemalt. Ihr prächtiger, säulengeschmückter Taufstein stammt auch noch aus dem 13. Jahrhundert. Die »gute Stube« des Westerwaldes ist das Landschaftsmuseum im Burggarten. Das nordwestlich gelegene Kloster Marienstatt besitzt eine dreischiffige, gotische Basilika aus dem 13. und 14. Jahrhundert. Ihr kostbarstes Ausstattungsstück ist der Ursulaaltar aus dem 14. Jahrhundert, einer der ältesten Flügelaltäre Deutschlands. Das schön geschnitzte Chorgestühl wurde schon um 1300 gefertigt, das Tumbengrab für Graf Gerhard von Sayn und seine Gemahlin wurde 1487 geschnitzt und bemalt.

⑦ Das Kneippheilbad Marienberg ist einer der touristischen Hauptorte des Westerwalds. Das nördlich gelegene Schloß Friedewald beeindruckt mit einer vorzüglich gearbeiteten Fassade der Spätrenaissance.

⑧ Beilstein: Siehe Wanderung 49 B, Seite 205.

⑨ Der Bergvorsprung über der Lahnschleife, auf dem heute das Schloß Weilburg steht, trug schon zur Zeit der Merowingerkönige einen befestigten Königshof. Kern des heutigen Schlosses ist ein vierflügeliger Renaissancebau, der 1585 vollendet wurde. Unter Fürst Johann Ernst wurde die mittelalterliche Burgstadt bis 1719 zur weiträumigen Barockresidenz eines Kleinstaates umgewandelt. Glückliche Umstände haben dafür gesorgt, daß dieser Bestand weitgehend erhalten ist. Besonders gelungen ist der Renaissanceinnenhof mit seinen Arkaden. Prachtvolles Barock zeigen die Obere und Untere Orangerie am Französischen Hofgarten. Zu einem barocken Ensemble zusammengefaßt sind die Schloßkirche und das Rathaus. Das Heimat- und Bergbaumuseum erinnert an den hessischen Bergbau.

⑩ Burg Runkel und Burg Schadeck bieten ein überaus stimmungsvolles Gesamtbild historischer Wehrarchitektur. Die aus dem 12. Jahrhundert stammende Burg Runkel war seit 1595 Residenz der Oberen Grafschaft Wied. Nach der Zerstörung der alten Burg im Jahre 1634 wurde das heutige Residenzschloß bis ins 18. Jahrhundert hinein ausgebaut. Burg Schadeck auf der anderen Seite der Lahn war als Trutzburg gegen Runkel um 1280 errichtet worden. Die Brücke über die Lahn mit ihren vier Rundbogen stammt aus der Zeit um 1440.

Tip

Kubacher Kristallhöhle südöstlich von Weilburg: Die Höhle besitzt mit ihrer 30 Meter hohen Südhalle die höchste Halle aller deutschen Schauhöhlen. Sie ist gleichzeitig die einzige Kristallhöhle in Deutschland. Auf 346 Stufen geht es 53 Meter tief in die Erde. Das Höhlensystem entstand während der letzten Eiszeit und konnte bisher nur zu einem kleinen Teil freigelegt werden. Vermutlich sind die Kristalle aus einer heißen Quelle entstanden, da dieser Knöpfchensinter nur bei mehr als 20 Grad warmen Wasser entstehen kann. Bei einer Luftfeuchtigkeit von 85 Prozent und bei einer Temperatur von 9 Grad gleißen im Scheinwerferlicht die Myriaden von schneeweißen Perltropfsteinen aus Kalkspat- und Aragonitkristallen an Wänden und Decken.

◁ *Limburger Fachwerk*

▷ *Puppenstubenmuseum, Hachenburg*

49 A

Wanderung 49 A: 2 Kilometer – 1 ½ Stunden

Rundgang in Limburg

Westerwald

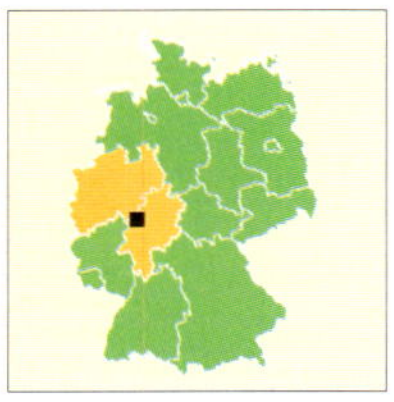

Mit seinem siebentürmigen spätromanischen Dom in der prächtigen Farbfassung des Mittelalters besitzt Limburg eine der schönsten Gottesburgen Deutschlands. Die Altstadt an der Lahnfurt besteht bis heute überwiegend aus Fachwerkhäusern mit hohen, reich verzierten Giebeln aus dem 13. bis 18. Jahrhundert. Hier finden sich auch die ältesten Fachwerkgebäude Deutschlands.

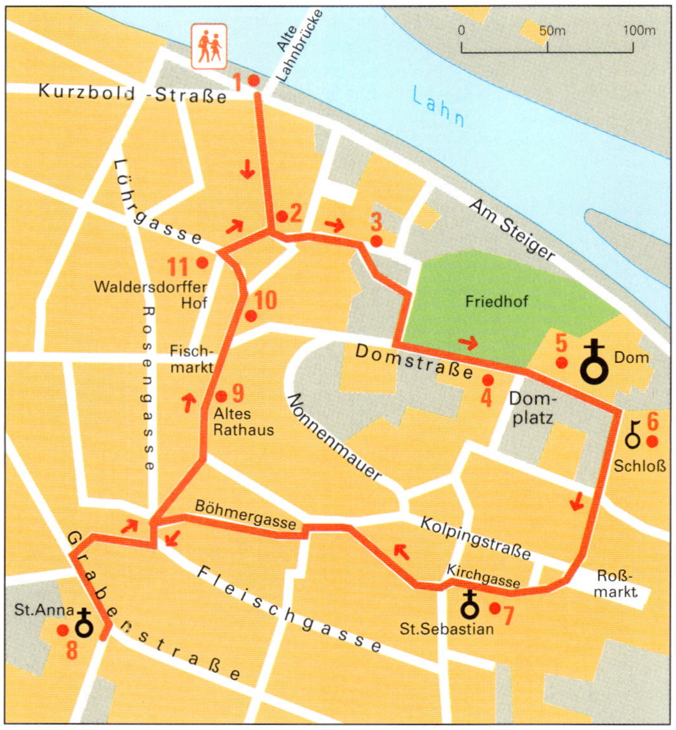

△ *Limburgs Altstadt*

Tourverlauf

Ein schöner Ausgangspunkt zu diesem Stadtspaziergang ist die Alte Lahnbrücke. ①
Südlich der Brücke steht das Haus der Sieben Todsünden. ②
Dahinter hält man sich links und erreicht nach wenigen Schritten das Fachwerkhaus Römer 1. ③
An der Domstraße wartet das Diözesanmuseum auf Besucher. ④
Über dem Domplatz ragt der monumentale Dom in den Himmel. ⑤
Östlich des Doms schließt sich das Schloß an. ⑥
Über den Roßmarkt erreicht man die Stadtkirche St. Sebastian. ⑦
Nach dem Kornmarkt kommt man zur Plötze, an die Grabenstraße und zum Bau der St.-Anna-Kirche. ⑧
Zurück über die Plötze erreicht man das Alte Rathaus. ⑨
In seiner Nachbarschaft steht das Haus Römer 2 – 6. ⑩
Auf dem Rückweg zur Alten Lahnbrücke passiert man noch den Walderdorffer Hof. ⑪

Sehenswürdigkeiten

① Die Alte Lahnbrücke wurde 1341 fertiggestellt und ersetzte die Fahrt durch die Lahnfurt. Die Fundamente des Brückenturms stammen sogar noch aus dem 13. Jahrhundert.
② Das Haus der Sieben Todsünden zieren geschnitzte Fratzen, die vor Untugenden wie Hoffart, Geiz oder Zorn schützen sollen.
③ Das Haus Römer 1 ist ein dreigeschossiger Ständerbau von 1296, dessen vorderer Teil 1520 erneuert wurde.
④ Das Diözesanmuseum präsentiert einen überaus reichhaltigen Domschatz, dessen Prachtstück ein 1204 aus Konstantinopel hierher gebrachtes Kreuzreliquiar ist.
⑤ Der siebentürmige spätromanische Dom mit frühgotischen Komponenten wurde 1235 geweiht und dürfte um 1250 in der heutigen Form fertiggestellt worden sein. Bei der Restaurierung von 1973 wurde dem Dom seine ursprüngliche Farbigkeit zurückgegeben. Wichtigste Ausstattungsstücke sind ein spätgotisches Sakramentshaus von 1496, der Annenaltar aus dem frühen 16. Jahrhundert, ein Taufstein aus der Zeit um 1235 sowie das Grabmal für den Stifter der Kirche, Graf Konrad Curcipold, aus der Zeit um 1230.

⑥ Das Schloß reicht in seinen Vorgängerbauten bis ins 7. Jahrhundert zurück. Von alter Bausubstanz sind ein quadratischer Wohnturm aus der Mitte des 13. Jahrhunderts sowie eine romanische Burgkapelle vom Ende des 13. Jahrhunderts erhalten. Die meisten Bauten stammen jedoch aus dem 16. Jahrhundert
⑦ Die Stadtkirche St. Sebastian wurde um 1300 begonnen; ihre heutige Form erhielt sie bis 1742. Gegründet wurde sie als eine der ersten Niederlassungen des Deutschen Ordens durch das Ysenburger Geschlecht. Von der Ausstattung hervorzuheben sind die beiden spätgotischen Schnitzaltäre vom Anfang des 14. Jahrhunderts und der Hochaltar aus dem Jahr 1891.
⑧ Die St.-Anna-Kirche gehörte einst zum Kloster der Wilhelmiten. Errichtet wurde sie im 14. Jahrhundert und wurde später barockisiert. Das prächtige Chorfenster mit der Darstellung des Lebens Christi wurde Mitte des 14. Jahrhunderts gefertigt.
⑨ Das historische Rathaus geht in seinen Anfängen auf das Jahr 1399 zurück, fertiggestellt wurde es 1899. In seinem Kern ist es ein spätgotisches Hallenhaus mit Wendeltreppe und interessanten Unterzügen in der Ratshalle.
⑩ Das Fachwerkhaus Römer 2 – 6 wurde 1289 erbaut; es ist somit eines der ältesten Fachwerkhäuser Deutschlands.
⑪ Der Walderdorffer Hof ist ein gotischer Wohnturm, an den 1681 die Fachwerkerker und zwei Wendeltreppen im Innenhof angefügt wurden.

◁ *Der Limburger Dom*

Tip

Das Lahntal: Infolge ihrer vielen Windungen beträgt die Gesamtlänge der Lahn etwa 220 Kilometer, obwohl Quelle und Mündung nur 80 Kilometer voneinander entfernt sind. Das Gefälle auf dieser Strecke beträgt 545 Meter. Die Lahn durchfließt während ihres gesamten Verlaufs abwechselnd weite und enge Täler. Unterhalb von Runkel beispielsweise tritt sie in das weite Limburger Tertiärbecken ein, aber unterhalb von Diez fließt sie wieder in einem engen, äußerst malerischen Durchbruchstal: An beiden Flußufern steigen teilweise kühn geformte Felsen und waldbedeckte Berge empor. Erst im Mündungsgebiet tritt die Lahn wieder in eine Talweitung ein.

Wanderung 49 B: 14 Kilometer – 4 Stunden

49 B

Westerwälder Burgenwanderung

Westerwald

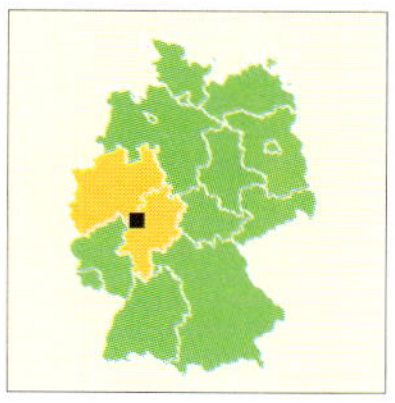

Mittelalterliche Burgen gab es im Westerwald beinahe auf jeder prägnanten Anhöhe. Einige von ihnen wurden zu Schlössern ausgebaut, die meisten sind verschwunden. Wie die Burgen im Mittelalter tatsächlich ausgesehen haben, läßt sich am besten an den Ruinen Beilstein und Greifenstein ablesen. Zu beiden führt dieser Wandervorschlag.

△ *Burg Greifenstein*

Tourverlauf

Startort zu dieser Wanderung ist Beilstein. ①
Von hier folgt man zunächst für etwa einen Kilometer der Kreisstraße nach Osten, bis man auf einen befestigten Waldweg rechts abbiegen kann. Nach weiteren 800 Meter wendet man sich am Waldrand nach rechts (Südosten), um bei der nächsten Wegegabelung den linken Weg zu nehmen. Er führt zum 515 Meter hohen Hinstein, von dem aus man bereits einen schönen Blick auf das Dorf Greifenstein und seine Burgruine hat. ②
Von Greifenstein folgt man dem Dillwanderweg nach Süden durch den Braunfelser Forst bis zur Heilanstalt Elgershausen. Von dort geht es rechts hinunter nach Holzhausen im Ulmbachtal. Über die Talstraße kommt man den Ulmbach entlang zurück nach Beilstein.

Sehenswürdigkeiten

① Die Burg Beilstein liegt auf einem Bergausläufer über dem Ulmbachtal und war der Stammsitz der 1129 genannten Herren von Beilstein. Mitte des 13. Jahrhunderts vertrieben die Grafen von Nassau die Beilsteiner und bauten die Burg im 14. Jahrhundert aus, bis sie ihre Residenz 1607 nach Dillenburg verlegten. Kern der Burg war ein rechteckiger gotischer Palas mit Rundtürmen an den Ecken. Gegen Süden hin war die Burg durch einen Halsgraben gesichert. Heute ist das Torhaus wiederhergestellt und bewirtschaftet. Die ehemalige Schloßkirche ist nun die Pfarrkirche von Beilstein. Errichtet wurde sie bis 1616. Ihr Inneres präsentiert sich wieder in der originalen Farbfassung. Die Orgel ist barock.
② Als die Grafen von Nassau im 13. Jahrhundert die Herren von Beilstein vertrieben, verlegten diese ihren Sitz auf die um das Jahr 1000 gegründete Burg Greifenstein. Nach wechselvoller Geschichte wurde die 1280 und 1298 zerstörte Burg ab 1384 neu errichtet und bis ins 17. Jahrhundert hinein ausgebaut. Dadurch wurde das von einem Doppelturm überragte Gemäuer zu einer der stärksten Befestigungsanlagen des südlichen Westerwalds. Als die Grafen 1693 ihre Residenz nach Braunfels verlegten, wurde Burg Greifenstein dem Verfall überlassen. Ihre Ruine überragt bis heute weithin sichtbar den Dillgrund und seine Umgebung. Nicht weniger als drei Beringe schützten die Kernburg, so daß die bis 1480 errichteten Außenmauern weit ins Dorf hineinreichen. Bis 1620 wurden noch mächtige, ovale Geschützbastionen angelegt. Die Kernburg ist gegen die nördliche Angriffsseite hin mit einer mächtigen Schildmauer und zwei eng gestellten Rundtürmen zu einer wirkungsvollen Verteidigungsanlage gestaltet. An der Südseite der Kernburg sind Reste des gotischen Palas erhalten. Ein Schmuckstück ist die der heiligen Katharina geweihte Burgkapelle an der Südecke des dritten Burgberings. Ihr saalartiges, von schmalen Emporen gegliedertes Innere wird von einer überreich dekorierten Stuckdecke beherrscht. Kartuschen, Ornamente und Putten wetteifern in kräftiger Gestaltung miteinander. Auch Kanzel- und Emporenbrüstungen sind in diese Ausschmückung einbezogen. Besonders aufwendigen Wappenschmuck zeigt die Herrschaftsloge, auf der jetzt auch eine spätklassizistische Orgel eingebaut ist. Im Roßmühlenbollwerk der Burg hat das Deutsche Glockenmuseum seine angemessene Heimat gefunden. Die ältesten Exponate stammen aus dem 11. Jahrhundert, und die Ausstellungsstücke werden auch klanglich vorgestellt. Außerdem zeigt man im Glockenmuseum Zierat für die Gußmodelle und handwerkliches Rüstzeug der Glockengießer. Im Burg- und Ortsmuseum Greifenstein wird die Geschichte des Dorfes und der Befestigungsanlage dokumentiert. Zu sehen sind hier unter anderem bäuerliches Mobiliar aus dem Westerwald sowie Gerätschaften der Flachsbrecher und Leineweber.

◁ *Exponate im Deutschen Glockenmuseum in der Burg Greifenstein*

Tip

Beilstein: Die Schmalburger Ley im Süden und die Beilsteiner Ley im Norden von Beilstein zählen zu den schönsten Basaltsäulenvorkommen des Westerwalds.

50

Autotour 50: 140 Kilometer

Im westhessischen Bergland

Westhessisches Bergland

Wer tagelang durch Wälder wandern möchte, ohne auf ein Dorf zu treffen, kann dies im Hessischen Bergland tun. Der Waldanteil beträgt hier fast 40 Prozent, große geschlossene Flächen sind keine Seltenheit. Einer der freundlichen Mittelpunkte ist die Universitätsstadt Marburg, die Stadt der heiligen Elisabeth und einst die Keimzelle Hessens. Daß sich in der Umgebung Marburgs mehr versteckt als Wald, zeigt diese Tour.

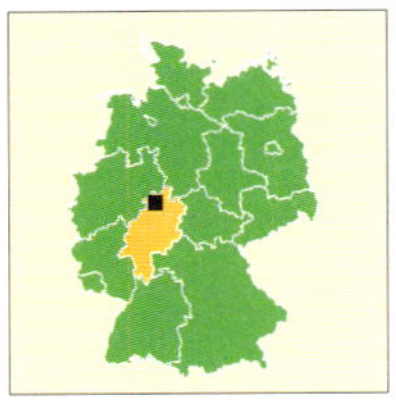

Tourverlauf

Startort ist die Universitätsstadt Marburg, die man nordwärts, der Lahn entlang über die B 3 verläßt. ①
Erstes Ziel ist Cölbe am Zusammenfluß von Lahn und Ohm. ②
Über die B 62 und wenig später über die B 252 fährt man nach Wetter. ③
Ebenfalls an der B 252 liegt Münchhausen. ④
In Ernsthausen verläßt man die B 252, um in östlicher Richtung durch den Burgwald nach Rosenthal zu fahren. ⑤
Haina und seine Klosterkirche sind die nächste Station. ⑥
Von Haina fährt man westwärts weiter über die Landstraße hinüber nach Frankenberg. ⑦
Von dort geht es auf der B 253 und entlang der Eder nach Battenberg. ⑧
Hier verläßt man das Tal der Eder, um über die B 253 an den Oberlauf der Lahn bei Biedenkopf zu gelangen. ⑨
In einem Bogen im Tal der Lahn und der Perf umfährt man den Schwarzenberg und gelangt nach Breidenbach. ⑩
In Breidenbach ist es Zeit, die B 253 zu verlassen und zuerst südwärts, später ostwärts nach Dautphetal zu fahren. Hier trifft man auf die B 453, der man bis Gladenbach folgt. ⑪
Über die B 255 und die B 3 kommt man zurück nach Marburg.

Sehenswürdigkeiten

① An der Lahnfurt beim heutigen Marburg kreuzten sich im Mittelalter wichtige Handelsstraßen. Zu ihrem Schutz entstand früh eine Burg, aus der 1248 der Sitz der hessischen Landgrafen wurde. Die heilige Elisabeth machte Marburg zu einem europaweit bekannten Wallfahrtsort. Der von ihr angezogene Pilgerstrom sorgte für den 1330 vollendeten Bau der Elisabethkirche. Bis heute beherrschend ist das aus der mittelalterlichen Burg hervorgegangene Residenzschloß auf dem Burgberg. Es enthält jetzt das Universitätsmuseum für Kulturgeschichte. Ein Juwel für sich ist die Elisabethkirche mit dem meisterhaft geschmiedeten Goldschrein der Elisabeth, dem steinernen Lettner von 1343, dem Hochaltar von 1290 und den 1249 fertiggestellten Glasmalereien in den drei mittleren Chorfenstern. Die auf das frühe 13. Jahrhundert zurückgehende Marienkirche ist bekannt für ihre interessanten Grabmäler, die Dominikanerkirche für ihren expressionistischen Orgelprospekt von 1927. Inmitten schöner alter Fachwerkhäuser steht das um 1520 vollendete Rathaus am Markt. Im alten Kornhaus von 1515 zeigt das Mineralogische Museum seine Schätze.
② Das Schloß in Cölbe war ursprünglich eine Wasserburg mit einem spätgotischen, achteckigen Turm als Kern. Der heutige Hauptbau entstand bis 1751. Die 1897 vollendete evangelische Pfarrkirche ist neogotisch und

▷ *Panorama von Marburg*

hat zwischen ihren quadratischen Pfeilern auf drei Seiten eingebaute Holzemporen.
③ Das Städtchen Wetter an der Wetschaft entstand aus einem fränkisch-karolingischen Königshof, war im 12. Jahrhundert Münzstätte und Konkurrenz von Marburg. Vom 1015 gegründeten Kanonissenstift ist die frühgotische, ehemalige Stiftskirche erhalten. Begonnen wurde sie im 13. Jahrhundert, vollendet im 16. Jahrhundert. Ihr Altarretabel stammt aus der Zeit um 1250, auch der Taufstein stammt noch aus dieser Zeit. Die Fresken entstanden im frühen 16. Jahrhundert. Das Stadtbild selbst ist beherrscht von zahlreichen alten, wohlerhaltenen Fachwerkhäusern.
④ Münchhausen: Siehe Wanderung 50 A, Seite 208.
⑤ Rosenthal wurde um 1225 vom Mainzer Erzbischof als militärischer Stützpunkt gegen die hessischen Landgrafen gegründet. Dennoch wurde die Stadt dann im 15. Jahrhundert hessisch. Das ansehnliche Fachwerkrathaus stammt ebenso wie zahlreiche weitere Fachwerkhäuser aus dem 17. Jahrhundert.
⑥ Haina entstand um das 1200 hier gegründete Zisterzienserkloster. Die 1328 vollendete ehemalige Klosterkirche zeichnet sich durch die frühe Annahme des Hallenschemas aus. Besonders eindrucksvoll sind die beiden großen Prachtfenster der Kirche im Osten und im Norden.
⑦ Frankenberg an der Eder war im 8. Jahrhundert eine fränkische Grenzbefestigung gegen die Sachsen im Norden. Im 13. Jahrhundert wurde daraus eine militärische Grenzstation gegen den Erzbischof von Mainz. Die Wollweberzunft machte aus Frankenberg ein Zentrum der hessischen Wollausfuhr. Zum Reichtum der Stadt trugen außerdem Goldfunde und der bergmännische Abbau von Kupfer und Silber bei. Die ganze Herrlichkeit ging dann 1476 in Flammen auf, doch leistete man beim Wiederaufbau durchaus Sehenswertes. Das prachtvolle Rathaus etwa wurde 1509 fertiggestellt, ebenso eine Reihe von Fachwerkhäusern. Die bereits 1380 erbaute gotische Liebfrauenkirche beeindruckt mit einer farbigen Raumfassung, Farbglasfenstern im Chor aus der zweiten Hälfte des 14. Jahrhunderts und einem dreigeschossigen Steinretabel über der Altarmensa. Im ehemaligen Zisterzienserkloster Georgenberg ist heute das Heimatmuseum untergebracht.
⑧ Battenberg gab es schon 778, als sich hier Franken und Sachsen bekämpften. Von den beiden im 13. Jahrhundert errichteten Burgen ist praktisch nichts erhalten geblieben. Das barocke Rathaus stammt von 1732. Zu neuen Ehren kam das Städtchen vor gut 130 Jahren, als es Pate stand bei der Namensgebung einer Familie, die es in England zu höchstem Ansehen gebracht hat: die Mountbatten.
⑨ Biedenkopf: Siehe Wanderung 50 B, Seite 209.
⑩ In Breidenbach verdient die in der Mitte des 13. Jahrhunderts errichtete Pfarrkirche einen Besuch. Ihre Ausstattung stammt noch aus der Gotik, ihre farbliche Fassung konnte 1954 aufgedeckt und erneuert werden.
⑪ An die mittelalterliche Bedeutung von Gladenbach erinnern die Reste der schon im 13. Jahrhundert zerstörten Feste Blankenstein. Die romanische Martinskirche entstand als dreischiffige Pfeilerbasilika im 12. Jahrhundert. Im Gewölbe weist sie spätgotische Rankenmalereien auf.

Die heilige Elisabeth

Die Landgrafen von Thüringen bauten ab 1122 auf dem Marburger Schloßberg eine erste feste Burg und gründeten am Lahnübergang eine Siedlung.
Den entscheidenden Entwicklungsschub lieferte die ungarische Königstochter Elisabeth, die Gemahlin des Landgrafen Ludwig IV. von Thüringen. Als dieser 1227 während eines Kreuzzugs starb, wählte die erst 20jährige Witwe Marburg zu ihrem Witwensitz, wo sie 1231 als angebliche Heilige starb. Ihre Verehrung war schnell so groß, daß sie nur vier Jahre später offiziell heiliggesprochen und Marburg anschließend zum bedeutendsten Wallfahrtsort nördlich der Alpen wurde. Die Organisation der Wallfahrt übernahm der Deutsche Orden unter der Leitung von Elisabeths Schwager, Konrad von Thüringen. Er ließ bereits am 14. August 1235, also noch im Jahr der Heiligsprechung seiner Schwägerin, den Grundstein zum Bau einer neuen Kirche legen, die einerseits der neuen Heiligen und andererseits dem Machtanspruch des Deutschen Ordens gerecht werden sollte. In nur 48jähriger Bauzeit konnte so St. Elisabeth als erste stilreine Kirche der Gotik in Deutschland fertiggestellt werden. Zur Kirche gehört eine Elisabethstatue.

△ *Rathaus von Frankenberg an der Eder*

△ *Kirche von Gladenbach-Weitershausen*

◁ *Wüstengarten im Kellerwald*

Tip

Marburg: Der Botanische Garten der Universität besitzt ein großes Alpinum mit einer Hochgebirgsflora aus allen Kontinenten. In seiner Art ist er einmalig im Herzen Deutschland.

50A

Wanderung 50 A: 19 Kilometer – 5 Stunden

Im Burgwald

Westhessisches Bergland

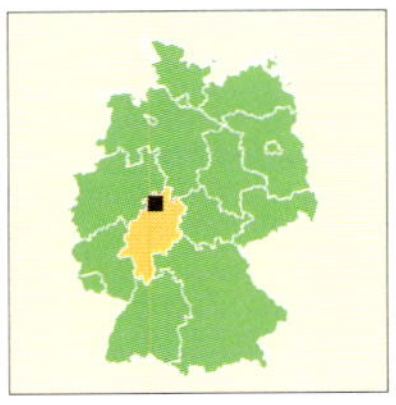

Das freundliche Münchhausen im sanften Hügeltal der Wetschaft hat nichts mit dem gleichnamigen Lügenbaron zu tun, wohl aber mit 2500 Jahren Kulturgeschichte. Auf dem östlich gelegenen Christenberg gab es nämlich einen keltischen Fürstensitz, eine karolingische Landesfestung und eine Archipresbyteratskirche. Alldem kann man auf dieser Wanderung ein wenig nachspüren.

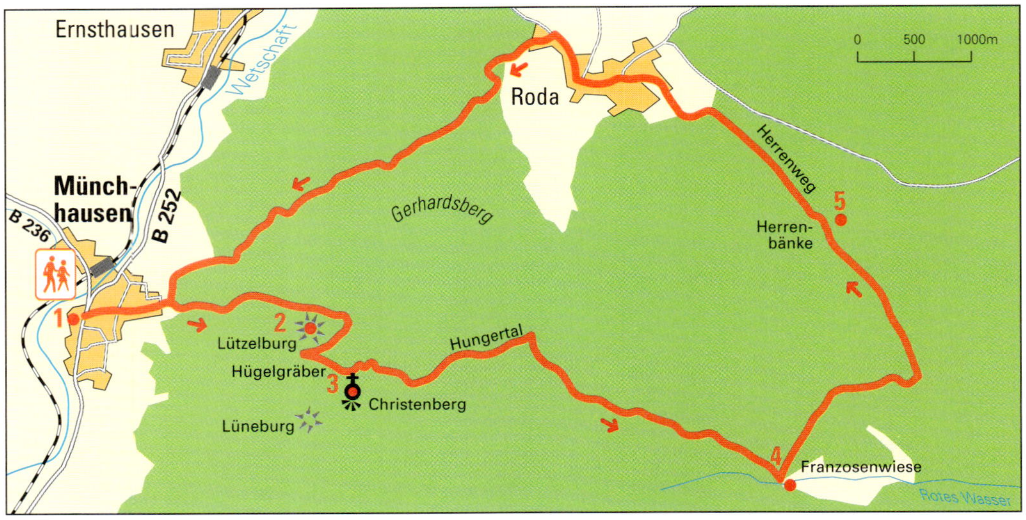

Tourverlauf

Bester Ausgangspunkt ist die Straßengabelung im Osten von Münchhausen. ①
Hier teilt sich die Straße; links geht es nach Roda und rechts zum Christenberg. Zunächst folgt man dem Weg zum Christenberg, der bereits die Markierung weißes X trägt. Man passiert dabei einige Hügelgräber und die Wallanlage Lützelburg. ②
Kurz darauf steht man am Christenberg. ③
Auch nach dem Christenberg geht es zunächst 2 Kilometer mit dieser Markierung dem Hungertal folgend weiter, bis von rechts ein Weg mit der Markierung schwarzes Dreieck einmündet. Diesem Weg folgt man nach rechts hinüber zu den Franzosenwiesen. ④
Am Westrand der Franzosenwiesen orientiert man sich an der Markierung blauer Balken nach links (Norden), bis man auf den mit rotem X gekennzeichneten Weg trifft. Ihm folgt man nach links (Nordwesten) zu den Herrenbänken. ⑤
Auf dem Herrenweg wandert man hinunter ins Dörfchen Roda.
Auch hinter Roda folgt man weiter der Markierung rotes X bis zurück nach Münchhausen.

△ Im ausgedehnten Burgwald bei Münchhausen

◁ Laubfrosch

Sehenswürdigkeiten

① Der Burgwald östlich von Münchhausen ist ein von engen Talfurchen durchzogenes, ausgedehntes Sandsteinplateau, das wegen seiner nährstoffarmen Böden mit einem dichten Waldkleid überzogen ist. In die teilweise stark vernäßten Böden sind immer wieder einzelne Moorinseln, wie etwa die Franzosenwiesen, eingestreut.
② Am Westrand des Christenberger Plateaus sind neben zahlreichen Hügelgräbern auch die Wallanlagen Lützelburg und Lüneburg zu finden. Sie gehen auf das 5. Jahrhundert v. Chr. zurück.
③ Auch das Christenberger Plateau hat ursprünglich nichts mit Christen zu tun. Sein alter Name lautet vielmehr Kesterburg, für die in karolingischer Zeit errichtete Anlage. Davor jedoch hatte es ab etwa 450 v. Chr. schon einen keltischen Fürstensitz mit einem Holzpalisadenwall gegeben. Daraus wurde um 720 n. Chr. eine karolingische Festung, die bis um 840 benutzt wurde und mit gestaffelten Verteidigungsanlagen aus Wällen und Gräben geschützt war. Die heutige Friedhofskirche auf dem Christenberg geht auf diese karolingische Festung zurück, wurde aber im 11. Jahrhundert durch einen romanischen Neubau ersetzt. An ihn angebaut wurde 1520 ein gotischer Polygonalchor. Äußere Zier der Kirche ist ein fünfspitziger Westturm sowie ein Dachreiterturm auf dem Chor.
④ Die Franzosenwiesen sind ein Feuchtgebiet im Bereich des Roten Wassers, das wegen seiner vielfältigen Pflanzen- und Tierwelt unter Naturschutz gestellt wurde. Hier lohnt sich eine längere Rast, denn vieles zeigt sich hier nur dem Geduldigen.
⑤ Die aus Sandstein bestehenden Herrenbänke dienten schon den fürstlichen Jagdgesellschaften zum Rasten und Tafeln. Wer es ihnen gleichtun möchte, muß allerdings im eigenen Rucksack Proviant mitgebracht haben.

Tip

Hänsel-und-Gretel-Haus auf dem Christenberg: Zwischen Frankenberg und Marburg, auf dem Christenberg im Burgwald bei Münchhausen, steht das Küsterhaus der ehemaligen Pfarrkirche St. Martin. Nach diesem Vorbild zeichnete der Marburger Maler Otto Ubbelohde seine Illustrationen zur Jubiläumsausgabe der Grimmschen Märchen.

Wanderung 50 B: 16 Kilometer – 4 Stunden

50B

Biedenkopf und die Sackpfeife

Biedenkopf an der Lahn liegt am Ostrand des Rheinischen Schiefergebirges in einer durch Faltungen, Verwerfungen und Abtragungen überaus abwechslungsreichen Landschaft mit zahlreichen Kuppen, Bergrücken und Tälern. Im Norden der Stadt bildet ein bewaldeter Höhenrücken mit Höhen bis zu 680 Metern die Wasserscheide zwischen der zur Weser fließenden Eder und der zum Rhein fließenden Lahn.

Westhessisches Bergland

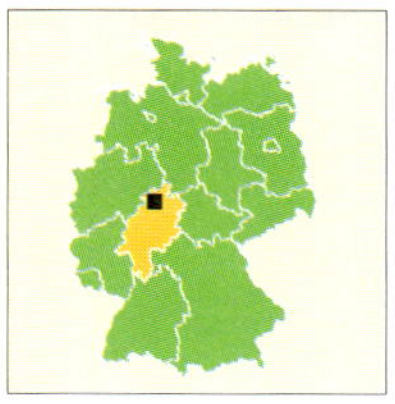

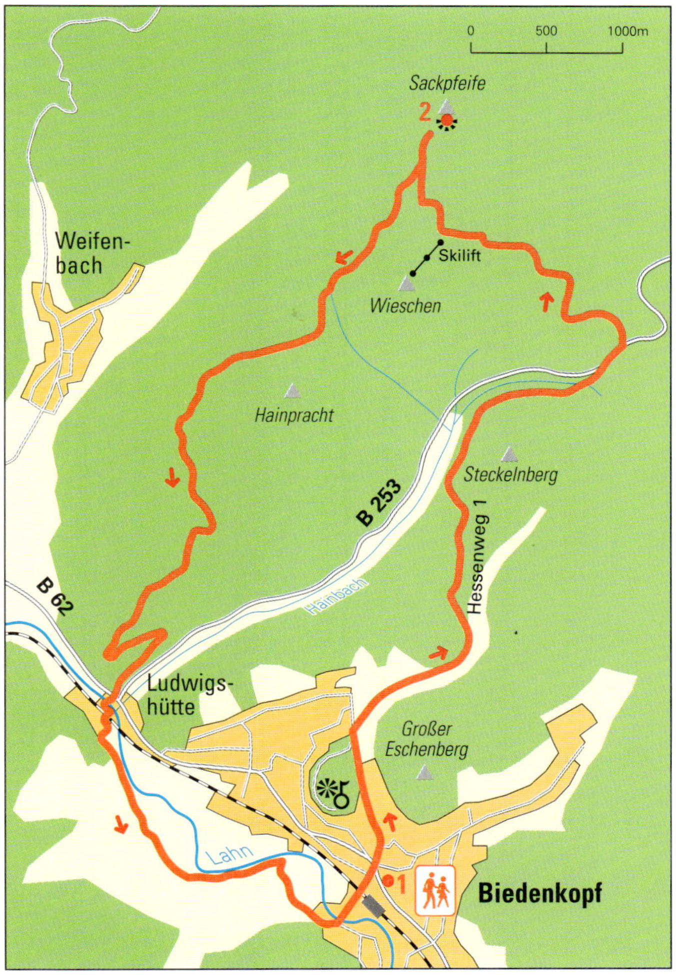

Tourverlauf

Startort ist das Zentrum von Biedenkopf. ①
Durch den Ort und dann zwischen Schloßberg im Westen und Großen Eschenberg im Osten schlängelt sich der mit einem roten Balken markierte Hessenweg nordwärts hindurch. Nach gut 2 Kilometern verläßt dieser Weg den Talboden und gewinnt die Schulter des vom 580 Meter hohen Steckelnbergs herunterziehenden Rückens. Um seine Westseite herum erreicht man die Landesstraße 253 zwischen Ludwigshütte und Eifa. Nach wenigen Schritten auf dieser Straße nach Norden zweigt links der weiterhin mit rotem Balken markierte Wanderweg ab, der sich nun entlang den Osthängen des 652 Meter hohen Wieschen hinzieht. Von der Talstation des Skilifts geht es dann nordwärts hinauf zur 674 Meter hohen Sackpfeife. ②
Zum Abstieg empfiehlt es sich, dem mit einem weißen Kreuz gekennzeichneten und nach Ludwigshütte hinunterführenden Wanderweg zu folgen. Er durchquert die Westhänge des Wieschen und der 631 Meter hohen Hainpracht.
Auch von Ludwigshütte kann man der Markierung weißes Kreuz auf der rechten Seite der Lahn bis zurück nach Biedenkopf folgen.

▷ Biedenkopf unter der Burg

Sehenswürdigkeiten

① Die Stadt Biedenkopf wurde um 1234 unter der um 1180 errichteten Burg angelegt und wird 1254 bereits Stadt genannt. Im 14. Jahrhundert entstand der Dreiecksmarkt als neues Stadtzentrum, dem die Eisenverarbeitung und die Tuchmacherei zu Blüte und Reichtum verhalfen. Die evangelische Pfarrkirche ist eine Hallenkirche aus der Mitte des 13. Jahrhunderts, doch wurde vieles bei einem Neubau 1891 ersetzt. Original erhalten blieb im Norden des Chors die Notgotteskapelle von 1415. Von der alten Ausstattung stammt noch der Taufstein von 1682. Die Hospitalkapelle wurde 1418 fertiggestellt und zeigt im Chor üppigen Bauschmuck an den Kapitellen. Die restaurierte ornamentale Farbfassung stammt aus dem 16. Jahrhundert. Die Biedenkopfer Altstadt entstand in ihrer heutigen Form im wesentlichen nach einem Stadtbrand ab 1717. Bestes Beispiel dafür ist das Alte Rathaus von 1719, das als zweigeschossiger Fachwerkbau über einem Steinsockel errichtet wurde (heute Jugendherberge). Die katholische Pfarrkirche ist ein moderner Bau von 1957, der sich durch eine lichte Raumgestaltung auszeichnet.

△ Feuerlilie

Die Biedenkopfer Burg errichteten die Thüringer Landgrafen um 1180 auf einer freistehenden Kuppe im Norden der Stadt. Nach wechselvoller Geschichte wurde der Bau bis 1847 restauriert und mit Zinnen ausgestattet. Die Burg birgt heute das Hinterlandmuseum mit einer bedeutenden Sammlung zu Regionalgeschichte und zur hessischen Volkskunst. Interessant sind die Trachtensammlung und die frühen Beispiele des Eisengusses.
② Der Aussichtsturm auf der 674 Meter hohen Sackpfeife bietet bei klarem Wetter eine exzellente Sicht auf Westerwald, Taunus, Vogelsberg, Meißner, Kaufunger Wald, Habichtswald, Kellerwald und das Rothaargebirge. Damit sind »auf einen Blick« die wichtigsten Höhenzüge im Hessischen Bergland und Teile des östlichen Rheinischen Schiefergebirges erfaßt.

Tip

Feuerlilien im Hessischen Bergland: Die geschützte und seltene Feuerlilie wächst im Hessischen Bergland noch wild. Eigentlich stammt diese schöne Blume aus den alpinen Gebirgswiesen und den hohen Lagen der Mittelgebirge.

51

Autotour 51: 140 Kilometer

Zum Hohen Vogelsberg

Für die Geologen ist der Vogelsberg die größte zusammenhängende Basaltmasse Mitteleuropas. Produziert wurde sie von umfangreicher Vulkantätigkeit im mittleren Tertiär. Dadurch entstand eine schildartige Aufwölbung einer welligen Hochfläche, aus der die höchsten Kuppen heute bis knapp 800 Meter aufragen. In die grünen Talmulden schmiegen sich freundliche Dörfer mit rot-weißen Fachwerkhäusern, und am Südrand des Vogelsberges wartet ein Jahrtausend Kulturgeschichte auf Entdecker.

Vogelsberg

Tourverlauf

Südlich des Vogelsbergs beginnt diese Tour in der alten Kaiserpfalz Gelnhausen. ①
Über die A 66 fährt man nordostwärts nach Wächtersbach und anschließend auf der B 276 nordwärts nach Gedern. ②
Die höchsten Erhebungen am Hohen Vogelsberg sind der Taufstein und der Hoherodskopf. ③
Nächstes Ziel ist an der Westseite des Vogelsbergs das Fachwerkstädtchen Schotten. ④
Am äußersten Westzipfel des Naturparks Hoher Vogelsberg liegt Laubach. ⑤
Ab Laubach fährt man wieder südwärts nach Nidda. ⑥
Nicht weit von Nidda entfernt ist Ortenberg. ⑦
Letzte Station dieser Tour ist das mittelalterliche Büdingen. ⑧

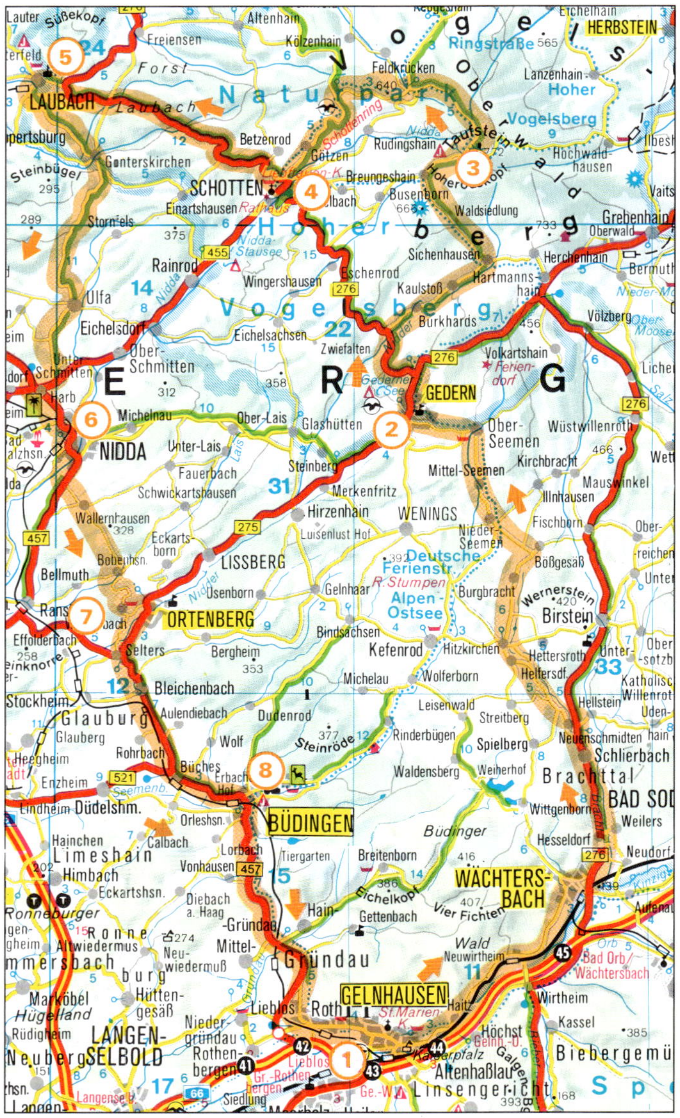

Sehenswürdigkeiten

① Gelnhausen wurde vom Stauferkaiser Friedrich I. als »Geilenhusen« gegründet. Die dazu vom Mainzer Erzbischof gekaufte Burg wurde zur prächtigen Kaiserpfalz ausgebaut, so daß 1180 hier der erste Hoftag stattfinden konnte. Obwohl die Pfalz im 14. Jahrhundert dem Verfall überlassen wurde, sind ihre Reste nach wie vor eindrucksvoll. Vom Hauptbau etwa sind noch die Front- und Rückseiten erhalten. Mit Abstand schönster Bau der Stadt ist die um 1170 begonnene Marienkirche, an der bis zum Ausgang des Mittelalters gebaut wurde. Der Baufortschritt ist über romanische und gotische Stilelemente gut ablesbar. Im Inneren beeindruckt der großartige Lettner zwischen Chor und Querhaus. Seine Plastik zählt zu den Meisterwerken des frühen 13. Jahrhunderts. Die Wandmalereien im Chor stammen noch aus der Bauzeit. Kostbarste Stücke der Ausstattung sind der 1500 fertiggestellte Hochaltar mit bemalten Flügeln. Auch die beiden Seitenaltäre stammen noch aus dieser Zeit. Das Chorgestühl wurde schon Mitte des 14. Jahrhundert gefertigt. Die Peterskirche am Obermarkt ist ein Werk der Spätromanik, doch gab es später zahlreiche Umbauten. Ein besonderes Kunstdenkmal ist die ehemalige Synagoge in der Brentanostraße. Sie entstand bereits 1783 und vermittelt mit dem original erhaltenen Thora-Schrein ein gutes Bild jüdischer Kultur. Am Untermarkt stehen die ältesten Gebäude der Stadt. Das Romanische Haus entstand gegen Ende des 12. Jahrhunderts, das Fachwerkhaus in der Kuhgase Nr. 1 wurde 1351 errichtet. Auch von der Stadtbefestigung läßt sich ein klares Bild gewinnen. Die innere Stadtmauer der Stauferzeit kann noch ebenso verfolgt werden wie die äußere Mauer des 14. Jahrhunderts. Mehrere hohe Tortürme kennzeichnen jeweils den Verlauf.

② Von Gedern aus bietet sich der Abstecher ins wenig westlich gelegene Hirzenhain an. In der spätgotischen Wallfahrts- und Klosterkirche St. Maria steht ein besonders schöner Lettner aus Sandstein aus der Zeit um 1450. Vier lebensgroße Steinfiguren und zehn Medaillons mit Szenen aus dem Leben der Muttergottes sind hier zu bewundern.

③ Hoherodskopf: Siehe Wanderung 51 A, Seite 212.

④ Der Stadtname Schotten erinnert an die iro-schottischen Gründer im 8. Jahrhundert. Die mittelalterliche Stadt war auf kreisförmigem Grundriß entstanden, doch wurde ihre Befestigung schon 1382 ebenso zerstört wie die beiden damaligen Schutzburgen. In der gotischen Liebfrauenkirche ist ein prachtvoll bemalter, gotischer Flügelaltar aus der Zeit um 1400 erhalten. Er ist eines der Hauptwerke der hessischen Malerei der Gotik. Das zweigeschossige Fachwerk-

▽ Schloß Büdingen

▽ Bürgerhäuser in Gelnhausen

rathaus entstand zwischen 1512 und 1530.
⑤ Das am Westhang des Vogelsbergs gelegene Laubach erlebte seine Blütezeit als Residenz der Grafen von Solms-Laubach ab dem 16. bis ins 19. Jahrhundert hinein. Ihr Schloß entstand mit zahlreichen Erweiterungsbauten um eine mittelalterliche Kernburg. Die turmreiche Anlage mit sehenswerter Barockausstattung und zahlreichen Gemälden, darunter mehr als 50 von Mitgliedern der Familie Tischbein, lohnt eine Besichtigung. Neben dem Schloß steht die gotische und später barockisierte Pfarrkirche. Ihr kostbarstes Ausstattungsstück ist die 1751 fertiggestellte Orgel auf der Westempore.
⑥ Nidda: Siehe Wanderung 51 B, Seite 213.
⑦ Das Fachwerkstädtchen Ortenberg wird von der aus dem 14. Jahrhundert stammenden, gotischen Marienkirche und dem im 15. Jahrhundert begonnenen Stollbergischen Schloß überragt. Die Kirche wurde um 1385 begonnen und glänzt heute wieder in ihrer alten Farbigkeit. Ihr Altar ist ein Hauptwerk mittelrheinischer Malerei aus dem frühen 15. Jahrhundert In der Kirche steht allerdings nur eine Kopie, das Original befindet sich im Landesmuseum in Darmstadt.

△ *Ruine der Kaiserpfalz Gelnhausen, in der 1180 unter Kaiser Barbarossa der erste deutsche Reichstag stattfand*

Die Berglandschaft des Vogelsbergs

Zwischen den beiden höchsten hessischen Gebirgen, der Rhön und dem Taunus, liegt der Vogelsberg, eine fast kreisförmige Berglandschaft, die nur wenig niedriger ist als ihre beiden Nachbarn. Schon die runde Form deutet auf den vulkanischen Ursprung des Gebirges hin. Mit seiner Fläche von 2500 Quadratkilometern übertrifft der Vogelsberg das Ätna-Massiv bei weitem; aber weil er schon vor sieben Millionen Jahren erloschen ist, sind seine Basaltkegel schon ziemlich abgeflacht. Aus der kegelförmigen Gestalt des Gebirges ergibt sich, daß das Wasser von den Höhen des Vogelbergs in alle Richtungen abfließt – nach Süden in Nidda und Kinzig, nach Nordwesten in die Lahn und nach Nordosten in die Fulda. Ein seltenes Phänomen weist die Quelle der Nidda auf: Ihr Wasser fließt zum Teil über die Lauter auch in die Fulda. Das Zentrum des Vogelsbergs ist das große Plateau des Oberwalds mit weiten, einsamen Hochmooren und einem Gipfelpaar als höchster Erhebung: Taufstein und Hoherodskopf. Der urtümlichen und wilden Landschaft entspricht auch ein eher rauhes Klima mit kalten, schneereichen Wintern, wobei die Niederschläge sogar noch reichlicher sind als in der Rhön, obwohl diese eine größere Höhe erreicht als der Vogelsberg.

◁ *Wächtersbach*

Das Schloß geht auf eine im 12. Jahrhundert errichtete Burg zurück, die im 15. und 16. Jahrhundert zum heutigen Bestand ausgebaut wurde. Die mittelalterliche Stadtbefestigung ist in weiten Teilen erhalten und zeigt noch schön die wehrhafte Absicht. Die Oberpforte, ein hoher Schalenturm mit Wehrgang, wurde in der zweiten Hälfte des 13. Jahrhundert errichtet.
⑧ Das noch ganz mittelalterlich wirkende Büdingen entstand im Schutz einer staufischen Wasserburg. Im heutigen runden Schloßbau sind mit dem Bergfried, dem Palas und der romanischen Kapelle noch Teile der alten Stauferburg erhalten. Im Kern noch ganz romanisch ist die Remigiuskirche auf dem Friedhof. Die spätgotische Marienkirche zeigt in ihrem Netzgewölbe im Chor 36 Wappenschilder. Die alte Stadtbefestigung ist samt Geschützbastionen gut erhalten. Das 1503 errichtete Untertor zeigt hervorragend den Stand der damaligen Verteidigungstechnik. Die Büdinger Altstadt ist reich an alten Fachwerkhäusern, die ältesten stammen aus der ersten Hälfte des 15. Jahrhunderts. Auch aus Renaissance und Barock finden sich hervorragende Beispiele. Zusammen mit dem Schloß bietet die Altstadt ein geschlossenes Bild und vermittelt einen guten Eindruck einer kleinen Residenzstadt.

Tip

Nachtweid von Dauernheim, südwestlich von Nidda: Die Feuchtwiesen der Nidda zwischen Florstadt-Staden und Ranstadt-Dauernheim sind 1975 unter dem Namen Nachtweid als eine der ersten Auenlandschaften unter Naturschutz gestellt worden. Die Auen dürfen weiterhin landwirtschaftlich genutzt werden, allerdings ohne Veränderungen vorzunehmen, wie etwa die Trockenlegung durch Entwässerungsgräben. Die Namen dieser als Weideflächen genutzten Wiesen weisen oft noch auf besondere frühere Nutzungen hin, wie bei der im Südosten des Gebiets gelegenen Sauweide und der Gansweide. Die von den Bächen und vom Grundwasser her feuchten Wiesen der Nachtweid sind durch ihre Pflanzenwelt, in geringerem Maße auch durch Tiere bedeutsam für die Ökologie der Auenlandschaften. Sie sind ein wichtiger Nahrungsraum für Graureiher und Weißstorch, die hier durch die Sümpfe stolzieren und Frösche für ihre Jungen aufsammeln. Nahrung finden diese Vögel aber auch in den Wassergräben, in denen Millionen von kleinen Schnecken und Muscheln leben.

51A

Wanderung 51 A: 8 Kilometer – 2 Stunden

Hoherodskopf, Niddaquelle und Taufstein

Vogelsberg

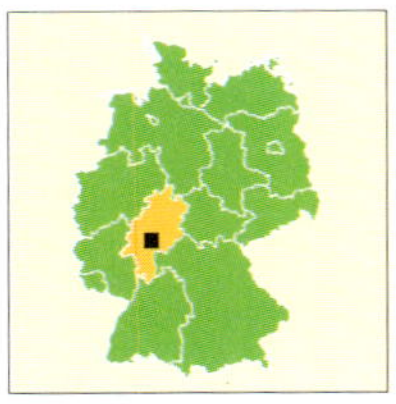

Der Vogelsberg ist ein erloschener Vulkan aus dem Jungtertiär. Bis vor etwa sieben Millionen Jahren schleuderten zahlreiche Einzelvulkane gewaltige Lavamengen an die Oberfläche und schufen so das größte zusammenhängende Vulkangebiet des europäischen Festlands.

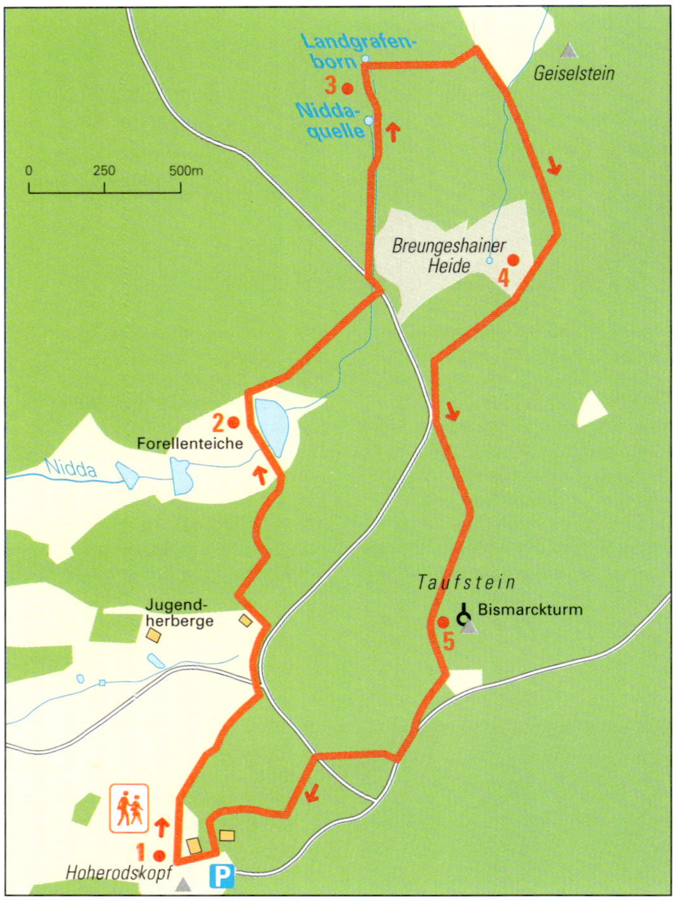

Tourverlauf

Als Ausgangspunkt zu dieser Wanderung eignet sich gut ist der Parkplatz auf dem Hoherodskopf. ①
Unterhalb des Berggasthofs folgt man der Markierung grünes H (für Höhenrundweg) nach Norden. Am Waldrand entlang bietet sich eine schöne Aussicht über die Wetterau und hinüber zum Taunus. Oberhalb der Jugendherberge wandert man in den Wald hinein und erreicht bald darauf die Forellenteiche. ②
Nordöstlich der Forellenteiche überquert man die Ringstraße Hoher Vogelsberg und erreicht kurz darauf die Niddaquelle und den Landgrafenborn. ③
Westlich des Weges erstrecken sich dann das Breungeshainer Hochmoor und die Breungeshainer Heide. ④
Danach wandert man weiter südwärts zum Taufstein. ⑤
Die Markierung grünes H führt schließlich vom Taufstein zurück zum Parkplatz.

△ *Vogelsberg von Süden*

Sehenswürdigkeiten

① Der 763 Meter hohe Hoherodskopf ist der zweithöchste Gipfel des Vogelsbergs. Neben dem Parkplatz unterm Sendeturm gibt es ein Naturschutzinformationszentrum, in dem der Besucher einen Überblick über den Aufbau des Vogelsbergs und über die Pflanzen- und Tierwelt der Region erhält.
② Die drei Forellenteiche am Oberlauf der Nidda waren schon 1616 aufgestaut und ursprünglich als Floßteiche genutzt worden. Heute werden die Teiche von der Forstverwaltung gepflegt und zur Fischzucht genutzt.
③ Die Niddaquelle ist in einfache Basaltsteine gefaßt. Das Flüßchen mündet nach 105 Kilometern bei Höchst in den Main. Etwa 200 Meter weiter nördlich liegt der Landgrafenborn praktisch auf der Wasserscheide zwischen Weser und Rhein. Natürlicherweise fließt sein Quellwasser nach Osten, doch wurde auch schon versucht, es nach Westen in die Nidda zu leiten. Ihren Namen erhielt die Quelle nach dem Landgrafen Ludwig VIII., der im 18. Jahrhundert in ihrer Umgebung ein Jagdhaus besaß.
④ Das Breungeshainer Hochmoor ist eines der wenigen Hochmoore Hessens. Es besitzt weder einen Zu- noch einen Abfluß, wird also nur durch die Niederschläge gespeist. Im 18. und 19. Jahrhundert wurde das Moor entwässert, Torf abgebaut und Bäume gepflanzt. Weite Teile des Moors wurden so zur Heide. Die restlichen Bereiche stehen heute unter Naturschutz und sollen durch Renaturierung wieder mehr Moorcharakter gewinnen.
⑤ Der 774 Meter hohe Taufstein ist die höchste Erhebung des Vogelsbergs. Auf seinem Gipfel bietet der Bismarckturm einen weiten Rundblick über die Mittelgebirgslandschaft um den Vogelsberg. Seinen Namen hat der Taufstein von der wenige Meter neben dem Bismarckturm entspringenden Bonifatiusquelle. Glaubt man der Sage, dann hat der heilige Bonifatius hier die ersten Christen des Vogelsberges getauft.

◁ *Flache Kuppen des Vogelsbergs*

Tip

Blockfelder am Taufstein: Die Vulkanberge des Vogelsbergs sind kaum mehr als solche zu erkennen, da die Gipfel seit dem Quartär durch Erosion immer weiter abgeflacht wurden. Durch die Eiszeiten sind die Felsen zu Blockfeldern zerbrochen, von denen sich das größte am Taufstein befindet. Vor allem am Nordhang der Bergkuppe liegen besonders große Halden aus Basaltgestein und bilden eines der wenigen in diesem Gebirge erhaltenen sog. Blockmeere. Zwischen den Blöcken wächst ein von Buchen dominierter Wald, der forstwirtschaftlich kaum genutzt werden kann, so daß er sich in einer urwaldartigen Form erhalten hat.

Hohensteiner Klippen und Heißbacher Grund

Säulenbasalt, Klippen im Hohensteiner Tälchen, Schlackenagglomerate in einem ganz besonderen Steinbruch und der Feuchtbiotop im Oberen Heißbachtal sind Ziele dieser Wanderung, bei der die Schönheiten des südlichen Vogelsbergs besonders eindrucksvoll erlebt werden können.

Vogelsberg

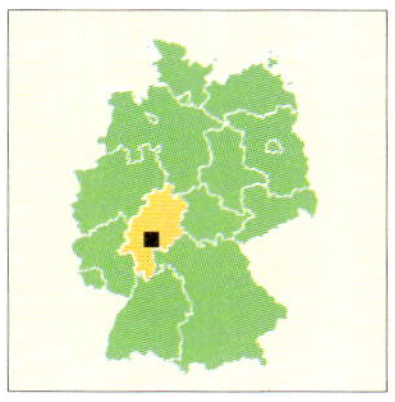

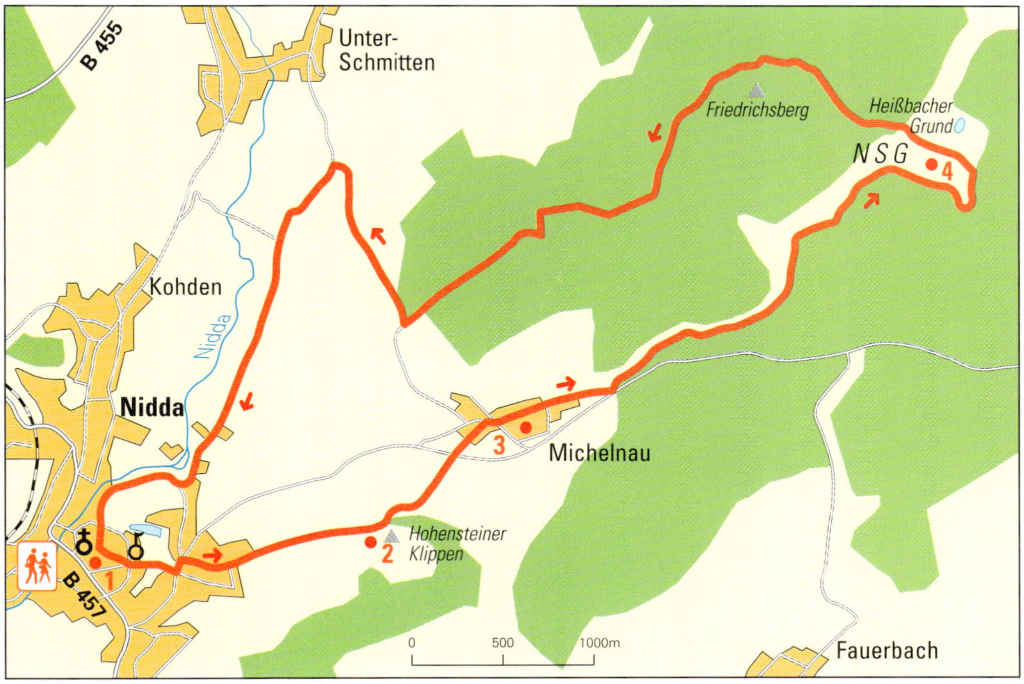

△ *Kirchenportal der Stadtkirche von Ortenberg, südlich von Nidda*

Tourverlauf

Die Wanderung beginnt beim Bürgerhaus in Nidda. ①
Ostwärts wandert man an Freibad und Paddelteich vorbei und durch die Elbestraße zur Siedlung Hohenstein und zu den gleichnamigen Klippen. ②
Geradeaus geht es weiter nach Michelnau und zum dortigen Steinbruch. ③
Am Ostrand von Michelnau trägt der Weg die Markierung roter Streifen, der man nordostwärts bis zum Naturschutzgebiet Heißbacher Grund folgt. ④
Im Heißbacher Grund beginnt die Markierung grünes Dreieck, mit deren Hilfe man um den 311 Meter hohen Friedrichsberg herumwandert und den Rückweg nach Nidda mühelos findet.

Sehenswürdigkeiten

① Die Stadtkirche von Nidda wurde 1618 als dreischiffige Hallenkirche errichtet und mit reichem Stuckrahmenwerk ausgestattet. Das große Altarkreuz und der Taufstein stammen aus der Bauzeit, die Orgel kam im Rokoko dazu. Im westlich gelegenen Bad Salzhausen wurde die Saline schon im 16. Jahrhundert genutzt. An sie erinnert noch die wasserradbetriebene Solepumpe. Der in den dreißiger Jahren des 19. Jahrhunderts angelegte Kurpark ist heute eine besondere botanische Sehenswürdigkeit, die immer einen Spaziergang wert ist. Südlich von Nidda wurden 1975 die Feuchtwiesen der Nidda bei Dauernheim unter dem Namen Nachtweid unter Naturschutz gestellt.
② Die Hohensteiner Klippen entstanden, als der Hohensteiner Bach einen Basaltgang durchnagte. Schon 1877 wurde hier ein »Freundschaftstempel« der Freunde der Klippen errichtet. Vor dem Hintergrund der interessanten Formationen aus Säulenbasalt werden auch heute noch Feste gefeiert.
③ Der Niddaer Ortsteil Michelnau wurde 1187 erstmals als »Michelenova« erwähnt. Sein Schicksal war stets eng mit dem von Nidda verbunden: Immer wenn Gefahr drohte, dienten die Niddaer Stadtmauern den Michelnauern als letzte Zuflucht. Der dortige, heute stillgelegte Steinbruch präsentiert eine geologische Besonderheit. Zu sehen ist ein etwa 10 Meter mächtiger Aufschluß eines Schlackenagglomerats. Es besteht aus roten Schlacken, die einst über der noch heißen Lava zusammengebacken wurden. Das Gestein wurde zum Abbau in Würfeln aus den Wänden gesägt. Die alten Schnittstellen sind noch gut sichtbar. Genutzt wurde das Gestein für Grabdenkmäler sowie Haus- und Brückenverkleidungen.
④ Der Heißbacher Grund umfaßt etwa 50 Hektar, die 1984 unter Naturschutz gestellt wurden, um dem interessanten Feuchtbiotop eine ungestörte Entwicklung zu ermöglichen. Ein naturnaher Bachlauf durchzieht hier ein liebliches Waldwiesental mit bedeutsamem Tier- und Pflanzenbestand.

▷ *Marktbrunnen in Nidda*

Tip

Finkenloch bei Wallernhausen, südlich von Nidda: Das Finkenloch ist eine Quelle in einer großen Lichtung, an der sich schon früher Singvögel, die eine Tränke suchen, getummelt haben. Das Naturschutzgebiet Finkenloch beginnt am Rande dieser Lichtung; sein Wald besteht hauptsächlich aus Buchen mit einzelnen Eichen und einer artenreichen, teppichartigen Strauchschicht. Im Kerngebiet befindet sich eine der letzten Brutkolonien des Graureihers in Hessen. Die Reiher haben sich für ihre Horste einen kleinen »Wald im Wald« ausgesucht, in dem die Buchen von eingeführten japanischen Lärchen überragt werden. Das hat für sie den Vorteil, daß die Nester von unten nicht zu sehen sind.

52

Autotour 52: 140 Kilometer

Von Fulda in die Hochrhön

Die Rhön verdankt ihr Landschaftsbild dem Vulkanismus, der im Bereich der Hochrhön Buntsandstein und Muschelkalk mit mächtigen Lavaschichten überdeckt hatte. In den unteren Teilen prägen dagegen diese älteren Schichten das Bild, hier ragen nur vereinzelte, alte Basaltschlote als Bergkuppen über die sanftwellige Oberfläche empor. Der ganzen Rhön gemeinsam aber ist, daß keine düsteren Wälder die Sicht versperren, und der Blick immer wieder in die Weite schweifen kann.

Rhön

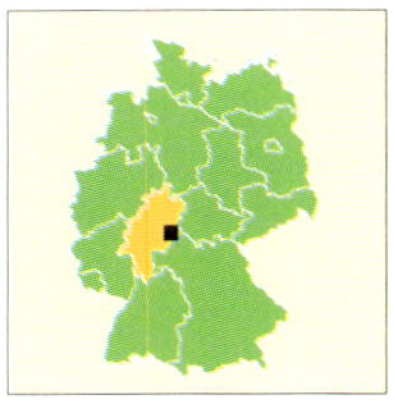

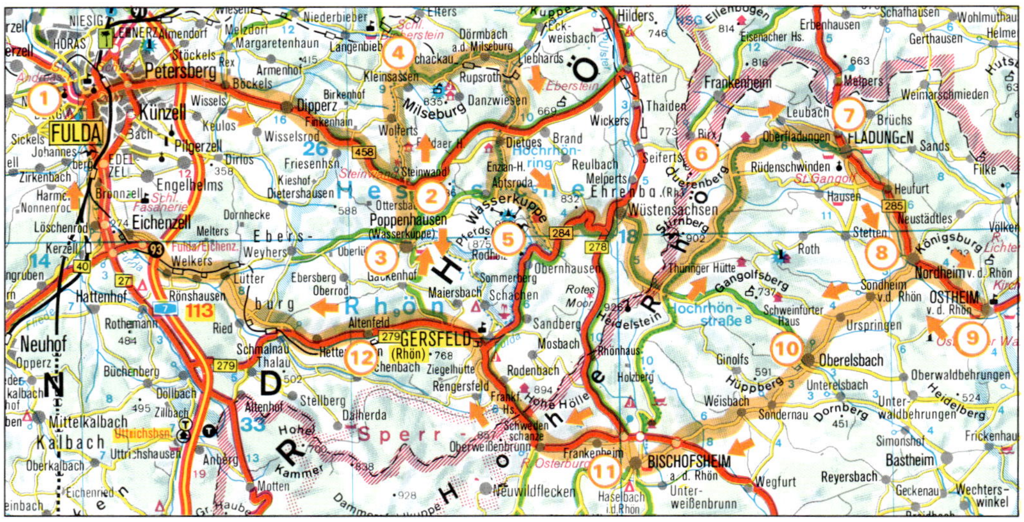

Tourverlauf

Startort ist die alte Bischofsstadt Fulda. ①

Sie verläßt man über die B 458 nach Osten. Erstes Ziel ist das kleine Steinwand. ②

Der Abstecher nach Poppenhausen erfolgt, weil der Ort der Segelfliegerei verbunden ist. ③

Von Steinwand geht es nordwärts, um über Kleinsassen auf einsamen Landstraßen die Milseburg zu umrunden. ④

Bei Dietges überquert man die B 458 nach Süden zur Fahrt auf die Wasserkuppe. ⑤

Den Berg verläßt man südwärts, bis man auf die B 284 trifft, der man nach Nordosten und später nach Osten folgt. An der Kreuzung mit der B 278 fährt man kurz nach Norden bis Wüstensachsen. Dort zweigt man nach Osten ab, um auf die bayerische Hochrhönstraße zu kommen. Ihr folgt man nach Norden zum Schwarzen Moor am Querenberg. ⑥

Auf der Hochrhönstraße geht es anschließend nach Fladungen. ⑦

Ab Fladungen fährt man ein kurzes Stück über die B 285 bis Nordheim. ⑧

Ein Abstecher führt ins benachbarte Ostheim. ⑨

Ab Nordheim verläßt man die B 285 nach Südwesten und fährt nach Oberelsbach. ⑩

Bischofsheim an der Rhön ist die nächste Station. ⑪

Hier trifft man auf die B 279, über die man in westlicher Richtung nach Gersfeld kommt. ⑫

Auch hinter Gersfeld bleibt man der B 279 treu bis Schmalnau, wo man Richtung Autobahnausfahrt Fulda Süd nach rechts abzweigt. Unter der Autobahn hindurch kommt man zurück nach Fulda.

Sehenswürdigkeiten

① Fulda wurde als Benediktinerkloster im Jahre 744 im Auftrag des heiligen Bonifatius durch den Mönch Sturmius gegründet. Als Bonifatius zehn Jahre später nach seinem Märtyrertod in Fulda begraben wurde, entwickelte sich rasch eine umfangreiche Wallfahrt, so daß das Kloster zu einer Stätte reichen kulturellen Lebens aufblühen konnte. Im Mittelalter stiegen seine Äbte zu Reichsfürsten auf. Eine zweite Blütezeit erlebte die Stadt im Barock mit dem Neubau des Doms und dem Ausbau umfangreicher Residenzgebäude. Über die 1250 Jahre Kloster- und Stadtgeschichte informiert das Dommuseum. Der Dom selbst entstand in seiner heutigen Form von 1704 bis 1712, Baumeister war Johann Dientzenhofer, der dem Bau mit einer Vielzahl von Laternen auf Türmen, Kuppeln und Kapellen sein unverwechselbares Gesicht gab. Neben dem Dom steht die Michaelskirche, die auf das Jahr 822 zurückgeht und zu den ältesten Kirchen Deutschlands zählt. Auch die Residenz erhielt ihr heutiges Aussehen Anfang des 18. Jahrhunderts. Einige ihrer historischen Räume können besichtigt werden. Zum barocken Schloßensemble gehören auch die 1720 fertiggestetllte Orangerie, die Hauptwache von 1760 und das Paulustor von 1711. Nördlich des Schlosses schließt sich das Alte Rathaus an, das auf das 13. Jahrhundert zurückgeht und im 16. Jahrhundert ausgebaut wurde.

② Die Steinwand in der Nähe der gleichnamigen Ortschaft ist eine bis zu 28 Meter hohe, nahezu senkrechte Felsklippe aus Phonolith.

③ Das verträumt wirkende Poppenhausen hat weltweit einen guten Klang bei allen Segelfliegern, denn hier werden

◁ *Kirche bei Fladungen*

△ *Bischofsheim*

Die Wasserkuppe und die Segelflieger

Der höchste Berg der Rhön, die Wasserkuppe, macht seinem Namen alle Ehre. An seinen Hängen entspringen nahezu 30 kleinere und größere Bäche, darunter auch die Fulda. Weltberühmt aber wurde die Wasserkuppe nicht durch ihre vielen Quellen, sondern durch die Segelflieger. Sie waren vom breiten, waldfreien Gipfelplateau der Kuppe mit ihren nach allen Seiten dem Wind ausgesetzten Hängen früh angezogen worden. Bereits 1912 gelang auf der Wasserkuppe ein Gleitflug von exakt 838 Metern Weite. Nach dem Ersten Weltkrieg wurde auf der Kuppe der Segelflug wissenschaftlich erforscht, sie selbst wurde zum Zentrum des Segelflugs in Deutschland und zu einem Begriff in der ganzen Welt. Zahlreiche Rekorde wurden von hier aus erflogen, wesentliche Erkenntnisse für die Physik der Atmosphäre haben die Segelflieger von hier aus erforscht. An die wechselvolle Geschichte des Segelflugs auf der Kuppe erinnern das Fliegerdenkmal und das Segelflugmuseum.

◁ *Über dem kahlen Gipfel*

viele der eleganten Gleiter gebaut.
④ Milseburg: Siehe Wanderung 52 A, Seite 216.
⑤ Wasserkuppe: Siehe Wanderung 52 B, Seite 217.
⑥ Das Schwarze Moor an der Wasserscheide zwischen Weser und Rhein ist mit 66 Hektar das größte Hochmoor der Rhön mit zahlreichen nordischen Pflanzenarten. Zur Erkundung des Moores gibt es einen rund 2 Kilometer langen Moorlehrpfad, der als Bohlensteg in das einmalige Naturschutzgebiet hineinführt.
⑦ Das Rhönstädtchen Fladungen geht auf eine bereits 789 dokumentierte Siedlung zurück. Es besitzt eine weitgehend erhaltene Stadtbefestigung aus dem 14. Jahrhundert, seine 1658 fertiggestellte Pfarrkirche besticht mit ihrer Rokokoausstattung. Im ehemaligen Amtshaus von 1628 ist das Rhönmuseum mit Exponaten zur Kunst- und Kulturaus der Rhön untergebracht. Das Fränkische Freilandmuseum zeigt originalgetreu wiederaufgebaute Häuser und Hofanlagen in regionaler Gliederung und läßt altes Handwerk wieder lebendig werden.

◁ *Dom zu Fulda*

▽ *Der sogenannte Basaltsee im Schutzgebiet Lange Rhön*

⑧ In Nordheim sind das Zehnthaus von 1620, die Fachwerkbauten des Gelben und des Weißen Schlosses aus dem 16. und 17. Jahrhundert sowie die Johannisbrücke aus dem 17. Jahrhundert interessant.
⑨ Ostheim geht auf das frühe 9. Jahrhundert zurück und konnte sein mittelalterliches Stadtbild weitgehend erhalten. Das Fachwerkrathaus an der breiten Marktstraße stammt aus dem 16. Jahrhundert, verschiedene Adelshöfe aus dem 15. bis 18. Jahrhundert. Besondere Beachtung verdient die Kirchenfestung mit ihren Türmen und dem Wehrgang aus dem späten 15. Jahrhundert, die Pfarrkirche selbst stammt aus dem 16. und 17. Jahrhundert und besitzt eine reiche Ausstattung.
⑩ In Oberelsbach gibt es nicht nur eine um 1780 fertiggestellte barocke Pfarrkirche mit reichen Stuckverzierungen, sondern jeweils Mitte Mai den traditionellen Heiratsmarkt mit der Versteigerung der Jungfrauen.
⑪ Bischofsheim war einst Verwaltungssitz des Hochstifts Würzburg, heute ist sein Mittelpunkt die um 1610 fertiggestellte Pfarrkirche mit dem romanischen Zehntturm daneben. Er diente einst als Westturm des Vorgängerbaus der Kirche. Das würzburgische Amtshaus daneben stammt ebenso aus dem 16. Jahrhundert wie die beiden Stadtbrunnen.
⑫ Das 944 belegte Gersfeld versteht sich gern als die »heimliche Hauptstadt der Rhön«. Es besitzt drei Schlösser: das Obere Schloß von 1605, das Mittlere Schloß aus dem 17. und 18. Jahrhundert sowie das barocke Untere Schloß von 1740. Auch die um 1785 fertiggestellte evangelische Kirche hat eine reiche Barockausstattung. Wenig südlich von Gersfeld verdient der Hochwildschutzpark Ehrengrund einen Besuch.

Tip

Eichenzell südlich von Fulda: In bewaldeter Umgebung befindet sich hier eines der schönsten Barockschlösser Hessens, das Schloß Fasanerie mit der größten Porzellansammlung europäischer Manufakturen.

52 A

Wanderung 52 A: 11 Kilometer – 3 Stunden

Zur keltischen Milseburg

Nicht umsonst wird die schon von den Kelten bewohnte Milseburg »Perle der Rhön« genannt. Als schroffes Felsgebirge ragt sie aus der umgebenden, freundlichen Mittelgebirgslandschaft heraus. Der Phantasie der Anwohner bot sie zu allen Zeiten Stoff für sagenhafte Geschichten.

Rhön

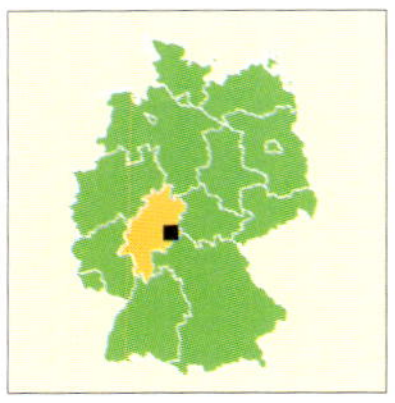

Tourverlauf

Die Tour beginnt in dem Dörfchen Kleinsassen am Hochrhönring. ①
Von hier aus folgt man dem mit schwarzem FH markierten Fuldaer-Haus-Weg südwärts, passiert an der Ostseite das Naturschutzgebiet Stellberg und erreicht nach 45 Minuten das 670 Meter hoch gelegene Fuldaer Haus an der Maulkuppe.

△ *Bildstock in der Rhön*

Ab dem Fuldaer Haus folgt man dem blauen FH über Eselsbrunn nach Hintereselsbrunn und zum Teufelsstein. ②
Auch im weiteren Verlauf kann man dem blauen FH treu bleiben. Es geht durch weite Waldhänge nordwärts zum Bubenbader Stein. ③
Kurz vor den Häusern von Danzwiesen trifft man auf den prähistorischen Wanderpfad, dem man nach links (Westen) zum Gipfel der 835 Meter hohen Milseburg folgt. ④
Beim Abstieg von der Milseburg richtet man sich nach der Markierung schwarzes Dreieck bergab zum Ausgangspunkt in Kleinsassen.

Sehenswürdigkeiten

① Kleinsassen ist als Malerdorf bekannt. Hier gibt es regelmäßig Ausstellungen und Malkurse. Im August finden die »Kleinsassener Kunsttage« statt. Aber auch sonst kann sich das uralte Dorf, das bis auf karolingische Zeit zurückgeht, sehen lassen. In der Pfarrkirche, die mit einem mit doppelter Haube verzierten Chorturm versehen ist und die aus dem frühen 17. Jahrhundert stammt, gibt es einen Taufstein von 1628, Bilder von Andreas Herrlein sowie Kopien von Gemälden von Tiepolo und Rubens.
② Der 729 Meter hohe Teufelsstein ist aus gewaltigen Phonolithblöcken aufgehäuft.
③ Der Bubenbader Stein ist ebenfalls eine Ansammlung ansehnlicher Phonolithblöcke.
④ Die Milseburg ist ein gewaltiger, kantiger Felsklotz über dem Biebertal und sicher der interessanteste Berg der Rhön. Auf dem Weg über den 835 Meter hohen Gipfel gibt es auf Schritt und Tritt Sehenswertes zu entdecken. Die Spannweite reicht von bizarren

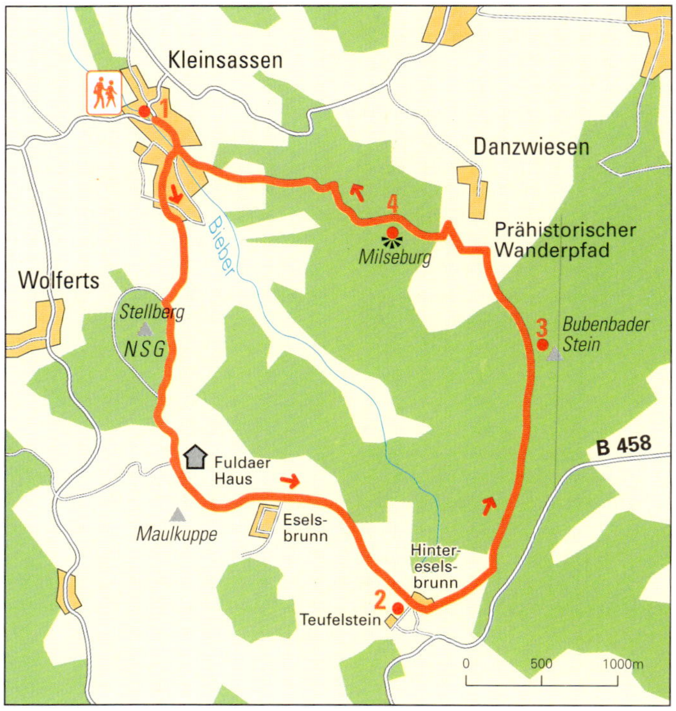

Felsklippen über ausgedehnte Blockmeere, urige Bergbuchenwälder mit vielen seltenen Kräutern bis zu einer einzigartigen Moos-, Farn- und Flechtenflora. Vom höchsten Punkt in der Nähe der St. Gangolfskapelle, der Kreuzigungsgruppe und der Schutzhütte des Rhönclubs bietet sich ein faszinierender Blick auf die gesamte hessische Rhön. In vor- und frühgeschichtlicher Zeit war dieser herausragende Gipfel gleich dreifach befestigt. Die höchste Erhebung war akropolisartig mit spitzovalem Wall umzogen. Weil das terrassenartige Plateau bereits einen natürlichen Schutz gegen Angreifer bot, brauchte man nur ergänzende Wälle zu errichten. So entstand etwa 150 Meter vom inneren Wall entfernt auf der Ostseite ein 12 Meter breiter Basaltsteinwall. In den Ringwall zur Milseburg führten drei Zugänge, die Wasserversorgung war durch zwei noch heute fließende Quellen gesichert. Nach den Grabungsfunden war die Milseburg in der Späthallstatt- und in der frühen La-Tène-Zeit als Oppidum und Stammeszentrum genutzt. Wie die Milseburg im einzelnen ausgesehen hat, ist an dem im Fladunger Rhönmuseum ausgestellten Modell ablesbar.

Tip

Prähistorischer Wanderpfad an der Milseburg: Er informiert über die keltische La-Tène-Zeit (500 v. Chr. bis 100 n. Chr.). Außerdem sehenswert: der sehr ursprüngliche Wald am Westhang des Berges.

◁ *Die Milseburg*

Wanderung 52 B: 14 Kilometer – 3 1/2 Stunden

52B

Fuldaquelle und Wasserkuppe

Die Wasserkuppe ist der höchste Berg in der Rhön und zugleich ihr Zentrum. Im Sommer ist sie der »heilige« Berg der Segelflieger, im Winter Tummelplatz der Skifahrer. Die vorgeschlagene Wanderung folgt der jungen Fulda bis zur Quelle und führt schließlich auf die Kuppe.

Rhön

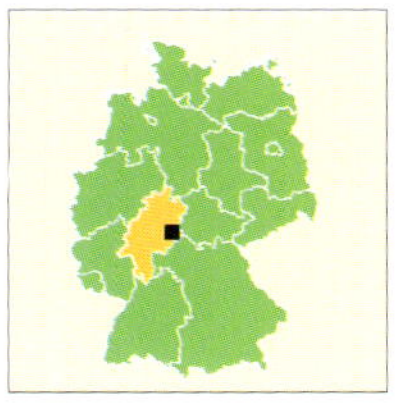

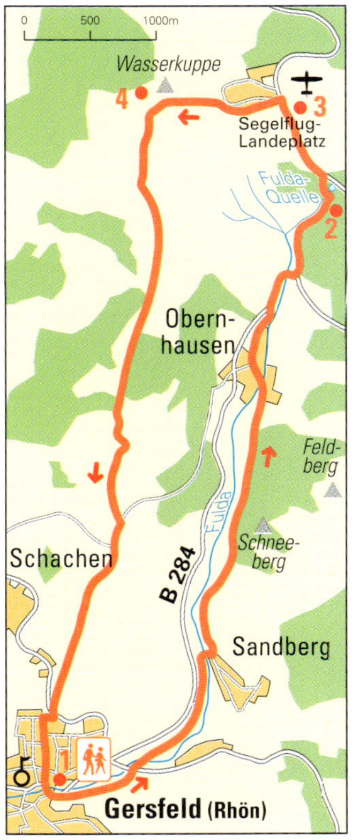

Tourverlauf

Ausgangspunkt zu dieser Wanderung ist Gersfeld, die heimliche Hauptstadt der Rhön. ①
Die Markierung für diesen Weg ist ein offenes, blaues Dreieck; sie beginnt in der Gersfelder Wasserkuppenstraße. Der Pfad folgt zunächst dem linken Ufer der Fulda. Nach dem großen Parkplatz und der Straße nach Mosbach geht es für einige Zeit auf das rechte Ufer der Fulda, danach, unterhalb von Sandberg, wieder auf das linke.
Entlang der Westhänge von Schneeberg und Feldberg wird Obernhausen erreicht. An seinem Nordrand überquert man die B 284 und steigt anschließend über die Wiesen der Wasserkuppe zur Fuldaquelle hinauf. ②
Ab der Quelle nutzt man den langgestreckten Parkplatz neben der Straße und kann so den knappen Kilometer Landstraße bis hinauf zum Flugplatz der Segelflieger gut überbrücken. ③
Am Landeplatz verläßt man den Hochrhönring nach links und steigt an den großen Hallen vorbei zu der mit ihren »Radarpilzen« von weitem sichtbaren Wasserkuppe auf. ④
Von der Kuppe steigt man direkt nach Süden, dem blauen Kreuz folgend, über meist freie Wiesenhänge mit entsprechend guter Aussicht wieder nach Gersfeld ab.

△ *In der weitläufigen Schloßanlage von Gersfeld*

◁ *Fliegerdenkmal Wasserkuppe*

Sehenswürdigkeiten

① Gersfeld gab es nachweislich bereits im Jahre 944. Das Stadtrecht bekam die Gemeinde 1359 von Kaiser Karl IV. Unter den Herren von Ebersberg gab es im oberen Tal der Fulda eine reichsunmittelbare Herrschaft, deren Beleg bis heute die umfangreiche Schloßanlage ist. Ihr Park wurde ab 1740 um die insgesamt drei Schlösser der Ebersberger angelegt. Oberes und Mittleres Schloß entstanden 1607, das Untere Schloß schließlich ab 1740. Das Untere Schloß birgt den Großen Festsaal mit üppigen Stukkaturen von 1765. Der Saal und einige weitere Räume sind im Stil des 18. Jahrhunderts ausgestattet. Im Schloß ist heute das Heimatmuseum untergebracht. Die evangelische Stadtpfarrkirche wurde 1785 anstelle einer spätromanischen Vorgängerin errichtet. Die barocke Ausstattung im Inneren erreicht ihren Höhepunkt im sechssäuligen Aufbau der Kanzelwand. Über Altar und Kanzel stuft sich noch ein üppiger Orgelprospekt empor. Ausgeschmückt ist das Ganze im Stil des Spätrokoko.
② Die Fuldaquelle liegt 855 Meter hoch, also nur 95 Meter unterhalb der Wasserkuppe. An der Quellfassung ist ihr vorgezeichneter Lebenslauf beschrieben: »Sie wächst, zur Werra hingezogen, zum deutschen Strom und senkt die Wogen als Weserschiff belebt ins Meer.«
③ Am Flugplatz der Segelflieger gibt es für den Besucher zwei Möglichkeiten: Zum einen kann er hier gegen einen bescheidenen Obolus in einem der schlanken Gleiter mitfliegen und sich die Wasserkuppe aus der Adlerperspektive ansehen. Zum anderen ist in einem der großen Hangars das Deutsche Segelflugmuseum eingerichtet. Hier kann man an eindrucksvollen Exponaten die rasante Entwicklung des motorlosen Fluges nacherleben.
④ Rund um die 950 Meter hohe, breit und behäbig wirkende Wasserkuppe entspringen nicht weniger als 30 Bäche und Flüsse. An den kahlen, weiten Hängen der Kuppe wurden schon ab 1910 Gleitflugversuche mit Vorläufern der heutigen Segelflugzeuge gemacht. An diese ersten Versuche erinnert das 1923 errichtete Fliegerdenkmal auf einem Vorgipfel im Nordwesten der Kuppe.

Tip

Geologischer Wanderpfad an der Wasserkuppe: Auf einer Höhenlage zwischen 67 und 87 Metern und auf 10 Kilometern Länge kann man sich auf 48 Tafeln über die Erdgeschichte der Rhön informieren.

53

Autotour 53: 140 Kilometer

Im westlichen Thüringer Wald

Thüringer Wald

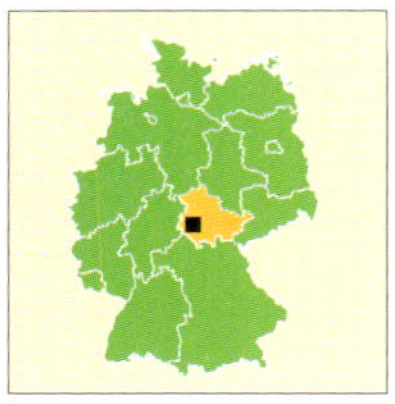

Der Thüringer Wald überragt mit seinen Gesteinen des Erdaltertums das Vorland um gut 500 Meter und zieht sich wie eine natürliche Barriere quer durch Thüringen. Vor allem in seinem Westteil beeindruckt das enge Nebeneinander von vielfältiger Natur und jahrhundertealter Kultur jeden Besucher. Den Westrand markiert die legendäre Wartburg, den Hauptkamm erschließt der berühmte Rennsteig, und an den Südhängen warten freundliche Badeorte auf Besucher.

Tourverlauf

Das keineswegs nur durch die Wartburg bekannte Eisenach steht am Anfang dieser Rundtour. ①
Von der Stadt an der Hörsel nimmt man die B 19 nach Süden und besucht das Jagdschloß Wilhelmsthal. ②
Erster größerer Ort dieser Autotour im Thüringer Wald ist dann Bad Salzungen. ③
Vom Salzbad an der Werra fährt man über die B 62 zurück zur B 19 und nach Breitungen. ④
In Niederschmalkalden wird die Entscheidung fällig, ob man den besonders schönen Fachwerkbauten zuliebe einen 5 Kilometer langen Abstecher nach Wasungen macht. ⑤
Andernfalls fährt man direkt nach Schmalkalden weiter. ⑥
Von Schmalkalden aus wird der Hauptkamm des Thüringer Walds erneut, diesmal nordwärts, durchquert, um Waltershausen zu besuchen. ⑦
Von Waltershausen geht es zurück in den Thüringer Wald, zunächst nach Tabarz. ⑧
Östlich am Großen Inselsberg vorbei und über Brotterode und Trusetal fährt man nach Bad Liebenstein. ⑨
Nächstes Etappenziel ist die kleine Fabrikstadt Ruhla mit ihren Fachwerk- und Schieferplattenhäusern. ⑩

Kurz vor Eisenach kann man schließlich noch den Hörselbergen bei Wutha einen Besuch abstatten. ⑪

◁ Wasserfall im westlichen Thüringer Wald

Sehenswürdigkeiten

① Eisenach entstand im 12. Jahrhundert als Isinacha im Schutz der Wartburg. Sie war politisches und geistiges Zentrum der Landgrafschaft Thüringen. Zentrum der Eisenacher Altstadt ist ihr Markt mit dem 1751 fertiggestellten Stadtschloß an der Nordseite. Es birgt heute das Thüringer Museum mit Thüringer Porzellan und Glas aus mehreren Jahrhunderten. Das Rathaus ist im Kern ein spätgotischer Bau mit unübersehbaren Renaissanceelementen. Die Pfarrkirche St. Georg ist eine Hallenkirche mit reicher Innenausstattung und Grabsteinen Thüringer Landgrafen. Das Lutherhaus ist heute Luthergedenkstätte. In der Predigerkirche gibt es mittelalterliche Skulpturen und in der Kreuzkirche eine Barockausstattung. Das schlichte Bachhaus am Frauenplan ist als Gedenkstätte ganz der Familie Bach gewidmet. Die Nikolaikirche schließlich ist eine romanische Flachdeckenbasilika aus dem 12. Jahrhundert. Südlich davon erinnern Reste der Stadtmauer an die alte Befestigung. Das um 1200 entstandene, spätromanische Nikolaitor ist das älteste Stadttor Thüringens.

② Schloß Wilhelmsthal war schon im frühen 16. Jahrhundert Jagdsitz der Eisenacher Herzöge. Als Eisenach an Weimar kam, ließ Herzog Ernst August von Weimar um 1740 die Schloßanlage umfassend neu gestalten. Der heutige Naturpark entstand bis 1854 unter der Leitung von Fürst Hermann von Pückler-Muskau.

③ Die Salzquellen von Bad Salzungen wurden schon in urgeschichtlicher Zeit genutzt. Über Jahrhunderte hinweg wurde Salz gesiedet, im 16. Jahrhundert sogar im Rahmen einer Berg-

△ *Die berühmte Wartburg auf dem Bergrücken über Eisenach*

genossenschaft. Als 1841 eine 27prozentige Sole erbohrt wurde, war der Weg frei für die Einrichtung des Badebetriebs. Rathaus, Kirche und Gerichtsgebäude sind spätbarock-klassizistisch, weil 1786 nahezu die ganze Stadt abgebrannt war. Interessant ist die Bäderarchitektur mit den in Fachwerk angelegten Gradierhäusern und Wandelgängen.

④ Hoch oben am östlichen Hang des Werratals liegt Schloß Herrenbreitungen, das auf eine Burg aus dem 10. Jahrhundert zurückgeht. Sie nahm 1112 eine Benediktinerabtei auf, während links der Werra in Frauenbreitungen 1150 ein Prämonstratenserinnenstift gegründet wurde. Die Benediktinerabtei wurde 1554 zum Residenzschloß ausgebaut, die ehemalige Klosterkirche der Prämonstratenserinnen von 1615 ist heute die Dorfkirche. Sie besitzt einen Schnitzaltar von 1518. Das Dorfbild ist von zahlreichen schönen Fachwerkhäusern aus dem 17. und 18. Jahrhundert geprägt.

⑤ Wasungen besitzt malerische Fachwerkbauten, darunter das Rathaus, das Amtshaus und viele Bürger- und Adelshäuser aus dem 17. und 18. Jahrhundert. Die Stadtkirche erhielt ihre heutige Form bis 1596 als einschiffiger Renaissancebau mit spätgotischem Turm. Ihr Inneres birgt Schnitzereien aus dem 17. Jahrhundert.

⑥ Schmalkalden war von je her ein Zentrum der Eisenverarbeitung. Politisch weitreichende Bedeutung erhielt die Stadt 1530, als der »Schmalkaldische Bund der protestantischen Reichsstädte« gegründet wurde. Dominierender Bau hoch über der Altstadt ist das stattliche Renaissanceschloß Wilhelmsburg. Seine Schloßkirche ist eine reich gestaltete, protestantische Predigtkirche mit einer Renaissanceorgel von 1589. In den Innenräumen des Schlosses sind Wandmalereien sowie wertvolle Stukkaturen erhalten. In seinen historischen Räumen ist das Regionalmuseum untergebracht. Am Markt steht das spätgotische Rathaus mit dem Sitzungssaal des Schmalkaldischen Bundes. Die spätgotische Stadtkirche St. Georg zählt zu den schönsten Hallenkirchen Thüringens. Der berühmte Hessenhof geht auf die Romanik zurück, in einem Kellerraum sind auf einem Tonnengewölbe die frühesten Zeugnisse mittelalterlicher Profanmalerei mit Szenen aus dem Arthusroman erhalten.

⑦ Waltershausen ist eine alte thüringische Puppenstadt. In dem im 17. und 18. Jahrhundert ausgebauten Schloß Tenneberg gibt es eine Festsaaldecke mit einer großartigen, illusionistischen Ausmalung. Auch die Stadtkirche weist hervorragend gelungene, illusionistische Malereien auf.

⑧ Tabarz: Siehe Wanderung 53 A, Seite 220.

⑨ Bad Liebenstein ist vor allem interessant durch seine vorwiegend klassizistisch geprägte Bäderarchitektur mit Fürstenhaus, Brunnentempel, Kirche und Park.

△ *Marienglashöhle, Friedrichroda*

⑩ Ruhla: Siehe Wanderung 53 B, Seite 221.

⑪ Die Hörselberge nordöstlich von Wutha sind ein zerklüfteter Kalkfelskamm, in dem Venusgrotte und Tannhäuserhöhle die mythologische Verbindung zum historischen Geschehen auf der Wartburg herstellen.

Die Wartburg – Ein deutsches Nationaldenkmal

Die hoch über Eisenach gelegene Wartburg ist eines der symbolträchtigsten Nationaldenkmäler Deutschlands. Zu ihrer Bausubstanz gehört mit dem Landgrafenhaus zudem der schönste romanische Profanbau nördlich der Alpen. Er entstand in den Jahren zwischen 1170 und 1220. Im Jahre 1067 war die Wartburg der Sage nach von Graf Ludwig dem Springer gegründet worden. Der Enkel des Gründers, Landgraf Hermann I., veranstaltete den – historisch allerdings nicht belegten – Sängerkrieg, in dem sechs Minnesänger um seine Gunst stritten. Dieser Landgraf Hermann hatte die Burg zu einer hervorragenden Stätte feudal-höfischer Kultur gemacht. Dreihundert Jahre später, zwischen 1521 und 1522, bot die Feste Martin Luther für zehn Monate Schutz vor päpstlichem Bann und kaiserlicher Reichsacht. Während seines Aufenthalts übersetzte der Reformator das Neue Testament ins Deutsche. Am 18. Oktober 1817 formierten sich beim Gedenken an die Völkerschlacht bei Leipzig und an den 300. Jahrestag des Reformationsbeginns etwa fünfhundert Studenten beim Wartburg-Fest der Deutschen Burschenschaften zur ersten bürgerlich-demokratischen Oppositionsbewegung.

◁ *Schloß Altenstein, Bad Liebenstein*

Tip

Drachenschlucht bei Eisenach: Südlich von Eisenach erstreckt sich die durch das Mariental in südlicher Richtung verlaufende Drachenschlucht, häufig Werkstatt der Erosion genannt. Unter den Holzbohlen des Pfads strömt auf einer Länge von 182 Meter der Stein- oder Marienbach, der in seinem Verlauf den Gesteinsklüften folgt. Die Drachenschlucht zählt zu den höchstrangigen geomorphologischen Sehenswürdigkeiten in den neuen Bundesländern.

53 A

Wanderung 53 A: 18 Kilometer – 4 1/2 Stunden

Großer Inselsberg und Reitsteine

Tiefe Täler, weite Waldhänge und Gipfel mit weiter Aussicht bieten sich dem Wanderer, der von Tabarz aus auf die Höhen des Rennsteigs hinaufstrebt. Die Mühe lohnt der Große Inselsberg, der mit Recht »König des Thüringer Walds« genannt wird, mit einer umfassenden Rundsicht.

Thüringer Wald

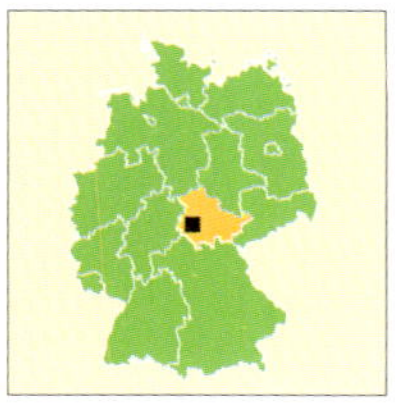

△ *Großer Inselsberg*

Tourverlauf

Die Wanderung startet am südlichen Ortsende von Tabarz. ① Von hier aus steigt man durch den Lauchagrund, der Markierung Gelbes Quadrat folgend, durch dicht bewaldete, tief eingeschnittene Hänge bergan. Zu beiden Seiten tauchen bald bizarre Felswände und Felstürme auf, darunter sogar ein gut 6 Meter hohes Felsentor. Erstes Ziel ist die Grenzwiese an der Verbindungsstraße Brotterode-Tabarz.
An der Grenzwiese trifft man auf den Rennsteig, dem man nun nach rechts zu den Reitsteinen folgt. ②
Nun ist es nicht mehr weit zum Großen Inselsberg. ③
Vom Inselsberg geht es über die Reitsteine wieder zurück zur Grenzwiese und von dort weiter dem Rennsteig entlang bis zum Kleinen Jagdberg, wo man vom Rennsteig links abbiegt und der gelben Markierung zur Tanzbuche hinüber folgt. Hinter dem poetischen Namen verbirgt sich ein beliebtes Ausflugslokal, wo die Markierung Grüner Punkt Richtung »Ungeheurer Grund« hinunterführt. Nächste Ziele an der gleichen Markierung sind der Kickelhahnsprung und der Übelberg. ④
Über den »Ebereschenpfad« geht es schließlich wieder hinunter nach Tabarz.

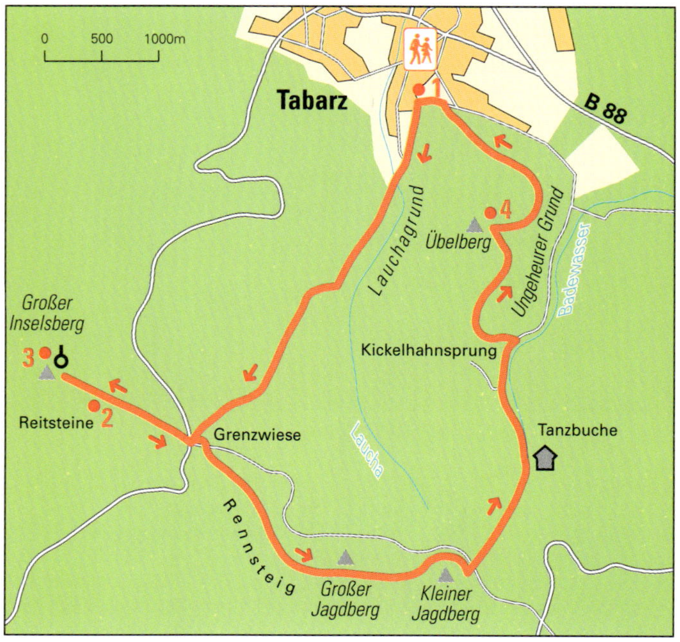

Sehenswürdigkeiten

① Tabarz besitzt mehrere Parks und ist Ausgangspunkt für Ausflüge zu den nahen Lauchagrund.
② Die Reitsteine bestehen aus einem Porphyrhärtling, von dem aus sich ein besonders guter Ausblick auf den Brotteroder Kessel bietet.
③ Der 916 Meter hohe Große Inselsberg ist ein ehemaliger Vulkan und wird wegen seiner markanten, weithin sichtbaren Form häufig als der höchste Berg des Thüringer Walds angesehen. Tatsächlich aber rangiert er nur auf dem siebten Platz. Dennoch ist der »Thüringer Rigi« der meistbesuchte Gipfel des Thüringer Walds, zumal er die umfassendste Aussicht weit und breit bietet. An klaren Tagen reicht die Sicht gut 70 Kilometer in jede Richtung, nicht weniger als 1039 Städte, Dörfer, Seen und Schlösser sollen mit bloßem Auge erkennbar sein. Bereits 1649 hatte auf seinem Gipfel Herzog Ernst der Fromme ein achteckiges Jagdhaus errichten lassen, in dessen »Salon« Goethe 1784 während einer seiner »Mineralogischen Wanderungen« genächtigt hatte. Weil die Grenze zwischen Hessen und Gotha ursprünglich genau über den Gipfel verlief, entstanden auch zwei Gipfelgasthöfe, jeweils mit eigenem Aussichtsturm. Zwischen den beiden steht als »Bergwanderhaus« das alte Gasthaus von der Wartburg, das 1911 zerlegt und hier oben wieder aufgebaut worden war.
④ Von den Gipfelklippen des Übelbergs bietet sich noch einmal eine schöne Aussicht sowohl hinunter ins Tal als auch hinauf zum Großen Inselsberg.

▽ *Entsorgung und Reklame in Tabarz*

Tip

Tabarz: Der Steingarten von Tabarz zeigt 23 typische Gesteinsarten des Thüringer Walds. auf einer Informationstafel sind die Hebungsvorgänge des Gebirgs erklärt.

Wanderung 53 B: 21 oder 14 Kilometer – 5 oder 3 1/2 Stunden

53 B

Zur Rennsteig-Sphinx

Ruhla im Erbstromtal gehört zu den traditionsreichsten Orten im Thüringer Wald. Südwestlich des Tales verläuft über dem Höhenrücken der Rennsteig, der hier zu formenreichen Felsgruppierungen führt. Den großen Überblick dazu liefert der Alexanderturm auf dem Ringberg.

Thüringer Wald

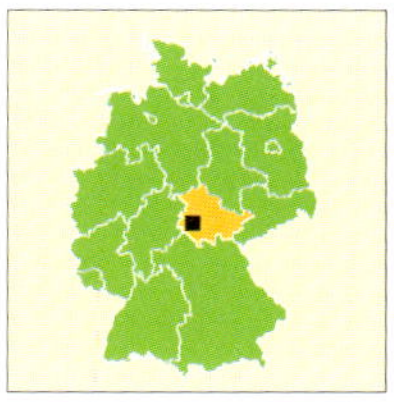

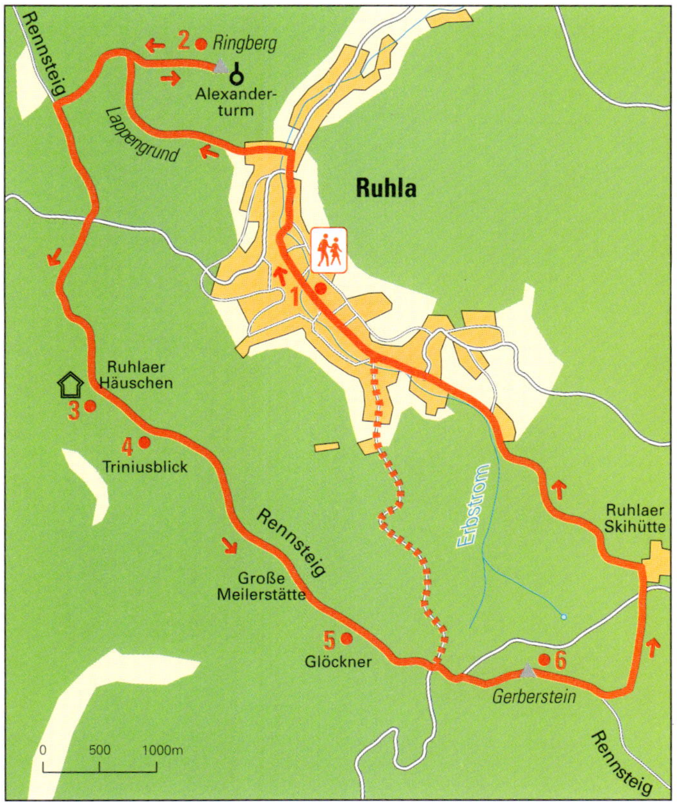

△ *Der Glöckner am Rennsteig*

Tourverlauf

Das Heimatmuseum in Ruhla ist der Ausgangspunkt der Wanderung. ①
Man folgt der Hauptstraße nordwärts bis zur Einmündung des Lappengrunds. Er führt auf einen Sattel westlich des Ringbergs, an dem man nach rechts abbiegt und geradeaus zu dem von weitem schon sichtbaren Alexanderturm auf dem 639 Meter hohen Ringberg weiterwandert. ②
Vom Ringberg geht es zurück auf den Sattel und von dort halb links, 500 Meter hinüber bis zum Rennsteig. Ihm folgt man nun nach links (Süden), überquert die Verbindungsstraße zwischen Ruhla und Etterwinden und erreicht schließlich an einem Wegestern das Ruhlaer Häuschen. ③
Etwa 400 Meter weiter bietet sich beim Triniusblick Gelegenheit zu Rast und schönem Ausblick. ④
Große Meilerstätte und kurz darauf der Glöckner sind die nächsten Stationen am Rennsteig. ⑤
Etwa 500 Meter nach dem Glöckner trifft man auf die Verbindungsstraße Bad Liebenstein–Ruhla. Von hier aus gibt es eine Rückfahrmöglichkeit mit dem Bus nach Ruhla. Die Gesamtstrecke verkürzt sich dann um 7 Kilometer oder um 1 1/2 Stunden.
Wer den Bus verschmäht, folgt der Straße nach Brotterode ein kurzes Stückchen, bis links der Weg zum über 700 Meter hohen Gerberstein abzweigt. ⑥
Östlich des Gerbersteins trifft man wieder auf den Rennsteig, zweigt aber bereits nach wenigen Metern nach links ab, um dem gelb markierten Pfad zur Ruhlaer Skihütte zu folgen. Ab der Skihütte ist der Rückweg nach Ruhla nicht mehr zu verfehlen.

Sehenswürdigkeiten

① Bereits im 11. Jahrhundert ließen sich am »rollenden Wasser« die ersten Schmiede nieder, um das hier gefundene Eisenerz an Ort und Stelle zu schmelzen und zu schmieden. Zunächst wurden vor allem Schwerter und Dolche geschmiedet, danach wurden Messer hergestellt. So gab es im Jahre 1630 nicht weniger als 500 Messerschmiede. Als Messer nicht mehr so gefragt waren, produzierte man prächtig bemalte Porzellanpfeifenköpfe und war damit ein halbes Jahrhundert lang konkurrenzlos. Als auch die Nachfrage nach Pfeifen zurückging, produzierte man Taschenuhren, die als »Ruhlaer Kartoffeln« rasch bekannt wurden, weil sie als die »preiswertesten, genau gehenden Uhren der Welt« galten. All diese Produkte sind im Heimatmuseum von Ruhla zu sehen.
② Der Alexanderturm auf dem 639 Meter hohen Ringberg wurde 1868 vom Ruhlaer Pfeifenfabrikanten Alexander Ziegler als 18 Meter hoher, hölzerner Aussichtsturm gestiftet. Weil gleichzeitig ein Fond zur Erhaltung des Turms eingerichtet wurde, konnte daraus 1897 der heutige 21 Meter hohe Eisenturm errichtet werden.
③ Das 630 Meter hoch gelegene Ruhlaer Häuschen ist lediglich ein Unterstand an einer Wegekreuzung. Den Namen erhielt der Platz von einem im 18. Jahrhundert hier vorhandenen herzoglichen Jagdhaus.
④ Vom Triniusblick aus sieht man genau durch die Kerbe des Erbstromtals hinaus ins Vorland.
⑤ Der Glöckner ist eine verstreute Granitgruppe aus unterschiedlichen Felsformationen. Die erste heißt Königstuhl, benannt nach einem Oberforstrat König, der die Umgebung hatte aufforsten lassen. Am ausgeprägtesten ist die Felsgruppe Rennsteig-Sphinx, die durchaus eine entfernte Ähnlichkeit mit dem geheimnisvollen ägyptischen Fabelwesen aufweist.
⑥ Die 729 Meter hohe Felsformation Gerberstein bietet einen besonders prächtigen Ausblick über diesen Teil des Thüringer Walds.

▽ *Ausstellungsraum im Heimatmuseum von Ruhla*

Tip

Altensteiner Höhle bei Bad Liebenstein: Rund 300 Meter des Höhlenlabyrinths bei Bad Liebenstein, in dem sich ein 50 Quadratmeter großer See gebildet hat, sind begehbar. Kalkalgen und Moostierchen erinnern noch an das Zechsteinmeer, das einst den Nordwestrand des Thüringer Walds bedeckte. In den durch Auslaugung an Rissen entlang gebildeten unterirdischen Hohlräumen lebten früher Höhlenbären. Heute stößt man gelegentlich auf Fledermäuse.

54

Autotour 54: 130 Kilometer

Auf Goethes Spuren

Thüringer Wald

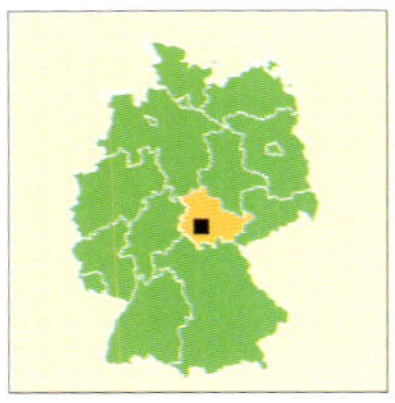

In und um Ilmenau stößt man immer wieder auf die Spuren Johann Wolfgang von Goethes. »Die Gegend ist herrlich, herrlich«, schrieb der Dichterfürst an seinen Weimarer Herzog Karl August und kam immer wieder hierher. Oft wohnte er im Haus des Glashüttenbesitzers Gundelach in Stützerbach; an die Tür der Hütte auf dem Kickelhahn schrieb er die unsterblichen Verse »Über allen Gipfeln ist Ruh'«. Auch wer kein Dichterfürst ist, kann bei der Tour rund um das Herz des Thüringer Walds ähnliche Empfindungen erleben.

Tourverlauf

In der urkundlich ältesten Stadt Thüringens beginnt diese Tour, nämlich in Arnstadt. ①
Über die B 4 fährt man der Gera entlang nach Plaue. ②
Das Tal des Reichenbachs führt in die geschichtsträchtige Stadt Ilmenau. ③
Auch auf der Weiterfahrt bleibt man der B 4 treu, bis an der Südseite des Thüringer Walds Schleusingen erreicht wird. ④
Ab Schleusingen geht es auf der B 247 nach Suhl. ⑤
Nächstes Ziel ist Zella-Mehlis. ⑥
Mittelpunkt des Wintersports im Thüringer Wald ist Oberhof. ⑦
Am nördlichen Rand des Thüringer Walds liegt das Städtchen Ohrdruf. ⑧
Von Ohrdruf folgt man der B 88 nach Süden bis Crawinkel. Von dort ist es nur noch ein Stückchen Landstraße bis Arnstadt.

Sehenswürdigkeiten

① Arnstadt zählt zu den ältesten deutschen Städten. Die Urkunde mit der Stadtnennung stammt aus dem Jahr 704. Schon in vorgeschichtlicher Zeit gab es einen keltischen Siedlungsplatz unterhalb der Alteburg, die einen ebenfalls frühgeschichtlichen Paßweg über den Thüringer Wald sicherte. Das Stadtrecht erhielt Arnstadt 1266 von der Reichsabtei Hersfeld. In der Barockzeit war Arnstadt die Heimat der Familie Bach, von der auf dem Alten Friedhof mehr als 20 Angehörige begraben liegen. Wichtigster Bau der Stadt ist die Liebfrauenkirche, die zwischen 1180 und 1330 im Übergang von der Romanik zur Gotik errichtet wurde. Turmunterbauten und die Wände des Schiffs sind ganz im Stil der Romanik gehalten, der gotische Hallenchor brachte die Kunst des ausgehenden 13. Jahrhundert voll zur Geltung. An der Bonifatiuskirche am Markt war Johann Sebastian Bach von 1703 bis 1707 Organist; ihm zu Ehren heißt die Kirche heute Bachkirche. Die dritte Arnstädter Kirche, die Oberkirche, liegt etwas versteckt im Süden des Marktes und gehörte einst zu einem Franziskanerkloster. Gebaut wurde sie in der ersten Hälfte des 14. Jahrhundert, ihren Turm krönt eine barocke Haube. Das Innere beeindruckt mit einer farbkräftig bemalten Holztonnendecke. Fürstenstand, Altar und Kanzel stammen aus dem frühen 17. Jahrhundert. Das schönste Fachwerkhaus ist das alte Waidhaus bei der Liebfrauenkirche. Den Markt beherrscht in der Nordostecke das Rathaus; die Schmalseite des dreieckigen Platzes dominieren die Ende des 16. Jahrhunderts als Tuchgaden errichteten Galerien. Das Rathaus wurde 1583 erbaut und besitzt eine eindrucksvolle Doppelgiebelfront mit Prachtportal. Ebenfalls auf das 16. Jahrhundert gehen die Bürgerhäuser Zum Palmbaum und Güldener Greif zurück. Im Palmbaum sind heute eine Bachgedenkstätte und das Stadtmuseum untergebracht. Feudales Wahrzeichen Arnstadts ist der 65 Meter hohe Turm des ehemaligen Schlosses Neideck. In seinem Neuen Palais von 1732 ist heute das Schloßmuseum mit dem Porzellankabinett von 1738 und der Puppenstadt »Mon plaisir« untergebracht. Mehr als 400 Wachsfiguren aus dem frühen 18. Jahrhundert füllen eine einzige Etage.

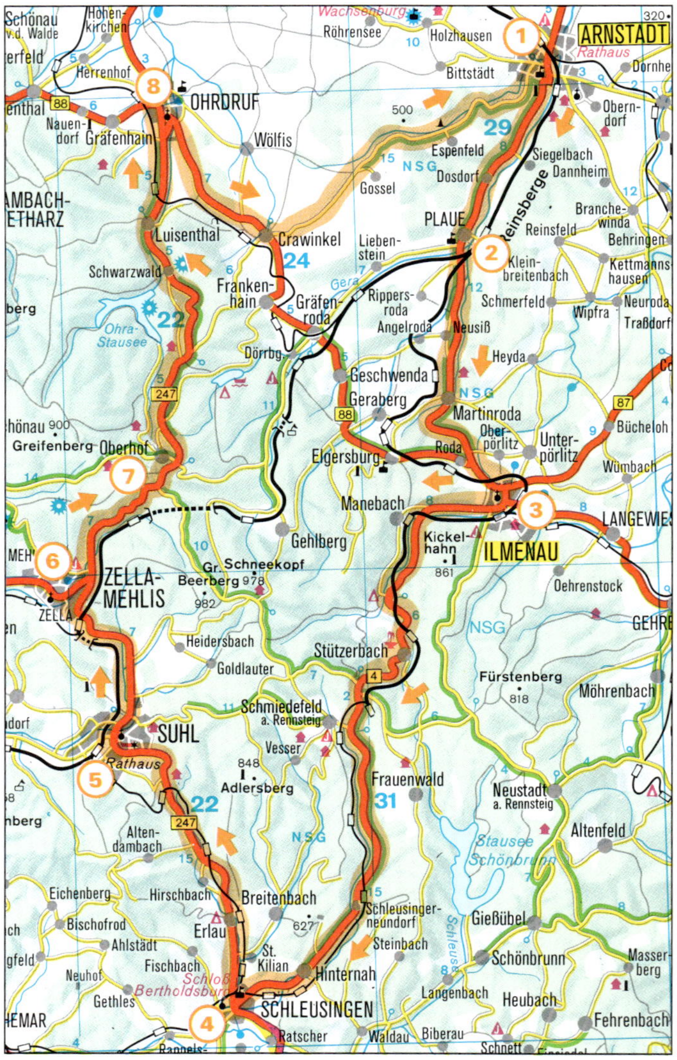

② Die oberhalb von Plaue gelegene Ehrenburg errichteten die Schwarzburger Grafen 1324. Erhalten ist von ihr der mächtige Wohnturm mit der Schildmauer. Auch die etwas westlich davon errichtete Burg Liebenstein gehörte den Schwarzburger Grafen.

◁ *Goethehaus in Stützerbach*

▽ *Der Tobiashammer in Ohrdruf*

◁ *Puppenstadt »Mon plaisir« im Schloßmuseum, Arnstadt*

③ Ilmenau: Siehe Wanderung 54 A, Seite 224.
④ Wo Schleuse, Nahe und Erle zusammenfließen, gab es im 13. Jahrhundert bereits Burg und Stadt Schleusingen. Hier saßen die Grafen von Henneberg, deren Burg mit der ummauerten Stadt eine Einheit bildete. Den quadratischen Marktplatz säumen historische Häuser aus dem 17. und 18. Jahrhundert, das Rathaus ist ein Renaissancebau aus der Zeit um 1550. Geschmückt ist es mit einem barocken, säulengestützten Erkervorbau am Giebel. Der Marktbrunnen sprudelt seit dem Jahre 1600. Die 1498 fertiggestellte Stadtkirche erhielt ihren barocken Saalbau mit dreigeschossigem Emporenausbau, Kanzelaltar und Orgel im 17. Jahrhundert. Ihr interessanter Altaraufsatz entstand um 1630. Das Schloß Bertholdsburg entstammt in seinen Hauptteilen dem ausgehenden 15. und dem frühen 16. Jahrhundert. Sein zweischiffiger, gewölbter Saal enthält Fresken aus der ersten Hälfte des 17. Jahrhunderts mit Themen aus der Herkulessage. Im Schloß ist heute ein Naturhistorisches Museum untergebracht.
⑤ Das Wahrzeichen von Suhl ist sein 1903 errichteter Waffenschmiedebrunnen, der daran erinnert, daß in der Stadt seit über 400 Jahren Handfeuerwaffen gebaut werden. Interessant ist das Waffenmuseum im ehemaligen, 1663 errichteten Malzhaus. Schöne Fachwerkhäuser stehen im Stadtteil Heinrichs, darunter das ehemalige Rathaus von 1657.
⑥ In Zella-Mehlis ist im Ortsteil Zella die 1773 vollendete, barocke Blasiuskirche besonders reizvoll. Sie präsentiert sich als Saalbau mit Doppelemporen.
⑦ Oberhof: Siehe Wanderung 54 B, Seite 225.
⑧ Das Städtchen Ohrdruf am nördlichen Fuß des Thüringer Walds bestand schon in keltischer Zeit. Der heilige Bonifatius gündete hier eine Kirche, an deren Stelle heute das Schloß Ehrenstein steht. Ab dem 15. Jahrhundert baute man Eisenerz ab und verarbeitete es an Ort und Stelle in Hammerwerken an der Ohra. Schloß Ehrenstein war seit Mitte des 16. Jahrhunderts die Residenz der Grafen von Gleichen; der prächtige Rokokosaal des Schlosses zeugt bis heute vom Reichtum dieser Herren. Von der alten Stadtbefestigung aus dem 16. Jahrhundert sind weite Teile sowie die Tore erhalten.

Der Weimarer »Musenhof« – Ort deutscher Klassik

Die Beschaulichkeit der kleinen Residenz, die Kunstsinnigkeit seines Herzogs und die Dichtkunst seines besten Freundes ließen im Weimar des ausgehenden 18. Jahrhunderts den »Musenhof« klassischer deutscher Dichtung entstehen. Die Voraussetzung dafür schuf Herzogin Anna Amalia, als sie 1772 Christoph Martin Wieland als Erzieher für den Erbprinzen Karl August nach Weimar berief. Er sorgte dafür, daß der 18jährige Karl August 1775 den damals 26jährigen Juristen und schon als Dichter bekannten Johann Wolfgang Goethe nach Weimar holte. Enger Freund Goethes aus gemeinsamen Straßburger Tagen war Johann Gottfried Herder. Ihn holte der junge Herzog auf Betreiben Goethes 1776 als Hofprediger nach Weimar. Er ergänzte Goethes dichterische Leistungen auf philosophischem Gebiet. Die Sternstunden der Weimarer Klassik begannen mit der Annäherung zwischen Goethe und Friedrich Schiller. Mit Hilfe des Herzogs bewegte Goethe 1799 die Familie Schiller zur Übersiedlung nach Weimar. In den folgenden sechs Jahren entstanden Schillers Spätwerke; Goethe schuf in 57 Weimarer Jahren die Hauptwerke deutscher Klassik.

◁ *Storchschnabelwiese im Vessertal*

Tip

Biosphärenreservat Vessertal: Dieses Reservat stellt einen repräsentativen Ausschnitt der Mittelgebirgslandschaft im Thüringer Wald dar. Seine besondere Schutzwürdigkeit liegt in der Größe der zusammenhängenden Waldflächen, den Regenmooren, den artenreichen Bergwiesen und den schnellfließenden Gebirgsbächen. Informative Ausstellung zur Natur- und Kulturgeschichte des Reservats im Naturschutzzentrum in Breitenbach.

54 A

Wanderung 54 A: 18 Kilometer – 5 Stunden

Ilmenauer Goetheweg

Thüringer Wald

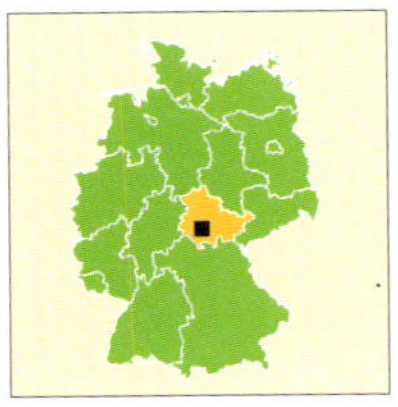

»Ich führe mein Leben in Klüften, Höhlen, Wäldern, in Teichen und Wasserfällen bei den Unterirdischen und weide mich aus in Gottes Welt«, so schrieb Goethe im Juli 1781 an Charlotte von Stein aus Ilmenau. Insgesamt 28 mal war er hier – teils als naturnaher Dichter, teils als offizieller, für den Bergbau zuständiger Weimarer Beamter. Seinen Spuren folgt der Goethe-Wanderweg.

Tourverlauf

Startort der nach Stützerbach führenden Tour ist der Marktplatz von Ilmenau. ①
Dort ist oberhalb des Marktes im Amtshaus das Goethemuseum untergebracht. In der Oberthorstraße beginnt die Markierung G auf rundem Holzschild, die die gesamte Wanderung begleitet. Am westlichen Ortsrand von Ilmenau steigt der Weg durch die Sturmheide hinauf in den mittleren Berggraben, den Goethe als Wassergraben hatte instandsetzen lassen. Als nächstes taucht die Berthaquelle auf, ein Rastplatz mit einer Quellfassung von 1854. Wenig nördlich davon ist dann der Schwalbenstein erreicht. ②
Hier wendet sich der Weg wieder nach Westen. Über den 704 Meter hohen Großen Spiegelsberg, das Schöffenhaus und den 770 Meter hohen Heidelberg ist das nächste Ziel die Marienquelle. ③
Danach geht der Weg bergab, hinunter nach Manebach, kreuzt die Ilm und erklimmt den Kickelhahn. ④
Nach einem Kilometer taucht die zweite Museumsstation am Weg auf, das Jagdhaus Gabelbach. ⑤
Der nächste Kilometer führt hinüber zur Hirtenwiese, von der aus man direkt nach Stützerbach wandern kann. Der Goetheweg zweigt hier links ab und führt ins Schortetal hinunter. Dort trifft er auf den Knöpfelsthaler Teich und nach weiteren 500 Metern auf das Finstere Loch. ⑥
Vorbei am Gasthof Auerhahn kommt man kurz darauf nach Stützerbach, wo im Goethehaus die dritte Gedächtnisstätte auf Besucher wartet. ⑦
Die Rückkehr nach Ilmenau erfolgt ab dem Bahnhof Stützerbach mit dem Zug.

Sehenswürdigkeiten

① Ilmenau ist eine alte Bergbaustadt. Ihre barocke Stadtkirche wurde 1758 fertiggestellt. Ihr Inneres ist mit Doppelemporen unter dem Spiegelgewölbe ausgestattet, Schmuckstück ist die Kanzelschauwand. Im fürstlichen Amtshaus von 1752 residierte Goethe, wenn er in amtlicher Mission kam. Von hier aus versuchte er den 1739 stillgelegten Bergbau wieder zu aktivieren. Im Amtshaus werden in fünf Räumen Erinnerungsstücke an Goethe gezeigt.
② Den Schwalbenstein zieren ein Medaillon mit dem Reliefbild Goethes sowie die Anfangsverse des vierten Akts der »Iphigenie auf Tauris«, der hier am 19. März 1779 entstanden war.
③ Wenig südlich von der Marienquelle ist im Wald der Emmastein versteckt. Den mächtigen Porphyrhärtling hielt Goethe 1777 auf einer Zeichnung fest, die im Jagdhaus Gabelbach ausgestellt ist.
④ Der 861 Meter hohe Kickelhahn ist heute dank der Gaststätte und des Aussichtsturms ein vielbesuchter Gipfel. Zu Goethes Zeiten war es hier ruhig und das Goethehäuschen, auf dessen Türe 1780 »Wanderers Nachtlied« niedergeschrieben wurde, war eine wichtige Schutzhütte. Am Fuße des Großen Hermannssteins, etwas westlich des Kickelhahns, liegt eine Höhle, in der Goethe häufig schrieb und zeichnete.
⑤ Das Jagdhaus Gabelbach wurde 1783 vom Weimarer Herzog errichtet. Hier tagten einst die Gabelbacher Sänger, hier entstand das Lied »Hoch auf dem gelben Wagen«. Heute ist auch dieses Haus Goethe-Gedenkstätte.
⑥ Das Finstere Loch war 1776 Rastplatz der herzoglichen Jagdgesellschaft. Goethe machte aus dem Ereignis das Gedicht »Ilmenau«.
⑦ Im Gundelachschen Haus in Stützerbach hat Goethe insgesamt 13 Mal gewohnt; es ist heute ebenfalls Goethe-Gedenkstätte.

△ Der Kickelhahn südwestlich Ilmenaus

Am Schwalbenstein ▷

Tip

Mit einer im früheren Glasmacherdorf Stützerbach gefertigten Röhre gelang es Conrad Röntgen 1895 erstmals, die nach ihm benannte Strahlung zu erzeugen.

Wanderung 54 B: 15 Kilometer – 4 Stunden

Oberhofer Spezialitäten

54 B

Sprungschanzen und Bobbahnen, steile Felskanzeln, Stauseen und dunkle Talgründe, all das hat das »Sankt Moritz des Thüringer Walds« auf engem Raum in erstaunlicher Vielfalt zu bieten. Wer all die Schönheiten erleben möchte, ziehe die Wanderschuhe an.

Thüringer Wald

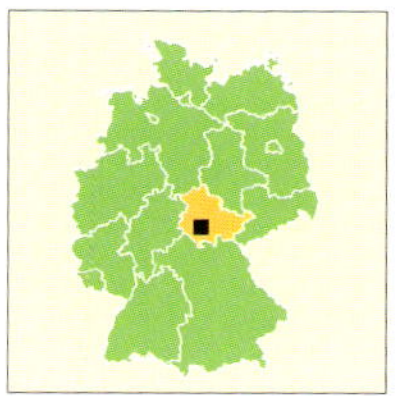

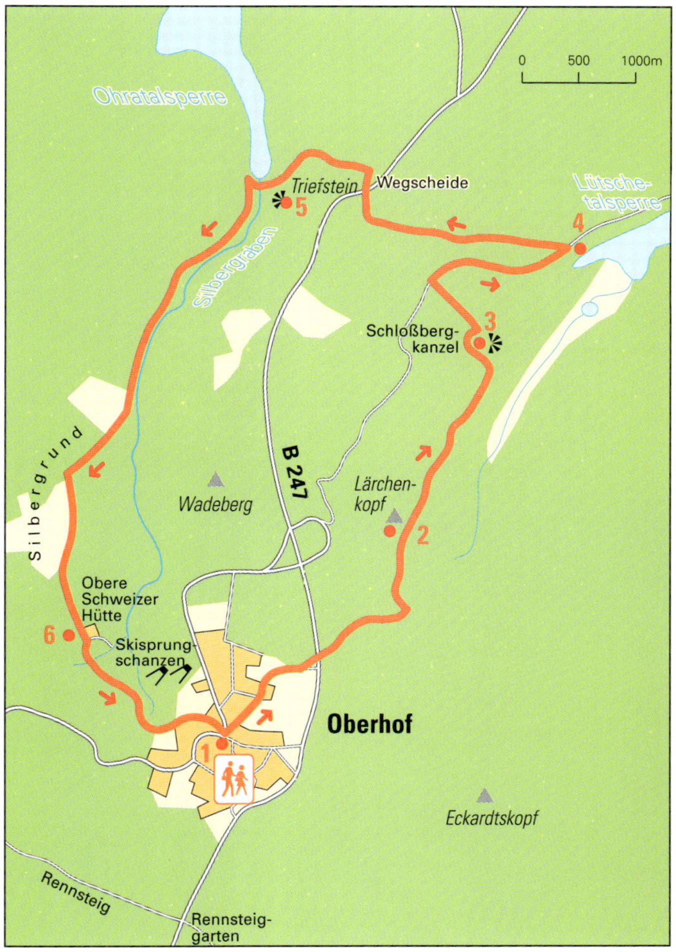

Tourverlauf

Der Wanderer verläßt Oberhof auf der Nordostseite beim Hotel Am Schloßberg. ①
Der folgende Weg ist mit »Schloßbergkanzel« ausgeschildert und mit einem blauen Balken markiert. Er passiert den 763 Meter hohen Lärchenkopf. ②
Nach knapp einer Stunde hat man die Schloßbergkanzel erreicht. ③
Von ihr geht es hinunter in den Langen Grund und hinüber zur Lütschetalsperre. ④
Am linken Stauseeufer zweigt der Forstweg nach Westen ab, der hinüber zum Gasthaus Wegscheide an der B 247 führt. Hinter dem Gasthaus hält man sich wieder links und folgt der Beschilderung Triefstein. ⑤
Ab dem südichen Arm der Ohratalsperre geht es in den Silbergraben, dem man bachaufwärts durch den Silbergrund folgt. Nächstes Ziel ist die Obere Schweizer Hütte. ⑥
Kurz darauf tauchen die Oberhofer Skiflugschanzen auf, und bald darauf ist man wieder zurück in Oberhof.

▽ Rennsteiggarten am Pfanntalskopf südlich von Oberhof

Sehenswürdigkeiten

① Schon um 400 v. Chr. gab es in der Nähe von Oberhof einen Gebirgsübergang über den Thüringer Wald. An diesem uralten Paßweg entstand im Mittelalter der »Obere Hof«, aus dem die Thüringer Grafen von Gleichen im 15. Jahrhundert eine Zollstätte machten. Im Jahre 1616 kam dann das erste herzogliche Jagdhaus dazu. Einen ersten Aufschwung gab es im 19. Jahrhundert mit dem Ausbau der Straße Erfurt–Nürnberg, die als erste den Thüringer Wald erschloß. So richtig aufwärts ging es aber erst 1884 mit der Fertigstellung des Brandleitetunnels. Oberhof wurde Bahnstation an der Strecke Berlin–Stuttgart und damit über Nacht zum ersten Wintersportplatz Thüringens. Zu Zeiten der DDR wurde daraus schließlich die Medaillenschmiede für die Wintersportkader.

② Vom 763 Meter hohen Lärchenkopf schweift der Blick weit über die sanften Hänge des Thüringer Walds, auf den Großen Beerberg und den Schneekopf im Süden und auf das Vorland im Nordosten.
③ Von der Schloßbergkanzel hat man den besten Blick auf den Lütsche-Stausee und hinaus aufs Vorland.
④ Die Lütschetalsperre wurde 1937 fertiggestellt, um die damals noch mit Dampf betriebene Bahn über den Thüringer Wald mit kalkarmem Wasser zu versorgen.
⑤ Den besten Überblick über den Ohra-Stausee und den Grund des Silbergrabens bietet der Triefstein.
⑥ Die Obere Schweizer Hütte ist ein rustikaler Holzbau im Zielbereich der Oberhofer Bob- und Rodelbahn. Hier, wie bei den nahegelegenen Skisprungschanzen, kann man eine Vorstellung davon gewinnen, welche Anforderungen diese Anlagen an die Athleten stellen.

▽ Sprungschanze am Kanzlergrund beim Wintersportort Oberhof

Tip

Rennsteiggarten: Südlich von Oberhof liegt am 868 Meter hohen Pfanntalskopf der 12 Hektar große Rennsteiggarten. Hier wachsen und blühen etwa 1500 alpine Pflanzen aus den Bergregionen aus aller Welt.

55

Autotour 55: 140 Kilometer

Im östlichen Thüringer Wald

Thüringer Schiefergebirge

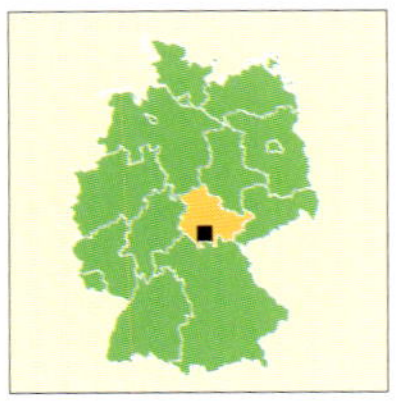

Wo der Thüringer Wald in das Thüringer Schiefergebirge übergeht, erreichen die höchsten Kuppen nur noch knapp 800 Meter. Weite, sanft geschwungene Hochflächen zwischen bewaldeten Hügeln lassen beinahe vergessen, daß man sich in einem Mittelgebirge befindet. Dennoch gibt es immer wieder tief eingeschnittene Kerbtäler, in denen bis zu 500 Millionen Jahre alter Schiefer und Quarzite freigelegt sind. Hier auf Entdeckungsfahrt zu gehen ist ein Erlebnis vielfältiger Natur.

Tourverlauf

Zu diesem Ausflug ins Schwarzatal und zum Thüringer Schiefergebirge startet man in der alten Bergbaustadt Saalfeld. ①

Nach einem kurzen Stück über die B85 nach Nordwesten folgt man der Saale zu einem Abstecher nach Rudolstadt mit seiner berühmten Heidecksburg. ②

Erste Station an der Schwarza ist Bad Blankenburg. ③

Durch das wildromantische Tal der unteren Schwarza erreicht man nach etwa 10 Kilometern Schwarzburg. ④

Die Gelegenheit zu einer Fahrt mit einer der steilsten Standseilbahnen der Welt bietet sich in Obstfelderschmiede. ⑤

▽ *Rathaus in Saalfeld*

Der reizvollen Wanderungen in seine Umgebung wegen lohnt sich ein Abstecher nach Hasserberg. ⑥

Äußerst romantisch ist die Weiterfahrt durchs Schwarzatal und danach über Steinheid nach Neuhaus am Rennweg. ⑦

Nächste Station ist Lauscha. ⑧

Über Steinach gelangt man bei Sonneberg an den Südrand des Thüringer Schiefergebirgs. ⑨

Auf der Rückfahrt nach Norden stattet man kurz vor Saalfeld der Stadt Leutenberg einen Besuch ab. ⑩

Sehenswürdigkeiten

① Saalfeld taucht als »Curia Salauelda« Ende des 19. Jahrhunderts in den Urkunden auf. Damals handelte es sich um einen karolingischen Königshof, der im Bereich des heutigen Schlosses stand. Südlich dieses historischen Platzes erstreckt sich heute fast im Halbrund die Altstadt. Ihrem regelmäßigen Straßennetz sieht man bis heute die Gründung durch die Staufer an. Von der mittelalterlichen Stadtbefestigung sind noch Teile der Mauer und vier Tore aus dem 13. bis 15. Jahrhundert erhalten. Ebenfalls noch ganz mittelalterlichen Charakter haben das Romanische Haus und das Haus Hohe Schwarm. Beides waren befestigte Wohntürme innerhalb des Mauerrings der Stadt; im Romanischen Haus hatte der Stadtschultheiß, im Hohen Schwarm der Vogt seinen Sitz. Das Rathaus mit seinen frühen Renaissanceformen entstand zwischen 1526 und 1537. Die Stadtkirche St. Johannes geht auf das späte 14. Jahrhundert zurück und präsentiert sich in den ausgeprägten Formen böhmischer Kathedralgotik. Sie gehört zu den beeindruckendsten Hallenkirchen Thüringens. Der um 1514 entstandene, lebensgroße Johannes der Täufer ist ein Werk des Riemenschneider-Schülers H. Gottwald. Im ehemaligen Franziskanerkloster ist heute das Thüringer Heimatmuseum untergebracht. Die ehemalige Klosterkirche besitzt eine reich bemalte Stuckdecke von 1725. Das Saalfelder Schloß entstand anstelle einer frühmittel-

△ Bergbahn nach Oberweißbach
◁ Heidecksburg in Rudolstadt

◁ Saalfelder Feengrotten, Thüringer Schiefergebirge

alterlichen Burg ab 1677. Schönster Teil der Anlage ist die 1714 fertiggestellte Schloßkirche mit ihren üppigen Stuckdekorationen.

② Rudolstadt kam 1340 in den Besitz der Grafen von Schwarzburg. Sie errichteten das heutige Schloß Heidecksburg nach einem Brand des Vorgängerbaus bis 1737. Erhalten sind im Schloß prunkvolle Räume, zu sehen ist außerdem ein Naturkundemuseum und das Ostasiatische Spiegelkabinett.

③ Bad Blankenburg: Siehe Wanderung 55 A, Seite 228.

④ Schwarzburg liegt im schönsten Teil des Schwarzatals. Hier war einst die Residenz des gleichnamigen Grafengeschlechts, das bis 1736 auf dem Bergkegel im engen Bergtalboden sein Barockschloß errichtet hatte.

⑤ Obstfelderschmiede ist Talstation der Bergbahn nach Lichtenhain, Oberweißbach und Cursdorf. Die elektrisch betriebene Standseilbahn hat ein Steigungsverhältnis von 1 zu 4, überwindet 320 Meter Höhenunterschied und ist somit eine der steilsten der Welt.

⑥ Masserberg: Siehe Wanderung 55 B, Seite 229.

⑦ Aus Neuhaus am Rennweg stammt der Mechaniker Heinrich Geißler, der Erfinder der Geißlerröhre, der Vorläuferin unserer Leuchtstoffröhren. An ihn erinnert eine Gedenkstätte in seinem Geburtshaus.

⑧ Lauscha ist seit dem 16. Jahrhundert ein Zentrum der Glasmacher. Vom grünlichen Waldglas für das Arzneifläschchen bis zum springenden Hirsch wurde hier alles Erdenkliche aus Glas gefertigt. Im Jahre 1848 wurden die ersten Christbaumkugeln geblasen, und 1895 gelang es, gläserne Ersatzkörper für das menschliche Auge herzustellen. All das erfährt der Besucher im Museum für Glaskunst.

⑨ Sonneberg ist bekannt als die »Spielzeugstadt« des Thüringer Walds. Seit dem 16. Jahrhundert wird hier Spielzeug in allen Varianten hergestellt. Hauptanziehungspunkt ist deshalb das Spielzeugmuseum. Sein schönstes Exponat ist die »Thüringer Kirmes« mit 67 lebensechten Figuren.

⑩ Leutenberg gilt als die »Stadt der sieben Täler«, das Sormitztal ist davon sicher das schönste. Das unterhalb des Schloßbergs einmündende Ilmtal weist prächtige Bergmischwälder auf. Gut 100 Meter über dem Städtchen thront Schloß Friedensburg, eine im Kern spätgotische Anlage, die ihre heutige Form im 17. Jahrhundert erhielt.

Tip

Meurasteine: Die Meurasteine in der Nähe des Dorfes Meura sind eine besonders interessante Felsgruppe. Sie besteht aus Phycodenquarzit, ist 500 Millionen Jahre alt und erhielt ihren Namen von einem wurmartigen Meerestier, dessen versteinerte Wohngänge im Fels noch heute zu sehen sind.

Die Feengrotten bei Saalfeld

Die farbenreichen Schaugrotten in den Hängen des Thüringer Schiefergebirges entstanden in einem alten, längst verlassenen Alaunschieferabbau, der Grube Jeremiasglück. In ihr war vom 16. bis zur Mitte des 19. Jahrhunderts Schiefer zur Herstellung von Alaun und Vitriol abgebaut worden. Dank des hohen Kohlenstoffanteils konnte daraus eine gute Malerfarbe hergestellt werden. Den Kohlenstoff produzierten Pflanzen vor etwa 400 Millionen Jahren im Silurischen Meer. In den verlassenen Grubenräumen löste nun Sickerwasser Minerale aus dem Gestein und ließ farbige Tropfsteine wachsen. Hauptbestandteile der mineralischen Ausscheidungen waren weißer und roter Ocker, so daß die Tropfsteine der Feengrotte heute nicht aus Kalk, sondern aus Eisenphosphat bestehen. Erst im Jahre 1910 wurde die märchenhafte Welt untertage neu entdeckt. Ab Pfingsten 1914 konnte man die Höhle besichtigen. Höhepunkt war und ist dabei der Besuch des Märchendoms mit der Gralsburg. Der besonders schöne Tropfstein erhielt diesen Namen, weil er als Bühnenbildvorlage für die Oper »Parsifal« gedient hatte.

55A

Wanderung 55 A: 20 Kilometer – 5 Stunden

Im unteren Schwarzatal

Thüringer Schiefergebirge

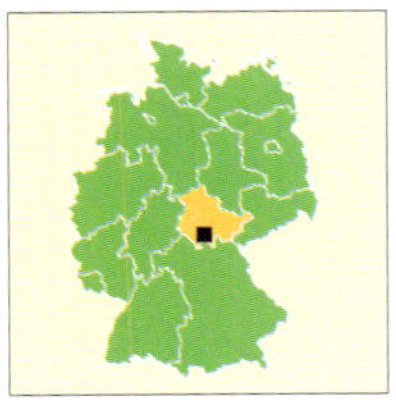

In Jahrmillionen hat sich die Schwarza ihr Bett durch das thüringische Schiefergebirge gegraben und dabei bis zu 500 Millionen Jahre alte Gesteinsschichten freigelegt. Hier hatten die Fürsten von Schwarzburg bereits im 15. Jahrhundert ihr Jagdrevier und später ein ausgedehntes Wildgatter. Diese Wanderung führt zu den imposantesten Felsen des lieblichen Tales.

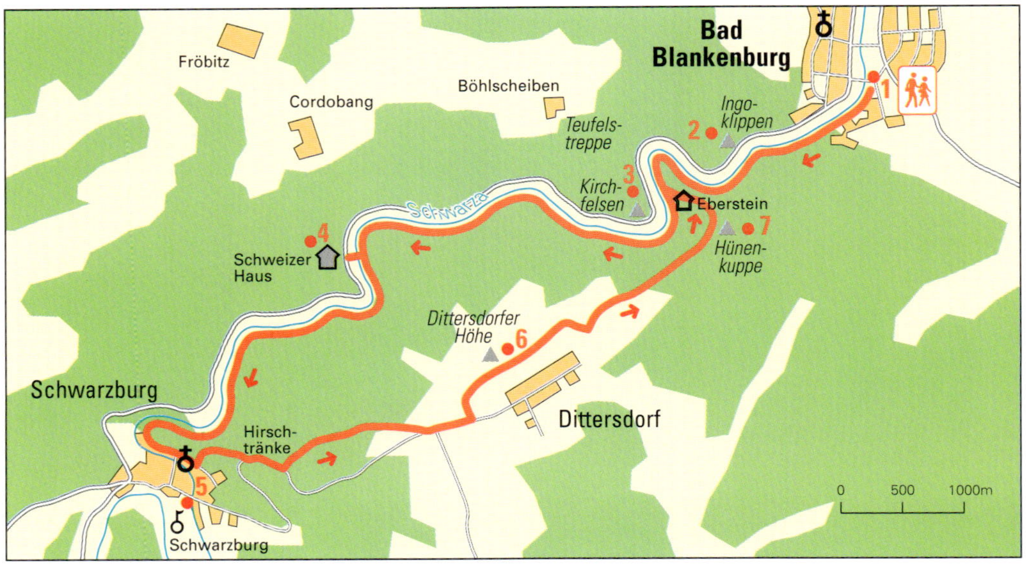

Tourverlauf

Die Wanderung an der Schwarza beginnt in Bad Blankenburg. ① Schon bald sieht man auf der linken Schwarzaseite die Ingoklippen. ②
Danach umzieht die Schwarza in einer großen Schleife einen langgezogenen, gratartigen Talsporn, die 486 Meter hohe Hünenkuppe, über die man am Schluß der Wanderung herunterkommt. An der nächsten Windung taucht der Kirchfelsen auf. ③
Wenig später kommt die Brücke ins Blickfeld, die über die Schwarza zur Gaststätte Schweizerhaus führt. ④
Man bleibt auf dem rechten Schwarza-Ufer bis zum nächsten Etappenpunkt Schwarzburg. ⑤
Im unteren Ortsteil von Schwarzburg führt die Burkersdorfer Straße aufwärts, bis links der Steig zur Hirschtränke abzweigt. Ab hier folgt man dem Wegweiser Dittersdorf und erreicht nach etwa 2 Kilometern die Hochfläche. Dittersdorf wird nördlich umgangen, um die Aussicht von der 572 Meter hohen Dittersdorfer Höhe genießen zu können. ⑥
Ab der Dittersdorfer Höhe beginnt der nordostwärts führende Weg langsam zu fallen bis hinunter zur 486 Meter hohen Hünenkuppe. ⑦
Von ihr aus führt der Steig zum Elisabethfelsen, von dem das tief unten liegende Jagdhaus Eberstein zu sehen ist. Zu ihm steigt man in Serpentinen hinab und wandert schließlich noch das kurze Stück talauswärts nach Bad Blankenburg zurück.

▽ *Das Wanderparadies Schwarzatal bietet auch Gelegenheiten zur Einkehr*

Sehenswürdigkeiten

① Bad Blankenburg war bis zum Ende des 18. Jahrhundert ein Zentrum des Kupfer- und Silberbergbaus, ab 1840 gab es Kurbetrieb. Nach einem Stadtbrand im Jahre 1748 entstanden das Rathaus und die Nikolaikirche in ihrer heutigen Form.
② Die Ingoklippen erinnern an die bekannten Romangestalten Ingo und Ingraban von Gustav Freytag.

△ *Artenreicher Mischwald im Schwarzatal*

③ Der Kirchfelsen erhielt seinen Namen, weil seine Wände an die Mauern frühgotischer Kathedralen erinnern. An der ehemaligen Kirchenfelsbrücke gibt es die schönsten Strudellöcher.
④ Das heutige Gasthaus Schweizerhaus wurde 1838 wenig oberhalb des damaligen Floßrechens an der Schwarza als Wohnung für den fürstlichen Tiergärtner errichtet.
⑤ Die auf einem Felssporn hoch über der Schwarza gelegene Schwarzburg wurde erstmals 1071 erwähnt und im späteren Mittelalter mit umfangreichen Wall- und Grabenanlagen, Zugbrücke und einem Schachtbrunnen zur uneinnehmbaren Festung ausgebaut. All das ging 1726 in Flammen auf. Ab 1736 entstand ein dreigeschossiges Hauptschloß mit Mansardendach, Querbau und Turm, das 1940 von den Nationalsozialisten beschlagnahmt und zum Gästehaus der Regierung bestimmt wurde. Da der Umbau im Krieg steckenblieb, präsentiert sich dieser Teil des Baus bis heute als kernlose Hülle. Gerettet werden konnte lediglich das 1719 fertiggestellte Kaisersaalgebäude mit der Schwarzburger Ahnengalerie.
⑥ Die 572 Meter hohe Dittersdorfer Höhe bietet eine umfassende Aussicht über das Thüringer Schiefergebirge, das Durchbruchtal der Schwarza und auf Bad Blankenburg.
⑦ Die 486 Meter hohe Hünenkuppe war einst eine keltische Fluchtburg, der vorgelagerte Elisabethfelsen ist eine besonders schöne Aussichtskanzel mit Sicht auf das Tal der Schwarza.

Tip

Flora und Fauna im Schwarzatal: Das Schwarzatal weist eine überaus mannigfaltige Waldvegetation auf, zu der Eichen und Linden, Buchen, Tannen und Kiefern gehören. Pfingstnelke, Echte Mehlbeere oder Weiße Pestwurz sind hier am Wegrand zu finden, wie auch eine überaus artenreiche, für den kühlen Schluchtwald typische Moosvegetation. Wer sich aufs Beobachten von Tieren versteht, wird den Rotfuchs oder das Hermelin, an Regentagen auch den Feuersalamander sehen. Bussarde und Habichte kreisen in der Luft.

Zur »echten« Werraquelle

Rund um Masserberg quillt und sprudelt, rinnt und fließt es auf allen Seiten der Hänge aus einer Vielzahl großer und kleiner Quelltöpfe. Die markanteste Quelle ist die »echte« Werraquelle, das interessanteste Ziel um Masserberg hoch über dem Tal der Schwarza.

Thüringer Schiefergebirge

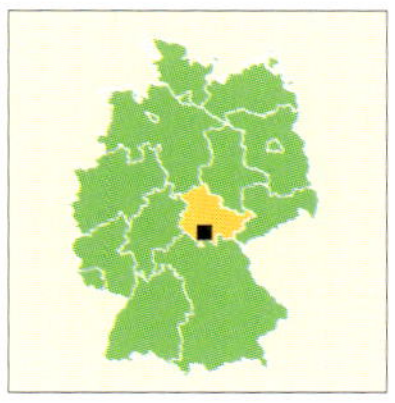

Tourverlauf

Ausgangspunkt ist der rund 800 Meter hoch gelegene Ferienort Masserberg auf den Höhen westlich des Schwarzatals. ①
Am westlichen Ortsausgang gibt es einen größeren Parkplatz, von dem aus man dem blau markierten Rennsteig die ersten 150 Meter folgt, bis rechts die grün gekennzeichnete Eisfelder Straße abzweigt. Sie führt an den Westhängen des Eselsbergs entlang und kreuzt zahlreiche Quellrinnsale, die alle zum Biber hinunter fließen. Vom Dreiherrenstein ist es dann nur noch ein Katzensprung hinüber zur Werrraquelle und zur Werraquellbaude. ②
Südwestwärts geht es anschließend hinüber zum östlich von Fehrenbach gelegenen Meisenanger. Vom Meisenanger führt die rote Markierung ostwärts unter die West- und Südhänge des Zeupelsbergs und zu dem in geheimnisvollem Grün schimmernden Werrateich. ③
Vom Werrateich geht es weiter ostwärts entlang der gelben Kennung durch den Meistersgrund und hinüber zur Eisfelder Ausspanne. Von diesem Wegestern aus folgt man dem Rennsteig nordwärts über den 841 Meter hohen Eselsberg. ④
Nicht mehr weit ist es dann wieder zurück zum Parkplatz am Westrand von Masserberg.

▽ *Reizvoll auch im Winter: Skiwandern in der Umgebung von Masserberg*

Sehenswürdigkeiten

① Masserberg ist ein Ferienort in etwa 800 Metern Höhe. Reizvolle Wanderungen führen auch auf den Rennsteig.
② Die dramatisch durch das Maul eines erzenen Löwenkopfs sprudelnde Werraquelle wurde 1897 in der heutigen Form gefaßt und offiziell als einzige Werraquelle bezeichnet. Das allerdings brachte die Siegmundsburger auf den Plan, die von ihrer knapp 9 Kilometer östlich gelegenen Saarquelle nun ihrerseits behaupteten, sie sei die echte Werraquelle. Dabei konnten sie darauf verweisen, daß dieser Streit schon 1648 erstmals dokumentiert und nach wie vor ungelöst sei. Gegen die Siegmundsburger sprach allerdings, daß sich bereits die Kartographen der ersten Meßtischblätter für die Quelle am Eselsberg als Werraquelle entschieden hatten, und daß die Saarquelle seit Menschengedenken durch den Saargrund nicht aber durch den Werragrund abfloß. Daß der Streit der Lokalpatrioten bis heute nicht ausgestanden ist, erwies sich 1992, als die Saarquelle bei Siegmundsburg neu gefaßt und prompt mit einem Schild »Werraquelle« versehen wurde. Weniger strittig dagegen ist die Erklärung des Namens Werra selbst. Sie taucht um 100 n. Chr. beim römischen Historiker Tacitus als Visurgis auf, bedeutet Wiesenfluß und ist die Vorstufe sowohl für die Werra wie für die Weser. Im niederdeutschen Sprachraum hielt man sich lediglich enger an die althochdeutsche Form Wisera, während in Thüringen über verschiedene Lautverschiebungen Werra daraus wurde. Klar ist damit aber auch, daß Werra und Weser von Anfang an als ein Fluß verstanden worden waren. Und seine Quelle liegt eben in 797 Meter Höhe am Eselsberg bei Masserberg.

△ *Bergkirche in Masserberg*

③ Der Werrateich, knapp 2 Kilometer unterhalb der Quelle, ursprünglich als Flößerstaubecken angelegt, ist heute ein romantischer Teich, der in geheimnisvollem Grün schimmert und die Herzen aller Naturfreunde höher schlagen läßt.
④ Der 841 Meter hohe Eselsberg bietet von der 29 Meter hohen Rennsteigwarte aus eine umfassende Rundsicht über den östlichen Teil des Thüringer Schiefergebirgs.

Tip

Der Rennsteig: Vom Mittellauf der Werra bis zum Oberlauf der Saale zieht der Rennsteig als Höhenweg über den Kamm des Thüringer Walds und des angrenzenden Thüringer Schiefergebirgs bis in den nördlichen Frankenwald. Wer den insgesamt 168 Kilometer langen Steig entlangwandert, begegnet an vielen Stellen der Kulturgeschichte dieser Landschaft. Hier lernt der Wanderer Flur- und Forstorte, Grenzsteine mit den Hoheitszeichen vergangener Mächte, geschichtliche Schauplätze und Baudenkmäler vergangener Zeiten kennen.

56

Autotour 56: 140 Kilometer

Im Dreiländereck

Östliches Schiefergebirge

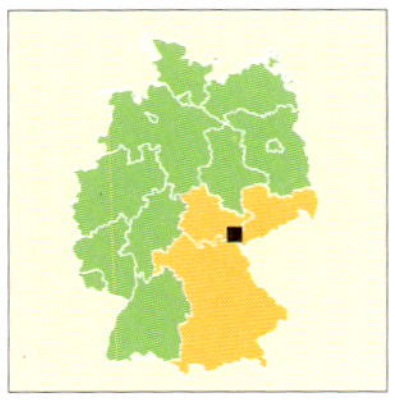

Wo Bayern, Thüringen und Sachsen aneinandergrenzen, treffen sich auch die Ausläufer des Thüringer Schiefergebirges, des nördlichen Frankenwalds und des westlichen Vogtlands. Sanft gewellte Höhenzüge tragen im westlichen Bereich der Tour zusammenhängende Wälder, im östlichen Teil weite Grünlandflächen, die von Horizont zu Horizont zu reichen scheinen. Hof, Plauen und Schleiz sind die städtischen Zentren dieser Region, Bad Steben und Bad Lobenstein bieten Kurbetrieb.

Tourverlauf

Ausgangspunkt ist das Moorbad Lobenstein, das man westwärts über die B 90 verläßt. ①
Nach 9 Kilometern erreicht man Wurzbach. ②
Danach fährt man weiter westwärts über die Landstraße nach Lehesten. ③
Ludwigsstadt liegt an der B 85, die südwärts nach Steinbach am Wald führt. ④
Auf Landstraßen gelangt man über Teuschnitz nach Nordhalben. ⑤
Die Frankenwald-Hochstraße geleitet den Autofahrer nach Lichtenberg. ⑥
Über die der Saale nahe Landstraße wird das oberfränkische Hof erreicht. ⑦
Die weitere Strecke folgt der B 173 bis ins sächsische Plauen. ⑧
Nach der Stippvisite in Sachsen fährt man über die B 282 ins thüringische Schleiz. ⑨
Von dort geht es auf Landstraßen zunächst nach Saalburg und anschließend nach Ebersdorf. ⑩
Moorbad Lobenstein, der Startpunkt dieser Tour, ist nun nicht mehr weit entfernt.

Sehenswürdigkeiten

① Moorbad Lobenstein: Siehe Wanderung 56 A, Seite 232.
② Die Wurzbacher Gießerei Heinrichshütte ist seit 1982 ein Gießereimuseum, in dem jeden zweiten Mittwoch ein Schaugießen stattfindet.
③ Lehesten: Siehe Wanderung 56 B, Seite 233.
④ Bei Steinbach am Wald lockt der kleine Ölschnitzsee zu Rast- und zum Badevergnügen.

◁ Das Tal der Loquitz

⑤ Zwei Kilometer südwestlich von Nordhalben liegt das Nordende des Trinkwasserspeichers Mauthaus. Die größte Trinkwassertalsperre Bayerns versorgt ungefähr 350 000 Menschen und kann auf einem 11 Kilometer langen Rundweg umwandert werden.
⑥ Lichtenberg ist ein altes Bergbaustädtchen, in dem jahrhundertelang Eisen, Kupfer und Flußspat abgebaut wurde. Von der im 13. Jahrhundert entstandenen Sicherungsburg ist der zum Aussichtsturm umfunktionierte Bergfried erhalten.
⑦ Hof ist alt und neu zugleich: Alt, weil seine Gründung schon in der Karolingerzeit erfolgte; neu, weil ein Stadtbrand 1823 nahezu die gesamte Bausubstanz vernichtete. Ältester Bau von Hof ist die Pfarrkirche St. Lorenz, die auf das frühe 13. Jahrhundert zurückgeht. Die mehrfach restaurierten spätmittelalterlichen Mauern bergen einen um 1480 gearbeiteten Flügelaltar. Die Stadtpfarrkirche St. Michael entstand

◁ *Die bis zu 20 Meter hohen Diabassäulen bei Kauschwitz nahe Plauen*

▷ *Das pittoreske Schloß Theresienstein in Hof*

im späten 14. Jahrhundert. Ihr dreischiffiger Hallenbau wurde ab 1480 um den Chor erweitert. Beim Stadtbrand ging die gesamte Ausstattung verloren. Die interessanteste Hofer Kirche ist damit die Spitalkirche, in der man eine barocke Kassettendecke mit vielen Bildern aus dem Alten und Neuen Testament entdecken kann. Sie alle sind ein Werk des Hofer Malers Heinrich Lohe, der die Bilder 1689 fertigstellte. Der Flügelaltar von 1511 stammt ursprünglich aus der Michaelskirche. Das Hofer Rathaus schließlich entstand bis 1566, wurde aber ebenfalls mehrfach restauriert und umgebaut.

⑧ In Plauen lebte man stets vom Bekleiden anderer Leute. Schon zu Luthers Zeiten lieferten Plauens »Schleierherren« die damals beliebten Halskrausen, später folgten Musseline und die Spitzenherstellung. 1880 wurde in Plauen die erste maschinengestickte Tüllspitze der Welt präsentiert, und noch heute bildet die Spitzenherstellung den Hauptwirtschaftszweig der Stadt. Ihren Kern dominiert der 64 Meter hohe Turm des 1922 errichteten Neuen Rathauses. Das wunderschöne Alte Rathaus am Altmarkt ist bereits 1382 belegt, sein spätgotischer Unterbau stammt von 1508, der Renaissancegiebel von 1549. Sein Wahrzeichen ist die 1548 gebaute Kunstuhr mit beweglichen Figuren. Im Erdgeschoß des Rathauses ist heute das Museum Plauener Spitzen untergebracht. Ältester Bau von Plauen ist die Johanneskirche, die bereits 1122 geweiht wurde. Im 13. Jahrhundert wurde daraus eine dreischiffige, doppeltürmige romanische Basilika, im 16. Jahrhundert eine dreischiffige gotische Hallenkirche mit 52 Meter hohen Doppeltürmen. Alle diese Gebäude wurden während des Zweiten Weltkriegs zerstört; die heutige Kirche ist der Wiederaufbau von 1963. Interessanteste Kirche ist deshalb die Lutherkirche von 1722. Zur Weihe erhielt sie aus der Leipziger Thomaskirche einen spätgotischen Vierflügelaltar mit prunkvollem Renaissanceaufsatz von 1587. Er ist heute Plauens größter Kunstschatz. Von der einst starken Stadtbefestigung überdauerte nur der Nonnenturm die Wirren der Zeit. Die Elsterbrücke ist bereits 1244 belegt und gilt deshalb als Sachsens älteste Steinbrücke. Die 1905 fertiggestellte Friedensbrücke ist mit einer Spannweite von 90 Metern Europas größte Steinbogenbrücke. Das sehenswerte Vogtlandmuseum ist in den Empire-Häusern der reichen Baumwollhändler Kratz und Baumgärtel stilgerecht untergebracht.

⑨ Schleiz ist zwar eine uralte Slawensiedlung, doch haben mehrere Stadtbrände viel Interessantes vernichtet. Ein Juwel aber blieb unversehrt: die auf einem kleinen Hügel im Norden von Schleiz gelegene Bergkirche. Hier gab es schon in frühromanischer Zeit eine Kirche. Der heutige Bau entstand in der Spätgotik, an der prachtvollen Raumdekoration wurde ab 1630 sechzig Jahre gearbeitet. So entstand ein barocker Festsaal, wie er sonst eher in Südbayern zu finden ist.

⑩ Das Schloß Ebersdorf wurde bis 1693 an der Stelle einer Wasserburg aus dem 14. Jahrhundert errichtet. Interessant ist vor allem der 55 Hektar große, im 18. Jahrhundert angelegte Landschaftspark.

Plauener Spitzen: Textile Schönheiten

Spitzen, also Textilien mit durchbrochenem, flächigem Muster, können gewebt, gewirkt, genäht, gestickt, gestrickt, gehäkelt oder geklöppelt werden. Zu den ältesten Formen gehört das Klöppeln, das im 14. Jahrhundert aus dem Netzestricken der Fischerfrauen in Südeuropa entstand. Während der Renaissance gehörten Spitzen zur ganz großen Mode, so daß große Betriebe zur Deckung des Bedarfs an Spitzen entstanden. Im Erzgebirge gehörte im 16. Jahrhundert Barbara Uttmann aus Annaberg dazu. Sie erfand den anschließend für das Erzgebirge typisch gewordenen Klöppelsack und den Klöppelschlag. Ihre Spitzen besaßen ein Muster aus geradlinigen Ornamenten und waren schlichter als die Brüsseler Spitzen. Sie beschäftigte bis zu 900 Klöpplerinnen und war eine erfolgreiche Unternehmerin. Ende des 18. Jahrhunderts kam im Vogtland dann die Handstickerei auf, 1857 wurden in Plauen die ersten beiden Handstickmaschinen in Betrieb genommen. Die ganze Schönheit der Welt aus Spitzen zeigt die Plauener Spitzensammlung im Alten Rathaus.

△ *Im Höllental am Unterlauf der Selbitz*

Tip

Höllental südlich von Lichtenberg: Der Unterlauf der Selbitz zählt zu Deutschlands interessantesten Tälern. Der bemerkenswerteste Abschnitt des Talbodens findet sich zwischen dem Örtchen Hölle und dem 6 Kilometer entfernten Blechschmidtenhammer. Hier haben sich infolge der Erosion aus den Diabasfelsen der Talwände mächtige Blöcke gelöst, die nun in der Selbitz liegen. In den Mischwäldern des Tales findet sich die Rote Heckenkirsche und das Moschuskraut, an den Felsen wachsen Pfingstnelken und Tüpfelfarne. Die Feinheiten der geologischen Formationen und der Pflanzenwelt des Tales erklärt ein hier angelegter Naturpfad.

56 A

Wanderung 56 A: 14 Kilometer – 3 ½ Stunden

Zur Talsperre Bleiloch

Östliches Schiefergebirge

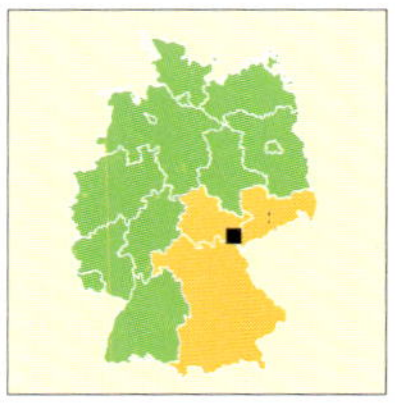

Die auf 28 Kilometer Länge von Wäldern und Wiesen gesäumte Talsperre Bleiloch ist ein Eldorado für Wassersportler aller Art. Von Lobenstein aus kann man ihr oberes Ende umrunden und dabei stille Wälder genießen und prächtige Aussichtspunkte erreichen.

Tourverlauf

Gut zu erreichen ist die Talsperre Bleiloch vom Moorbad Lobenstein aus. ①
Vom Teich beim Busbahnhof geht man nach Osten in den Langen Weg, folgt dem Siechenberg und unterquert die Bahnlinie, bis mit der Markierung roter Balken der Weg zur Brauerei Lemnitzhammer beginnt. ②
Dabei schlängelt sich der Weg um die Eicheleite, an deren Hang immer wieder Einbrüche von alten Erzgruben zu sehen sind. Auch Schachtlöcher von alten Bergwerken, die teilweise bis Ende des 19. Jahrhunderts in Betrieb waren, sind auszumachen.
Ab der Brauerei führt der Steig weiter auf der linken Seite der Lemnitz bis zu ihrer Mündung in die Saaletalsperre. Dort geht man über die Brücke, kreuzt die Eisenbahnlinie und folgt ihr auf der Westseite bis kurz vor Harra. ③
In Harra wird die Saale überquert, danach geht es nordwärts gegen den nahen Wald und anschließend weiter durch Waldhänge oberhalb der Talsperre bis hinüber nach Saalgrün und weiter zu den Felsen von Agnesruh. ④
Westlich der Felsen von Agnesruh braucht man nicht der Straße zu folgen, sondern kann sich links an die Wiesen bis zur Straßenbrücke über die Talsperre Bleiloch halten. ⑤
Ab der Brücke über die Talsperre muß man für etwa einen Kilometer der Straße folgen, bevor man am Westzipfel des Stausees über den Friesaubach kommt. Zunächst folgt man dem Bach auf seiner rechten Uferseite bis zum Waldrand, dem man nach links folgt bis zum Oberreußischen Haus. ⑥
Von hier ist im Nordwesten bereits der Turm auf dem Geiersberg zu sehen. ⑦
Nach seiner Überschreitung kommt man direkt zurück nach Lobenstein.

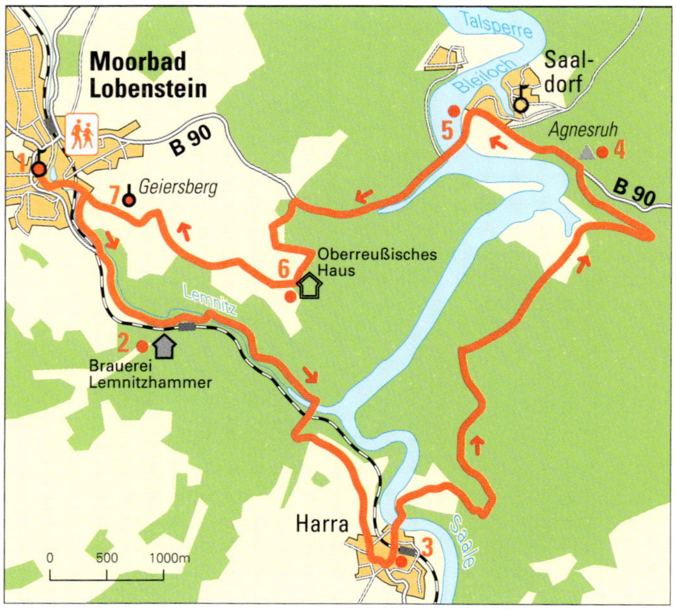

Sehenswürdigkeiten

① In Lobenstein trifft man auf eine reizvolle Kleinstadt mit einem engen, alten Kern dicht unter der Burg aus dem 13. Jahrhundert. Diese Burg diente der Sicherung des Handelswegs zwischen Leipzig und Bamberg. Vom alten Baubestand zeugt noch der 30 Meter hohe Bergfried. In dem 1718 fertiggestellten Neuen Schloß sind einige Räume aus der Bauzeit erhalten. Der schlichte Barockbau fand seine Ergänzung im 1748 vollendeten Parkpavillon. Unterhalb der Ruine der alten Burg birgt das Lobensteiner Heimatmuseum unter anderem eine Handdruckerei aus dem 19. Jahrhundert. Mit etwas Glück bekommt man hier vorgeführt, wie zu Gutenbergs Zeiten gedruckt wurde.
② Die Brauerei Lemnitzhammer hat ihren Namen von einem alten Eisenhammer; ihr Brauwasser bezieht sie aus einem alten Erzstollen.
③ Den Weiler Harra gab es schon im frühen 13. Jahrhundert; die romanische Kapelle entstand wohl im 14. Jahrhundert. Ihr Flügelaltar stammt aus dem 15. Jahrhundert.
④ Die 470 Meter hohen Felskanzeln von Agnesruh bieten eine gute Aussicht auf die Talsperre, auf die sie umgebenden Waldhänge und westwärts auf den Turm auf dem Sieglitz oberhalb von Lobenstein.
⑤ Eine der Hauptaufgaben der Talsperre Bleiloch ist die Regulierung des Wasserstands der Saale. Bis 1932 wurde deshalb in sechsjähriger Bauzeit die 205 Meter lange und 65 Meter hohe Sperrmauer gebaut. Sie schuf einen 28 Kilometer langen Stausee mit einem Einzugsgebiet von über 1200 Quadratkilometern. Glücklicherweise war das Gebiet dünn besiedelt, so daß nur etwa 120 Häuser in den Fluten versanken und nur 600 Personen umgesiedelt werden mußten. Heute dient die Talsperre auch der Wasserstandsregulierung auf der Elbe.
⑥ Das Oberreußische Haus war ein Jagdhaus der Fürsten von Reuß-Lobenstein.
⑦ Der 551 Meter hohe Geiersberg bietet dank seines Aussichtsturms eine umfassende Rundsicht über das obere Saaletal und auf Lobenstein.

△ *Am ausgedehnten Bleiloch-Stausee bei Saalburg*

◁ *Der Hohenwarte-Stausee nördlich von Lobenstein*

Tip

Stauseen nördlich von Lobenstein: Nördlich der Talsperre Bleiloch gibt es noch weitere reizvolle Stauseen: die Saalestaustufe bei Burgk, der Stausee Wesenta und der Stausee Hohenwarte. Alle bieten gute Wassersport- und Wandermöglichkeiten.

Lehestener Schieferbrüche

Im Gebiet der Steinernen Heide zwischen Lehesten, Wurzbach, Unterloquitz und Probstzella wurde seit dem 13. Jahrhundert Schiefer abgebaut. In Lehesten selbst prägen Dächer und Wandverkleidungen aus Schiefer ebenso das Landschaftsbild wie hoch aufgeschüttete Halden und aufgelassene Brüche.

Östliches Schiefergebirge

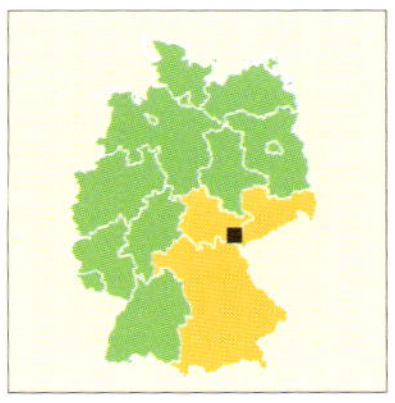

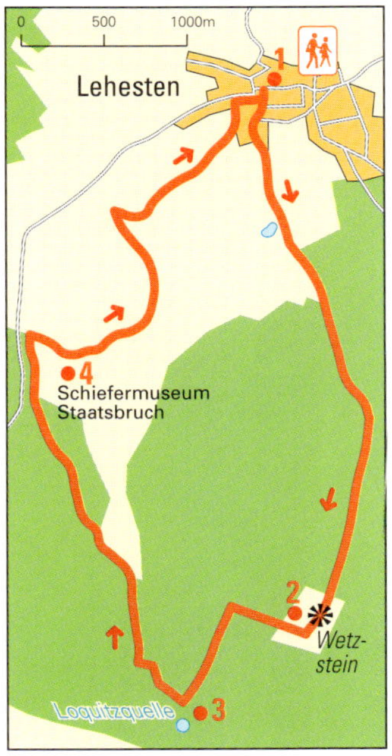

Tourverlauf

Diese Wanderung beginnt in Lehesten, das man in südlicher Richtung verläßt. ①
Der Markierung gelber Balken und dem Wegweiser Wetzstein folgend, steigt man zunächst über Felder gegen den Wald hin an, danach geht es im Wald durch eine hohlwegartige Rinne bergauf. Der Weg mündet unmittelbar an der Radarstation auf dem Gipfel des 792 Meter hohen Wetzsteins. ②
Auch zum Abstieg vom Wetzstein folgt man dem gelben Balken zunächst nach Westen und etwas später nach Südwesten hinunter zur Loquitzquelle. ③
Ab der Quelle geht es nordwärts hinunter zur Verbindungsstraße zwischen Lehesten und Ludwigstadt, die man beim Schiefermuseum Staatsbruch erreicht. ④
Das Grubengelände des Museums verläßt man auf der alten Straße, über die man zurück nach Lehesten kommt.

Sehenswürdigkeiten

① Lehesten ist die Heimat des »Blauen Goldes«, der edelsten Schiefersorte, die eben nicht einfach nur grau, sondern in edlem Blau schimmert. Zum Vorteil von Lehesten stimmte hier nicht nur die Qualität, sondern auch die Ausrichtung des Lagerhorizonts und die Art der Verschuppung des Gesteins. Daher konnte der Schiefer besonders gut abgebaut und seine hohe Qualität in der Weiterverarbeitung zur Geltung gebracht werden. Wer noch auf der guten alten Schiefertafel das Schreiben gelernt hat, tat dies wahrscheinlich auf einer Tafel aus Lehesten. Ob Wiener Hofburg oder Würzburger Dom, ob Kirche oder Schloß, nicht zu zählen sind all die Gebäude, die mit Lehestener Schiefer gedeckt sind. Seit dem 13. Jahrhundert wurde das Material nachweislich zum Dachdecken verwendet. Seine Glanzzeit erlebte der Abbau Ende des 19. Jahrhunderts, als gut zweitausend Arbeiter den Schiefer rund um Lehesten abbauten. Weniger rühmlich ging es im Zweiten Weltkrieg zu, als die Jenaer Schott-Werke und die Peenemünder Raketenbauer mit Häftlingen aus der nahen KZ-Außenstelle Laura in unterirdischen Stollen ihre Produktion fortsetzten. An einer Wand des Örtelsbruchs wurde sogar das Raketentriebwerk der V 2 im Probelauf getestet.
② Der 792 Meter hohe Wetzstein war das beliebteste Ausflugsziel der Umgebung, das bis 1979 der 1902 errichtete Bismarckturm zierte. Nach seiner Fertigstellung konnte man von ihm aus »in zwölf deutsche Staaten und außerdem noch nach Österreich« (Böhmen) sehen. Mit der DDR bezog die Stasi einen Horchposten auf dem Gipfel, die Radarstation wird jetzt von der Bundeswehr betrieben.
③ Die Loquitzquelle speist einen Saalezufluß und lädt zur Rast ein.
④ Das Schiefermuseum Staatsbruch ist ein einzigartiges Industriedenkmal. Hier gibt es noch den zeltartigen Pferdegöpel von 1846, eine dampfbetriebene Fördermaschine von 1865 und die voll eingerichtete Spalthütte, in der der Schiefer zu Platten verarbeitet wurde. Hier wird auch demonstriert, wie der Schiefer gespalten wurde. Der Besucher kann auch selbst versuchen, Schiefer zu spalten und zu schneiden.

Tip

Loquitztal: Eines der malerischten Täler des oberen Frankenwalds ist das Loquitztal nördlich von Ludwigsstadt. Sein interessantester Teil ist durch den Waldlehrpfad Pechleite erschlossen, der auf 7 Kilometern umfassend über ein typisches Tal des Thüringer Schiefergebirges informiert.

▽ Lehesten: Schiefergrube am Göpelschacht

▽ Durch den Wald zum Wetzstein

57

Autotour 57: 150 Kilometer

Im Land der Vögte

Vogtland

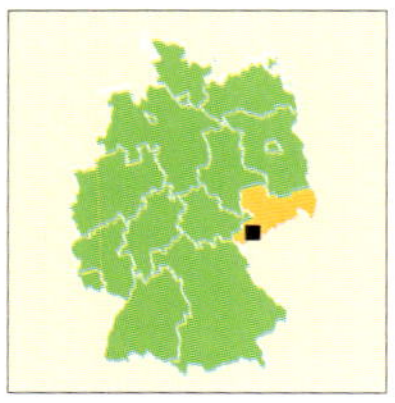

Seit mehr als 7 Jahrhunderten trägt das Land zwischen dem Thüringer Schiefergebirge und dem westlichen Erzgebirge den Namen Vogtland in Erinnerung daran, daß hier einst kaiserliche Reichsvögte das Land verwalteten. Die Mittelgebirgslandschaft mit Höhen zwischen 600 und 800 Metern präsentiert sich als wellige, nach Süden sanft ansteigende Hochfläche, in deren teils tief eingeschnittenen Tälern nach Erz gegraben wurde. Der Musikinstrumentenbau hat hier eine lange Tradition.

Tourverlauf

Der Weg zu dieser Tour ins Vogtland wird von Schwarzenberg aus eingeschlagen. ①

Die Fahrt beginnt über die Landstraße südwärts nach Antonsthal. ②

Ebenfalls auf Landstraßen erreicht man die Bergbaustadt Johanngeorgenstadt. ③

Für die nächsten 60 Kilometer bewegt man sich nun stets nahe der Grenze zur Tschechischen Republik.

Die nächste Station ist Carlsfeld. ④

Morgenröthe-Rautenkranz liegt an der B 283, die südwärts nach Klingenthal führt. ⑤

Im Elstergebirge wird Markneukirchen angefahren. ⑥

In Adorf mündet die B 283 in die B 92. ⑦

Ihr folgt man nordwestwärts nach Oelsnitz. ⑧

Ab Oelsnitz geht die Fahrt weiter nordostwärts über die Landstraße nach Falkenstein. ⑨

Nächster Etappenpunkt ist Rodewisch. ⑩

Danach fährt man nach Schneeberg. ⑪

Bevor sich in Schwarzenberg die Runde schließt, besucht man Aue. ⑫

Sehenswürdigkeiten

① Die um 1170 errichtete Bergspornburg von Schwarzenberg weist auf die strategische Bedeutung an der Kreuzung zweier Paßstraßen hin. 1533 wurde die Burg durch ein Schloß ersetzt, das bis 1558 unter Einbeziehung des alten Bergfrieds zum kurfürstlichen Jagdschloß umgebaut wurde. Heute birgt das Schloß das Museum Erzgebirgisches Eisen und Zinn. Die Stadtkirche St. Georg entstand nach einem Brand des Vorgängerbaus bis 1699. Die einschiffige, barocke Hallenkirche mit umlaufender Empore hat eine pfeilerlose Deckenspannweite von 18 Metern. Das schmiedeeiserne Gitter im Chor von 1721 erweist sich als kunsthistorisches Kleinod.

② Die 1828 errichtete Silberwäsche Antonsthal ist ein technisches Denkmal. In dem Poch- und Waschwerk wurden einst die Silbererze aus der Grube »Unverhofft Glück an der Achte« zerkleinert und gewaschen. Heute ist die Pochwäsche Schauanlage.

▷ *Holzfiguren aus Schneeberg*

③ Johanngeorgenstadt: Siehe Wanderung 57 A, Seite 236.
④ Die Carlsfelder Dreifaltigkeitskirche wurde 1678 vom Eisenhammerbesitzer Veit Hans Schnorr gestiftet und bis 1686 fertiggestellt. Als ältester protestantischer Zentralbau ist sie ein Vorläufer der Dresdner Frauenkirche. Die außen achteckige Kirche ist im Innenraum viereckig, überwölbt ist der Bau von einer achteckigen Kuppel mit zentraler Laterne. Der schöne Kanzelaltar stammt von 1688.
⑤ Das am Fuß des Aschbergs liegende Klingenthal war ursprünglich ein Geigenbauerdorf. Als Johann Wilhelm Glier jedoch 1829 von einer Reise eine Mundäoline mitbrachte, begann eine andere Entwicklung. Zunächst konstruierte Glier die Mundharmonika und 1852 die Ziehharmonika. Seither wurden beide Instrumente in Millionenstückzahlen produziert. Die Klingenthaler Stadtkirche Zum Friedefürsten mit ihrem dreifach gestuften Kuppeldach und der böhmischen Zwiebelhaube wurde 1737 vollendet und ist der größte barocke Zentralbau über achteckigem Grundriß in Sachsen. Der mit lebensgroßen Figuren verzierte Kanzelaltar wurde ebenfalls 1737 fertiggestellt.
⑥ Markneukirchen ist das zweite Zentrum des Musikinstrumentenbaus. Bereits 1677 gründeten hier zwölf Geigenbaumeister die erste Innung der Geigenbauer. Im 19. Jahrhundert war Markneukirchen die führende Produktionsstätte für Musikinstrumente in Deutschland. Im spätbarocken, 1784 errichteten Paulusschlößl verdient das Musikinstrumentenmuseum mit weit über 2000 Ausstellungsstücken aus aller Welt einen Besuch.
⑦ Das alte Städtchen Adorf thront auf einem Bergvorsprung über dem Tal der Weißen Elster. Sein langer Marktplatz ist gesäumt von Bürgerhäusern aus dem 17. und 18. Jahrhundert. Die Jugendstilkirche St. Michaelis stammt von 1906. Das Freiberger Tor war einst Teil der mittelalterlichen Stadtbefestigung und birgt heute das Heimatmuseum.
⑧ In Oelsnitz wurde im Mittelalter Tuch hergestellt, im 16. Jahrhundert Zinn abgebaut. Die Pfarrkirche St. Jakobi ist ein zweischiffiger, asymmetrischer Hallenbau aus der Zeit um 1340. Das Altargemälde wurde 1770 fertiggestellt, der Taufstein stammt von 1833. Der Innenraum präsentiert die Farbfassung von 1634.
⑨ Die Stadtkirche von Falkenstein wurde 1669 fertiggestellt und beeindruckt mit einem 72 Meter hohen Turm.
⑩ In Rodewisch gab es schon im 13. Jahrhundert eine Wehranlage, deren restaurierte Grundmauern heute auf der Schloßinsel zu sehen sind. Was bei den Ausgrabungen gefunden wurde, ist im Museum Göltsch ausgestellt. Die barocke Stadtkirche St. Peter wurde 1736 fertiggestellt, die Kirche birgt Reste eines spätgotischen Flügelaltars von 1516, ein Baumstammkruzifix aus der Zeit um 1675 und einen Kanzelaltar von 1736.
⑪ Schneeberg verdankt seine Existenz reichen Silberfunden, die im 15. Jahrhundert am gleichnamigen Berg gemacht wurden. Vom frühen Reichtum zeugt bis heute die spätgotische, dreischiffige Wolfgangskirche, die 1540 vollendet wurde. Ihr 72 Meter hoher Turm wurde 1676 fertiggestellt, der heutige Turmhelm stammt von 1753. Der Altaraufbau im Inneren wurde 1439 aus zwölf Tafeln eines Flügelaltars von Lucas Cranach d. Ä. gestaltet. Wahrzeichen der Stadt ist der bronzene Bergmannsbrunnen Neuer Anbruch.
⑫ Aue: Siehe Wanderung 57 B, Seite 237.

Das Vogtland – Traditionsreicher Musikwinkel

Der Bau hochwertiger Musikinstrumente hat im Vogtland eine über 300jährige Tradition. Sie ist in überwältigender Weise im 1883 gegründeten Musikinstrumentenmuseum in Markneukirchen belegt. Über 2000 Instrumente aus verschiedenen Kulturkreisen werden hier gezeigt. Die älteste Geige stammt aus dem Jahre 1712. Ein nur wenig jüngeres Klavichord kommt aus der Werkstatt des Orgelbauers Gottfried Silbermann. Zu sehen sind außerdem Gamben aus Nürnberg und Augsburg, eine Gambe aus den Händen von Johann Christian Hofmann, einem Freund Johann Sebastian Bachs. Eine kostbare Schweizer Hausorgel stammt von 1838, die längste Tuba mißt 5,25 Meter, und das größte Akkordeon hat 360 Bässe. Gezeigt werden natürlich auch all die Instrumente, die noch heute im Musikwinkel gebaut werden. Um die Tradition lebendig zu halten, gibt es den jährlich abgehaltenen Internationalen Instrumentalwettbewerb mit Leistungsvergleichen für Streicher und Bläser. Die Stadt Markneukirchen ist damit zugleich eine Bewahrerin der Tradition und eine Förderin des Musizierens.

△ Der Schneckenstein, eine Fundstelle für Topas

Tip

Vogtländisches Bauernmuseum, Landwüst: Im wenig südlich von Markneukirchen gelegenen Landwüst gibt das Vogtländische Bauernmuseum mit original eingerichteten, alten Vogtländer Bauernhäusern einen Eindruck davon, wie hart das Leben im Vogtland einst war.

▽ Diesbach im Naturschutzgebiet Dreibächel

▽ Schloß und Kirche oberhalb von Schwarzenberg

57 A

Wanderung 57 A: 20,5 Kilometer – 5 Stunden

Teufelssteine und Kranichsee

Vogtland

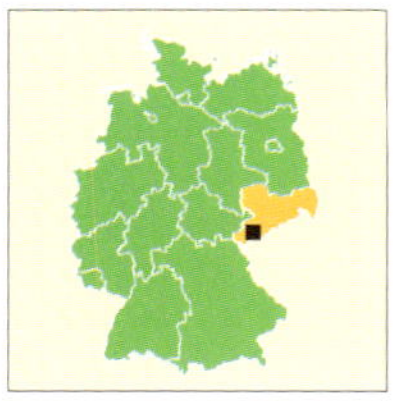

Das weitläufige Johanngeorgenstadt zeigt sich als jüngste Bergstadt des Erzgebirges. Mittel- und Neustadt haben die Altstadt völlig ersetzt. Als Zentrum des Naturschutzes fungiert der Kleine Kranichsee, das einzig erhaltene Kammhochmoor Sachsens. Unsere Wanderung führt in dieses Gebiet.

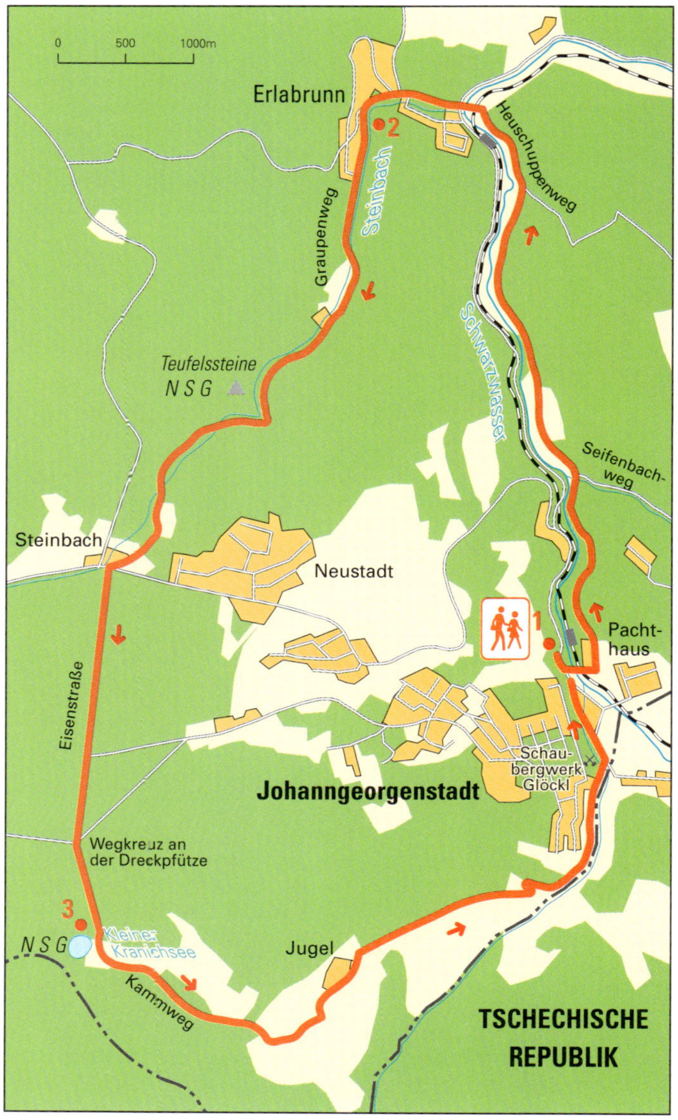

Tourverlauf

Ausgangspunkt ist der Bahnhof Johanngeorgenstadt. ①
Man verläßt ihn nach links, folgt der Pachthausstraße für 300 Meter und überquert dann die Bahnlinie nach Osten. Ab dem Nordrand des Ortsteils Pachthaus verläuft der Weg entlang des rechten Hangs des Schwarzwassers bis zur Einmündung des Seifenbachwegs. Hier folgt man dem Johanngeorgenstädter Weg bis zur ersten Weggabelung, zweigt dort links ab und kommt damit wieder zum Schwarzwasser. Ab der Einmündung des Heuschuppenwegs folgt man dessen blauer Strich-Markierung nach Erlabrunn.
Auch nach der Einmündung des Steinbachs bleibt man dieser Markierung treu, und wandert über den Graupenweg bis zu einem großen Wegekreuz. Ab hier folgt man dem grünen Diagonalstrich, der als Naturlehrpfad zum linken Uferhang des Steinbachs und zu den Teufelssteinen hinaufführt. ②
Hinter den Teufelssteinen wird aus dem Wanderweg die Steinbachtalstraße, die im Ortsteil Steinbach mündet.
Ab Steinbach folgt man der schnurgeraden Eisenstraße fast genau nach Süden bis zum Wegekreuz »An der Dreckpfütze«.
Hier beginnt erneut die grüne Strichmarkierung, die man bis zum Ausgangspunkt im Auge behält.
Nächstes Ziel ist wenig weiter südlich die Gaststätte Henneberg und das Hochmoor Kleiner Kranichsee. ③
Nach dem Spaziergang durch das Moor geht es südostwärts weiter über den Kammweg nach Jugel oberhalb des Pechöfenbachs. Er bildet hier die Grenze zur Tschechischen Republik. Hinter Jugel steigt man zügig hinunter in den Boden des Lehmergrunds, wendet sich dann nordwärts und kommt vorbei am Schaubergwerk »Glöckl« zurück zum Ausgangspunkt.

◁ *Kammhochmoor Kranichsee*

Sehenswürdigkeiten

① Johanngeorgenstadt wurde erst 1654 gegründet und ist damit die jüngste Bergstadt im Erzgebirge. Gefördert wurden zunächst Silber, Eisen und Zinn, im neuerer Zeit Wismut, Kobalt, Arsen und Schwefelkies. Vor allem die Uranerzförderung führte im Bereich der Altstadt zu so starken Absenkungen, daß die Häuser abgerissen werden mußten. Die Anlage von Neu- und Mittelstadt war die Folge.
Das Schaubergwerk »Glöckl« gehört zu dem von 1671 bis 1958 betriebenen Schacht »Unverhofft Glück«. Interessant sind vor allem die 28 Meter hohe Radstube mit zwei Rädern von 10 und 16 Metern Durchmesser.
In neuerer Zeit kamen die Touristen, vor allem wegen des Wintersports. Der 1019 Meter hohe Auersberg und mehrere Sprungschanzen sind die besonderen Attraktionen.

△ *Bergwerk Johanngeorgenstadt*

② Das wildromantische Steinbachtal ist durch einen 8 Kilometer langen Naturlehrpfad erschlossen. Im Naturschutzgebiet Teufelssteine ragen die Granitwände und einzelne Granittürme bis zu 30 Meter in die Höhe.
③ Das Hochmoor im Naturschutzgebiet Kleiner Kranichsee hat weder mit Kranichen noch mit einem See etwas zu tun. Kranich dürfte hier vielmehr vom slawischen Wort »granica« für Grenze kommen. See steht im Namen lediglich für sumpfiges Gelände. Seine Durchquerung ermöglicht ein Knüppeldamm, den man nicht verlassen sollte.

Tip

Großer Kranichsee bei Carlsfeld, westlich von Johanngeorgenstadt: Etwa 2 Kilomter südwestlich von Carlsfeld zieht sich in der Kammlage (900 bis 970 Mter) des Westerzgebirges ein ausgedehntes Hochmoorgebiet hin, das eine Fläche von rund 287 Hektar einnimmt. Der größte Teil der Moore ist mit Moorkiefernwald bestockt. Im Endstadium der Verheidung breiten sich auf den Torfmoosdecken die Moosbeere, das Scheidige Wollgras, das Heidekraut und die Gemeine Krähenbeere aus. Bekannt ist der Große Kranichsee vor allem als Exkursionsziel für Biologen, trifft man doch hier noch auf das Hermelin und die Zwergspitzmaus, das Winter- und Sommergoldhähnchen, den Tannenhäher sowie vereinzelt das Birkhuhn und das Auerhuhn.

Wanderung 57 B: 12 Kilometer – 3 Stunden

Zum Schneeberger Floßgraben

57 B

Vogtland

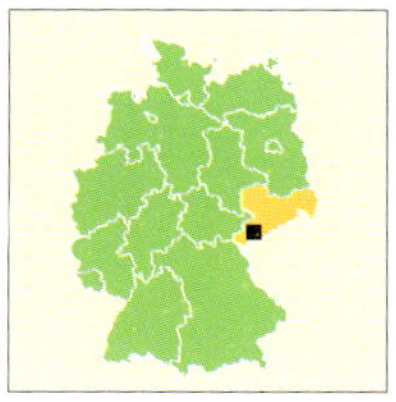

Schneeberg und Aue sind alte Bergstädte, die zu allen Zeiten großen Holzbedarf hatten. Wo immer es ging, wurde das benötigte Holz zwischen der Einschlagstelle und dem Verbraucher geflößt. Nicht selten wurden dafür eigene Flößergräben angelegt. Ein besonders schöner ist die Triftrinne zwischen Bockau und dem Schneeberger Ortsteil Schlema.

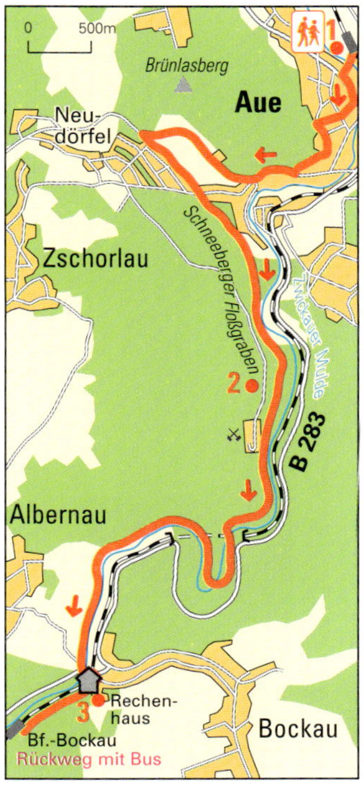

Tourverlauf

Die Tour beginnt am Bahnhof in Aue, wo das Schwarzwasser in die Zwickauer Mulde mündet. ①
Über Bahnhof- und Poststraße (Überquerung der Zwickauer Mulde) erreicht man die Schillerstraße, die zum Stadtpark führt. Dort beginnt der Weg mit der Markierung roter Strich, der schließlich über Treppen zum Schneeberger Floßgraben hinaufführt. ②
Die über 400 Jahre alte Floßtrasse ist heute stellenweise mit Gras und Blattpflanzen überwachsen, streckenweise auch verlandet. Zunächst verläuft der künstliche Wasserlauf in einem großen Bogen um die Südhänge des 512 Meter hohen Brünlasbergs herum bis zur Einmündung des Zschorlaubachs. Hier beginnt die grüne Markierung zusammen mit der Richtungsänderung des Wegs und des Flößergrabens nach Südosten. Durch die letzten Häuser des Auer Stadtteiles Neudörfel wandert man auf die steilen Waldhänge auf der Westseite der Zwickauer Mulde zu. Diese Steilhänge sind mit Granittrümmern übersät. Stollenmundlöcher und Abraumhalden erinnern an den Zschorlauer Bergbau.

Wie mühsam das Anlegen des Flößergrabens und wohl auch das Flößen waren, verrät eine weite Flußschleife unterhalb des langen Felsens. Hier ist es der Mulde nicht gelungen, den Umlaufberg zu durchschneiden, so daß auch der Floßgraben diesen Umweg machen mußte.
Erst auf dem letzten Kilometer vor der Verbindungsstraße zwischen Albernau und Bockau wird das Tal freundlicher, Wiesen säumen nun teilweise seinen Rand. Nach der Überquerung der B 283 wird kurz darauf das Rechenhaus erreicht. ③
Von hier sind es noch etwa 800 Meter über die Bahnhofstraße zum Bahnhof von Bockau. Von dort gibt es die Rückfahrmöglichkeit mit dem Bus nach Aue.

▽ *Aue, die Hauptstadt des Westerzgebirgskreises*

Sehenswürdigkeiten

① In Aue wurde bereits im 16. Jahrhundert Wismut abgebaut, das unter anderem für leicht schmelzende Legierungen benutzt wird. Nach 1945 wurde Uranerz für sowjetische Atomwaffen geschürft.
Das älteste Haus von Aue ist ein Umgebindehaus von 1663, es steht in der Bergfreiheit Nr. 11. Die Bergfreiheit Nr. 1 ist ein rekonstruiertes Bergwerks-Huthaus mit Knappschaftssaal und Schaustollen.
② Der Schneeberger Floßgraben zwischen Bockau und Schlema wurde zwischen 1556 und 1559 errichtet, und mit Muldenwasser geflutet; er war bis 1874 in Betrieb. Über den Flößergraben wurde das am Oberlauf der Zwickauer Mulde geschlagene Holz zu den Gruben, Schmelzhütten und Verarbeitungsöfen von Aue und Schneeberg transportiert.
③ Das Rechenhaus von Bockau war die Dienstwohnung des Rechenwärters, der das Holz am Muldenwehr in den Floßgraben zu dirigieren hatte. Im wenig östlich gelegenen Bockau wurde der Anbau des Doldengewächses Angelika (Engelswurz) gepflegt. Ähnlich wie aus der Wurzel des Gelben Enzians werden aus der Wurzel der Pflanze Liköre und Arzneimittel hergestellt.

△ *Wohnhaus in Aue*

Tip

Schneeberg: Altes Brauchtum spiegelt sich zum Lichterfest in Schneeberg vor Weihnachten wider, wenn die Stadt festlich illuminiert ist. Und im barocken Borthenreuther-Haus zeigt das Museum für Bergmännische Volkskunst die Ergebnisse jahrhundertealter Schnitzkunst: Pyramiden, mechanische Weihnachtsberge und Klöppelarbeiten.

58

Autotour 58: 140 Kilometer

Ins Westerzgebirge

Westliches Erzgebirge

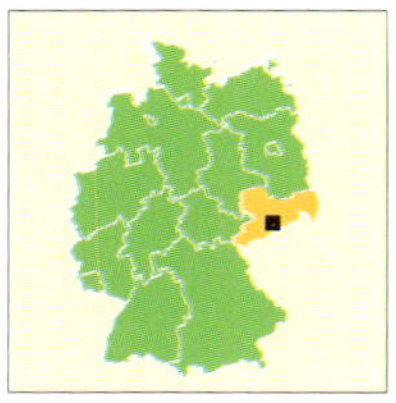

Die höchstgelegene Stadt Deutschlands, der höchste Berg Sachsens und eine alte Bergbaustadt wie aus dem Bilderbuch sind Höhepunkte einer Fahrt durch das Zschopautal nach Süden. Alte Burgen warten hier ebenso auf Besucher wie prächtige Bergmannskirchen oder ein riesiges Jagdschloß. Landschaftlicher Höhepunkt sind neben dem Fichtelberg die Greifensteine bei Geyer.

Tourverlauf

Durch den Motorradbau weltberühmt geworden ist Zschopau, wo diese Tour ins Erzgebirge beginnt. ①
Erstes Ziel im Zschopauer Tal ist die alte Burg Scharfenstein. ②
Über der gleichnamigen Stadt steht Schloß Wolkenstein. ③
Ab Wolkenstein folgt man der B 101 bis Annaberg-Buchholz.④
Die Grenze zur Tschechischen Republik erreicht man in Bärenstein. ⑤
Am Fuß des Fichtelbergs ist Oberwiesenthal die nächste Station. ⑥
Auf der grenznahen Landstraße geht es dann nordwestwärts nach Rittersgrün und Pöhla. ⑦
Bei Raschau erreicht man die B 101, der man Richtung Annaberg-Buchholz bis Scheibenberg folgt. ⑧
Dort biegt man links ab, um über Elterlein nach Geyer zu kommen. ⑨
Der letzte Besuch dieser Autotour gilt Ehrenfriedersdorf. ⑩
Ehrenfriedersdorf verläßt man in nordöstlicher Richtung und fährt an der Dittersdorfer Höhe zurück nach Zschopau.

Sehenswürdigkeiten

① Im Mittelalter war Zschopau eine wichtige Station am Handelsweg von Leipzig nach Prag. Diese Straße überquerte die Zschopau an der Stelle, wo heute die Steinbrücke steht. Zur Sicherung des Verkehrs entstand Mitte des 12. Jahrhunderts die malerisch über dem Fluß gelegene Burg Wildeck. Hiervon ist der Dicke Heinrich erhalten, ein Rundturm mit 4 Meter dicken Mauern. Den Rest der Burg ließ Herzog Moritz 1545 zum Jagdschloß umbauen. Vom alten Kern von Zschopau ist das Rathaus mit seinem Turm und Glockenspiel interessant. Das Edelhaus entstand 1561 als Renaissancebau für den Jägermeister Cornelius von Rüxleben. Die Kirche St. Martin wurde 1494 erbaut, erhielt jedoch ab 1751 nach einem Brand eine einheitliche Barockausstattung. Der spätklassizistische Kanzelaltar wurde sogar erst 1859 eingebaut.

② Die Burg Scharfenstein wurde im 13. Jahrhundert auf einem 34 Meter hohen Felssporn oberhalb der Zschopau errichtet. Aus dieser Zeit stammt noch der 17 Meter hohe Bergfried. Das Torhaus wurde in der Gotik, der schöne Renaissancegiebel 1533 gebaut.

③ Das malerisch auf einem Felsen thronende Schloß Wolkenstein zählt zu den ältesten Schlössern des Erzgebirges. Schon im 12. Jahrhundert hatten hier die Herren von Waltenburg eine Burg errichtet, die 1478 in den Besitz der Wettiner kam. Bis 1505 erweiterten sie die Burg großzügig zum Schloß, das heute eine Schnitzer- und eine Klöppelstube sowie ein Heimatmuseum birgt. Das Dorf Wolkenstein war im 15. Jahrhundert Sitz des kurfürstlichen Bergamts. Der mittelalterliche Stadtkern, auf einem 70 Meter hohen Plateau über der Zschopau gelegen, steht unter Denkmalschutz und präsentiert so manchen malerischen Winkel. An die alte Stadtbefestigung erinnert das Mühltor mit der im 16. Jahrhundert gearbeiteten Figur des Bartholomäus. Die spätgotische Pfarrkirche stammt in ihrer heutigen Form von 1689, der Altaraufbau von 1648.

◁ *Einbruchstrichter der Pinge, Geyer*

④ Annaberg-Buchholz wurde gegründet, als 1496 am Schreckenberg Erz gefunden wurde. Die Stadt entwickelte sich daraufhin schnell zum wirtschaftlichen und kulturellen Zentrum des Erzgebirges. Das Bergamt der Stadt verzeichnete 1530 nicht weniger als 380 Zechen. Bereits um 1540 war Annaberg größer als Leipzig. Von der wirtschaftlichen Blüte zeugt auch die bereits 1525 fertiggestellte Annenkirche, die zur größten Hallenkirche Sachsens und mit ihrem prächtigen Sterngewölbe zu einem spätgotischen Juwel geriet. Ihre Emporenbrüstungen sind mit 100 Reliefs von Franz Maidburg verziert. Vom selben Künstler stammt die 1516 datierte Kanzel und das Portal der alten Sakristei, das älteste

△ Blick ins Schiff der Annenkirche in Annaberg

Renaissanceportal Sachsens. Besonders interessant ist der Bergknappschaftsaltar mit Szenen aus dem Silberbergbau. Die Pfarrkirche St. Katharinen im Ortsteil Buchholz wurde bis 1504 errichtet, mußte aber nach dem Krieg erneuert werden. Ihr Hochaltar stammt von 1524.

⑤ Bärenstein: Siehe Wanderung 58 A, Seite 240.

⑥ Das 914 Meter hoch am Fuß des Fichtelbergs gelegene Oberwiesenthal ist die höchstgelegene Stadt Deutschlands, wurde 1517 nach Erzfunden planmäßig angelegt und ist heute das Wintersportzentrum Sachsens. In seiner neugotischen Kirche ist das schmiedeeiserne Altargitter aus der Zeit um 1700 sehenswert. Der Weihnachtsberg entstand um 1900. Die Postmeilensäule auf dem Marktplatz stammt von 1730 und nennt nicht weniger als 78 Ortsnamen, die von hier aus im Postverkehr erreichbar waren. Der Gipfel des 1214 Meter hohen Fichtelbergs ist per Seilbahn zu befahren. Vom 42 Meter hohen Aussichtsturm bietet sich eine umfassende Rundsicht über das gesamte Erzgebirge.

△ Die »Butterfässer« genannten Basaltsäulen bei Annaberg-Buchholz

⑦ In Pöhla lohnt das Schaubergwerk einen Besuch. Mit der Grubenbahn fährt man etwa 3 Kilometer in den Berg hinein und besichtigt die größten Zinnabbauhallen Europas.

⑧ Scheibenberg bietet mit den »Orgelpfeifen«, einer mehrere hundert Meter breiten Wand aus bis zu vierzig Meter hohen Basaltsäulen, eine besondere geologische Sehenswürdigkeit.

▽ Krokuswiese bei Drebach nördlich von Ehrenfriedersdorf

⑨ Die Greifensteine bei Geyer dienen für Klettersversuche und stellen die Kulisse für ein Naturtheater dar.

⑩ Ehrenfriedersdorf: Siehe Wanderung 58 B, Seite 241.

Schloß Augustusburg – Die Krone des Erzgebirges

Das viertürmige Renaissanceschloß zwischen Flöha und Zschopau geht auf eine in der zweiten Hälfte des 12. Jahrhunderts belegte Burg Schellenberg zurück. Als diese Burg im 16. Jahrhundert zerstört wurde, errichtete der sächsische Kurfürst August I. die heutige, ausgedehnte Anlage als Jagdschloß. Baumeister waren der Leipziger Hieronymus Lotter, der Freiberger Oberbergmeister Martin Planer und später Rochus Karl Graf von Lynars. Von der ursprünglichen Ausstattung ist im Hasenhaus ein Bilderzyklus aus dem Jahre 1572 erhalten. Das Motiv aus der verkehrten Welt zeigt den Krieg der Hasen gegen die Menschen. Die 1572 fertiggestellte Schloßkapelle hat ein Tonnengewölbe und an drei Seiten umlaufende, zwei- und dreigeschossige Emporen. Der vergoldete Altar entstand 1571 in einer Salzburger Werkstatt. Auf einem der Altargemälde ist der Kurfürst mit seiner Familie vor dem Gekreuzigten dargestellt. In den weitläufigen Räumen ist heute das Museum für Jagd- und Vogelkunde des Erzgebirges sowie ein Motorradmuseum untergebracht. Im Marstallgebäude sind Kutschen des Dresdener Königshofs zu sehen.

Tip

Basaltsäulen östlich von Annaberg-Buchholz: Am Pöhlberg stehen auf tertiären Kiesen und Sanden Basaltsäulen, die im Volksmund »Butterfässer« genannt werden. Um den Pöhlberg führt ein Naturlehrpfad.

58 A

Wanderung 58 A: 16 Kilometer – 4½ Stunden

Bärenstein und Fichtelberg

Westliches Erzgebirge

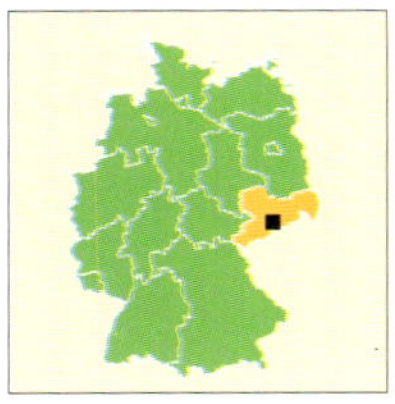

»Himmelsleiter« wäre die richtige Bezeichnung für diesen Anstiegsweg zum höchsten Gipfel des Erzgebirges. Der erste Höhepunkt ist der 897 Meter hohe Bärenstein, von dem aus man 15 Kilometer südwärts gegen den Fichtelberg wandert, um schließlich das letzte Stück tatsächlich wie über eine Himmelsleiter geradeaus zum Gipfel hinaufzuklettern.

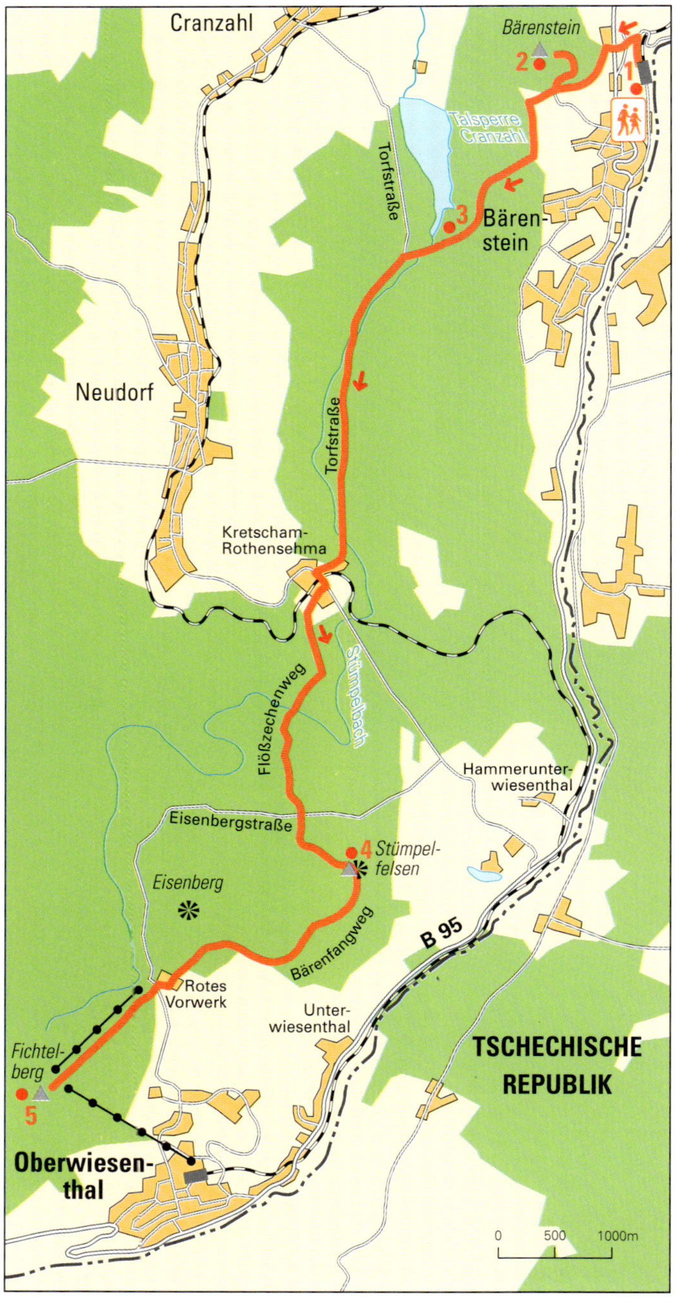

Tourverlauf

Der Aufstieg zu Bärenstein und Fichtelberg beginnt am Bahnhof Bärenstein. ①
Vom Bahnhof folgt man zunächst der Bahnhofstraße in Richtung Kühberg (Norden), wo man nach knapp 200 Metern auf einen nach links abzweigenden Fußsteig mit blauer Markierung trifft. Ihm folgt man bis hinauf zur Kuhgasse, überquert die von rechts herunterkommende Abfahrtspiste und biegt nach weiteren 100 Metern, noch be-

△ *Weihnachtszeit in Oberwiesenthal*

vor die Fahrstraße zum Bärenstein erreicht wird, rechts ab. Der hier beginnende, markierungslose Steig bietet den kürzesten Anstieg zum Gipfel des Bärensteins. ②
Für den Abstieg vom Bärenstein kann man denselben Pfad benutzen oder, der besseren Aussicht zuliebe, für gut 500 Meter der Bergstraße bis zum Waldrand folgen. Hier trifft man auf den Kleppermühlenweg und damit auch wieder auf die blaue Markierung. Beide zusammen führen zunächst hinüber zur Talsperre Cranzahl. ③
Ab dem Wegestern heißt der Weg nun Torfstraße, die blaue Kennung bleibt jedoch erhalten. Nächste Station ist der Weiler Kretscham-Rothensehma, hinter dem man auf dem Flößzechenweg weitergeht.
Er führt zunächst mit leichtem Gefälle hinunter ins Quellgebiet des Stümpelbachs, kreuzt die Eisenbergstraße und erreicht die Stümpelfelsen. ④
Der Bärenfangweg umgeht nun in großem Bogen den 1028 Meter hohen Eisenberg, um schließlich beim Roten Vorwerk den Sattel zwischen Eisenberg und Fichtelberg zu erreichen. Hier erst verläßt man die blaue Markierung, um über die Skipiste als Himmelsleiter den Fichtelberg direkt zu erklimmen. ⑤
Vom Fichtelberg kann man wahlweise mit dem Bus oder der Seilbahn hinunter nach Oberwiesenthal fahren. Zurück nach Bärenstein geht es ebenfalls mit dem Bus.

△ *Der Fichtelberg im Erzgebirge*

Sehenswürdigkeiten

① In Bärenstein entstand im 19. Jahrhundert Textilindustrie. Nach dem Zweiten Weltkrieg kam der Uranabbau dazu.
② Der 897 Meter hohe Bärenstein im Nordwesten der gleichnamigen Ortschaft ist ein typischer Basaltberg, dessen Kuppe eine Berggaststätte und ein Aussichtsturm zieren.
③ Die Talsperre Cranzahl dient hauptsächlich als Trinkwasserspeicher für Annaberg-Buchholz.
④ Der Stümpelfelsen bietet eine besonders schöne Aussicht nach Osten auf die grenznahen Berge der Tschechischen Republik.
⑤ Der 1214 Meter hohe Fichtelberg ist der höchste Berg des Freistaates Sachsen. Vom Aussichtsturm des Fichtelberghauses bietet sich ein umfassendes Panorama, das an klaren Tagen in jeder Richtung bis zu 200 Kilometer weit reicht.

Tip

Naturschutzgebiet Schönjungferngrund am Fichtelberg: Im Naturschutzgebiet Schönjungferngrund, schluchtartig zwischen die beiden Gipfel des Fichtelbergmassivs eingeschnitten, nisten unter anderem Birkenzeisig und Fichtenkreuzschnabel. Die gegenwärtige Waldvegetation der Fichtenstufe beherbergt montane Arten wie den Alpenmilchlattich und den Platanenhahnenfuß.

Wanderung 58 B: 10 Kilometer – 2½ Stunden

58 B

Greifensteine und Röhrgraben

Die eindrucksvollen, bizarr geformten Greifensteine sind die Verwitterungsreste eines einst mächtigen Granitblocks. Im Mittelalter gab es hier eine Festung, seit 1931 wird das Naturtheater bespielt. Der Röhrgraben wurde schon im 14. Jahrhundert zur Wasserversorgung der Ehrenfriedersdorfer Zinnerzgruben angelegt.

Westliches Erzgebirge

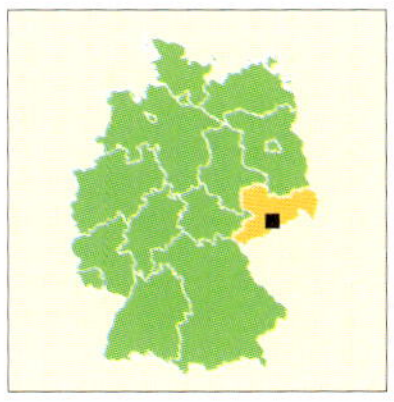

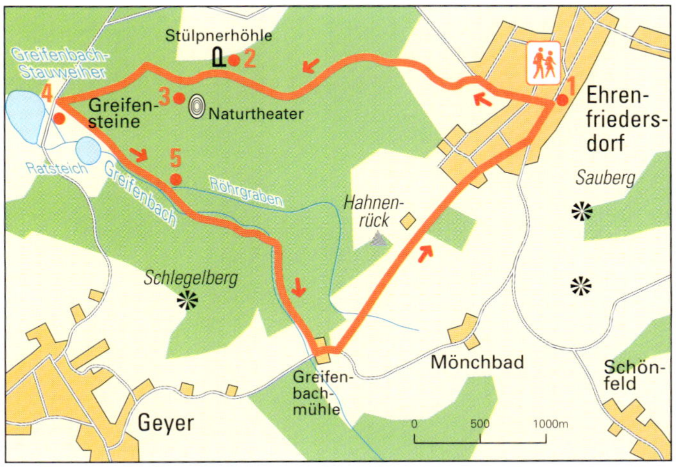

Tourverlauf

Am Neumarkt in der alten Bergbaustadt Ehrenfriedersdorf beginnt der Wanderweg, markiert mit einem roten Strich. ①
Ihm folgt man durch die Greifensteinstraße westwärts bis zum Albin-Langer-Weg, der schließlich im Freiwald mündet.
Nach stetigem Anstieg bietet die »Schöne Aussicht« einen guten Blick zurück auf Ehrenfriedersdorf und die ehemaligen Förderanlagen der Grube Zinnerz auf dem Sauberg. Wenig später wird die Stülpnerhöhle erreicht. ②
Unmittelbar hinter der Höhle kommt man mitten hinein in die Greifensteine, zum Naturtheater und zum Aussichtspunkt auf dem höchsten der ansonsten Kletterern vorbehaltenen Greifensteinfelsen. ③
Westlichstes Ziel dieser Wanderung um die Greifensteine ist der Greifenbach-Stauweiher. ④
Hier beginnt der Rückweg entlang der Markierung gelber Strich. Der Anton-Günther-Weg führt abwärts durch den Pochwald in das Greifental. Vorbei am alten Eingang des Goldenen Adlerstollens kommt man schnell zur Abzweigung des Röhrgrabens vom Greifenbach. ⑤
Etwa 500 Meter weiter schwenkt der Weg nach Süden und erreicht nach einem weiteren Kilometer die Greifenbachmühle, die sich als Rastmöglichkeit anbietet.
Von der Greifenbachmühle aus kommt man direkt unter den Hängen des 633 Meter hohen Hahnenrück zurück nach Ehrenfriedersdorf.

▽ Die Greifensteine nördlich von Geyer

Sehenswürdigkeiten

① In Ehrenfriedersdorf gibt es die älteste, noch betriebene Zinngrube des Erzgebirges. Sie bestand nachweislich schon 1293. In der spätgotischen Stadtkirche St. Nikolai steht mit dem prächtigen, sechsflügeligen Schnitzaltar von Hans Witten einer der bedeutendsten mittelalterlichen Altäre Sachsens.
② Die Stülpnerhöhle ist ein wieder zugänglich gemachtes, altes Stollenmundloch. Es soll dem erzgebirgischen Volkshelden Karl Heinrich Stülpner (1761 bis 1841) als Winterquartier gedient haben.
③ Greifensteine heißen die bizarren Klippen am Rande des Granitstocks nördlich von Geyer. Die Felsen erreichen 731 Meter Höhe und präsentieren sich als großes Klettergebiet des Erzgebirges. Auf die sechs Kletterfelsen führen nicht weniger als 65 verschiedene Kletterrouten. Am Fuß des Aussichtsfelsens steht das alte Berghaus, in dem ein Greifenstein-Museum untergebracht ist. Im ehemaligen Granitsteinbruch gegenüber ist das Naturtheater untergebracht, in dem allein schon sieben verschiedene Fassungen des »Stülpner-Stoffes« aufgeführt wurden.
④ Der Greifenbach-Stauweiher verdankt seine Entstehung dem Zinnbergbau. Er wurde als Wasserreservoir für die Erzwäsche eingerichtet.
⑤ Der Röhrgraben wurde bereits im 14. Jahrhundert angelegt. Über ihn floß das im Greifenbach-Stauweiher gestaute Wasser des Greifenbachs zu den Ehrenfriedersdorfer Zinngruben am Sauberg.

◁ Exponat im Mineralienmuseum von Ehrenfriedersdorf

Tip

Pinge in Geyer südwestlich von Ehrenfriedersdorf: Ein Naturdenkmal besonderer Art ist die Pinge in Geyer. 1704 und später noch einmal 1803 stürzten Teile des Zinnbergwerks mit seinen großen unterirdischen Hohlräumen ein und bildeten eine 70 Meter tiefe und 200 Meter lange sowie 160 Meter breite Einbruchstelle. An den Rändern der Pinge bekommt man anschaulich gezeigt, wie früher das Erz aus dem Zwitterstock gewonnen wurde: Um die Zinnsteinschnüre abbauen zu können, mußte die gesamte Gesteinsmenge ausgeräumt werden. Etwa 200 000 Kubikmeter der Hohlräume sind nicht von dem Pingenbruch betroffen. Ein Lehrpfad mit über dreißig Markierungen (Symbol sind Schlägel und Eisen) führt zu einem Rundgang um die Flurgrenzen der Stadt Geyer bis zum Stauweiher.

Autotour 59: 130 Kilometer

Zum Seiffener Winkel

Osterzgebirge

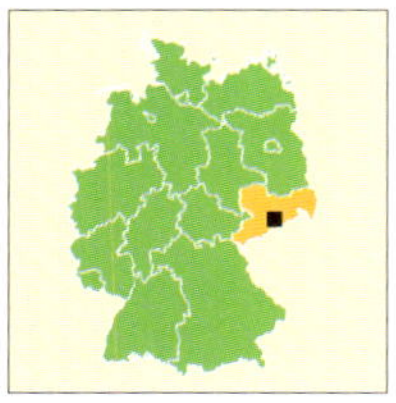

Für das Osterzgebirge zwischen Freiberg und Seiffen gilt die Dreierkombination: Silber brachte den Reichtum, Silbermann den Ruhm und die Spielzeugproduktion um Seiffen gutbürgerliches Auskommen. Die Berge im Osterzgebirge sind bereits flacher, die zahlreichen Täler nicht mehr so stark eingetieft. Die Gipfel erreichen kaum noch 700 Meter, und die Wälder sind nicht mehr ganz so weitläufig. Diese Region bietet dem Besucher zahlreiche alte Bergstädte mit romantischem Ambiente.

Tourverlauf

Freiberg und sein berühmter Dom bilden den Auftakt zu dieser Ausflugsfahrt ins mittlere Erzgebirge. ①
Etwa 6 Kilometer sind es auf der B 101 südwärts nach Brand-Erbisdorf. ②
In Neuwaltersdorf zweigt man von der B 101 nach links ab, um nach Dörnthal zu gelangen. ③
Eine bemerkenswerte Dorfkirche hat Forchheim zu bieten. ④
Nach einem kurzen Zwischenstück über die B 101 fährt man rechts hinüber nach Lengefeld. ⑤
Weiter geht es auf der Landstraße südwärts nach Lauterbach. ⑥
Ebenfalls eine Landstraße führt nach nach Marienberg. ⑦
Ab Marienberg folgt man der B 171 bis Olbernhau. ⑧
Die Weiterfahrt erfolgt nun wieder auf Landstraßen, zunächst nach Seiffen. ⑨
Als nächstes Ziel erscheint Neuhausen im Tal der Flöha. ⑩
Letzter Etappenpunkt dieser Erzgebirgs-Tour ist Sayda. ⑪
Ab Sayda folgt man erst dem Tal des Chemnitzbachs, ab Mulda dann der Mulde, um nach Freiberg zurückzukommen.

▽ *Die Tulpenkanzel im berühmten Freiberger Dom*

Sehenswürdigkeiten

① Freiberg war die Silberstadt der Sachsen. Bereits 1168 wurde das kostbare Metall entdeckt und bis 1913 gefördert. Mitte des 16. Jahrhunderts gab es im Freiberger Revier über 700 Erzgruben. Die 1765 gegründete Bergakademie war die erste Hochschule für Bergbau der Welt. Ab 1240 betrieben die Wettiner eine Münze und machten sie zur bedeutendsten Prägestätte Sachsens. Herausragendes Zeugnis des frühen Reichtums ist der Dom, eine spätgotische Hallenkirche, die in ihrer heutigen Form 1512 fertiggestellt wurde. Schönster Teil ihres Äußeren ist die berühmte Goldene Pforte an der Südseite mit zahlreichen, vollplastischen Figuren aus der Zeit um 1230. Im Inneren sind die Bergmannskanzel von 1638 und die Tulpenkanzel von 1510 interessant. Die Orgel ist die älteste und größte noch erhaltene Silbermannorgel. Gebaut hat sie Deutschlands berühmtester Orgelbauer in seiner Heimatstadt bis 1714. Im 1484 fertiggestellten Domherrenhof neben dem Dom ist heute das Stadt- und Bergbaumuseum untergebracht. Auch die Petrikirche, eine dreischiffige spätgotische Hallenkirche von 1440, besitzt eine Silbermannorgel, ebenso wie die neugotische Jakobikirche von 1892. Den Obermarkt säumen sehenswerte Bürgerhäuser mit interessanten Portalen, das spätgotische Rathaus wurde bis 1474 errichtet. Die Zeche »Alte Elisabeth« ist heute als Museum zugänglich.

② Brand-Erbisdorf besitzt im Ortsteil Erbisdorf eine spätgotische Dorfkirche. Sie birgt einen lebensgroßen, steinernen Bergmann von 1585, der ursprünglich die Kanzel trug. Erhalten sind außerdem Teile des

◁ Am Großen Teich bei Großhartmannsdorf

Schnitzaltars von 1603 und ein Taufbecken aus Zinn von 1516.
③ In Dörnthal stammt die Wehrkirche aus dem 14. Jahrhundert. Ihr Inneres zieren eine mit Heiligenbildern bemalte Kassettendecke, ein spätgotischer Flügelaltar und eine Kanzel aus dem 17. Jahrhundert.
④ Die barocke Dorfkirche von Forchheim wurde 1726 von Georg Bähr, dem Architekten der Dresdner Frauenkirche, errichtet. Die Orgel baute Gottfried Silbermann.
⑤ Die bei Lengefeld über der Flöha throndende Burg Rauenstein entstand aus einer im 11. Jahrhundert errichteten Felsenburg. Der Ausbau zum Schloß erfolgte nach 1567 durch Kurfürst August. Der Springbrunnen im Vorhof war ein Geschenk Friedrichs II.
⑥ Die Lauterbacher Wehrkirche aus dem 15. Jahrhundert zählt zu den schönsten Kirchen Sachsens. Nachdem sie 1905 als Pfarrkirche zu klein geworden war, setzte man sie auf den Friedhof um, wo sie bis heute steht. Ihr Inneres ziert eine bemalte Kassettendecke von 1623. Der spätgotische Flügelaltar wurde Anfang des 16. Jahrhunderts gefertigt. Die Orgel von 1625 zählt zu den ältesten des Landes, die Kanzel wurde 1702 fertiggestellt.
⑦ Marienberg entstand aus einem kleinen Waldhufendorf, wo man 1519 Erz gefunden hatte. Nur 20 Jahre später gab es schon 559 Erzgruben, so daß eine planmäßige Stadtanlage möglich war. Bis 1566 wurden die Befestigungsanlagen vollendet. Schöne Beispiele davon sind der Rote Turm und das Zschopauer Tor von 1545. Anziehendstes Stück des im Tor untergebrachten Museums ist der Marienberger Märchenberg mit beweglichen Figuren aus 20 Märchen. Die spätgotische Stadtkirche St. Marien wurde 1564 als dreischiffige Hallenkirche fertiggestellt. Sie birgt einen spätgotischen Flügelaltar sowie eine Sandsteinkanzel von 1617. Im südwestlich gelegenen Großrückerswalde steht eine besonders eindrucksvolle Wehrkirche aus der Mitte des 15. Jahrhunderts. An ihrem Wehrgang sind noch die Schießscharten erhalten.
⑧ Olbernhau: Siehe Wanderung 59 A, Seite 244.
⑨ Wahrzeichen der Streusiedlung Seiffen könnte der Nußknacker sein. Der Name der Ortschaft kommt andererseits von »Ausseifen«, wie man die frühe Art der Zinngewinnung nannte. Ab der Mitte des 15. Jahrhunderts erfolgte der Zinnabbau bergmännisch, doch ging sein Ertrag stetig zurück. Wohl deshalb ist der erste Drechsler bereits 1644 belegt. »Seiffener Ware« landete auf der Leipziger Messe und wurde schnell zum Begriff. Mitte des 18. Jahrhunderts war Seiffen bereits Zentrum der sächsischen Spielwarenindustrie. Sehenswert sind vor allem das Spielzeugmuseum, die Schauwerkstatt mit einem Reifendrehwerk und das Freilichtmuseum am Ortsausgang in Richtung Deutscheinsiedel.
⑩ Neuhausen: Siehe Wanderung 59 B, Seite 245.
⑪ Die Stadtkirche in Sayda mit ihrem Chor aus dem 14. Jahrhundert und dem Langhaus von 1502 ist interessant aufgrund der Epitaphien der Familie Schönburg aus dem späten 16. und dem frühen 17. Jahrhundert. Zusätzlich gibt es 24 Wappen der Familie.

Tip

Museum Kalkwerk in Lengefeld: Eine Rarität ist in Lengefeld das Museum Kalkwerk. Gleich vier Kalkbrennöfen veranschaulichen die Technik der Kalkproduktion.

▽ Lehrgrube in Freiberg

Seiffener Ware zur Weihnachtszeit

Bergbau und Holzverarbeitung waren für viele Jahrhunderte die wichtigsten Erwerbszweige im Erzgebirge. Als der Bergbau im 17. Jahrhundert langsam zurückging, wuchs die Bedeutung der Holzverarbeitung umso mehr. Liebevoll geschnitzte Figuren für die Weihnachtskrippe sicherten erste Nebenverdienste, Bergleute begannen, die Schnitzerei zum Hauptberuf zu machen. Andere bauten »Buckelbergwerke«, also Bergwerksmodelle, die man sich auf den Rücken schnallte und auf Jahrmärkten vorführte. Aus stetig größer werdenden Weihnachtskrippen wurden ganze »Weihnachtsberge«. Einen wichtigen Fortschritt in der kunsthandwerklichen Holzverarbeitung brachte das Drechseln. Räuchermännchen, Nußknacker und vielerlei andere Figuren wurden für unterschiedliche Pyramiden geschaffen. Die dazugehörigen Tiere dazu wurden im rationellen Verfahren des Reifendrehens produziert. Heute ist das Symbol des erzgebirgischen Kunsthandwerks der weltweit bekannte Nußknacker.
Die gut 300jährige Tradition der »Seiffener Ware« ist im Spielzeugmuseum in Seiffen gut dokumentiert. Glanzstück ist die 6,30 Meter hohe, mit zahlreichen Figuren verzierte Schaupyramide.

▷ Weihnachtspyramiden aus Seiffen

59 A

Wanderung 59 A: 16 Kilometer – 4 Stunden

Im Olbernhauer Wald

Überfliegt man das Erzgebirge in großer Höhe, präsentiert es sich als riesiges Waldgebiet, in das lediglich Rodungsinseln eingestreut sind. Wer nur von Ort zu Ort fährt, erlebt mehr die Rodungsinseln und weniger den Wald. »Wald satt« gibt es dagegen, wenn man in die Grenzregion zur Tschechischen Republik wandert.

Osterzgebirge

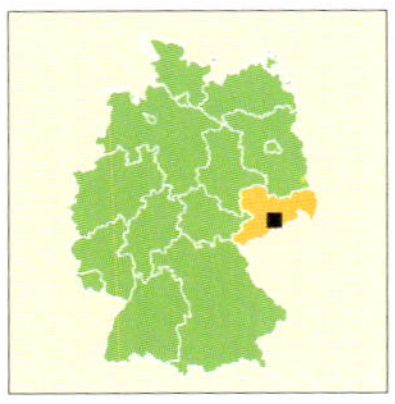

Tourverlauf

Im Olbernhauer Ortsteil Grünthal startet man zu dieser Wanderung an der Flöha. ①
Hier mündet die aus dem böhmischen Erzgebirgskamm kommende Natzschung; ihr und der Grenze entlang wandert man, der blauen Markierung folgend, zunächst nach Süden.
Unmittelbar an der Natzschung liegt die Saigerhütte Grünthal sowie das Technische Museum Kupferhammer. Hier geht man über die Straße An der Natzschung weiter und erreicht nach etwa einem Kilometer den Rothenthaler Ortsteil Pföbe. Jetzt beginnt der ebenfalls blau markierte Stößerfelsenweg, der im weiteren Verlauf den linksseitigen Hängen der Natzschung und damit der Grenze zur Tschechischen Republik folgt.
Der stetig steigende Weg führt nun in den Wald der Katzenheide hinein, wird noch etwas steiler und quert die Ost- und Südhänge des 680 Meter hohen Sophiensteins.
Einen guten Kilometer weiter wird der 650 Meter hohe Stößerfelsen erreicht, der eine besonders gute Aussicht auf das Natzschungtal bietet. ②
Die Blockhütte beim Stößerfelsen ist die einzige Unterstandsmöglichkeit auf der gesamten Wanderung.
Auch nach dem Stößerfelsen folgt man weiter dem Stößerfelsenweg und der blauen Markierung durch den Fichtenhochwald, bis man nach weiteren 2 Kilometern zu einem nach Süden fließenden Bach und einem Wegestern kommt. Hier beginnt der Brandleitenweg mit ebenfalls blauer Kennung. Er führt ins Steinbachtal und zu einer weiteren Wegkreuzung.
An dieser Wegkreuzung zweigt der Hammerweg im spitzen Winkel ostwärts ab, steigt für etwa 200 Meter zügig bergan, wendet sich dann nach links (nordwärts) und wird kurz darauf zur ausgebauten Forststraße, die nun nordostwärts Richtung Grünthal zieht. Nach und nach beginnt der Weg zu fallen, erreicht ausgedehntere Buchenwaldungen und wendet sich, entlang der linken Hänge des Dörfelbachs, nach Norden. Den Waldrand erreicht man bei den zum Haingut gehörenden Feldern.
Hier zweigt rechts mit roter Markierung der Königsweg ab, der noch einmal in den Wald führt, den Dörfelbach im Bogen kreuzt und die Nordhänge des 672 Meter hohen Bruchbergs quert. Sobald man erneut den Waldrand erreicht, sieht man voraus bereits den Ausgangspunkt Grünthal.

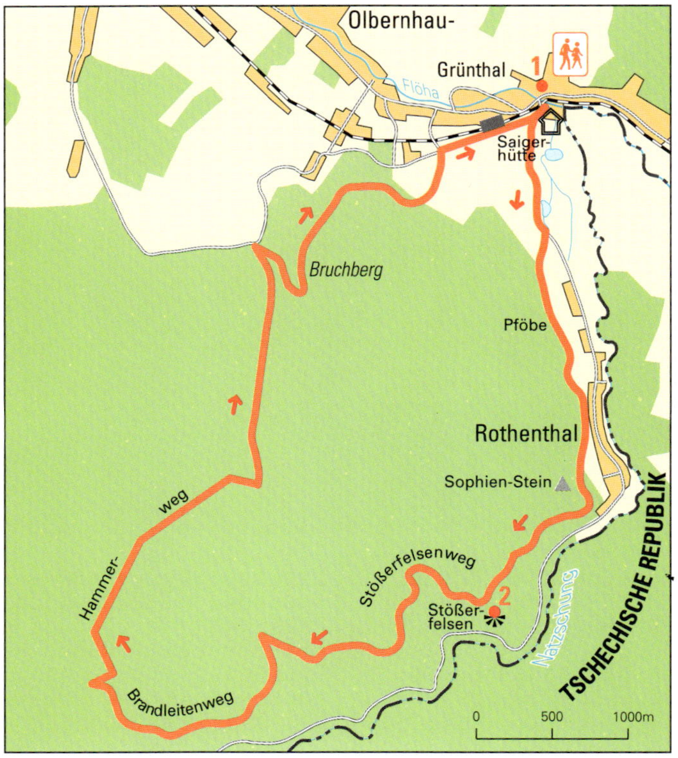

Sehenswürdigkeiten

① Olbernhau füllt als weitläufige Streusiedlung den Talkessel der Flöha. Am Marktplatz gibt es ein kleines Heimatmuseum, in der Pfarrkirche ein interessantes Altargemälde. In Oberneuschönberg, auf der Ostseite von Grünthal, liegt unmittelbar über der Natzschungmündung in die Flöha die barocke Dorfkirche. Sie besitzt ein mächtiges, hölzernes Tonnengewölbe und eine reichhaltige Innenausstattung. In Grünthal selbst wurde im Jahre 1537 die erste Saigerhütte gegründet. In ihr wurde Schwarzkupfer von dem darin enthaltenen Silber geschieden, was die Bergleute »saigen« nannten. Heute ist die alte Saigerhütte als Althammer Grünthal eine funktionstüchtige Schauanlage, in der man den Hüttenbetrieb der vorindustriellen Zeit kennenlernen kann.
② Der Stößerfelsen ist eine freistehende Felsklippe, die eine großartige Aussicht in das Natschungtal und auf die weiten Wälder der Tschechischen Republik bietet.

△ In Olbernhau
◁ Technisches Museum Saigerhütte, ursprünglich errichtet zur Gewinnung und Verarbeitung von Silber und Kupfer

Tip

In der Umgebung von Ansprung und Zöglitz westlich von Olbernhau gibt es Vorkommen an Serpentinit, ein dunkelgrünes, weiches, seltenes Gestein, das im Kunsthandwerk verwendet wird.

Wanderung 59 B: 15 Kilometer – 3½ Stunden

59B

Um die Talsperre Rauschenbach

Osterzgebirge

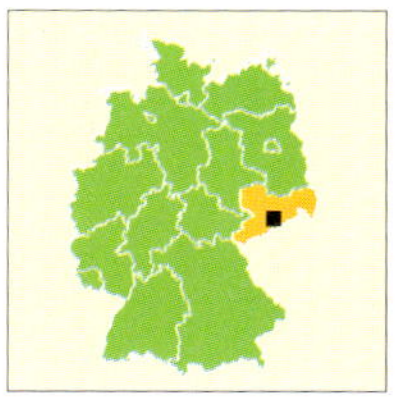

Je weiter man in den Osten des Erzgebirges kommt, desto flacher werden seine Berge, desto geringer der Waldanteil, desto offener die Landschaft. Ein schönes Beispiel dafür sind der Oberlauf der Flöha und die Talsperre Rauschenbach. Sie ist eingebettet in eine sanfte, freundliche Landschaft, die für den Wanderer geradezu ideal ist.

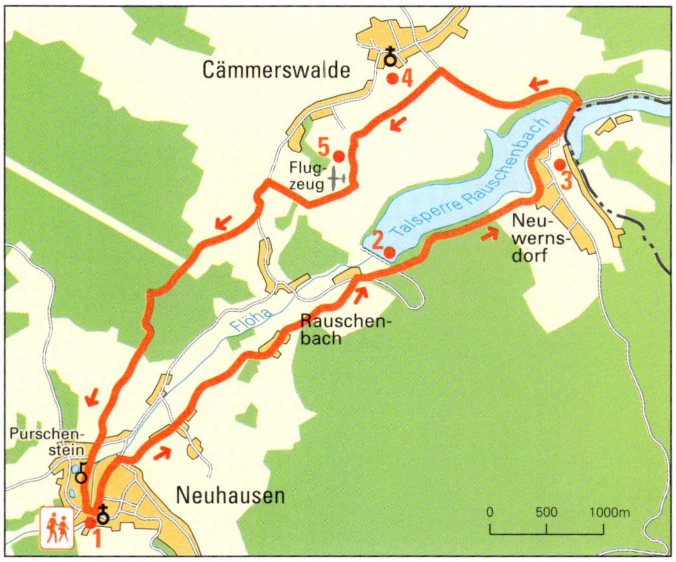

Tourverlauf

Am Bahnhof von Neuhausen, dem Ausgangspunkt zu dieser Wandertour, beginnt auch der Hauptwanderweg Erzgebirge/Vogtland. ①
Durch die Bahnhofstraße wandert man nordwärts, kreuzt den Frauenbach und folgt dann dem Neuwernsdorfer Weg hinüber nach Rauschenbach.
Kurz hinter Rauschenbach ist man bereits unterhalb der Talsperre, wo man aber nicht der Straße zu folgen braucht. Zur Krone der Staumauer hinauf führt vielmehr ein steiler, aber kurzer Steig, der am Parkplatz am Südende der Talsperre Rauschenbach mündet. ②
Dem linken Ufer der Talsperre entlang wandert man nordostwärts hinüber nach Neuwernsdorf, das bereits unmittelbar an der Grenze zur Tschechischen Republik liegt. ③
Direkt hinter dem Dorf verläuft eine 252 Meter lange, bogenförmig geschwungene Brücke durch dem östlichen Arm der Talsperre. Unmittelbar hinter der Brücke zweigt man links ab und benutzt die schmale, leicht ansteigende Fahrstraße nach Cämmerswalde bis hin zum ersten Haus des Dorfes. ④
Dort biegt man wieder links ab, läßt das Dorf rechts liegen und erreicht nach etwa einem Kilometer ein hier abgestelltes historisches Flugzeug. ⑤
Unterhalb des Flugzeugs folgt man dem ersten, nach rechts in ein Bachtal hinunterführenden Feldweg, wo man auf eine grüne Strichmarkierung trifft. Ihr folgt man bis zur Verbindungsstraße zwischen Cämmerswalde und Neuhausen, biegt auf diese links ein, verläßt sie aber bei der ersten Möglichkeit bereits wieder nach rechts in die freien Felder. Nach weiteren 700 Metern wird das Pfaffenholz erreicht, rasch durchlaufen und bei den nördlichen Feldern des ehemaligen Schloßguts Purschenstein wieder verlassen. Mit freiem Blick auf Schloß Purschenstein und Neuhausen geht es zurück zum Ausgangspunkt.

▽ *Erzgebirgslandschaft um Neuhausen*

Sehenswürdigkeiten

① Schloß Purschenstein oberhalb von Neuhausen geht auf eine im 13. Jahrhundert begonnene Burg zurück, wurde danach aber häufig umgebaut. Besonders einladend ist heute sein gut angelegter Park. In einem kleinen Privatmuseum kann man über 1500 verschiedene Nußknacker bestaunen. Beim Hotel Goldhübel präsentiert sich in einem kleinen Wildgehege ein Damhirschrudel.
② Die Talsperre Rauschenbach staut die obere Flöha, den Wernsbach und den Rauschenbach. Sie dient der Trinkwasserversorgung von Freiberg und Chemnitz sowie dem Hochwasserschutz. Aus dem Bereich der Talsperre wurde früher der Freiberger Bergbau über einen teilweise unterirdisch verlaufenden Kunstgraben, der Rösche genannt wurde, mit Brauchwasser versorgt. Das gesamte System aus Teichen, Kanälen und unterirdischen Röhren war 78 Kilometer lang, 24 Kilometer davon verliefen unterirdisch.
③ Über die elegant geschwungene Straßenbrücke über die Talsperre Rauschenbach bei Neuwernsdorf verläuft auch die Grenze zur Tschechischen Republik, so daß der östliche Arm des Stausees bereits im Ausland liegt.
④ Die Dorfkirche von Cämmerswalde wurde 1422 fertiggestellt und präsentiert sich als schönes Beispiel ländlicher Baukunst in der Spätgotik.
⑤ Das südlich von Cämmerswalde zu besichtigende Flugzeug ist eine russische Iljuschin IL 14.

△ *Rauschenbach-Talsperre*

Tip

Ahornberg südlich von Neuhausen: Am Nordwesthang des Ahornbergs zeigt der ehemalige Steinbruch einen fächerförmigen Basaltaufschluß. Vom Berg selbst hat man einen schönen Blick auf Seiffen.

60

Autotour 60: 120 Kilometer

Schlösser an der Elbe in der Umgebung von Dresden

Dresden und Umgebung

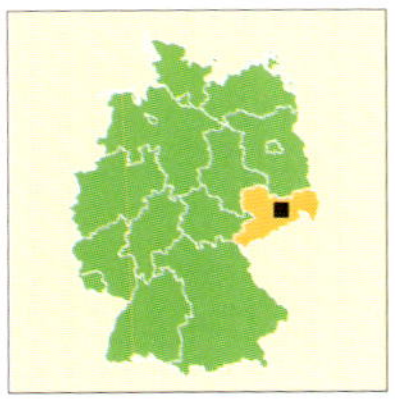

Johann Gottfried Herder, der Dichterkollege Goethes, bezeichnete Dresden als das »Florenz des Nordens« und gab damit der Stadt Augusts des Starken ihren bis heute gültigen Beinamen. Was aber wäre Dresden ohne Meißen, was alle beide ohne die Elbe, an deren sonnigen Uferhängen sogar die besten Reben reifen? In dieser freundlichen Landschaft mußten Kunst und Kultur gedeihen, hier gibt es ein Jahrtausend Geschichte und viele Kunstschätze zu entdecken.

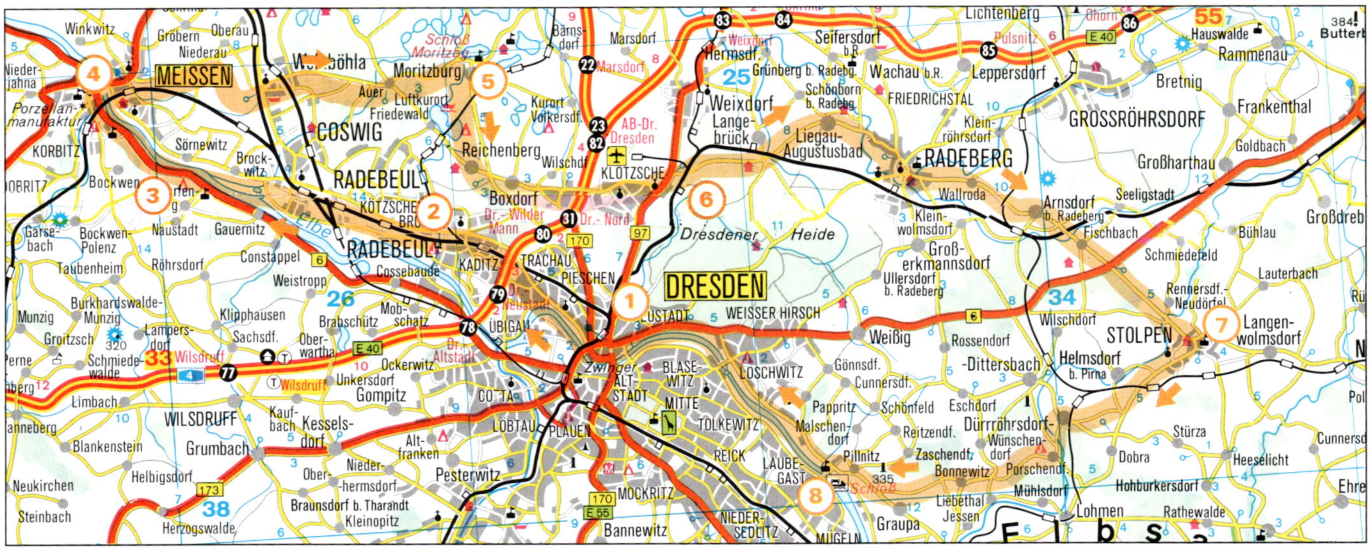

Tourverlauf

In Dresden, der Hauptstadt des Freistaats Sachsen, startet man zu dieser Rundtour. ①
Vor Dresdens Toren besucht man zuerst Radebeul. ②
Elbeabwärts geht es dann zum Boselfelsen bei Sörnewitz. ③
Von hier aus ist der Meißener Burgberg als nächstes Ziel bereits zum Greifen nahe. ④
Von Meißen aus ist der Weg nach Osten zum Schloß Moritzburg gut ausgeschildert. ⑤
Nach der Besichtigung der Moritzburg fährt man südwärts bis Boxdorf und danach ostwärts über Klotzsche zur Dresdner Heide. ⑥
Über Radeberg wird in Stolpen der östlichste Punkt der Fahrt erreicht. ⑦
Nun fährt man wieder westwärts über die sanften kuppenartigen Ausläufer des Elbsandsteingebirges zum Schloß Pillnitz am rechten Ufer der Elbe. ⑧
Von Pillnitz ist die Fahrt zurück nach Dresden auf der Elbuferstraße eine besonders genußreiche Zugabe.

Sehenswürdigkeiten

① Dresden: Siehe Wanderung 60 A, Seite 248

② Radebeul ist das Zentrum des Weinbaus an der Elbe. Sorbische Siedler sollen hier schon im 10. Jahrhundert Reben gepflanzt haben, urkundlich nachweisbar ist der Weinbau ab 1271. In Schloß Hoflößnitz, einem zweigeschossigen Renaissancebau von 1649, gibt es den berühmten Festsaal mit 80 Bildern brasilianischer Vögel. Das als Lustschloß für Kurfürst Johann Georg I. entstandene Haus dient heute als Weinbaumuseum. Rund um das barocke Palais Wackerbarths Ruh, das 1729 für den Grafen von Wackerbarth errichtet wurde, wachsen Traminer-, Weißburgunder- und Müller-Thurgau-Reben. Der wohl berühmteste Bürger Radebeuls wurde der Schriftsteller Karl May, der hier von 1896 bis 1912 lebte. Sein Haus ist heute Museum. Im Garten der Villa Shatterhand steht die 1928 errichtete Blockhütte Villa Bärenfett.

③ Der Boselfelsen bei Sörnewitz ist ein die Elbe rund 100 Meter überragendes, rotbraunes Granitmassiv, das auch gerne als die »sächsische Loreley« bezeichnet wird. Neben der attraktiven Aussicht verdient vor allem der auf dem Berg angelegte Boselgarten Beachtung. In der 1,4 Hektar großen Anlage wachsen über 700 verschiedene Pflanzenarten.

④ Meißen wird zu Recht die Wiege Sachsens genannt: Die Burg ist Zeugnis tausendjähriger Geschichte Sachsens, seine Bausubstanz ist ein einzigartiges, kulturhistorisches Erbe. Gegründet wurde Meißen mit dem Bau der Burg Mißni durch Heinrich I. Diese Burg war der erste Stützpunkt der Deutschen im slawischen Feindesland. Später war die Burg für Jahrhunderte Sitz weltlicher und kirchlicher Macht. Unter dem wettinischen Herzog Albrecht entstand ab 1470 die Albrechtsburg, die zu Recht zu den schönsten Profanbauten der Spätgotik gerechnet wird. Unter

◁ *Prießnitztal in der Dresdener Heide*

▽ *Spitzhaus in Lößnitz bei Radebeul oberhalb der Elbe*

August dem Starken wurde in der Burg das kostbare Porzellan fabriziert. Heute beherbergt sie ein Architekturmuseum und eine Kunstsammlung. Der gotische Dom neben der Burg wurde Mitte des 12. Jahrhunderts begonnen, vorläufiges Bauende war 1477. Die Vollendung der neogotischen Türme erfolgte schließlich bis 1909. Wertvollste Ausstattungsstücke sind die Stifterfiguren von Kaiser Otto I. und der Kaiserin Adelheid, die ebenso wie weitere Figuren um 1260 in der Naumburger Werkstatt entstanden. Das Chorgestühl wurde 1530 eingebaut; von den ursprünglich 30 gotischen Altären blieb nur ein Triptychon von 1534 erhalten. Der Laienaltar vor dem Lettner stammt aus der Cranach-Werkstatt und wurde zwischen 1526 und 1540 gefertigt. Den Platz westlich der Burg nimmt die Afranische Freiheit mit dem 1208 gegründeten Kloster St. Afra und der aus gleicher Zeit stammenden Kirche St. Afra ein. Ihr mit Figuren und Knorpelwerk verzierter Altar wurde um 1660 gearbeitet. Den Marktplatz ziert die 1205 erstmals genannte Frauenkirche. In ihren Chor und in ihr Langhaus wurden im 15. Jahrhundert spätgotische Netzgewölbe eingebaut.

August der Starke – Der königliche Bauherr

Hufeisen verbog er mit bloßen Händen, und er soll so viele Kinder gehabt haben, wie das Jahr Tage hat. Außer mit körperlicher Kraft war der ambitionierte Kurfürst (1670 bis 1733) mit ungewöhnlichem Sachverstand und unerschöpflichem Ideenreichtum gesegnet. Er holte Johann Friedrich Böttger an seinen Hof, um ihn Gold machen zu lassen. Als das nicht gelingen wollte, sperrte der Herr seinen Alchemisten in der Festung Königstein ein. Danach gelang immerhin die Produktion des Weißen Goldes und die Begründung der ruhmvollen Tradition der Sächsischen Porzellanmanufaktur. Nachdem August 1694 Kurfürst und drei Jahre später polnischer König geworden war, brach die ausufernde Bauwut des potenten Sachsen aus. Zusammen mit den Architekten Matthäus Daniel Pöppelmann und Balthasar Permoser verwirklichte er überaus kühne Ideen. Mit Pöppelmann erweiterte er das Jagdschloß Moritzburg und errichtete das Schloß Pillnitz neu. Mit Permoser errichtete er den Dresdener Zwinger, weltberühmt durch das einmalige Zusammenspiel von Architektur und Plastik. Das zuvor eher graue Dresden verwandelte der stolze Sachse zur barocken Metropole Elbflorenz.

△ Der Goldene Reiter – August der Starke – in Dresden

Der spätgotische Schnitzaltar stammt aus der Zeit um 1500. Der Turm erhielt 1929 ein Glockenspiel aus Meißener Porzellan, das erste seiner Art weltweit. Um den Marktplatz stehen außerdem prächtige Renaissancehäuser wie das Brauhaus von 1569, die Apotheke von 1560, sowie das spätgotische Rathaus von 1472. Die aus der Mitte des 13. Jahrhunderts stammende Franziskanerkirche ist heute Stadtmuseum. Für Porzellanfreunde ist das Museum der Meißener Manufaktur sowie die Schauwerkstatt allein den Besuch Meißens wert.

⑤ Schloß Moritzburg entstand im Kern bis 1546 als 30 mal 60 Meter großes Jagdhaus für Herzog Moritz. Es wurde bis 1736 von August dem Starken zum heutigen Barockschloß ausgebaut. Über seinem H-förmigen Grundriß wurde eine Vierturmanlage mit vier Prunksälen und mehr als zweihundert prächtig ausgestatteten Zimmern errichtet. Heute dient die Moritzburg als Barockmuseum.

⑥ Die Dresdner Heide ist ein 50 Quadratkilometer großes Waldgebiet, das bereits im Mittelalter als »Heide« bezeichnet wurde. Die höchste Erhebung ist der 211 Meter hohe Wolfshügel. Größte Attraktion der Heide ist der Prießnitz-Wasserfall.

⑦ Stolpen gehört bereits zum Südwestlausitzer Hügelland. Aus einer 1121 begonnenen Sicherungsburg wurde bis 1764 eine starke Festung, die Napoleon bei seinem Rückzug sprengen ließ. Im Rahmen des Schloßmuseums können heute dreizehn Burg- und acht Kellerräume besichtigt werden. Die Festung diente über Jahrhunderte als Staatsgefängnis. Die Stolpener Altstadt schmiegt sich eng unter die Burg und wirkt noch ganz mittelalterlich, obwohl die gesamte Stadt 1723 abbrannte.

⑧ Schloß Pillnitz: Siehe Wanderung 60 B, Seite 249.

◁ Sieben-Spitzen-Turm der Burg Stolpen mit Säulenbasalt

△ Schloß Moritzburg

Tip

Tiergarten bei Moritzburg: Inmitten der Moritzburger Teichlandschaft, zwischen Mittelteich und Großteich gelegen, befindet sich nördlich des Barockschlosses ein Mischwaldgebiet. Bereits 1693 wurde um die 33 Hektar große Fläche eine Mauer gezogen, um das Hochwild für Parforcejagden zu hegen. Mitte des 19. Jahrhunderts wurden in diesem Areal Rot- und Rehwild sowie Wildschweine gehalten. Neben diesen traditionellen Beständen leben im Tiergarten heute Elche und Mufflons, Füchse, Marder, Luchse und andere Raubtiere; in Volieren werden Greifvögel gezeigt. (Geöffnet im Sommerhalbjahr.)

60 A

Wanderung 60 A: 4 Kilometer – 3 Stunden

Stadtspaziergang in Dresden

Dresden und Umgebung

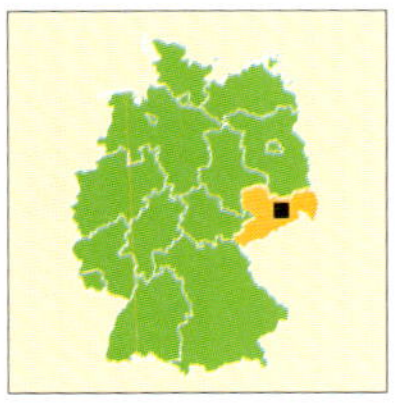

Berühmte Bauwerke, weltbekannte Kunstsammlungen und die landschaftliche Schönheit der Umgebung haben den Weltruf der sächsischen Hauptstadt begründet. Auch heute noch ist ein Hauch Renaissance und viel von der Selbstdarstellungskunst von August dem Starken zu spüren.

△ *Semperoper am Abend*

Tourverlauf

Ein Dutzend weltberühmte Bauwerke säumen den Weg durch Dresdens Innenstadt; das erste ist die Semperoper. ①
In unmittelbarer Nachbarschaft liegt der prächtige Zwinger. ②
Wendet man sich nun nach Osten, kommt man zur Altstädter Wache. ③
Rechter Hand steht das Dresdner Schloß. ④
Links davon erhebt sich die Hofkirche. ⑤
Gegenüber des Südportals der Hofkirche beginnt die Augustusstraße mit Stallhof und Langem Gang. ⑥
Die Augustusstraße mündet auf den Neumarkt mit der Ruine der Frauenkirche. ⑦
In der Südwestecke des Neumarktes führt die Galeriestraße zum Altmarkt und zur Kreuzkirche. ⑧
Durch die Kreuz- und die Gewandtstraße erreicht man das Landhaus. ⑨
Die Schießgasse führt zum Albertinum. ⑩
Über die Gartenstraße gelangt man zur Brühlschen Terrasse. ⑪

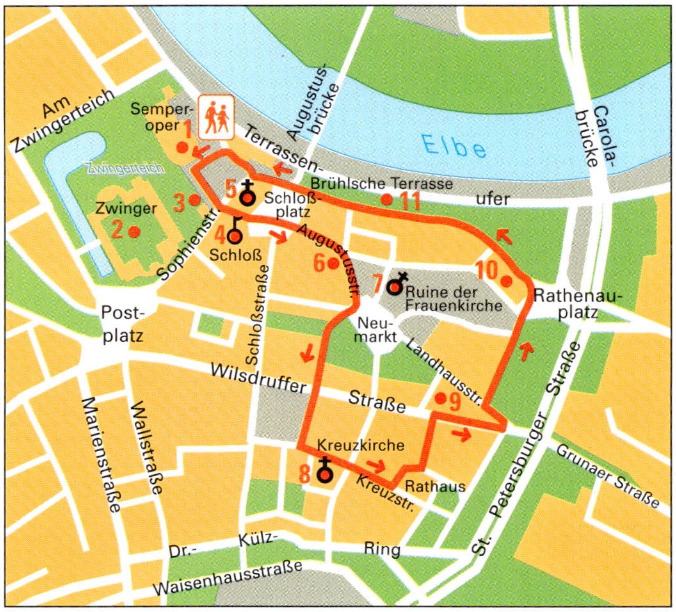

Sehenswürdigkeiten

① Die Semperoper begrenzt den Theaterplatz nach Westen. Sie war ab 1869 anstelle des ebenfalls von Semper errichteten und später abgebrannten Hoftheaters erbaut worden. Der Architekt nutzte hier Bauformen der italienischen Hochrenaissance.
② Der Zwinger war der Festspielplatz des Hofes. In enger Verzahnung von Architektur und Plastik entstand ein einmaliger »Festsaal im Freien«. Allein 36 Achsen zählt die Langgalerie an der Südseite, ihr Kronentor trägt die von vier Adlern getragene polnische Krone als Symbol für die Machtfülle Augusts des Starken. Im Nymphenbad hinter der westlichen Galerie bilden mythologische Frauengestalten im Zusammenspiel von Architektur, Plastik und Natur ein Barockkunstwerk von höchstem Rang.
③ Die Altstädter Wache entstand bis 1831 in Anlehnung an die Berliner Wache nach Plänen von Schinkel.
④ Der Westflügel des ehemaligen Residenzschlosses geht in seinem Kern auf die Mitte des 16. Jahrhunderts zurück. Seine endgültige Form erhielt er bis 1901 im Stil der Neorenaissance. Das barocke Taschenbergpalais wurde bis 1711 von Pöppelmann errichtet, die Seitenflügel wurden 1756 bzw. 1763 fertiggestellt.
⑤ Die katholische Hofkirche plante schon August der Starke. Fertiggestellt wurde der hochbarocke Bau mit ovalem Grundriß und reichem, plastischen Dekor 1755. Eindrucksvoll sind vor allem der 85 Meter hohe Turm und die 78 Statuen in den Außennischen und auf den Balustraden. Zu den kostbarsten Ausstattungsstücken zählen die prachtvoll geschnitzte Kanzel, das Altarbild und die berühmte Silbermannorgel.
⑥ Die Südseite der Augustusstraße wird vom Langen Gang und dem Stallhof gebildet. 22 toskanische Rundbogenarkaden wurden hier im Stil der Renaissance bis 1591 aneinandergereiht. Die Außenseite ziert ein 102 Meter langer Fürstenzug, der die Herrscher des Hauses Wettin in Porzellankachelmalerei vorstellt.
⑦ Der Neumarkt war einst Dresdens schönste Platzanlage. Heute steht auf der weiten Fläche nur noch die Ruine der 1743 vollendeten Frauenkirche. An ihrer Rekonstruktion wird gearbeitet.
⑧ Städtisches Zentrum schon seit dem 13. Jahrhundert war der Altmarkt. Die barocke Kreuzkirche ist Dresdens älteste Kirche mit Ursprung im 13. Jahrhundert Seit dem Mittelalter dient sie dem berühmten Kreuzchor als Heimat.
⑨ Im Landhaus ist das Dresdner Stadtmuseum untergebracht.
⑩ Das 1847 fertiggestellte Albertinum enthält Sammlungen von Weltruf: die Gemäldegalerie Neue Meister, die Kurfürstliche Schatzkammer im Grünen Gewölbe sowie die Skulpturensammlung.
⑪ Die Brühlsche Terrasse wurde einst der »Balkon Europas« genannt. Hier hatte Graf Brühl seinen Lustgarten auf den Resten der um 1550 angelegten Wehranlagen eingerichtet. Der Moritzbrunnen in der Nordostecke entstand 1553 im Stil der Renaissance und ist Dresdens ältestes Denkmal.

▽ *Westbau des Zwingers mit Kronentor*

Tip

Museum für Mineralogie und Geologie, Augustusstraße 2: Minerale, Gesteine und Fossilien sind die Sammlungsschwerpunkte des Museums; die mineralogische Sammlung mit etwa 60 000 Objekten besitzt mit Stücken aus dem historischen sächsischen Silberbergbau berühmte Glanzlichter.

Im Park von Schloß Pillnitz

Schloß Pillnitz, wenig oberhalb von Dresden am rechten Ufer der Elbe gelegen, ist ein glanzvoller Chinoiserie-Bau, der bis 1918 den Wettinern als Sommerresidenz diente. Die in mehreren Etappen angelegte Parkanlage repräsentiert franzöische, englische und chinesische Elemente.

Dresden und Umgebung

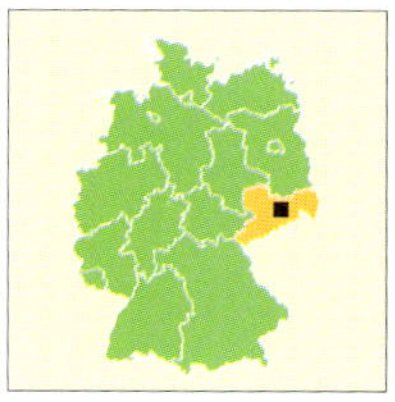

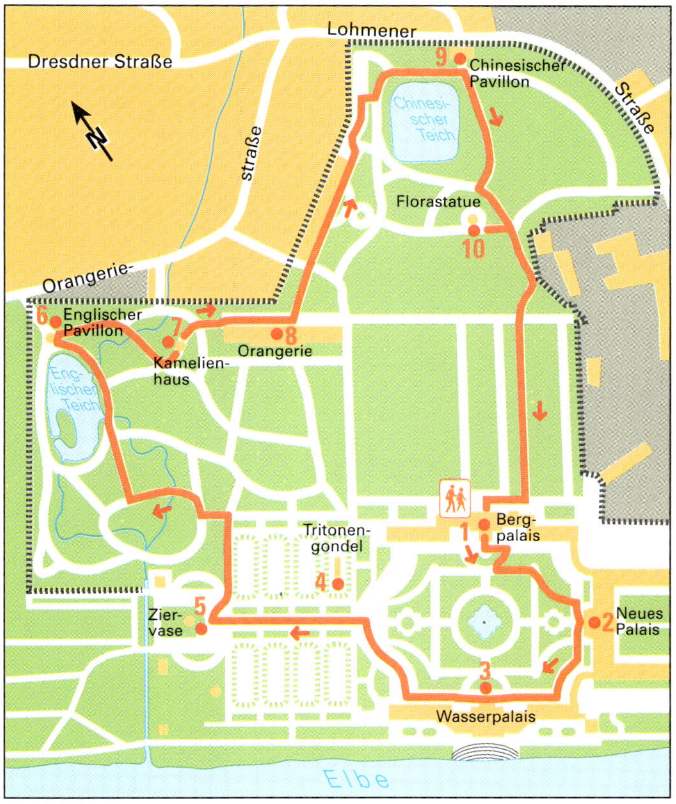

Tourverlauf

Startplatz für den Spaziergang durch den Park von Pillnitz ist das Bergpalais. ①
Von seiner Gartenterrasse bummelt man an der Ostseite des Französischen Gartens zur Gartenterrasse des Neuen Palais. ②
Von dort spaziert man weiter zum Wasserpalais und zur vorgelagerten Freitreppe über dem Elbufer. ③
Der Heckengarten beginnt am Nordwestende des Französischen Gartens bei der roten Tritonengondel. ④
Am Übergang zwischen Heckengarten und der 500 Meter langen Kastanienallee steht die große steinerne Ziervase. ⑤
Nun wendet man sich nach rechts zum Englischen Teich und zum Englischen Pavillon. ⑥
Anschließend geht man hinüber zum Kamelienhaus. ⑦
Auf dem Weg zum Palmenhaus kommt man an der Orangerie vorbei. ⑧
Der Chinesische Teich und der Chinesische Pavillon liegen im nördlichen Teil des Parks. ⑨
Der Rückweg zum Bergpalais führt an der Florastatue vorbei. ⑩

◁ *Weinberg und Kirche in Pillnitz*

Sehenswürdigkeiten

① Das spätbarocke Bergpalais wurde bis 1723 im Auftrag von August dem Starken als »Lustschloß für Park- und Wasserfeste« fertiggestellt. In diesem Teil des Schlosses sind die hervorragend restaurierten Weinlig-Zimmer eine Kostbarkeit für sich. Möbel, vergoldete Bronzen, Silber, Glas, Steingut und Steinzeug aus der Epoche des späten 18. Jahrhunderts bilden hier das originale Mobiliar. Zwei weitere Räume enthalten Kunsthandwerk des Klassizismus und des Biedermeier.
② Das 1826 fertiggestellte Neue Palais ersetzte das 1818 abgebrannte Alte Schloß, das bis 1718 der damals bei August dem Starken in Ungnade gefallenen Mätresse Gräfin Cosel gehört hatte. Im Neuen Palais beeindrucken der Festsaal und der Kapellenflügel. Sie gelten als die bedeutendsten Raumschöpfungen der Dresdner Kunstlandschaft.
③ Das Wasserpalais wurde als erste Baustufe des Ausbaus bis 1720 fertiggestellt. Hier ist heute das Kunstgewerbemuseum Dresdens untergebracht.
④ Die rote Tritonengondel stammt aus dem Anfang des 19. Jahrhunderts. In solchen Gondeln wurde die Hofgesellschaft bei Wasserfesten herumgerudert.
⑤ Bei der Ziervase beginnt die Mail-Bahn, eine 500 Meter lange Kastanienallee, die ab 1766 einem golfähnlichem Ballspiel mit Holzkugeln diente.

△ *In den Parkanlagen von Schloß Pillnitz*

⑥ Ab 1786 war Schloß Pillnitz ständiger Sommeraufenthaltsort Friedrich Augusts III. Unter seiner Regierung wurde der Park erheblich ausgebaut. Bis 1789 entstand so der Englische Pavillon, der seine nahe Verwandtschaft mit dem Tempietto Bramantes im Klosterhof von San Pietro in Montorio zu Rom nicht verleugnen kann.
⑦ Das Kamelienhaus entstand 1789 für die Überwinterung der heute 250 Jahre alten Kamelie.
⑧ Die Orangerie gehört zu den ältesten Bauten im Park; sie wurde bereits 1730 fertiggestellt und diente ursprünglich der Unterbringung der Kübelpflanzen während des Winters.
⑨ Der Chinesische Pavillon zählt nicht gerade zur Erstausstattung des Parks. Er stammt aus dem Jahr 1804 und gilt bis heute als die beste Nachbildung eines ostasiatischen Bauwerks in Europa.
⑩ Eine Florastatue durfte in keiner barocken Parkanlage fehlen. Auch in Pillnitz verkörpert sie den »grünen« Geist.

Tip

Die bemerkenswerteste botanische Sehenswürdigkeit des Englischen Gartens ist die japanische Kamelie; sie wurde 1801, zirka sechzigjährig, hier eingepflanzt. Im Winter wird sie durch ein beheizbares Glashaus geschützt.

61

Autotour 61: 130 Kilometer

Im östlichen Erzgebirge

Ausgedehnte, sanft nach Süden ansteigende Hochflächen, zwischen denen kleine, verspielte Bäche und Flüsse nordwärts fließen, prägen das Bild des östlichen Erzgebirges. In die Täler schmiegen sich malerische verwinkelte Städte und langgestreckte Waldhufendörfer. Gegen den Kammbereich und damit gegen die Grenze zur Tschechischen Republik wird die Hochfläche hügeliger, nimmt die Ausdehnung der Wälder zu, beginnt die große Einsamkeit, die stille Schönheit einsamer Hochwälder.

Osterzgebirge

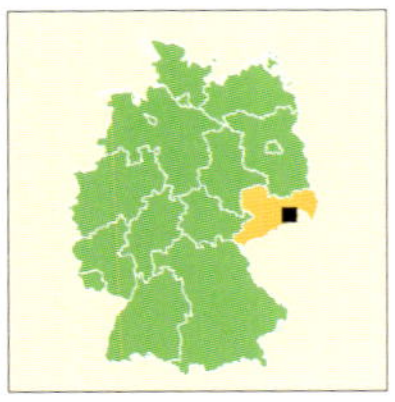

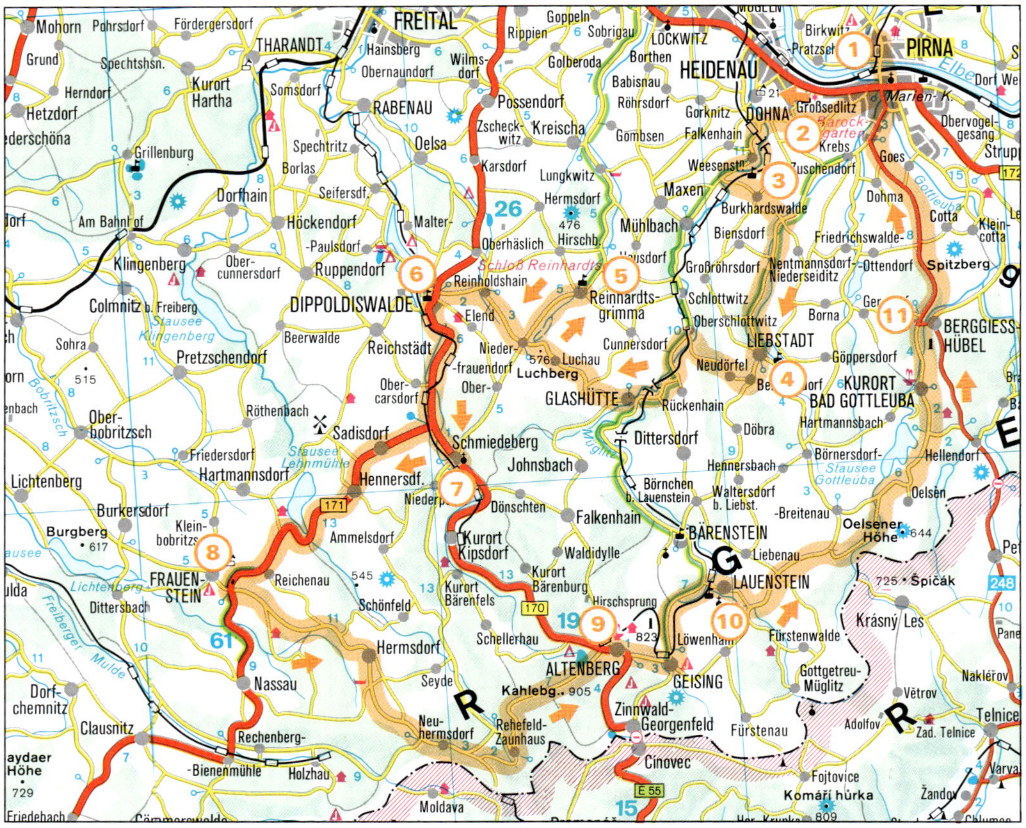

Tourverlauf

Diese Erzgebirgstour beginnt in der Elbstadt Pirna. ①
Von Pirna aus fährt man dem linken Elbufer entlang hinüber zum Barockgarten Großsedlitz. ②
Nächstes Ziel wenig südwestlich ist Weesenstein. ③
Über Burkhardswalde erreicht man Liebstadt. ④
Glashütte und der 576 Meter hohe Luchberg sind die Zwischenstationen auf der Fahrt in Richtung Dippoldiswalde mit einem Abstecher nach Reinhardtsgrimma. ⑤
Eher städtisch wird es dann in Dippoldiswalde im Tal der Roten Weißeritz. ⑥
Zwar nicht direkt am Tourverlauf liegend lohnt sich dennoch ein Besuch in Schmiedeberg. ⑦
Über die B 170 und B 171 fährt man anschließend nach Frauenstein. ⑧
Ab Frauenstein folgt man der grenznahen Erzgebirgsstraße nach Altenberg. ⑨
Danach steuert man Lauenstein an. ⑩
Über Bad Gottleuba erreicht man schließlich als letzte Station vor der Rückkehr nach Pirna den Kurort Berggießhübel. ⑪

Sehenswürdigkeiten

① Einst war Pirna eine der reichsten Städte Sachsens, lag hier doch ein wichtiger Umschlagplatz im Warenverkehr von und nach Böhmen. Wichtigster Bau der Stadt ist die 1546 vollendete Stadtkirche St. Marien. Ihre dreischiffige, über 19 Meter hohe Halle zählt zu den schönsten obersächsischen spätgotischen Hallenkirchen. Ihr formenreiches Deckengewölbe ruht auf zwölf achteckigen Säulen. Glücklicherweise sind sogar die 1546 fertiggestellten Gewölbemalereien mit biblischen Motiven erhalten. Schöne Ausstattungsstücke sind der Spätrenaissancealtar von 1612 und die spätgotische Kanzel von 1525. Die St.-Heinrich-Kirche wurde um 1300 als Klosterkirche der Dominikaner begonnen und im 14. Jahrhundert zu einer zweischiffigen gotischen Hallenkirche umgebaut. Trotz starker Kriegsschäden konnten mittelalterliche Wand- und Gewölbemalereien freigelegt werden. Der Schnitzaltar stammt von 1520, die Sandsteintaufe von 1574. Im ehemaligen Kapitelgebäude des Klosters ist heute das Stadt- und Kunstseidenmuseum untergebracht. Das Rathaus stammt zwar aus der Spätgotik, doch sind aus dieser Zeit nur einige Portale erhalten. Dafür gibt es an der Westseite drei Volutengiebel von 1549; der barocke Turm mit der Kunstuhr wurde 1718 fertiggestellt. Niemand sollte Pirna verlassen, ohne einen Bummel durch die Altstadt gemacht zu haben, in der sich viele historische Bürgerhäuser verstecken. Gotik, Renaissance und Barock zeugen hier von frühem, bürgerlichem Reichtum.

② Wenig westlich von Pirna liegt bei Heidenau ein besonderes Schmuckstück französischer Gartenarchitektur. Von 1719 bis 1723 baute Johann Christoph Knöffel

◁ *Barockgarten Großsedlitz, Pirna*

▽ *Schloß Weesenstein*

im Auftrag von Graf Wackerbarth nach Plänen von Matthäus Daniel Pöppelmann das dreiflügelige Friedrichsschloß, die Obere Orangerie, ein Eisbassin und Kaskaden. Von der Schönheit dieses Großsedlitz' angelockt, kaufte August der Starke 1723 die gesamte Anlage, um hier ein zweites Versailles zu errichten. Knöffel und Pöppelmann sollten entsprechend weiterbauen, doch reichte es gerade noch zum Bau der Unteren Orangerie, bis 1726 die Bauarbeiten eingestellt werden mußten. Als letztes Projekt wurde die berühmte »Stille Musik« fertiggestellt, eine von einer Doppeltreppe eingerahmte und mit musizierenden Putten geschmückte Fontänenanlage. Auch insgesamt 360 Skulpturen wurden von den Bildhauern Francois Courday, Johann Christian Kirchner und Benjamin Thomae geschaffen. Nur 52 von ihnen haben die Wirren der Zeit bis heute überstanden. Einige wurden 1754 von preußischen Truppen nach Sanssouci geholt, andere 1813 durch die Franzosen zerstört. Das Friedrichsschloß brannte 1813 ab, bis 1874 wurde lediglich ein Seitenflügel als Friedrichsschlößchen wiedererrichtet.

③ Zu den besterhaltenen sächsischen Schlössern gehört das erstmals 1318 erwähnte Schloß Weesenstein. Sein Name leitet sich von den Wiesen ab, die sich unterhalb des Schloßfelsens erstrecken. Der älteste Teil des Schlosses dürfte der um 1300 entstandene Rundturm sein, den heute eine barocke Haube krönt. Bis 1718 wurde die ursprüngliche Burg zum heutigen Schloß ausgebaut. Bis dahin erfolgte auch die prächtige Ausgestaltung der Innenräume mit kostbaren Ledertapeten. Sie und die Tapeten in den anderen Zimmern stellen eine der Hauptsehenswürdigkeiten des Schlosses dar, in dem heute zudem eine bedeutende Tapetensammlung untergebracht ist. Das Schloß wird deshalb auch gerne Tapetenschloß genannt. Die Schloßkapelle erhielt ihre heutige Form bis 1741.

④ An Liebstadt vorbei führte einst eine Paßstraße zum Kamm des Osterzgebirges hinauf. Zu ihrer Sicherung gab es schon um 930 eine Burg, unter der das heutige Liebstadt als Civitas Libenstat entstand. Als diese Sicherungsburg 1402 zerstört wurde, errichteten die Grafen Bünau bis 1453 einen spätgotischen Neubau, der im 16. Jahrhundert erweitert wurde. Dieser Bau wurde bis 1802 im Auftrag der Familie von Carlowitz neogotisch »restauriert« und romantisierend Kuckucksstein genannt. Damals wurde das Schloß zu einem Zentrum der Freimaurer, seine Bibliothek besitzt eine umfangreiche Sammlung von Freimaurerschriften. Heute ist das Schloß mit Wappensaal, Rittergang und Freimaurerloge als Museum zugänglich. Auch ein Napoleonzimmer gibt es zu bewundern, denn im September 1813 residierte hier der Korse, während 40 000 seiner Soldaten um Liebstadt lagerten.

⑤ Die spätgotische Kirche in Reinhardtsgrimma stammt aus der Zeit um 1500. Sie birgt eine besonders klangschöne Orgel von Gottfried Silbermann von 1731. Das Barockschloß, dem sich ein Landschaftspark anschließt, wurde ab 1767 auf den Resten einer Burg errichtet.

⑥ Das kleine Städtchen Dippoldiswalde besitzt zwei große Kirchen. Die turmlose Nikolaikirche ist eine dreischiffige romanisch-frühgotische Pfeilerbasilika aus der Zeit um 1230. In ihrem Chor gibt es Freskenreste aus dem 13. Jahrhundert. Der Flügelaltar aus der Zeit um 1520 ist eine der kunsthistorischen Kostbarkeiten Sachsens. Die spätgotische Marienkirche geht zwar auf das frühe 13. Jahrhundert zurück, die heutige Gestalt erhielt sie jedoch bis 1499. Die Ausstattung ihres Inneren erfolgte ab 1632 nach einem Brand. Damals entstanden im Altarraum die Fresken von 1638 und im Langhaus die Kassettendecke mit 33 Gemälden von Johann Panitz. Das spätgotische Rathaus aus dem ausgehenden 15. Jahrhundert erhielt 1534 sein Renaissanceportal und 1540 den Renaissancegiebel an der Nordseite.

⑦ Die Dreifaltigkeitskirche in Schmiedeberg wurde 1716 von George Bähr, dem Architekten der Dresdner Frauenkirche, fertiggestellt. Das Kirchlein zählt zu den gelungensten Kleinkirchen Sachsens.

Burgruine Frauenstein ▷

⑧ Das Schloß von Frauenstein ist ein Renaissancebau von 1588, in dem heute das Silbermannmuseum untergebracht ist. Von der 1272 erstmals genannten Vorgängerburg sind noch der Nordturm, die Zisterne und sechs weitere Türme sowie 250 Meter Ringmauer erhalten.

⑨ Altenberg: Siehe Wanderung 61 A, Seite 252.

△ Lauensteiner Schloß

⑩ In Lauenstein gab es schon 1243 auf einem Felsen über der Müglitz eine Burg. Sie wurde bis ins 17. Jahrhundert hinein zu einem Renaissanceschloß umgebaut. Sein prächtigster Raum ist der mit einer reichen Stuckdecke verzierte Wappensaal. Das Schloß beherbergt heute ein natur- und volkskundliches Museum. Die Stadtkirche ist eine dreischiffige spätgotische Hallenkirche aus dem 15. Jahrhundert, deren Langhaus 1594 erneuert wurde. Altar, Kanzel und Taufstein sind ein Werk von Michael Schwenke. Eine besonders interessante Arbeit findet sich in der Bünauschen Grabkapelle mit dem Epitaph für die gleichnamige Familie. In viergeschossigem Aufbau ist mit hervorragend gestalteten Reliefs das Jüngste Gericht dargestellt.

⑪ Berggießhübel: Siehe Wanderung 61 B, Seite 253.

Das Osterzgebirge – Vom Bergbau geprägt

Bereits der Name dieses Mittelgebirges verrät eine Eigenschaft, von der Sachsen Jahrhunderte hindurch profitierte: Der natürliche Reichtum an abbauwürdigen Erzen und anderen Mineralien hat im wesentlichen auch die Kulturlandschaft dieser Region geprägt. Bis in die Gegenwart wurde noch zwischen Altenberg und Zinnwald in den bedeutendsten Lagerstätten Mitteleuropas Zinn abgebaut, bis die Förderung aber dann wegen des geringen Erzgehalts des Gesteins eingestellt wurde. Auch die Förderung von Uran und vereinzelt auch von Steinkohle wurde inzwischen aufgegeben. Charakteristisch für die Landschaft sind die Zeugen des ehemaligen Bergbaus. In der Nähe der Bergstädte und Waldhufendörfer stößt man auf Halden und Stollen, oftmals auch auf Pingen; letztere sind kraterähnliche größere Absenkungen, die durch Bergeinstürze entstanden sind. Das Relief des Erzgebirges entstand durch eine ungleichseitige Hebung der Scholle bereits im Tertiär. Gleichzeitig sanken die Becken am Südrand des Gebirges längs der Verwerfungen ab. So ist erdgeschichtlich die steile Südabdachung des Erzgebirges zu erklären. Von über zehn Naturschutzgebieten im Osterzgebirge können der etwa 40 Hektar große Trebnitzgrund und Herrenmüllerberg für das Studium des Standortverhaltens von submontanem Mischwald empfohlen werden. Wanderungen um Altenberg am Aschergraben entlang oder an den Galgenteichen machen mit der Kunst der Bergleute bekannt, Wasser abzuführen oder zu stauen. Lohnend ist ein Besuch der alten Schauanlage mit Zinnwäsche und Pochwerk in Altenberg.

Tip

Dippoldiswalder Heide und Reinhardtsgrimmaer Forst: Sie bilden – auf Resten von Sandsteinsedimenten aus der Oberkreide – Waldinseln inmitten der agrarisch genutzten Gneisfläche.

61 A

Wanderung 61 A: 12 Kilometer – 3 Stunden

Lugstein und Kahleberg

Altenberg und Zinnwald-Georgenfeld sind die schneereichsten Orte des Osterzgebirges. Neben Oberwiesenthal und Klingenthal sind sie die bedeutendsten sächsischen Wintersportplätze. Der 905 Meter hohe Kahleberg ist der höchste Gipfel im Osterzgebirge.

Osterzgebirge

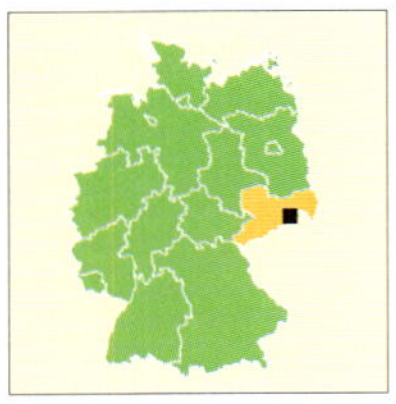

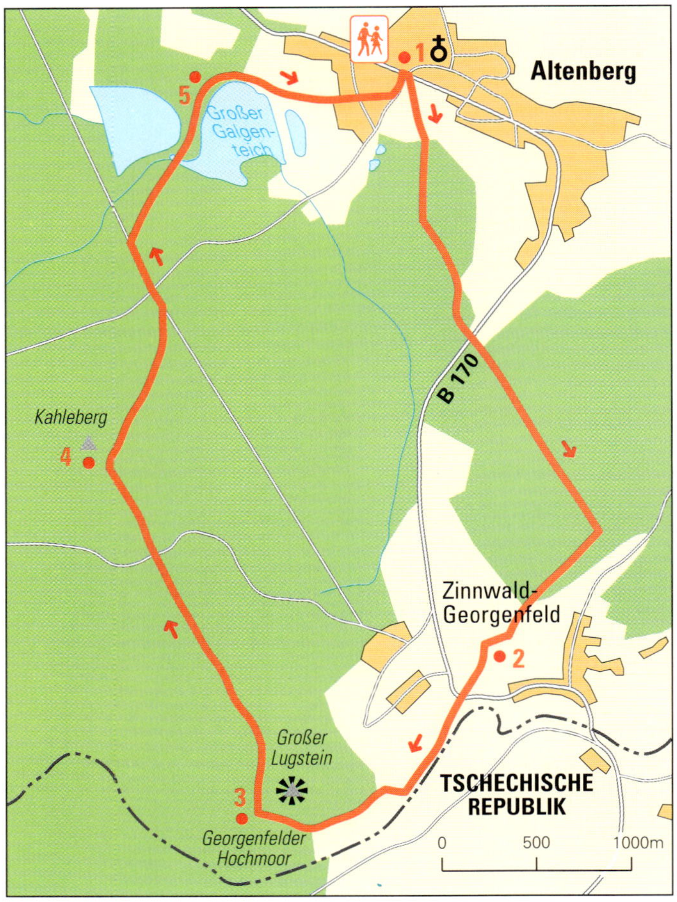

Tourverlauf

Ausgangspunkt ist, an der Endstation der Müglitztalbahn, Altenberg. ①
Über den Sonnenhofweg beginnt man bergan zu wandern, bis man auf den blau markierten, zum Kahleberg führenden Wanderweg trifft. Ihm folgt man bis zum Gasthaus Altes Raupennest. Am Sessellift dann biegt man von diesem Wanderweg links ab, kreuzt die B 170 und geht auf dem rot markierten Goldhahnweg bis zum Ort Zinnwald-Georgenfeld. ②
Am Gasthaus Grenzsteinhof wird erneut die B 170 erreicht, gequert und danach über den Hochmoorweg direkt an der Grenze zur Tschechischen Republik weiter gewandert bis an den Eingang zum geschützten Georgenfelder Hochmoor. ③
Vom Hochmoor geht es den Lugsteinweg westwärts, bis man auf der Westseite des 885 Meter hohen Großen Lugsteins auf die »Schneise 30« trifft. Ihr folgt man nordwestwärts bis zum 905 Meter hohen Kahleberg. ④
Vom Kahleberg aus orientiert man sich am Wegweiser hinunter zum Großen Galgenteich. ⑤
Vorbei am Kleinen Galgenteich kommt man zurück nach Altenberg.

▽ *Am Kahleberg*

Sehenswürdigkeiten

① Altenberg entstand durch den Zinnbergbau. Interessant ist die Pinge, ein Krater von etwa 600 Metern Umfang. Er entstand 1624 als Einbruch nach unsachgemäßem Erzabbau. Erst am 31. März 1991 wurde der Zinnbergbau endgültig eingestellt. An ihn erinnert das Bergbaumuseum Altenberg, eine Schauanlage mit einem von 1513 bis 1952 betriebenen Pochwerk mit angeschlossener Zinnwäsche.
② Zinnwald und das tschechische Cinovec wurden im 15. Jahrhundert von nach Zinnerz schürfenden Bergleuten gegründet. Das deutsche Zinnwald ist seit 1589 mit Georgenfeld vereinigt. Hier stehen für das Erzgebirge typische Steinhäuser mit verschindelten Giebeln und schiefergedeckten Dächern.
③ Das Georgenfelder Hochmoor ist etwa 1800 Jahre alt und steht seit 1926 unter Naturschutz. Ein 1,2 Kilometer langer Knüppeldamm führt als Rundweg in das Moor hinein. Von ihm aus kann man gut die charakteristische Moorflora beobachteten. Sie ist im Kern des Moores je nach Wasserstand unterschiedlich. Bei ausreichender Feuchtigkeit gedeihen unter anderem Rundblättriger Sonnentau, Scheidiges Wollgras oder Moosbeere. Ist die Oberfläche trockener, wachsen Heidekraut und Flechtenarten. In den Tümpeln kommen verschiedene Seggenarten vor. Den Rand des Moores besiedelt vor allem die Bergkiefer.
④ Der 905 Meter hohe Kahleberg ist der höchste Gipfel auf der deutschen Seite des Osterzgebirges. Das Gipfelplateau bietet eine relativ gute Aussicht. Seine Nordwestseite besteht aus einem Blockmeer aus Quarzporphyr.
⑤ Die beiden Galgenteiche wurden bis 1553 als Wasserreservoir für den Altenberger Zinnabbau und für die Zinnwäsche angelegt. Gespeist werden sie über den Neugraben aus dem Georgenfelder Hochmoor. Besonders der Kleine Galgenteich ist ein beliebter Badesee.

Tip

Naturschutzgebiet am Geisingberg nördlich von Altenberg: Pflanzenkundlich bedeutsam sind Vorkommen von Korallenwurz, Moosauge und Dornigem Schildfarn.

▷ *Osterzgebirgsbahn*

Wanderung 61 B: 13 Kilometer – 3½ Stunden

61B

Augustusberg und Katzenkopf

Berggießhübel und Bad Gottleuba sind alte Bergbaustädtchen am Flüßchen Gottleuba. Aus beiden sind inzwischen Badeorte geworden, über beiden liegen die attraktiven Wanderziele Panoramahöhe und Augustusberg. Stille Hochwälder gibt es als Dreingabe.

Osterzgebirge

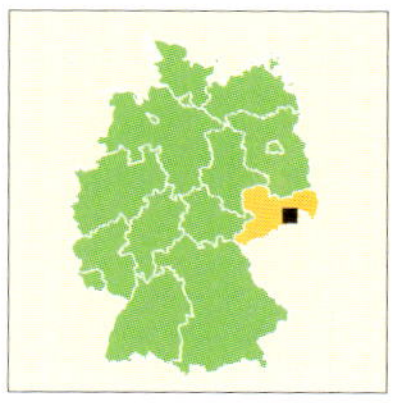

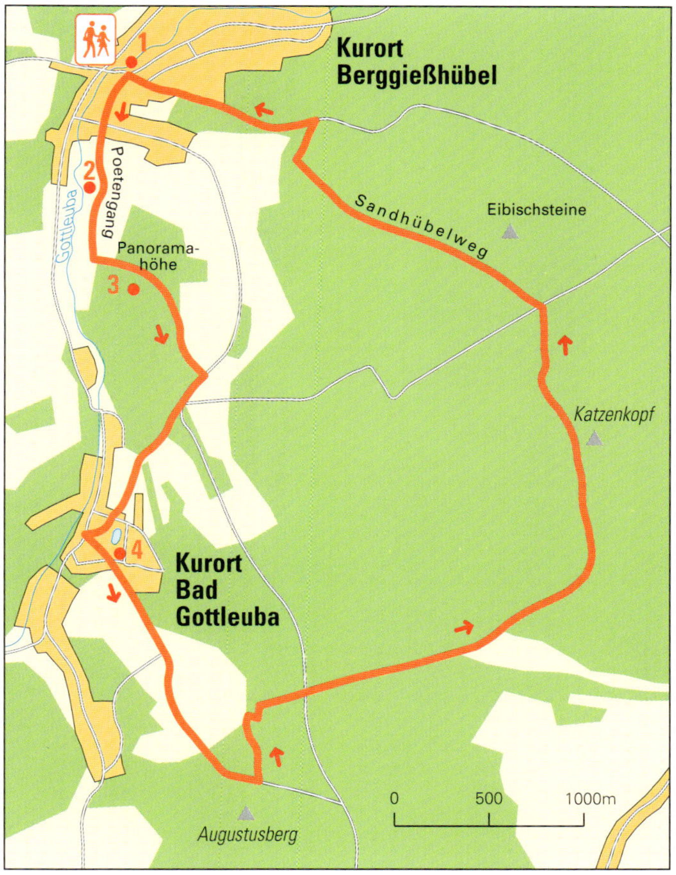

Tourverlauf

Ausgangspunkt ist der Kurort Berggießhübel. ①
Erstes Ziel ist der gut ausgeschilderte Poetengang. ②
Von ihm aus steigt man zügig durch alte Zechenanlagen hindurch hinauf zur bewaldeten Panoramahöhe. ③
Auch der Abstieg hinunter zum Kurort Bad Gottleuba ist bestens beschildert. ④
Im Badestädtchen kommt man über den Finkenweg, die Badstraße und den Laubbuschweg zur Villensiedlung Augustusberg und weiter zum 507 Meter hohen Augustusberg.
Vom Ausgustusberg wandert man ein kurzes Stück über den Laubbuschweg zurück, bis rechts ein mit gelbem Punkt markierter Wanderweg abzweigt. Ihm folgt man nun ostnordostwärts gut einen Kilometer, bis der gelbe Punkt nach rechts abgeht. Man selbst spaziert geradeaus weiter, passiert die Siedlung Neubau und kreuzt den mit rotem Strich markierten Ottoweg. Bald danach wendet sich der Weg nach Norden, passiert den 445 Meter hohen Katzenkopf und erreicht schließlich südlich der Eibischsteine den Sandhübelweg. Er führt nordwestwärts zurück nach Berggießhübel.

Sehenswürdigkeiten

① Berggießhübel erhielt seinen Namen von den hier betriebenen Gießhütten, in denen das in der Umgebung geförderte Eisenerz verhüttet wurde. In den Bergen des Umlands begann Mitte des 12. Jahrhunderts der Eisenabbau in Sachsen. Um 1600 gab es nicht weniger als 90 Gruben und 13 Hammerwerke. Hier wirkte auch von 1520 bis 1541 Hans Rabe, der Begründer des sächsischen Eisenkunstgusses.
② Der Poetengang erhielt seinen Namen in Erinnerung an den Fabeldichter Christian Fürchtegott Gellert und den Satiriker Gottlieb Wilhelm Rabener. Beide weilten 1767 in Berggießhübel zur Kur und schätzten den Weg besonders.
③ Die 437 Meter hohe Panoramahöhe ist uraltes Bergbaugebiet. Daran erinnert die alte Bergbaude. Seit 1901 steht hier zudem der Bismarckturm, von dem aus sich ein großartiges Panorama bietet.
④ Bad Gottleuba verdankt seinen Ruf als Kurbad einer 1828 entdeckten Heilquelle und der Nutzung eines eisenhaltigen Moores. Die spätgotische Stadtkirche wurde um 1525 fertiggestellt und hat ein schönes Kreuzrippen- und Netzgewölbe. Verschiedene Gemälde stammen aus der Cranachschule. Die Postmeilensäule von 1731 auf dem Markt ist eine Erneuerung von 1980. Die Talsperre oberhalb der Stadt mit ihrer 52 Meter hohen und 327 Meter langen Staumauer wurde 1976 fertiggestellt.

Tip

Berggießhübel: Im Jahr 1717 wurde eine eisen- und schwefelhaltige Quelle entdeckt, zu deren Nutzung 1722 das Johann-Georgen-Bad gegründet wurde.

▽ *Ursprünglicher Wald im Osterzgebirge*

▽ *Die Landschaft des Erzgebirges*

62

Autotour 62: 110 Kilometer

In die »Sächsische Schweiz«

Elbsandsteingebirge

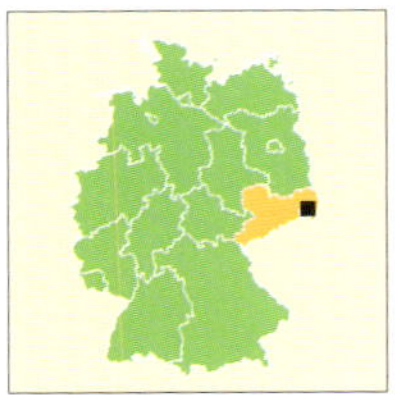

Türme, Zinnen, Nadeln, Schluchten und Klammen, Gesimse, Überhänge und Höhlen – der Formenreichtum des Elbsandsteingebirges im Südosten von Dresden ist vielfältig. An kaum einem anderen Ort gibt es so bizarre Felsformationen wie hier an der Elbe. Dabei macht den Reiz des Elbsandsteingebirges nicht die Höhenlage aus. Seinen einzigartigen Charakter erhält es vielmehr durch seine prägnanten Landschaftsformen, die ihm seit der Romantik den Namen »Sächsische Schweiz« eintrugen.

Tourverlauf

In die Sächsische Schweiz links und rechts der Elbe führt diese Rundfahrt von Bad Schandau aus. ①

Weil es hier keine Brücke gibt, muß man zunächst 2 Kilometer elbeabwärts fahren, um ans andere Ufer zu kommen. Dort folgt man der B 172 bis Königstein. ②

Unterhalb der Festung Königstein schwenkt man auf der Landstaße erst nach Süden und dann nach Südosten und passiert den Pfaffenstein. ③

Über Cunnersdorf und Krippen kommt man zurück nach Bad Schandau.

Nun folgt die Fahrt ins Kirnitzschtal zum Lichtenhainer Wasserfall. ④

In dem verträumten Winkel bei Hinterhermsdorf, unmittelbar an der Grenze zur Tschechischen Republik, gibt es nur noch schmale Sträßchen; dem nördlichsten von ihnen folgt man in westlicher Richtung nach Sebnitz. ⑤

Nächstes Ziel ist das durch seine Puppenspieler berühmte Hohnstein. ⑥

Von Hohnstein über Rathewalde wird die Bastei und der Kurort Rathen angesteuert. ⑦

Von Rathen geht es auf direktem Wege wieder zurück nach Bad Schandau.

Sehenswürdigkeiten

① Das Städtchen Bad Schandau liegt mitten im Elbsandsteingebirge an der Einmündung der Kirnitzsch in die Elbe. Auf seinem Schloßberg entstand im 13. Jahrhundert die böhmische Geleitsburg Schomberg. Als der Pirnaer Arzt Dr. Cadner 1730 erkannte, daß das »Rote Flößgen« eisenhaltig und damit gesundheitsfördernd war, wurde das Heilwasser flaschenweise in Dresden verkauft. Schon 1799 wurde ein erstes Badehaus gebaut. Die spätgotische, im 17. und 18. Jahrhundert umgebaute Pfarrkirche St. Johannes besitzt wertvolle Ausstattungsstücke: einen Renaissancealtar aus heimischem Sandstein und belgischem Marmor von 1579 und die 1705 aus einem einzigen Sandsteinblock gearbeitete Kanzel. An der Kirchenpforte zeigen zwölf Hochwassermarken, welche Überschwemmungen früher von der Elbe verursacht wurden. Der alte Brauhof am Markt ist ein Renaissancebau mit achteckigem Treppenturm und einer Rundbogendurchfahrt von 1680.

② Die Festung Königstein auf einem 240 Meter über die Elbe aufragenden Sandsteintafelberg entstand aus einer Burg der Könige von Böhmen, kam 1408 zur Markgrafschaft Meißen und wurde seit dem 16. Jahrhundert zur sächsischen Landesfestung ausgebaut. In Krisenzeiten diente sie dem Hof als Fluchtburg, zu normalen Zeiten als Staatsgefängnis. Ein Rundgang entlang der Brustwehr der Festung gleicht einem Spaziergang durch die Geschichte des Festungsbaus.

▽ *Festung Königstein oberhalb der Stadt*

▽ *Brauhof in Bad Schandau im Elbsandsteingebirge*

Das Elbsandsteingebirge – Die »Sächsische Schweiz«

Mit ihren bizarren Sandsteintürmen und Tafelbergen, den wildromantischen Bachtälern und dem tief eingeschnittenen Elbetal zählt das Elbsandsteingebirge zu den schönsten Landschaften Mitteleuropas. Hier gab es vor etwa 90 Millionen Jahren einen schmalen Meeresarm, in dem sich bis zu 200 Meter mächtige Sandschichten ablagerten. Sie verfestigten sich später zu Quadersandstein. Waagrechte Schichtfugen und senkrechte Klüfte lassen noch heute die Quaderbildung erkennen. Sie waren die Voraussetzung für die Ausformung des heutigen Landschaftsbilds. Die senkrechten Klüfte förderten die

△ Kletterer im Elbsandsteingebirge in der Sächsischen Schweiz

Erosionsarbeit von Sickerwässern, Eis und Bächen. Im Zusammenspiel der Verwitterungs- und Abtragungskräfte entstanden, je nach Festigkeit des Gesteins, an den Hängen vielgestaltige, bizarre Felsformen, im Untergrund eindrucksvolle Höhlen. Seinen werbewirksamen Namen »Sächsische Schweiz« erhielt das Elbsandsteingebirge schließlich im 18. Jahrhundert. 1766 nämlich kam der Maler Adrian Zingg aus St. Gallen an die Dresdner Kunstakademie. Weil ihn die Berge an der Elbe an seine Heimat erinnerten, sprach er von der »Sächsischen Schweiz«.

Die ältesten Mauern sind bis zu 800 Jahre alt. In den Museen der Festung sind im Alten Zeughaus sächsische Geschütze aus dem 15. und 16. Jahrhundert zu besichtigen, im Neuen Zeughaus findet sich eine Sammlung moderner Waffen. Die Stadtkirche im Städtchen Königstein entstand bis 1724, ihr in klassizistischer Säulenarchitektur gehaltener, großer Kanzelaltar wurde 1822 gefertigt. Gegenüber von Königstein auf der anderen Seite der Elbe, präsentiert sich der Lilienstein als besonders schöner Tafelberg. Sein völlig ebenes Plateau über senkrechten, 60 bis 80 Meter hohen Wänden und einem Gürtel dunkelgrüner Kiefernwälder überragt eine weite Elbschlinge.

③ Der 427 Meter hohe Pfaffenstein war bereits vor über 3000 Jahren besiedelt. Der 28 Meter hohe Aussichtsturm bietet eine hervorragende Sicht über das Elbsandsteingebirge. Der 28 Meter tiefe »Diebskeller« in seinem Inneren ist die größte Höhle der Sächsischen Schweiz.

④ Lichtenhainer Wasserfall: Siehe Wanderung 62 A, Seite 256.

⑤ Sebnitz ist die alte sorbische Siedlung Sabniza, in der im 18. Jahrhundert vor allem Weber zu Hause waren. 1827 wurde die erste Papierfabrik eröffnet, und 1847 wurde erstmals dasjenige Produkt auf der Leipziger Messe offeriert, das Sebnitz weltberühmt machen sollte: Kunstblumen. Im Heimatmuseum ist die Entwicklung der Kunstblumen dokumentiert.

⑥ Die Burg Hohnstein thront auf einem rund 140 Meter hohen Sandsteinfelsen über dem Polenztal. Sie entstand als böhmische Grenzburg gegen Sachsen bereits im 12. Jahrhundert, kam dann aber 1443 durch Tausch an Kursachsen. Bis 1924 diente die Burg als Strafanstalt, heute ist sie Jugendherberge. Das Städtchen Hohnstein ist geprägt von zweigeschossigen Fachwerkhäusern aus dem 18. und 19. Jahrhundert. Besonders schöne Fachwerkbauten sind die Oberförsterei von 1721 und das Malzhaus von 1688. Das denkmalgeschützte Puppenspielhaus hat einen Kasper in der Wetterfahne und erinnert an das früher berühmte Hohnsteiner Puppenspiel. Die Hohnsteiner Dorfkirche wurde 1728 fertiggestellt und zählt dank ihrer Innenausstattung zu den bedeutendsten Barockkirchen Sachsens. Altar, Kanzel und Orgel stehen übereinander, die Orgel stammt von 1678.

⑦ Kurort Rathen: Siehe Wanderung 62 B, Seite 257.

Tip

Schrammsteine zwischen Bad Schandau und Schmilka: Sie bestehen aus besonders bizarr geformten Sandsteintürmen. Man kann sie entweder von der Straße aus bewundern, oder man fährt mit dem historischen Aufzug von Bad Schandau nach Ostrau hinauf und wandert von dort direkt zu den Felsen.

▽ Historischer Dampfer auf der Elbe

▽ Hohnstein mit seiner Burg

62 A

Wanderung 62 A: 15 Kilometer – 4 Stunden

Wildenstein und Bärenfangwände

Elbsandsteingebirge

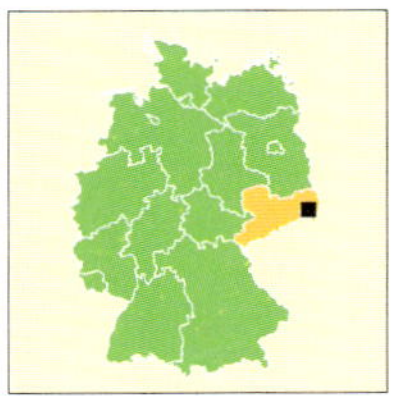

Zentren der hinteren Sächsischen Schweiz sind der Lichtenhainer Wasserfall und der Neue Wildenstein über der Kuhstallhöhle. An den Bärenfangwänden wurden früher Bären in Fallgruben gefangen. Am Winterstein stand eine Raubritterburg.

△ *Kirnitzschklamm im Nationalpark Sächsische Schweiz*

Tourverlauf

Diese Wanderung beginnt im Kirnitzschtal am Parkplatz beim Lichtenhainer Wasserfall. ①
Der Anstieg zum Neuen Wildenstein folgt der Markierung mit dem roten Punkt. ②
Sie führt zunächst zum Kuhstall, dem größten Felsentor des Elbsandsteingebirges. Zum Aufstieg auf das »Dach« des Kuhstalls benutzt man einen schmalen Pfad, der links von der Höhle wegführt und in einem engen Kamin zu enden scheint. Hier beginnt der Steig durch den engen Kamin steil nach oben zum Gipfelplateau.
Auf der Südseite des Neuen Wildensteins geht es zunächst über Stufen und Treppen hinunter, dann folgt man dem mit einem roten Strich gekennzeichneten Haussteig nach Osten bis zum Kleinen Zschand. Dort nimmt man den mit einem grünen Strich markierten Quenenweg nach rechts, folgt diesem südwärts und nach der Abzweigung nach links (Osten) mit einem rotem Strich gekennzeichneten Weg, der unter die Bärenfangwände führt. ③
Kurz darauf erreicht man den Winterstein. ④
Schließlich trifft man auf den Großen Zschand. Ihm entlang wandert man nordwärts hinaus zur Neumannmühle. ⑤
Zurück zum Lichtenhainer Wasserfall gelangt man auf dem Flößersteig. ⑥

▽ *Die Kirnitzschtalbahn, eine Straßenbahn im Wald*

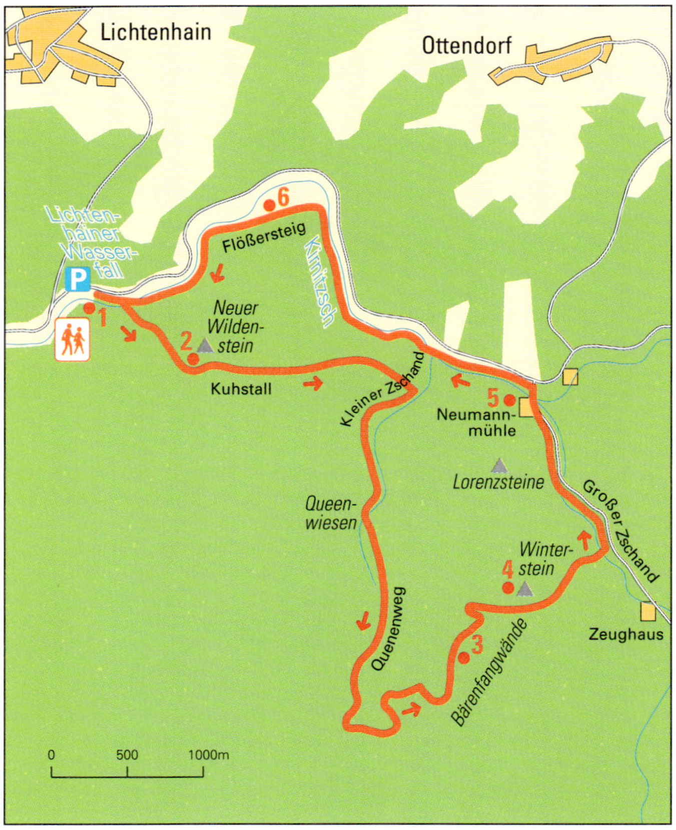

Sehenswürdigkeiten

① Das Kirnitzschtal ist ein romantisches Seitental der Elbe. Es erschließt den Nordteil der Sächsischen Schweiz. Seit 1898 ist das Tal durch eine Straßenbahn erschlossen, die zwischen Bad Schandau und dem Lichtenhainer Wasserfall verkehrt.
Der Wasserfall selbst ist ein eher dürftiges Rinnsal, deshalb kann der Bach oberhalb der Felsen etwas gestaut werden, damit wenigstens ab und zu die Illusion eines Wasserfalls möglich ist.
② Der Neue Wildenstein ist zum einen ein äußerst interessantes Felsmassiv, zum anderen ein mittelalterliches Raubritternest. Hier saßen die Berken von der Duba, raubten den Bauern ihr Vieh und stellten es in der Kuhstallhöhle ein. Im Dreißigjährigen Krieg wurde derselbe Platz von den Bauern als Versteck für ihr Vieh genutzt. An den Felsen sind noch zahlreiche Spuren wie Balken- und Spreizlöcher für künstliche Aufstiege, in den Fels geschlagene Stufen und ähnliches zu entdecken. Auf dem Dach des Kuhstalls gab es eine Zisterne.
③ Die abgelegenen Bärenfangwände waren einst ein gutes Revier für die Jagd auf Bären. Sie wurden in Fallgruben gefangen und dienten im Bärengarten der Burg Hohnstein dem sächsischen Hof zur Belustigung.
④ Auch auf dem Winterstein gab es ein Raubritternest. Es bestand aus einer Unterburg in einer Höhle und einer Oberburg auf dem Gipfelplateau. Um die Bedrohung der Bevölkerung endgültig zu beseitigen, wurde die Burg 1442 vom Lausitzer Sechsstädtebund geschleift.
⑤ Die Neumannmühle produzierte Holzschliff für die Papierherstellung. Die restaurierten Anlagen dienen heute als technisches Denkmal und können als Museum besichtigt werden.
⑥ Der Flößersteig war ursprünglich 22 Kilometer lang, begann bei der Oberen Schleuse und endete erst in Bad Schandau. Der Naturlehrpfad Flößersteig wurde 1958 eingerichtet und gibt auf 120 Texttafeln eine Fülle von Informationen über historische, geologische, botanische und zoologische Besonderheiten des Kirnitzschtals.

Tip

Obere Schleuse südöstlich von Hinterhermsdorf: Von Hinterhermsdorf aus ist in 45minütiger Wanderung die Obere Schleuse erreichbar. Sie staut die oberste Kirnitzsch zu einem 700 Meter langen, fjordartigen, künstlichen See auf, mit dessen Wasser einst das geschlagene Holz zu Tal befördert wurde. Heute kann man über diesen romantischen See mit dem Kahn fahren und die skurrilen Felsformen bestaunen.

Bastei, Schwedenlöcher und Amselgrund

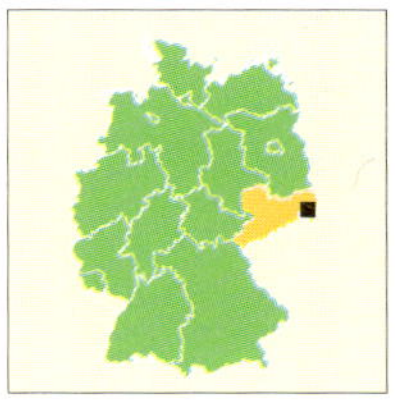

Die berühmteste und sicherlich am häufigsten besuchte Felsformation in der Sächsischen Schweiz ist die Bastei oberhalb vom Kurort Rathen, wo an einem Prallhang der Elbe die Felswand 200 Meter tief abbricht. Liebliches und Martialisches, Sanftes und Kantiges bietet sich hier in idealer Mischung, das Gipfelplateau ermöglicht einen überaus eindrucksvollen Rundblick auf die schönsten Felsformen des Elbsandsteingebirges.

Tourverlauf

Diese Wanderung auf die Bastei beginnt im Kurort Rathen am linken Elbufer. ①

Zum alten Ortskern am anderen Ufer der Elbe fährt man mit der Fähre hinüber, wandert zuerst etwa 200 Meter auf der Hauptstraße und biegt dann links ab, um der Markierung mit dem blauen Querstrich zu folgen. Nach etwa 15 Minuten gibt es vom Tiedgestein den ersten schönen Blick auf das Elbtal. Der Felsen auf der rechten Seite ist der Mönch, ein beliebter Kletterfelsen. Nächster Aussichtspunkt ist die Untere Basteiaussicht, kurz darauf ist man bereits in der Felsenburg Neurathen. ②

Durch das Neurathener Felsentor kommt man auf die berühmte Basteibrücke und zur Oberen Basteiaussicht. ③

Die nahegelegene Ferdinandsaussicht bietet den schönsten Blick in den Wehlgrund. Danach heißt es ein Stückchen über die Verbindungsstraße nach Lohmen zu wandern, bis die Markierung mit dem blauen Strich, der man weiterhin folgt, rechts abzweigt. Hinter einer kleinen Schutzhütte geht es steil über mehr als 700 Stufen hinunter in die romantische Felsschlucht der Schwedenlöcher. ④

Die blaue Markierung endet, wo der Weg auf den Amselgrund trifft. ⑤

Hier hält man sich rechts und wandert durch den Amselgrund und entlang des Amselsees hinaus zum untersten Abschnitt des Basteiwegs. Über ihn kommt man wieder hinunter nach Niederrathen und mit der Fähre hinüber zum Ausgangspunkt im Kurort Rathen.

△ Basteibrücke und Felsburg Neurathen, weit hinten der Lilienstein

Sehenswürdigkeiten

① Der Kurort Rathen besteht aus den beiden Ortsteilen Niederrathen rechts der Elbe und Oberrathen links der Elbe. Sein Name leitet sich von einem böhmischen Personennamen ab, der von der ältesten Burg auf den Ort überging.

▽ Blick von der Bastei auf die Elbschleife bei Rathen

② Die Felsenburg Neurathen war im 13. Jahrhundert auf dem vordersten Basteiriff errichtet und 1469 vollständig zerstört worden. 1906 wurde die Anlage entdeckt und seither systematisch erforscht. Wehrgang und Zisterne konnten rekonstruiert werden. Ein Rundgang erschließt die gesamte alte Burganlage.

③ Die Bastei ist das älteste Touristenzentrum der Sächsischen Schweiz. Der 305 Meter hohe und 190 Meter über der Elbe gelegene, weltberühmte Aussichtspunkt trat schon 1592 in der ersten kursächsischen Landesaufnahme als »Pastey« auf. Die steinerne Brücke wurde 1851 errichtet. Seit 1936 steht die Bastei unter Naturschutz und ist seit 1992 Teil des Nationalparks.

④ Die Schwedenlöcher sind eine klammartige Seitenschlucht des Amselgrunds. Hier fanden die Bewohner der Umgebung im Dreißigjährigen Krieg Zuflucht. Für die Wanderer wurde die Schlucht 1886 anläßlich eines Geographentags erschlossen.

⑤ Der Amselgrund wird vom Grünbach durchflossen, der im Amselfall als 10 Meter hoher Wasserfall über das Amselloch herunterstürzt. Der Amselsee ist ein 600 Meter langer Stausee, von dessen Staumauer aus sich ein besonders schöner Blick auf markante Kletterfelsen bietet.

Tip

Felsenbühne Rathen: Die Felsenbühne Rathen liegt mitten im Wehlgrund und wird jeweils von Juni bis September als Naturbühne bespielt.

63

Autotour 63: 140 Kilometer

Oberlausitz und Zittauer Berge

Lausitzer Bergland

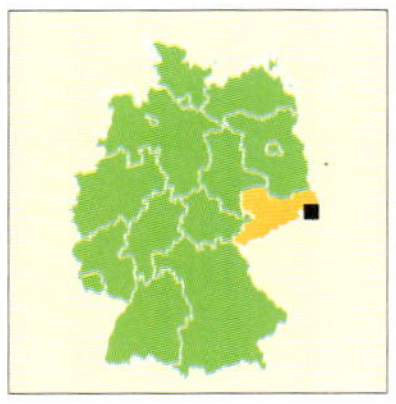

Wo Polen, die Tschechische Republik und Deutschland ein Dreiländereck bilden, liegt das reizvolle Lausitzer Bergland. Ausgedehnte, flache Täler mit langgestreckten Dörfern schmiegen sich zwischen flache Bergrücken aus Granit. Löbau, Görlitz und Zittau sind mit einer Fülle von Baudenkmälern die Hauptanziehungspunkte. In den Dörfern stehen prächtige Umgebindehäuser, und das Zittauer Gebirge ist alleine einen ganzen Urlaub wert.

Tourverlauf

In Löbau, einer alten Tuchmacherstadt, startet man zu dieser Tour durch die Oberlausitz. ① Von ihr aus fährt man nordostwärts auf der B 6 über Reichenbach nach Görlitz. ②
Ab Görlitz führt die B 99 immer am linken Neißeufer und damit an der Grenze zu Polen entlang nach Süden bis Zittau. ③
Zittau verläßt man nach Süden über die Landstraße, passiert das Dreiländereck und erreicht im Kurort Oybin das Zentrum des Zittauer Gebirges. ④
Ebenfalls im Zittauer Gebirge liegt der Kurort Jonsdorf. ⑤
Durch ausgedehnte Wälder fährt man anschließend westwärts nach Waltersdorf und von hier aus nach Norden bis Herrnhut, wo man auf die B 178 trifft. ⑥ Ihr folgt man nach Nordwesten und erreicht in Löbau wieder den Ausgangspunkt.

Sehenswürdigkeiten

① Löbau wurde um 1200 auf einer Anhöhe oberhalb des Löbauer Wassers gegründet. Sein großzügiger Altmarkt verrät bis heute die wohl geplante Stadtanlage. Schönstes Bauwerk der Stadt ist ihr Rathaus mit neobarockem Laubengang von 1892 und einem im Kern spätgotischen, mit vorkragendem Zinnenkranz verzierten Turm. Die in Rot und Gold gehaltenen Fassaden kontrastieren mit den Natursteinen des Turms. Schönstes Bürgerhaus ist das »Goldene Schiff« von 1720. Auch die Moderne ist vertreten mit einem vom Hans Scharoun 1933 errichteten Fabrikantenhaus im Bauhausstil (Kirschallee Nr. 1). Die spätgotische Johanneskirche stammt aus dem 15. Jahrhundert, ihr Turm hat ein achteckiges Glockengeschoß. In der Nikolaikirche sind im Chor Reste des Vorgängerbaus aus dem 13. Jahrhundert erhalten. Das Langhaus präsentiert sich heute als dreischiffige Halle. Kein Besucher Löbaus sollte es versäumen, den 447 Meter hohen Löbauer Berg zu besuchen. Dort steht mit dem Friedrich-August-Turm ein einzigartiges Denkmal des Eisenkunstgusses. Eine 128stufige Wendeltreppe führt auf den 28 Meter hohen, mit drei Plattformen gegliederten Turm hinauf.

② Görlitz entstand aus dem 1031 erstmals erwähnten Gorelic mit dem heutigen Untermarkt als Zentrum. 1525 machte ein Stadtbrand einen weitgehenden Neuaufbau der Stadt erforderlich. Er erfolgte einheitlich im Stil der Frührenaissance und wurde stilprägend für die Stadtplaner der deutschen Renaissance. Bis heute ist der Untermarkt bestimmt von Häusern der Spätgotik, der Renaissance und des Barock. Der älteste Teil des Rathauses stammt von 1378, der achteckige Turmaufsatz wurde

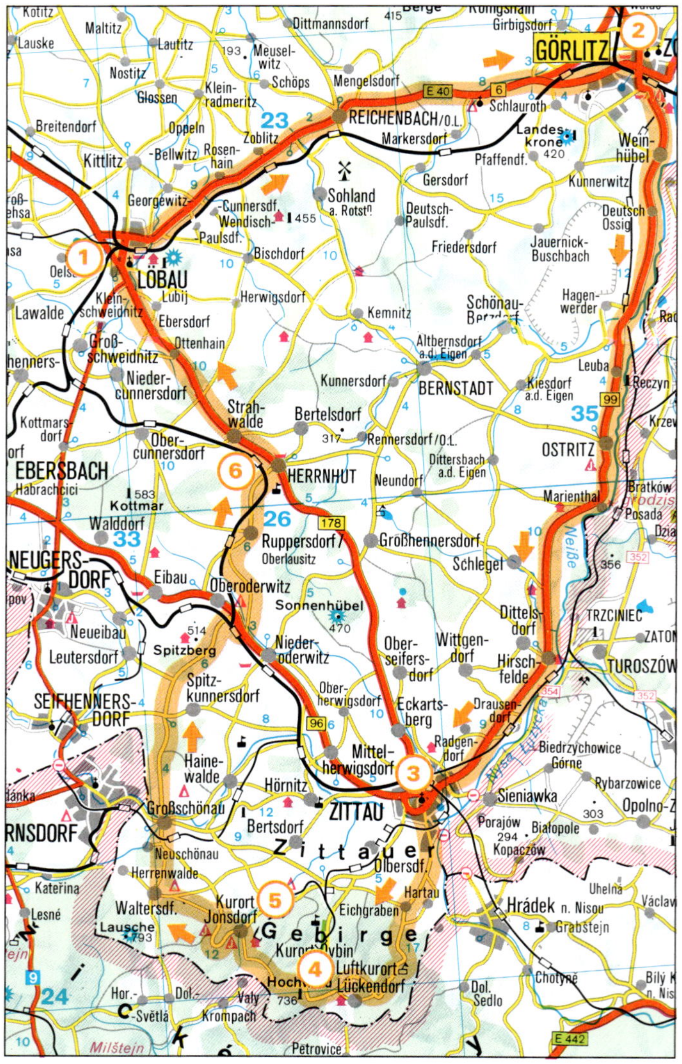

▽ *Kaisertrutz in Görlitz, ehemals Teil der Stadtbefestigung*

Umgebindehäuser – Typisch für die Oberlausitz

Fachwerk- und Blockhausbau sind zwei uralte Bauweisen mit jeweils einem gravierenden Nachteil: Der Blockbau mit Wänden aus waagrecht übereinander gelegten Holzbalken mit Eckverbindungen verträgt nur geschoßhohes Bauen, bietet dafür aber dank guter Isolierung ein molliges Raumklima. Der Fachwerkbau dagegen ermöglicht zwar mehrere Geschosse, war aber immer aufgrund der Verwendung verschiedener Baustoffe – Holz und Füllmaterial der sogenannten Gefache – eine zugige Angelegenheit. Die Kombination beider Bauweisen gelang bereits im 14. Jahrhundert in der Oberlausitz. Der Trick dabei war einfach: Das Erdgeschoß wurde in Blockbauweise errichtet und von einem Umgebinde aus Säulen, Ständern, Rahmen, Spannriegeln und Kopfbändern als äußeres Stützgerüst umgeben, das die Last des Obergeschosses in Fachwerkbauweise sowie das Dach trug. Mit der Blüte der Oberlausitzer Leinenweberei und Tuchmacherei im 17. und 18. Jahrhundert breitete sich das Umgebindehaus stark aus, da das hervorragende Raumklima der Holzstube im Erdgeschoß für die Naturfasern der Handweberei besonders günstig war.

△ *Gußeiserner Aussichtsturm, Löbau*

1516 vollendet. Interessant ist die Rathausuhr von 1525 mit ihren zwei übereinanderliegenden Zifferblättern. Mit dem unteren Zifferblatt wurde der Gregorianische Kalender in der Oberlausitz eingeführt, das obere Zifferblatt gehört zu einer Monduhr. Charakteristisch für Görlitz sind die spätgotischen, langen Lauben, teils mit vorgeblendeten Renaissancefassaden. Das Haus Neißestraße 29 zählt zu den schönsten deutschen Bürgerhäusern der Renaissance. Gebaut wurde es 1570 mit Säulenportal, reichem Bauschmuck und prachtvoller Treppenhalle. Weil in seinen Brüstungsfeldern biblische Themen dargestellt sind, heißt es auch das »Biblische Haus«. Die spätgotische Kirche St. Peter und Paul wurde 1497 fertiggestellt und zählt zu den größten Hallenkirchen Sachsens. Ihre beiden Achtecktürme mit neogotischen Helmen wurden 1891 fertiggestellt. Ihre Krypta, mit Netz- und Sterngewölbe verziert und mit reichen Wandmalereien ausgestattet, gilt als schönster spätgotischer Raum der Oberlausitz. Die eigentliche Halle ist 27 Meter hoch, 38 Meter breit, 62 Meter lang und mit einem prächtigen Sterngewölbe verziert. Die Ausstattung ist barock, da die gotische Originalausstattung 1691 verbrannte. Der Obermarkt entstand im Zuge der Stadterweiterung ab 1245. Die Dreifaltigkeitskirche an seinem Ostrand wurde ursprünglich für das 1234 gegründete Franziskanerkloster gebaut. Die um 1500 fertiggestellte Kirche enthält als einzige der Stadt noch ihre spätgotische Ausstattung. Dazu gehören ein geschnitztes Mönchsgestühl von 1484, ein Flügelaltar von 1516 und die Fresken im Kreuzgang aus der Zeit um 1430. Die opulente Kanzel ist frühbarock. Der prächtige Hochaltar von 1713 ist hochbarock. Der Kaisertrutz am Westrand des Obermarkts ist Rest der ehemaligen Stadtbefestigung. Heute sind hier die Städtischen Kunstsammlungen untergebracht. Vom Reichenbacherturm bietet sich der beste Blick über Stadt und Umgebung.

③ Das 1238 erstmals bezeugte Zittau wurde ab 1255 vom Böhmenkönig Ottokar II. als strategisch wichtiger Punkt stark befestigt. Im Mittelalter florierte der Handel, und um 1730 war die Stadt nach Leipzig der wichtigste Handelsplatz Sachsens. Zentrum der denkmalgeschützten Altstadt ist der Marktplatz mit dem Rathaus an der Ostseite. Es wurde nach einem Plan von Karl Friedrich Schinkel bis 1845 im Stil der italienischen Renaissance errichtet. Der Rolandsbrunnen an der Westseite des Markts stammt von 1585. Die Johanneskirche an der Nordseite des Markts war ursprünglich gotisch und erhielt ihre heutige klassizistische Form bis 1837 nach Plänen von Karl Friedrich Schinkel. Im schönsten Renaissancebau Zittaus, dem Heffter-Haus, ist heute das Stadt- und Kreismuseum untergebracht.

④ Kurort Oybin: Siehe Wanderung 63 A, Seite 260.

⑤ Kurort Jonsdorf: Siehe Wanderung 63 B, Seite 261.

⑥ Herrnhut ist der Stammsitz der in aller Welt verbreiteten Herrnhuter Brüder-Unität. Ihr Gründer war der pietistische Dichter Nikolaus Ludwig Graf von Zinzendorf. Die streng solidarisch organisierte Gemeinde lehnt bis heute Besitz, Kriegsdienst und technischen Fortschritt ab und hat nach wie vor treue Anhänger, vor allen in den USA. In den Herrnhuter Stuben sind ein komplett eingerichtetes Wohnzimmer einer Herrnhuter Familie sowie Exponate des Herrnhuter Kunstgewerbes zu sehen. Im Herrnhuter Völkerkundemuseum gibt es Sammelobjekte aus allen von der Herrhuter Gemeine missionierten Ländern.

△ *Sorbische Tradition: Osterreiter am Ostersonntag*

▽ *Landschaft im Oberlausitzer Bergland in der Umgebung von Löbau*

Tip

Bergbaumuseum Seifhennersdorf: In Seifhennersdorf wurde ein Polierschiefervorkommen ausgebeutet. Das dortige Museum gibt einen Einblick in die regionale Paläontologie, Geologie und Bergbaugeschichte.

63 A

Wanderung 63 A: 9 Kilometer – 3 Stunden

Scharfenstein und Töpferfelsen

Lausitzer Bergland

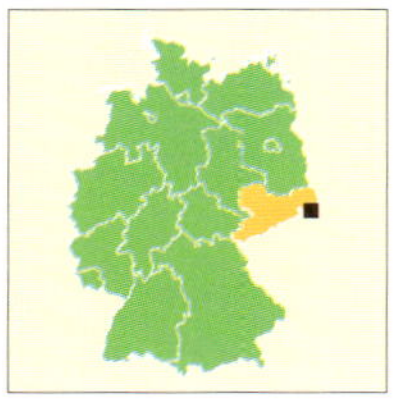

Das Zittauer Gebirge ist mehr als ein heimliches Kleinod. Exotisch geformte Felsen überraschen den Wanderer immer wieder. Burg- und Klosterruine auf dem sagenumwobenen Berg über dem reizvollen Kurort Oybin geben ein imposantes Zeugnis einer langen Geschichte.

△ Ort und Berg Oybin im Zittauer Gebirge

Tourverlauf

Vom zentral gelegenen Parkplatz im Kurort Oybin folgt man der Bürgerallee in südlicher Richtung. ①
Das erste Ziel sind die Rosensteine. ②
Kurz darauf folgt der nach seiner Form genannte Kelchstein. ③
Auf der Höhe des Kelchsteins trifft man auf den mit einem gelben Balken markierten Weg, dem man nach links (Süden) bis zur Grenze zur Tschechischen Republik folgt. Am dortigen Wegestern hält man sich links und beachtet den Wegweiser Große Felsengasse. ④
Die Wegmarkierung grüner Balken leitet hinüber zum Scharfenstein. ⑤
Hier richtet man sich nach der Markierung gelber Punkt durch die Kleine Felsengasse. ⑥
Dieselbe Markierung führt auch zum Töpferfelsen. ⑦
An der Gratzer Höhle vorbei erreicht man schließlich die Teufelsmühle am Boden des Goldbachtals. Talaufwärts (blaue Markierung) kommt man zurück zum Ausgangspunkt in Oybin.

Sehenswürdigkeiten

① Der heutige Kurort Oybin entstand ab 1258 um eine Schutzburg, die jedoch 1291 als Raubritternest zerstört wurde. An ihrer Stelle entstand auf dem Berg Oybin die Leipaburg. Sie ist heute Ruine. Karl IV. ergänzte 1364 die Burg um das zum Teil noch erhaltene Kaiserhaus. Er sorgte auch für die Ansiedlung eines Klosters, dessen Kirche 1384 geweiht wurde. Das Dorf Oybin erhielt 1709 seine Bergkirche. Sie birgt einen Rokokoaltar von 1773, die Emporen und die Decke wurden bis 1737 bemalt.

② Die Rosensteine zeichnen sich durch große, leicht gewölbte Verwitterungsflächen aus. Diese Form der Wollsackverwitterung entsteht in Jahrmillionen durch die Einflüsse von Wind und Wetter.

③ Der Kelchstein hat seinen Namen von seiner besonders auffallenden Form. Auf einem schmalen Hals sitzt ein besonders dicker Kopf, von weitem anzusehen wie ein Kelchglas. Der Fels besteht aus Sandstein und hat rote Einfärbungen von Eisenoxideinlagerungen.

④ Die Große Felsengasse ist aus hohen, unterschiedlich geformten Felsen gebildet. Den ersten Raum nennt man Muschelsaal, danach kommt man durch eine Felsspalte zur Mönchskanzel. Sie gibt als Aussichtspunkt den Blick in die umgebende Felswelt frei.

⑤ Der Scharfenstein ist eine große, freistehende Sandsteinpyramide. Sie kann über Treppen und Eisenleitern bestiegen werden und bietet eine hervorragende Aussicht.

⑥ Die Kleine Felsengasse präsentiert noch einmal interessante Felsformationen wie »Brütende Henne«, »Küken«, »Papagei« oder »Schildkröte«.

⑦ Am 580 Meter hohen Töpferfelsen gibt es ein bewirtschaftetes Rasthaus, der Felsen selbst kann über Eisenleitern bestiegen werden. Zur Belohnung gibt es eine prächtige Aussicht.

▽ Der Innenraum der Dorfkirche von Oybin folgt dem Hang des Geländes

Tip

Kurort Oybin, Talringweg: Auf dem bequem zu begehenden Rundgang genießt man in etwa 1½ Stunden prächtige Blicke auf Oybin und den Berg Oybin.

Zur Jonsdorfer Felsenstadt

Die Sandsteine des Naturschutzgebiets südlich von Jonsdorf sind stark verkieselt, außerdem treten Basalt- und Phonolithgänge auf. Die Verwitterung schuf daraus die Formenvielfalt der Felsenstadt.

Lausitzer Bergland

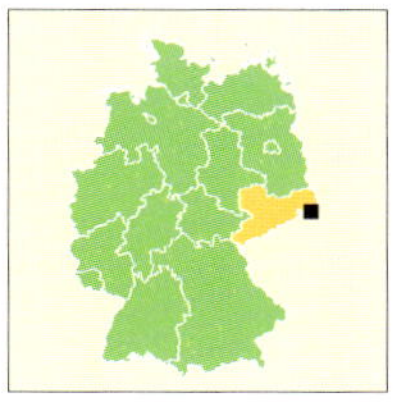

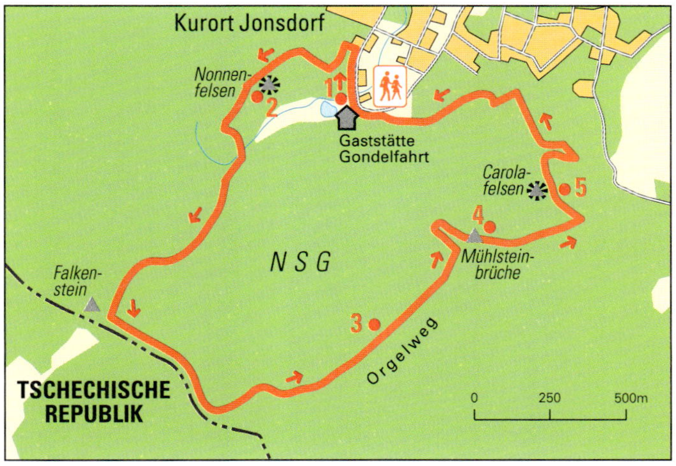

Tourverlauf

Eine Möglichkeit zur Einkehr bietet die Gaststätte Gondelfahrt im Südwesten von Jonsdorf. ①
Von der Gaststätte wandert man zunächst etwa 50 Meter die Straße abwärts links in die Zigeunerstuben (Markierung blauer Balken). Diese entpuppen sich als steiler Hohlweg, den man durchsteigen muß, um zum Nonnenfelsen zu kommen. ②
Wege mit den Markierungen grüner Punkt und grüner Balken führen an die Grenze zur Tschechischen Republik. Hier liegt wenig rechts der Falkenstein.
Der weitere Weg (Markierung roter Balken) entfernt sich nach etwa 500 Metern von der Grenze und geht nordostwärts über in den Orgelweg. ③
Auf diesem gelangt man zu den Mühlsteinbrüchen. ④
Immer noch auf dem Orgelweg erreicht man schließlich den Carolafelsen. ⑤
Vorbei an der Waldbühne ist man nach 2 Stunden wieder an der Gaststätte Gondelfahrt kurz vor Jonsdorf.

Sehenswürdigkeiten

① Jonsdorf ist ein idealer Ausgangspunkt für Wanderungen und Klettertouren zu den bizarr geformten Felsen der Zittauer Berge. Das Dorfbild selbst ist von alten Umgebindehäusern bestimmt. In der Weberstube erfährt man alles Wissenswerte über den Flachsanbau bis zur Herstellung des fertigen Leinens.
② Der Nonnenfelsen wurde bereits Ende des 19. Jahrhunderts für Wanderer durch die Anlage von Felsgassentreppen zugänglich gemacht. Sein Gipfel bietet eine hervorragende Aussicht. Wenig östlich vom Nonnenfelsen bildet ein etwa 100 Meter langer, 3 Meter breiter und von 30 Meter hohen Felsen eingerahmter Gang die Zigeunerstuben. Ihren Namen erhielten sie, weil früher hier durchziehende Zigeuner gerne nächtigten.
③ Der Orgelweg führt mitten durch das Naturschutzgebiet Jonsdorfer Felsenstadt. In dieser stark zerklüfteten Felsenlandschaft hat die Mischung aus Sand und Ergußsteinen phantastische Verwitterungsformen ermöglicht. Berühmt sind die Große und die Kleine Orgel. Sie bestehen aus bis zu 15 Zentimeter starken, senkrecht stehenden Sandsteinsäulen, die wie in einem Orgelprospekt nebeneinander stehen.
④ In den Mühlsteinbrüchen wurden seit 1560 über 350 Jahre hinweg Mühlsteine für ganz Sachsen gebrochen. Diese Mühlsteine bestanden aus Sandstein, durch den glühendheißes Magma emporgebrochen war. Durch die Erhitzung wurde der Sandstein in seiner Struktur verändert und damit gleichzeitig härter und poröser gemacht. Dadurch eignete sich dieser Stein ganz besonders zum Getreidemahlen. Die Steinbruchschmiede wurde 1825 als Werkstatt zum Instandsetzen der Steinbruchwerkzeuge errichtet. Heute ist dort das kleine Mühlsteinbruchmuseum untergebracht.
⑤ Der Carolafelsen ist ein besonders schöner Aussichtspunkt.

Tip

Kurort Jonsdorf, Waldbühne: Zwischen Ende Mai und Anfang September gastieren auf dieser Naturbühne professionelle Theater- wie auch Laienspielgruppen.

▽ *Jonsdorf im Zittauer Gebirge*

▽ *Zerklüftete Felstürme aus Sandstein bei Jonsdorf*

64

Autotour 64: 130 Kilometer

Um den Idarwald

Hunsrück

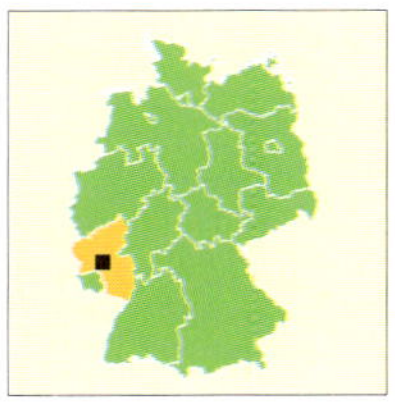

Zwischen Idarkopf und Erbeskopf erstreckt sich auf gut 30 Kilometern Länge der Idarwald als geschlossener Höhenzug im westlichen Hunsrück. Auf seiner Südseite liegt die Edelsteinhochburg Idar-Oberstein, auf seiner Nordseite die große Moselschleife zwischen Bernkastel-Kues und Traben-Trarbach. Edle Tropfen, edle Steine und romantischer Hochwald lassen sich auf dieser Fahrt zu einer besonders gelungenen Kombination vereinen.

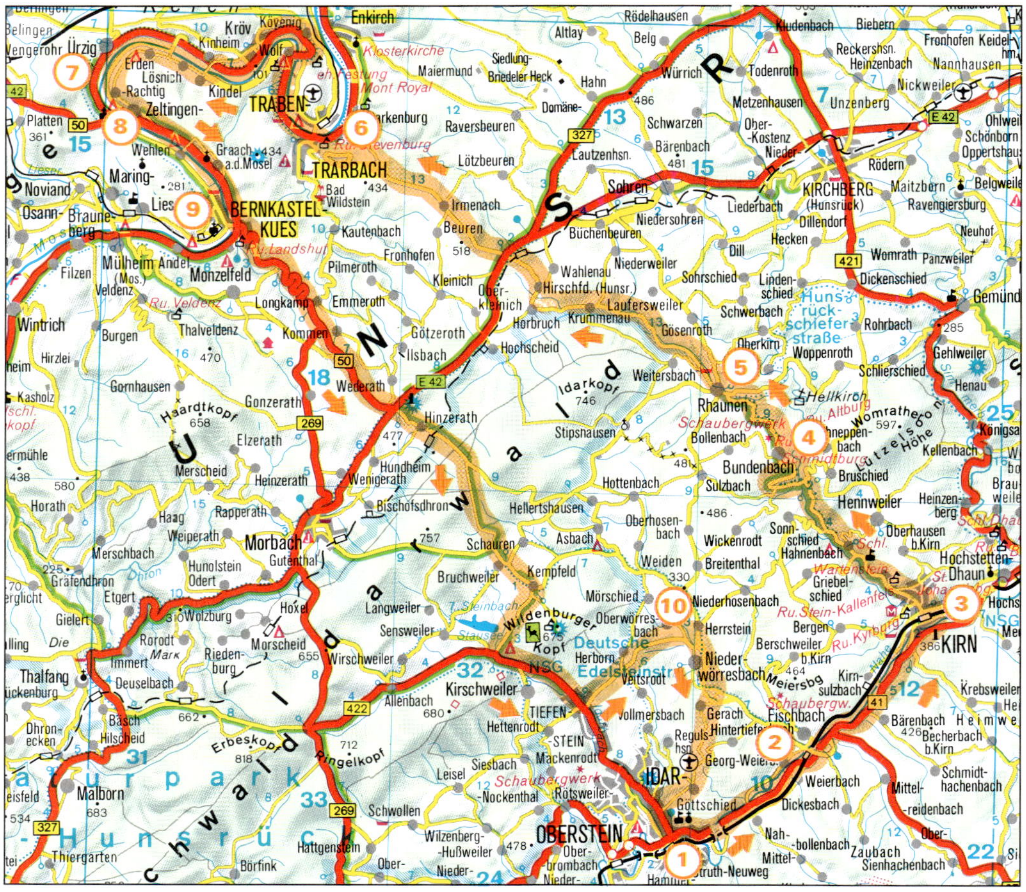

Tourverlauf

Ein angemessener Auftakt zu dieser Autotour ist die Edelsteinhochburg Idar-Oberstein. ①

Von ihr aus fährt man über die B 41 nordostwärts zunächst nach Fischbach. ②

Gut 5 Kilometer sind es ins benachbarte Kirn. ③

In Kirn wendet man sich nach Nordwesten gegen die Höhen des Hunsrücks hin. Über die Landstraße erreicht man das Städtchen Bundenbach. ④

Nächstes Ziel dieser Fahrt ist Rhaunen. ⑤

Den Idarwald überquert man auf der Ostseite des 746 Meter hohen Idarkopfs, kreuzt anschließend die Hunsrück-Höhenstraße und fährt dann hinunter zur Mosel, die man bei Traben-Trarbach erreicht. ⑥

Zu den beeindruckenden Moselschleifen gehört auch jene bei Ürzig. ⑦

Die Weiterfahrt an der Mosel führt anschließend nach Zeltingen-Rachtig. ⑧

Moselaufwärts geht es dann nach Bernkastel-Kues. ⑨

Über die B 50 fährt man wieder in den Hunsrück, kreuzt bei Hinzerath erneut die Hunsrück-Höhenstraße und erreicht beim 675 Meter hohen Wildenburger Kopf einen weiteren Höhepunkt im Idarwald. Auf der Südseite des Wildenburger Kopfs verläßt man die B 50 nach links, um in Herrstein eine besondere Perle des Hunsrücks zu besuchen. ⑩

Sehenswürdigkeiten

① Idar-Oberstein ist geprägt von den auf hohen Felsen aufragenden Ruinen des Alten und des Neuen Schlosses. Auf dem Alten Schloß saßen als Lehensnehmer des Trierer Erzbischofs die Ritter vom Stein. Deren Nachfolger zogen 1179 auf den benachbarten Felsen und erbauten dort das Neue, 1855 ausgebrannte Schloß. In der Felswand unter dieser imposanten Kulisse ist in einer großen Höhlung der senkrechten Wand die Obersteiner Felsenkirche hineingebaut. Sie entstand von 1482 bis 1484. Noch aus der Bauzeit stammen der gotische Taufstein, Reste gotischer Glasmalereien und das Grabrelief von Philipp von Daun-Oberstein. Eine Stumm-Orgel von 1756 ergänzt die Ausstattung. Der eigentliche Schatz der Kirche aber ist ihr gotischer Flügelaltar aus dem 15. Jahrhundert. Nicht versäumen darf man das Deutsche Edelsteinmuseum und die Edelsteinmine Steinkaulenberg.

② Die Attraktion von Fischbach ist die historische Kupfermine Hosenberg. In der zum Schaubergwerk hergerichteten Grube sind sowohl die riesigen Hohlräume des Untertageabbaus als auch die Anlagen zur Zerkleinerung des Gesteins zur Erzwäsche zu sehen.

③ Kirn gab es nachweislich schon 841 als Siedlung unter der Kyrburg. Diese einst vieltürmige Burg wurde 1734 zerstört, das Plateau dient heute als beliebter Aussichtspunkt. Von dem Ende des 18. Jahrhunderts errichteten

△ *Rosselhalde bei Katzenloch*

◁ *Weingut Mönchhof bei Ürzig*

Schlößchen Amalienlust sind Theater und Pavillons übriggeblieben. Das 1769 in die heutige Form gebrachte Rathaus war ursprünglich ein Piaristenkloster. Im Ort gibt es sehenswerte Fachwerkhäuser aus dem 16. bis 18. Jahrhundert. Ansehnliche Burgbauten der Umgebung sind Burg Steinkallenfels aus dem 12. Jahrhundert und Schloß Wartenstein aus dem 18. Jahrhundert.

④ Auf einem Hochplateau über dem Hahnenbachtal bei Bundenbach liegt eine Siedlung aus den letzten vorchristlichen Jahrhunderten.

⑤ Rhaunen: Siehe Wanderung 64 A, Seite 264.

⑥ Traben-Trarbach hatten schon die Römer schön gefunden. Heute sind die Reste der Grevenburg, die Ruine des ehemaligen Bergklosters im Ortsteil Wolf, die Reste der Starkenburg und die Ruine der Festung Mont Royal interessant. In Trarbach gibt es alte Patrizierhäuser und das prächtige Brückentor zu entdecken. In Traben lohnt ein Besuch der auf das 12. Jahrhundert zurückgehenden Peterskirche, und im Ortsteil Kautenbach sollte man das Ikonenzentrum nicht versäumen.

⑦ Rund um das kleine Ürzig gab es einst nicht weniger als drei mittelalterliche Burgen. Übrig ist davon nur noch die Ruine Leyen. Dafür gibt es in den alten Gassen prächtige Fachwerkhäuser aus dem 16. und 17. Jahrhundert und historische Weinhöfe mit den Wappen ihrer Besitzer.

Von Drusen und Mandeln im Hunsrück

Am südlichen Rand des Hunsrücks gab es einst gewaltige Vulkane. In den Lavadecken blieben durch Gasblasen Hohlräume zurück, die in verschiedenen Lösungsprozessen mit Kristallen ausgefüllt wurden. Lösungsmittel war heißes, mineralienreiches Wasser, das mit der Abkühlung in den Blasenhohlräumen Quarz, Kalkspat, Chlorit oder andere Mineralien ablagerte. Außerdem war in den Lösungen Silizium, Kalzium, Magnesium, Aluminium und Eisen enthalten. Wurde ein solcher Hohlraum völlig gefüllt, entstanden die mehrfarbigen Mandeln aus Achat, der nichts anderes ist als feinkristalliner Quarz. Blieb die Ausfüllung der Hohlräume jedoch unvollständig, bildeten sich Kristalle, die ungehindert aus der Lösung in den Hohlraum hineinwachsen konnten. Das Ergebnis ist dann eine Kristalldruse. Welches Mineral an der Drusenwandung auskristallisieren konnte, hing von der Zusammensetzung der Lösung und der herrschenden Temperatur ab. Besonders häufig kommt Quarz vor: glasklar und farblos als Bergkristall, violett gefärbt als Amethyst oder braunschwarz getönt als Rauchquarz.

△ *Felskirche im Stadtteil Oberstein*

◁ *Ruine Grevenburg*

⑧ Zeltingen ist berühmt für seine »Sonnenuhr«, eine berühmte Weinlage. In der Stephanuskirche gibt es einen Altar von 1627 mit zahlreichen Figuren.

⑨ Bernkastel-Kues wurde bereits im 7. Jahrhundert unter einer Vorgängerin der um 1280 errichteten Burg Landshut gebaut. In Kues, auf der anderen Seite der Mosel, hatten schon die Kelten gehaust. Größter Sohn des Ortes war Nikolaus von Cues, der es im 15. Jahrhundert vom Winzersohn zum führenden Philosophen seiner Zeit und zum Kurienkardinal in Rom gebracht hatte. Besonders sehenswert ist der mittelalterliche Marktplatz in Bernkastel mit seinem Renaissancerathaus von 1608, dem Michaelsbrunnen von 1606 sowie zahlreichen, außergewöhnlich schönen Fachwerkbauten. Besonders malerisch ist der frei stehende Turm der Michaelskirche mit seinen acht Erkertürmchen. Er ist ein früherer Wehrturm aus dem 13. Jahrhundert. In Kues sollte man das Cusanus-Stift mit Konventssaal, Kreuzgang und schöner gotischer Kapelle von 1465 besuchen. Im Geburtshaus des »Nicolaus Cusanus« ist heute eine Gedenkstätte eingerichtet. Im Moselweinmuseum erfährt man alles über den Weinbau, das Heimatmuseum findet sich im Graacher Tor.

⑩ Herrstein: Siehe Wanderung 64 B, Seite 265.

Tip

Rosselhalde bei Katzenloch: Das 52 Hektar große Blockmeer in der Nähe von Katzenloch wurde bereits 1936 unter Naturschutz gestellt. Zwischen den allmählich verwitternden Quarzitblöcken wächst die sonst vor allem weiter östlich beheimatete Karpatenbirke. Der besondere Reiz des Quarzitblockmeeres liegt faunistisch unter anderem darin, daß hier die scheue Wildkatze ein Revier gefunden hat.

64 A

Wanderung 64 A: 14 Kilometer – 3 1/2 Stunden

Hahnenbachtal und Schmidtburg

Östlich von Rhaunen und Bundenbach versteckt sich mit dem Tal des Hahnenbachs ein besonders schönes Stück Hunsrück. Mehrere Felsvorsprünge haben hier den Bach zu weiten Schlingen gezwungen, die Berge selbst waren schon in vorgeschichtlicher Zeit besiedelt. Auf engstem Raum läßt sich hier hübscheste Landschaft und jahrtausendealte Kulturgeschichte erleben.

Hunsrück

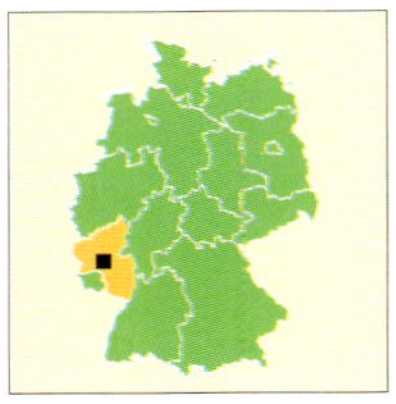

Tourverlauf

An der evangelischen Kirche in Rhaunen bricht man zu dieser Wanderung auf. ①
Zunächst folgt man dem Verbindungssträßchen dem Hahnenbach entlang hinüber nach Hausen. Hier trifft man auf den von Westen kommenden, mit einem weißen H markierten Hauptwanderweg, auf dem man nun weiter bachabwärts auf der linken Seite des Hahnenbachs bleibt. Der Weg verläuft teilweise im Talboden, teilweise schneidet er mit kürzeren Abschnitten Bergvorsprünge ab.
Einer dieser Vorsprünge trägt die Ruine Hellkirch. ②
Letzte Station über dem linken Ufer des Hahnenbaches ist die Ruine Schmidtburg. ③
Von ihr steigt man nordwärts zum Bach hinunter, überquert ihn und steigt jenseits die Hänge zur Ruine Altburg hinauf. ④
Wenig westlich ist man dann schnell an der Grube Herrenberg angelangt. ⑤
Von der Schiefergrube aus wandert man westwärts gegen Bundenbach, kreuzt die Verbindungsstraße Bundenbach–Rhaunen und nimmt schließlich den zweiten Flurweg Richtung Nordwesten. Er führt vorbei am Bollenberg zurück nach Rhaunen.

Sehenswürdigkeiten

① Das alte Rhaunen war schon von den Römern besiedelt. Die heutige evangelische Pfarrkirche geht auf das 13. Jahrhundert zurück, aus dieser Zeit stammt noch ihr Turm mit dem gotischen Helm. Ihr Inneres birgt eine der ersten Stumm-Orgeln von 1723.
② Die Burg Hellkirch entstand im 12. Jahrhundert, zerstört wurde sie während des Dreißigjährigen Kriegs.
③ Die Schmidtburg auf stolzer Höhe über dem Hahnenbachtal war im 11. Jahrhundert der Sitz der Nahegrafen von Smedeburch. Sie ist im Jahre 1084 erstmals erwähnt und damit eine der ältesten Burgen des Hunsrücks. Sie überstand den Dreißigjährigen Krieg relativ unbeschadet, aber 1689 wurde sie von den Franzosen zerstört. Die Ruine diente später dem »Schinderhannes« als Unterschlupf. Hier hauste er noch 1803 bis unmittelbar vor seiner Gefangennahme in Schneppenbach, nachdem der 26jährige Räuberhauptmann nahezu ein Jahrzehnt lang den Hunsrück unsicher gemacht hatte.
④ Die Altburg ist eine keltische Fluchtburg, bewohnt war sie vom 3. bis ins 1. vorchristliche Jahrhundert. Bis 1974 wurde sie von den Archäologen ausgegraben und mit viel Liebe zum Detail rekonstruiert.
⑤ Die Schiefergrube Herrenberg wurde bereits im 16. Jahrhundert zum Abbau des vor rund 400 Millionen Jahren entstandenen Schiefers betrieben. Geschlossen wurde die Grube erst 1964, seit 1976 wird sie als Besucherbergwerk benutzt. Hier kann man sich über die historische Dachschiefergewinnung, über die Verarbeitung des Schiefers und über berühmte, in der Grube gefundene Fossilien informieren. Fossilienfreunde können an Präparationskursen teilnehmen.

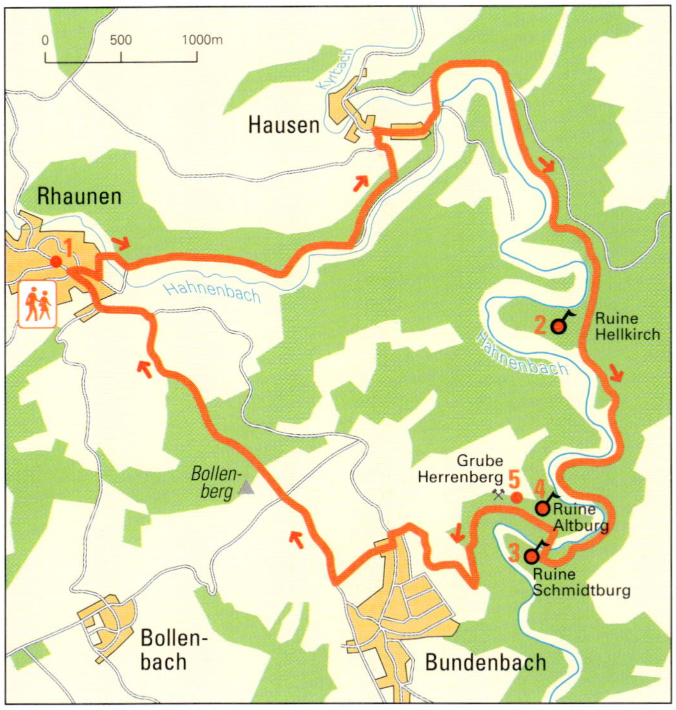

△ *Landschaft im Hunsrück*

▷ *Woppenrother Wacholderheide*

Tip

Woppenrother Wacholderheide östlich von Rhaunen: Einst waren weite Flächen des Hunsrücks mit Wacholderheiden bedeckt. Im gleichen Maße wie die Schafzucht zurückging, verschwanden auch diese Heidelandschaften, denn der Wacholder überlebt nur, wenn er regelmäßig freigefressen wird. Die Woppenrother Wacholderheide zeigt schön den Rest einer Steppenflora, auf der zwischen stattlichen Wacholderbüschen zahlreiche Trockenrasenpflanzen gedeihen. Andererseits ist auch gut zu sehen, wie die Heide durch nachwachsendes Unterholz überwuchert zu werden droht, wenn die Beweidung durch Schafe ausbleibt.

Wanderung 64 B: 16 Kilometer – 4½ Stunden

64 B

Herrstein und Wildenburger Kopf

Herrstein hat den am besten erhaltenen, historischen Ortskern aller Hunsrückgemeinden. Der Wildenburger Kopf war schon vor 2500 Jahren bewohnt, Kelten und Römer hatten hier ihre Befestigungs- und Signalanlagen ebenso wie die Strategen des Mittelalters. Beide Glanzlichter des Hunsrücks lassen sich in einer Wanderung miteinander verbinden.

Hunsrück

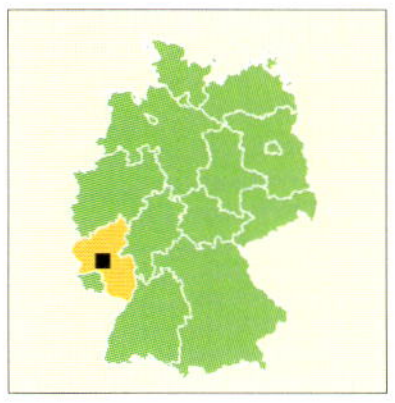

Tourverlauf

Mit seinen Fachwerkhäusern offenbart sich das Städtchen Herrstein als Kostbarkeit. ①
An seinem Nordrand beginnt im Mühlenweg die Markierung weißes H, die bald über den Fischbach und unter der Umgehungsstraße hindurch führt. Dahinter beginnt der Weg etwas zu steigen; bei guter Fernsicht geht es dann hinüber nach Mörschied. Hier folgt man zunächst der Straße nach Herborn bis zum Ortsschild, wo man nach rechts abbiegt und am Waldrand entlang nach Westen wandert. Nach etwa einem Kilometer geht es in den Wald hinein und nach zwei Bogen auf den Rücken des Mörschieder Burrs. ②
Der weitere Weg folgt den Schultern von Mörschieder Burr und Wildenburger Kopf. Zunächst wandert man bergab in den Sattel, danach geht es über die Nordostschulter zum Wildenburger Kopf. ③
Nach dessen Erkundung steigt man südwärts die Hänge hinunter zu einem Wegekreuz mit Schutzhütte. Hier nimmt man den nach links führenden Weg (Nordosten), folgt ihm für gut einen Kilometer bis zur nächsten Schutzhütte und biegt dort halbrechts nach Herborn ab.
Am Nordrand von Herborn geht man zunächst für etwa 300 Meter auf der Verbindungsstraße nach Mörschied, biegt dann nach rechts zum Gutenbacher Hof ab und wandert dort geradeaus weiter über Oberwörresbach zurück nach Herrstein.

Sehenswürdigkeiten

① Das kleine Herrstein wird gerne das Rothenburg des Hunsrücks genannt. Die Siedlung war schon im 13. Jahrhundert mit einer Ringmauer mit der Burg der Grafen von Sponheim verbunden. Von ihr sind noch zwei der ursprünglich vier runden Ecktürme erhalten. Weil das kleine Städtchen nie zerstört wurde, konnte in unseren Tagen der mittelalterliche Fachwerkschatz gehoben werden. Haus für Haus wurde der durchaus intakte Kern der aus dem 16. bis 18. Jahrhundert stammenden Wohnhäuser wieder freigelegt.
② Der 646 Meter hohe Mörschieder Burr ist dem Wildenburger Kopf nordöstlich vorgelagert. Er besteht aus eindrucksvollen Felsbastionen mit schwer zugänglichen Klüften, die zu allen Zeiten ohne großen Bauaufwand als natürliche Fluchtburg genutzt werden konnten. Wenige, zwischen die Felsköpfe gefügte Palisaden genügten zu Zeiten der Kelten und Römer zweifellos für einen wirksamen Schutz. Außerdem diente der Kopf auch als Signalstation zum knapp 50 Kilometer entfernten, 686 Meter hohen Donnersberg.
③ Der 635 Meter hohe Wildenburger Kopf trug eine Keltensiedlung, deren innerer und äußerer Ringwall in eindrucksvollen Resten erhalten sind. Die Wälle erreichten eine Höhe von 6 bis 8 Metern, bei einer Sohlenbreite von etwa 20 Metern. Aufgrund der archäologischen Ergebnisse wurden zwei Abschnite der Wälle im ursprünglichen Bauzustand mit der für den Hunsrück typischen Pfostenschlitzmauer rekonstruiert. Im östlichen Wallbezirk gibt es den »Hexentanzplatz«, zur Zeit der Kelten wohl der Platz des Heiligtums. Die »Zisterne« wenig unterhalb mag der Wasserversorgung und als Quellheiligtum gedient haben. Auch die Römer nutzten den Wildenburger Kopf, und ab 1328 baute Graf Friedrich von Kyrburg hier eine mittelalterliche Burg. Zerstört wurde sie im Dreißigjährigen Krieg. Vom Aussichtsturm bietet sich eine umfassende Rundsicht. Unterhalb des Wildenburger Kopfes wurde ein 42 Hektar großes Wildgehege mit heimischen Wildarten eingerichtet. Es wird von einem 3 Kilometer langen Rundweg erschlossen.

◁ *Fachwerkdorf Herrstein*

△ *Auf dem Weg im Grünen*

Tip

Geologisches Freilichtmuseum, Sensweiler: In Sensweiler, wenig westlich des Wildenburger Kopfs, gibt es ein Geologisches Freilichtmuseum. Auf einem 1 Kilometer langen Spazierweg durchquert man die Welt der Gesteine und Jahrmillionen der Erdgeschichte. Informationstafeln beschreiben die jeweilige Gesteinsart, ihr Alter, den Fundort und auch die Verwendung als Nutz- oder Schmuckstein.

65

Autotour 65: 110 Kilometer

Quer durch den Rheingau

Der westlichste Teil des Taunus ist ein bis zu 600 Meter hoher Quarzitrücken, der so widerstandsfähig ist, daß es dem Rhein nicht gelang, sich einzukerben. Bei der heutigen Stadt Mainz suchte er sich deshalb seinen Lauf westwärts, um bei Bingen wieder seinen Weg – zwischen Hunsrück und Taunus – in nördlicher Richtung zu finden. Nicht nur den Weinfreunden ist diese Region als Rheingau mit seinen Burgen bekannt; auch den Wanderern bieten sich auf den nahezu unberührten Höhen des Rheingaugebirges vielfältige landschaftliche Anreize.

Rheingau

Tourverlauf

Der Auftakt zu dieser Rheingau-Tour ist Eltville. ①
Ein Abstecher führt zum Kloster Eberbach. ②
Bis Lorch geht es rechtsrheinisch auf der B 42, an der auch das erste Etappenziel liegt: Oestrich-Winkel. ③
Kurz darauf folgt Geisenheim. ④
Nicht zu verfehlen ist Rüdesheim. ⑤
Unterhalb des Niederwalddenkmals liegt Aßmannshausen. ⑥
Burgen grüßen vom anderen Rheinufer auf dem Weg nach Lorch. ⑦
Mit der Fähre wechselt man aufs linke Ufer und fährt stromabwärts nach Bacharach. ⑧
Eine Rheinfähre wiederum bietet die Möglichkeit zu einem Abstecher nach Kaub. ⑨
Nächste Station ist Oberwesel. ⑩
Zur Rückfahrt setzt man wieder mit der Fähre über und zwar in St. Goar. ⑪
Letztes Etappenziel am Rhein ist St. Goarshausen. ⑫
Der Rückweg nach Eltville führt durch Vogtei und Hinterlandswald schließlich nach Hausen vor der Höhe. ⑬

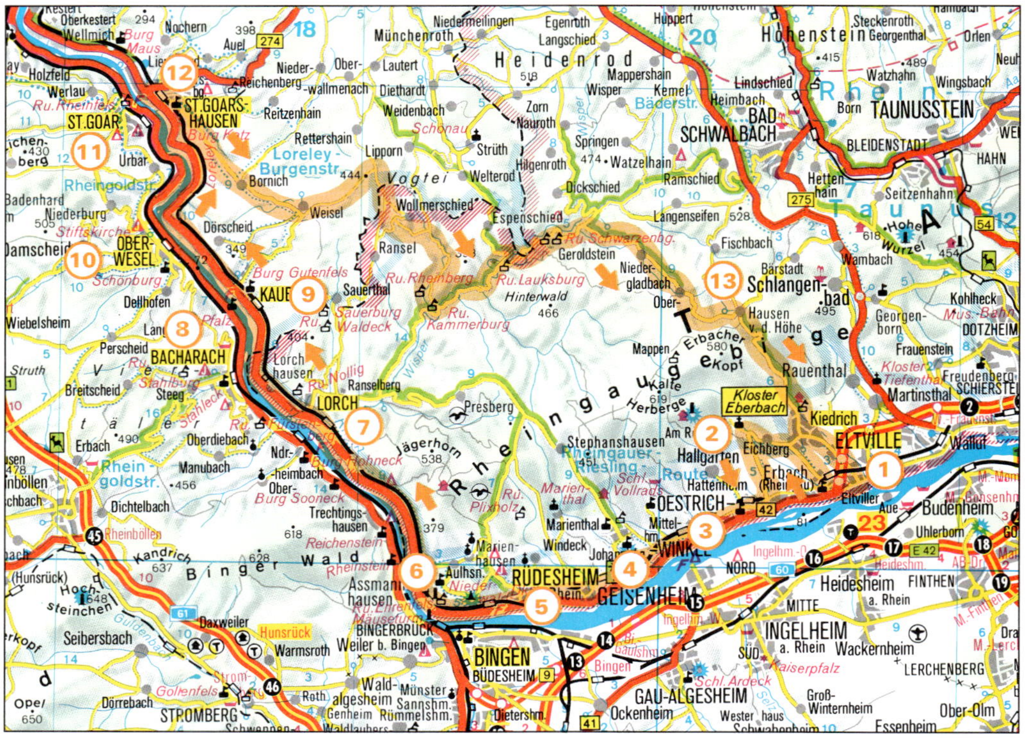

Sehenswürdigkeiten

① Eltville: Siehe Wanderung 65 A, Seite 268.

② Das Kloster Eberbach wurde 1116 von Augustinern gegründet. Mit seinen eindrucksvollen romanischen und gotischen Bauteile gehört es zu den wichtigsten mittelalterlichen Kulturdenkmälern Hessens. Heute ist das ehemalige Kloster Staatsweinkellerei.

③ Oestrich-Winkels Wahrzeichen ist der 1652 zur Weinverladung errichtete Rheinkran. Hübsche zweistöckige Fachwerkhäuser und die um 1680 barockisierte, im Kern gotische Pfarrkirche verdienen einen Besuch. Das Graue Haus stammt aus dem 11. Jahrhundert, denn sein zum Bau verwendetes Holz wurde nachweislich 1075 gefällt. Es gilt deshalb als das älteste, bewohnbare Steinhaus Deutschlands. Im Ortsteil Hallgarten steht in der aus dem 12. Jahrhundert stammenden Pfarrkirche die berühmte Terrakotta-Madonna auf der Mondsichel von 1415.

④ Auf dem Geisenheimer Johannesberg wächst der Goldtropfen, der Heinrich Heine zu dem Seufzer veranlaßte: »Der Johannesberg wäre just der Berg, den ich mir überall nachkommen ließe.«

⑤ Die Rüdesheimer Drosselgasse ist der wohl »weinseligste« Fleck am Rhein. Zahlreiche alte Adels- und Winzerhöfe geben der 900 Jahre alten Stadt ihr stimmungsvolles Wohnbild. In der aus dem 12. Jahrhundert stammenden Brömserburg prä-

▽ *Das Weinstädtchen Bacharach am Rhein*

▽ *Sankt Goar mit Ruine Rheinfels*

△ Die Drosselgasse in Rüdesheim

△ Germania des Niederwalddenkmals (1883)

sentiert das Rheingauer Heimatmuseum die älteste weinspezifische Sammlung sowie eine bedeutende Sammlung automatischer Musikinstrumente (im Brömserhof). An das Rüdesheim des Mittelalters erinnern noch der Hohe Turm der Boosenburg und der Adler-Stadtwehrturm aus dem 15. Jahrhundert.

⑥ Bei Aßmannshausen diente einst die um 1210 errichtete Burg Ehrenfels zusammen mit dem Mäuseturm als Zollsperre für die Schiffahrt. Mit der Seilbahn kann man zum Monument der Germania hinaufschweben. Die 10,5 Meter hohe Kolossalstatue stellt die Personifikation des Deutschen Reiches dar, wurde 1883 geschaffen und sollte an die Wiedererrichtung des Kaiserreiches 1871 erinnern.

⑦ In Lorch steht die Pfarrkirche auf römischen Fundamenten, der heutige Bau wurde Ende des 13. Jahrhundert begonnen und Ende des 15. Jahrhundert vollendet. Von der spätmittelalterlichen Ausstattung ist noch der gotische Hochaltar von 1483 erhalten. Er ist der reichste Flügelaltar des gesamten Mittelrheins. Aus der Entstehungszeit der Kirche stammt das mit phantastischen Tieren und Pflanzen verzierte Chorgestühl.

⑧ Das bereits in der Merowingerzeit besiedelte Bacharach versteckt sich noch heute hinter seiner mittelalterlichen, teilweise sogar begehbaren Schildmauer. Die Pfarrkirche stammt aus romanischer Zeit, ebenso wie die Burg Stahleck. Hochgotisch dagegen ist die im 13. Jahrhundert errichtete Wernerkapelle am Hang zwischen Stadt und Burg.

⑨ Kaub: Siehe Wanderung 65 B, Seite 269.

⑩ An Oberwesels glorreiche Zeit als Freie Reichsstadt erinnert die mit 16 Toren und großen Teilen der Mauer außerordentlich gut erhaltene Stadtbefestigung. Die rot verputzte Liebfrauenkirche geht auf das 13. Jahrhundert zurück und zählt zu den gelungensten gotischen Kirchen Deutschlands.

⑪ St. Goar wird dominiert von der 1245 errichteten Burg Rheinfels, die einst die mächtigste Burg am Mittelrhein war. Die aus dem 15. Jahrhundert stammende Pfarrkirche steht auf uralten Mauern. Besonders schön ist die im 11. Jahrhundert entstandene Krypta. Nicht versäumen sollte man das Puppen- und Spielzeugmuseum.

⑫ St. Goarshausen schmiegt sich zwischen zwei Wehrtürme aus dem 14. Jahrhundert. Überragt wird die Stadt vom 132 Meter über den Rhein aufragenden, weltberühmten Loreleyfelsen. Weitere Wächter sind die Burgen »Katz« und »Maus«, beide aus dem 14. Jahrhundert.

⑬ Auf dem Weg von Hausen vor der Höhe zur Mapper Schanze trifft man auf Reste des Rheingauer Gebücks, ursprünglich ein undurchdringliches Zaundickicht aus Hain- und Rotbuchen zum Schutz der Region vor Übergriffen. Ab 1771 wurden keine Bäume mehr nachgepflanzt. Die 1497 errichtete Mapper Schanze ist der einzige erhaltene Torbau des Gebücks. In ihrer Nähe wurde ein neues Gebück angelegt, das als Rekonstruktion eine Vorstellung vom früheren Zustand gibt.

Tip

Naturpark Rhein-Taunus: Diese Mittelgebirgslandschaft ist durch ihre Verbindung von Flur und Bauten eine der schönsten in Deutschland. Das Gebirge selbst vor allem durch einen vielfältigen Mischwald gekennzeichnet, in dem es vor allem im Hinterlandswald schon ziemlich einsam wird. Auch das Tal der Wisper ist so ruhig, wie es ihr Name nahelegt. Innerhalb des Naturparks gibt es zahlreiche besonders geschützte einzelne Naturdenkmäler.

Die Loreley – Inbegriff der Rheinromantik

Zwischen dem Binger Loch und Koblenz durchschneidet der Rhein in engen Windungen mühsam das Schiefergebirge. Am Loreleyfelsen verengt sich der Strom um zwei Drittel seiner Breite. Felswände, Riffe und Stromschnellen gefährdeten lange Zeit Schiffahrt und Landwege. Im Mittelalter wurde das Tal von Burgen beherrscht, die in Kriegen immer wieder zerstört wurden. Seit etwa 1800 erweckten Dichter wie Achim von Arnim, Clemens Brentano, Heinrich Heine und Ferdinand Freiligrath die Sagen der schaurigen Orte im Rheintal zu neuem Leben. So entstand eine Rheinromantik, als deren Inbegriff der sagenumwobene Loreleyfelsen bei St. Goarshausen gelten kann: »Ich glaube die Wellen verschlingen/Am Ende Schiffer und Kahn;/Und das hat mit ihrem Singen/die Lore-Ley getan« heißt es in Heines »Loreley«, einem der beliebtesten deutschen Volkslieder. Während der Französischen Revolution wurde der Rhein zur Grenze, und die beginnende deutsche Nationalbewegung propagierte ihn als »deutschen Strom«. So sind Romantik und nationale Symbolik am Mittelrhein bis heute gegenwärtig.

65 A

Wanderung 65 A: 14,5 Kilometer – 3½ Stunden

Rheingauer Weinwanderung

Es geht die Mär, daß Karl der Große den Weinbau wiederbelebte. Von seiner Ingelheimer Residenz soll er, angesichts der Schneearmut des Rheingaus, Winzerpläne geschmiedet haben. Seither wurden ein Jahrtausend lang Rebenzucht und Kellerbetrieb so verfeinert, daß mancher gute Riesling manch zweifelhafte Arznei zu ersetzen vermag.

Rheingau

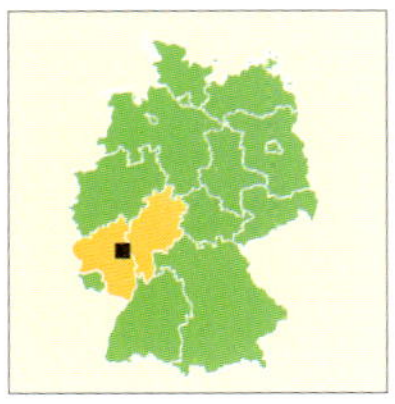

Tourverlauf

Am Bahnhof von Eltville beginnt diese Wanderung. ①
Nach der Bahnunterführung folgt man der »Weinhohle« bergauf an den nördlichen Ortsrand und hinein in die Eltviller Weinlage »Sonnenberg« und zum 177 Meter hohen Großehub. Nach dem Queren der B 42 trifft man auf die Rheingauer Rieslingroute, der man bis Martinsthal folgt. ②
Am nördlichen Dorfende von Martinsthal nimmt man zunächst die Straße nach Rauenthal bis zur ersten Kehre. Dort kann man rechts abzweigen und über die alte Chaussee direkt nach Rauenthal hinaufgehen. ③
Von der Rauenthaler Kirche führt die Markierung mit einem Weinkelch zur Bubenhäuser Höhe. ④
Von dem Aussichtspunkt geht man rund 600 Meter bis zu den ersten Häusern von Rauenthal zurück und folgt dann dem ebenfalls mit einem Weinkelch markierten Wanderweg nach links (Westen) entlang des oberen Rands der Weinberge hinüber zum Weinort Kiedrich. ⑤
Unmittelbar unterhalb der Kiedricher Kirche verläßt man die Hauptstraße nach links, quert den Bach und folgt ihm an seinem linken Ufer (Markierung roter Balken) talwärts zurück nach Eltville.

△ *Kiedricher Kirchenportal*

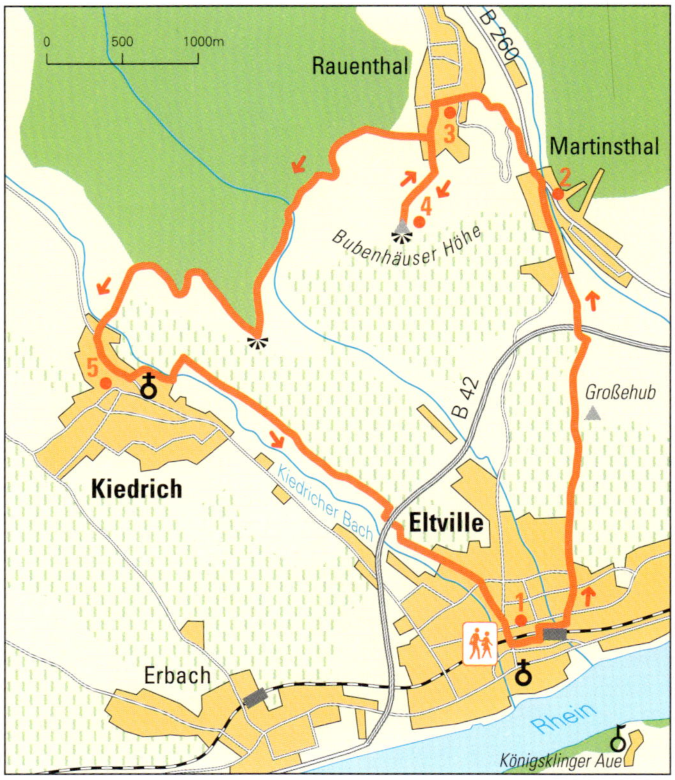

Sehenswürdigkeiten

① Eltville ist das »Alta Villa« der Römerzeit. In fränkischer Zeit gab es einen Königshof und schon vor dem 10. Jahrhundert eine Burg der Mainzer Erzbischöfe. Im 14. und 15. Jahrhundert bauten sie diese sogar zur Residenz aus. In ihrem viergeschossigen Wohnturm von 1348 wurde eine Gutenberg-Gedenkstätte eingerichtet. Die gotische Pfarrkirche erhielt ihre zweischiffige Halle in der zweiten Hälfte des 14. Jahrhunderts. Eine besondere Kostbarkeit sind die 1961 in der Vorhalle entdeckten Malereien von 1405. Von der rechteckigen Stadtbefestigung sind ein Rundturm am Rhein und das Martinstor erhalten.
② In Martinsthal gibt es eine Dorfkirche aus dem 15. Jahrhundert.Das Weinhaus »Zur Krone« ist ein malerisches Fachwerkhaus;es war ursprünglich das Rathaus und stammt von 1528.
③ In Rauenthal wurde die katholische Pfarrkirche zwischen 1468 und 1491 erbaut. In ihr versteckt sich eine sehenswerte spätgotische Traubenmadonna aus dem 14. Jahrhundert.
④ Die 267 Meter hohe Bubenhäuser Höhe wird auch Hindenburghöhe genannt. Sie überragt den oberen Rand der Rebhänge und bietet einen großartigen Blick über die Rheingauer Weinberge und die Niederungen des Rheintals.
⑤ Das »gotische« Weindorf Kiedrich gab es nachweislich schon im Jahre 954. Seine gotische Pfarrkirche wurde um 1300 errichtet und erhielt ihre heutige Form bis 1493. In ihrem Inneren wartet Deutschlands älteste, spielbare Orgel aus der Zeit um 1500 auf Besucher. Die Kiedricher Madonna wurde schon um 1340 geschnitzt, das Chorgestühl Mitte des 16. Jahrhundert gefertigt. Die Kanzel hat bezeichnenderweise die Form eines Weinkelchs, gearbeitet wurde sie 1493. Die Farbglasfenster der Kirche stammen teilweise noch aus dem 14. Jh., das Rathaus wurde 1585 fertiggestellt.

▽ *An der Rheinufer-Promenade in Eltville*

Tip

Mariannenaue: Die westlich von Eltville im Rhein liegende Insel Mariannenaue gehört zum Europareservat Rheinauen. Im Inneren der Insel gibt es Äcker, Wiesen und Obsthaine, während am Rheinufer entlang noch ein Streifen des Hartholzauenwaldes steht. Teilweise ist er mit Schling- und Kletterpflanzen dicht verwoben. Auf den flachen Sandufern wachsen üppige Pflanzengesellschaften mit so bemerkenswerten Gewächsen wie dem Gelbroten Fuchsschwanz, dem Knolligen Kälberkropf und dem Schwarzen Senf.

Wanderung 65 B: 22 Kilometer – 6 Stunden

65 B

Über den Rheinhöhenpfad

Der Durchbruch des Rheins zwischen Hunsrück und Taunus ist das mit Abstand reizvollste Stück des Flusses. Stolze Burgen auf steilen Felsen, mittelalterliche Siedlungen und wohlgepflegte Weinberge, dazwischen der rege Verkehr auf dem Strom – all das hautnah und dennoch von oben herunter zu erleben, ermöglicht diese Wanderung.

Rheingau

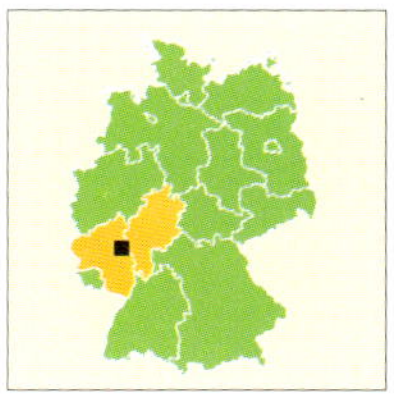

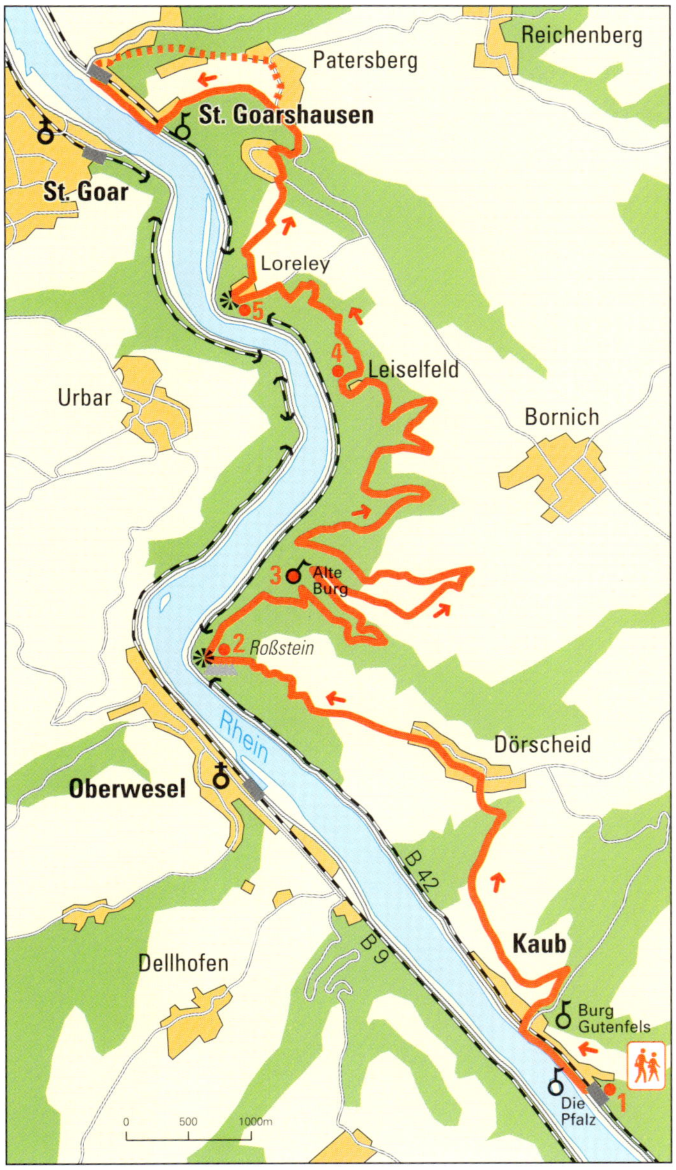

Tourverlauf

Der Rheinhöhenpfad zwischen Kaub und St. Goarshausen zählt ohne Zweifel zu den eindrucksvollsten und schönsten Wanderungen am Rhein. Allerdings will soviel Schönheit verdient sein: die Wanderung ist 22 Kilometer lang und insgesamt 680 Meter Anstieg wollen ebenfalls bewältigt werden. Wem der ganze Weg zu weit ist, kann von St. Goarshausen zur Loreley aufsteigen.
Wer sich also für die gesamte Wanderung entscheidet, startet in Kaub. ①
Vom Kauber Marktplatz folgt man der Markierung RP durch das Blüchertal bis zum Haus Nummer 33, wo der Wanderweg nach links abzweigt und sich zum Auftakt über 140 Stufen in die Weinberge hinaufschwingt. Am oberen Rand der Weinberge mündet der Steig in einen stetig steigenden Feldweg, der dem Hang entlang nach Dörscheid hinaufführt.
Am Nordwestrand des Dorfes zweigt der Wanderweg links ab und folgt den Wirtschaftswegen gegen die Hangkante hin, wo beim Roßstein die erste große Aussichtskanzel erreicht wird. ②
Nach einem kurzen Abstieg wird der Weg wieder bequemer und erreicht kurz darauf die Alte Burg. ③
Nördlich der Alten Burg muß das tief eingeschnittene Urbachtal gequert werden. Dafür ist im Ab- wie im Aufstieg jeweils eine weite Schleife auszugehen, um den Höhenunterschied zu überwinden.
Nachdem auf der Höhe von Bornich auch noch der Bornichbach gequert ist, sind die schlimmsten Höhenunterschiede überwunden, und der Weg kann der Hangkante folgen. Bald darauf tauchen der Leiselfelder Hof und der Spitznack auf. ④
Letzter Höherpunkt dieser Wanderung ist die Loreley selbst. ⑤
Der Abstieg hinunter nach St. Goarshausen ist von hier aus nicht zu verfehlen.
Endstation ist zum guten Schluß der Bahnhof von St. Goarshausen, von dem aus man zurück nach Kaub fährt.

Sehenswürdigkeiten

① Bereits in vorrömischer Zeit war der Rhein ein Handelsweg. Im Mittelalter wurde er zum bedeutendsten deutschen Verkehrsweg. Bis zum 14. Jahrhundert begann die Zahl der Zollstellen anzusteigen. Der Wittelsbacher Kaiser Ludwig IV., der Bayer, ließ ab 1326 die Zollburg Pfalzgrafenstein, die »Pfalz« im Rhein vor Kaub erbauen. Sie diente als Vorwerk der Burg Gutenfels, heute Hotel und Restaurant, die am Hang oberhalb der Stadt steht.
② Vom Roßstein aus bietet sich eine besonders schöne Sicht auf das gegenüberliegende Oberwesel.
③ Am Platz der Alten Burg begann Pfalzgraf Rupprecht 1360 den Bau seiner Burg Rineck.
④ Der Aussichtspavillon auf dem Spitznack bietet den schönsten Blick auf die Südseite des Loreleyfelsens.
⑤ Der 132 Meter über den Rhein aufragende, sagenumwobene Loreleyfelsen bedeutet für die Schiffahrt die engste Stelle am Mittelrhein und für den Wanderer einen spektakulären Aussichtspunkt. Daß der Fels auch strategische Bedeutung haben kann, hatten die Kelten erkannt. Sie legten im 5. Jahrhundert v. Chr. auf dem Loreleyplateau eine Fluchtburg an.

Tip

Loreleyfelsen: Durch die im Mittelrheintal seltene, nach Süden exponierte Hanglage konnten sich einzelne Pflanzenarten ansiedeln, die sonst eher im Mittelmeerraum wachsen – wie das Grauscheidige Federgras, die Felsenbirne und der Französische Ahorn (Burgenahorn). Beim Aufstieg vom Fuß der Felswand aus kann man die unterschiedlichen Vegetationszonen gut beobachten.

▷ *Die »Pfalz« bei Kaub*

66

Autotour 66: 140 Kilometer

Vom Main in den Spessart

Spessart

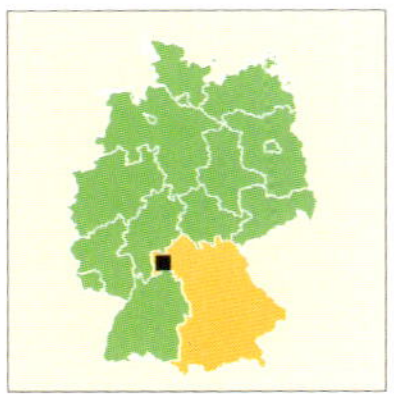

Der Spessart ist das waldreichste deutsche Mittelgebirge, einsame Wiesentäler sind hier von uralten Eichenwäldern eingefaßt. Den Südrand bildet der teils liebliche, teils wilde Main, einst gesäumt von Burgen auf der Höh' und Klöstern im Tal. Beide wurden Keimzellen der Städte, die bis heute mit ihrem weitgehend unverfälschten Fachwerkzauber den besonderen Charme dieses Mainabschnittes ausmachen.

Tourverlauf

Zwischen Odenwald und Spessart beginnt diese Tour: in Miltenberg am Main. ①
Am rechten Mainufer entlang geht es flußabwärts nach Klingenberg. ②
In Klingenberg verläßt man den Main und fährt auf der Landstraße Eschau. ③
Inmitten des Spessarts liegt Schloß Mespelbrunn. ④
Nun wird Weibersbrunn angesteuert. ⑤
Über Rothenbuch stößt man auf die B 26, der man ostwärts bis Lohr folgt. ⑥
Für den Rest der Fahrt bleibt man am Main und erreicht zunächst Neustadt. ⑦
Südlich von Neustadt folgt als nächstes Ziel Rothenfels. ⑧
Kurz darauf ist man in Marktheidenfeld angelangt. ⑨
Den Mainschlingen folgend ist Wertheim die nächste Station. ⑩
Zurück auf der Rückfahrt kommt man schließlich noch nach Stadtprozelten. ⑪
Zurück in Miltenberg sollte man es nicht versäumen, den kurzen Abstecher hinüber nach Amorbach zu unternehmen. ⑫

Sehenswürdigkeiten

① Miltenberg gehört zu den reizvollsten altfränkischen Städten.

◁ *Fachwerkhäuser in Miltenberg*

Wo schon die Römer ein Kastell errichtet hatten, baute der Mainzer Bischof Ende des 12. Jahrhunderts die Grenzfestung Mildenburg. Zwischen ihr und dem Strom entstand in festem Mauerring das mittelalterliche Fachwerkstädtchen. Teile seiner Mauer samt Türmen sind erhalten. Der Marktplatz ist von gestaffelten Fachwerksteilgiebeln eingerahmt, nicht wenige der Häuser gehen zurück bis auf die Spätgotik. Auch die Hauptstraße ist von mehrgeschossigen Fachwerkhäusern gesäumt, das älteste stammt von 1480. Auch das alte Rathaus wurde im 15. Jahrhundert errichtet.

② Klingenberg wird von der Ruine der Klingenburg überragt. Die Burg hatte der Mainzer Bischof um 1200 errichtet, 1683 zerstörten sie die Franzosen. Von der Burgruine gibt es einen schönen Blick auf die Stadt und den Main.

③ Eschau: Siehe Wanderung 66 A, Seite 272.

④ Im Elsavatal im Spessart liegt, von Wald umgeben, Schloß Mespelbrunn. Das malerische Wasserschloß ist seit dem 19. Jahrhundert ein romantisches Reiseziel. Das Stammschloß der Echter aus dem 15. Jahrhundert wurde 1551 – 1569 in das heutige Renaissanceschloß umgebaut. Im Jahr 1665 ging es an die Grafen von Ingelheim, die im 17. Jahrhundert, 1840 und zuletzt 1904 durch Friedrich von Thiersch Ergänzungen und Restaurierungen vornehmen ließen.
Die dreiflügelige Anlage mit hohem Rundturm (15. Jahrhundert) ist rings von Wasser umgeben und nur über eine Brücke erreichbar. Der breitere Nordflügel mit einem Laubengang zum Hof enthält im Erdgeschoß den Rittersaal, der runde nördliche

△ Abteikirche Amorbach

▷ Schloß Mespelbrunn

Ausbau die Hauskapelle (1566) mit einem Alabasteraltar (1610). Über der Kapelle wurde 1545 der spätere Würzburger Fürstbischof Julius Echter geboren, der sich vor allem durch seine Baufreudigkeit einen Namen machte.

⑤ Weibersbrunn entstand aus einer kurmainzischen Glashütte. Seine Pfarrkirche birgt eine interessante Kreuzigungsgruppe von 1470. Im Ortsteil Rohrbrunn stand einst das durch Hauffs Märchen unsterblich gewordene »Wirtshaus im Spessart«.

⑥ Das malerisch an der Mündung der Lohr in den Main gelegene Lohr nennt sich gern das »Tor zum Spessart«. Im Mittelalter gehörte Lohr zu Mainz, erst 1814 kam es zu Bayern. Sein Wahrzeichen ist der wuchtige Stadtturm, ein Torturm aus dem 13. Jahrhundert In derselben Zeit entstand die Vorgängerin der heutigen Stadtpfarrkirche, die als dreischiffige Pfeilerbasilika aus dem 15. Jahrhundert stammt. In ihrem Inneren sind vor allem die vielen Grabdenkmäler aus dem frühen 15. Jahrhundert interessant. Hinter der Kirche schließt sich das Kapuzinerkloster von 1664 an. Zentrum der romantischen Altstadt mit ihren schönen Fachwerkhäusern ist das Rathaus mit einer um 1600 gebauten, dreischiffigen Halle im Erdgeschoß. Das mit seinen hohen Rundtürmen auffallende Schloß ließen die Mainzer Bischöfe im 16. und 17. Jahrhundert errichten; heute ist hier das Heimat- und Spessartmuseum untergebracht.

⑦ Neustadt entstand um ein 768 gegründetes Benediktinerkloster. Die ehemalige Kloster- und heutige Pfarrkirche ist eine romanische Basilika aus dem 12. Jahrhundert. In ihrem nördlichen Seitenschiff sind Steinreliefs aus dem 11. und 12. Jahrhundert eingemauert.

⑧ Rothenfels, Bayerns kleinste Stadt, ist malerisch zwischen dem Main und dem Berg eingezwängt. Das mit reicher Buntsandsteingliederung geschmückte Rathaus wurde 1599 fertiggestellt, und in der 1611 erneuerten Pfarrkirche gibt es vollendete Steinmetzkunst zu sehen: das Sakramentshaus von 1613, die Kanzel von 1616 und den Taufstein von 1613. Hoch über dem Main thront Burg Rothenfels, deren Bau 1148 begonnen worden war. Ihr Bergfried und die Ringmauer sind noch romanisch, auch der untere Teil des Palas stammt noch aus dem 12. Jahrhundert.

⑨ Marktheidenfeld hat eine äußerst malerische Mainfront. Besonders interessant sind die barock ausgestattete Pfarrkirche und die alte Mainbrücke. Im wenig mainabwärts gelegenen Lengfurt steht eine außergewöhnlich prächtige Dreifaltigkeitssäule.

⑩ Wertheim am Zusammenfluß von Tauber und Main war schon früh bedeutsam, so daß es bereits 1009 von Kaiser Heinrich II. das Marktrecht erhielt. Die mächtige Burg oberhalb der Stadt wurde im 12. Jahrhundert ausgebaut und im Dreißigjährigen Krieg zerstört. Die Reste, vor allem die Türme, sind dennoch bis heute eindrucksvoll. Die spätgotische Stadtpfarrkirche basiert auf einem romanischen Vorgängerbau und präsentiert sich heute als dreischiffige Pfeilerbasilika. Eindrucksvollstes Ausstattungsstück ist das Grabdenkmal für Graf Ludwig II. von 1618. Sehenswert auch das alte Rathaus aus dem 15. bzw. 16. Jahrhundert, in dem heute das Heimatmuseum untergebracht ist. Kulturhistorisch und künstlerisch interessant ist das Glasmuseum.

Kreuzwertheim, das Wertheim gegenüberliegt: Siehe Wanderung 66 B, Seite 273.

⑪ Das kleine Stadtprozelten besitzt eine gotische Pfarrkirche aus dem 14. Jahrhundert und ein Rathaus aus dem 16. Jahrhundert. Überragt wird es von der mächtigen Ruine der Henneburg, ein Bau des Deutschherrenordens. Ihr Palas und der große Bergfried stammen noch aus romanischer Zeit, die übrigen Gebäude aus der Gotik.

⑫ Die Benediktinerabtei Amorbach wurde schon 734 gegründet. Ihre ehemalige Abteikirche zeichnet sich durch eine überaus üppige Barockausstattung aus. Berühmtheit aber erlangte die Kirche durch ihre Orgel mit über 5000 Pfeifen. Konzerte mit dieser Orgel vermitteln unvergeßliche Klangerlebnisse. Schönsten Barock präsentiert auch die Amorbacher Pfarrkirche. Das spätgotische Rathaus stammt aus der Zeit um 1500, und in der ehemaligen Kellerei ist heute das Heimatmuseum untergebracht. Ältestes Haus der Stadt und wohl eines der ältesten Fachwerkhäuser ganz Deutschlands ist das Templerhaus von 1291.

Das Wirtshaus im Spessart

Welches Wirtshaus genau Wilhelm Hauff (1802 – 1827) als Vorbild für sein Märchen im Auge hatte, bleibt das Geheimnis des Dichters. Filmregisseure, die im Spessart nach »Originalschauplätzen« suchten, wählten die schon 1688 an der Poststraße von Brüssel nach Prag eingerichtete Wirtschaft in Rohrbrunn, wo heute die Autobahn A3 Würzburg – Frankfurt entlangführt. Leider wurde dieses Gasthaus 1958 abgerissen und durch eine Autobahnraststätte ersetzt. Am bekanntesten wurde der unter der Regie von Kurt Hoffmann 1957 gedrehte vergnügliche Kostümfilm mit Liselotte Pulver in der Hauptrolle; Hoffmann drehte später – ebenfalls mit derselben Hauptdarstellerin – zwei Fortsetzungen, denen aber der Erfolg des ersten Films versagt blieb: »Das Spukschloß im Spessart« (1960) und »Herrliche Zeiten im Spessart« (1967).

△ Stadtprozelten: Henneburg

Tip

Naturschutzgebiet Rohrberg: Unweit der Autobahnausfahrt Rohrbrunn wurzeln am Rohrberg bis zu achthundert Jahre alte Traubeneichen im Wald. Die eineinhalb Meter dicken Baumveteranen stehen seit 1928 unter Naturschutz. Auf einem 4 Kilometer langen, markierten Lehrpfad kann man das Waldgebiet besuchen.

66 A

Wanderung 66 A: 15 Kilometer – 4 Stunden

Oberwintersbacher Geißhöhe

Vom eher unscheinbaren Eschau im Elsavatal führt eine besonders schöne Wanderung durch den Wildensteiner Forst zur Ruine Wildenstein und zur Geißhöhe bei Oberwintersbach. Wer einsame Waldwege und aussichtsreiche Kuppen liebt, sollte diese Wanderung unternehmen.

Spessart

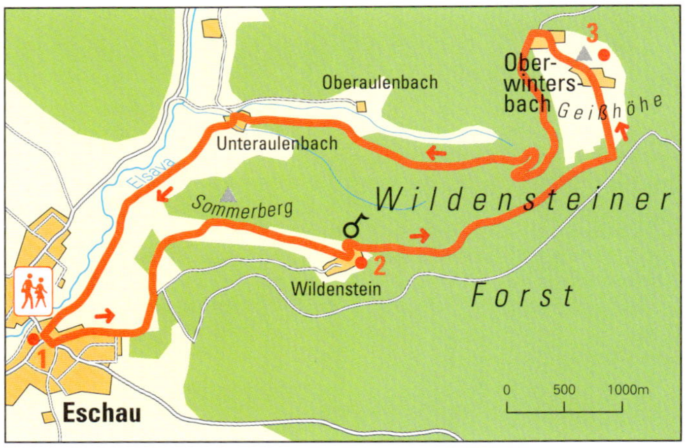

Tourverlauf

An der Straße zwischen Klingenberg und Mespelbrunn liegt Eschau, wo diese Wanderung beginnt. ①
Vom Zentrum nördlich der Kirche folgt man zunächst dem Fahrweg zur Ruine Wildenstein bis zu den letzten Häusern und dem dort angelegten Parkplatz Schützenhaus. Danach bleibt man noch knapp 300 Meter auf dem Sträßchen, bis links der Weg mit der Markierung roter Balken abzweigt. Er führt nun vorbei an einem Ehrenhain für die Toten des Spessartbunds und senkt sich in einen freundlichen Wiesengrund. Am Waldrand schwenkt man nach rechts in die Forststraße ein, die dem Südhang des Sommerbergs folgt und zum Weiler Wildenstein führt. ②
Nach dem Besuch der Ruine Wildenstein folgt man weiter der Markierung roter Balken und quert damit den Wildensteiner Forst ostwärts. Wenige 100 Meter vor Erreichen der Geißhöhe schwenkt der Weg nach links, kommt kurz darauf aus dem Wald und mündet schließlich auf der Kuppe der Geißhöhe. ③
Von der Höhe folgt man dem Fahrweg hinunter zu den Häusern von Oberwintersbach. Dort beginnt die Markierung rotes Dreieck, mit der der gesamte Rückweg nach Eschau gekennzeichnet ist. Wieder taucht man in die weitläufigen Wälder des Wildensteiner Forstes ein. Erst beim Weiler Oberaulenbach kommt man aus dem Wald heraus, wandert jedoch noch ein ganzes Stück an seinem nördlichen Rand entlang bis kurz vor Unteraulenbach. Von dort spaziert man schließlich durch den Talboden des Elsavabachs zurück nach Eschau.

△ *Die Burg Wertheim über dem Main ist ein bedeutendes Zeugnis mittelalterlicher Wehrbaukunst*

▷ *Spessarteichen*

Sehenswürdigkeiten

① Eschau leitet sich von der Burg Esche ab, die die Grafen von Rieneck Anfang des 13. Jahrhunderts als Trutzburg gegen die Mainzer Bischöfe errichtet hatten. Die Siedlung um die Burg erhielt 1285 das Marktrecht, gehörte aber zu Klingenberg. Das Eschauer Rathaus ist ein historischer Fachwerkbau, der auf das 13. Jahrhundert zurückgeht. Der Platz unter dem Erker diente einst als Pranger, davon zeugt noch das alte Halseisen. Die Pfarrkirche hat einen Chor von 1476 und ein 1745 fertiggestelltes Langhaus. Im benachbarten Sommerau auf der anderen Seite der Elsava wurde das Wasserschloß 1445 fertiggestellt.
② Burg Wildenstein war ebenfalls eine Verteidigungsanlage der Grafen von Rieneck gegen die Mainzer Bischöfe. Die Burg taucht 1266 zum ersten Mal in den Urkunden auf, zerstört wurde sie im Dreißigjährigen Krieg. Erhalten geblieben sind lediglich einige Mauern, das Tor und ein viereckiger Turm.
③ Die 520 Meter hohe Geißhöhe ist unbewaldet und bietet vom Ludwig-Keller-Turm den wohl schönsten Rundblick über den südlichen Spessart. Bei klarem Wetter kann man bis zu den Bergkuppen von Rhön, Taunus und Odenwald sehen. Im Nordwesten der Geißhöhe liegt mit dem Weiler Oberwintersbach die höchstgelegene Spessartsiedlung.

Tip

Klingenberg verdankt seinen Namen der Klinge, einer besonders romantischen Schlucht. Sie ist durch einen reizvollen Weg entlang des Seltenbaches erschlossen.

Wanderung 66 B: 14 Kilometer – 3 Stunden

66B

Aufs Wertheimer Himmelreich

Wertheim liegt westlich der ausgeprägtesten Schleife des gesamten Mains. An ihrer engsten Stelle haben beide »Schleifenenden« einander weniger als 500 Meter genähert, dennoch überragt der Felsrücken den Wasserpegel um rund 100 Meter. Zu diesem historisch und landschaftlich äußerst reizvollen Höhenrücken führt dieser Wandervorschlag.

Spessart

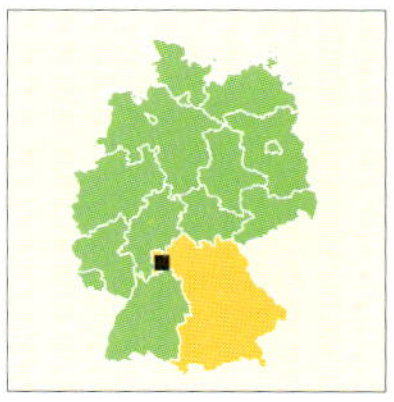

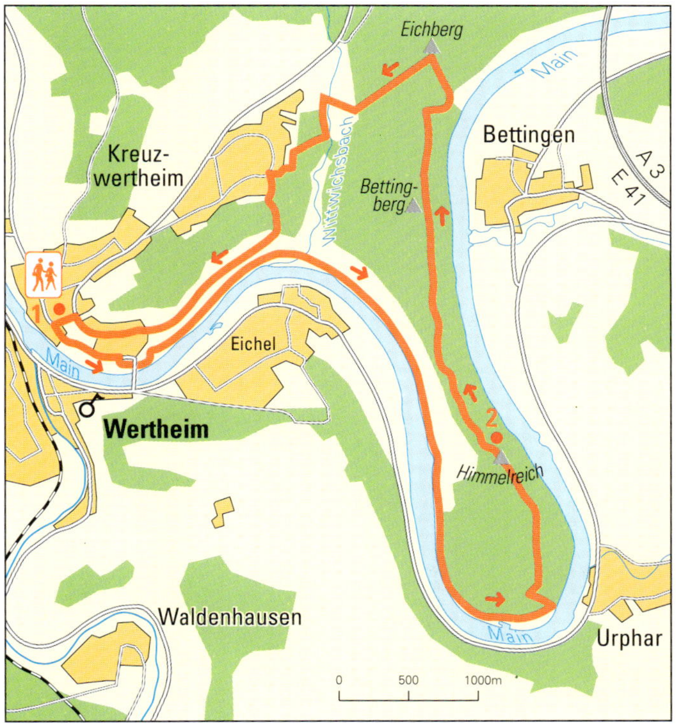

Tourverlauf

Mit dem badischen Wertheim untrennbar verbunden ist das bayrische Kreuzwertheim. ① Von seiner Kirche aus wandert man ostwärts gegen die Mainbrücke, biegt aber schon davor rechts ab, um unter der Brücke am Mainufer zu bleiben. Bald danach taucht das schwarze H auf weißem Grund als Markierung auf, doch ist sie kaum nötig, folgt der Weg doch stets dem rechten Mainufer flußaufwärts bis auf die Höhe von Urphar. Hier zweigt der Weg nach links ab, kurz danach geht es nach rechts und durch den lichten Wald des sonnigen Südhangs hinauf zum langgezogenen Höhenrücken des Himmelreichs. ②

Über den an der schmalsten Stelle nur knapp 100 Meter breiten Rücken wandert man nach Norden, überschreitet den Bettingberg und trifft beim Eichberg auf den überregionalen Mainwanderweg (blaues M auf weißem Grund). Ihm folgt man nach links zunächst hinunter in den Talgrund des Wittwichsbachs und erreicht im Gegenanstieg den Ostrand des Kreuzwertheimer Neubaugebiets. Dieses wird jedoch nur gestreift, denn der Weg schlängelt sich talwärts wieder in den Wald hinein und führt schließlich durch Wein- und Obstgärten zurück nach Kreuzwertheim.

△ *Auf den reizvollen Höhen der Spessartlandschaft*

◁ *Morgennebel im Spessart*

Sehenswürdigkeiten

① Kreuzwertheim mutet heute wie das kleinere Anhängsel von Wertheim an, dabei ist diese bayrische Siedlung am rechten Mainufer die ältere. Erst im 12. Jahrhundert wurde von hier aus das heutige Wertheim am anderen Ufer des Mains gegründet. Seinen Namen erhielt Kreuzwertheim von einem uralten, steinernen Hochkreuz, das seit 1009 den kleinen, malerischen Marktplatz ziert. Es war das Symbol für das Marktrecht, das König Heinrich II. verliehen hatte. Ebenfalls am Marktplatz steht die spätgotische Pfarrkirche, die einen wertvollen, großen Flügelaltar aus dem ausgehenden 15. Jahrhundert besitzt. Sein Zentrum ist eine figurenreiche Kreuzigungsdarstellung. Imposant ist das Löwensteiner Schloß, das seine heutige Form im 18. und 19. Jahrhundert fand. Als im Jahre 1806 die alte Löwensteiner Herrschaft aufgelöst wurde, kam der rechtsmainische Teil mit Kreuzwertheim an Bayern, der linksmainische mit Wertheim an Baden. Da das Schloß den Fürsten von Wertheim-Löwenstein als Wohnsitz dient, kann es leider nicht besichtigt werden.

② Das Himmelreich über der Mainschleife bei Urphar kann man schon zu Lebzeiten besuchen. Auf seinem schmalen Rücken sind interessante Reste von Wällen und Gräben auszumachen, die wohl bis auf die Keltenzeit zurückgehen. Richtig eingeordnet werden konnten diese Anlagen bisher jedoch noch nicht. Weil an der schmalsten, nur etwa 100 Meter breiten Stelle der Rücken zu beiden Seiten über nahezu senkrechte Sandsteinfelswände abfällt, bietet sich eine hervorragende Aussicht sowohl auf den »oberen« wie auf den »unteren« Main. Verschiedene Sandsteinbrüche an diesem langgezogenen Felsvorsprung, den der Main zu durchschneiden nicht in der Lage war, verraten dem geologisch Interessierten viel über seinen Aufbau.

Tip

Der gesamte Spessart ist Landschaftsschutzgebiet, zahlreiche kleinere Gebiete sind Naturschutzgebiete und über 400 einzelne Bäume und andere Objekte (allein in Bayern) sind als Naturdenkmäler besonders geschützt.

67

Autotour 67: 130 Kilometer

Bamberg und der Steigerwald

Steigerwald

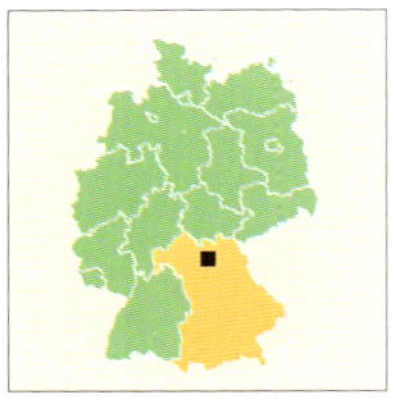

Der Steigerwald macht seinem Namen keineswegs überall Ehre. Zwar gibt es noch ausgedehnte Buchenwälder, doch mutet die Landschaft auf weiten Strecken eher wie ein bunter Flickenteppich aus kleinen Orten, Wäldern, Wiesen und Feldern an. In den tieferen Lagen gibt es Obst- und Weinbau, weiter im Norden herrschen die größeren Buchenbestände vor. Nördlicher Eckpfeiler ist der 489 Meter hohe Zabelstein, von dessen Aussichtsturm aus sich der beste Überblick bietet.

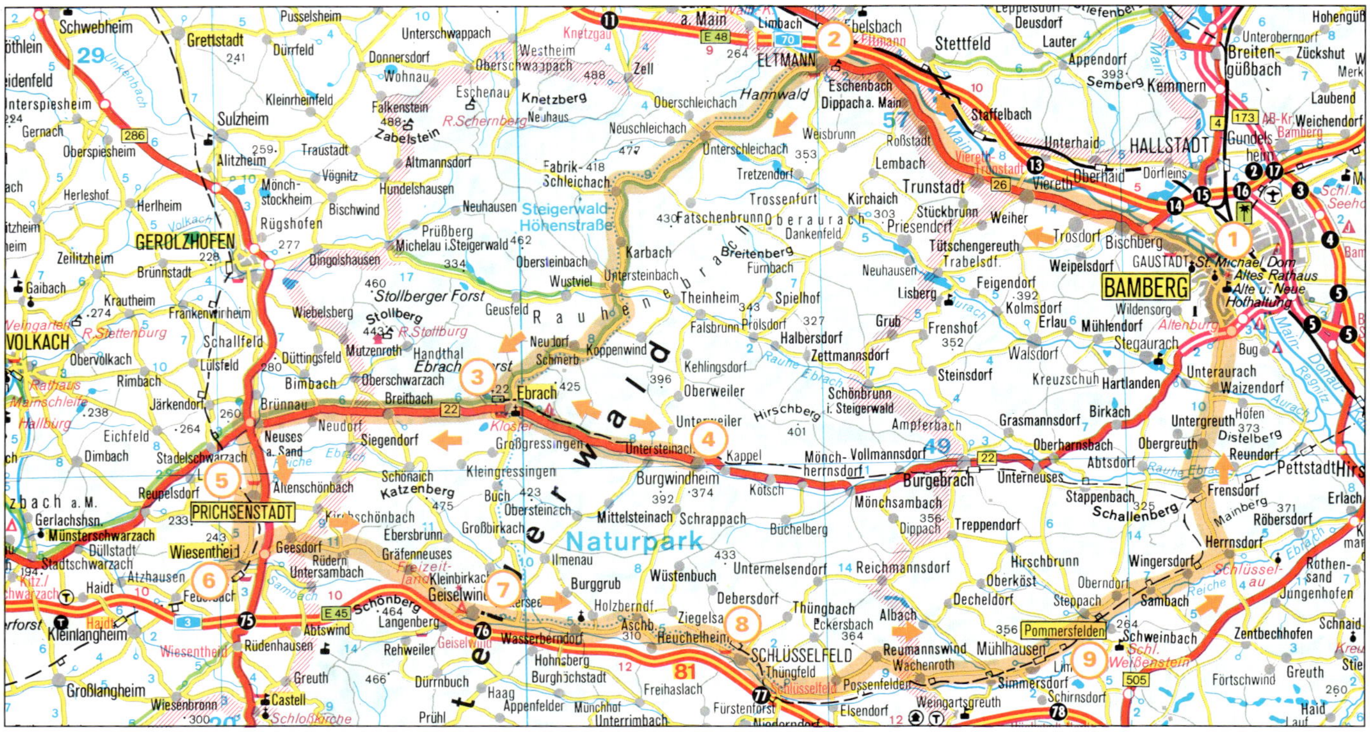

Tourverlauf

In Richtung Westen verläßt man nach einem Bummel die alte Bischofsstadt Bamberg. ①
Regnitz- und mainabwärts fährt man auf der B 26 in das Städtchen Eltmann. ②
Hier verläßt man das Maintal und kommt auf schmalen Landstraßen mitten durch den Steigerwald nach Ebrach. ③
Von Ebrach lohnt sich der kleine Abstecher nach Burgwindheim. ④
Die Tour geht dann auf der B 22 westwärts weiter bis zur Kreuzung mit der B 286. Hier fährt man nach Süden und erreicht kurz darauf Prichsenstadt. ⑤
Nur kurz ist der Weg ins benachbarte Wiesentheid. ⑥
Von Wiesentheid kann man je nach Geschmack auf der Landstraße oder der Autobahn Geiselwind ansteuern. ⑦
Nächste Station ist das östlich gelegene Schlüsselfeld. ⑧
Letztes Ziel ist Pommersfelden mit dem Schloß Weißenstein. ⑨
Über kleine Landstraßen geht es schließlich nordwärts zurück nach Bamberg.

Sehenswürdigkeiten

① Bamberg: Siehe Wanderung 67 A, Seite 276.
② Eltmann war bereits im 8. Jahrhundert im Besitz des Hochstifts Würzburg. Über dem Ort thront die Ruine der im 12. Jahrhundert entstandenen Wallburg. Westlich steht die barocke Wallfahrtskirche Maria Limbach; sie wurde 1755 fertiggestellt und ist das letzte Werk von Balthasar Neumann. Die prächtige Ausstattung ist schönstes Rokoko. Der Hochaltar ist eine ausladende Baldachinanlage, die Peter Wagner 1761 fertigstellte.
③ Ebrach: Siehe Wanderung 67 B, Seite 277.

▷ *Eltmann mit Wallburg*

△ Stadttor, Prichsenstadt

Fürstbischof Lothar Franz von Schönborn

Selbst absolutistische Fürstbischöfe durften nicht immer alle ihre Wünsche verwirklichen. So mußte sich Lothar Franz von Schönborn 1693, als er zum neuen Fürstbischof von Bamberg gewählt wurde, in einer Wahlkapitulation ausdrücklich verpflichten, »keine neuen Schlösser bauen oder kostbarlich reparieren« zu lassen. Allerdings hinderte dies den neuen Herren keineswegs daran, 14 Tage nach der Wahl mit dem Baumeister Johann Leonhard Dientzenhofer über den Ausbau seiner Residenz zu verhandeln. Bereits zwei Jahre später wurden die entsprechenden Verträge abgeschlossen. Der nach seiner eigenen Aussage vom »Bauwurmb« besessene Bischof konnte offensichtlich nicht anders: bis 1709 baute er die bischöfliche Residenz in Bamberg zum heutigen Barockjuwel aus. 1710 begann er sein eigenes Schloß Weißenstein zu errichten. Hier gelang ihm der große Schlußakkord im Marmorsaal, der mit seiner monumentalen Säulenarchitektur, mit seinen gebogenen Gesimskurven und dem bis ins Dach hineinstoßenden Gewölbe eine bis heute unübertroffene Raumwirkung ausstrahlt.

④ Das östlich von Ebrach gelegene Burgwindheim kam bereits 1278 in den Besitz des Klosters Ebrach, das hier bis 1725 seine Kurie durch Balthasar Neumann errichten ließ. Die 1751 fertiggestellte Pfarrkirche präsentiert sich in schönstem Rokoko. Ihre Seitenaltäre basieren auf Entwürfen von Balthasar Neumann. Die Wallfahrtskirche Zum heiligen Blut wurde 1467 errichtet und glänzt mit einer schönen Barockausstattung. Der Heiligblutbrunnen ist ein Pavillonbau, der 1690 über der 1626 entdeckten Heilquelle errichtet wurde.

⑤ Das kleine Prichsenstadt ist ein fränkisches Städtchen wie aus dem Bilderbuch. Seine Mauern stammen aus dem 15. und 16. Jahrhundert und umschließen in einem Rechteck zauberhafte Fachwerkbauten. Fotogene Motive sind die zwei hintereinanderstehenden Stadttore und das Fachwerkrathaus von 1682. Der Freihof erhielt seine heutige Form 1592, und die Pfarrkirche stammt aus der zweiten Hälfte des 16. Jahrhunderts. Im westlich gelegenen Laub verbirgt sich in der Pfarrkirche von 1590 die Lauber Madonna, eine Sandsteinfigur aus der Zeit um 1310. Sie wurde 1590 für zwei Eimer Wein von der Würzburger Franziskanerkirche gekauft.

⑥ Wiesentheid gab es als Wiesenheida schon 918. Seit dem 13. Jahrhundert herrschten hier die Grafen von Castell, ab 1704 die Grafen von Schönborn. Ihr barockes Schloß ist ein Werk des 18. Jahrhunderts. Die barocke Pfarrkirche wurde in der heutigen Form 1732 nach Plänen von Balthasar Neumann fertiggestellt. Die Wirkung ihres Inneren beruht im wesentlichen auf den 1728 geschaffenen Wand- und Deckenmalereien von Giovanni Francesco Marchini. Er machte aus dem flachgedeckten Saal die opulente Scheinarchitektur eines überkuppelten Kirchenpalastes.

⑦ Geiselwind hat ein Rathaus von 1699, schöne Fachwerkhäuser und einen weithin bekannten Freizeitpark. Von der Achterbahn bis zur Wikinger-Schiffschaukel reicht hier das Angebot.

⑧ Schlüsselfeld ist ein altes Fachwerkstädtchen, dem Kaiser Ludwig schon 1336 das Stadtrecht verliehen hatte. In seiner gotischen Pfarrkirche aus dem 15. Jahrhundert steht ein barocker Hochaltar von 1701, der ursprünglich die Würzburge Universitätskirche geziert hatte. Von der Stadtbefestigung aus dem 15. Jahrhundert sind stattliche Reste erhalten.

⑨ Schloß Weißenstein bei Pommersfelden war der private Wohnsitz des Fürstbischofs Lothar Franz von Schönborn. Der von manischer Bauwut befallene Bischof lieferte seinem Architekten die exakte Raumvorgabe für das gesamte Schloß und vor allem für das Treppenhaus bis ins letzte Detail. Seiner Vorstellung nach sollte das Treppenhaus die Nahtstelle zwischen Himmel und Erde werden.

◁ Schloß Pommersfelden

◁ Der Steigerwald

Tip

Aischgründer Teichlandschaft südöstlich von Pommersfelden: Das Land der tausend Weiher bei Höchstadt an der Aisch erstreckt sich zwar hauptsächlich südlich der Kreisstadt, aber ihr Nordteil reicht entlang der Flüsse Aisch und Reiche Ebrach sowie einer Anzahl von Bächen in die Steigerwald-Landschaft hinein. Gewiß ist der Aischgrund in erster Linie den Freunden der hiesigen Zuchtkarpfen, respektive der »Aischgründer Rasse«, ein Begriff. Doch nicht minder schätzen ihn die Ornithologen wegen des in den Schilfgürteln und Feuchtwiesen heimischen artenreichen Bestands an Vögeln.

67 A

Wanderung 67 A: 5 Kilometer – 3 Stunden

Bummel durch Bamberg

»Deutsches Rom« wird Bamberg nicht nur wegen seiner sieben Hügel genannt. Hier wollte Kaiser Heinrich II. sein »Haupt der Welt« errichten und gründete deshalb im Jahr 1007 ein Bistum. Es gedieh über Jahrhunderte so prächtig, daß ein Bummel durch Bamberg ein Spaziergang durch ein Jahrtausend deutscher Kulturgeschichte ist.

Steigerwald

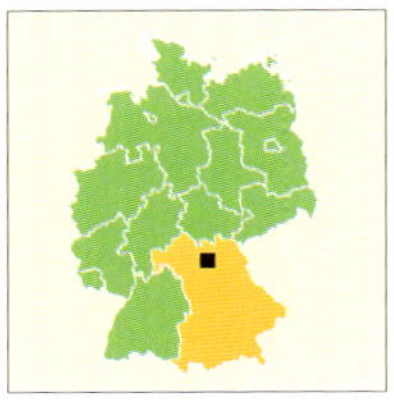

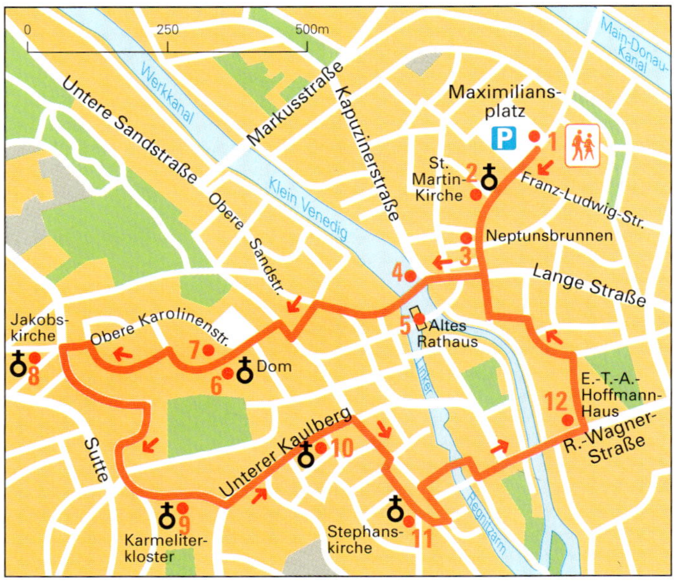

Tourverlauf

Zu Beginn des Stadtbummels steht man auf dem Maximiliansplatz. ①
Vorbei am Grünen Markt gelangt man zur Stadtparrkirche St. Martin. ②
Vor dem Obstmarkt erreicht man den Neptunsbrunnen. ③
Die Regnitz überspannt die Untere Brücke. ④
Danach ist man am Alten Rathaus. ⑤
Am Ende der Dominikanerstraße kommt man links zum Domplatz und damit zum Dom. ⑥
Ganz in der Nähe steht die Hofhaltung. ⑦
Die Dom- und die Jakobsstraße führen westwärts zur Jakobskirche. ⑧
Vom Jakobsplatz folgt man der Maternstraße zum Karmeliterkloster. ⑨
Im Osten des Karmeliterplatzes führt der Untere Kaulberg zur Oberen Pfarrkirche. ⑩
Die Judenstraße geleitet den Besucher zur Stephanskirche. ⑪
Über die Mühlbrücke und die Nonnenbrücke geht man zum E.-T.-A.-Hoffmann-Haus. ⑫
Über den Schillerplatz und die Zinkenwörth kommt man zurück zum Grünen Markt und zum Maximiliansplatz.

Sehenswürdigkeiten

① Den Maximiliansplatz säumen im Norden das ehemalige Priesterseminar (heute Rathaus) und im Süden das ehemalige Katharinenspital. Beide entstanden ab 1730 nach Plänen von Balthasar Neumann.
② Die Pfarrkirche St. Martin wurde bis 1693 von Johann Dientzenhofer als Jesuitenkirche errichtet. Was die barocke Schauseite von außen verspricht, halten innen Hochaltar und Kanzel.
③ Der Neptunsbrunnen von 1698 ist das Wahrzeichen Bambergs.
④ Die Untere Brücke über den linken Regnitzarm ist der wohl malerischste Platz Bambergs. Flußabwärts bietet sich der beste Blick auf die am rechten Ufer der Regnitz gelegenen Fischerhäuser, die nicht von ungefähr »Klein Venedig« genannt werden.
⑤ Das Alte Rathaus ist auf Pfählen in der Regnitz gegründet. Das gotische Haus erhielt seine heutige Form bis 1756.
⑥ Der Dom ist eine Stiftung von Kaiser Heinrich II. Der heutige Bau entstand in der ersten Hälfte des 13. Jahrhunderts. Besonders interessant sind das Fürstentor mit der Darstellung des Jüngsten Gerichts, die Adamspforte, das Marmorhochgrab (1513) des kaiserlichen Gründerpaars von Tilmann Riemenschneider und das um 1235 geschaffene, weltberühmte Standbild des Bamberger Reiters. Im Diözesanmuseum auf der Rückseite des Doms ist eine besonders wertvolle Sammlung byzantinischer und römischer Papst- und Kaisergewänder zu besichtigen.
⑦ Gegenüber dem Dom stehen Alte Hofhaltung (links) und die Neue Residenz (rechts). In einem Teil der Alten Hofhaltung befindet sich das Historische Museum zur Geschichte Bambergs. In der Neuen, bis 1703 von Johann Dientzenhofer erbauten Residenz beeindrucken vor allem die Stukkaturen und die Deckengemälde im barocken Kaisersaal.
⑧ Die Jakobskirche ist eine romanische Basilika aus dem 12. Jahrhundert, die bis 1771 ihre heutige barocke Fassade erhielt. Ihre Ausstattung ist nur neugotisch.
⑨ Die Karmeliterkirche ist ein Bau Johann Dientzenhofers, der die aus dem 13. Jahrhundert stammende Vorgängerkirche bis 1701 in die heutige Barockform brachte.
⑩ Die Obere Pfarrkirche ist das bedeutendste gotische Bauwerk Bambergs. Die dreischiffige Basilika wurde bereits 1378 geweiht. Interessant am nördlichen Seitenschiff ist die Ehepforte mit den Klugen und Törichten Jungfrauen. Die barocke Innenausstattung gipfelt in einem eindrucksvollen Hochaltar mit einer sitzenden Madonna im Mittelpunkt.
⑪ Errichtet wurde die Pfarrkirche St. Stephan auf dem Grundriß in Form eines griechischen Kreuzes, der vom Vorgängerbau aus dem 11. Jahrhundert stammt. Ihre heutige barocke Form erhielt die Kirche bis 1717.
⑫ Im heutigen E.-T.-A.-Hoffmann-Haus wohnte von 1809 bis 1813 der Dichter und Kapellmeister, der in dieser Zeit Musikdirektor am Bamberger Theater war.

▷ Klein Venedig in Bamberg

▷ Regnitzbrücken

Tip

Naturkundemuseum, Fleischstraße 2: Neben den Sammlungen des Museums ist das frühklassizistische Naturalienkabinett äußerst sehenswert. Dieser älteste erhaltene Museumssaal Deutschlands, der zu den schönsten seines Stils in Europa gehört, konnte sich bis heute original erhalten.

Wanderung 67 B: 13 Kilometer – 3 Stunden

Murrleinsnest und Stollburg

67 B

Der Steigerwald bleibt zumindest für Nichtfranken immer noch ein Geheimtip. Dieser Wandervorschlag führt von Ebrach in seinen schönsten Teil mit prächtigem Hochwald und zu einem Winzerdorf, wo der Wein noch den unverfälschten und unverwechselbaren Geschmack des Hügellandes vermittelt.

Steigerwald

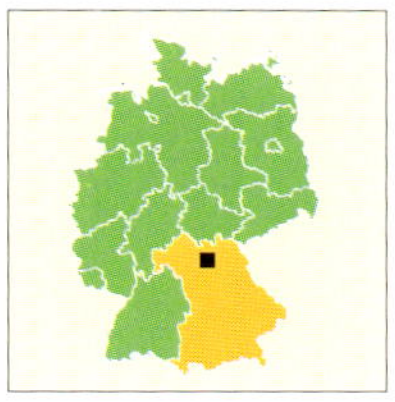

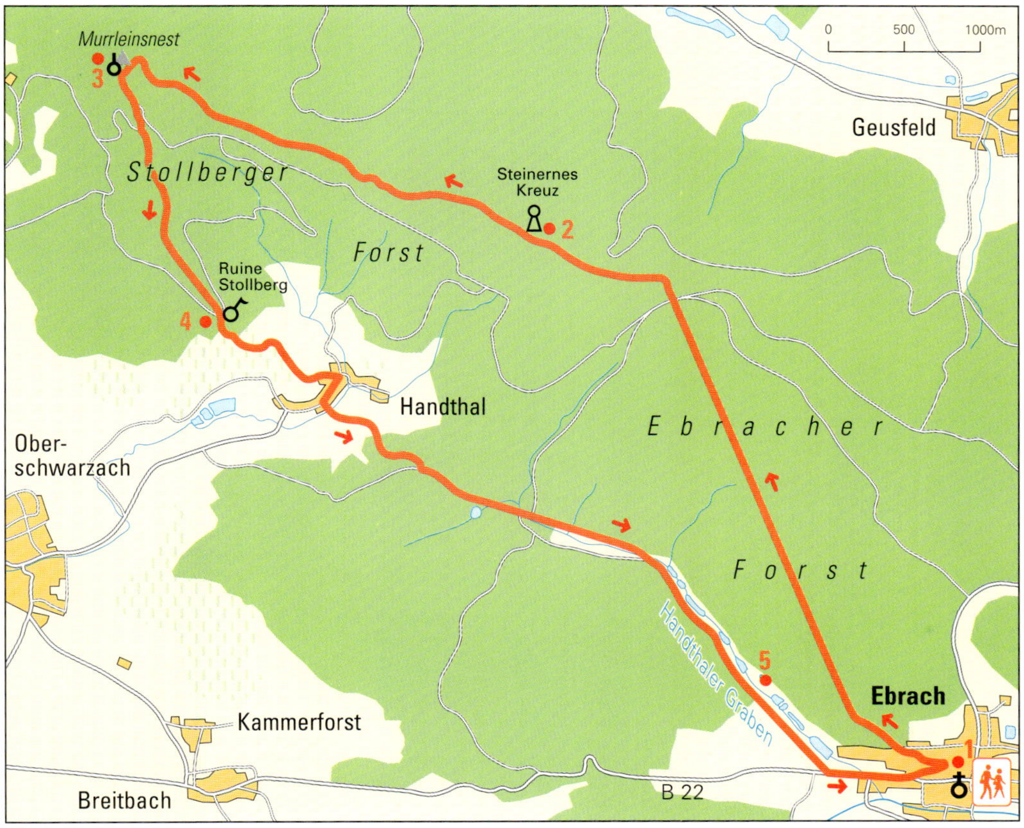

Tourverlauf

Beginn der Wanderung ist im geschichtsträchtigen Ebrach. ① Vom Marktplatz folgt man der Waldstraße hinauf auf die Höhe und hinein in den Hochwald. Bald erreicht man die mit einem roten Schlüsselloch markierte Forststraße, die nahezu schnurgerade etwa 3,5 Kilometer durch den Ebracher Forst führt. Nach knapp einer Stunde trifft man auf die nun mit einem blauen Schlüsselloch gekennzeichnete Hochstraße, der man nach links (Westen) folgt.

Nach fast genau einem Kilometer ist man am Steineren Kreuz. ② Nach weiteren 3 Kilometern ist der höchste Punkt der Wanderung erreicht: das 460 Meter hohe Murrleinsnest. ③

Der Abstieg erfolgt südwärts (Markierung: blaues Dreieck) durch die Waldabteilung Klingentännig. Durch den Stollberger Wald erreicht man nach gut 30 Minuten die Ruine Stollburg. ④ Von der Ruine aus steigt man die Rebhänge hinunter ins Weinbaudorf Handthal. Dort schwenkt man neben der kleinen Dorfkirche nach links auf einen gut ausgebauten Flurweg, der südostwärts wieder in den Steigerwald hineinzieht. Nach etwa 3 Kilometern verläßt man wieder den Wald und kommt zu den Fischweihern im Handthaler Graben. ⑤

Den Weihern entlang bummelt man zurück nach Ebrach.

Sehenswürdigkeiten

① Die ehemalige Abtei Ebrach war 1127 die erste Zisterzienserniederlassung in Franken. Ihr Ende fand die Klostergeschichte erst mit der Säkularisation, seit 1851 dienen die Klosterbauten als Strafanstalt. Die ehemalige Klosterkirche ist heute Pfarrkirche; ihre erste Weihe fand bereits 1134 statt. Der Bau wurde in seinen Grundzügen 1285 fertiggestellt, die üppige, klassizistisch-barocke Ausstattung wurde 1791 vollendet. Die zehn Stuckmarmoraltäre des Langhauses sowie der prächtige Hochaltar sind ein Werk von Materno Bossi. Im barocken Klosterbau sind ein überaus elegantes Treppenhaus und der reich geschmückte Kaisersaal erhalten.

② Das Steinerne Kreuz mitten im herrlichen Buchenwald ist ein altes Wegekreuz mit lateinischer Inschrift. Es ist ein Beleg dafür, daß hier einst die Straße von Bamberg nach Gerolzhofen verlief.

▷ *Zisterzienserabtei Ebrach*

③ Das 460 Meter hohe Murrleinsnest ist eine für den Steigerwald typische Anhöhe. Der Steigerwald-Club Gerolzhofen hat hier eine Schutzhütte errichtet.

④ Die Ruine Stollburg liegt malerisch im Stollberger Forst. Die Burg wurde im 12. Jahrhundert errichtet und 1525 im Bauernkrieg zerstört. Weil die Bauern der Umgebung die Steine als willkommenes Baumaterial nutzten, sind heute nur noch Reste vom Halsgraben und von der Vor- und Hauptburg nachzuweisen. Ein Rest des achteckigen Bergfrieds aus dem 13. Jahrhundert wurde vom Forstamt in seinem Bestand gesichert. Vom Platz der Burg bietet sich eine prächtige Aussicht über das Vorland des Steigerwalds, zum Friedrichsberg und zum Schwanberg.

⑤ Im Handthaler Grund gibt es auf 2 Kilometern Länge zahlreiche Fischteiche. Sie wurden schon von den Zisterziensern des Klosters Ebrach angelegt und versorgten das Kloster für die vielen Fasttage mit wohlschmeckendem Fleischersatz. Heute sind die Teiche Heimat einer artenreichen Vogelwelt. Am Parkplatz Handthaler Grund gibt es zudem neben einer Schutzhütte einen Grill- und Kinderspielplatz sowie ein kleines, vom Forstamt Ebrach unterhaltenes Waldmuseum.

Tip

Johann-Ludwig-Klarmann-Weg: Auf dem Johann-Ludwig-Klarmann-Weg kann man die Vielfalt dieser Wald- und Weinregion kennenlernen. Er führt in vier Tagesetappen von Haßfurt am Main aus der Flußsenke herauf über die bewaldeten Höhen und durch das Ebracher Tal. Immer wieder verläuft die Route mit der Markierung Roter Löffel an der Stufenkante entlang, wo sich, wie etwa bei dem feudalen Weinort Castell, Wald- und Weinland gegenseitig zu durchdringen scheinen. Der Wanderweg endet am vierten Tag nach 98 Kilometern in Uffenheim.

68

Autotour 68: 130 Kilometer

Im Coburger Land

Coburger Land

Im Nordosten Bayerns bestimmt die Südseite des Thüringer Walds und des Frankenwalds zusammen mit den Flußtälern des Obermains und der Itz das Landschaftsbild. Die alte Residenzstadt Coburg und die Bierhauptstadt Kulmbach sind die Hauptrepräsentanten jahrhundertealter Kulturgeschichte in einem Landstrich, der auf wenige Kilometer Entfernung solche Prachtbauten wie das Kloster Schloß Banz oder Balthasar Neumanns Barockwunder, die Wallfahrtskirche Vierzehnheiligen, hervorgebracht hat.

Tourverlauf

Ins Coburger Land fährt man natürlich von der Residenzstadt Coburg aus. ①
Auf der B 4 und der B 289 geht es südwärts nach Lichtenfels. ②
Die nächsten Stationen sind Kloster Banz, Vierzehnheiligen und Staffelstein. ③
Danach geht es am Main flußaufwärts nach Burgkunstadt. ④
Am Zusammenfluß von Rotem und Weißem Main liegt Mainleus. ⑤
Nur wenige Kilometer sind es nun nach Kulmbach. ⑥
An den Südwestausläufern des Frankenwalds entlang fährt man ausschließend auf der B 85 nordwestwärts nach Kronach. ⑦
Von Kronach aus erreicht man im Westen Mitwitz. ⑧
Umittelbar an der Grenze zu Thüringen liegt Neustadt. ⑨
Über Rödental geht es zurück nach Coburg.

Sehenswürdigkeiten

① Coburg: Siehe Wanderung 68 A, Seite 280.
② Lichtenfels ist eine Gründung der Markgrafen von Schweinfurt und kam 1248 in den Besitz des Hochstifts Bamberg. Unter der Regie des Bischofs wuchs Lichtenfels noch im 13. Jahrhundert zur mittelalterlichen Stadt mit geschlossenem Befestigungsring. Davon stehen mit dem Kronacher und dem Bamberger Tor noch zwei Tortürme aus dem 15. und 16. Jahrhundert. Die spätgotische Pfarrkirche hat einen 1487 geweihten Chor und ein Langhaus aus dem frühen 16. Jahrhundert Interessanteste Stücke ihrer Ausstattung sind die Bronzeepitaphien für Wolf und Walpurg von Schaumberg aus dem Jahre 1529. Im südöstlich gelegenen Klosterlangheim sind von der ehemaligen Zisterzienserabtei Langheim noch einige Barockbauten erhalten.
③ Auf dem Staffelberg südlich von Staffelstein gab es schon vor gut 5000 Jahren eine Siedlung und vor 2500 Jahren das befestigte Oppidum »Menosgada«. In karolingischer Zeit war Staffelstein Reichsbesitz mit einer »Wendenkirche« zur Missionierung der Slawen. Später regierten hier die Fürstbischöfe von Fulda und Bamberg. Berühmtester Bürger der Stadt war der 1490 hier geborene Adam Riese. Schönstes Haus ist das Alte Rathaus von 1484 mit seinen zwei Fachwerkgeschossen über dem aus der Spätgotik übernommenen massiven Erdgeschoß. Die gotische Pfarrkirche präsentiert sich heute im Barockkleid. Die 1975 erbohrte Obermaintherme ist Bayerns wärmste Thermalquelle. Auf dem im Norden gelegenen Banzer Berg stand in karolingischer Zeit eine Burg, aus der ab 1069 ein Benediktinerkloster wurde. Leonhard und Johann Dientzenhofer schufen im 18. Jahrhundert eine prachtvolle Barockanlage. Die ehemalige Klosterkirche beeindruckt mit einer überaus prächtigen Barockausstattung mit Stuck von Johann Jakob Vogel, Fresken von Melchior Steidl und dem Hochaltar von Balthasar Esterbauer. Die östlich gelegene, barocke und traumhaft schöne Basilika Vierzehnheiligen ist eines der Hauptwerke von Balthasar Neumann. Mittelpunkt der für die Wallfahrt zu den 14 Nothelfern 1772 fertiggestellten Kirche ist der Gnadenaltar von Johann Michael Feichtmayr; die Figuren der 14 Nothelfer stammen von Johann Georg Üblher.
④ Burgkunstadt hat sich das historische Bild seiner Altstadt gut bewahrt. Vor allem das Rathaus von 1690 mit seinem großartigen Fachwerkoberbau ist sehenswert.
⑤ Bei Mainleus ist das Renaissanceschloß Wernstein interessant. Das Obere Schloß reicht in

◁ *Kern von Burgkunstadt*

△ *Kulmbach mit der Plassenburg über der Stadt*

◁ *Staffelstein, Rathaus*

Balthasar Neumann – Ein genialer Baumeister

Der Meisterarchitekt des süddeutschen Barock kam als 24jähriger 1711 nach Würzburg und arbeitete dort als Glockengießergeselle. Nur acht Jahre später wurde er fürstbischöflicher Baudirektor, noch einmal ein Jahr später, im Jahre 1720, legte er den Grundstein zur Würzburger Residenz und war fortan ein begehrter Baumeister. In Franken und am Rhein erhielt er Aufträge für die wichtigsten Sakral- und Profanbauten. Bei seinen Schloßbauten verband er die Lebhaftigkeit des italienisch-österreichischen Barock mit der französischen Liebe zur Klassik. Die damit erreichte rhythmisch-bewegte Gestaltung fand ihren Höhepunkt im Treppenhaus der Würzburger Residenz. Auch seine zahlreichen Kirchenbauten gestaltete er stets ausgehend vom Erlebnis des Innenraums. Die Synthese von Lang- und Zentralbau erreichte bei ihm ihre reifste Vollendung, gipfelnd in den großartigen Raumwirkungen der Wallfahrtskirche Vierzehnheiligen und der Abteikirche Neresheim.

seinem Kern bis ins 14. Jahrhundert zurück.

⑥ In Kulmbach und auf der Plassenburg regierten seit 1057 die Grafen von Andechs. Sie wurden 1340 von den aus dem Hause Hohenzollern stammenden Burggrafen von Nürnberg abgelöst. Sie vor allem bauten die Plassenburg aus. Vom alten Kulmbach sind noch Teile des Mauerrings sowie mehrere Türme erhalten. In der St.-Petri-Kirche ist der fast 15 Meter hohe Choraltar ein Meisterwerk. Das Rathaus von 1752 hat eine ansprechende Rokokofassade, und der Zinsfelderbrunnen von 1660 auf dem Holzmarkt ist das fränkische Symbol der Marktfreiheit. Die Plassenburg erhielt ihre heutige Form nach fast vollständiger Zerstörung ab 1553. Ihr Schöner Hof im Hochschloß wurde 1568 fertiggestellt und gilt als einer der größten und schönsten Renaissancehöfe Deutschlands. Im Schloß sind mehrere Museen untergebracht, darunter das Deutsche Zinnfigurenmuseum mit über 300 000 Einzelfiguren, dessen Besuch wirklich Spaß macht.

⑦ Kronach: Siehe Wanderung 68 B, Seite 281.

⑧ Das Renaissancewasserschloß von Mitwitz zählt zu den schönsten seiner Art in Franken.

⑨ Neustadt bei Coburg ist die bayrische Puppen- und Spielwarenstadt. Im Museum der deutschen Spielzeugindustrie sind Hunderte von originalen Kostümfiguren und Trachtenpuppen aus aller Welt zu sehen.

▷ *Burg Lichtenfels*

Tip

Wanderweg der Planeten westlich von Lichtenfels: Der Planetenweg ist der erste astronomische Lehrpfad in Deutschland. Er führt 10 Kilometer durch den Banzer Wald und beginnt bei der Sonnenstation, die mit ihrer riesigen Kupferkugel weithin sichtbar einen 334 Meter hohen Hügel mit dem Namen Galgenhöhe überragt. Von hier aus bewegt man sich maßstabsgerecht durch den Raum, wobei zwei Schritte einer Million Kilometer im Weltall entsprechen. Die einzelnen Stationen sind mit Modellen ausgerüstet, die das Wissenswerteste über den jeweiligen Himmelskörper berichten. Die Sternenreise führt von der Sonne über die Stationen Merkur, Venus, Erde, Mars, Jupiter, Saturn, Uranus, Neptun zu Pluto. Der Lehrpfad ist durch blaue Täfelchen mit der Aufschrift Planetenweg gekennzeichnet. Der Ausgangspunkt, die Galgenhöhe, liegt am Ortsrand von Untersiemau. Der Endpunkt ist mit dem Berggasthof (Parkplatz) in Staffelstein-Unnersberg erreicht.

68 A

Wanderung 68 A: 4 Kilometer – 2 Stunden

Die Residenzstadt Coburg

Coburg und seine Veste werden sicher nicht ganz zu Unrecht die Krone Frankens genannt. Im 19. Jahrhundert führte die Heiratspolitik ihrer Fürsten Coburg in eine Glanzzeit. Hier hatten die Herzöge aus Festung, Schloß und Stadt eine Residenz ganz eigener Prägung gemacht.

Coburger Land

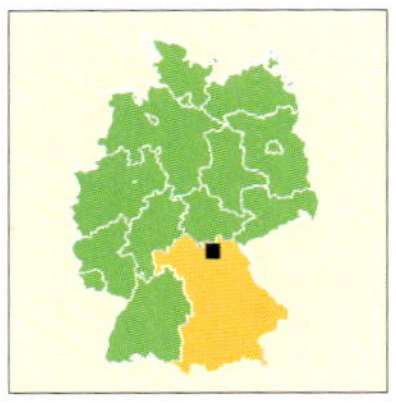

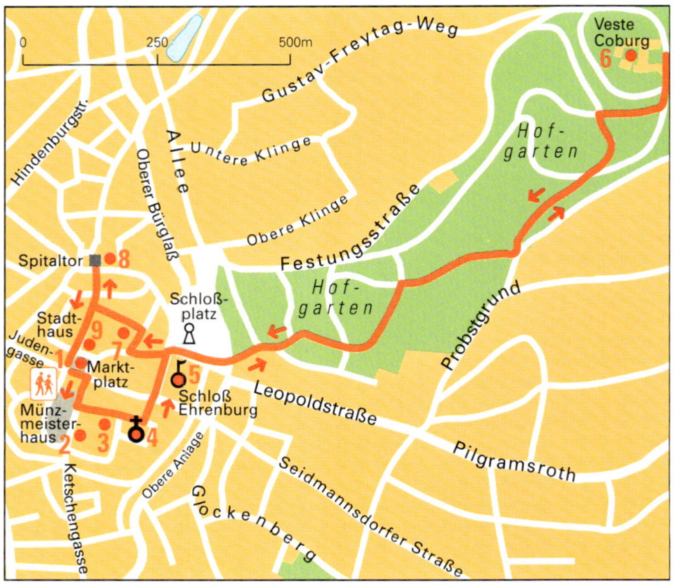

Tourverlauf

Zu Beginn dieses Stadtbummels steht man auf dem Marktplatz mit dem Rathaus. ①
Erstes Ziel ist die Ketschengasse mit dem Münzmeisterhaus. ②
Durch die Neugasse kommt man zum Casimirgymnasium. ③
Unmittelbar gegenüber wartet die St.-Moriz-Kirche auf Besucher. ④
Nach der Querung der Steingasse führt die Rückertstraße zum Schloßplatz und zum Schloß Ehrenburg. ⑤
Der Hofgarten ermöglicht einen angenehmen Anstieg zur Veste Coburg. ⑥
Zurück am Schloßplatz erreicht man über die Herrngasse das Zeughaus. ⑦
Theater- und Johannisgasse führen zur Spitalgasse und nordwärts zum Spitaltor. ⑧
Bummelt man die Spitalgasse nach Süden, kommt man an der Nordseite zurück zum Marktplatz und zum Stadthaus. ⑨

Sehenswürdigkeiten

① Das Rathaus auf der Südseite des Marktes besteht aus verschiedenen Gebäudeteilen, die bis 1905 zur heutigen Form vereinigt wurden. Vom Bau der Spätrenaissance sind noch das Quaderportal an der Ketschengasse, der Treppenturm im Hof und vor allem der doppelgeschossige Erker an der Südostecke erhalten. Im Inneren beeindruckt der großartige Renaissanceratssaal mit seiner schweren Balkendecke.
② Das wohl schönste Bürgerhaus Coburgs ist das Münzmeisterhaus. Das mächtige, über massivem Erdgeschoß mit zwei vorkragenden Fachwerkgeschossen gestaltete Haus gehört mit seiner Entstehungszeit im frühen 15. Jahrhundert zu den frühen Bauten dieser Art in Deutschland.
③ Das Casimirgymnasium wurde von Herzog Johann Casimir 1598 gestiftet, 1605 nahm es seinen Betrieb auf.
④ Die Morizkirche gab es an diesem Platz schon im 11. Jahrhundert. Der heutige Bau wurde im frühen 14. Jahrhundert begonnen, aber erst im 16. Jahrhundert vollendet. Eindrucksvollstes Ausstattungsstück ist das 12 Meter hohe Epitaph aus Alabaster, das Herzog Johann Casimir bis 1598 für seinen Vater, Herzog Johann Friedrich, hatte errichten lassen. Mit seinen meisterhaft ausgeführten Figuren gehört es zu den schönsten Prunkdenkmälern der deutschen Renaissance.
⑤ Das Stadtschloß Ehrenburg war von 1547 bis 1918 die Stadtresidenz der Herzöge. Das mehrfach erweiterte und im jeweiligen Stil der Zeit veränderte Renaissanceschloß besitzt prächtige Prunkräume wie den Riesensaal mit seinen 28 Stuckfiguren, den Thronsaal, den Weißen Saal oder die Räume der Queen Victoria.
⑥ Die Veste Coburg thront 160 Meter über der Stadt und gehört zu den größten Burgen Deutschlands. Der 1056 als Ringburg belegte Bau beherbergte 1530 Martin Luther während des Reichstages in Augsburg. Im Fürstenbau sind die herzoglichen Wohnräume erhalten, in der steinernen Kemenate gibt es das Lutherzimmer und die große Hofstube von 1501 sowie ein Intarsienjagdzimmer von 1632 zu sehen. Die übrigen Teile der Burg dienen als Museen, deren Sammlungen von internationaler Bedeutung sind: zum Beispiel die Glassammlung oder das Kupferstichkabinett.
⑦ Das ehemalige Zeughaus ließ Herzog Johann Casimir bis 1621 errichten. Ab 1683 wurde sein oberer Saal als Theater genutzt.
⑧ Das Spitaltor markiert die Nordgrenze der mittelalterlichen Stadt. Seine Anlage geht auf das 13. Jahrhundert zurück.
⑨ Das Stadthaus war Ende des 16. Jahrhundert als »Cantzley« von Herzog Johann Casimir an der Nordseite des Marktplatzes errichtet worden. Das reich ausgestattete Spätrenaissancegebäude ist mit drei Zwerchhäusern und Eckerkern geschmückt. Sie werden von Rundstützen getragen und sind mit Kuppelhelmen bedacht.

△ *Hof des Stadtschlosses*

◁ *Schloß Ahorn*

Tip

Gerätemuseum Ahorn südlich von Coburg: In der ehemaligen Schäferei wurden etwa 25 000 Objekte gesammelt; es sind vor allem Geräte des bäuerlichen Bereichs aus dem 19. und vom Beginn des 20. Jahrhunderts.

Um den Kronacher Sternberg

Die Geburtsstadt von Lucas Cranach d. Ä. bezaubert durch ihren spätmittelalterlichen Stadtkern. Er ist geprägt von winkligen, mit Türmen, Toren und Wehrgängen angereicherten Gassen. Im Süden der Idylle öffnet sich um den Sternberg ein prächtiges Wandergebiet.

Coburger Land

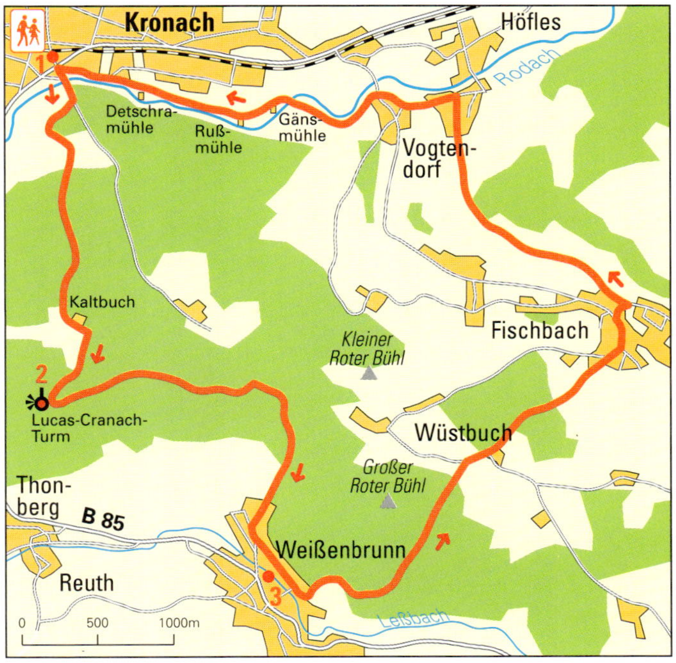

Tourverlauf

Ausgangspunkt ist Kronach an der Rodach. ①
Vom Wanderparkplatz bei der Hammermühle folgt man der Markierung blaues Kreuz stetig steigend durch den Wald bis zum Hof Kaltbuch, wo man den Schlüssel für den Lucas-Cranach-Turm erhalten kann. Der Turm selbst liegt südlich des Hofs. ②
Der Wanderweg führt nun entlang der Hangkante ostwärts bis zur Weißenbrunner Spinne, einer Kreuzung mehrerer Wege. Hier biegt der Weg mit der Markierung blaues Kreuz nach Süden und führt über einen alten Pflasterweg hinunter nach Weißenbrunn. ③
Im Ort quert man den Bahnübergang, kommt so zur Hauptstraße und wandert auf ihr ortseinwärts, bis links die Markierung senkrechter roter Strich abzweigt. Ihr folgend überquert man den Leßbach und steigt den Waldhang unter dem Roten Bühl hinauf. Über Wüstbuch erreicht man schließlich Fischbach. Nach dem Ort wandert man der Markierung Nr. 4 folgend am Friedhof vorbei noch einmal bergauf, genießt von der Höhe den Ausblick und kommt schließlich bei Vogtendorf an die Rodach. Hier trifft man erneut auf die Markierung blauer Strich, der man nach Westen der Rodach entlang und vorbei an den Mühlen Gänsmühle, Rußmühle und Detschramühle zurück zur Hammermühle folgt.

Sehenswürdigkeiten

① Bei Kronach treffen sich die drei Frankenwaldflüsse Haßlach, Kronach und Rodach. Hier hatte Markgraf Heinrich II. von Schweinfurt die Burg Crana. Anfang des 12. Jahrhunderts wurden der Ort und die jetzt Rosenberg genannte Burg ausgebaut und waren danach lange Zeit ein wichtiges Bollwerk des Bamberger Bischofs. Die um 1125 auf älteren Fundamenten errichtete Burg wurde im 16. und 17. Jahrhundert zu Deutschlands größter, nie eingenommener Festungsanlage. In ihr ist heute das sehenswerte Frankenwaldmuseum untergebracht. Dort sind auch Werke des 1472 in Kronach geborenen Malers Lucas Cranach d. Ä. zu sehen. Gut erhalten ist auch die Stadt in ihrem unversehrten Verteidigungsring aus Mauern, Türmen, Toren und Wehrgängen. Von den ursprünglich drei Toren steht noch das Bamberger Tor, von den Türmen sind der Pfarrturm, der Lehlaubenturm, der Hämelturm und der Obere Stadtturm erhalten. Die gesamte Altstadt ist geprägt von ansehnlichen, meist in Fachwerk gestalteten Bürgerhäusern. Die in den Grundmauern romanische Pfarrkirche hat einen frühgotischen Chor und eine dreischiffige Halle aus der Zeit nach dem 14. Jahrhundert. Besonders schön ist das Nordportal mit der Figur des Täufers von 1498. Die Klosterkirche St. Petrus beeindruckt mit einer soliden, spätbarocken Ausstattung zweier Bamberger Meister.
② Der 18 Meter hohe Lucas-Cranach-Turm wurde 1913 auf dem 494 Meter hohen Knock erbaut. Er bietet eine prächtige Sicht über das Tal der Rodach und einen weiten Ausblick auf das Land zu Füßen des Frankenwalds.
③ Weißenbrunn war das Dorf der Böttcher und Bierbrauer. Beiden Handwerken ist ein eigenes Museum gewidmet. Attraktionen sind ein 14 000 Liter fassendes Bierfaß aus Holz und die Möglichkeit, am Bierbrauen teilzunehmen. Interessant ist der Jungfer-Kättl-Brunnen, der wohl meistfotografierte Brunnen des Frankenwalds.

△ Kronach an der Rodach

◁ Feste Rosenberg

Tip

Flößermuseum in Unterrodach nordöstlich von Kronach: Etwa acht Jahrhunderte wurde im Frankenwald auf Rodach, Kronach und Haßlach Flößerei betrieben. Das Museum zeigt Floßmodelle, Wehre, Trachten und Bilder aus der Welt der Flößerei.

Autotour 69: 150 Kilometer

Um die Fränkische Schweiz

Fränkische Schweiz

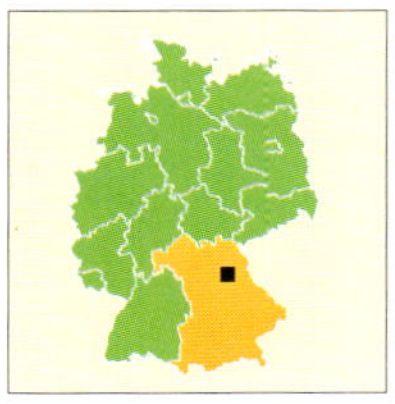

Das Juraland zwischen Nürnberg und Bayreuth ist der nordöstliche Ausläufer des großen Juramassivs, das von der Schweiz bis in die Oberpfalz reicht und vor rund 150 Millionen Jahren entstanden ist. Seinen heutigen Namen erhielt das Muggendorfer Gebürg – wie die Fränkische Schweiz ursprünglich hieß – im 19. Jahrhundert. Damals wie heute bewirken den besonderen Reiz dieses Juraabschnitts seine faszinierenden Felsformationen, die romantischen Fachwerkdörfer und die geheimnisvollen Höhlen.

Tourverlauf

Im Wiesenttal liegt Ebermannstadt, der Ausgangspunkt dieser Autotour. ①
Der Wiesent entlang talaufwärts wird zuerst die Binghöhle angesteuert. ②
Drittes Etappenziel ist Gößweinstein. ③
Bald darauf ist man in Pottenstein angelangt. ④
Auf der B 470 und der B 85 erreicht man Michelfeld. ⑤
Ebenfalls an der B 85 liegt Auerbach in der Oberpfalz. ⑥
Von Auerbach fährt man über die Landstraße südwestwärts nach Neuhaus an der Pegnitz. ⑦
Die Pegnitz gibt weiter die Richtung an nach Velden. ⑧
Den südlichsten Punkt dieser Autotour berührt man in Hersbruck. ⑨
Vom Hersbrucker Ortsteil Altensittenbach fährt man auf der Landstraße über Hormersdorf nach Plech. ⑩
Nördlich von Plech quert man die Autobahn, um nach Betzenstein zu kommen. ⑪
Vorletzte Station ist Obertrubach. ⑫
Der Rückweg nach Ebermannstadt führt schließlich über Egloffstein. ⑬

Sehenswürdigkeiten

① Ebermannstadt im unteren Tal der Wiesent besitzt in seiner Altstadt zahlreiche, denkmalgeschützte Fachwerkhäuser aus dem 17. Jahrhundert. In der Marienkapelle steht die berühmte Madonna im Strahlenkranz. Wahrzeichen der Stadt ist das Wasserschöpfrad beim alten Scheunenviertel.

② Die Binghöhle bei Streitberg gilt als eine der größten und schönsten Tropfsteinhöhlen Deutschlands. Sie ist rund 400 Meter lang und 60 Meter tief. Sie wurde 1905 von dem Nürnberger Fabrikanten Ignaz Bing entdeckt. Die nahezu kunstvoll gewachsenen Tropfsteine säumen wie exotische Kerzen einen schmalen Gang, den einst ein unterirdischer Wasserlauf in den Fels geschnitten hat. Besondere Attraktionen sind der Kerzensaal, in dem die Tropfsteingebilde beim Anschlagen wie Glocken erklingen, und die Venusgrotte, in der vom Fackelrauch geschwärzte säulenartige Formen zusammenwuchsen. Das Gestein der Höhle gehört zur jüngsten Schicht des Jura, dem Weißen Jura, der hier nahezu horizontal geschichtet ist.

③ Gößweinstein wird überragt von der gleichnamigen auf das 11. Jahrhundert zurückgehenden Burg. Sie thront auf einem nach drei Seiten abfallenden 150 Meter hohen Felsen und diente Richard Wagner als Vorbild für die Gralsburg im »Parsifal«. Der Ort selbst wird beherrscht von der Barockbasilika Zur hl. Dreifaltigkeit, die Balthasar Neumann bis 1739 errichtete. Die mächtige, zweitürmige Fassade deutet bereits an, was sich im Inneren findet: prächtige Altäre, reich bemalte Stuckdecken und ein großer Figurenschatz. Hinter der Basilika steht die 1630 vollendete Klosterkirche mit der sehenswerten Dreifaltigkeitskapelle und einem dreidimensional wirkenden Gitter von 1725. Östlich von Gößweinstein liegt das Dörfchen

▷ *Luftkurort Pottenstein*

△ Tüchersfeld mit seinen Felsen

Die Fränkische Schweiz

Die Fränkische Schweiz erstreckt sich zwischen Bamberg im Westen, Bayreuth im Osten und Forchheim im Süden. Man spricht von ihr gern als von der »deutschesten aller Landschaften«, wofür ihr wildromantischer Charakter verantwortlich sein mag wie auch die hohe Zahl an Burgen und Burgruinen. Das von Mischwald bedeckte, bis auf 650 Meter ansteigende Hochplateau ist stellenweise stark zerklüftet. Groteske Felsgebilde ragen über die Wipfel empor, und eine Unzahl geheimnisvoller, sagenumwobener Höhlen beflügeln die Phantasie. Die Fränkische Schweiz bezeichnet eigentlich den Nordteil der Fränkischen Alb. Sie wird von rund zwei Dutzend Flußläufen durchzogen, die tiefe Einschnitte schufen. Der Hauptfluß ist die Wiesent, weshalb die Region auch Wiesentalb genannt wird. Die Wildnis des Wiesenttales ist partiell von wahrhaft alpinem Charakter. »Was die Schweiz an Großem gibt, findet man hier in verjüngtem Maßstabe«, schrieb der Bamberger Gelehrte Joseph Heller 1829. Von ihm stammt der nicht zu erhärtende Hinweis, den Begriff Fränkische Schweiz gäbe es schon seit 1536.

Tüchersfeld inmitten malerischer Felsformationen. Hier gibt es einen Judenhof aus dem 18. Jahrhundert und eine Synagoge von 1762.

④ Das Fachwerkstädtchen Pottenstein ist von der gleichnamigen Burg aus dem 10. Jahrhundert überragt. In ihr fand 1228 die heilige Elisabeth, die Gemahlin des Landgrafen Ludwig von Thüringen, Zuflucht. Pottenstein wird von zwei Besuchergruppen geschätzt: die einen kommen, um an den senkrechten Felswänden zu klettern, die anderen, um in der Teufelshöhle Tropfsteinformationen zu bestaunen.

⑤ Das Benediktinerkloster Michelfeld wurde bereits 1119 vom Bamberger Bischof gegründet. Die ehemalige Klosterkirche erhielt ihre heutige Ausstattung bis 1717 durch die Gebrüder Asam. Beim Hochaltar wagten die Brüder zum ersten Mal den Versuch, ein Gesamtkunstwerk als »theatrum sacrum« zu gestalten.

△ Wassermühle in Ebermannstadt

⑥ Das Städtchen Auerbach wurde 1144 von Michelfeld aus gegründet. Zentrum seines langen Stadtplatzes ist das Rathaus von 1552. Die ursprünglich gotische Stadtpfarrkirche barockisierte Georg Dientzenhofer bis 1682.

⑦ Neuhaus an der Pegnitz: Siehe Wanderung 69 A, Seite 284.

⑧ Zwischen Velden und Vorra hat sich die Pegnitz bis zu 200 Meter tief in die Felsen des weißen Juras gegraben. Der windungsreiche, ungezähmte Fluß bietet an jeder Biegung immer wieder neue, reizvolle Perspektiven und Durchblicke auf steile Felswände. An beiden Ufern der Pegnitz gibt es bequeme Wanderwege.

⑨ Das über tausendjährige Hersbruck spiegelt in seinem Stadtkern aus prächtigen, alten Bürgerhäusern mit gotischen Treppengiebeln und vielerlei Fachwerkverzierungen noch ein ganzes Stück Mittelalter. Von der alten Stadtummauerung sind drei Tore erhalten sowie Teile des Wehrgangs und des Grabens. Die Pfarrkirche geht auf die Stadtgründung im 10. Jahrhundert zurück; ihr heutiger Bau ist im Chor gotisch, im Langhaus barock. Prächtigstes Ausstattungsstück ist der Flügelaltar des »Hersbrucker Meisters« aus der Zeit um 1480. Einmalig in ganz Deutschland ist das Hirtenmuseum, in dem Gerätschaften und Brauchtum der Hirten aus allen Gegenden Deutschlands dokumentiert sind.

⑩ Im Freizeitpark »Fränkisches Wunderland« bei Plech gibt es Wildwestromantik mitten in Franken und allerlei Märchenhaftes.

⑪ Betzenstein ist ein malerisches Städtchen am Rande des Veldensteiner Forsts. Auch hier gibt es auf hohem Fels eine Burg; sie stammt aus dem 12. Jahrhundert. Von der alten Wehrmauer aus dem 14. Jahrhundert sind noch Teile und zwei Stadttore erhalten. Besondere Attraktion des Heimatmuseums im Hinteren Tor ist der 92 Meter tiefe Brunnen aus dem 16. Jahrhundert.

⑫ Obertrubach: Siehe Wanderung 69 B, Seite 285.

⑬ Egloffstein ist von einer etwa 1000 Jahre alten, gleichnamigen Burg überragt. Von ihr bietet sich eine prächtige Talsicht. Der nahegelegene Wilhelmsfelsen entpuppt sich als kolossales Felsentor in malerischer Umgebung.

Tip

Sophienhöhle nördlich von Gößweinstein: Die Sophienhöhle am Anfang des reizvollen Ahorntals gilt als eine der größten Klufthöhlen Deutschlands. Sie befindet sich in Tallage bei der Burg Rabenstein, Oberailsfeld. Zugänglich sind drei ihrer hallenartigen Räume von 112 Metern Länge und einer Breite bis zu 82 Meter. Die Schauräume mit grandiosen Tropfstein-Figurationen tragen so sprechende Namen wie Steinerner Wasserfall, Großer Adler und Türkische Stadt. In dieser schon im Mittelalter bekannten, dann jedoch vergessenen und erst 1832 wiederentdeckten Höhle wurden Knochen vom Höhlenbär, Mammut und Urhirsch gefunden, also von Tieren der Eiszeit.

◁ Das lauschige Wiesenttal

69 A

Wanderung 69 A: 13 Kilometer – 3 ½ Stunden

Rund um den Karst

Fränkische Schweiz

Kalkgestein ist wasserlöslich; deshalb gibt es in der Fränkischen Schweiz auch so viele Höhlen. Die Wasserlöslichkeit produziert darüber hinaus Dolinen, Schlundlöcher, Karrenfelder und Trockentäler. Die schönsten Formen solcher Karsterscheinungen gibt es östlich von Neuhaus an der Pegnitz.

Tourverlauf

Die Wanderung beginnt in Neuhaus an der Pegnitz, das auch Ausgangspunkt des Karstkundlichen Wanderpfads ist, den der Fränkische Albverein angelegt hat. ①

△ *Die Karsthöhle Maximiliansgrotte*

Der Weg ist mit einem grünen Punkt markiert und führt zu den prägnantesten Karsterscheinungen der Fränkischen Schweiz. Indirekt bietet er damit eine Art naturkundliches Freilichtmuseum. Er beginnt an der Straße nach Krottensee, folgt dieser aber nur etwa für 200 Meter. An der Abzweigung Krottenseer Weg bleibt man auf dieser Straße, die später als Feldweg nach Krottensee führt. ②
Nächstes Ziel hinter Krottensee sind die Opfersteine. ③
Die erste Höhle dieser Wanderung ist die Vogelherdgrotte. ④
Kurz darauf gelangt man in die Steinerne Stadt. ⑤
Von der Steinernen Stadt wendet sich der Weg wieder nach Westen und erreicht beim Zinnwerk die Maximiliansgrotte. ⑥
Von der Maximiliansgrotte geht es zunächst in einem Bogen nordwestlich in Richtung Krottensee, dann aber nach Süden zur Mysteriengrotte. ⑦
Über Wiesen und durch kurze Waldstücke geht es schließlich zurück nach Neuhaus.

▷ *Ort und Burg Veldenstein*

Sehenswürdigkeiten

① Über Neuhaus an der Pegnitz thront Burg Veldenstein, die der Bischof von Eichstätt um die Jahrtausendwende 60 Meter über dem Pegnitzgrund als Sicherungsburg errichtet hatte. 1008 kamen Neuhaus und die Burg Veldenstein als Schenkung Kaiser Heinrichs II. an das Bistum Bamberg, das den Besitz bis 1805 halten konnte. Die erstaunlich gut erhaltene Burg beeindruckt heute mit doppelter Ringmauer, zahlreichen Mauertürmen und einem 21 Meter hohen, dickem Bergfried.
② In Krottensee ist der Wallerweiher unterhalb des Feuerwehrhauses ein typischer, von unterirdischen Quellen gespeister Karstweiher. Sein Name verrät schon, daß bei starken Niederschlägen die unterirdische Quelle den Weiher zum Sprudeln bringt. An der Straße von

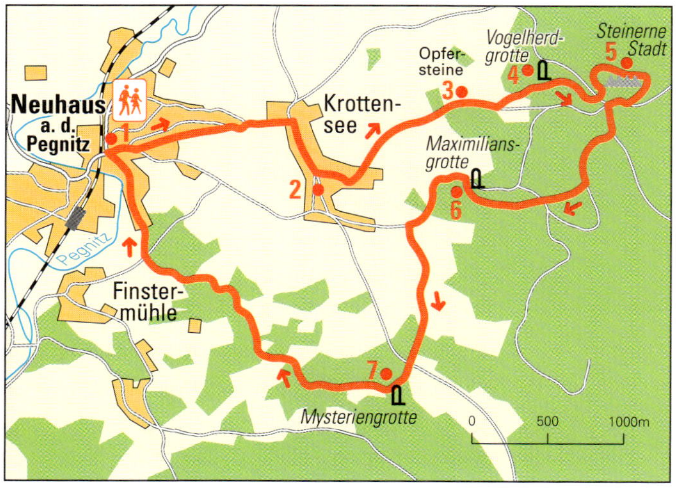

Neuhaus nach Königstein erinnert ein Obelisk an die hier am 24. Mai 1703 geschlagene Schlacht zwischen bayerischen und fränkischen Truppen.
③ Die beiden Quarzitsandsteinblöcke wurden lange als vorgeschichtliche Opfer- und Kultstätte angesehen. Die schüsselartigen Vertiefungen dürften jedoch natürliche Auswaschungen sein.
④ Die Vogelherdgrotte ist eine gewaltige, offene Hallenhöhle, entstanden vor Jahrmillionen durch natürliche Auswaschung.
⑤ Die Steinerne Stadt bietet formenreiche Felsszenerien: Das Raubschloß etwa ist eine Höhlenruine, die beiden Brüder sind zwei gleichartig geformte Felsen, Pilzen nicht unähnlich.
⑥ Die Maximiliansgrotte verdient unbedingt einen Besuch. Sie ist die wohl schönste Höhle der Fränkischen Schweiz. Sie erstreckt sich über mehrere Stockwerke und führt bei einer Länge von 1200 Meter 70 Meter in die Tiefe. Ihr schönster Raum ist die Orgelgrotte mit zahllosen funkelnden, an Orgelpfeifen erinnernde Tropfsteine. Den tiefsten Punkt der Höhle bildet ein märchenhaft schöner, unterirdischer See.
⑦ Die Mysteriengrotte ist eine mit Taschenlampe zugängliche Höhle mit übersinterten Wänden. Das nur wenige Meter unterhalb der Grotte gelegene Schluckloch läßt große Mengen an Wasser sofort in unterirdischen Spalten und Höhlräumen verschwinden.

Tip

Veldensteiner Forst, nördlich von Neuhaus an der Pegnitz: Der 82 Quadratkilometer große Staatswald gehört zum Naturpark Fränkische Schweiz. Ebenso wie der Großraum des Naturparks ist auch er durch zwei verschiedene Arten der Vegetation geprägt und zwar durch eine atlantische und eine kontinentale. Er weist, von Flußtälern zerschnitten und von Dolomitfelsen überragt, somit im Wechsel Laub- und Mischwälder einerseits sowie Steppenheiden andererseits auf. Die Karstflora ist durch Wacholder, Kräuter, Moose und Flechten charakterisiert, an geschützten Stellen treten auch Orchideen auf; im Juni blühen Frauenschuh und die Lilie Türkenbund. Beim Waldhaus Hufeisen befindet sich ein Wildgehege mit Rot- und Schwarzwild.

Obertrubacher Felsromantik

Fränkische Schweiz

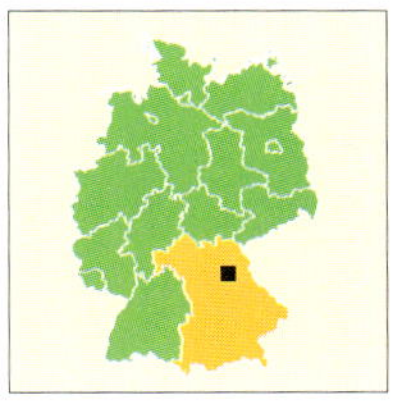

Der Quellbereich der Trubach ist ein besonders idyllisches Fleckchen. Hier gibt es steile Felspartien, alte Mühlen und noch ältere Burgruinen. Die etwas abgeschiedene Lage sorgt zudem dafür, daß die Wege nicht zu überlaufen sind.

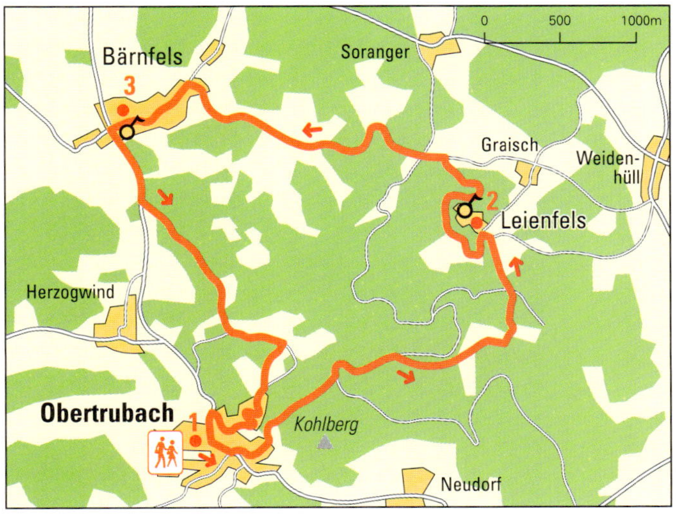

Sehenswürdigkeiten

① Obertrubach liegt wirklich schön in einem von hochragenden Felspartien umgebenen Talkessel. Am südwestlichen Ortsrand entspringt die Trubach, was wohl wesentlich dazu beigetragen hat, daß der Talkessel schon von Steinzeitmenschen vor etwa 6000 Jahren besiedelt war. Das heutige Obertrubach gehörte zur Zeit der Karolinger als »Troubaha« zum Königshof in Forchheim. Im Jahre 1007 dann kam das Dorf in den Besitz des Bischofs von Bamberg. Die Pfarrkirche hat einen gotischen Chor und ein barockes Schiff mit drei Barockaltären. Die Kirche wurde 1955 bis auf den gotischen Turm erneuert. Die Figuren aus dem 18. Jahrhundert stammen von J. M. Doser.

② Burg Leienfels, im 13. Jahrhundert von den Grafen von Egloffstein errichtet, war bis 1372 in deren Besitz. 1502 wurde dann der Bischof von Bamberg der Hausherr; noch im selben Jahrhundert jedoch wurde die Burg zerstört.

③ Auch Burg Bärnfels gehörte den Egloffsteiner Grafen bis sie 1525 im Bauernkrieg der Zerstörung anheimfiel.

Tourverlauf

Dieser Ausflug beginnt in Obertrubach. ①

In das Obertrubacher Neubaugebiet Ketteler Siedlung führt der Weg mit der Markierung roter Ring. Über eine Forststraße (Markierung: gelbes Kreuz) geht es bergab, an der Nordseite des Kohlbergs entlang und dann weiter ins Pitztal. Durch den Leienfelser Wald steigt man aus dem Pitztal links zügig hinauf und über die Hochfläche nach Leienfels. ②

Statt in den Ort hinein zu wandern, hält man sich beim Forstamt links, um zur Burgruine Leienfels hinauf zu kommen und um die Aussicht zu genießen.

Beim Abstieg von der Burgruine trifft man auf den örtlichen Rundweg mit den Kennzeichnungen Nr. 2 und Nr. 4. Ihm folgt man, vorbei an schönen Felsen, zur Wegkreuzung kurz vor dem Waldrand. Hier geht man geradeaus weiter bis zum Waldrand und dann noch etwa 100 Meter links, bis zu einer weiteren Kreuzung, an der ein Feldkreuz steht. Hier trägt der Weg die Markierung gelber Pfeil, der man bis Bärnfels folgt. ③

Auch hier gibt es eine malerische Ruine, zu der hinaufzusteigen sich lohnt. Ab Bärnfels nach Süden folgt man weiter dem Weg mit der Kennzeichnung gelber Pfeil, die durch das Gründleintal zurück nach Obertrubach führt.

△ *Die Bärentalmühle*

◁ *Dorf Obertrubach*

Tip

Trubachtal: Einen weiteren schönen Teil hat das malerische Trubachtal zwischen Wolfsberg und Obertrubach. Hier durchbrechen immer wieder weiße Dolomitfelsen die Hangwälder, die aus buntem Mischwald bestehen. Das vom Richard-Wagner-Felsen gekennzeichnete obere Ende des Trubachtals heißt auch »Tal der Mühlen«. An einer kurzen Strecke des Bachs reihen sich hier gleich acht Mühlen aneinander.

70

Autotour 70: 140 Kilometer

Um Fichtelgebirge und Steinwald

Fichtelgebirge

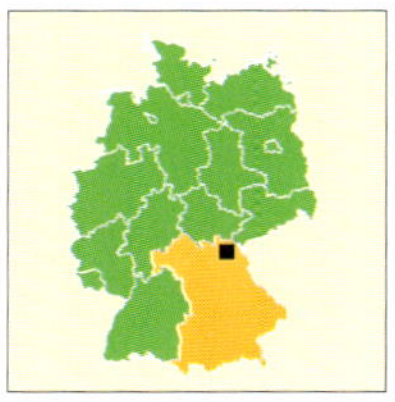

Den Nordosten Bayerns beherrschen zwei Waldgebirge. Das Fichtelgebirge mit Schneeberg und Ochsenkopf ist die Wasserscheide für Saale, Eger, Naab und Main, im Osten trennen die Fichtelnaab und die Kösseine den Steinwald ab. Sein Name gibt bereits den Hinweis – nirgendwo sonst in Bayern gibt es so viele, seltsam geformte Felsformationen auf so engem Raum wie in diesem auch heute noch einsamen Wald.

Tourverlauf

Als Ausgangspunkt für eine Autotour ins Fichtelgebirge bietet sich die Wagnerstadt Bayreuth an. ①
Sie verläßt man über die B 2 nach Norden, um als erstes Ziel Bad Berneck zu erreichen. ②
Ab Bad Berneck folgt man der B 303, der Fichtelgebirgsstraße, nach Bischofsgrün. ③
Nächste Station ist Wunsiedel. ④
Ebenfalls an der Fichtelgebirgsstraße liegt das Städtchen Bad Alexandersbad. ⑤
Kurz darauf erreicht man dann Marktredwitz. ⑥
Von Marktredwitz folgt man zunächst dem Tal der Kösseine und später dem der Fichtelnaab; zwischen Grötschenreuth und Erbendorf führt eine Straße in das Dörfchen Pfaben, von dem aus sich abwechslungsreiche Wanderungen in den Steinwald unternehmen lassen. ⑦
Nächstes Ziel an der B 22 ist im Westen Kemnath. ⑧
Hier biegt man rechts ab, um noch einmal die Gipfelregion des Fichtelgebirges, jetzt von der Südseite des Ochsenkopfes, zu erleben. · Ziel ist hier zunächst Fichtelberg. ⑨
Bevor man, dem Tal der Steinach folgend, zurück nach Bayreuth fährt, gilt der letzte Besuch dieser Fichtelgebirgstour der Glasmacherstadt Warmensteinach. ⑩

Sehenswürdigkeiten

① Bayreuth wurde Mitte des 12. Jahrhunderts von den Grafen von Andechs gegründet. 1194 erscheint die neue Siedlung erstmals als »Baierrute« (Bayernrodung) in den Urkunden. 1261 schon gab es das Stadtrecht, und 1260 erbten die hohenzollerischen Burggrafen von Nürnberg den Besitz. Bayreuths Glanzzeit lag im 18. Jahrhundert, als Markgraf Friedrich, der Vielgeliebte, seine Residenz großzügig ausbaute. Zur Zeit der Romantik residierte der Dichter Jean Paul von 1804 bis 1825 in der Friedrichstraße 5. Den eigentlichen Ruhm aber brachte Bayreuth Richard Wagner, der 1872 für die letzten 11 Jahre seines Lebens in die Stadt kam. Bayreuths gute Stube ist die Maximilianstraße mit dem weitläufigen Markt, dem Rathaus aus dem 17. Jahrhundert und der Mohrenapotheke von 1610 mit ihrem besonders gelungenen Erker. Die Straße, die eigentlich ein Platz ist, zieren drei Brunnen: der Pharmabrunnen von 1676, der Herkulesbrunnen von 1708 und der Neptunbrunnen von 1766. Die gotische

▷ Kolonnaden im Kurpark Bad Berneck

△ Der Fichtelsee zwischen Ochsenkopf und Schneeberg

△ Weißmainquelle im Fichtelgebirge

Stadtkirche entstand im 14. und 15. Jahrhundert, die barocke Spitalkirche wurde Mitte des 18. Jahrhunderts fertiggestellt. Sie birgt einen großartigen Kanzelaltar von 1750. Ebenfalls an der Maximilianstraße steht das Alte Schloß mit dem achteckigen Turm von 1566. Die barocke Schloßkirche wurde bis 1755 zusammen mit der Fürstengruft angebaut. Das markgräfliche Opernhaus wurde bereits 1748 fertiggestellt. Das prächtig angelegte Neue Schloß an der Ludwigstraße entstand bis 1764, der Markgrafenbrunnen davor 36 Jahre später. Heute bietet das Neue Schloß dem Besucher prachtvolle Rokokoräume und eine staatliche Gemäldegalerie.

② Bad Berneck entwickelte sich ab dem 12. Jahrhundert im Schutz einer Burg, deren Bergfried aus dem 13. Jahrhundert erhalten ist. Die Ruine Hohenberneck stammt aus dem 13. Jahrhundert Die evangelische Pfarrkirche ist ein klassizistischer Saalbau aus der Zeit um 1800.

③ Bischofsgrün gab es nachweislich schon im Jahre 1008. Seine Waldbauern betrieben auch Bergbau und später wurde Glas hergestellt. Heute gibt es alle denkbaren Freizeiteinrichtungen und eine Seilschwebebahn zum 1024 Meter hohen Ochsenkopf, dem zweithöchsten Gipfel des Fichtelgebirges.

④ Wunsiedel war einst das Zentrum des Sechsämterlandes. Da seine gesamte Bausubstanz 1834 in Flammen aufging, ist der Stadtkern heute klassizistisch. Die ursprünglich gotische Stadtkirche wurde 1740 barock erneuert. In dem im 15. Jahrhundert gestifteten Spital ist heute das Fichtelgebirgsmuseum mit Exponaten zur Geschichte des Bergbaus und der Glasherstellung untergebracht. (Siehe auch Wanderung 70 A, Seite 288.)

⑤ Das 1783 gegründete Bad Alexandersbad verdankt seinen Ruf der Louisenquelle, einer eisenhaltigen Kohlesäurequelle. Das markgräfliche Schloß entstand im 18. Jahrhundert.

⑥ Marktredwitz wurde 1140 erstmals in Urkunden genannt, war aber bis 1816 eine böhmische Enklave. Die sehenswerte Pfarrkirche stammt aus dem 14. und 16. Jahrhundert, ihr kostbarstes Ausstattungsstück ist ein Sakramentshäuschen von 1490. Das Alte Rathaus ist mit einem schönen Erker geschmückt und wurde 1519 fertiggestellt, das klassizistische Neue Rathaus wurde 1791 vollendet. Die 1777 errichtete Theresienkirche ist eine Stiftung von Kaiserin Maria Theresia für die böhmische Garnison.

⑦ Steinwald: Siehe Wanderung 70 B, Seite 289.

⑧ In Kemnath haben immer wieder Brände gewütet und die alten Bauten vernichtet. Lediglich am Straßenmarkt haben einige gotische Häuser überlebt. Die Pfarrkirche ist eine dreischiffige Hallenkirche aus dem Ende des 15. Jahrhunderts. Ihre Ausstattung ist jedoch barock.

⑨ Fichtelberg, am Fuß der 884 Meter hohen fichtelgebirgischen Platte, besitzt eine interessante Mariensäule von 1680. Die barocke Pfarrkirche wurde um 1710 fertiggestellt. Der Besucher kann Glasschleifereien besichtigen, das Knopfmuseum in der ehemaligen Kristallglasknopffabrik bestaunen oder sich im Besucherbergwerk »Gleißinger Fels« über den mühsamen Abbau von Silbererz informieren lassen.

⑩ Auch Warmensteinach lebte in der Vergangenheit von Bergbau und Glasherstellung. Über die Glasherstellung informiert das Glasmuseum. Außerdem kann eine Glashütte besichtigt werden. Der Ochsenkopf ist von einer Seilbahn erschlossen.

Seelohe und Fichtelsee

In der Senke zwischen Ochsenkopf und Schneeberg versteckt sich beim einstigen Bergbaudorf Fichtelberg das mit 45 Hektar größte Naturschutzgebiet des Fichtelgebirges. Es umfaßt ein in Resten erhalten gebliebenes Hochmoor, an dessen Südende der Fichtelsee liegt. Er wurde 1985 nach Süden hin erweitert, um den Wassersportlern Raum zu schaffen. Ursprünglich hieß der Fichtelsee Seeweiher, entstanden war er um 1800 als kleiner Stausee zur Regulierung des Moorwassers, das durch einen Graben abfloß. Glaubt man jedoch der Sage, gab es einst einen geheimnisvollen Ursee, in dem Elfen und Nixen ihre Heimat hatten. Heute jedenfalls ist der Fichtelsee im Norden von Fichten umrahmt, die anschließende Lohe (hier ist Lohe nur ein anderes Wort für Moor) besteht aus einem etwa 7 Meter mächtigen Torflager. Die Oberfläche ist mit Moospolstern und Riedgräsern bedeckt, außerdem gedeihen Spirken (Moorkiefern), Fichten und Birken, Sonnentau, Fettkraut, Wollgras, Bärlappgewächse und mancherlei Beerenkräuter. Die zahlreichen Wassertümpel im Moor deuten darauf hin, daß hier auch die Wasserscheide zwischen Naab und Main ist.

▽ Das Festspielhaus Bayreuth, alljährlich Schauplatz der Richard-Wagner-Festspiele

Tip

Fichtelgebirge: Eine Besonderheit zeichnet das Fichtelgebirge vor anderen deutschen Mittelgebirgen aus: Durch sein Gebiet verläuft die europäische Wasserscheide. Flüsse, die hier entspringen, fließen in alle Himmelsrichtungen: Der Weiße Main fließt nach Westen in den Rhein und somit in die Nordsee. Auch die Wasser der Saale und Eger münden in die Nordsee, doch sie bedienen sich dazu sozusagen der Elbe. Die Naab vereint sich im Süden mit der Donau, sie mündet fern im Osten ins Schwarze Meer. Alle Quellen liegen weniger als 30 Kilometer voneinander entfernt.

70A

Wanderung 70 A: 2 Kilometer – 1 Stunde

Felslabyrinth Lui

Fichtelgebirge

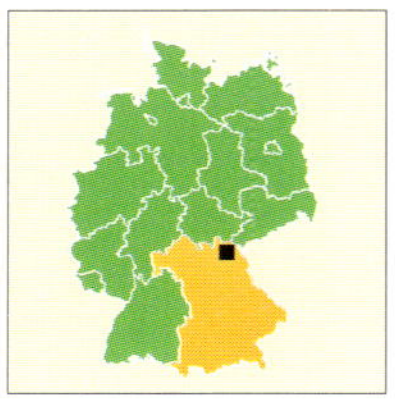

Als der junge Legationsrat Goethe im Juni 1785 zu naturwissenschaftlichen Studien im Fichtelgebirge weilte, hat er auch das Felslabyrinth im Süden von Wunsiedel »mühsam durchkrochen«. Ihn interessierten dabei die »zahllosen, alle Beschreibung und Einbildungskraft überragenden, in sich zusammengestürzten und getürmten Felsmassen«.

Tourverlauf

Der Weg durch die Felsschluchten ist trotz vieler Treppen gut begehbar und als Rundweg angelegt. Der Aufstiegsweg ist mit einem blauen Pfeil, der Abstiegsweg mit einem roten Pfeil markiert. Der Wegverlauf ergibt sich also hinter der Kasse von selbst.

Sehenswürdigkeiten

Die Steine des Felslabyrinths entstanden vor etwa 240 Millionen Jahren aus aufgestiegenem Magma, das zu kristallinem Granit erstarrte. Er lag unterschiedlich geschichtet und wurde im warmen Klima des Tertiär durch chemische und später während den Eiszeiten durch mechanische Verwitterung zu wollsack- und matratzenförmigen Gebilden geformt. Dieser Vorgang der Wollsackverwitterung ist nirgends so schön zu sehen wie im Felslabyrinth Luisenburg. Mitten in der Wildnis des Labyrinths entstand im Mittelalter die Luxburg, eine Sicherungsburg für die nahen Handelswege. Aus ihr wurde nach und nach ein Raubritternest, das die Stadt Eger schließlich zerstörte. Heute sind daraus echte Sehenswürdigkeiten geworden; die schönsten davon nennt folgende Liste:

① Zum Standort der einstigen Luxburg führen 111 Stufen hinauf. Südlich des Burgplateaus liegt der sogenannte Ludwigsfelsen, auf dem einst der Bergfried der Burg stand. Nach der Luxburg befindet sich links vom Weg der ehemalige Eingang zum Schloßkeller. Im Laufe der Zeit wurde er verschüttet und wuchs zu. Heute ist noch der Türsturz aus Granit knapp über dem Erdboden zu sehen.

② Der Durchgang bei der »Grünen Wand« besteht aus senkrechten Felswänden, die ursprünglich ganz mit Moos bewachsen waren. Rechts oberhalb der Grünen Wand befindet sich die sogenannte Lauschergrotte. Ein an einer bestimmten Stelle gegen die Wand leise gesprochenes Wort kommt oben in der Grotte laut an.

③ Die Mariannenhöhe ist eine 1815 errichtete künstliche Ruine. Südlich davon stehen die Drei Brüder, die so heißen, weil sie sich »brüderlich« aneinanderlehnen.

④ Das Felslabyrinth war früher berühmt wegen seines »Leuchtmooses«, das an vielen Stellen wuchs und ganze Teppiche bildete. Unter bestimmten Lichtbedingungen leuchtet es intensiv grün.

△ *Fichtelgebirgsmuseum in Wunsiedel*

⑤ Die Teufelstreppe ist der engste und beschwerlichste Durchgang im Felsenlabyrinth. Sie führt über 30 Stufen zum höchsten Punkt des Labyrinths und zur Abzweigung zum Burgstein.

⑥ Das Luisenburg-Kreuz ist ein 16 Meter hohes Holzkreuz auf dem höchsten Punkt des Labyrinths (785 Meter). Hier bietet sich ein prächtiger Fernblick hinüber auf den Ochsenkopf, den Schneeberg und den Rudolstein.

⑦ Der Napoleonshut zählt auf seine Art sicher zu den imposantesten Steinen des Labyrinths. Der »Hut« ist zirka 6 Meter breit, 2,5 Meter tief und 2,5 Meter hoch. Sein Volumen von etwa 16 Kubikmetern entspricht einem Gewicht von rund 43 Tonnen. Dieser Koloß ruht auf einer Stützfläche von nur 0,2 Quadratmetern, die zudem noch rund 30 Grad geneigt ist.

⑧ Die Insel Helgoland ist ein etwa 7 Meter hoher Felsblock, der ursprünglich wie eine Insel in einem kleinen Weiher lag.

⑨ Der Luisensitz war der Lieblingsplatz von Königin Luise von Preußen, nach der das Labyrinth benannt ist.

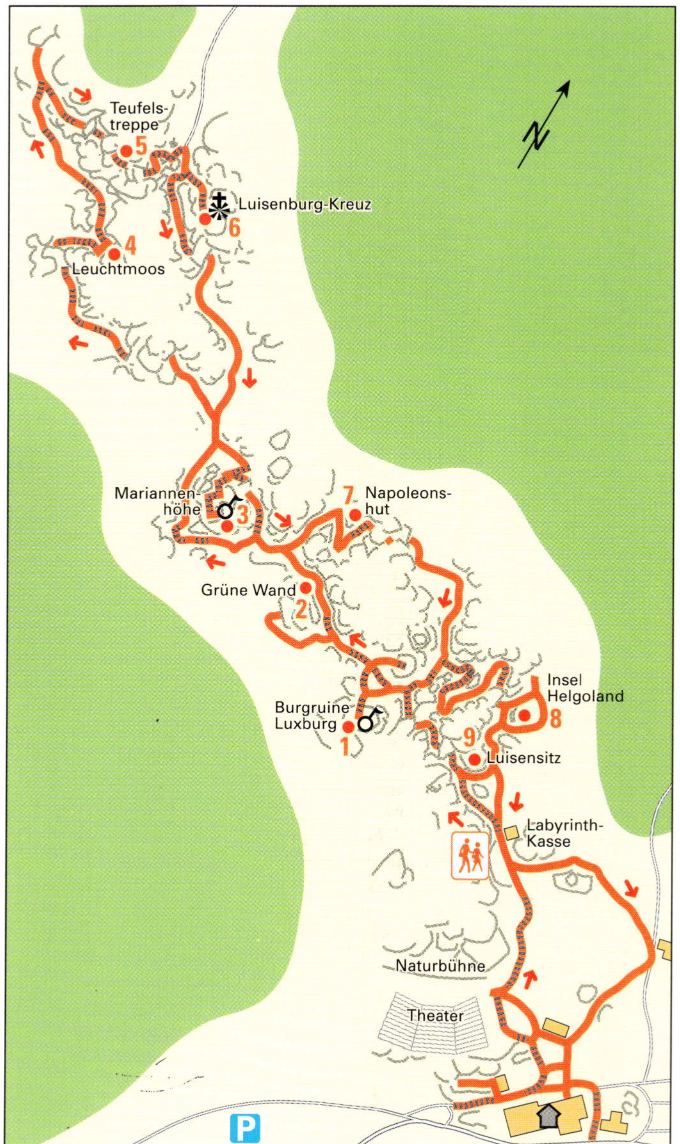

◁ *Im Felslabyrinth der Luisenburg*

Tip

Die botanische Besonderheit des Felsenlabyrinths ist das smaragdgrün aufleuchtende Moos. Seine linsenförmigen Zellen bündeln das knappe Sonnenlicht wie Spiegelreflektoren, so daß diese Pflanze imstande ist, sich mit einem Fünfhundertstel des Tageslichts zu begnügen. Das gefährdete Luisenburger Moos steht unter Naturschutz.

Wanderung 70 B: 13 Kilometer – 4 Stunden

70B

Dem Steinwald aufs Haupt

Böse Zungen sagen, wer das Fichtelgebirge sehen will, muß in den Steinwald reisen. Von der 946 Meter hohen Steinwälder Platte nämlich präsentieren sich die höchsten Erhebungen des Fichtelgebirges gemeinsam in einem einmaligen Panorama. Es zu erobern, ist Ziel dieser Wanderung.

Fichtelgebirge

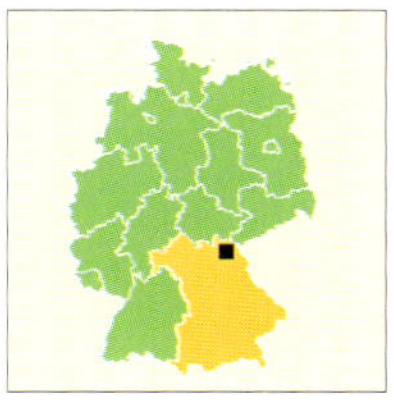

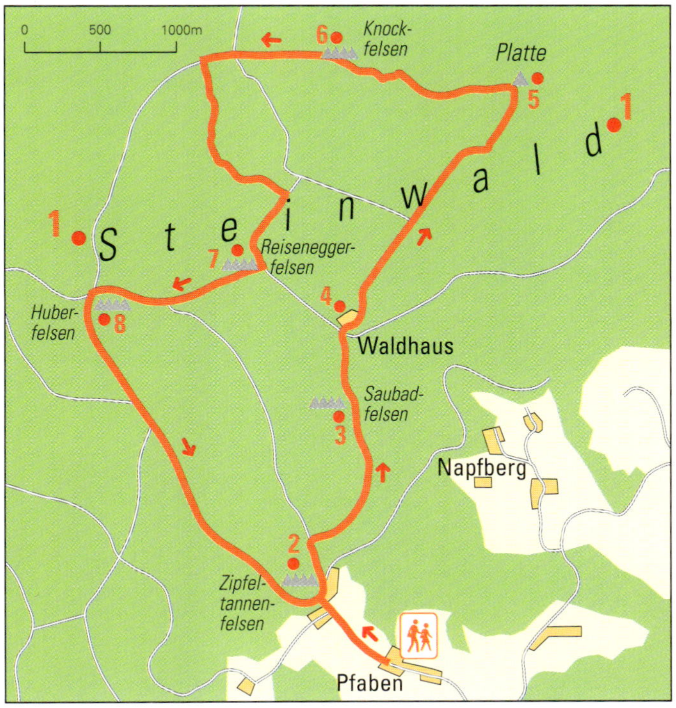

Tourverlauf

Im kleinen Fremdenverkehrsdorf Pfaben beginnt diese Tour in den Steinwald. ①
Vom nördlich gelegenen Wanderparkplatz aus ist die erste Anlaufstelle, die man über den Waldlehrpfad erreicht, der Zipfeltannenfelsen. ②
Auf dem Waldlehrpfad geht es weiter nach Norden zum Saubadfelsen. ③
Ab dem Felsen folgt man der Markierung blaues Rechteck in weißem Rechteck weiter nach Norden und erreicht kurz darauf das Waldhaus. ④
Dieselbe Kennzeichnung führt nordwärts weiter zum Aussichtsturm auf der Platte. ⑤
Zum Abstieg von der Platte nutzt man den nach Westen führenden Weg, über den man zum Knockfelsen kommt. ⑥
Hinter dem Felsen geht man noch 1 Kilometer weiter westlich bis zum zweiten Querweg, dem man nach Süden zum Reiseneggerfelsen folgt. ⑦
Noch einmal einen guten Kilometer weiter westlich wird schließlich der Huberfelsen erreicht. ⑧
Von ihm aus geht man über den Unteren Säubadweg zurück nach Pfaben.

▽ *Flüßchen im Fichtelgebirge*

Sehenswürdigkeiten

① Das zusammenhängende Waldgebiet des Steinwaldes, das als Naturpark geschützt ist, beläuft sich auf rund 15 000 Hektar. Er ist ein stilles Reservat mit dichten Forsten. Seinen Namen verdankt er den hohen schroffen Felsgruppen, die über sein grünes Wipfelmeer ragen. Neben Fichten, Kiefern, Tannen und Lärchen wachsen auf dem Granituntergrund auch Buchen. An besonders ruhigen Tagen sind Rehe und Hirsche zu beobachten. Verborgener leben Fuchs und Marder, Auerhahn und Haselhuhn. Am Himmel drehen Bussard und Habicht ihre Runden. Neben aufgestauten Bächen sind heute auch zugelaufene ehemalige Koalingruben, wo man Porzellanerde abbaute, sowie Steinbrüche und Kiesgruben zu Weihern geworden. An manchen Stellen gibt es nahezu unberührte Flecke von Moorwiesen, wo im Sommer Sumpfdotterblume und Fieberklee blühen. Das Wegsytem im Steinwald ist Bestandteil des 920 Kilometer umfassenden Netzes von Wanderrouten, die die Oberpfalz durchziehen. Die Wanderwege führen zu allen Attraktionen des Gebietes.
② Der Zipfeltannenfelsen ist sicher das am häufigsten fotografierte Motiv des gesamten Steinwalds. Je nach Position des Betrachters zeigt sich der Fels als Sphinx, also mit dem Körper eines Löwen und dem Kopf eines Menschen, oder als kniendes Kamel.
③ Der Saubadfelsen verdankt seinen Namen ausnahmsweise nicht seiner Form sondern der Nuzung seiner Umgebung. Früher nämlich trieben die Bauern ihre Schweine hierher, um sie nach Bucheckern wühlen zu lassen. Noch heute sind die Bodenvertiefungen in der Umgebung des Felsens zu erkennen.
④ Das einsame Waldhaus ist ein ehemaliges Forsthaus, in dessen unmittelbarer Nähe es einen Waldspielplatz und einen kleinen Weiher gibt. Auch ein Rotwildgehege wurde hier eingerichtet. Zu den Fütterungszeiten kann man besoders gut fotografieren.
⑤ Die 946 Meter hohe Platte ist der höchste Punkt des Steinwalds. Seit 1971 steht hier der 24 Meter hohe Oberpfalzturm, dessen Plattform eine einmalige Fernsicht bietet. Der Turm selbst ist ein Gerüst aus mächtigen Fichtenstämmen, um die eine Holztreppe herumführt.
⑥ ⑦ ⑧ Der Knockfelsen präsentiert sich ebenso wie der Reiseneggerfelsen oder der Huberfelsen als eindrucksvoll verwitterte Felsformation.

Tip

Weihergebiet bei Wiesau: Ein Biotop seltener Tiere (Schwarzstorch) und Pflanzen findet man mit dem Weihergebiet bei Wiesau im Südosten des Naturparks vor. Die Bildung der Seenplatte wurde durch eine Senke aus dem Tertiär begünstigt (sie ist also 70 Millionen Jahre alt). Die meisten stehenden Gewässer wurden jedoch von Menschenhand geschaffen, wie in der gesamten Oberpfalz von alters her erfolgreich die Weiherwirtschaft betrieben wird.

▷ *Markante Felsformationen*

71

Autotour 71: 150 Kilometer

Im südlichen Pfälzer Wald

Pfälzer Wald

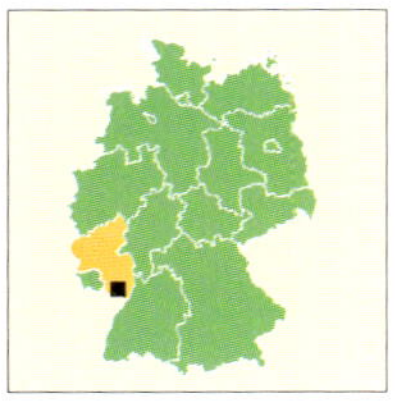

Weite Laubwälder, rote Buntsandsteinfelsen und trutzige Burgruinen sind die Akzente im südlichen Pfälzer Wald. »Pfälzisch-Sibirien« wurde das einst arme Waldland genannt im Gegensatz zu »Pfälzisch-Italien«, dem an der östlichen Geländestufe des Waldes die Seligkeit der »Deutschen Weinstraße« geschenkt ist. Hier gibt es jedes Frühjahr ein duftendes, weiß-rosa Blütenmeer und jeden Herbst den Genuß der Weinlese und des Federweißen.

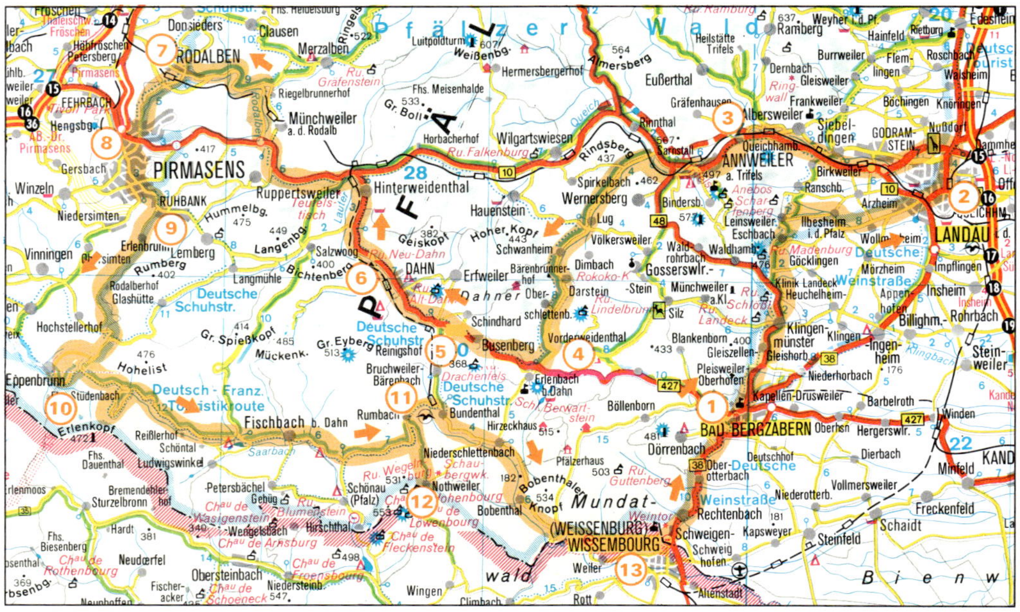

Tourverlauf

Auf der B 48 verläßt man Bad Bergzabern nordwärts. ①
Über Leinsweiler fährt man nach Osten hinüber nach Landau. ②
Von Landau folgt man der B 10 nach Westen und besucht Annweiler am Trifels. ③
Danach geht es auf der Landstraße südwestwärts nach Vorderweidenthal. ④
Unmittelbar hinter Vorderweidenthal trifft man auf die B 427, auf der man nach rechts weiterfährt, um nach Busenberg zu gelangen. ⑤
Die Felsenwelt in der Umgebung von Dahn ist das nächste Ziel. ⑥
In Hinterweidenthal fährt man auf der B 10 weiter Richtung Pirmasens, verläßt sie jedoch in Münchweiler nordwärts, um nach Rodalben zu kommen. ⑦
Somit ist man schon kurz vor Pirmasens. ⑧
Südlich von Pirmasens liegt Ruhbank. ⑨
Man folgt weiter der Deutschen Schuh-Straße in südlicher Richtung nach Eppenbrunn. ⑩
In der Nähe der französischen Grenze fährt man weiter nach Rumbach. ⑪
Hier bietet sich ein interessanter Abstecher südwärts nach Nothweiler an. ⑫
Letzte Station ist das französische Wissembourg. ⑬
Die Deutsche Weinstraße führt schließlich zurück nach Bad Bergzabern.

▽ *Schuhmuseum in Pirmasens*

△ *»Braut und Bräutigam« der Felsenwelt bei Dahn*

Sehenswürdigkeiten

① Bad Bergzabern wurde im späten 13. Jahrhundert angelegt. Von der Stadtbefestigung stehen noch der Dicke und der Storchenturm. Das ehemalige Schloß der Herzöge von Zweibrücken entstand im frühen 16. Jahrhundert als Folgebau einer mittelalterlichen Wasserburg. Ein besonders schöner Renaissancebau ist das 1579 fertiggestellte ehemalige herzogliche Amtshaus.

② Das im 13. Jahrhundert zur Freien Reichsstadt aufgestiegene Landau war jahrhundertelang umkämpft. Ende des 17. Jahrhunderts bauten es die Franzosen sogar zur »größten Festung der Christenheit« aus. Daher stammen noch das Deutsche und das Französische Tor sowie Teile des Nordwestwerks. Die ehemalige Stiftskirche war ursprünglich Teil eines Augustiner-Chorherrenstifts; der heutige Bau entstand im frühen 14. Jahrhundert. Die frühgotische Sakristei ist mit Fresken aus der Mitte des 14. Jahrhunderts verziert. Auch in der katholischen Pfarrkirche, einer ehemaligen Augustiner-Klosterkirche, finden sich im südlichen Seitenschiff gotische Fresken aus der Mitte des 15. Jahrhunderts.

③ Annweiler am Trifels: Siehe Wanderung 71 A, Seite 292.

④ In Vorderweidenthal ist die Ruine der Burg Lindelbrunn in-

teressant. Sie wurde im 12. Jahrhundert als Reichsfeste errichtet, war dann im Besitz der Grafen von Leiningen und wurde 1525 im Bauernkrieg gebrochen. Erhalten blieben noch die Toranlage, Teile der Umfassungsmauer, Felskammern und Reste von Wohnbauten.
⑤ Busenberg hat zwei Burgen zu bieten. Zum einen ist es die aus Unter- und Oberburg bestehende Ruine Drachenfels, die um 1200 errichtet wurde und einen imposanten Felsenbergfried besaß. Sie diente in der ausgehenden Ritterzeit als Räubernest und wurde

Felsen im Wald – Der Pfälzer Wald

Der Pfälzer Wald steht auf einem 500 Meter mächtigen Buntsandsteingebirge. Der Gesteinssockel erhebt sich in einer rund 400 Meter hohen Bruchstufe über die Oberrheinebene und in einer rund 150 Meter hohen Schichtstufe über das Nordpfälzer Bergland. Die Voraussetzung für die Entstehung der großartigsten und eindrucksvollsten Buntsandsteinlandschaft Deutschlands wurde während der Trias vor etwa 220 Millionen Jahren mit der Ablagerung der rund 500 Meter mächtigen Sandsteinschicht geschaffen. Die oberste Felsschicht dieses Sockels bildet die in der Landschaft steil aufragenden Felsformationen wie etwa die Naturdenkmäler des Altschloßfelsens bei Eppenbrunn oder des Kugelfelsens bei Pirmasens. Wabenverwitterungen zieren den Burgfelsen Lindelbrunn, Eisenvererzungen oder Sinterungen des Sandsteins zeigen die Erzgänge an der Petronella bei Bad Bergzabern oder die Blitzröhren bei Battenberg. Die schönsten Tisch- oder Pilzfelsen sind der Teufelstisch bei Hinterweidenthal und der Kanzelfels bei Pirmasens. Fensterartige Durchbrüche zeigt der Eilöchlfels bei Busenberg.

△ *Eisenerzgrube im Schaubergwerk Nothweiler*

1525 während des Bauernkriegs gebrochen. Schönes Beispiel einer unzerstörten Ritterburg ist Berwartstein. Sie kam 1152 als Geschenk Kaiser Barbarossas an den Bischof von Speyer und diente um 1500 dem Ritter von Trott als Räubernest. Die Burg steht eindrucksvoll auf hohem Fels, ist insgesamt elf Stockwerke hoch und wurde ursprünglich über einen 104 Meter tiefen Brunnen mit Wasser versorgt.
⑥ Dahn liegt im Zentrum des Dahner Felsenlands, in dem so imposante Felsformationen wie »Braut und Bräutigam«, »Napoleons Felsen«, »Jungfernsprung« oder »Tischfelsen« zu finden sind. Besonders interessant sind die drei zusammengebauten Burgruinen Altdahn, Grafendahn und Tanstein in einer 200 Meter langen Felsmauer oberhalb von Dahn. Auf ihnen saßen Vögte der Speyerer Bischöfe. Zerstört wurden die Burgen 1689 durch die Franzosen.
⑦ Bei Rodalben versteckt sich oberhalb des Langenbachtals eines der größten Felsdächer des Pfälzer Walds. Die Höhle mit einer Breite von etwa 20 Metern, einer Höhe von rund 10 Metern und einer Tiefe von zirka 40 Metern hat zudem eine typische Schichtquelle. Der kleine Quellbach durchfließt die Höhle, plätschert davor etwa 10 Meter in die Tiefe und hat bei der Aufprallebene durch Erosion eine zweite, kleinere Höhle entstehen lassen.
⑧ Pirmasens ist das Zentrum der deutschen Schuhindustrie. Das Schuhmuseum im Alten Rathaus zeigt deshalb Schuhe aus aller Herren Ländern.
⑨ Wenig östlich von Ruhbank steht in etwa 420 Meter Höhe der Kanzelfelsen. Der etwa 10 mal 10 Meter große Solitärfelsen ist durch eine schmale Kluft vom Hauptmassiv getrennt.
⑩ Eppenbrunn: Siehe Wanderung 71 B, Seite 293.
⑪ In Rumbach verdient die kleine evangelische Christuskirche einen Besuch. An ihrer Stelle gab es bereits im vorigen Jahrtausend ein Kirchlein. Die ältesten Teile des heutigen Baus wurden um 1200 errichtet. Chor und Empore sind mit Fresken aus dem 14. und 15. Jahrhundert geschmückt.
⑫ Den Abstecher nach Nothweiler müssen alle Burgenfreunde machen. Hier gibt es mit der Wegelnburg die höchstgelegene Burgruine der Pfalz und außerdem die Ruinen Wasigenstein, Löwenburg, Hohenburg, Blumenstein und Fleckenstein.
⑬ Wissembourg ist eine elsässische Kleinstadt mit wohlerhaltenem mittelalterlichen Kern. Das Rathaus hat den typischen Uhrturm, das Salzhaus wurde 1450 errichtet. Die Stadtkirche gehörte ursprünglich zu einem Benediktinerkloster, ihre heutige Form erhielt sie bis 1293. Die Chorfenster und die Rosetten des südlichen Querhauses stammen aus dem 13. Jahrhundert, das Rundfenster im nördlichen Querhaus aus dem 12. Jahrhundert. Apsis, Querhaus und nördliches Seitenschiff enthalten gotische Fresken. Das Kloster soll der Merowingerkönig Dagobert II. im 7. Jahrhundert gegründet haben.

Tip

Schweigen-Rechtenbach nördlich von Wissembourg: Ein Weinlehrpfad von einem Kilometer Länge bietet alles Wissenswerte über den Weinbau in der Pfalz.

▽ *Der »Teufelstisch« bei Hinterweidenthal*

71 A

Wanderung 71 A: 20 Kilometer – 5 1/2 Stunden

Pfälzer Burgenwanderung

Burgen gibt es viele in der Pfalz, doch nirgends stehen sie so dicht wie zwischen Leinsweiler und Annweiler. Hier entwickelte sich ein Zentrum des Stauferreichs, hier hatte Kaiser Barbarossa seinen Lieblingssitz, und hier lag Richard Löwenherz in Gefangenschaft. Nicht weniger als fünf Burgen werden auf dieser Wanderung besucht.

Pfälzer Wald

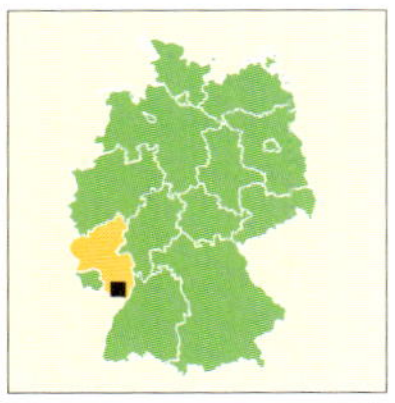

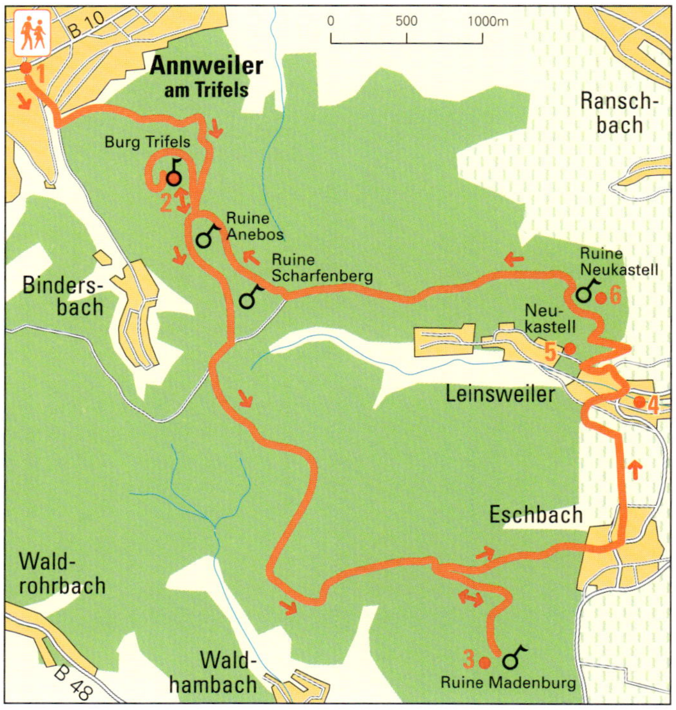

Tourverlauf

Diese Burgenwanderung beginnt an den Markwardanlagen am südlichen Stadtrand von Annweiler. ①
Der Weg mit der Markierung gelber Strich führt hinauf zum Parkplatz bei den Schloßäckern, wo der Aufstieg zur Burg Trifels ansetzt. ②
Von den Schloßäckern leitet die Markierung zu den Kegelbergen der Nachbarburgen Anebos und Münz (Scharfenberg). Anschließend führt der Cramerpfad um den Wetterberg und den Schletterberg zur Senke im Norden der Ruine Madenburg. ③
Beim Abstieg von der Madenburg zweigt der kürzeste Weg nach Eschbach hinunter nach knapp 10 Minuten nach rechts ab. Ab Eschbach folgt man dem Wanderweg »Deutsche Weinstraße« durch die Weinberge nach Leinsweiler. ④
Nächstes Ziel ist das Hofgut Neukastell. ⑤
Schließlich besucht man die über dem Hofgut thronende Ruine Neukastell. ⑥
Von der Ruine aus wandert man westwärts weiter in Richtung der Ruinen Scharfenberg und Anebos, die man nun auf ihrer Nordseite passiert. Bei den Schloßäckern hat man wieder den Anstiegsweg erreicht.

△ *Alter Dorfbrunnen in Leinsweiler*

Sehenswürdigkeiten

① Annweiler war zur Zeit der Staufer Reichsstadt, und wurde von drei Burgen geschützt.
② Burg Trifels war die wichtigste Reichsburg der Staufer. Hier wurde König Richard Löwenherz gefangengehalten, und von 1126 bis 1273 wurden hier die Kleinodien des Heiligen Römischen Reiches und der Reichsschatz verwahrt. Die Burg war der Lieblingssitz von Kaiser Barbarossa. Hierher kehrte der weitgereiste Kaiser regelmäßig zurück. Das heutige Erscheinungsbild der Burg ist das Ergebnis der Rekonstruktion aus den Jahren 1938 bis 1950. Von der südöstlich gelegenen Nachbarburg Scharfenberg ist der schlanke, 20 Meter hohe Bergfried mit seinem schönen Buckelquaderwerk aus der Zeit um 1200 wohlerhalten.
③ Die Madenburg gehörte einst dem Bischof von Speyer. Endgültig zerstört wurde sie 1689. Der Anstieg lohnt wegen der hervorragenden Aussicht auf die Rheinebene und auf das südpfälzische Felsenland.
④ Das gut 1200 Jahre alte Winzerdorf Leinsweiler beeindruckt mit einem schönen Fachwerkrathaus von 1619 und einem Dorfbrunnen von 1581.
⑤ Das Hofgut Neukastell unterhalb der gleichnamigen Ruine war der Sommersitz des Malers Slevogt; ihm sind die Fresken in verschiedenen Räumen zu verdanken. Den Musiksalon schmückte er mit Opernscenen, die Bibliothek mit Szenen aus der »Ilias«, aus »Macbeth« und aus »Lederstrumpf«.
⑥ Die Burgruine Neukastell war im 12. Jahrhundert eine Reichsfeste der Staufer. Sie kam 1330 als Reichspfandschaft an die Kurpfalz. Noch 1620 war sie so intakt, daß König Gustav Adolf von Schweden samt Gefolge hier wohnen konnte. Endgültig zerstört wurde sie 1679 im Réunionskrieg.

▷ *Ruine Madenburg*

Tip

Wild- und Wanderpark Südliche Weinstraße südlich von Annweiler: Zwischen Klingenmünster und Silz liegt der 100 Hektar große Wild- und Wanderpark Südliche Weinstraße. In großen Gehegen tummeln sich Rot- und Damwild, Axishirsche, Mufflons, Mähnenschafe, Wildschweine, Zwergziegen und andere Tierarten. Mehrere Rundwege führen durch das weitläufige, leicht ansteigende Gelände. Drei Lehrpfade informieren innerhalb des Parks über den Wald, die heimische Vogelwelt sowie über Pilze.

Wanderung 71 B: 16 Kilometer – 4 Stunden

Altschloßfelsen und Dianabild

71 B

Pfälzer Wald

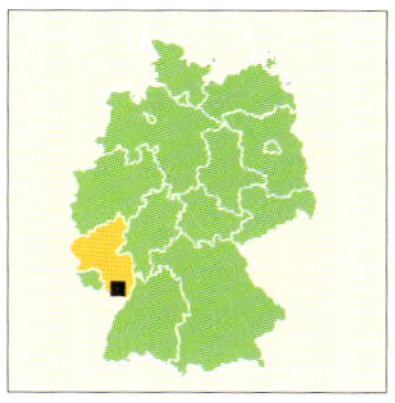

Südlich von Eppenbrunn steht mitten im Wald und schon ganz in der Nähe der französischen Grenze das größte Buntsandsteinriff der Pfalz. Es zeigt auf beinahe 1,5 Kilometer Länge die schönsten und phantasiereichsten Verwitterungsskulpturen, wie man sie sich in den kühnsten Träumen kaum vorstellen würde.

Tourverlauf

Man beginnt diese Wanderung südlich von Eppenbrunn, am Parkplatz beim Spießweiher. ①
Von hier folgt man dem großen Westpfalz-Wanderweg (Markierung schwarzes W beziehungsweise weißes Kreuz) zunächst durch eine mit Moor, Wiesen, Erlenwäldern und kleinen Teichen gegliederte Talaue südwestwärts bis zum Beginn des Altschloßfelsens. ②
Nächstes Ziel ist wenig südwestlich des Altschloßfelsens das Dianabild. ③
Der weitere Weg folgt dem Verlauf der deutsch-französischen Grenze und ist mit einem weiß-blauen Strich markiert. Man bewegt sich hier im Norden des 1175 Quadratkilometer großen Parc Naturel Régional des Vosges du Nord. Nach etwa einer Stunde trifft man auf den vom französischen Sturzelbronn herüberkommenden mit einem roten Punkt gekennzeichneten Querweg.
Ihm folgt man nach links und geht entlang den Hängen des Erlenkopfs. ④
Dabei wandert man zunächst in nordöstlicher und später in nordwestlicher Richtung zurück zum Parkplatz beim Spießweiher.

▷ *Im Pfälzer Wald*

Sehenswürdigkeiten

① Der Spießweiher ist ein kleines Staubecken; zu sehen gibt es Stockenten. Eppenbrunn selbst bietet viele Freizeitmöglichkeiten und über 100 Kilometer markierte Wanderwege.
② Der Altschloßfelsen ist ein Buntsandsteinriff mit bis zu 20 Meter hohen Türmen, Felsdächern, schroffen Spalten, Grotten und Höhlen. Den nordöstlichen Pfeiler bilden vier gewaltige Felstürme, die etwa 20 Meter hoch sind. Im mittleren Bereich gibt es eine Felsenhalle mit Durchblicken nach verschiedenen Seiten. Geht man um das Felsenriff herum, eröffnen sich immer neue Anblicke auf die formenreichen Felsen und auf die umgebende Waldlandschaft. Senkrechte Wände, weit ausladende Felsdächer, Säulen, Galerien, Höhlen, Fenster und Durchbrüche wechseln in bunter Folge. Dank der unterschiedlichen Härte des Materials hat die Natur eine unendliche Vielfalt von Formen und Strukturen geschaffen, die zudem in einem lebhaften Farbenspiel glänzen, das von Weißgelb bis Dunkelpurpur und Braunrot reicht. Besonders einprägsame Details sind zwei Kugelfelsen und ein Beispiel für eine Vorhangverwitterung, die den Eindruck erweckt, vor dem Gestein sei ein großmaschiger Vorhang heruntergelassen. Die einzelen Maschen oder Waben (deshalb auch Wabenverwitterung) verdanken ihre Existenz wiederum ausschließlich der unterschiedlichen Härte des Materials.
③ Das Dianabild ist ein Felsenbild aus gallorömischer Zeit und zeigt, allerdings in stark verwitterter Form, Diana flankiert von

△ *Altschloßfelsen bei Eppenbrunn*

Mars und Sylvanus, umgeben von Hunden. Göttin und Götter sollten den Reisenden vor den Gefahren des Waldes schützen. Das Bild ist ein Indiz dafür, daß schon zu Römerzeiten in der Nähe des Altschloßfelsens ein vielbegangener Weg vorbeigeführt haben muß. Die Reisenden haben sich hier wohl von den Göttern Beistand für die Durchquerung des Walds erbeten.
④ Der 472 Meter hohe Erlenkopf kann zwar problemlos bestiegen werden, doch ist die gebotene Aussicht begrenzt.

Tip

Naturpark Nordvogesen: Südlich der Grenze zu Frankreich erstreckt sich der großflächige Parc Naturel Régional des Vosges du Nord. Der nordöstliche Teil dieses Naturparks schließt unmittelbar an den Wasgau an, der geologisch Teil der Vogesen ist. Die Höhenzüge der Nordvogesen sind überwiegend bewaldet. Eichen-, Buchen-, Kiefern-, Fichten- und Tannenwälder bedecken mehr als die Hälfte des Naturparks. Im grenznahen Bereich finden sich markante Felsformationen, gewaltige durch Erosion geformte Felstürme aus Buntsandstein, viele davon von Burgen oder Ruinen gekrönt.

Autotour 72: 120 Kilometer

Im nördlichen Pfälzer Wald

Pfälzer Wald

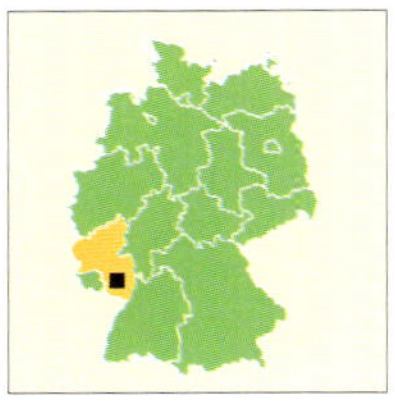

Zwischen der Barbarossastadt Kaiserslautern im Westen und der Deutschen Weinstraße im Osten erstreckt sich die Waldeinsamkeit des nördlichen Pfälzer Berglands – eine Mittelgebirgslandschaft mit sanften, mischwaldbestandenen Kuppen, auf denen einst viele stolze Burgen thronten. An ihrer Ostseite geht die Stille dieser Waldlandschaft in die fröhliche Turbulenz eines ganz vom Wein beherrschten Landstrichs über.

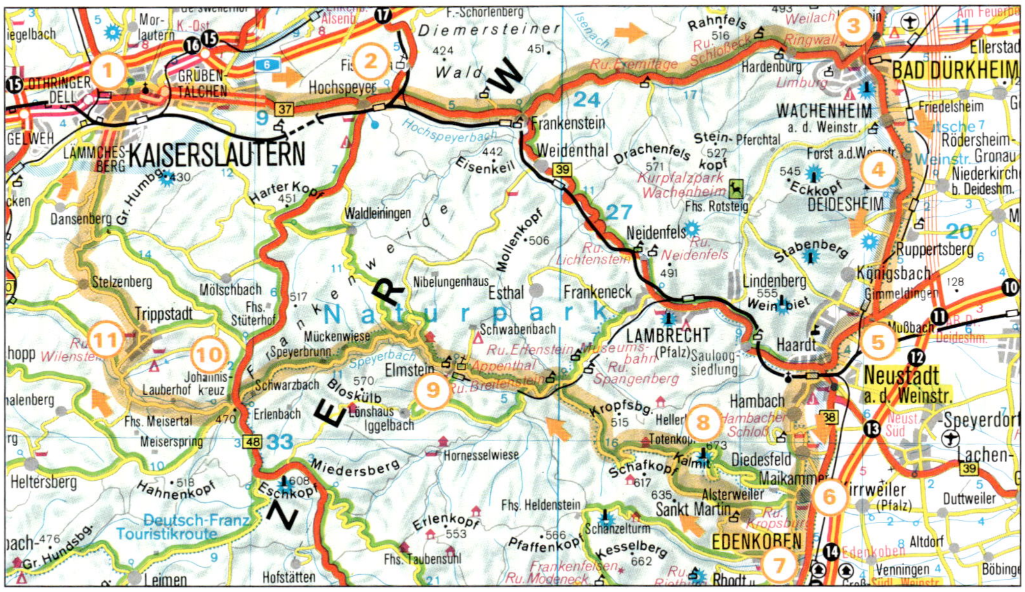

Tourverlauf

Als Startort für eine Tour durch den nördlichen Pfälzer Wald eignet sich gut Kaiserslautern. ①
Nur wenige Kilometer sind es nach Hochspeyer. ②
Die B 37 führt ostwärts nach Bad Dürkheim. ③
Weiter geht es in südlicher Richtung nach Deidesheim. ④
Der Beiname des nächsten Etappenziels ist seit Bad Dürkheim zugleich eine Orientierungshilfe: Neustadt an der Weinstraße. ⑤
Danach wird Maikammer angesteuert. ⑥
Letzte Station an der Deutschen Weinstraße ist Edenkoben. ⑦
Auf der Weiterfahrt in westlicher Richtung passiert man den Kalmit. ⑧
Inmitten des Naturparks Pfälzer Wald liegt Elmstein. ⑨
Geschichtliche Bedeutung als Knotenpunkt hatte Johanniskreuz. ⑩
Letzte Station vor der Rückkehr nach Kaiserslautern ist schließlich Trippstadt. ⑪

Sehenswürdigkeiten

① In Kaiserslautern gab es schon zur Zeit der Kelten und der Römer eine Siedlung, aus der um 800 ein karolingischer Königshof hervorging. Kaiser Friedrich I. machte daraus 1158 eine der glanzvollsten staufischen Kaiserpfalzen. Aus dieser »Lutra imperialis« wurde 1276 die Freie Reichsstadt. Auf diese Zeit geht der Baubeginn der heutigen Pfarrkirche zurück. Ihr Chor wurde 1291 fertiggestellt, das Langhaus folgte im frühen 14. Jahrhundert. Beide sind die wichtigsten Denkmäler der Gotik in der Pfalz. Die katholische St.-Martins-Kirche stammt aus dem 14. Jahrhundert, sie besitzt einen Taufstein von 1516. Die farbige Stuckdecke stammt von 1710. In den Resten der ehemaligen Barbarossaburg aus dem 12. Jahrhundert und denen des Schlosses des Pfalzgrafen Johann Casimir aus dem 16. Jahrhundert ist heute das Burgmuseum untergebracht. Östlich der Stadt erinnert die Ruine Beilstein an die im 12. Jahrhundert als Reichsburg errichtete Anlage. Auch Burg Hohenecken geht auf das 12. Jahrhundert zurück; zerstört wurde sie 1689 von den Franzosen.

② Östlich von Hochspeyer steht die aus dem 13. Jahrhundert stammende und noch recht gut erhaltene Burg Frankenstein. Burg Diemerstein geht auf das 12. Jahrhundert zurück und wurde im 19. Jahrhundert teilweise wieder aufgebaut.

③ Bad Dürkheim: Siehe Wanderung 72 A, Seite 296.

④ In Deidesheim gibt es den Weinanbau nachweislich schon seit 770. Die gotische Pfarrkirche wurde 1478 fertiggestellt, in ihr findet sich eine Madonna von 1618. Den malerischen, dreieckigen Marktplatz säumen gepflegte, alte Bürgerhäuser. Im Alten Rathaus residiert das Museum für Weinkultur, ein stilvoll restauriertes Winzerhaus birgt das Keramikmuseum.

⑤ In Neustadt ist noch gut die mittelalterliche Anlage mit der ehemaligen Stiftskirche Liebfrauen als Zentrum zu erkennen. Sie ist ein gotischer Bau aus dem 14. Jahrhundert, in dem Wandmalereien aus dem 15. Jahrhundert erhalten sind. Zwischen den Ortsteilen Gimmeldingen und Königsbach steht die berühmte Mandelallee, die während der Blütezeit Anfang März zahlreiche Besucher anlockt.

⑥ In Maikammer darf man den Besuch der katholischen Pfarrkirche nicht versäumen. Der 1757 fertiggestellte, stattliche Saalbau enthält eine Rokokoausstattung von 1773.

⑦ In Edenkoben gibt es noch schöne alte Häuser, wie etwa das Fachwerkhaus von 1574 in der Klosterstraße. Schloß Ludwigshöhe wurde bis 1852 als Sommerresidenz von König Ludwig I. von Bayern nach Plänen von Friedrich Gärtner errichtet. Die zweigeschossige Vierflügelanlage präsentiert sich im klassizistischen Stil. Speisesaal und Gesellschaftszimmer enthalten Male-

▽ *Neustadt an der Weinstraße liegt am Eingang zum Naturpark Pfälzer Wald*

▽ *Die Moosalbe bei Trippstadt*

△ Felsen des 591 Meter hohen Hüttenbergs am Kalmit

△ In Deidesheim wird seit dem 8. Jahrhundert Wein angebaut

reien im pompeianischen Stil. Im Obergeschoß sind in einer Dauerausstellung Werke des Malers Max Slevogt zu sehen. Unmittelbar hinter dem Schloß liegt die Talstation der Rietburgbahn zur Höhengaststätte Rietburg. Hier stand einst die im 13. Jahrhundert errichtete gleichnamige Burg, die allerdings den Dreißigjährigen Krieg nicht überstand. Vom Platz der Burg bietet sich ein umfassender Panoramablick über die Rheinebene. Bei klarem Blick sind sogar die Dome von Worms, Speyer und Straßburg zu sehen. (Siehe auch Wanderung 72 B, Seite 297.)

⑧ Der Kalmit ist mit 673 Meter der höchste Berg des Pfälzer Walds und der zweithöchste der gesamten Pfalz. Seinen Namen erhielt er von den Kelten, die damit einen kahlen Berg bezeichneten. Heute ist der Kalmit dicht bewachsen; der Besucher muß deshalb schon auf den 21 Meter hohen Aussichtsturm steigen, um den vollkommenen Rundblick über die gesamte Pfalz zu erhalten. Über Hunsrück und Taunus, über Odenwald und Nordschwarzwald sowie über die Nordvogesen schweift der Blick.

⑨ Elmstein ist der ideale Ausgangspunkt für ausgedehnte Waldwanderungen. Auf den Spuren von Holzfällern und Köhlern kann man von hier aus zu den Ruinen der Burgen Breitenstein, Erfenstein und Spangenberg wandern.

⑩ In Johanniskreuz trafen schon die Straßen der Kelten und Römer zusammen. Auch von hier aus kann man tagelange Wanderungen durch den Pfälzer Wald antreten.

⑪ Trippstadt war im 18. Jahrhundert Sitz des kurpfälzischen Oberjägermeisters Freiherr von Hacke. Er stiftete die katholische Pfarrkirche, deren wichtigstes Ausstattungsstück der 1783 fertiggestellte, frühklassizistische Familienepitaph mit pyramidenartigem Aufbau ist. Auch das ehemalige Schloß, heute Sitz der Forstverwaltung, verdankt sein Entstehen dem rührigen Forstmann. Das Naturschutzgebiet Karlstalschlucht umfaßt einen besonders schönen Abschnitt der Moosalbe, die sich hier tief in den Buntsandstein eingegraben hat. Südlich von Trippstadt liegt die Burg Wilenstein, die vermutlich von Kaiser Barbarossa gegründet wurde.

Tip

Jagdhausweiher südlich von Kaiserslautern: Der etwa 200 mal 100 Meter große Weiher liegt in einem stillen Tal zwischen Aschbacherhof und Espensteig. Zum Naturdenkmal wurde er aufgrund seiner interessanten Ufer- und Verlandungszone, wo sich ein Niedermoor gebildet hat. In ihm wachsen Sonnentau und verschiedene Torfmoose. Darüber und – als Larve – darin wiederum fühlt sich die Arktische Prachtlibelle, von der es sonst nur isolierte Vorkommen in Norddeutschland und in den Alpen gibt, besonders wohl. Darüber hinaus können Zwergtaucher, Frösche, Erdkröten und Molche beobachtet werden.

Das Hambacher Schloß

Südlich von Neustadt liegt hoch oben auf einem Berg die Burgruine der Maxburg (um 1100), auf der vom 27. bis zum 30. Mai 1832 das »Hambacher Fest« stattfand, eine eindrucksvolle Versammlung süddeutscher Demokraten und Liberaler. Etwa 30 000 Teilnehmer, unter ihnen Ludwig Börne, meist Mitglieder seit 1819 verbotener Burschenschaften, Vertreter der polnischen Nationalbewegung und französische Demokraten, proklamierten die deutsche Volkssouveränität und forderten die »vereinigten Freistaaten Deutschlands« innerhalb eines »konföderierten republikanischen Europa«. Erstmals wurde dabei die schwarz-rot-goldene Flagge gehißt. Der Deutsche Bund reagierte mit Massenverhaftungen und dem Verbot der Presse- und Versammlungsfreiheit. Das Schloß gilt seither als eine Geburtsstätte der deutschen Demokratie. Kronprinz Maximilian von Bayern begann im Jahr 1846, das Schloß in venezianisch-gotischem Stil nach Plänen von August von Voit und Friedrich Ziebland wiederaufzubauen; doch erst 1982 wurde eine moderne Innenausstattung fertiggestellt.

△ Hambacher Schoß

72 A

Wanderung 72 A: 15 Kilometer – 4½ Stunden

Heidenmauer und Teufelsstein

Pfälzer Wald

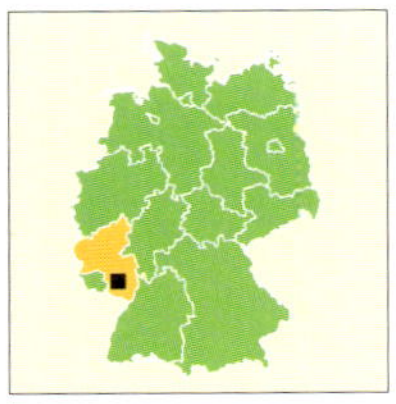

Ein Keltenwall, ein angeblich vom Teufel persönlich transportierter Stein, eine eindrucksvolle Klosterruine und mächtige, von den Saliern aufgetürmte Mauern und Türme sind Stationen einer Wanderung, die aus der fröhlichen Betriebsamkeit von Bad Dürkheim hinauf zu den Ausläufern des Pfälzer Walds führt.

Tourverlauf

Ausgangspunkt ist die Stadtmitte von Bad Dürkheim. ①
Im ersten Abschnitt folgt man dem Naturlehrpfad mit der Markierung grünes Eichenblatt zum Kriemhildenstuhl. ②
Danach gelangt man an die Heidenmauer. ③
Weiter im Norden erreicht man den Teufelsstein. ④
Ab dem Teufelsstein folgt man der blauen Markierung nach Nordwesten zum Bismarckturm auf dem Peterskopf. ⑤
Vom Aussichtsturm geht es zunächst ein kurzes Stück auf gleichem Weg zurück und dann, der weiß-blauen Markierung folgend, südwärts hinunter ins Tal der Isenach und zu der auf der anderen Talseite gelegenen Ruine Hardenburg. ⑥
Auf der rechten Talseite des Isenachtals folgt man erneut der blauen Markierung ostwärts und erreicht als letztes Ziel die Klosterruine Limburg. ⑦
Der restliche Rückweg nach Bad Dürkheim ist von der Limburg aus nicht mehr zu verfehlen.

Sehenswürdigkeiten

① Bad Dürkheim ist seit 1847 Thermalsolebewegungsbad. Aus dieser Zeit stammt auch das Gradierwerk, das die Luft so würzig mit Salz anreichert. Das Kurhaus ist ein klassizistischer Bau von 1826. Unbedingt einen Besuch wert ist die Pfarrkirche im Ortsteil Seebach. Sie gehörte einst zu einem bereits vor 1136 bestehenden Benediktinerinnenkloster. Von dem im 12. und 13. Jahrhundert errichteten romanischen Kirchenbau sind der Chor, die Vierung und der Vierungsturm erhalten.
② Der Kriemhildenstuhl ist ein römischer Steinbruch, der im 2. und 3. Jahrhundert in Betrieb war. Angehörige der in Mainz stationierten 22. Legion bauten hier Buntsandstein ab. Verschiedene Tafeln informieren über die besondere Flora und Fauna und über die geologische Schichtenfolge am Steinbruch.
③ Die Heidenmauer ist ein keltischer Ringwall aus der Hallstattzeit. Die Befestigungsanlage umschloß zwischen 600 und 300 v. Chr. ein Oppidum. Am Südrand der Heidenmauer gibt es eine Aussichtsplattform mit gutem Blick über die pfälzische Rheinebene.
④ Der Teufelsstein ist ein etwa 4 Meter hoher Felsblock mit einer schüsselartigen Eintiefung auf der Oberfläche. Ob diese Vertiefung Folge natürlicher Verwitterung oder eine in der Hallstattzeit herausgemeißelte Opferschale mit Abflußrinne darstellt, konnte bisher nicht geklärt werden. Glaubt man dagegen der Sage, dann handelt es sich bei der Vertiefung um Spuren des Teufels, der von hier aus den Felsblock auf das südlich gelegene Kloster Limburg schleudern wollte, weil man dort kein Gasthaus sondern eine Kirche baute.
⑤ Der 40 Meter hohe Bismarckturm auf dem 487 Meter hohen Peterskopf bietet eine überwältigende Aussicht auf die Rheinebene und große Teile des Pfälzer Walds.
⑥ Die gewaltige Ruine der Hardenburg war einst über 550 Jahre lang der Stammsitz der Grafen von Leiningen-Hartenburg. Ab 1214 errichteten sie diesen Sitz, der im 16. Jahrhundert zu einer starken Festung ausgebaut wurde. Im Orléanskrieg von 1689 diente die Festung den Franzosen als Stützpunkt. Als sie 1692 abzogen, sprengten sie die Bastionen. Endgültig zur Ruine wurde die Burg jedoch erst 1794. Eindrucksvollster Teil der immer noch großartigen Ruine ist der Bergfried der oberen Burg aus der Zeit um 1500. Mit einem Durchmesser von 25 Metern hat der Bau eine Mauerdicke von stolzen 7 Metern.
⑦ Die Limburg war ursprünglich eine Burg der Salier. Als Konrad II. 1025 zum König gewählt wurde, machte er aus seiner Burg eine Benediktinerabtei, die 1571 aufgehoben wurde. Beeindruckend ist die Ruine der ehemaligen Klosterkirche mit ihren mächtigen, aus breiten Steinquadern geschichteten Mauern.

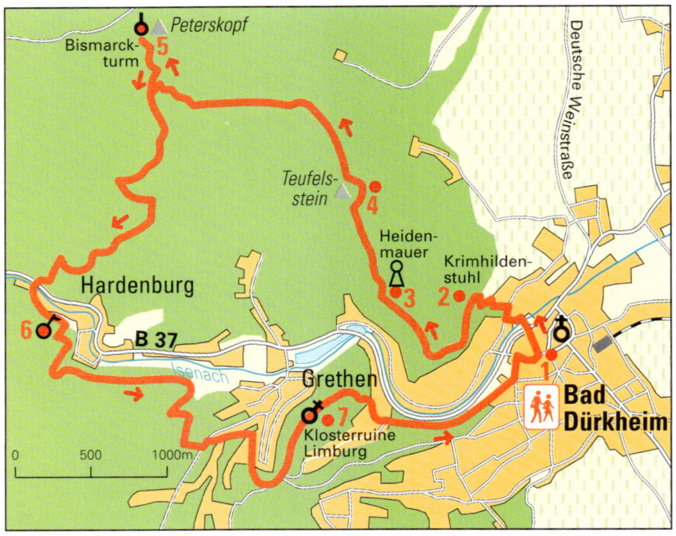

△ *Bad Dürkheim: Pfarrkirche St. Ludwig von 1828*

Tip

Pfalzmuseum für Naturkunde, Bad Dürkheim: Das bedeutendste Naturkundemuseum in Rheinland Pfalz wurde 1840 gegründet und enthält wertvolle Sammlungen aus den Gebieten Geologie, Paläontologie, Mineralogie, Botanik und Zoologie. Besondere Schwerpunkte liegen auf dem Naturpark Pfälzer Wald, seiner Tier- und Pflanzenwelt der Vergangenheit und der Gegenwart sowie dem einstigen Bergbau in der Pfalz.

▷ *Ruine Hardenburg, Bad Dürkheim*

Wanderung 72 B: 3,5 Kilometer – 2 Stunden

Der Edenkobener Weinlehrpfad

72 B

Pfälzer Wald

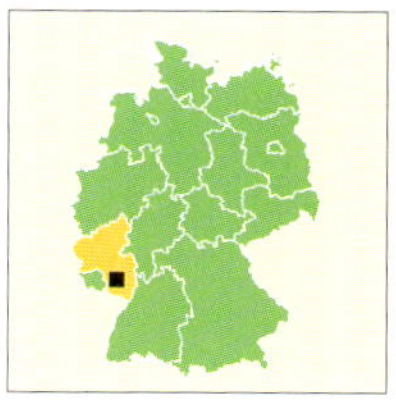

Wie ein Freilichtmuseum zieht sich Edenkobens Weinlehrpfad durch das Rebenmeer. Auf Schrifttafeln sind die verschiedenen Rebsorten erklärt, Kelterpavillons und viele weinbauliche Geräte künden von den Arbeitsmethoden mit und um den Wein.

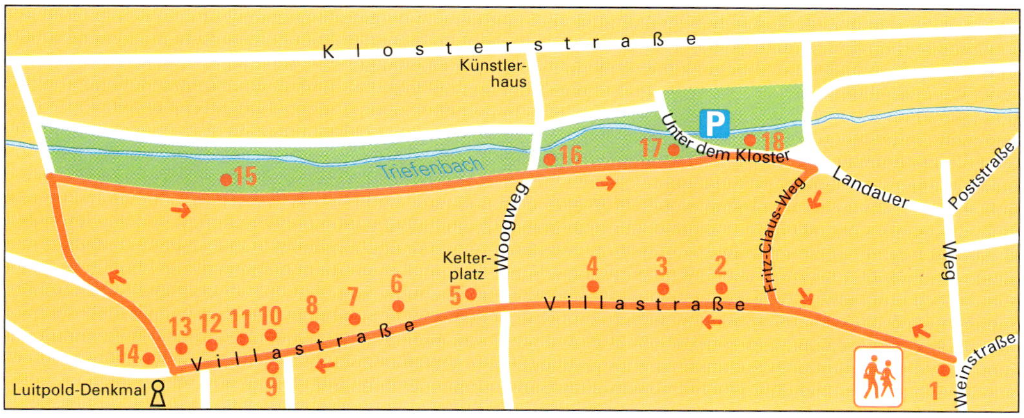

△ *Halbstück-Fässer in Edenkoben*

Tourverlauf

Der Weinlehrpfad beginnt im Südwesten von Edenkoben, dort wo die Villastraße von der Weinstraße abzweigt und zur ehemaligen Sommerresidenz des bayrischen Königs Ludwig I. führt. Nicht weniger als 14 Sehenswürdigkeiten sind an der Villastraße aufgereiht, bis man auf der Höhe des Luitpold-Denkmals die Villastraße nach rechts verläßt und zum Tiefenbach hinüberbummelt. Am rechten Ufer des Tiefenbachs entlang wandert man wieder Richtung Edenkoben. Über den Fritz-Claus-Weg kommt man schließlich zurück zum Ausgangspunkt.

Sehenswürdigkeiten

① Am Ausgangspunkt des Weinlehrpfads steht eine Vier-Spindel-Holzkelter aus dem Jahre 1872. Die Weinfuhre mit vier Halbstück-Fässern und einem Fassungsvermögen von jeweils 600 Litern hat einen eigenen Gerätekasten (Sippjee) unter dem Fuhrwerk.
② Die Kelter mit einem viereckig ausgehauenen Steinbiet, Eisenspindel und hölzernem Aufsatz mit Setzdielen faßt 200 Liter.
③ Auch eine »Liebeslaube« gehört zum Weinerlebnis.
④ Die einachsige Weinfuhre mit Faß war einst weit verbreitet.
⑤ Den Kelterplatz ziert eine barocke Holzkelter von 1750, die 1882 die heutige Eisenspindel erhielt. Bemerkenswert ist die kleine Rebenfläche daneben. Sie ist im »Kammertbau« angelegt. Ihn hatten die Römer eingeführt, endgültig abgelöst wurde diese Art des Anbaus erst ab etwa 1920 durch den Zeilenbau.
⑥ Der Weinerntewagen mit Bütte und Zuber war zwischen 1900 und 1960 im Einsatz.
⑦ Die viereckige, eiserne Kelter mit Eisenspindel und Setzdielen (800 Liter) wurde erst später auf Hydraulik umgerüstet.
⑧ Die hölzerne Zwei-Spindel-Wein- und Obstkelter stammt aus dem Jahre 1820.
⑨ Das mächtige, ovale Faß hat ein Fasungsvermögen von 9212 Liter.
⑩ Weil Wein nur wächst, wenn brav gepflügt wird, gehören auch Pflug und Egge zum Gerät des Weinbauern.
⑪ Zweiachsige Kuh- oder Pferdefuhrwerke mit Zuber und Traubenmühle besaßen nur größere Weingüter.
⑫ Die Kelter mit viereckigem Steinbiet, Eisenspindel und Setzdielen nahm 400 Liter auf.
⑬ Die gußeiserne Rundkelter mit 1000 Litern wurde von Hand betrieben.
⑭ Die hölzerne Drei-Spindel-Kelter wurde 1844 gebaut.
⑮ Die Horizontal-Traubenpresse (1300 Liter) stammt von 1946.
⑯ Die eiserne Doppelbietkelter von zweimal 3000 Litern arbeitete schon auf Öldruckbasis und wurde um 1905 gebaut.
⑰ Die eiserne Unterdruckkelter mit einem Fassungsvermögen von 1200 l stammt von 1928.
⑱ Auch die letzte Kelter am Weinlehrpfad ist eine Unterdruckkelter; mit ihren zwei ausfahrbaren Körben konnte sie jeweils 1000 Liter aufnehmen. Gebaut wurde sie 1925.

Tip

Deutsche Weinstraße: Obwohl aus touristischen Gründen ins Leben gerufen, ist die Deutsche Weinstraße heute auch ein geographischer Begriff. Er bezeichnet einen wenige Kilometer breiten Streifen entlang dem steilen Ostanstieg des Haardtgebirges von Bockenheim im Norden bis zur französischen Grenze im Süden. In dieser sanft geschwungenen Hanglandschaft zwischen den ausgedehnten Waldgebieten des Pfälzer Walds auf den Hochflächen und der 200 bis 300 Meter tieferen Oberrheinischen Tiefebene scheint die Sonne länger als in den meisten anderen Teilen Deutschlands. Das milde Klima begünstigt den Weinbau, der hier vor 2000 Jahren von den Römern eingeführt wurde. Heute erstreckt sich beiderseits der Deutschen Weintraße das Weinbaugebiet Rheinpfalz, mit rund 22 000 Hektar eine der größten in sich geschlossenen Rebflächen Deutschlands.

▷ *Weinfest an der Weinstraße*

73

Autotour 73: 140 Kilometer

Tour im Odenwald

Odenwald

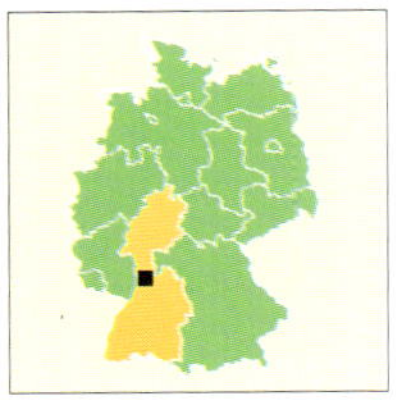

In Heidelberg haben angeblich viele ihr Herz verloren. Nicht von ungefähr gilt die Neckarstadt als Inbegriff deutscher Romantik. Kaum weniger romantisch ist mit seinen weiten Wäldern der Odenwald. Schließlich sollen hier die Nibelungen gejagt und Hagen Siegfried erschlagen haben. Mitten durch das Jagdrevier von Kaiser und Königen schlängelt sich das Durchbruchtal des Neckars – ein Paradekurs deutscher Burgenromantik.

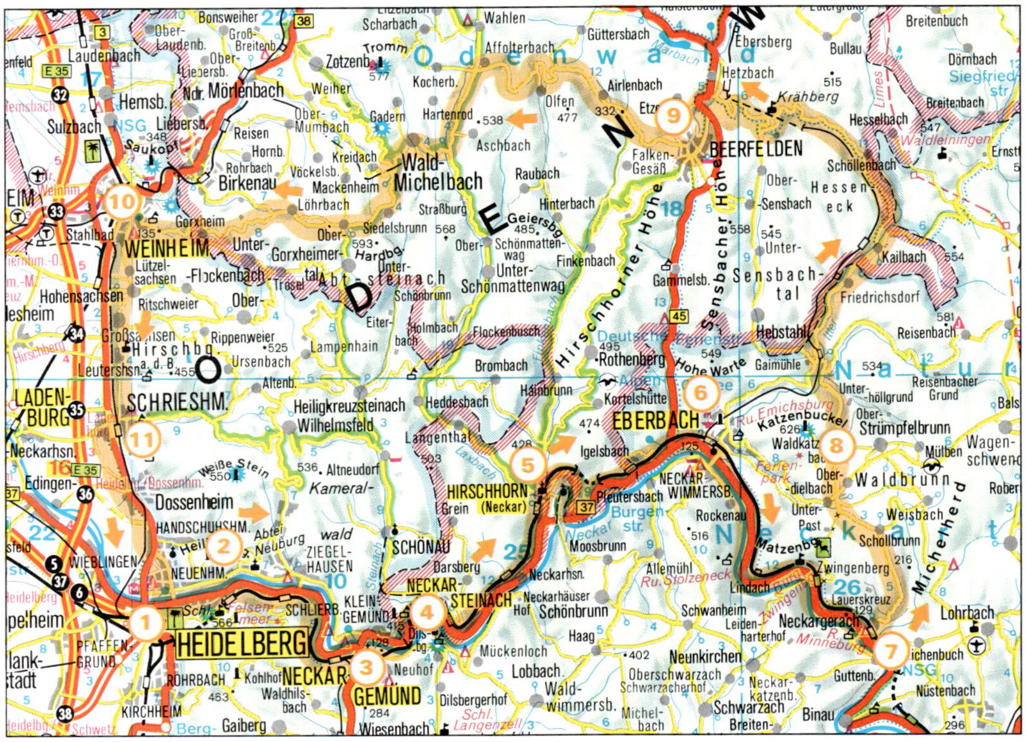

Tourverlauf

Kaum eine Stadt scheint geeigneter zu sein, um eine Rundtour durch den Odenwald zu beginnen, als Heidelberg. ①
Entlang des Neckars fährt man zuerst zur Abtei Neuburg. ②
Danach folgt Neckargemünd auf dem Tourenplan. ③
An der folgenden Flußschlinge liegt Neckarsteinach. ④
Nächstes Ziel dieser Odenwald-Tour ist Hirschhorn. ⑤
Es folgt Eberbach. ⑥
Man passiert Schloß Zwingenberg auf dem Weg nach Neckargerach. ⑦
In Neckargerach verläßt man das Neckartal nach Norden und fährt an der Ostseite des Odenwalds über Waldbrunn zum Katzenbuckel. ⑧
Inmitten des Odenwalds liegt Beerfelden. ⑨
Nächstes Ziel auf den Höhen des Odenwalds ist Waldmichelbach, von dem aus es dann hinuntergeht nach Weinheim an der Bergstraße. ⑩
Die Rückfahrt an der Bergstraße führt schließlich noch nach Schriesheim. ⑪

Sehenswürdigkeiten

① Heidelberg liegt malerisch unterhalb der Pforte zwischen Heiligenberg und Königstuhl, durch die der aus dem Odenwald kommende Neckar der Rheinebene zufließt. Der Heiligenberg über dem rechten Ufer des Neckars war schon von den Kelten und Römern genutzt worden. Am Königstuhl auf der linken Neckarseite wuchs im Mittelalter eine Burg der Wormser Bischöfe, unter deren Schutz Heidelberg im 12. Jahrhundert wachsen konnte. Als Kurfürst Ruprecht I. 1386 die Universität gründete, war für die Zukunft der Stadt gesorgt. (Siehe Wanderung 73 A, Seite 300, und Wanderung 73 B, Seite 301.)

◁ Zwölfröhrenbrunnen, Beerfelden
▷ Der Exotenwald in Weinheim an der Bergstraße

② Das Benediktinerkloster Neuburg wurde 1130 gegründet und bestand bis 1572. Dann wurde es »Lusthaus« der Kurfürstin Luise Juliane von der Pfalz. Die Klosterkirche geht auf das 14. Jahrhundert zurück. In der Abtskapelle gibt es Fenster aus dem 15. Jahrhundert.
③ Neckargemünd liegt an der Mündung der Elsenz in den Neckar. Sein 1771 errichtetes Rathaus war ursprünglich evan-

Schloß Zwingenberg bei Neckargerach

Die hoch über dem Neckar auf mächtigem Fels trotzig thronende Burg Zwingenberg ist eine der wenigen Neckarburgen, die in den letzten 550 Jahren nicht zerstört wurden. Zudem ist einwandfrei belegt, daß sie eine Raubritterburg war. Bestanden hatte die Burg bereits vor 1234; aus dieser Zeit stammen noch der Bergfried und die Schildmauer mit ihren mächtigen Buckelquaderwänden. Ihre übrigen Teile gehen auf das 15. Jahrhundert zurück. Auf der Burg herrschten die Zwingenberger, Lehensmänner der Grafen von Hohenlohe. Um ihre Einnahmen zu verbessern, begannen sie, von vorbeifahrenden Neckarschiffen Zoll zu erheben. Weil die Kauffahrer nicht freiwillig zahlten, versuchten es die Zwingenberger mit Gewalt. Schließlich scheuten sie sich auch nicht, Geiseln zu nehmen, um Lösegeld zu erpressen. Erst Ende des 14. Jahrhunderts gelang es den Pfälzern und Württembergern gemeinsam, das Raubnest zu stürmen. 1403 schließlich kauften die Stadt Mainz und das Mainzer Erzstift die Anlage, übertrugen sie den Brüdern Hans und Eberhard von Hirschhorn, die die Burg zum heutigen Zustand ausbauten.

△ *Befestigungsturm in Eberbach*

△ *Burg der südhessischen Kleinstadt Hirschhorn*

gelische Kirche. Seine spätgotische Pfarrkirche wurde im frühen 16. Jahrhundert gebaut. Hoch über dem Neckar liegt der Ortsteil Dilsberg, eine Burgsiedlung, die schon 1368 Stadtrecht erhalten hatte. Von der im 13. Jahrhundert errichteten Burg sind die Mantelmauer, ein achteckiger Treppenturm und der alte Brunnenschacht erhalten.

④ Neckarsteinach hat eine spätgotische Pfarrkirche und nennt sich gerne »Vier-Burgen-Stadt«. Neben der Vorder-, der Mittel- und der Hinterburg zählt die Ruine Schadeck dazu, die von den Einheimischen Schwalbennest genannt wird.

⑤ Hirschhorn mutet mit seinen Mauern und Türmen der Stadtbefestigung noch ganz mittelalterlich an. Überragt wird das Städtchen von seiner um 1200 errichteten Burg. Im ehemaligen Kapitelsaal des 1406 gegründeten Karmeliterklosters sind schöne Fresken erhalten, und die Ersheimer Kapelle auf der Neckarhalbinsel ist einer der ältesten Sakralbauten im Neckartal.

⑥ Eberbach wurde von den Staufern gegründet; es war Freie Reichsstadt und lange Zeit die größte Schifferstadt am Neckar. Ihr erster Schifferverein wurde bereits 1351 gegründet. Von der Stadtbefestigung können zwei der vier Ecktürme, der Haspel- und der Pulverturm, bestiegen werden. Im Stadtmuseum gibt es eine Abteilung zu Schiffahrt und Fischfang am Neckar. Über Eberbach thront die im 11. Jahrhundert errichtete und 1403 gebrochene Burg, von der Teile in unserer Zeit wiedererrichtet wurden.

⑦ Gegenüber von Neckargerach liegt im Wald die Ruine Minneburg. Sie ist seit dem 17. Jahrhundert Ruine, doch gibt es noch gut erhaltene Teile. Bergfried und Schildmauer stammen aus dem frühen 13. Jahrhundert, der südlich anschließende Palas wohl aus dem 14. Jahrhundert.

⑧ Der Katzenbuckel ist mit 626 Meter Höhe der höchste Berg des Odenwalds. Besteigt man den Aussichtsturm, bietet sich eine Rundum-Aussicht bis hin zu Spessart, Taunus und Kraichgau. Die Kuppe selbst ist der Rest eines erloschenen Vulkanschlots, der beim Ausbruch die mächtige Gesteinsdecke des Odenwaldes durchbrochen hat.

⑨ Beerfelden ist das höchstgelegene Odenwaldstädtchen. In seinem Zwölfröhrenbrunnen ist die Mümling gefaßt, und im Westen droht der 1597 errichtete Galgen allen Missetätern.

⑩ Weinheim erscheint schon 755 in Urkunden, gehörte zunächst dem Kloster Lorsch, wurde seit dem 12. Jahrhundert von der Burg Windeck beschützt und kam schließlich 1232 an den Mainzer Bischof. Bis heute erinnern drei Türme an die mittelalterliche Befestigung. Am Marktplatz steht das ehemalige Rathaus aus dem 16. Jahrhundert sowie die Stadtpfarrkirche, ein Neubau von 1913. Drei Barockaltäre von 1720 wurden von der Vorgängerin übernommen, ebenso Wandmalereien aus dem 15. Jahrhundert, die heute die Ostabschlüsse der Seitenschiffe zieren. Das ehemalige Schloß dient heute als Rathaus, sein ältester Teil ist der Pfalzgrafenbau aus der ersten Hälfte des 16. Jahrhunderts. Die malerischsten Fachwerkhäuser finden sich im Gerberbachviertel.

⑪ Das Weinstädtchen Schriesheim hat ein Fachwerkrathaus von 1684 und wird bewacht von der Ruine der aus dem 12. Jahrhundert stammenden Strahlenburg. Sie ist der Schauplatz von Kleists »Käthchen von Heilbronn«. Erhalten sind der 27 Meter hohe Bergfried sowie die Schildmauer.

Tip

Exotenwald in Weinheim an der Bergstraße: Einzigartig in Deutschland ist diese Ansammlung seltener exotischer Laub- und Nadelbäume in Weinheim. Der Exotenwald wurde ab dem 19. Jahrhundert zu Studienzwecken angelegt. Zu den dendrologischen Besonderheiten gehören Weihrauchzedern, Sierratannen und Mammutbäume, deren Gedeihen durch das milde Klima an der Bergstraße ermöglicht wird.

▷ *In der Umgebung von Neckargemünd*

73 A

Wanderung 73 A: 5 Kilometer – 4 Stunden

Romantisches Heidelberg

Odenwald

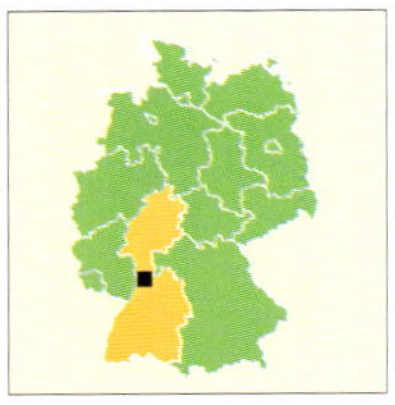

Kaiser Wilhelm II. trug sich mit dem Gedanken, das Heidelberger Schloß wieder aufzubauen. Was aber wäre Heidelberg ohne seine romantische Schloßruine? Sie bewahrte die Stadt vor den Bomben des Zweiten Weltkriegs und ließ sie später amerikanisches Hauptquartier werden – zunächst das militärische und dann das touristische.

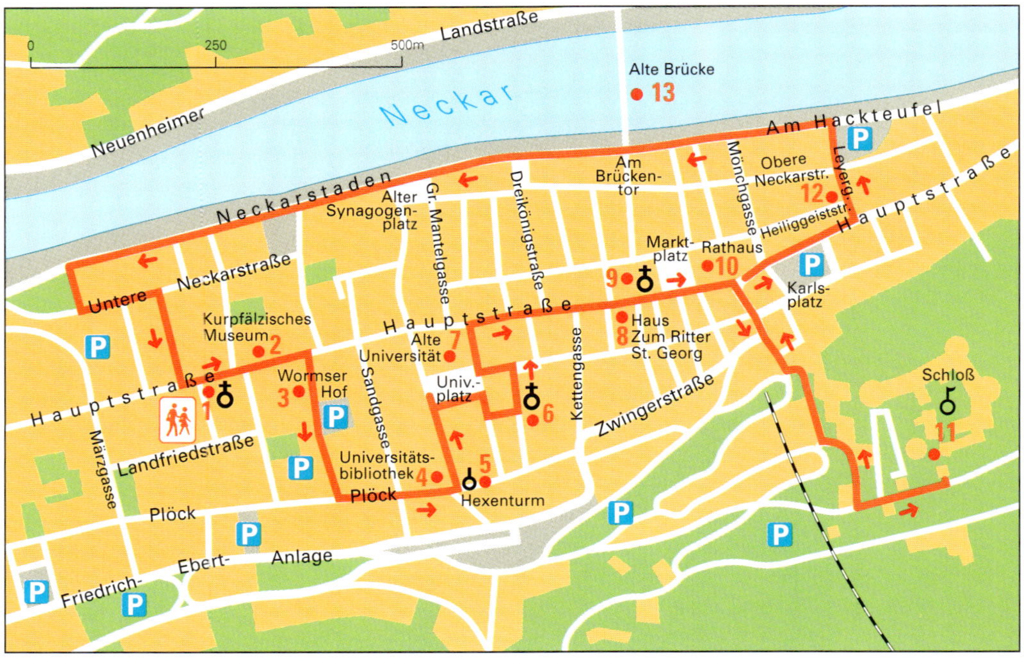

Tourverlauf

Am besten beginnt man einen Stadtspaziergang durch Heidelberg in der Hauptstraße an der Providenzkirche. ①
Schräg gegenüber steht das Kurpfälzische Museum. ②
Ebenfalls in der Hauptstraße findet man den Wormser Hof. ③
Hinter dem Wormser Hof biegt man rechts in die Theaterstraße und an ihrem Ende links in die Plöckstraße ein.
An der links abgehenden Grabengasse steht die Universitätsbibliothek. ④
Ihr gegenüber befindet sich der Hexenturm. ⑤
Die Grabengasse führt zum Universitätsplatz, den man nach Osten quert und an der Schulgasse auf die Jesuitenkirche trifft. ⑥
Zurück am Universitätsplatz sieht man in der Nordostecke die Alte Universität. ⑦
Auf der Westseite der Alten Universität trifft man wieder auf die Hauptstraße, der man nach rechts folgt und als nächstes auf der rechten Seite das Haus Zum Ritter St. Georg findet. ⑧

△ *Die Alte Brücke*

Auf der anderen Straßenseite steht die Heiliggeistkirche. ⑨
Wenige Schritte entfernt steht das Rathaus. ⑩
Über den Kornmarkt nach Süden geht es hinauf zum Schloß und zum Schloßgarten. ⑪
Wieder unten in der Stadt geht man zurück zur Hauptstraße und folgt ihr ostwärts bis zu den Studentenlokalen »Seppl« und »Roter Ochse«. ⑫
Am Völkerkundemuseum vorbei schwenkt man nach links zur Uferpromenade und bummelt dem linken Neckarufer entlang zur Alten Brücke. ⑬
An der Stadthalle biegt man in die Bienenstraße ein und kommt schließlich zurück zur Providenzkirche.

Sehenswürdigkeiten

① Die Providenzkirche entstand im Auftrag von Kurfürst Carl Ludwig bis 1661 als protestantische Kirche.
② Das sehenswerte Kurpfälzische Museum ist im ehemaligen Palais des Professors der Rechte Philipp Morass untergebracht. Sammlungsschwerpunkte sind die Kunst und Geschichte der Kurpfalz.
③ Der Wormser Hof war früher das Stadthaus der Bischöfe von Worms. Sehenswert sind das Renaissanceportal sowie der spätgotische Eckerker.
④ Die Universitätsbibliothek ist in einem prachtvollen roten Sandsteinbau untergebracht.
⑤ Der Hexenturm stammt aus dem 13. Jahrhundert und ist einer der letzten Reste des mittelalterlichen Heidelbergs.
⑥ Die Jesuitenkirche wurde zwischen 1711 und 1750 errichtet, der Turm mit seinem Steinhelm wurde 1870 vollendet.
⑦ Der Barockbau der Alten Universität entstand im Auftrag von Kurfürst Johann Wilhelm von 1712 bis 1728. In ihrem Ostflügel findet sich der weltberühmte Karzer.
⑧ Das Haus Zum Ritter St. Georg stammt von 1592 und ist das einzige bürgerliche Renaissancepalais.
⑨ Die spätgotische Heiliggeistkirche stammt in ihrer heutigen Form aus der ersten Hälfte des 15. Jahrhunderts. Seinen barocken Helm erhielt ihr Turm Ende des 17. Jahrhunderts. Auf ihrer Empore war bis 1623 die berühmte »Biblioteca Palatina« untergebracht. Gegenüber steht das prachtvolle Barockhaus der ehemaligen Hofapotheke.
⑩ Den Marktplatz im Osten schließt das Rathaus ab. Seine Marktfassade entstand bis 1705, in seinem Turm spielt das Glockenspiel die Melodie von »Altheidelberg, du Feine«.
⑪ Das Schloß ist Deutschlands attraktivste Ruine. Prächtigster, heute noch erhaltener Teil ist der Ottheinrichsbau, der als schönster Renaissancebau nördlich der Alpen gilt. Der Schloßgarten war bis 1619 angelegt worden und damals berühmter als das Schloß selbst.
⑫ Am Ostende der Hauptstraße finden sich traditionsreiche Studentenlokale wie etwa der »Seppl« und der »Rote Ochse«.
⑬ Die Alte Brücke wurde als Steinbrücke 1788 fertiggestellt. Die beiden Türme des Brückentors waren Teil der Stadtmauer.

△ *Heidelberger Schloß*

Tip

Deutsches Apothekenmuseum im Ottheinrichsbau des Schlosses: Gegründet 1938 in München wurde das Apothekenmuseum 1957 in Heidelberg neu eröffnet. Neben Einrichtungen und Gerätschaften zeigt es Heilmittel aus der Natur, die in Apotheken vorrätig gehalten wurden.

Wanderung 73 B: 16 Kilometer – 4½ Stunden

73 B

Heidelbergs heiliger Berg

Der Heidelberger Philosophenweg im Stadtteil Neuenheim ist weltberühmt. Er bietet den schönsten Blick auf Deutschlands Hauptstadt der Romantik. Über ihm erhebt sich der Heiligenberg mit Ringwällen aus der La-Tène-Zeit, Klöstern aus dem Mittelalter und einer »Thing-Stätte« aus der Neuzeit.

Odenwald

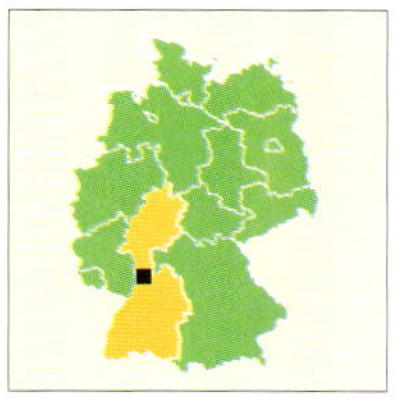

Tourverlauf

Im Norden der Theodor-Heuss-Brücke, am rechten Neckarufer, begibt man sich zunächst auf den Philosophenweg. ①
Hier beginnt bereits die Markierung rotumrandetes Quadrat, der man bis fast zur Hälfte der Wanderung folgen kann.
Anschließend geht es auf dem Bismarcksäulenweg und dem Münchbergweg bis zum östlichen Ortsrand von Handschuhsheim. Nächstes Ziel nach dem Turnerbrunnen ist die Handschuhsheimer Hütte, von der aus sich ein hervorragender Blick auf die Rheinebene bietet. Hinter der Hütte beginnt der Weg den Anstieg zum 496 Meter messenden Hohen Nistler, der nordwärts überschritten wird, bis man auf die zum Weißen Stein führende Fahrstraße trifft. Hier beginnt die Markierung gelbe Raute für das letzte Stück zum Weißen Stein. ②
Ab dem Weißen Stein beginnt der Weg mit der Kennzeichnung weiße Raute, auf dem man den Heiligenberg passiert. ③
Unterhalb des Heiligenbergs liegt die Freilichtbühne. ④
Kurz vor den Ausgangspunkt schließlich steht die Ruine Stephanskloster. ⑤

▷ *Morgen im Odenwald*

Sehenswürdigkeiten

① Philosophenweg und Philosophengärtchen bieten einen grandiosen Blick auf Altheidelberg, auf die Altstadt, das Schloß und den Königstuhl.
② Der 548 Meter hohe Weiße Stein ist einer der schönsten Aussichtsberge des Odenwalds. Schon 1906 baute deshalb der Odenwald-Club hier einen Aussichtsturm. Von ihm aus überblickt man die Weiten der Rheinebene und die waldreiche Hügellandschaft des vorderen Odenwalds.
③ Auf dem 443 Meter hohen Heiligenberg siedelten schon die Menschen der Steinzeit. Bis heute sind noch Ringwälle aus der La-Tène-Zeit zu erkennen. Zur Römerzeit gab es hier einen Tempel des Mercurius Cimbrianus, und im Mittelalter gründete das Kloster Lorsch das Michaelskloster. Die Fundamente der im 9. Jahrhundert errichteten Klosterkirche wurden zu Beginn unseres Jahrhunderts freigelegt und Teile der Mauern rekonstruiert.
④ In der Senke unterhalb des Michaelsklosters mußte der Arbeitsdienst der Nationalsozialisten 1934 und 1935 eine »Thing-Stätte« für besondere Feierlichkeiten bauen. Daraus wurde in unseren Tagen eine Freilichtbühne.
⑤ Auch der vorderste Hügel vor dem Abbruch des Odenwalds zum Neckar trug ein Kloster. Es war eine dem heiligen Stephan geweihte Tochtergründung des Michaelsklosters. Seine Kirche wurde im 11. Jahrhundert errichtet. Aufgegeben wurde es zusammen mit dem Michaelskloster während der Reformation. Aus den Steinen der kleinen Stephanskirche wurde im 19. Jahrhundert der 18 Meter hohe Aussichtsturm mit Blick auf Neckar und Stadt errichtet.

△ *Blick auf Heidelberg im Neckartal vom Philosophengärtchen*

Tip

Heidelberg: Der Botanische Garten der Universität Heidelberg, Im Neuenheimer Feld 380 unweit des Philosophenwegs, beherbergt tropische und subtropische Pflanzen.

Autotour 74: 140 Kilometer

Löwensteiner Berge und Limpurger Berge

Schwäbischer Wald

Der ausgedehnte, durch hochstämmige Buchen geprägte schwäbisch-fränkische Wald zwischen Backnang und Schwäbisch Hall war immer wieder Grenzland. Zur Römerzeit verlief hier der Limes, der die römische Provinz vor den wilden Germanen schützen sollte, später ragte hier fränkisches Stammesgebiet weit nach Süden ins Schwäbische hinein. Heute sind die durch freundliche Wiesentäler voneinander getrennten Waldlandschaften attraktive Ziele für romantisch gesinnte Burgenfreunde, kulturhistorisch Interessierte und Wanderlustige.

Tourverlauf

Zu dieser Rundtour durch den Schwäbischen Wald startet man in Schwäbisch Hall. ①

Auf der Deutschen Ferienstraße Alpen – Ostsee fährt man nach Vellberg. ②

Nächstes Ziel an derselben Straße ist Obersontheim. ③

Kurz darauf erreicht man das benachbarte Bühlertann. ④

In Bühlertann verläßt man zwar die Ferienstraße, behält aber die Richtung bei bis Abtsgmünd. Dort trifft man auf das Tal des Kocher und die B 19. Ihr folgt man nach Westen nach Hohenstadt. ⑤

Am Zusammenfluß von Rot und Kocher liegt Gaildorf. ⑥

In Gaildorf folgt man der B 298 bis zum Ortsteil Unterrot, wo man der Rot entlang talaufwärts bis Mittelrot fährt. ⑦

Nächstes Ziel, schon im Tal der Murr, ist Murrhardt. ⑧

Der idyllischen Straße folgend fährt man durch Sulzbach und vorbei am Juxkopf. ⑨

Danach erreicht man Löwenstein. ⑩

Ab Löwenstein geht es ostwärts auf der B 39 nach Wüstenrot und Neuhütten. ⑪

Letzter Etappenpunkt vor der Rückfahrt ist Mainhardt. ⑫

▽ *Historischer Zug aus dem Eisenbahnmuseum Gaildorf*

Sehenswürdigkeiten

① Garant des Schwäbisch Hällischen Reichtums war zu allen Zeiten seine natürliche Solequelle. Schon die Kelten nutzten sie vor 2500 Jahren, die Römer machten es ihnen nach, und im Mittelalter folgten die Staufer dem Beispiel beider. Der Wohlstand durch das Salz sorgte schon Ende des 13. Jahrhundert für die Reichsfreiheit, die immerhin bis 1802 dauerte. Die Saline war sogar bis 1924 in Betrieb. Die gute Stube der Stadt ist ihr Marktplatz mit dem 1735 fertiggestellten Rathaus, den Bürgerhäusern aus Renaissance und Barock und dem Fischbrunnen von 1509. All das wird überragt und dominiert von der evangelischen Pfarrkirche St. Michael, einer auf das 12. Jahrhundert zurückgehenden Basilika. Heute präsentiert sie sich als dreischiffige, von Rundsäulen getragene Halle. Ihr niederländisch geprägter Hochaltar stammt aus der Zeit um 1470, das bekrönende Kruzifix ist mit 1494 datiert. Das Sakramentshäuschen geht auf die Mitte des 15. Jahrhundert zurück, das Chorgestühl ist von 1534. Von der mittelalterlichen

Stadtbefestigung sind der um 1200 entstandene Malefizturm, der Diebsturm aus der Mitte des 13. Jahrhunderts und der Josenturm vom Ende des 13. Jahrhunderts erhalten. Im Ortsteil Wackershofen sollte man das Hohenloher Freilandmuseum nicht versäumen. Rund 50 hierher versetzte Gebäude geben Einblick in das bäuerliche Leben und Arbeiten in den vergangenen Jahrhunderten.

② Die Burg Vellberg wurde im frühen 12. Jahrhundert errichtet. Von der in ihrem Schutz entstandenen Siedlung sind noch gut erhaltene Befestigungsanlagen aus dem 15. Jahrhundert zu sehen. Türme, Bastionen und ein noch begehbarer, unterirdischer Wehrgang zeugen von der damaligen Trutzhaftigkeit. Das mit einem schönen Staffelgiebel ausgestattete Renaissanceschloß wurde 1546 vollendet. Die Stökkenburg gegenüber dem Städtchen steht auf dem Platz eines fränkischen Königshofs. In der Martinskirche gibt es einen Altar aus der Riemenschneider-Schule.

③ Das Schloß in Obersontheim ist eine großzügige Dreiflügelanlage aus der zweiten Hälfte des 16. Jahrhunderts. Die beiden flankierenden Rundtürme wurden 1556 fertiggestellt.

④ In der Bühlertanner Gangolfkapelle sind spätgotische Schnitzfiguren zu entdecken. Südlich der Ortschaft liegt die im 11. Jahrhundert erbaute Tannenburg, in der zeitweise sogar die Ellwanger Äbte residierten. Die Burg hat die stärkste Schildmauer aller Burgen Württembergs und ist vorbildlich restauriert.

⑤ Das Schloß der Grafen Adelmann in Hohenstadt schaut nicht nur mittelalterlich aus. Sein 1770 beendeter Umbau veränderte an der gotischen Grundkonzeption wenig. Besonders schön ist der 1756 angelegte Schloßgarten. In der 1711 fertiggestellten Pfarrkirche ist der Innenraum mit überreicher Stukkatur geschmückt. Im westlich gelegenen Untergröningen thront das ehemalige Limpurgische Schloß hoch über dem Kochertal. In der Schloßkapelle steht ein schöner Hochaltar des späten Rokoko.

⑥ Gaildorf war die Residenz der Schenken vom Limpurg. Ihr altes Schloß war einst eine Wasserburg, von deren Wehrhaftigkeit noch die Rundtürme zeugen. Im Wurmbrandsaal des Schlosses ist eine eindrucksvolle Renaissancedecke erhalten.

⑦ In Mittelrot steht in der Georgskirche ein kostbarer spätgotischer Altar von 1499, ein Werk der Ulmer Schule.

⑧ Murrhardt geht auf ein römisches Kastell am Limes zurück. Im 8. Jahrhundert wurde ein Benediktinerkloster gegründet, um das eine Siedlung entstand. Interessantester Teil der ehemaligen Klosterkirche ist die um 1230 errichtete Walterichskapelle. Sie ist mit feinem Ornament geschmückt. Das behäbige Rathaus stammt von 1770.

⑨ Der 533 Meter hohe Juxkopf bietet die beste Aussicht auf den Mainhardter und Murrhardter Wald, auf die Löwensteiner Berge und auf die Schwäbische Alb.

⑩ In Löwenstein ist vor allem das ehemalige, 1242 gegründete Zisterzienserinnenkloster Lichtenstern interessant. Von seiner ehemaligen Klosterkirche blieb der frühgotische Chor erhalten, der spätgotische Wandtabernakel stammt von 1450.

⑪ Wüstenrot: Siehe Wanderung 74 A, Seite 304.
Neuhütten: Siehe Wanderung 74 B, Seite 305.

⑫ Auch Mainhardt entstand aus einem römischen Kastell, dessen Spuren noch gut sichtbar sind. Ein nachgebauter Limeswachtturm macht die Römerzeit lebendig.

Die Comburg bei Schwäbisch Hall

Graf Burkard II. von Comburg stiftete 1079 ein Kloster und setzte durch, daß die väterliche Burg auf einem Umlaufberg des Kochers abgebrochen und an ihrer Stelle ein gewaltiger Klosterkomplex errichtet wurde. Schon unter Abt Hartwig wurde bis 1139 die größte Ausdehnung des Klosters erreicht und die Klosterburg geschaffen, die ihresgleichen in deutschen Landen suchte. Von dieser Klosterburg aus dem frühen 12. Jahrhundert stammt noch das dritte, mit zwei kleinen Türmen bewehrte Tor. Ebenfalls noch aus der romanischen Gründungszeit erhalten ist der 12 Meter lange tonnengewölbte Tunnel als einziger Zugang sowie die fast vollständig vorhandene Ringmauer. Romanik in schönsten Formen findet sich auch im Kreuzgang sowie im ehemaligen Kapitelsaal, der sogenannten Schenkenkapelle. Kostbarste Ausstattungsstücke der Kirche sind das berühmte, um 1140 geschaffene Antependium, eine Treibarbeit aus vergoldetem Kupfer, und der riesige, teilweise vergoldete Radleuchter, der mit seinen zwölf Türmen und nicht weniger als 412 Figuren das himmlische Jerusalem symbolisiert.

△ *Vellberg mit seiner Stadtbefestigung aus dem 15. Jahrhundert*

◁ *Schloß Gaildorf*

◁ *Umzug in Schwäbisch Hall*

Tip

Hörschbachschlucht bei Murrhardt: Ein besonders eindrucksvolles Beispiel der zahlreichen Schluchten im Keuperbergland des Schwäbischen Walds ist die Hörschbachschlucht mit mehreren Wasserfällen. Im Vorderen Wasserfall rauscht der Bach 5 Meter über eine härtere Steinmergelbank, die nur 60 Zentimeter dicke Engelhofer Platte. Durch die dunkle, feuchte Schlucht führt ein Pfad dann an mächtigen Steintrümmern vorbei zum Hinteren Wasserfall, wo das Wasser aus zwei Klingen in Stufen insgesamt 12 Meter herunterstürzt. Bei einer biologischen Bestandsaufnahme wurden im Schluchtwald über 200 Pflanzenarten, darunter 60 Moos- und zehn Farnarten, nachgewiesen.

74 A

Wanderung 74 A: 14 Kilometer – 3 ½ Stunden

In die Löwensteiner Berge

Schwäbischer Wald

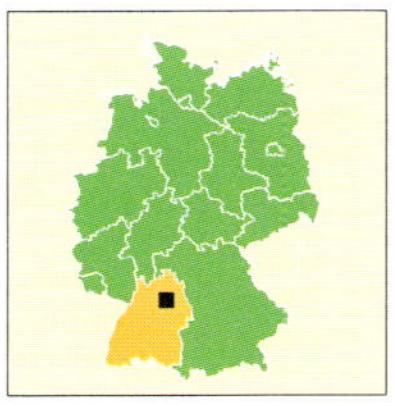

Die Berge im Osten von Heilbronn waren für Wanderer lange ein Geheimtip, wurden doch die malerischen Dörfer immer leerer und die weiten Wälder immer einsamer. Inzwischen jedoch ist aus der Landflucht ein Bewahren geworden, bauen Stadtflüchtige alte Bauernhäuser aus und Wanderer und Radfahrer erobern die Wälder zurück.

Tourverlauf

Über die Schönblick- und die Wellingtonienstraße verläßt man in südlicher Richtung Wüstenrot. ①

△ *Baumriesen am Wellingtonienplatz in Wüstenrot*

An den Südhängen des Raitelbergs entlang folgt man der Markierung roter Punkt und erreicht als erstes Ziel den Wellingtonienplatz. ②
Vom Platz der schönen Bäume führt die Kennzeichnung roter Punkt weiter südwestwärts zum 506 Meter hohen Heßberg und dem Kanapee. ③
Für den Abstieg hinunter zur Lohmühle an der L 1066 folgt man der Markierung blauer Strich. Nach der Querung der Landstraße wandert man für etwa 100 Meter auf der Kreisstraße nach Stocksberg, nimmt dann aber den nach rechts abzweigenden Waldweg, um den Höhenrücken zu gewinnen. Über ihn erreicht man direkt das Ortszentrum Stocksberg und den zum Sendeturm hinaufführenden Weg auf den 539 Meter hohen Stocksberg. ④
Vom Sendeturm wandert man südostwärts hinunter zum Parkplatz und trifft dort auf die Wegmarkierung rotes Kreuz. Mit ihr überquert man den 535 Meter hohen Steinberg und kommt schließlich hinunter nach Neulautern im Lautertal. Nach der Durchschreitung des Tals verläßt man das Dorf über die nach Wüstenrot führende Straße, folgt am Ortsrand aber wieder der Kennzeichnung rotes Kreuz rechts in den Wald hinein. Nach dem Anstieg auf die Hochebene erreicht man Vorderbüchelberg, das geradeaus durchwandert wird. Die Kreisstraße 2100 führt schließlich das letzte Stückchen zurück nach Wüstenrot zum Ausgangspunkt.

Sehenswürdigkeiten

① In Wüstenrot organisierte Georg Kropp die erste Bausparkasse Deutschlands auf genossenschaftlicher Basis; in seinem Haus – dem ersten Bausparerhaus Deutschlands – ist heute ein kleines Museum eingerichtet. Wüstenrot selbst ist 1247 erstmals urkundlich belegt. Noch auf diese Zeit geht die Kilianskirche zurück. Im Nordwesten von Wüstenrot wurde 1772 bei der Pfaffenklinge versucht, Silber abzubauen. Der Erfolg blieb jedoch gering, so daß heute nur noch der Stolleneingang übrig ist.
② Am Wellingtonienplatz stehen bis zu 50 Meter hohe Wellingtonien. Diese kalifornischen Mammutbäume wurden vor rund 150 Jahren gepflanzt, weil man glaubte, den Nutzholzertrag der Wälder steigern zu können. Auch am Raitelberg zwischen Wellingtonienplatz und Wüstenrot stehen solche amerikanische Riesen.
③ Die Flurbezeichnung Kanapee leitet sich direkt von der etwas altertümlichen Bezeichnung für das Sitzmöbel ab. Gemeint ist ein Sofa mit Rückenlehne und zwei Seitenlehnen. Die Hänge am Heßberg gaben Anlaß zu dieser Bedeutungsübertragung.
④ Der 539 Meter hohe Stocksberg bietet dank seiner freien Lage einen hervorragenden Rundblick über die Löwensteiner Berge. Bei klarem Wetter reicht der Blick bis zur Schwäbischen Alb.

Tip

Vogel-Lehrpfad bei Spiegelberg-Jux südlich von Wüstenrot: Der Vogel-Lehrpfad befaßt sich mit der heimischen Vogelwelt und ihrer aktuellen Bedrohung.

◁ *Bausparerort Wüstenrot*

Wanderung 74 B: 16 Kilometer – 4 Stunden

74 B

Im Maienfelser Burgfrieden

Schwäbischer Wald

Ein Aussichtsturm, eine mittelalterliche Ganerbenburg und Wachtürme am römischen Limes sind die »Zutaten« dieser Wanderung im nördlichen Mainhardter Wald, der landschaftliche Schönheit und viel Ruhe als Dreingabe liefert.

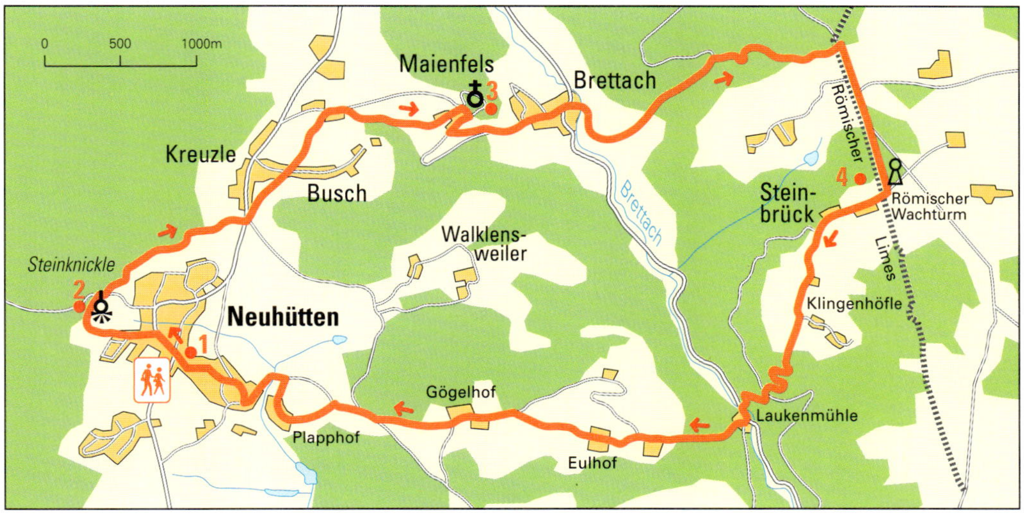

Tourverlauf

An der Verbindungsstraße zwischen Wüstenrot und Bretzfeld liegt der Ausgangspunkt dieser Wanderung: Neuhütten. ①
Erstes Ziel ist der Aussichtsturm auf dem 525 Meter hohen Steinknickle. ②
Der Weg dorthin beginnt beim Gasthof »Lamm«. Ab dem Steinknickle folgt man dem mit rotem Strich auf weißem Grund markierten Wanderweg Richtung Nordwesten nach Maienfels. ③
In Maienfels nimmt man zunächst wenige Schritte die Straße nach Brettach, bis links ein Abkürzungsweg die weite Schlaufe der Fahrstraße abschneidet. In Brettach wird der gleichnamige Bach gequert. Ab dem östlichen Talrand geht es dann steiler den Wald hinauf zur Hochebene und bis zur Kreuzung mit der Landstraße 1050. Sie markiert hier für wenige hundert Meter genau den Verlauf des römischen Limes. ④
Ihm folgt man etwa einen Kilometer bis zum Wegestern beim römischen Wachturm. Hier wird zu den Häusern nach Steinbrück rechts abgebogen. Wo sich der Weg in einer weiten Linkskurve zum Klingenhöfle wendet, geht man geradeaus weiter und steigt durch den Waldhang zur Lauckenmühle an der Brettach hinunter. Westlich der Lauckenmühle folgt man dem Fahrweg zu den Höfen Eulhof, Gögelhof und Plapphof, die den Rückweg nach Neuhütten nicht verfehlen lassen.

Sehenswürdigkeiten

① Neuhütten ist ein weit gestreutes Dorf mit behäbigen Bauernhäusern.
② Das Steinknickle ist zwar nur 34 Meter höher als Neuhütten, doch zusammen mit dem Aussichtsturm genügt das, um einen wunderschönen Rundblick auf die Hohenhoher Ebene, den Schwäbischen Wald und hinunter ins Unterland zu eröffnen.
③ Das mittelalterliche Maienfels entstand um die ebenfalls im 13. Jahrhundert errichtete Burg der Herren von Neideck. Während auf die Stadt heute nur noch spärliche Reste einer Stadtmauer hindeuten, gedieh die Burg um so prächtiger. Ihr ältester Teil ist der innere Bering mit Buckelquaderwerk aus dem frühen 13. Jahrhundert. Die ursprüngliche Burg wurde zwar 1441 zerstört, doch entstanden danach bis ins 16. Jahrhundert hinein umfangreiche Neubauten, da die Burg inzwischen ein Ganerbensitz geworden war. Im Laufe der Zeit überbauten die jeweiligen Besitzer nahezu den gesamten Bergvorsprung, wobei eine Vorburg die Bergseite schützt und eine andere den eigentlichen Burgflecken umgreift. Die Pfarrkirche ist ein Bau des 15. Jahrhunderts mit einer Ausstattung im Jugendstil von 1915. Daß die guten alten Zeiten vielleicht doch nicht ganz so gut waren, verrät die mittelalterliche Gerichtsstätte zwischen der Kirche und den staufischen Buckelquadermauern. Pranger und Narrenhäuschen deuten auf nicht sehr zimperliche Rechtssprechung.
④ Der römische Limes war die Grenze zwischen dem römisch besetzten Gebiet im Westen und den germanischen Wäldern im Osten. Er bestand aus Wall und Graben sowie Wachtürmen, die in der Regel weniger als 1 Kilometer auseinanderlagen und damit untereinander Sichtverbindung hatten. Einer dieser Wachtürme stand nördlich des Neuwirtshauses, der nächste beim Wegestern östlich von Steinbrück.

△ *Landschaft bei Maienfels*

Tip

Naturpark Schwäbisch-Fränkischer Wald, westlicher Teil: Mehrere Mittelgebirge zwischen Neckarland, Hohenloher Ebene und Schwäbischer Alb wurden 1979 als Naturpark Schwäbisch-Fränkischer Wald ausgewiesen. Er hat eine Fläche von 904 Quadratkilometern und umfaßt im westlichen Teil die Löwensteiner Berge, Mainhardter und Welzheimer sowie Teile des Murrhardter Walds. Geprägt wird diese Landschaft von zahlreichen Streusiedlungen, kleinen Weilern, Gehöften und Dörfern. 53 Prozent der Fläche ist von Wald bedeckt, der sich vor allem an den Hängen der oft steil eingeschnittenen Täler befindet; dagegen werden viele Hochflächen landwirtschaftlich genutzt.

▽ *Burg Maienfels im Naturpark Schwäbisch-Fränkischer Wald*

75

Taubergrund, Hohenloher Ebene

Autotour 75: 140 Kilometer

Zwischen Künzelsau und Rothenburg

Sanfte Hügel, stille Wälder und verträumte Wiesentäler, mittelalterliche Städte und unzählige kleine Residenzen prägen den Nordosten Baden-Württembergs. Hier haben fränkische Reichsritter und die Bischöfe von Mainz und Würzburg um die Beherrschung des Landes gestritten, mit Burgen und Schlössern Politik gemacht und ihrer Baulust gefrönt. Daß ihnen die größten Künstler der Zeit dabei helfen durften, macht die Region heute so interessant.

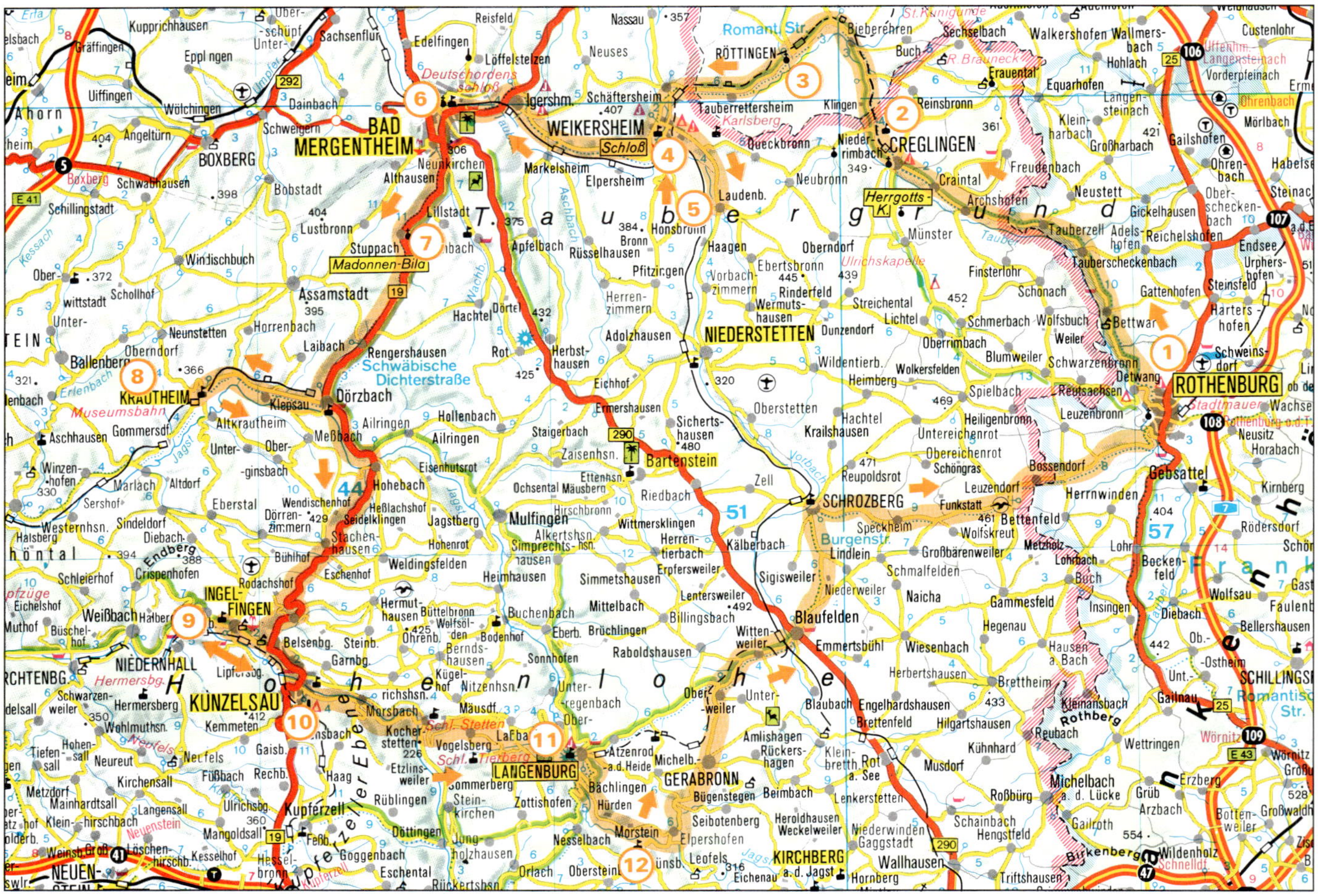

Tourverlauf

Die Fahrt, zunächst in den Taubergrund, beginnt im romantischen Rothenburg. ①
Nordwestwärts, auf der Romantischen Straße, geht es durch das Taubertal nach Creglingen. ②
Ein weiteres Ziel im Taubertal ist Röttingen. ③
Die nächste Station ist Weikersheim. ④
Ein kurzer Abstecher führt nach Laudenbach. ⑤
Letzter Etappenpunkt an der Tauber ist Bad Mergentheim. ⑥
Bad Mergentheim verläßt man nach Süden, um Stuppach zu erreichen. ⑦
Bei Dörzbach fährt man kurz ins Jagstthal nach Krautheim. ⑧
Kurz vor Künzelsau besucht man Ingelfingen. ⑨
Letzte Station an der B 19 ist Künzelsau. ⑩
Von dort aus fährt man südostwärts nach Langenburg. ⑪
Letztes Ziel auf der Hohenloher Ebene ist Morstein. ⑫
Über Gerabronn und Schrozberg fährt man zurück nach Rothenburg ob der Tauber.

Sehenswürdigkeiten

① Rothenburg ob der Tauber: Siehe Wanderung 75 A, Seite 308.
② Das ein Jahrtausend alte Creglingen war zunächst Bamberger Stiftsbesitz, später gehörte es zum Kloster Comburg. Berühmt wurde Creglingen mit seiner 1384 gestifteten Herrgottskirche (südlich außerhalb). Sie birgt den berühmten Altarschrein von Tilman Riemenschneider aus der Zeit zwischen 1502 und 1505. Die Rückwand des Altars mit der Darstellung der Himmelfahrt Mariens ist durch Maßwerkfenster geöffnet, so daß das Licht auch von hinten auf die Figuren fällt.

◁ Langenburgs Schloß stammt zum Teil noch aus dem 13. Jahrhundert

▷ Alte Münze, Ingelfingen

③ Röttingen erhielt 1275 Stadtrecht und errichtete einen geschlossenen Mauerring im 14. Jahrhundert. Von den einst 14 Wehrtürmen stehen noch sieben. Den Marktplatz zieren schöne Fachwerkhäuser, das barocke Rathaus wurde 1750 errichtet. Die katholische Pfarrkirche entstand in der zweiten Hälfte des 13. Jahrhunderts.

④ Weikersheim war der Stammsitz der Fürsten von Hohenlohe. Ihr Schloß entstand aus einer mittelalterlichen Wasserburg, die es als Reichsgut bereits 837 gegeben hatte. Das heutige Schloß ist das Ergebnis von Neubauten vom 16. bis 18. Jahrhundert Sein Glanzlicht ist der große, über zwei Stockwerke reichende Rittersaal von 1601. Dieser Saal zählte einst zu den prächtigsten deutschen Renaissancesälen. Das Schloß ist heute als Museum zugänglich. Im Kornbau am Marktplatz ist das Tauberländer Dorfmuseum untergebracht.

⑤ Laudenbach: Siehe Wanderung 75 B, Seite 309.

⑥ Bad Mergentheim gründet sich auf eine jungsteinzeitliche Siedlung an einer Bittersalzquelle. Im 11. Jahrhundert gab es eine Burg, und 1219 holten die Fürsten von Hohenlohe die Ordensritter des Deutschen Ordens. Sie machten Mergentheim 1525 zu ihrer Residenz. Daraus wuchs das zwischen 1565 und 1574 errichtete Deutschordensschloß, in dem heute das Museum des Ordens untergebracht ist. Die Schloßkirche des Ordens wurde 1736 fertiggestellt, verziert ist sie mit reichem Stuck und Freskomalerei. Die Stadtkirche ist eine Basilika aus der Zeit um 1300. Die Marienkapelle in der ehemaligen Dominikanerkirche enthält Fresken aus dem frühen 14. Jahrhundert.

⑦ In der Stuppacher Pfarrkirche St. Maria steht die berühmte Marientafel von Matthias Grünewald. Sie wurde 1519 gemalt und ist eines der größten Werke altdeutscher Malerei.

⑧ In der Krautheimer Höhenburg waren zur Zeit von Kaiser Friedrich II. die Reichskleinodien verwahrt. Der runde Bergfried mit seinen 2,8 Meter dicken Buckelquadermauern ist 30 Meter hoch, daneben ist die alte Schildmauer aus dem 13. Jahrhundert auf 17 Metern Länge stehengeblieben. Schönste staufische Baukunst zeigt die Burgkapelle. Im Palas der Burg befindet sich heute das Burgmuseum.

⑨ Ingelfingen erhielt sein Stadtrecht 1334, seit 1701 residieren hier die Herren von Hohenlohe-Ingelfingen. Das noch weitgehend von der alten Stadtmauer umgebene Städtchen präsentiert sich mit schönem Fachwerk. Darüber thront die Ruine der im 13. Jahrhundert errichteten Burg Lichteneck.

⑩ In Künzelsau wird man vom fachwerküberbauten Morsbacher Tor begrüßt. Das eigentlich Interessante aber steht im Ortsteil Kocherstetten. Das Schloß Stetten nämlich ist eine der besterhaltenen Burganlagen Deutschlands. Ihre Kernbauten, wie der Bergfried und der hufeisenförmige Palas, entstanden mit gut 3 Meter dicken Buckelquadermauern bereits Mitte des 12. Jahrhunderts. Im 15. Jahrhundert wurde das Äußere Haus errichtet, Ende des 16. Jahrhunderts kam der spätgotische, durch sieben Wehrtürme verstärkte Bering dazu.

⑪ Das 750 Jahre alte Langenburg wird dominiert von dem großzügigen Schloß, das seit 1671 Residenz der Herren von Hohenlohe-Neuenstein-Langenburg ist. Teile dieser rechteckigen Binnenhofanlage mit gedrungenen Ecktürmen stammen noch aus dem 13. Jahrhundert. Der Haspelturm und der Archivturm wurden um 1235 fertiggestellt, wenig später der Hexenturm. Die Ausbildung des Binnenhofvierecks erfolgte im 15. Jahrhundert. Heute sind aus Mittelalter und Renaissance in Burg und Stadt noch zahlreiche Bauten erhalten, unter anderem der Marstall, die Zehntscheuer, der gräfliche Witwenbau; aus der Barockzeit das Rathaus, die Hofapotheke und die Lateinschule. Das Schloß ist als Museum zugänglich; es beherbergt auch ein Automobilmuseum.

⑫ Burg Morstein präsentiert sich als interessante Kombination aus einem alten, aus Buckelquadern errichteten Bergfried der Stauferzeit und einem viergeschossigen Renaissancewohngebäude von 1580.

Tilman Riemenschneider

Obwohl Frankens großer Bildschnitzer und Bildhauer ein Zeitgenosse Dürers war, blieb Tilman Riemenschneider (1460 bis 1531) doch lebenslang ein Meister der Spätgotik, der ihr mit seinen Werken noch einmal zu einer besonderen Blüte in Franken verhalf. Als solider Handwerksmeister mit großer Werkstatt bemühte er sich um bürgerliches Ansehen. Im Rat von Würzburg bekleidete er die verschiedensten Posten und wurde 1520 sogar Bürgermeister. Vier Frauen und eine Schar von Kindern, ein erfülltes Schaffen und ein wachsender Wohlstand charakterisierten sein Leben, bis er im Bauernkrieg von 1525 für die Bauern eintrat und dafür nach Folterung und Kerker Ämter, Ehren und Vermögen verlor. Seine Werkstatt aber fertigte für ganz Franken Bildwerke, hauptsächlich aus Lindenholz, bei denen die Struktur des Holzes sowie die Licht- und Schattenwirkungen so geschickt in die Formgebung einbezogen wurden, daß dadurch eine farbige Fassung entbehrlich wurde. Zu seinen wichtigsten Werken zählen die Altäre in Creglingen und Rothenburg sowie zahlreiche Madonnen.

△ *Marienaltar in Creglingen*

Tip

Mittleres Jagsttal: Zwischen Dörzbach und Langenburg und weiter flußaufwärts bis Crailsheim passiert die Jagst den Muschelkalk und bildet auf weiten Strecken enge Schluchten mit zahlreichen Schlingen. Bei Dörzbach haben kalkhaltige Quellen direkt an der Jagst einen 22 Meter hohen und 78 Meter breiten Tuffsteinfelsen geschaffen, den Schwarzen Felsen mit mehreren in prähistorischer Zeit bewohnten Höhlen. An der Felswand steht die 500 Jahre alte gotische Kapelle St. Wendel am Stein.

▷ *Weikersheimer Rittersaal*

75 A

Taubergrund, Hohenloher Ebene

Wanderung 75 A: 3 Kilometer – 3 Stunden

Rothenburg ob der Tauber

Die Freie Reichsstadt Rothenburg wuchs um die im 9. Jahrhundert errichtete Rothe Burg und unter der schützenden Hand von Rudolf von Habsburg. Zwischen dem 14. und 16. Jahrhundert entwickelte sich die Stadt zum autonomen Stadtstaat und zu dem Erscheinungsbild, das den Besucher noch heute so fasziniert.

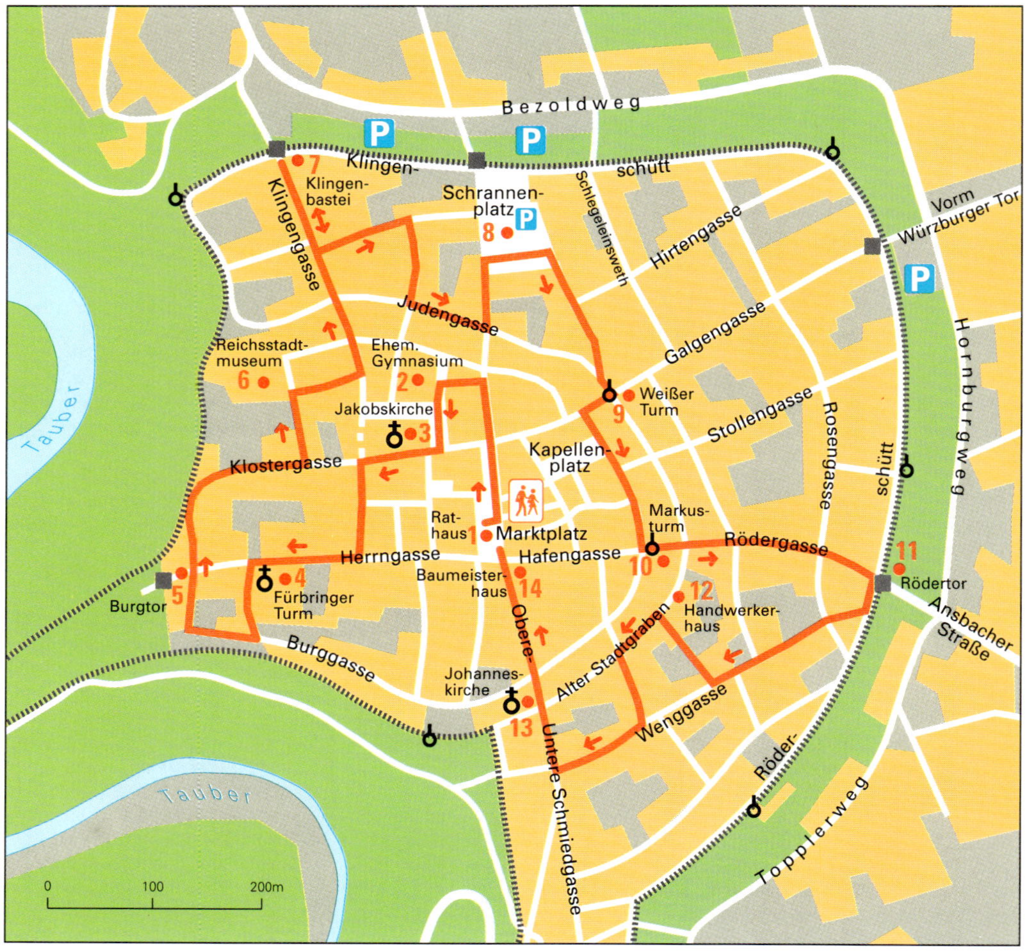

Tourverlauf

Dieser Rundgang durch Rothenburg beginnt am Marktplatz. ①
Nach Norden bummelt man über den Markt und durch die Heugasse zum ehemaligen Gymnasium. ②
In seiner Nähe steht die Jakobskirche. ③
Südlich der Jakobskirche geht man durch die Kirchgasse und die Herrengasse zum Fürbringer Turm. ④
Das älteste Stadttor ist das Burgtor. ⑤
Trompeter- und Klostergasse führen zum Reichsstadtmuseum. ⑥
Durch die Klingengasse erreicht man die Klingenbastei. ⑦
Über das Fuchsengäßchen, die Freudengasse, die Judengasse und die Heugasse spaziert man zum Schrannenplatz. ⑧
Die Schrannengasse führt zum Weißen Turm. ⑨
Über den Milchmarkt erreicht man den Markusturm. ⑩
An der Rödergasse steht das Rödertor. ⑪
Nördlich der Wenggasse findet man am Alten Stadtgraben das Handwerkerhaus. ⑫
An der Oberen Schmiedegasse steht die Johanneskirche. ⑬
Letzte Station ist schließlich das Baumeisterhaus. ⑭

Sehenswürdigkeiten

① Im Südwesten des Marktplatzes steht das Fleisch- und Tanzhaus, das 1274 für den Stadtschultheißen errichtet wurde. Im ehemaligen Tanz- und Festsaal stammt die gotische Balkendecke aus dem frühen 15. Jahrhundert. Die Westseite ziert das Rathaus mit einem gotischen Teil aus dem 13. Jahrhundert und einem Renaissanceteil von 1578. Die Nordseite des Platzes ziert die Ratstrinkstube mit der Meistertrunkdarstellung. Das Gebäude wurde 1446 errichtet, die Kunstuhr 1683 eingebaut.

◁ *Gotisches Haus*

② Das Alte Gymnasium von 1591 hat einen Treppenturm und ein Renaissanceportal.
③ Die Jakobskirche ist eine gotische Pfeilerbasilika, die von 1373 bis 1436 errichtet wurde. In ihrer Heiligblutkapelle steht der berühmte Schnitzaltar von Tilman Riemenschneider von 1505. Der Zwölf-Boten-Altar im Chor stammt von 1466. Die Glasfenster im Chor wurden um 1400 gefertigt, das Chorgestühl 1514.
④ Die frühgotische Basilika der Franziskaner wurde um 1300 errichtet.
⑤ Das Burgtor ist das älteste Tor der Stadt, mit seinem Bau wurde 1360 begonnen. Im Burggarten westlich des Tors stand einst die staufische Reichsburg.
⑥ Das Reichsstadtmuseum ist im ehemaligen Dominikanerinnenkloster aus dem 13. Jahrhundert untergebracht.
⑦ Die Klingenbastei mit dem Klingentor aus dem 14. Jahrhundert war die zweitstärkste Befestigungsanlage der Stadt.
⑧ Der Schrannenplatz war im Mittelalter der jüdische Friedhof. An der Südseite des Platzes steht die ehemalige Getreideschranne aus dem Jahre 1588.
⑨ Der Weiße Turm geht auf das 12. Jahrhundert zurück, an ihn wurde 1613 das Judentanzhaus angebaut. Am Mauergärtchen finden sich Grabsteine vom Judenfriedhof.
⑩ Auch der Markusturm geht auf das 12. Jahrhundert zurück; im Büttelhaus daneben befand sich ursprünglich das Stadtgefängnis.
⑪ Das Rödertor entstand im 13. Jahrhundert; es kann bestiegen werden.
⑫ Im Handwerkerhaus, im Jahre 1270 erbaut, sind heute elf Räume eingerichtet.
⑬ Die Johanneskirche wurde 1403 fertiggestellt, 1718 erneuert. Neben der Kirche wartet das Kriminalmuseum auf nervenstarke Besucher.
⑭ Das Baumeisterhaus ist mit seiner reich verzierten Fassade aus dem 16. Jahrhundert der schönste Renaissancebau der Stadt.

Tip

Rothenburger Muschelkalkplatte: Westlich der Frankenhöhe bestimmt im Umland von Rothenburg eine weite Muschelkalkfläche den Landschaftstyp. Bis zu 60 Meter tief hat sich die Tauber unterhalb des Burgfelsens in den Untergrund eingeschnitten.

Schätze neben der Tauber

Taubergrund, Hohenloher Ebene

Das Taubertal bietet auf nahezu seiner ganzen Länge dem Reisenden ständigen Kunst- und Landschaftsgenuß. Daß auch die Seitentäler durchaus lohnende Ziele bieten, zeigt dieser Wandervorschlag mit einem Spaziergang hoch über dem Vorbach südlich von Weikersheim.

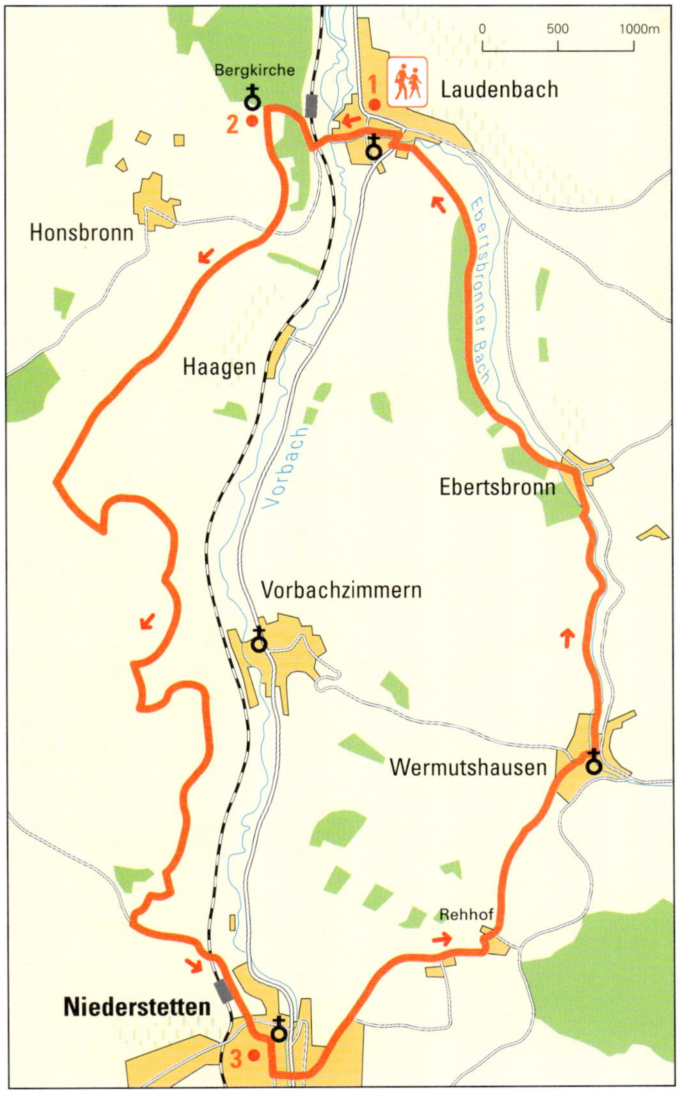

Tourverlauf

Ausgangspunkt ist das südlich von Weikersheim gelegene Laudenbach. ①

Von seinem Zentrum aus wandert man westwärts, überquert den Vorbach und folgt der Ausschilderung mit rotem Punkt bis zur Bergkirche. ②

Hier trifft man auf den Main-Neckar-Rhein-Weg (Markierung: roter Strich und grünes Baumsymbol auf weißem Grund). Der Weg folgt nun der Hangkante über dem Vorbach südwärts und vermittelt immer wieder von neuem interessante Blicke auf das romantische Seitental der Tauber. Der Weg ist so interessant, daß man – obschon es bis dahin nahezu 10 Kilometer sind – überraschend schnell in Niederstetten angekommen ist. ③

In Niederstetten durchquert man das Tal des Vorbachs und verläßt das Städtchen auf der Westseite mit der Kennzeichnung blaues Kreuz, der man über den Rehhof bis Wermutshausen folgt. Dort verläßt man diese Markierung und wandert durch den Talboden des Ebertsbronner Bachs nach Ebertsbronn und trifft dort auf die Markierung roter Punkt, der man talauswärts bis zurück nach Laudenbach folgt.

◁ *Im Hohenloher Land*

△ *Bergkirche Laudenbach*

Sehenswürdigkeiten

① Wenn es stimmt, daß Laudenbach genau so alt wie Weikersheim ist, dann müßte das verträumte Dorf auf das 9. Jahrhundert zurückgehen. Fest steht jedenfalls, daß Laudenbach im Mittelalter wohl befestigt war. Davon zeugt bis heute ein gut erhaltener Wehrturm.

② Die Bergkirche St. Maria im Osten von Laudenbach, auf dem Hochufer des Vorbachs gelegen, ist ein kleines Schmuckstück. Der Bau wurde 1412 nach dem Vorbild der Würzburger Marienkirche begonnen und präsentiert sich noch in schönster Gotik. Lediglich der Giebel und eines der der drei Portale wurden im Barock umgestaltet. Die beiden gotischen Portale sind mit je einem Sandsteinrelief verziert. Das Westportal zeigt die Marienkrönung, das Südportal den Marientod. Im Inneren sind die Wände noch rein gotisch, der Langhauswölbung merkt man jedoch an, daß sie erst 1642 eingebaut wurde. Im neugotischen Hochaltar sind gute Schnitzarbeiten aus dem 15. Jahrhundert integriert, darunter das Gnadenbild von 1415. Die Seitenaltäre zeigen Gemälde, die um 1600 in der Dürer-Nachfolge entstanden sind. Ein Türbogenfeld im Chor präsentiert eine vortrefflich gemeißelte Anbetung der Könige aus dem späten 15. Jahrhundert

③ Wenn man durch das idyllische Niederstetten wandert, glaubt man kaum, daß es hier schon 1360 das Stadtrecht gegeben hatte. Die stattliche Pfarrkirche allerdings scheint dies zu bestätigen, denn sie wurde schon im 13. Jahrhundert für eine offensichtlich große Gemeinde gebaut. Der eher schmucklose Bau hat einen abgerückten Turm, der zugleich Kirchhofstor ist. Im Inneren gibt es Reste spätgotischer Altäre aus der Zeit um 1520. Teile der Friedhofskapelle stammen aus dem 14. Jahrhundert. Innen sind Fresken aus der Bauzeit erhalten, die die Lebenden und Toten Könige darstellen. Am Berg oben liegt Schloß Haltenbergstetten. Es geht wohl auf eine Burg aus dem 12. Jahrhundert zurück; seine heutige Form erhielt die Anlage um 1550. Residiert haben hier die Herren von Hohenlohe-Jagstberg. Heute befindet sich im Schloß ein Jagd- und Naturkundemuseum sowie das Albert-Sammt-Museum. Es erinnert an die Geschichte des Zeppelinbaus und der Luftschiffahrt. Albert Sammt nämlich war der letzte deutsche Luftschiffkapitän und stammte aus Niederstetten.

Tip

Schloßpark Weikersheim: Bei der Gestaltung von Schloß Weikersheim als »Hohenlohisches Versailles« durch Graf Carl-Ludwig von Hohenlohe wurde ab 1708 auch ein frühbarocker Schloßpark angelegt. Er blieb weitgehend im Originalzustand erhalten. Eingerahmt von zwei Kastanienalleen entzücken in der Anlage vor allem Skulpturen, die mythologische Figuren darstellen und, auf der Balustrade, eine Gnomen-Galerie, bei der es sich um Karikaturen des Hofpersonals handelt. Als Abschluß des Parks schlägt eine zweiflügelige Orangerie die Brücke zu den Wiesen und Hängen des Taubertals.

76

Autotour 76: 150 Kilometer

Auf der Ostalb

Schwäbische Alb

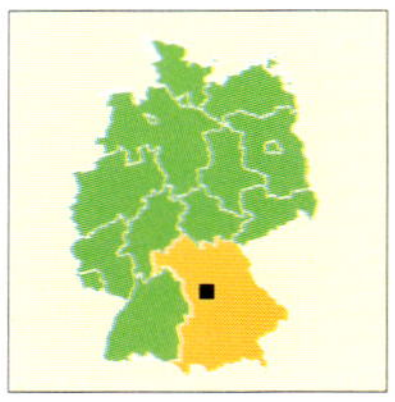

Zwischen Heidenheim im Süden und Dinkelsbühl im Norden entfaltet die Schwäbische Alb noch einmal die ganze Palette ihrer Reize. In zahlreichen Trockentälern stehen immer wieder überraschend geformte Felsnadeln, in einsamen Höhlen wurden jahrtausendealte Siedlungsspuren entdeckt. Burgen der Staufer, mittelalterliche Städte, Schlösser der Renaissance und Kirchen des Barock – all das hat der östliche Teil der Schwäbischen Alb zu bieten.

Tourverlauf

Am Westrand des größten Meteoritenkraters der Welt beginnt diese Autotour: in Nördlingen. ① Zunächst folgt man der B 25 nach Norden bis Wallerstein. ② Im nördlich gelegenen Marktoffingen biegt man zu einem kleinen Umweg nach Osten ab, um zunächst nach Maihingen zu fahren. ③ Der Umweg schließt auch den Besuch von Hochaltingen mit ein. ④ Bei Fremdingen stößt man wieder auf die B 25, auf der man nach Dinkelsbühl kommt. ⑤ Von Dinkelsbühl aus folgt man der Deutschen Ferienstraße Alpen – Ostsee südwestwärts bis Ellwangen. ⑥ Über die B 290 erreicht man Aalen. ⑦ An der B 19 liegt Königsbronn. ⑧ Den südlichen Punkt dieser Autotour erreicht man mit Heidenheim an der Brenz. ⑨ Ab Heidenheim fährt man nordostwärts, auf der B 466 zum Kloster Neresheim. ⑩ In Ohmenheim verläßt man die B 466 nach Norden, um als letzte Station Bopfingen anzufahren. ⑪ Über die B 29 geht es zurück nach Nördlingen.

▽ *Besucherbergwerk in Aalen*

Sehenswürdigkeiten

① Nördlingen: Siehe Wanderung 76 A, Seite 312.

② Wallerstein hieß ursprünglich Steinheim. Erst im 15. Jahrhundert ging der Name der Burg auf die Siedlung über. Die alte Felsenburg wurde um 1120 errichtet, ab 1188 saßen hier die Hohenstaufen. Die noch vorhandenen Reste der Anlage stammen aus dem 16. Jahrhundert Damals entstand das Neue Schloß, eine Dreiflügelanlage aus drei selbständigen Gebäuden.

③ In Maihingen wurde 1437 ein Birgittinnenkloster gegründet. Es kam 1607 an die Minoriten, die die ehemalige Klosterkirche bis 1719 durch Ulrich Beer errichten ließen. Die Deckenbilder sind ein Werk des Regensburgers Martin Speer. Der mächtige Hochaltar wurde 1720 fertiggestellt.

④ Auch die Pfarrkirche von Hochaltingen folgt in ihrem barocken Langhaus dem Schema des Vorarlberger Wandpfeilers. Der Chor mit dem angelehnten Turm wurde 1520 fertiggestellt, die interessante Gruftkapelle stammt in ihrem Kern sogar aus dem 13. Jahrhundert. Zur Ausstattung gehören Fresken von 1735, ein prächtiger Altar von 1565 und ein Sakramentshäuschen von 1540. Das eigentliche Meisterwerk der Kirche steckt aber in der Gruftkapelle. Das Marmorepitaph von 1526, der Edlen von Hirnheim nämlich, zeigt ein prunkvoll gekleidetes Paar in der Tracht jener Zeit.

△ Der fast kahle, kegelförmige Ipf und sein abgeflachter Gipfel

⑥ Ellwangen war ursprünglich eine reine Klostersiedlung. Im Jahre 1460 wurde daraus ein Kollegiatsstift, das der Reformation widerstand. Bis 1802 konnten so die Fürstpröpste ihre Stadt ganz im Sinne einer geistlichen Fürstenresidenz prägen. Mittelpunkt der Stadt ist deshalb bis heute die ehemalige Stiftskirche mit ihrem 1233 geweihten romanischen Gewölbebau, ihrem 1470 fertiggestellten spätgotischen Kreuzgang und ihrer nach 1737 in Angriff genommenen Barockisierung. Schönster Platz der Stadt ist der Markt mit dem Stiftsrathaus aus der Zeit um 1750, dem einstigen Jesuitenkolleg von 1722 und der früheren Jesuitenkirche von

△ Wallfahrtskirche Schönenberg, Ellwangen

Das Nördlinger Ries

Der nahezu kreisrunde Kessel bei Nördlingen mit einem Durchmesser von 25 Kilometern gab den Geologen lange Rätsel auf. Erst seit 1960 ist gesichert, daß vor 15 Millionen Jahren ein Meteoriteneinschlag das nördlinger Ries schuf. der angenommene Durchmesser betrug ein Kilometer, seine Aufprallgeschwindigkeit 20 bis 30 Kilometer pro Sekunde. Der dabei entstandene Druck betrug etwa 28 Millionen Bar, die Temperatur erreichte 38 000 Grad Celsius. An der Stelle seines Einschlags – er drang etwa 700 Meter in die Erde ein – schmolz das Gestein, und auch der Meteorit selbst verdampfte. Unvorstellbare Mengen an Erd- und Gesteinsmassen wurden seitlich herausgeschleudert und ins Umland verteilt; an vielen Stellen sind Reste davon nachweisbar. Für etwa 2 Millionen Jahre bildete sich ein Rieskrater ein See, der aber später verlandete. In den Sedimenten wurden viele Pflanzen- und Tierfossilien aus dieser Zeit gefunden.

⑤ Das staufische Dinkelsbühl wurde im 13. Jahrhundert Freie Reichsstadt, die ab 1387 paritätisch von Patriziern und Zunftvertretern regiert wurde. Weil die Stadt nach dem Dreißigjährigen Krieg verarmte, blieb das mittelalterliche Stadtbild im alten Mauerdreieck mit seinen vier Toren erhalten. Innerhalb der Mauern reiht sich Baudenkmal an Baudenkmal, teilweise in schönstem Fachwerk. Das prächtigste von allen ist das Deutsche Haus am Markt bei der Pfarrkirche. Mit seiner Renaissancefassade wurde es um 1600 errichtet. Der Hezel-Hof aus dem 16. Jahrhundert ist mit seiner Holzgalerie und seinem Gärtchen schönes Beispiel eines Patrizierhauses. Das Alte Rathaus erhielt seine heutige Form im 16. Jahrhundert. Größte Sehenswürdigkeit aber ist die 1499 fertiggestellte Georgskirche. Ihre Halle zählt zu den gelungensten Schöpfungen der deutschen Gotik. Schönstes Stück der Ausstattung ist das 12 Meter hohe Sakramentshäuschen von 1480 am Nordwestpfeiler des Chors. Etwa aus derselben Zeit stammt die zierliche Kanzel.

▽ Das mittelalterliche Dinkelsbühl liegt an der Romantischen Straße

1729. In ihr sind interessante Gewölbemalereien zu besichtigen. Die Wallfahrtskirche auf dem Schönenberg wurde 1696 von Michael Thumb fertiggestellt. Im Inneren folgt sie dem Vorarlberger Wandpfeilerschema, eindrucksvoll sind der Stuck und die Fresken von Melchior Steidl.

⑦ Um 150 n. Chr. gründeten die Römer an der Stelle des heutigen Aalen mit »Ala II Flavia Millaria« ihr größtes Reiterkastell nördlich der Alpen. Es entwickelte sich bis 1360 die Freie Reichsstadt, die ihren Reichtum bereits damals der Verhüttung von Eisenerz verdankte. Sehenswert sind das Urweltmuseum für Geologie und Paläontologie im Alten Rathaus, das Heimatmuseum am Marktplatz sowie das Limesmuseum.

⑧ In Königsbronn entspringt die Brenz in einem eindrucksvollen 42 Meter langen und 20 Meter breiten Quelltopf. Im Torbogenmuseum ist die Hüttenwerkstradition an der Oberen Brenz dokumentiert. Zur Ergänzung gibt es das Landesfischereimuseum.

⑨ Auch in Heidenheim hatten die Römer schon ein Kastell angelegt. Um 1090 entstand dann die staufische Burg Hellenstein, die in der Zeit um 1600 zum stattlichen Renaissanceschloß ausgebaut wurde. Es birgt heute ein umfangreiches Museum.

⑩ Neresheim: Siehe Wanderung 76 B, Seite 313.

⑪ Die einst Freie Reichsstadt Bopfingen liegt am Fuß des 668 Meter hohen Ipf. Er war schon in der Jungsteinzeit besiedelt. In Bopfingen selbst ist am Rathaus von 1586 der auf halber Höhe angebrachte, doppelte Pranger interessant. In der frühgotischen, auf das 12. Jahrhundert zurückgehenden Pfarrkirche steht einer der bedeutende Flügelaltäre der deutschen Spätgotik. Der zwischen 1483 und 1492 geschaffene Altar besteht aus einem dreiteiligen Schrein und bemalten Flügeln. Spätgotisch sind auch die 1955 freigelegten Fresken.

Tip

Erzbergwerk Tiefer Stollen: Seit dem 14. Jahrhundert wurde im Braunenberg bei Aalen-Wasseralfingen Eisenerz abgebaut. Dieses Erzvorkommen begründete die Industrialisierung der Städte der Kocher-Brenz-Achse. Sechs Jahrzehnte nach der Stillegung erlebte die Grube Tiefer Stollen 1987 eine Renaissance als Besucherbergwerk. Mit einer Grubenbahn fahren die Besucher 400 m in den Berg, bis sich hallenförmige Weitungen öffnen. Ausstellungen, Tafeln und eine Mulitvisionsschau geben Überblicke über die historische Bedeutung des Bergbaus auf der Ostalb. Beim Rundgang durch Querschläge und Überhaustrecken können die früheren Abbaueinrichtungen besichtigt werden. Das Untertage-Erlebnis im Tiefen Stollen kann durch eine Wanderung über den 3,3 Kilometer langen Bergbaupfad am Braunenberg ergänzt werden.

76 A

Schwäbische Alb

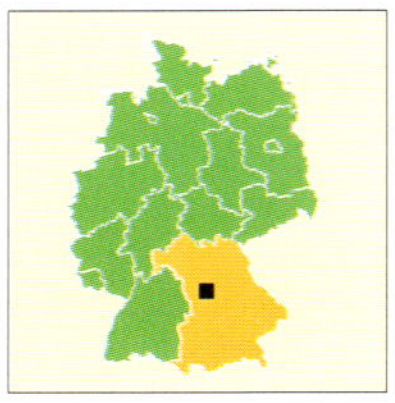

Wanderung 76 A: 3 bis 4 Kilometer – 1½ Stunden

Spaziergang durch Nördlingen

Die alte Reichsstadt Nördlingen ist eine Stadt der Superlative: ihre mittelalterliche Wehranlage mit fünf Toren und elf Türmen ist vollständig begehbar. Auch die mittelalterliche Bausubstanz der Stadt ist in weiten Teilen erhalten.

Tourverlauf

Ausgangspunkt ist der Marktplatz mit dem Rathaus, dem Leihhaus und dem Tanzhaus. ①
Durch die Eisengasse kommt man zum Hafenmarkt. ②
Im Norden des Hafenmarkts steht das Klösterle. ③
Bummelt man über die Baldinger Straße stadtauswärts, trifft man auf der Höhe der Herrengasse links auf die Roßwette. ④
Rechts steht das Spital Zum Heiligen Geist. ⑤
Östlich des Spitals führt die Gerbergasse ins historische Gerberviertel. ⑥
Durch die Mang- und Nonnengasse gelangt man zur Kornschranne. ⑦
Durch die Schrannenstraße bummelt man weiter zur St.-Georgs-Kirche. ⑧
Über den Schäffles- und den Brettermarkt gelangt man zur Salvatorgasse und zur Salvatorkirche. ⑨
Bürg-, Bräu- und Neubaugasse führen schließlich zum Hallgebäude. ⑩
Über den Weinmarkt und die Polizeigasse kommt man zurück zum Ausgangspunkt am Marktplatz.

Sehenswürdigkeiten

① Das Rathaus ist ein Bau aus dem 13. Jahrhundert, der um 1500 seine heutige Ausdehnung und 1618 die gedeckte Freitreppe im Renaissancestil erhielt. Östlich davon steht das 1522 als Kanzlei errichtete Leihhaus. Das Tanzhaus im Westen entstand im 15. Jahrhundert und wurde für Festveranstaltungen genutzt. Die Steinplastik von Kaiser Maximilian I. ziert die Marktfront seit 1513.

▽ Luftbild von Nördlingen

② Der Hafenmarkt war das mittelalterliche Handelszentrum der Stadt.
③ Das Klösterle wurde 1420 als Barfüßerkirche errichtet. Später war hier ein Kornspeicher. Das figurenreiche Südportal wurde 1586 fertiggestellt.
④ Die Roßwette war die Pferdeschwemme des benachbarten Spitals Zum Heiligen Geist.
⑤ Das Spital Zum Heiligen Geist ist eine Gründung aus dem 13. Jahrhundert. In der Spitalkirche gibt es Fresken aus der Zeit um 1375.
⑥ Das Gerberviertel ist das besterhaltene Handwerkerviertel der Stadt. Im Haus Nr. 39 arbeitete bis 1961 die letzte Gerberei.
⑦ Die Kornschranne mit ihrem schönen Staffelgiebel ist ein Bau von 1602.
⑧ Die St.-Georgs-Kirche ist der die Stadt dominierende Bau. Von seinem 89,9 Meter hohen Turm, dem Daniel, hat man einen herrlichen Ausblick über die Stadt und über die Weite des Ries'. Im Inneren der spätgotischen Hallenkirche steht ein barockisierter Hochaltar mit Schnitzwerken des 15. Jahrhunderts. Die nördliche Chorwand ziert ein spätgotisches Sakramentshaus. Die Kanzel wurde 1499 fertiggestellt.

△ Nördlinger Rathaus

⑨ Die Salvatorkirche wurde 1442 geweiht und besitzt einen spätgotischen Hochaltar von 1497.
⑩ Das Hallgebäude wurde 1543 als Salz- und Weinstadl der Stadt errichtet. Der dreigeschossige Bau ist mit vier interessanten Erkern an den Ecken ausgestattet.

Tip

Rieskrater-Museum, Hintere Gerbergasse 3: In seiner jetzigen Form besteht das Museum seit 1990; untergebracht ist es im Holzhofstadel von 1503, der zwischen 1986 und 1988 saniert wurde. Es widmet sich der Entstehung des Kraters und der Rieslandschaft, ihrem geologischen Bau und der Bedeutung des Ries in den irdischen und planetarischen Geowissenschaften.

Wanderung 76 B: 12 Kilometer – 3 ½ Stunden

76 B

Von Neresheim über das Härtsfeld

Schwäbische Alb

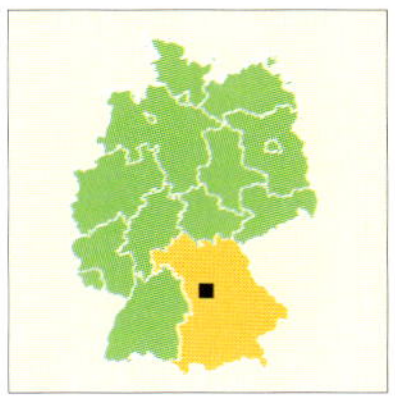

Das Härtsfeld ist eine auch heute noch etwas abgelegene, eher einsame, wellige Hochfläche am Ostrand der Schwäbischen Alb. Hier steht auch Balthasar Neumanns letztes Meisterwerk, bei dem er all sein Können unter Beweis stellte.

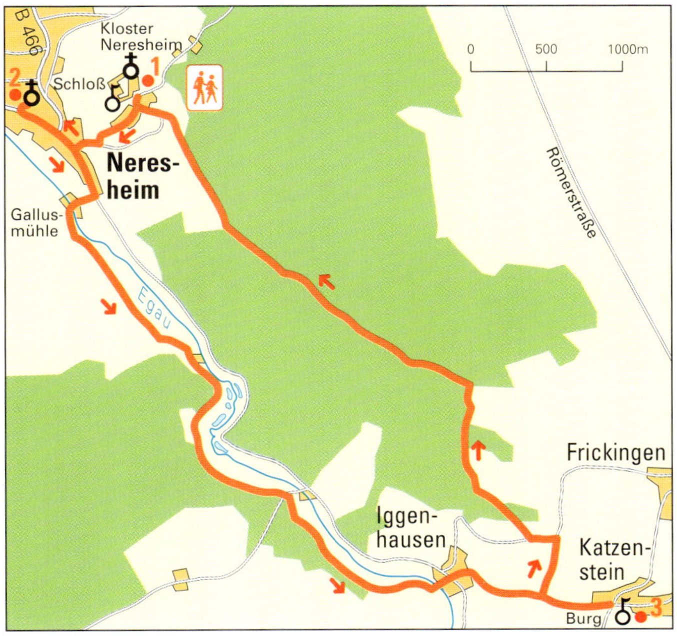

Tourverlauf

Diese Wanderung beginnt an der Benediktinerabtei Neresheim. ① Vom Klosterparkplatz wandert man durch eine Allee hinunter zu der von Neresheim heraufkommenden Landstraße. Kunstinteressierte sollten von hier aus einen Abstecher in die Ortschaft hinein zur Pfarrkirche St. Maria machen. ②
Nach der Überquerung der Landstraße wandert man zur Gallusmühle, überquert die Egau und kommt durch ein Trockental wieder an die Egau. An ihr entlang geht es weiter nach Süden zu alten Kalksteinbrüchen sowie zu einer Sägemühle. Nach Iggenhausen ist die Burg Katzenstein nicht mehr zu verfehlen. ③
Die Markierung rotes Y führt von hier durch abwechslungsreiches Gelände, zunächst teils durch Wald und später mehr durch Wiesen zurück zum Kloster Neresheim.

Sehenswürdigkeiten

① Das Benediktinerkloster Neresheim wurde 1095 gegründet. Kloster und Klostersiedlung erlebten ein wechselvolles Schicksal, bis es 1745 darum ging, die Abteikirche von Grund auf neu zu errichten. Dabei gelang Balthasar Neumann der große Wurf: die Verschmelzung von Langhaus und Rundbau, von Basilika und Halle, von Wandpfeiler und frei stehendem Pfeiler. Sein genial einfacher Kunstgriff dafür war, das Querschiff in die Mitte des Langhauses zu legen und die Vierungskuppel damit zum zentralen Gipfelpunkt aller Kuppelschalen zu machen. Sein ausgefeiltes Raumgefüge errichtete der Baumeister auf einem 83 Meter langen einschiffigen Langhaus. Er löste die Pfeiler von der Wand und erreichte so eine Zweischaligkeit. Die dadurch mögliche Vielfalt von Wölbungen erhielt ihre Belebung 1775 durch die Kuppelfresken von Martin Knoller und Joseph Schöpf. Ihnen gelang noch einmal ein Meisterwerk der Kompositions- und Illusionskunst des Barock. Nach gelungener Restaurierung strahlen diese Fresken heute wieder in vollem Glanz.
② Die kleine Pfarrkirche von Neresheim wurde 1468 gebaut, doch barock umgestaltet. Sie zeichnet sich durch feine Stukkaturen aus. Die Deckenfresken stammen von Michael Zink 1717. 23 Jahre später malte er auch noch den in der Zwischenzeit stuckierten Chor aus.
③ Die Burg Katzenstein im Osten von Iggenhausen wurde im 12. und 13. Jahrhundert errichtet und im 16. Jahrhundert durch das östlich sich anschließende Neue Schloß erweitert. Glücklicherweise wurde dadurch die wehrhafte Prägung der mittelalterlichen Burg nicht gestört. Ihre Mauern drohen bis heute mit staufischen Buckelquadern. Die tonnengewölbte Brunnenhalle mit dem 40 Meter tiefen Brunnenschacht läßt ahnen, welches Machtbewußtsein hier herrschte. Mit zum Originalbestand der Burg gehört die Kapelle, deren Fresken ein Werk des 13. Jahrhunderts sind.

△ Burg Katzenstein

▽ Benediktinerkloster Neresheim mit der Klosterkirche, zwischen 1747 und 1792 von Balthasar Neumann errichtet

Tip

Naturschutzgebiet Zwing südlich von Neresheim: Die Zwing ist eine Wacholderheide, die von Hap Grieshaber geschaffen zu sein scheint. Schlanke Wacholderbüsche, knorrige Hainbuchen und frei stehende Felstürme setzen hier die Akzente.

77

Autotour 77: 140 Kilometer

Im Oberen Altmühltal

Altmühltal

Der Durchbruch der Altmühl in der südlichen Fränkischen Alb hat wunderschöne Talpartien mit teils schroffen Felsen entstehen lassen. In den Plattenkalken der Hänge fanden sich weltberühmte Fossilien, wie der Urvogel Archaeopteryx. Quer durch die Fränkische Alb hatten die Römer ihren Limes gebaut; zahlreiche Fundstellen ereinnern daran. Eine Rundfahrt um dieses Stück der Fränkischen Alb ist eine Fahrt durch eine der typischen Landschaften Deutschlands mit kulturhistorischen Höhepunkten, die man einfach gesehen haben muß.

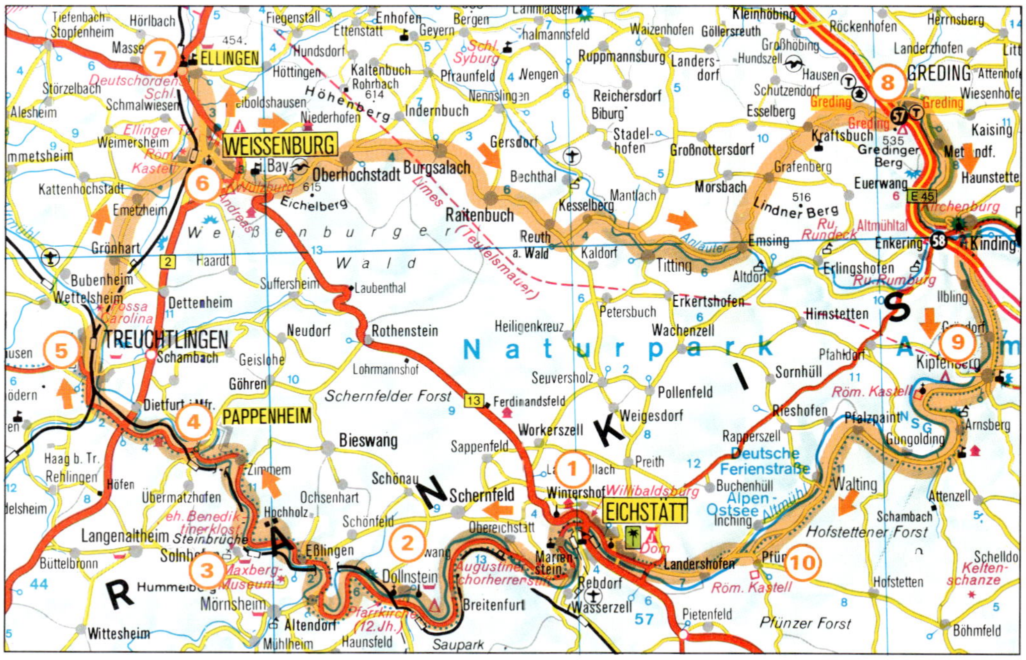

Tourverlauf

Ein geeigneter Ausgangspunkt zu dieser Tour ist die alte Bischofsstadt Eichstätt. ①
Sodann fährt man altmühlaufwärts nach Dollnstein. ②
Aufgrund des Plattenkalks in seiner Umgebung berühmt wurde Solnhofen. ③
Nur 5 Kilometer sind es ins benachbarte Pappenheim. ④
Den westlichsten Etappenpunkt dieser Autotour erreicht man in Treuchtlingen. ⑤
Über die Wasserscheide zwischen Donau und Main fährt man der jungen Rezat entlang nach Weißenburg. ⑥
Ein kurzer Abstecher führt nach Ellingen. ⑦
Ab Weißenburg fährt man über die Hochfläche der Fränkischen Alb ostwärts, quert den Limes und erreicht nach der A 9 das mittelalterliche Greding. ⑧
In Kinding erreicht man wieder die Altmühl und talaufwärts Kipfenberg. ⑨
Kurz vor Eichstätt lohnt sich noch der Besuch von Pfünz. ⑩

Sehenswürdigkeiten

① Die fürstbischöfliche Residenzstadt Eichstätt ist eine Gründung des heiligen Bonifatius. Daraus entwickelte sich das bis 1802 bestehende Fürstbistum mit der stattlichen Bausubstanz aus Barock und Rokoko. Um den Dom dehnt sich die geistliche Stadt mit der barocken Residenz, dem Residenzplatz und den Kanoniker- und Kavaliershöfen. Wichtigster Bau ist der Dom, dessen Türme romanisch, dessen Schiff gotisch und dessen Westfassade barock ist. Sein bedeutendstes Ausstattungsstück ist der 9,5 Meter hohe, aus Kalkstein gearbeitete Pappenheimer Altar. Ein Kunstwerk eigener Art ist die Tonmadonna von 1520 am südöstlichen Vierungspfeiler. Einige der Farbglasfenster stammen noch aus der Bauzeit, einige dürften das Werk von Hans Holbein d. Ä. sein. Die Klosterkirche St. Walburg wurde 1631 fertiggestellt, ihre Ausstattung stammt aus dem frühen 18. Jahrhundert, lediglich der Hochaltar wurde schon 1664 errichtet. In der Heiligkreuzkirche von 1625 findet sich eine Nachbildung des Heiligen Grabes von Jerusalem, und in der barocken Jesuitenkirche gibt es gelungene Stukkaturen. Die fürstbischöfliche Residenz mit ihren Prunkgemächern ist heute Museum. Die hoch über dem Tal gelegene Willibaldsburg fungiert ebenfalls als Museum. Hier werden die schönsten Fossilien des Jurakalks gezeigt.

② Wo das Wellheimer Trockental in das Altmühltal mündet, liegt Dollnstein. Es wird noch weitgehend von seinen historischen Wehrmauern aus dem 15. Jahrhundert beschützt. Seine bereits im 11. Jahrhundert geweihte Pfarrkirche enthält gotische Wandfresken aus der Zeit um 1320.

◁ *Willibaldsburg über Eichstätt*

③ Solnhofen ist umgeben von Steinbrüchen. Der seit mehr als zwei Jahrtausenden abgebaute Plattenkalk hat den kleinen Ort berühmt gemacht. Hier fand man das erste Exemplar des Urvogels Archaeopteryx. Im Bürgermeister-Müller-Museum ist das Original zu sehen. Auch der Lithographie werden Exponate gewidmet. Alois Senefelder erfand um das Jahr 1796 den Steindruck mit Solnhofener Kalkschiefer. Aus karolingischer Zeit stammt die Sola-Basilika, die damit zu den ältesten Zeugnissen christlichen Glaubens in Deutschland gehört. Die Spuren von sieben übereinanderliegenden Kirchen wurden bei den Ausgrabungen gefunden.

④ Pappenheim: Siehe Wanderung 77 A, Seite 316.

⑤ Im Treuchtlinger Ortsteil Graben, wo Altmühl und Rezat nur 2 Kilometer auseinanderliegen, versuchte man schon unter Karl dem Großen vor knapp 1200 Jahren, die Schiffahrt vom Rhein zur Donau mittels eines Kanals zu ermöglichen. An manchen Stellen ist die Fossa Carolina noch gut zu erkennen.

⑥ Die Freie Reichsstadt Weißenburg steht auf dem im Jahre 89 errichteten römischen Kastell

△ Fossa Carolina bei Nagelberg

Biriciana. Ab dem 6. Jahrhundert gab es einen fränkischen Königshof, ab 1296 war der Ort Freie Reichsstadt mit einem großem Mauerring und 38 Türmen. Davon erhalten ist das im 14. Jahrhundert erichtete Ellinger Tor. Den Marktplatz zieren das spätgotische Rathaus von 1476 und der Schweppermannsbrunnen von 1685. Um den Martin-Luther-Platz gruppieren sich die ehemalige Lateinschule von 1581 und die gotische Andreaskirche mit ihrem Langhaus von 1327. Besonders gelungen ist die Brautpforte an der Südseite mit einem Steinrelief im Tympanon. Wichtigste Ausstattungsstücke sind drei spätgotische Altäre mit kostbaren Figuren und Bildtafeln. Das Römermuseum zeigt neben Funden aus der Römerzeit auch solche aus vor- und frühgeschichtlicher Zeit. Die nahe gelegene Wülzburg ist eine mächtige Festungsanlage aus dem 16. Jahrhundert.

⑦ Ellingen war der Residenzort des Deutschherrenordens. Er baute sich bis 1774 die barocke Vierflügelanlage, die heute ein Deutschordens-Museum birgt.

⑧ In Greding ist das alte Stadtbild zusammen mit der Wehrmauer aus dem 14. und 15. Jahrhundert noch recht gut erhalten.

◁ Urvogel Archaeopteryx

△ Eichstätt: die Klosterkirche St. Walburg von 1631

Am Marktplatz steht das fürstbischöfliche Schloß von 1696, das Rathaus von 1699 und das Jägerhaus. In der romanischen Martinskirche sind Fresken aus dem 12. Jahrhundert erhalten. Im Schloß ist heute das Heimatmuseum mit prähistorischer Abteilung untergebracht.

⑨ Kipfenberg: Siehe Wanderung 77 B, Seite 317.

⑩ In Pfünz stand das Römerkastell Vetoniana; seine Grundmauern und das wiederaufgebaute Nordtor sind frei zugänglich. Auf einem Römerlehrpfad erfährt wo man alles Wissenswerte über das Kastell.

Ammoniten sind keine Schnecken

Das Obere Altmühltal ist ein Paradies für alle Fossilienfreunde. Der aufmerksame Wanderer findet Ammoniten im weißen Jurakalk nicht selten am Weg. Der Ammonit war ein Meerestier, das in einem gekammerten Kalkgehäuse lebte, das dem Schneckenhaus ähnlich sieht. Anders als Schnecken lebte es jedoch nur in der vordersten, größten Kammer; wurde diese zu eng, legten die Tiere vorn an der Mündung eine neue Kammer mit größerem Querschnitt an, die sie dann bezogen. Die einstige Wohnkammer wurde mit einer Trennwand zugedeckelt. Nutzlos wurden die leeren Kammern dadurch nicht. Vielmehr ging von der Körpermitte des Tierchens ein feiner Schlauch durch alle Wände bis zurück zur embryonalen Kammer. Durch diesen Schlauch konnte das Tier die Kammern mit Wasser füllen und seinem Gehäuse damit mehr oder weniger Auftrieb geben. Der Ammonit war dadurch in der Lage, in unterschiedliche Meeresschichten zu steigen oder zu sinken und damit seiner Nahrung, dem Plankton, zu folgen.

Tip

Almosmühlquellen südlich von Pfünz: Zwischen Landershofen und Pfünz gibt es einen interessanten Feuchtgebietslehrpfad. Er führt bei der Almosmühle zu einer Felsformation aus überhängendem Dolomit. In der Nähe der Mühle haben sich mehrere Altwasserarme erhalten. Sie sind mit breiten Schilfgürteln gesäumt und bieten Rohrsängern, Rohrammern und Rohrweihen ein Zuhause.

77 A

Wanderung 77 A: 12 Kilometer – 3 Stunden

Hollerstein und Schwedenschanz

Altmühltal

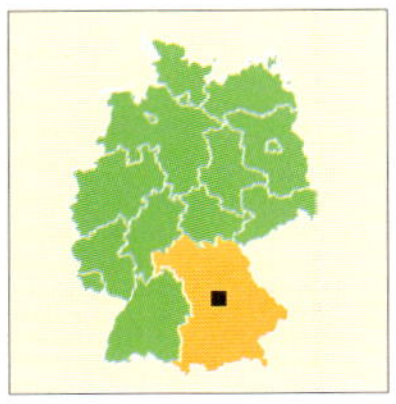

Die Pappenheimer sind spätestens seit Schillers Wallenstein bekannte Leute. Im Dreißigjährigen Krieg nämlich führte der Draufgänger Gottfried von Pappenheim ein kaiserliches Kürassierregiment, mit dem er 1632 in der Schlacht von Lützen unterging. Sein Schloß steht bis heute in Pappenheim über der Altmühl.

△ Pappenheimer Burgruine

Tourverlauf

Nordwärts über die Altmühlbrücke wandert man aus Pappenheim hinaus. ①
Das erste Stück folgt man der Landstraße nach Göhren, bis rechts die Markierung 5 abzweigt. Aus ihr wird kurz darauf die Kennzeichnung 6, die bis zum südlichen Ortsausgang von Göhren und unter den Westhang des Zwieselbergs führt. Hat man ihn auf der Westseite umgangen, trifft man auf die Markierung 7 und folgt ihr nach rechts zum Mittelmarterhof. Etwa 600 Meter westlich des Hofs trifft man auf die Markierung 8 und folgt ihr nach links in den Wald. Ein wieder mit 7 gekennzeichneter Waldweg wird geradeaus gequert, und am nächsten Wegedreieck hält man sich scharf links und folgt der Markierung 9 zum Hollerstein. ②
Für den Rückweg nach Pappenheim folgt man parallel zur Waldgrenze dem Main-Donau-Weg am Hang entlang zu den Drei Linden unterhalb der Schwedenschanze. ③
Von den Drei Linden aus ist Pappenheim bereits in Sicht, der Rückweg ist nicht mehr zu verfehlen.

Sehenswürdigkeiten

① Pappenheim, die Residenz der gleichnamigen Reichsgrafen, wird dominiert von der auf das 11. Jahrhundert zurückgehenden Burg mit ihrem trutzigen Bergfried. Ein tiefer Graben trennt Haupt- und Vorburg, zwei mächtige Gebäude aus dem 15. Jahrhundert, die ihre Kugelschießscharten während des Dreißigjährigen Krieges erhielten. Als den Pappenheimer Herren ihre Burg zu ungastlich wurde, zogen sie 1570 in das im Renaissancestil erbaute Alte Schloß und 1820 schließlich in das von Leo von Klenze errichtete Neue Schloß. Die Reste der Wehranlage beim Oberen Tor stammen aus dem 14. Jahrhundert. Noch auf karolingische Zeit geht der Kern der St.-Gallus-Kirche am Friedhof zurück. Das Patrozinium der Kirche stammt vom Kloster St. Gallen, das im 9. Jahrhundert in der Umgebung von Pappenheim begütert war. In der Kirche gibt es ein sehenswertes Sakramentshäuschen von 1446 und einen gotischen Flügelaltar von 1520. Das Ölbergrelief an der Außenseite entstand zwischen 1450 und 1480. Das 1372 gegründete Augustinerkloster kam 1545 in den Besitz der Grafen von Pappenheim, die ehemalige Klosterkirche ist seit 1700 die Gruftkirche der Grafen. Die 1476 fertiggestellte Pfarrkirche hat einen bunt gedeckten Zeltdachturm. Ihre Ostmauer ist zugleich die Stadtmauer, deshalb gibt es im Chorbereich für Verteidigungszwecke einen Durchgang.
② Der Hollerstein ist ein prächtiger Aussichtsfelsen mit senkrecht abfallenden Kalkwänden und schönem Blick auf Zimmern und das Altmühltal.
③ Die Schwedenschanze nutzten die Schweden im Jahre 1633 als Kanonenbastion, als sie im Verlauf des Dreißigjährigen Krieges die Burg Pappenheim beschossen.

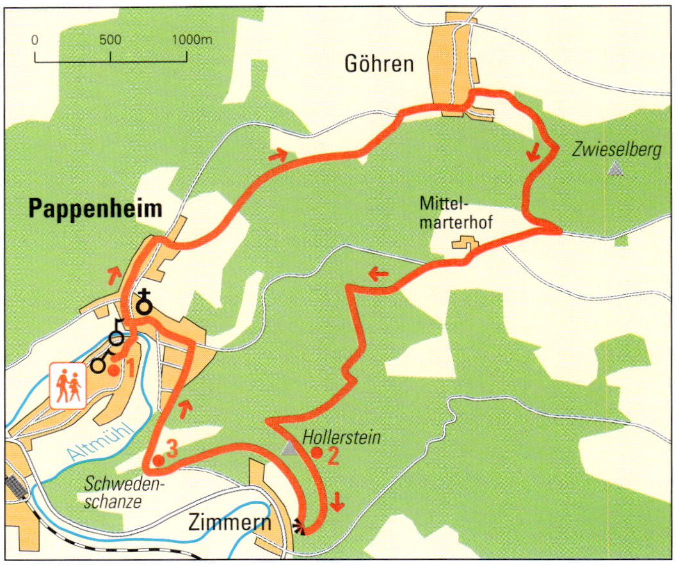

▷ Bohlenweg durchs Schambachried

Tip

Schambachried nordwestlich von Pappenheim: Am Südfuß des Nagelbergs liegt das kleine Naturschutzgebiet Schambachried. In dem Moorgebiet wachsen seltene Pflanzen wie das Wollgras und verschiedene Knabenkrautarten. Die Schilfbestände des Kalkflachmoors bieten nicht nur zahlreichen Enten Lebensraum, sondern auch Sumpfvogelarten wie dem Drosselrohrsänger.

Zur Mitte Bayerns

Kipfenberg im Altmühltal ist zwar nicht die politische, wohl aber die geographische Mitte Bayerns. Hier traf der römische Limes auf die Altmühl, hier gab es ein Römerkastell und zwei mittelalterliche Burgen. Dieser Wandervorschlag verbindet all dies in einem gemütlichen Rundgang.

Altmühltal

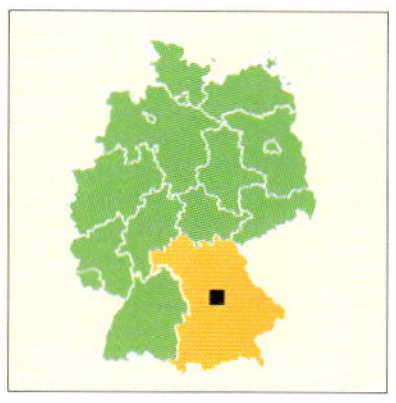

Tourverlauf

Am Mittellauf der Altmühl liegt der Ausgangspunkt zu dieser Wanderung, der Ort Kipfenberg. ①
Vom Marktplatz wandert man über die Försterstraße zur Altmühl und über die Brücke nach links auf die Ziegelleite. Nach etwa 20 Minuten talaufwärts am linken Ufer der Altmühl erreicht man die Böhminger Brücke. Auf ihrer Südseite hält man sich rechts, passiert ein altes Flurkreuz und erreicht das Kirchlein auf dem römischen Kastell. ②
Auf der Südwestseite der Kirche folgt man dem ufernahen Feldweg südwestwärts und erreicht nach knapp 10 Minuten an einer Wegekreuzung die Brücke von Regelmannsbrunn am Fuß des steilen Osthangs des Kersbergs. Zwischen Hang und Altmühl wandert man flußaufwärts, überquert die Unterau und erreicht schließlich den Sportplatz von Arnsberg. Dahinter ermöglicht die Arnsberger Brücke den Flußübergang und damit den Zugang nach Arnsberg. ③
An der Kirche vorbei steigt man hinauf zum Schloß und wandert (Markierung: rotes Kreuz) nordnordostwärts durch den Mischwald und über den Mühlbuck zum Michaelsberg. ④
Über einige Kehren geht es hinunter nach Kipfenberg, wo man zum Schluß noch östlich des Schlosses den geographischen Mittelpunkt Bayerns aufsuchen kann. ⑤

Sehenswürdigkeiten

① Kipfenberg ist eine alte Burgsiedlung am Fuße des Michaelsbergs und der im 12. Jahrhundert entstandenen Burg Kipfenberg. In Kipfenberg querte der römische Limes die Altmühl. Er schlängelte sich westnordwestwärts auf die Hochfläche zwischen den Tälern von Altmühl und Anlauter. Die urkundlich erstmals 1266 belegte Burg Kipfenberg gehörte den Herren von Kropf und kam im 15. Jahrhundert in den Besitz des Eichstätter Bischofs. Die nach der Säkularisation verfallene Anlage wurde zwischen 1914 und 1925 von den privaten Besitzern vorbildlich restauriert. Die Kipfenberger Pfarrkirche stammt aus der zweiten Hälfte des 15. Jahrhundert und hat eine Barockausstattung. Sehenswert ist das Heimatmuseum im Rathaus und das Fasnachtsmuseum im historischen Torwärterhaus.
② Westlich von Böhming, an der Stelle eines römischen Kastells zur Sicherung des Altmühl-Übergangs am Limes, steht heute die kleine Kirche.
③ Die hoch über der Altmühl auf steilem Fels thronende Burg Arnsberg entstand im 13. Jahrhundert und war später Jagdschloß der Eichstätter Bischöfe. Als diese 1652 begannen, ihre Burg Hirschberg oberhalb von Beilngries zum Barockschloß auszubauen, diente Arnsberg als Steinbruch. Erhalten sind noch Reste des Bergfrieds; aus der Vorburg ist inzwischen ein Hotel geworden.
④ Auf dem Michaelsberg gab es schon in vorgeschichtlicher Zeit eine befestigte Fluchtburg der Kelten. Außer den Spuren der alten Wallanlagen beeindruckt vor allem die prächtige Rundsicht über den fränkischen Jura und auf die Talschlingen der Altmühl.
⑤ Den geographischen Mittelpunkt Bayerns markiert ein mächtiger Steinblock mit entsprechender Schrifttafel.

△ *Felshänge im Naturschutzgebiet Arnsberger Leite*

▽ *Landschaft bei Kinding-Enkering nördlich von Kipfenberg*

Tip

Arnsberger Leite: Eine interessante Steppenheide findet sich bei Arnsberg. An den Hängen zwischen den dortigen Felsen gibt es äußerst bemerkenswerte Pflanzengesellschaften. Die oberste Region an der Hangkante ist reine Steppenheide, darunter schließt sich Trespen- und Halbtrockenrasen an, der im Bereich des Hangfußes in Fettwiesen übergeht. Im Trespentrockenrasen gedeihen unter anderem Steifer Augentrost und Knolliger Hahnenfuß, im Halbtrockenrasen Stengellose Kratzdistel und Silberdistel. Prominente Vertreter des Felssteppenrasens sind der Blaue Lattich und das Bergsteinkraut.

78

Autotour 78: 150 Kilometer

Felsen an Altmühl und Donau

Altmühltal

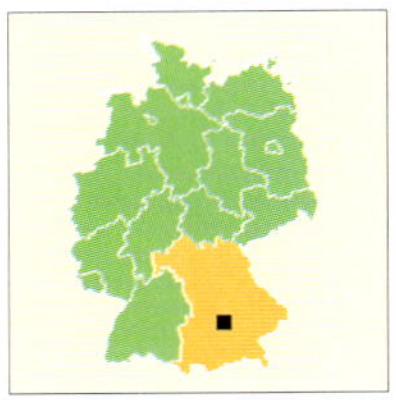

Wo Donau und Altmühl aufeinander zufließen, türmt sich eine von mächtigen Jurakalken geprägte Landschaft. Weite und sanft gewellte Hochflächen bilden hier einen reizvollen Kontrast mit den steilwandigen, von schroffen Felsen gesäumten Duchbruchstälern der beiden Flüsse. Alte Burgen, das Kloster Weltenburg und die ehemalige bayrische Landesfestung Ingolstadt zeugen von großer Kultur.

Tourverlauf

Ausgangs- und Endpunkt dieser Autotour ist Ingolstadt. ①
Von Ingolstadt an der Donau fährt man nordwärts über die Jurahochfläche nach Beilngries im Altmühltal. ②
Der nächste Abschnitt der Fahrt folgt dem Tal der unteren Altmühl; zuerst fährt man nach Dietfurt. ③
Danach folgt Riedenburg. ④
Kurz darauf erreicht man Burg Prunn. ⑤
Nächste Station im Altmühltal ist Essing. ⑥
Schnell erreicht man daraufhin Kelheim. ⑦
Von der Mündung der Altmühl in die Donau fährt man donauaufwärts über Weltenburg nach Eining. ⑧
Danach erreicht man Neustadt an der Donau. ⑨
Letztes Etappenziel vor Ingolstadt ist Vohburg. ⑩

Sehenswürdigkeiten

① Ingolstadt: Siehe Wanderung 78 A, Seite 320.
② Beilngries kam 1015 als »Beilingriez« an den Bischof von Eichstätt, der 1305 auch die Burg Hirschberg über dem Zusammenfluß von Sulz und Altmühl übernahm. Zur Erkundung des hübschen Städtchens zwischen Altmühl und dem Main-Donau-Kanal bummelt man am besten zunächst entlang der alten Stadtmauer mit ihren elf Türmen. In der Altstadt gibt es dann so manches historisch interessante Haus zu entdecken. Auf Schloß Hirschberg hatten die Eichstätter Bischöfe ihre Sommerresidenz eingerichtet. Interessant sind der Kaisersaal mit acht Habsburger Porträis und der Rittersaal mit Decken- und Wandgemälden von Johann Michael Franz.
③ Glanzpunkte im historischen Stadtbild von Dietfurt sind der Marktplatz mit dem »Chinesenbrunnen«, das aus dem 17. Jahrhundert stammende Rathaus und die um 1720 fertiggestellte, barocke Pfarrkirche.
④ Riedenburg liegt malerisch unter den Burgen Rabenstein, Rosenburg und Dachenstein. Während Rabenstein und Dachenstein nur noch Ruinen sind, präsentiert sich die Rosenburg durch Ausbauten des 16. Jahrhunderts als gut erhaltene Anlage, in der Teile aus dem 13. Jahrhundert integriert sind. In der Burg ist heute der Bayerische Jagdfalkenhof mit einem Burg- und Falknereimuseum untergebracht. Im Riedenburger Kristallmuseum ist die größte Bergkristallgruppe der Welt zu bestaunen. Sie bringt rund 8 Tonnen Gewicht auf die Waage und hat ein geschätztes Alter von gut 40 Millionen Jahren.
⑤ Burg Prunn bestand bereits im frühen 11. Jahrhundert. Ende

◁ *Dünen im Dürnbucher Forst südlich von Neustadt an der Dnau*
▷ *Altmühltal bei Riedenburg*

des 13. Jahrhunderts stand der mächtige, quadratische Bergfried mit seinen 3 Meter dicken Bukkelquadermauern. Eine gewisse Berühmtheit erlangte die Burg, als der bayerische Geschichtsschreiber Wiguleus Hundt 1567 auf der Burg eine Handschrift des Nibelungenlieds aus dem 13. Jahrhundert fand.

⑥ Das verträumte, zwischen einem Altarm der Altmühl und einer Felswand eingeklemmte und von der Ruine Randeck gekrönte Essing bietet ein malerisches Ortsbild. In mehreren Höhlen der Umgebung entdeckte man Funde aus der Zeit der Neandertaler. In der mehrstöckigen Klausenhöhle hatten die Menschen der letzten Eiszeit ihren Unterschlupf. Im Kleinen Schulerloch wurde die Darstellung eines Steinbocks entdeckt. Die Felszeichnung stammt aus der Altsteinzeit und ist die bisher einzige ihrer Art in Deutschland.

⑦ Kelheim und Kloster Weltenburg: Siehe Wanderung 78 B, Seite 321.

⑧ In Eining steht das in Bayern wohl am vollständigsten erhaltene römische Kohortenkastell, das unter Kaiser Hadrian hier entstanden war. Wie bei keinem anderen römischen Bauwerk ist hier das einheitliche Bauschema der Kastelle aus der mittleren Kaiserzeit ablesbar. Die rechteckige Anlage war mit einem Erdwall, mit hölzerner Brustwehr und später mit einer über 4 Meter hohen Mauer eingefaßt und nach außen durch mehrere Gräben zusätzlich gesichert. Das Innere war schematisch durch rechtwinklig zueinander liegende Straßen aufgeteilt, die jeweils an den vier Lagertoren endeten. Sie standen in der Mitte jeder Seite und waren mit je zwei Wachttürmen versehen, ebenso die Ecken des Lagers.

⑨ Neustadt an der Donau wurde um 1250 von Herzog Ludwig dem Strengen als »neue Stadt« gegründet. Von der planmäßigen Anlage zeugt bis heute der regelmäßige Grundriß mit langgestrecktem, zentralem Platz, an dem Pfarrkirche und Rathaus die Akzente setzen. Die Pfarrkirche ist eine dreischiffige Halle aus dem 15. Jahrhundert Auch das stattliche Rathaus stammt aus derselben Zeit. Sein Ratssaal enthält eine prächtige, spätgotische Balkendecke.

⑩ Die Grafen von Vohburg kontrollierten von ihrer Burg aus schon im 8. Jahrhundert die Donau. Von ihrer alten Burg sind Teile aus dem 13. Jahrhundert, von der mittelalterlichen Befestigungsanlage das Kleine und das Große Donautor sowie das Auer Tor erhalten.

Der römische Limes

Bei der Eroberung Nordbayerns hatten die Römer westlich der Altmühlmündung keinerlei Schwierigkeiten, zügig nach Norden vorzustoßen. Weiter östlich dagegen gelang ihnen das nur unter großen Anstrengungen und auch jeweils nur für kurze Zeiträume. Die Kampftaktik der Germanen veranlaßte Kaiser Domitianus Augustus »limites« auf einer Länge von 120 Meilen anzulegen. Entlang der somit markierten Grenze entstanden viele kleine Kastelle und zahlreiche Wachtürme, die zunächst aus Holz errichtet wurden. Nach und nach entstand aus diesen ersten Grenzsicherungen der sogenannte Limes zwischen Eining an der Donau und Miltenberg am Main. Kaiser Hadrian (117–138) war es schließlich, der die gesamte Limeslinie mit einer mächtigen Palisade aus Eichenstämmen verstärken ließ. Unter seinem Nachfolger Antoninus Pius (138–161) wurden dann bereits hohe Steinmauern mit Türmen und festen Toren errichtet; die hölzernen Türme wichen mehrstöckigen Steinbauten. Ein gut erhaltenes, knapp zwei Kilometer langes Stück des Limes findet sich heute noch im Hienheimer Forst nördlich von Eining.

◁ *Bad Essing an der Altmühl*

Tip

Pondorfer Bavariabuche: Nordwestlich von Pondorf, am Weg zum Stenzenhof, steht Deutschlands wohl schönste Buche. Sie ist mindestens 500 Jahre, möglicherweise an die 900 Jahre alt, hat einen Stammumfang von 8 Meter und eine Höhe von 24 Meter. Ihre steinpilzförmige Krone hat einen Umfang von 84 Meter. Über Jahrhunderte hat der Baumpatriarch dem rauhen Klima der Jurahochfläche getrotzt und den Stürmen kaum spürbar nachgegeben.

▷ *Pondorfer Bavariabuche*

78 A

Wanderung 78 A: 3 Kilometer – 1 ½ Stunden

Stadtspaziergang in Ingolstadt

Altmühltal

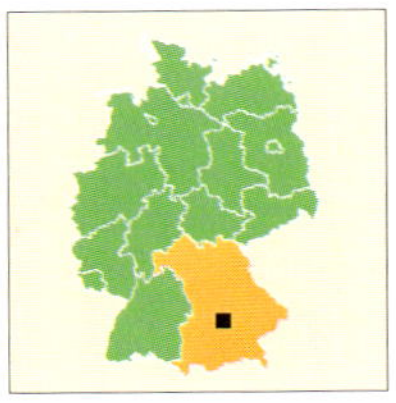

Keine bayrische Stadt war so lange und so stark befestigt wie Ingolstadt. Über sieben Jahrhunderte war sie Festung, ab 1472 bestimmte die Universität für gut drei Jahrhunderte ihre Geschichte. Interessantes gibt es also auf Schritt und Tritt.

Tourverlauf

Zu Beginn dieses Stadtbummels steht man am Rathausplatz mit dem Alten Rathaus. ①
Durch die Hall- und Reiterkasernstraße kommt man zum Neuen Schloß. ②
Beckerstraße, Holzmarkt und Schrannenstraße führen zur Franziskanerkirche. ③
Schräg gegenüber steht die Gnadenthalkapelle. ④
Durch die Johannesstraße gelangt man zu Ingolstadts kunsthistorischem Juwel, der Kirche Santa Maria de Victoria. ⑤
Bummelt man durch die Konviktstraße nach Süden, stößt man auf das Liebfrauenmünster. ⑥
Von der Westseite des Münsters sind es nur noch wenige Schritte bis zum Kreuztor. ⑦
Folgt man nun der mittelalterlichen Stadtgrenze nach Südosten passiert man die Alte Anatomie. ⑧
Schräg gegenüber steht der Taschenturm. ⑨
Taschenturm-, Kanal- und Sauerstraße führen wieder zum Rathausplatz.

Sehenswürdigkeiten

① Das Alte Rathaus ist zwar ein mittelalterlicher Bau, sein Gesicht im Stil der Renaissance erhielt das Haus erst 1882 durch Gabriel von Seidl. Nördlich schließt sich die Moritzkirche an, eine dreischiffige Basilika aus dem 13. und 14. Jahrhundert. Ihr südwestlicher Turm, der sogenannte Pfeifturm, entstand als Stadtturm.

② Das Neue Schloß wurde ab 1418 im Auftrag von Herzog Ludwig dem Gebarteten errichtet. Im gesamten Schloß gibt es schöne Gewölbe, das prächtigste ist ein Sternrippengewölbe im Schönen Saal, das aus einer gewundenen Mittelstütze wächst. Seit 1969 birgt das Schloß das Bayerische Armeemuseum.

③ Die Franziskanerkirche ist eine gotische Basilika aus dem 13. Jahrhundert. Im 18. Jahrhundert wurde sie barockisiert. Ihr prächtiger Hochaltar stammt von 1755. Wer sich für Kulturgeschichte interessiert, kann mehrere Epitaphien des 16. und 17. Jahrhunderts studieren.

④ Die Gnadenthalkapelle ist eine spätgotische Kirche von 1487. Kostbarstes Stück ihrer Ausstattung ist eine Annaselbdritt an der Südwand, ein 1513 geschaffenes Meisterwerk des Künstlers Hans Leinberger.

⑤ Die Kirche Santa Maria de Victoria wurde ab 1732 als Betsaal der Marianischen Studentenkongregation errichtet. 1734 schuf dann Cosmas Damian Asam in nur acht Wochen das große Deckenfresko und verwirklichte damit einen perspektivisch und kompositorisch genial gestalteten Raum. 25 Jahre später wurde durch Einbau eines Altars aus dem Versammlungsraum die Kirche Maria de Victoria. Ihr Prunkstück ist noch heute die Türkenmonstranz des Augsburger Goldschmieds Johann Zeckl. Das 1,23 Meter hohe und über 18 Kilogramm schwere Werk aus Gold und Silber entstand von 1678 an in 30jähriger Arbeit. Dargestellt ist die Seeschlacht von Lepanto.

⑥ Das Liebfrauenmünster ist eine spätgotische, dreischiffige Hallenkriche aus dem 15. und 16. Jahrhundert Der 1572 fertiggestellte Hochaltar besteht aus nicht weniger als 91 Gemälden und ist gut 9 Meter hoch. Als Wandelaltar angelegt, ist er ein Meisterwerk der Frührenaissance.

⑦ Das 1385 errichtete Kreuztor gehört zu der mittelalterlichen Stadtbefestigung.

⑧ Die Alte Anatomie war Teil von Bayerns ältester Universität. Wo einst bahnbrechende Erkenntnisse der Anatomie erarbeitet wurden, zeigt heute das Medizinhistorische Museum Meilensteine der Medizingeschichte.

⑨ Auch der Taschenturm steht innerhalb der Stadtbefestigung und entstand etwa zu selben Zeit wie das Kreuztor.

◁ *Das Neue Schloß in Ingolstadt*
▷ *Griesbadgasse mit Münster*

Tip

Gerolfinger Eichenwald westlich von Ingolstadt: Im Westen von Gerolfing erstreckt sich eine parkartig anmutende Waldlandschaft mit prächtigen Eichenbeständen. Die teilweise uralten Eichen mit Stammumfängen bis zu 8 Meter stehen gruppenweise in sattgrünen Wiesen. Eine besonders mächtige Eiche heißt im Volksmund »Waldvater«. Der lockere Eichenwald erstreckt sich bis hinauf zum Höhenloheberg und bietet im Herbst ein farbenprächtiges Gesamtbild.

Wanderung 78 B: 12 Kilometer – 3 ½ Stunden

Zur Weltenburger Enge

78 B

Eine historische Herzogstadt, die Befreiungshalle, ein keltisches Erzgrubenfeld, Bayerns ältestes Kloster und die schönsten Donaufelsen weit und breit sind die Zutaten einer Wanderung hoch überm Zusammenfluß von Altmühl und Donau.

Altmühltal

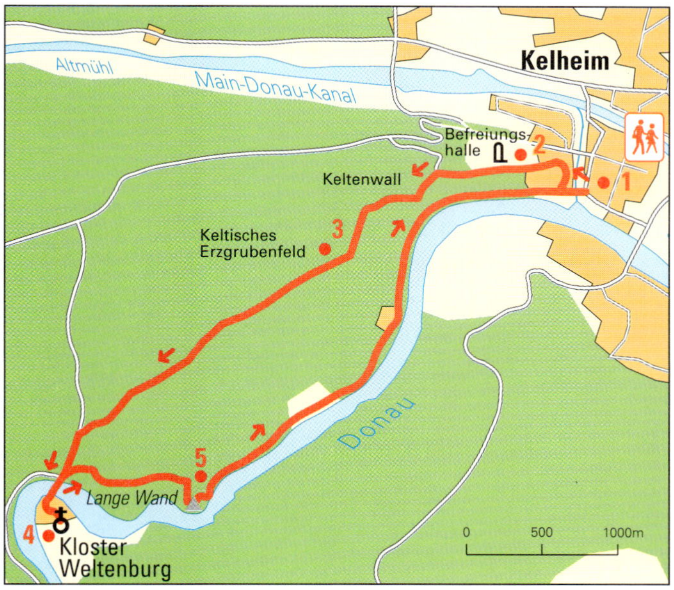

Tourverlauf

Begonnen wird diese Wanderung in der alten Herzogresidenz Kelheim. ①
Vom großen Parkplatz oberhalb der Schiffsanlegestelle folgt man dem mit rotem Rechteck markierten Weg zur Befreiungshalle. ②
Westlich der Befreiungshalle erreicht man den Keltenwall und das Keltische Erzgrubenfeld. ③
Der Wanderweg mündet an der Personenfähre von Weltenburg. Zum Besuch des Klosters muß man sich hier über den Fluß übersetzen lassen. ④
Nach der Rückfahrt über die Donau folgt man der rechts abzweigenden Markierung rotes Dreieck und dem Wegweiser zur Langen Wand. ⑤
Von der Felskanzel wandert man der Donau entlang zurück nach Kelheim. Alternativ kann man auch von Weltenburg aus mit dem Schiff durch den Donaudurchbruch zurück nach Kelheim fahren.

Sehenswürdigkeiten

① Das 866 erstmals als »Cheleheim« beurkundete Kelheim bietet bis heute das Bild einer historischen Herzogstadt mit drei Toren und zwei sich kreuzenden Platzstraßen. Zustande kam dies, als die Wittelsbacher 1180 Kelheim zu ihrer ersten Residenz gemacht hatten und die Stadt deshalb planmäßig auszubauen begannen. Aus dieser Zeit stammt auch der mächtige, mittelalterliche Herzogskasten, in dem heute das Archäologische Museum untergebracht ist. Aus dem späten Mittelalter ist die gotische Pfarrkirche erhalten. Die Spitalkirche entstand ab 1231 an der Stelle, wo Herzog Ludwig der Kelheimer ermordet wurde. In der Fischervorstadt unterhalb des Michelsbergs kann man in der aus dem 12. Jahrhundert stammenden romanischen Michaelskirche noch Reste von Wandmalereien aus der Bauzeit entdecken.

② Die Befreiungshalle am Kelheimer Michelsberg entstand im Auftrag von König Ludwig I. zur Erinnerung an die Befreiungskriege gegen Kaiser Napoleon. Baumeister war Ludwigs Hofarchitekt Leo von Klenze, der einen 45 Meter hohen Rundtempel römischen Stils auf den Berg setzte. Eingeweiht wurde die Befreiungshalle am 50. Jahrestag der Leipziger Schlacht, am 18. Oktober 1863.

③ Auf dem Michelsberg bauten die Kelten in einem 600 Hektar einfassenden Wall ihre Stadt Alkimoennis. Im westlich anschließenden Wald hatten sie Erzgruben ausgebeutet und das gewonnene Eisen auch verhüttet. Im Kelheimer Museum sind Beispiele ihrer Produktion zu sehen.

④ Das Kloster Weltenburg wurde bereits im Jahre 617 gegründet und ist damit das älteste Kloster Bayerns. Nach wechselvoller Geschichte wurde es ab 1713 von Abt Maurus II. neu belebt. Er berief den erst 29 Jahre alten Maler Cosmas Damian Asam zum Architekten des geplanten Klosterneubaus. Zu seinem Gehilfen nahm dieser seinen jüngeren Bruder, den gerade 23 Jahre alten Egid Quirin Asam. In nur 20 Jahren schufen sie mit einer Kirchenkuppel, die das himmlische Jerusalem in unendlicher Weite und Irrealität vorführt, ein ideales »theatrum sacrum« in bayrisch-weltlicher Perfektion.

⑤ Vom Aussichtspunkt auf der Langen Wand gegenüber von Kloster Weltenburg, präsentiert sich der Donaudurchbruch aufs schönste. Hier ragen die Jurafelsen unmittelbar aus dem Wasser senkrecht empor und drängen die Donau teilweise auf weniger als 70 Meter Breite zusammen.

△ *Die Weltenburger Enge bei Kelheim*

◁ *Befreiungshalle am Michelsberg*

Tip

Großes Schulerloch westlich von Kelheim: Die älteste und zugleich größte Sehenswürdigkeit am unteren Teil der Altmühl ist ein Werk der Urdonau, das Schulerloch, eine interessante Tropfsteinhöhle. Wegen zahlreicher vorgeschichtlicher Funde hat sie eine besondere Bedeutung für die Wissenschaft. Hunderte von Tierknochen und über 2500 Steinwerkzeuge wurden hier entdeckt. Vermutlich war die Höhle schon zu Beginn der letzten Eiszeit bewohnt.

79

Autotour 79: 180 Kilometer

Römisches in Niederbayern

Gäuboden

Das flache Land zwischen Donau und Isar, zwischen Regensburg und Landshut macht scheinbar wenig Aufhebens. Historische Nachsuche offenbart, daß Regensburg ab dem 6. Jahrhundert die erste bayrische Hauptstadt war, daß in Landshut einst die bayrischen Herzöge ihre Residenz hatten und von der »Landeshut« aus ein Niederbayern regierten, aus dem nach und nach der heutige Freistaat wurde. Die Fahrt um den Gäuboden ist deshalb eine Reise durch die bayrische Geschichte.

Tourverlauf

Diese Autotour beginnt an der Donau im zweitausendjährigen Regensburg. ①
Zunächst geht es am linken Ufer flußabwärts ins benachbarte Donaustauf. ②
Danach fährt man weiter ostwärts nach Wörth. ③
Nächster Etappenpunkt ist Straubing. ④
In Straubing verläßt man die Donau und fährt durch den Gäuboden südwärts nach Dingolfing. ⑤
Entlang des rechten Ufers der Isar gelangt man nach Niederviehbach. ⑥
Danach steuert man Landshut an. ⑦
Ein kleiner Umweg, zumal man dann über die A 92 bei der Ausfahrt Landshut–Essenbach den direkten Anschluß an die B 15 erhält, lohnt sich ins westlich gelegene Altdorf. ⑧
Nächste Station ist Essenbach. ⑨
In Neufahrn in Niederbayern biegt man rechts ab, um nach Mallersdorf zu kommen. ⑩
Auf Landstraßen und der B 15 fährt man kurz darauf wieder in Regensburg ein.

Sehenswürdigkeiten

① Regensburg: Siehe Wanderung 79 A, Seite 324.
② Von der Donaustaufer Burg aus wurde jahrhundertelang der Donauverkehr und damit auch der Verkehr von und nach Regensburg kontrolliert. Entsprechend umstritten war die Burg zwischen den Herzögen von

▽ *Stadtplatz in Straubing*

Bayern und dem Bischof von Regensburg. Erhalten sind Reste des Palas, des Torturms und der Kapelle. Wenig stromabwärts thront in beherrschender Höhenlage die von König Ludwig I. gestiftete Walhalla. Leo von Klenze errichtete den Bau in Form eines griechischen Tempels

Der Gäuboden in Niederbayern

Der Gäuboden, die im Norden von den Bergen des Bayerischen Waldes, im Süden vom niederbayerischen Hügelland begrenzte fruchtbare Ebene zwischen Regensburg und Passau, wurde seit jeher für Ackerbau und Viehzucht genutzt. Kelten, Römer und schließlich Bajuwaren haten hier eine Kornkammer entdeckt, die zu allen Zeiten Wohlstand brachte. Hatten die Römer ihren Reichtum noch in Paraderüstungen, Bronzestatuetten und kostbaren Gesichtsmasken dokumentiert, so legten die mittelalterlichen Bayern in Straubing, dem Zentrum des Gäubodens, ihren Reichtum hauptsächlich in stattlichen Bürgerhäusern an. Was da so alles an Bürgerpracht entstanden war, zeigt das Modell der mittelalterlichen Stadt des Straubinger Drechslers Jakob Sandtner aus dem Jahre 1568. Den besten Zugang zur Kulturgeschichte des Gäubodens bietet das in zwei ehemaligen Adelshäusern an der Fraunhoferstraße 9 in Straubing untergebrachte Gäubodenmuseum mit seiner umfangreichen Sammlung zur Vor- und Frühgeschichte sowie zur Kulturgeschichte der Stadt. Glanzpunkt der Ausstellung ist der Straubinger Römerschatz, der 1950 bei der Ausschachtung einer Wohnanlage gefunden wurde.

bis 1841. Gewidmet ist die Ruhmeshalle verdienten Deutschen, die als Marmorbüsten hier verewigt sind.

③ In Wörth gab es schon in der zweiten Hälfte des 8. Jahrhunderts ein Benediktinerkloster, später eine Burg. Von ihr stammt noch der massige Bergfried, die übrigen Anlagen kamen im 16. Jahrhundert dazu.

④ Straubing entstand auf dem Boden des Römerlagers Sorviodurum. Daraus wurde im 6. Jahrhundert das bajuwarische Strupinga und ab 1218 unter Herzog Ludwig dem Kelheimer das heutige Straubing mit seinem großen Straßenplatz, in dessen Mitte das spätgotische Rathaus mit seinem markanten Stadtturm aus dem 14. Jahrhundert steht. Wichtigste Sehenswürdigkeiten sind die aus dem 15. Jahrhundert stammende und 1710 barockisierte Kirche der Karmeliten, die von den Brüdern Asam ausgestattete Rokokokirche der Ursulinerinnen von 1738 und nicht zuletzt die im 12. Jahrhundert entstandene, romanische Peterskirche.

⑤ In Dingolfing gab es schon im 6. Jahrhundert einen Herzogshof, daraus wuchs die Unterstadt. Weil diese dem Regensburger Emmeramskloster gehörte, errichteten die Wittelsbacher Herzöge oberhalb eine eigene, befestigte Siedlung, aus der sich die Oberstadt entwickelte. Die Pfarrkirche wurde um 1485 als dreischiffige Hallenkirche fertiggestellt. Das Herzoghaus aus dem späten 15. Jahrhundert ist ein rechteckiger Backsteinbau mit spätgotischem Stufengiebel. Von der alten Stadtbefestigung sind einzelne Tore und Türme aus dem 16. Jahrhundert erhalten.

⑥ Das ehemalige Augustinerinnenkloster Niederviehbach wurde 1296 von den Wittelsbacher Herzögen gestiftet und reich dotiert. Die Klosterkirche aus dem 14. Jahrhundert wurde im 18. Jahrhundert aber weitgehend umgearbeitet. Nur der Chor strahlt noch den Geist des 14. Jahrhunderts aus. Die Ausstattung stammt aus der Zeit um 1755 und präsentiert sich als angenehmes Rokoko. Im Hochaltar integriert ist eine steinerne Madonna aus der Zeit um 1400.

⑦ Landshut: Siehe Wanderung 79 B, Seite 325.

⑧ Die Altdorfer Pfarrkirche ist ein spätgotischer Hallenbau aus der ersten Hälfte des 15. Jahrhunderts Ihr kostbarstes Ausstattungsstück ist die hervorragend gearbeitete, spätgotische Muttergottes von 1520 in der Mitte des Hochaltars.

△ *Isarauenlandschaft bei Landshut*

⑨ Die frühgotische Wallfahrtskirche St. Wolfgang in Essenbach birgt umfangreiche Fresken aus dem 15. Jahrhundert.

⑩ Das ehemalige Benediktinerkloster Mallersdorf wurde im Jahre 1109 gegründet, 1803 aufgelöst und 1869 an Franziskanerinnen übergeben. Die Klosterkirche wurde 1164 begonnen und 1177 erstmals geweiht. Die heutige emporenlose Wandpfeileranlage wurde 1741 fertiggestellt. Bis 1792 kam die überreiche Rokokoausstattung dazu. Noch aus der Romanik stammt das Mitte des 13. Jahrhunderts gearbeitete Portal, das mit figürlichen Darstellungen und Flechtbandschmuck verziert ist. Das Langhaus der Kirche ist mit Stuck und Fresken reich ausgestattet. Absoluter Höhepunkt aber ist der von Ignaz Günther mit Schnitzfiguren ausgestattete, 1768 vollendete Hochaltar.

Tip

Der Bogenberg östlich von Straubing: Mit seinen 116 Metern Höhe über der Donau ist der Bogenberg als äußerster Ausläufer des Vorderen Bayerischen Walds seit Urzeiten eine eindrucksvolle Landmarke. Der »heilige Berg von Niederbayern« trug vorgeschichtliche Siedlungen, Burgen, Einsiedeleien, und seit 1104 ist er sogar Wallfahrtsstätte. An seinem Süd- und Südwesthang herrscht ein besonderes Kleinklima, in dem pontische Pflanzen, also solche mit Verbreitungsschwerpunkt im Schwarzmeergebiet, wachsen. In dieser Steppenheide gedeihen zum Beispiel der Regensburger Geißklee, das Straußgras und krüppelwüchsige Bäume.

▽ *Ruhmestempel Walhalla über der Donau*

▽ *Wörth an der Donau mit seiner Burg*

79 A

Wanderung 79 A: 4 Kilometer – 4 Stunden

Rundgang in Regensburg

Kaum eine andere deutsche Stadt hat eine solche Fülle sakraler und profaner Baudenkmäler aus dem hohen Mittelalter zu bieten wie Regensburg. Unter den Agilolfingern, Karolingern, Ottonen und Welfen war die Stadt Herzogssitz, Fernhandelszentrum und im 11. Jahrhundert größte Stadt Deutschlands.

Gäuboden

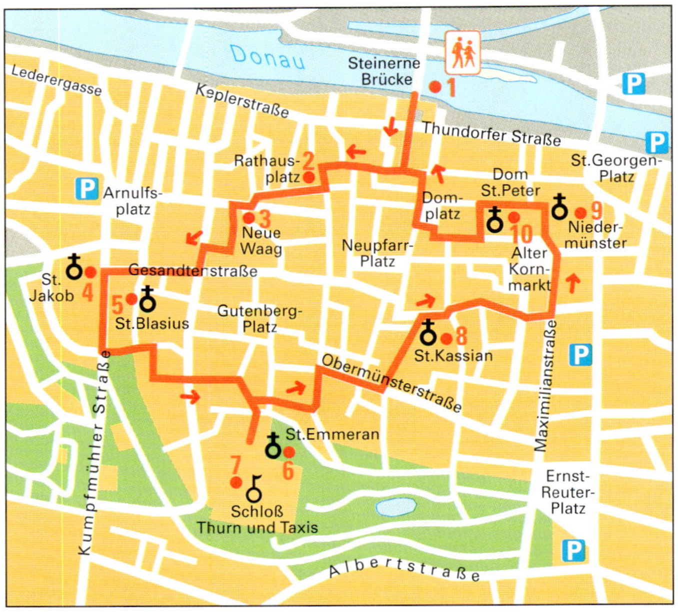

Tourverlauf

Ein schöner Ausgangspunkt für diesen Rundgang ist die Steinerne Brücke. ①
Von ihr geht man durch die Brücken- und Goliathstraße zum Kohlenmarkt und zum Rathausplatz mit dem Alten und dem Neuen Rathaus. ②
In der Fortsetzung des Rathausplatzes, am Haidplatz, steht die Neue Waage. ③
Über die Krebsgasse und die Gesandtenstraße erreicht man den Albertus-Magnus-Platz mit der Schottenkirche St. Jakob. ④
Hier steht ebenfalls die ehemalige Dominikanerkirche St. Blasius. ⑤
Folgt man der Kumpfmühlerstraße, dem Wiesenmeierweg und der Marschallstraße erreicht man den Emmeramsplatz und die St.-Emmeram-Kirche. ⑥
Unweit davon erhebt sich das fürstliche Schloß Thurn und Taxis. ⑦
Obere Bachgasse, Obermünsterstraße und Malergasse führen zur St.-Kassians-Kirche. ⑧
Östlich des Doms findet sich das Niedermünster. ⑨
Letztes Ziel dieses Stadtrundgangs ist der Dom. ⑩

Sehenswürdigkeiten

① Die Steinerne Brücke ist mit ihren 16 Bögen auf 300 Meter Länge der älteste Brückenbau Deutschlands und eine der größten technischen Leistungen des Mittelalters. Mit ihrem Bau wurde 1135 begonnen, die Bauzeit betrug acht Jahre. Südlich der Brücke steht mit dem Brückentor aus dem 14. Jahrhundert der letzte der ursprünglich drei Brückentürme. Östlich unterhalb der Brücke duckt sich die Wurstkuchl von 1616, eine der ältesten Gaststätten Bayerns.
② Das Alte Rathaus stammt aus 14., seine Ausmalung aus dem 16. Jahrhundert. Es zählt zu den schönsten gotischen Rathäusern Deutschlands. In seinem Obergeschoß tagte von 1663 bis 1806 der Immerwährende Reichstag. Hier ist das Reichstagsmuseum untergebracht. Das Neue Rathaus ist eine Vierflügelanlage von 1661.
③ Die Neue Waag wurde im 15. Jahrhundert als Stadtwaage errichtet. Der Turm geht teilweise auf das 13. Jahrhundert zurück. Die Vierflügelanlage besitzt einen schönen Arkadenhof.
④ Die Schottenkirche St. Jakob ist eine dreischiffige, romanische Basilika aus der Zeit zwischen 1150 und 1200. Da sie nahezu unverändert erhalten ist, gilt sie als besonders eindrucksvolles Zeitzeugnis. Ihr Nordportal ist eines der wichtigsten Denkmale romanischer Plastik in Bayern.
⑤ Die ehemalige Dominikanerkirche St. Blasius zählt zu den frühesten gotischen Kirchenbauten Deutschlands. Vollendet war ihr Bau bereits um 1300. Ihr Inneres beeindruckt mit einem schönen Kreuzgewölbe. Das Chorgestühl stammt aus dem 15. Jahrhundert, die Schutzmantelmadonna aus der Zeit um 1500.
⑥ Die ehemalige Benediktinerklosterkirche St. Emmeram geht auf die Gründung des Klosters im 8. Jahrhundert zurück. Ihr ältester Teil ist die um 740 entstandene Krypta. Hinter dem zweigeschossigen frühgotischen Doppelportal aus der Zeit um 1250 folgt die ab 1166 errichtete Vorhalle. Die dort angebrachten Steinreliefs sind die ältesten deutschen Großplastiken. Die Basilika wurde bis 1733 von den Gebrüdern Asam barockisiert.
⑦ Die ehemaligen Klosterbauten wurden von den Fürsten von Thurn und Taxis unter Beibehaltung der alten Bausubstanz zur Residenz erweitert. Glanzstücke sind der Kreuzgang aus dem 13. Jahrhundert und die Hofbibliothek. Das Schloß kann besichtigt werden.
⑧ Die spätgotische St.-Kassians-Kirche wurde 1477 vollendet, barockisiert wurde sie bis 1760. Die »Schöne Maria« und die Figur des heiligen Kassian sind spätgotische Meisterwerke der Schnitzkunst.
⑨ Das Niedermünster ist eine romanische dreischiffige Basilika aus dem 12. Jahrhundert Sie birgt Wandmalereien aus der zweiten Hälfte des 12. Jahrhunderts sowie Fresken aus dem frühen 16. Jahrhundert.
⑩ Der um 1250 begonnene Dom ist eine dreischiffige Pfeilerbasilika, die im wesentlichen bis 1525 fertiggestellt wurde. Das Innere des Domes präsentiert sich als der wohl schönste hochgotische Raum ganz Bayerns.

Tip

Tegernheimer Schlucht östlich von Regensburg: Im Regensburger Raum erreicht die Donau nicht nur den nördlichsten Punkt ihres fast 3000 Kilometer langen Laufs. Hier liegt auch eine einzigartige Nahtstelle süddeutscher Landschaften. Sie begegnen sich an markanten tektonischen Strukturlinien, deren Aufeinandertreffen beim Südausgang der Tegernheimer Schlucht östlich von Regensburg zu finden ist. Hier treffen das kristalline Grundgebirge des Bayerischen Walds, das Stufenland der Fränkischen Alb und das Alpenvorland zusammen.

▷ *Der Dom zu Regensburg, das Wahrzeichen der Stadt*

▷ *Renaissanceportal des Alten Rathauses in Regensburg*

Wanderung 79 B: 3 Kilometer – 3 Stunden

Bummel in Landshut

79 B

Landshut an der Isar ist die Stadt der Wittelsbacher. Gegründet wurde sie von Ludwig dem Kelheimer im Jahre 1204 zur Sicherung der Brücke über die Isar im Verlauf des Handelswegs zwischen Burghausen und Regensburg. Im selben Jahr noch wurde mit dem Bau der Burg Trausnitz begonnen, die »Landeshut« bis 1543.

Gäuboden

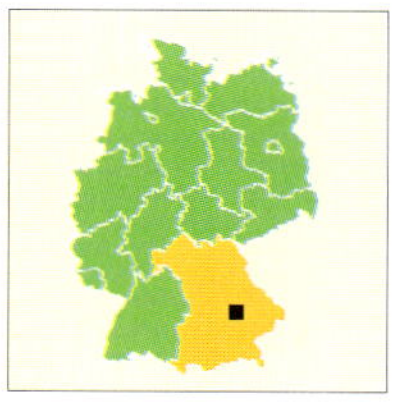

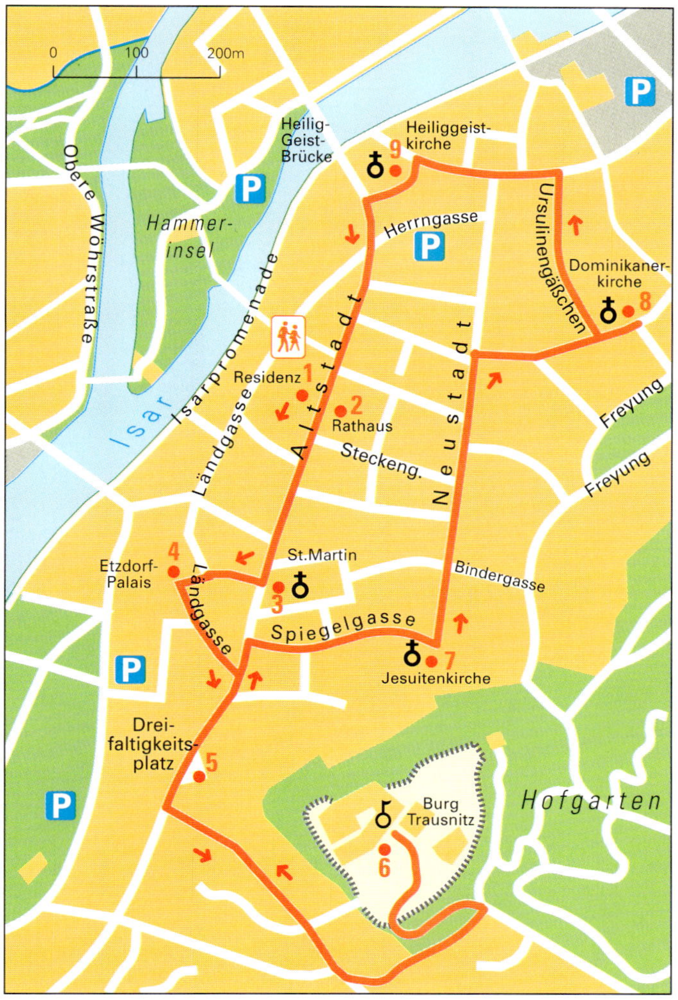

Tourverlauf

Das Zentrum der Landshuter Altstadt ist die Residenz. ①
Schräg gegenüber steht das Rathaus. ②
Südwärts spaziert man zur Stadtkirche St. Martin. ③
Wenige Schritte westlich von St. Martin findet sich in der Ländgasse das Etzdorf-Palais. ④
Danach geht es gemütlich weiter zum Dreifaltigkeitsplatz. ⑤
Über die Alte Bergstraße, das Burghauser Tor und den Königsweg erfolgt der Anstieg zur Burg Trausnitz. ⑥
Nach dem Hinabgang auf dem gleichen Weg biegt man vor St. Martin nach rechts in die Spiegelgasse zur Jesuitenkirche ein ⑦
Durch die Neustadt und die Regierungsstraße kommt man zur Dominikanerkirche. ⑧
Über den Bischof-Sailer-Platz erreicht man schließlich die Heiliggeistkirche. ⑨
In südlicher Richtung gelangt man wieder zurück zur Residenz.

◁ *St. Martin mit dem grazilen Turm*

Sehenswürdigkeiten

① Die Residenz im Zentrum der Altstadt besteht aus zwei Teilen: dem Deutschen Bau und dem Italienischen Bau, beide 1536 begonnen. Der Italienische Bau entstand als erster Renaissancepalast nördlich der Alpen im italienischen Stil nach dem Vorbild des Palazzo del Tè in Mantua. In ihm sind neben dem Italienischen Saal mehrere Prunkräume erhalten. Der Deutsche Bau wurde 1780 in seine klassizistische Form gebracht.
② Das Rathaus stammt aus dem 14. Jahrhundert, hat einen Renaissance-Erker von 1580 und eine neugotische Fassade von 1860. Im Prunksaal findet sich ein Gemäldezyklus zur Fürstenhochzeit.
③ Die spätgotische Hallenkirche St. Martin entstand zwischen 1380 und 1500. Ihr 131 Meter hoher Turm ist der höchste Backsteinturm der Welt. Das Innere wartet mit Kostbarkeiten auf: Der Hochaltar mit Sakramentshaus stammt von 1424, das Kruzifix im Chor von 1495. Die Muttergottes von Hans Leinberger entstand ebenso um 1520 wie das vom selben Meister geschaffene Sandsteinepitaph »Krönung Mariens«.
④ Das Etzdorf-Palais ist ein Barockbau aus der Zeit um 1750. Seine Fassade wurde von Johann Baptist Zimmermann mit dem feinen Stuck im Rokokostil überzogen.
⑤ Im Süden des Dreifaltigkeitsplatzes stand bis 1874 das Münchner Tor als südliche Stadtgrenze. Der mächtige, gotische Zehntstadl auf der Ostseite stammt von 1470, das Denkmal in der Mitte erinnert an Herzog Ludwig den Reichen.
⑥ Die Burg Trausnitz wurde als Schloß Landshut ab 1204 errichtet. Aus dieser Zeit stammen der Turm, der Fürstenbau, die Dürnitz und die Schloßkapelle. Im 15. Jahrhundert wurden die Befestigungen und der Palas erweitert, bis 1578 kamen der Renaissanceinnenhof mit seinen Laubengängen sowie die Malereien der Narrentreppe von Alessandro Scalzi dazu. In der Burgkapelle sind Altäre und ein Sakramentshaus aus dem 15. Jahrhundert erhalten.
⑦ Die Jesuitenkirche St. Ignazius ist eine einschiffige Emporenkirche, die 1641 im Stil der Spätrenaissance fertiggestellt wurde. Der weiße Stuck des Innenraums stammt von Matthias Schmuzer.

△ *Burg Trausnitz*

⑧ Die Dominikanerkirche St. Blasius wurde 1271 begonnen und 1386 fertiggestellt. Ausgestaltet im Stil des Rokoko wurde sie von Johann Baptist Zimmermann.
⑨ Die spätgotische Heiliggeistkirche von 1461 bildet den städtebaulichen Gegenpol zu St. Martin.

Tip

Landhuter Isarauen: Das bei Landshut etwa 4 Kilometer breite und rund 100 Meter in das Hügelland eingetiefte Talbett der Isar war bis in die zweite Hälfte des 19. Jahrhunderts hinein regelmäßiger Schauplatz von Überschwemmungen. Zwar hatten die Erbauer von Altlandshut die Verästelungen des Flußbetts geschickt zur Verstärkung der Verteidigungsanlagen der Stadt genutzt, doch als Folge davon war die Stadt von Hochwasser bedroht. Zwischen 1948 und 1955 wurde eine Flutmulde gebaut, die um die Stadt führt. Die Regulierung der Isar verursachte ein Sinken des Grundwasserspiegels und führte damit zu einem Austrocknen des Auwaldes, der zu den wichtigsten Feuchtgebieten gehört. Artenreiche Auwälder haben sich vor allem westlich von Landshut zwischen den Hochwasserdämmen unterhalb des Schloßbergs (zwischen Hofham und Achdorf) erhalten.

80

Autotour 80: 140 Kilometer

Um den Großen Arber

Bayerischer Wald

Der Bayerische Wald ist zusammen mit dem Böhmerwald das größte zusammenhängende Waldgebiet Mitteleuropas. Trotz vieler Rodungen ist diese Gegend auf weiten Strecken noch ziemlich unberührt. Höhepunkt seiner ausgedehnten Kammregion ist mit 1457 Meter der Große Arber, der damit der höchste Gipfel des gesamten bayerisch-böhmischen Grenzgebirges ist. Wer die wilde Urtümlichkeit dieser Landschaft erleben möchte, sollte diesem Tourenvorschlag folgen.

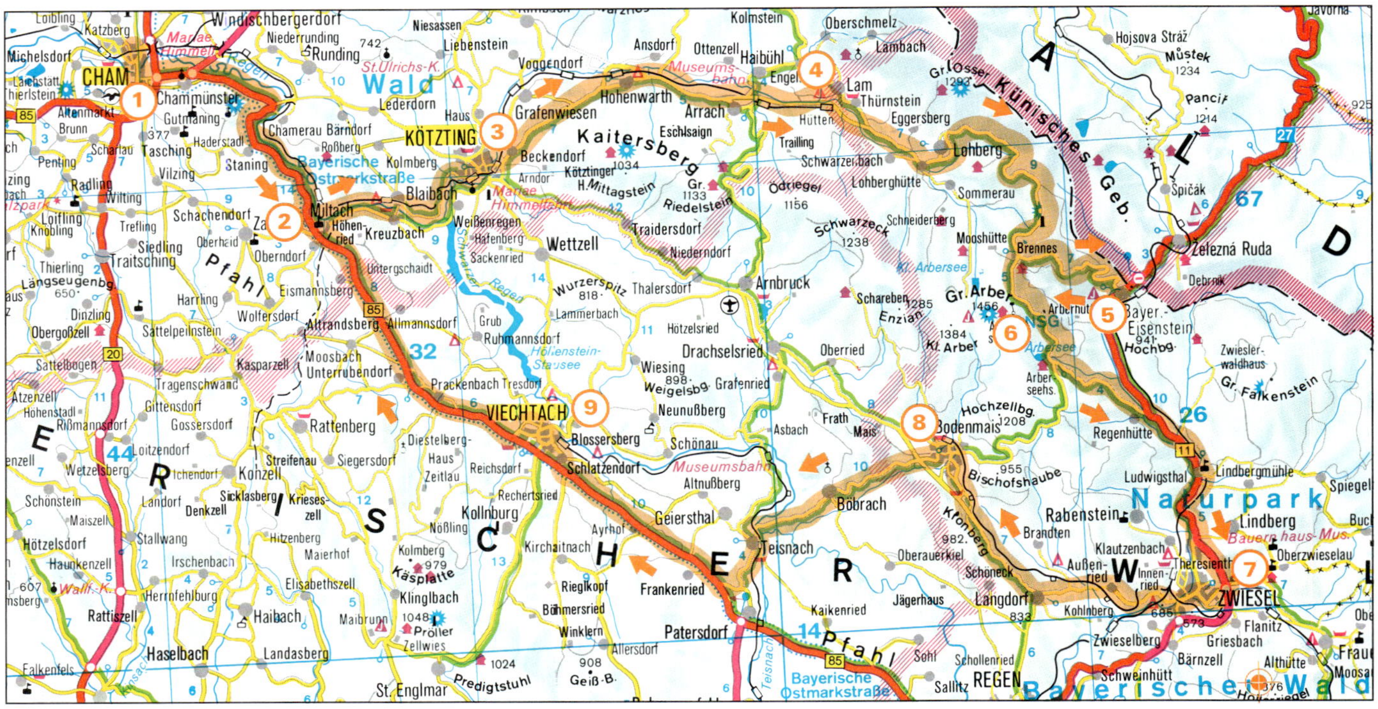

Tourverlauf

Startort ist das tausendjährige Cham im Tal des Regens. ①
Ihm folgt man talaufwärts über die B 85 nach Miltach. ②
In Miltach zweigt man von der B 85 nach Kötzting ab. ③
Man passiert den Kaitersberg und erreicht Lam. ④
Auf der Höhe von Brennes sollte man den Abstecher nach Bayerisch-Eisenstein nicht versäumen. ⑤
An seiner Ostseite bietet die Seilbahn eine Auffahrt zum Großen Arber. ⑥
Nächstes Ziel ist die Glasstadt Zwiesel. ⑦
Noch einmal über die Südhänge des Großen Arbers führt die Fahrt nach Bodenmais. ⑧
Über Teisnach erreicht man wieder die B 85 und auf ihr – vor der Rückfahrt nach Cham – Viechtach. ⑨

Sehenswürdigkeiten

① Auf dem Boden von Cham gab es schon im 10. Jahrhundert die Reichsburg Camma. Sie war das Zentrum des »Chambriches«, des Königslands am oberen Regen und Sitz des Markgrafen von Cham-Vohburg. Im Jahre 1204 übernahmen hier die Wittelsbacher die Herrschaft. Herzog Ludwig der Kelheimer gründete um 1220 das heutige Cham am Fuße des Burgbergs. Vom mittelalterlichen Cham sind noch das Biertor und der Straubinger Turm, beide aus dem 14. Jahrhundert, als Teile der Stadtbefestigung erhalten. Den Marktplatz ziert das im Kern spätgotische Rathaus aus dem 15. Jahrhundert mit neugotischer Erweiterung. Es prunkt mit einem Stufengiebel und einer Uhr mit Tierkreiszeichen. Die Pfarrkirche St. Jakob geht auf das 13. Jahrhundert zurück, wurde in der Bausubstanz im 15. Jahrhundert fertiggestellt und bis 1750 barockisiert. Auch die spätgotische Spitalkirche von 1514 wurde etwa zur gleichen Zeit barockisiert. Das Cordonhaus ist ein Renaissancebau aus dem 16. Jahrhundert; hier ist heute das Heimatmuseum zu finden. Im östlich gelegenen Chammünster war bereits 748 eine Benediktinerabtei gegründet worden. Die ehemalige Kloster- und heutige Pfarrkirche stammt im Chor aus dem 13. und im Langhaus aus dem 15. Jahrhundert. Ihre Barockausstattung gipfelt in einem üppigen Hochaltar aus dem 18. Jahrhundert. Interessant ist im Untergeschoß die Friedhofskapelle aus der Zeit um 1400. Der romanische Karner wurde sogar schon im 12. Jahrhundert gebaut. Aus dieser Zeit stammen zwei Taufbecken. Das etwas ältere zeigt im Relief Christus und die Apostel, das etwas jüngere hat eine seltene Eiform.
② Das Miltacher Schloß läßt die Biedermeierzeit in original eingerichteten Räumen wieder lebendig werden. Dazu gibt es eine Ausstellung handbedruckten Leinens sowie eine Töpferei.
③ Kötzting war einst Stiftungsgut des Klosters Rott am Inn und besitzt noch heute unmittelbar am Weißen Regen eine intakte

◁ *Schnupftabak-Flaschen im Glasmuseum Frauenau*

Kirchenburg, bestehend aus dem Schloß, der Pfarrkirche, der Kapelle St. Anna und dem bewehrten Friedhof. Im »Schloß« residierten einst die adligen Pfleger des Klosters Rott. Das Langhaus der Pfarrkirche wurde 1738, ihr Chor samt Turm 1790 fertiggestellt. Ihre Altäre präsentieren schönstes Rokoko. Über dem Zusammenfluß von Weißem und Schwarzem Regen thront die Wallfahrtskirche Weißenregen. Gebaut wurde sie um 1750, ausgestattet ist sie im Stil des Rokoko. Ihr Glanzstück ist die Fischerkanzel mit der Darstellung des Fischzugs Petri.

Ein Wald und das Glas

Seit gut 600 Jahren wird im Bayerischen Wald Glas hergestellt. Weil Holz der wichtigste Brennstoff für seine Produktion war, bot sich das Land zwischen Furth und Passau mit seinen dichten Wäldern geradezu an. Man produzierte Glasperlen, Fenster und Butzenscheiben sowie Trinkgläser, die unter dem Begriff »Waldglas« bekannt waren. Mit Pferdefuhrwerken kam die Ware in die umliegenden Städte auf die Märkte. Bereits 1471 erhielt Zwiesel als Mittelpunkt der Glasmacherei im Bayerisch-Böhmischen Wald das Marktrecht. Bis heute ist der Ort mit seinen Fabriken, Werkstätten und der Staatlichen Fachschule für Glas das Zentrum der Glasproduktion im Bayerischen Wald. Im östlich von Zwiesel gelegenen Frauenau gibt es das Glasmuseum des Bayerischen Walds. Es präsentiert mit Gläsern aus drei Jahrtausenden die informativste Glasdarstellung Europas. Das Museum zeigt historisches Glas ebenso wie moderne Glaskunst und gibt Einblicke in die Technologie dieses Werkstoffs. Die Fülle der wohlgeordneten Ausstellungsstücke vermittelt vor allem ein Gefühl dafür, daß sich Kultur und Ausdruck jeder Epoche in Form und Dekor der Gläser widerspiegelt.

△ *Inneres der Pfarrkirche St. Jakob in Cham*

④ Im Lamer Winkel lebte man jahrhundertelang vom Erzabbau und der Glasproduktion. Die barocke Pfarrkirche St. Ulrich wurde 1699 fertiggestellt. Zu sehen gibt es außerdem ein Bergbaumuseum und eine Mineraliensammlung.
⑤ Bayerisch-Eisenstein liegt an einem im 11. Jahrhundert als Saumpfad nach Böhmen angelegten Handelsweg. Grundherren wurden hier im 19. Jahrhundert die Fürsten von Hohenzollern-Sigmaringen, die 1908 die Pfarrkirche stifteten. Sie birgt einen barocken Seitenaltar aus dem ausgehenden 17. Jahrhundert
⑥ Großer Arber: Siehe Wanderung 80 A, Seite 328.
⑦ Zwiesel liegt am Zusammenfluß des Großen und Kleinen Regens, wurde im 10. Jahrhundert gegründet und erhielt 1471 als Mittelpunkt der Glasmacherei im Bayerisch-Böhmischen Wald das Marktrecht. Die Zwieseler Pfarrkirche ist eine neugotische, 1896 fertiggestellte Backsteinkirche mit einem 62 Meter hohen Turm. Das 1838 errichtete Rathaus ziert eine klassizistische Fassade. Im Ortsteil Lindberg veranschaulicht das Bauernhausmuseum die bäuerliche Wohnkultur der Waldbewohner vergangener Tage.
⑧ Bodenmais: Siehe Wanderung 80 B, Seite 329.
⑨ Viechtach ist eine Gründung der Benediktiner von Metten. Sehenswert ist das barocke Rathaus aus dem 17. Jahrhundert, dem die Viechtacher ein Rundbogenportal mit kleinem Balkon darüber und ein Türmchen mit offener Laterne unter der Kuppel spendiert haben. Die Pfarrkirche wurde 1766 neu errichtet. Ihre Altäre sind im Stil des Rokoko gestaltet. In einer Seitenkapelle steht die aus der ersten Hälfte des 16. Jahrhunderts stammende, spätgotische Madonna der Vorgängerkirche. Eine geologische Besonderheit der Viechtacher Gegend ist der Große Pfahl, ein insgesamt über 100 Kilometer langes Quarzriff, das am westlichen Stadtrand von Viechtach seine größte Höhe erreicht. Schroffe, bizarre Felstürme erreichen hier Höhen von über 30 Meter. Der Bergzug ist 30 bis 300 Meter breit.

▷ *Falkensteiner Felsblockformen*

▷ *Der Pfahl bei Viechtach*

Tip

Rötelsee-Weihergebiet westlich von Cham: Das Weihergebiet umfaßt im mäandrierenden Tal des Regens 23 Weiher mit insgesamt etwa 120 Hektar Wasserfläche, 194 Hektar sind Naturschutzgebiet. Die schilfbestandenen Weiher des Gebiets beherbergen eine überaus reiche Brutvogelwelt. Insgesamt 249 Vogelarten konnten registriert werden, 120 von ihnen brüten auch hier. Damit zählt das Gebiet zu den national bedeutsamen Brutvogelgebieten.

80 A

Wanderung 80 A: 8 Kilometer – 3½ Stunden

Zum König des Bayerwalds

Bayerischer Wald

Mit 1457 Meter ist der Große Arber der höchste Gipfel im Böhmisch-Bayerischen Wald. Zu seinem Gipfelplateau gehört ein ganzes Massiv, gebildet aus Großem und Kleinem Arber, Enzian, Schwarzeck, Mühlriegel, Kaitersberg und vier südlich gelegenen Vorbergen. Allesamt bestehen sie aus Gneis und Granit, echtem Urgestein also.

Tourverlauf

Startplatz ist das Arberseehaus am Großen Arbersee. ①
Nach der Überquerung des Seeabflusses folgt man dem Markierungszeichen Nr. 9 über einen Holzabfuhrweg und erreicht eine Forststraße, von der wenig später der Steig durch die Arberseewand abzweigt. ②

△ *Gipfelbereich des Arbers*

Hinter dem Hangwald wird nach gut einer Stunde die Kammhöhe und eine Wegekreuzung erreicht. Hier wendet man sich nach rechts (Norden), steigt ein wenig bergab, bevor der letzte Anstieg zur Gipfelkuppe des Großen Arbers zu bewältigen ist. ③
Vorbei am granitenen Richard-Wagner-Kopf überschreitet man das gesamte »Dach« des Bayerischen Walds nordwärts und steigt anschließend zum rund 90 Meter tiefer gelegenen Arberschutzhaus ab.
Beim Schutzhaus und der Bergstation des Sessellifts nimmt man den mit weiß-grünem Dreieck markierten Abstiegsweg, folgt ihm jedoch nur etwa für 30 Minuten bis zum Wegweiser »Geigenbachfall«. Dort biegt man nach rechts ab und folgt der Markierung grüner Keil, passiert den Geigenbachfall und erreicht wenig später das Nordufer des Großen Arbersees. ④
Am See entlang geht es vollends zurück zum Parkplatz beim Arberseehaus.

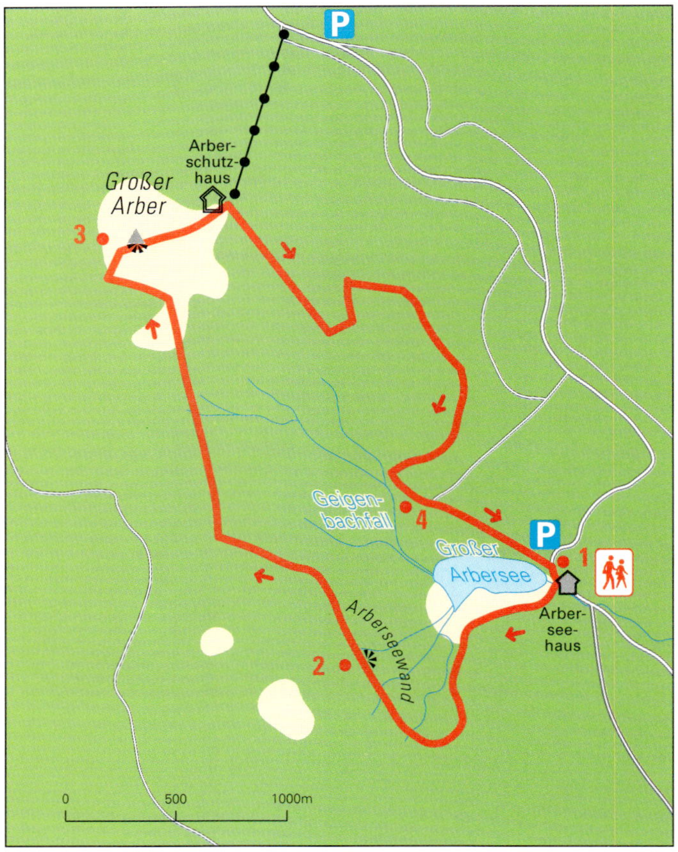

Sehenswürdigkeiten

① Der 935 Meter hoch in romantischer Umgebung gelegene Große Arbersee ist ein bis zu 15 Meter tiefer Eiszeitsee. In den kühlen Fluten halten sich Forellen und Saiblinge auf, obwohl der See im Winter stets zugefroren ist.
② Die Arberseewand ist ein wildromantischer Hangwald im Südosten des Großen Arbers. Vom Steig durch diesen Wald bieten sich immer wieder prächtige Blicke auf den Großen Arbersee.
③ Der Große Arber wird bereits im 13. Jahrhundert in einer Schenkungsurkunde von Kaiser Heinrich II. an das Kloster Rott am Inn erwähnt. Zu Bayern kam er jedoch erst 1764. Daß der Arber nicht erst seit heute die Menschen in hellen Scharen anzieht, belegt ein Bericht vom Pfingstsonntag 1924: »Den Arber hinauf liefen etwa 2000 Personen, vaterländische Vereine, Liebespaare, Familien, rote Arbeiter mit Fahnen, obendrein eine Musikkapelle, und so lagerte alles voll von Touristen. Vom ungeheuren Ernst der Einsamkeit war nichts zu spüren.« Solche Pfingsttage gibt es heute am Arber häufig. Weil all dies dem seltsamen Reiz des Berges keinen Abbruch tun kann, genießt der Besucher trotzdem ehrfürchtig den Rundblick über das Waldmeer. Aus dem Dunkelgrün blinzeln gellgrüne Seeaugen.
④ Der Geigenbachfall ist ein kleiner Wasserfall im Oberlauf des Baches, der den Großen Arbersee speist.

▷ *Über dem Kleinen Arbersee*

Tip

Kleiner Arbersee nordwestlich des Großen Arbers: Entstanden ist der knapp 10 Hektar große See während der letzten Eiszeit. Sein besonderes Kennzeichen sind die in Bayern einmaligen schwimmenden Inseln. Die drei Inseln, deren Fläche ungefähr ein Drittel der gesamten Seefläche ausmacht und die 1,5 bis 3,5 Meter mächtig sind, stellen schwimmende Zwischen- und Hochmoore mit fast senkrecht abfallenden Ufern dar. Auf den Inseln wachsen vorwiegend Schwingrasen, daneben aber auch eine ungewöhnliche Vielfalt an Moorpflanzen wie etwa Fieberklee, Moos- und Rauschbeere, Schlammsegge, Wollgras und Rasenbinse. Neben dem See selbst sind auch die an den Hangfüßen gelegenen Braunseggen-Sauersumpf-Flachmoore für den Bayerischen Wald typisch.

Wanderung 80 B: 7 Kilometer – 3 Stunden

80 B

Silberberg und Bischofshaube

Zwischen dem 1457 Meter hohen Großen Arber im Norden und der 955 Meter hohen Bischofshaube im Süden liegt der viel besuchte Luftkurort Bodenmais landschaftlich großartig in einem Talkessel. Die Berge ringsum waren erzreich; sie zu besteigen, ist das Ziel dieser Wanderung.

Bayerischer Wald

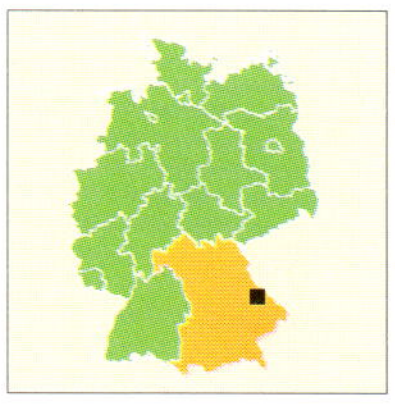

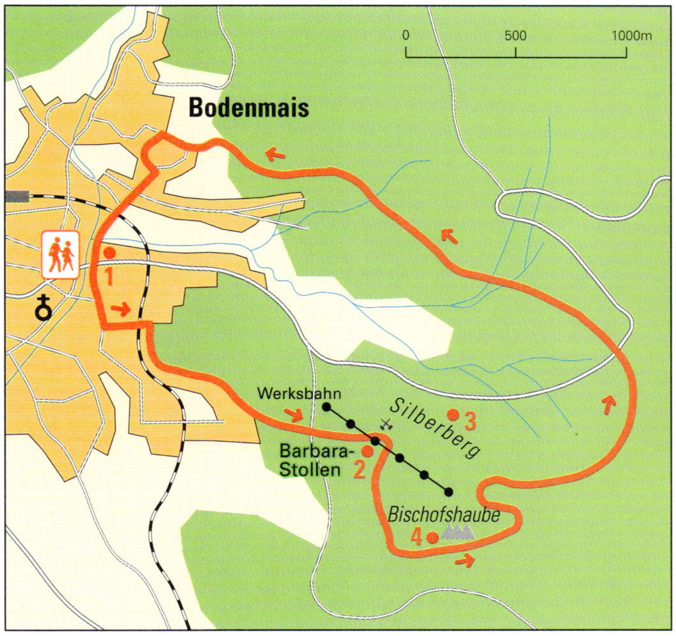

△ *Wipfelmeer Bayerwald*

Tourverlauf

Ausgangspunkt ist der Marktplatz im Luftkurort Bodenmais. ① Zunächst wandert man ein Stückchen am Bach entlang, dann steigt man den Dirnauweg bergauf. Nach der Eisenbahnüberführung folgt man rechts dem Waldlehrpfad, passiert den Parkplatz und erreicht den Steig hinauf zum Barbara-Stollen. ② Hinter der Gaststätte beim Stollen führt der Steig hinauf zum vegetationsarmen und aussichtsreichen Gipfel des Silberbergs. ③ Der höchste, mit einem Kreuz gekrönte Gipfel ist schließlich die Bischofshaube. ④ Für den Abstieg folgt man der Markierung 1 im roten Kreis, die direkt zum Marktplatz in Bodenmais zurückführt.

Sehenswürdigkeiten

① Das im 12. Jahrhundert gegründete Bodenmais lebte bis in die Neuzeit von der Förderung von Silber, Schwefel und Magnetkies aus dem nahen Silberberg. Welche Bedeutung das Bodenmaiser Erzbergwerk hatte, ist daran abzulesen, daß die Bergknappensiedlung 1522 die Rechte einer »vollkommen gefreiten Bergstatt« erhielt. Erst 1962 mußte die Förderung endgültig eingestellt werden. Im Jahre 1883 wurde in Bodenmais der Bayerische Waldverein gegründet. In unserer Zeit wurde die längst aufgegebene Joska-Waldglashütte nach alten Plänen restauriert. Hier kann man den Glasmachern bei der schweißtreibenden Arbeit zusehen und ihre Produkte auch gleich kaufen. Wer noch hautnah erleben möchte, welch kapitale Tiere auch heute noch im Bayerischen Wald heimisch sind, sollte das an der Arberstraße gelegene Schwarzwildgehege Schlossereck besuchen. Hier gibt es Schwarzkittel zum »Anfassen«.

② Der Barbara-Stollen gehört zu den größten noch zugänglichen Stollen des ausgehöhlten Silberbergs. Während des Sommers ist der Stollen als Schaubergwerk im Rahmen von Führungen zugänglich. Der über 600 Meter tiefe Stollen ist teilweise mehr als 600 Jahre alt.

③ Der Silberberg bietet mehr als sein Name andeutet. Neben Silber wurden nämlich über 30 verschiedene Mineralien gefunden. So wurden hier die reichsten Thorium-Vorkommen Europas entdeckt; doch sind die Lager für einen bergmännischen Abbau nicht ergiebig genug.

④ Vom Gipfel der Bischofshaube hat man einen guten Ausblick auf Bodenmais, eine prächtige Fernsicht nach Norden zum mächtigen Arber und nach Südwesten hinaus auf die flacheren Hügel des Bayerwalds.

▷ *Silberberg nahe Bodenmais*

Tip

Rißlochfälle bei Bodenmais: Wer freundliche Bachtäler, romantische Schluchten und Wasserfälle liebt, sollte einen Besuch der Rißlochfälle nicht versäumen. Wie hier das Wasser früher zur Holztrift genutzt wurde, ist am unteren, größeren Wasserfall gut zu sehen. Dort wurde eine alte Triftschwelle restauriert. Mit hölzernen Stauwehren dieser Art wurde noch Anfang des 19. Jahrhunderts überall im Bayerischen Wald dem Holztransport in den schmalen Bächen nachgeholfen. Das Wasser tost vor allem während der Schneeschmelze und nach starken Regenfällen durch die felsige Schlucht.

Autotour 81: 140 Kilometer

Im Nationalpark Bayerischer Wald

Bayerischer Wald

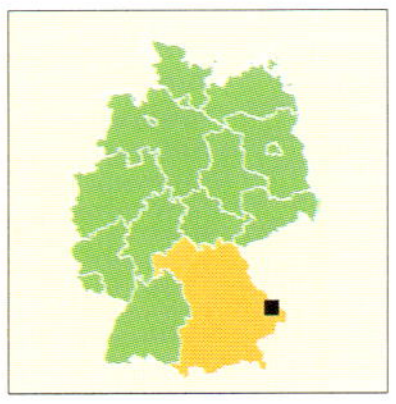

Das ostbayrische Grenzgebirge hört erst seit 1951 offiziell auf den Namen Bayerischer Wald. Davor war allgemein die Rede vom Böhmerwald, weil schließlich das Waldgebirge am Gipfelkamm nicht aufhört. Über Jahrhunderte wurde das Gebirge als Einheit gesehen, von den Waldbauern genutzt und über den »Goldenen Steig« als Salzhandelsstraße zwischen Bayern und Böhmen begangen. Unserer Zeit blieb es vorbehalten, den bayrischen Anteil am Kernbereich des Böhmerwalds unter strengen Schutz in Form eines Nationalparks zu stellen.

Tourverlauf

Der Anfangs- und Endpunkt dieser Tour liegt noch außerhalb des Nationalparks Bayerischer Wald; es ist Grafenau. ①
Seine Südgrenze, hier beginnt auch die Nationalparkstraße, erreicht man bei Spiegelau. ②
Wer dem Wandervorschlag 81 A folgen möchte, muß den Abstecher zum Parkplatz bei der Racheldiensthütte machen. ③
Für weniger Wanderfreudige ist das Nationalparkhaus in Neuschönau die nächste Anlaufstelle. ④
Die Südostecke des Nationalparks erreicht man in Mauth. ⑤
Von hier aus sollte man unbedingt den Exkurs nordwärts nach Finsterau unternehmen, führt er doch auf über 1000 Meter Höhe hinauf und zudem zum Freilichtmuseum Bayerischer Wald. ⑥
Wenn man von Mauth aus südwärts fährt, verläßt man zwar den Nationalpark, keineswegs aber den Bayerischen Wald. Nächstes Ziel ist Freyung. ⑦
Ab Freyung fährt man über Grainet nach Waldkirchen. ⑧
Danach passiert man den Steinberg auf dem Weg nach Hauzenberg. ⑨
Von Hauzenberg geht es nach Westen, bis man in Neukirchen vorm Wald die B 85 trifft. Ihr folgt man nach Norden bis Tittling. ⑩
Kurz darauf erreicht man wieder Grafenau.

Sehenswürdigkeiten

① Grafenau ist eine Gründung aus dem 11. Jahrhundert; das Stadtrecht gab es trotz der abgeschiedenen Lage bereits 1376 aufgrund des einträglichen Salzhandels mit Böhmen. Sein weiter Stadtplatz ist gerahmt von stattlichen, wohlgepflegten Bürgerhäusern in der traditionellen Inn-Salzach-Bauweise. Die barocke Pfarrkirche hat Chor und Turm aus gotischer Zeit sowie eine Kreuzigungsgruppe von 1640.
② Spiegelau ist das Tor zum Nationalpark Bayerischer Wald. Hier wurde jahrhundertelang Glas geschmolzen. Am Nordrand des Ortes hat die Nationalparkverwaltung einen 37 Hektar großen Waldspielpark mit Spielplätzen, Lehrpfaden und einem »grünen Klassenzimmer« eingerichtet. Dieser Baumgarten stellt 30 verschiedene Baumarten vor. Im zugehörigen Informationspavillon erfährt man viel über das Ökosystem Wald, seine Geschichte, seine Bedrohung und seine Zukunftsaussichten.
③ Racheldiensthütte: Siehe Wanderung 81 A, Seite 332.
④ Bei Neuschönau steht das Nationalparkhaus, dessen Einrichtung und Informationsarbeit ganz unter dem Motto steht: »Wald erleben – Natur verstehen«. Hier ist auch der Eingang zum 200 Hektar großen Tierfreigelände. In 20 weitläufigen Landschaftsgehegen und Großvolieren sind gut 30 im Bayerischen Wald (einst) heimische Säugetierarten zu beobachten. Von Auerhahn bis Uhu und von Bär bis Wolf reicht die Spannweite.
⑤ Das Örtchen Mauth am Fuß des 1196 Meter hohen Hohlsteins entstand als Zollstätte am Handelsweg »Goldener Steig«. So hieß die älteste und im Mittelalter bedeutendste Verbindung zwischen Bayern und Böhmen, auf der Salz mit Saumpferden durch den Wald transportiert wurde. Der mühsame Steig, der mit keinem Karren befahren werden konnte, wurde durch

◁ *Freudensee bei Hauzenberg*

Der Nationalpark Bayerischer Wald

Deutschlands ältester Nationalpark wurde 1970 um die Gipfelbereiche von Rachel (1452 Meter) und Lusen (1372 Meter) im Herzstück des größten zusammenhängenden Waldgebiets, über das Mittel-, West- und Südeuropa heute noch verfügen, eingerichtet. Mit strikten Nutzungsbeschränkungen soll gewährleistet werden, daß der artenreiche Baumbestand aus Bergfichten, Tannen und Buchen in der Höhenregion ebenso erhalten bleibt, wie der Mischwald aus Bergahorn, Bergulme, Esche, Sommerlinde, Spitzahorn und Vogelkirsche an den Hängen. Unangetastet bleiben sollen auch die charakteristischen Hochmoore mit ihren lockeren Randwaldbeständen aus Moorbirke, Kiefer und Fichte. Für den Besucher gibt es als informative Anlaufstelle das Nationalparkhaus bei Neuschönau, Wildgehege mit Wisenten, Braunbären, Wölfen, Luchsen, Fischottern, Wildschweinen, Rothirschen und Käuzen, eine Felswanderzone, ein waldgeschichtliches Wandergebiet, Lehrpfade zu den Themen »Eiszeit« und »Urwald« sowie weit über 200 Kilometer Wanderwege. Wer dieses Angebot nutzt, wird ohne schädliche Beeinträchtigung der Natur durch den Menschen weitgehend unverfälschte Natur erleben.

△ Freilichtmuseum Finsterau

den Gewinn beim Salzhandel »vergoldet«.

⑥ In Finsterau sollte niemand das Freilichtmuseum Bayerischer Wald versäumen. Gut 20 historische Waldlerhäuser sind hier aufgestellt, um mit unterschiedlichen Haustypen das Leben der Waldbauern von einst lebendig werden zu lassen.

⑦ Freyung: Siehe Wanderung 81 B, Seite 333.

⑧ Auch Waldkirchen war ein Hauptort am »Goldenen Steig«. Es besaß im 10. Jahrhundert seine eigene Kirche und war später stark befestigt worden. Seine heutige neugotische Pfarrkirche, der »Dom des Bayerischen Walds«, wurde 1861 fertiggestellt. Wie Waldkirchen früher aussah, ist im Deckenfresko des kleinen Barockkirchleins auf dem Karoliberg zu sehen.

△ Tittling, der Mittelpunktsort des Drei-Burgen-Lands

◁ Blockhalde auf dem Lusen

⑨ In Hauzenberg arbeitet im Ortsteil Kropfmühl das einzige Graphitbergwerk Deutschlands. Ein stillgelegter Teil ist als Schaubergwerk mit Führung zugänglich. Interessant ist die 1851 wiedererrichtete St.-Vitus-Kirche, die einen um 1490 gearbeiteten Flügelaltar in einem spätgotischen Chor besitzt.

⑩ Tittling ist das Zentrum des Drei-Burgen-Lands, das seinen Namen nach den drei Burgen Fürstenstein, Engelburg und Saldenburg erhielt. Das Schloß Fürsteneck geht auf das 12. Jahrhundert zurück und war in der Barockzeit Jagdschloß der Passauer Fürstbischöfe. Seine Schloßkirche prunkt mit Barockaltären aus der Mitte des 18. Jahrhunderts. Die Hauptattraktion des Ortes liegt am Drei-Burgen-See bei Rothau. Das Museumsdorf Bayerischer Wald präsentiert mit über 50 historischen Waldlerhäusern die typischen Bauformen des Bayerischen Walds und Niederbayerns für die Zeit vom 15. bis 19. Jahrhundert. Westlich von Tittling steht die mächtige Schloßanlage Fürstenstein, die wohl auf eine im 11. Jahrhundert von den Grafen von Hals errichtete Grenzfestung zurückgeht und ursprünglich Rattlinberg hieß. Ihren heutigen Namen erhielt der Bau nach 1330, als die Bayernherzöge die alte Grenzburg zerstörten und nach und nach die heutige Anlage errichteten. Die barocke Wallfahrtskirche von Fürstenstein wurde 1629 für einen damals stark frequentierten Pilgerpfad fertiggestellt.

Tip

Waldgeschichtlicher Wanderweg: Nördlich von Finsterau beginnt ein 8,5 Kilometer langer mit zahlreichen Informationstafeln bestückter waldgeschichtlicher Wanderweg. Hier erlebt man vor allem, welche Techniken die Waldarbeiter einst angewendet hatten.

81 A

Wanderung 81 A: 13 Kilometer – $4\frac{1}{2}$ Stunden

Rachelsee und Großer Rachel

Bayerischer Wald

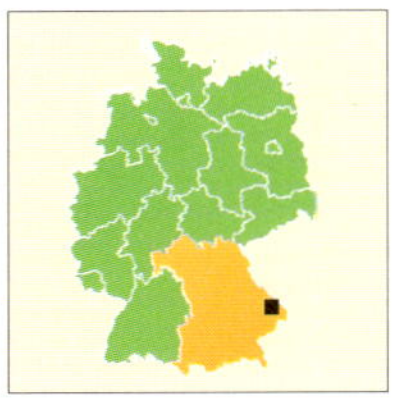

Urwald mit vermodernden Bäumen und dichtem Unterholz, Gletscherschliffe aus der Eiszeit, ein kühler See und ein Gipfel mit schöner Aussicht erwarten den Wanderer, der die Besteigung des Großen Rachel unternimmt. Wohl sind 660 Höhenmeter zu bewältigen, doch wird man fürstlich dafür belohnt.

Tourverlauf

Die Tour beginnt an der Racheldiensthütte. ①
Von diesem Waldgasthaus folgt man der Markierung schwarzer Specht zunächst an einem klei-

△ Der Rachelsee

nen Schwellsee vorbei und über einen breiten Waldweg. Daraus wird bald ein steilerer, etwas steiniger Pfad, der wegen der erklärenden Tafeln Eiszeitlehrpfad heißt. ②
Nach gut einer Stunde ist das erste große Ziel erreicht, der Rachelsee. ③
Am östlichen Ufer des Sees folgt man dem guten Weg, der in 30 Minuten über Serpentinen und mit der Kennzeichnung Auerhahn zur Rachelkapelle hinaufführt. ④
Auch der restliche Weg bis zum Gipfel des Großen Rachel ist mit der Markierung Auerhahn gekennzeichnet. ⑤
Für den Abstieg folgt man bis knapp hinter den Rachelsee dem Anstiegsweg, dann hält man sich links. Als Kennzeichnung dient nun wieder der Specht.
Vor der Rückkehr zur Racheldiensthütte kommt man noch an der Felsenkanzel vorbei. ⑥

Sehenswürdigkeiten

① Beim Waldgasthaus Racheldiensthütte gibt es einen Spielplatz und einen kleinen aufgestauten Teich.
② Der Eiszeitlehrpfad erklärt in Einzelheiten, wie während der Würm-Eiszeit die Landschaft des Bayerischen Walds geprägt wurde und wie die Eiszeit die Zusammensetzung der Vegetation bis heute beeinflußt. Ihre Auswirkungen sind im Bereich des Rachelsees auf Schritt und Tritt zu sehen.
③ Der Rachelsee ist ein typisches Relikt der Eiszeit, sein 13 Meter tiefes Wasser staut sich am Fuß des abschmelzenden Rachelgletschers hinter der Endmoräne. In der Schutzhütte am See wird seine frühere Nutzung bei der Holztrift erklärt. Umgeben ist der See von bis zu 387 Meter hohen Karwänden.
④ Der Weg hinauf zur Rachelkapelle ist als Urwaldlehrpfad angelegt. Hier erfährt man alles über die Bestrebungen der Nationalparkverwaltung, um den Wald wieder in seinem ursprünglichen Zustand wachsen zu lassen. Die Rachelkapelle steht an einem idyllischen Plätzchen mit Blick auf den Rachelsee und auf die gegenüberliegende Seewand.
⑤ Der 1453 Meter hohe Große Rachel ist der höchste Berg des Nationalparks Bayerischer Wald, sein Gipfel ist ein kahler Gneisgrat, der auch den Namen erklärt: Rachel kommt vom keltischen rachia, was rauher Fels bedeutet. Der grandiose Panoramablick zeigt im Norden den Böhmerwald, im Nordwesten den Falkenstein, den Osser und den Arber, im Südwesten den Brotjacklriegel und die Alpenkette und schließlich im Osten den Lusen und den Dreisesselberg.
⑥ Die Felsenkanzel ist ein 1146 Meter hoch gelegener Granitfelsen, von dem aus man bei guter Sicht sogar die Alpen sehen kann.

▷ Die Rachelkapelle

Tip

Rodungsinseln im Bayerischen Wald: Schon vor dem Dreißigjährigen Krieg begannen Bauern mit der Rodung von Weideflächen, Schachten genannt. Einer davon ist der langgezogene Lindberger Schachten an den Hängen des Rachel. Zwischen dem 23. April, dem Georgitag, und dem 29. September, dem Michaelitag, zogen die Herden durch die Wälder von einem Schachten zum anderen. Die aus diesen Viehtriften entstandenen Wege sind bis heute noch zu finden.

Wanderung 81 B: 12 Kilometer – 3 ½ Stunden

81 B

Buchberger Leite im Saußbachtal

Reschbach, Saußbach und Wolfsteiner Ohe sind Synonyme für die wasserreichsten Zuflüsse der Ilz. Dieser Wasserreichtum schuf das wilde Durchbruchstal der Buchberger Leite, der wohl schönsten Klamm im Bayerischen Wald. Den unnatürlich niedrigen Wasserstand von heute verursachen die Elektrizitätswerke.

Bayerischer Wald

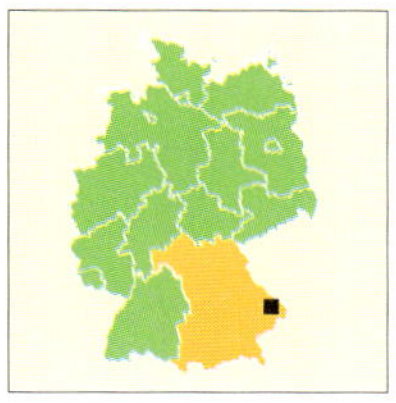

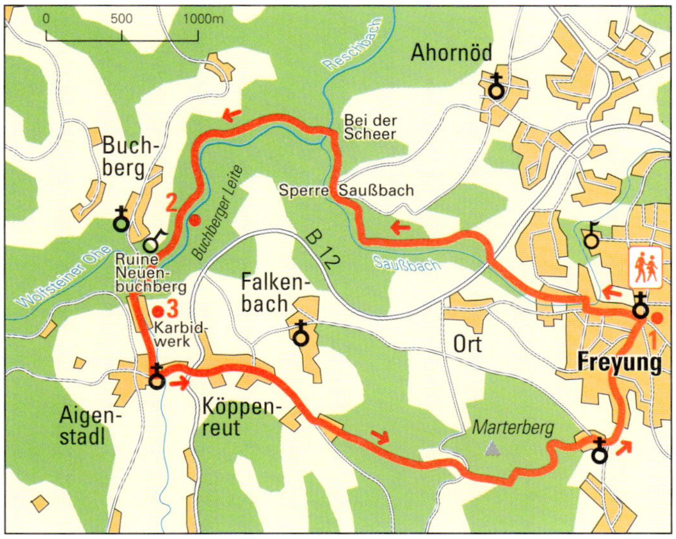

Tourverlauf

Die Wanderung zur Buchberger Leite beginnt in Freyung. ①
Von der Stadtkirche wandert man durch den Hammerweg zügig westwärts bergab, der Markierung 1 und 2 folgend, zum Saußbach und unter der B 12 hindurch. Kurz darauf taucht bereits das erste Stauwehr eines Elektrizitätswerks auf, das zeigt, wo das Wasser heute bleibt. Der Bach selbst ist nur noch ein kleines Rinnsal in den großen Felsbrocken. Dabei war der Saußbach einst ein viel genutzter Triftkanal und Zubringer in die Wolfsteiner Ohe, über die das Holz zur Ilz befördert wurde. Die stark befestigten Bachränder zeugen noch heute von dieser Nutzung.
Mit der Markierung 3 und 4 steigt man hinunter zum Reschbachtal, wo sich »Bei der Scher« Reschbach und Saußbach zur Wolfsteiner Ohe vereinen. Nun führen die Markierung 3 und die Silberdistel oheabwärts, direkt hinein in die wilde Buchberger Leite. ②
Rechts oben thront die Ruine Neuenbuchberg. Die Burg wurde erst im 14. Jahrhundert errichtet und im 17. Jahrhundert zerstört.
Das Ende der Schlucht markiert das Karbidwerk von Aigenstadl. ③
Das Dorf durchwandert man der Kennzeichnung 3 und der Silberdistel folgend, überquert die B 12, wandert durch Koppenreut und nimmt dann den Anstieg zum 786 Meter hohen Marterberg in Angriff. Durch den Ferienpark Geyersberg kommt man schließlich nach Freyung zurück.

Sehenswürdigkeiten

① Freyung ist die höchstgelegene Stadt des Bayerischen Walds. Ihren Namen verdankt sie den freieren Rechten, die die ersten Siedler hier erhalten hatten. Ihren Wohlstand erlangte sie durch die Lage am »Goldenen Steig«. Interessant ist die 1877 vollendete neugotische Pfarrkirche Maria Himmelfahrt. Das Renaissanceschloß Wolfstein wurde als Sicherungsburg um 1200 begonnen, seine heutige Form erhielt es bis 1590. Es dient heute als Kunstgalerie und birgt ein Jagd- und Fischereimuseum. In dem um 1700 erbauten Schramlhaus zeigt ein Heimatmuseum bäuerliche und handwerkliche Kultur.
② Die Buchberger Leite gilt zu Recht als die schönste Klamm im Bayerischen Wald. Sie ist ein wildes, bewaldetes Durchbruchtal mit mächtigen Geröllbrocken und schroffen, teilweise senkrechten Felswänden. Die Teufelswand beim einzigen Tunnel der Klamm hat beinahe alpinen Charakter.
③ Im Aigenstadler Karbidwerk werden seit 1920 auch synthetische Edelsteine hergestellt. Der Laie kann sie von echten Steinen nicht unterscheiden, da sie so manchen natürlichen Stein an Reinheit übertreffen. Die synthetischen Steine weisen keine Risse und keine Einschlüsse auf. Geschaffen werden die künstlichen Steine in zwei Schritten. Zunächst wird aus Ammoniak-Alaun durch Brennen Aluminiumoxid gewonnen. Dieses wird dann bei etwa 2000 Grad Celsius unter Zusatz von farbgebenden Oxiden geschmolzen.

Tip

Mund-Art-Bühne im Theaterstadl Groß, Ringelai, westlich von Freyung: In diesem Wirtshaustheater geht es jedes Wochenende hoch her. Von turbulenten Bauernkomödien bis zu zeitgenössischen Mundart-Musicals (»Die letzte Nachtigoi«) reicht das Repertoire.

▷ *Besucherzentrum im Nationalpark*

▷ *Am Dreisesselberg*

82

Autotour 82: 140 Kilometer

Fahrt im Nordschwarzwald

Schwarzwald

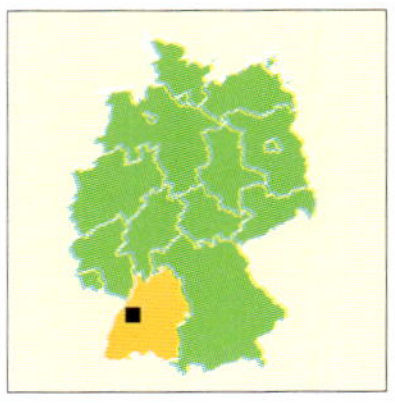

Zwischen Baden-Baden im Norden und Freudenstadt im Süden erstreckt sich der nördliche Schwarzwald als schmales, hauptsächlich aus Buntsandstein bestehendes Mittelgebirge, das auf der Hornisgrinde 1164 Meter Höhe erreicht. Gegen die nur 200 Meter über dem Meeresspiegel liegende Oberrheinische Ebene bricht der Wald mit bis zu 700 Meter hohen Hängen steil ab. Diese Region ist durch die Badische Weinstraße erschlossen.

Tourverlauf

Die Tour beginnt in der zweitausendjährigen Bäderstadt Baden-Baden. ①
Hier nimmt auch die Badische Weinstraße ihren Ausgang, der man nach Bühl folgt. ②
Nächstes Ziel an dieser Straße ist Sasbachwalden. ③
Kurz danach ist man in Kappelrodeck. ④
Südlich von Kappelrodeck liegt Oberkirch. ⑤
In Oberkirch verläßt man die Badische Weinstraße und fährt nach Oppenau. ⑥
Die Alte Kniebispaßstraße und darauf die Schwarzwaldhochstraße führen nach Freudenstadt. ⑦
Für den Rückweg in Richtung Baden-Baden nimmt man in Freudenstadt die B 462 und besucht Klosterreichenbach. ⑧
Danach macht noch einmal Halt in Forbach. ⑨
Letzte Station vor der Rückkehr nach Baden-Baden ist Gernsbach. ⑩

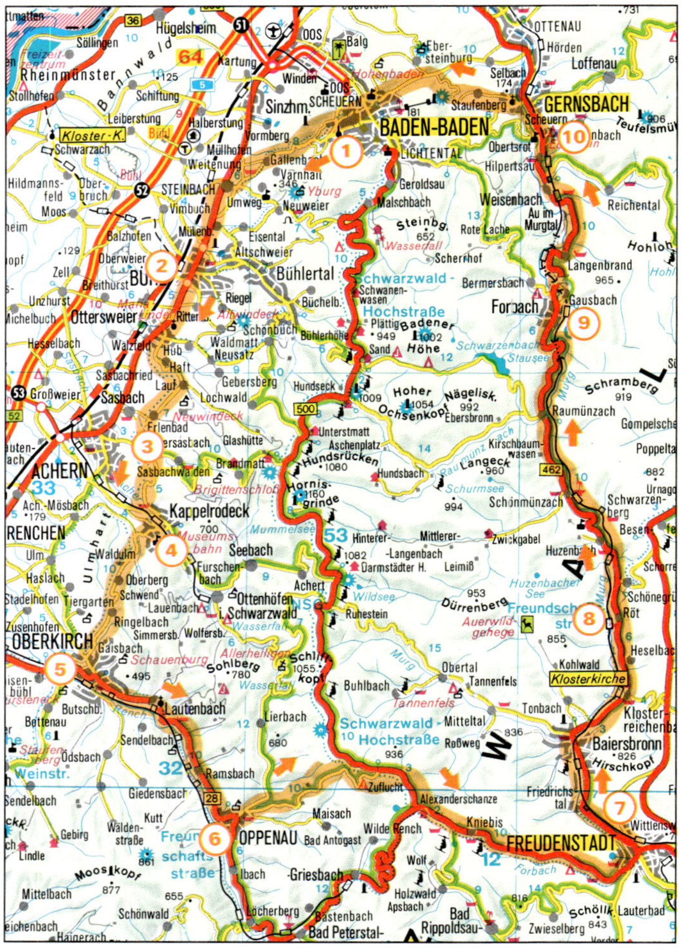

Sehenswürdigkeiten

① Die Bäderstadt Baden-Baden war schon zu Römerzeiten ein beliebtes Bad; »Aquae« war Mittelpunkt der Region. Ende des 11. Jahrhundert erkannten die Zähringer die Bedeutung des Ortes: 1479 richtete Markgraf Christoph I. von Baden hier seine Residenz ein. Im 18. Jahrhundert entdeckte der europäische Adel Baden-Baden als Modebad, 1824 entstand das von Weinbrenner errichtete Kurhaus und im selben Jahr die 90 Meter lange, mit 14 Sagenmotiven geschmückte Trinkhalle. Auf den Fundamenten der römischen Thermen entstand die ehemalige Stifts- und heutige Pfarrkirche St. Peter und Paul. Romanische Baureste stammen aus der Zeit um 1245, ihre heutige Form fand die Kirche vom 15. bis 18. Jahrhundert. Im Inneren beeindruckt der Chor mit seinem großen Bestand an Grabdenkmälern. Im Stadtteil Lichtental steht das noch komplett erhaltene ehemalige Zisterzienserinnenkloster. Gegründet wurde es 1245 von der Markgräfin Irmengart. In der heutigen Form entstanden Abtei und Konvent bis 1734. Die ehemalige Klosterkirche birgt Fresken aus dem ersten Viertel des 14. Jahrhunderts. Sie zählen zu den besten dieser Zeit.

② Das gut 800jährige Bühl ist bekannt für seine Zwetschgen. Sein Rathaus war ursprünglich eine Kirche, von ihr blieb der spätgotische Turm aus der Zeit um 1520 erhalten. Neugotisch ist dagegen die benachbarte, 1877 fertiggestellte Pfarrkirche. In ihr gibt es sehenswerte Glasfenster von 1958.

③ Sasbachwalden: Siehe Wanderung 82 A, Seite 336.

④ Der Kern von Kappelrodeck war im 11. Jahrhundert die Burg Rodeck. Sie wurde 1879 als Schlößchen neu errichtet. Von dem Schloßfelsen bietet sich ein prächtiger Blick über das Tal. Die »Hex' vom Dasenstein« ist nicht nur eine wichtige Fasnachtsfigur, sondern auch der beste, hier angebaute Spätburgunder-Rotwein.

⑤ Oberkirch wird von der Ruine Schauenburg, einer seit 1689 verfallenen Burg aus dem 12. Jahrhundert überragt. Der Altstadtkern mit seinen zahlreichen Fachwerkhäusern stammt aus dem 17. und 18. Jahrhundert.

⑥ Oppenau lag am Fuß der Alten Kniebispaßstraße, wo die Fuhrleute einst wegen der starken Steigung zusätzliche Pferde vorspannen mußten. Stadt und Burg wurden 1615 durch einen Brand zerstört, der Wiederaufbau erfolgte auf schematischem, bis heute erhaltenem Grundriß. Die 1827 im Weinbrennerstil errichtete Pfarrkirche wirkt klassizistisch. Im Rathaus von 1830 ist das Renchtaler Heimatmuseum mit Trachten und Volkskunst des Tals untergebracht.

⑦ Freudenstadt wurde 1599 von Friedrich von Württemberg gegründet, um seiner nahegele-

◁ *Bollenhutmacherin, Gutach*
▷ *Allerheiligen*

genen Silbergrube Christophstal Auftrieb zu geben. Weil die Neugründung schnell als »Schwäbisch Sibirien« verrufen war, nannte sie der Herzog bewußt Freudenstadt und bot neuen Siedlern besondere Vergünstigungen. Die Stadt selbst wurde wie ein großes Mühlebrettspiel angelegt. Das Zentrum erhielt einen großen, quadratischen Platz mit einer Seitenlänge von 225 Metern. Um diesen zentralen Platz wurden drei konzentrische, ebenfalls quadratische Straßenzüge angelegt. Für den großen Platz war ursprünglich der Bau eines Schlosses vorgesehen. Statt dessen wurde der Platz mit arkadengeschmückten Häusern umbaut und mit Brunnen aus der Rokokozeit belebt. Eckpunkte des riesigen Marktplatzes bilden das Rathaus und die evangelische Stadtpfarrkirche. Im Inneren der Kirche befinden sich einige Schätze: Das Taufbecken aus dem 12. Jahrhundert ist mit phantastischen Tierornamenten verziert. Ein von den vier Evangelisten getragenes Lesepult ist ein besonders schönes Beispiel für die Kunst der Romanik.

⑧ In Klosterreichenbach richteten die Hirsauer Mönche 1082 ein Benediktinerpriorat ein. Von ihm ist die ehemalige Klosterkirche mit einer aus drei Kreuzgewölben bestehenden Vorhalle und Resten der alten Klostermauer erhalten.

⑨ Forbach ist der Hauptort des tief eingeschnittenen Murgtals. Wahrzeichen des Schwarzwaldstädtchens ist die ursprünglich von 1777 stammende, überdachte Holzbrücke, die mit 40 Meter Spannweite eine der größten, frei tragenden Holzbrücken Deutschlands ist.

⑩ Gernsbach: Siehe Wanderung 82 B, Seite 337.

Der Schwarzwälder Bollenhut

Als wichtiger Bestandteil der weiblichen Tracht im Schwarzwald gilt der ausladende, mit elf roten oder schwarzen Wollrosen geschmückte Bollenhut. Schaut man etwas genauer, merkt man allerdings schnell, daß die Bollenhuttracht keineswegs im gesamten Schwarzwald verbreitet ist. Lediglich in den drei evangelischen Gemeinden Gutach, Reichenbach und Kirnbach hat sie ihre eigentliche Heimat Hier wird sie auch heute noch zu festlichen Anlässen getragen. Der Bollenhut geht auf das 16. Jahrhundert zurück und war zunächst eine reine Kirchentracht. Deshalb haben die elf Bollen ihre Ursprung in der christlichen Symbolik. Vier stehen für den Himmel, vier für die Erde und drei für die Dreifaltigkeit. Rosen aber sind es, weil nach der Legende die Tränen Marias am Grabe Jesu in schwarze Rosen verwandelt wurden. Getragen wird der Hut auf einer seidenen Kappe, auf der ein mit Gips überzogenes Strohgeflecht befestigt ist. Darauf thronen bei unverheirateten Mädchen elf rote, bei verheirateten Frauen elf schwarze Wollrosen.

◁ *Neues Schloß und Florentinerberg in Baden-Baden*

▷ *Klosterreichenbach*

◁ *Schloß Neuweier zwischen Bühl und Baden-Baden*

Tip

Baden-Baden, Lichtentaler Allee: Von Menschenhand geschaffen und doch ein Naturerlebnis ist die Lichtentaler Allee in Baden-Baden. Sie gehört zu den bedeutendsten Kurparks und Promenaden Deutschlands. Die größtenteils aus dem 19. Jahrhundert stammenden riesigen Fichten, Buchen, Tulpen-, Geweih- und Mammutbäume sind inzwischen fast alle Naturdenkmäler. Ab März blühen hunderttausend Narzissen, später folgen Beetpflanzen, Tulpen, Rosen, Sommerpflanzen und im Herbst Dahlien. An die Lichtentaler Allee schließt sich die Gönneranlage (Jugendstil) an, die vor allem wegen ihrer 360 Rosensorten berühmt ist.

82 A

Wanderung 82 A: 13 Kilometer – 3 Stunden

Mummelsee und Hornisgrinde

Zwischen der Rheinebene und den Höhen des Nordschwarzwalds beträgt die Höhendifferenz bis zu 1000 Meter. Wanderungen bergauf sind deshalb mühsam, Wanderungen bergab dagegen ein Vergnügen und mit häufig prächtigen Aussichten verbunden. Eine solche Wanderung bergab bietet der folgende Vorschlag.

Schwarzwald

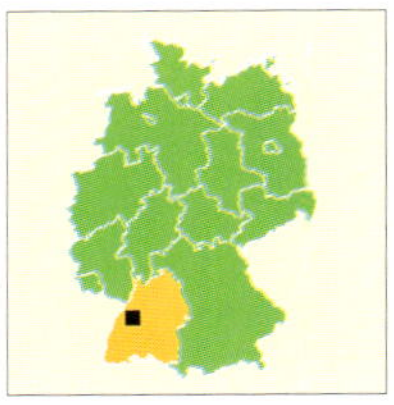

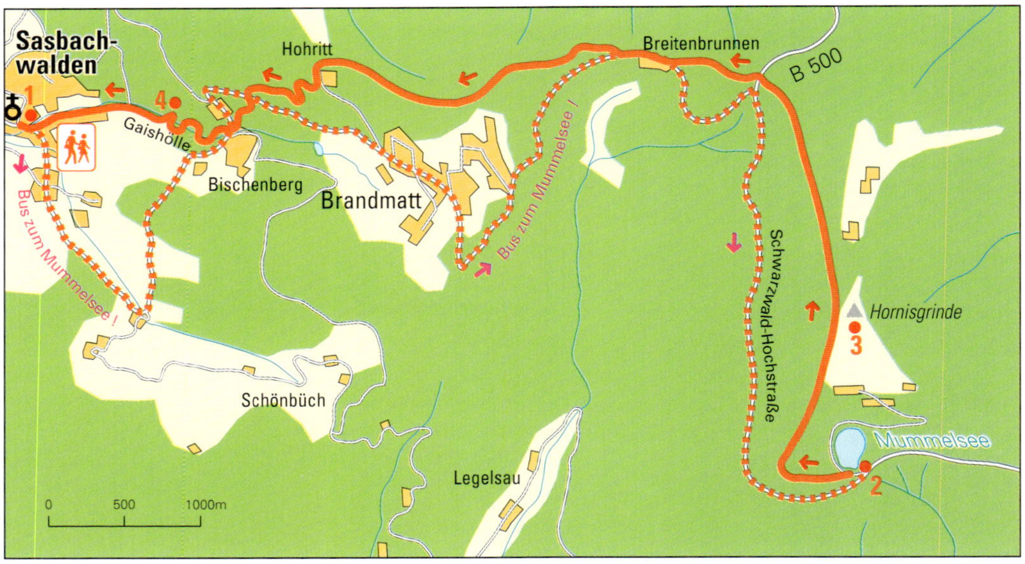

Tourverlauf

Für diese Wanderung zur Hornisgrinde bietet sich eine Erleichterung an: Man fährt mit dem Bus zum Mummelsee und läßt dabei das Auto in Sasbachwalden stehen. ①
Die Wandertour beginnt also erst am Mummelsee. ②
Erstes Ziel ist dann der höchste Berg des Nordschwarzwalds, die Hornisgrinde. ③
Die Wegmarkierung ist dabei eine rote Raute. Knapp unterhalb des Gipfels gabelt sich der Weg. Hier folgt man der blauen Raute nach links und genießt die besonders schönen Aussichten entlang des stetig fallenden Hangwegs, der schließlich die Schwarzwaldhochstraße kreuzt.
Nun wandert man bereits westwärts und erreicht 15 Minuten später das Kurhaus Breitenbrunnen. Anschließend führt die verläßliche Markierung weiter hinunter zur Ferienanlage Hohritt, führt dann in Serpentinen bis Bischenberg und »stürzt« sich dann in die Gaishölle. ④
Endstation ist schließlich Sasbachwalden, von wo man morgens mit dem Bus gestartet ist.

Sehenswürdigkeiten

① Sasbachwalden hat ein besonders idyllisches, unter Denkmalschutz stehendes Ortsbild. Um die Fachwerkhäuser des Dorfes schmiegen sich die Weinberge, so daß man zur Belohnung für die Wanderung den an Ort und Stelle angebauten Wein gleich probieren kann. Dabei läßt sich dann auch die Spannweite dieser Wanderung besser einschätzen, denn man hat auf weniger als 5 Kilometer Luftlinie genau 906 Höhenmeter zwischen der Hornisgrinde und der Dorfkirche von Sasbachwalden bewältigt und damit mehrere Klimazonen zwischen dem alpinen Bereich der Hornisgrinde und dem Obst- und Gemüsebereich der Ortenau durchschritten.
② Der 1029 Meter hoch gelegene Mummelsee ist der größte, tiefste und höchstgelegene eiszeitliche Karsee Deutschlands. Bevor die Schwarzwaldhochstraße den Verkehr auf den Kamm des Gebirges brachte, war der See ein verstecktes Kleinod, von dem die Romantiker schwärmten. Grimmelshausen ließ hier seinen Simplicius Simplicissimus die merkwürdigsten Abenteuer bestehen, und Eduard Mörike siedelte am Seegrund den Wasserkönig an, dessen Nixen nachts ans Ufer tanzten, um den Kindern Geschichten zu erzählen und gutwilligen, aber überlasteten Hausfrauen zu helfen. Darüber hinaus soll am See ganz versteckt die zarte Blaue Blume wachsen, die angeblich die Macht besitzt, denjenigen, der sie in der linken Hand hält, unsichtbar zu machen. Leider jedoch gibt es von dieser schönen Blume viel zu wenig Blüten, um jedem Besucher des Sees eine in die Hand drücken zu können.
③ Die 1163 Meter hohe Hornisgrinde ist der höchste Berg des nördlichen Schwarzwalds. Der über 1,5 Kilometer lange Tafelberg ist aus Sandstein aufgebaut. Sein Name kommt von Hornisse und von Grinde. Hornisse geht zurück auf das mittelalterliche »hornuz«, was soviel wie gehörntes Tier bedeutete. Und Grinde heißt einfach »kalter Rücken«. Auf dem Rücken gibt es Hochmoorfelder, Heidekraut und Sumpfgras. Ein Fernsehturm und militärische Fernmeldeanlagen stehen auf dem Gipfel.
④ Die Gaishölle ist eine steile Felsenschlucht, durch die ein rauschender Wildbach hinunterstürzt. Steintreppen und zahlreiche Holzstege erschließen die wilde Schlucht, die im Abstieg äußerst eindrucksvoll wirkt.

◁ Sasbachwalden

◁ Der Mummelsee

Tip

Freiwildgehege Sasbachwalden: In diesem Freiwildgehege, 800 Meter hoch im Hochwald am Breitenbrunnen, ist einheimisches Rot- und Schwarzwild in Rudeln und Rotten zu sehen.

Wanderung 82 B: 10 Kilometer – 5 Stunden

82 B

Teufelsbett und Teufelsmühle

Die nördlichen Ausläufer des Schwarzwalds sind zwar nicht mehr ganz so spektakulär wie die Berge weiter im Süden, doch knapp 900 Meter hoch sind auch sie noch. Knapp 700 Höhenmeter sind deshalb zu bewältigen, wenn man von Gernsbach im Murgtal zum 900 Meter hoch gelegenen Aussichtsturm auf der Teufelsmühle wandern möchte.

Schwarzwald

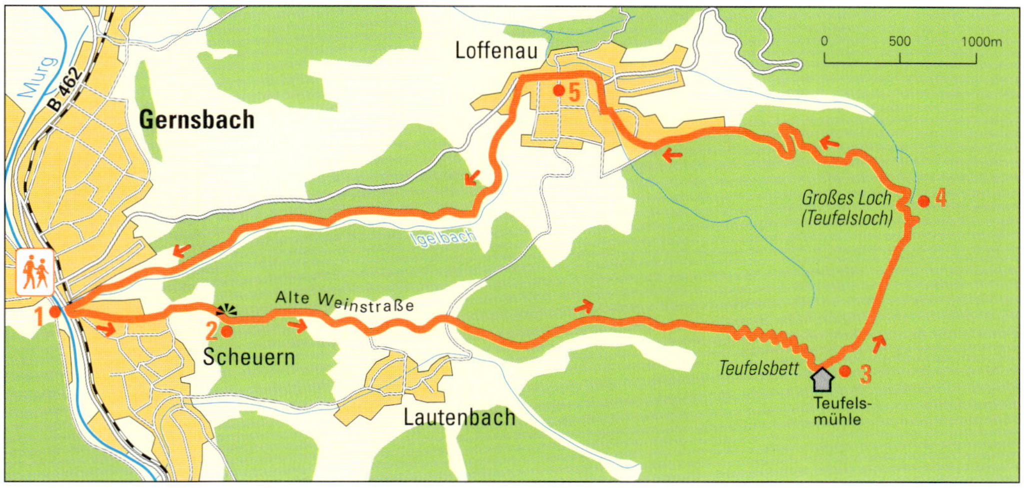

Tourverlauf

Startort und später auch wieder Ziel dieser Wanderung ist das freundliche Gernsbach. ①
Von der Mündung des Igelbaches in die Murg folgt man nicht der Markierung blaue Raute in das Igelbachtal hinein (hier kommt man zurück), sondern dem Weg rechts daneben. Über die alte Weinstraße steigt man zügig hinauf zum 322 Meter hohen Aussichtspunkt über Scheuern. ②
Hier beginnt die Kennzeichnung blaue Raute, der man nun zielstrebig ostwärts folgt. Dabei passiert man Lautenbach im Norden und kommt dann endgültig in den Hochwald hinein. Zunächst flacher, später steil und in Serpentinen klettert man dann zur Teufelsmühle hinauf. ③
Ist dieser Anstieg geschafft, hat man den anstrengendsten Teil der Wanderung überstanden. Nun folgt ein gemütlicher Abstieg, zunächst bis zum Großen Loch (Teufelsloch). ④
Danach folgt man dem Weg mit der Markierung blaue Raute bis Loffenau. ⑤
Ab Loffenau geht es am Ufer des Igelbachs zurück zum Ausgangspunkt.

▷ *Frühling bei Gernsbach*

Sehenswürdigkeiten

① Die Altstadt von Gernsbach mit ihren Fachwerkhäusern, der Stadtmauer und dem Storchenturm erinnert bis heute an die Blüte des Orts im Mittelalter. Die Liebfrauenkirche entstand im 14. Jahrhundert und wurde im 19. Jahrhundert neugotisch erweitert. Sie besitzt schöne Farbglasfenster und einen alten Taufstein. In der gotischen Jakobskirche findet sich ein prächtiges Sakramentshäuschen aus der gleichen Zeit. Zentrum der Altstadt ist das Alte Rathaus von 1618 mit prächtigen Renaissanceräumen.
② Der 322 Meter hohe Aussichtspunkt oberhalb von Scheuern bietet eine schöne Aussicht auf das Murgtal und das schräg gegenüber gelegene Schloß Eberstein.
③ Teufelsbett und Teufelsmühle sind zwei Bezeichnungen für mächtige, bunt durcheinandergewürfelte Buntsandsteinblöcke. Glaubt man der Sage, dann wollte der Teufel hier einst mit diesen Steinen eine Mühle bauen. Als ihm dies mißlang, habe er die Steine aus Wut durcheinander geworfen. Heute gibt es auf dem beliebten Rücken neben einem Gasthaus einen Aussichtsturm, dessen Plattform in 900 Meter Höhe einen prächtigen Rundblick über den halben Nordschwarzwald bietet. Bei guter Sicht sieht man über die Rheinebene hinweg sowohl das Straßburger Münster wie den Speyrer Dom.
④ Das Große Loch (Teufelsloch) ist eine interessante Höhle mit zwei Stützsäulen. Ganz in der Nähe verlief einst die Grenze zwischen Württemberg und Baden; wie jede Grenze wurde auch hier geschmuggelt. Dabei bot die Höhle den Schmugglern und wohl auch Wilderern willkommenen Unterschlupf.
⑤ Loffenau ist ein freundliches Dorf mit Gasthäusern, in denen man mit gutem Wein der Ortenau für die ausgestandenen Mühen der Wanderung belohnt wird.

◁ *Gernsbach im Murgtal*

Tip

Gernsbach: Am baumkundlichen Lehrpfad wachsen dreihundert verschiedene einheimische und exotische Baumarten.

83

Autotour 83: 150 Kilometer

Genußreiche Fahrt auf der Schwarzwald-Bäderstraße

Schwarzwald

An Enz und Nagold liegen die Heilbäder mit Tradition: Ob Bad Wildbad, Bad Teinach oder Bad Liebenzell, sie alle haben seit Jahrhunderten genutzte Heilquellen, die früh die Prominenz anzogen. Noch früher wirkten hier die Mönche des Hirsauer Klosters, die schon im frühen Mittelalter mitten im Wald ein Kulturzentrum von europäischem Rang aufgebaut hatten. Kloster wie Bäder sind Ziele der Rundfahrt durch den östlichen Teil des Nordschwarzwalds.

Tourverlauf

Start und später wieder Ziel dieser Autotour ist die Schmuckstadt Pforzheim. ①
Von ihr fährt man über die B 463 das Tal der Nagold aufwärts und erreicht zunächst Bad Liebenzell. ②
Unmittelbar danach folgt Hirsau mit seinem Kloster. ③
Ebenfalls nicht weit ist es nach Calw. ④
Und wiederum eine kurze Etappe folgt nach Kentheim. ⑤
Westlich der B 463 liegt Bad Teinach. ⑥
Das Hecken- und Schlehengäu hat man in Wildberg erreicht. ⑦
Nächste Station ist Nagold. ⑧
In Nagold trifft man auf die B 28, der man nun weiter talaufwärts bis Berneck folgt. ⑨
Gleichfalls an der Nagold liegt Altensteig. ⑩
Kurz hinter Altensteig verläßt man die B 28, bleibt aber der Nagold treu bis zum Nagold-Stausee.
In Besenfeld trifft man auf die B 294, auf der man bis etwa 5 Kilometer vor Calmbach fährt. Hier ist ein Lehrpfad über Vogel- und Gewässerschutz im Kleinenztal angelegt worden. ⑪
Kurz darauf ist man in den beiden Orten Calmbach und Bad Wildbad angelangt. ⑫
Letztes Etappenziel ist schließlich Neuenbürg. ⑬

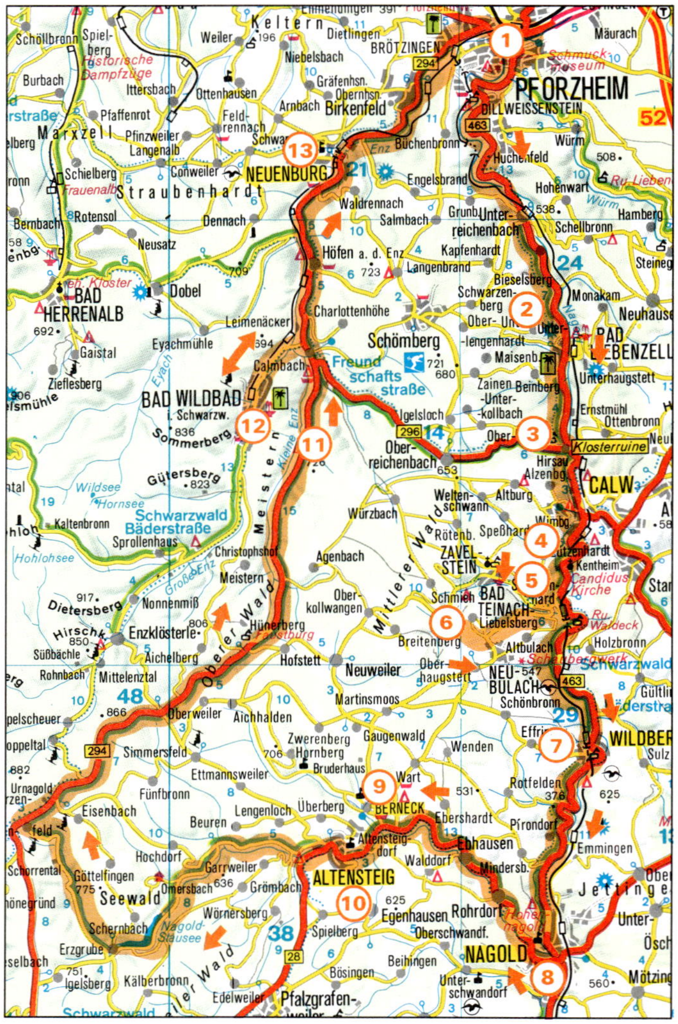

◁ *Therme Bad Wildbad*

Sehenswürdigkeiten

① Pforzheim ist über 2000 Jahre alt; schon die Römer hatten eine Brücke über die Enz errichtet. Im frühen Mittelalter entwickelte sich hier eine fränkisch-alemannische Siedlung, die sogenannte Altenstadt. Um 1200 entstand um die markgräfliche Burg die Neustadt. 1767 gründete Markgraf Karl Friedrich von Baden die erste Schmuckwarenmanufaktur. Seither beherrschen Schmuck und Uhren die Stadt. Das Schmuckmuseum und die Edelsteinausstellung sind deshalb besonders interessant. Obwohl die Stadt 1945 weitgehend zerstört wur-de, sind die wiederaufgebaute Schloß- und Stiftskirche St. Michael sowie die Stadtkirche sehenswert. Der Leitgasturm ist der letzte Rest der mittelalterlichen Stadtmauer.
② Bad Liebenzells Heilquellen wurden schon vor mehr als 500 Jahren genutzt. Eine besondere Sehenswürdigkeit ist die wiederaufgebaute Burg, deren Vorgängerin im 12. Jahrhundert entstanden war. Die Ruine erneuerten Jugendliche aus ganz Europa in gemeinsamer Arbeit

Die Hirsauer Reform

Die Reste der Kirche und des Klosters Hirsau bei Calw sind an sich schon eindrucksvoll genug. Von der einst dominierenden Rolle des Klosters im 11. und 12. Jahrhundert verraten sie dagegen nicht mehr viel. Papst Leo IX. hatte im 11. Jahrhundert das Hirsauer Kloster neu gegründet, sein Abt Wilhelm übernahm die vom burgundischen Cluny eingeleitete benediktinische Ordensreform. Mit ihr sollte dem Zerfall des politischen, wirtschaftlichen und religiösen Lebens sowie der Verweltlichung der Klöster in der spätkarolingischen Zeit entgegengewirkt werden. Oberstes Ziel war die Rückkehr zur reinen Regel des heiligen Benedikt. Gleichzeitig sollten aber auch alle Lebensbereiche im Sinne kirchlicher Vormachtstellung beeinflußt werden. Damit war die spätere machtpolitische Auseinandersetzung zwischen Kaiser und Papst ebenso programmiert wie die Rolle des Mönchtums als führende Kulturmacht des Mittelalters. Die Hirsauer Reform breitete sich über ganz Deutschland aus, mehr als 100 Klöster folgten dem geistigen und auch dem architektonischen Vorbild aus dem Schwarzwald.

und machten ein internationales Jugendforum daraus.

③ Das Benediktinerkloster Hirsau wurde im 9. Jahrhundert gegründet, entwickelte sich zu einem der bedeutendsten Klöster Süddeutschlands und wurde Mutterkloster vieler weiterer Klöster. Die in ihrem Ursprung romanische Aureliuskirche dient heute wieder als Gotteshaus. In der Kirche St. Peter und Paul sind noch Reste des Kreuzgangs aus dem 15. Jahrhundert zu sehen. Aus dem 16. Jahrhundert stammen die Mauerreste des im Renaissancestil erbauten herzoglichen Jagdschlosses.

④ Calw wurde erstmals 1075 genannt. Salz- und Holzhändler, Tuchmacher und Gerber sorgten für wirtschaftlichen Aufschwung. Attraktiv ist ein Stadtbummel durch die malerische Altstadt. Gut erhaltene Fachwerkhäuser erinnern in der Salzstraße und am Marktplatz an den Reichtum früherer Tage. Das arkadengeschmückte Rathaus aus dem 17. Jahrhundert bestimmt ebenso wie die mächtige Pfarrkirche das Bild des Marktplatzes. Wahrzeichen aber ist die Nikolauskapelle auf der ältesten Brücke der Stadt. Sie wurde um 1400 über dem mittleren Pfeiler errichtet und stellt ein Meisterwerk spätgotischer Steinmetzkunst dar. Die Figuren eines Webers und eines Flößers in den beiden Nischen der Frontseite erinnern an die Handelsvergangenheit der Stadt.

⑤ Die Kentheimer Candiduskirche ist eine der ältesten Kirchen Süddeutschlands. Mit ihrem Bau wurde im 10. Jahrhundert begonnen.

⑥ Bad Teinach: Siehe Wanderung 83 A, Seite 340.

⑦ Wildberg entwickelte sich um die im 13. Jahrhundert errichtete Burg. An mittelalterliche Zeiten erinnern noch Reste der alten Stadtmauer, der Marktbrunnen von 1554 und die in romanischer Zeit begonnene Martinskirche. Das hölzerne Rathaus entstand 1480, wurde jedoch 1873 teilweise umgebaut.

⑧ Das 786 erstmals erwähnte Nagold beeindruckt mit seinen zahlreichen Fachwerkhäusern. Überragt wird die Stadt von den Resten der Burg Hohennagold mit einer 2,5 Meter dicken Schildmauer, einem wuchtigen Bergfried und dem Flankierungsturm. Ein Beleg für zwei Jahrtausende Kulturgeschichte ist die Remigiuskirche, die über einem Römerbau und einem fränkischen Königshof errichtet wurde. Römische Halbsäulen sind in den Chorbogenwänden vermauert, karolingisch sind die älteren Teile des Mauerwerks. Das Langhaus wurde um 1300 mit Fresken bemalt.

⑨ Das Städtchen Berneck thront auf einem steil abfallenden Bergvorsprung. Eindrucksvollster Bau ist die 38 Meter hoch aufragende, mit Wehrgang und Ecktürmchen versehene Buckelquaderschildmauer der um 1200 erbauten Burg. Diese Bastion zählt zu den einprägsamsten Beispielen spätstaufischer Wehrarchitektur.

△ *Hirsau*

⑩ Altensteig präsentiert sich mit einem der malerischsten, altschwäbischen Kleinstadtbilder überhaupt. Die ins 11. Jahrhundert zurückreichende Burg bildet ein spätgotisches Ensemble mit Flankentürmen, einer vom Tor durchbrochenen Schildmauer und einem schönen Palas.

⑪ Lehrpfad über Vogel- und Gewässerschutz im Kleinenztal: Siehe Wanderung 83 B, Seite 341.

⑫ Bad Wildbad ist das nach Baden-Baden meistbesuchte Heilbad des Nordschwarzwalds. Hier badeten die württembergischen Landesherren und machten dadurch den Ort im 19. Jahrhundert zum »Weltbad«. Nachklänge aus dieser Zeit sind das 1847 fertiggestellte klassizistische Graf-Eberhard-Bad mit seiner maurischen Halle und den Fürstenbädern sowie das König-Karls-Bad von 1895. Die Pfarrkirche ließ Herzog Karl Eugen bis 1748 im Stil des Rokoko errichten.

⑬ Neuenbürg verdankt seinen Reichtum ergiebigen Eisenerzvorkommen. Das 1868 geschlossene Bergwerk ist heute als Besucherbergwerk teilweise zugänglich. Die Stadt entstand im 13. Jahrhundert als Burgsiedlung. Interessant ist die aus dem 14. Jahrhundert stammende Georgskapelle mit gotischen Fresken. Die evangelische Pfarrkirche ziert ein klassizistischer Kanzelaltar.

Tip

Monbachtal bei Bad Liebenzell: Wenig nördlich von Bad Liebenzell mündet der Monbach in die Nagold. Der Bach hat eine mehr als 4 Kilometer lange, romantische Schlucht durch mächtige Buntsandsteinschichten gegraben, begleitet von Kaskaden und Strudellöchern. Vom Parkplatz beim Bahnhaltepunkt Monbachtal führt ein Wanderweg in diese Schlucht.

▽ *Wildberger Schäferlauf: Brauchtum im Hecken- und Schlehengäu*

▷ *Monbachtal bei Bad Liebenzell*

83 A

Wanderung 83 A: 18 Kilometer – 4 ½ Stunden

Fürstenbad und Silberbergwerk

Die Heilkraft der Teinacher Hirschquelle war bereits im frühen 14. Jahrhundert bekannt und auch bei den württembergischen Herrschern beliebt. Früh schon kamen sie zur Trinkkur hierher und residierten teilweise auf Burg Zavelstein. Der Neubulacher Silberberg wurde sogar schon im 11. Jahrhundert ausgebeutet. Beide Punkte verbindet unser Wandervorschlag.

Schwarzwald

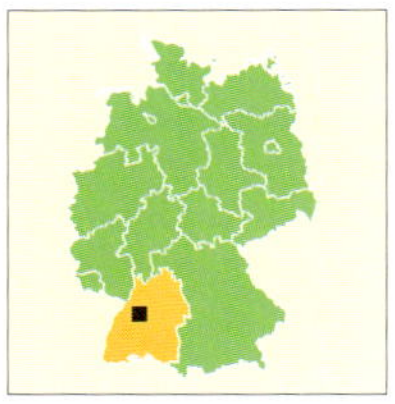

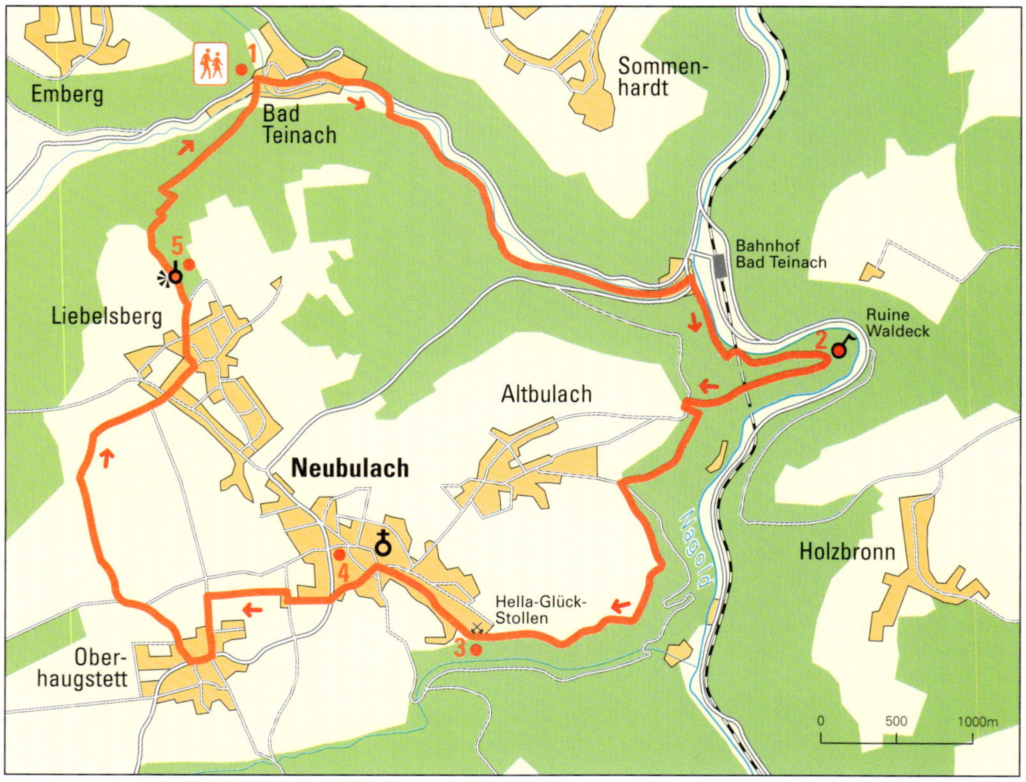

Tourverlauf

Die Teinach gibt die Richtung vor am Beginn der Wanderung in Bad Teinach. ①
Am Bahnhof Bad Teinach vorbei folgt man nun 15 Minuten der Nagold talaufwärts und steigt dann nach rechts zügig den Hang hinauf zur Burgruine Waldeck. ②
An der Ruine beginnt ein interessanter Felspfad, der westwärts weiter die Hänge hinaufsteigt, an Geigerles Lotterbett vorbeikommt und nach etwa 45 Minuten die Kreisstraße nach Altbulach erreicht. Ihr folgt man noch knapp 200 Meter westwärts, bis der orange Wegweiser mit der Bezeichnung »Randweg« nach links hinüber zum Hella-Glück-Stollen weist. ③
Über die Mühlsteige wandert man hinüber ins Städtchen Neubulach. ④
Bei der Raiffeisenbank findet sich die Markierung gelb-blaue Raute, die weiter westwärts nach Oberhaugstett führt. Dort beginnt beim Gasthof Sonne die Kennzeichnung schwarz-rote Raute, mit der man nordwärts zum Wasser- und Aussichtsturm bei Liebelsberg kommt. ⑤
Am Wasserturm ist der höchste Punkt der Wanderung erreicht. Nun beginnt der Weg stetig zu fallen und man erreicht kurz darauf wieder Bad Teinach.

▽ *Fluß Nagold*

Sehenswürdigkeiten

① Bad Teinachs Reichtum war von Anfang an die 1345 urkundlich belegte, heilkräftige Hirschquelle. Schon im 17. Jahrhundert kamen die Württemberger Herrscher hierher zur Trinkkur, das 19. Jahrhundert brachte einen blühenden Badebetrieb. Aus dieser Zeit stammen das Badehaus, die Trinkhalle und das »Badhotel«. In der frühbarocken Pfarrkirche von 1665 findet sich die »Lehrtafel der Prinzessin Antonia«, ein außergewöhnlicher Bildschrein mit der evangelischen Weltsicht des Frühbarock. Insgesamt bietet der Schrein eine Universalschau des christlichen Weltgebäudes in den Symbolen des 17. Jahrhunderts. Im Norden von Bad Teinach erhebt sich die Burgruine Zavelstein mit einem wuchtigen Stumpf des romanischen Bergfrieds. Das daneben errichtete Renaissanceschloß wurde schon 1692 zerstört.
② Mit der Burg Waldeck wurde schon im 11. Jahrhundert der Verkehr durch das Nagoldtal kontrolliert. Zeitweise diente die Burg auch als Raubritternest – wohl ein Grund dafür, daß Rudolf von Habsburg sie schon 1284 zerstörte. Dennoch ist die Ruine bis heute eine der größten des Nordschwarzwalds.
③ Der Hella-Glück-Stollen im Südosten von Neubulach diente schon im 11. Jahrhundert dem Silber- und Kupfererzabbau. Im angeschlossenen Museum kann sich der Besucher mit mittelalterlichen Bergbaumethoden vertraut machen.
④ Neubulach sieht man es heute nur noch indirekt an, daß der Silber- und Kupfererzabbau dem Städtchen frühen Reichtum gebracht hatte. Die Gemeinde wurde schon 1300 reichsunmittelbare Stadt. Von dieser Blüte zeugen noch der historische Stadtkern mit zahlreichen Fachwerkhäusern, die Stadtmauer und ein Stadttor.
⑤ Der Liebelsberger Wasserturm kann über 151 Stufen bestiegen werden. Er bietet eine prächtige Aussicht über die weiten Hügel des Nordschwarzwalds.

△ *Hella-Glück-Stollen, Neubulach*

Tip

Krokusblüte: Alljährlich Ende März oder Anfang April blühen rund um Bad Teinach-Zavelstein auf 52 Hektar Fläche die einzigen wilden Krokusse des Schwarzwalds. Sie bedecken die Wiesen mit einem violett-weißen Blütenteppich. Warum die Krokusse hier wild in so großer Zahl wachsen, ist unbekannt. Vermutlich hat einer der Zavelsteiner Grafen einst Krokusse für den Burggarten mitgebracht, die günstige Lebensbedingungen vorfanden und sich ausbreiteten. Die Pflanzen auf den unter Naturschutz stehenden Wiesen dürfen nicht gepflückt werden.

Wanderung 83 B: 6 Kilometer – 1½ Stunden

Im Tal der kleinen Enz

83 B

Das Tal der Kleinen Enz südlich des Wildbader Ortsteils Calmbach ist auf weite Strecken in seiner Ursprünglichkeit erhalten. Forst- und Teichwirtschaft stören den Eindruck einer naturnahen, intakten Landschaft kaum. Auf engem Raum ist hier erstaunlich viel Sehenswertes konzentriert.

Schwarzwald

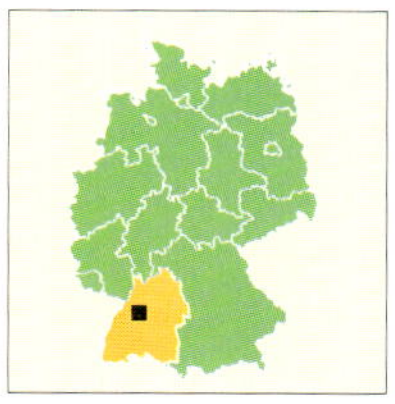

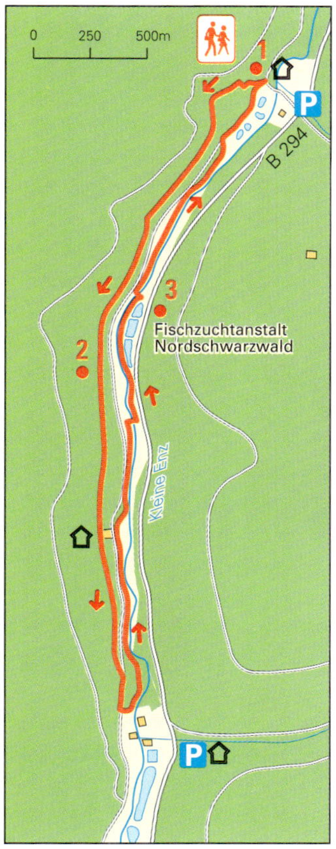

Tourverlauf

Etwa 5 Kilometer südlich von Calmbach beginnt der in eine landschaftlich reizvolle Umgebung eingebettete Lehrpfad über Vogel- und Gewässerschutz im Kleinenztal. ①
Talaufwärts folgt der Weg dem Hang eines Tannen-, Fichten- und Buchenmischwalds. ②
Für den Rückweg talauswärts folgt der Pfad dem Ufer der Kleinen Enz durch eine charakteristische Talvegetation aus Sträuchern und einzelnen Laubbäumen. Auf halbem Weg werden die Teiche der Fischzuchtanstalt Nordschwarzwald erreicht. ③
Durch ein Feuchtgebiet kommt man schließlich zurück zum Ausgangspunkt bei der Schutzhütte.

Sehenswürdigkeiten

① Entlang des gesamten Lehrpfads sind zahlreiche Schau- und Informationstafeln angebracht, mit denen die Forstverwaltung versucht, dem Besucher ihr Anliegen deutlich zu machen: Wie ein roter Faden zieht sich folgende Erkenntnis durch die Tafeln: Tiere und Pflanzen, die sich in ihrer Umwelt wohlfühlen, beweisen, daß die ökologischen Beziehungen intakt und damit letztlich auch die Voraussetzungen für das menschliche Wohlbefinden gegeben sind. Daß dies nur über ein naturerhaltendes und umweltfreundliches Verhalten jedes einzelnen zu erreichen ist, kann am Ende kein Besucher des nassen Tales leugnen. Nachdenklichkeit zu erzeugen ist ein Hauptzweck dieses Naturlehrpfads.

② Der Wegteil durch den natürlichen Mischwald ist vor allem den hier vorkommenden Vogelarten gewidmet. Vom Baumfalken zum Zaunkönig reicht die Spannweite, gut 70 verschiedene Vogelarten können hier beobachtet werden. Besonders interessierte Vogelfreunde haben die Möglichkeit, an Kontrollgängen des Forstamtes Calmbach teilzunehmen, die zahlreichen Nistkästen zu inspizieren und bei ihrer Pflege zu helfen. Kontakte vermittelt das Verkehrsbüro in Calmbach.

③ Die Anlagen der Fischzuchtanstalt Nordschwarzwald bieten umfassende fischerei- und gewässerkundliche Informationen. Die Schautafeln sind so angeordnet, daß die gezeigten Vögel und Fische möglichst unmittelbar daneben in der Natur beobachtet werden können. Auch hier wird immer wieder deutlich gemacht, daß Gewässernutzung ohne Gewässerschutz sich rasch selbst überlebt, daß unbedachte Übernutzung ebensowenig folgenlos bleibt wie jede Form der Verunreinigung.
Wer nach dem Erlebnis dieses Lehrpfads noch weitergehende Informationen wünscht, kann sich an das Forstamt von Wildbad wenden. Von dort aus gibt es monatlich ein bis zwei forstkundliche Führungen durch fachkundige und engagierte Forstbeamte.

△ *Im Kleinenztal zu beobachten: der Zaunkönig*

Tip

Seelig-Floßstube bei Calmbach: Oberhalb des Bad Wildbader Teilorts Calmbach wurde die Seelig-Floßstube, ein einstmals von den Flößern angelegter Stausee, restauriert und mit einem Musterfloß ausgestattet. Schautafeln informieren über die Technik der Flößerei.

▷ *Baumfalkenpaar*

84

Autotour 84: 140 Kilometer

Burgen und Höhlen der Zollernalb

Schwäbische Alb

Der Westrand der Schwäbischen Alb steigt wie eine geschwungene Mauer aus dem hügeligen Vorland. Markante Einzelfelsen und vorgelagerte Kegelberge prägen den Steilabfall des teilweise über 1000 Meter hohen Kalkgebirges. Einer seiner Kegelberge ist seit dem 11. Jahrhundert die Heimat des Kaisergeschlechts der Hohenzollern. Die Fahrt von Tübingen auf die Hochfläche des schwäbischen Gebirges vermittelt großartige Landschaftseindrücke und einen Hauch von Geschichte.

Tourverlauf

Die Rundfahrt beginnt in Tübingen am Neckar. ①
Man verläßt die Stadt Richtung Wurmlingen. ②
Nächstes Ziel, wieder am Neckar, ist Rottenburg. ③
Westlich von Rottenburg folgt man weiter dem Neckartal bis zur Einmündung der Eyach. Ihr entlang fährt man südwärts nach Haigerloch. ④
Auf der Südseite von Haigerloch trifft man auf die B 463 und später auf die B 27. Beim Brielhof lohnt sich der Abstecher zur Burg Hohenzollern. ⑤
Wenig nördlich vom Kegelberg des Hohenzollern erreicht man Hechingen. ⑥
Über die B 32 fährt man durch das Killertal bis Killer, zweigt dort nach Osten Richtung Ringingen ab. Am westlichen Ortsrand von Ringingen fährt man Richtung Salmendingen, um den Kornbühl zu besteigen. ⑦
Über Melchingen und Stetten erreicht man die Schwäbische Albstraße, die an der Bärenhöhle vorbeiführt. ⑧
Nächstes Ziel, schon an der B 313, ist das romantisch gelegene Schloß Lichtenstein. ⑨
Durch das Tal der Echaz und auf der B 312 fährt man hinaus nach Reutlingen. ⑩
Von Reutlingen ist es schließlich nur noch ein Katzensprung zurück zum Ausgangspunkt in Tübingen.

Sehenswürdigkeiten

① Tübingen siehe Wanderung 84 A, Seite 344.
② Oberhalb von Wurmlingen thront die durch Ludwig Uhland berühmt gewordene Wurmlinger Kapelle auf einem Bergrücken.
③ Rottenburg am Neckar steht auf dem Boden der Römersiedlung Sumelocenna. Hier errichteten im 12. Jahrhundert die aus dem Geschlecht der Zollern stammenden Grafen von Hohenberg die Rottenburg. Der Dom St. Martin hat einen Turm von 1486 und Chorpartien aus dem frühen 15. Jahrhundert. Das heutige Langhaus wurde 1655 fertiggestellt. Hochaltar und Glasfenster sind Werke unserer Zeit. Älteste Kirche der Stadt ist die Morizkirche im Stadtteil Ehingen. Sie ist eine Gründung der Hohenberger Grafen und wurde um 1300 begonnen. Die dreischiffige Basilika beeindruckt mit einem umfangreichen gotischen Freskenschatz aus dem 15. und frühen 16. Jahrhundert. Das Rathaus wurde 1735 errichtet.
④ Haigerloch liegt malerisch im tief gefurchten Eyachtal, wo auf zwei gegeneinander vorgeschobenen Felszungen im 11. und 12. Jahrhundert zwei Burgen errichtet wurden. Um beide entstanden auch Siedlungen, die 1488 unter die Herrschaft der Zollerngrafen kamen. Die Grafen sorgten zwei Jahre später für die Vereinigung beider Siedlungen. Über dem linken Eyachufer sind der Römerturm und Reste eines Bergfrieds die letzten Zeichen einer 1095 erwähnten Burg. Auf dem gegenüberliegenden Bergsporn wurde aus der um 1200 entstandenen Burg im 16. und 17. Jahrhundert das heutige Schloß errichtet. Sein Juwel ist die 1609 fertiggestellte Schloßkirche mit prachtvoller Barockausstattung. Stuck, Fresken und Schnitzereien präsentieren sich als gelungenes Gesamtkunstwerk. Auch die Wallfahrtskirche St. Anna enthält wunderschöne Fresken und Stukkaturen von Meinrad von Ow und Johann Michael Feichtmayr. Das Gnadenbild im Hochaltar ist eine thronende Muttergottes aus dem späten 14. Jahrhundert. Im Felsenkeller unter dem Schloß hatten Otto Hahn und Werner Heisenberg 1945 einen Versuchsreaktor zur Kernspaltung ge-

◁ *Schloß Haigerloch*

△ Schloß Lichtenstein auf seiner steilen Felsnadel

der Stadt wurde 1787 als »Lustgartenhaus« errichtet und ist von einem prächtigen Englischen Park mit klassizistischen Parkbauten umgeben.

⑦ Der Kornbühl ist ein schöner Kegelberg auf der Hochfläche der Schwäbischen Alb. Seinen Gipfel ziert eine alte Wallfahrtskapelle, an seinen dicht bewachsenen Bergflanken findet man eine vielgestaltige Tier- und Pflanzenwelt: Nicht weniger als 191 Pflanzen- und 341 Tierarten wurden hier nachgewiesen.

⑧ Die 1834 entdeckte Bärenhöhle ist die meistbesuchte Schauhöhle der Schwäbischen Alb. In ihr wurden ganze Felder mit Bärenknochen gefunden, aus denen komplette Skelette rekonstruiert werden konnten. Außerdem gibt es bizarr geformte Tropfsteine.

⑨ Schloß Lichtenstein steht zwar auf dem Platz einer alten Burg, doch entstand das heutige Schlößchen erst 1841 aufgrund des 1826 erschienenen Romans »Lichtenstein« von Wilhelm Hauff. Davon angeregt ließ Herzog Wilhelm von Urach eine Burg »im edelsten Stil des Mittelalters« erbauen.

△ Marktbrunnen in Reutlingen

baut. Daran erinnert noch das Atommuseum unterhalb der Schloßkirche.

⑤ Burg Hohenzollern: Siehe Wanderung 84 B, Seite 345.

⑥ Hechingen besteht bis heute aus einer verwinkelten Unterstadt und der um einen langgestreckten Marktplatz gruppierten Oberstadt. Die Unterstadt geht auf das bereits 768 erwähnte Hahingun zurück, über dem im 12. Jahrhundert eine Hochburg errichtet wurde. Sie war seit dem 13. Jahrhundert Sitz der Grafen von Hohenzollern. Die Stiftskirche St. Jakob ist ein frühklassizistischer Bau im Louis-Seize-Stil von 1780. Die Kirche St. Luzen des ehemaligen Franziskanerklosters ist ein seltenes Beispiel aus dem Übergang von der Spätrenaissance zum Frühbarock. Die Villa Eugenia im Süden

▷ Tropfsteine der Bärenhöhle

⑩ Die Freie Reichsstadt Reutlingen wurde 1216 von Kaiser Friedrich II. neu gegründet. Von der mittelalterlichen Stadt sind noch das mächtige Tübinger Tor aus dem 13. und das Gartentor aus dem 14. Jahrhundert erhalten. Die Marienkirche mit ihrem 73 Meter hohen Turm zählt zu den gelungensten Schöpfungen schwäbischer Hochgotik. Schönstes Stück ihrer Ausstattung ist ein achteckiger Taufstein aus dem Jahr 1499.

Ein Stift und seine Stiftler

Württemberg war bis vor gar nicht allzu langer Zeit eine protestantische Theokratie mit monarchischer Spitze. Die Pfarrer verkörperten die Elite des Landes, sie hatten in den Gemeinden die beherrschende Stellung. Ihre Ausbildung erfolgte im Tübinger Stift, jener Bildungsanstalt evangelischer Geistlicher, die bereits 1536 gegründet worden war. Die dort geltende Hausordnung war zu allen Zeiten äußerst streng. Der Mangel an gesellschaftlichem Schliff, die daraus resultierende Unbeholfenheit und der eigentümliche Umgangston waren schwere Nachteile, unter denen Persönlichkeiten wie Hegel, Schelling oder Hölderlin ein Leben lang litten. Nicht umsonst galt das Stift an der Tübinger Universität als »festes Bollwerk schwäbischer Selbstüberschätzung und Selbstbeweihräucherung«, und die Studenten sahen in den Stiftlern keine ebenbürtigen Kommilitonen. Die besseren Karrierechancen aber besaßen die Absolventen des Stifts, waren sie doch später eingebunden in die Verflechtung der kirchlichen mit der weltlichen Macht.

Tip

Ofterdinger Ammonitenpflaster nördlich von Hechingen: Das Flüßchen Steinlach hat bei Ofterdingen auf mehrere hundert Meter Länge eine Felsplatte mit Dutzenden versteinerter Ammoniten und Schnecken freigelegt und wird deshalb im Volksmund »Schneckenpflaster« genannt. Die größten Ammoniten der Gattung Arietites haben einen Durchmesser von einem Meter und sind kräftig gerippt. Das unter Naturschutz stehende Fossilienpflaster ist frei zugänglich. In und um Ofterdingen wurden bei Bauarbeiten weitere Platten mit Tausenden von Fossilien freigelegt; die schönsten sind im Naturkundemuseum Stuttgart ausgestellt.

84 A

Wanderung 84 A: 4 Kilometer – 2 Stunden

Tübingen und Hohentübingen

Schwäbische Alb

Tübingen lebt ganz von und mit seiner gut 500 Jahre alten Universität. Das »Neckar-Athen« hat es verstanden, mit schwäbischem Fleiß Altes zu bewahren, so daß den Besucher heute ein nahezu geschlossenes Stadtbild aus der Zeit zwischen dem ausgehenden Mittelalter und dem 19. Jahrhundert erwartet.

Tourverlauf

Ausgangspunkt dieses Stadtspaziergangs ist die Platanenallee am Neckar. ①
Über die Alleenbrücke erreicht man die Neckarhalde, an deren rechtem Ende das Evangelische Stift steht. ②

△ *Marktplatz und Rathaus*

Wenige Schritte nordöstlich liegt der Marktplatz mit dem Rathaus und dem Neptunsbrunnen. ③
Der Weg zum Schloß führt über die Burgsteige. ④
Kurz darauf ist man auf Schloß Hohentübingen angelangt. ⑤
An der Nordseite des Schlosses wird die Haaggasse erreicht. Durch die Seelhaus- und die Jakobsgasse geht es hinüber zur Jakobskirche. ⑥
An der Ostseite der Schmiedtorstraße kommt man zur Fruchtschranne. ⑦
Über die Bachgasse und die Froschgasse erreicht man den Stiefelhof. ⑧
In seiner Nachbarschaft steht das Kornhaus. ⑨
Hirschgasse und Collegiumsgasse führen zum Wilhelmsstift. ⑩
Über die Hafengasse und die Pfleghofstraße gelangt man zum Bebenhäuser Pfleghof. ⑪
Am Holzmarkt steht die Stiftskirche. ⑫
Ihr gegenüber findet man die Alte Aula. ⑬
An der Bursagasse kommt man an der Alten Burse vorbei. ⑭
Ebenfalls an der Bursagasse steht der Hölderlinturm. ⑮
Über die Eberhardtsbrücke kommt man zurück zur Platanenallee.

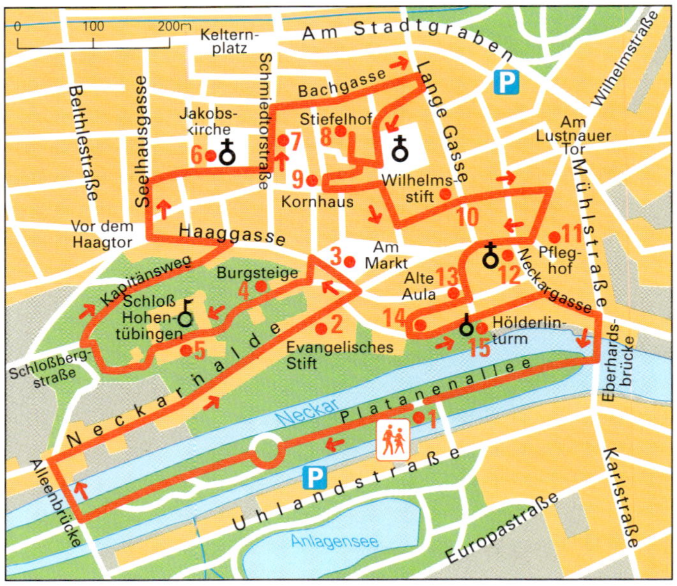

Sehenswürdigkeiten

① Von der Platanenallee auf einer Neckarinsel bietet sich der beste Blick auf die Südseite Tübingens.
② Das Evangelische Stift geht auf ein um 1260 gegründetes Augustiner-Chorherrenstift zurück. 1536 gründete hier Herzog Ulrich die »Pflanzstätte des schwäbischen Geistes« zur Ausbildung des Theologennachwuchses.
③ Das 1435 begonnene Rathaus wurde im 16. Jahrhundert aufgestockt und erhielt seine Sgraffitomalereien 1876. Die astronomische Uhr im Ziergiebel stammt von 1511. Der Neptunsbrunnen wurde 1617 errichtet. Die heutige Neptunsfigur aus Bronze ist eine Kopie des ursprünglich steinernen Originals.
④ Die Burgsteige ist die älteste Straße der Stadt. Im Haus Nr. 7 wohnte einst Meister Mästlin, der Lehrer von Johannes Kepler.
⑤ Schloß Hohentübingen steht an der Stelle einer 1078 erstmals genannten Burg. Die heutige Bausubstanz entstand im wesentlichen im 17. Jahrhundert. Bemerkenswert sind das schöne Renaissanceportal und der eindrucksvolle Fünfeckturm. Gewölbe, Keller und Kasematten atmen den Geist des Festungsbaus des 16. Jahrhunderts.

▽ *Häuserzeile am Neckar in Tübingen*

⑥ Die Spitalkirche St. Jakob war die Hauptkirche der Unterstadt. Errichtet wurde sie Anfang des 13. Jahrhunderts; ihre heutige Form erhielt sie um 1500.
⑦ Die Fruchtschranne ist ein Bau der Spätgotik. Das mächtige alemannische Fachwerkhaus mit Krüppelwalmdach diente als herzoglicher Fruchtkasten.
⑧ Der Stiefelhof ist bereits 1323 belegt und damit das älteste Haus der Stadt.
⑨ Das Kornhaus wurde 1453 errichtet; hier traten früher reisende Komödianten auf.
⑩ Das 1592 fertiggestellte Wilhelmsstift dient als Ausbildungsstätte für katholische Studenten.
⑪ Der Bebenhäuser Pfleghof entstand im 15. Jahrhundert, war der Verwaltungshof des Klosters Bebenhausen und birgt eine Marienkapelle von 1501.
⑫ Die Stiftskirche St. Georg wurde in ihrer heutigen Form 1529 fertiggestellt. Sie enthält spätgotische Grabdenkmäler und die berühmte Fensterskulptur mit dem geräderten heiligen Georg.
⑬ Die Alte Aula der Universität wurde 1547 fertiggestellt, die Fassade stammt von 1777.
⑭ Die Alte Burse von 1479 war ursprünglich eine Studentenherberge, der klassizistische Umbau stammt von 1805.
⑮ Der Hölderlinturm war im 13. Jahrhundert Teil der Stadtbefestigung. Von 1807 bis 1843 verbrachte hier Friedrich Hölderlin die letzten 36 Jahre seines Lebens als Pflegling der Familie Zimmer. Heute werden hier Dokumente und Hölderlin-Editionen ausgestellt.

Tip

Tübingen: Der Neue Botanische Garten der Universität besteht aus einem Arboretum mit etwa eintausend Laub- und Nadelbäumen, einem Freilandgarten mit Pflanzen des Hochgebirges sowie Gewächshäusern (unter anderem ein Tropicarium). Im Professorengarten im östlich benachbarten Kusterdingen sind eine große Anzahl in- und ausländischer Bäume beschildert und erklärt.

Wanderung 84 B: 12 Kilometer – 4 Stunden

Zollernburg und Raichberg

84B

Schwäbische Alb

Die stolzeste und größte Burg der Schwäbischen Alb ist die Burg Hohenzollern. Sie ziert einen runden dem Albtrauf vorgelagerten Kegelberg. Den schönsten Blick auf Berg und Burg bietet der 956 Meter hohe Raichberg im Südosten des Zollers. Wer den Zoller »komplett« erleben möchte, muß diese Wanderung unternehmen.

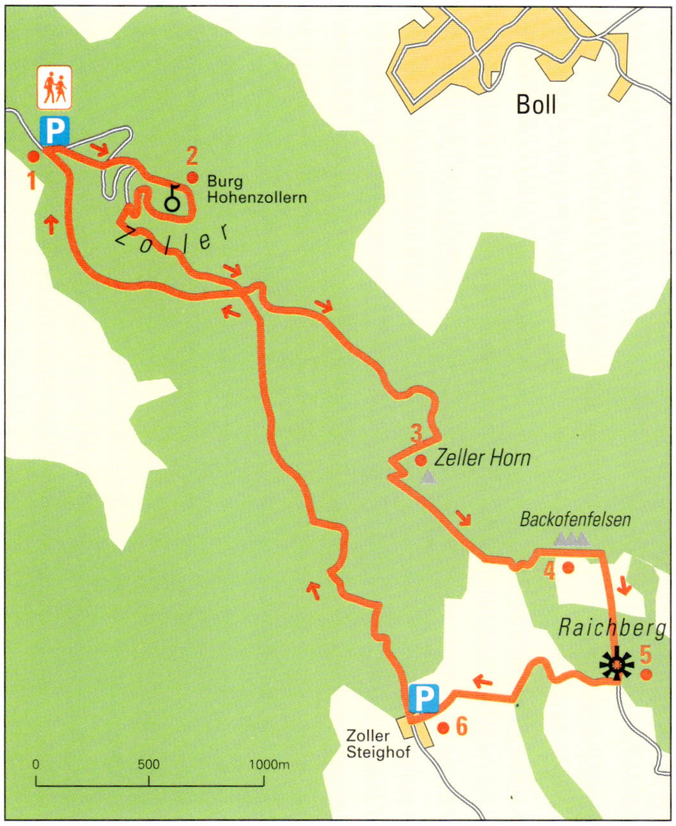

Tourverlauf

Ausgangspunkt der Wanderung ist der untere Parkplatz am Westfuß des Zollers. ①
Der Markierung roter Strich folgend schneidet man die Kehren der Fahrstraße ab und kommt so zügig hinauf zur Burg Hohenzollern. ②
Auch für den Abstieg nach Süden in den Sattel zwischen Zoller und Raichberg folgt man der Kennzeichnung roter Strich, die nach dem Sattel auch zum Zeller Horn hinaufführt. ③
Nächstes Ziel, immer noch an derselben Ausschilderung, ist der Backofenfelsen. ④
Kurz hinter dem Backofenfelsen beginnt der Weg mit der Markierung rotes Dreieck hinauf zum Raichberg. ⑤
Ihr folgt man auch für den westseitigen Abstieg vom Raichberg hinunter zum Zoller Steighof. ⑥
Vom Steighof aus wandert man entlang der Kennzeichnung blaues Dreieck nordwärts hinauf zum Sattel zwischen Zoller und Raichberg. Im Sattel folgt man nach links der Forststraße, die im großen Bogen westwärts um den Zoller und zurück zum unteren Parkplatz führt.

◁ *Grafensaal, Burg Hohenzollern*

Sehenswürdigkeiten

① Der Parkplatz bietet einen schönen Blick auf die Burg Hohenzollern aus der Talperspektive.

② Spitze Türme und Türmchen, Wehranlagen und Prachtbauten verschmelzen auf dem weithin sichtbaren Kegelberg zur unverwechselbaren Dornröschenschloßsilhouette von Burg Hohenzollern. Die 1061 erstmals bezeugten Grafen von Zollern bauten hier im 11. Jahrhundert ihre erste Burg. Die heutige Burg ist bereits die dritte auf dem Stammberg der Hohenzollern. Sie entstand im Geist der Burgenromantik des 19. Jahrhunderts,

△ *Das Zollernschloß auf dem Zeugenberg Zoller*

1856 wurde sie von König Friedrich Wilhelm IV. von Preußen als neue Stammburg des Geschlechts eingeweiht. Bis 1991 standen hier die Sarkophage von Friedrich dem Großen und seinem Vater, Friedrich Wilhelm I. (heute wieder in Potsdam). Auf der Burg geblieben sind die Kostbarkeiten aus dem preußischen Königshaus: die juwelenbesetzte Königskrone, der Marschallstab, wertvolles Porzellan und auch die Brillanttabakdose von Friedrich II. Zu den sehenswerten Schauräumen zählen eine dreischiffige Säulenhalle, die Stammbaumhalle, die Bibliothek sowie die Schatzkammer mit den preußischen Kleinodien.
③ Vom Zeller Horn aus bietet sich der erste freie Blick dieser Wanderung nach Nordwesten zur Burg Hohenzollern und ihrem schönen Kegelberg.

④ Der Backofenfelsen ist geformt wie ein großer Backofen und bietet eine hervorragende Aussicht nach Norden ins Vorland der Schwäbischen Alb.
⑤ Der knapp 1000 Meter hohe Raichberg bietet von seinem Aussichtsturm eine grandiose Rundsicht über die gesamte Westhälfte der Schwäbischen Alb und ihr nördliches Vorland. Bei klarem Wetter reicht der Blick bis zum Schwarzwald und bis zu den Österreichischen und Schweizer Alpen.
⑥ Der Zoller Steighof geht auf einen Zehenthof der Grafen von Zollern zurück. Heute kann man hier in angenehmer und nicht zu überlaufener Umgebung Rast vor dem Rückmarsch zum Auto machen.

Tip

Naturlehrpfad Raichberg: Der Naturlehrpfad beim Raichberg in Onstmettingen informiert die Besucher auf 100 Tafeln über Geologie, Pflanzen und Tiere der Schwäbischen Alb.

85

Autotour 85: 140 Kilometer

Vom Blautopf auf die Alb

Zwischen der karstigen Hochfläche der Schwäbischen Alb und der jungen Donau liegen Welten, und doch sind beide eng miteinander verbunden. Der sagenumwobene Blautopf etwa hat ein Einzugsgebiet von gut 160 Quadratkilometern und entwässert damit einen großen Teil der mittleren Albhochfläche. Trockener Karst oben und satte Wiesen unten sind denn auch die Kennzeichen dieser Rundfahrt.

Schwäbische Alb

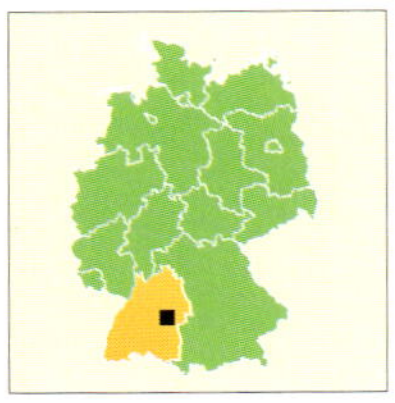

Tourverlauf

Die Rundfahrt beginnt am südöstlichen Rand der Schwäbischen Alb, am Blautopf von Blaubeuren. ①

Blaubeuren verläßt man zunächst auf der B 28, um auf dieser nach nur wenigen Kilometern über Machtolsheim nach Laichingen zu kommen. ②

Über Westernheim und Wiesensteig erreicht man den Reußenstein. ③

Rund um das Randecker Maar erreicht man die B 465, folgt ihr wenige Kilometer nach Westen und fährt dann hinunter durch das Pfäler Tal nach Bad Urach. ④

Die beeindruckende Ruine Hohenneuffen sollte man unbedingt besuchen; nur wenige Kilometer beträgt der Abstecher von Bad Urach nach Neuffen. ⑤

Von Bad Urach folgt man der B 465 bis Münsingen. ⑥

Südlich von Münsingen erreicht man bei Buttenhausen das Tal der Großen Lauter, dem man bis kurz vor Hayingen folgt. ⑦

Nächstes Ziel wenige Kilometer südwestlich von Hayingen ist die Wimsener Höhle. ⑧

Durch seine Kirche berühmt wurde Zwiefalten. ⑨

Im Tal der Donau liegt dann der nächste Barockglanzpunkt, die doppeltürmige Klosterkirche von Obermarchtal. ⑩

Bereits in Zwiefalten hatte man die Oberschwäbische Barockstraße erreicht, an der auch Munderkingen liegt. ⑪

Der Barockstraße folgt man zurück nach Blaubeuren über Ehingen. ⑫

▽ *Die Karstquelle Blautopf*

Sehenswürdigkeiten

① Das Benediktinerkloster Blaubeuren wurde im 11. Jahrhundert gegründet und im 15. Jahrhundert zum heutigen Umfang ausgebaut. Sein Schmuckstück ist die von 1491 bis 1499 erbaute Klosterkirche, die mit zahlreichen Werken der Ulmer Schule ausgestattet ist. Das weltberühmte Prachtstück ist der 1493 vollendete Hochaltar. Der faszinierende Schreinaltar ist mit Doppelflügeln ausgestattet und wurde von Gregor Erhart geschaffen. Das ebenfalls 1493 fertiggestellte, prachtvolle Chorgestühl stammt von Jörg Syrlin d. J. Reizvoll sind auch der mit reichen Rippennetzen verzierte Kreuzgang und der zweischiffige Kapitelsaal von 1481. Die Blaubeurer Pfarrkirche wurde im 14. und 15. Jahrhundert errichtet und enthält im Chor ebenfalls einen Flügelaltar der Ulmer Schule aus dem 15. Jahrhundert.

② An Laichingen darf man nicht vorbeifahren, ohne die 1882 entdeckte Tiefenhöhle zu besuchen. Sie vermittelt den besten Eindruck vom verkarsteten »Innenleben« der Schwäbischen Alb, führen doch Leitern und Treppen 55 Meter tief in das geheimnisvolle Labyrinth aus Schächten und Gängen hinunter.

③ Reußenstein: Siehe Wanderung 85 A, Seite 348.

④ Bad Urach im Uracher Ermstal steht auf uraltem Siedlungsboden. Kelten und Römer hatten diesen günstigen Platz schon genutzt, bevor im 12. Jahrhundert die Uracher Grafen Burg Hohenurach bauten. Ab 1442 residierten unterhalb der Burg die Württemberger Grafen Ludwig und sein Sohn, Graf Eberhard im Bart. Glanzstück der Stadt ist der von spätmittelalterlichen Fachwerkhäusern eingefaßte Marktplatz mit dem prächti-

△ Tal der Großen Lauter

△ Randecker Maar südlich von Kirchheim unter Teck

gen Fachwerkrathaus von 1562. In der ehemaligen Stiftskirche St. Amandus, einer Stiftung von Graf Eberhard, ist der reich geschnitzte Betstuhl des Grafen Eberhard von 1472 sowie eine Kanzel aus der Zeit um 1500 zu sehen. Der Taufstein ist eine Arbeit von 1518, die zahlreichen Grabsteine stammen aus Renaissance und Barock. Auch der Marktbrunnen ist eine Stiftung des späteren Herzogs Eberhard. Gebaut wurde er von 1495 bis 1500. Die schlanke, turmartige Brunnensäule ist mit Statuen geschmückt. Hauptfigur an der Spitze ist der heilige Christophorus. Das Residenzschloß ist ein Fachwerkbau von 1433; Graf Eberhard wurde hier 1445 geboren. Die sehenswerten Prunkräume sind der Palmensaal, der Goldene und der Weiße Saal sowie die spätgotische Dürnitz. Das Schloß beherbergt die Dauerausstellung »Höfische Jagd in Württemberg«.

⑤ Neuffen: Siehe Wanderung 85 B, Seite 349.

⑥ Das bereits 809 urkundlich erwähnte Münsingen erhielt um 1300 von den Grafen von Württemberg das Stadtrecht. Das kleine Schloß stammt aus dem 14. Jahrhundert und enthält heute das Heimatmuseum. Die Martinskirche hat eine Barockausstattung mit schöner Holzkanzel und großzügiger Orgel. Das Alte Rathaus mit seinem Laubengang entstand im 17. Jahrhundert, der Marktbrunnen wurde schon im 16. Jahrhundert gebaut.

⑦ Hayingen präsentiert sich als Städtchen mit hübschen Fachwerkhäusern, einem frühbarocken Rathaus und einem Spital von 1536. Im Sommer ist das Naturtheater besuchenswert.

⑧ Die Wimsener Höhle ist die einzige Karstquellenhöhle der Schwäbischen Alb, in die man mit dem Kahn gut 70 Meter weit hineinfahren kann. Dahinter senkt sich die Höhlendecke unter den Wasserpegel, doch setzt sich die Höhle danach noch weit über tausend Meter in einem unter Wasser stehenden Labyrinth fort.

⑨ Das 1089 gegründete Benediktinerkloster Zwiefalten wurde 1803 säkularisiert und dient heute als Krankenhaus. Die Klosterkirche ist ein Meisterwerk des Spätbarock; gebaut wurde sie von 1744 bis 1765 nach Plänen von Johann Michael Fischer. Die prachtvollen Deckenfresken schuf Franz Josef Spiegler, die opulente Fülle der Stukkaturen Johann Michael Feichtmayr.

⑩ Das Prämonstratenser-Chorherrenstift Obermarchtal wurde 1171 gegründet, das heutige Kloster stammt aus dem 17. Jahrhundert. Die zweitürmige Klosterkirche wurde 1701 fertiggestellt, den prachtvollen Stuck der Kirche schuf Franz Xaver Schmuzer.

⑪ Munderkingen war schon im 13.Jahrhundert zu Habsburg gekommen und folglich bis 1895 österreichisch. Sehenswert sind sein Rathaus von 1563 mit dem schönen Beispiel eines Prangers, die spätgotische Pfarrkirche aus der Zeit um 1500 und die barocke Frauenbergkapelle von 1722.

⑫ Das im 13. Jahrhundert gegründete Ehingen hat einen von schönen Barockhäusern gesäumten Marktplatz. Das ehemalige Heiliggeistspital ist ein mächtiger Fachwerkbau von 1532, in dem heute das Heimatmuseum untergebracht ist.

▷ Auf der Schwäbischen Alb

Der Blautopf und die Schöne Lau

Spätestens seit Mörikes Märchen von der Schönen Lau ist der Blaubeurer Blautopf allen Romantikern ein Begriff. Zwar haben wenige die schöne Nixe gesehen, doch ist die Sage von ihr lebendig wie eh und je. Danach steht der Blautopf in direkter Verbindung mit dem Schwarzen Meer, die Schöne Lau war die Gemahlin des Nixenkönigs von der Donaumündung. Der hatte seine Königin in den Blautopf verbannt, weil sie nur tote Kinder gebar. Nur ein fünfmaliges Lachen der Lau konnte den bösen Zauber brechen. Natürlich wurde sie deshalb immer trauriger, bis sie einen unterirdischen Gang aus ihrem Quelltopf direkt in den Keller der Nonnenhofwirtin entdeckte. Der Umgang mit den lustigen Blaubeurer Burschen gab der Lau ihr Lachen zurück und brach den Zauber. Auch wer nicht an die Lau glaubt, der muß immerhin akzeptieren, daß es unter dem Blautopf tatsächlich ein riesiges System unterirdischer Kammern und Höhlen gibt. Es dürfte das größte zusammenhängende Höhlensystem ganz Deutschlands sein – ein wahrhaft würdiger Rahmen für die Nixenkönigin aus der Donau.

Tip

Unteres Lautertal: Das Tal der 44 Kilometer langen Großen Lauter, das von Naßwiesen, Wacholderhängen und steilen, oft ruinengekrönten Felstürmen geprägt wird, zeigt sich in seinem unteren Teil ab Hayingen-Anhausen ganz besonders wildromantisch. Der Grund des engen Tals und seiner Nebenbäche wird vom charakteristischen Schluchtwald der Schwäbischen Alb bedeckt, der überwiegend aus Ahorn, Eschen und Buchen besteht. Felszinnen und Kalktürme mit Klüften, Spalten und Höhlen begleiten den Fluß. Da gibt es die Ochsenlöcher, Gemsfels, Immenfels oder im von Norden kommenden Wolfstal die 20 Meter lange Bärenhöhle, die nicht mit der gleichnamigen Tropfsteinhöhle bei Sonnenbühl zu verwechseln ist. Die Lauter stürzt mehrmals in kleinen Wasserfällen, sogenannten Gießeln, über Felsen und Talstufen. Vier Meter hoch ist die als Naturdenkmal ausgewiesene Sinterbarriere Hoher Gießel mit eigenwilliger Form. Die mächtigste Kalksinterstufe bei der Laufenmühle ist 10 Meter hoch, staut den Fluß zu einem kleinen See auf und bildet einen natürlichen Damm für ein Kraftwerk.

85 A

Wanderung 85 A: 12 Kilometer – 3 ½ Stunden

Reußenstein und Torfgrube

Schwäbische Alb

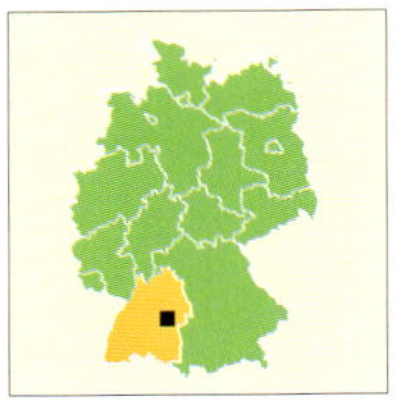

Burgruinen gibt es viele am Nordrand der Schwäbischen Alb. Zu den exponiertesten zählt sicher die Ruine Reußenstein. Ihre Natursteinwände wachsen unmittelbar aus den Felsen. Die Schopflocher Torfgrube ist hingegen das einzige Hochmoor der gesamten Albhochfläche.

Tourverlauf

Vom Parkplatz an der Kreisstraße nach Schopfloch führt ein breitgetretener Weg am Albtrauf entlang nach Westen zur Ruine Reußenstein. ①
Von der Ruine folgt man dem mit einem roten Dreieck markierten Alb-Nordrandweg zunächst südwestwärts bis zum Wegestern am Bahnhöfle. Hier wendet sich der Albtrauf nach Norden und erreicht den Heimenstein. ②
Auch vom Heimenstein aus folgt man weiter dem Alb-Nordrandweg, bis zur Kreuzung mit der Landstraße. Hier trifft man auf die Markierung Rote Raute, der man nach links zunächst einige hundert Meter auf der Landstraße, danach rechts abzweigend zur Torfgrube folgt. ③
Am Südrand der Torfgrube schwenkt man beim Kreuzstein nach links (Osten), überquert erneut die Landstraße und überschreitet, der Aussicht zuliebe, den 827 Meter hohen Kegel von Oberreute. ④
Danach folgt man dem Waldrand bis zur Kreisstraße 1247, über die man nach links zurück zum Bahnhöfle kommt. Ab hier geht es auf bekanntem Weg zurück zum Parkplatz.

Sehenswürdigkeiten

① Die Ruine Reußenstein wirkt besonders malerisch, da sie unmittelbar auf den senkrecht abfallenden Felsen steht. Dieser Eindruck wird noch verstärkt, da die gesamte alte Bausubstanz aus Kalkbruchsteinen erbaut wurde, so daß auch farblich kein Unterschied zwischen Fels und Mauern zu sehen ist. Erbaut wurde die Burg im 13. Jahrhundert, urkundlich wurde sie erstmals 1311 als Sitz der Reuße vom Reußenstein genannt. Aus dieser Zeit stammt der Bergfried. Palas und Vorwerk wurden im 15. Jahrhundert errichtet. Glaubt man jedoch der Sage, dann entstand die Burg im Auftrag des Riesen Heim. Der hauste auf dem gegenüberliegenden Heimenstein und ließ die Burg von Handwerkern aus dem Tal gegen reichen Lohn bauen. Die senkrechten Felswände in der Umgebung des Reußensteins sind beliebte Kletterfelsen. Mit etwas Glück kann man den Kletterern von der Felskante aus von oben auf die Finger schauen.
② Der Heimenstein ist nur einer aus einer ganzen Reihe herrlicher Felsen, die hier den Albtrauf zieren. Er bietet einen prächtigen Blick zur Ruine Reußenstein. Wenig unterhalb des Gipfels soll der Sage nach der Riese Heim gehaust und seinen Schatz bewacht haben.

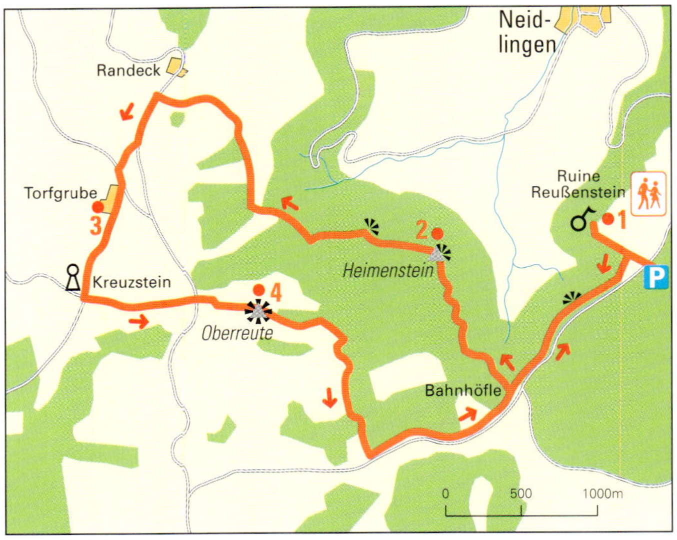

③ Die Torfgrube im Norden von Schopfloch verdankt ihre Entstehung der Vulkantätigkeit am Nordrand der Schwäbischen Alb. Im Tertiär gab es hier zahlreiche Vulkane, die jedoch mehr Gas als Lava ausstießen. Nicht selten gab es Gasexplosionen, die größere Krater hinterließen. Einer dieser Explosionskrater ist das Randecker Maar, dessen Boden aus vulkanischem Basalt besteht. Weil Basalt wasserundurchlässig ist, bildete sich zunächst ein kleiner See, der zu einem Niedermoor verlandete. Nach und nach wuchs daraus das einzige Hochmoor auf der Albhochfläche. Seit 1942 steht es unter Naturschutz und kann auf Holzstegen erkundet werden.
④ Der Kegel von Oberreute ist ebenfalls eine Vulkanblase und bietet eine ungehinderte Rundumsicht über die Mittlere Alb.

Tip

Gutenberger Höhlen südwestlich des Reußensteins: Zwischen Frühjahr und Herbst werden Führungen durch die Gutenberger Höhlen durchgeführt.

▽ Der Reußenstein ist auch ein beliebter Kletterfelsen

▽ Ruine Reußenstein bei Neidlingen

Wanderung 85 B: 13 Kilometer – 4 ½ Stunden

85 B

Zur Ruine Hohenneuffen

Die dem Albtrauf im mittleren Bereich vorgelagerten Kegelberge sind vulkanischen Ursprungs und besonders gleichmäßig geformt. Einen der schönsten ziert die Ruine Hohenneuffen nördlich von Bad Urach.

Schwäbische Alb

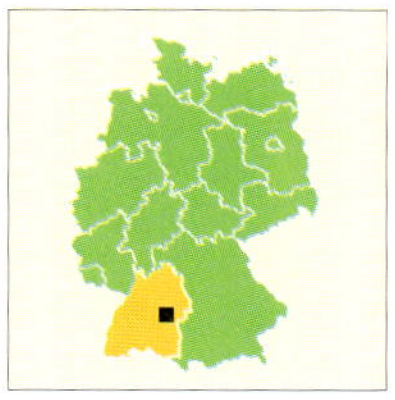

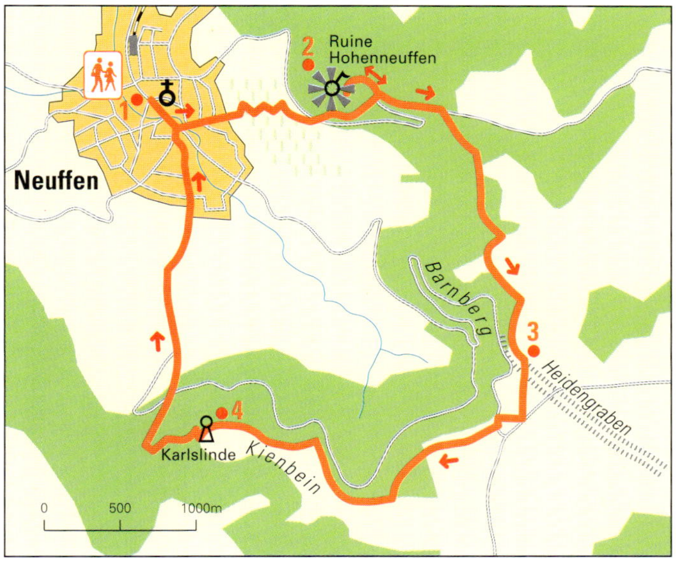

Tourverlauf

Ausgangspunkt ist das kleine Städtchen Neuffen am Westrand des Hohenneuffens. ①
Von seinem Zentrum aus folgt man der Albstraße ein kurzes Stück nach Süden, bis links die Schloßgasse abzweigt. Nach einem Querweg beginnt die mit Blauem Dreieck markierte Schloßsteige, die durch Weinberge zum Waldkegel der Ruine Hohenneuffen hinaufführt. ②
Von der Burg wandert man in den östlich gelegenen Sattel hinunter, wo beim Wanderparkplatz der mit einem Rotem Dreieck gekennzeichnete Ströhmfeldweg beginnt. Er ist Teil des Alb-Nordrandwegs. Kleine Schautafeln erklären hier nach und nach geologische Besonderheiten. Nach dem Barnberg erreicht der Alb-Nordrandweg den Heidengraben. ③
Auch nach dem Heidengraben folgt man weiter der Traufkante, um zur Westspitze des Bergrückens des Kienbeins und zur Karlslinde zu kommen. ④
An der Karlslinde beginnt der mit einem Blauen Kreuz markierte Abstieg vom Albtrauf nach Norden und zurück nach Neuffen.

Sehenswürdigkeiten

① Das kleine Städtchen Neuffen entstand im 12. Jahrhundert im Schutz der Burg Hohenneuffen und wurde bereits 1301 als Stadt genannt. Den alten Kern des Städtchens dominieren sehenswerte Fachwerkhäuser, das Rathaus aus dem 17. Jahrhundert und die im 14. Jahrhundert errichtete gotische Martinskirche. Sie ist eine flach gedeckte Pfeilerbasilika, nur den Chor deckt eine Kreuzwölbung. Das gotische Fresko im Chor zeigt den heiligen Georg.
② Die Ruine Hohenneuffen beeindruckt mit kolossalen Befestigungen, die teilweise unmittelbar aus dem gewachsenen Fels aufsteigen. Die erste Burg auf dem Hohenneuffen dürfte um 1100 errichtet worden sein, doch war diesem Bau kein langes Leben beschieden. Als sich die Herren von Neuffen nämlich 1235 auf die Seite des aufrührerischen Kaisersohns Heinrich schlugen, zerstörte der Stauferkaiser Friedrich II. die Burg. Im Jahre 1301 fielen die Herrschaft und die wiederaufgebaute Burg an Württemberg, dessen Grafen hier zeitweise residierten. Die umfangreichen Befestigungsanlagen entstanden im 16. und 18. Jahrhundert. Bis 1801 war der Hohenneuffen die stärkste Landesfestung Württembergs und diente als Staatsgefängnis. Heute ist die Burg Hohenneuffen die größte Ruine der Schwäbischen Alb.

▽ *Berg und Ruine Hohenneuffen*

△ *Heidengraben bei Grabenstetten*

③ Der Heidengraben ist eine durch starke Wälle und tiefe Gräben gesicherte Berghalbinsel zwischen den Tälern der Erms und der Lauter. Die gewaltige Anlage war eine Keltenfestung, die mit Weiden, Acker und Weideflächen einer großen Population in Kriegszeiten das Überleben ermöglichte. Ihre noch heute bis zu 3 Meter hohen, wuchtigen Wälle und kilometerlangen Gräben vermitteln ein eindrucksvolles Bild von der frühen Leistungsfähigkeit der Kelten. Erbaut wurde das Oppidum Heidengraben um 100 v. Chr.; es bestand aus einer stadtähnlichen Siedlung, die Handelsbeziehungen bis in den Mittelmeerraum hinunter unterhielt. Warum dieses Oppidum noch vor der Zeitenwende wieder aufgegeben wurde, steht bisher nicht eindeutig fest. Vielleicht war es einfach chronischer Wassermangel.
④ Vom Kienbein und von der Karlslinde aus bieten sich immer wieder faszinierende Blicke hinaus ins Albvorland und hinüber zum so schön geformten Kegelberg des Hohenneuffens.

Tip

Der Geologische Lehrpfad »Gustav-Ströhmfeld-Weg« verläuft zwischen Neuffen und Metzingen (20 Kilometer, 6 Stunden Wanderzeit). Er informiert über die Landschaftsformen und Gesteine am Albtrauf, wo sowohl bei der rückwärtsschreitenden Erosion des Albtraufs stehengebliebene Zeugenberge als auch einige Vulkanschlote des Uracher Vulkangebiets zu erkennen sind.

Autotour 86: 160 Kilometer

In die Heimat der Wittelsbacher

Oberbayern

Das Stammland der Wittelsbacher liegt nördlich von München, mitten im Bauernland. Dort saßen die Grafen von Scheyern. Sie stifteten im 12. Jahrhundert ihre Stammburg den Benediktinern, als sie sich unter dem Namen Wittelsbach daran machten, die Regierung Bayerns zu übernehmen. Was daraus wurde, ist in Oberschleißheim zu sehen. Insgesamt präsentiert diese Rundfahrt 900 Jahre bayerische Geschichte und alle paar Kilometer einen kulturhistorischen Höhepunkt.

Tourverlauf

Die Rundfahrt beginnt in Dachau, wo die Scheyerner Grafen ihre erste Stadtresidenz errichtet hatten. ①
Erstes Ziel ist Markt Indersdorf im Tal der Glonn. ②
Anschließend fährt man über verträumte Landstraßen nach Altomünster. ③

Bei Sielenbach steht die Wallfahrtskirche Maria Birnbaum. ④
Bereits im Tal der Paar liegt Aichach. ⑤
Das Paartal verläßt man, um Inchenhofen zu erreichen. ⑥
Wieder im Tal der Paar liegt dann Kühbach. ⑦
Nächste Station dieser Autotour ist Schrobenhausen. ⑧
Auch die weitere Fahrt erfolgt auf eher einsamen Landstraßen ostwärts nach Scheyern. ⑨
Von dort ist es nicht mehr weit nach Pfaffenhofen an der Ilm. ⑩
Parallel zur B 13 gelangt man südwärts nach Ilmmünster. ⑪
Vorletztes Ziel ist die alte Bischofsstadt Freising. ⑫
Von Freising aus fährt man der Isar entlang auf der B 11 bis Garching und von dort auf der B 471 nach Oberschleißheim. ⑬
Weiter auf der B 471 geht es schließlich zurück nach Dachau.

◁ *Hopfenanbau in der Hallertau*

Sehenswürdigkeiten

① Dachau gab es schon im Jahre 805 als »Dahauua«. Im 11. Jahrhundert bauten die Grafen von Scheyern hier eine Burg, aus der ab 1546 eine große Vierflügelanlage als Residenz der Wittelsbacher entstand. Von ihr ist der Südwestflügel mit dem 1715 von Joseph Effner barockisierten Festsaal erhalten. Besonders eindrucksvoll ist die mächtige, 1565 fertiggestellte Holzdecke. Östlich vor der Stadt liegt das ehemalige Konzentrationslager mit dem Sühnekloster Heiligblut. Die Sühnekapelle von 1964 schuf Josef Wiedemann.

② Das ehemalige Augustiner-Chorherrenstift in Markt Indersdorf wurde 1126 von Pfalzgraf Otto IV. gestiftet, um vom Papst die Lösung vom Bann zu erreichen. Die Klosterkirche wurde bereits 1128 geweiht. Sie präsentiert sich als romanische Pfeilerbasilika, der bis 1755 ein prunkvolles Barockgewand übergestülpt wurde. Die Gemälde dazu stammen von Matthäus Günther, der Stuck von Franz Xaver Feichtmayr.

③ In Altomünster steht das einzige Birgitinnenkloster Deutschlands. Es geht zurück auf ein 760 vom Einsiedler Alto gegründetes, benediktinisches Doppelkloster. Die Klosterkirche ist der letzte

große Bau des Münchner Baumeisters Johann Michael Fischer. Die spätbarocke Ausstattung strahlt gediegene Behäbigkeit des umgebenden Bauernlandes aus.
④ Die Wallfahrtskirche Maria Birnbaum bei Sielenbach entstand nach Wunderheilungen ab 1661. Die frühbarocke Zentralanlage zeigt sich von außen als Konglomerat verschiedendster Formen. Das Innere ist ein lichtdurchflutetes Rund mit angehängtem, kleeblattförmigem Chor. Bestechend sind die Stukkaturen von Matthias Schmuzer.
⑤ In Aichach gab es bereits 1208 ein wittelsbachisches Landgericht, und 1347 erhielten die Aichacher die gleichen Rechte wie München. Heute ist die Kleinstadt geprägt von Bürgerhäusern aus dem 17. und 18. Jahrhundert und dem barocken Rathaus. Östlich der Stadt, in Oberwittelsbach, stand spätestens ab 1115 die Burg, nach der sich die Grafen von Scheyern Wittelsbach nannten.

Fürstliche Kanäle nördlich von München

Als Statthalter in den Spanischen Niederlanden hatte Max II. Emanuel seine Vorliebe für Wasser, Kanäle und Schiffe entdeckt – Elemente, auf die er auch in seiner Münchner Residenz keinesfalls verzichten wollte. Da auch die Parkanlagen um das Schlößchen Lustheim ein eigenes Kanalnetz bekommen sollten, lag das Anzapfen der Isar nahe. Begonnen wurde mit dem Schleißheimer Kanal im März 1689, noch im Herbst desselben Jahres floß das Wasser nach Lustheim. Im Folgejahr wurde bei Karlsfeld auch die Würm angezapft, so daß bis 1691 auch Schleißheim mit einem Kanal versehen war. Ein Jahr später entstand ein schnurgerader Kanal als schiffbare Direktverbindung zwischen den Schlössern in Schleißheim und Dachau. Bereits am 5. September 1702 konnte Kurfürst Max Emanuel an Bord eines von italienischen Gondolieren geruderten Prachtschiffs zum ersten Mal von Schleißheim nach Dachau fahren. Das Endziel aber war, alle Lustschlösser untereinander und alle zusammen mit der Residenz in München über Kanäle zu verbinden. 1702 wurde mit dem letzten Kanalstück begonnen, vollendet wurde es jedoch nicht mehr.

△ Der erhaltene Flügel des einst großen Dachauer Schlosses

△ Wallfahrtskirche Maria Birnbaum bei Sielenbach östlich von Augsburg

▽ Aichach: Unteres Tor

⑥ In Inchenhofen reicht die Tradition der Leonhardiwallfahrten bis ins 13. Jahrhundert zurück. Sie gehört damit zu den ältesten Wallfahrten dieser Art in ganz Bayern. Die heutige Wallfahrtskirche ist eine dreischiffige Pfeilerhalle aus der Mitte des 15. Jahrhunderts. Ihre Barockausstattung erhielt die Kirche um 1750. Besonders schön ist der prächtige Hochaltar von 1755, der im Stil der Gebrüder Asam gestaltet wurde.
⑦ Das Benediktinerkloster in Kühbach wurde 1011 gestiftet. Die ehemalige Klosterkirche erhielt ihre heutige Form bis 1688. Sie ist mit gutem Wessobrunner Stuck ausgestattet.
⑧ Schrobenhausen kam 1120 an Wittelsbach und erhielt 1447 das Stadtrecht. Hier wurde der »Malerfürst« Franz von Lenbach (1836 – 1904) geboren. Sein Geburtshaus dient heute als Museum und Gedenkstätte. Die Pfarrkirche St. Jakob ist eine spätgotische Basilika aus der Zeit zwischen 1425 und 1480. Die Fresken im Chor wurden 1461 vollendet. Wohlerhalten ist der größte Teil der im 15. Jahrhundert unter Herzog Ludwig im Bart angelegten Stadtbefestigung.
⑨ Das Benediktinerkloster Scheyern wurde von Graf Otto II. von Scheyern um 1080 in Bayrischzell gegründet. 1104 zogen die Mönche auf den Petersberg bei Dachau, bis sie 1113 die Stammburg der Grafen von Scheyern erhielten. Die Klosterkirche wurde 1215 geweiht und erhielt im 18. Jahrhundert ihre Rokokoausstattung. Der Hochaltar von 1771 erhielt Gemälde von Christian Winck, die Seitenfiguren schuf Ignaz Günther bis 1769.
⑩ In Pfaffenhofen an der Ilm besticht vor allem der großzügig angelegte Marktplatz mit schönen Giebelhäusern. Von der 1389 begonnenen und 1437 erweiterten Stadtbefestigung ist der östliche Torturm erhalten.
⑪ Das Benediktinerkloster Ilmmünster wurde 762 vom Kloster Tegernsee aus gegründet. Im 11. Jahrhundert wurde daraus ein Chorherrenstift. Dessen Klosterkirche entstand im frühen 13. Jahrhundert als romanische Pfeilerbasilika mit ausgedehnter Krypta.
⑫ Freising: Siehe Wanderung 86 A, Seite 352.
⑬ Oberschleißheim: Siehe Wanderung 86 B, Seite 353.

Tip

Amperauen bei Dachau: Die Amper, der Abfluß des Ammersees, darf in der Nähe von Dachau noch einmal weitgehend unbeeinflußt über ihren Lauf bestimmen. Die Auenlandschaft, die noch jederzeit von Hochwasser überschwemmt werden kann, weist eine ganze Reihe von Altwässern, Tümpeln und Sumpfzonen auf. In einer so vielfältig strukturierten Landschaft fühlen sich viele Tierarten wohl; die Vogelwelt wird unter anderem durch Pirol, Rohrammer, Bekassine, Großen Brachvogel und Wasseramsel vertreten.

86 A

Wanderung 86 A: 9 Kilometer – 2 ½ Stunden

Rund um Freising

Lehrberg und Nährberg sind Freisings große Wahrzeichen. Auf dem Lehrberg, dort wo der Dom steht, wird seit zwölf Jahrhunderten die Wissenschaft gepflegt, auf dem Nährberg steht der Welt älteste Brauerei. Beides hat mit uralter Klostertradition zu tun.

Oberbayern

Tourverlauf

Vom Stadtzentrum aus folgt man der Oberen Hauptstraße nach Westen und biegt nach der großen Kreuzung links in den Weihenstephaner Fußweg ein, um auf den Nährberg zu kommen. ① Vom Nährberg steigt man nordwärts hinunter zur Thalhauser Straße, die man überquert, um über die Steinbreite weiter zu

△ *Freising: Sichtungsgarten in Weihenstephan*

wandern. Um die Eichenfeld- und die Waldsiedlung herum gelangt man zur Wallfahrtskirche Wies. ②
Die Wiesentalstraße führt von der Wallfahrtskirche südwärts hinunter zum Neustift St. Peter und Paul. ③
Über die Alte Poststraße und die General-von-Nagel-Allee wandert man hinüber zum Lehrberg und dem Dom. ④
Vom Domberg ist der Weg nur kurz wieder hinunter ins Stadtzentrum zum Ausgangspunkt beim Rathaus.

Sehenswürdigkeiten

① Auf dem Weihenstephaner Berg sind heute die Abteilungen Landwirtschaft, Gartenbau und Brauwesen der Technischen Universität München beheimatet. All dies hat alte benediktinische Tradition, denn bereits 1026 wurde hier eine Benediktinerabtei an der Stelle gegründet, wo bereits seit dem frühen 8. Jahrhundert eine Kirche des heiligen Stephanus gestanden hatte. Im Jahre 1040 brauten die Benediktinermönche ihr erstes Bier und begründeten damit eine Tradition, die bis heute nicht abgerissen ist.
② Die Wallfahrtskirche Wies im Norden von Freising wurde bis 1748 zur Aufnahme einer Kopie des Steingadener Wiesbildes erbaut. Das freundliche Kirchlein ist vor allem durch seine umfangreiche Sammlung von Votivbildern aus zwei Jahrhunderten interessant.
③ Die ehemalige Prämonstratenserklosterkirche St. Peter und Paul, die heutige Pfarrkirche vom Ortsteil Neustift, wurde 1141 gegründet und bis 1715 von Giovanni Antonio Viscardi neu errichtet. Ihre heutige Form erhielt sie bis 1756 durch Johann Michael Fischer, der zu ihrer Ausstattung die ersten Künstler der Zeit heranzog: Die Stukkatur schuf Franz Xaver Feichtmayr, die Fresken Johann Baptist Zimmermann, und den Hochaltar gestaltete Ignaz Günther.
④ Hauptattraktion des Freisinger Dombergs ist der Dom St. Maria und St. Korbinian. Im frühen 8. Jahrhundert schon stand hier eine Burg der Agilolfinger, ab etwa 720 wirkte der heilige Korbinian von hier aus als Bischof. Das von ihm gegründete und vom heiligen Bonifatius bestätigte Bistum wurde erst 1821 nach München verlegt. Auch der Dom selbst geht auf die erste Hälfte des 8. Jahrhunderts zurück. Die heutige Pfeilerbasilika, mit ihren drei parallelen Apsiden und zwei Türmen, stammt im wesentlichen aus dem 12. Jahrhundert und ist eine der frühesten Ziegelkirchen Altbayerns. Das Innenportal der gotischen Vorhalle zieren die Steinfiguren von Friedrich Barbarossa und seiner Gemahlin Beatrix. Sein überaus prächtiges, barockes Festtagsgewand erhielt der Dom zur 1000-Jahr-Feier des Bistums 1724 durch die Brüder Asam. Im Gegensatz dazu steht die romanische Säulenkrypta mit der aus einem Stein gehauenen und rätselhaft verzierten »Bestiensäule«. Nicht weniger interessant ist auch der Kreuzgang aus dem 15. Jahrhundert: Fresko und Stuck von Johann Baptist Zimmermann gaben ihm 1716 ein barockes Gewand. Die Nordseite des Domplatzes begrenzt die Johanneskirche, die bis 1321 erbaut worden war. Die dreischiffige, frühgotische Basilika diente als Taufkirche des Doms. Keinesfalls versäumen sollte man einen Besuch des Diözesanmuseums, in dem Kunstwerke aus vielen Jahrhunderten zu sehen sind.

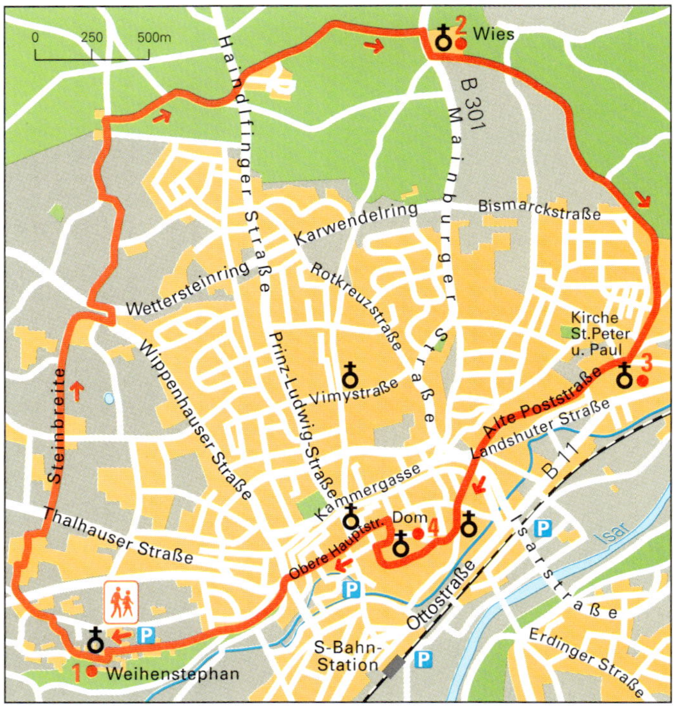

▷ *Isarauen bei Hangenham östlich von Freising*

Tip

Gartenvielfalt in Weihenstephan: Die Staatliche Versuchsanstalt für Gartenbau der Fachhochschule Weihenstephan bietet Hobbygärtnern und Besuchern eine Vielfalt an Gartenformen: einen parkähnlichen Hofgarten, einen historischen Buchsgarten mit Muschelbrunnen aus rotem Marmor, im »Oberdieck« einen Bauerngarten, mehrere Themengärten, einen Apothekergarten mit Heilpflanzen, einen Aromagarten für Blinde; an der Langen Point einen Sichtungsgarten, die Kleingartenversuchsanlage mti Schwerpunkt Gemüseanbau, Hügel- und Hochbeetkulturen und noch vieles mehr.

Wanderung 86 B: 5 Kilometer – 1 Stunde

86 B

Spaziergang durch den Park von Schleißheim

Oberbayern

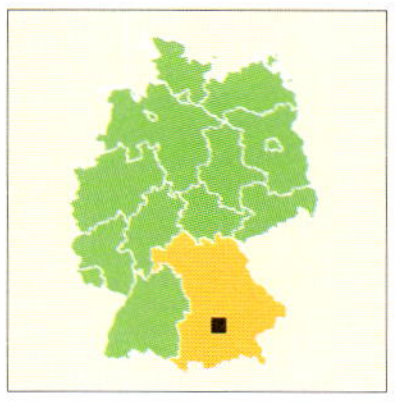

Nicht weniger als sechs Schlösser bauten die Wittelsbacher. Das mit Abstand größte ist die Traumresidenz Schleißheim im Norden von München. Die riesige Anlage besteht aus drei einzelnen Schlössern auf einer zwei Kilometer langen Parkachse.

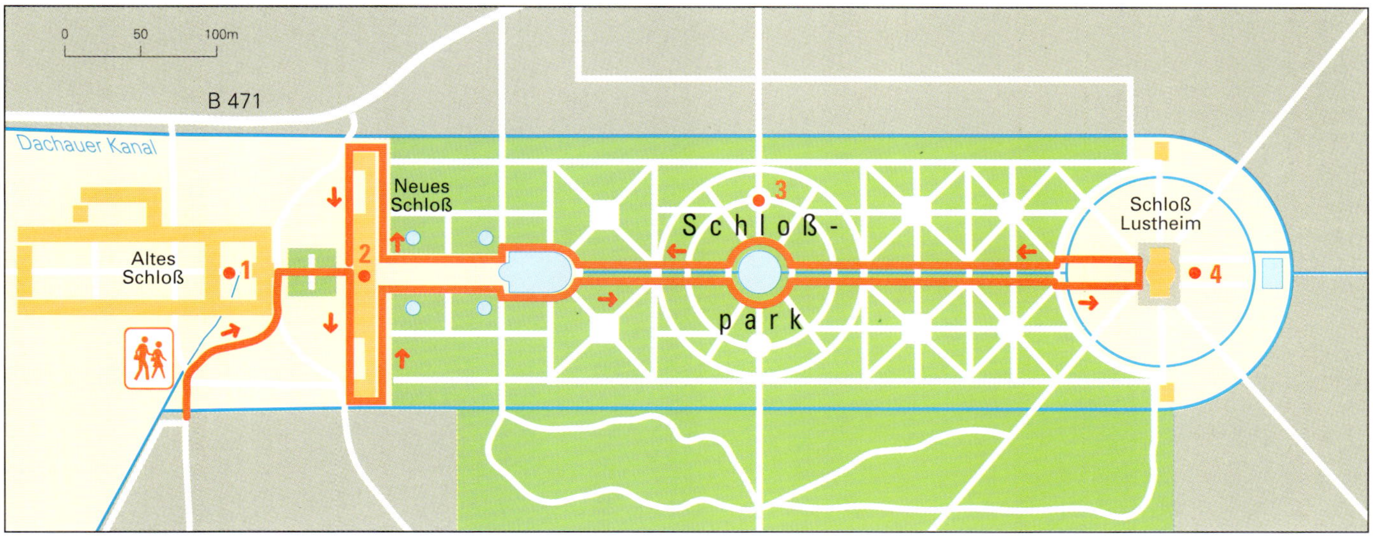

Tourverlauf

Vom Parkplatz kommt man zum Alten Schloß. ①
Ihm gegenüber steht das Neue Schloß. ②
Von der Südseite des Schlosses aus öffnet sich der Park. ③
Das Ostende des Parks markiert Schloß Lustheim, das in einem 300 Meter messenden Rondell steht. ④

Sehenswürdigkeiten

① Das Alte Schloß in Schleißheim wurde von Kurfürst Maximilian I. von 1618 bis 1626 errichtet. Sein äußeres Charakteristikum ist der Zwerchbau in der Mitte des langgestreckten Baukörpers. Unter seinem Dach war einst der Festsaal untergebracht. Er hatte beiderseits Zugänge über zweiläufige, überdachte Freitreppen. Der Pfeilerportikus ist wie der Zwerchbau mit einem Dreiecksgiebel geschlossen. Die Fassadengestaltung mit flachem Putzrustika, die Aufteilung in Sockel- und Hauptgeschoß und die Trennung der Fensterachsen durch Pilaster und durch dorisches »Gebälk« folgen italienischen Vorbildern. Auch das Innere, vor allem der Große Festsaal mit seinem Tonnengewölbe, war mit Rustikaputz und Rahmenfeldern gegliedert. Leider konnte vom Alten Schloß bisher nur die Außenseite wiederhergestellt werden.

② Das Neue Schloß sollte die spätere Residenz des Kurfürsten Max Emanuel werden. Ausgeführt vom umfangreichen Vorhaben wurde jedoch nur der Ostflügel. Geplant wurde der Bau ab 1692. Mit der Ausführung begonnen wurde 1701. Die Innenausstattung nahm der Stukkateur Johann Baptist Zimmermann aus Wessobrunn 1719 in Angriff. Ab 1724 übernahm François Cuvillés die Leitung der Innenausbauten. Mit dem Tod Max Emanuels im Jahre 1726 endeten die Bauarbeiten in Schleißheim. Das Schloß wurde weder vollendet, noch war es jemals bewohnt.

③ Die Anlage des großzügigen Parks von Schleißheim litt zunächst unter den unterschiedlichen Planungsansätzen für den Schloßbau. Den endgültigen Parkplan lieferte erst Dominique Girard, der in Versailles als »Fontainier du Roy« gearbeitet hatte und seit 1715 Max Emanuel als Wasserbauingenieur vor allem im Park von Nymphenburg diente. Er strebte einen großen Kanal als Mittelachse an, plante eine großzügige Kaskade und sah eine Mittelpromenade mit zwei Reihen von je 7 Meter hoch steigenden Springbrunnen vor. Bis zum Tod des Kurfürsten wurde dieser Grundplan immer wieder modifiziert. König Ludwig I. schließlich ist es zu danken, daß der inzwischen verwilderte Park weitgehend nach den Plänen Girards wieder instandgesetzt wurde. Damit ist der Schleißheimer Park neben dem Park von Herrenhausen der einzige original erhaltene Park aus absolutistischer Zeit in Deutschland.

④ Italienischer Barock prägt das im Park gelegene, durch einen Kanal mit dem Neuen Schloß verbundene Schlößchen Lustheim. Mit seinem Bau wurde 1684 begonnen; vollendet wurde es 1719 vom Stukkateur Francesco Manazzi. Heute ist hier eine Meißener Porzellansammlung untergebracht.

◁ *Schleißheim: Neues Schloß*

Tip

Nymphenburger Park in München: Kultur und Natur vereinigen sich auf unnachahmliche Weise im Nymphenburger Park. Das Schloß, konzipiert nach dem Vorbild des in der Nähe von Paris gelegenen Schlosses von Versailles, wird von einem großen, kunstvoll angelegten Park umgeben, der im Zentrum recht geometrisch gestaltet ist, in der Peripherie jedoch stark an den Englischen Garten erinnert.

87

Autotour 87: 150 Kilometer

Zwischen Inn und Donau

Niederbayern

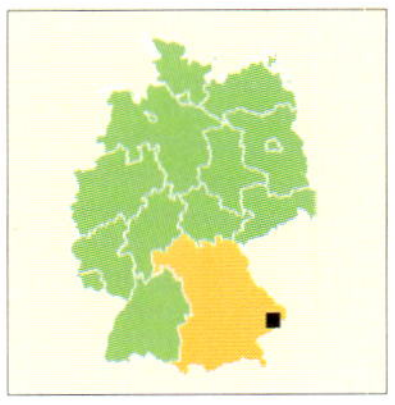

Die Region um Vils und Rott war lange Zeit ein von der Welt beinahe vergessenes Bauernland. Seine Impulse bekam es von den kirchlichen Zentren in Passau und Niederalteich. Bäuerliches Gottvertrauen spiegelt sich in den schönen Dorfkirchen dieser Gegend wider. In unserer Zeit wurden im Bäderdreieck Füssing, Griesbach und Birnbach zwischen Wäldern und Weiden heiße Quellen als Grundlage eines regen Kurbetriebs erbohrt.

Tourverlauf

Die Rundfahrt beginnt in der Dreiflüssestadt Passau. ①
Erstes Ziel im Südwesten ist Fürstenzell. ②
Danach geht es in westlicher Richtung nach Ortenburg. ③
Von Ortenburg aus fährt man nordwärts zurück zur Donau, die man bei Vilshofen erreicht. ④
Die B 8 nutzt man donauaufwärts Richtung Osterhofen bis zur Abzweigung nach Hengersbach, um nach Niederalteich zu kommen. ⑤
Auf dem gleichen Weg geht es zurück zur B 8 und nach Osterhofen. ⑥
Auf der nun folgenden Fahrt von der Donau bei Osterhofen zum Inn bei Aigen reiht sich eine prachtvolle Kirchen an die andere: zunächst in Aldersbach. ⑦
Nördlich von Bad Griesbach liegt St. Salvator. ⑧
Fährt man über Bad Griesbach südlich weiter, erreicht man Asbach. ⑨
An den Inn gelangt man bei Aigen. ⑩
Von Aigen fährt man zurück zur B 12 und über sie nordostwärts bis zur Einmündung der B 388. Dort bietet sich der kurze Abstecher nach Ruhstorf an der Rott an. ⑪
Letzte Station an der B 12 vor der Rückkehr nach Passau ist Neuburg am Inn. ⑫

▽ *Saaldecke, Schloß Ortenburg*

Sehenswürdigkeiten

① Passau: Siehe Wanderung 87 A, Seite 356, und Wanderung 87 B, Seite 357.

② Das ehemalige Zisterzienserkloster Fürstenzell wurde 1274 von Passau aus gegründet. Die ehemalige Klosterkirche ist das Werk von Johann Michael Fischer, der den Bau bis 1745 fertigstellte. Für die Innenausstattung lieferten Johann Baptist Modler den Stuck und Johann Jakob Zeiller die Fresken.

③ Die Reichsgrafschaft Ortenburg gab es schon im 11. Jahrhundert. Graf Rapoto II. von Ortenburg erhielt 1208 die bayrische Pfalzgrafenwürde, und 1563 konnte der Ortenburger Graf die Reformation als protestantische Enklave im katholischen Niederbayern einführen. In dem auf der mittelalterlichen Burg basierenden Renaissanceschloß sind prächtige Kassettendecken aus der Zeit um 1600 erhalten. Besonders gelungen ist die Decke in der Schloßkapelle. Im Rittersaal finden sich Freskenreste.

Passau: Fürstbischöfliches Bollwerk

Wo Donau, Inn und Ilz zusammenfließen, hatten Kelten und Römer umfangreiche Sicherungsanlagen. Auch das junge Christentum nutzte das Bollwerk, um vom östlichen Rand des christianisierten Abendlands das Christentum donauabwärts nach Osten zu tragen. Schon im 10. Jahrhundert war die Diözese Passau das flächenmäßig größte aller Bistümer des Heiligen Römischen Reiches Deutscher Nation. Entsprechend der starken Position der Passauer Bischöfe in der Reichspolitik wuchs ihre weltliche Macht. Zur Demonstration dieser Macht bauten sie sich ihre Residenz. Auf dem Landspitz zwischen Donau und Ilz erstellten sie die Wasserburg Niederhaus, oben auf dem Berg, durch Gänge und Wehrmauern mit der unteren Burg verbunden, die Feste Oberhaus. Immer, wenn es den Bürgern darum ging, für ihre Freiheit – auch mit Waffengewalt – einzutreten, erinnerten sich die Bischöfe ihrer militärischen Talente, zogen sich in die obere Feste zurück und bombardierten die Bürger von oben. Im Jahre 1367 dauerte ein solcher Kampf über neun Monate.

◁◁ Das Schloß über Neuburg am Inn geht auf eine Burg von 1005 zurück

◁ Klosterkirche Niederalteich

④ Vilshofen ist eine planmäßige Gründung des Grafen Rapoto von Ortenburg an der Mündung der Vils in die Donau. Bis heute ist der originale Grundriß erhalten. Die Straßen zieren die geschlossenen Häuserfronten mit verdeckten Grabendächern in der Inn-Salzach-Bauweise. Von der alten Stadtbefestigung ist lediglich noch der 1642 erneuerte Stadtturm erhalten. Die spätgotische Pfarrkirche hat eine sehenswerte Barockausstattung.

⑤ Das Benediktinerkloster Niederalteich wurde 741 vom Agilolfingerherzog Odilo II. gegründet. Die heutige Klosterkirche entstand nach einem verheerenden Brand bis 1735 unter der Leitung von Johann Michael Fischer. Der mächtige, barocke Innenraum wurde von den Brüdern D'Aglio mit Stuck und von Wolfgang Andreas Heindl mit Fresken ausgestattet.

⑥ In Osterhofen gibt es einen malerischen Marktplatz, die eigentliche Sehenswürdigkeit aber steht im Ortsteil Altenmarkt. Hier haben Johann Michael Fischer als Architekt, Cosman Damian Asam als Maler und Egid Quirin Asam als Stukkateur von 1727 bis 1740 mit der ehemaligen Klosterkirche, der heutigen Pfarrkirche St. Margaretha, ein Gesamtkunstwerk geschaffen, das zu den prächtigsten und originellsten Schöpfungen des bayrischen Barock zählt.

⑦ Die ehemalige Zisterzienserklosterkirche in Aldersbach besteht aus einem Chor von 1617 und einem Langhaus von 1720. Auch diese Kirche statteten die Gebrüder Asam mit Stuck und Fresken aus. Der Hochaltar stammt von Joseph Matthias Götz aus Passau. Im Zusammenwirken dieser drei Künstler entstand trotz architektonischer Mittelmäßigkeit des Baus auch hier eine hervoragende Schöpfung des bayrischen Barock.

⑧ Die ehemalige Klosterkirche St. Salvator ist eine vierjochige Wandpfeileranlage mit eingezogenem Chor. Ihre spätbarocken Gemälde schuf Franz Anton Rauscher in meisterlicher Komposition.

⑨ Die ehemalige Benediktinerklosterkirche und heutige Pfarrkirche von Asbach wurde bis 1780 vom Münchner Hofbaumeister François Cuvillés errichtet. Die frühklassizistische Wandpfeileranlage zeichnet sich durch feinen Stuck im Stil des späten Rokoko und vorzügliche Gewölbefresken von Josef Schöpf aus. Der besondere Schatz der Kirche sind die Altarblätter von Martin Johann Schmidt, dem sogeannten Kremser-Schmidt.

⑩ Die Wallfahrtskirche St. Leonhard in Aigen am Inn entstand um ein Gnadenbild des heiligen Leonhard aus dem 13. Jahrhundert Die heutige Kirche wurde im frühen 16. Jahrhundert fertiggestellt, ihre heutige Einrichtung erhielt sie in der zweiten Hälfte des 17. Jahrhunderts. Die Figur des heiligen Leonhard wurde um 1480 gefertigt. Interessant ist die Kirche durch ihre umfangreiche Sammlung volkskundlich bedeutender Votivgaben in der Eisenkammer des südlichen Turms.

⑪ Die 1506 geweihte Siebenschläferkirche bei Ruhstorf besitzt ein aus römischen Spolien zusammengesetztes Weihwasserbecken. Der Siebenschläferaltar von Johann Baptist Modler ist ein reizvolles Werk des niederbayrischen Rokoko.

⑫ Das hoch über Neuburg am Inn gelegene Schloß geht auf eine 1005 erstmals genannte Burg eines Gaugrafen Tiemo zurück. Von der spätmittelalterlichen Bausubstanz sind Teile der Zwingmauer, der Torbau von 1484 und der wesentlich ältere, massige Bergfried erhalten. Wohl aus dem 14. Jahrhundert stammt die Kapelle.

Tip

Das österreichische Schärding auf der rechten Seite des Inns, zwischen Ruhstorf und Neuburg, ist einen Abstecher ins Nachbarland wert – wegen seiner liebevoll gepflegten Hausfassaden. Die »Silberzeile« und das Wassertor sind städtebauliche Perlen und lohnende Fotomotive zugleich.

◁ Das sogenannte Steinschwammerl, ein Felsgebilde bei Griesbach

▷ Fürstenzell

87 A

Wanderung 87 A: 6 Kilometer – 2 Stunden

Besuch in Passau

Die Drei-Flüsse-Stadt Passau zählt zu den ältesten und zugleich schönsten Städten nördlich der Alpen. Wo die Kelten und Römer ihre Militärstationen hatten, errichtete die christliche Welt im Mittelalter ihren Vorposten zur Christianisierung des Südostens Europas. Geblieben ist davon ein barock geprägtes Stadtensemble.

Niederbayern

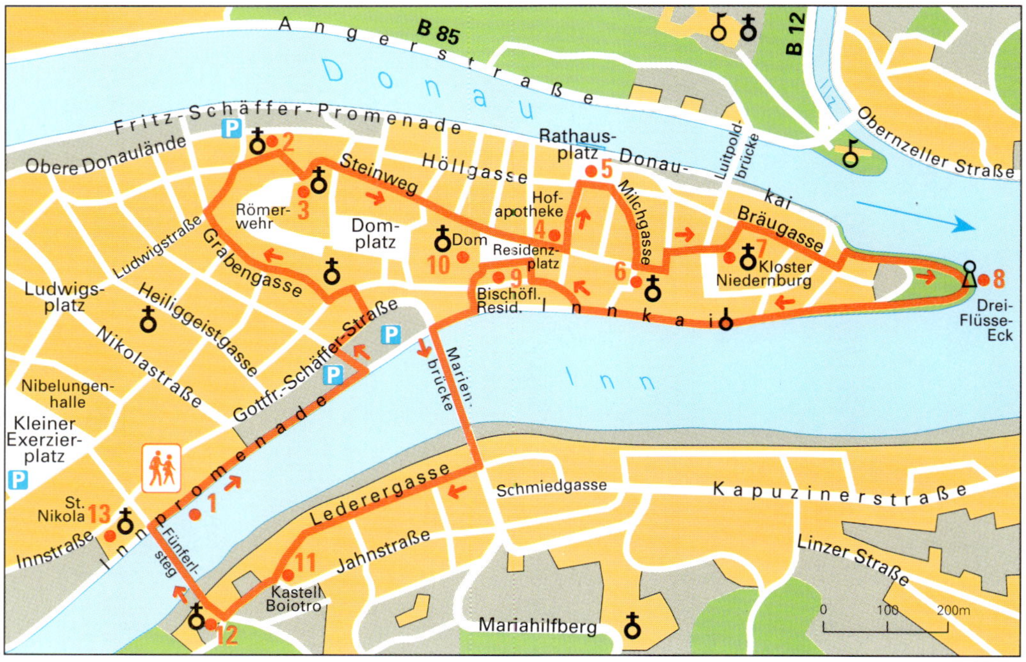

Tourverlauf

Ausgangspunkt ist die Innpromenade zwischen dem Innsteg und der Marienbrücke. ①
Über die Grabengasse und den Rindermarkt kommt man zur Spitalkirche St. Johannes. ②
Ihr gegenüber steht die Pfarrkirche St. Paul. ③
Steinweg und Messergasse führen zum Residenzplatz und auf dessen Nordseite zur Hofapotheke. ④
Durch die Schrottgasse erreicht man den Rathausplatz mit der Schiffsanlegestelle, dem Neuen und dem Alten Rathaus. ⑤
Über die Milchgasse gelangt man zur Kirche St. Michael. ⑥
Von dort sind es nur wenige Schritte durch die Jesuitengasse zum Kloster Niedernburg. ⑦
Versäumen sollte man keinesfalls den Spaziergang auf der äußersten Landzunge beim Drei-Flüsse-Eck. ⑧
Über den Innkai promeniert man zurück zum Residenzplatz und zur Bischöflichen Residenz. ⑨
Unmittelbar westlich der Residenz schließt sich der Dom an. ⑩
Über die Marienbrücke und die Ledergasse erreicht man das am rechten Innufer gelegene Römermuseum Kastell Boiotro. ⑪
Danach schließt sich ein Besuch der Kirche St. Severin an. ⑫
Das letzte Ziel vor der Umkehr zur Innpromenade ist die Pfarrkirche St. Nikola. ⑬

◁ *Rathausturm*

Sehenswürdigkeiten

① Die Innpromenade ist ein schöner Rastplatz am Ufer des Inn.
② Die Spitalkirche St. Johannes stammt aus dem 14. Jahrhundert und wurde im 15. Jahrhundert zur zweischiffigen Hallenkirche erweitert. Über der Tür zum Spitalhof versteckt sich ein Relief von 1420.
③ Die Pfarrkirche St. Paul geht auf das 11. Jahrhundert zurück, die heutige Form und Ausstattung erhielt sie bis 1678.
④ Die Hofapotheke zählt zu den ältesten Apotheken Deutschlands; sie besteht bereits seit 1384. Ihre Inneneinrichtung stammt von 1815.
⑤ Das Rathaus wurde 1393 begonnen, die heutige Form erhielt es im wesentlichen im 16. und 17. Jahrhundert, der Turm wurde 1893 fertiggestellt.
⑥ Die doppeltürmige Studienkirche St. Michael wurde 1677 vollendet. Aus dieser Zeit stammt auch ihr reicher Stuck.
⑦ Die Klosterkirche Zum heiligen Kreuz steht an der Stelle einer Kirche aus dem 2. Jahrhundert. Die heutige romanische Kirche wurde um 1010 begonnen. Wichtige Ausstattungsstücke sind eine Steinfigur einer Äbtissin mit dem Modell der Kirche aus der Zeit um 1420 sowie ein Kruzifix von 1508.
⑧ Am Drei-Flüsse-Eck fließen Donau, Inn und Ilz zusammen.
⑨ Die Alte Residenz entstand ab 1188. Die Neue Residenz wurde bis 1730 fertiggestellt. In der Neuen Residenz gibt es ein repräsentatives Stiegenhaus und Räume im Rokokostil.
⑩ Der Dom St. Stephan reicht ins 8. Jahrhundert zurück. Den heutigen Bau errichtete Carlo Lurago bis 1678 in italienischem Barock. Stuck und Fresken stammen von italienischen Meistern, den besonders reich gestalteten Orgelprospekt gestaltete Matthias Götz bis 1733.
⑪ Das spätrömische Kastell Boiotro wurde 1984 freigelegt und ist heute Teil der Prähistorischen Staatssammlung München.
⑫ Die Baugeschichte der Friedhofskirche St. Severin läßt sich bis in römische Zeit zurückverfolgen.
⑬ Die Pfarrkirche St. Nikola ist eine 1420 vollendete, dreischiffige Hallenkirche mit einer Krypta aus dem 11. Jahrhundert. Eindrucksvoll sind die 93, im Jahre 1720 fertiggestellten Fresken von Wolfgang Andreas Heindl.

▷ *Blick von der Feste Oberhaus*

Tip

Vornbacher Enge bei Passau: Die letzten 12 Kilometer bis Passau durchfließt der Inn diese Schlucht. Bevor er in die Donau mündet, bahnt sich der Inn ab Vornbach seinen Lauf durch einen gewaltigen Gneis- und Granitriegel. Der kraftvolle Alpenfluß schuf dabei im Laufe der Zeit ein steilwandiges Tal mit bis zu 120 Meter hohen Wänden.

Wanderung 87 B: 22 Kilometer – 5 Stunden

87 B

Um den Ilz-Stausee

Die bei Passau in die Donau mündende Ilz ist zwar nur 85 Kilometer lang, zählt aber zusammen mit ihren Quell- und Nebenflüssen zu den ursprünglichsten und ökologisch intakten Flußsystemen Deutschlands. Im unteren Bereich ist sie zu einem langen Stausee aufgestaut, den zu umwandern sich wirklich lohnt.

Niederbayern

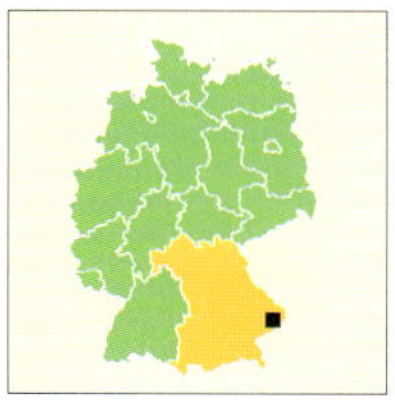

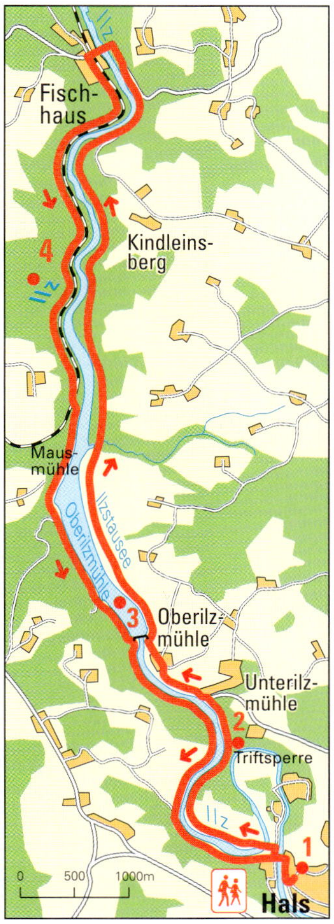

Hier mündet die Markierung 23. Der Weg schlängelt sich romantisch oberhalb der schwarzbraunen Ilz den Hang entlang und gibt immer wieder Ausblicke frei. Über ein Teersträßchen geht es durch Unterilzmühle hindurch und leicht bergauf zum Ilzstausee Oberilzmühle. ③

der Wanderung geht man nun wieder südwärts, dem rechten Ufer der Ilz entlang, passiert die Mausmühle und genießt das Westufer des Stausees. Unterhalb der Staumauer bleibt man am rechten Ufer der Ilz und folgt der Markierung weißes Eichenblatt. Ein schattiger Waldweg führt

angelegt worden, um der Holztrift die große Ilzschleife nordwestlich von Hals zu ersparen. Der Tunnel erleichterte und verkürzte die Holztrift wesentlich.

△ *Ilzschleife und Burgruine im Passauer Ortsteil Hals*

Tourverlauf

Ausgangspunkt ist der Passauer Ortsteil Hals. ①
Vom Marktplatz aus geht man über den Schmiedberg und über eine Wehrbrücke mit der Markierung rote 11 ilzaufwärts und an der großen Ilzschleife entlang. Bald ist die Brücke der Triftsperre erreicht. ②
Der Markierung rote 11 weiter folgend, steigt man über eine Holztreppe hinauf in den Wald und zu den Resten der Burg Reschenstein.

Von nun an folgt man der Markierung weißes Eichenblatt zum Spaziergang am Stausee. Je nach Gelände führt der Pfad durch Wiesen oder schlängelt sich für kurze Strecken bergauf und bergab. Streckenweise führt der Weg durch dichtes Gebüsch, dann wieder gibt es Ausblicke auf den See. Weiter im Norden entfernt sich der Weg etwas von der Ilz, streift die Ortschaft Kindleinsberg und erreicht kurz darauf die Ilzbrücke bei Fischhaus. ④
Von diesem nördlichsten Punkt

hinunter zur Triftsperre, von dort über eine kleine Teerstraße zurück nach Hals.

Sehenswürdigkeiten

① Beim Passauer Ortsteil Hals wartet die Ilz mit besonders romantischen Verhältnissen auf. Der Fluß schafft es hier, in zwei Doppelschleifen sich selbst zweimal bis auf jeweils einhundert Meter nahezukommen. Den besten Blick auf das Schlingenspiel bietet die Burgruine Hals oberhalb der Flußschleifen.
② Die Triftsperre wurde in ihrer heutigen Form 1963 von Pionieren der Bundeswehr errichtet. Ihre steinernen Pfeiler enthalten noch Teile jenes Triftrechens, der einst das frei anschwimmende Triftholz auffing und in den Stollen nach rechts leitete. Dieser 130 Meter lange und bis zu 4,5 Meter hohe Triftkanaltunnel war 1831

◁ *Nördliches Passauer Donauufer*

③ Von der Krone der Staumauer bietet sich ein guter Blick sowohl ilzaufwärts als auch ilzabwärts.
④ Der Unterlauf der Ilz steht unter Landschaftsschutz. Ihr dunkles, heilkräftiges Wasser stammt von den durchflossenen Moorgründen im Oberlauf und fließt durch ein verträumtes, sehr romantisches Tal. Obwohl das Wasser der Ilz stellenweise nahezu schwarz erscheint, ist es doch so klar, daß man manchmal bis zu 2 Meter tief auf den Boden des Bachbettes schauen kann.

Tip

Sauwald südöstlich von Passau: Dieses oberösterreichische Stück des böhmischen Massivs hieß ursprünglich Passau(-er) Wald. Es ist geprägt von sanften Hügeln, weiten Tälern, Wiesen, Wäldern und bäuerlichen Ortschaften. Der Donaudurchbruch bei Engelhartszell trennt den Sauwald vom Mühlviertel.

88

Autotour 88: 110 Kilometer

Von Freiburg in den Hochschwarzwald

Schwarzwald

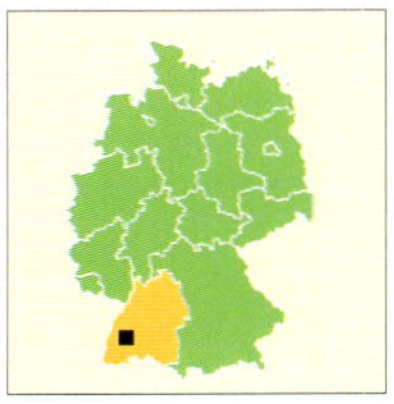

Schauinsland und Feldberg sind die Gipfelpunkte einer Fahrt in den Hochschwarzwald. Freundliche Akzente setzt der Titisee, für Aufregung sorgt die Ravennaschlucht. Die kulturhistorischen Glanzlichter finden sich in Freiburg, St. Märgen und St. Peter. Kulinarische Anreize findet der Gourmet im Glottertal.

Tourverlauf

Diese Schwarzwald-Rundfahrt beginnt in Freiburg im Breisgau. ① Erstes Ziel ist der im Süden von Freiburg gelegene und für seine Aussicht berühmte Schauinsland. ②
Nach dem Schauinsland steigt die Straße weiter zum Wintersportzentrum Todtnau. ③
Auf der B 317 fährt man nun ostwärts zum Feldberg ④
Weiter in östlicher Richtung liegt der Titisee. ⑤
Auf der B 31 erreicht man Hinterzarten. ⑥
Ein unvergleichliches Erlebnis ist ein Abstecher in das tief eingeschnittene Höllental. ⑦
Zurück in Oberhöllsteig folgt man der B 500, der Schwarzwaldhöhenstraße, möglichst ohne nach 10 Kilometern die Abzweigung nach links hinüber nach St. Märgen zu übersehen. ⑧
Letztes Ziel auf der Höhe des Schwarzwalds ist St. Peter mit seiner berühmten Klosterkirche. ⑨
Das Paradies für alle Gourmets öffnet sich im Glottertal. ⑩

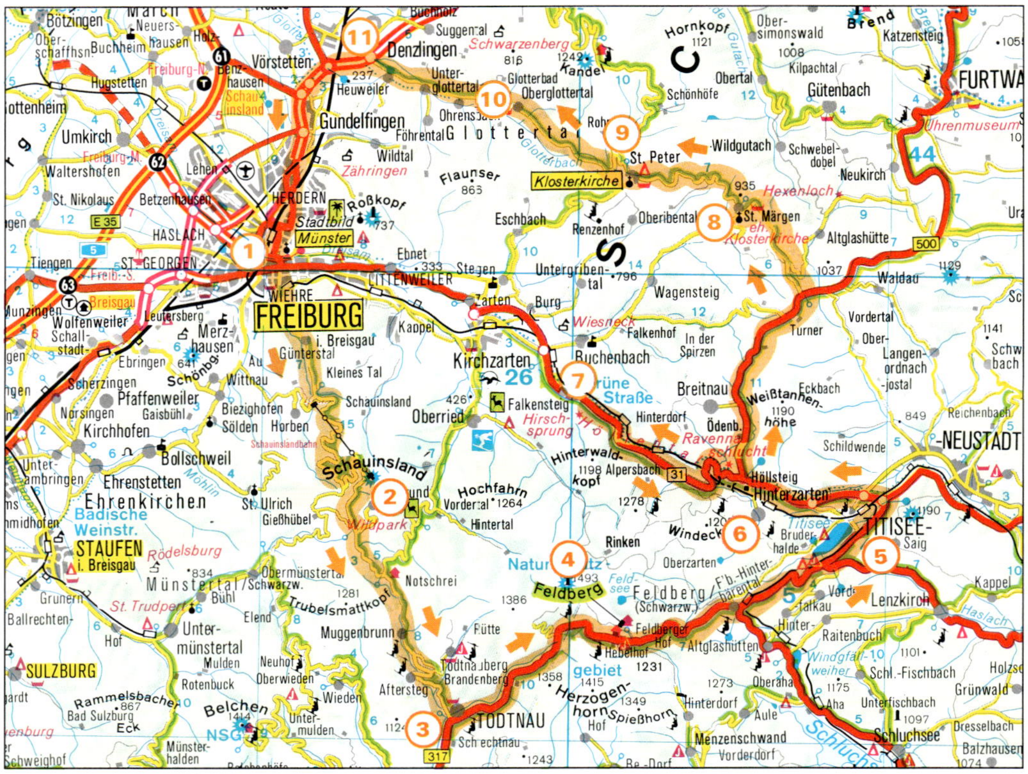

Zurück nach Freiburg geht es schließlich über Denzlingen. ⑪

Sehenswürdigkeiten

① Freiburg im Breisgau: Siehe Wanderung 88 A, Seite 360.
② Der 1284 Meter hohe Schauinsland ist der Hausberg der Freiburger. Berühmt wurde der Berg wegen seines Panoramablicks in alle Himmelsrichtungen. Im Westen grenzen die Vogesen die Oberrheinebene ein. Im Osten ragt über Nadelwäldern der Feldberg auf, nach Süden hin glänzen die Schweizer Alpen.
③ Todtnau wurde im 13. Jahrhundert als Bergbausiedlung gegründet und hatte seine wirtschaftliche Blütezeit im 14. Jahrhundert. Heute sind die Berge der Umgebung beliebte Skistationen. Das 1156 Meter hohe Hasenhorn ist mit einem Sessellift erreichbar. Im südlich gelegenen Ortsteil Geschwend stehen noch besonders schöne, original erhaltene Schwarzwaldhöfe aus dem 18. und der ersten Hälfte des 19. Jahrhunderts.
④ Feldberg: Siehe Wanderung 88 B, Seite 361.
⑤ Der Titisee war bis zur Aufstauung des Schluchsees vor etwa 50 Jahren der größte und tiefste Schwarzwaldsee. Er ist nahezu ganz von dunklem Hochwald eingerahmt und wird abseits des Verkehrstrubels auch heute noch seinem Ruf als »verzauberter See« gerecht. Nicht umsonst geht die Sage, hier habe einst ein Kloster gestanden, das der See eines Tages zur Strafe verschlang, weil die Mönche sich zu sehr den weltlichen Genüssen hingegeben hatten. In stillen Nächten soll man noch das Geläut der Kirchenglocken vom Seeboden hören können.
⑥ Hinterzarten zählt zu den bekanntesten Kurorten des Schwarzwalds. Seine Wallfahrtskirche Maria in der Zarten wurde 1416 errichtet. Der heutige Bau, ein Oktogon mit einem großen Zeltdach, stammt von 1963. Die

◁ *Ravennaschlucht, Hinterzarten*

barocke Altarausstattung wurde vom Vorgängerbau von 1722 übernommen. Beispiel für eine Schwarzwälder Hofmühle ist die Großjockenmühle von 1870.

⑦ Das Höllental im Westen von Hinterzarten ist ein besonders steiles und tief eingeschnittenes Trogtal, das erst 1860 mit einer Straße erschlossen werden konnte. Bei Höllsteig steht die 1148 geweihte Oswaldkapelle. Ihre Sakristei ist noch romanisch, ihr Chor gotisch. Der Schnitzaltar entstand 1520, die Fresken stammen ebenfalls aus der Mitte des 16. Jahrhunderts. Gegenüber gilt es, die jäh ins Höllental abbrechende Ravennaschlucht zu bewundern. An der engsten Stelle der Schlucht rücken die Felsen ganz dicht zusammen und zwingen Bach, Straße und Bahn zu unmittelbarer Tuchfühlung.

⑧ St. Märgen wurde 1115 als Augustinerkloster gegründet. Die ehemalige Kloster- und heutige Pfarrkirche wurde in ihrer jetzigen Form 1725 geweiht, die gesamte Ausstattung besorgte Matthias Faller bis 1745.

⑨ Das ehemalige Benediktinerstift St. Peter wurde 1093 vom schwäbischen Weilheim unter Teck an den heutigen Platz verlegt. 1727 wurde die jetzige Klosterkirche vom Vorarlberger Baumeister Peter Thumb vollendet. Die Ausstattung besorgten Joseph Anton Feichtmayr (Stuck und Figuren) und Franz Joseph Spiegler (Fresken). Juwel des ehemaligen Klosters und heutigen Priesterseminars ist der weit gewölbte Bibliothekssaal, der mit einem großen Deckenfresko und allegorischen Figuren der Wissenschaften und Künste ausgestattet ist.

⑩ Das Glottertal ist eines der Schlemmerparadiese Südbadens. Es öffnet sich unterhalb des imposanten Kandelmassivs nach Westen und läßt dank seiner geschützten Lage einen hervorragenden Wein wachsen. Zum guten Tropfen gibt es die vielen Spezialitäten aus dem Dreiländereck.

⑪ Die Denzlinger Pfarrkirche beeindruckt mit einem merkwürdigen Turm. Seine drei unteren Geschosse sind noch romanisch. Das nächste Geschoß mit einem Erkerausbau stammt ebenso aus dem 16. Jahrhundert wie das darüber gelegene mit seinen Maßwerköffnungen. Gekrönt wird der Turm von einem aus Sandsteinrippen gebildeten Helm mit offenem Knauf.

Der Badische Weißherbst

Nirgendwo in Deutschland wird ein so feuriger Spätburgunder angebaut, wie auf den vulkanischen Böden am Kaiserstuhl. Der daraus gewonnene Rotwein besticht durch ein volles, würziges Bukett, dessen tiefes Rubinrot seine schönste Entfaltung am winterlichen Kaminfeuer findet. Was aber soll man an Sommerabenden trinken? Um für beide Gelegenheiten den passenden Wein zu bekommen, nutzten die findigen Alemannen die Tatsache, daß der Rotwein seine tiefdunkle Farbe nicht vom Fruchtfleisch, sondern von der Schale der Trauben bekommt. Deshalb läßt man bei der Rotweinherstellung die Maische einige Tage vorgären, damit der entstehende Alkohol und die Wärme die roten Farbstoffe aus den Schalen löst. Keltert man dagegen die Maische sofort, bleibt nur der goldene bis rötliche Schimmer des Fruchtfleischs als Farbstoff erhalten. Der Geschmack des Weins wird weniger samtig, gewinnt dafür aber an Frische. Die gleiche Rebe liefert damit je nach Bedarf den schweren Rotwein für den Winterabend oder den leichteren »Weißherbst«, den man gekühlt sogar bei der größten Hitze trinken kann.

▽ Weinanbau am Kaiserstuhl

△ Hexenlochmühle östlich von St. Märgen mit ihren Wasserrädern

Tip

Bauernhausmuseum beim Schauinsland: Am Schauinsland gibt es einen 5 Kilometer langen Rundweg, der auch nach Hofsgrund zum Schniederlihof führt. Hier ist ein Bauernhausmuseum eingerichtet; es gibt Einblicke in die bäuerliche Kultur eines Schwarzwaldhofs des 19. Jahrhunderts.

▽ Der hochgelegene Titisee ist eingerahmt von dunklem Hochwald

▽ Schwarzwald-Landschaft in der Umgebung von St. Peter

88 A

Wanderung 88 A: 4 Kilometer – 2 Stunden

Freiburg im Breisgau

Schwarzwald

Malerisch wie kaum eine andere Stadt schmiegt sich Freiburg zwischen Schwarzwald, Vogesen, Kaiserstuhl, Markgräfler Land und Oberrhein. Befruchtet von alemannischer Kultur und verwöhnt von südlicher Sonne haben die Freiburger Lebensqualitäten entwickelt, von denen andere höchstens träumen können.

Tourverlauf

Am Anfang dieses Stadtbummels steht man auf dem Münsterplatz mit dem Fischbrunnen und dem Münster. ①

Auf der Südseite des Münsters findet man das »Kaufhaus«. ②

In unmittelbarer Nähe steht das Augustiner-Museum. ③

Wenige Schritte über die Herrenstraße führen zum Schwabentor und zum Schwabentorplatz. ④

Danach spaziert man zur Adelhauser Kirche. ⑤

In der Umgebung der Adelhauser Straße liegt die »Insel«. ⑥

Die westliche Stadtbegrenzung des mittelalterlichen Freiburgs markiert das Martinstor. ⑦

Über die Humboldt- und die Rempartstraße gelangt man zur Albert-Ludwig-Universität und zur Alten Universitätsbibliothek. ⑧

Über die Bertoldstraße erreicht man die Alte Universität. ⑨

Am Rathausplatz stehen das Alte und das Neue Rathaus. ⑩

Östlich des Rathausplatzes verdient die ehemalige Franziskanerklosterkirche St. Martin einen Besuch. ⑪

Letzte Ziele wieder am Münsterplatz sind der Baseler Hof ⑫ und das Kornhaus ⑬.

Sehenswürdigkeiten

① Freiburgs erste Pfarrkirche wurde 1120 begonnen und um 1200 großzügig erweitert. Davon sind das Querhaus mit der Vierungskuppel und die unteren Teile der seitlichen Hahnentürme im heutigen Münster integriert. Rund 300 Jahre dauerten die Bauarbeiten, bis das Münster 1513 geweiht werden konnte. Sein 115 Meter hoher Turm ist der einzige noch in der Gotik vollendete Turm dieser Größe in Deutschland. Der 45 Meter hohe durchbrochene Helm zählt zu den ausgereiftesten Leistungen deutscher Gotik. Weitere kostbare Schätze sind die Glasgemälde in den Seitenschiffen und der Hochaltar, den Hans Baldung Grien zwischen 1512 und 1516 malte; er ist eines der hervorragenden Meisterwerke des frühen 16. Jahrhunderts.

② Das »Kaufhaus« ist ein 1532 von Münsterbaumeister Lienhard Müller fertiggestellter Bau, dessen zart durchbrochener Balkon 1550 vollendet wurde.

③ Das Augustiner-Museum geht auf ein Kloster des 13. Jahrhunderts zurück.

④ Das Schwabentor war im Mittelalter die östliche Stadtbegrenzung, das Tor ist zusammen mit dem Martinstor der letzte Rest der mittelalterlichen Stadtbefestigung.

⑤ Die Adelhauser Kirche wurde 1687 begonnen und um 1700 fertiggestellt. Aus dieser Zeit stammt der interessante Hochaltar, die beiden Seitenaltäre wurden 1732 fertiggestellt.

⑥ Der Altstadtbereich um die Adelhauser Straße ist der letzte geschlossene Teil des alten Freiburgs. An der Gerberau hatten die Gerber einst ihre Werkstätten.

⑦ Das Martinstor markiert den Westrand des mittelalterlichen Freiburgs und ist eines der Wahrzeichen der Stadt.

⑧ Die Universität und die Alte Universitätsbibliothek wurden im Jugendstil beziehungsweise in neugotischem Stil Anfang des 20. Jahrhunderts aus Buntsandstein errichtet.

⑨ Die Universitätskirche entstand bis 1690 nach einem Vorbild in Solothurn.

⑩ Das Alte Rathaus, 1559 fertiggestellt, wurde nach dem Krieg neu aufgebaut. Das Neue Rathaus hat einen Renaissanceerker von 1545.

⑪ Die ehemalige Franziskanerklosterkirche St. Martin wurde 1262 begonnen und im 14. Jahrhundert vollendet. Ein Fresko von 1480 stellt die Loire-Stadt Tours dar.

⑫ Der Baseler Hof wurde zwischen 1494 und 1505 errichtet. Seine Fassade zieren drei gotische Erker.

⑬ Das Kornhaus war ursprünglich im 15. Jahrhundert erbaut worden und hatte als Lager- und Festraum gedient.

Tip

Botanischer Garten Freiburg: Der 1620 gegründete Botanische Garten zeigt Gehölze, die als Zeugen der Evolution anzusehen sind. Geboten werden Alpinum, Tropen- und Subtropenhaus.

Wanderung 88 B: 12 Kilometer – 3 Stunden

88 B

Feldsee und Feldberg

Mit 1493 Metern ist der Feldberg nicht nur der höchste Gipfel des Schwarzwalds, sondern der höchste Berg aller deutscher Mittelgebirge. Sein Gipfelmassiv erstreckt sich über mehrere Kilometer von Nordwesten nach Südosten, und drei Erhebungen gliedern den 2 Kilometer langen Gipfelrücken.

Schwarzwald

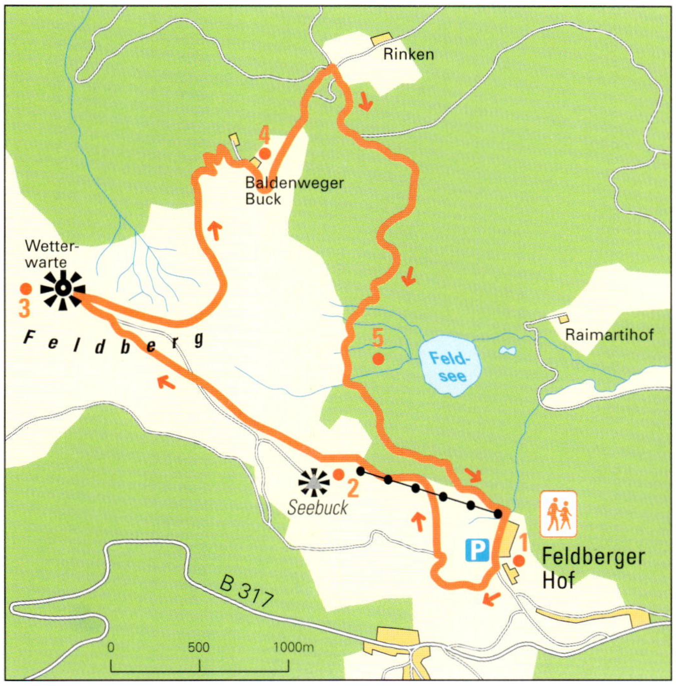

△ *Feldsee vom Feldberg aus gesehen*

Tourverlauf

Nördlich der B 317 liegt der Ausgangspunkt, der große Parkplatz beim Feldberger Hof. ①
Erstes Ziel ist der 1448 Meter hohe Seebuck: Die 170 Höhenmeter des Anstiegs lassen sich auch mit dem Sessellift überwinden; eine große Zeitersparnis bedeutet dies aber meistens nicht. Schöner ist es, der Markierung rote Raute zu folgen und den stetigen Höhengewinn bis auf den Seebuck zu genießen. ②
Der weitere Weg vom Seebuck über eine Senke hinüber zum Feldberggipfel ist nicht zu verfehlen. Zum einen gibt es weiter die Markierung rote Raute, zum anderen ist der breite Weg zum Feldbergplateau selbst bei Nebel nicht zu übersehen. ③
Vom Gipfel des Feldbergs führt die Ausschilderung blaue Raute um das weitläufige Kar des Zastler Jochs und hinauf zum 1461 Meter hohen Baldenweger Buck. ④
Von seinem Gipfel wandert man nordwärts hinunter zum Wanderparkplatz am Rinken. Dort weist ein Wegweiser auf den Felsenweg hin, der auf der Westseite am Feldsee vorbeiführt. ⑤
Wenig später ist man am Parkplatz beim Feldberger Hof angelangt.

Sehenswürdigkeiten

① Vom Autostellplatz bei diesem Gasthof ist nur der Seebuck zu sehen. Viele sind deshalb der Meinung, schon auf dem Feldberg gestanden zu sein, obwohl sie nur auf dem 45 Meter niedrigeren Seebuck waren.
② Der 1448 Meter hohe Seebuck ist vom eigentlichen Feldberggipfel noch 2 Kilometer (Luftlinie) entfernt. Die 45 Meter Höhendifferenz sind deshalb kaum zu spüren, so daß die Verwechslung durchaus verständlich wird. Dazu kommt, daß man auf den Fernsehturm am Seebuck bis auf 1495 Meter hinauffahren und damit den Hauptgipfel um 2 Meter übertrumpfen kann. Belohnt wird diese Auffahrt mit einer ungestörten Panoramasicht über den gesamten südlichen Schwarzwald.
③ In Reisebeschreibungen wird der Feldberg gerne als der »König« des Schwarzwalds bezeichnet. Bei genauerer Betrachtung aber bleibt vom Majestätischen nicht allzu viel übrig. Zum einen gibt es »den« Feldberg gar nicht, sondern nur drei Gipfel und zwei Plateaus. Allen drei Gipfeln gemeinsam ist, daß sie von den Gletschern der Eiszeit flachgehobelt wurden. Zum anderen haben sich in der weitläufigen Plateaulandschaft etliche Institutionen niedergelassen, die mit ihren Radioteleskopen und Satellitenantennen das Bild beherrschen.
④ Der Baldenweger Buck ist der dritte der Feldberggipfel. Weil er etwas abseits steht, ist er nicht ganz so überlaufen, bietet aber auch nicht unbedingt eine großartige Aussicht.
⑤ Der Feldsee ist ein runder Karsee, den der mächtige Feldberggletscher hinterlassen hat. Er ist gut 9 Hektar groß und 32 Meter tief. Da der See in 1109 Meter Höhe liegt, ist selbst an heißesten Tagen ein Badevergnügen eine sehr kühle Angelegenheit.

▽ *Auf den Feldberggipfeln im Schwarzwald*

Tip

Naturlehrpfade am Feldberg: Das 1493 Meter hohe Feldbergmassiv gilt wegen seiner exponierten Lage und extremen Witterungsverhältnisse als subalpine Insel im Mittelgebirge. Den rauhen klimatischen Bedingungen entspricht die Tier- und Pflanzenwelt. So kommen hier 50 Alpenpflanzenarten vor, die es sonst im Schwarzwald nicht gibt. Im letzten Jahrzehnt mußten schwere, durch Besucherandrang entstandene Erosionsschäden beseitigt werden; um sie zukünftig zu verhindern, dürfen nur die befestigten und markierten Wanderwege betreten werden. Darüber wachen Naturschutzwarte (Ranger). Zwei Naturlehrpfade beim Gasthaus Rinken in Hinterzarten sowie bei der Krunkelbachhütte zeigen die erdgeschichtliche Entwicklung und erinnern an die Eiszeit.

89

Autotour 89: 130 Kilometer

Im Land der Uhrmacher

Schwarzwald

Die Zähringer Herzöge gründeten im 12. Jahrhundert nicht nur Freiburg, sondern auf ähnlichem Grundriß auch Villingen und brachten damit den damals noch schwer zugänglichen Waldtälern des mittleren Schwarzwalds den kulturellen »Anschluß«. Beispiele dafür sind das Münster in Villingen und die Klosterkirche von Alpirsbach. Die Fünftälerstadt Schramberg erinnert mit ihren drei Burgen an unruhige Zeiten, in Triberg gibt es Deutschlands höchsten Wasserfall.

Tourverlauf

Die Rundfahrt beginnt in der Zähringerstadt Villingen. ①
Die Stadt verläßt man nordwestwärts und fährt über Mönchweiler nach Königsfeld. ②
Westlich von Königsfeld liegt St. Georgen. ③
Ab St. Georgen folgt man der Deutschen Uhrenstraße nordwärts bis Schramberg. ④
Im Norden von Schramberg trifft man auf die B 462, über die man nach Schiltach kommt. ⑤
In Schiltach sollte niemand den Abstecher nach Alpirsbach versäumen. ⑥
Wieder zurück in Schiltach folgt man der B 294 in westlicher Richtung nach Wolfach. ⑦
Durch das Tal der Gutach fährt man nun auf der B 33 talaufwärts über Gutach und Hornberg nach Triberg. ⑧
Ab Triberg folgt man der B 500 nach Furtwangen. ⑨
Ein kurzer Abstecher in westlicher Richtung ins Vordertal führt nach Gütenbach. ⑩
Danach kommt man auf der Deutschen Uhrenstraße wieder zurück nach Villingen und macht zuvor noch einmal Station in Vöhrenbach. ⑪

Sehenswürdigkeiten

① In Villingen folgten die Alemannen den Römern im 6. Jahrhundert mit einer Siedlung, die im Jahre 999 das Markt-, Münz- und Zollrecht erhielt. Um 1120 gründeten die Herzöge von Zähringen Villingen neu, mit einem Straßenkreuz, das von einem ovalen Mauergürtel eingefaßt wurde. Teile der einst doppelten Mauer, das Pulverrondell, der Kaiserturm und der Romäusturm sind davon erhalten. Die Hauptstraßen endeten an vier Toren, von denen noch das Obertor, das Riedtor und das Bickentor erhal-

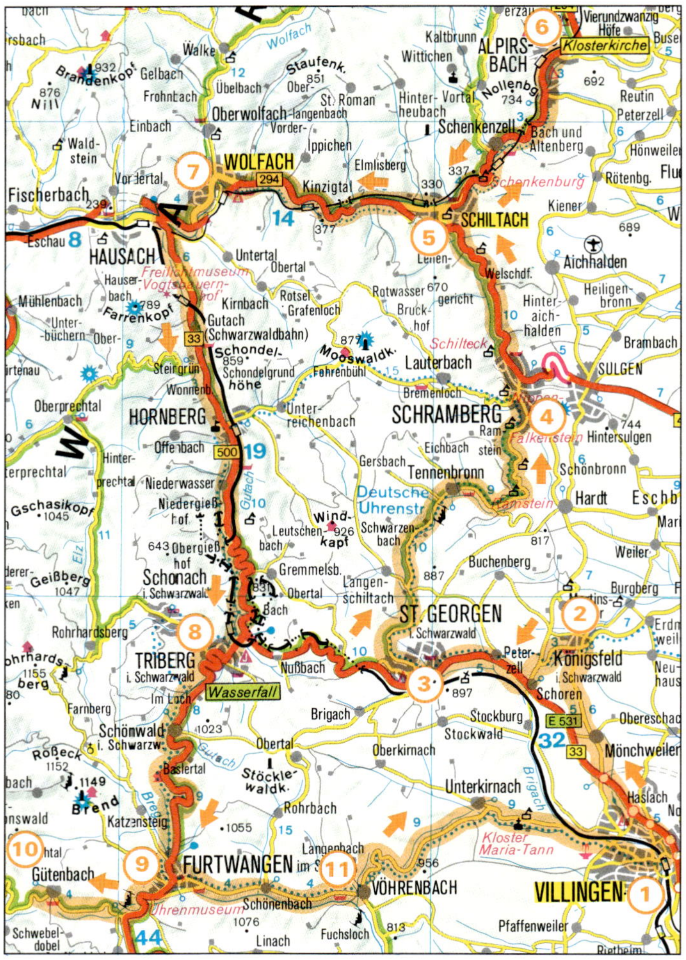

◁ Triberger Wasserfälle: Die Gutach hat sich eine Schlucht gefräst, in der Felsbrocken und hundertjährige Tannen urtümlich und geheimnisvoll wirken

▽ Die Sammlungen des Uhrenmuseums Furtwangen haben heute Weltgeltung

△ *Ehemalige Benediktinerklosterkirche in Alpirsbach*

ten sind. Auch das Liebfrauenmünster ist eine Gründung der Zähringer. Allerdings fiel das erste Münster 1271 einem Stadtbrand zum Opfer. Danach wurde es in gotischer Form wiederaufgebaut, die Vollendung der beiden Türme zog sich bis ins 16. Jahrhundert. Die spätgotische Kanzel zeigt Steinreliefs aus der Zeit um 1510. Auf dem Kreuzaltar steht das Nägelin-Kruzifix aus der zweiten Hälfte des 14. Jahrhunderts. Das ehemalige Franziskanerkloster wurde 1268 gegründet und dient heute als Museum. Zu sehen ist eine große volkskundliche Schwarzwaldsammlung sowie Funde aus der Vor- und Frühgeschichte der Region.

② Königsfeld im Schwarzwald: Siehe Wanderung 89 A, Seite 364.

③ St. Georgen entstand im 11. Jahrhundert als Klostersiedlung. Im Rathaus gibt es ein Heimat- und Phonomuseum, in dem die Entwicklung des Radios dokumentiert ist.

④ Die Fünftälerstadt Schramberg entstand im Bannkreis von drei Burgen. Die älteste ist Burg Falkenstein auf einem ausgesetzten Felskamm, errichtet um 1030. Burg Schilteck entstand im 13. Jahrhundert, von ihr steht noch der hohe, runde Bergfried. Die Nippenburg oder Burg Hohenschramberg wurde 1459 als regelrechte Festung fertiggestellt. Dennoch wurde auch sie 1689 von den Franzosen zerstört.

⑤ Schiltach war die Stadt der Flößer und Gerber; heute ist es eine reizende Fachwerkstadt. Ältestes Gebäude ist die Äußere Mühle von 1557. Das Renaissancerathaus am Marktplatz wurde 1594 fertiggestellt.

⑥ Alpirsbach entstand um das 1095 gegründete Benediktinerkloster. Seine im 11. Jahrhundert begonnene und im 12. Jahrhundert teilweise gotisierte Kirche ist ebenso erhalten wie der eindrucksvolle gotische Kreuzgang aus der Zeit um 1485. Die Kirche selbst ist eine der großartigsten, vom Geist von Cluny geprägten Mönchskirchen der deutschen Romanik. Von der Ausstattung sind an der Nordwand Fresken aus der Zeit um 1420 erhalten. Das Chorgestühl stammt von 1493 und der ehemalige Hochaltar, ein gotischer Schrein, aus der Zeit um 1520. Die früheren Klostergebäude mit dem Kapitelsaal von 1230, dem Dormitorium und dem Refektorium können besichtigt werden.

⑦ Wolfach war einst eine fürstenbergische Residenz und hat sein altertümliches Stadtbild bewahrt. Das barocke Schloß ist ein Bau des 17. Jahrhunderts; darin ist die wesentlich ältere Schloßkapelle und das Wolfacher Heimatmuseum integriert.

⑧ Triberg verdankt seine Berühmtheit dem über 162 Meter hohen, in sieben Kaskaden hinunterstürzenden Wasserfall. In der Wallfahrtskirche Maria in der Tanne von 1715 stehen prächtige Barockaltäre des Villinger Bildhauers Anton Schupp. Das in Silber getriebene Antipendium des Hochaltars ist eine Votivgabe des Markgrafen Ludwig Wilhelm aus dem Jahre 1706.

⑨ Die größte Sehenswürdigkeit Furtwangens ist sein Uhrenmuseum. Es bietet einen Überblick über 600 Jahre Uhrenbau und die Geschichte der Zeitmessung von den Elementaruhren bis zur modernen Funkuhr. Natürlich findet sich hier auch die größte Sammlung Schwarzwälder Uhren. Ihre größte Kostbarkeit ist die 1787 entstandene astronomische Weltzeituhr des Benediktinerpaters Thaddäus Rinderle von St. Peter.

⑩ Gütenbach: Siehe Wanderung 89 B, Seite 365.

⑪ Im Vöhrenbacher Ortsteil Urach ist die Pfarrkirche eine der wenigen erhaltenen Wehrkirchen des Schwarzwalds. Sie steht inmitten des hoch ummauerten Kirchhofs. Der Zugang führt über schmale, überdachte Treppenaufgänge. Die Kirche hat einen gotischen Chor und ein barock ausgestattetes Langhaus von 1730.

△ *Vogtsbauernhof im Schwarzwälder Freilichtmuseum Gutach, zwischen Wolfach und Hornberg gelegen*

Die weltberühmte Schwarzwälder Uhr

Die Umgebung von Triberg und Furtwangen stand bis vor gar nicht allzu langer Zeit genau für jenen Schwarzwald, der in aller Welt ein Begriff war und immer noch ist: den Schwarzwald der Kuckucksuhren. Grund für die Uhrenproduktion war das Zusammentreffen mehrerer Umstände. Zum einen warf die Landwirtschaft in der rauhen Gegend bei weitem nicht genug ab, zum anderen waren die Schwarzwälder Bauern ausgesprochene Tüftler, und zum dritten waren die Winter auf den Höfen lang und einsam. Schon um 1640 tauchten deshalb die ersten Schwarzwalduhren auf. Es waren zunächst ganz einfache Stundenanzeiger, bei denen ein an einer Schnur hängender Feldstein ein Räderwerk aus Holz in Gang setzte. Was schließlich zum Synonym für die Schwarzwalduhr schlechthin wurde, die Kuckucksuhr, baute Franz Anton Ketterer aus Schönwald 1738 zum ersten Mal. Bereits 1850 gab es in Furtwangen Deutschlands erste Uhrmacherschule. Ihrem ersten Direktor verdankt das in Deutschland einmalige Uhrenmuseum in Furtwangen den Grundstock seiner Schätze. Heute ist hier eine lückenlose Dokumentation der Geschichte der Uhrmacherei im Schwarzwald zu sehen.

Tip

Freilichtmuseum Vogtsbauernhof in Gutach: Um den namensgebenden Hof von 1580 wurden alte Höfe aus Nachbarregionen sowie unterschiedlichste Nebengebäude originalgetreu wiederaufgebaut.

89 A

Wanderung 89 A: 14 Kilometer – 3 Stunden

Auf Albert Schweitzers Spuren im Schwarzwald

Schwarzwald

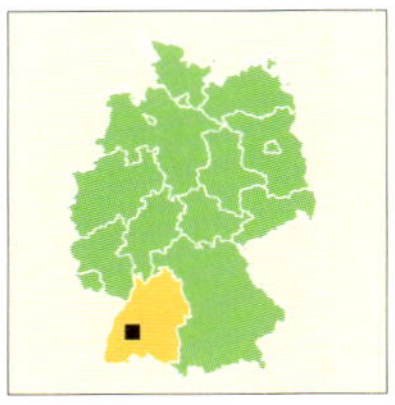

Das Land zwischen der Brigach im Süden und dem Glasbach im Norden ist weitgehend von sanften Waldhügeln beherrscht. Lediglich gegen den Glasbach hin gibt es steilere Hänge. Prominentester Gast dieser weiten Wälder war der Urwalddoktor und Friedensnobelpreisträger Albert Schweitzer.

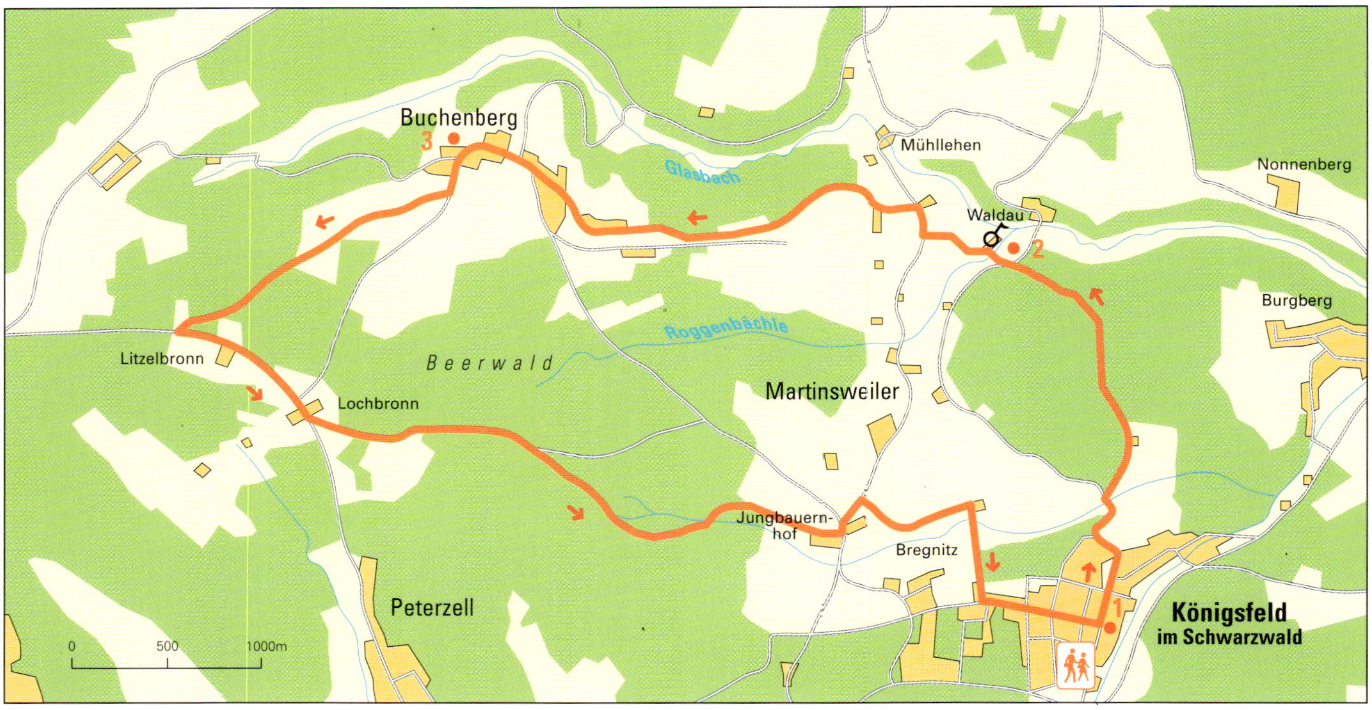

Tourverlauf

Der Zinzendorfplatz ist das Zentrum von Königsfeld. ①
Der Markierung schwarz-rote Raute entlang wandert man nordwärts, zunächst ein kurzes Stück durch freies Gelände und dann durch die Wälder des Winterbergs bis zur Ruine des Schlosses Waldau. ②
Von der Ruine an der Mündung des Roggenbächles in den Glasbach folgt man der Markierung rot-blaue Raute auf gelbem Grund hinüber nach Buchenberg. ③
Auch nach Buchenberg bleibt man dieser Markierung treu bis zum Gehöft Litzelbronn. Hier wendet man sich scharf links und folgt für etwa 800 Meter dem Verbindungssträßchen zum Gehöft Lochbronn. Nun trifft man auf die Markierung weißer Balken in blauer Raute, der man ostwärts durch den Beerwald bis zurück nach Königsfeld folgt.

◁ *Ruine Waldau bei Buchenberg*

Sehenswürdigkeiten

① Königsfeld wurde erst ab 1806 von der Herrnhuter Brüdergemeine gegründet. Diese dem Pietismus verwandte evangelische Freikirche hat den Ort bis heute geprägt. Eindrucksvoll ist der schlichte Friedhof der Brüdergemeine. Nicht umsonst fühlte sich hier der Urwalddoktor Albert Schweitzer wohl, der ja nicht nur Arzt, sondern auch evangelischer Theologe war. Er spielte hier die Orgel und wurde schließlich Königsfelder Ehrenbürger. Zur Erinnerung an ihn gibt es im Rathaus eine Albert-Schweitzer-Ausstellung.

② Die Burg Waldau geht auf das 11. Jahrhundert zurück, der heutige Restbestand aus Bergfried und Mauerteilen stammt aus der Bausubstanz des 13. Jahrhunderts.

③ Das Nikolauskirchlein in Buchenberg, am Wiesenhang unterhalb des Gasthofs Zur Linde, steht vermutlich auf dem Platz einer karolingischen Anlage. Die heutige Kirche wurde jedoch keinesfalls vor 1087 begonnen. Ihr gut 12 Meter langes Schiff dürfte im frühen 12. Jahrhundert errichtet worden sein. Der heutige Chor kam in der zweiten Hälfte des 15. Jahrhunderts dazu. Interessant ist die kleine Kirche vor allem durch ihre um 1430 gearbeiteten, gotischen Fresken. Am Triumphbogen sind die Seligen und Verdammten des Jüngsten Gerichts zu sehen, die Süd- und Nordwände zeigen die Anbetung der Könige, eine Abendmahlsdarstellung und die Kreuzigung. Das Buchenberger Herrgöttle lag jahrhundertelang unbeachtet auf dem Chorgewölbe. Der Torso eines romanischen Kruzifixes dürfte aus der Zeit um 1130 stammen. Das Original wird heute im Rathaus verwahrt, an der Chornordwand ist eine Kopie zu sehen. Bedeutsam ist die Plastik vor allem dadurch, daß sie zu den ganz wenigen in Südwestdeutschland noch erhaltenen Holzplastiken dieser Qualität gehört. Beachtung verdienen außerdem das gotische Sakramentshaus und ein Taufstein aus dem 15. Jahrhundert.

Tip

Wildpflanzenpark Unterkirnach südlich von Königsfeld: Ein 1987 am Talsee Unterkirnach geschaffener Wildpflanzenpark dient als Rückzugsgebiet für bedrohte Pflanzen und Kleintiere. Grundgedanke war, Wildpflanzen der Umgebung in einer modellhaften Miniaturlandschaft zu präsentieren. So werden wie in der Natur typische Pflanzengesellschaften auf verschiedenen Gesteinen und Böden gezeigt, etwa auf Granit-, Kalk-, Gneis- und Buntsandstein, Moor- oder Trockenuntergrund. Die Beschilderung erläutert ökologische Zusammenhänge.

Wanderung 89 B: 13 Kilometer – 3 1/2 Stunden

Balzer Herrgott und Teichschlucht

Schwarzwald

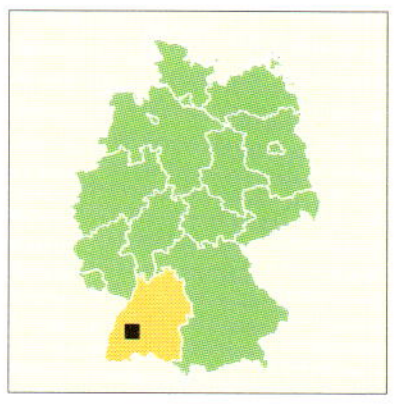

Das östlich von Furtwangen in der Hügelwelt des mittleren Schwarzwalds versteckte Gütenbach bietet dem Wanderer so manches Kleinod. Ausgedehnte Waldberge, die Schlucht der Wilden Gutach und die des Teichbachs vermitteln eindrucksvolle Erlebnisse.

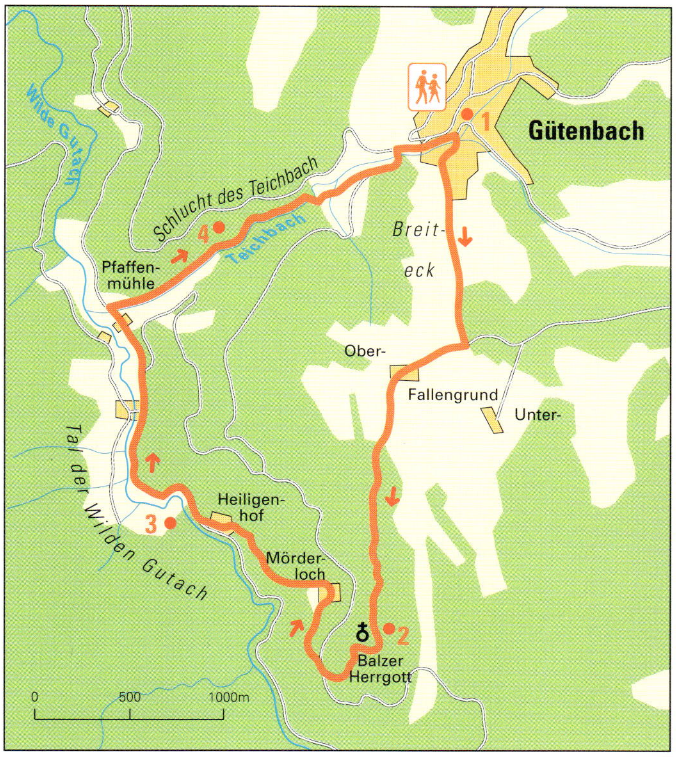

Sehenswürdigkeiten

① Im Gütenbacher Dorfmuseum gibt es die Ausstellung »Leben – Wohnen – Arbeiten in der vorindustriellen Zeit«. Sie vermittelt ein eindrucksvolles Bild vom kargen Leben auf einem einsamen Bauernhof. Auch über die Entstehung der Schwarzwalduhr kann man sich informieren. Ein kleines Puppenmuseum ergänzt das Angebot.

② Der Balzer Herrgott ist ein seltenes Naturdenkmal mitten im Wald. Vor gut einhundert Jahren befestigte jemand ein steinernes Kruzifix an einer Buche. Nach und nach wuchs die Buche um die Christusfigur herum, so daß heute nur noch das Antlitz zu sehen ist.

③ Die Wilde Gutach macht ihrem Namen im Bereich des Weilers Wildgutach durchaus noch Ehre. In zahlreichen Schlingen schlängelt sich der Bach durchs enge Tal, reißende Stellen wechseln mit stillen Gumpen. Wo sie im Schatten liegen, kann der stille Beobachter sogar noch Bachforellen entdecken.

④ Die Teichbachschlucht ist ein wildromantisches Stück unzerstörter Schwarzwaldnatur. Auf knapp 2 Kilometer Luftlinie stürzt der Teichbach zwischen Gütenbach und der Pfaffenmühle 268 Höhenmeter durch ein ausgewaschenes Felsbett hinunter, bildet immer wieder kleine Wasserfälle und verharrt auf zahlreichen Stufen in tiefen Gumpen. Hier zu wandern, dem Wasser zuzuschauen, die Stille zu genießen oder auch die Füße zu kühlen, vermittelt ein Schwarzwalderlebnis, wie es sonst nicht so leicht zu finden ist.

△ *Kleine Staustufe im Gutachtal*

Tourverlauf

Ausgangspunkt ist die Bushaltestelle im Ortszentrum von Gütenbach. ①
Auf der dort vorhandenen Orientierungstafel ist zu sehen, daß der gesamte Rundweg mit der örtlichen Markierung grüner Balken gekennzeichnet ist. Aus Gütenbach hinaus kommt man über den Breiteckweg, der als steiles Fahrsträßchen zum mächtigen Breiteckhof hinaufführt. Hier ist die Höhe erreicht; nahezu eben zieht nun der Weg zum Waldrand hin und wenig später nach rechts, zum Ober-Fallengrund. Von hier bietet sich eine umfassende Aussicht auf die einsam gelegenen Höfe der Umgebung. Ab dem Ober-Fallengrund ist der weitere Weg mehrfach ausgeschildert und nicht mehr zu verfehlen: Er führt zum Balzer Herrgott. ②
Vom eingewachsenen Bildstock schwenkt der Weg zunächst nach Norden zum einsam gelegenen Gehöft mit dem wenig vertrauenserweckenden Namen Mörderloch. Dahinter wandert man nordwestwärts stetig bergab bis hinunter ins Tal der Wilden Gutach. ③
Beim Heiligenhof wendet man sich rechts und folgt dem Tal der Wilden Gutach talabwärts bis zur Pfaffenmühle, wo der Teichbach in die Wilde Gutach mündet. Hier wendet man sich erneut nach rechts und folgt dem Teichbach stromaufwärts durch die Teichbachschlucht. ④
Kurz darauf ist man wieder zurück in Gütenbach.

▷ *Schwarzwaldhaus an der Gutach*

Tip

Hochwartfelsen westlich der Pfaffenmühle: Zweribach und Hirschbach, die urwaldähnliche Bannwälder durchfließen, bilden mehrfach Wasserfälle bis über 10 Meter Höhe. Auf einer größeren Fläche am Hohwartfelsen, seit einem Windbruch vor Jahrzehnten sich selbst überlassen, entstand ein weiterer Bannwald.

90

Autotour 90: 150 Kilometer

Zwischen Donau und Rhein

Schwarzwald

Obwohl die Donau bei Donaueschingen vom Rhein bei Waldshut nur 50 Kilometer entfernt ist, könnten die Gegensätze kaum größer sein: Donaueschingen liegt bereits auf der sanft gewellten Hochfläche zwischen Schwarzwald und Schwäbischer Alb, die Donau schlängelt sich durch saftige Wiesen dem weit entfernten Schwarzen Meer entgegen. Der Hochrhein dagegen fließt entgegengesetzt zur Nordsee und muß hier die schwer zu bewältigenden Ausläufer des südlichen Schwarzwalds bezwingen.

Tourverlauf

Die Rundfahrt beginnt am Stammsitz der Fürsten von Fürstenberg in Donaueschingen. ① Erstes Ziel ist Bräunlingen. ② Zwischen Löffingen – hier kann man einen Hochwildpark besuchen – und Bonndorf überquert man die Wutachschlucht. ③ Hinter Bonndorf fährt man anschließend westwärts hinüber zum Schluchsee. ④ Nach dem Abstecher zum größten See des Schwarzwaldes folgt man der B 500 bis Häusern; von hier sind es 3 Kilometer westwärts nach St. Blasien. ⑤ Von St. Blasien aus nutzt man das wunderschöne Albtal zur Fahrt nach Süden bis hinaus zur Mündung der Alb in den Rhein bei Albbruck. Hier wendet man sich nach links und folgt der B 34 hinüber nach Waldshut. ⑥ Die kurze Stippvisite am Hochrhein endet an der Mündung der Wutach, an deren rechtem Ufer man Tiengen erreicht. ⑦ Auch nach Tiengen bleibt man der B 34 treu, um der Küssaburg einen Besuch abstatten zu können. ⑧ Etwa 3 Kilometer nordöstlich der Burg kann man bei Geißlingen von der B 34 die B 314 kreuzen und kommt damit wieder ins Tal der Wutach. Das nächste Ziel ist hier Stühlingen. ⑨ Die nördliche Richtung zurück nach Donaueschingen auf der B 27 schlägt man bei Blumberg ein. ⑩

Sehenswürdigkeiten

① Am Zusammenfluß von Brigach und Breg errichteten die Grafen von Fürstenberg ab 1723 ihre Residenz. Im folgenden Jahr wurde die spätgotische Pfarrkirche abgebrochen und bis 1747 in der heutigen Form errichtet. Sowohl der Hochaltar als auch die beiden Nebenaltäre sind barocke Meisterwerke. Größter Schatz der Kirche ist die an der Südwand stehende spätgotische Madonna

◁ Rotunde der Pfarrkirche St. Blasius, der ehemaligen Klosterkirche

▷ Laufenburg am Hochrhein

von 1522. Auch das fürstliche Schloß ist eine Barockanlage. Im ausgedehnten englischen Schloßpark findet sich gleich neben dem Schloß die »Donauquelle«.
② Bräunlingen ist eine Gründung der Herzöge von Zähringen und war einst sogar Freie Reichsstadt. Von dieser Zeit zeugt bis heute das einheitliche Ortsbild mit dem Rathaus aus dem 16. Jahrhundert, dem Marktplatz, dem Gumppbrunnen, einem alten Stadttor und der ursprünglich romanischen Pfarrkirche.

Die Donauquelle

Um die Donauquelle gibt es seit undenklicher Zeit Streit: Drei Orte nehmen für sich in Anspruch, an der Quelle des europäischen Stroms zu sitzen. Bei Furtwangen entspringt die Breg in 1078 Meter Meereshöhe in der Nähe der Martinskapelle, einem ehemaligen Quellheiligtum. Die Quelle ist mit 2888 Kilometern am weitesten von der Mündung der Donau entfernt. Bei der Kapelle und am nahen Briglirain erstrecken sich ausgedehnte Hochmoorgebiete. Der Günther-Felsen, eine Granitformation bei der Martinskapelle, wurde als Naturdenkmal ausgewiesen. Zweiter Donauquellfluß ist die Brigach, die bei St. Georgen entspringt. Bei Donaueschingen vereinigen sich beide Bäche zur Donau. In der Nähe des Zusammenflusses bei Schloß Donaueschingen versah man 1912 eine Bachquelle mit einer kreisrunden Quellfassung, die ebenfalls als Donauquelle bezeichnet wird.

△ Donauquelle in Donaueschingen

③ Bonndorf und die Wutachschlucht: Siehe Wanderung 90 A, Seite 368.
④ Schluchsee: Siehe Wanderung 90 B, Seite 369.
⑤ Das Benediktinerkloster St. Blasien wurde schon im Jahre 858 gegründet und gedieh danach stetig. Als 1768 die Klosterkirche abbrannte, gab Fürstabt Martin Gerbert als Ersatz eine Kombination aus Klosterkirche und gigantischem Mausoleum in Auftrag. Bis 1772 entstanden so die Pläne für die erste klassizistische Rotunde Deutschlands, die 1783 auch geweiht werden konnte. Leider brannte es 1874 erneut in St. Blasien, die Kuppel stürzte ein und die gesamte Innenausstattung wurde vernichtet. Bis 1910 wurde die 36 Meter hohe Kuppel aus Stahlbeton erneuert, 1983 konnte die Restaurierung abgeschlossen werden.
⑥ »Waldishute«, die Hüterin des Waldes, geht auf eine alte Habsburger Gründung von 1242 zurück. Der runde Grundriß der heutigen Altstadt ist typisch für die Gründung nach Zähringer Muster. Die Hauptachse ist die Kaiserstraße, sie wird vom Oberen und Unteren Stadttor begrenzt. Hier stehen auch die schmucken, teilweise bis auf das 16. Jahrhundert zurückgehenden Bürgerhäuser. Das Rathaus stammt von 1770. Von der einst gotischen Liebfrauenkirche sind nur noch einige Mauerreste erhalten. Sebastian Fritschi erbaute die Kirche 1804 im klassizistischen Stil neu. Typisch ist ihr hohes, oben abgeplattetes Gewölbe. Die Ausstattung wurde in Alabastermarmor

△ Am Neckarursprung in der Baar

gestaltet. Nördlich der Stadt steht die 1683 gestiftete Friedhofskapelle Allerheiligen. Ihre Ausstattung stammt noch aus der Bauzeit. Die beeindruckende Kassettendecke des Langhauses entstand um 1700.
⑦ Tiengen war einst das Zentrum des Klettgaus. Das heutige, spätgotische Stadtbild mit den imposanten Bürgerhäusern stammt im wesentlichen aus dem frühen 16. Jahrhundert. Wahrzeichen der Stadt ist der aus dem 15. Jahrhundert stammende Storchenturm mit der originellen Holzhaube. Viele Bürgerhäuser sind mit Sgrafitti verziert. Die barocke Marienkirche von 1753 thront auf einem hohen Plateau über der Altstadt. Die Wandpfeilerkirche birgt einen neubarocken Hochaltar, mehrere Altäre aus der Gründungszeit und Gewölbefresken von 1754. Gleich neben der Kirche steht das Schloß aus dem 16. Jahrhundert. Der gewaltige Winkeltrakt gehört zu den größten Schloßanlagen aus dem 16. und 17. Jahrhundert.
⑧ Die 629 Meter hoch gelegene Küssaburg dominiert die westliche Klettgaulandschaft.
⑨ Das malerische Städtchen Stühlingen wird überragt von Schloß Hohenlupfen. Sein Bergfried aus Buckelquadern stammt noch aus dem Mittelalter, die Wohngebäude kamen bis 1620 dazu.
⑩ Blumberg, ein beliebter Erholungsort, ist unter Eisenbahnfans bekannt als Ausgangspunkt der Museumseisenbahn Blumberg-Weizen, ein Überbleibsel der Bahnlinie Immendingen-Waldshut, die Ende des 19. Jahrhunderts aus strategischen Gründen erbaut worden war, um bei Truppentransporten das schweizerische Schaffhausen zu umgehen. Die Bahn mußte auf einer Strecke von weniger als 10 Kilometer Luftlinie den Aufstieg aus

△ Hotzenwald bei Görwihl

dem Wutachtal überwinden. Durch einen Kreistunnel, mehrere Kehren und Viadukte wurde die Trasse so verlängert, daß eine Steigung von weniger als einem Prozent erreicht werden konnte - ein eindrucksvolles Zeugnis der Technikgeschichte, auch wenn die Bahnlinie schon lange stillgelegt ist und nur noch der besonders spektakuläre Abschnitt im Sommer von historischen Zügen befahren wird.

Tip

Rheinschlucht bei Laufenburg südlich von Albbruck: Bei der deutsch-schweizerischen Doppelstadt Laufenburg bildet der Rhein einen 1300 Meter langen, von Granit-Felstürmen gesäumten Canyon, in dem er früher über drei Felsentreppen toste. An einer Stelle war das Flußbett nur 12 Meter breit. Diese Laufen, wie Stromschnellen auf alemannisch genannt werden, zwangen dazu, die Rheinschiffe zu entladen und die Waren 1,5 Kilometer über Land zu transportieren. An der engsten Stelle entstand Laufenburg mit seiner Rheinbrücke. Durch ein Stauwehr mit Schleuse staute man den Rhein über den Stromschnellen auf. Das enge Tal und die romantische Doppelstadt sind auch heute eindrucksvoll.

90A

Wanderung 90 A: 13 Kilometer – 3 1/2 Stunden

Durch die Wutachschlucht

Schwarzwald

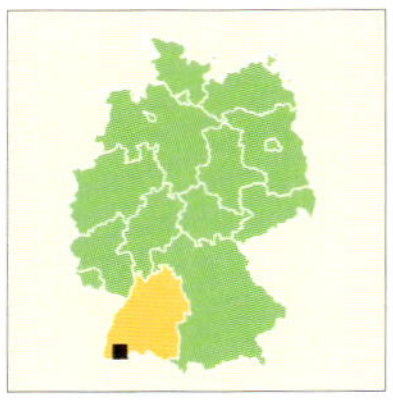

Die insgesamt rund 30 Kilometer lange Wutachschlucht gehört zu den besonderen Sehenswürdigkeiten am Ostrand des Hochschwarzwalds. Die einstige Urdonau hat sich hier ein enges, wildromantisches Flußtal gegraben, das zu den großartigsten naturbelassenen Tälern Europas zählt.

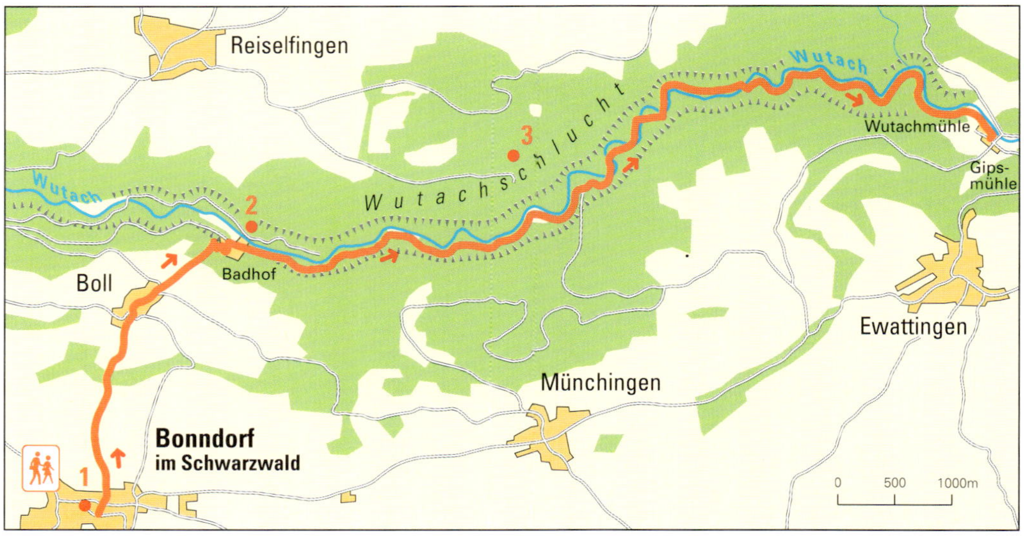

Tourverlauf

Feste Schuhe sind für diese Wanderung unbedingt erforderlich; sie beginnt am Gasthof Kranz in Bonndorf. ①
Durch die Brunnenstraße wandert man nordwärts und erreicht kurz darauf die freie Anhöhe über dem Städtchen. Von ihr geht es geradeaus weiter zum Waldrand und dann stärker abwärts in die kleine Siedlung Boll. Beim Wanderparkplatz folgt man der Wegmarkierung blaue Raute mit weißem Balken, die in den Bogen der Wutachschlucht beim Badhof führt. ②
Am Talboden (Markierung weißrote Raute auf gelbem Grund), öffnet sich nun das Wutachtal. ③ Das Tal wird durchwandert bis zur Wutachmühle, wo man auf der Landstraße von Bonndorf nach Donaueschingen die Wutach trifft. Von hier aus kann man mit dem Bus nach Bonndorf zurückfahren.

Sehenswürdigkeiten

① In Bonndorf sollte man den Besuch der Pfarrkirche aus dem 19. Jahrhundert nicht versäumen.
② Den Talboden der Wutach erreicht man beim Badhof. Hier erinnern noch alleeartig gepflanzte Bäume an ehemalige Kuranlagen. Sie waren im 19. Jahrhundert entstanden, als die Wutach noch als bester Forellenfluß Europas gerühmt wurde und sogar der englische Royal Fishing Club hier ein Standbein hatte.
③ So außergewöhnlich die Wutachschlucht ist, so erstaunlich ist auch ihre Entstehungsgeschichte. Sie ist nur 20 000 Jahre alt, geologisch gesehen also noch ganz jung. Die Wutach selbst entspringt als Gutach im Feldsee auf der Ostseite des Feldbergs und fließt dann gemächlich Richtung Neustadt. Von dort ging es ursprünglich weiter über Blumberg und das heutige Eyachtal immer ostwärts zum Schwarzen Meer, denn diese Gutach war nichts anderes als die Urdonau. Erst als sie von einem Nebenfluß des viel tiefer liegenden Rheins angezapft wurde, bog diese Urdonau mit großem Gefälle bei Blumberg nach Süden ab. Die tosenden Wasser fraßen sich anschließend stetig tiefer und westwärts zurück ins Gestein. Zwischen 5000 und 10 000 Jahre dauerte es, bis die Schlucht ihr heutiges Erscheinungsbild bekam. Entstanden ist dabei die wohl urtümlichste und geologisch, zoologisch sowie botanisch interessanteste Schlucht Mitteleuropas. Weil sie Jahrtausende sich selbst überlassen war, präsentiert sie ein einmaliges Pflanzen- und Tierparadies. Nicht weniger als etwa 1200 verschiedene Pflanzenarten gedeihen hier – das ist etwa die Hälfte der insgesamt in Mitteleuropa vorkommenden Arten. Über 500 verschiedene Schmetterlings- und gut 100 verschiedene Vogelarten beleben dieses einmalige Ökosystem.

△ *An der Versickerungsstelle in der Wutachschlucht*

◁ *Wutachschlucht*

Tip

Gauchachschlucht: Nahe der Wutachmühle mündet von Norden die Gauchachschlucht, wie die Wutachschlucht ein außergewöhnliches Ökosystem mit dramatischen und eindrucksvollen Landschaftsformen, seltenen Pflanzen und Tieren.

Bergwälder überm Schluchsee

Ursprünglich war der Schluchsee ein kleiner, knapp ein Quadratkilometer großer Eiszeitreliktsee, der erst 1929 dank der Staumauer auf die heutige Größe gebracht und damit zum größten See des Schwarzwalds avancierte. Die ihn umgebenden Bergwälder sind ein Paradies für jeden Wanderer.

Schwarzwald

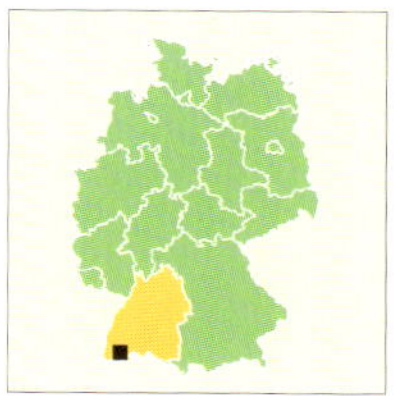

Tourverlauf

Ausgangspunkt ist der Bahnhof Aha im Nordwesten des Schluchsees. ①
An der Unterführung westlich des Bahnhofs beginnt die Markierung blaue Raute mit weißem Strich, mit der die gesamte Wanderung bis zur Rückkehr zum Ausgangspunkt gekennzeichnet ist. Entlang dieser Markierung steigt man hinter der Bahnüberführung rasch den Wald hinauf, wobei sich der zunächst breite Waldweg zu einem schmalen Wandersteig verengt. Er führt schließlich die letzten Meter steil nach oben zum Bildstein. ②
Auch nach der Felskanzel steigt der Weg noch einmal etwas an, bevor in 1131 Meter Höhe der Kohlplatz erreicht wird. Danach senkt sich der Weg hinunter ins einsam gelegene Oberfischbach. Dort beginnt hinter dem Gasthof Hirschen der kurze Anstieg zur Fischbacher Höhe am Westrand des Gfällwalds. Hier gibt es eine Schutzhütte zum Rasten und sogar einen Grillplatz. ③
Hinter dem Rastplatz beginnt der Weg erneut zu steigen, bis bei der einsam gelegenen Rodungsinsel Schwende erneut die Höhe erreicht ist. Am östlichen Rand dieser Rodungsinsel steht die Cyriakkapelle. ④
Bei ihr wechselt der Weg auf die rechte Talseite und bleibt ihr auch treu bis zum Wanderparkplatz beim Urseebach. Hier wendet sich der Weg im spitzen Winkel nach Westen talaufwärts zum Naturschutzgebiet Ursee. ⑤
Vom Ursee wandert man weiter bachaufwärts, nun in südwestlicher Richtung gegen das Talende hin. Um zum Stoßfelsen zu kommen, ist schließlich noch einmal ein kleiner Anstieg notwendig. Hinter dem Stoßfelsen braucht man nur noch dem sanften Auf und Ab des Geländes zu folgen, bis plötzlich durch den Wald der verträumte Windgfällweiher auftaucht. ⑥
Der Bahnlinie entlang wandert man schließlich zurück nach Aha.

◁ Frühmorgens am Schluchsee

Sehenswürdigkeiten

① Bis zum Bau des Stausees war die Siedlung Aha ein einsames Gehöft. Inzwischen führt hier die B 500 vorbei, der Schluchsee ist ein beliebtes Segelrevier, und die Siedlungen am See haben sich zu modernen Freizeitstationen gemausert. Der Stausee selbst ist ein Speicherbecken, mit dem der Höhenunterschied zwischen dem Seepegel (930 Meter) und Waldshut (340 Meter) genutzt wird. In drei Kraftwerksstufen wird der Wasserdruck in Spitzenverbrauchszeiten zu Strom verwandelt. Im Niederlastbereich wird das Wasser dann wieder aus dem Hochrhein in das Speicherbecken Schluchsee zurückgepumpt.
② Der Bildstein ist ein prächtiger Aussichtsfelsen mit Blick zum Feldberg, über den Schluchsee und zum Windgfällweiher.
③ Die Fischbacher Höhe ist der richtige Platz zum Träumen. Zumindest wochentags ist man hier mit sich und der Welt samt ihren Schönheiten alleine.
④ Die Schwende ist eine rund 1000 Meter hoch gelegene Rodungsinsel in einem nach Osten offenen Hochtal. Die Cyriakkapelle wurde schon 1656 errichtet.

△ Schluchsee bei Oberaha

⑤ Das Naturschutzgebiet Ursee ist ein kleiner Feuchtbiotop mit seltenen Libellenarten.
⑥ Der 966 Meter hoch gelegene Windgfällweiher liegt zwar ebenso wie der Schluchsee an der B 500, doch streift die Straße die andere Seite des Sees. Als Wanderer trifft man auf die einsamere Ostseite, wo eine Bahnunterführung den Zugang zum See erlaubt.

Tip

Windgfällweiher: Der Windgfällweiher etwa 2 Kilometer nördlich des Schluchsees entstand wie dieser ebenfalls durch Gletschereinwirkung. Obwohl sich der See durch Korrektur der Abflüsse – ursprünglich in zwei Richtungen, jetzt nur noch zum Schluchsee – in seiner Oberfläche geringfügig veränderte, handelt es sich um einen natürlichen Gletschersee. An dem völlig von Wald umgebenen Gewässer erstrecken sich Ried- und Sumpfflächen in verschiedenen Stadien der Verlandung mit Schwingrasen, Seggenried und Moorwald. Trotz der Höhenlage von 966 Meter gibt es Brutvorkommen von Bläßhühnern. Wegen des sommerlichen Ruderbootverkehrs sind sonst aber nur wenige Wasservögel anzutreffen.

91

Autotour 91: 120 Kilometer

Im Naturpark Obere Donau

Schwäbische Alb

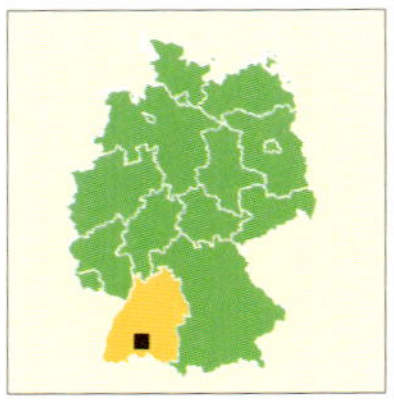

Mit dem über 200 Meter tiefen Durchbruch durch den Kalkriegel der Schwäbischen Alb hat die junge Donau einen landschaftlichen Höhepunkt ihres gesamten Weges zwischen den Höhen des Schwarzwaldes und dem Schwarzen Meer geschaffen. Dem stillen Wasser traut man es heute kaum zu, all die wunderschönen Mäanderschleifen in das Gestein gefräst und dabei all die geradezu alpin anmutenden Felswände modelliert zu haben.

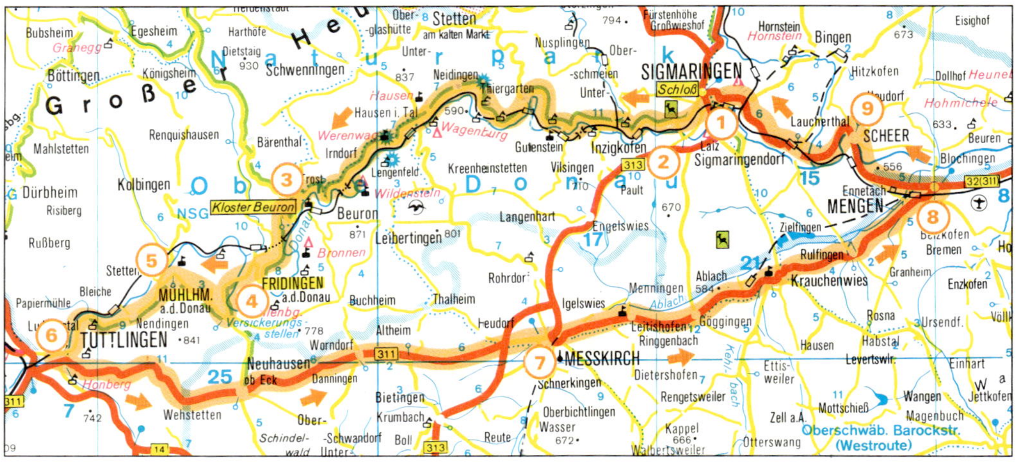

Tourverlauf

Diese Rundfahrt startet man in Sigmaringen. ①

Westlich vor den Toren der Zollernresidenz beginnt bereits das Durchbruchstal der Donau, reiht sich eine herrliche Landschaftsansicht an die andere. Der Weg selbst ist nicht zu verfehlen, folgt er doch bis Beuron stets der jungen Donau.

Erstes Ziel ist das alte Kloster Inzigkofen. ②

Zwischen Thiergarten und Neidingen flankieren beeindruckende Felswände die Donau, und in der größten Talweitung des gesamten Donaudurchbruchs liegt Beuron mit seinem weltberühmten Kloster. ③

Hinter Beuron wird das Flußtal so schmal, daß die Straße zum Ausweichen gezwungen ist; auf die Donau trifft sie erst wieder in Fridingen. ④

Auch zwischen Fridingen und Mühlheim kann die Straße nicht der Donau folgen. ⑤

Parallel verlaufen Straße und Donau dann wieder vor Tuttlingen. ⑥

Für die Rückfahrt folgt man der B 311 nach Meßkirch. ⑦

Nahe der Mündung der Ablach in die Donau liegt Mengen. ⑧

Auf der B 32 fährt man schließlich zurück nach Sigmaringen und macht dabei ein letztes Mal Station in Scheer. ⑨

Sehenswürdigkeiten

① Der Sigmaringer Schloßfelsen ist der östlichste Einzelfelsen des Donaudurchbruchs. Hier gab es schon während der Bronze- und Hallstattzeit Siedlungen, die Römer hatten hier einen Donauübergang. Die erste Burg auf dem Felsen entstand im 11. Jahrhundert. Sie war 270 Jahre lang habsburgisches Lehen, bis sie 1535 an Karl I. von Hohenzollern kam. Er baute die Burg zum Schloß aus, das allerdings 1893 nahezu vollständig abbrannte. Beim Bau des heutigen Schlosses wurden Elemente der Romanik, der Gotik und Renaissance vereint. Überregional bedeutend ist die Kunstsammlung mit Werken süddeutscher Meister, das Marstallmuseum sowie die Waffensammlung, die durchaus europäischen Rang besitzt. Die Pfarrkirche St. Johannes ist in prächtigem Rokoko ausgestattet und hat einen Altaraufbau von Johann Michael Feichtmayr von 1758. Die Josephskapelle auf dem im Süden der Stadt gelegenen Josephsberg wurde 1629 errichtet. Der achteckige Kuppelbau erhielt seine heutige Form 1739. Südlich von Sigmaringen lohnt der Wildpark Josephslust einen Besuch. Der 835 Hektar große Park ist gut mit Dam-, Rot- und Schwarzwild besetzt.

△ *Donauversickerung, Immendingen*

② Inzigkofen: Siehe Wanderung 91 A, Seite 372.

◁ *Zollernschloß Sigmaringen*

③ Beuron: Siehe Wanderung 91 B, Seite 373.
④ Fridingen wurde um 1300 von den Grafen zu Hohenberg gegründet. Im historischen Stadtkern erinnern das Rathaus und das mit Staffelgiebel verzierte Ifflinger Schloß an alte Zeiten. Die Pfarrkirche aus dem 19. Jahrhundert birgt kostbare, mittelalterliche Statuen, und die kleine St.-Anna-Kapelle auf der anderen Seite der Donau ist eine der schönsten Barockkapellen des Donautals. Südlich von Fridingen findet sich eine jener Stellen, an der die Donau im karstigen Jura versickert.
⑤ Das kleine Städtchen Mühlheim hat einen schönen alten Kern mit einem gotischen Rathaus aus dem 15. Jahrhundert, einem alten Stadttor sowie winkligen Gassen mit schönen Fachwerkhäusern. In der schlichten romanischen St.-Gallus-Kirche am linken Donauufer kann man im nördlichen Seitenschiff und im Chor gotische Fresken aus der Mitte des 15. Jahrhunderts entdecken.
⑥ In Tuttlingen hatten schon die Römer ein Kastell errichtet, im 16. und 17. Jahrhundert unterhielt hier Württemberg einen strategischen Vorposten gegen das österreichische Habsburg. Die evangelische Stadtkirche von 1817 präsentiert schönen Klassizismus, ihre besonders gelungene Jugendstilfassade erhielt sie 1903. Im ehemaligen Fruchtkasten des Herzogs von Württemberg ist heute ein umfangreiches Museum untergebracht.

Abraham a Sancta Clara

Am schönsten Wiesenfleck mitten im Donaudurchbruch durch die Juraplatte wurde gegen Ende des 11. Jahrhunderts das Augustiner-Chorherrenstift Beuron gegründet. Einer seiner berühmtesten Mönche wurde am 2. Juli 1644 im kleinen Albdorf Kreenheinstetten als Johann Ulrich Megerle geboren. Dem gelehrigen und temperamentvollen, am heimatlichen Wirtshaustisch geprägten Schwaben genügte auf Dauer die vornehme Art der Augustiner-Chorherren nicht. Er zog deshalb als Augustiner Barfüßer in die Welt, hielt derb-deftige, durch Witz und Wortspiele belebte Predigten und wurde schließlich in Wien als Hofprediger unter dem Namen Abraham a Sancta Clara weltberühmt. Bei aller Derbheit verdankte er ein Gutteil seines Erfolgs seiner schwäbischen Doppelbödigkeit. Weil er festgestellt hatte: »In Wien kann man alle Jungfrauen in einem einzigen Wagen zur Stadt hinausfahren«, und er deswegen zur Rede gestellt wurde, antwortete er typisch schwäbisch mit dem Hinweis, er habe ja gar nicht gesagt, daß der Wagen nur einmal fahren müsse.

⑦ Das eher unscheinbare Meßkirch erhielt 1261 das Stadtrecht. Ab 1557 errichteten die Grafen von Zimmern ihr kleines Stadtschloß. Die Pfarrkirche entstand als dreischiffige Basilika bis 1526. Bis 1782 wurde sie frühklassizistisch umgestaltet. Interessantestes Ausstattungsstück ist der Altar »Anbetung der Könige« des Meisters von Meßkirch aus dem Jahre 1538.
⑧ Das ländliche Mengen war schon 1276 befestigte Stadt mit Freiburger Recht. Die Pfarrkirche ist eine dreischiffige Basilika aus dem frühen 15. Jahrhundert, die bis 1742 von Peter Thumb zur Barockkirche umgebaut wurde. Im Heimatmuseum gibt es interessante Fundstücke aus der Vor- und Frühzeit der Umgebung.
⑨ Die Pfarrkirche von Scheer ist eine flach gedeckte Basilika aus dem 14. Jahrhundert. Aus ihr machte Johann Anton Feichtmayr bis 1752 einen besonders festlichen Rokokosaal.

△ Donaudurchbruch durch die Juraplatte

▷ Freilichtmuseum Tuttlingen

Tip

Donaudurchbruch bei Mühlheim: Zwischen Mühlheim und Sigmaringen hat die junge Donau eines der schönsten Flußtäler Europas geschaffen. Ursprünglich war die heute zahme Donau schon hier ein mächtiger Strom, der vom Feldberg kam und kräftige Zuflüsse aus den Alpen hatte. So konnten die Wassermassen der Urdonau den Widerstand der Schwäbischen Alb bezwingen und in das Juragestein eine Schlucht mit Steilwänden, engen Mäandern und Schleifen einschneiden. Über 200 Meter tiefe Schluchten, alpin anmutende Felswände und Kliffs flankieren den gewundenen Canyon. In unzugänglichen Felsnischen brüten Turm- und Wanderfalken, Uhus, Kolkraben und Dohlen. Auch ein Rudel Gemsen fühlt sich seit einigen Jahrzehnten an den Steilhängen recht wohl. Auf den Felsen und Anhöhen des Donaudurchbruchs entstanden zahlreiche Burgen und Schlösser, von denen die meisten zu Ruinen verfielen. Von Höhenwegen und Aussichtsfelsen bestehen faszinierende Tiefblicke auf den Donau-Canyon. Der bekannteste Aussichtspunkt ins geschwungene Obere Donautal mit den Burgen Wildenstein und Werenwag ist der Eichfelsen bei Irndorf. Weitere markante Felsen in der Nähe sind Rauher Stein und Spaltfelsen.

91 A

Wanderung 91 A: 9 oder 19 Kilometer – 2 ½ oder 5 Stunden

Fürstenpark und Burgruinen

Schwäbische Alb

Das etwa 5 Kilometer westlich von Sigmaringen gelegene Inzigkofen bietet den schönsten Auftakt für eine Wanderung im Ostteil des Donaudurchbruchs. Auf engstem Raum liegen hier die schönsten Felsen, malerisch romantische Burgruinen und prächtige Strudelauswaschungen der Donau nebeneinander.

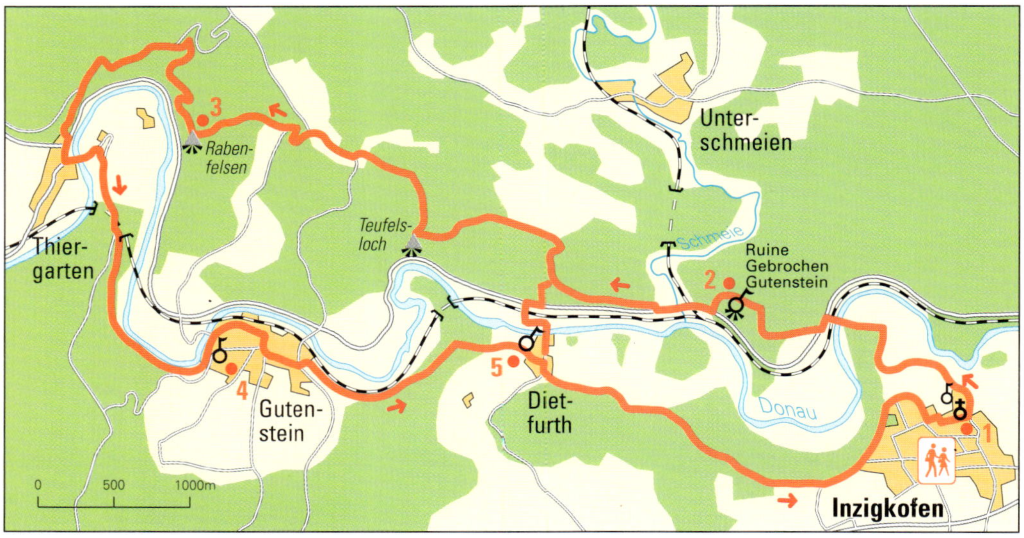

◁ Ruine Gebrochen Gutenstein

Tourverlauf

Diese Wanderung wird eröffnet am Fürstlichen Park in Inzigkofen. ①
Am Bahnhof Inzigkofen neben der Donautalstraße beginnt auf der linken Seite der Donau der bis Thiergarten mit einem roten Dreieck markierte Steig zur Ruine Gebrochen Gutenstein anzusteigen. ②
Westlich der Ruine senkt sich der Weg hinunter zum Tal der Schmeie. Auf der Höhe von Dietfurth kann man über die Donau setzen und den Rückweg antreten (kleine Runde). Für die große Runde überquert man die Schmeie und steigt zum Gutensteiner Berg hinauf. Von hier ermöglicht ein kurzer Abstecher den Besuch des Teufelslochfelsen mit schöner Aussicht. Über die Hochfläche wird anschließend eine weite Schlinge der Donau abgeschnitten. Auf die Talkante trifft man wieder am Rabenfelsen. ③
Über einen felsdurchsetzten Steilhang wandert man anschließend in die enge Talschlinge vor Thiergarten und bummelt zu den wenigen Häusern dieses Weilers. Ab Thiergarten folgt man dem rechten Ufer der Donau und der Markierung rotes Y. Nächstes Ziel auf dieser Seite der Donau ist Gutenstein. ④
Zunächst folgt man wieder der Donau und der Bahnlinie, schneidet dann aber erneut eine Landzunge ab, um die Ruine Dietfurth auf direktem Weg zu erreichen. ⑤
Hinter Dietfurth führt der gut markierte Weg von der Donau weg, am Katzenfelsen vorbei und zurück nach Inzigkofen.

◁ Felsenpark Inzigkofen

Sehenswürdigkeiten

① In Inzigkofen wurde das ehemalige Kloster der Augustiner-Chorfrauen 1354 gegründet. Seine Gebäude dienen heute als Volkshochschule. Die ehemalige Klosterkirche erhielt ihre jetzige Form als von Pilastern gegliederter Saalbau bis 1780. In der Zehentscheuer des Klosters gibt es heute ein Bauernmuseum mit alten landwirtschaftlichen Geräten. Neben dem Kloster wurde in der ersten Hälfte des 19. Jahrhunderts durch die Fürsten von Sigmaringen ein prächtiger Park angelegt. Höhepunkte sind der Amalienfels, das Känzele, die Teufelsbrücke und die von der Donau herausgewaschenen Strudellöcher.
② Die Ruine Gebrochen Gutenstein ragt malerisch in den Himmel. Die Mauerreste wachsen nahtlos aus dem Fels. Der benachbarte Gespaltete Felsen ist ein Naturphänomen: Ein etwa 50 Zentimeter breiter Spalt durchzieht den gesamten Felsen.
③ Die Rabenfelsen sind etwa 60 Meter hohe Felsnadeln, die als versteinerte Schwammriffe vor etwa 150 Millionen Jahren im Jurameer entstanden sind.
④ Das Schlößchen Gutenstein wurde um 1730 errichtet und repräsentiert noch ein wenig die »gute alte Zeit«.
⑤ Die Ruine Dietfurth steht auf einem einzelnen Felsen im Talboden an der Donau. Der Burgfelsen ist teilweise hohl. In der Höhle fand man bei Grabungen Kulturbelege, die von der Steinzeit bis ins Mittelalter reichen.

Tip

Fürstenpark Josefslust südöstlich von Inzigkofen: Mehrere Parkanlagen der Fürsten von Hohenzollern-Sigmaringen sind heute als naturnahe Erholungsgebiete öffentlich zugänglich, darunter der Wildpark Josefslust und der Fürstliche Park Inzigkofen. In einem ausgedehnten Waldgebiet südlich der Donau ließ Fürst Josef Friedrich von Hohenzollern 1727 das Jagdschlößchen Josefslust bauen. Der heutige Wildpark Josefslust umfaßt 883 Hektar Wald, die durch ein gut markiertes Wegenetz erschlossen sind. Bei den Rundwanderungen kann man auf freier Wildbahn Dam-, Reh- und Niederwild begegnen; mehrere Teiche bieten Wasservögeln eine Heimat.

Wanderung 91 B: 16 Kilometer – 4 1/2 Stunden

Beuroner Paradefelsen

91 B

Oberhalb von Beuron wird das Donautal so eng, daß zunächst die Straße und wenig später auch die Eisenbahntrasse das Tal verlassen müssen. In der verwinkelten Einsamkeit verstecken sich aber gerade die schönsten Aussichtsfelsen und die verträumtesten Donauschleifen. Man kann sie nur zu Fuß erreichen.

Schwäbische Alb

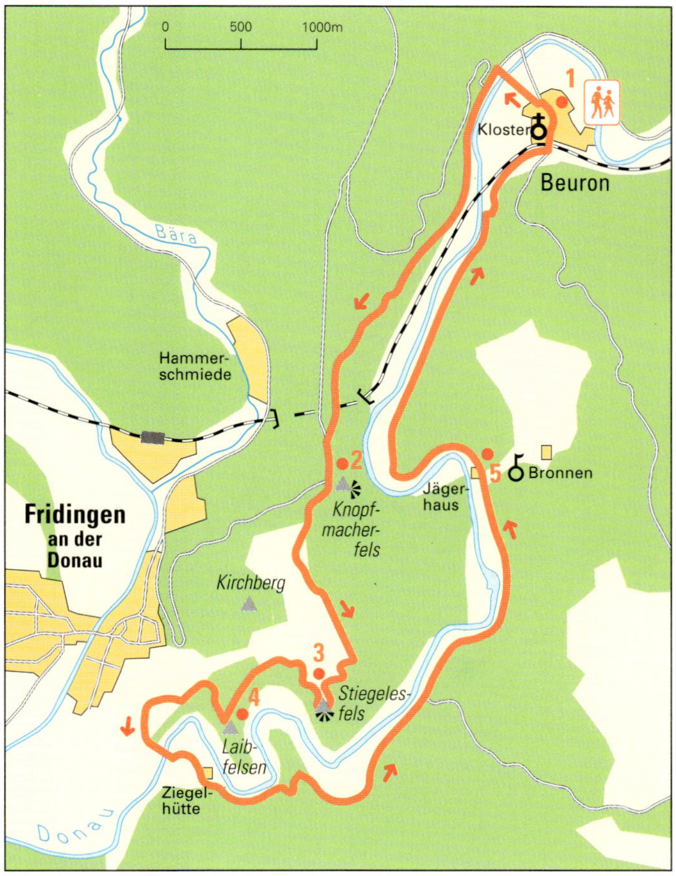

△ Donauversickerung bei Fridingen

△ Kloster Beuron an der jungen Donau

Tourverlauf

Diese Wanderung beginnt im berühmten Beuron. ①
Auf der alten Holzbrücke überquert man die Donau und folgt dann dem Wegweiser zum Knopfmacherfels. ②
Beim Gasthof Berghaus beginnt der mit einer roten Raute bezeichnete Weg zum Stiegelesfels. Man überquert zunächst die Hochfläche des Kirchbergs bis zum südlichen Rand, wo der Weg auf einen mit rotem Y markierten Querweg trifft. Ihm folgt man nach rechts und kommt kurz darauf zum Stiegelesfels. ③
Dem roten Y weiter folgend, erreicht man am nächsten Vorsprung des Kirchbergs den Laibfelsen. ④
Vom Laibfelsen wandert man zunächst nordwärts bis zur Gabelung des Wanderwegs, wo der Weg mit der Markierung rotes Y nach links abzweigt und hinunter zur Donau führt, die man bei der Ziegelhütte erreicht. Wenige hundert Meter oberhalb der Brücke kann man beobachten, wie die Donau in Karstklüften versickert. Auf der Ostseite der Brücke folgt man der Markierung rotes Dreieck. Etwa auf halbem Weg trifft man auf das Jägerhaus unterhalb von Schloß Bronnen. ⑤
Nach weiteren 3 Kilometern entlang der jungen Donau kommt man zurück nach Beuron.

Sehenswürdigkeiten

① Das Kloster Beuron wurde zwar 1075 im bereits 861 erstmals bezeugten Purron als Augustiner-Chorherrenstift gegründet, doch erlangte dies bis zur Säkularisation 1802 nie besondere Bedeutung. Neues Leben zog erst ein, als 1862 zwei Benediktinerpatres die verödeten Mauern des alten Klosters bezogen. Nur sechs Jahre später erhielt das junge Kloster den Rang einer Abtei, 1887 den einer Erzabtei. Die Klosterkirche entstand in ihrer heutigen Form bis 1738 im Vorarlberger Barockstil. Die Deckenfresken sind ein Werk von Ignaz Joseph Wegscheider, der Hochaltar stammt in Teilen von Joseph Anton Feichtmayr. Wichtigstes Ausstattungsstück der Gnadenkapelle auf der Nordseite der Kirche ist eine Pietà aus dem 15. Jahrhundert. Östlich von Beuron thront auf steilem Fels Burg Wildenstein. Sie war einst der Sitz der Grafen von Zimmern. Die nie zerstörte Burg entstand mit starken Bastionen, dicken Mauern und wuchtigen Türmen in der Mitte des 16. Jahrhunderts. Im Inneren finden sich Reste ehemaliger Wandmalereien aus der Zeit um 1540. In der Kapelle steht eine Kopie des »Wildensteiner Altars«, ein Werk des Meisters von Meßkirch. Von der anderen Talseite grüßt Burg Werenwag, ebenfalls nie zerstört und im Besitz der Fürsten von Fürstenberg.
② Der Knopfmacherfels ist ein berühmter Aussichtspunkt, von dem aus der Blick weit über das Donautal in Richtung Beuron und hinunter zum Schloß Bronnen schweift. Die schönsten Felswände des oberen Durchbruchtales liegen hier im Blickfeld.
③ Der Stiegelesfels überragt das romantische, verkehrsfreie Engtal der oberen Donau. Die nach Süden exponierten Hänge unterhalb des Felsens besitzen eine artenreiche Trockenrasenflora.
④ Der Laibfelsen ist ebenfalls ein exponierter Aussichtspunkt am westlichen Rand des Donauengtales. Von hier schweift der Blick über die weite Hügelwelt der Umgebung.
⑤ Im Jägerhaus residierte ursprünglich der Jagdaufseher des Fürsten von Hohenzollern. Heute ist daraus ein Gasthaus geworden. Hoch über dem Jägerhaus thront wie ein Adlerhorst auf steilem Fels das Schlößchen Bronnen.

Tip

Kolbinger Höhle nördlich von Fridingen: Oberhalb einer Schlucht liegt an der Hangkante zum Donautal die Kolbinger Höhe, die größte Schauhöhle der Südwestalb. Die auf 88 Meter begehbare und insgesamt 200 Meter lange Höhle mit mehreren Hallen weist Kalksinterversteinerungen und Tropfsteine auf. Die Höhle wurde in ihren jetzigen Ausmaßen 1913 entdeckt; zuvor bekannt waren die zum Höhlensystem gehörenden Stephanshöhle und Felsenschacht. Ein Lehrpfad führt zur Kolbinger Höhle. Weitere kleinere Höhlen am Donaudurchbruch sind die Mühlheimer Höhle, die Ziegelhöhle, die Schloßfelsenhöhle und die Ruine-Kallenberghöhle. Dabei handelt es sich jedoch nicht um Schauhöhlen. Mehrere Höhlen sind auch im Einzugsbereich des Bäratals anzutreffen, darunter das Mondmilchloch bei Bärenthal, die Friedrichshöhle bei Königsheim, die Beilsteinhöhle und weitere Höhlen und Erdfälle.

92

Autotour 92: 120 Kilometer

Um die Finger des Bodensees

Bodensee

Bodanrück, Schiener Berg und Seerücken bilden zusammen mit dem Gnadensee, dem Zeller See und dem Untersee eine einzigartige Landschaft, deren Mittelpunkt die Insel Reichenau ist. Sie war für Jahrhunderte ein Zentrum abendländischer Kultur; kultureller Reichtum kennzeichnet die Landschaft bis heute.

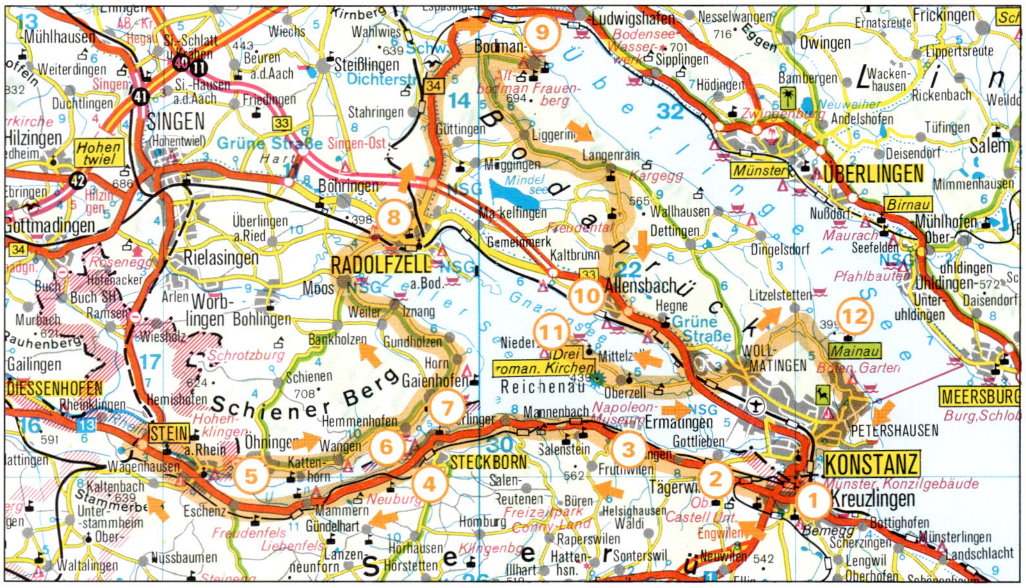

Tourverlauf

Die Umrundung des Untersees und des Zeller Sees beginnt in Konstanz. ①
Konstanz ist zugleich der letzte Etappenpunkt der Autotour 93 (siehe Seite 378 und 379), so daß sich beide Autotouren zu einer Umrundung des gesamten Bodensees zusammenschließen lassen. Auf dieser hier beschriebenen Tour fährt man von Konstanz zunächst entlang des linken Rheinufers nach Gottlieben. ②
Gegenüber der Insel Reichenau liegt Ermatingen. ③
Das nächste Ziel am Ufer des Untersees ist Steckborn. ④
Kurz nach Stein am Rhein gelangt man nach Öhningen. ⑤
Ein ebenso freundliches Dorf wie Öhningen ist Hemmenhofen. ⑥
An den östlichen Ausläufern des Schiener Bergs liegt das freundliche Städtchen Gaienhofen. ⑦
Nächstes Ziel am Nordwestende des Zeller Sees ist Radolfzell. ⑧
In Radolfzell verläßt man fürs erste den See, um nordwärts zum Überlinger See und nach Bodmann zu kommen. ⑨
Über den Bodanrück geht es an den Gnadensee und nach Allensbach. ⑩
Südlich von Hegne ist dann zunächst der Abstecher zur Insel Reichenau fällig. ⑪
Bei der Rückfahrt von der Reichenau kreuzt man die B 33 und fährt geradeaus weiter, wieder hinüber zum Überlinger See, um der Insel Mainau die Reverenz zu erweisen. ⑫
Von der Mainau aus ist man schnell zurück in Konstanz.

◁ Scheffelschlößchen auf der Halbinsel Mettnau zwischen Gnaden- und Zeller See

Sehenswürdigkeiten

① Der römische Kaiser Constantius Chlorus gab dem schon von den Kelten bewohnten, strategisch wichtigen Rheinübergang den Namen. Das 590 gegründete Bistum wuchs zum größten auf deutschem Boden. Bereits 1192 war Konstanz Freie Reichsstadt. Von 1414 bis 1418 tagte hier mit dem päpstlichen Konzil der größte mittelalterliche Kongreß. Im Bereich der sogenannten Niederburg und des Münsters blieb der mittelalterliche Charakter der Stadt erhalten. Die eingestürzte Bischofskirche des 8. Jahrhunderts ersetzte bis 1089 das romanische Münster, von dem noch die großartige Säulenarkadenreihe des Mittelschiffs erhalten ist. Das 14. und 15. Jahrhundert brachte den gotischen Umbau, das 18. und 19. Jahrhundert die heutige klassizistische Dekoration. Glanzpunkte der Innenausstattung sind die vier vergoldeten Kupferplatten aus dem 11. bis 13. Jahrhundert, der steinerne Treppenturm »Schnegg« von 1438 sowie die frühromanische Krypta aus dem 10. Jahrhundert. Zur Zeit des Konzils entstand 1417 der berühmte Freskenzyklus in der ehemaligen Augustinerkirche. Im Haus Zur Kunkel am Münsterplatz sind die weltbekannten, bereits um 1306 entstandenen Weberfresken zu bewundern. Zwischen Münster und Rhein erstreckt sich mit der Niederburg der älteste Stadtteil. Prachtstücke sind das Hohe Haus von 1294 oder der fünfstöckige

▷ Marienschlucht im Bodanrück

Wohnturm Zum goldenen Löwen mit seiner üppigen Fassadenbemalung von 1580. Die Konzilstraße schmückt das Alte Rathaus aus dem 15. Jahrhundert. Im Konzilgebäude von 1388 wurde 1470 eine Papstwahl abgehalten. Das Rosengartenmuseum, einst das gotische Zunfthaus der Metzger, befaßt sich heute mit der Kunst und Kultur des Bodenseeraums.
② Gottlieben ist ein altes Fischerdorf. Das ehemalige Bischofsschloß hatten die Konstanzer Bischöfe 1251 als Nebenresidenz errichtet. Hier wurden 1415 Jan Hus, Hieronymus von Prag und der Gegenpapst Johannes XXIII. gefangengehalten.
③ Das alte Fischerdorf Ermatingen zeichnet sich durch malerische Fachwerkhäuser aus. Besonders eindrucksvoll sind das Haus zum Schiff von 1708 sowie die Gasthäuser Hirschen und Hecht.
④ Auch in Steckborn geben prächtige Fachwerkhäuser der unmittelbar am See gelegenen Burg Turmhof den richtigen Rahmen. Das um 1320 errichtete Schlößchen beherbergt heute das Heimatmuseum und eine prähistorische Sammlung. Im Rathaus von 1669 ist im ersten Stock eine Waffensammlung zu besichtigen.
⑤ In Öhningen wurde 969 ein Chorherrenstift gegründet. Die ehemaligen Klostergebäude präsentieren sich heute als Barockbauten des 17. Jahrhunderts. Der mit prächtigen Fresken und einer schönen Stuckdecke ausgestattete Konventssaal kann besichtigt werden.
⑥ In Hemmenhofen lebte der Maler Otto Dix. Unter den schönen Fachwerkhäusern sticht eine große, ehemalige Zehentscheuer besonders hervor. Die spätgotische Pfarrkirche entstand um 1400 und hat noch einen teilweise romanischen Chorturm.
⑦ Gaienhofen: Siehe Wanderung 92 A, Seite 376.
⑧ Radolfzell verdankt seinen Namen dem Veroneser Bischof Ratoldus, der hier 826 ein kleines Kloster errichten ließ. Daraus entwickelte sich ab 1100 der Markt und 1267 die Stadt Radolfzell, aus dem bischöflichen Kloster das Münster Maria Himmelfahrt, das sich heute als dreischiffige, spätgotische Basilika mit barokker Ausstattung präsentiert. Ihr Schiff wurde 1436, ihr Chor 1466 fertiggestellt. Ihr Inneres enthält wertvolle Altäre, allen voran den Rosenkranzaltar der Brüder Zürn und den 1750 fertiggestellten Hausherrenaltar, benannt nach den drei Stadtheiligen. Um den Marktplatz mit dem Ratoldusbrunnen gruppieren sich das österreichische Schlößchen, ein Renaissancebau mit Staffelgiebel, das Reichsritterschaftsgebäude, die Stadtapotheke von 1689 mit ihrem schönen Erker sowie die gotische Spitalkapelle aus dem 16. Jahrhundert. Auf der östlich vorgelagerten Halbinsel Mettnau steht das Scheffelschlößchen zur Erinnerung an den Dichter Josef Viktor von Scheffel. Die gesamte Spitze der Halbinsel ist von der Vogelwarte Radolfzell betreutes Natur- und Vogelschutzgebiet.
⑨ In Bodmann fischten schon die Kelten von ihren Pfahlbauten aus. Später gab die karolingische Königspfalz Podama dem Bodensee den Namen. Auf dem Platz dieser Pfalz steht heute die Pfarrkirche aus dem 13. Jahrhundert.
⑩ In Allensbach erhielt die um 1300 errichtete Pfarrkirche ihre heutige Barockausstattung bis 1735. Ihre beiden Rokokoseitenaltäre wurden um 1750, der Hochaltar 1805 fertiggestellt.
⑪ Insel Reichenau: Siehe Wanderung 92 B, Seite 377.
⑫ Die Blumeninsel Mainau gehörte einst zur Abtei Reichenau, später dem Deutschritterorden. Von diesem Orden stammen auch das Schloß aus dem 18. Jahrhundert und die 1805 fertiggestellte Kirche. Heute ist Prinz Bernadotte Hausherr auf der Mainau. Er hat aus dem Eiland einen einzigen Blumengarten gemacht, in dem im Sommer mehr als 30 000 Rosenstöcke duften.

Die karolingische Reichenau

Auf der Insel Reichenau bestand in karolingischer Zeit eines der geistigen Zentren des Abendlands. Begonnen hatte alles 724, als der westgotische Wanderbischof Pirmin auf der Insel im Bodensee ein Kloster gründete. Es blühte auf wie kaum ein anderes Kloster jener Zeit; so konnten die Mönche gegen Ende des 8. Jahrhunderts eine Gelehrtenschule gründen, eine Bibliothek aufbauen und die ersten prächtig illustrierten Handschriften anfertigen. Die Schriftkünstler machten aus der Reichenau das Zentrum der deutschen Buchmalerei. Ebenso bedeutend war die Reichenau im politischen Bereich. Abt Heito I. war nicht nur ein Freund von Kaiser Karl dem Großen, sondern erreichte 811 auch die Anerkennung des Karolingerreichs durch Ostrom. Abt Heito III. lenkte als Erzkanzler von Kaiser Arnulf an der Wende vom 9. zum 10. Jahrhundert die Geschicke des Reiches. Literarischen Ruhm erwarb die Reichenau durch Wahlafried Strabo mit der Othmarlegende oder durch Hermann den Lahmen mit seiner Weltchronik.

◁ *Luftaufnahme von Konstanz*

▷ *Blumeninsel Mainau*

Tip

Mindelsee: In eine langgestreckte Geländefurche auf dem Bodanrück schmiegt sich der 2,2 Kilometer lange, knapp 600 Meter breite und bis zu 15 Meter tiefe Mindelsee. Der langsam verlandende See entstand in einer von Gletschern geschaffenen Vertiefung. Nach der Eiszeit war der See noch etwa 5 Kilometer lang. Umgeben von Torf- und Riedflächen und teilweise mit verschilftem Ufer, an das sich im Norden ein ausgedehntes Quell-Hangmoor anschließt, bietet der Mindelsee Lebensraum für eine interessante Flora und eine reiche Vogelwelt. Hier nisten unter anderem Haubentaucher, Wasserrallen und Kolbenenten; auch dient das Feuchtgebiet zahlreichen Entenarten als Rastplatz. Noch immer leben einige Welse, die bis zu 3 Meter lang werden können, im Mindelsee. Auffallend sind viele Bäume mit Stelzwurzeln. Der gesamte See bei Möggingen mit dem umgebenden Feuchtgebiet steht seit 1938 unter Naturschutz und wird von einem Rundweg umgeben.

92 A

Wanderung 92 A: 12 Kilometer – 3 Stunden

Über den Schiener Berg

Von der Wahlheimat Hermann Hesses in Gaienhofen über den weiten Rücken des Schiener Berges führt eine eindrucksvolle Höhenwanderung zur Burg Hohenklingen und ins mittelalterliche Stein am Rhein am westlichsten Ende des Untersees.

Bodensee

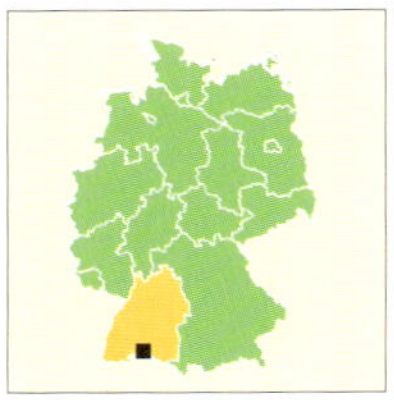

Tourverlauf

Ausgangspunkt für die Wanderung ist, am Nordufer des Untersees, Gaienhofen. ① Von hier aus folgt man zunächst dem mit grüner Raute auf gelbem Grund markierten Bodensee-Rundwanderweg vorbei am Hof Honisheim nach Langenmoos. Man passiert dann den Hof Ferdinandslust und kommt in die Ortsmitte von Schienen. ② Von Schienen folgt man zunächst ein Stück der Straße nach Öhningen bis zur Abzweigung zum Kreuzhof. An ihm und am Elmenhof vorbei geht man rechts hinauf zum Waldrand, dem man bis zur Schweizer Grenze folgt. Die Markierung orangefarbene Raute führt schließlich zur Burg Hohenklingen. ③ Der Abstieg hinunter zum wunderschönen Stein am Rhein ist nicht zu verfehlen. ④

Von Stein am Rhein erfolgt die Rückfahrt nach Gaienhofen mit dem Schiff. Wer es eilig hat, kann auch den Bus nehmen.

Sehenswürdigkeiten

① In Gaienhofen wartet das Höri-Museum auf Besucher. Hier gibt es Exponate von Otto Dix, Hermann Hesse und Ludwig Finckh zu sehen. Auch das Brauchtum am Untersee kommt zu seinem Recht.

② Schienen ist das einzige Dorf auf dem Schiener Berg. Bereits im Jahre 800 wurde es als Landgut des Grafen Scrot von Florenz genannt. Er baute die nach ihm benannte, 1441 zerstörte Schrotzburg. Gut erhalten ist dagegen die Wallfahrtskirche St. Genesius, eine frühromanische Pfeilerbasilika aus dem 10. Jahrhundert Sie verfügt über eine Kirchturmuhr mit zwei Zifferblättern: eines für die Stunden und eines für die Minuten.

△ *Austritt des Rheins aus dem Untersee bei Stein am Rhein*

③ Die aus dem 12. Jahrhundert stammende und mit romanischem Turm, gotischen Gebäuden und stattlichen Wehrmauern gut erhaltene Burg Hohenklingen war bis 1286 die Heimat des Minnesängers Walther von Klingen. Die heutige Burg präsentiert sich dem Besucher mit einem schönem Waffensaal, mit Glasfenstern aus dem 16. Jahrhundert und einer Burgschenke zum Einkehren.

④ Stein am Rhein wird gerne das »Rothenburg des Hochrheins« genannt. Wo schon die Menschen der Steinzeit gesiedelt hatten, begann der Aufstieg 1005 mit dem Bau eines Benediktinerklosters. Der Ort erhielt 1007 das Münz- und 1024 das Marktrecht. Schon 1094 stand eine erste Befestigung, das Stadtrecht gab es schließlich zusammen mit den Privilegien der Freien Reichsstadt 1267.

Zentrales Prachtstück von Stein am Rhein ist sein 1539 erbautes Rathaus, dem 1746 das Fachwerkgeschoß und das behäbige Mansarddach mit dem Uhr- und Glockentürmchen aufgesetzt wurde. Die Bemalung mit historischen Szenen aus der Landes- und Stadtgeschichte erfolgte allerdings erst im Jahre 1900. Eine weitere Sehenswürdigkeit ist das ehemalige Benediktinerkloster St. Georg. In seinen Gebäuden aus dem 14. und 16. Jahrhundert ist heute ein Museum eingerichtet, das ein lebendiges Bild vom spätmittelalterlichen Mönchsleben vermittelt. In der ehemaligen Klosterkirche sind Fresken aus dem 15. Jahrhundert erhalten. Der augenfällige Reiz von Stein am Rhein aber beruht auf seinen zahlreichen, liebevoll gepflegten Bürgerhäusern, die teilweise auf das 15. Jahrhundert zurückgehen. Viele haben prächtige Holzerker oder sind mit Allegorien und Figuren bemalt.

◁ *Westliches Stadttor von Stein am Rhein*

Tip

Schiener Berg: Die südliche Grenze des Hegaus bildet der bewaldete Schiener Berg. Am vegetationsreichen, milden Südabhang wird Wein und Obst angebaut. Mehrfach reicht auch Wald bis an den Rhein und bietet Reihern und anderen Wasservögeln gute Lebensmöglichkeiten. Der größte Teil des Schiener Bergs sowie Uferzonen am Hochrhein auf deutscher und schweizerischer Seite stehen unter Landschafts- oder Naturschutz.

Wanderung 92 B: 12 Kilometer – 3 Stunden

92 B

Rund um die Reichenau

Die größte Insel im Bodensee ist in zweifacher Hinsicht auch die reichste. Als fruchtbare und klimatisch begünstigte Gemüseinsel beliefert sie heute halb Deutschland, als Kulturzentrum war sie früher einer der bedeutendsten Orte des Abendlands.

Bodensee

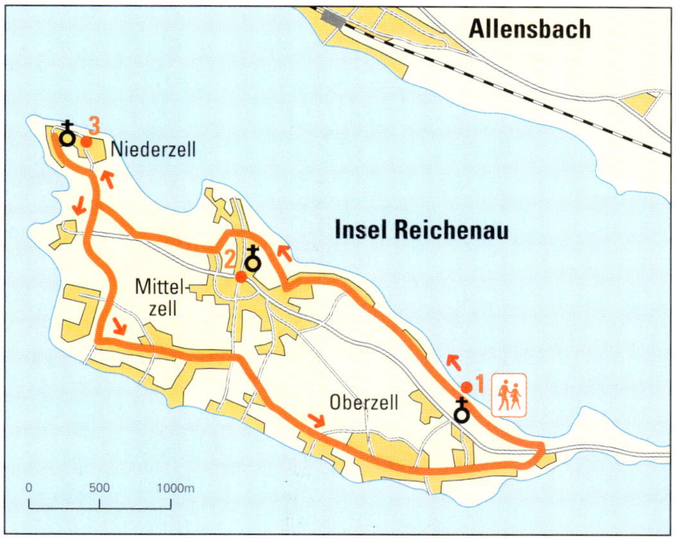

Tourverlauf

Vom Parkplatz am Westende des Verbindungsdamms zum Festland beginnt der rund um die Insel führende markierte Uferweg. Ihm folgt man, zunächst am Nordufer entlang, zur St.-Georgs-Stiftskirche. ①
Nächstes Ziel am Nordufer ist das einstige klösterliche Zentrum der Reichenau in Mittelzell. ②
Die ehemalige Stiftskirche St. Peter und Paul ziert die Nordspitze in Niederzell. ③
Der Rückweg entlang des Südufers der Insel vermittelt auch dem Nichtgärtner eine Vorstellung davon, was moderner Gemüseanbau zu leisten vermag.

Sehenswürdigkeiten

① Die von Abt Heito III. (888 bis 913) errichtete ehemalige Stiftskirche St. Georg ist das kunsthistorische Kleinod der Insel. Das Innere der hochräumigen Säulenbasilika wurde gegen Ende des 10. Jahrhunderts mit zahlreichen Fresken ausgestattet. Sie bilden heute den größten mittelalterlichen Freskenschatz Deutschlands. Dargestellt sind auf großen Feldern auf den Langhauswänden Wunderszenen aus dem Neuen Testament. Die Themen reichen von der Heilung des Besessenen bis zur Auferstehung des Lazarus. Stilistisch verraten die großformatigen Fresken eine nahe Verwandtschaft zur zeitgenössischen Buchmalerei. Anders ausgedrückt: Die Fresken sind vergrößerte Wiedergaben von Bibelminiaturen. Unter dem Chor von St. Georg gibt es eine der ältesten deutschen Hallenkrypten. Der einfache Raum mit seinen vier Säulen enthält das Reliquiengrab mit dem Haupt des heiligen Georg.

② Das klösterliche Zentrum der Reichenau stand in Mittelzell. Hier gründete der heilige Pirmin seine erste kleine Kirche, hier ließ Kaiser Otto III. 995 eine prächtige Pfalz errichten, und hier entstand bis 1048 das heutige Münster. Seine zwei Querhäuser erinnern symbolisch an die Spannungen im mittelalterlichen Macht- und Herrschaftsverhältnis. Das westliche Querhaus war dem Kaiser vorbehalten, das östliche war das geistliche Zentrum, zu dem selbst der Kaiser keinen Zutritt hatte. Den heutigen Besucher beeindrucken vor allem die romanischen Bögen und die Wucht des Dachstuhls, für den die Eichen bereits 1236 gefällt wurden. Der Markusaltar in der Westquerhalle ist ein 1477 fertiggestelltes gotisches Steingehäuse mit dem Reliquiensarkophag des Heiligen. Das linke Seitenschiff ziert eine um 1300 geschaffene Pietà, die Madonna mit Kind links vor der Vierung entstand um 1310. Die Renaissancemalereien im gotischen Chor zeigen Szenen aus dem Alten und Neuen Testament und wurden um 1555 geschaffen. Die Schatzkammer des Münsters enthält wertvolle Reliquienschreine sowie einen elfenbeinernen Hostienbehälter aus dem 5. Jahrhundert. Das Mittelzeller Heimatmuseum in einem der ältesten Fachwerkhäuser Süddeutschlands informiert über die Entwicklung von Landwirtschaft und Weinbau.

③ Die nordwestliche Inselspitze Niederzell ziert die ehemalige Stiftskirche St. Peter und Paul, deren basilikaler Grundriß noch aus der Zeit vor 800 stammt. Die heutige zweitürmige Säulenbasilika entstand im 11. und 12. Jahrhundert. Aus dieser Zeit datieren auch die im Jahre 1900 im Chorraum freigelegten Fresken.

△ *Münster in Mittelzell auf der Reichenau*

▷ *Ufer der Reichenau*

Tip

Wollmatinger Ried östlich der Insel Reichenau: Am Ausfluß des Seerheins aus dem Untersee erstreckt sich das 757 Hektar große Wollmatinger Ried. Der jahreszeitlich stark wechselnde Wasserstand des Bodensees begründete den Artenreichtum an Tieren und Pflanzen, die anderswo fast völlig verschwunden sind. So gibt es in den ausgedehnten Schilfwäldern, flachen Seebuchten und blumenreichen Wiesen, durchsetzt von Bäumen und Sträuchern, allein über 200 teilweise vom Aussterben bedrohten Vogelarten. Dazu gehören beispielsweise Kolben-, Knäck-, Löffelenten, Graureiher, Schwarzhalstaucher, Flußseeschwalben und Uferschnepfen. Hinzu kommen äußerst seltene Blütenpflanzen.

93

Autotour 93: 140 Kilometer

Rund um den Obersee von Meersburg aus

Bodensee

Eine Fahrt um den Obersee ist eine Reise voller Überraschungen, eine Reise durch Obst und Reben, zu Burgen, Schlössern, Fachwerkhäusern und nicht zuletzt eine Reise durch zwei Jahrtausende Kunst- und Kulturgeschichte. Die Spannweite reicht dabei von den Pfahlbauten keltischer Fischer bis zum Rokokojuwel reicher Äbte.

Tourverlauf

Beginn und Ziel der Reise um den Obersee ist das mittelalterliche Meersburg. ①
Erster Etappenpunkt ist das benachbarte Hagnau. ②
Nur etwa 2 Kilomter sind es nach Immenstaad. ③
Weiter geht es dann nach Friedrichshafen. ④
Noch an der B 31, auf der man bisher immer gefahren ist, liegt Eriskirch. ⑤
Hinter Eriskirch verläßt man die B 31 nach rechts, um nach Langenargen zu kommen. ⑥
Nächste Station, nun in Bayern, ist Wasserburg. ⑦
Auch hinter Wasserburg kann man auf der seenahen Straße bleiben; auf die B 31 stößt man erst wieder kurz vor Lindau. ⑧
An der österreichischen Seite des Bodensees liegt Bregenz. ⑨
Nach dem Rheindelta, dem größten Süßwasserdelta Europas und bedeutender Zugvogel-Rastplatz, ist man bereits in der Schweiz, wo man zunächst Rorschach besucht. ⑩
Hinter Rorschach fährt man auf den Nationalstraßen 7 und 13, an der auch die nächste Station dieser Fahrt, Arbon, liegt. ⑪
Letzte Station in der Schweiz ist Kreuzlingen. ⑫
In Konstanz erreicht man wieder deutschen Boden und die Autofähre zurück nach Meersburg. Konstanz ist aber auch Ausgangspunkt der Autotour 92 (siehe Seite 374 und 375); somit bietet sich hier die Möglichkeit, beide Touren miteinander zu verbinden.

Sehenswürdigkeiten

① Rebenhänge und mittelalterliche Fachwerkhäuser verleihen dem malerischen Meersburg seinen ganz besonderen Reiz. Das heutige Meersburg wurde zwischen 1526 und 1803 geprägt, als die Konstanzer Bischöfe hierher geflüchtet waren. Kleinod in der Unterstadt der alten Fischersiedlung am See ist die 1390 erbaute Burgkapelle. Sie erhielt ihre Fresken 1590, die gotischen Schnitzaltäre stammen aus der Mitte des 15. Jahrhunderts. Am Seetor beginnt die Steigstaße mit ihrer vollständig erhaltenen Fachwerkszeile. Sie führt zur Schloßmühle und damit zum ältesten Mühlrad Deutschlands. Darüber ragen die Mauern der Meersburg als Bollwerk in den Himmel. Die Steigstraße mündet am Marktplatz. Hier bilden das im Jahre 1551 erbaute Rathaus, das alte Kloster und das Obertor ein besonders schönes Stadtensemble. Das etwas südlich gelegene Alte Schloß war mit seinen vier Rundtürmen eine sichere Wehrburg, die den Konstanzer Bischöfen stets als Fluchtburg diente. Östlich der Burg steht auf etwas höherer Terrasse das Neue Schloß, die barocke Residenz der Konstanzer Bischöfe. Wenige

◁ Steigstraße in Meersburg

△ Herbststimmung in Wasserburg am bayrischen Ufer des Bodensees

Deutschlands älteste Burg: Die Meersburg

Als der Merowingerkönig Dagobert I. den Höhepunkt seiner Macht erreichte, ließ er um 628 am Meersburger Hochufer die Merdesburch (= Martinsburg) errichten. Noch aus dieser Zeit stammt der mit seinen gotischen Stufengiebeln weit über den See grüßende Dagobertsturm, ein ursprünglich nur mit Leitern zugänglicher Wehrturm aus Buckelquadern und mit bis zu 3 Meter dicken Mauern. Dieser Wehrturm diente ein Jahrhundert später dem Merowingerkönig Karl Martell, dem

△ Droste-Museum, Meersburg

Großvater Karls des Großen, als Hauptquartier, als dieser gegen die aufständischen Alemannenherzöge zu Felde zog. Kaiser, Könige und Bischöfe wechselten sich in der Folge als Hausherren ständig ab. Im Jahre 1268 fiel die Anlage an die Bischöfe von Konstanz, die hier bis zur Säkularisation im Jahre 1803 residierten. Heute ist ein Gang durch die Burg ein Spaziergang durch sämtliche Stilepochen der Kunstgeschichte. Einen besonderen Akzent setzte der Aufenthalt von Annette von Droste-Hülshoff, die die letzten sieben Jahre ihres Lebens auf der Meersburg verbrachte.

Kilometer nordwestlich von Meersburg steht in den Weinbergen die Wallfahrtskirche Birnau. Sie ist das Werk des Vorarlberger Baumeisters Peter Thumb, der eine Wandpfeileranlage mit zweigeschossigem Wandaufbau verwirklichte. Joseph Anton Feichtmayr (Stuck) und Gottfried Bernhard Goetz (Malerei) machten daraus bis 1750 die bezauberndste Rokokokirche am Bodensee.

② Hagnau hat die zweitgrößte Weinanbaufläche am See. In der ursprünglich spätgotischen und später barockisierten Kirche gibt es kostbare Schnitzfiguren aus dem 15. Jahrhundert zu entdecken. Der stimmungsvollste Platz zum Probieren des Hagnauer Weines ist Schloß Kirchberg.

③ Immenstaad besitzt eine spätgotische Pfarrkirche aus dem 15. Jahrhundert und das Schwörerhaus von 1578. Im benachbarten Manzell stiegen die ersten Zeppeline und Flugboote auf.

④ Weil Friedrichshafens Flugzeugbau ein Schwerpunkt der deutschen Luftfahrtindustrie war, wurde die Stadt 1945 schwer zerstört. Weitgehend erhalten blieb die evangelische Schloßkirche mit ihren zwei malerischen Zwiebeltürmen. Ihr gesamtes Gewölbe ist mit einem lebendigen Ranken-, Girlanden- und Blütenflor aus strahlend weißem Gips überzogen. Altar und Kanzel sind aus Stuckmarmor und präsentieren schönstes schwäbisches Barock. Das Schloß neben der Kirche entstand bis 1701 und diente bis 1918 den württembergischen Königen als Sommerresidenz. Nicht versäumen darf man einen Besuch des städtischen Bodenseemuseums, besitzt es doch mit dem Zeppelinmuseum eine einmalige Sammlung zu Geschichte und Technik des Luftschiffbaus.

⑤ Das Eriskircher Ried ist die Heimat zahlreicher Wasservögel und seltener Pflanzen. Am schönsten ist das Ried, wenn im Juni die Sibirische Schwertlilie blüht.

⑥ Aus Langenargen stammt der Barockmaler Franz Anton Maulbertsch. Die barocke Pfarrkirche lohnt ebenso einen Besuch wie das Schloß Montfort, dessen Turm eine gute Aussicht über das Städtchen und den See bietet. Im alten Pfarrhaus ist heute das Museum für Kunst aus dem Bodenseegebiet untergebracht.

⑦ Wasserburg ist die Heimat Martin Walsers. Die Spitze der Halbinsel ziert die barocke Pfarrkirche St. Georg mit dem kleinen, gegen den See durch eine Wehrmauer geschützten Friedhof.

△ Hagnau – Weinort am Bodensee

⑧ Lindau: Siehe Wanderung 93 A, Seite 380.

⑨ Bregenz: Siehe Wanderung 93 B, Seite 381.

⑩ Rorschach war einst der Güterumschlagplatz für das Kloster St. Gallen. Von seinem Abt erhielten die Rorschacher denn auch schon 947 das Markt-, Münz- und Zollrecht. Die schönsten Häuser aus dem 18. Jahrhundert stehen an der Hauptstraße. Die barocke Stadtpfarrkirche wurde 1667 errichtet und 1783 in die heutige Form gebracht.

⑪ In Arbon hatten die Römer das Kastell Arbor Felix errichtet. Auf seinem Boden entstand im 16. Jahrhundert das heutige Schlößchen, in dem das Heimatmuseum untergebracht ist. Die auf das 10. Jahrhundert zurückgehende St.-Gallus-Kapelle birgt Fresken aus dem 14. Jahrhundert. Zahlreiche alte Bürgerhäuser zieren die Arboner Altstadt.

⑫ Kreuzlingen verdankt seinen Namen einer in der Klosterkirche aufbewahrten Reliquie vom Kreuz Christi. In der barocken Basilika gibt es sehenswerte Deckenfresken, ein prächtiges Chorgitter von 1740 sowie eine Ölberggruppe aus dem gleichen Jahr, die aus nicht weniger als 280 Figuren besteht. Das große Gnadenkreuz der Kirche entstand in gotischer Zeit.

◁ Pfahlbausiedlung in Unteruhldingen

Tip

Pfahldorf Uhldingen-Mühlhofen: Zwischen Meersburg und Birnau präsentiert das Unteruhldinger Freilichtmuseum rekonstruierte Pfahlbauten keltischer Fischer. Sie stehen stellvertretend für die bisher gefundenen 94 steinzeitlichen Siedlungsplätze am See, die bis etwa 850 v. Chr. benutzt wurden.

93 A

Wanderung 93 A: 3 Kilometer – 2 Stunden

Lindau im Bodensee

Noch vor 150 Jahren bestand die Inselstadt im Bodensee aus drei Einzelinseln. Das »bayerische Venedig« mit seinem von Löwen und Leuchtturm bewachten Hafen besticht mit seinen malerischen Altstadtgassen, dem bemalten Rathaus und den bodenständigen Gasthöfen.

Bodensee

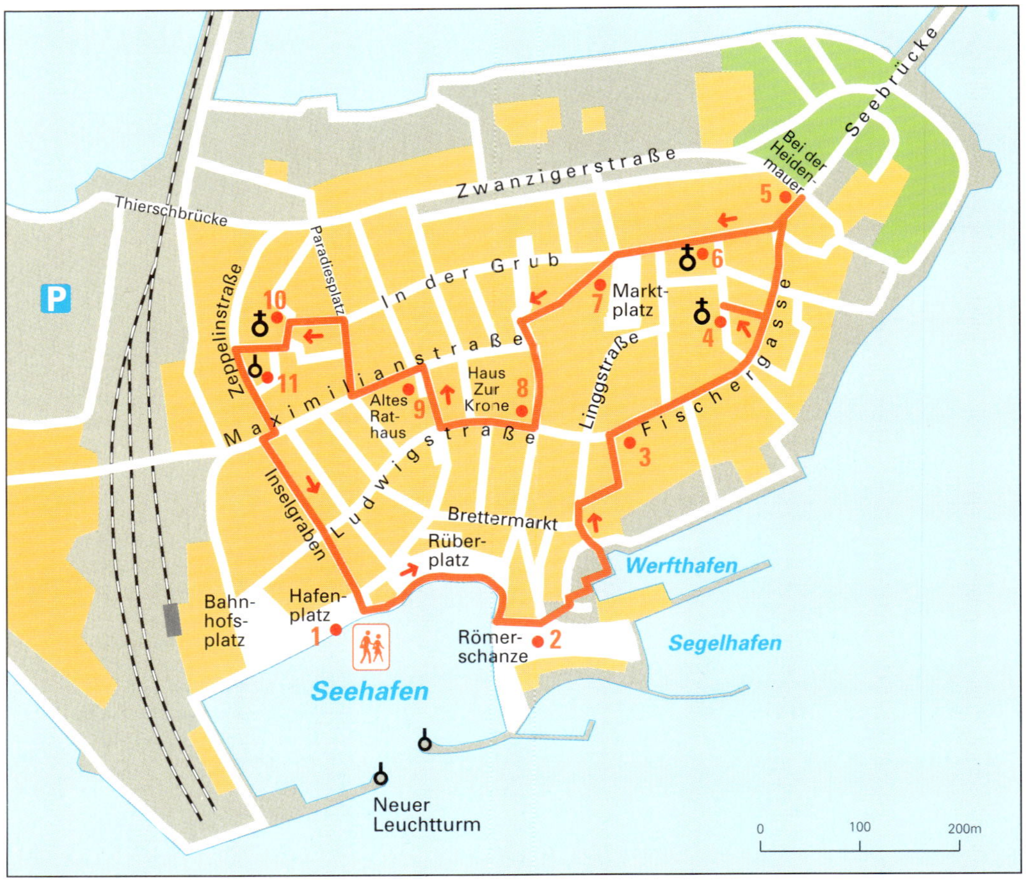

Tourverlauf

Ein schöner Ort um diesen Spaziergang durch Lindau zu beginnen ist die Seepromenade am Hafenplatz. ①
Die Westseite des Hafens ziert die Römerschanze. ②
Am Werfthafen vorbei kommt man hinüber zur Fischergasse und zum Stadttheater. ③
Durch die Fischergasse und die Pfaffgasse gelangt man zur ehemaligen Frauenstiftskirche (Marienkirche). ④
Die Fischergasse führt dann weiter zur Heidenmauer. ⑤
Den Weg zum Marktplatz bildet die Schmiedegasse. An ihrer Südseite steht die Stephanskirche. ⑥
Am Marktplatz steht das Haus Zum Cavazzen. ⑦
Cramergasse und Bindergasse führen zur Ludwigstraße und zum Haus Zur Krone. ⑧
Westlich davon erreicht man das Alte Rathaus. ⑨
Über den Bismarckplatz und den Schrannenplatz kommt man zur Peterskirche. ⑩
In ihrer Nachbarschaft steht der Diebsturm. ⑪
Über den Inselgraben kommt man zurück zum Hafen.

Sehenswürdigkeiten

① Der Lindauer Hafen wurde 1811 angelegt. Der 33 Meter hohe Leuchtturm kann bestiegen werden; der 37 Meter hohe Mangturm entstand schon im 12. Jahrhundert wohl als Wachturm.
② Die Römerschanze an der Ostseite des Hafens war ursprünglich eine eigenständige kleine Insel. Hier stand die älteste Kapelle mit Fundamenten aus merowingischer Zeit.
③ Das Stadttheater wurde 1887 in der Barfüßerkirche eingebaut, die im 13. Jahrhundert errichtet wurde.
④ Die ehemalige Frauenstiftskirche St. Maria entstand bis 1751 als Folgebau einer um 1100 errichteten dreischiffigen Vorgängerbasilika. Stuck und Fresken im Stil des Rokoko wurden 1922 nach einem Brand erneuert.
⑤ Die Heidenmauer war Teil der ältesten Wehranlage im Osten der Insel. Allerdings stammen die Mauerreste nicht aus heidnischer Zeit, sondern aus dem 12. Jahrhundert.
⑥ Die evangelische Kirche St. Stephan ist die älteste Pfarrkirche der Stadt und geht auf romanische Zeit zurück. Der heutige Bau stammt aus dem Jahre 1180. Dem protestantischen Bildersturm 1530 fiel die gesamte Ausstattung zum Opfer. 1782 wurde die Kirche barockisiert. Alles Heutige aber stammt vom letzten, 1783 fertiggestellten Umbau.
⑦ Das 1729 errichtete Haus Zum Cavazzen ist ein dreistöckiger Barockbau mit geschwungener Dachkontur und reicher Bemalung. Dem unbekannten Meister der Fresken gelang es hervorragend, Figuren, Ornamente und Architekturdetails zu einem harmonischen Ganzen zu kombinieren. Heute beherbergt es das Heimatmuseum.
⑧ Das Haus Zur Krone stammt von 1492 und war das älteste Gasthaus der Stadt.
⑨ Das Alte Rathaus wurde zwischen 1422 und 1436 erbaut und 1578 im Renaissancestil umgestaltet. Seine reich bemalte Hauptfront hat einen volutenverzierten Staffelgiebel und im ersten Obergeschoß die Ratslaube. Die Fassadenbemalung mit Motiven des Reichstags von 1496 wurde bis 1975 erneuert. Im Inneren beeindruckt vor allem der Große Ratssaal mit seiner geschraubten Holzsäule in der Mitte, die eine gewölbte Holzdecke trägt. Das Haus birgt heute die ehemalige Reichsstädtische Bibliothek mit etwa 23 000 Werken aus der Zeit des 14. Jahrhunderts bis zur Gegenwart.
⑩ Die ehemalige Peterskirche ist heute Kriegergedächtniskapelle. Sie ist Lindaus älteste Kirche; errichtet wurde sie bereits um die Jahrtausendwende. Ihr Inneres birgt die einzigen erhaltenen Fresken von Franz Holbein d. Ä. Entstanden sind sie zwischen 1485 und 1490.
⑪ Der Diebs- oder Malefizturm wurde um 1375 auf dem höchsten Punkt der Insel gebaut, später diente er als Gefängnis.

◁ *Bodensee gegen Schweizer Alpen*

Tip

Lindau, Friedensmuseum, Lindenhofweg 25: Das Friedensmuseum, in der klassizistischen Lindenhofvilla im Ortsteil Bad Schachen untergebracht, ist einzigartig in Europa. Mit zahlreichen Ausstellungsstücken wird die Erinnerung an Menschen in aller Welt bewahrt, die ihr Leben in den Dienst des Friedens gestellt haben.

Wanderung 93 B: 15 Kilometer – 4 ½ Stunden

93 B

Der See aus der Vogelperspektive

Mit seinen 1063 Metern Höhe ist der Pfänder der Hausberg der Bregenzer und gilt als der »Balkon überm Bodensee«. Seine herrliche Aussicht auf die gesamte Bregenzer Bucht, den Bodensee und die Alpen ist zu Recht berühmt.

Bodensee

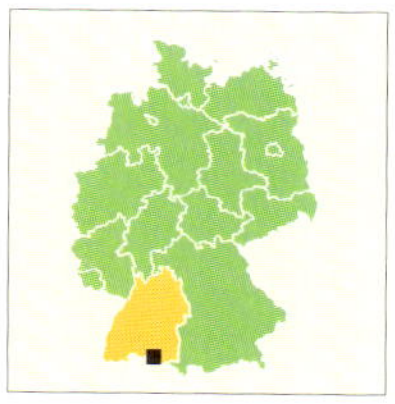

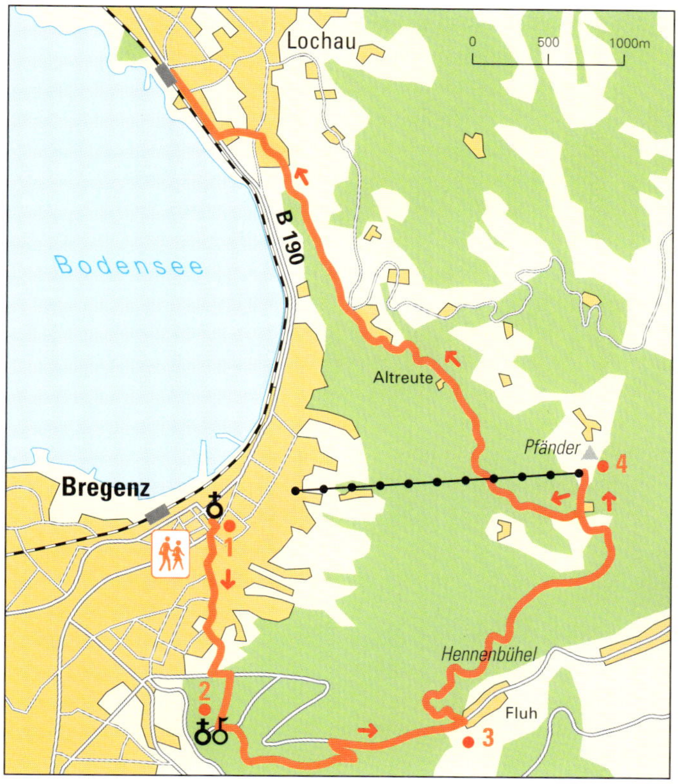

Tourverlauf

Diese Wanderung zum Pfänder beginnt an der Bregenzer Pfarrkirche St. Gallus. ①
Vorbei am ehemaligen St.-Gallus-Stift und dem ehemaligen Ansitz Babenwohl mit seinem Treppengiebel aus dem 16. Jahrhundert führt der Weg hinauf zur ehemaligen Burg Hohenbregenz, bei der eine Wallfahrtskapelle steht. ②
Über den Känzeleweg spaziert man hinüber zum Berghof Fluh. ③
Über den Hennenbühel erreicht man schließlich den breiten Pfänderrücken und endlich den 1063 Meter hohen Pfändergipfel. ④
Zum Abstieg folgt man zunächst wenige Minuten der Aufstiegsroute und schwenkt dann nach rechts gegen die Seilbahn und zum Bauernhof Altreute. Über den Rhombergstein wandert man zum Schluß hinunter nach Lochau. Von hier aus kann die Rückfahrt per Schiff, Bahn oder Bus nach Bregenz erfolgen.

▽ *Aussicht vom Pfänder auf Bregenz und den Bodensee*

Sehenswürdigkeiten

① Zentraler Platz des heutigen Bregenz ist der Leutbühel an der Nahtstelle zwischen Unter- und Oberstadt. Die gesamte Unterstadt mit ihren neoklassizistischen Repräsentationsbauten steht über aufgeschüttetem Grund. Kern des alten Bregenz ist die Oberstadt. Hugo von Tübingen hatte sie um 1200 auf den Resten einer Römerfestung anlegen lassen. Wahrzeichen der Oberstadt ist der Martinsturm, der einst den Grafen von Bregenz als Zehentscheune diente. Später erfolgte der Ausbau zur Doppelkapelle, der Turm wurde aufgestockt, und ein schwäbischer Maler schmückte die Kapelle mit einem Freskenzyklus. Das Alte Rathaus mit seinem dreigeschossigen Fachwerkgiebel wurde 1662 von Michael Kuen errichtet. Noch etwas älter ist das gegenüber dem Rathaus stehende ehemalige Gesellenspital aus dem 15. Jahrhundert, dessen Front mit Fresken bemalt ist. Der heutige Bau der Pfarrkirche St. Gallus stammt von 1737, sein barockes Giebeldach erhielt er 1673. Die Innenausstattung im Stil des Rokoko wurde 1738 fertiggestellt. An das Rathaus im Süden angebaut ist die 1698 vollendete Seekapelle St. Georg. Ihr äußeres Wahrzeichen ist ein achteckiger Turm mit Zwiebelhaube, ihr Inneres präsentiert mit dem Hochaltar ein sehr seltenes Beispiel aus der Spätrenaissance.
② Auf der Burg Hohenbregenz saßen schon vor 1209 die Vögte der Grafen von Montfort. 1647 eroberten und zerstörten die Schweden die Burg. Danach richteten Eremiten in den Resten des Palas eine dem heiligen Gebhard geweihte Kapelle ein. Daraus wurde 1791 die heutige Wallfahrtskirche, die ihre Ausstattung bis 1895 erhalten hat. Von der Terrasse beim ehemaligen Torbau bietet sich eine großartige Aussicht auf das von der Bregenzer Bucht eingerahmte Hochgebirge.
③ Der Känzeleweg zum Berghof Fluh ist ein aussichtsreicher Weg, der immer wieder an seltenen Bäumen wie Roteichen, Japanlärchen oder Weymouthkiefern vorbeiführt und Ausblicke auf weite Wälder und stille Dörfer in sanfter Hügellandschaft öffnet.
④ Vom Gipfel des 1063 Meter hohen Pfänders bietet sich eine Sicht auf weit über 200 Alpengipfel. In westlicher Richtung ist der gesamte Bodensee bis hinüber zum Schwarzwald zu überblicken.

△ *Blick von Bad Schachen auf den Bodensee und gegen den Pfänder*

Tip

Pfänder: Nahe der Bergstation der Seilbahn gibt es einen Wildpark mit Steinböcken, Wildschweinen, Mufflons, Rehen und Hirschen sowie einer Greifvogelschau.

94

Autotour 94: 120 Kilometer

Oberschwäbische Barockreise

Oberschwaben

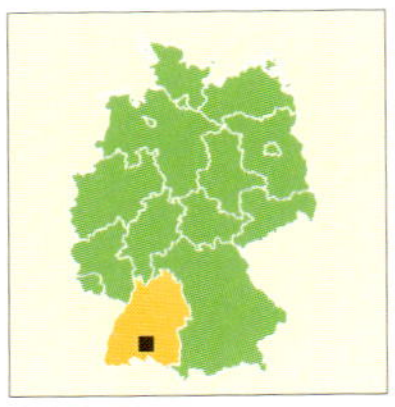

Die Landschaft zwischen Iller und Bodensee wurde von gleich sechs alpinen Eiszeiten geformt: So sind hier breite Täler zwischen sanft gewellten Schotterrücken, weit geschwungene Flußläufe und weite Moorbereiche mit vielen seltenen Pflanzen- und Tierarten zu finden. Krönung dieser Landschaft sind zahlreiche Barockbauten, deren Schönheit und Häufigkeit weltweit einmalig sind.

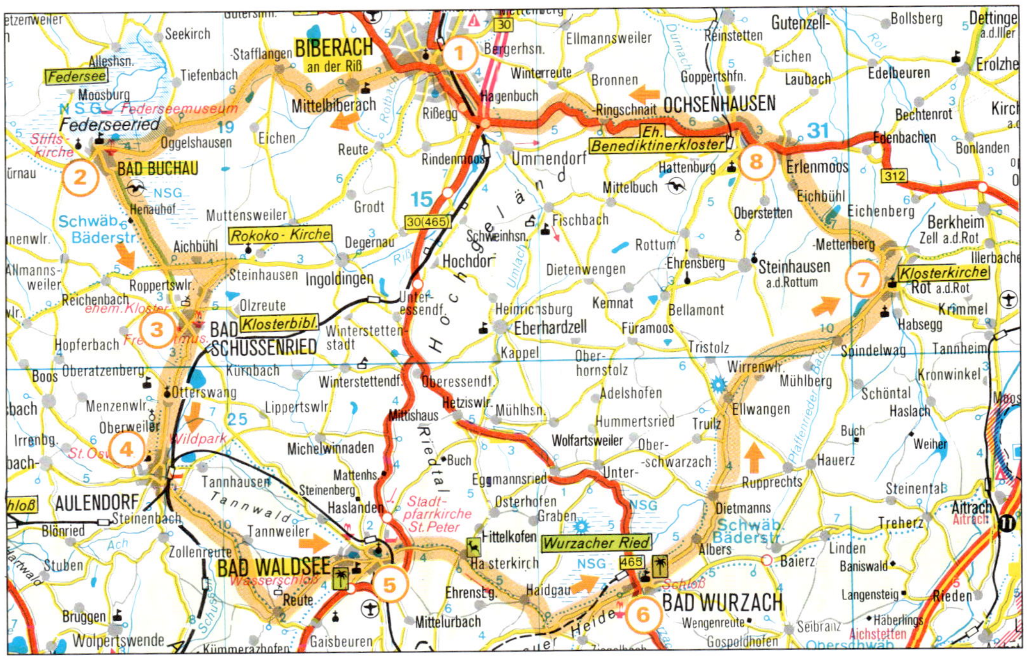

Tourverlauf

Beginn und später wieder Ziel dieser Rundfahrt durch Oberschwaben ist die ehemalige Freie Reichsstadt Biberach. ①
Erste Etappen im Westen sind Bad Buchau und der Federsee. ②
Von Bad Buchau folgt man der Schwäbischen Bäderstraße nach Bad Schussenried. ③
Die nächste Station ist Aulendorf. ④
Danach geht es ins östlich benachbarte Bad Waldsee. ⑤
Nach wenigen Kilometern folgt Bad Wurzach. ⑥
Anschließend wartet die ehemalige Klosterkirche auf den Besucher in Rot an der Rot. ⑦
Letzte Station dieser Autotour ist Ochsenhausen. ⑧
Auf der B 312 kommt man schließlich zurück nach Biberach.

Sehenswürdigkeiten

① Das 1083 erstmals als Bibra erwähnte Biberach erhielt 1282 von Kaiser Rudolph I. die Reichsunmittelbarkeit. Wahren Wohlstand brachte den Bürgern die Baumwollspinnerei und -weberei. Nach der Reformation kam es zur Parität beider Konfessionen mit der Folge, daß alle städtischen Ämter doppelt besetzt wurden, sogar die Pfarrkirche wurde geteilt. Weit über Biberach hinaus wirkte der Dichter Christoph Martin Wieland (1733–1813), der 1761 in der schwäbischen Provinz erstmals in Deutschland Shakespeare auf die Bühne brachte. Der heutige Besucher findet einen prachtvollen Marktplatz mit Altem Rathaus von 1432 und Neuem Rathaus von 1503. Auch von der Stadtbefestigung sind noch Reste, bestehend aus zwei Türmen und einem Tor, erhalten. Die gotische Pfarrkirche entstand vom 14. bis 16. Jahrhundert und wurde bis 1748 barockisiert. Besonders eindrucksvoll ist das große Langhausfresko, das Johann Zick 1746 malte. Der stattliche Hochaltar wurde 1720 vom Kloster Ochsenhausen gestiftet. Die Kanzel von 1511 stammt noch von der ursprünglichen Ausstattung. Das Heiliggeistspital wurde 1239 gegründet, sein heutiger Baubestand stammt aus dem 15. und 16. Jahrhundert. Heute sind hier die Städtischen Sammlungen mit dem Braith-Mali-Museum untergebracht. Schloß Warthausen nördlich von Biberach war im 18. Jahrhundert Residenz des Grafen Stadion, einer der Gönner Wielands. Das Schloß selbst geht auf eine im 12. Jahrhundert errichtete Burg zurück, die um 1560 zum heutigen Schloß ausgebaut wurde. In der Kapelle gibt es spätgotische Holzfiguren und zwei Altarflügel aus der Zeit um 1450. An Wielands Zeiten auf Schloß Warthausen erinnern die Wieland-Zimmer.

② Bad Buchau: Siehe Wanderung 94 A, Seite 384.

③ Das ehemalige Prämonstratenserkloster Bad Schussenried wurde 1183 gegründet und im 17. und 18. Jahrhundert erneuert. Die ehemalige Klosterkirche präsentiert sich als achtjochige, mittelalterliche Pfeilerbasilika mit der Stuckdekoration des 18. Jahrhunderts. Besonders schön ist das 1745 von Johann Zick gemalte Langhausfresko. Ebenfalls vortrefflich geraten ist das 1717 vom Überlinger Schnitzer Anton Machein gefertigte Chorgestühl mit über eintausend geschnitzten Menschen- und Tierköpfen. Von den Klostergebäuden ist vor allem der Bibliothekssaal sehenswert. Der Rechteckraum mit durchgehender Empore wurde von Johann Schwarzmann aus Feldkirch mit Stuck geschmückt. Das mächtige Fresko im Muldengewölbe schuf Franz Hermann aus Kempten. Zu sehen ist ein gewaltiger Kosmos theologischer Gelehrsamkeit, gestaltet als Festsaal der Wissenschaften.

▽ Barocke Stiftskirche in Bad Waldsee mit ihren beiden Flankentürmen

▽ Dorfkirche von Steinhausen

△ Biberach: Der Weiße Turm von 1484, einst Teil der Stadtbefestigung

④ Die Aulendorfer Pfarrkirche St. Martin ist in ihrem Kern noch spätmittelalterlich, doch gab es in späteren Jahrhunderten Umbauten. Das Gemälde des Hochaltars entstand 1657; ausgeführt wurde er von dem niederländischen Maler Carl Desom. Der Drei-Königs-Altar im nördlichen Seitenschiff ist das Werk eines Biberacher Schnitzers aus dem zweiten Jahrzehnt des 16. Jahrhundert

⑤ Bad Waldsee steht an der Stelle eines um 850 gegründeten fränkischen Königshofs. 1181 wurde ein Augustiner-Chorherrenstift eingerichtet, dessen Stiftskirche im 18. Jahrhundert erneuert und um die heutige Doppelturmfassade ergänzt wurde. Von außen ist die ehemalige Stiftskirche barock geprägt, im Inneren sind die Formen der spätgotischen Basilika noch wohl zu sehen. Den stattlichen Hochaltar schuf 1715 Dominikus Zimmermann. Im nördlichen Nebenchor findet sich eine hervorragend gearbeitete Bronzegrabplatte für Georg I. von Waldburg. Das bis in die feinste Einzelheit gearbeitete Bronzegußwerk von 1467 ist zum einen ein wichtiges Zeitzeugnis, zum anderen eine Meisterleistung spätgotischer Plastik. Das Rathaus von 1426 hat einen prächtigen Fassadengiebel mit Blendnischen und Maßwerkgalerie. Seine volutengezierte Bekrönung erhielt die Fassade 1657. Der Ratssaal im ersten Stock ist mit einer prächtigen Holzkassettendecke ausgestattet. Im gegenüberliegenden Kornhaus ist heute das Städtische Museum untergebracht. In der Frauenbergkapelle an der Landstraße nach Ravensburg steht ein wertvoller Choraltar der Bildhauerfamilie Zürn von 1624. Er ist um eine Muttergottesfigur des ausgehenden 15. Jahrhundert komponiert.

⑥ Bad Wurzach: Siehe Wanderung 94 B, Seite 393.

⑦ Das ehemalige Prämonstratenserkloster Rot an der Rot wurde 1126 von Graubündner Adeligen gegründet. Es war das erste schwäbische Kloster dieses Ordens und erreichte bald die Reichsunmittelbarkeit. Die ehemalige Klosterkirche ist ein Neubau von 1784, der in der Regie des Abts entstanden ist. Die Innenausstattung besorgten Franz Xaver Feichtmayr (Stuck) und Januarius Zick (Fresken). Vor allem die Fresken Zicks sind hochrangige Meisterwerke.

⑧ Ochsenhausen wurde 1090 als Benediktinerabtei gegründet. Sie wurde reichsfürstliche Abtei und entsprechend großzügig ausgebaut. Die gotische Klosterkirche wurde bis 1732 barockisiert, wobei die spätgotische Basilikastruktur beibehalten wurde. Die Stuckornamente stammen von dem Italiener Gaspare Mola, Johann Georg Bergmüller gestaltete das Freskenprogramm. Hochaltar und Chorgestühl glänzen noch ganz im Stil des Rokoko mit überquellend dekorativem Reichtum.

△ Das ehemalige Prämonstratenserkloster Rot an der Rot liegt neben dem Dorf

Der Steinhausener Himmel

Die wohl schönste Dorfkirche der Welt hat der Schussenrieder Abt Didakus Ströbele errichtet; er hatte im März 1727 Dominikus Zimmermann dazu gebracht, ein »feines Rißle« zu zeichnen. So konnte bereits im Mai 1733 die feierliche Weihe stattfinden – allerdings ohne den baufreudigen Abt, der vier Monate zuvor abdanken mußte, da er den genehmigten Etat von 9000 Gulden mit Baukosten von 43 000 Gulden weit überschritten hatte. Gebaut wurde eine ausgereifte Ovalarchitektur, in die ein zweites Oval als Pfeilerstellung eingefügt ist. Mit diesem Kunstgriff ergaben sich der für die Wallfahrt wichtige Umgang, und die für die Gewölbegestaltung bedeutende Dreischiffigkeit ganz von selbst. Jeder dieser zehn Pfeiler symbolisiert einen Apostel, Petrus und Paulus bewachen als Standbilder den Hochaltar. Alle zusammen versinnbildlichen die »Stützen der geistlichen Kirche«. Für die Ausstattung mit Stuck und Fresken holte sich Dominikus Zimmermann seinen Bruder Johann Baptist. Zusammen schufen sie Deutschlands erste und zugleich gelungenste als Freipfeileranlage gestaltetete Kirche mit ovalem Grundriß.

Tip

Bad Schussenried: Das Kreisfreilichtmuseum in Kürnbach südlich von Bad Schussenried enthält typische altoberschwäbische Bauernhäuser und Nebengebäude. Außerdem gehören ein Bauerngarten und ein Freilicht-Obstbaummuseum mit mehreren Dutzend alter Apfel- und Steinobstsorten zu diesem Museum.

94 A

Wanderung 94 A: 16 Kilometer – 3 ½ Stunden

Rund um den Federsee

Oberschwaben

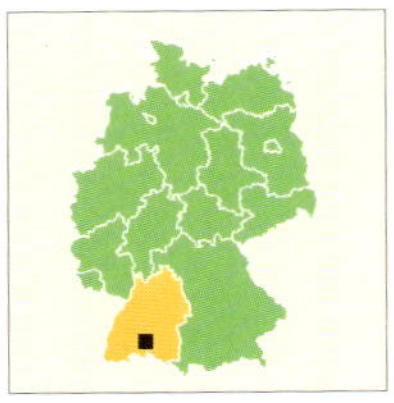

Das weite Moorbecken mit dem Federsee in der Mitte ist über 15 000 Jahre alt, bietet gut 250 verschiedenen Vogelarten eine Heimat und ist das größte Naturschutzgebiet Südwestdeutschlands. Ein 1,5 Kilometer langer Steg führt durch den Schilfgürtel zum See. Diese Wanderung führt rund um das Moor.

Tourverlauf

Startort ist der Parkplatz beim Federseemuseum Bad Buchau. ① Da der Weg rund um das Federseemoor vorbildlich markiert und ausgeschildert ist, erübrigt sich eine Detailbeschreibung. Nacheinander werden die Stationen Oggelshausen ②, Seekirch ③, Alleshausen ④ und das Banngebiet Staudacher ⑤ erreicht.

Sehenswürdigkeiten

① Bad Buchau am Federsee steht auf uraltem Siedlungsboden. Schon altsteinzeitliche Jäger hatten hier eine Siedlung unterhalten. Um 770 wurde dann auf einer ehemaligen Insel des Federsees ein Frauenstift für adlige Damen gegründet. Mitte des 9. Jahrhunderts war es ein Eigenkloster Ludwigs des Deutschen und wurde von dessen Tochter Irmingard geleitet. Die um das Kloster gewachsene Siedlung wurde 1320 Freie Reichsstadt. Die ehemalige Stiftskirche ist im Kern noch romanisch, wesentliche Teile stammen aus dem 14. und 15. Jahrhundert. Eine umfassende Erneuerung und Barockisierung wurde 1776 abgeschlossen. Heute wirkt die dreischiffige Halle dank der frühklassizistischen Formen wie ein weltlicher Festsaal. Die Deckengemälde in Chor und Langhaus sind ein Werk von Andreas Brugger. Nicht weniger interessant ist die unter dem Chor erhaltene Hallenkrypta aus dem späten 10. Jahrhundert. Zentrum der Stiftsgebäude ist der Fürstenbau mit einem repräsentativen Treppenhaus von Johann Kaspar Bagnato. Im südlich gelegenen Ortsteil Kappel besitzt die ehemalige Pfarrkirche noch ihren romanischen Chor, seine Innenwände sind mit Fresken aus der Zeit um 1100 geschmückt. Das Federseemuseum bietet Exponate zur Archäologie, Naturkunde und Landschaftsgeschichte des Federseeraums. Besonders interessant sind die im Federseemoor gefundenen ältesten Räder Mitteleuropas.

② Oggelshausen ist eine ehemalige Klosterpfarrei des Prämonstratenserklosters Schussenried. Entsprechend großzügig ist das Pfarrhaus von 1715 ausgefallen. Die Pfarrkirche besitzt einen spätgotischen Westturm und ein bis 1914 erneuertes Langhaus mit einer Ausstattung von 1867 und 1914.

③ Die weithin die Ebene dominierende Kirche von Seekirch gab es schon 805 in einer Schenkungsurkunde an das Kloster St. Gallen als »basilica ad See«. Die heutige Kirche wurde 1616 errichtet und bis 1656 von Joseph Moosbrugger noch einmal umgebaut. Noch aus dem späten 15. Jahrhundert stammt das ehemalige Wallfahrtsbild, eine eindrucksvolle Pietà. Die Fresken sind ein Werk von Martin Kuen.

④ Alleshausen kam noch vor 1080 als Schenkung an das Kloster St. Blasien. Von dort erhielt die Alleshauser Kirche noch vor 1254 eine Reliquie des Märtyrerbischofs St. Blasius. Als der Besitz 1477 an das Prämonstratenserkloster Marchtal kam, veranlaßte der dortige Abt den Bau der heutigen Kirche, die 1486 geweiht wurde. Das schlichte, bis heute unveränderte Gotteshaus birgt wertvolle Bildwerke. Beiderseits des Altars vom Ende des 17. Jahrhundert stehen die Heiligen Blasius und Urban. Die Figuren entstanden um 1500 in einer Ulmer Werkstatt. Aus dem späten 15. Jahrhundert stammen zwei Marienstatuen und eine Pietà; aus dem frühen 16. Jahrhundert ist ein Relief der Beweinung Christi erhalten.

⑤ Schon im Jahre 1911 begann man im Gebiet des Federsees einzelne Bereiche aus der Bewirtschaftung herauszunehmen und sich selbst zu überlassen. Treibende Kraft war damals der Buchauer Oberförster Staudacher, nach dem das Banngebiet im Norden der Stadt benannt wurde. In dem inzwischen entstandenen »sekundären Wildland« haben viele sehr seltene oder gar vom Aussterben bedrohte Vogelarten eine neue Heimat gefunden, unter anderem kommt im Federseegebiet gelegentlich der Purpurreiher als Brutgast aus dem Süden vor.

△ *Ortsmitte von Bad Buchau*

Tip

Blinder See westlich des Federsees bei Kanzach: Der Blinde See am Höhenrücken zwischen Donautal und Federseebecken ist ein fast von Schwingrasen überwachsener Rest eines eiszeitlichen Schmelzwassersees, der weitgehend schon in Hochmoor übergegangen ist.

▷ *Schilfgürtel am Federsee*

Um das Wurzacher Ried

Mitten in der hügeligen Moränenlandschaft des Alpenvorlands erstreckt sich nördlich von Bad Wurzach die mit 1387 Hektar größte Moorlandschaft Baden-Württembergs. Aufgrund der Vielfalt, des Reichtums und der Besonderheit der Flora und Fauna ist das Moor ein Naturreservat von internationaler Bedeutung.

Oberschwaben

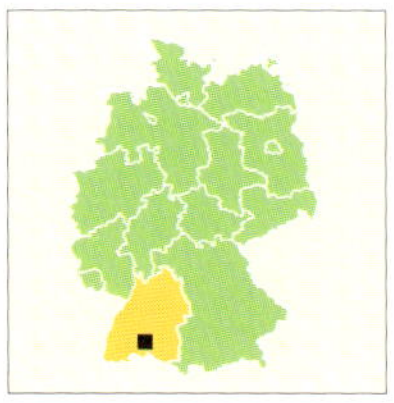

Tourverlauf

Als Ausgangspunkt eignet sich das Bad Wurzacher Naturschutzzentrum. ①
Von ihm geht man rechts über die Achbrücke und danach achaufwärts bis zum ersten Steg im Kurpark. Nach der erneuten Achüberquerung folgt man dem Wanderweg Nr. 8, der hinter Albers direkt in das Ried hineinführt. ②
Vorbei an Dietmanns und Oberluizen erreicht man beim Wasserhochbehälter von Sonnenberg nordöstlich des Rieds einen schönen Aussichtspunkt. ③
Nach Menzlis gelangt man zum Gehöft Iggenau an der B 465. Nach ihrer Überquerung kommt man hinüber zu den Riedhöfen und nach Ziegholz. ④
Südlich von Wengen lohnt sich ein knapp 1,5 Kilometer langer Abstecher zur Grabener Höhe. ⑤
Ab Wengen folgt man dem mit rotem Balken auf weißem Grund markierten Wanderweg nach Süden, bis bei einer Hainbuchenhecke links der Wanderweg Nr. 1 der Kurverwaltung abzweigt. Er führt zurück zum Naturschutzzentrum und ein Stück vorbei am Riedsee. ⑥

▽ Am Riedsee im Wurzacher Ried

Sehenswürdigkeiten

① Bad Wurzach ist Baden-Württembergs ältestes Moorheilbad. Hier stand die Residenz der Truchsessen von Waldsee-Zeil-Wurzach, die hier 1725 ihr Neues Schloß errichteten. Es glänzt mit einem großartigen Treppenhaus, das sich in Rundungen um einen dreipaßförmigen Kern windet. Stuck und Fresken sind im Stil des Rokoko gehalten. Unbedingt einen Besuch wert ist die klassizistische Pfarrkirche St. Verena von 1777. Ihr großes Deckengemälde im Langhaus stammt von Andreas Brugger, die Figuren zum Hochaltar von Johann Anton Feichtmayr.
② Die Feuchtwiesen nördlich von Albers werden erst Anfang Juli gemäht. In der Zeit davor blühen hier die schönsten Feuchtwiesenblumen, und zahlreiche Vögel haben ihre Brutstätten eingerichtet.
③ Südlich des Hofs Sonnenberg steht ein Wasserhochbehälter auf einem rißeiszeitlichen Moränenhügel. Von ihm aus bietet sich ein hervorragender Blick über das gesamte Wurzacher Becken, das von rißeiszeitlichen Moränenwällen eingerahmt ist und in dessen Zentrum das Wurzacher Ried liegt. Im Ried selbst läßt sich der Niedermoorbereich entlang der Dietmannser Ach vom westlich gelegenen Alberser Hochmoorschild unterscheiden, der mit Bergkiefern bewachsen ist. Westlich der Dietmannser Ach schließt sich der Haidgauer Hochmoorschild an. Im Südwesten schließlich rahmt der würmeiszeitliche Moränenwall das Wurzacher Becken.
④ Der Haidgauer Hochmoorschild südlich von Ziegholz ist in seinem zentralen Bereich baumfrei und mit 500 Hektar die größte Hochmoorfläche Mitteleuropas. Südwestlich an den intakten Hochmoorbereich schließt sich ein altes rund 200 Hektar großes Torfabbaugebiet an, in dem das Hochmoor renaturiert werden soll.
⑤ Von der Grabener Höhe bietet sich auf dieser Wanderung erneut ein hervorragender Ausblick über das gesamte Wurzacher Ried.
⑥ Mit etwa 10 Hektar weist der Riedsee die größte Wasserfläche im Ried auf. Allerdings stellt er kein natürliches Gewässer dar; er ist vielmehr ein aufgestauter ehemaliger Torfstich und Zeugnis des intensiven Torfabbaus Anfang des 20. Jahrhunderts in diesem Bereich.

Tip

Herrgottsried und Unteres Ried südöstlich von Bad Wurzach: Während das Wurzacher Ried teilweise von Moorwald bedeckt ist, handelt es sich bei diesem 65 Hektar großen Landschaftsschutzgebiet um eine offene, parkärtig wirkende Landschaft. Neben dem Pflanzenreichtum ist dieses Feuchtgebiet auch bemerkenswert als Brutplatz von Kiebitz und Brachvogel.

▷ Schloß Bad Wurzach

95

Autotour 95: 150 Kilometer

Allgäuer Glanzlichter

Allgäu

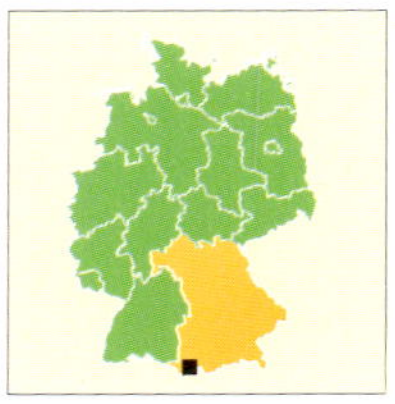

Das Allgäu ist eine Ferienlandschaft wie aus dem Bilderbuch. Sanfte Hügel und schroffe Berge ergänzen sich im idealen Verhältnis, so daß die Landschaft stets harmonisch wirkt. Vom schönen Alpsee fährt man bis zu den höchsten Allgäuer Bergen. Oberstdorf und sein berühmtes Nebelhorn werden ebenso besucht wie das Kleinwalsertal mit seiner beeindruckenden Breitachklamm.

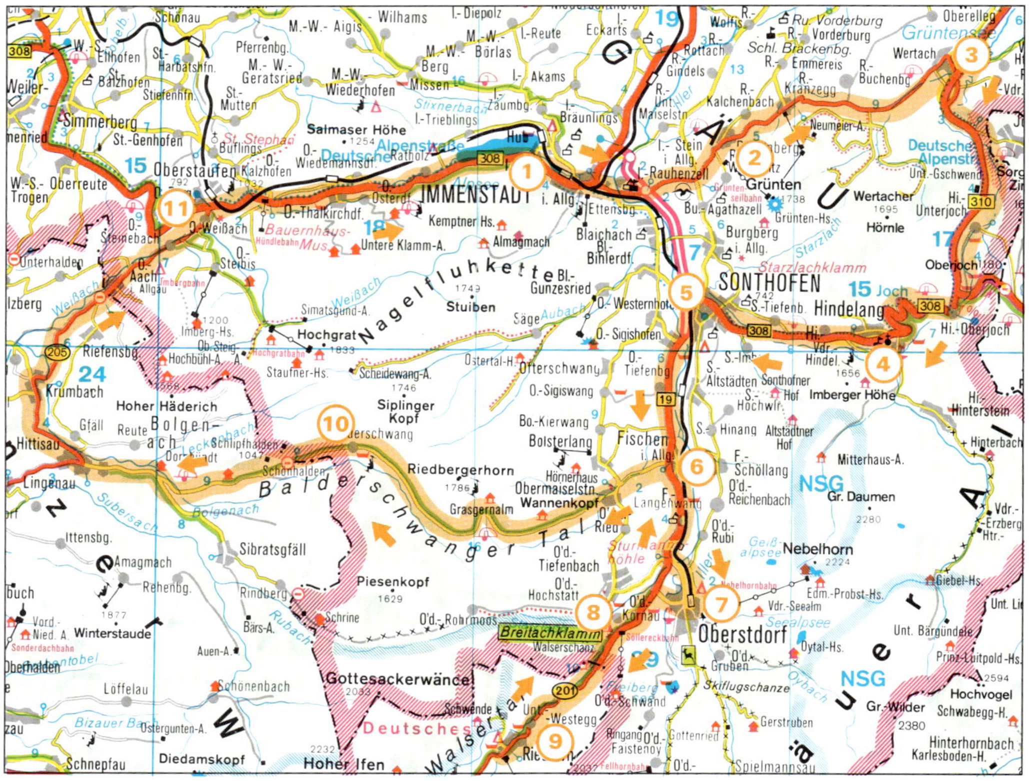

Tourverlauf

Ausgangspunkt für die Rundfahrt ist Immenstadt am Alpsee. ①
Ostwärts lockt der 1738 Meter hohe Grünten. ②
Nächstes Ziel ist Wertach und der Grüntensee. ③
In Wertach trifft man auf die Deutsche Alpenstraße, der man übers Oberjoch südwärts zunächst bis Hindelang folgt. ④
Sie führt dann westwärts weiter nach Sonthofen. ⑤
Ab Sonthofen begleitet man die Iller in südlicher Richtung nach Fischen ⑥
Von Fischen sind es etwa 6 Kilometer nach Oberstdorf. ⑦
Ein weiteres schönes Ziel in den Allgäuer Bergen ist die Breitachklamm. ⑧
Dann fährt man weiter nach Riezlern im Kleinwalsertal. ⑨
Zurück in Fischen erreicht man nach der Fahrt über den Riedbergpaß Balderschwang. ⑩
Über das österreichische Hittisau führt die Tour schließlich nach Oberstaufen. ⑪
Östlich von Oberstaufen liegt dann wieder der Ausgangspunkt Immenstadt.

Sehenswürdigkeiten

① In Immenstadt herrschten die Herren von Königsegg-Rothenfels. Frühen Wohlstand brachten der Handel mit Salz und Leinwand, so daß das Stadtrecht bereits 1360 erteilt wurde. Zentrum ist der geräumige Marienplatz mit dem 1610 fertiggestellten Schloß. Das barocke Rathaus stammt von 1649, die Mariensäule von 1773. Von den Burgen der Herren von Rothenfels und derer von Hugofels sind dagegen nur noch Reste vorhanden. Im westlich gelegenen Ortsteil Bühl am Alpsee verdienen die Pfarrkirche und die Loreto-Wallfahrtskapelle einen Besuch. Das Barockensemble wurde 1667 fertiggestellt. In der Pfarrkirche gibt es eine Kopie des Heiligen Grabes und im Loreto-Kirchlein Nachbildungen der Fresken von Loreto.

△ Blick auf Bad Oberndorf und Iseler

◁ Herbst am Alpsee

② Der Grünten ist zwar nur 1738 Meter hoch, doch aufgrund seiner exponierten Lage ist er einer der lohnendsten Aussichtsberge im Zentrum des Allgäus. Von hier schweift der Blick gleichermaßen nach Norden über das hügelige Vorland wie nach Süden bis zu den hohen Gipfeln des Alpenhauptkamms. Zu erreichen ist der Gipfel bequem per Seilbahn.

③ Die Wertacher St.-Sebastian-Kapelle ist ein Rokokobau von 1763. Wegen ihrer Ähnlichkeit zur großen Schwester bei Steingaden wird sie die »Kleine Wies« genannt. Das Deckengemälde ist ein Werk von Franz Anton Weiß. Kulturhistorisch interessant ist die gut 300 Jahre alte Hammerschmiede. Der Grüntensee ist ein Stausee der Wertach und ein Paradies für alle Wasserratten.

④ Hindelang war im Mittelalter ein Zentrum des Erzabbaus im Hintersteiner Tal. Das Schlößchen von 1665 wird seit 1921 als Rathaus genutzt. An die Zeiten des Erzabbaus erinnert die alte Hammerschmiede. Größte Sehenswürdigkeit ist die Kirche im Ortsteil Bad Oberdorf. In dem 1938 von Thomas Wechs fertiggestellten Bau hat der berühmte Hindelanger Altar von Jörg Lederer seinen Platz gefunden. Der 1519 entstandene Altar ist eines der bedeutendsten Werke der Allgäuer Schnitzkunst. Eine Seitenkapelle birgt eine Marientafel des älteren Holbein von 1493. Der spätgotische Palmesel aus der Zeit um 1470 stammt von einem Schüler von Hans Multscher.

⑤ Sonthofen war ursprünglich ein Besitz des Klosters St. Gallen. Später bauten die Herren von Rettenberg die Burg Fluhenstein, die seit 1806 als Ruine verfällt. Aus gotischer Zeit stammt die bis 1742 barockisierte Pfarrkirche St. Michael. Wertvolle Ausstattungsstücke sind hervorragend gearbeitete Schnitzwerke von Anton Sturm aus der Mitte des 18. Jahrhunderts. Im Ortsteil Agathazell sind in der Pfarrkirche gotische Wandmalereien aus dem 15. Jahrhundert erhalten, im Ortsteil Berghofen birgt das Leonhardikirchlein in seinem gotischen Chor einen vorzüglichen Schreinaltar von 1438, zu dem Hans Strigel d. Ä. die Gemälde angefertigt hat.

⑥ Auch Fischen war ursprünglich im Besitz des Klosters St. Gallen und kam erst 1485 zur Herrschaft Rothenfels. Interessant ist die barocke Liebfrauenkapelle von 1684. Ihr Baumeister war der Vorarlberger Michael Beer. Der Hochaltar von 1666 ist um das Gnadenbild, eine Marienklage aus der Zeit um 1450, herumgebaut. Zahlreiche Votivtafeln künden vom Vertrauen der Gläubigen.

⑦ Oberstdorf: Siehe Wanderung 95 A, Seite 388.

⑧ Die Breitachklamm entstand in den letzten 10 000 Jahren als Durchbruchstal der wilden Breitach. Auf einer Länge von 1,6 Kilometer und einer Tiefe bis zu 90 Meter hat sich der wilde Quellfluß der Iller hier durch die Felsen gefressen und glattpolierte Strudellöcher, tiefe Schründe und senkrechte Wände entstehen lassen.

⑨ Riezlern im Kleinwalsertal: Siehe Wanderung 95 B, Seite 389.

⑩ Balderschwang ist mit 1044 Meter die höchstgelegene Gemeinde Deutschlands. Das Balderschwanger Tal öffnet sich nach Westen hin gegen den Bregenzer Wald, von deutscher Seite aus ist es nur über den steilen Riedbergpaß zu erreichen. Das ganze Tal ist ein Paradies für Wanderer.

⑪ Der größte Schatz Oberstaufens verbirgt sich im Ortsteil Zell in der unscheinbaren St.-Bartholomäus-Kapelle. Hier sind wertvolle, spätgotische Fresken aus der Zeit um 1450 erhalten. Aus derselben Zeit stammt der Schreinaltar mit Flügelgemälden von Johann Strigel aus Memmingen.

Die Walser und das Kleinwalsertal

Die weiten Wiesenhänge des langgestreckten Walsertals zwischen Hohem Ifen und Widderstein waren einst eine unwegsame Waldregion. Diese hatten die Grafen von Rettenberg von den Augsburger Bischöfen zum Lehen. Um 1300 holten sie Bauern aus dem oberen Wallis in das bis dahin unbesiedelte Tal. Die Siedler brachten außer ihrer Kultur auch ihre Technik des Hausbaus mit. Die ersten Holzhäuser in dieser Bauweise errichteten sie im Gebiet des heutigen Mittelberg. Von den Rettenbergern erhielten die Walser die uneingeschränkte Selbstverwaltung und die eigenständige Gerichtsbarkeit. Diese Sonderrechte wurden 1453 von Herzog Sigmund von Tirol aufgehoben. Damals wurde den Bewohnern des »Mittelbergs« die Oberhoheit der Habsburger aufgezwungen. Bereits 1493 jedoch gab Kaiser Maximilian I. den Walsern ihre Privilegien zurück. Bewahren konnten sie diese dann bis 1807. Abgesehen von einigen bayrischen Zwischenspielen gehört das Walsertal seither zu Vorarlberg. Über die Geschichte und Volkskunde der Walser und des Kleinwalsertals informiert das Walsermuseum in Riezlern.

△ *Grüntensee und Tannheimer Gebirge*

▷ *Fischen im Allgäu*

Tip

Nagelfluhkette: Zwischen Alpsee und Balderschwanger Tal erstreckt sich die Nagelfluhkette. Dieser Bergzug besteht aus aufgefalteter Molasse. Der größte Teil des Höhenzugs steht unter Landschaftsschutz; an seinen Bergflanken gedeihen viele geschützte Alpenpflanzen. Die Nagelfluh-Gratwanderung führt über den Hochgrat, das Rindalphorn, den Buralpkopf, Stuiben und Mittagberg. Sie eröffnet einen überwältigenden Blick bis zum Bodensee und bei bestem Wetter von den Berner Alpen bis zur Zugspitze. Die Tour ist dank Bergbahnen zum Hochgrat und von Immenstadt zum Mittagberg nicht schwierig, doch sollte man wegen der steilen Abhänge einigermaßen schwindelfrei sein. Ebenso schön ist die Tour zu den verschiedenen »Hörnern« bei Ofterschwang, die den Blick auf das Illertal, die Nagelfluhkette und die Gottesackerwände erlauben.

95 A

Wanderung 95 A: 3 ½ bis 4 Stunden

Nebelhorn, Seealpsee und Oytal

Oberstdorf ist nicht nur das Trainingszentrum der Eisläufer und Skiflieger. Die Bergfreunde lieben die von hier aus erreichbaren Gipfel des Allgäuer Hauptkamms. Der schönste, per Seilbahn erreichbare Berg ist das bei Wanderern und Sonnenanbetern gleichermaßen beliebte Nebelhorn.

Allgäu

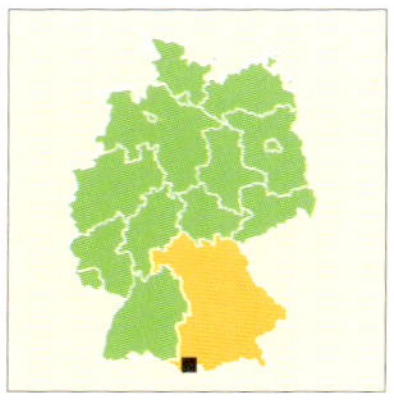

Tourverlauf

Die Wanderung beginnt an der Talstation der Nebelhornbahn am südöstlichen Ortsrand von Oberstdorf. ①
Mit Seilbahn und Sessellift fährt man hinauf zum Nebelhorn. ②
Vom Gipfel des Nebelhorns ist der Abstiegsweg hinunter zum Nebelhornhaus neben der Bergstation der Seilbahn bereits gut einsehbar. Am Nebelhornhaus folgt man dem Wegweiser Seealpsee/Oytalhaus. Der gut markierte und an ausgesetzteren Stellen gesicherte Steig führt oberhalb am Seealpsee vorbei. ③

△ *Breitachklamm bei Oberstdorf*

Danach geht es durch steile Felswände hinunter zum Talboden des Oybachs, den man beim Oytalhaus erreicht. ④
Dem Oybach entlang wandert man nun talauswärts zurück zur Talstation der Seilbahn.

Sehenswürdigkeiten

① Oberstdorf war schon zur Bronzezeit besiedelt. In der Karolingerzeit gab es bereits eine größere Siedlung. Ab der Mitte des 15. Jahrhunderts regierten die Fürstbischöfe von Augsburg, die hierher gerne zur Jagd kamen. Leider wurde das alte Oberstdorf 1865 weitgehend durch einen Brand vernichtet. In der danach wiedererrichteten Pfarrkirche sind dennoch einige sehenswerte Stücke erhalten, so die »Schöne Oberstdorferin«, eine Muttergottes aus der Zeit um 1430 sowie eine Strahlenkranzmadonna von 1490. Das älteste Ausstattungsstück findet sich an der Chornordwand mit einer Plastik der lehrenden Mutter Anna mit Maria aus der Zeit um 1340. Einen besonderen Schatz stellen die sechs Passionsbilder des Fischener Malers Johann Baptist Herz dar. Sie werden auf 1710 datiert. Die Seelenkapelle aus dem 15. Jahrhundert trägt an der Nordfassade eine reiche Bemalung. Die Fresken ähneln der oberbayerischen Lüftlmalerei, wurden aber bereits Mitte des 16. Jahrhunderts gemalt. Das Alte Rathaus von 1477 war einst der Tanzboden der Talschaft. Ein weiteres lohnendes Ziel sind die drei Loretokapellen am südlichen Ortsausgang. Die Appachkapelle von 1493 glänzt mit einem spätgotischen Freskenzyklus. Die Marienkapelle von 1657 hat zarten Rocaillestuck in den Spitzbogenzwickeln zu bieten.

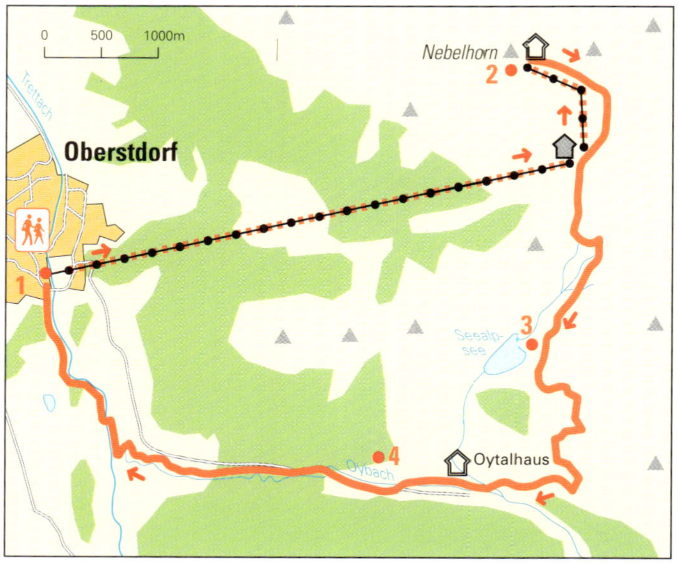

② Das 2224 Meter hohe Nebelhorn bietet eine grandiose Aussicht, die die gesamten Allgäuer Alpen umfaßt. Über den Allgäuer Hauptkamm hinweg sieht man bis auf die Stubaier und Ötztaler Gletscher, im Westen sogar bis ins Berner Oberland.
③ Der Seealpsee ist mit 75 000 Quadratmetern Fläche der größte und mit 42 Metern auch der tiefste Allgäuer See. Schon im Jahre 1660 errichteten die Bischöfe von Augsburg an dem 1628 Meter hoch gelegenen See ein Jagdhaus. Der Weg oberhalb des Sees darf keinesfalls verlassen werden, weil die zunächst sanften Wiesen mit jähen Wänden steil abbrechen.
④ Das Oytal hat seinen Namen vom mittelhochdeutschen Owe, was dem hochdeutschen Au, also Wiesenland am Wasser, entspricht. Das von steilen Flanken begrenzte Tal ist für Kinder eine ideale Spielwiese. Die Oy versickert immer wieder im geröllgefüllten Bachbett, um wenig später erneut zutage zu treten. Stille Gumpen laden zum Spielen und zum Abkühlen ein.

Tip

Nebelhorn: Ein neuer Geologischer Lehr- und Wanderweg führt bei Oberstdorf von der Bergstation der Nebelhornbahn in drei verschiedenen Routen in die Gipfelregionen am Nebelhorn und erläutert ihre Entstehung und die Gesteinsformationen der Allgäuer Alpen.

▷ *Seealpsee mit Allgäuer Hauptkamm*

Wanderung 95 B: 3½ Stunden

95 B

Gratspaziergang überm Walsertal

Allgäu

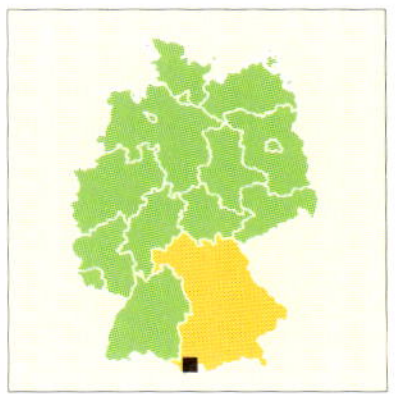

Der schönste Weg, das grüne Herz des Allgäus aus der Gipfelregion kennenzulernen, führt von der Kanzelwand über das Fellhorn zum Söllereck. Der Weg leitet den Wanderer mitten durch ein Blumenparadies und bietet so schöne Aussichten, wie kaum eine andere Bergtour dieser Region.

Tourverlauf

Man beginnt die Wanderung an der Talstation der Kanzelwandbahn in Riezlern. ①
Nach der Auffahrt mit der Seilbahn sind es noch 20 Minuten über eine bequeme Steiganlage zum Gipfel der Kanzelwand. ②
Auf dem gleichen Weg steigt man dann wieder ab zur Abzweigung nach Osten, hinunter in den Grundsattel. Hier bleibt man dem Grat treu und steigt über die Schulter hinauf zum Fellhorngipfel. ③
Auch jenseits des Fellhorngipfels folgt man weiter dem Grat und wandert über den Schlappoltkopf und den Söllerkopf immer geradeaus hinunter zum Söllereck. ④
Vom Söllereck ist der gut markierte Abstieg zur Bergstation der Söllereckbahn und der Weg hinunter zur Talstation nicht mehr zu verfehlen.

△ Gipfelstation der Fellhornbahn

Von der Talstation der Söllereckbahn fährt man mit dem Bus zurück nach Riezlern.

Sehenswürdigkeiten

① Riezlern ist der vorderste der drei Hauptorte des Kleinen Walsertales. Das gesamte Tal ist österreichisch, gehört aber seit 1891 zum deutschen Zoll- und Wirtschaftsgebiet. Einen Straßenzugang gibt es nur von der deutschen Seite aus. Sehenswert sind vor allem die zahlreichen, gut erhaltenen Walserhäuser aus Holz. In Unterwestegg bei Riezlern gibt es in der 1796 errichteten Mariahilfkapelle einen spätgotischen Flügelaltar von 1516. In Mittelberg, dem Hauptort des Tals, birgt die 1302 erbaute und 1694 barockisierte Pfarrkirche Fresken aus dem 16. Jahrhundert. In Riezlern informiert das Walsermuseum über die Kulturgeschichte des Tals.
② Die 2059 Meter hohe Kanzelwand heißt eigentlich Warmatsgrundkopf. Dieser Name kommt von »warme Atze« = »warme Weide«. Vom Gipfel der Kanzelwand öffnet sich erstmals auf dieser Wanderung der Blick nach Osten auf den Hauptkamm der Allgäuer Alpen. Nach Süden versperren Hammerspitze, Hochgehrenspitze und Schüsser den Ausblick.
③ Das 2059 Meter hohe Fellhorn ist ein idealer Aussichtsberg. Der höchste Allgäuer Flyschgipfel (Mergel und Tonschiefer) ist aber auch das Paradebeispiel eines Allgäuer Blumenbergs. Im Juni und Juli glühen die oberen Hänge satt rot, wenn die Alpenrosen blühen. Im romantischen Blumengarten sind aber auch Türkenbund und Purpurenzian, Aurikel und Steinbrech, Silberwurz und Gelber Enzian zu sehen. Diese Blumenvielfalt nimmt beim Abstieg vom Fellhorn zu Schlappolt- und Söllerkopf eher noch zu. Hier wachsen die typischen Pflanzen von kalkarmen Humusböden.

△ Hochgernspitze

④ Das 1703 Meter hohe Söllereck ist die letzte große Aussichtsstation auf dieser luftigen Gratwanderung. Von hier aus lockt an heißen Tagen der Freibergsee besonders stark, doch ist ein an sich problemloser Abstieg zu ihm hinunter mit einer umständlicheren Rückfahrt zum Ausgangspunkt verbunden. Unmittelbar gegenüber ragt das Nebelhorn in den Himmel, im Tal unten liegt Oberstdorf. Der Abstieg hinunter zur Talstation der Söllereckbahn ist noch ein erholsamer Bummel durch Almwiesen.

Tip

Gottesacker westlich gegenüber der Kanzelwand: Nördlich des Hohen Ifen erstreckt sich zwischen Roßkopf und Toreck das 9 Quadratkilometer große Plateau des Gottesackers, eine für Geologen und Botaniker faszinierende Landschaft, die unter Naturschutz steht. Das von Steilwänden begrenzte Plateau besteht aus hartem Schrattenkalk, der bizarre Zakken und Spalten bildet. Einmalig sind die Karrenfelder, in denen das Gestein in eigentümlicher Form verwitterte. In den schwer zu begehenden Schratten oder Karren mit unzähligen Spalten, Rissen und Hohlräumen gedeiht eine ganz eigenwillige Flora, etwa Gestreifter Seidelbast, Trollblume, Alpen-Glockenblume, Kugelblume, Kugelknabenkraut und Enzian. Hier leben Gemsen und seltene Vögel wie Mauerläufer, Steinhuhn und natürlich Alpendohlen. Das Gottesackerplateau ist allerdings nur erfahrenen Bergwanderern, am besten mit Führer, zu empfehlen.

Autotour 96: 120 Kilometer

Pfaffenwinkel und Königsschlösser

Pfaffenwinkel

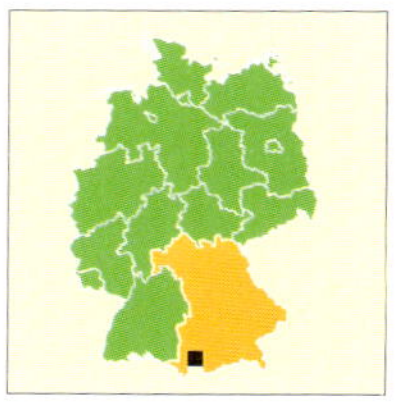

Wo der wilde Lech das Hochgebirge verläßt, sorgen natürliche und künstliche Seen dafür, daß die Landschaft einen überaus freundlichen Akzent erhält. Kelten, Kirchenmänner und Könige wußten dies zu schätzen: Auf dem Auerberg siedelten die Menschen bereits in vorgeschichtlicher Zeit, im Pfaffenwinkel wurden schon vor einem Jahrtausend die schönsten Kirchen gebaut, und Schwangau suchte sich der bayrische König Ludwig II. zum Bau von gleich zwei Schlössern aus.

Tourverlauf

Beginn dieser Autotour ist das über dem Lech gelegene Schongau. ①
Nach der Überquerung des Lechs folgt man der B 23 bis Rottenbuch. ②
Über eine schmale Landstraße geht es anschließend südwestwärts hinüber nach Steingaden. ③
Von dort aus sollte man unbedingt den kurzen Abstecher zur weltberühmten Wieskirche unternehmen. ④
Von Steingaden führt die B 17 mit immer wieder schönen Ausblicken auf das Hochgebirge südwestwärts nach Schwangau und Hohenschwangau. ⑤
Nächstes Ziel, nun wieder am Lech, ist Füssen. ⑥
Von der Stadt am Lech fährt man auf der B 16 nordwärts am Westrand des Forggensees entlang nach Roßhaupten. ⑦
Unmittelbar hinter Roßhaupten verläßt man die B 16 nach rechts, um über Lechbruck nach Bernbeuren zu kommen. ⑧
Der westlich gelegene Auerberg ist kulturhistorisch so interessant, daß niemand den Abstecher dorthin versäumen sollte. ⑨
Letzte Station auf der Rückfahrt nach Schongau ist Altenstadt. ⑩

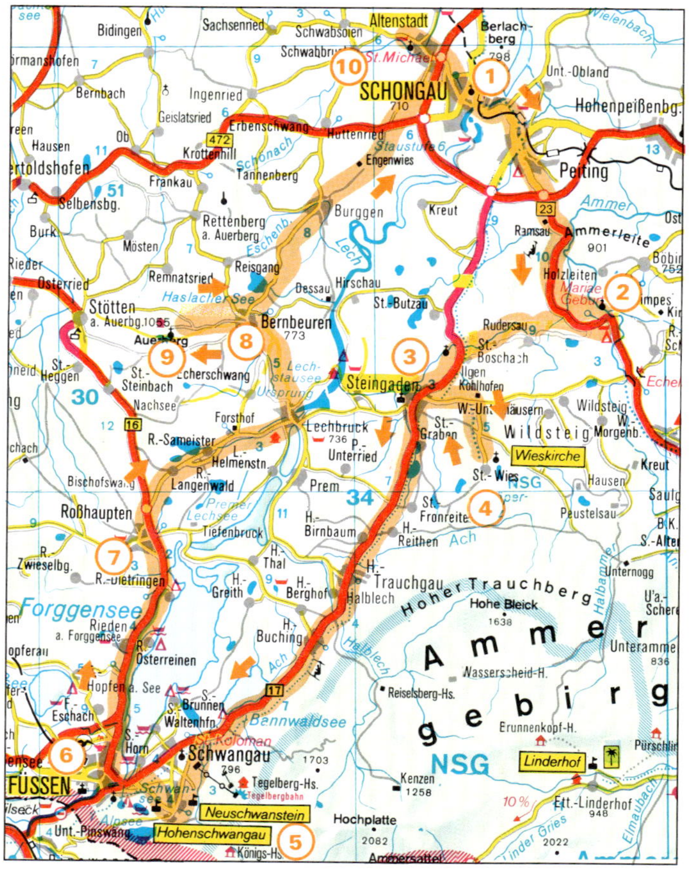

Von Altenstadt sind es nur noch 2 Minuten bequemer Fahrtweg zurück nach Schongau.

◁ *Blick zum Forggensee vom Tegelberg*

Sehenswürdigkeiten

① Schongau wurde im 13. Jahrhundert auf dem Berg über dem Lech vom heutigen Altenstadt aus besiedelt. Dabei wanderte der bereits 1080 belegtee Name »Scongoe« mit zur neuen Siedlung. Sie wuchs als Station an der Handelsstraße zwischen Füssen und Augsburg (der alten Via Claudia Augusta der Römer) und konnte sich eine eindrucksvolle Befestigung mit Wehrgang, Toren und Türmen leisten. Sie ist fast ganz erhalten. Zentrum der Altstadt ist der Marienplatz mit der Pfarrkirche und dem Rathaus. Die Kirche entstand nach einem Turmeinsturz im Jahre 1667 bis 1753 nach Plänen von Dominikus Zimmermann nahezu vollständig neu. Die eindrucksvollen Fresken steuerte Matthäus Günther bei, den Stuck der Wessobrunner Jakob Stiller. Der Hochaltar ist ein reifes Werk des Weilheimer Meisters Franz Xaver Schmädl. Das ehemalige Rathaus entstand in seiner heutigen Form bis 1515.

② Das ehemalige Augustiner-Chorherrenstift Rottenbuch wurde 1073 von Herzog Welf I. gestiftet. Die ehemalige Stiftskirche wurde nach 1085 begonnen und um 1125 vollendet. Bei der Barockisierung bis 1746 blieben die Mauern selbst unangetastet. Dafür wurden sämtliche Flächen von Vater und Sohn Schmuzer wie mit einem Theatervorhang aus Stuck und Fresken verhängt. Die Fresken dazu schuf Matthäus Günther. Zusammen zauberten die drei Künstler aus der romanisch-gotischen Kirche ein wunderschönes Rokoko-Kleinod.

③ Das ehemalige Prämonstratenserkloster Steingaden wurde 1147 von Herzog Welf VI. gegründet. Die frühere Klosterkirche wurde 1176 geweiht und blieb bis auf die Neuwölbung des Mittelschiffs (1745) bis heute unverändert. Trotz der Barockdekoration von 1750 vermittelt das Innere noch ganz den Charakter einer altbayerischen Pfeilerbasilika aus der Zeit der Romanik. Für die Barockdekoration sorgten Johann Georg Bergmüller (Fresken) und Franz Xaver Schmuzer (Stuck).

④ Mit der Wallfahrtskirche zum gegeißelten Heiland in der Wies bei Steingaden gelang Dominikus Zimmermann die Krönung seines Lebenswerks. Lichtführung und die rhythmische Gliederung von Säulen und Pfeilern sorgen dafür, daß der ovale Kirchenraum und der angesetzte, lange Chor im Zusammenklang mit der großartigen Zentralkuppel zu echt barockem Leben finden. Die Gestaltung zum Gesamtkunstwerk vollendete Zimmermanns älterer Bruder Johann Baptist, der Stuck und Malerei beisteuerte. Beide Brüder ergänzten sich dabei auf ideale Weise.

⑤ Hohenschwangau: Siehe Wanderung 96 A, Seite 392.

⑥ Füssen: Siehe Wanderung 96 B, Seite 393.
⑦ In Roßhaupten kann das Kraftwerk an der Staustufe des Forggensees besichtigt werden.
⑧ In Bernbeuren stand schon im 8. Jahrhundert ein fränkischer Königshof. Im 12. Jahrhundert gab es eine Basilika, auf der der heutige Kirchturm steht. Die Pfarrkirche von 1723 strahlt im schönsten Barock.
⑨ Der Auerberg ist ein den Alpen vorgelagerter Inselberg, auf dem die Kelten eine Fluchtburg und die Römer eine Wachstation unterhalten hatten. Die Kirche auf dem Auerberg ist teilweise romanisch, teilweise gotisch, Dekoration und Altar sind barock. Lediglich eine spätgotische, geschnitzte Madonna stammt noch aus der Zeit um 1510.
⑩ In Altenstadt entstand in der zweiten Hälfte des 12. Jahrhunderts die wohl schönste romanische Basilika Südbayerns. Die mit 38 Meter Länge für die romanische Zeit und für eine Dorfkirche riesige Basilika mit ihren zwei wuchtigen, je 32 Meter hohen Türmen ist eine der wenigen Kirchen Altbayerns, die noch in romanischer Zeit gewölbt wurde. Das Gewölbe tragen zwölf mächtige, von je vier Halbrundsäulen ummantelte Pfeiler mit Würfelkapitellen, jedes mit anderen Motiven kerbschnittartig verziert. Von der Ausstattung sind zwei Kostbarkeiten erhalten: Der um 1220 geschnitzte »Große Gott von Altenstadt« mit seiner majestätischen Würde und der um 1200 aus Sandstein gehauene Taufstein mit seinem kostbaren Reliefschmuck.

Ludwig II. – Der bayrische Märchenkönig

Als Ludwig II. 18jährig den Thron besteigen mußte, schwebte der in keiner Weise auf sein Amt vorbereitete Jüngling in einer absolut weltfremden, von der Liebe zur Poesie geprägten Traumwelt. Richard Wagners »Lohengrin« bestätigte ihn in seiner Meinung, daß Gefühl und Glauben wichtiger seien als Verstand und Logik. Seine Bauten waren so eine Flucht aus der schlechten Nähe in eine schöne Ferne, der Versuch, eine Welt zu versinnlichen, in die nur die Sehnsucht, der Traum eindringen konnte. Ob das mit Elementen der Romanik (Neuschwanstein), des Rokoko (Linderhof), des Barock (Herrenchiemsee) oder gar der »maurischen« Kunst geschah, war dabei zweitrangig. Als ihm diese letzte Möglichkeit der Selbstverwirklichung durch die Regierung in München genommen wurde, zerbrach auch sein Lebenswille, weil ihm damit die »Hauptlebensfreude« genommen wurde. Das tragische Ende des Märchenkönigs am 13. Juni 1886 im Starnberger See war damit der Schlußstein in einer Entwicklung, die mit der ersten Begegnung des 16jährigen mit Wagners »Lohengrin« so scheinbar unverfänglich begonnen hatte.

△ *Die Wallfahrtskirche zum gegeißelten Heiland in der Wies*

◁ *Stadtmauer in Schongau*

◁ *Rottenbuch an der Ammer*

Tip

Der Peißenberg bei Peiting: Östlich von Peiting verdient der 988 Meter hohe Peißenberg einen Besuch. Dank seiner freien Lage bietet der mit einer Wallfahrtskirche und der ältesten Wetterstation Deutschlands gekrönte Gipfel eine schöne Aussicht über halb Oberbayern.

96 A

Wanderung 96 A: Aufstieg 3½ Stunden, Abstieg 1½ Stunden

Auf königlichem Steig

Pfaffenwinkel

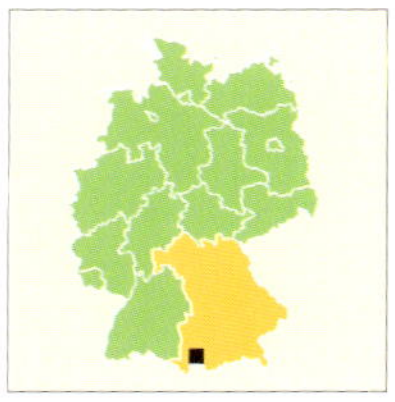

Als Kind und Jugendlicher verbrachte König Ludwig II. viele Sommer auf Schloß Hohenschwangau. Von dort aus eroberte er die umliegenden Berge. Dabei kam ihm entgegen, daß schon sein Vater die Marienbrücke, den Steig auf den Tegelberg und die dortige Jagdhütte hatte anlegen lassen.

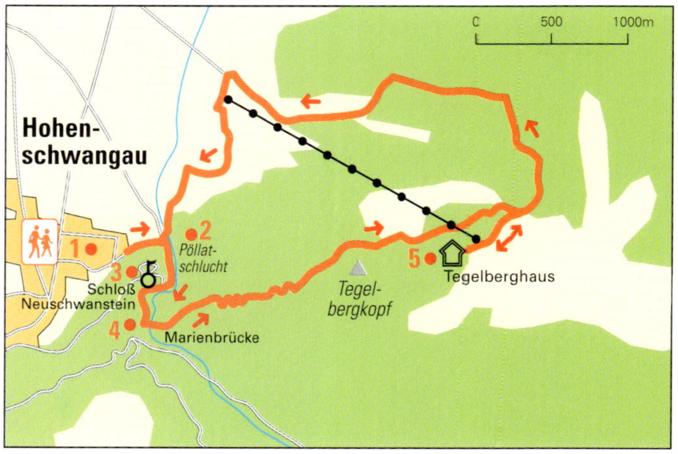

Tourverlauf

Die Tour startet am östlichen Ortsrand von Hohenschwangau. ① Nach wenigen Minuten ist man bereits mitten in der wildesten Felsszenerie der Pöllatschlucht. ② An ihrem oberen Rand trifft man unmittelbar auf das Schloß Neuschwanstein. ③

Oberhalb des Schlosses überquert man über die schwindelerregende Marienbrücke die Pöllatschlucht. ④

Nach der Marienbrücke beginnt der gut markierte Steig in Serpentinen immer dem Grat entlang energisch zu steigen. Dabei weitet sich die Aussicht über die Allgäuer Berge mit jedem Schritt. Zum Schluß schlängelt sich der Steig an den Nordhängen unter dem Gipfelaufbau des Tegelbergs entlang und führt schließlich von Nordosten her zum Gipfel mit der Bergstation der Seilbahn. ⑤

Für den Abstieg bietet sich der Steig entlang der Skiabfahrt hinunter zur Talstation der Seilbahn an.

Durch die weiten Wiesen unterhalb des Tegelbergs geht es schließlich zurück zum Sägewerk unterhalb von Schloß Neuschwanstein.

Sehenswürdigkeiten

① Hohenschwangau war im 12. und 13. Jahrhundert der Burgsitz der gleichnamigen Herren. Die Ruine dieser Burg kaufte Maximilian II., der Vater von Ludwig II. 1832, um sich eine romantische Sommerresidenz in den Bergen

△ *Illasbergsee im Vordergrund und dahinter der Forggensee*

zu schaffen. Die Entwürfe dazu lieferte der Theaterdekorateur Domenico Quaglio. Bei der Ausmalung der Räume wurden Themen aus Geschichte und Sage nach Entwürfen von Moritz von Schwind verwendet.

② Durch die wildromantische Pöllatschlucht rauscht das Wasser in übereinander gestaffelten Kaskaden über die ausgewaschenen Felsen. Manchmal wird der Steig sogar auf einen vor die glatte Felswand gebauten, abenteuerlich anmutenden Steg gezwungen. Über allem spannt sich hoch oben die Marienbrücke.

③ Neuschwanstein ist die Traumburg von Ludwig II. Er ließ das Schloß ab 1868 durch die Architekten Eduard Riedl, Georg Dollmann und Julius Hoffmann an der Stelle einer alten Burgruine in romanischer Form errichten. Vorbild war dabei die Wartburg über Eisenach, die Ludwig inkognito besucht und die ihn tief beeindruckt hatte. Mit Neuschwanstein sollte Richard Wagner den angemessenen Rahmen für seine Opern erhalten. Die Fertigstellung der Burg erlebte der König allerdings nicht mehr. Höhepunkte der Besichtigung sind heute der Thronsaal im dritten und der Sängersaal im vierten Obergeschoß. Beide bieten ein reiches Freskenprogramm mit allegorischen Darstellungen und Szenen aus deutschen Sagen.

④ Die Marienbrücke über die Pöllatschlucht ließ bereits der Vater von König Ludwig II. bauen.

⑤ Der 1707 Meter hohe Tegelberg ist bei schönem Wetter ein Dorado all derer, die es den Vögeln gleichtun möchten. Hier schicken sich Drachenflieger und Paraglider an, den Luftraum gegen den Lechstausee hin zu erobern. Die Aussicht reicht weit über die Allgäuer Seenplatte hinaus ins Flachland.

◁ *Schloß Neuschwanstein*

Tip

Alpenlehrpfad Ammergebirge: Wer sich über die Umgebung des Tegelbergs informieren möchte, der sollte über die Kleine Bleckenaurunde wandern. Der Alpenlehrpfad erklärt auf Informationstafeln die Geologie sowie die Flora und Fauna des Ammergebirges.

Wanderung 96 B: 2,5 Kilometer – 1½ Stunden

Zu Fuß durch Füssen

96 B

Freundliche Seen und schroffe Berge sind die Bausteine der attraktiven Landschaft um Füssen. Die Stadt selbst liegt malerisch am jungen Lech. Überragt wird sie vom Hohen Schloß der Augsburger Fürstbischöfe.

Pfaffenwinkel

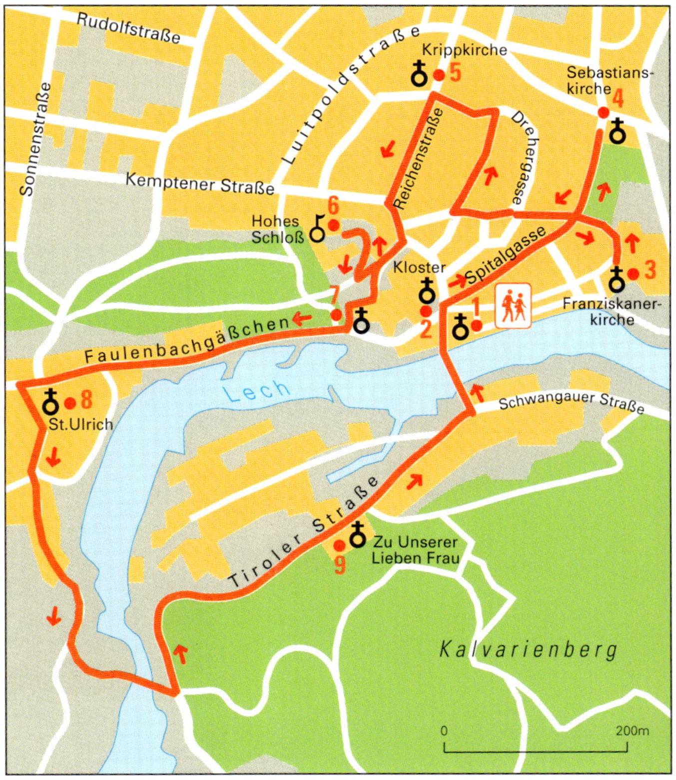

Tourverlauf

An der Füssener Lechbrücke beginnt dieser Stadtspaziergang; an ihrer Nordseite ist das erste Ziel die Spitalkirche. ①
Wenige Schritte weiter durch die Lechhalde trifft man links auf das Kloster St. Mang. ②
Durch die Spitalgasse wandert man hinüber zur Franziskanerkirche. ③
Durch die Klosterstraße kommt man zur Sebastianskirche. ④
Durch das Pfarrgäßle, die Franziskaner-, Brunnen- und Schrannengasse erreicht man die Krippkirche. ⑤
Westlich oberhalb des Magnusplatzes lockt nun das Hohe Schloß. ⑥
Unterhalb des Schlosses wartet die Pfarrkirche St. Mang auf Besucher. ⑦
Dem linken Lechufer entlang spaziert man dann durch das Faulenbachgäßchen zur Feldkirche St. Ulrich. ⑧
Über den Kapellenberg und den Ländeweg erreicht man schließlich den Maxsteg, über den man den Lech quert. An der Tiroler Straße liegt zum Abschluß der Wanderung noch die Kirche Zu Unserer Lieben Frau. ⑨
Von hier sind es nur noch wenige Schritte zurück zur großen Lechbrücke.

Sehenswürdigkeiten

① Die einschiffige Spitalkirche wurde bis 1749 von Franz Karl Fischer errichtet. Ihre Fassade ist mit feiner Lüftlmalerei im Stil des Rokoko verziert. Das Innere präsentiert sich mit reichem Rocaillestuck und schöner Scheinarchitektur.
② Das Kloster St. Mang erhielt seine heutige Form bis 1727 durch Johann Jakob Herkomer. Neben dem Rathaus ist hier das Heimatmuseum untergebracht. Zu sehen sind außer kulturhistorisch Interessantem auch Festsaal, Bibliothek und Papstzimmer des ehemaligen Klosters.
③ Die Franziskanerkirche wurde 1767 fertiggestellt. Der architektonisch anspruchslose Bau präsentiert sich aber in prunkvoller Rokokoausstattung.
④ Die Sebastianskirche hat einen spätgotischen Chor aus dem 16. Jahrhundert und ein Langhaus von 1725. Sehenswert ist der Chor mit Stuck von Johann Schmuzer und Fresken von Johann Jakob Herkomer.
⑤ An der 1717 von Johann Georg Fischer errichteten Krippkirche fällt vor allem ihre fein geschwungene Fassade auf.
⑥ Das Hohe Schloß steht auf dem Platz einer 1291 erbauten Burg. Unter dem Augsburger Bischof Friedrich von Zollern erfolgte dann bis 1503 die Erweiterung zum heutigen Schloß. Erhalten sind Balken- und Kassettendecken des 16. sowie Stuck- und Schnitzarbeiten des 17. Jahrhunderts. Das Schloß dient heute als Galerie der Bayerischen Staatsgemäldesammlungen.
⑦ Die Stadtpfarrkirche St. Mang entstand bis 1717 auf Fundamenten einer romanischen Vorgängerin. Die dreischiffige Halle ist das Erstlingswerk von Johann Jakob Herkomer, der hier gleichzeitig als Architekt, Stukkateur und Freskomaler wirkte. Besonders interessant ist der 1610 entstandene Totentanz in der St. Annakapelle auf der Ostseite des Chores.
⑧ Auch die Feldkirche St. Ulrich ist ein Werk von Johann Jakob Herkomer. Die Kirche besitzt eine Kanzel aus Stuckmarmor und am Hochaltar wertvolle Holzfiguren.
⑨ Die Frauenkirche stammt von Johann Schmuzer, der den stuckierten Saalbau 1683 fertigstellte.

△ Der Lechfall

◁ Auf dem Tegelberg bei Füssen

Tip

Füssener Lechfall: Am südlichen Rand von Füssen zeugt der Lechfall von einem vieltausendjährigen Kampf des Lechs mit harten Kalkfelsen. Am Ende der Eiszeit hatten mächtige Eiszeitmoränen dem Fluß seinen gewohnten Weg durch das Vilstal versperrt und ihn so gezwungen, sich ein neues Bett zu graben. Dies gelang ihm über einen imposanten Wasserfall, dessen Anblick, mit den Tiroler Bergen im Hintergrund, zu den besonders schönen Landschaftsbildern im Allgäu zählt.

97

Autotour 97: 130 Kilometer

Unterwegs im Fünfseenland

Im Münchner Südwesten beherrschen fünf Seen die oberbayrische Landschaft. Der Starnberger See gedieh zum See der Herrschaften und ist es vielleicht auch heute noch, der Ammersee war der See der Bauern. Pilsen-, Wörth- und Weßlinger See sind bei den Liebhabern stillerer Winkel beliebt. Die Seen selbst und das Land zwischen diesen Seen sind eine der schönsten Regionen Süddeutschlands.

Oberbayerische Seen

△ *Klosterkirche St. Mariä in Dießen*

Tourverlauf

Als Gast in München läßt sich diese Autotour auch von der bayrischen Landeshauptstadt gut unternehmen, da Starnberg von München aus leicht zu erreichen ist. ①
Dem am Ostufer des Starnberger Sees gelegenen Berg sieht man heute seine königliche Vergangenheit kaum noch an. ②
Von Berg aus fährt man wenig oberhalb des Seeufers nach Münsing. ③
In Seeshaupt, am südlichen Ufer des Starnberger Sees, lohnt sich ein Abstecher nach Bernried. ④
Zurück in Seeshaupt nimmt man die Landstraße nach Weilheim in Oberbayern. ⑤
Ab Weilheim benutzt man die B 2 nach Norden, übersieht aber nicht die Abzweigung westwärts nach Pähl. ⑥
In Fischen am Südrand des Ammersees ist der Abstecher entlang des Ostufers nach Herrsching fällig. ⑦
Ab Fischen fährt man durch die Birkenallee um die südliche Bucht des Ammersees nach Dießen. ⑧
Nun folgt man dem Westufer des Sees nach Norden und macht noch Station in Utting. ⑨
Die Runde um den Ammersee schließt sich fast bei Stegen. Dort schwenkt man sofort wieder nach rechts, um über Inning und am Wörthsee vorbei, Seefeld zu erreichen. ⑩
Über Perchting kommt man zurück nach Starnberg.

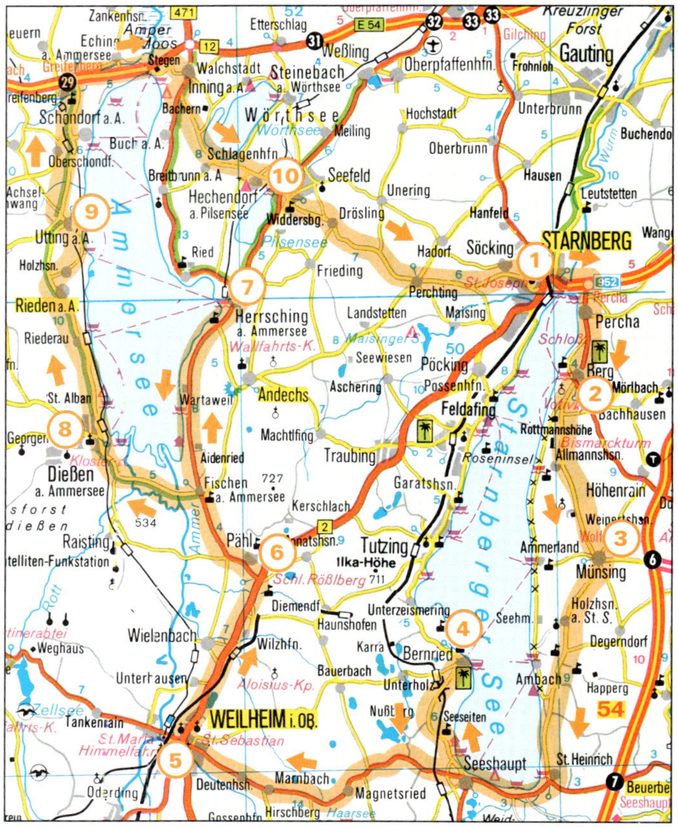

Sehenswürdigkeiten

① Der Starnberger See war »immer der Freudenort der Fürsten zu Bayern und der Einwohner zu München gewesen. Man sieht an beiden Ufern ein kurfürstliches Schloß und die übrigen wurden vielfach von Patriziern besessen.« Die in einer hier zitierten Chronik von 1784 genannten beiden Schlösser sind das ehemalige Schloß Starnberg und das Schloß Berg am Ostufer. Zu Zeiten von Kurfürst Ferdinand Maria wurden beide Schlösser prunkvoll ausgebaut, und auf dem See gab es eine Flotte von 16 Schiffen für den Hof. Heute waltet im Starnberger Schloß die Finanzbehörde ihres Amtes, das Gebäude bietet von weitem aber immer noch einen schönen Anblick. Die Starnberger Pfarrkirche erhielt ihre heutige Form bis 1765 und birgt sehenswerte Deckenfresken von Christian Winck im Stil des Rokoko. Hochaltar und Kanzel stammen von Ignaz Günther um 1768.

◁ *Am Ammersee bei Dießen*

△ Kirche St. Andrä, Etting bei Weilheim

② Berg: Siehe Wanderung 97 A, Seite 396.
③ Münsing auf dem sonnigen Höhenrücken zwischen Starnberger See und Isartal zog früh die Münchner Maler an. Im südlich gelegenen Degerndorf birgt die Michaelskirche aus dem 17. Jahrhundert eine spätgotische Madonna des 15. Jahrhunderts. Im westlich am Seeufer gelegenen Ammerland steht das um 1650 errichtete barocke Schloß des Franz von Pocci.
④ Das ehemalige Augustiner-Chorherrenstift in Bernried wurde 1121 gestiftet und hatte 1802 immer noch 18 Chorherren. Die ehemalige Stiftskirche St. Martin wurde in ihrer heutigen Form 1662 fertiggestellt und zeigt die Frühstufe des Barock. Südlich der Ortsmitte erstreckt sich der Bernrieder Park mit schönem Eichen- und Buchenbestand.
⑤ Weilheim lebte lange im Schatten des südlich gelegenen Klosters Polling. Ab dem 16. Jahrhundert konnte sich jedoch dank der zahlreichen Aufträge umliegender Klöster die »Weilheimer Schule« herausbilden. Zahlreiche namhafte Künstler arbeiteten von hier aus an der Gestaltung der vielen Barockkirchen der Umgebung. Die nahezu quadratische Altstadt ist noch gut erhalten. Zentrum ist die Pfarrkirche Maria Himmelfahrt, deren heutige Gestalt unter der Leitung von Bartholomäus Steinle 1631 vollendet wurde. Die stattliche Wandpfeilerkirche enthält Fresken von Elias Greither und Altäre von den führenden Künstlern der Zeit, darunter auch von Franz Xaver Schmädl. Auch die gotische Friedhofskirche St. Salvator birgt Fresken von Elias Greither. Im Alten Rathaus von 1788 ist heute das Städtische Museum untergebracht.
⑥ In Pähl wurde die ursprünglich gotische Pfarrkirche St. Lorenz bis 1734 von Joseph Schmuzer umgebaut. Die Fresken im Inneren stammen von Joseph Baader.
⑦ Herrsching: Siehe Wanderung 97 B, Seite 397.
⑧ Dießen am Südwestrand des Ammersees war bis 1132 der Stammsitz der Grafen von Dießen-Andechs. Als Graf Berthold II. auf den Andechser Berg umzog, stiftete er in Dießen ein Augustiner-Chorherrenstift. Dessen ehemalige Stiftskirche brachte Johann Michael Fischer bis 1739 in die heutige Form. Zum Rokokojuwel machten sie die Stukkateure Franz Xaver und Johann Michael Feichtmayr sowie Johann Georg Üblher. Die überaus detailreichen Fresken schuf der Augsburger Maler Johann Georg Bergmüller. Im Langhaus zeigt der »Dießener Himmel« Maria umgeben von Heiligen im Himmel. Im Chor sind die Heiligen aus dem Geschlecht der Andechser Grafen versammelt. Der Sebastiansaltar enthält Gemälde von Giovanni Battista Tiepolo.
⑨ Die Uttinger Wallfahrtskirche St. Leonhard entstand 1712 und präsentiert besonders schönen Wessobrunner Stuck. Das Gewölbe ist mit Medaillongemälden verziert, Altäre und Kanzel sind ganz in Schwarz und Gold gehalten.
⑩ Das Seefelder Schloß hoch über dem Pilsensee geht auf eine Burg des 12. Jahrhunderts zurück. Ab 1472 wurde diese von den Grafen Törring zum heutigen Schloß ausgebaut.

Berühmte Namen am Starnberger See

So bekannt wie er selbst, so berühmt sind auch die Namen, die mit dem Starnberger See in Verbindung stehen. Adel und Bürgertum ließen sich von seiner Lage inspirieren gleichwie Künstler und Schriftsteller. Der Verleger Ernst Heimeran hatte am Starnberger See sein Haus wie heute Vicco von Bülow. Oskar Maria Graf, der Schriftsteller, wurde in Berg am östlichen Seeufer geboren, und Herbert Achternbusch ist am See zu Hause. Walter Benjamin verbrachte im Jahr 1917 einen Sommer in Seeshaupt, Olaf Gulbransson heiratete in Bernried und nicht zu vergessen Feldafing, wo Lothar-Günther Buchheim lebt. Schließlich hat der Münchner Literaturwissenschaftler Dirk Heißerer in jüngster Zeit eruiert, daß Thomas Mann zwischen 1919 und 1923 bedeutende Teile seines »Zauberbergs« am Starnberger See geschrieben hat: In einem Haus ebenfalls in Feldafing.

Tip

Pähler Schlucht: Bei Pähl am Südende des Ammersees hat sich der kleine Bergleitenbach seinen Lauf durch eine Endmoräne gegraben und dabei eine beeindruckende Schlucht geschaffen. Auf einem halbstündigen Wanderweg erreicht man den 15 Meter hohen Wasserfall. Die hohe Luftfeuchtigkeit in dieser Schlucht sorgt dafür, daß sich hier Moose und Farne besonders wohl fühlen. Auch der immergrüne Efeu gedeiht an dieser Stelle prächtig und überwuchert Waldboden, Steine und Baumstämme.

▷ Starnberger See von der Ilkahöhe

97 A

Wanderung 97 A: 9 Kilometer – 2 Stunden

Überm Starnberger See

Oberbayerische Seen

Schloß Berg war die Sommerresidenz von Kurfürst Ferdinand Maria und von König Maximilian II. Beide waren der Grund dafür, daß die Uferlandschaft mit aufwendigen Residenzen der Hofleute bebaut wurde. Viele davon sind bis heute erhalten.

Tourverlauf

Ausgangspunkt ist der Parkplatz nördlich von Berg. ①
Von der Ostseite des Parkplatzes wandert man zunächst hinüber nach Berg. ②
Von Berg geht man dem Nordrand des Schloßparks entlang über den König-Ludwig-Weg Richtung Assenhausen. Freunde barocker Wallfahrtskirchen sollten jedoch auf der Höhe von Leoni den Abstecher nach Aufkirchen auf sich nehmen. ③
Hinter Assenhausen ist der Bismarckturm bereits nicht mehr zu übersehen. ④

△ *Schiffahrt auf dem Starnberger See*

Vom Turm steigt man durch den Schluchtweg zur Uferstraße am See hinunter. Vorbei am Seehotel Leoni erreicht man das Südende des Berger Schloßparks. Hier nimmt man den halblinks abgehenden Parkweg und kommt damit zur Gedächtniskapelle für Ludwig II. ⑤
Letztes Ziel ist schließlich Schloß Berg. ⑥
Nordostwärts kommt man von ihm zurück zum Parkplatz.

Sehenswürdigkeiten

① Vom Parkplatz gibt es einen direkten Seezugang mit Bademöglichkeit.
② Berg ist bereits 822 urkundlich erwähnt, ab 1571 gab es hier den Sitz einer Hofmark. In der spätromanischen Kirche stammen Stuck, Fresken und Hochaltar aus dem 17. Jahhundert. Das Holzrelief des Marientods wurde schon im 16. Jahrhundert gefertigt.
③ In Aufkirchen ist die Pfarrkirche Maria Himmelfahrt eine der bedeutendsten Wallfahrtsstätten des südlichen Oberbayerns. Sie wurde um 1500 an der Stelle einer älteren Kirche erbaut und öfter erneuert. Sie besitzt interessante Außenfresken und eine gute Innendekoration aus dem 18. und 19. Jahrhundert
④ Der Bismarckturm entstand 1899 im Auftrag von Münchner Bürgern. Über einem loggienartigen Unterbau erhebt sich der mit Reliefs an den Seiten und einem Adler an der Spitze geschmückte Turm. Von ihm bietet sich eine prächtige Aussicht über See und bei klarem Wetter auf das Hochgebirge. In der Dürrbergstraße von Assenhausen stehen noch einige alte Bauernhäuser aus dem 17. und 18. Jahrhundert
⑤ Die Votivkapelle am See entstand zum Gedenken an den Tod des Märchenkönigs Ludwig II., der hier am 13. Juni 1886 tot im See aufgefunden wurde. Die neuromanische, etwas kalt wirkende Kapelle wurde 1900 von Joseph Hofmann errichtet, Anton Spiess lieferte die Fresken. Unterhalb der Kapelle markiert ein einfaches Gedenkkreuz im See die Stelle, wo der tote König gefunden wurde. Der umgebende Landschaftspark geht auf Kurfürst Ferdinand Maria zurück, der den Starnberger See zur Bühne seiner Sommerfeste gemacht hatte.
⑥ Schloß Berg wurde 1640 von Hans Friedrich Hörwarth errichtet. Im Oktober 1676 erwarb Kurfürst Ferdinand Maria den Bau. Nun wurde das Schloß Schauplatz barocker Feste und höfischer Jagden. Kurfürst Max Emanuel legte dann 1686 einen ersten Tiergarten an, aus dem der spätere Schloßpark werden sollte. König Max II. ließ das Schloß dann zwischen 1849 und 1851 durch den späteren Hofbauinspektor Eduard Riedel im neugotischen Stil umbauen. Den damals errichteten vier Ecktürmen ließ schließlich Ludwig II. noch einen fünften, höheren Nordturm anbauen. Ihn nannte der König »Isolde«. Am 16. April 1864 kam Ludwig II. erstmals als König und Schloßherr an den Starnberger See. Kurz darauf mietete er in Kempfenhausen für seinen Freund Richard Wagner ein Landhaus. Der Komponist wohnte dort vom 14. Mai bis 27. September 1864 und besuchte seinen Gönner nahezu täglich. Nach einem dieser Besuche schwärmte der König: »Alles was Sie schaffen, ist mir so nah, so innig verwandt, geht mir so zu Herzen, daß es für mich ein geradezu paradiesischer Genuß ist.«

▽ *Strandhotel am Starnberger-See-Ufer in Berg*

Tip

König-Ludwig-Weg: Ein blaues K mit Krone markiert den 111 Kilometer langen Weg vom Starnberger See zu den Königsschlössern Hohenschwangau und Neuschwanstein. Dazwischen liegen die Klöster Andechs und Wessobrunn, die Barock- und Rokokokirchen in Dießen, Rottenbuch und die Wies, um nur die Glanzpunkte des Weges zu nennen.

Wanderung 97 B: 9 Kilometer – 2 ½ Stunden

Wallfahrt nach Andechs

97 B

Oberbayerische Seen

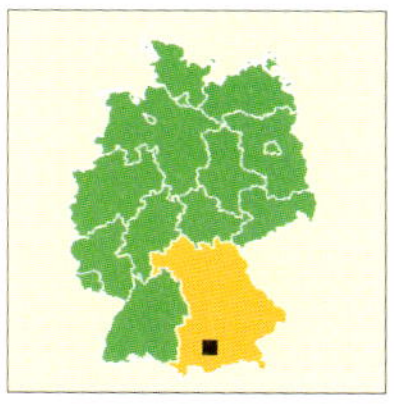

Bayerns Heiliger Berg ist Ziel der ältesten Wallfahrt des Landes. Das Kloster besitzt eine der schönsten bayrischen Rokokokirchen und eine der ältesten Brauereien Bayerns. Zur Freude aller Besucher funktioniert die Ehe zwischen Wallfahrt und Bier bis heute, nirgendwo sonst gibt es soviel »bayrische Gemütlichkeit«.

△ *Kloster Andechs südöstlich des Ammersees*

Tourverlauf

Diese Wanderung beginnt am S-Bahnhof in Herrsching. ① Vom Bahnhof aus folgt man der Fischer- und der Andechser Straße, bis rechts die Leitenhöhe abzweigt. Ab hier folgt man dem Wegweiser `»Fußweg Andechs über Hörndlweg«. Am nördlichen Ortsrand von Erling beginnt bald der Weg zum Andechser Klosterberg. ②
Für den Rückweg folgt man ab der Klosterkirche dem Wegweiser »Herrsching durch das Kiental«. Dieser Weg mündet in Herrsching wieder in der Andechser Straße.

Sehenswürdigkeiten

① Herrsching liegt an einer prächtigen Bucht mit langem Badestrand. Pittoresk ist das Kurpark-Schlößchen.
② Bayerns sogenannter Heiliger Berg Andechs über dem Ammersee war einst der Sitz der angesehenen Grafen von Andechs, die 1132 von Dießen hierher übersiedelt waren. Als 1208 der Pfalzgraf Otto VIII. von Wittelsbach in der Burg des Bamberger Bischofs Ekbert von Andechs König Philipp von Schwaben ermordete und anschließend floh, wurde der Bischof der Mitwisserschaft beschuldigt und die Reichsacht über ihn und seine Verwandten verhängt. Um den Griff der Wittelsbacher nach der Andechser Stammburg zu verhindern, zerstörte der letzte Andechser seine eigene Burg. Übrig blieb lediglich die Burgkapelle, die als Heilige Kapelle heute den Kern der Andechser Klosterkirche bildet. Das heutige Benediktinerkloster wurde 1455 von Herzog Albrecht III. gegründet. Bereits drei Jahre später konnte die Kloster- und Wallfahrtskirche geweiht werden. Am 3. Mai 1669 ging das gesamte Kloster durch Blitzschlag in Flammen auf. Wiederum überstand nur die Heilige Kapelle. Den Neubau errichtete Caspar Zuccalli nach den Plänen von Dominikus Schinagl bis 1675. Die heutige Rokokokirche wurde bis 1755 zum 300jährigen Jubiläum der Klosterstiftung gestaltet. Nach der Säkularisation erwarb König Ludwig I. den »Heiligen Berg« und gab ihn 1850 den Benediktinern zurück. Noch heute verrät die dreischiffige Andechser Hallenkirche eindeutig ihre in der ersten Hälfte des 15. Jahrhunderts gewonnene gotische Struktur. Zur richtigen Geltung aber kommt diese Struktur erst durch die von Johann Baptist Zimmermann und Johann Georg Üblher geschaffene Rokokodekoration. Höhepunkt ist der sich über dem Hochaltar öffnende »Andechser Heiligenhimmel«. Hier sind die Heiligen und Seligen aus der Grafenfamilie der Andechser versammelt. Interessant ist die Sammlung von Votivkerzen. Die älteste ist von 1594. In der Heiligen Kapelle wird der Reliquienschatz gehütet. Das Siegeskreuz von Karl dem Großen stammt aus dem 12. Jahrhundert und die Dreihostienmonstranz aus dem 15. Jahrhundert. Für das leibliche Wohl ist dann Platz im Andechser Braustüberl. Hier holt sich der Gast seine Maß Bier direkt am Ausschank, seine Brotzeit darf jeder selbst mitbringen, und der »Herr Nachbar« ist noch der selbstverständliche Gesprächspartner.

◁ *Schloß im Kurpark Herrsching*

Tip

Seewiesen und Maisinger See: Das idyllisch zwischen Starnberger See und Ammersee gelegene Seewiesen ist eigentlich kein Ort, sondern ein Forschungsinstitut für Verhaltensphysiologie der Max-Planck-Gesellschaft. Von Nobelpreisträger Konrad Lorenz gegründet und lange von ihm geleitet, gelangte es zu internationaler Bedeutung und stellt heute einen Treffpunkt von Verhaltensforschern aus aller Welt dar. Für die Öffentlichkeit ist das Institut leider nicht zugänglich. Trotzdem lohnt sich ein Ausflug, zumal außerhalb des Institutsgeländes vielfältige Möglichkeiten für Spaziergänge geboten sind, beispielsweise zum Eßsee. Nordöstlich von Seewiesen liegt der ruhige Maisinger See, der dichte Kolonien der in kräftigem Gelb blühenden Teichrosen trägt und von einem Schilfgürtel umgeben wird. Bis auf den Damm am Ostufer, von dem aus gebadet werden darf, ist das gesamte Seeufer geschützt. Die Moorflächen am Südrand sind als Vogelschutzgebiet ausgewiesen. Hier kann man Krick- und Knäkenten, die kleinsten Gründelentenarten Europas, ebenso beobachten wie den Zwergtaucher oder den Schwarzhalstaucher, der an seinen leuchtendroten Augen zu erkennen ist.

98

Autotour 98: 140 Kilometer

Im Werdenfelser Land

Werdenfelser Land

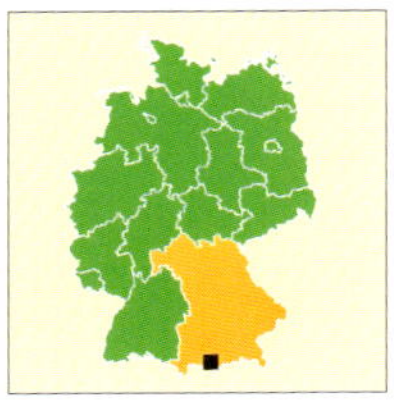

Wetterstein und Karwendel sind die zwei markantesten Gebirgsstöcke der Bayerischen Alpen zwischen Lech und Inn. Im Wettersteingebirge überragt die Zugspitze als Deutschlands höchster Gipfel Garmisch-Partenkirchen. Östlich von Mittenwald türmen sich die westlichen Wände des Karwendelgebirges 1500 Meter in die Höhe. Zwischen beiden rauscht die junge Isar aus dem Hochgebirge heraus.

Tourverlauf

Beginn dieser Autotour ist in Penzberg. ①
Erstes Ziel ist das zwischen Staffelsee, Riegsee und Murnauer Moos gelegene Murnau. ②
Von Murnau aus fährt man westwärts unter das 1548 Meter hohe Hörnle nach Bad Kohlgrub. ③
Über die B 23 erreicht man anschließend das berühmte Passionsspieldorf Oberammergau. ④
In unmittelbarer Nachbarschaft wartet das Kloster Ettal auf Besucher. ⑤
In Ettal sollte niemand weiterfahren, ohne vorher einen Abstecher durch das Graswangtal zum Schloß Linderhof gemacht zu haben. ⑥
Von Ettal fährt man hinunter ins Loisachtal und ins Zentrum des Werdenfelser Lands nach Garmisch-Partenkirchen. ⑦
Von Partenkirchen aus nutzt man die B 2 zur Fahrt nach Mittenwald. ⑧
Fährt man von Mittenwald auf der B 11 nach Norden, wird man von einem weiten Wiesenplateau überrascht, in dessen Zentrum Wallgau liegt. Im weiteren Verlauf der B 11 taucht dann der bei den Surfern so beliebte Walchensee auf. ⑨
Über den Kesselberg fährt man anschließend hinunter zum Kochelsee und nach Kochel. ⑩
Letztes Ziel vor der Rückkehr nach Penzberg ist das uralte Klosterdorf Benediktbeuern. ⑪

Sehenswürdigkeiten

① In Penzberg wurde bis vor nicht allzu langer Zeit Kohle gefördert. Daran erinnert noch ein Bergwerksmuseum.
② In Murnau stand schon zur Römerzeit eine Straßenstation. Heute sind die barocke Pfarrkirche von 1734 und die neubarocken Fassaden an der Marktstraße interessant. Das 2300 Hektar große Murnauer Moos ist ein Relikt des mächtigen Loisachgletschers, der sich einst von der Zugspitze bis hier erstreckte. Am Ende der Eiszeit entstand ein See, der allmählich verlandete und sich in ein Moor verwandelte. Da dieser Vorgang noch keineswegs abgeschlossen ist, kann man aus näch-

◁ Inneres des Maurischen Kiosks, Schloß Linderhof
▷ Im weiten Murnauer Moos

ster Nähe alle Stadien der Moorbildung eingehend beobachten.

③ Bad Kohlgrub auf mit 900 Meter Seehöhe ist das höchstgelegene Moorheilbad Deutschlands. Die barocke Pfarrkirche wurde 1729 fertig. Das 1548 Meter hohe Hörnle ist per Seilbahn erreichbar.

④ Oberammergau ist gleichermaßen berühmt durch seine alte Schnitzertradition und durch die alle zehn Jahre stattfindenden Passionsspiele. Das Ortsbild wird dominiert von behäbigen, alten Bürgerhäusern mit umfangreichen Lüftlmalereien aus dem 18. Jahrhundert Besonders schön sind das Pilatushaus von 1784 und das Geroldhaus von 1778. Die barocke Pfarrkirche erhielt ihren Stuck von Joseph Schmuzer und ihre Fresken von Matthäus Günther. Hausberg mit prächtiger Aussicht ist der Blaser.

⑤ Das hoch über dem Loisachtal gelegene Kloster Ettal wurde 1370 von Kaiser Ludwig dem Bayer zusammen mit einem Stift für zwölf fromme Ritter gegründet. Deshalb erhielt die Kirche den Grundriß eines Zwölfecks. Zentrum des Raumes war eine Mittelsäule mit der kleinen, weißen Marienstatue als Gnadenbild. Die heutige Rundkirche entstand ab 1744 auf den alten Zwölfeckfundamenten nach den Plänen von Enrico Zuccalli. Die Ausstattung der luftigen Rotunde übernahmen Joseph Schmuzer und Johann Jakob Üblher (Stuck) und Johann Jakob Zeiller (Fresken).

⑥ Schloß Linderhof ist eines der drei Märchenschlösser von König Ludwig II. Im Gegensatz zu Neuschwanstein und Herrenchiemsee, wo der König nie gelebt hatte, war Linderhof quasi sein privates Refugium. Hier wohnte er, wenn er nicht in München sein mußte, hier bestimmte er jedes Detail der Ausstattung selbst. Wer den Vorstellungen von Ludwig II. nachspüren möchte, kann dies im Schloß selbst, in der Blauen Grotte oder im Maurischen Kiosk.

⑦ Anläßlich der Olympischen Winterspiele 1936 wurden die Wettersteingemeinden Garmisch und Partenkirchen vereinigt. Im Ortsteil Garmisch birgt die aus der Gotik stammende Alte Pfarrkirche St. Martin bedeutende Fresken aus der Zeit zwischen dem 13. und 16. Jahrhundert Die Neue Pfarrkirche von 1734 statteten Joseph Schmuzer mit Stuck und Matthäus Günther mit Deckenfresken aus. Auch in der Partenkirchener Wallfahrtskirche St. Anton lieferte Joseph Schmuzer den Stuck, die Kuppelfresken sind ein Werk von Johann Holzer. Die beliebtesten Ziele der Umgebung sind die Partnachklamm, die Höllentalklamm und die per Seilbahn beziehungsweise Zahnradbahn erreichbaren Gipfel von Wank und Zugspitze.

Höllentalklamm: Siehe Wanderung 98 A, Seite 400.

⑧ Das Geigenbauerdorf Mittenwald verdankt seine Berühmtheit Matthias Klotz, der hier 1684 den Geigenbau begründete. Ähnlich wie in Oberammergau gibt es zahlreiche Häuser mit schönen Lüftlmalereien, auch der Turm der Pfarrkirche ist mit solchen Malereien geschmückt. Das Innere enthält Stuck von Joseph Schmuzer und Fresken von Matthäus Günther. Die Karwendelseilbahn führt bis knapp unterhalb des 2385 Meter hohen Gipfels der Westlichen Karwendelspitze.

⑨ Walchensee: Siehe Wanderung 98 B, Seite 401.

⑩ Den Dorfplatz von Kochel ziert das Denkmal für den »Schmied von Kochel«. Er war der Anführer der Schützen, die an Weihnachten 1705 München von österreichischer Besatzung befreien wollten.

⑪ Das ehemalige Benediktinerkloster Benediktbeuern wurde um 740 gegründet und ist damit eines der ältesten Klöster im oberbayerischen Alpenvorland. Von 1275 an war es reichsunmittelbar und ein Zentrum von Kunst und Wissenschaft. Im 13. Jahrhundert wurde hier die berühmte »Carmina Burana« aufgezeichnet, die 1936 von Carl Orff vertont wurde. Die heutige Klosterkirche ist ein Frühbarockbau von 1685, ihre Fresken stammen von Hans Georg Asam, dem Vater der berühmten Brüder.

Deutschlands höchster Berg: Die Zugspitze

Das wuchtige Massiv der Zugspitze überragt als riesiger Wächter des Loisachtals die Wiesenböden von Garmisch-Partenkirchen und Ehrwald um weit mehr als 2000 Höhenmeter. Interessante Klammen, zerklüftete Wände und ein kleiner Gletscher charakterisieren seine Nordseite. Obwohl die 2962 Meter hohe Zugspitze sich nicht in die Phalanx der »Dreitausender« einreihen kann, war sie schon früh ein ausgesprochener Modeberg. Bereits am 27. August 1820 wurde ihr Westgipfel erstmals bestiegen, 1851 wurde die Verbindung vom West- zum Ostgipfel erstmals begangen. Nach langen Streitereien wurde 1897 das Münchner Haus auf dem höchsten Punkt Deutschlands eingeweiht. Nach und nach zogen Wissenschaft und Massentourismus gleichermaßen auf der Zugspitze ein. 1898 wurde eine Wetterstation errichtet, die Österreicher bauten eine Seilschwebebahn, kurz darauf wurde auf bayrischer Seite die Zahnradbahn in Betrieb genommen, und seit 1963 gibt es eine Seilschwebebahn vom Eibsee direkt zum Gipfel. Auf welchem Weg man den Gipfel auch erreicht – bei gutem Wetter belohnt die Aussicht jede Mühe. Dank der freien Lage reicht sie in jeder Richtung etwa 200 Kilometer weit.

△ *An den Osterseen nordwestlich von Penzberg*

◁ *Der Luttersee vor dem Hintergrund des Karwendelgebirges*

Tip

Freilichtmuseum des Bezirks Oberbayern: Von Kochel lohnt sich ein Abstecher zum Freilichtmuseum An der Glentleiten oberhalb von Großweil. Hier stehen etwa 30 für Oberbayern typische Gebäude, in denen auch Handwerksvorführungen in historischen Werkstätten stattfinden.

98 A

Wanderung 98 A: 5 bis 6 Stunden

Kreuzeck und Höllentalklamm

Werdenfelser Land

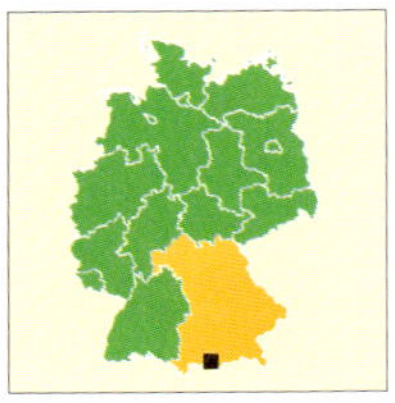

Gut 2200 Höhenmeter sind es von Hammersbach westlich von Garmisch-Partenkirchen bis zum nur 6 Kilometer in Luftlinie entfernten Gipfel der Zugspitze. Auf dieser Strecke gibt es einen von mächtigen Felswänden eingerahmten kleinen Gletscher, ein Hochtal und eine weltberühmte Klamm. Ins Herz dieser Urlandschaft führt diese Wanderung.

Tourverlauf

Am Fuß der Zugspitze beginnt diese Tour im westlich von Garmisch gelegenen Hammersbach. ①
Am Klammbach südlich von Hammersbach erreicht man den gut markierten Steig zum Kreuzeck. Er führt nach einem kurzen Waldstück und einer Viehweide bald hinein in eine wildromantische Berglandschaft. Etwa auf halbem Weg zum Kreuzeck hat man Seile der Alpspitzbahn über sich, danach geht es richtig hinein in die Felsen. Dabei bleibt der Steig aber stets gut gesichert und ungefährlich. Nach etwa $2^1/_2$ Stunden erreicht man dann das Joch knapp unterhalb des Kreuzecks. ②
Am Joch wendet man sich nach rechts (Westen) und wandert zunächst horizontal den Hang entlang und genießt die prächtige Aussicht hinunter ins Tal und hinüber zum Massiv des Kramers. Erst das letzte Stück verlangt noch einmal etwas Ausdauer, bis am 1819 Meter hohen Hupfleitenjoch der höchste Punkt der Wanderung erreicht ist. ③
Vom Joch geht es weiter westwärts, hinein in unwegbar scheinende, atemberaubende Steilwände. Doch keine Sorge: Der Weg behält seine Qualität und findet selbst an senkrechten Wandpassagen immer wieder einen Durchschlupf. Schließlich mündet der Steig im Talboden des Höllentals bei der Höllentalanger-Hütte. ④
Von der Hütte aus wandert man talauswärts und erreicht nach etwa 30 Minuten den oberen Eingang der Höllentalklamm. ⑤
Nach ihrer Durchsteigung braucht man nur noch den Klammbach entlang zurück zum Ausgangspunkt in Hammersbach zu wandern.

Sehenswürdigkeiten

① Hammersbach erhielt seinen Namen von den früher hier betriebenen Erzhämmern. Das Erz wurde im hinteren Höllental abgebaut.

② Das 1650 Meter hohe Kreuzeck ist Bergstation der gleichnamigen Bahn und bietet einen hervorragenden Ausblick.
③ Der kleine Gupf nördlich des Hupfleitenjochs bietet die wohl schönste Aussicht auf die grandiosen Felswände des Höllentals, auf den Höllentalferner und die Nordostwände der Zugspitze. Hier hat man einen guten Platz in einem großartigen Felstheater.
④ Die Höllentalanger-Hütte liegt auf dem Talboden des Höllentalangers. Hier übernachten auch diejenigen, die am nächsten Morgen zu Klettertouren in die umliegenden Felswände aufbrechen werden oder direkt auf die Zugspitze steigen möchten.
⑤ Die Höllentalklamm ist etwa 1000 Meter lang und hat einen Höhenunterschied von 145 Meter. Der Bau des Wegs durch die Klamm währte vier Sommer, von 1902 bis 1905. An einigen Stellen stehen die Wände der Klamm so nahe zusammen, daß der Weg nur durch Tunnel geführt werden konnte. Im Winter wird die Klamm oft von Lawinen zugeschüttet, der Schnee kann dann bis zu 60 Meter hoch liegen. Selbst im Sommer sind noch Eisreste der Lawinen zu sehen.

△ *In der Partnachklamm bei Garmisch-Partenkirchen*

◁ *Das Gipfelkreuz auf der Zugspitze im Wettersteingebirge, das eines der markantesten Gebirgsgruppen der nördlichen Kalkalpen darstellt*

Tip

Alpengarten am Schachen: Im Wettersteingebirge, unterhalb der Nordwand der Dreitorspitze, liegt beim Schachenhaus (1861 Meter) eine botanische Kostbarkeit. Mehr als 1200 Bergpflanzenarten aus verschiedenen Gebirgen der Erde werden auf einem etwa einen Hektar großen Gelände – einem Teil des Münchner Botanischen Gartens – kultiviert. Der Zugang zu dieser botanischen Rarität verlangt allerdings etwas Kondition und den Anmarsch von Klais.

Wanderung 98 B: 6 Stunden

98B

Logenplatz überm Walchensee

Bayerns Märchenkönig Ludwig II. wußte die Schönheiten seiner Heimat zu schätzen. Wenn er sogar einen Reitweg auf einen Gipfel bauen ließ, muß dieser besondere Schönheiten zu bieten haben. Herzogstand und Heimgarten sind dafür der unwiderlegbare Beweis.

Werdenfelser Land

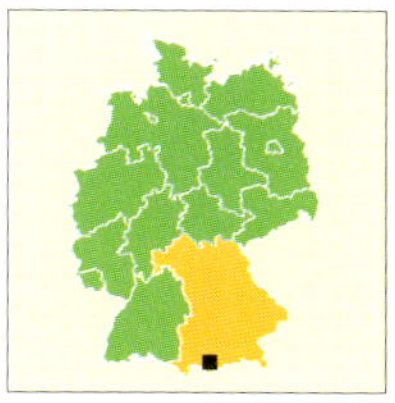

Tourverlauf

Zu dieser Wanderung bricht man in Walchensee am Westufer des gleichnamigen Sees auf. ①
Am Ostrand des großen Parkplatzes der Herzogstandbahn beginnt unmittelbar neben der B 11 der gut ausgebaute und gut markierte Steig zu den Herzogstandhäusern. ②
Von den Herzogstandhäusern aus ist der Gipfelaufbau des Herzogstands mit dem Serpentinenweg durch den Latschenhang bereits ganz überschaubar. Der Anstieg zum Gipfelpavillon ist nicht mehr zu verfehlen. ③
Unmittelbar neben dem Herzogstandgipfel beginnt der Steig über den Grat hinüber zum Heimgarten. Auch dieser Steig ist nicht zu verfehlen, folgt er doch immer dem Gratverlauf, auch der Gipfel des Heimgartens ist von Anfang an zu sehen. ④
Vom Gipfel des Heimgartens erfolgt der Abstieg hinunter nach Walchensee auf gut beschildertem Steig, zu dem es ohnehin keine Alternative gibt.

◁ *Blick auf den Walchensee*

Sehenswürdigkeiten

① Walchensee ist die einzige größere Siedlung am gleichnamigen See, der mit 16,5 Quadratkilometern Fläche der größte deutsche Alpensee ist. Mit 193 Meter ist er zugleich auch der tiefste oberbayrische See. Dank seines stetigen, von der Thermik der Berge bedingten Windes, ist er bei den Surfern überaus beliebt. Am Nordende des Sees bei Urfeld wird der See angezapft, um die unten am Kochelsee stehenden Turbinen anzutreiben. Der See dient damit als Speicherkraftwerk: zu Spitzenlastzeiten wird das Seewasser abgelassen, zu Schwachlastzeiten in der Nacht wird dann das Wasser aus dem Kochelsee wieder in den Walchensee hochgepumpt.
② Die 1575 Meter hoch auf einem Rücken an der Südseite des Herzogstands gelegenen Herzogstandhäuser dienten zu Zeiten von König Ludwig II. als Jagdhaus und Unterkunft für den Jagdaufseher. Von der Terrasse des heutigen Berggasthauses bietet sich ein prächtiger Blick hinunter auf den Walchensee und hinüber zum eindrucksvollen Massiv der Soiernspitze und der nördlichsten Karwendelkette.
③ Der 1731 Meter hohe Herzogstand ist bis heute von dem Pavillon gekrönt, den König Ludwig II. als Ziel seines Reitwegs hatte anlegen lassen. Der runde Pavillon hat einen Umgang, an dessen Gitter einst die Pferde gebunden wurden. Der Reitweg selbst kam allerdings nicht von Walchensee, sondern vom Kesselberg, einem Sattel wenig oberhalb der Nordspitze des Walchensees. Aus diesem Reitweg wurde der heutige Zufahrtsweg zu den Herzogstandhäusern. Vom Gipfel des Herzogstands bietet sich ein grandioses Panorama nach allen Seiten: im Osten auf die Benediktenwand, im Süden auf die schroffen Gipfel des Karwendels, im Westen auf den Wetterstein und im Norden auf die zahlreichen Seen des bayrischen Alpenvorlands. Bei klarem Wetter sieht man sogar bis hinaus nach München.
④ Der 1790 Meter hohe Heimgarten ist 59 Meter höher als der Herzogstand, bietet aber deshalb keine wesentlich bessere Aussicht; doch zum einen gibt es die Verlockung der luftigen Gratwanderung hinüber zu diesem Ziel und zum anderen die reale Chance, dem Trubel am Herzogstand zu entgehen.

△ *Kochelsee mit Herzogstand*

Tip

Kochelsee nördlich des Herzogstands: Der 6,5 Quadratkilometer große See ist heute der Rest eines noch im Mittelalter nach Norden bis Benediktbeuern reichenden Sees. Der flache Nordteil wurde vom Kloster Benediktbeuern trockengelegt und urbar gemacht. Teile des früheren Seebodens sind heute noch ein mehr oder minder intaktes Moorgebiet. Die am ehesten naturbelassenen Teile mit Schilfgürtel und Mooren finden sich am Nordende des von der Loisach durchflossenen Kochelsees.

99

Autotour 99: 160 Kilometer

Tegernsee und Mangfallgebirge

Tegernseer Land

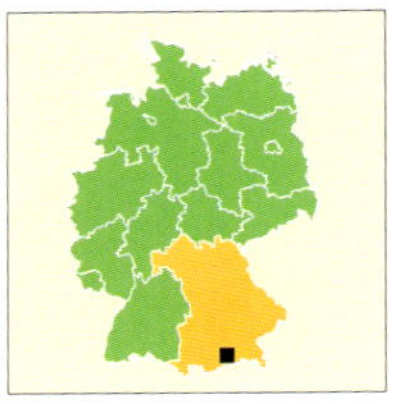

Als König Maximilian I. 1817 das ehemalige Benediktinerkloster Tegernsee erwarb und das alte Konventsgebäude zu seiner Sommerresidenz ausbauen ließ, wurde der Tegernsee hoffähig. Seither zog (und zieht) der See manchen Prominenten von unterschiedlichem Adel an. Ganz bäuerlicher See dagegen blieb der Schliersee, Bergjuwel der Spitzingsee. Auch der Sylvensteinsee, obwohl »nur« Stausee, glänzt als großer Bergsee in der Majestät des Hochgebirges. Zu allen vier Bergseen führt diese Rundfahrt.

Tourverlauf

Südlich von München, im Tal der Isar, beginnt diese Rundfahrt in Bad Tölz. ①

Au der B 13 fährt man isaraufwärts nach Lenggries. ②

Danach geht es weiter zum Sylvensteinsee. ③

Über den Achenpaß gelangt man nach Wildbad Kreuth. ④

Bereits am Tegernsee liegt Rottach-Egern. ⑤

Bald darauf erreicht man den Ort Tegernsee. ⑥

An der nördlichen Bucht des Sees liegt Gmund. ⑦

In Gmund verläßt man die B 307, um über Hausham nach Schliersee und zum gleichnamigen See zu kommen. ⑧

Östlich von Neuhaus zweigt die Straße zum Spitzingsattel und zum Spitzingsee ab. ⑨

Nach dem Abstecher in die Berge führt die B 307 hinüber nach Bayrischzell. ⑩

Hier beginnt die Straße auf das Sudelfeld hinaufzusteigen. Beim Tatzelwurm wendet man sich nach links (Norden), um nach Brannenburg zu fahren. ⑪

Letzte Station auf der Rückfahrt nach Bad Tölz ist Miesbach. ⑫

Sehenswürdigkeiten

① Bad Tölz verdankt seine Entstehung einer Salzstraße, die an dieser Stelle über die Isar führte. Im 12. Jahrhundert herrschten hier die Herren von Tollenz. Beständigen Wohlstand brachte den Tölzern die Schiffahrt auf der Isar. Vor allem Holz wurde in großem Umfang in Flößen nach München gebracht. So kam das gesamte Bauholz für die Münchner Frauenkirche über Tölz und die Isar. Bis ins 15. Jahrhundert zurückverfolgen läßt sich die Tradition der Tölzer Kästen, kunstvoll geschreinerte und bemalte Schränke. Noch heute ist das Ortsbild rund um die Marktstraße hervorragend erhalten. Unter den bemalten Hausfassaden stammen einzelne noch aus dem 18. Jahrhundert. Die spätgotische Pfarrkirche wurde im wesentlichen 1466 fertiggestellt. Sie enthält im Chorbogen eine frei schwebende Glorienmaria, die Bartholomäus Steinle 1611 gefertigt hat. In der Wallfahrtskirche auf dem Mühlfeld kann man im Chor noch ein großes, von vorzüglichem Stuck eingefaßtes Chorfresko von 1737 entdecken. Geschaffen hat es Matthäus Günther aus Augsburg. Zeichen tiefer bayrischer Frömmigkeit ist der Tölzer Kalvarienberg mit Kreuzweg und

◁ *Bootshäuser am Schliersee*

▷ *Rottach-Egern am Tegernsee in der Egernen Bucht*

barocker Wallfahrtskirche von 1732. Die 1722 geweihte und von einer schweren Eisenkette eingefaßte Leonhardskapelle ist das Ziel der jeweils am 6. November stattfindenden Leonhardifahrt. Im Alten Rathaus stehen im Heimatmuseum die schönsten Tölzer Kästen.

② Lenggries: Siehe Wanderung 99 A, Seite 404.

③ Mit dem Sylvensteinsee wird die obere Isar aufgestaut. In seinen Wassern ging 1959 das alte Jägerdorf Fall unter, dem Ludwig Ganghofer in seinem Roman »Der Jäger von Fall« ein Denkmal gesetzt hatte.

Der Schriftsteller Ludwig Thoma

Bayerns populärster Volksschriftsteller schrieb die meisten seiner humoristischen Erzählungen und Lustspiele sowie seine ernsten Romane in Rottach-Egern. Zeitlebens kämpfte er als Satiriker in scharfen, mit dem Pseudonym Peter Schlemihl gezeichneten Gedichten, gegen spießbürgerliche Moral und klerikale Politik. Seine satirischen Erzählungen über die oberbayerischen Bauern und Kleinstädter leben bis heute vom Widerstreit zwischen der Komik des Dargestellten und dem sachlich-lapidaren Stil des Autors. Seine im oberbayrischen Dialekt geschriebenen Komödien gehören zum festen Repertoire aller bayrischen Laienspielgruppen; nichts verkörpert oberländische Lebensart so unmittelbar wie seine Dialoge. Unvergessen ist seine Figur des Dienstmanns Nummer 172, des Münchners im Himmel: Von Petrus zum Kurierdienst zwischen Himmel und Erde abkommandiert, um der bayrischen Staatsregierung die dringend notwendigen, göttlichen Ratschläge zu überbringen, erlag er fürderhin im Münchner Hofbräuhaus der irdischen Versuchung, weshalb die bayrische Staatsregierung bis heute auf diese Ratschläge wartet.

△ *Wendelsteinbahn*

④ In Wildbad Kreuth hatten schon die Äbte des Klosters Tegernsee eine Sommerresidenz. 1826 ließ König Maximilian I. die heutigen Gebäude der »Molken- und Badeanstalt Kreuth« erbauen.

⑤ Rottach-Egern am Südende des Tegernsees hat eine spätgotische Pfarrkirche aus dem 15. Jahrhundert, die 1672 ihren frühbarocken Stuck erhielt. Der Hochaltar von 1689 enthält ein Altarblatt von Johann Georg Asam. Den Altar selbst schuf der einheimische Schreiner Georg Höss. Auf dem idyllischen Friedhof haben prominente Künstler wie Ludwig Thoma, Ludwig Ganghofer oder Leo Slezak ihre letzte Ruhestätte gefunden. Die Ludwig-Thoma-Bühne ist stets einen Besuch wert.

⑥ Das ehemalige Benediktinerkloster Tegernsee wurde schon 747 von den adeligen Brüdern Huosi, Adalbert und Oatker aus dem Kloster St. Gallen gegründet. Als eines der reichst dotierten Klöster Südbayerns entfaltete es im 11. und 15. und dann noch einmal im 17. und 18. Jahrhundert seine größte kulturelle Wirksamkeit. Übrig geblieben ist von all dem nur die ehemalige Klosterkirche St. Quirin mit romanischer und gotischer Bausubstanz, die ihre barocke Umgestaltung bis 1689 erhielt. Die Fresken von Hans Georg Asam sind typisch für das Frühbarock. Von den einst 24 Altären sind heute nur noch drei erhalten. Was von den Klostergebäuden die Säkularisation überdauert hatte, ließ König Maximilian I. von Leo von Klenze ab 1817 in eine Sommerresidenz verwandeln. Im Schloß ist heute das Heimatmuseum des Tegernseer Tales untergebracht.

◁ *Isar vor dem Kalvarienberg bei Bad Tölz*

△ *Heuberg und Kranzhorn bei Nußdorf*

Das Olaf-Gulbransson-Museum im Kurgarten ist dem graphischen Werk dieses Meisters gewidmet.

⑦ Die Gmunder Pfarrkirche ist wahrscheinlich älter als das Kloster Tegernsee. Die heutige Kirche baute Lorenzo Sciasca bis 1693. Das Hochaltarblatt lieferte Johann Georg Asam, von Ignaz Günther stammt das Samariterrelief von 1763.

⑧ Schliersee wurde als Benediktinerkloster Slyrs um 770 gegründet, dessen Kirche 779 geweiht wurde. Im 11. Jahrhundert wurde daraus ein Chorherrenstift und 1141 ein Kollegiatsstift. Die ehemalige Stiftskirche ist heute Pfarrkirche, die ihre jetzige Form bis 1714 erhielt. Ihre Fresken sind ein Frühwerk von Johann Baptist Zimmermann, von dem auch der zarte Stuck stammt. Die Gnadenstuhlgruppe neben dem Hochaltar fertigte Erasmus Grasser 1490.

⑨ Spitzingsee: Siehe Wanderung 99 B, Seite 405.

⑩ Bayrischzell am Fuße des Wendelsteins war ab 1076 der Sitz des Klosters Margaretenzell. 1883 wurde hier der erste Trachtenverein in Bayern gegründet.

Die barocke Pfarrkirche wurde 1736 fertiggestellt.

⑪ In Brannenburg ist die spätgotische, bis 1789 barockisierte Pfarrkirche interessant. Im Ortsteil Degerndorf hat die Pfarrkirche ein frühbarockes Langhaus und einen 1741 im Stil des Rokoko gestalteten Chor.

⑫ Die Miesbacher Pfarrkirche Maria Himmelfahrt wurde 1786 fertiggestellt. Das Heimatmuseum zeigt heimische Volkskunde.

Tip

Der Wendelstein: Ein bekannter Aussichtsberg hoch über dem Inntal ist der 1838 Meter hohe Wendelstein. Den Besuch auf seinem Gipfel kann man zu einer Rundreise gestalten: Von Brannenburg fährt man mit der Zahnradbahn zum Gipfel. Von dort geht es mit der Seilbahn zum Bayrischzeller Ortsteil Osterhofen hinunter. Die Rückfahrt erfolgt dann mit dem Bus über das Sudelfeld.

99 A

Wanderung 99 A: 5½ bis 6 Stunden

Brauneck und Benediktenwand

Die Benediktenwand und das Brauneck sind beliebte Berge der bayrischen Voralpen. Der insgesamt etwa 10 Kilometer lange Ost-West-Kamm bietet in seinem felsigen Zentrum einen der schönsten Höhenwege der bayerischen Vorberge.

Tegernseer Land

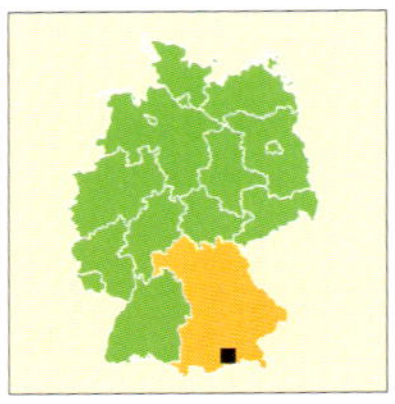

Tourverlauf

Zum Brauneck startet man am besten in Lenggries. ①
Von dort fährt man mit der Seilbahn zum 1555 Meter hohen Brauneck. ②

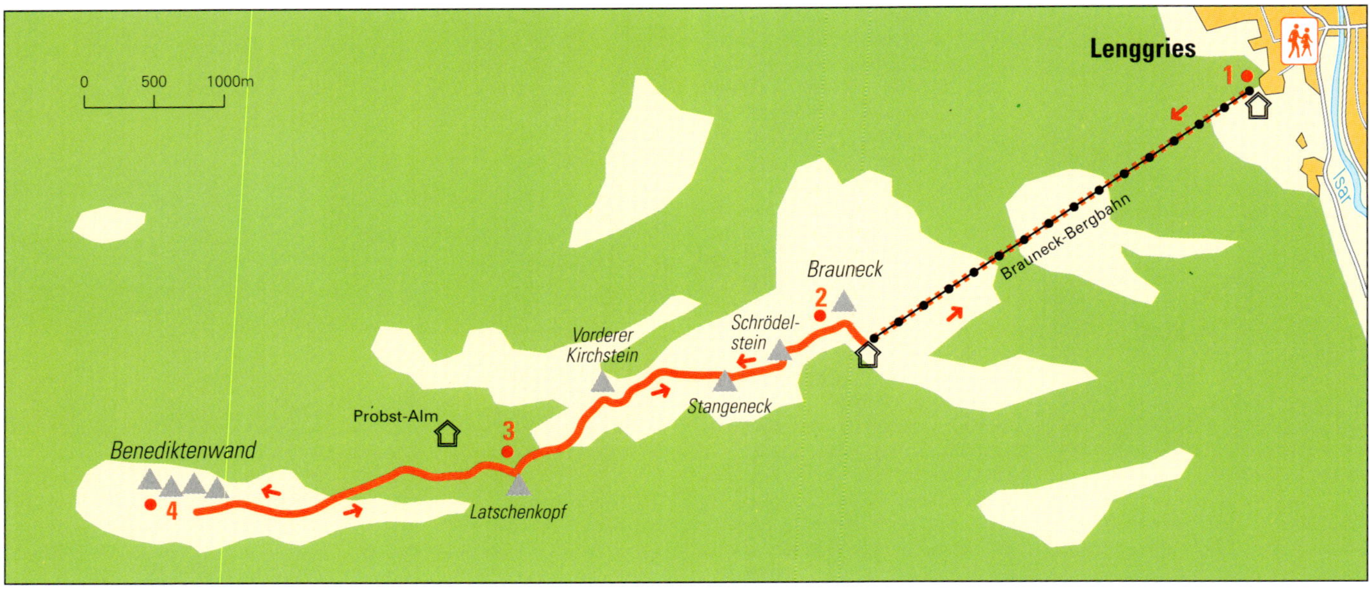

Am Brauneck beginnt der nicht zu verfehlende und gut markierte Höhenweg zur Benediktenwand. Er führt durch ein abwechslungsreiches Felsgelände, das aber immer wieder durch Wiesen mit erstaunlichem Blumenreichtum aufgelockert wird. Hinter jedem Felseneck bietet sich eine neue Überraschung, eine neue Perspektive, eine neue Aussicht. Erstes Ziel nach dem Brauneck ist der kleine Zwischengipfel des 1548 Meter hohen Schrödelsteins. Ihm folgen weiter westlich das 1646 Meter hohe Stangeneck und der 1670 Meter hohe Vordere Kirchstein. Von ihm steigt man noch einmal weiter auf zum langgestreckten, 1712 Meter hohen Latschenkopf. ③
Wer nun allerdings geglaubt hat, der Gipfel der Benediktenwand sei schon erreicht, sieht sich getäuscht. Statt des Gipfelaufbaus tut sich die große Mulde der Propst-Alm auf, zu der man zwar nicht ganz, aber doch ein gutes Stück hinunter muß. Erst danach kann man links, wieder zügig ansteigend, dem Gipfelgrat der Benediktenwand zustreben und über ihn den 1801 Meter hohen Gipfel erreichen. (4)
Der Rückweg folgt dem Anstiegsweg zurück zum Brauneck.

◁ Blick von Brauneck auf Fleck und Winkel

◁ Auf dem Brauneck

Sehenswürdigkeiten

① Lenggries gab es 1258 als Lenngengrieze. Dies bedeutete »langes Gries« und bezeichnete die ausgedehnten Kiesbänke an der Isar. Hier siedelten sich die Dienstleute der auf der Hohenburg ansässigen Herren von Thann an. Sie brauchten damals die Nähe zur Isar, denn sie lebten im wesentlichen von der Holzflößerei. Das Schloß Hohenburg geht auf eine bereits im 11. Jahrhundert bezeugte Burg der Herren von Thann zurück. Ab 1566 baute die Augsburger Patrizierfamilie Hörwarth die Burg zu einem Schlößchen aus, das allerdings 1707 abbrannte. Die heutige Dreiflügelanlage entstand bis 1718 neu. In der Schloßkapelle von 1722 gibt es eine sehenswerte Rokokoeinrichtung sowie eine byzantinische Muttergottes aus dem frühen 13. Jahrhundert. Die Lenggrieser Pfarrkirche ist ein barocker Neubau von 1722 mit sehenswerter Rokokoausstattung. Die gotische, um 1745 erweiterte Friedhofskapelle besitzt ein Gnadenbild aus dem frühen 16. Jahrhundert und zwei um 1500 gemalte Altarflügel.
② Das 1555 Meter hohe Brauneck bietet eine herrliche Aussicht auf das Tal der jungen Isar, nach Süden gegen das Karwendel und nach Norden weit hinaus ins Land.

③ Der 1712 Meter hohe, langgestreckte Latschenkopf bietet bereits einen guten Vorgeschmack auf die Benediktenwand. Obwohl knapp 100 Höhenmeter niedriger als diese, ist die Fels-Szenerie aus dieser Warte eher noch interessanter.
④ Die 1801 Meter hohe Benediktenwand ist ein hoher First zwischen Vorland und Karwendel. Nach Norden bricht der First in steilen Wänden gut 400 Höhenmeter ab, nach Süden sind die Wände ausgesetzt, aber nicht unzugänglich.

Tip

Die Jachenau: Das 15 Kilometer lange und bis 800 Meter hoch gelegene Hochtal südlich der Benediktenwand ist dank seiner abgeschiedenen Lage vom Massentourismus bisher weitgehend verschont geblieben. Die einzige Gemeinde trägt den Namen des Tals und besteht aus einer Vielzahl einzelner Gehöfte, die locker verstreut im Talboden liegen, da die Talhänge für eine Bebauung zu steil sind. Hinter den letzten Wiesen mit vereinzelten Almhütten beginnen steile wildreiche Wälder mit Buchen, Fichten, Bergahorn und Lärchen.

Wanderung 99 B: 5 Stunden

Spitzingsee und Rotwand

99 B

Tegernseer Land

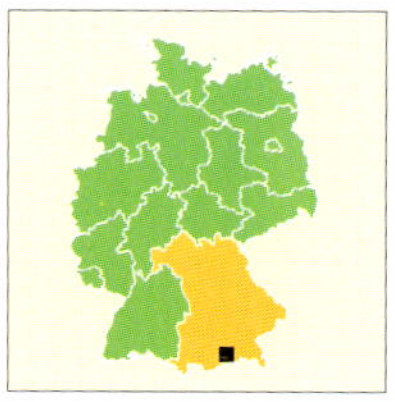

Die Berge rund um den malerischen Spitzingsee sind allesamt mit freundlichem Grün überzogen. Sie wirken romantisch und nie bedrohlich. Wo sich im Winter Legionen von Münchner Skifahrern tummeln, öffnet sich im Sommer ein immer wieder beglückendes Wanderparadies.

Tourverlauf

Aufbruch zu dieser Tour ist am Parkplatz der Taubensteinbahn am Spitzingsee. ①

Wer sich die Freuden des Aufstiegs nicht von der Taubensteinbahn abnehmen läßt, wandert nun entlang der Skiabfahrt auf markiertem Steig zunächst steil, später flacher bis zur Jubiläumshütte und von dort durch den Lochgraben hinauf in den Sattel auf der Nordseite des Taubensteins. ②

Südlich der Seilbahnstation steigt man nun direkt gegen den Taubenstein, umgeht ihn aber auf der linken (östlichen) Seite und marschiert geradewegs durch die Westflanke des Lempersberges in den Kessel zur Wallenburg-Alm. Hier schwenkt der Weg stark nach Osten, macht noch einen kleinen Bogen um einen Felssporn und steuert dann direkt auf den Gipfel der Rotwand zu. ③

Vom Gipfel der Rotwand steigt man in die Scharte zum Rotwandhaus hinunter, wo die Brotzeit schon überfällig ist. ④

Von der Schutzhütte wandert man den Hüttenweg entlang westwärts hinaus zur Wildfeld-Alm. Bald taucht man in den Hochwald ein und marschiert in weiten Bögen auf die Weggabelung in der Winterstube zu. Rechts ginge es wieder hinauf zur Jubiläumshütte, links wandert man dem Fahrweg folgend hinaus zur Wurzhütte am Südende des Spitzingsees. Von dort am Ostufer des Sees entlang geht es zurück zum Parkplatz.

Sehenswürdigkeiten

① Der 1083 Meter hoch gelegene, einen Quadratkilometer große Spitzingsee ist eines der beliebtesten Ziele von Münchens jungen Bergsteigerfamilien. Die Rundwanderung vom See über den Taubenstein zur Rotwand ist häufig die erste Bergfahrt für den Nachwuchs – und das ist schon seit Generationen so. Daran hat auch die Seilbahn auf den Taubenstein nichts geändert: Nach wie vor macht sich der Nachwuchs zu Fuß auf die »Rotwandreiben«.

② Der Taubenstein hat einen abweisend wirkenden Nordwestabbruch, doch läßt sich der Gipfel vom Weiterweg zur Rotwand von der Ostseite aus gut erreichen. Vom Gipfel in 1692 Meter Höhe bietet sich eine schöne Rundsicht über die Schlierseer Berge und nach Süden gegen die Felsmauern des Rofans.

③ Die 1884 Meter hohe Rotwand macht ihrem Namen nur selten und nur unter ganz bestimmten Lichtverhältnissen Ehre. Normalerweise überwiegt das Grün der Bergwiesen, die die Hänge überziehen. Vom Gipfel der Rotwand sieht man weit über die bayerischen Vorberge hinaus ins Land. Nach Süden stehen über der Bergwelt des Mangfallgebirges der Bayerischer Schinder und das Hintere Sonnwendjoch. Wer Glück mit dem Wetter hat, sieht links vom Sonnwendjoch am Horizont die Gletscher des Großvenedigers blinken.

④ Das 1765 Meter hoch am Fuß der Rotwand gelegene Rotwandhaus wurde 1906 erbaut und diente ganzen Generationen von Münchner Bergfexen und Skifahrern als begehrte Unterkunft. Es ist immer noch eine beliebte Hütte in dieser Bergregion.

△ Die beliebte Wandermeile am Spitzingsee

◁ Am Spitzingsee vor der Brecherspitze

Tip

Rotwandhaus: Etwas abseits der Schutzhütte steht ein futuristisch anmutendes Gebilde in exponierter Lage. Es handelt sich dabei um einen neuartigen Windrotor, der, vor allem im Winter, die Hütte mit Strom versorgt; im Sommer übernehmen dies die Solarmodule auf dem Hüttendach. 1993 wurde das Rotwandhaus nämlich auf alternative Energieversorgung umgerüstet, die das bis dahin eingesetzte Dieselaggregat nun fast überflüssig macht.

100

Autotour 100: 120 Kilometer

Zauberwelt um Berchtesgaden

Das Berchtesgadener Land wird von nicht weniger als neun hohen Gebirgsstöcken eingerahmt. Der markanteste ist mit zwei großen und fünf kleinen Gipfeln der 2713 Meter hohe Watzmann. Zusammen mit dem Königssee ist er Synonym für die Großartigkeit einer Hochgebirgslandschaft. Frühen Wohlstand gab es am Fuß des Watzmanns durch das Salz der Berchtesgadener Fürstpröpste. Heute ist die Region zwischen Bad Reichenhall und Berchtesgaden ein attraktives Feriengebiet.

Berchtesgadener Land

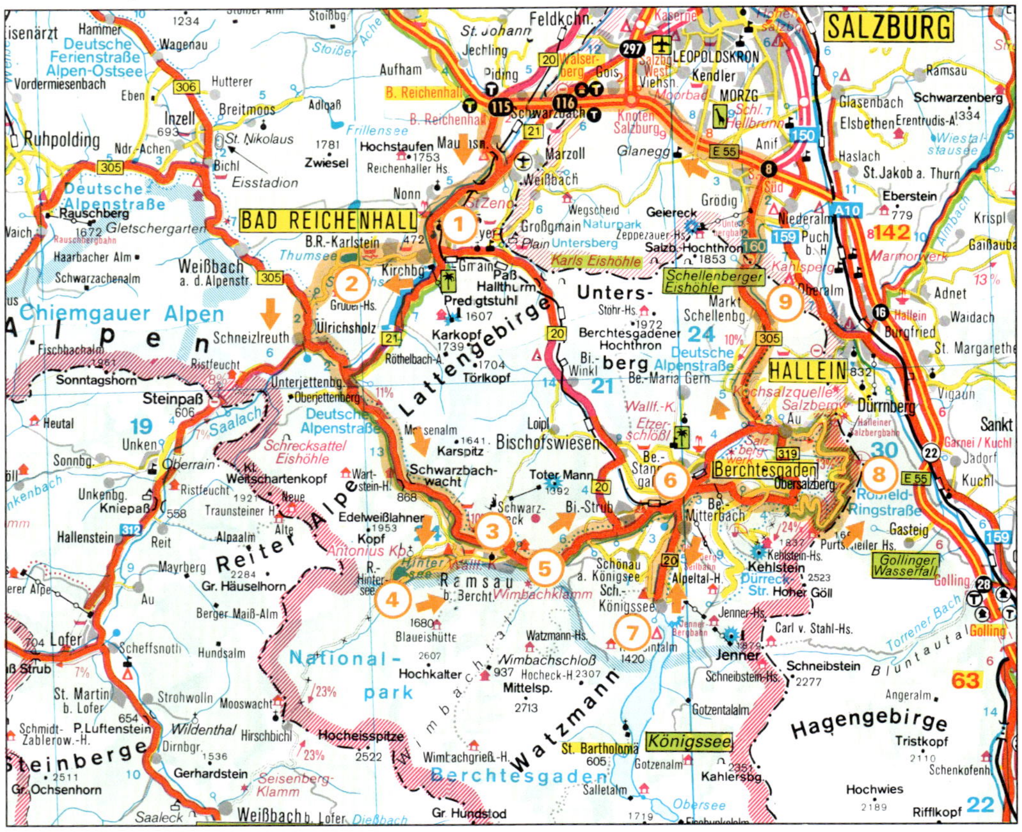

Tourverlauf

Startort zu dieser Tour ist Bad Reichenhall. ①
Erstes Ziel ist im Westen der Thumsee. ②
Auf der B 305 fährt man nun südwärts zwischen Reiter Alpe und Lattengebirge in die Ramsau. ③
Zauberwald und Hintersee lohnen einen Abstecher. ④
Die nächste Station an der B 305 ist die Wimbachklamm. ⑤
Schließlich erreicht man Berchtesgaden. ⑥
Eine weiterer Höhepunkt dieser Rundfahrt ist sicher der Besuch des Königssees. ⑦
Über die B 319 verläßt man Berchtesgaden nach Osten, zweigt aber bald nach Süden ab, um auf die Roßfeldringstraße zu gelangen. ⑧
Am Ende der Höhenstraße trifft man wieder auf die B 319 und bald darauf auf die B 305. Über sie erreicht man Markt Schellenberg. ⑨
Um die Rundreise zu beenden, fährt man die B 305 bis zum Autobahnanschluß Salzburg-Süd und anschließend über die A 10 bis zur Ausfahrt Bad Reichenhall.

Sehenswürdigkeiten

① In dem bayrischen Staatsbad Reichenhall gibt es nicht weniger als 22 Solequellen, die teilweise schon von den Kelten genutzt worden waren. Als erste christliche Kirche wurde St. Zeno im 8. Jahrhundert gegründet. Der Salzburger Erzbischof Konrad I. folgte 1136 mit einem Augustiner-Chorherrenstift. Dennoch gelang es den bayrischen Wittelsbachern schon im 13. Jahrhundert, den Salzburger Bischöfen die kostbaren Solequellen abzunehmen. Heute ist die ehemalige Stiftskirche St. Zeno die größte romanische Basilika Oberbayerns mit einem eindrucksvollen, romanischen Portal und romanischem Kreuzgang. In seinem Westflügel findet sich ein Relief, das Kaiser Friedrich Barbarossa darstellt. Ebenfalls romanisch ist die St.-Nikolaus-Kirche aus dem 12. Jahrhundert. Sie birgt Fresken von Moritz von Schwind von 1864. Ein sehr interessantes technisches Denkmal ist der Quellenbau der Saline. Das städtische Heimatmuseum ist im alten Getreidekasten von 1538 untergebracht und zeigt Zeugnisse und Exponate zur Ortsgeschichte.

② Der 530 Meter hoch gelegene und 800 Meter lange Thumsee ist durch die Hobelarbeit des Saalachgletschers entstanden. Dessen Schrundenschliff sieht man noch gut an den umliegenden Felswänden.

③ Ramsau liegt landschaftlich reizvoll unter Hochkalter und

◁ Berchtesgaden vor dem Massiv des Watzmann

▷ Königssee und St. Bartholomä

Der Nationalpark Berchtesgaden

Schon Alexander von Humboldt zählte die Landschaft um Watzmann und Königssee zu den drei schönsten der Erde. Mit einer Größe von 21 000 Hektar erstreckt sich der Nationalpark über einen wesentlichen Teil der Berchtesgadener Alpen. Mit 2713 Meter ist die Mittelspitze der höchste Gipfel des Parks. Der große Höhenunterschied im Nationalpark (tiefster Punkt 603 Meter; höchster Punkt 2713 Meter) ermöglicht ideale Wachstumsbedingungen für eine abwechslungsreiche Vegetation mit unterschiedlichen Ansprüchen. Die Palette reicht von der Laub-Mischwaldzone bis zur Zwergstrauchregion. Neben verschiedenen Orchideenarten sind fast sämtliche Alpenblumen zu finden. Auch die Fauna überrascht mit einer erstaunlichen Artenfülle. 190 Kilometer Wanderwege eröffnen den Besuchern abwechslungsreiche Möglichkeiten, den Nationalpark zu durchstreifen. Am Franziskanerplatz in Berchtesgaden wurde ein Nationalparkzentrum eingerichtet. Hier kann man sich über das Angebot an Literatur, Führungen, Vorträgen, Ausstellungen und Seminaren erkundigen.

Reiter Alpe. Berühmt ist die Ansicht der gotischen Pfarrkirche neben der Ramsauer Ache und unter den Schneefeldern der Reiter Alpe.

④ Der etwa 800 Meter lange und 789 Meter hoch gelegene Hintersee zählt zu den besonders malerischen Plätzen im Berchtesgadener Land. In seinem tiefdunklen, meist eiskalten Wasser spiegeln sich die Berge.

⑤ Die Wimbachklamm verdankt ihr Entstehen der zwischen Watzmann und Hochkalter herausströmenden Wimbach. In der gut erschlossenen Klamm spaziert der Besucher an rauschenden Wasserfällen, unzähligen silbernen Wasserrinnsalen und einzelnen, graziösen Schleierfällen vorbei, die über die beinahe senkrechten Buntsandstein- und Liaskalkwände herunterstürzen.

△ *Berühmte und heiter-schöne Ansicht: Die Pfarrkirche St. Fabian und Sebastian in der Ramsau*

⑥ Berchtesgaden geht auf die Gründung eines Augustiner-Chorherrenstiftes im Jahre 1120 zurück. Dank des Salzreichtums stiegen seine Pröpste 1559 in den Reichsfürstenstand auf, erst 1810 kam der kostbare Besitz an Bayern, dessen Könige die ehemaligen Klostergebäude zum Schloß ausbauten. Sehenswert ist die ehemalige teils romanische, teils gotische Stiftskirche. Ihren barocken Hochaltar schuf Bartholomäus von Opstall 1669. Interessanteste Teile der ehemaligen Konventsgebäude sind der Kreuzgang aus dem 13. Jahrhundert und das gotische Dormitorium aus der Zeit um 1300. In den historischen Räumen residiert heute das Schloßmuseum mit der reichen Kunstsammlung von Kronprinz Rupprecht. Einen Besuch wert ist auch die gotische Pfarrkirche von 1379, die ihre heutige Form bis 1699 erhielt. Ebenfalls spätgotisch ist die Franziskanerkirche, die 1519 fertiggestellt wurde. In der 1668 angebauten Kapelle steht eine spätgotische Ährenmadonna aus der Zeit um 1500. Wichtige Museen sind das Heimatmuseum in Schloß Adelsheim, wo es Berchtesgadener Kleinkunst zu sehen und zu kaufen gibt, und das Salzbergwerk mit unterirdischem Salzmuseum. Nicht versäumt werden darf ein Besuch in der nördlich gelegenen Wallfahrtskirche Maria Gern. Die 1724 vollendete Barockkirche hat eine flach gewölbte, reich stukkierte Decke und umfangreiche Fresken. Das überaus prächtige, schmiedeeiserne Gitter wurde 1777 gearbeitet.

◁ *Weißbacher Gletschergarten*

⑦ Königssee: Siehe Wanderung 100 A, Seite 408, und Wanderung 100 B, Seite 409.

⑧ Die bis auf 1551 Meter Höhe hinaufführende Roßfeldringstraße ist Deutschlands höchste, allgemein befahrbare Straße. Sie erschließt vom Ausgangspunkt Obersalzberg aus prächtige Aussichten auf Untersberg, Hohen Göll und ins Salzkammergut hinüber zum Hohen Dachstein.

⑨ Markt Schellenberg gab es als Saline bereits 1211, in Betrieb war sie bis 1805. Die neugotishe Pfarrkirche hat einen gotischen Turm von 1511, ein prächtiges Marmorportal und an der Emporenbrüstung eine spätgotische Apostelgruppe aus der Zeit um 1440. Größte Sehenswürdigkeit aber ist die Schellenberger Eishöhle. Die Höhle liegt in 1570 Meter Höhe im verkarsteten Kalk des Untersbergs. Ihr bis zu 30 Meter dickes und insgesamt etwa 60 000 Kubikmeter umfassendes Eis ist bis zu 3000 Jahre alt und in zauberhaften Domen, Grotten und Figuren geformt.

Tip

Weißbach an der Alpenstraße: Beim Weißbacher Gletschergarten beginnt ein 1,5 Kilometer langer Salinenrundweg zu der 1619 vollendeten Soleleitung, die bis 1956 das Salzbergwerk Bad Reichenhall mit der Saline in Traunstein verband. Die 32 Kilometer lange erste »Pipeline« der Welt bestand aus hohlen Fichtenstämmen, in die später Eisenrohre eingelegt wurden.

100 A

Wanderung 100 A: 4½ bis 5 Stunden

Über den Jenner zum Schneibstein

Berchtesgadener Land

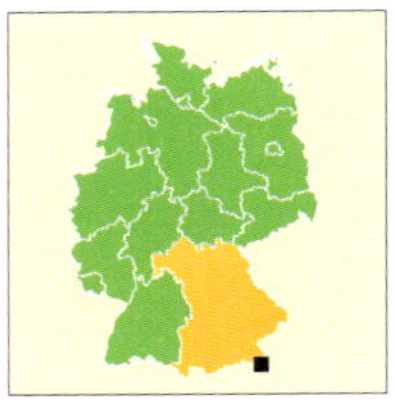

Der Spruch »Der Kenner fährt zum Jenner« kommt nicht von ungefähr. Der 1874 Meter hohe Gipfel des Jenner bietet eine der schönsten Aussichten des Berchtesgadener Lands. Noch übertroffen allerdings wird der Jenner vom 2276 Meter hohen Schneibstein. Ihn allerdings muß man sich zu Fuß erobern.

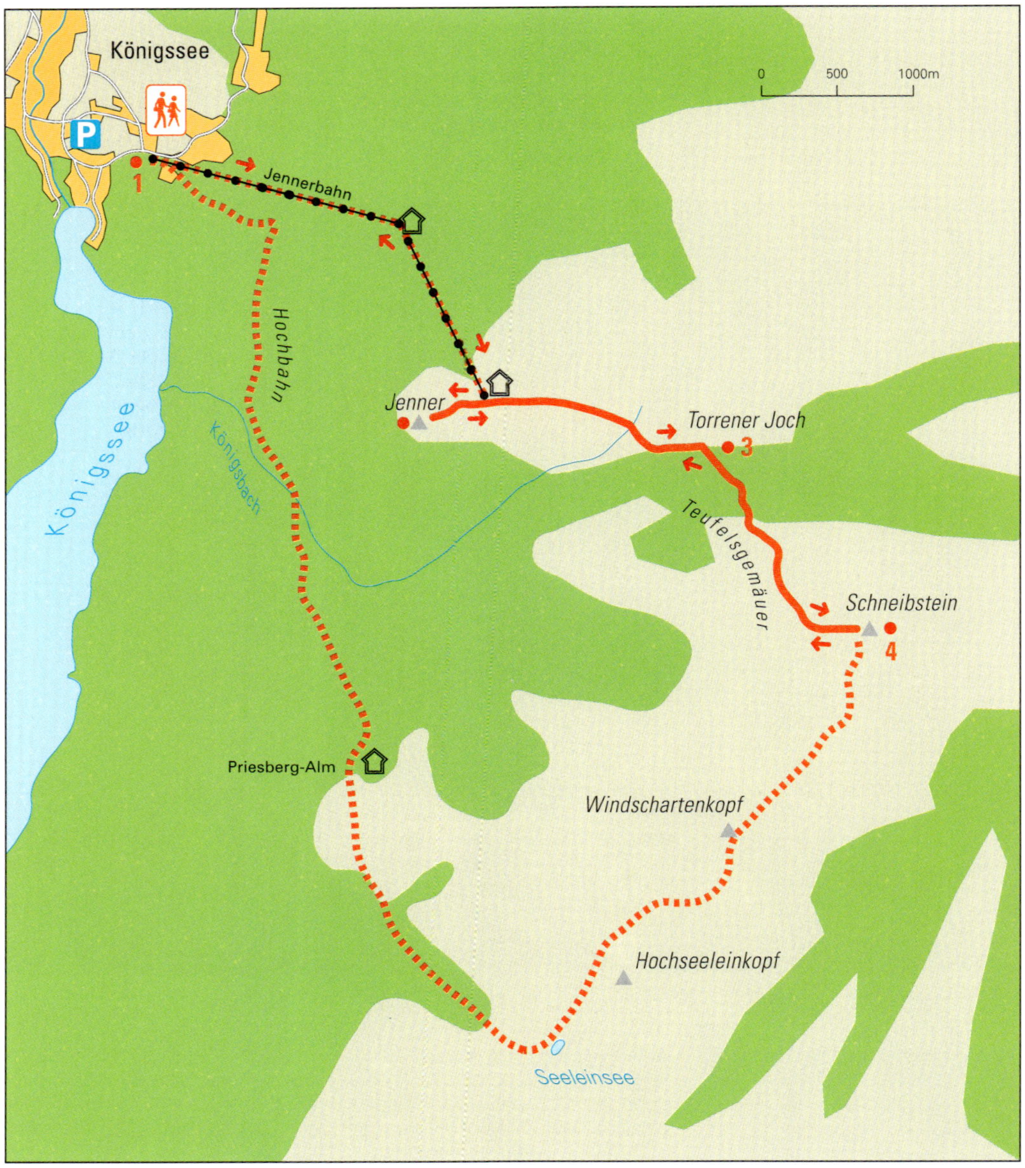

Tourverlauf

Ausgangspunkt ist das Dörfchen Königssee am Nordende des gleichnamigen Sees. ①
Von hier aus hilft die Kleinkabinenseilbahn, die ersten 1170 Höhenmeter zu überwinden. Von der 1802 Meter hoch gelegenen Bergstation erreicht man den etwas westlich vorgelagerten Jennergipfel auf leichtem Weg in gut 15 Minuten. ②
Von der Jenner-Bergstation wandert man auf gut markiertem und leichtem Weg zunächst zum 1734 Meter hohen Torrener Joch. ③
Von diesem Sattel aus beginnt der eigentliche Anstieg über die Teufelsmauer hinauf zum Gipfel des Schneibsteins. ④
Für den Abstieg empfiehlt sich derselbe Weg. Wer es dagegen etwas länger haben möchte, dem sei der weitere Weg nach Südwesten über den Windschartenkopf hinunter zum Seeleinsee empfohlen. Von dort wandert man in den Hachelgraben und zur prächtig gelegenen Priesberg-Alm hinunter. Über Königsbach und die Hochbahn kommt man wieder nach Königssee. Dieser Abstiegsweg bedeutet jedoch eine Verlängerung der Gesamtgehzeit um mindestens 2½ Stunden.

Sehenswürdigkeiten

① In Königssee lohnt es sich, 15 Minuten zu Fuß zum »Malerwinkel« zu spazieren. Von diesem schönen Aussichtspunkt überblickt man den See und die ihn einrahmenden steilen Felswände bis nach St. Bartholomä. Während der Fahrt mit dem Elektroboot über den See erfährt man, daß der See nicht das Ergebnis eiszeitlicher Gletscherarbeit ist. Vielmehr waren hier die Kräfte des Erdinneren am Werk, die im Bereich von Watzmann und Hagengebirge die Gesteinsmassen hoben.
② Der 1874 Meter hohe, unmittelbar östlich über dem Königssee gelegene Jenner ist einer der berühmtesten Aussichtspunkte des Berchtesgadener Lands. Von seinem Gipfel aus bietet sich eine umfassende Rundsicht auf das Steinerne Meer im Süden, den Watzmann im Westen, den Berchtesgadener Hochthron im Norden und den Hohen Göll im Osten.
③ Das Torrener Joch ist der niedrigste Punkt zwischen dem Hohen Brett im Norden und dem Schneibstein im Süden. Das auf der Grenze zu Österreich gelegene Joch bietet den Übergang hinaus nach Golling an der Salzach.
④ Der im Südosten dem Jenner vorgelagerte 2276 Meter hohe Schneibstein bietet von seinem Gipfelplateau aus eine ungehinderte Sicht über die unmittelbar gegenübergelegenen Berge hinweg. Es präsentieren sich das gesamte Berchtesgadener Land und ein Teil des Alpenhauptkamms.

◁ *Auf dem Gipfel des Jenner*

Tip

Gollinger Wasserfall östlich von Berchtesgaden: Von allen Karstquellen der nördlichen Kalkalpen ist der Gollinger Wasserfall wohl der großartigste. Gespeist wird er nicht von einem Bach sondern von einer Quelle im Fels oberhalb des Falls.

Wanderung 100 B: 2 1/2 Stunden beziehungsweise 7 Stunden

100 B

St. Bartholomä und die Eiskapelle

Berchtesgadener Land

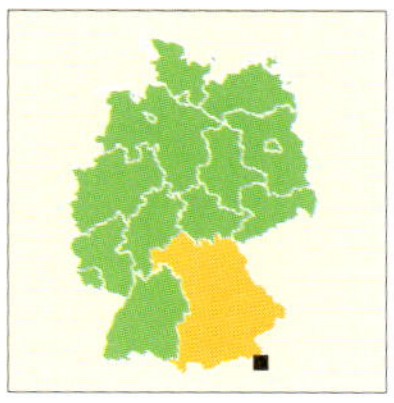

Der »bayrische Fjord«, wie der Königssee auch gerne genannt wird, ist das Herzstück des Nationalparks Berchtesgaden. Um den See zu erobern und um zu dem am Fuß der mächtigen Watzmann-Ostwand gelegenen St. Bartholomä zu kommen, muß man das Elektroboot benutzen.

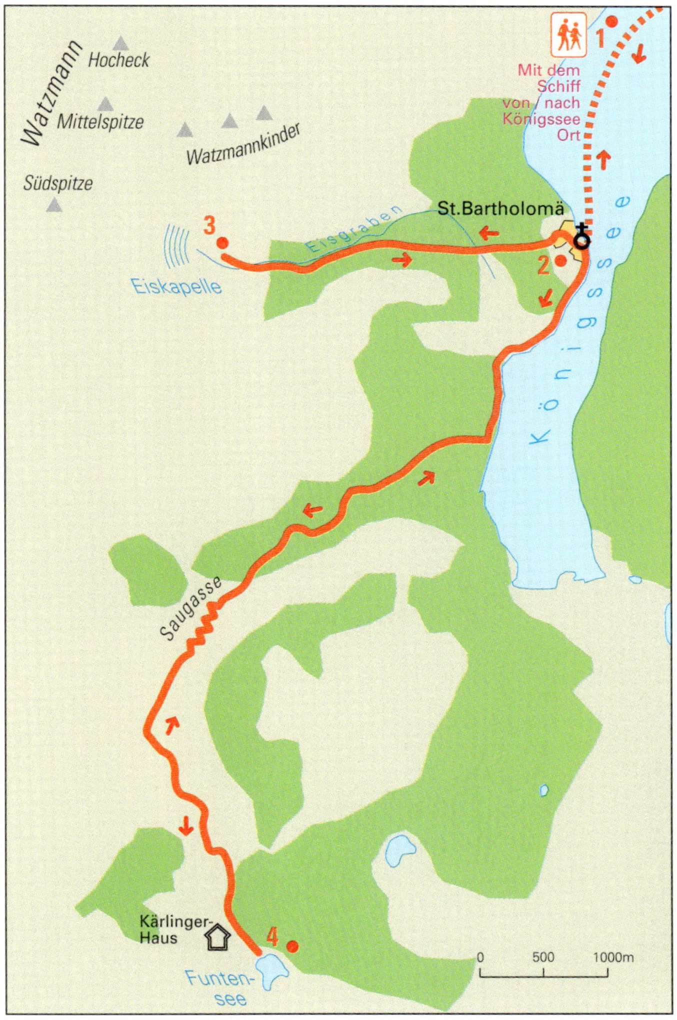

Sehenswürdigkeiten

① Ort Königssee: Siehe Wanderung 100 A, Seite 408.

② St. Barholomä steht auf einem vom Eisbach aufgeschütteten Schwemmkegel, der sich schon bis auf 200 Meter an das gegenüberliegende Ufer herangeschoben hat. All der Kies, Sand und Schlamm, der sich hier abgelagert hat, kam aus dem Eisbachtal und damit aus der Watzmann-Ostwand. Die Kirche von St. Bartholomä wurde bereits 1134 gegründet. Die heutige Kirche ist ein Neubau aus der zweiten Hälfte des 17. Jahrhunderts. Von außen gefällt die Kirche mit ihren drei halbrunden Konchen und den kuppeligen Dachformen. Die Stuckierung der Stichkappentonne besorgte der Salzburger Josef Schmidt 1710. Das an die Kirche angrenzende Schlößchen stammt aus dem frühen 18. Jahrhundert Es diente den Wittelsbacher Landesherren im 19. Jahrhundert als Jagdhaus.

③ Die Eiskapelle am Fuß der Watzmann-Ostwand ist ein meist schmutzig graues, von Steinen übersätes Eisfeld. Es entsteht regelmäßig durch die aus der Watzmann-Ostwand herunterschießenden Lawinen, die im Winter den Schnee in solchen Mengen abladen, daß selbst hier unten, wo es eigentlich viel zu warm ist, sich Gletschereis bilden kann, das sogar warme Sommer übersteht.

④ Der Funtensee liegt bereits knapp vor der Grenze zu Österreich, mitten in den Karrenfeldern des Steinernen Meeres. In dem wenig oberhalb des romantischen Sees gelegenen Kärlinger-Haus kann man übernachten, wenn man am nächsten Tag zum Steinernen Meer aufbrechen will.

△ *Majestätisch und beeindruckend: das Watzmann-Massiv*

Tourverlauf

Aufbruch zu dieser Wanderung ist der Ort Königssee. ①
Weil der See tief zwischen steilen, teilweise senkrechten Felswänden eingebettet ist, gibt es an seinen Ufern keine Wege außer zum »Malerwinkel«. Deshalb muß die erste Etappe hinüber nach St. Bartholomä in jedem Fall mit dem Elektroboot bewältigt werden.
② Von St. Bartholomä aus gibt es zwei Wandermöglichkeiten. Die kurze Wanderung – sie dauert etwa 2 1/2 Stunden – führt durch das Eisbachtal unmittelbar an den Fuß der 1700 Meter hohen Watzmann-Ostwand und an die dort aufgetürmte Eiskapelle. ③
Die längere Wanderung – man muß etwa 7 Stunden veranschlagen – folgt zunächst dem Westufer des Königssees nach Süden und dann durch die Saugasse zum 1601 Meter hoch gelegenen Funtensee. ④

▷ *St. Bartholomä am Königssee*

Tip

Königssee: Inzwischen selten gewordene Fischarten leben im Königssee, darunter der Seesaibling und die Seeforelle. Als geräucherter »Schwarzreuther« ist eine Sonderform des Saiblings eine Delikatesse. Früher wurden manche Prachtexemplare der Seeforelle in Gemälden festgehalten; eine Auswahl davon hängt in Gasträumen von St. Bartholomä.

Register

Abbildungsnachweis

HB-Verlag, Hamburg 31 M.l., 43 o., 92 l.u.; Frank Hecker 61 u., 61 o., Heimat- und Verkehrsverband Eichsfeld, Duderstadt 150, 151 u., 151 M.; Huber 273 u., 280 l.u., 359 M., 369 o., 374 l., 378, 379 l.o., 379 M., 379 l.u., 382 l., 386 l.u., 387 M.l. – Giovanni 379 r.o., 380, 390 – Gruber 369 u. – Radelt 128 o., 129 M.l., 129 u.,188 u., 357 M., 363 o., 386 M.r., 394 u., 395 o. – Schmid 141 u., 186, 216 M.l., 264 M.l., 265 u., 281 M.r., 336 M., 351 M.l., 373 M.l., 381 M.r., 383 l.o., 385 r., 387 u., 388 u., 395 u., 396 u., 397 u., 397 o. – Spaeth 370 u.; Jürgens Ost + Europa Photo 237 u., 245 M.r.; Kiedrowski 3, 33 u., 38, 39 o., 39 u., 42 o., 42 u., 44, 46 u., 47 o., 48 o., 48 u., 49 o., 49 u., 56 o., 64 l., 64 r., 66 u., 68 M.l., 68 u., 69 o., 69 u., 70, 71 o., 71 r.u., 75 r., 76 o., 78, 79 o., 79 u., 82 o., 83 u., 92 M.u., 102 u., 106 o., 106 u., 107 M.,107 u.r., 108 u., 109 o., 109 u., 121 o., 122 r., 123 o., 124 l., 124 r., 125 o., 125 u., 126 l., 127 M., 173 l., 177 M.r., 190 r., 200 l., 202, 203 M.l., 203 l.u., 203 r.u., 214, 215 l.o., 215 M.o., 217 r.o., 221 u., 222 r., 223 o., 227 l.o., 233 M.r., 234, 253 l., 266 l., 266 r., 267 l., 269, 271 u., 272 M., 273 M.r., 275 u., 276 u., 277, 282, 283 u., 283 M., 290 u., 290 M.r., 291 r., 292 M.l., 292 u., 294 l., 295 r.o., 295 u., 296 M.l., 296 u., 297 M.l., 298 l., 299 M.l., 299 u., 301 u., 301 o., 303 M.l., 303 M.r., 306 M.u., 306 u.r., 307 M., 307 u., 311 u., 311 r.o., 312 l.u., 326, 327 M.l., 329 o., 329 u., 331 u., 332 M.l., 332 u., 334 l., 335 u., 335 M.r., 338, 339 l.u., 339 M., 340 u., 340 M., 344 M.l., 344 u., 345 u., 346, 347 l.o., 347 M., 359 r.u., 362 r., 366 l., 391 M.r., 406 l., 407 M.l., 409 M.r – Bergmann 37 M.r., 73 M.r., 83 o., 194 l., 194 r., 195 u., 195 M., 197 o., 270, 271 l.o. – Koshofer 57 u., 57 M.r., 97 u., 98, 100 u., 104 u., 110 M.l., 110 u., 111 o., 174 l., 174 r., 175 M.r., 177 l., 196 l.u., 196 o., 220 u., 224 u., 227 r.o., 235 r.u., 236 r.o., 237 r.o., 239 l.o., 240 l., 242 l.u., 243 r.u., 246 r., 247 M.r., 249 u., 249 o., 250 l., 250 r., 251 u., 251 o., 252 l., 252 r., 253 r., 254 l., 255 l., 255 r., 256 u., 258, 259 M.l., 259 M.r., 260 u., 261 l., 275 M., 276 M.r., 300 l., 300 r., 320 l., 361 u. – Schwarz 222 l., 225 M.r., 226, 229 u., 229 o., 274, 275 l.o.; Lade/Fischer 289 r. – Ihlow 232 u. – Joke 212 u. – Rose 152 l.; Lehnartz 96 M.l., 96 u.; Dr. Dieter Maier 11 r.o., 11 M.l., 16 o., 18 o., 18 u., 19 l.o., 19 r.o., 20 o., 20 u., 21 l.u., 21 r.o., 23 M.r., 28 u., 35 r.o., 40, 41 o., 41 u., 50 o., 53 l., 54 o., 54 u., 55, 58 u., 59 M.r., 63 o., 86, 87 o., 87 l.u., 88 M.l., 89 u., 90 M.l., 91 r.o., 93 o., 94 r., 95 M., 95 u., 99 l.o., 115 M.r., 117, 178 r.; Mainbild 365 u. – Beyerlein 213 M.l. – Hackenberg 365 M.r.; Pokuntke 23 u.; Photo-Press 11 l.o., 351, 404 o. – Arden 112 u., 325 o. – Bach 52 u. – Bartsch 43 u., 45, 112 M.l. – Bott 402 l. – Dr. Brucker 131 u., 254 r., 255 o., 315 r.o., 319 M.l., 325 u., 354 – Carger 321 u. – Döhrn 187 l.u., 265 M.r. – Dreyling 81 u., 81 M.r. – Fischer 153 M.r., 280 M.r., 302, 371 u. – Friedrich 204 o., 209 u. – Fuhrmann 23 l.o., 24 u., 198 – Günther 27 u., 28 M.r., 29 o., 29 u., 35 M., 72 u., 85 u., 108 o., 163 u., 178 l., 180 o., 232 M.r., 271 M., 287 u., 394 o., 403 u., 404 u. – Hapf 320 u.M. – Hasenkopf 286, 288 M., 289 l., 409 u. – Hausmann 10, 62 r. – Heckt 82 u., 107 u.l. – Kiepke 85 o., 137 u., 140 u., 141 M.r., 161 M., 331 M., – Krahmer 208 u. – Kuh 76 u. – Dr. Maier 14 o., 22 o., 26, 27 l.o., 27 r.o., 33 o., 58 o., 63 M., 66 M., 71 M., 71 l.u., 74 o., 101 o., 116 l., 116 r., 121 u., 134 l., 154 l., 154 r., 155 o., 155 M.r., 156 o., 156 M.r., 158 l., 160 u., 160 o., 163 r.o., 164 M., 167 l., 168 l., 185 u., 197 u., 199 r.o., 205 u., 205 o., 210 l., 219 u., 228 u., 299 r.o., 368 u., 371 M., 401 M.r. – Möhn 392 l. – Pape 156 u., – Dr. Rauh 67, 113 r.u., 200 r., 209 M.r., 308, 314, 316 l.o., 355 M.l., 357 u., 398 l., 403 M.r., 405 u. – Rose 31 u., 32 M., 88 u., 89 o., 104 o., 130, 131 l.o., 131 M.r. 142, 143 M.l., 143 o., 143 M.r., 144 M.l., 144 u., 145 M.r., 147 u., 148 M.o., 167 r., 215 M., 219 l.o., 247 o., 248 o., 248 u. – Schlierbach 31 M.r., 155 M.l., 158 r., 159 o., 159 M.r., 199 l.o., 206, 207 M.l., 207 M.r. – Schöfmann 113 l. – Schweitzer 119 l.u., 303 u., 309 u. – Sève 199 M.r., 293 u. 297 u., 396 M.l. – Thopaz 122 l. – Dr. Thum 51 M., 56 u., 358 – Tonko 183 r.o., 184 M.l. – Vahl 15 o., 15 u., 84 u.; Punctum/ Kober 46 o.; Wolfgang Redeleit 47 u.; Schmelzenbach 123 u.; Silvestris 30 , 77 M., 77 u., 91 l.o., 153 u., 231 l.o., 231 u., 239 r.o., 246 l., 284 M.l., 315 M.l., 350, 363 M.r., 375 M., 375 u. – Albinger 381 u., 389 M., 392 r. – Angst 36 u. – Bauer 389 o. – Becker 162 – Blecher 207 u. – Blythe 343 l.o. – Bochow 163 l.o., 219 r.o., 221 o., 227 M.l. – Brockhaus 359 l.u. – Cramm 135 o. – Dick-Foto 235 M. – Dittrich 84 o. – Eckhardt 34, 36 o., 65 u., 187 M.r., 189, 193 u., 216 u. – Farenholtz 119 r.u. – Fasse 132 u. – Gebhard 191 u., 192 u., 262 u. – Glader 118 – Göhler 73 u. – Heidt 16 u. – Heine 62 l., 63 u., 101 u., 103 l.o., 103 r.o.,111 u., 113 r.o., 114 o., 114 u., 115 l.o., 133 l., 133 r., 146, 147 M.l., 149 u., 149 o., 151 M.r., 161 u., 165 l., 165 M.r., 168 r., 169 r., 171 r.o., 173 r., 175 l.u., 183 l.o., 183 M., 187 l.o., 188 o., 191 M.l., 243 l.u., 244 u., 245 u., 262 M.r., 263 M.r., 264 u., 291 M.l., 294 r., 295 l.o., 298 r., 315 l.o., 316 u., 317 u., 317 M.r., 318 l., 319 u., 323 M., 327 u., 327 M.r., 328 M.l., 328 u., 330, 331 r.o., 335 M.l., 336 u., 343 r.o., 352 M.l., 352 u., 355 l.u., 355 M., 355 r.u., 356 r., 367 M.l., 399 M.r., 401 u., 403 M.l., 405 M.r., 407 u. – Heitmann 351 M.r. – Hot-Shot-Fotografenteam 231 r.o., 283 o., 287 l.o. – IFA Bilderteam 333 M.r. – Jürgens 159 u. – Kiedrowski 192 M. – Kirmes 103 u., 105 M., 138 M.r., 139 M.r., 157 r.u. – Knöll 343 M., 367 M.u., 385 l. – Korall 19 M.r., 21 M.r., 65 o., 135 M.l., 171 l.o., 268 o. – Lange 179 o., 179 M., 180 u., 181 o., 247 u. – Lochstampfer 239 M.r. – Marklein 74 u., 75 l., 79 M., 80 M., 80 u., 99 M. – Merten 263 u., 268 u. – Naroska 345 M.r. – Nill 341 u. – Nowak 184 u. – Pelka 398 r. – Pietzker 353 – Poguntke 136 u., 136 M.r., 157 l.u., 157 o. – Radtke 12 u., 12 M., 13 M.r. – Rauch 377 u. – Rausch 362 l. – Redeleit 105 u. – Rodrun 368 M.r., 388 M.l. – Rodrun/Knöll 372 u. – Roland 256 o., – Rosing 50 u., 51 o., 52 o., 53 r., 59 u., 87 r.u., 90 u., 92 M.l., 93 u., 94 l., 95 o., 97 M., 99 l.u., 100 M.r., 132 o., 164 l., 190 l., 223 u., 228 M., 257 u., 287 r.o., 288 u., 406 r. – Schilgen 137 o., 139 u., 193 o. – Schmelzenbach 148 u. – Scholz 399 u. – Siepmann 361 M.r., 402 r. – Singer 25 M.r. – Stadler 25 u., 32 u., 35 l.o., 119 o., 120 o., 120 u., 171 u., 185 o., 201 M.r., 218., 220 o., 224 M.l., 225 u., 236 o., 238, 240 r., 241 u., 241 M., 244 M.r., 257 o., 259 u., 260 o., 261 r., 267 r., 393 M., 408 – Steck 310 – Thiele 126 r. – Thielscher 311 l.o. – Wackenhut 166 l., 166 r., 169 l., 230, 233 l.u., 243 o., 285 M.r., 293 o., 334 r., 339 r.u., 370 M.r. – Wahl 13 u., 17 u., 182 – Walz 72 M.l. – Wegner 235 l.u. – Wehrmann-Schindler 134 r. – Werner 22 u., 183 u., 318 r. – Wernicke 14 u., 17 M.r., 24 o., 37 u. – Wiener 272 u. – Willner 333 u. – Wisniewski 359 r.o. – Wolf 341 o., – Xeniel 309 o., 321 M.r., 366 r., 367 M.r., 374 r., 393 u., 400 u., 400 r.o.; Thiele 127 o., 128 u.; Unger 73 M.l.; Wackenhut 170, 208 M.l,. 284 u., 285 u.; Xeniel 204 u., 210 r., 211 u., 212 o., 278, 279 l.o., 279 r.o., 279 u., 281 u., 304 M.l., 304 u., 305 u., 305 M.r., 312 M., 313 u., 322, 323 l.u., 323 r.u., 324 u.M., 337 u., 337 M.r., 342, 347 r.o., 348 r., 349 u., 356 l., 373 o., 376 u., 376 M.r., 377 M.r., 382 r., 383 M.r., 384 M.l., 384 u., 391 M.l., 391 u. – Mathyschok 211 o. , 213 u. – Dr. Nittinger 215 u., 217 u. – Mögle 313 M.r., 324 r., 348 l., 349 M.r., 364, 372 M. – Poguntke 138 l.u., 145 u. – Steinert 181 u.; ZEFA/Punctum/Schroeter 172 – Eugen 201 u. – Meier 140 o. – Rose 152 r.